PEDRO, O GRANDE

PEDRO, O GRANDE

SUA VIDA E SEU MUNDO

ROBERT K. MASSIE

Tradução de
Maurício Tamboni

Título original em inglês: *Peter the Great - His life and world*
Copyright © R K Massie, 1980

Amarilys é um selo editorial Manole.

Este livro contempla as regras do Acordo Ortográfico da Língua Portuguesa de 1990, que entrou em vigor no Brasil.

Capa: Axel Sande / Gabinete de Artes
Editor-gestor: Walter Luiz Coutinho
Editor: Enrico Giglio
Produção Editorial: Marcia Men
Revisão: Vivian C. de Souza, Katharina Cotrim, Mônica R. dos Santos, Gabriela R. Ribeiro e Amanda C. Fabbro

Dados Internacionais de Catalogação na Publicação (CIP)
(Câmara Brasileira do Livro, SP, Brasil)

Massie, Robert K.
  Pedro, O grande : sua vida e seu mundo / Robert K. Massie; tradução de Maurício Tamboni. -- Barueri, SP:
Amarilys, 2015.

  Título original: Peter the Great : his life and world.
  ISBN 978-85-204-3765-0

  1. Imperadores Rússia - Biografia 2. Pedro I, Imperador da Rússia, 1672-1725 I. Título.

14-12423   CDD-947.05092

Índices para catálogo sistemático:
1. Pedro I : Imperador da Rússia : Biografia 947.05092

Todos os direitos reservados.
Nenhuma parte deste livro poderá ser reproduzida, por qualquer processo, sem a permissão expressa dos editores.
É proibida a reprodução por fotocópia.

A Editora Manole é filiada à ABDR – Associação Brasileira de Direitos Reprográficos.

1ª edição brasileira – 2015

Editora Manole Ltda.
Alameda Rio Negro, 967 – cj. 717 – Alphaville
06454-000 – Barueri – SP – Brasil
Fone: (11) 4196-6000
www.manole.com.br | https://atendimento.manole.com.br/

Impresso no Brasil
Printed in Brazil

*Para
Mary Kimball Todd
e James Madison Todd*

*e em memória de
Robert Kinloch Massie*

SUMÁRIO

Lista de ilustrações XII

Lista de mapas XIV

Agradecimentos. XV

PARTE UM

Moscóvia Antiga

Moscóvia antiga. 2

A infância de Pedro 20

"Uma dama de enorme inteligência" 36

A revolta dos Streltsi 44

O grande cisma 62

As brincadeiras de Pedro 76

A regência de Sofia 93

Sofia deposta 112

Gordon, Lefort e a Companhia da Alegria 128

Arcangel 147

Azov 159

PARTE DOIS

A Grande Embaixada

Rumo à Europa Ocidental 182

"É impossível descrevê-lo" 198

Pedro na Holanda 210

O príncipe de Orange 225

Pedro na Inglaterra 241

Leopoldo e Augusto 258

"Essas coisas atrapalham" 278

Fogo e açoite 290

Entre amigos 312

Voronej e a frota do sul 326

PARTE TRÊS

A Grande Guerra do Norte

A Senhora do Norte 342

Que o canhão decida 357

Carlos XII 370

Narva 384

"Não devemos perder a cabeça" 403

A fundação de São Petersburgo 422

Menchikov e Catarina 436

A mão do autocrata................ 454

Atoleiro polonês 471

Carlos na Saxônia................. 490

A grande estrada para Moscou 507

Golovchin e Lesnaia 521

Mazeppa...................... 540

O pior inverno da memória 554

A união de forças 568

Poltava...................... 581

Rendição junto ao rio............... 601

Os frutos de Poltava 612

PARTE QUATRO

No palco europeu

O mundo do Sultão................. 626

Libertador dos cristãos dos Bálcãs 637

Cinquenta golpes no Prut 652

A campanha alemã e Frederico Guilherme II 669

A costa da Finlândia 685

O Kalabalik 697

Veneza do Norte 710

Relatos de um embaixador 723

Segunda jornada ao Ocidente 735

"O rei é um homem poderoso" 749

Um visitante em Paris 759

A educação de um herdeiro 774

O ultimato paterno 787

A fuga do czarevich 800

O futuro em julgamento 813

A última ofensiva de Carlos 835

O rei Jorge entra no Báltico 850

Vitória 862

PARTE CINCO

A Nova Rússia

A serviço do Estado 874

Comércio por decreto 902

Supremo abaixo de Deus 918

O imperador em São Petersburgo 932

Ao longo do Cáspio. 960

O crepúsculo 972

Epílogo 993

Genealogia da dinastia Romanov, 1613-1917 1006

Bibliografia 1008

Notas 1015

Índice remissivo 1047

LISTA DE ILUSTRAÇÕES

1. Retrato de Pedro I ou Pedro, o Grande, óleo sobre tela, 1717, Jean-Marc Nattier (1685-1766); Museu Nacional do Hermitage, São Petersburgo, Rússia/The Bridgeman Art Library.

2. Retrato da czarina Natália Narishkina, artista desconhecido, final do século XVIII - início do século XIX; Museu Nacional do Hermitage, São Petersburgo, Rússia. Fotografia © Museu Nacional do Hermitage/ fotografia de Vladimir Terebenin, Leonard Kheifets e Yuri Molodkovets.

3. Pedro, o Grande interrogando o czarevich Aleixo em Peterhof, óleo sobre tela, 1871, Nikolai Ge (1831-1894); Galeria Estatal Tretyakov, Moscou, Rússia / RIA Novosti.

4. Retrato da regente Sofia, óleo sobre tela, 1772, Aleixo Petrovich Antropov (1716-95); Museu de Arte Regional, Istra/Bridgeman Art Library.

5. Retrato de Catarina I ou Catarina, a Grande, óleo sobre tela, 1717; Jean-Marc Nattier (1685-1766); Galeria Estatal Tretyakov, Moscou, Rússia/ Museu Nacional do Hermitage, São Petersburgo, Rússia. Fotografia © Museu Nacional do Hermitage/fotografia de Vladimir Terebenin, Leonard Kheifets e Yuri Molodkovets.

6. Retrato de Elizabeth Petrovna, imperatriz da Rússia, óleo sobre tela, c. 1768, Heinrich Buchholz (m.c. 1800). Museu de Tropinin e seus Contemporâneos, Moscou, Rússia/The Bridgeman Art Library.

7. Retrato de Alexandr Danilovich Menchikov, príncipe do Sacro Império Romano, óleo sobre tela, Escola Russa; Museu de História, Moscou, Rússia/The Bridgeman Art Library.

8. Detalhe do retrato de John Churchill, 1º duque de Marlborough, óleo sobre tela; Johann Closterman (1660-1711); Palácio Blenheim, Oxfordshire, Reino Unido/The Bridgeman Art Library.

9. A Batalha de Lesnaia em 1708, óleo sobre tela, Pierre-Denis Martin (1663-1742); coleção particular/The Bridgeman Art Library.

10. A Batalha de Poltava, óleo sobre tela, 1750, Escola Russa (século XVIII); Palácio Peterhof, Petrodvorets, São Petersburgo, Rússia/The Bridgeman Art Library.

11. Pedro, o Grande no estaleiro em Deptford, litografia de Daniel MacLise (1806-70); coleção particular. Fotografia © Galeria Rafael Valls, Londres, Reino Unido/The Bridgeman Art Library.

12. A manhã da execução dos Streltsi em 1698, óleo sobre tela, 1881, Vassili Ivanovic Surikov (1848-1916). Galeria Estatal Tretyakov, Moscou, Rússia/The Bridgeman Art Library.

LISTA DE MAPAS

Rússia durante a juventude de Pedro, o Grande, 1672-1696	19
Moscou	47
O Império Sueco no início da Grande Guerra do Norte	347
A Batalha de Narva I	394
A Batalha de Narva II	399
A invasão sueca da Rússia, 1708-1709	523
Poltava I	579
Poltava II	589
Poltava III	592
Poltava IV	597
A campanha no Prut	656
A Europa na época de Pedro, o Grande	1078
Planta de São Petersburgo, 1716	1080

AGRADECIMENTOS

AO ESCREVER ESTE LIVRO, trabalhei na Sala Frederick Lewis Allen da New York Public Library, na Butler Library da Columbia University, na Firestone Library da Princeton University e na British Museum Library, em Londres, além da Bibliothèque Nationale em Paris. Sou grato aos funcionários de todas essas instituições por sua assistência e cortesia.

Tenho uma grande dívida com meus amigos Janet Kellock, Edward Kline e Juan de Beistegui, cujo encorajamento foi constante e cuja leitura do manuscrito trouxe muitas sugestões inteligentes e úteis.

Pela ajuda específica com o trabalho em partes do manuscrito e pela assistência em obter materiais não facilmente disponíveis, gostaria de agradecer Valery e Galina Panov, Constantine Kuzmiski, o falecido Max Hayward, Helen Semmler, Marilyn Swezey, Valeri e Irina Kuharets, George Riabov, Nikita Romanov, Dr. Ismail Amin, os professores John Malmstad, Andrew Blane, Elizabeth Valkenier e Zoya Trifunovich, além do professor Martin Bos da Universidade de Utrecht e ao vice-almirante H. Bos da Marinha Real Neerlandesa. Sou especialmente grato ao falecido príncipe Paulo da Iugoslávia e à princesa Olga da Iugoslávia, que me ofereceram materiais raros de sua biblioteca particular. Por seu apoio e direcionamento em um momento de dificuldades, gostaria de agradecer Nicholas A. Robinson e Charles H. Miller.

Ao escrever este livro, fiz muitas viagens à União Soviética. Em museus, bibliotecas e locais históricos, sempre fui muito bem recebido. Isso foi particularmente verdade em Leningrado quando as pessoas descobriam que meu trabalho era sobre o fundador de sua adorada cidade. Por motivos que podem parecer exagerados à maioria dos leitores ocidentais, mas que os cidadãos soviéticos entenderão perfeitamente, prefiro não citar os nomes daqueles que me ajudaram. Eles sabem quem são e eu os agradeço.

Alguns anos atrás, comentei com um amigo, um editor francês distinto, que eu estava trabalhando neste livro com Robert Gottlieb, da editora Knopf. Falei que acreditava que Bob era o melhor editor de Nova York, mas meu amigo me corrigiu: "do mundo", ele disse. Realmente, a combinação de dedicação aos autores, entusiasmo por seus trabalhos, habilidade de Bob Gottlieb em ver como um livro deve ser construído e precisamente quais pontos precisam ser cortados deve ser única. Sou feliz e grato por isso.

Poucos leitores estão cientes dos infinitos e essenciais detalhes envolvidos em transformar um longo manuscrito em um livro impresso. Katherine Hourigan, da Knopf, foi incrível quanto a isso, trabalhando com problemas de texto, imagens, mapas e muitos outros aspectos, sem jamais perder a serenidade ou o sorriso.

Outras pessoas na Knopf me ajudaram a criar esta obra: Martha Kaplan, Lesley Krauss, Virginia Tan, William Luckey, Nina Bourne, Anne McCormick, William Loverd, Jane Backer Friedman, Eleanor French e Toinette Lippe. A House of Knopf é como uma família e, durante seis meses, enquanto trabalhei lá quase diariamente, todos me fizeram sentir como se eu fosse um membro da família. Agora que este livro está pronto, preciso buscar novas desculpas para visitá-los.

Meus filhos Bob, Susanna e Elizabeth me ofereceram amor, apoio e, acima de tudo, paciência durante muitos anos. Quando comecei a trabalhar neste livro, eles eram muito jovens; agora chegaram ou estão chegando à idade adulta. Durante todo esse tempo, tiveram fé de que "o livro do papai" algum dia tomaria forma.

Escritores costumam agradecer suas esposas, mas como se pode agradecer uma esposa que também é escritora? Enquanto eu trabalhava neste livro, Suzanne Massie escreveu duas de suas obras e paralelamente cuidou de nossa casa e de nossos filhos, sem deixar para trás uma miríade de amigos, de leste a oeste. A essa mulher extraordinária, expresso minha gratidão e admiração.

PARTE UM

MOSCÓVIA ANTIGA

I

MOSCÓVIA ANTIGA

Ao redor de Moscou, o país se desenrola delicadamente, despontando dos rios que serpenteiam em curvas argênteas pela agradável paisagem. Pequenos lagos e bosques surgem espalhados pelo prado. Ocasionalmente uma vila aparece, encimada pela cúpula de sua igreja. Pessoas caminham pelo campo em estradas de terra ladeadas por ervas daninhas. Nas margens dos rios, elas pescam, nadam e se deitam ao sol. Esse é um cenário russo conhecido, firmado ao longo de séculos.

Nas últimas décadas do século XVII, o viajante vindo da Europa Ocidental passava por essa área rural para chegar ao ponto de observação conhecido como Colina dos Pardais. Uma vez nesse cume, ao olhar para Moscou, ele avistava "a mais rica e bela cidade do mundo". Centenas de abóbadas douradas, encobertas por uma floresta de cruzes também douradas, erguiam-se acima da copa das árvores e, se o viajante estivesse presente no momento em que o sol tocava todo aquele ouro, o brilho da luz forçaria seus olhos a se fecharem. As igrejas de fachadas brancas abaixo das cúpulas se espalhavam por uma cidade tão grande quanto Londres. No centro, em uma colina modesta, estava a cidadela do Kremlin, a glória de Moscou, com três magníficas catedrais, um imponente campanário, belíssimos palácios, capelas e centenas de casas. Cercado por enormes muralhas brancas, o Kremlin era por si só uma cidade.

Imersa em todo aquele verde, durante o verão a área urbana mais parecia um enorme jardim. Muitas das maiores mansões eram cercadas por pomares e parques, ao passo que os espaços abertos deixados como corta-fogo eram tomados por grama, arbustos e árvores. Transbordando de suas próprias muralhas, a cidade se expandia em numerosas vizinhanças prósperas, cada uma com pomar, jardins e bosques próprios. Um pouco além, em um amplo círculo envolvendo a área urbana, os solares e as propriedades da nobreza, assim como as paredes brancas e as cúpulas douradas dos mosteiros, espalhavam-se nos prados e nos campos lavrados, estendendo-se e compondo a paisagem até o horizonte.

Ao atravessar os muros de terra e tijolos e entrar em Moscou, o viajante imediatamente mergulhava na vida animada de um centro comercial agitado. As ruas eram tomadas por pessoas se acotovelando: negociantes, artesãos, ociosos e homens santos com roupas surradas andavam lado a lado com trabalhadores, camponeses, padres em seus mantos negros e soldados com cafetãs coloridas e botas amarelas. Carrinhos e carroças lutavam para se movimentar em meio àquele rio de pessoas, mas a multidão abria caminho para um boiardo – ou um nobre – rechonchudo e barbado que passava a cavalo. Sua cabeça estaria coberta por um refinado chapéu de pele; o corpo arredondado, por um valioso casaco forrado também de pele e recoberto com veludo ou brocado rígido. Nas esquinas, músicos, malabaristas, acrobatas e domadores de ursos e cães realizavam suas performances. Do lado de fora de cada igreja, mendigos se agrupavam para pedir esmolas. Diante das tavernas, os viajantes às vezes se surpreendiam ao se depararem com homens nus que haviam vendido cada peça de roupa para comprar bebida; nos dias festivos, outros homens – com ou sem roupa – deitavam-se, bêbados, em filas na lama.

A parte mais densa da multidão se reunia nas áreas comerciais concentradas na Praça Vermelha. A Praça Vermelha do século XVII era muito diferente da área pavimentada, silenciosa e deserta que hoje conhecemos abaixo das extraordinárias cúpulas agrupadas da Catedral de São Basílio e das muralhas do Kremlin. Na época, o espaço era um mercado aberto e movimentado, com toras de madeira no chão para cobrir a lama, além de fileiras de pequenas capelas e casas de madeira construídas contra a parede do Kremlin na qual hoje está a tumba de Lenin. Havia ainda filas e mais filas de lojas e barracas – algumas de madeira, outras cobertas com lonas como as de tendas – amontoadas em todos os cantos da vasta área. Trezentos anos atrás, a Praça Vermelha fervilhava, transbordava e reverberava com vida. Os comerciantes parados diante das tendas gritavam, convidando os clientes a se aproximarem e conferirem suas mercadorias. Ofereciam veludo e brocado, sedas da Pérsia e da Armênia, produtos de cobre, bronze e ferro, couro trabalhado, cerâmica, inúmeros objetos feitos de madeira, além de melões, maçãs, peras, cerejas, ameixas, cenouras, pepinos, cebolas, alho e aspargos tão espessos quanto um polegar, todos arrumados em bandejas e cestos. Vendedores ambulantes e homens com carriolas abriam caminho em meio ao povo com uma combinação de ameaças e súplicas. Comercializavam *pirojki* (pequenas tortas de carne) com a ajuda de bandejas presas com cordas nos ombros. Alfaiates e joalheiros de rua, alheios a tudo o que acontecia a sua volta, realizavam seus trabalhos. Barbeiros cortavam cabelos que caíam no chão e não eram varridos – acrescentando, assim, uma nova camada ao tapete emaranhado que vinha se formando ao longo de décadas. Os mercados de pulgas ofereciam roupas, tecidos, móveis usados e objetos velhos. Colina abaixo, mais perto do rio Moscou, animais eram vendidos, além de peixes vivos retirados na hora de tanques. Na margem, perto da nova ponte de pedra, filas de mulheres se inclinavam sobre a água para lavar roupas. Um viajante alemão do século XVII apontou que algumas das mulheres vendendo mercadorias na praça também estavam dispostas a oferecer "outros serviços".

Ao meio-dia, todas as atividades cessavam. Os mercados eram fechados e as ruas se esvaziavam enquanto as pessoas faziam a maior refeição do dia. Depois disso, os lojistas e vendedores se preparavam para dormir em frente a seus estabelecimentos e todos cochilavam.

Ao anoitecer, as andorinhas começavam a voar por sobre as muralhas do Kremlin e a cidade era trancada para a noite. As lojas se viam protegidas por janelas pesadas, seguranças vigiavam de cima dos telhados e cães agressivos andavam presos a suas longas correntes. Poucos cidadãos honestos se aventuravam nas ruas escuras, as quais se tornavam o habitat de ladrões e de pedintes armados determinados a extrair à força, na escuridão, aquilo que não tinham conquistado por meio das súplicas durante as horas do dia. "Esses vilões", escreveu um visitante austríaco, "colocam-se nas esquinas e batem com cassetetes nas cabeças daqueles que por ali passam, e são tão especialistas nessa prática que os golpes mortais raramente erram o alvo". Assassinatos eram comuns durante a noite em Moscou – e, embora os motivos desses crimes raramente fossem além do simples roubo, os assaltantes eram tão violentos que ninguém se atrevia a responder aos gritos por ajuda. Com frequência, cidadãos aterrorizados sentiam medo até mesmo de olhar por suas portas ou janelas para ver o que ocorria. De manhã, a polícia rotineiramente recolhia os corpos que encontrava caídos nas ruas e os levava até um espaço central, onde familiares poderiam fazer o reconhecimento de entes desaparecidos;

por fim, todos os corpos não identificados eram enterrados em uma sepultura coletiva.

A Moscou de 1670 era uma cidade de madeira. Casas, mansões e casebres eram todos construídos com esse material, mas sua arquitetura ímpar e a esplêndida decoração entalhada e pintada nas janelas, varandas e cumeeiras lhe atribuíam uma beleza exótica, não encontrada na alvenaria apática das cidades europeias. Até mesmo as ruas eram feitas de madeira. Forradas com pranchas e tábuas irregulares, repletas de poeira no verão ou afundando na lama durante o degelo da primavera e as chuvas de setembro, as vias tentavam oferecer bases para a passagem. E com frequência falhavam. "As chuvas outonais tornaram as ruas intransitáveis para carroças e cavalos", reclamou um eclesiástico ortodoxo que deixara a Terra Santa para visitar a cidade. "Não conseguíamos sair de casa para ir às compras. A lama e o barro eram profundos o suficiente para nos afundar até a cabeça. O preço dos alimentos tinha subido demais, já que nada conseguia chegar vindo do interior. Todas as pessoas, e especialmente nós, orávamos para que Deus fizesse a terra congelar."

Como era de se prever para uma cidade feita de madeira, os incêndios constituíam a praga de Moscou. No inverno, quando as fornalhas primitivas ficavam acesas em todas as casas, e no verão, quando o calor deixava a madeira seca como um pavio, uma faísca era capaz de criar um holocausto. Levadas pelo vento, as chamas se alastravam de um telhado para o outro, reduzindo ruas inteiras a cinzas. Em 1571, 1611, 1626 e 1671, enormes incêndios devastaram áreas inteiras de Moscou, deixando enormes espaços vazios no meio da cidade. Desastres desse porte eram excepcionais, mas, para os moscovitas, a imagem de uma casa em chamas com os bombeiros lutando para localizar o fogo e rapidamente demolindo outras construções ao redor dele era parte da vida cotidiana.

Como Moscou era construída com madeira, os cidadãos locais sempre mantinham uma quantidade extra desse material à disposição para reparos ou novas construções. Milhares de toras eram empilhadas entre as casas ou, às vezes, escondidas atrás delas ou resguardadas por cercas que as protegiam de ladrões. Em certa área da cidade, um grande mercado de madeira mantinha milhares de casas pré-fabricadas de vários tamanhos prontas para a venda; o comprador só precisava especificar o número de cômodos desejados e seu tamanho. Quase que de um dia para o outro, as pranchas – todas claramente numeradas e marcadas – eram carregadas até o local e montadas. As lacunas entre elas eram preenchidas com musgo, o telhado de tábuas finas era instalado e o novo proprietário já podia se mudar. As toras maiores, todavia, eram separadas e vendidas para outras finalidades. Cortadas em pedaços com pouco mais de 1,80 metros, esvaziadas com a ajuda de um machado e cobertas com tampas, tornavam-se os caixões nos quais os russos eram enterrados.

ERGUENDO-SE EM UMA COLINA cerca de quarenta metros acima do rio Moscou, as torres, cúpulas e muralhas do Kremlin dominavam a cidade. Em russo, a palavra "kreml" significa "fortaleza", e o Kremlin de Moscou era uma imponente cidadela. Dois rios e um fosso profundo se espalhavam sob suas enormes muralhas. Esses paredões, cuja espessura variava de 3,5 a quase cinco metros e a altura atingia dezoito metros, formavam um triângulo em volta do topo da colina, com um perímetro de 2,5 quilômetros e uma área protegida de 280 quilômetros quadrados. Vinte enormes torres pontuavam as muralhas em intervalos, cada uma delas uma fortaleza isoladamente, criada para ser impenetrável. O Kremlin, todavia, não era impenetrável. Arqueiros e lanceiros – e posteriormente mosqueteiros e artilheiros – poderiam se ver forçados a se renderem à fome, quando não a ataques, mas o mais recente cerco, ocorrido no início do século XVII, havia perdurado por dois anos. Ironicamente, os rebeldes eram russos e os defensores, poloneses partidários do Falso Demétrio, um polaco que ocupou temporariamente o trono. Quando o Kremlin finalmente caiu, os russos executaram Demétrio, queimaram seu corpo, prepararam um canhão na fortaleza e atiraram as cinzas de volta na direção da Polônia.

Em tempos normais, o Kremlin tinha dois mestres – um temporal, o outro espiritual: o czar e o patriarca. Ambos viviam dentro da fortaleza e de lá governavam suas respectivas esferas. Amontoados em volta das praças do Kremlin existiam escritórios do governo, tribunais, quartéis, padarias, lavanderias e estábulos; ali por perto havia outros palácios e escritórios, além de mais de quarenta igrejas e capelas do patriarcado da Igreja Ortodoxa Russa. No centro do Kremlin, no topo da colina envolvendo os limites de uma ampla praça, havia quatro edifícios magníficos: três catedrais imponentes e um campanário alto e majestoso que, naquela época (e ainda hoje), podiam ser considerados o coração físico da Rússia. Duas dessas catedrais, além da muralha do Kremlin e de muitas de suas torres, foram criadas por arquitetos italianos.

A maior e mais histórica dessas igrejas era a Catedral da Assunção (*Uspenski Sobor*), na qual todos os czares e imperatrizes russos que assumiram o poder entre os séculos XV e XX foram coroados. Foi construída em 1478 por

Ridolfo Fioravanti de Bolonha, mas refletia muitas características do design das igrejas essencialmente russas. Antes de dar início à construção, Fioravanti visitou as antigas cidades russas de Vladimir, Yaroslavl, Rostov e Novgorod para estudar suas belas catedrais e somente então criou uma igreja com espaço interior muito maior do que qualquer habitante local jamais havia visto. Quatro enormes colunas circulares sustentam a cúpula redonda central e seus quatro domos-satélites menores, sem a complicada teia de paredes e justaposições que anteriormente acreditava-se ser necessária. Esse tipo de arquitetura trouxe uma leveza ao teto e um espaço à nave únicos, algo até então inexistente na Rússia, onde a força e a beleza do arco gótico eram desconhecidas.

Do outro lado da praça, diante da Catedral da Assunção, ficava a Catedral do Arcanjo Miguel, onde os czares eram sepultados. Construída por Alvesio Novi de Milão, a catedral era consideravelmente mais "italiana" do que qualquer uma de suas duas irmãs. No interior, em meio às várias capelas, os governantes falecidos eram dispostos em grupo. No meio de um pequeno cômodo, três caixões de pedra esculpida abrigavam Ivan, o Terrível, e seus dois filhos. Outros czares jaziam em filas ao longo das paredes, em seus caixões de metal e pedra cobertos com veludo bordado com inscrições em pérolas perto das bainhas. O czar Aleixo, pai de Pedro, o Grande, e dois de seus filhos, Teodoro e Ivan VI, ambos também czares, seriam os últimos a descansar nesse pequeno espaço. O terceiro filho de Aleixo, Pedro, construiria uma nova catedral em uma nova cidade no Báltico, onde ele e todos os Romanov que viriam depois seriam sepultados.[1]

A menor das três catedrais, a Catedral da Anunciação, contava com nove torres e três sacadas e foi a única a ser desenhada por arquitetos russos. Os construtores vieram de Pskov, cidade famosa por suas igrejas de pedra esculpida. Muito usada como capela particular por czares e suas famílias, a obra ostentava uma iconóstase com imagens pintadas pelos mais famosos representantes dessa forma de arte sacra da Rússia: Teófanes, o Grego (que veio de Bizâncio) e seu pupilo russo Andrei Rublev.

No lado leste da praça, erguendo-se acima das três catedrais, ficavam os campanários de tijolos caiados de Ivan, o Grande, a Torre Bono e a Torre do Patriarca Filareto, agora unidas em uma única estrutura. Abaixo da cúpula mais alta, a mais de oitenta metros, fileiras de sinos se dependuravam em ni-

---

[1] Exceto Pedro II, cujo corpo está no Kremlin, e Nicolau II, o último czar, cujo corpo se deteriorou em uma cova fora de Ecaterimburgo, nos Montes Urais. (N.A.)

chos aos quais se chegava com a ajuda de escadas. Fundidos em prata, cobre, bronze e ferro e de diversos timbres e tamanhos (sendo que o maior pesava 31 toneladas), eles tocavam comunicando uma centena de mensagens: convocando os moscovitas para a missa da manhã ou da tarde, lembrando-os dos jejuns e dos dias festivos, anunciando o luto da morte, vibrando a felicidade do casamento, transmitindo avisos de incêndios ou ecoando a celebração da vitória. De tempos em tempos, tocavam durante toda a noite, levando os forasteiros à consternação. No entanto, os russos adoravam seus sinos. Nos feriados, pessoas comuns se reuniam nos campanários à espera de sua vez de puxar as cordas. Os primeiros sinos costumavam ser tocados do Kremlin, mas depois o som era ampliado pelos sinos das "quarenta vezes quarenta" igrejas de Moscou. Não demorava muito para as ondas sonoras ultrapassarem a barreira da cidade e "a terra tremer com as vibrações que mais pareciam trovões", conforme descreveu um visitante impressionado.

Depois de construírem catedrais, os arquitetos italianos passaram a criar palácios. Em 1487, Ivan, o Grande encomendou o primeiro palácio de pedra do Kremlin, o Palácio das Facetas (*Granovitaia Palata*), assim nomeado em virtude de seu exterior de paredes de pedras cinzas criado prismaticamente de modo a lembrar a superfície das joias lapidadas. A característica arquitetônica mais notável era uma sala do trono com laterais de 21 metros, cujo teto era sustentado por uma única e enorme coluna arqueada na parte central. Quando embaixadores estrangeiros eram recebidos, e também em outras ocasiões estatais, uma pequena janela com cortinas próxima ao teto permitia que as mulheres enclausuradas da família do czar se abaixassem e assistissem aos encontros.

O Palácio das Facetas era primordialmente um prédio oficial do Estado – e, assim, em 1499, Ivan, o Grande encomendou outro palácio de tijolos e pedras para morar. A construção de cinco andares, batizada de Palácio Teremnoi, trazia uma colmeia de aposentos abobadados e de teto rebaixado para o czar e as muitas esposas, viúvas, irmãs e filhas da família real. A construção sofreu sérios danos causados por diversos incêndios durante o século XVI e o início do século XVII, mas os dois primeiros czares Romanov (Miguel e seu filho, Aleixo) despenderam enormes esforços para restaurá-la. Na época de Aleixo, portas, janelas, parapeitos e cornijas foram feitos com pedras brancas, entalhadas com folhagens e imagens de aves e outros animais, e então pintados com cores vivas. Aleixo dedicou esforços especiais para reformar o quarto pavimento, de modo a torná-lo seus aposentos. Os cinco principais ambientes –

a antessala, a sala do trono (conhecida como Salão Dourado), o escritório, o quarto e a capela particular – tiveram paredes e chão forrados com madeira para evitar a umidade causada pela condensação nos tijolos e nas pedras, e as paredes foram cobertas com seda bordada e tapeçarias de lã ou de couro trabalhadas com imagens do Antigo e do Novo Testamento. Os arcos e o teto eram entrecortados por curvas arabescas e por imagens de plantas e aves provenientes de contos de fadas orientais, todas feitas com cores vivas e decoradas com prata e ouro. A mobília dos aposentos do czar era meio tradicional, meio moderna. Os antigos bancos e armários de carvalho entalhado e as mesas de madeira polida estavam lá, mas dividiam o espaço com poltronas estofadas, mesas elaboradas de ébano e ouro, relógios, espelhos, retratos e estantes repletas de livros de teologia e história. Uma janela do escritório do czar era conhecida como "janela do peticionário". Do lado de fora havia uma pequena caixa que podia ser abaixada até o chão, preenchida com petições e queixas, e então erguida novamente para que o material fosse lido pelo soberano. O quarto do czar era forrado com veludo veneziano e continha uma cama de dossel feita de carvalho intricadamente esculpido. As cortinas e o dossel traziam brocado e seda; peles, edredons e almofadas protegiam das correntes frias do inverno, as quais sopravam contra as janelas e redemoinhavam por debaixo da porta. Todos esses cômodos eram simultaneamente aquecidos por e decorados com enormes lareiras de azulejos coloridos e esmaltados. Esse calor radiante mantinha os governantes da Rússia aquecidos.

O maior inconveniente dessas câmaras esplêndidas era sua falta de luminosidade. Pouca luz solar conseguia passar pelas estreitas janelas com suas camadas duplas de mica separadas por faixas de chumbo. Não apenas à noite e nos dias curtos e acinzentados de inverno, mas até mesmo no verão, a maior parte da iluminação do Palácio Teremnoi vinha das velas acesas nas alcovas e ao longo das paredes.

Nas últimas decadas do século XVII, os aposentos reais eram ocupados pelo segundo czar da dinastia Romanov, o "Grande Senhor, Czar e Grão-Duque, Aleixo Mikhailovich, Autocrata de toda a Grande e Pequena e Branca Rússia". Distante e inacessível a seus súditos, essa figura augusta vivia cerrada em uma aura de semidivindade. Um grupo de diplomatas ingleses que foi à Rússia em 1664 com o objetivo de agradecer o czar por seu constante apoio ao monarca britânico então exilado, Carlos II, mostrou-se profundamente impressionado pela imagem do czar Aleixo sentado em seu trono:

O czar, como um sol brilhante, lançava os raios mais suntuosos, sendo ainda mais magnífico sentado em seu trono, com o cetro na mão e a coroa na cabeça. O trono era uma massa de prata brilhante, forjado cuidadosamente no topo de vários trabalhos e pirâmides; e, estando a dois ou 2,5 metros acima do chão, concedia à pessoa do príncipe uma majestade transcendental. Sua coroa, usada sobre um gorro forrado com zibelina negra, era recoberta quase totalmente por pedras preciosas, culminando na forma de pirâmide com uma cruz dourada no pináculo. Por toda a sua extensão, o cetro brilhava com joias. A túnica também era forrada com pedras preciosas, aparentemente de cima até embaixo, e o mesmo acontecia com a gola.

Desde pequenos, os russos aprendiam a enxergar seu governante como uma criatura semidivina. E os provérbios locais reforçavam a essa visão: "Só Deus e o czar sabem", "O sol brilha no céu e o czar russo brilha na terra", "Por meio de Deus e do czar, a Rússia é forte", "É muito alto para Deus e muito longe para o czar".

Outro provérbio, "O soberano é o pai; a terra, a mãe", relatava o sentimento dos russos pelo czar, assim como o sentimento do soberano pela terra. O terreno, o solo, a terra-mãe, *rodina*, era o feminino. Não puramente uma donzela, uma virgem, mas a mãe eterna e madura, a mãe fértil. Todos os russos eram seus filhos. Em certo sentido, muito tempo antes do comunismo, a terra russa já era comunal. Pertencia ao czar como um pai, mas também ao povo, à sua família. A disposição do solo pertencia ao czar – ele poderia conceder áreas enormes a nobres favorecidos –, mas, ainda assim, a terra continuava sendo propriedade conjunta da família nacional. Quando ela era ameaçada, todos estavam dispostos a morrer para defendê-la.

Dentro desse esquema familiar, o czar representava *Batushka*, o pai do povo. Seu governo autocrata era patriarcal. Ele se dirigia aos súditos como filhos e exercia sobre eles o mesmo poder ilimitado que um pai detém sobre sua prole. O povo russo era incapaz de imaginar qualquer limitação aos poderes do czar, "pois como pode a autoridade de um pai ser limitada por alguém, exceto por Deus?". Quando ele ordenava, os súditos obedeciam do mesmo jeito que os filhos devem obedecer aos comandos de um pai: sem questionamentos. Havia momentos em que a obediência ao czar adotava traços de escravidão, quase bizantinos. Os nobres russos, ao cumprimentarem ou receberem favores do soberano, prostravam-se diante dele, tocando o solo com a testa. Artemon Matveiev, principal ministro e amigo próximo do czar Aleixo, declarou quando se dirigiu a seu mestre real: "Nós, seu escravo Artemushka Matveiev, com o desprezível, meu filho Adrushka, humildemente imploramos, diante do alto trono de Sua Real Majestade, abaixando nossas cabeças à terra...". Ao falar com o czar, todo o nome oficial do soberano tinha de ser usado. A omissão acidental de uma única palavra poderia ser considerada um ato de desrespeito pessoal quase equivalente a uma traição. A própria conversa com esse ser augusto era sacrossanta: "Receberá a morte qualquer um que revelar o que é dito dentro do palácio do czar", declarou um residente inglês.

De fato, o semideus que usava esses títulos, que ostentava uma coroa trançada com "tufos de diamantes tão grandes quanto ervilhas, lembrando cachos de uvas brilhantes" e o manto imperial bordado com esmeraldas, pérolas e ouro era um mortal relativamente modesto. Aleixo se tornou conhecido em seu tempo como o "czar *tishaishi*", o mais quieto, mais gentil e mais piedoso de todos os soberanos da Rússia. E, em 1645, aos dezessete anos, quando sucedeu seu pai no trono, era conhecido como "o Jovem Monge". Já adulto, tornou-se mais alto do que a maioria dos russos, com mais de 1,85 metro, forte, com tendência a engordar. Seu rosto redondo era emoldurado por cabelos castanhos claros, além de ostentar bigode e barba castanha. Seus olhos também eram castanhos, o tom variando da dureza em momentos de fúria ao calor da afeição e da humildade religiosa. "Sua Majestade Imperial é uma pessoa bondosa, cerca de dois meses mais velho do que o rei Carlos II", relatou o doutor Samuel Collins, médico inglês, acrescentando que seu patrão era "severo nos castigos, mas muito cuidadoso com o amor de seus súditos". Ao ser incitado por um estranho para adotar a (pena de) morte a qualquer desertor, ele respondeu: "Foi algo difícil de fazer, pois Deus não concedeu a mesma coragem a todos os homens".

Embora Aleixo fosse czar, sua vida dentro do Kremlin mais se assemelhava à de um monge. Às quatro da manhã, empurrava para o lado sua colcha de zibelina negra e saía da cama usando camisa e ceroula. Vestia-se e seguia imediatamente à capela próxima a seu quarto, onde passava vinte minutos orando e lendo livros devocionais. Depois de beijar os ícones e borrifar água benta pelo corpo, saía e enviava um camareiro para dar bom dia à czarina e perguntar como estava sua saúde. Alguns minutos mais tarde, ia até os aposentos da esposa para acompanhá-la até outra capela onde, juntos, ouviam a oração matinal e participavam da missa.

Enquanto isso, boiardos, oficiais do governo e secretários se reuniam em uma antessala pública, esperando Aleixo sair de seus aposentos privados. Assim que avistavam "os brilhantes olhos do czar", começavam a inclinar o corpo na direção do chão (alguns chegavam a realizar o movimento por até trinta vezes) de modo a agradecer pelos favores concedidos. Durante algum tempo, Aleixo ouvia relatórios e pedidos; então, às nove horas da manhã, todo o grupo participava da missa de duas horas. Durante o serviço, todavia, o czar continuava conversando discretamente com seus boiardos, conduzindo negócios públicos e passando instruções. Aleixo jamais perdia qualquer serviço religioso. "Se ele estiver bem, participa", contou o doutor Collins. "Se o czar estiver doente, o serviço vai até ele em seus aposentos. Nos dias de jejum, frequenta as orações da meia-noite, passando quatro, cinco, seis horas prostrando-se no chão até cem vezes, ou 1.500 vezes nos feriados importantes".

Depois da missa matinal, o czar retornava ao trabalho administrativo com seus boiardos e secretários até o almoço, ao meio-dia. Ele comia sozinho à mesa elevada, cercado por boiardos fazendo suas refeições em mesas mais baixas junto às paredes do cômodo. Era servido apenas por boiardos especiais, que provavam sua comida e seu vinho antes de lhe oferecerem. As refeições eram gargantuescas; nos dias festivos, até setenta pratos podiam ser servidos à mesa do czar. *Zakuski*, o prato de entrada russo, incluía legumes crus (em especial pepino), peixe salgado, bacon e inúmeros *pirojki*, às vezes recheados com ovos, peixe, arroz ou repolho e ervas em vez de carne vermelha. Depois vinham as sopas e os cortes de carne de vaca, cordeiro e porco assados e temperados com cebola, alho, açafrão e pimenta. Havia carne de animais exóticos e peixes como salmão, esturjão e sterlet. Como sobremesa, bolos, queijos, compotas e frutas. Os russos bebiam principalmente vodca, cerveja ou uma bebida mais suave chamada *kvas*, feita com pão preto fermentado e à qual se acrescentava sabores variados (framboesa, cereja ou outras frutas).

Entretanto, Aleixo raramente tocava em qualquer um dos suculentos pratos que lhe eram servidos. Em vez disso, entregava-os como presentes a vários boiardos, de modo a demonstrar um favor especial. Seu paladar era monasticamente simples. Em geral, o czar só comia pão de centeio simples e bebia vinho fraco ou cerveja, por vezes com um toque de canela. Aliás, conforme reporta o doutor Collins, canela era o "aroma imperial". Durante os períodos de jejum religioso, relatou o médico, o czar "não faz mais do que três refeições por semana; durante o restante do tempo, ingere um pedaço de pão integral e sal, um cogumelo ou pepino em conserva, e bebe uma pequena caneca de cerveja. Come peixe no máximo duas vezes na quaresma, e guarda todas as sete semanas. [...] Em suma, nenhum monge é mais atento às horas canônicas do que ele é ao jejum. Podemos admitir que jejua por quase oito dos doze meses".

Depois da refeição, o czar dormia por três horas até chegar o momento de retornar à igreja para a missa vespertina, novamente com seus boiardos, novamente para tratar de negócios do Estado durante o serviço religioso. Passava o jantar e o fim do dia com a família ou com amigos íntimos, jogando gamão ou xadrez. O prazer especial de Aleixo durante essas horas era ouvir pessoas lendo ou contando histórias. Gostava de escutar passagens de livros sobre a história da igreja, a vida dos santos ou a apresentação de dogmas, mas também se deleitava ouvindo relatos de embaixadores russos que viajavam para outros países, notícias de jornais estrangeiros ou histórias simples contadas por peregrinos e viajantes que eram trazidos até o palácio para entreter o monarca. Quando o tempo estava mais quente, Aleixo deixava o Kremlin para visitar mansões fora de Moscou. Uma delas, em Preobrajensky, no rio Yauza, era o centro do esporte favorito de Aleixo: falcoaria. Ao longo dos anos, ele criou um imenso estabelecimento com duzentos falcoeiros, três mil falcões e cem mil pombos.

Na maior parte do tempo, todavia, Aleixo orava e trabalhava. Em momento algum questionou seu direito divino de reinar – em sua mente, ele e todos os monarcas eram escolhidos por Deus e responsáveis apenas perante Deus.[2] Abaixo do czar estava a nobreza, dividida em quase uma dúzia de categorias. Os nobres mais importantes permaneciam nas posições mais altas (as de boiardos) e eram membros de antigas famílias principescas que mantinham latifúndios hereditários. Abaixo estavam os aristocratas menores e a pequena nobreza que havia recebido propriedades pelos seus serviços. Havia uma pequena classe média de mercadores, artesãos e outros citadinos e, então, a enorme base da pirâmide: os camponeses e servos que compunham a massa esmagadora da sociedade russa. Suas condições de vida e seus métodos de cultivos eram aproximadamente similares aos dos servos da Europa medieval. A maioria dos moscovitas usava o título "boiardo" para todos os nobres e altos ofi-

---

[2] Quando os membros do Parlamento Inglês decapitaram o rei Carlos I, em 1649, o czar Aleixo ficou tão chocado e pessoalmente indignado que expulsou todos os mercadores ingleses do interior da Rússia, um ato que deu grande vantagem aos comerciantes holandeses e alemães. Enquanto o rei Carlos II permanecia no exílio, Aleixo lhe enviou dinheiro e seus mais sinceros sentimentos à "desconsolada viúva daquele glorioso mártir, o rei Carlos I" (N. A.).

ciais. Enquanto isso, o verdadeiro trabalho de administrar o governo do czar estava nas mãos de entre trinta e quarenta departamentos conhecidos como Prikazi. De modo geral, eram incompetentes, desperdiçadores, suas tarefas se misturavam, eram difíceis de serem controlados e corruptos – em suma, uma burocracia que ninguém havia projetado e sobre a qual ninguém exercia qualquer controle efetivo.

De seus aposentos e capelas pouco iluminados e cheirando a incenso no Kremlin, o czar Aleixo governava a maior nação do planeta. Vastas planícies, imensas áreas de floresta escura e intermináveis extensões de deserto e tundra se alongavam desde a Polônia até o Pacífico. Em nenhum ponto dessa imensidão o horizonte era interrompido por mais do que montanhas baixas e colinas. As únicas barreiras naturais na ampla planície eram os rios e, desde os primórdios, eles haviam sido convertidos em uma rede de estradas de água. Na região em volta de Moscou, quatro enormes rios nasciam: o Dnieper, o Don e o imponente Volga fluíam para o sul, em direção aos mares Negro e Cáspio, ao passo que o Duína fluía para o norte, em direção ao Báltico e ao congelante Ártico.

Espalhada nessa enorme paisagem havia uma pequena quantidade de seres humanos. Quando Pedro nasceu – próximo ao final do reinado do czar Aleixo –, a população da Rússia era de cerca de oito milhões de habitantes. Essa é quase a mesma quantidade de seu vizinho ocidental, a Polônia, mas os russos viviam dispersados em uma área muito mais extensa. O número era muito maior do que a população da Suécia (menos de dois milhões) ou da Inglaterra (pouco mais de cinco milhões), mas era menos da metade do número de habitantes do Estado europeu mais poderoso e populoso, a França de Luís XIV (dezenove milhões). Uma parcela considerável dessa população russa vivia ou nas cidades antigas (Níjni-Novgorod, Moscou, Novgorod, Pskov, Vologda, Arcangel, Yaroslavl, Rostov, Vladimir, Suzdal, Tver, Tula), ou nas mais recentemente conquistadas (Kiev, Smolensk, Cazã e Astracã). A maioria das pessoas vivia no interior, extraindo seu sustento do solo, da floresta e das águas.

Por mais imenso que fosse o reino de Aleixo, as fronteiras da Rússia eram frágeis e se encontravam sob pressão. A leste, durante o controle de Ivan, o Terrível e seus sucessores, Moscóvia havia conquistado a parte central do Volga e o canato de Cazã, estendendo o império russo até Astracã e o Mar Cáspio. Os Urais haviam sido cruzados e a extensa e quase vazia Sibéria acrescentada ao domínio do czar. Os pioneiros russos haviam penetrado a região norte do Pacífico e estabelecido ali alguns assentamentos vulneráveis, embora um choque com a agressiva dinastia Manchu da China tivesse forçado a retirada dos postos localizados ao longo do rio Amur.

A oeste e a sul, a Rússia era cercada por inimigos que lutavam para conservar o gigante encravado e isolado. A Suécia, então reinando como Senhora do Báltico, mantinha a guarda desse caminho marítimo para o ocidente. A oeste estava a Polônia católica, antiga inimiga da Rússia ortodoxa. Apenas pouco tempo antes, o czar Aleixo havia reconquistado Smolensk da Polônia, embora essa cidade-fortaleza russa ficasse a apenas 250 quilômetros de Moscou. Posteriormente em seu reinado, Aleixo receberia de volta da Polônia o grande prêmio: Kiev, a mãe de todas as cidades russas e terra natal do cristianismo russo. Kiev e as regiões férteis tanto a leste quanto a oeste do Dnieper eram o território dos cossacos, um povo ortodoxo, originalmente composto por vagabundos, saqueadores e fugitivos que haviam deixado para trás as duras condições de vida na antiga Moscóvia para formar bandos de cavalaria não oficiais, tornando-se depois desbravadores, estabelecendo fazendas, vilas e cidades por todo o norte da Ucrânia. Pouco a pouco, esses assentamentos cossacos foram se espalhando também para o sul, mas os limites ainda permaneciam entre quinhentos e seiscentos quilômetros acima da costa do Mar Negro.

O espaço que os separava – a famosa estepe de terra negra da parte baixa da Ucrânia – permanecia vazio. Ali, a grama crescia tanto que às vezes somente a cabeça e os ombros de um homem a cavalo poderiam ser vistos se movendo acima da vegetação. Nos tempos de Aleixo, essa estepe era terra de caça e pastoreio dos tártaros da Crimeia – descendentes islâmicos dos antigos conquistadores mongóis e vassalos do sultão otomano que viviam em vilas ao longo das encostas e encravadas nos rochedos da montanhosa península da Crimeia. Nas primaveras e verões, eles levavam o gado e os cavalos para pastar no capim da estepe. Com frequência, carregavam arcos, flechas e cimitarras e seguiam para o norte com o intuito de atacar e saquear as vilas russas e ucranianas, por vezes invadindo a paliçada de madeira de uma cidade e levando toda a população como escrava. Esses enormes ataques – que despejavam milhares de russos anualmente no mercado otomano de escravos – eram uma fonte de constrangimento e angústia para os czares no Kremlin. Todavia, até então, não havia nada que alguém pudesse fazer a respeito. De fato, por duas vezes (em 1382 e em 1571) os tártaros chegaram a saquear e a queimar a própria Moscou.

Além das gigantes muralhas do Kremlin, além das cúpulas douradas e azuladas e das construções de madeira de Moscou, estavam os campos e a floresta: a verdadeira e imortal Rússia. Durante séculos, tudo tinha vindo dela – da floresta profunda, rica e virgem que se estendia como um oceano. Em meio às bétulas e aos pinheiros, aos arbustos de frutas silvestres, aos musgos e às samambaias, os russos encontravam grande parte do que precisavam para viver. Da floresta vinham a madeira para as casas e a lenha para o aquecimento, o musgo para fechar as lacunas nas paredes, a casca das árvores para os sapatos, a pele para as roupas, a cera para as velas, além de carne, mel, frutas silvestres e cogumelos para a alimentação. Durante a maior parte do ano, a floresta repercutia o som de machados. Nos dias preguiçosos de verão, homens, mulheres e crianças buscavam cogumelos abaixo dos troncos escuros ou framboesas e groselhas pretas e vermelhas em meio à grama alta e às flores.

Os russos são um povo comunal. Não viviam sozinhos nas profundezas da floresta primeva, competindo com lobos e ursos. Em vez disso, escolhiam se agrupar em pequenos vilarejos construídos em clareiras, na borda de lagos ou nas margens dos rios de águas lentas. O império russo era feito de vilarejos assim: perdidos no fim de uma estrada empoeirada, cercados por pastos e campos, um conjunto de casas simples de madeira reunido em torno de uma igreja cuja cúpula concentrava as orações dos moradores e as transmitia aos céus. A maioria das casas contava com apenas um cômodo sem chaminé. A fumaça gerada pela queima da madeira no fogão encontrava seu caminho para fora da melhor forma que podia, pelas frestas entre as tábuas que compunham as paredes. Em geral, como resultado, tudo e todos ali dentro ficavam cobertos de fuligem. Por esse motivo também os banhos públicos eram uma instituição comum na Rússia. Até mesmo a menor das vilas contava com uma casa de banho aquecida, onde homens e mulheres podiam se lavar juntos e, em seguida, ir para o lado de fora, mesmo no inverno, para que o vento refrescasse e secasse seus corpos quentes.

Quando o camponês russo se vestia, primeiro penteava a barba e os cabelos. Em seguida, colocava uma camisa de tecido áspero, que caía até a cintura e era presa com um cordão. As calças eram largas e enfiadas nas botas – se o indivíduo tivesse botas – ou, o que era mais frequente, em perneiras de tecido presas com fios grossos. "Os cabelos são cortados na altura das orelhas e as cabeças cobertas, no verão e no inverno, com chapéu de pele", escreveu um visitante ocidental. "As barbas permanecem intocadas. [...] Os sapatos são amarrados com cordões de fibra. Em volta do pescoço, usam, desde o batismo, uma cruz e, ao lado dela, uma bolsa, embora comumente mantenham suas moedas, se não forem muitas, por um bom tempo na boca, pois assim que recebem uma, seja como presente ou como recompensa por seus trabalhos, eles a levam até a boca e a mantém debaixo da língua."

Poucos povos no mundo vivem em tamanha harmonia com a natureza quanto os russos. Eles habitam o norte, onde o inverno chega cedo. Em setembro, a luz desaparece por volta das quatro horas da tarde, abrindo espaço para uma chuva gelada. A geada logo chega e os primeiros flocos de neve caem já em outubro. Não demora até tudo desaparecer sob um manto branco: terra, rios, estradas, pastos, árvores e casas. A natureza adota uma onipotência não apenas majestosa, mas também assustadora. A paisagem se torna um enorme mar branco com montes e vales subindo e descendo. Nos dias em que o céu se mostra cinza, é difícil, e até mesmo desgastante para os olhos, enxergar onde a terra se une ao ar. Nos dias de sol, quando o céu adota uma belíssima coloração azul, a luz é ofuscante – como se milhões de diamantes estivessem espalhados pela neve, refratando a luz.

Depois de 160 dias de inverno, a primavera dura apenas algumas semanas. Primeiro, o gelo racha e quebra nos rios e lagos, e as murmurantes águas e ondas dançantes retornam. Na terra, o degelo produz lama; um vasto e infinito mar de lama que exige que homens e animais se esforcem bastante para se locomover. No entanto, a cada dia a neve suja recua mais e logo os primeiros brotos de grama aparecem. A floresta e os prados se tornam verdes e ganham vida. Animais – inclusive as cotovias e as andorinhas – ressurgem. Na Rússia, o retorno da primavera é recebido com uma alegria inimaginável em terras mais temperadas. Conforme os raios quentes de sol tocam a grama, as costas e os rostos dos camponeses, e os dias rapidamente se tornam mais longos, a terra por todos os lados ganha vida, o jubiloso sentimento de renovação e de libertação instiga as pessoas a cantar e a celebrar. O Primeiro de Maio é um antigo feriado de renascimento e fertilidade, quando todos dançam e passeiam pela floresta. E, enquanto a juventude se diverte, os mais velhos agradecem a Deus por terem vivido o suficiente para novamente presenciar toda essa glória.

A primavera passa rapidamente, abrindo caminho para o verão. O calor é forte e a poeira chega a ser sufocante, mas também há o encanto de um céu imenso, a calma da enorme terra se estendendo mansamente até o horizonte. Há o vigor do início da manhã, o frescor das sombras nos bosques de bétulas ou junto aos rios, o ar ameno e o vento morno da noite. Em junho, o sol se esconde no horizonte por poucas horas, e o céu avermelhado precede o delicado rubor rosa-azulado da alvorada.

A Rússia é uma terra severa com um clima rigoroso, mas poucos viajantes conseguem esquecer seu profundo encanto. E nenhum russo encontra paz para sua alma em qualquer outro lugar do planeta.

II

A INFÂNCIA DE PEDRO

Em março de 1669, quando o czar Aleixo tinha quarenta anos, sua primeira esposa, a czarina Maria Miloslavskaia, morreu enquanto exercia sua função dinástica essencial – ou seja, dar à luz um filho. O luto foi muito grande, não apenas por parte de seu marido, mas também de seus numerosos familiares Miloslavski, cujo poder na corte residia no casamento de Maria com o czar. Agora tudo tinha chegado ao fim e, em meio às lágrimas pela familiar perdida, eles observavam e se preocupavam.

A situação de desconforto dos Miloslavski agravou-se com o fato de que, apesar de todos os esforços, Maria não havia deixado a garantia de um herdeiro. Durante seus 21 anos de casamento com Aleixo, ela, quatro anos mais velha do que o marido, havia feito seu melhor: treze filhos – cinco homens e oito mulheres – nasceram antes que a tentativa de trazer mais uma criança ao mundo acabasse causando sua morte. Nenhum dos filhos de Maria era forte – quatro sobreviveram, mas, em um período de apenas seis meses, dois desses se foram, incluindo o primogênito, de dezesseis anos, chamado Aleixo em homenagem ao pai. Assim, após a morte da esposa, o czar ficou com apenas dois filhos homens do casamento com Miloslavskaia – infelizmente, as perspectivas de ambos não eram nada animadoras. Teodoro, à época com dez anos, era frágil. Ivan, com três, era parcialmente cego e sofria com problemas de fala. Se ambos morressem antes do pai, ou mesmo logo depois dele, a sucessão estaria aberta, e ninguém sabia quem poderia investir na direção do trono. Em suma, toda a Rússia, exceto os Miloslavski, esperava que Aleixo encontrasse uma nova esposa, e que fizesse isso rapidamente.

Se o czar de fato escolhesse uma nova czarina, estava subentendido que sua escolha seria uma filha da nobreza russa e não alguma das princesas estrangeiras disponíveis. Os casamentos entre as dinastias para o avanço ou proteção dos interesses do Estado eram comuns durante a maior parte da Europa no século XVII; na Rússia, entretanto, a prática era evitada e abominada. Os czares escolhiam cônjuges russas, ou, mais especificamente, um czar ortodoxo somente escolheria uma czarina ortodoxa. A igreja, a nobreza, os comerciantes e as massas do país encarariam com horror uma princesa estrangeira trazendo seus padres católicos ou pastores protestantes para corromper a pura fé ortodoxa. Essa proibição ajudou a isolar a Rússia dos efeitos da ligação com nações estrangeiras e assegurou a mais acirrada inveja e competição entre as famílias nobres russas – que tinham, entre suas filhas, uma possível czarina.

Menos de um ano após a morte de Maria Miloslavskaia, Aleixo havia encontrado a sucessora. Deprimido e solitário, ele com frequência passava as noites na casa de seu amigo íntimo e ministro-chefe, Artemon Matveiev, um homem incomum para a Moscóvia do século XVII. Ele não pertencia à classe alta dos boiardos; era um homem que havia alcançado o poder por mérito. Matveiev se interessava por assuntos eruditos e era fascinado pela cultura ocidental. Nas recepções regulares que realizava em sua casa para estrangeiros morando ou em visita a Moscou, questionava-os de forma inteligente sobre o estado da política, da arte e da tecnologia em suas terras natais. Aliás, foi no Subúrbio Alemão, o assentamento próximo da cidade onde todos os estrangeiros deveriam viver, que ele encontrou sua esposa, Mary Hamilton, filha de um monarquista escocês que havia deixado a Grã-Bretanha depois da decapitação de Carlos I e do triunfo de Cromwell.

Em Moscou, Matveiev e sua esposa viviam da forma mais parecida possível com o estilo dos europeus modernos do século XVII. Em suas paredes dependuravam, além de ícones, pinturas e espelhos; armários embutidos ostentavam porcelanas orientais e relógios tinindo. Matveiev estudou álgebra e se aventurava em experimentos químicos no laboratório de sua casa; concertos, comédias e tragédias eram encenados em seu pequeno teatro particular. Para os moscovitas tradicionais, o comportamento da esposa de Matveiev era chocante. Mary Hamilton usava vestidos e chapéus ocidentais, recusava-se a se isolar em um piso superior da casa de seu marido – hábito comum entre as esposas de Moscou – e circulava livremente entre os convidados de Matveiev, sentando-se com eles para jantar e por vezes até mesmo participando das conversas.

Foi durante uma dessas noites nada convencionais, na presença da também nada convencional Mary Hamilton, que os olhos do viúvo czar Aleixo caíram em uma segunda mulher notável na casa de Matveiev. Natália Naryshkina tinha, na época, dezenove anos. Era uma mulher alta e com curvas definidas, de olhos negros e cílios longos. Seu pai, Kyril Naryshkin, um proprietário de terras relativamente desconhecido de origem tártara, vivia na província de Tarus, distante de Moscou. Para conseguir levar sua filha além da vida da pequena nobreza rural, Naryshkin havia convencido seu amigo Matveiev a aceitar Natália sob sua guarda e a criá-la na atmosfera da cultura e da liberdade que caracterizavam a casa do ministro em Moscou. E Natália havia aproveitado a oportunidade. Para uma jovem russa, era bem educada e, ao observar e ajudar sua mãe adotiva, aprendeu a receber e entreter convidados do sexo masculino.

Certa noite, quando o czar estava presente, Natália foi até a sala com Mary Hamilton para servir doses de vodca e pratos de caviar e peixe defumado. Aleixo a encarou, notando sua beleza saudável e reluzente, os amendoados olhos negros e o comportamento sereno e modesto. Quando ela parou diante dele, Aleixo ficou impressionado com a mistura de respeito e bom-senso presente nas breves respostas que ela oferecia às suas perguntas. Ao deixar a casa de Matveiev naquela noite, o czar se mostrou muito alegre e, quando desejou boa noite, perguntou a Matveiev se o amigo estava à procura de um marido para a jovem atraente. Matveiev respondeu que sim, mas que, como nem o pai de Natália, nem ele eram ricos, o dote seria pequeno e os pretendentes adequados certamente seriam poucos. Aleixo declarou que ainda existiam alguns poucos homens que sabiam valorizar mais as qualidades de uma mulher do que sua fortuna e prometeu ajudar seu ministro a encontrar alguém assim.

Não muito tempo depois, o czar perguntou ao amigo se ele tinha alcançado algum sucesso em sua busca. "Senhor", respondeu Matveiev, "os jovens aparecem todos os dias para ver minha bela protegida, mas nenhum deles parece pensar em matrimônio".

"Bem, bem... Melhor assim", falou o czar. "Talvez possamos resolver o problema sem eles. Tive mais sorte do que você. Encontrei um cavalheiro que provavelmente a agradará. É um homem muito honrado, a quem conheço e não é destituído de mérito, além de não precisar de um dote. Ele ama sua protegida e está inclinado a se casar com ela e a fazê-la feliz. Embora esse homem ainda não tenha revelado seus sentimentos, ela o conhece e, se for consultada, acredito que o aceitará."

Matveiev declarou que Natália obviamente aceitaria qualquer pretendente "proposto por Vossa Majestade. Todavia, antes de ela consentir, talvez queira saber de quem se trata. E, para mim, isso não parece mais do que razoável".

"Bem, então, diga a ela que sou eu", anunciou Aleixo. "E que estou decidido a me casar com ela."

Impressionado com as implicações daquela declaração, Matveiev se jogou aos pés de seu soberano. Reconheceu ao mesmo tempo a feliz possibilidade e os insondáveis perigos da decisão de Aleixo. Ter sua protegida elevada à posição de czarina selaria o sucesso do próprio Matveiev: os familiares e os amigos da jovem subiriam de posição com ela, substituindo os Miloslavski no poder da corte. Mas isso também trazia um perigo, uma vez que significava estimular o antagonismo dos Miloslavski, além da inveja e do ciúme de muitas das poderosas famílias de boiardos que já suspeitavam do status do ministro-chefe como um favorito. Se, de alguma forma, a escolha fosse anunciada e o casamento fracassasse, Matveiev estaria arruinado.

Com isso em mente, o pai adotivo de Natália implorou para que, mesmo que estivesse decido de sua escolha, o czar desse continuidade ao processo tradicional de escolher publicamente sua noiva entre uma série de candidatas reunidas. A cerimônia, que tinha seus antecedentes em Bizâncio, declarava que as mulheres de todas as partes da Rússia com idade para se casar deveriam se reunir no Kremlin para serem analisadas pelo czar. Em teoria, as mulheres deveriam vir de todas as classes da sociedade russa, incluindo os servos, mas, na prática, esse conto de fadas nunca se tornou realidade. Nenhum czar jamais olhou para uma bela donzela dos servos e, encantado, transformou a criaturinha enrubescida em sua czarina. Todavia, o processo de fato incluía algumas filhas da pequena nobreza, e a posição de Natália Naryshkina a tornava perfeitamente elegível. Na corte, as jovens assustadas, joguetes das ambições de suas famílias, eram examinadas por oficiais para garantir que fossem virgens. Aquelas que sobrevivessem ao escrutínio eram levadas ao palácio do Kremlin para esperar o sorriso ou a negação do garoto ou do homem que colocaria uma delas no trono.

Um jogo envolvendo apostas tão altas também envolvia riscos muito grandes. Naquele mesmo século, haviam ocorrido exemplos sombrios de até onde as famílias ambiciosas estavam dispostas a ir para evitar que uma garota de outra família se tornasse a nova czarina. Em 1616, Maria Khlopfa, a escolhida de dezenove anos de Miguel Romanov, havia desagradado tanto a família Saltykov, então predominante na corte, que eles drogaram a garota, apresentaram-na a Miguel naquele estado, disseram ao czar que a jovem sofria de uma doença incurável e, então, como punição por ter se apresentado como uma possível noiva, Maria e sua família foram enviadas para o exílio na Sibéria. Em 1647, o próprio Aleixo, então com dezoito anos, havia escolhido Eufemia Vsevolojska para ser sua primeira esposa. Porém, enquanto ela estava sendo vestida, um grupo de damas da corte prendeu os cabelos da jovem com tanta força que, diante da presença de Aleixo, a pretendente desmaiou. Os médicos da corte foram convencidos a declarar que Eufemia sofria de epilepsia, e ela e sua família também foram enviadas para a Sibéria. Maria Miloslavskaia havia sido a segunda escolha de Aleixo.

Agora, para Natália Naryshkina e para Matveiev, que estava por trás da jovem, pairavam perigos similares. Os Miloslavski sabiam que sua influência seria minada se Natália fosse escolhida. Essa inversão afetaria não apenas os homens Miloslavski, que tinham poderes e altos cargos, mas também as mulheres. Todas as princesas reais, filhas do czar Aleixo, eram Miloslavski, e não gostavam nem um pouco da possibilidade de a nova czarina ser mais jovem do que alguma delas.

Todavia, Natália e Matveiev realmente não tinham escolha. Aleixo estava decidido. Havia sido transmitida a notícia de que em onze de fevereiro de 1670 aconteceria a inspeção preliminar de todas as jovens elegíveis, e foi ordenado a Natália Naryshkina que comparecesse. Uma segunda inspeção, realizada pelo próprio czar, foi agendada para 28 de abril. No entanto, pouco depois do primeiro encontro, os rumores de que Natália Naryshkina havia sido escolhida começaram a se espalhar. O contra-ataque inevitável foi preparado e, quatro dias antes da segunda inspeção, foram encontradas no Kremlin cartas anônimas acusando Matveiev de usar ervas mágicas para fazer o czar desejar sua protegida. Uma investigação se mostrou necessária e o casamento foi adiado em nove meses. No entanto, nada foi provado e, por fim, em dez de fevereiro de 1671, para a alegria da maioria dos russos e o desgosto dos Miloslavski, o czar Aleixo e Natália Naryshkina se casaram.

Desde o dia do casamento, ficou claro para todos que o czar de 41 anos estava profundamente apaixonado por sua bela e jovem esposa de cabelos escuros. Ela lhe trouxe frescor, felicidade, tranquilidade e um sentimento de renovação. Aleixo a queria constantemente ao seu lado e a levava consigo aonde quer que fosse. Durante a primeira primavera e o primeiro verão após o matrimônio, os recém-casados se mudavam de um palácio de verão para outro, também nas cercanias de Moscou, incluindo Preobrajenski, onde Aleixo mantinha de seus falcões.

Na corte, a nova czarina rapidamente se transformou em um agente de mudança. Com sua criação semiocidental na casa de Matveiev, Natália aprendeu a desfrutar da música e do teatro. No início de seu reinado, Aleixo havia emitido um decreto proibindo expressamente seus súditos de dançarem, jogarem ou assistirem a espetáculos; em banquetes de casamento, era proibido cantar ou tocar instrumentos; tampouco tinha-se o direito de entregar a alma à perdição em práticas tão perniciosas e desregradas quanto jogos de palavras, farsas ou mágicas. "Os transgressores culpados pela primeira ou segunda vez devem apanhar com barras; aqueles acusados pela terceira e quarta instâncias serão exilados em cidades distantes." Entretanto, quando Aleixo se casou com Natália, uma orquestra tocou no banquete, misturando as recentes harmonias polifônicas ocidentais com as notas dos corais russos cantando em uníssono. A combinação de sons estava longe de ser perfeita; o doutor Collins descreveu a cacofonia como "uma guerra de corujas, um ninho de gralhas, um grupo de lobos famintos e sete leitões em um dia de vento".

O patrocínio real do teatro veio logo em seguida. Para agradar sua jovem esposa, o czar passou a patrocinar a escrita de peças e encomendou a construção de um palco e uma sala de concertos na antiga casa de um boiardo dentro do Kremlin e outra no refúgio de verão de Preobrajenski. O pastor luterano do Subúrbio Alemão, Johannes Gregory, recebeu um pedido de Matveiev para recrutar atores e produzir peças. Em dezessete de outubro de 1672, a primeira produção – um drama bíblico – estava pronta. Foi apresentada diante do czar e da czarina com um elenco de sessenta atores, todos estrangeiros, exceto alguns meninos e jovens da corte. A peça se estendeu por todo o dia e o czar assistiu à performance por dez horas seguidas sem se levantar de seu assento. Quatro outras peças e dois balés vieram logo em seguida.

O deleite de Aleixo por sua nova czarina cresceu ainda mais quando, no outono de 1671, o casal descobriu que ela estava grávida. Pai e mãe rezavam para que fosse um menino e, em trinta de maio de 1672, à uma hora da manhã, Natália deu à luz um garoto grande e aparentemente saudável. O garoto recebeu o nome de Pedro em homenagem ao apóstolo. Além de vir ao mundo com boa saúde, os olhos negros e vagamente tártaros da mãe e um tufo de cabelos castanho-avermelhados, o recém-nascido também tinha tamanho normal. De acordo com o antigo costume russo de "tirar a medida", uma pintura do padroeiro de Pedro foi criada com exatamente as mesmas dimensões do garoto, e a imagem resultante de São Pedro com a Santíssima Trindade media 48 centímetros de comprimento por treze centímetros de largura.

Moscou regozijou quando o enorme sino da Torre de Ivan, o Grande tocou no Kremlin, anunciando o nascimento desse novo czarevich. Mensageiros galoparam para levar a notícia a outras cidades russas e embaixadores especiais foram enviados à Europa. Dos baluartes brancos do Kremlin, canhões dispararam em saudação por três dias, enquanto os sinos das 1600 igrejas da cidade soavam continuamente.

Aleixo estava extremamente feliz com seu novo filho e cuidou pessoalmente de cada detalhe de uma cerimônia pública de ação de graças na Catedral da Assunção. Depois disso, elevou Kyril Naryshkin, o pai de Natália, e Matveiev, seu pai adotivo, de classe e serviu pessoalmente vodca e vinhos para os visitantes.

O bebê Pedro foi batizado com quatro semanas em 29 de junho, o dia sagrado de São Pedro no calendário ortodoxo. Levado à igreja em um carrinho por um caminho borrifado com água benta, o garoto foi segurado por Teodoro Naryshkin, irmão mais velho da czarina, e batizado pelo confessor pessoal de Aleixo. No dia seguinte, um banquete real foi servido para as delegações de boiardos, comerciantes e demais cidadãos de Moscou que se amontoavam no Kremlin trazendo presentes. As mesas foram decoradas com enormes blocos de açúcar esculpidos em estátuas gigantes de águias, cisnes e outras aves. Havia até mesmo uma intrincada miniatura em açúcar do Kremlin, com esculturas minúsculas de pessoas passando por ali. Em seus aposentos particulares acima da área do banquete, a czarina Natália ofereceu uma recepção separada para as esposas e filhas dos boiardos, entregando-lhes pratos de doces na saída.

Pouco tempo depois, o motivo de toda essa celebração, cercado por sua equipe pequena e particular, foi levado à sua suíte. Pedro tinha uma governanta, uma ama de leite – "uma mulher boa e limpa, com leite doce e saudável" – e uma equipe de anões especialmente treinados para agirem como servos e colegas de brincadeiras das crianças da família real. Quando estava com dois anos, Pedro e sua comitiva (agora expandida de modo a incluir quatorze damas de assistência) mudaram-se para aposentos maiores no Kremlin: as paredes exibiam tecidos de um vermelho profundo, a mobília era estofada em carmesim e bordada com fios de ouro e azul claro. As roupas da criança

– miniaturas de cafetãs, camisas, coletes, meias e chapéus – eram feitas de seda, cetim e veludo, bordadas com prata e outro, com botões e pendões costurados com pérolas e esmeradas.

Uma mãe amorosa, um pai orgulhoso e um Matveiev feliz competiam ao darem presentes refinados para a criança e o quarto de Pedro logo se viu tomado por bonecos e brinquedos grandiosos. Em um canto ficava um cavalo de madeira com sela de couro enfeitada com tachas de prata e rédeas decoradas com esmeraldas. Sobre uma mesa próxima à janela, repousava um livro de imagens, meticulosamente criado para o garoto por seis pintores de renome. Caixas de música e um pequeno e elegante clavicórdio com cordas de cobre foram trazidos da Alemanha. No entanto, os brinquedos favoritos e as primeiras brincadeiras de Pedro eram mais voltados ao mundo militar. Ele gostava de bater em címbalos e em tambores. Soldados e fortalezas de brinquedo, miniaturas de lanças, espadas, arcabuzes e revólveres se espalhavam pelas mesas, pelas cadeiras e pelo chão. Junto a sua cama, o garoto mantinha seu brinquedo mais precioso, um presente que Matveiev havia comprado de um estrangeiro: um barco em miniatura.

Inteligente, ativo e barulhento, Pedro cresceu rapidamente. A maioria das crianças começa a andar com idade por volta de um ano, mas Pedro já dava os primeiros passos aos sete meses. Seu pai gostava de levar o saudável czarevich consigo em excursões nos arredores de Moscou e às mansões reais fora da capital. Às vezes, iam a Preobrajenski, o retiro informal onde Matveiev havia construído um teatro de verão; este local tranquilo às margens do rio Yauza, além do Subúrbio Alemão, era o favorito de Natália. Porém, Pedro era levado com mais frequência à maravilha arquitetônica do reinado de Aleixo, o enorme palácio em Kolomenskoe.

A imensa construção, totalmente em madeira, era vista pelos russos contemporâneos como a oitava maravilha do mundo. Erguida em uma encosta íngreme com vista para uma curva do rio Moscou, era uma combinação exótica de cúpulas, telhados pontudos, torres piramidais gigantescas, arcos em formato de ferradura, vestíbulos, escadas gradeadas, sacadas e varandas, galerias, pátios e portões. Uma construção separada de três andares, com duas torres pontiagudas, servia como os aposentos privados de Pedro e seu meio-irmão Ivan. Embora por fora o palácio parecesse uma combinação insana da antiga arquitetura russa, a construção tinha muitos traços modernos. Existiam banheiras não apenas para membros da família, mas também para os servos (o palácio de Versalhes, construído aproximadamente na mesma época, foi erguido sem toaletes ou salas de banho). As paredes de madeira do Kolomenskoe eram atravessadas por três mil janelas de mica e vidro, permitindo a entrada de luz nos 270 cômodos decorados em estilo moderno e secular. Imagens vividamente pintadas decoravam os tetos; espelhos e cortinas de veludo alternavam-se nas paredes com retratos de Júlio César e Alexandre, o Grande. O trono de prata incrustado de pedras preciosas no qual Aleixo recebia seus visitantes era ladeado por dois leões de bronze gigantes. Quando o czar empurrava uma alavanca, os olhos desses animais mecânicos giravam, suas bocas se abriam e de suas gargantas soava um rugido rouco e metálico.[1]

Natália preferia a rotina menos formal desses palácios afastados à vida no Kremlin. Detestando o ar abafado de sua carruagem fechada, a czarina abria as cortinas – em público – e logo estava indo e vindo do interior. Certa vez, mesmo durante uma comitiva de Estado, deslocou-se com o marido e o filho em uma carruagem descoberta. Como era mais confortável para Natália, Aleixo preferia receber embaixadores estrangeiros em Kolomenskoe, e não no Kremlin. Em 1675, a comitiva de chegada do embaixador austríaco teve de deliberadamente diminuir a velocidade ao passar pela janela onde estava a czarina, para que ela pudesse ter mais tempo de observar. Esse mesmo diplomata, esperando para ser apresentado ao czar, vislumbrou o jovem Pedro: "A porta se abriu subitamente e Pedro, com três anos de idade, um garoto de cabelos cacheados, foi visto por um instante segurando a mão de sua mãe".

Mais tarde naquele ano, Pedro passou a ser visto em público com certa regularidade. Aleixo havia encomendado várias carruagens douradas enormes (como aquelas usadas pelos monarcas europeus contemporâneos) para a corte. Matveiev, sabendo exatamente como agradar, encomendou uma cópia em miniatura de uma dessas carruagens e a deu como presente a Pedro. O pequeno veículo, "decorado com ouro, puxado por quatro pôneis anões, com quatro anões andando nas laterais e outro atrás", tornou-se uma das imagens favoritas nas ocasiões estatais.

Aleixo viveu cinco anos com Natália Naryshkina. Uma segunda criança, batizada de Natália em homenagem à mãe, nasceu e viveu; uma terceira, novamente uma filha, nasceu e morreu. Na corte, os efeitos do casamento haviam sido fortemente percebidos. A qualidade austera e dolorosamente reli-

---

[1] Em 1771, exatamente cem anos após ser construído, o enorme palácio de madeira foi derrubado por Catarina, a Grande. (N. A.)

giosa dos anos anteriores de Aleixo abriu caminho para uma energia renovada e mais tranquila, uma prontidão maior para aceitar ideias, entretenimentos e técnicas ocidentais. Todavia, o maior efeito ocorreu no próprio czar. O casamento com sua jovem esposa lhe trouxe vivacidade e felicidade. Os últimos anos de sua vida foram também os mais felizes.

DE FORMA REPENTINA, QUANDO Pedro tinha apenas três anos e meio, a calma de sua vida no berçário foi abalada. Durante a Epifania do Senhor, em janeiro de 1767, o czar Aleixo, com 47 anos, saudável e ativo, participou da cerimônia anual de bênção às águas do rio Moscou. Por ter ficado parado no ar gelado do inverno durante a longa cerimônia, Aleixo pegou um resfriado. Alguns dias depois o czar deixou o teatro do Kremlin no meio de uma peça e foi para a cama. Inicialmente, a doença não pareceu trazer grandes riscos. Mesmo assim, a saúde do czar seguiu piorando e, após dez dias, em oito de fevereiro, Aleixo morreu.

De uma hora para a outra, o mundo de Pedro se transformou. Ele havia sido um filho adorado de um pai cheio de amor por sua mãe; agora, era o descendente possivelmente problemático da segunda esposa de seu falecido pai. O sucessor ao trono era Teodoro, de quinze anos, o filho mais velho e semi-inválido de Maria Miloslavskaia. Embora Teodoro nunca tivesse sido saudável, Aleixo o declarou formalmente maior de idade em 1674, reconheceu-o como herdeiro e apresentou-o como tal a seus súditos e embaixadores estrangeiros. Na época, aquilo parecia não passar de uma formalidade. A saúde de Teodoro era tão delicada e a de Aleixo tão boa que poucos pensaram que o frágil rapaz viveria para suceder o pai vigoroso.

Mas agora isso tinha acontecido: Teodoro era czar e o enorme pêndulo do poder havia balançado novamente dos Naryshkin para os Miloslavski. Embora suas pernas estivessem tão inchadas a ponto de ele ter de ser carregado para ser a cerimônia, Teodoro foi coroado sem oposição. Os Miloslavski se apressaram a voltar, triunfantes, para o gabinete oficial. O próprio Teodoro não tinha nenhuma má vontade diante de sua madrasta, Natália, ou de seu meio-irmão, Pedro, mas tinha apenas quinze anos e não conseguiu resistir completamente à força da família Miloslavski.

À frente do clã estava seu tio, Ivan Miloslavski, que havia se afastado com toda a pressa de seu posto de governador de Astracã para substituir Matveiev como ministro-chefe. Era esperado que o próprio Matveiev, líder efetivo do partido Naryshkin, fosse reduzido a algum posto protocolar; era um acompanhamento aceito como consequência do balançar do pêndulo, contrapondo-se à volta de Miloslavski a Astracã. A czarina Natália, portanto, ficou triste, porém resignada, ao ver seu pai adotivo partir rumo à Sibéria para se tornar governador de Verkoture, uma província na região noroeste daquele imenso território. Entretanto, ela ficou chocada e horrorizada ao descobrir que, no caminho para seu novo posto, Matveiev havia recebido novas ordens de Ivan Miloslavski: o pai adotivo de Natália seria preso, destituído de todas as suas posses e conduzido como prisioneiro de estado a Pustozersk, uma cidade remota no Círculo Ártico. (Na verdade, o medo que Ivan Miloslavski sentia de seu poderoso rival o tinha levado ainda mais longe: ele tinha tentado condenar Matveiev à morte, acusando-o de roubar o Tesouro, de magia e até mesmo de tentar envenenar o czar Aleixo. Ivan pressionou o jovem Teodoro, mas o czar se recusou a emitir a sentença de morte, e Miloslavski teve de se contentar com a prisão de Matveiev.)

Privados de seu poderoso defensor e com seus demais apoiadores afastados do governo, Natália e seus dois filhos desapareceram da cena pública. Num primeiro momento, Natália temia pela segurança física de seus filhos: Pedro, com três anos e meio, continuava sendo a esperança do partido Naryshkin para o futuro. No entanto, com o passar o tempo, a czarina passou a se sentir mais à vontade. A vida do príncipe ainda era considerada sagrada e o czar Teodoro jamais demonstrou nada além de compaixão e bondade para com seus parentes agora menos favorecidos. Eles permaneceram no Kremlin, enclausurados em seus aposentos particulares. Lá teve início a educação de Pedro. Naquela época, a maioria das pessoas da Moscóvia, até mesmo a pequena nobreza e o clero, era analfabeta. Na nobreza, a educação raramente ia além de ler, escrever e ter noções de história e geografia. Os ensinamentos de gramática, matemática e línguas estrangeiras eram reservados a eruditos religiosos que precisavam dessas ferramentas para estudar teologia. Havia exceções, todavia: os dois filhos do czar Aleixo (Teodoro e sua irmã, a czarevna Sofia) foram colocados sob os cuidados de eruditos religiosos famosos de Kiev. Os dois receberam uma abrangente educação clássica e sabiam falar latim e polonês, as línguas estrangeiras de um moscovita realmente culto do século XVII.

A educação de Pedro teve início de forma simples. Aos três anos, quando seu pai ainda estava vivo, o jovem recebeu uma cartilha para começar a aprender o alfabeto. Quando Pedro completou cinco anos, o czar Teodoro, que era seu padrinho (além de meio-irmão), disse a Natália: "Senhora, chegou a hora de nosso afilhado dar início às suas lições". Nikita Zotov, um eclesiástico que trabalhava no departamento de cobrança de impostos, foi selecionado para ser o tutor de Pedro. Zotov, um simpático literato que conhecia bem a Bíblia, embora não fosse acadêmico, ficou emocionado ao ser escolhido para esse papel. Tremendo, foi levado até a czarina, que o recebeu com Pedro a seu lado. "O senhor é um homem bom, bastante versado nas Sagradas Escrituras", ela afirmou. "E confio meu único filho ao senhor." Com isso, Zotov lançou-se ao chão e explodiu em lágrimas. "*Matushka*", declarou em meio aos prantos, "não sou digno de cuidar de um tesouro tão precioso!". A czarina gentilmente o levantou e lhe disse que as aulas de Pedro teriam início no dia seguinte. Para estimular Zotov, o czar lhe concedeu uma suíte e o promoveu à classe de um nobre menor. A czarina, por sua vez, presenteou-o com dois conjuntos completos de roupas novas, ao passo que o patriarca lhe deu cem rublos.

Na manhã seguinte, com o czar e o patriarca presentes para assistir, Zotov deu a Pedro a primeira aula. Os livros novos foram borrifados com água benta, Zotov fez uma reverência ao jovem aluno e a aula teve início. O mestre começou com o alfabeto e, com o passar do tempo, deu início aos estudos do Livro de Orações e da Bíblia. Longas passagens da Sagrada Escritura, gravadas na jovem memória de Pedro, seguiram permanentemente com ele. Quarenta anos depois, ele ainda as recitava de cor. Aprendeu a cantar a magnífica litania do coral russo e gostava muito de usar esse talento. Anos mais tarde, viajando pela Rússia, Pedro com frequência participava dos serviços nas igrejas do interior. Sua prática nessas ocasiões era ir até o coral e cantar com eles em volume alto.

A tarefa de Zotov consistia em apenas ensinar Pedro a ler e a escrever, mas ele logo encontrou seu pupilo ansioso por ir além. Pedro constantemente pedia a Zotov para lhe contar mais sobre a história russa, as batalhas e os heróis. Quando o professor mencionou o entusiasmo do garoto a Natália, ela encomendou de mestres da gravura da Comissão de Artilharia livros de desenhos coloridos retratando cidades e palácios estrangeiros, navios, armas e eventos históricos. Zotov colocou essa coleção no quarto de Pedro para que, quando o garoto estivesse cansado das aulas regulares, os livros pudessem ser usados, analisados e discutidos. Um globo gigante (mais alto do que um homem) enviado da Europa Ocidental ao czar Aleixo foi colocado na sala de aula para que Pedro pudesse estudar. A representação da geografia da Europa e da África eram impressionantemente acuradas. Os detalhes da costa leste da América do Norte também estavam corretos (a Baía de Chesapeake, Long Island e Cape Cod se mostravam precisamente desenhados), mas, mais adiante, as linhas se tornavam menos exatas. A Califórnia, por exemplo, aparecia separada do restante do continente.

Na sala de aula, Zotov conquistou o profundo afeto de seu aluno e, durante toda a vida do professor, Pedro o manteve por perto. Zotov foi acusado de oferecer uma educação inferior a seu pupilo, inadequada às necessidades de um garoto que seria czar, mas, na época dessas aulas, Pedro estava atrás de seus dois meios-irmãos, Teodoro e Ivan, na linha de sucessão. Sua educação, embora menos severamente clássica do que aquela oferecida a Teodoro e a Sofia, era muito superior àquela de um nobre russo comum. E mais importante: talvez fosse a melhor educação para uma mente como a de Pedro. Ele não era um erudito, mas sim um garoto incomumente aberto e curioso, e Zotov estimulou essa curiosidade – é de se duvidar que alguém poderia ter se saído melhor. Por mais estranho que possa parecer, quando esse príncipe que se tornaria imperador alcançou a maioridade, ele era, em grande parte, um autodidata. Desde seus primeiros anos, Pedro escolhia o que queria aprender. O molde que educou Pedro, o Grande, não foi criado por seus pais, professores ou conselheiros, mas sim cunhado por ele próprio.

ENTRE A SALA DE aula e as brincadeiras no Kremlin e em Kolomenskoe, a vida de Pedro se passou sem sobressaltos durante os seis anos (1676-1682) do reinado de Teodoro, que era muito parecido com seu pai – de boas maneiras, tolerante e relativamente inteligente, tendo sido educado pelos principais eruditos de seu tempo. Infelizmente, sua doença (que se assemelhava ao escorbuto) frequentemente o forçava a governar a Rússia deitado.

Mesmo assim, Teodoro realizou uma grande reforma: a abolição do sistema medieval de precedência – um peso massivo na administração pública, um *modus operandi* que decretava que os nobres só podiam aceitar cargos na administração pública ou ordens militares de acordo com sua posição. E, para provar sua posição, todos os boiardos protegiam zelosamente os registros de sua família. Havia infinitas disputas e tornou-se impossível colocar homens capacitados em cargos fundamentais porque outros, apoiando-se em suas posições, recusavam-se a servir abaixo deles. O sistema consagrava a incompetência e, no século XVII, para conseguir reunir um exército, os czares se viam forçados a deixar o sistema de lado temporariamente e a declarar que ordens em tempos de guerra seriam emitidas "sem precedência".

Teodoro queria tornar permanentes essas renúncias temporárias. Ele designou uma comissão, que recomendou a abolição permanente do primado;

em seguida, reuniu um conselho especial de boiardos e de membros do clero e exigiu pessoalmente a abolição para o benefício do Estado. O patriarca o apoiou com entusiasmo. Os boiardos, desconfiados e relutantes em deixarem de lado as santificadas prerrogativas da classe, aceitaram contra a vontade. Teodoro ordenou que todos os documentos de família, livros de serviços e quaisquer outros itens ligados a precedência e classe fossem entregues. Diante dos olhos do czar, do patriarca e do conselho, os documentos foram embrulhados, levados ao pátio do Kremlin e lançados nas chamas de uma fogueira. Teodoro declarou que, dali em diante, os gabinetes e o poder seriam distribuídos com base no mérito, e não no nascimento, um princípio que Pedro subsequentemente usaria para criar a base de sua própria administração militar e civil. Ironicamente, muitos boiardos, ao verem seus antigos privilégios virarem fumaça, silenciosamente amaldiçoaram Teodoro e os Miloslavski, passando a ver o jovem Pedro como um possível salvador do sistema antigo.

Embora tenha se casado duas vezes em sua breve vida, Teodoro morreu sem deixar herdeiros. Sua primeira esposa morreu após dar à luz, e alguns dias depois o recém-nascido também veio a óbito. A morte do herdeiro e a saúde cada vez pior de Teodoro faziam crescer o desconforto dos Miloslavski, que insistiram para que ele se casasse novamente. Apesar dos avisos dos médicos de que os esforços da cerimônia o matariam, Teodoro concordou, pois havia se apaixonado por uma bela e animada garota de quatorze anos. Martha Apraxina não era a escolha dos Miloslavski; era afilhada de Matveiev e pediu, como condição para se casar, que ele recebesse anistia e tivesse suas propriedades devolvidas. Teodoro concordou, mas, dois meses e meio depois do casamento, antes que o padrinho da noiva chegasse a Moscou para dar pessoalmente os parabéns, o czar faleceu.

Desde a ascensão de Miguel Romanov, em 1613, cada czar tinha sido sucedido por seu primogênito: Miguel havia sido sucedido por seu filho mais velho, Aleixo, e Aleixo por seu filho mais velho, Teodoro. Em todos os casos, antes de sua morte o czar apresentara formalmente seu filho mais velho ao povo, apontando oficialmente o herdeiro do trono. Entretanto, agora Teodoro havia morrido sem deixar um filho ou apontar um herdeiro.

Os dois candidatos vivos eram o irmão de dezesseis anos de Teodoro, Ivan, e seu meio-irmão de dez anos, Pedro. Em condições normais, Ivan (seis anos mais velho do que Pedro, além de filho da primeira esposa de Aleixo) teria sido, sem contestações, o escolhido. No entanto, Ivan era quase cego, coxo e falava com dificuldade, ao passo que Pedro era ativo, cheio de energia e grande para sua idade. Mais importante: os boiardos sabiam que, independentemente de qual dos garotos chegasse ao trono, o verdadeiro poder estaria nas mãos de um regente. A essa altura, a maioria deles se opunha a Ivan Miloslavski e preferia Matveiev que, sob regência nominal da czarina Natália, manejaria o poder caso Pedro se tornasse czar.

A decisão veio imediatamente depois que os boiardos se despediram do czar Teodoro. Um a um, eles passaram pela cama na qual estava deitado o czar, parando para beijar a mão fria e branca. Então, o patriarca Joaquim entrou na sala com seus bispos e lançou a pergunta formal: "Qual dos dois príncipes será o czar?". Uma discussão se instalou – alguns apoiavam os Miloslavski, afirmando que a reivindicação de Ivan era a mais forte; outros insistiam que não seria prático, que seria uma grande tolice continuar o reinado da Rússia de um leito no qual repousava um doente. A discussão se tornava cada vez mais quente e, por fim, em meio ao tumulto, um grito foi ouvido: "Deixem o povo decidir".

Em teoria, "o povo" significava que o czar seria eleito por um *Zemski Sobor*, uma Assembleia Popular – uma reunião de nobres, mercadores e habitantes de todas as partes do Estado moscovita. Fora uma assembleia popular que, em 1613, havia convencido o primeiro Romanov, Miguel, com dezesseis anos, a aceitar o trono, e que aprovara a sucessão de Aleixo. No entanto, uma reunião tão grande não poderia ser realizada antes de semanas. Assim, naquele momento, "o povo" significava a multidão de moscovitas reunida do lado de fora das janelas do palácio.

Os sinos da torre de Ivan, o Grande soaram, e o patriarca, os bispos e os boiardos foram até a sacada acima da Escada Vermelha, com vista para a Praça da Catedral. Olhando para a multidão, o patriarca gritou: "O czar Teodoro Alexeievich, de abençoada memória, está morto. Não deixa herdeiros, apenas seus irmãos, o czarevich Ivan Alexeievich e o czarevich Pedro Alexeievich. A qual dos dois príncipes vocês entregam o poder?". O que se seguiu foram altos brados de "Pedro Alexeievich" e algumas vozes pedindo "Ivan Alexeievich" – mas os gritos pedindo por Pedro se tornaram mais altos e abafaram os outros. O patriarca agradeceu e abençoou a multidão. A escolha havia sido feita.

Lá dentro, o recém-eleito soberano de dez anos esperava. Seus cabelos curtos e encaracolados emolduravam o rosto redondo e bronzeado, com grandes olhos negros, lábios salientes, a verruga na bochecha direita. Ele enrubesceu, constrangido, quando o patriarca se aproximou e começou a falar. O religioso anunciou formalmente a morte do czar, a eleição de Pedro e concluiu:

"Em nome de todo o povo da Fé Ortodoxa, imploro para que seja nosso czar". Num primeiro momento, Pedro recusou, afirmando ser jovem demais e que seu irmão seria mais capaz de reinar. O patriarca insistiu, dizendo: "Senhor, não rejeite nosso pedido". Pedro permaneceu em silêncio, ainda mais enrubescido. Minutos se passaram. Pouco a pouco, as pessoas na sala entenderam que o silêncio de Pedro significava seu consentimento.

A crise havia passado. Pedro era czar, sua mãe seria a regente e Matveiev governaria. Isso era o que todos os presentes acreditavam ser o fim de um dia tumultuado. Entretanto, eles haviam se esquecido da czarevna Sofia.

III

"UMA DAMA DE ENORME INTELIGÊNCIA"

Não existia a "mulher russa". O sangue daquele povo era uma mistura de eslavos, tártaros, bálticos e outros povos. Idealmente, talvez, uma mulher russa fosse clara e graciosa, com cabelos de um castanho claro, e seu corpo, uma vez passada a infância, exibiria curvas generosas. Em parte porque os homens russos gostavam de mulheres fortes e com seios fartos, e em parte porque suas formas, sem a constrição artifical dos espartilhos, eram livres para se expandir conforme a natureza decretava. Os visitantes ocidentais, acostumados às cinturas apertadas com corpetes de Versalhes, St. James e Hofburg, achavam as mulheres russas volumosas.

Elas não se interessavam em parecer bonitas. Usavam sarafans longos e fluidos, de cores fortes, bordados com linhas douradas. As mangas esvoaçantes se alargavam a partir dos ombros e cobririam as mãos se não fossem presas por pulseiras brilhantes. Os vestidos usados por sobre esses sarafans eram de veludo, tafetá ou brocado. As garotas usavam os cabelos em uma trança longa e um arco de flores ou um laço. Uma mulher casada nunca andava com a cabeça descoberta. Em casa, usava turbante de tecido; quando saía, vestia um lenço ou um refinado chapéu de pele. Pintavam as bochechas de vermelho para realçar a beleza e usavam os mais belos brincos e mais valiosos anéis que seus maridos podiam comprar.

Infelizmente, quanto mais alta a posição social de uma mulher e mais belo seu guarda-roupa, menor a probabilidade de ela ser vista. A ideia que os moscovitas tinham da mulher, proveniente de Bizâncio, não tinha nada daquela concepção romântica medieval do ocidente, sem galanteria, cavalheirismo ou amor cortês. Em vez disso, a mulher era vista como uma criança tola e indefesa, intelectualmente vazia, moralmente irresponsável e, diante da menor chance, entusiasticamente promíscua. Essa ideia puritana de que um elemento do demônio estava à espreita em todas as garotinhas afetava o início de sua infância. Nas boas famílias, crianças de sexos opostos jamais podiam brincar juntas – para preservar os garotos de perversão. Conforme cresciam, as garotas também se tornavam sujeitas à perversão e até mesmo o mais inocente contato entre jovens e donzelas era proibido. Em vez disso, para preservar sua pureza, enquanto aprendiam a rezar, obedecer e algumas poucas habilidades úteis (como o bordado), as filhas eram mantidas trancafiadas. Uma canção as descrevia como "sentadas atrás de trinta portas trancadas, para que o vento não consiga bagunçar seus cabelos, nem o sol queimar suas bochechas, nem os belos jovens seduzi-las". Assim, elas esperavam, inábeis e imaculadas, até chegar o dia em que seriam lançadas nas mãos de um marido.

Em geral, uma garota se casava em plena adolescência com um homem que não conhecia até que os principais interessados no matrimônio – seu pai, o noivo e o pai do noivo – tomassem a decisão final. As negociações podiam ser demoradas, pois envolviam questões cruciais como o tamanho do dote e as garantias da virgindade da noiva. Se depois de tudo, na opinião do jovem noivo (que não era necessariamente um especialista), a jovem tivesse tido experiências anteriores, o casamento poderia ser anulado e o dote devolvido. Isso envolvia um processo complicado; portanto, era muito melhor examinar cuidadosamente antes e ter certeza absoluta.

Quando tudo estava arrumado, a jovem futura esposa, com o rosto coberto por um véu de linho, era chamada na presença de seu pai para ser apresentada ao futuro marido. Empunhando um pequeno chicote, o pai golpeava a filha levemente nas costas, dizendo: "Minha filha, esta é a última vez que será admoestada pela autoridade de seu pai, sob cujas regras você viveu até hoje. Agora está livre de mim; porém, lembre-se de que você não escapou do meu poder, mas sim que está passando ao poder de outro. Caso não se comporte como deve para com seu esposo, ele irá admoestá-la com este chicote em meu lugar". Depois disso, o pai passava o chicote ao noivo que, de acordo com o costume, declarava nobremente que "acreditava não precisar do chicote". Mesmo assim, ele o aceitava como um presente de seu sogro e o prendia ao cinto.

Na véspera do casamento, a noiva era trazida por sua mãe até a casa do noivo com o enxoval e a cama nupcial. De manhã, usando um véu pesado, ela participava da cerimônia, jurando fidelidade ao trocar os anéis e, em seguida, jogando-se aos pés do esposo, tocava a testa nos sapatos dele em um gesto de subjugação. Com a esposa no chão abaixo dele, o noivo benevolentemente a cobria com a bainha de seu casaco, reconhecendo sua obrigação de sustentar e proteger aquela humilde criatura. Em seguida, enquanto os convidados davam início ao banquete, os recém-casados iam direto para a cama. Tinham duas horas antes de as portas se abrirem e os convidados se amontoarem à sua volta, querendo saber se o marido havia realmente encontrado uma esposa virgem. Se a resposta fosse afirmativa, então os noivos recebiam os parabéns, eram levados para tomar um banho de ervas perfumadas e depois seguiam até o salão do banquete para participar da festa. Se a resposta fosse não, então todos, mas acima de tudo a noiva, sofriam.

Após o matrimônio, a nova esposa assumia seu lugar na casa do marido – o papel de um móvel doméstico animado – e não possuía quaisquer direitos, exceto por meio dele. Suas funções eram cuidar da casa e do conforto do marido e ter os filhos dele. Se tivesse talento suficiente, ela governava os servos; se não, na ausência do marido, os servos assumiam o controle sem perguntar ou dizer nada a ela. Quando o marido tinha um convidado importante, a esposa tinha direito de aparecer antes do jantar, usando seus melhores trajes cerimoniais, levando uma bebida de boas-vindas em uma bandeja de prata. De pé diante do convidado, ela fazia uma reverência, passava a bebida, oferecia a bochecha para um beijo cristão e então se retirava sem dizer nada. Quando ela estava grávida, aqueles que temiam seu marido ou desejavam a proteção dele vinham dar os parabéns e traziam peças de ouro como presente para a criança. Se o presente fosse generoso, o esposo tinha bons motivos para ficar feliz com sua excelente esposa.

Se o marido não estivesse feliz, existiam procedimentos para melhorar a situação. Na maioria dos casos, quando apenas uma leve correção era necessária, ele tinha o direito de espancá-la. O *Domostroi*, ou Código de Conduta da Casa, de 1556, atribuído a um monge chamado Sylvester, apresentava conselhos específicos aos chefes de família moscovitas sobre diversas questões familiares, desde como fazer cogumelos em conserva até como disciplinar esposas. Sobre este último assunto, o manual recomendava que "esposas desobedientes deveriam ser severamente chicoteadas, embora não em momentos de fúria". Até mesmo uma boa esposa deveria ser ensinada por seu marido "por meio do uso do chicote de tempos em tempos, mas de maneira gentil, discreta e polida, evitando golpes com os punhos, uma vez que eles podem causar hematomas". Nas classes mais baixas, os homens russos espancavam as esposas com o mais leve pretexto. "Alguns desses bárbaros amarram suas esposas pelos cabelos e as chicoteiam totalmente nuas", escreveu o doutor Collins. Por vezes os espancamentos eram tão severos que a mulher chegava a morrer; e então o marido estava livre para se casar novamente. Inevitavelmente, algumas esposas, atormentadas além do que suportavam, revidavam matando seus maridos. Isso acontecia em poucos casos, já que uma nova lei, publicada no início do reinado de Aleixo, aplicava penas severas a essas criminosas: uma mulher culpada pelo assassinato de seu marido era enterrada viva, com apenas a cabeça deixada acima do chão, e assim ficava até a morte.

Em casos sérios, nos quais uma esposa era vista como tão insatisfatória a ponto de não valer o espancamento, ou em que o marido havia encontrado outra mulher que preferisse, a solução era o divórcio. Para se divorciar de sua esposa, um marido ortodoxo tinha de mandá-la, mesmo contra a vontade dela, para um convento. Lá, ela tinha os cabelos cortados e passava a usar um vestido preto e longo, com mangas amplas e capuz, e se tornava, aos olhos do mundo, morta. Pelo resto da vida, viveria em meio a multidões de mulheres em conventos, algumas delas jovens forçadas a deixarem de lado a vida por conta de irmãos ou parentes gananciosos que não queriam dividir uma propriedade ou pagar um dote, outras simplesmente esposas que haviam fugido e preferiam qualquer coisa a voltar para seus maridos.

Uma vez que sua esposa estivesse "morta", o marido se via livre para se casar novamente, mas essa liberdade não era ilimitada. A Igreja Ortodoxa permitia que um homem tivesse duas esposas ou dois divórcios, mas a terceira esposa seria a última. Assim, o marido que houvesse abusado violentamente de suas primeiras duas esposas deveria ter mais cuidado com a terceira. Se ela morresse ou fugisse, ele não poderia se casar novamente.

O isolamento das mulheres e o desdém por sua companhia geravam um efeito sombrio nos homens russos do século XVII. A vida familiar era sufocada, a vida intelectual, estagnada, as qualidades mais grosseiras prevaleciam e os homens, desprovidos da companhia das mulheres, encontravam pouco a fazer além de beber. Havia exceções, todavia. Em algumas casas, mulheres inteligentes tinham um papel essencial, mesmo que nos bastidores; em outras, mulheres fortes chegavam a dominar maridos fracos. Ironicamente, quanto mais baixa a posição social de uma mulher, maior era sua chance de igualdade. Nas classes mais baixas, nas quais a vida era uma luta pela sobrevivência, as mulheres não podiam ser empurradas de lado e tratadas como crianças inúteis; seus cérebros e músculos eram necessários. Elas eram consideradas inferiores, sim, mas viviam lado a lado com os homens. Banhavam-se com homens e, sorrindo, corriam com eles pela neve, completamente nuas. Nas infinitas noites de inverno, uniam-se aos homens em comes e bebes ao redor do fogão, amontoados, permitindo os abraços de quem quer que estivesse por perto, rindo, chorando e finalmente dormindo em uma comunhão embriagada. Se um marido fosse cruel, pelo menos havia sido gentil antes; se a espancasse, isso permitia que ela o perdoasse mais uma vez. "Sim, ele me espanca, mas depois cai de joelhos, com lágrimas nos olhos, e implora meu perdão.[...]"

No cume da ordem social feminina ficava a czarina, a esposa do czar. Sua vida, embora mais confortável do que a de suas irmãs em posições inferiores, não era mais independente. Ela dedicava seu tempo à família, às orações e às boas ações e caridade. Dentro do palácio, cuidava da família, de seu próprio guarda-roupa e também dos de seu marido e filhos. Em geral, a czarina era habilidosa com as agulhas e bordava robes e vestes para o czar ou para a igreja. Além disso, supervisionava o trabalho de muitas costureiras. Era sua tarefa oferecer assistência generosa aos pobres, cuidar dos casamentos e assegurar os dotes das muitas mulheres jovens de sua casa. Assim como seu marido, a czarina passava muito tempo na igreja, mas, mesmo com todas as suas obrigações, ainda havia muitas horas livres. Para passar o tempo, ela jogava cartas, ouvia histórias, assistia as servas cantarem e dançarem e ria das palhaçadas de seus anões usando fantasias de um rosa muito vivo, botas de couro vermelhas e chapéus de tecido verde. Ao final do dia, depois de ir à igreja e quando o czar havia terminado seu trabalho, a czarina poderia ser chamada para visitar seu esposo.

Se o casamento era ou não algo desejável para uma russa do século XVII, essa é uma questão discutível. No entanto, algumas delas na sociedade russa jamais saberiam disso. Pela escala social, elas estavam bem próximas do topo: as irmãs e filhas do czar. Pelo fator sorte, quem sabe? Nenhuma dessas princesas, chamadas de czarevnas, viria a encontrar um homem, apaixonar-se, casar-se e ter filhos. Da mesma forma, nenhuma delas seria regateada, vendida, legalmente estuprada, espancada ou divorciada. A barreira era sua classe social. Elas jamais poderiam se casar com russos abaixo de sua posição real (embora o czar pudesse escolher uma esposa vinda da nobreza). Pela religião, eram impedidas de se casarem com estrangeiros (os quais eram, por definição, infiéis ou hereges). Portanto, desde o nascimento, essas mulheres estavam sentenciadas a viverem na escuridão e restrição do *terem*, um apartamento, em geral no topo das mansões russas, reservado para mulheres. Lá, elas passavam o tempo envolvidas com orações, bordado, fofocas e tédio. Jamais viriam a conhecer nada do mundo, e o mundo só saberia de sua existência quando fosse anunciado que uma delas havia nascido ou morrido.

À exceção de parentes mais próximos, do patriarca e de alguns padres selecionados, nenhum homem jamais colocava os olhos nas obscuras reclusas reais. O *terem* era um mundo exclusivamente feminino. Quando uma czarevna estava doente, as persianas eram abaixadas e as cortinas fechadas para escurecer o quarto e esconder a paciente. Se fosse necessário medir a pressão ou examinar o corpo, isso deveria ser feito com uma camada de gaze para que dedos masculinos não tocassem a pele feminina nua. No início da manhã ou no final da noite, as czarevnas iam à igreja, apressando-se por corredores fechados e passagens secretas. Em catedrais ou capelas, ficavam atrás de cortinas de seda vermelha, em uma área escura do coro, para evitar os olhares masculinos. Quando saíam em desfiles estatais, era atrás das delicadas paredes ambulantes de dosséis fechados. Quando deixavam o Kremlin em peregrinação até um convento, era em carruagens ou trenós vermelhos construídos especialmente para essa finalidade, fechados como células móveis, cercados por damas e homens montados para abrir caminho.

O TEREM DEVERIA TER sido o mundo de Sofia. Nascida em 1657, foi lá que ela viveu o início da infância, em meio a doze princesas – as irmãs, tias e filhas do czar Aleixo –, todas engaioladas atrás de pequenas janelas. Parecia não haver motivo para sua qualidade rara e extraordinária. Sofia era simplesmente a terceira das oito filhas – uma das seis sobreviventes – de Aleixo com Maria Miloslavskaia. Assim como suas irmãs, ela deveria receber uma educação feminina rudimentar e passar a vida em anônima reclusão.

Ainda assim, Sofia era diferente. Aquela estranha alquimia que, sem motivo aparente, destaca uma criança de uma família enorme e lhe confere um destino especial havia criado Sofia. Ela tinha a inteligência, a ambição e a determinação de que seus irmãos fracos e suas irmãs anônimas tanto careciam. Era quase como se a saúde, a vitalidade e a força de seus irmãos tivessem sido subtraídas deles e depositadas em Sofia.

Desde muito nova, era evidente que Sofia era excepcional. Ainda criança, de alguma forma convenceu o pai a quebrar a tradição do *terem* e permitir que ela participasse das aulas de seu irmão, Teodoro, quatro anos mais novo. Seu tutor era o ilustre erudito Simeon Polotski, um monge de ascendência polonesa da famosa academia de Kiev. Polotski a achava "uma dama de enorme inteligência e da mais delicada compreensão, com uma distinta mente masculina". Junto com um monge mais jovem, Sylvester Medvedev, Polotski ensinava a seus alunos teologia, latim, polonês e história. Sofia se familiarizou com poesia e teatro e chegou a atuar em peças religiosas. Medvedev concordava com Polotski de que era uma aluna com "uma compreensão e um julgamento maravilhosos".

Sofia tinha dezenove anos quando seu pai morreu e seu irmão com quinze se tornou o czar Teodoro II. Logo após a coroação de Teodoro, a czarevna começou a emergir da obscuridade do *terem*. Durante o reinado de Teodoro II, Sofia foi vista cada vez mais em circunstâncias até então totalmente desconhecidas para mulheres, como as sessões do conselho dos boiardos. Seu tio, Ivan Miloslavski e o principal ministro, o príncipe Vassili Golitsyn, incluíam-na em suas conversas e decisões para que as visões políticas de Sofia amadurecessem e ela aprendesse a julgar o caráter dos homens. Pouco a pouco, a czarevna passou a se dar conta de que suas conquistas intelectuais e sua força de vontade eram iguais (ou talvez até mesmo superiores) às dos homens à sua volta; de que não havia motivo algum – exceto o sexismo e a tradição ininterrupta dos moscovitas de que o autocrata fosse homem – que a impedisse de chegar ao poder supremo.

Durante a última semana da vida de Teodoro, Sofia ficou ao lado da cama do irmão, agindo como consolo, confidente e mensageira, e tornou-se profundamente envolvida com os assuntos de Estado. A morte de Teodoro e a súbita entrega do trono a seu meio-irmão, Pedro, e não a seu irmão de pai e mãe, Ivan, foram golpes terríveis para a czarevna. Ela sinceramente lamentou pela morte de Teodoro, que havia sido seu colega nos estudos, amigo e irmão. Além disso, a promessa de uma restauração Naryshkin na corte significava o fim de qualquer *status* especial para ela, uma princesa Miloslavski. Sofia certamente passaria a ter menos contato com altos funcionários do estado, como o príncipe Vassili Golitsyn, a quem ela tinha aprendido a admirar. Pior ainda: como ela e a nova regente, a czarina Natália, não gostavam uma da outra, talvez Sofia fosse até mesmo enviada de volta ao *terem*.

Então, a czarevna buscou desesperadamente outra saída. Apressou-se em procurar o patriarca para reclamar da rápida eleição que levou Pedro ao trono. "É uma eleição injusta", protestou. "Pedro é jovem e impetuoso. Ivan já chegou à maioridade. Ele deve ser o czar." Joaquim afirmou que a decisão não poderia ser alterada. "Mas pelo menos deixe os dois governarem!", implorou

Sofia. "Não", decretou o patriarca, "um governo dividido leva à ruína. Haverá apenas um czar. É assim que Deus quer". Naquele momento, Sofia teve de recuar. Alguns dias mais tarde, todavia, no funeral de Teodoro, ela tornou públicos seus sentimentos. Pedro seguiu o carro fúnebre em procissão até a catedral, acompanhado por sua mãe. Durante a caminhada, Natália ouviu barulhos altos atrás de si e, ao se virar, descobriu que Sofia havia se unido à procissão sem o dossel móvel que tradicionalmente protegia a filha de um czar do público. Exposta ali, com um véu que a cobria apenas parcialmente, a czarevna chorava teatralmente e convidava a multidão a testemunhar sua dor.

Aquele ato era sem precedentes e, na catedral lotada, Natália retaliou. Durante o longo funeral, a czarina tomou a mão de Pedro e foi embora. Mais tarde, explicou que seu filho estava exausto e faminto, e que ter ficado na cerimônia seria ruim para a saúde do garoto. Mesmo assim, os Miloslavski estavam escandalizados. A situação foi agravada pelo arrogante irmão caçula de Natália, Ivan Naryshkin, que acabara de ser convocado novamente à corte. "Os mortos", disse ele, referindo-se a todo o clã Miloslavski, "deveriam enterrar os mortos".

Ao deixar a catedral, Sofia novamente expressou sua dor, agora misturada com uma raiva amargurada. "Vocês veem como nosso irmão, o czar Teodoro, subitamente deixou esse mundo. Seus inimigos o envenenaram. Tenham pena de nós, órfãos. Não temos pai, nem mãe, nem irmão. Nosso irmão mais velho, Ivan, não foi eleito czar, e, se a culpa é nossa, deixe-nos ir viver nas terras governadas pelos reis cristãos."

IV

A REVOLTA DOS STRELTSI

Durante toda a primeira metade da vida de Pedro, a chave do poder na Rússia eram os Streltsi, lanceiros e mosqueteiros barbados e desgrenhados que guardavam o Kremlin. Eles foram os primeiros soldados profissionais da Rússia e juravam proteger "o governo" durante os momentos de crise, mas com frequência tinham dificuldade para decidir onde estava o governo legítimo. Eram uma espécie de animal coletivo, nunca muito certos de quem era seu verdadeiro mestre, mas prontos para avançar e morder todos aqueles que desafiassem sua própria posição privilegiada. Ivan, o Terrível, havia formado esses regimentos de modo a criar um núcleo profissional permanente para os ferozes exércitos feudais que os governantes moscovitas anteriores haviam envolvido em batalhas. Esses exércitos mais antigos (compostos por esquadrões de nobres a cavalo e uma horda de camponeses armados) eram convocados na primavera e enviados para casa no outono. Em geral, esses soldados de verão sem treinamento ou disciplina, que agarravam qualquer lança ou machado à sua frente quando eram chamados, acabavam se saindo muito mal contra seus inimigos ocidentais mais bem armados – os poloneses ou suecos.

Em guarda ou em desfiles, os Streltsi formavam uma imagem colorida. Cada regimento tinha suas próprias cores vívidas: um cafetã ou sobretudo azul, verde ou cereja, um casaco de pele da mesma cor, calças enfiadas em botas amarelas com o bico virado. Sobre o cafetã, cada soldado prendia um cinto de couro preto, no qual dependurava sua espada. Em uma mão, carregava um mosquete ou um arcabuz; na outra, uma alabarda ou um afiado machado de batalha.

A maior parte dos Streltsi era composta por russos que viviam à moda antiga, reverenciavam o czar e o patriarca, detestavam inovações e se opunham a reformas. Eram soldados e oficiais que ressentiam e desconfiavam dos estrangeiros trazidos para treinar o exército em novas armas e táticas. Ignoravam a política, mas, quando acreditavam que o país estava se desviando dos caminhos tradicionais, convenciam-se facilmente de que sua interferência nos assuntos de Estado era necessária.

Nos tempos de paz, não tinham muito o que fazer. Alguns eram enviados para as fronteiras polonesa e tártara, mas a maioria se concentrava em Moscou, onde viviam em alojamentos especiais próximos ao Kremlin. Em 1682, somavam 22 mil – divididos em 22 regimentos de mil homens cada – que, com suas esposas e filhos, formavam uma massa enorme de soldados e dependentes desocupados abrigados no coração da capital. E eram mimados: o czar lhes oferecia belas casas de madeira, fornecia o alimento, as roupas e o pagamento. Em troca, eles serviam como sentinelas no Kremlin e guardavam os portões da cidade. Quando o czar se locomovia dentro de Moscou, os Streltsi acompanhavam seu caminho; quando deixava a cidade, ofereciam escolta. Serviam como policiais, carregando pequenos chicotes para por fim às brigas. Quando ocorriam incêndios na cidade, os Streltsi tornavam-se bombeiros.

Pouco a pouco, com tanto tempo extra em mãos, os Streltsi passaram a se envolver com o comércio. Alguns deles abriram suas próprias lojas. Como membros do exército, não pagavam impostos sobre os lucros, e logo enriqueciam. Ser membro de um regimento se tornou algo desejável, e o alistamento, um privilégio passado adiante de forma quase hereditária. Assim que um garoto tivesse idade suficiente, era inscrito no regimento de seu pai. Naturalmente, quanto mais rico os Streltsi se tornavam, mais relutantes passavam a se mostrar em reassumir suas obrigações como soldados. Era mais provável que um Streltsi com uma loja lucrativa oferecesse suborno do que aceitasse a tarefa árdua. Os oficiais dos Streltsi também lucravam com essa enorme massa de homens. Alguns usavam os mosqueteiros desocupados como servos; outros, para construírem suas casas ou cuidarem de seus jardins. Às vezes, os oficiais desviavam o pagamento dos soldados, e as reclamações formais dos soldados ao governo eram, via de regra, ignoradas e os peticionários, punidos.

Foi exatamente isso o que aconteceu em maio de 1682, enquanto o jovem czar Teodoro repousava em seu leito de morte. O regimento Griboyedov apresentou uma petição formal acusando seu coronel, Semyon Griboyedov, de desviar metade do pagamento e forçá-los a trabalhar durante a semana da Páscoa em uma casa que ele estava construindo nos arredores de Moscou. O comandante do Streltsi, príncipe Yuri Dolgoruki, ordenou que o soldado que havia apresentado a petição fosse chicoteado por insubordinação. Entretanto, dessa vez, enquanto o solicitante era levado ao lugar do castigo, ele passou por um grupo de camaradas que assistiam à situação. "Irmãos", gritou, "por que me entregaram? Eu apresentei a petição por vocês, sob suas ordens!". Ouvindo isso, os Streltsi caíram sobre os guardas e libertaram o prisioneiro.

O incidente inflamou o alojamento dos Streltsi. Dezessete regimentos imediatamente acusaram seus coronéis de corrupção ou maus tratos e exigiram punições. O governo inexperiente da regente Natália, que acabava de assumir o poder, herdou a crise e se saiu mal. Muitos boiardos das mais antigas famílias russas – os Dolgoruki, Repnin, Romodanovski, Sheremetev, Shein, Kurakin e Urusov – tinham se unido no apoio a Pedro e sua mãe, mas nenhum deles sabia como apaziguar os Streltsi. No final, desesperada em diminuir a hostilidade dos soldados, Natalia puniu os coronéis. Sem realizar investigações, ela ordenou que fossem presos e destituídos de suas posições, e que suas propriedades e riquezas fossem divididas para atender às exigências dos soldados. Dois dos coronéis (um deles, Semyon Griboyedov) foram publicamente açoitados, ao passo que doze outros receberam punições menores, sendo espancados com *batogs*, um tipo de cassetete, diante dos próprios Streltsi. "Batam mais forte", gritavam eles, até que os coronéis desmaiassem. Depois disso, os Streltsi murmuravam sua satisfação: "Eles já tiveram o suficiente. Podem soltá-los...".

Permitir que uma tropa rebelde espancasse seus oficiais era uma forma arriscada de restaurar a disciplina. Depois disso, os Streltsi permaneceram calmos por algum tempo, mas sua nova sensação de poder, sua maior segurança de que tinham o direito (talvez até mesmo a obrigação) de expurgar os inimigos do Estado os tornou ainda mais perigosos.

Os Streltsi pensavam conhecer quem eram esses inimigos: os boiardos e os Naryshkin. Histórias sinistras haviam se espalhado entre eles. Havia o rumor de que Teodoro não havia morrido naturalmente, conforme o anunciado, mas sim envenenado por médicos estrangeiros com a conivência dos boiardos e dos Naryshkin. Os mesmos inimigos haviam forçado Ivan – o herdeiro por direito – a se distanciar em favor de Pedro. Agora que o esquema diabólico havia prosperado, os estrangeiros receberiam poderes no exército e no governo, a Ortodoxia seria degradada e pisoteada. E, pior de tudo: os defensores fiéis dos valores antigos da Moscóvia, os Streltsi, seriam horrivelmente punidos.

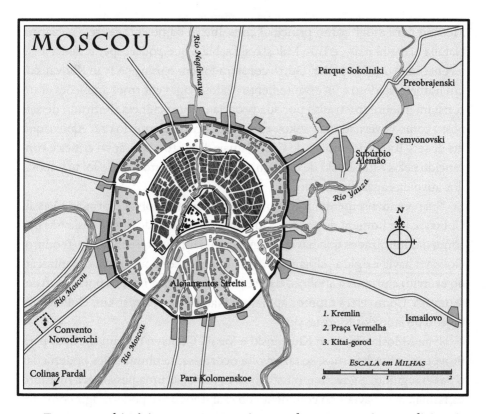

Essas eram histórias que se aproveitavam dos preconceitos tradicionais dos Streltsi. E outros eventos eram descritos de maneira calculada para estimular a ira dos soldados. Ao assumir o gabinete, Natália concedeu muitas promoções sociais a todos os seus parentes da família Naryshkin, chegando até mesmo a elevar seu irmão mais novo, o arrogante Ivan, de 23 anos, à posição de boiardo. Ivan Naryshkin já era objeto de aversão por seus comentários durante o funeral de Teodoro. Agora, novos rumores se espalhavam: ele teria grosseiramente empurrado a czarevna Sofia contra o chão; teria tomado a coroa e a colocado em sua própria cabeça, declarando que ela ficava muito melhor nele do que em qualquer outra pessoa.

Entretanto, as histórias tinham uma fonte e os rumores, um propósito. Quem estava por trás desse esforço para acender a ira dos Streltsi? Um dos instigadores era Ivan Miloslavski, extremamente ansioso para derrubar Pedro, Natália e o partido Naryshkin. Já tendo sido exilado no período anterior ao da dominância de Naryshkin na corte, ele havia retaliado enviando Matveiev para passar seis anos em uma dura prisão no Ártico. Agora, Matveiev retornava a

Moscou para atuar como principal conselheiro da nova regente – a czarina Natália Naryshkina –, e Ivan Miloslavski sabia o que podia esperar nessa mais recente mudança no poder. Outro conspirador era o príncipe Ivan Khovanski, um homem vaidoso e incessantemente ruidoso cujas enormes ambições eram constantemente frustradas por sua própria incompetência. Retirado de seu posto como governador de Pskov, ele fora chamado diante do czar Aleixo, que lhe disse: "Todos o chamam de tolo". Jamais disposto a aceitar tal crítica e convencido pelos Miloslavski de que um alto posto o aguardava, ele foi um apoiador ativo da causa do partido.

Surpreendentemente, a conspiração também envolvia o príncipe Vassili Golitsyn, um homem de gostos ocidentais, preso ao lado dos Miloslavski por conta das inimizades que havia conquistado. Durante o reinado de Teodoro, Golitsyn havia exigido reformas. Foi ele quem desenhou a nova organização do exército e propôs a abolição da precedência – e, por isso, os boiardos o detestavam. Como estes últimos apoiavam Natália e os Naryshkin, Golitsyn foi jogado do lado dos Miloslavski.

Ivan Miloslavski, Ivan Khovanski e Vassili Golitsyn tinham motivos para provocar os Streltsi, mas, se tal revolta ocorresse, nenhum deles poderia dar o passo seguinte e governar o Estado russo. Apenas uma pessoa era membro da família real, havia sido confidente do czar Teodoro e poderia agir como regente se o jovem Ivan ficasse com o trono. Somente uma pessoa agora era ameaçada com o completo isolamento em um convento ou *terem* e com a extinção de toda e qualquer existência política e pessoal significativa. Somente uma pessoa tinha a inteligência e a coragem para destronar um czar eleito. Ninguém conhece exatamente a extensão do envolvimento dela na trama e nos eventos terríveis que se seguiram, e alguns afirmam que tudo foi feito em seu nome, mas sem seu conhecimento. Entretanto, há forte evidências circunstanciais de que a principal conspiradora era Sofia.

Enquanto isso, Natália esperava no Kremlin, completamente alheia, pelo retorno de Matveiev. No dia em que Pedro foi eleito czar, ela havia enviado mensageiros para apressar o retorno de seu pai adotivo a Moscou. Ele partira atrasado, mas sua viagem acabou se transformando em um regresso triunfal. Todas as cidades pelas quais o estadista reempossado passava lhe ofereciam orações de ação de graças e um banquete. Por fim, na noite de onze de maio, depois de seis anos no exílio, o velho homem entrava novamente em Moscou. Natália o recebeu como seu salvador e o apresentou ao czar de dez anos, que Matveiev havia visto pela última vez quando o menino tinha apenas quatro. Seus cabelos estavam brancos e seu andar era lento, mas Natália estava segura de que, com a experiência, a sabedoria e o prestígio de que ele desfrutava, tanto em meio aos boiardos quanto em meio aos Streltsi, o velho logo estabeleceria a ordem e a harmonia.

E assim pareceu ocorrer... por três dias. Durante esse período, a casa de Matveiev permaneceu cheia de boiardos, comerciantes e amigos estrangeiros do Subúrbio Alemão que lhe davam as boas vindas. Os Streltsi, que se lembravam dele como um ex-comandante honorável, enviaram delegações dos regimentos de modo a demonstrar seu respeito. Até mesmo membros da família Miloslavski compareceram, com a exceção de Ivan Miloslavski, que mandou avisar que estava doente. Matveiev recebeu todos eles com lágrimas de felicidade escorrendo por seu rosto enquanto sua casa, seus porões e seus pátios eram tomados por presentes de boas-vindas. O perigo parecia distante, mas o estadista reempossado, recém-chegado em cena e ainda não totalmente no controle subestimou o perigo. Sofia e seu partido jamais baixaram a guarda, e a faísca da revolta permaneceu viva entre os regimentos. Isolados no Kremlin e envolvidos em sua felicidade, Matveiev e Natália não sentiram a crescente tensão sentida pelos demais. O barão Van Keller, embaixador holandês, escreveu: "O descontentamento dos Streltsi permanece. Todos os negócios públicos estão paralisados. Enormes calamidades são temidas – e não sem motivo, uma vez que o poder dos Streltsi é grande e nenhuma resistência pode se opor a eles".

Às NOVE DA MANHÃ de quinze de maio, a faísca se transformou em chama. Dois cavaleiros, Alexander Miloslavski e Pedro Tolstói, ambos membros do círculo interno de Sofia, seguiram a galope até o alojamento dos Streltsi, gritando: "Os Naryshkin assassinaram o czarevich Ivan! Ao Kremlin! Os Naryshkin vão matar toda a família real. Ao ataque! Punam os traidores!".

O alojamento Streltsi explodiu. Sinos tocaram em tom de urgência, tambores ecoaram. Homens em cafetãs colocaram suas armaduras e prenderam suas espadas nos cintos, agarraram suas alabardas, suas lanças e seus mosquetes e se reuniram na rua, prontos para a batalha. Alguns dos mosqueteiros cortaram o punho de suas longas lanças e alabardas para tornar as armas mais mortais em uma luta corpo a corpo. Desdobrando suas largas faixas regimentais bordadas com imagens da Virgem e batendo em seus tambores, começaram a avançar pelas ruas em direção ao Kremlin. Conforme eles se aproximavam, os cidadãos aterrorizados saíam de seu caminho. "Estamos a caminho do Kremlin para matar os traidores e assassinos da família do czar!", gritavam os soldados.

Enquanto isso, dentro dos gabinetes e palácios do Kremlin, o dia seguia normalmente. Ninguém tinha a menor ideia do que estava acontecendo na cidade ou da ruína que se aproximava. Os enormes portões da citadela permaneciam escancarados, com apenas algumas sentinelas espalhadas. Um encontro do conselho de boiardos tinha acabado de terminar e os nobres estavam sentados em silêncio em seus gabinetes e nas áreas públicas dos palácios, ou simplesmente andando e conversando enquanto esperavam o almoço. Matveiev estava deixando a câmara do conselho e seguindo em direção à escada que levava a seus aposentos quando viu o príncipe Teodoro Urusov correr, sem fôlego, em sua direção.

Em meio a arfadas, Urusov contou a notícia: os Streltsi haviam se levantado! E agora marchavam pela cidade a caminho do Kremlin! Matveiev, impressionado e alarmado, retornou ao palácio para avisar a czarina Natália; ordenou que o patriarca fosse chamado imediatamente, que os portões do Kremlin fossem fechados, que o regimento em operação dos Streltsi, o Stremyani, espalhasse seus homens pelas muralhas e se preparasse para defender Pedro, sua família e o governo.

Matveiev mal tinha acabado de falar quando três mensageiros chegaram, um após o outro, cada um trazendo uma notícia pior do que a anterior. O primeiro anunciou que os Streltsi já estavam se aproximando das muralhas do Kremlin; o segundo, que os portões não poderiam ser fechados tão rapidamente; e o terceiro, que já era tarde demais para fazer qualquer coisa, uma vez que os Streltsi já estavam dentro do Kremlin. Enquanto ele falava, centenas de mosqueteiros rebeldes passavam pelos portões abertos, subiam a colina e chegavam à Praça da Catedral, em frente ao Palácio das Facetas. Conforme os homens chegavam, os soldados do regimento Stremyani eram trazidos com eles – deixando seus postos e se unindo aos camaradas dos outros regimentos.

No topo da colina, os Streltsi se espalhavam pela praça cercada pelas três catedrais e a Torre do Sino de Ivan. Amontoados diante da Escada Vermelha, que levava da praça ao palácio, gritavam: "Onde está o czarevich Ivan? Entreguem-nos os Naryshkin e Matveiev! Morte aos traidores!". Lá dentro, os boiardos do conselho, reunidos no salão de banquete do palácio, mostravam-se aterrorizados, ainda incertos sobre o que havia provocado aquele ataque violento. Os príncipes Cherkasski, Golitsyn e Sheremetev foram escolhidos para sair e perguntar aos Streltsi o que eles queriam. E descobriram com os gritos:

"Queremos punir os traidores! Eles mataram o czarevich e vão assassinar toda a família real! Entreguem-nos os Naryshkin e os demais traidores!". Compreendendo que a revolta se devia, em parte, a um equívoco, a delegação retornou ao salão de banquete e contou suas descobertas a Matveiev. Ele, por sua vez, foi até Natália e a aconselhou, afirmando que a melhor forma de acalmar os soldados seria mostrar a eles que o czarevich Ivan continuava vivo e a família real unida. Matveiev pediu que ela levasse tanto Pedro quanto Ivan até o topo da Escada Vermelha e os mostrasse aos Streltsi.

Natália estremeceu. Ficar com seu filho de dez anos na frente de uma multidão furiosa de homens armados em busca do sangue de sua família seria apavorante. Mesmo assim, não lhe restava escolha. Pegou Pedro por uma mão e Ivan pela outra e deu o primeiro passo na sacada acima da escadaria. Atrás dela estavam o patriarca e os boiardos. Quando os Streltsi viram a czarina com os dois garotos, os gritos cessaram, abrindo caminho para um murmúrio confuso que preencheu a praça. Durante o momento de calma, Natália ergueu a voz e falou: "Aqui está o Lorde Czarevich Pedro Alexeievich. E aqui está o Lorde Czarevich Ivan Alexeievich. Graças a Deus, eles estão bem e não sofreram nas mãos de traidores. Não existem traidores no palácio. Vocês foram enganados".

Um novo clamor se ergueu, vindo dos Streltsi. Dessa vez, os soldados discutiam entre si. Alguns, curiosos e corajosos, subiram pela escadaria ou por escadas móveis colocadas contra a sacada e aproveitavam para ver mais de perto o trio desamparado corajosamente posicionado diante deles. Queriam ter certeza de que Ivan estava realmente vivo. "O senhor é mesmo Ivan Alexeievich?", perguntaram ao garoto patético. "Sim", ele gaguejava com uma voz quase inaudível. "É realmente Ivan?", perguntaram outra vez. "Sim, eu sou Ivan", respondeu o czarevich. Pedro, parado a poucos centímetros dos Streltsi (cujos rostos e armas estavam no mesmo nível de seus olhos) não disse nada. Apesar do tremor na mão de sua mãe, o garoto permaneceu firme, com um olhar calmo, sem demonstrar qualquer sinal de medo.

Embora aturdidos por aquela revelação, os Streltsi recuaram degraus abaixo. Obviamente haviam sido enganados: Ivan não fora assassinado. Ali estava ele, com a czarina Naryshkin – cuja família supostamente o teria assassinado – segurando protetoramente sua mão. Não havia necessidade de vingança; todo seu glorioso sentimento de patriotismo começava a parecer tolo e despropositado. Um pequeno grupo dos Streltsi, que não seriam dissuadidos de tomar uma vingança pessoal contra certos boiardos arrogantes, começou a gritar os nomes dos boiardos, mas a maioria permaneceu em silêncio e confusa, olhando com incerteza para os três parados na sacada acima.

Natália permaneceu ali por mais um minuto, encarando o mar de lanças e alabardas diante de seus olhos. Então, após ter feito tudo o que podia, virou-se e levou os dois garotos de volta para o palácio. Assim que ela desapareceu, Matveiev, com sua barba branca e túnica longa, deu um passo adiante, na direção do topo da escada. Durante o mandato do czar Aleixo, ele havia sido um comandante popular dos Streltsi, e muitos ainda tinham boas lembranças dele. Matveiev começou a conversar calmamente com os Streltsi, usando um tom confiante, cheio de propriedade e, ao mesmo tempo, fraternal. Lembrou-os do serviço leal que eles haviam prestado no passado, de sua reputação como defensores do czar, de suas vitórias. Sem condená-los, demonstrando mais dor do que fúria, Matveiev perguntou àqueles homens como eles poderiam macular sua excelente reputação provocando um tumulto calcado na revolta, tornado ainda mais lamentável pelo fato de se basear em rumores e mentiras. Matveiev insistiu que não havia necessidade de que eles protegessem a família real – a qual, conforme haviam visto com seus próprios olhos, estava sã e salva. Não havia necessidade de ameaçar ninguém de morte ou de violência. Com um tom discreto, aconselhou que os soldados se dispersassem, fossem para casa e pedissem perdão pelos atos daquele dia. Garantiu que as petições seriam aceitas e que aquele golpe de fúria seria explicado como um ato excessivo e equivocado de lealdade para com o trono.

As palavras confiantes e amigáveis causaram uma impressão profunda. Os soldados na parte da frente, que conseguiam escutá-las melhor, ouviram atentamente e concordaram com Matveiev. Mais ao fundo, as discussões continuavam altas, ao passo que alguns gritavam por silêncio para que pudessem ouvir Matveiev. Pouco a pouco, as palavras começaram a ganhar peso, e todo o grupo se colocou em silêncio.

Quando Matveiev terminou, o patriarca falou brevemente. Chamou os Streltsi de seus filhos, repreendeu-os levemente por aquele comportamento e sugeriu que eles pedissem perdão e se dispersassem. As palavras também acalmaram, e parecia que a crise havia passado. Matveiev, sentindo o clima melhorar, saudou os Streltsi, virou-se e retornou ao palácio para levar a boa notícia à angustiada czarina. Sua partida foi um erro fatal.

Assim que Matveiev desapareceu, o príncipe Miguel Dolgoruki, filho do comandante dos Streltsi, apareceu no topo da Escada Vermelha. Humilhado pelo comportamento rebelde das tropas, ele estava agora em uma crise de fúria e tolamente escolheu aquele momento para tentar restabelecer a disciplina militar. Com a linguagem mais grosseira, insultou os homens e ordenou que retornassem às suas casas. Caso contrário, ameaçou, o chicote estalaria.

No mesmo instante, a calma criada por Matveiev se dissolveu em rosnados de fúria. Enfurecidos, os Streltsi se lembraram de todos os motivos que os levaram a marchar até o Kremlin: os Naryshkin deveriam ser punidos; boiardos odiados, como Dolgoruki, deveriam ser destruídos. Uma torrente de soldados frenéticos avançou a caminho da Escada Vermelha, na direção de seu comandante. Puxaram-no pela túnica, ergueram-no sobre suas cabeças e o jogaram por sobre a balaustrada nas lanças de seus camaradas lá embaixo. A multidão rugiu sua aprovação, gritando: "Cortem-no em pedaços!". Dentro de segundos, o corpo trêmulo estava picado, respingando sangue em todos à sua volta.

Esse primeiro ato violento desencadeou selvageria e fúria. Empunhando aço afiado, desejosa por mais sangue, toda a massa furiosa de Streltsi avançou pela escada vermelha em direção ao palácio. Sua próxima vítima seria Matveiev. Ele estava parado na antessala do salão de banquete, conversando com Natália, que ainda segurava as mãos de Pedro e Ivan. Ao ver os Streltsi correndo em sua direção e gritando por Matveiev, ela soltou a mão de Pedro e instintivamente lançou os braços em volta de Matveiev para protegê-lo. Os soldados empurraram os dois garotos para o lado, puxaram o homem dos braços de Natália e também a empurraram para o lado. O príncipe Cherkasski se lançou na luta, tentando libertar Matveiev de seus captores, mas eles o jogaram para longe. Diante dos olhos de Pedro e Natália, Matveiev foi arrastado para fora da sala e pela varanda, até a balaustrada sobre a Escada Vermelha. Lá, com gritos exultantes, eles o ergueram no ar e o atiraram na direção das lâminas erguidas. Dentro de segundos, o amigo mais próximo e principal ministro do pai de Pedro, o guardião, confiante e principal apoiador de sua mãe, foi partido em pedaços.

Com Matveiev morto, não havia nada que pudesse conter os Streltsi. Eles corriam sem oposição pelos corredores, aposentos privados, igrejas, cozinhas e até mesmo armários do Kremlin, clamando pelo sangue dos Naryshkin e dos boiardos. Tentando fugir, os boiardos aterrorizados se escondiam onde podiam. O patriarca se abrigou na Catedral da Assunção. Somente Natália, Pedro e Ivan permaneceram expostos, amontoados em um canto do salão de banquetes.

Para muitos, não havia como escapar. Os Streltsi arrombavam portas trancadas, olhavam debaixo das camas e atrás dos altares, golpeavam com suas lanças todos os espaços escuros onde alguém pudesse se esconder. Aqueles que eram pegos acabavam sendo arrastados até a Escada Vermelha e lançados pela balaustrada. Seus corpos eram levados do Kremlin através do Portão Spasski, em direção à Praça Vermelha, onde eram jogados sobre uma pirâmide cada vez maior de membros humanos. Com lâminas afiadas contra suas gargantas, os anões da corte foram forçados a ajudar a encontrar os Naryshkin. Um dos irmãos de Natália, Afanásio Naryshkin, havia se escondido atrás do altar na Igreja da Ressurreição. Um anão, acompanhando um grupo de Streltsi, apontou-o, e a vítima foi arrastada pelos cabelos através dos degraus do santuário, onde seu corpo foi cortado em pedaços. O conselheiro privado e diretor de Relações Exteriores, Ivanov, seu filho Vassili e dois coronéis foram mortos na sacada entre o salão de banquetes e a Catedral da Anunciação. O idoso boiardo Romodanovski foi pego entre o palácio do patriarca e o Mosteiro do Milagre, arrastado pela barba até a Praça da Catedral e ali erguido e lançado sobre as pontas de lanças.

Da praça do palácio dentro do Kremlin, corpos e partes de corpos, muitas vezes com espadas e lanças ainda atravessadas, eram arrastados pelo Portão Spasski até a Praça Vermelha. A passagem desses restos macabros foi acompanhada por gritos de escárnio: "Aqui vem o boiardo Artemon Sergeievich Matveiev! Aqui vem um conselheiro privado... Abram caminho para ele!". Conforme a horrenda pilha diante da Catedral de São Basílio se tornava mais e mais alta, os Streltsi gritavam palavras de ordem: "Esses boiardos adoravam se engrandecer! Aqui está sua recompensa!".

Ao cair da noite, até mesmo os Streltsi começaram a se cansar da carnificina. Não havia local para eles dormirem no Kremlin e a maioria começou a retornar para suas casas na cidade. Apesar do derramamento de sangue, o dia tinha sido apenas parcialmente um sucesso. Somente um Naryshkin – Afanasy, irmão de Natália – havia sido encontrado e morto. O principal objeto de ódio dos Streltsi, o outro irmão, Ivan, ainda estava em liberdade. Portanto, eles prepararam uma forte guarda em todos os portões do Kremlin, fechando todas as possíveis rotas de fuga e juraram voltar para continuar a busca no dia seguinte. Dentro do Kremlin, Natália, Pedro e seus familiares Naryshkin passaram uma noite de terror. Kyril Naryshkin (pai da czarina), o irmão Ivan e três irmãos mais novos permaneceram fechados no quarto da irmã de oito anos de Pedro, também chamada Natália, local que haviam usado como esconderijo durante todo o dia. Não haviam sido encontrados, mas não tinham como escapar.

Ao amanhecer, os Streltsi marcharam novamente com seus tambores para dentro do Kremlin. Ainda à procura de Ivan Naryshkin, dos dois médicos estrangeiros que supostamente haviam envenenado o czar Teodoro e dos demais "traidores", os soldados entraram na casa do patriarca, na Praça da Catedral. Enquanto buscavam nos porões e debaixo das camas, ameaçavam os funcionários com lanças e ordenaram ver o patriarca. Joaquim apareceu usando seu mais brilhante manto cerimonial e disse a todos que não havia nenhum traidor naquela casa, e que, se eles queriam matar alguém ali, então deveriam matar ele mesmo.

E assim a busca prosseguiu, com os Streltsi avançando em sua procura pelo palácio e os Naryshkin continuando a evitá-los. Depois de dois dias nos armários mais escuros do quarto da irmã mais nova de Pedro, o pai de Natália, Kyril Naryshkin, três de seus filhos e também o filho mais novo de Matveiev se mudaram para os aposentos da jovem viúva do czar Teodoro, a czarina Marta Apraxina. Lá, Ivan Naryshkin cortou seus longos cabelos e, depois, o pequeno grupo seguiu uma camareira idosa até uma despensa escura e subterrânea. A senhora teve a ideia de fechar a porta, mas o jovem Matveiev argumentou: "Não. Se a senhora trancar a porta, os Streltsi vão suspeitar de alguma coisa, arrombar a porta, e aí vão nos encontrar e nos matar". Os refugiados, portanto, deixaram o ambiente o mais escuro possível e se abaixaram no canto mais negro, deixando a porta aberta. "Mal tínhamos chegado lá", falou o jovem Matveiev, "quando vários Streltsi passaram e olharam em volta rapidamente. Alguns deles espreitaram pela porta aberta e golpearam a escuridão com suas lanças, mas logo foram embora, dizendo que era claro que os homens deles já haviam estado lá".

No terceiro dia, quando os Streltsi retornaram ao Kremlin, estavam decididos a não esperar mais. Seus líderes subiram pela Escada Vermelha e deram um ultimato: se Ivan Naryshkin não se entregasse imediatamente, eles matariam todos os boiardos. Deixaram claro que toda a família real estava em perigo.

Sofia assumiu o comando. Diante dos boiardos aterrorizados, ela marchou até Natália e declarou em voz alta: "Seu irmão não vai escapar dos Streltsi. Tampouco é certo que nós morramos por conta dele. Não há como escapar. Para salvar a vida de nós todos, você deve entregar seu irmão".

Aquele foi um momento trágico para Natália. Ela tinha visto Matveiev ser arrastado e assassinado. Agora estava recebendo o pedido para que entregasse seu irmão, que sofreria uma morte assustadora. Por mais que a decisão fosse difícil, não restava escolha. Ordenou que os funcionários levassem Ivan até ela. Ele veio, e a czarina o levou até a capela do palácio, onde seu irmão recebeu a sagrada comunhão e os últimos ritos, aceitando a decisão de Natália e sua morte iminente com grande coragem. Chorando, ela passou para ele o ícone sagrado da Mãe de Deus, para que ele segurasse quando fosse se entregar aos Streltsi.

Enquanto isso, diante das crescentes ameaças dos Streltsi impacientes, os boiardos se tornavam desesperados. Por que Ivan Naryshkin estava demorando? A qualquer momento, os Streltsi poderiam transformar suas ameaças em realidade. O idoso príncipe Jacob Odoevski, gentil, mas assustado, foi até Natália e Ivan, que estavam aos prantos, e falou: "Por quanto tempo, minha senhora, vai manter seu irmão? Precisa entregá-lo. Seja rápido, Ivan Kyrilovich, e não deixe que nós todos morramos por sua causa".

Seguindo Natália e segurando a imagem, Ivan Naryshkin caminhou até a porta, onde os Streltsi o esperavam. Quando ele apareceu, a multidão deu um grito rouco de triunfo e avançou para frente. Diante dos olhos da irmã de Ivan, eles agarraram a vítima e começaram a espancá-lo. Ele foi arrastado pelos pés até a Escada Vermelha, através da praça do palácio e em direção a uma sala de tortura – onde, por algumas horas, eles o mantiveram agonizando, na tentativa de extrair a confissão de que ele havia assassinado o czar Teodoro e que planejava tomar o trono. Durante todo o tempo, Naryshkin rangeu os dentes, gemeu e não disse uma palavra sequer. Então o doutor Van Gaden, que supostamente havia envenenado Teodoro, chegou. Sob tortura, jurou denunciar seus cúmplices, mas, enquanto suas palavres eram escritas, seus torturadores, percebendo o estado no qual o homem se encontrava, gritaram: "Que utilidade terá ouvi-lo? Rasgue o papel!", e deram fim à farsa.

Ivan Naryshkin agora estava quase morto. Seus pulsos e tornozelos haviam sido cortados e suas mãos e pés se dependuravam em ângulos estranhos. Ele e Van Garden foram arrastados até a Praça Vermelha e erguidos em pontas de lanças para serem apresentados pela última vez à multidão. Quando os dois foram abaixados, suas mãos e seus pés foram decepados com machados, e o restante dos corpos rasgado em pedaços – e, em uma orgia final de ódio, os restos ensanguentados acabaram pisoteados até afundarem na lama.

O massacre havia chegado ao fim. Os Streltsi se reuniram uma vez mais diante da Escada Vermelha. Satisfeitos por terem vingado o "envenenamento" do czar Teodoro, sufocado os planos de Ivan Naryshkin e assassinado todos os homens que acreditavam ser traidores, eles queriam proclamar sua lealdade. Daquela área aberta, gritaram: "Agora estamos satisfeitos. Que o czarevich faça com os demais traidores o que lhe pareça apropriado. Estamos prontos para abaixar nossa cabeça ao czar, à czarina, ao czarevich e às czarevnas".

A calma voltou a se instalar rapidamente. Naquele mesmo dia, foi dada permissão para enterrar os corpos que permaneciam na Praça Vermelha desde o primeiro dia do massacre. O servo fiel de Matveiev avançou carregando um lençol, no qual cuidadosamente recolheu tudo o que pôde encontrar do corpo mutilado de seu mestre. Lavou as partes e levou em almofadas até a igreja de São Nicolau, onde foram cremadas. Os Naryshkin restantes saíram sem ferimentos e sem serem perseguidos. Três irmãos sobreviventes de Natália e Ivan haviam escapado do Kremlin disfarçados de camponeses. O pai da czarina, Kyril Naryshkin, foi forçado, por pressão dos Streltsi, a raspar a cabeça e aceitar os juramentos de um monge e, com o nome de padre Cipriano, foi enviado a um mosteiro localizado a mais de seiscentos quilômetros a norte de Moscou.

Como parte do acordo, os Streltsi exigiram seus salários atrasados, uma soma de vinte rublos por homem. Embora não tivesse poder para resistir, o conselho de boiardos não podia conceder isso – simplesmente não havia tanto dinheiro. Chegou-se então a um acordo de dez rublos por homem. Para reunir essa quantidade, foram a leilão as posses de Matveiev, Ivan Naryshkin e outros boiardos que haviam sido assassinados. Além disso, grande parte da prataria do Kremlin foi derretida e impostos foram fixados.

Os Streltsi ainda exigiram total anistia por seu comportamento e também uma coluna triunfal na Praça Vermelha para honrar seus feitos recentes. Escritos na coluna estariam todos os nomes de suas vítimas, que deveriam ser chamadas de criminosos. Mais uma vez, o governo não se atreveu a recusar, e a coluna foi rapidamente erguida.

Por fim, em um movimento criado não apenas para apaziguar os Streltsi, mas também para recuperar o controle sobre eles, os mosqueteiros receberam formalmente a guarda do palácio. Num ritmo de dois regimentos por dia, todos eles eram convocados ao Kremlin onde, como heróis, recebiam banquetes nos salões e corredores do palácio. Sofia apareceu diante deles para elogiar sua lealdade e devoção ao trono. Para honrá-los, ela andava em meio aos soldados e lhes oferecia copos de vodca.

Assim, Sofia chegou ao poder. Agora não havia oposição: Matveiev estava morto; Natália, abalada pela tragédia que havia envolvido sua família; Pedro era um garoto de dez anos. De qualquer forma, ele era o czar. Conforme ficasse mais velho, sem dúvida reivindicaria o poder; os Naryshkin cresceriam em influência e essa vitória dos Miloslavski se provaria apenas temporária. Portanto, o plano de Sofia requereria outro passo. Em 23 de maio, incitados pelos agentes dela, os Streltsi exigiram uma mudança no trono russo. Em uma petição enviada a Khovanski, que Sofia já havia apontado como comandante dos soldados, os Streltsi afirmaram que havia certa ilegalidade na eleição de Pedro como czar; ele era filho da segunda esposa, ao passo que Ivan, filho da primeira esposa e o mais velho dos garotos, havia sido deixado de lado. A proposta não era que Pedro fosse destronado – ele era filho do czar, havia sido eleito e proclamado pelo patriarca. Em vez disso, os Streltsi exigiam que Pedro e Ivan governassem juntos como co-czares. Se a petição não fosse aceita, os soldados ameaçavam atacar novamente o Kremlin.

O patriarca, os arcebispos e os boiardos se reuniram no Palácio das Facetas para refletir sobre essa nova demanda. Todavia, o fato era que não havia escolha: os Streltsi não poderiam receber oposição. Além disso, foi argumentado, ter dois czares talvez trouxesse uma vantagem: quando um fosse para a guerra, o outro poderia ficar em casa e governar o Estado. Foi feito um acordo formal de que os dois czares reinariam juntos. Os sinos na grande torre de Ivan tocaram e, na Catedral da Assunção, orações foram feitas pela longa vida dos dois mais ortodoxos czares, Ivan Alexeievich e Pedro Alexeievich. O nome de Ivan foi mencionado primeiro, já que a petição dos Streltsi solicitava que ele fosse considerado o sênior dos dois.

Ivan ficou desanimado com essa nova realidade. Deficiente tanto na fala quanto na visão, ele relutava em aceitar qualquer papel no governo. Disse a Sofia que preferia uma vida quieta e pacífica, mas, sob pressão, concordou em aparecer com seu meio-irmão nas reuniões de Estado e ocasionalmente no conselho. Fora do Kremlin, a população (em nome de quem os Streltsi haviam supostamente impulsionado esse novo arranjo) ficou atônita. Alguns caíram na risada com a ideia de que Ivan – cujas enfermidades eram bem conhecidas – pudesse ser czar.

Havia uma questão final e crucial: como os dois garotos eram jovens demais, uma terceira pessoa teria de governar de fato o Estado. E quem seria? Dois dias mais tarde, em 29 de maio, outra delegação de Streltsi surgiu com uma última demanda: que, por conta da juventude e inexperiência dos dois czares, a czarevna Sofia se tornasse a regente. O patriarca e os boiardos rapidamente consentiram. Naquele mesmo dia, foi anunciado um decreto declarando que a czarevna Sofia Alexeievna havia substituído a czarina Natália como regente.

Dessa forma, Sofia assumiu a liderança do Estado russo. Embora estivesse preenchendo uma vaga que ela e seus agentes haviam criado, Sofia agora era, de fato, a escolha natural. Nenhum homem Romanov tinha idade suficiente para controlar o governo, e ela estava à frente de todas as outras princesas quando o assunto era educação, talento e força de vontade. Tinha demonstrado que sabia iniciar e navegar as ondas de uma revolta dos Streltsi. Os soldados, o governo e até mesmo o povo agora a respeitavam. Sofia aceitou e, durante os sete anos seguintes, essa mulher extraordinária governou a Rússia.

Para confirmar e consolidar seu triunfo, Sofia moveu-se rapidamente para institucionalizar a nova estrutura de poder. Em seis de julho, apenas treze dias após a explosão da revolta Streltsi, ocorreu a dupla coroação dos czares Ivan e Pedro. A cerimônia, organizada de forma apressada, foi uma curiosidade sem precedentes não apenas na história da Rússia, mas em toda a história da monarquia europeia. Nunca antes dois soberanos haviam sido coroados dessa forma. O dia começou às cinco da manhã, quando Pedro e Ivan, usando longas túnicas douradas bordadas com pérolas, foram fazer a prece matinal em uma capela no palácio. De lá, seguiram para o salão de banquetes, onde solenemente promoveram a escalada social de diversos tenentes de Sofia, incluindo Ivan Khovanski e dois Miloslavski. O cortejo formal de coroação seguiu até a sacada e desceu a Escada Vermelha. Os dois garotos andavam um ao lado do outro, sendo que Pedro, com dez anos, já era mais alto do que o manco Ivan, que tinha dezesseis. Precedidos por padres borrifando água benta, Pedro e Ivan seguiram seu caminho através da enorme multidão reunida na Praça da Catedral e foram até a Catedral da Assunção, onde o patriarca, usando um impressionante manto dourado decorado com pérolas, cumprimentou os dois czares e estendeu sua cruz para que eles beijassem. Lá dentro, a imponente catedral brilhava com a luz que caía das altas cúpulas, espalhava-se de centenas de velas, refletia-se na superfície de milhares de joias.

No meio da Catedral, diretamente abaixo da enorme imagem de Cristo com a mão erguida em uma bênção, em uma plataforma alta coberta com um tecido carmesim, um trono duplo aguardava Ivan e Pedro. No curto espaço de tempo disponível, tinha sido impossível criar tronos exatamente iguais; portanto, o trono de prata do czar Aleixo fora dividido por uma barra. Atrás do assento onde os dois garotos se posicionariam, uma cortina criava um pequeno esconderijo para seu ajudante que, através de um buraco, podia sussurrar as instruções e respostas necessárias durante a o ritual.

A cerimônia teve início com os dois czares se aproximando da iconóstase e beijando o mais sagrado dos ícones. O patriarca pediu para que eles declarassem sua fé, e cada um respondeu: "Eu pertenço à Sagrada Fé Ortodoxa Russa". Em seguida, uma série de orações demoradas e hinos levavam ao momento supremo da cerimônia, e na cabeça dos czares foi colocada a coroa de Monômaco.

O antigo adereço com franjas de pele de marta, que supostamente havia sido presente de um imperador de Constantinopla a Vladimir Monômaco, grão-príncipe de Kiev do século XII, havia sido usado em cerimônias de coroação de todos os grão-príncipes de Moscou e, depois que Ivan IV aceitou o título de czar, na cerimônia de todos os czares da Rússia.[1] Ivan foi coroado e, em seguida, Pedro. Depois, a coroa voltou para a cabeça de Ivan e uma réplica, feita especialmente para Pedro, foi colocada no jovem czar. Ao final da cerimônia, os novos governantes beijaram novamente a cruz, as relíquias e os ícones sagrados, e seguiram em procissão até a Catedral do Arcanjo Miguel para fazerem suas homenagens diante dos túmulos dos antigos czares. Depois, foram para a Catedral da Anunciação e voltaram para o salão de banquetes para festejar e receber os cumprimentos.

A AGITAÇÃO HAVIA CHEGADO ao fim. Em uma sucessão rápida e desconcertante, um czar havia morrido; um garoto de dez anos, filho mais novo e de uma segunda esposa, fora eleito em seu lugar; uma feroz revolta militar havia derrubado sua eleição e sujado com o sangue da própria família o jovem czar e sua mãe. E então, com todo o arsenal de joias do Estado, o garoto havia sido coroado junto com seu frágil e indefeso meio-irmão mais velho. Durante todo este horror, embora tivesse sido eleito czar, ele não teve qualquer poder de intervir.

A revolta Streltsi marcou Pedro para toda a vida. A calma e segurança de sua infância foram estilhaçadas, sua alma, torcida e causticada. E, com o tem-

---

[1] A coroação dupla de Ivan e Pedro foi a última ocasião em que a Coroa de Monômaco foi usada para coroar um autocrata russo. Os sucessores de Pedro, nos séculos XVIII e XIX, todos receberam o título imperial de imperadores e imperadoras. Muitos mandaram fazer coroas novas e maiores exclusivamente para eles, culminando na Coroa Imperial da Rússia, encomendada por Catarina, a Grande, e usada para coroar os últimos sete monarcas russos. Não obstante, a Coroa de Monômaco ainda carregava um enorme poder simbólico e, embora nunca mais tenha sido colocada na cabeça de um soberano, era levada em todos os cortejos de coroação para simbolizar a linha inquebrável que se traçava do novo monarca até o Império Oriental de Constantinopla. (N. A.)

po, o impacto que tudo isso lhe causou acabaria gerando um impacto profundo também na Rússia.

Ele detestou o que havia visto: os soldados furiosos e indisciplinados da antiga Rússia medieval correndo pelo Kremlin; estadistas e nobres arrastados de seus aposentos privados e sendo massacrados. Moscou, o Kremlin, a família real, o próprio czar, todos à mercê de soldados ignorantes e rebeldes. A revolta ajudou a criar em Pedro um certo asco contra o Kremlin, seus quartos escuros e labirintos de pequenos aposentos iluminados por chama de velas, sua população de padres e boiardos barbados, suas mulheres pateticamente isoladas. Esse ódio se estendeu a Moscou, a capital dos czares ortodoxos e da Igreja Ortodoxa, com seus padres cantando, seus incensos e seu conservadorismo opressor. Ele detestava a pompa dos antigos moscovitas. Detestava a pompa e a cerimônia moscovitas que o colocavam "ao lado de Deus", mas eram incapazes de protegê-lo ou a sua mãe quando os Streltsi se rebelavam.

Enquanto Sofia governava, Pedro deixou Moscou, indo crescer no interior, fora da cidade. Mais tarde, quando dominou a Rússia, suas aversões tiveram consequências significativas. Anos se passariam sem que o czar colocasse os pés em Moscou e, por fim, Pedro rebaixou a cidade. A antiga capital seria substituída por uma cidade criada por ele no Báltico. De certa forma, a revolta dos Streltsi ajudou a inspirar a criação de São Petersburgo. [2]

---

2   Um excelente paralelo à repulsa de Pedro por Moscou pode ser encontrado na abominação que Luís XIV sentia por Paris. Em 1648, quando Luís (assim como Pedro em 1682) tinha dez anos, teve início a revolta do parlamento e da nobreza franceses – evento conhecido como Fronda. Exércitos foram reunidos para suprimir a revolta apenas para, na sequência, voltarem-se contra a coroa. No ápice do tumulto, o jovem rei e sua mãe foram sitiados por uma multidão de parisienses. À noite, com o som de gritos furiosos e o ralhar de mosquete em seus ouvidos, Luís foi levado de Paris para Saint-Germain, onde passou a noite em uma cama de palha. Os biógrafos de Luís enfatizam a poderosa e duradoura impressão que esse evento causou no garoto. Depois disso, ele passou a detestar Paris e raramente colocava os pés na cidade. Ele construiu Versailles, o grande castelo que se tornou a capital da França, da mesma forma que Pedro evitava Moscou e construiu uma nova capital no rio Neva. Entretanto, como o fardo da infância de Pedro fora mais pesado, sua reação se mostrou mais avassaladora. Luís construiu um grande castelo próximo a Paris, para de lá governar; Pedro criou toda uma cidade, muito distante. (N. A.)

V

O GRANDE CISMA

Sofia era regente e seu período teve início com um teste imediato ao seu talento para governar. Os Streltsi, que a haviam levado ao poder, agora andavam arrogantemente por Moscou, acreditando que todas as suas demandas seriam atendidas de imediato. Os membros cismáticos da Igreja Ortodoxa, ou Velhos Crentes, acreditavam que o triunfo dos Streltsi sobre o governo traria o retorno da antiga religião, um renascimento dos rituais e da liturgia russos tradicionais – que haviam sido condenados por duas décadas antes pela Igreja e suprimidos pelo poder do Estado. Sofia, assim como seu pai Aleixo e seu irmão Teodoro, pensava nos Velhos Crentes como hereges e rebeldes. Todavia, como muitos dos Streltsi – incluindo seu novo comandante, o príncipe Ivan Khovanski – eram Velhos Crentes ardentes, parecia provável que essas duas forças entrariam em acordo para pressionar o governo incipiente.

Sofia enfrentou a situação com coragem e habilidade. Recebeu os líderes dos Velhos Crentes na sala de banquete do palácio do Kremlin e, de seu trono, discutiu e gritou até que eles ficassem em silêncio antes de dispensá-los. Então, chamou os Streltsi diante de si em grupos de cem e os subornou com dinheiro, promessas, cerveja e vinho que ela mesma serviu em uma bandeja de prata. Com esses agrados, afastou os soldados dos apoiadores agressivos do clero cismático e, uma vez que agora os Streltsi estavam pacificados, ordenou que os líderes dos Velhos Crentes fossem presos. Um deles foi executado, e os demais, enviados para o exílio. Dentro de nove semanas, o príncipe Khovanski foi preso, acusado de insubordinação e sua cabeça, cortada.

Dessa vez, Sofia havia triunfado, mas a luta entre os Velhos Crentes e os poderes estabelecidos na Igreja e no Estado não havia chegado ao fim. Essa luta persistiria não apenas durante a regência de Sofia e o reinado de Pedro, mas até o fim da dinastia imperial. Ela tinha suas raízes nos mais profundos sentimentos religiosos do povo e é conhecida na história da Igreja e da Rússia como o Grande Cisma.

O CRISTIANISMO, SE PRATICADO da forma ideal, parece especialmente adequado ao caráter russo. Eles são um povo predominantemente piedoso, cheio de compaixão e humildade, que aceita a fé como sendo mais poderosa do que a lógica e acredita que a vida é controlada por forças sobre-humanas, sejam elas espirituais, autocratas ou até mesmo ocultas. Se comparados à maioria dos pragmáticos ocidentais, os russos sentem muito menos necessidades de questionar por que as coisas acontecem ou como elas podem ser levadas a acontecer (ou a não acontecer) outra vez. Os desastres ocorrem e eles aceitam; ordens são dadas e eles obedecem. É algo além da pura docilidade. Parece mais ser fruto de um senso dos ritmos naturais da vida. Os russos são contemplativos, místicos e visionários. De suas observações e meditações, obtiveram uma compreensão do sofrimento e da morte (que dá sentido à vida) não diferente daquela que foi ensinada por Cristo.

Nos tempos de Pedro, os fiéis russos demonstravam um comportamento devocional tão complicado e rigoroso quanto sua crença era simples e profunda. Seu calendário era preenchido com dias de santos a serem guardados e com inúmeros ritos e jejuns. Eles cultuavam com sinais da cruz e genuflexões infinitos os altares da Igreja e os ícones expostos em um canto de sua casa. Antes de se deitar com uma mulher, o homem tirava o crucifixo do pescoço dela e cobria todos os ícones do quarto. Até mesmo no inverno, um casal que tivesse feito amor não pisaria na Igreja sem antes tomar banho. Ladrões prestes a roubar faziam reverência aos ícones e pediam perdão e proteção. Não poderia haver descuidos ou erros quanto a isso, pois o que estava em jogo era muito mais importante do que qualquer coisa que pudesse acontecer na Terra. A meticulosidade na observância religiosa garantia a vida eterna.

Durante dois séculos de dominação mongol, a Igreja se tornou o núcleo da vida e da cultura russas. Uma forte vida religiosa floresceu nas cidades e nas vilas, e inúmeros mosteiros foram fundados, especialmente nas remotas florestas do norte. Nenhum desses esforços foi impedido pelos cãs mongóis, que tradicionalmente se importavam pouco com as práticas religiosas de seus estados vassalos, contanto que os impostos e tributos requeridos continuassem a fluir para o canato da Horda Dourada. Em 1589, foi criado o primeiro patriarcado de Moscou, assinalando a emancipação final do primado de Constantinopla.

Moscou e a Rússia haviam alcançado a independência – e o isolamento. Confrontados a norte pela Suécia luterana, a oeste pela Polônia católica e ao sul pelos turcos e tártaros, ambos islâmicos, a Igreja russa adotou uma posição defensiva de conservadorismo xenófobo. Todas as mudanças se tornaram desprezíveis e uma enorme quantidade de energia era despendida para a exclusão de influências estrangeiras e pensamentos hereges. Enquanto a Europa Ocidental seguia em direção à Reforma, ao Renascimento e ao Iluminismo, a Rússia e sua Igreja permaneceram "puras", petrificadas em seu passado medieval.

Em meados do século XVII – vinte anos antes do nascimento de Pedro – o peso e o desgaste desse retrocesso cultural começou a pesar sobre a sociedade russa. Apesar das objeções da Igreja, os estrangeiros estavam chegando ao país, levando novas técnicas e ideias de guerra, comércio, engenharia e ciência. Outros princípios e conceitos inevitavelmente chegavam com eles. A Igreja russa, desconfiada e assustada, reagiu com uma hostilidade tão extrema que os estrangeiros, cautelosos, se viram forçados a buscar a proteção do czar. Mesmo assim, a efervescência intelectual continuava. Não demorou para os próprios russos, incluindo alguns dentro da Igreja, começarem a enxergar com olhos duvidosos sua ortodoxia. Perguntas começaram a surgir. A Igreja desafiou a Igreja, e a Igreja desafiou o czar. Separadamente, cada uma dessas lutas foi um desastre para a Igreja; juntas, elas levaram a uma catástrofe da qual a Igreja Ortodoxa Russa jamais viria a se recuperar: o Grande Cisma.

Em termos pessoais, essas lutas tomaram a forma de confrontos dramáticos de três frentes: entre o czar Aleixo e dois eclesiásticos extraordinários (o autoritário e determinado patriarca Nikon e o fanático e fundamentalista arcipreste Avvakum). Ironicamente, o czar Aleixo era o mais piedoso de todos os czares; entregou mais poder a um homem da Igreja, Nikon, do que qualquer outro czar fizera antes ou faria depois dele. Todavia, antes do final de seu reinado, a Igreja russa estava fatalmente dividida e enfraquecida, e Nikon se viu preso a correntes em uma cela fria de pedras. Ainda mais irônica era a luta entre Nikon e Avvakum. Ambos eram homens de origem simples, das florestas do norte da Rússia. Ambos ganharam força rapidamente na Igreja, foram para Moscou na década de 1640 e se tornaram amigos. Ambos tinham como grande objetivo de vida a purificação da Igreja russa. Discordando violentamente quanto ao que constituía pureza, cada um apaixonadamente convencido de que estava correto, os dois enormes antagonistas passaram a se atacar como poderosos profetas. E em seguida, quase simultaneamente, ambos caíram diante do poder reafirmado do Estado. No exílio, ambos ainda se acreditavam dedicados servos de Cristo, tinham visões e realizavam curas milagrosas. Um deles morreu na fogueira, e o outro, às margens de uma estrada solitária.

Nikon era o filho alto e rústico de um camponês russo da região do Trans-Volga, no nordeste. Originalmente ordenado um sacerdote secular do clérigo "branco", chegou a se casar, mas depois se divorciou e se tornou um monge. Logo após chegar a Moscou como arquimandrita ou abade do Novo Mosteiro do Salvador, o monge de quase dois metros de altura foi apresentado ao jovem czar Aleixo. Impressionado pela intensidade espiritual de Nikon e também por sua presença física, Aleixo começou a se encontrar regularmente com ele às sextas-feiras. Em 1649, Nikon se tornou arcebispo de Novgorod, uma das mais antigas e poderosas cátedras da Rússia. Depois, em 1652, quando o patriarca incumbente morreu, Aleixo pediu a Nikon que aceitasse o trono patriarcal.

Nikon só aceitou quando o czar de 23 anos caiu de joelhos e implorou em meio às lágrimas. Por fim, concordou, mediante duas condições: ordenou que Aleixo seguisse sua liderança "como primeiro pastor e pai em tudo que ensinarei a respeito de dogma, disciplina e costume", e pediu o apoio do czar em todas as grandes tentativas de reformar a Igreja Ortodoxa Russa. Aleixo jurou e Nikon sentou-se no trono decidido a colocar em prática um amplo programa de reforma. Pretendia livrar o clérigo da bebida e de outros vícios, estabelecer a supremacia da Igreja sobre o Estado e, então, como chefe de sua Igreja Russa pura e poderosa, afirmar sua proeminência sobre todo o mundo ortodoxo. Seu movimento inicial foi uma tentativa de alterar a liturgia e os rituais por meio dos quais milhões de russos adoravam diariamente, expurgando todos os livros sagrados e liturgias impressas das muitas divergências, alterações e erros que se arrastaram para dentro deles ao longo de séculos de uso e tornando-os condizentes com a doutrina grega. Os livros antigos e com incorreções deveriam ser destruídos.

A alteração dos rituais e da liturgia provocou uma enxurrada de controvérsias. Os russos devotos consideravam cruciais questões como quantos "aleluias" deveriam ser gritados em vários momentos do serviço, quantos pães consagrados deveriam ser ofertados ou colocados no altar, a grafia do nome de Jesus (variando de Isus a Iisus) e, acima de tudo, se, ao fazer o sinal da cruz, o sujeito estendia os recém-decretados três dedos (simbolizando a Trindade) ou os dois dedos tradicionalmente usados (simbolizando a natureza dupla de Cristo). Se alguém acreditasse que o mundo era apenas uma preparação para o paraíso ou para o inferno e que a salvação pessoal dependia da observância meticulosa do ritual na Igreja, então fazer o sinal da cruz com dois (e não três) dedos poderia significar a diferença entre passar a eternidade na glória dos céus ou no fogo do inferno. Além disso, argumentavam os clérigos fundamentalistas, por que aceitar essas práticas e as palavras da Igreja grega sobre a russa? Considerando-se que Moscou havia sucedido Constantinopla como a Terceira Roma e a Ortodoxia Russa havia se tornado a verdadeira fé, por que reverenciar os gregos nas questões de rituais, dogma ou qualquer outra coisa?

Em 1655, Nikon buscou e recebeu apoio de uma fonte fora da Rússia. Convidou Macário, patriarca de Antioquia, para ir a Moscou, e o religioso sírio fez o longo caminho, trazendo consigo seu filho e secretário, Paulo de Alepo. Paulo fez um diário de sua jornada e, por meio desses escritos, temos muitas visões pessoais de Nikon e Aleixo.[1] Macário e Paulo de Alepo chegaram em janeiro de 1655 e foram recebidos pela figura régia do patriarca Russo, Nikon, "usando um manto de veludo verde bordado com imagens em veludo vermelho, com querubins criados com ouro e pérolas no centro. Em sua cabeça havia uma mitra de damasco branco, encimada por um arco dourado carregando uma cruz de joias e pérolas. Acima de seus olhos estavam querubins de

---

[1] O diário de Paulo de Alepo, *As Viagens de Macário*, é um catálogo extraordinariamente pesaroso de lamentações, murmúrios e dores por ele ter de suportar as dificuldades da vida na Rússia do século XVII.
O pior de tudo eram a extensão e as condições dos serviços religiosos russos a que eles, como religiosos visitantes, deveriam comparecer. "Nenhuma das igrejas deles tem bancos", reclamou Paulo. "Não há um assento sequer, nem mesmo para o bispo. Durante todo o serviço, o que se vê são pessoas paradas como rochas, sem movimentos, ou inclinando-se incessantemente com suas devoções. Que Deus nos ajude com a demora das orações e cantos e missas. [...] O costume os tornou insensíveis ao cansaço. [...] Em momento algum deixamos a Igreja, mas oscilávamos o apoio do corpo de uma perna para a outra depois de passar tanto tempo de pé. [...] Ficamos muito fracos, com dores nas costas e nas pernas por alguns dias. [...] Sofremos com o frio severo – suficientemente severo para nos matar enquanto ficávamos parados sobre o pavimento de ferro. O que mais nos surpreendeu foi ver os garotos e os filhos pequenos de grandes oficiais do Estado de pé, com as cabeças expostas, sem se movimentarem, sem demonstrar o menor gesto de impaciência." Em um dos serviços, foram lidos todos os nomes dos soldados que morreram lutando contra os poloneses ao longo dos últimos dois anos. "O arquidiácono lia com enorme lentidão e compostura enquanto o coro continuamente cantava *Recordação Eterna* até ficarmos a ponto de cair no chão por conta da fadiga, sentindo nossas pernas congeladas."
Na conclusão, Paulo escreve que "qualquer um que queira encurtar sua vida em cinco ou dez anos deveria ir a Moscóvia e viver ali como um religioso". (N. A.)

pérolas; as faixas laterais da mitra de damasco tinham contorno de ouro e eram decoradas com pérolas".

Desde o início, os viajantes ficaram muito impressionados com a piedade e a humilde deferência do jovem czar e com a magnificência autoritária do patriarca russo. Sozinho, Aleixo criou "o hábito de ir a pé aos festivais dos principais santos em suas próprias Igrejas, abstendo-se do uso de carruagens. Desde o início até o fim da cerimônia religiosa, ele permanecia com a cabeça descoberta, fazendo reverências continuamente, encostando a testa no chão e chorando e se lamentando diante dos ícones; e isso ocorre na presença de todas as pessoas ali reunidas". Em uma ocasião, Aleixo acompanhou Macário em uma visita a um mosteiro a cinquenta quilômetros de Moscou, e lá "o imperador segurou nosso mestre [Macário] pelo braço e o levou até o hospital provisório para que pudesse abençoar e orar pelos paralisados e doentes. Ao entrar no local, alguns de nós não conseguimos ficar lá por conta do cheiro horrível e pútrido, tampouco pudemos suportar olhar para os feridos. No entanto, o único pensamento do imperador era seu desejo de que nosso mestre deveria abençoar e orar por aquelas pessoas. E, conforme o patriarca abençoava cada uma delas, o imperador o seguia e beijava a testa, a boca e as mãos dos pacientes, desde o primeiro até o último. Tal bênção e humildade nos pareceram maravilhosas enquanto pensávamos em nada além de escapar daquele local".

Quando o assunto era alterar o ritual e a liturgia – questão que tanto havia mexido com a Igreja Russa –, Macário permaneceu firmemente ao lado de Nikon. Em um sínodo reunido pelo patriarca na quinta semana da Quaresma de 1655, o religioso russo apontou os erros dos religiosos de seu país e várias vezes chamou Macário para confirmar seus julgamentos. Macário invariavelmente concordava com Nikon e o clero russo, convencido ou não, foi publicamente forçado a consentir.

Assim como outros nobres monarcas – pois era o que ele havia se tornado –, Nikon era um grande construtor. Como arcebispo de Novgorod, fundou conventos e reformou mosteiros ao longo de sua vasta diocese ao norte. Em Moscou, usando telhas e pedras recebidas do czar, construiu um magnífico novo palácio patriarcal dentro do Kremlin. O espaço tinha sete salões, amplas sacadas, janelas enormes, aposentos confortáveis, três capelas privadas e uma rica biblioteca composta por livros em russo, eslavo, polonês e outras línguas. Em um desses salões, Nikon ceava em uma plataforma elevada enquanto outros clérigos eram servidos em mesas mais baixas, exatamente como, não muito distante dali, o czar ceava cercado por seus boiardos.

O maior monumento arquitetônico de Nikon foi seu enorme Mosteiro da Ressurreição, conhecido como "Nova Jerusalém", construído no rio Istra, cinquenta quilômetros a oeste de Moscou. O patriarca queria que os paralelos fossem exatos; o mosteiro foi erguido na "Colina do Gólgota", a extensão do rio ao redor foi renomeado para "Jordão" e a catedral central do mosteiro remodelada com base na Igreja da Ressurreição, que abriga o Santo Sepulcro em Jerusalém. Nikon não poupou gastos com a catedral (que contava com uma cúpula de 55 metros de altura, 27 capelas, torre do sino, altos muros de tijolos, portões dourados e dezenas de outras construções), proclamando com a arquitetura o que também proclamava por outros meios: que Moscou era o verdadeiro local da Nova Jerusalém.

Nikon era um severo impositor da disciplina, tanto para leigos quanto para clérigos. Numa tentativa de controlar a vida cotidiana das pessoas comuns, proibiu palavrões, jogos de cartas, promiscuidade e até mesmo a bebida. Além disso, insistiu que todos os russos fiéis passassem quatro horas por dia na igreja. Com os pecadores do clero, ele era implacável. Paulo de Alepo relatou: "Os janízaros de Nikon rondam perpetuamente a cidade, e sempre que encontram algum padre ou monge bêbado, levam-no à prisão. Vimos a cadeia repleta deles, a maioria em condições deploráveis, amarrados com correntes pesadas e com troncos de madeira presos ao pescoço e às pernas. Quando alguém do alto clero ou um superior de um mosteiro comete um crime, é sentenciado às correntes e condenado a peneirar farinha para a padaria durante dia e noite, até completar sua sentença. Embora anteriormente os conventos siberianos estivessem vazios, esse patriarca os preencheu com líderes de monastérios e do alto clero, além de monges devassos e miseráveis. Mais tarde, o patriarca chegou ao ponto de privar o alto administrador do Convento Supremo Troitski de sua grande distinção, embora o homem estivesse na posição de terceiro dignitário do reino, depois do imperador e do patriarca. Nikon o sentenciou a ser moedor no convento de Sivesk pelo crime de aceitar suborno dos ricos. Por suas severidades, Nikon faz todos o temerem, e sua palavra prevalece".

Durante seis anos, Nikon agiu praticamente como governante da Rússia. Não apenas dividia com o czar o título de "Grande Soberano", mas com frequência exercia um poder puramente político sobre questões temporais. Quando Aleixo se afastou de Moscou para ir à guerra na Polônia, deixou Nikon para trás como regente, ordenando que "nenhuma decisão, grande ou pequena, deve ser tomada sem seu conselho". Recebendo essa autoridade, Nikon fez tudo o que era possível para exaltar a supremacia da Igreja à custa do Estado. Dentro do Kremlin, comportava-se mais regiamente do que o czar; não somente os clérigos e plebeus, mas também os grandes nobres da Rússia se viram sob seu domínio.

Paulo de Alepo descreveu o tratamento imperioso de Nikon aos ministros de Estado de Aleixo: "Observamos que, quando o conselho se reúne na câmara, e quando o sino do patriarca toca para que eles venham a seu palácio, aqueles oficiais que chegavam atrasados eram forçados a esperar do lado de fora, no frio excessivo, até que o patriarca ordenasse a entrada. Quando essa autorização era dada, Nikon virava-se para os ícones enquanto todos os oficiais de estado se prostravam até o chão diante dele, com as cabeças expostas. Elas permaneciam descobertas até ele deixar a sala. A cada um, Nikon declarava sua decisão sobre todos os assuntos, dando ordens de como agir". A verdade, concluiu Paulo, era que "os nobres do Império não sentem muito medo do czar; eles temem o patriarca, e de muitas outras formas".

Por algum tempo, Nikon governou serenamente, e começava a parecer que o exercício do poder lhe concedia o próprio poder. No entanto, essa suposição trazia consigo uma falha fatal: o verdadeiro poder continuava com o czar. Enquanto o patriarca mantivesse a devoção e o apoio do czar, ninguém poderia contrariá-lo. Todavia, seus inimigos começaram a se acumular como a neve, formando uma avalanche, e eles trabalharam para causar o ciúme e a desconfiança do czar.

Com o tempo, os sinais de atrito entre Nikon e Aleixo se tornaram mais numerosos. Ainda enquanto Macário e Paulo estavam deixando Moscou para retornar a Antioquia, eles foram surpreendidos por um mensageiro real convocando Macário a retornar. No caminho de volta, encontraram um grupo de comerciantes gregos que avisaram que, na Sexta-Feira Santa, o czar e o patriarca haviam tido uma discussão pública na Igreja, durante a cerimônia. Aleixo furiosamente chamou o patriarca de "palhaço idiota", e então Nikon rebateu: "Eu sou seu pai espiritual. Por que, então, está me injuriando?". Aleixo respondeu: "Meu pai não é você, mas o sagrado Patriarca de Antioquia, e eu o farei retornar". Macário voltou a Moscou e conseguiu evitar temporariamente o rompimento.

No verão de 1658, todavia, a posição de Nikon havia sido severamente enfraquecida. Quando o czar começou a ignorá-lo, o patriarca tentou forçá-lo a agir contra a vontade. Depois de uma cerimônia na Catedral da Assunção, Nikon se vestiu como um monge simples e deixou Moscou para se refugiar no Mosteiro Nova Jerusalém, afirmando que não retornaria até o czar reafirmar sua confiança nele. No entanto, o movimento havia sido mal calculado. O czar, agora mais maduro aos 29 anos, não ficou infeliz de se livrar do arrogante patriarca. Ele não apenas deixou Nikon, surpreso, esperar em seu mosteiro por dois anos, mas em seguida chamou um sínodo de clérigos para acusá-lo de ter "abandonado por vontade própria o mais exaltado trono patriarcal da Grande Rússia e, portanto, ter abandonado seu rebanho, causando, assim, confusão e contendas intermináveis". Em outubro de 1660, esse sínodo declarou que "por sua conduta, o patriarca havia abdicado absolutamente e, assim, deixado de ser patriarca". Nikon rejeitou a decisão do sínodo, aspergindo sua refutação com referências abundantes às Sagradas Escrituras. Aleixo enviou tanto as acusações quanto as respostas de Nikon aos quatro Patriarcas Ortodoxos de Jerusalém, Constantinopla, Antioquia e Alexandria, junto com um pedido para que viessem a Moscou "para revisar e confirmar o caso do ex-patriarca Nikon, que havia administrado de forma ruim o poder patriarcal". Dois dos patriarcas, Pásio de Alexandria e Macário de Antioquia, concordaram em comparecer, embora só tenham chegado em 1666. Em dezembro daquele ano, o julgamento de Nikon foi convocado, com dois Patriarcas estrangeiros presidindo um sínodo de treze arcebispos metropolitanos, nove arcebispos, cinco bispos e 32 arquimandritas.

O julgamento ocorreu em um salão do novo palácio patriarcal que Nikon havia construído no Kremlin. O religioso foi acusado por exaltar a Igreja acima do Estado, depondo ilegalmente bispos e "deixando a Igreja viver nove anos de viuvez causada por sua partida desordenada do trono". Nikon se defendeu argumentando que seu papel era claramente superior àquele do governante temporal. "Não aprendeste que a mais alta autoridade do sacerdócio não é recebida de reis ou czares, mas, pelo contrário, é por meio do sacerdote que os governantes são ungidos? Portanto, está muito claro que o sacerdócio é algo muito maior do que a realeza. Por esse motivo, manifestamente, o czar é menos importante que o bispo, e ao bispo deve obediência." O sínodo, todavia, rejeitou essa visão e reafirmou o tradicional equilíbrio de poder entre Igreja e Estado: o czar era supremo sobre seus súditos, clero e patriarca incluídos, exceto nas questões relacionadas à doutrina da Igreja. Ao mesmo tempo, o sínodo confirmou e apoiou as mudanças de Nikon nos rituais e na liturgia russos.

O religioso foi condenado ao exílio. Até os últimos dias de sua vida, viveu como monge em um mosteiro remoto, em uma pequena cela no topo de uma escada em espiral tão estreita que mal tinha espaço para um único homem passar. Sua cama era um quadrado de granito revestido por uma camada de junco cortado. Como mortificação, usava uma pesada placa de ferro no peito e prendia correntes aos braços e às pernas.

Com o tempo, a fúria de Aleixo se dissipou. Ele não derrubou a decisão do sínodo, mas escreveu a Nikon para pedir sua bênção, enviava comida como presente e, quando Pedro nasceu, mandou um casaco de zibelina em nome do filho. Os anos finais de Nikon foram passados como um curandeiro – ele teria realizado 132 curas milagrosas dentro de um período de três anos. Com a morte de Aleixo, o jovem czar Teodoro tentou se aproximar de Nikon. Quando, em 1681, chegou a notícia de que o monge idoso estava morrendo, Teodoro lhe concedeu perdão parcial e o libertou para voltar ao seu Mosteiro Nova Jerusalém. O religioso morreu em paz no caminho para casa em agosto de 1681. Depois disso, Teodoro obteve junto aos quatro patriarcas ocidentais cartas de absolvição póstumas e, com a morte, Nikon recuperou o título de patriarca.

O legado de Nikon foi o oposto do que ele desejava. Nenhum outro patriarca viria a ter tanto poder; posteriormente, a Igreja russa estaria claramente subordinada ao Estado. O sucessor de Nikon, o novo patriarca Joaquim, entendeu bem o papel que lhe foi designado e falou ao czar: "Soberano, não conheço nem a antiga, nem a nova fé, mas estou pronto para seguir e obedecer, em todos os aspectos, aquilo que o Soberano ordenar".

NIKON HAVIA SIDO DEPOSTO, mas a agitação religiosa que ele causara na Rússia estava apenas começando. O mesmo sínodo que condenou o patriarca por tentar erguer o poder da Igreja acima do poder real também havia endossado revisões na liturgia e nos rituais – revisões que Nikon havia defendido. Por toda a Rússia, o baixo clero e as pessoas comuns gritavam angustiadas contra a decisão. Quem valorizava as práticas russas antigas herdadas de seus pais e tinha ouvido que essas práticas eram as únicas expressões verdadeiras da fé não contaminada recusava-se a aceitar as mudanças. Para essas pessoas, os modos antigos eram a chave da salvação; qualquer sofrimento na terra era preferível à condenação eterna de suas almas. Essas novas transformações em suas cerimônias na Igreja eram trabalho de estrangeiros. Não havia o próprio Nikon afirmado, até mesmo proclamado: "Eu sou russo, filho de um russo, mas minha fé e religião são gregas"? Os estrangeiros estavam trazendo trabalhos demoníacos para a

Rússia: tabaco ("erva enfeitiçada"), arte representacional e instrumentos musicais.² Agora, mais fortalecidos e maldosos do que nunca, os estrangeiros estavam tentando subverter a Igreja russa a partir de seu interior. Dizia-se que o Mosteiro Nova Jerusalém, de Nikon, estava repleto de muçulmanos, católicos e judeus reescrevendo apressadamente os livros sagrados russos. Chegou-se a dizer que o religioso (alguns diziam que Aleixo) era o Anticristo cujo reino anunciava o fim do mundo. Essencialmente, a religião que esses russos queriam era aquela pregada por um religioso antiquado e fundamentalista: "Tu, simples, ignorante e humilde Rússia, permanece fiel aos evangelhos retos e ingênuos nos quais a vida eterna é encontrada". Agora sob ataque, os fiéis russos devotos só podiam implorar: "Tragam nosso Cristo de volta!".

O resultado foi que a tentativa de Nikon de reformar a Igreja produziu – mesmo depois que ele mesmo já estava morto – uma enorme rebelião religiosa. Milhares de pessoas que se recusaram a aceitar as reformas se tornaram os Velhos Crentes ou Cismáticos. Uma vez que o Estado agora apoiava as reformas da Igreja, a revolta contra a Igreja acabava se tornando revolta contra o Estado, e os Velhos Crentes se recusavam a obedecer a ambas as autoridades. Nenhuma persuasão por parte da Igreja ou repressão por parte do governo era capaz de fazê-los mudar de ideia.

Para escapar do governo do Anticristo e da perseguição do Estado, vilas inteiras de Velhos Crentes fugiram para o Volga, o Don, as encostas do Mar Branco e além dos Urais. Ali, nas profundezas da floresta ou em encostas de rios remotos, formaram novos assentamentos, enfrentando as dificuldades como pioneiros na construção de suas comunidades. Alguns não fugiram para áreas suficientemente distantes e, quando os soldados os seguiram, declararam-se prontos para serem engolidos pelas chamas purificadoras em vez de renunciarem aos rituais e à liturgia de seus pais. Crianças foram ouvidas dizendo: "Seremos queimados na fogueira. No outro mundo, teremos botinhas vermelhas e camisas bordadas com fios de ouro. Eles nos servirão grandes quantidades de mel, castanhas e maçãs, o quanto quisermos. Não vamos nos prostrar diante do Anticristo". Algumas comunidades, cansadas de esperar, passaram a se reunir – homens, mulheres e crianças – em suas Igrejas de ma-

---

[2] Durante os levantes contra estrangeiros de 1649, seis carruagens com instrumentos musicais foram encontradas e queimadas pelo povo. Esse preconceito não era novo, tampouco mudou. A Igreja Ortodoxa Russa, acreditando que Deus deve ser louvado por meio da voz humana, ainda não permite música instrumental em suas cerimônias. O resultado está em seus incríveis corais *a cappella*. (N. A.)

deira, onde fechavam as portas e, cantando as antigas liturgias, ateavam fogo na construção. No extremo norte, os monges do poderoso Mosteiro Solovetski convenceram os soltados a lutarem pelas Velhas Crenças (em parte enfatizando a proibição nikoniana à bebida). Juntos, monges e soldados enfrentaram um cerco de oito anos, repelindo todas as forças que o governo de Moscou podia enviar contra eles.

A figura mais autoritária e incandescente entre os Velhos Crentes era o arcipreste Avvakum. Ao mesmo tempo heroico, apaixonado e fanático, tinha uma coragem física que equivalia e sustentava sua fé puritana. Escreveu em sua autobiografia: "Uma mulher veio até mim para se confessar, sobrecarregada com muitos pecados, culpada por fornicação e todos os pecados da carne e, chorando, começou a me contar todos eles, sem deixar nada de fora, estando diante dos Evangelhos. E eu, três vezes amaldiçoado, cheguei a me sentir enojado. Por dentro, eu queimava com um fogo lascivo, e aquela hora foi amarga para mim. Acendi três velas e as fixei ao púlpito, e coloquei minha mão direita na chama, mantendo-a ali até a paixão do demônio se queimar. Quando finalmente dispensei a jovem mulher e deixei de lado minhas vestes, orei e fui para casa, sentindo meu espírito gravemente humilhado".

Avvakum foi o mais vívido escritor e pregador de seu tempo – quando pregava em Moscou, as pessoas se reuniam para ouvir sua eloquência – e, entre os principais clérigos, o mais contrário às reformas de Nikon. Rejeitou duramente todas as mudanças e transigências e denunciou Nikon como herege e ferramenta de Satanás. Furioso contra mudanças como o retrato realista da Sagrada Família em ícones recém-criados, esbravejou: "Eles pintam a imagem de Emanuel, o Salvador, com rosto rechonchudo, lábios vermelhos, dedos ondeados e pernas grandes e gordas, fazendo-o parecer um alemão barrigudo e corpulento, faltando somente pintar a espada ao seu lado. E tudo isso foi inventado pelo cachorro ímpio Nikon".

Em 1653, Nikon baniu seu outrora amigo Avvakum para Tobolsk, na Sibéria. Nove anos depois, com o próprio patriarca desonrado, os amigos poderosos de Avvakum em Moscou convenceram o czar a chamar o religioso e entregar a ele novamente seu lugar na Igreja do Kremlin. Por algum tempo, Aleixo foi um membro frequente e respeitoso nas cerimônias de Avvakum, chegando a chamar o padre de um "Anjo de Deus". Entretanto, o fundamentalismo teimoso de Avvakum várias vezes o atrapalhou. De forma desafiadora, anunciou que as crianças recém-nascidas sabiam mais sobre Deus do que todos os acadêmicos da Igreja grega e declarou que, para serem salvos, todos aqueles que haviam aceitado a reforma herege de Nikon teriam de ser rebatizados. Esses ímpetos o levaram a um segundo exílio, dessa vez mais distante, em Pustozersk, nas encostas do Oceano Ártico. Mesmo desse local tão remoto, Avvakum conseguiu permanecer líder dos Velhos Crentes. Incapaz de pregar, ele escrevia eloquentemente a seus seguidores, convocando-os a preservar a fé antiga, não fazerem concessões, desafiarem seus perseguidores e aceitarem felizes o sofrimento e o martírio, como Cristo havia feito. "Ao queimar o corpo", ele afirmava, "você entrega sua alma a Deus. Corram e pulem nas chamas. Digam: 'Aqui está meu corpo, Demônio. Tome-o e o consuma; minha alma você não pode tomar'".

O último desafio de Avvakum assegurou seu fim na fogueira. Do exílio, escreveu ao jovem czar Teodoro declarando que Cristo havia aparecido para ele em uma visão e revelado que o pai falecido de Teodoro, o czar Aleixo, estava no inferno, sofrendo tormentos por ter aprovado as reformas nikonianas. A resposta de Teodoro foi condenar Avvakum a ser queimado vivo. Em abril de 1682, Avvakum alcançou seu tão desejado martírio, indo para a fogueira no mercado de Pustozersk. Fazendo o último sinal da cruz com dois dedos, ele gritou com alegria para a multidão: "Há terror na fogueira até que tu te vejas nela, mas, uma vez lá, aceita-a e tudo será perdoado. Tu contemplarás Cristo antes que o calor se apodere de ti, e tua alma, libertada do porão do corpo, voará ao paraíso como um pássaro feliz".

Por toda a Rússia, o exemplo da morte de Avvakum inspirou muitos de seus seguidores. Durante um período de seis anos, de 1684 a 1690, vinte mil Velhos Crentes voluntariamente seguiram seu líder para as chamas, preferindo o martírio a aceitar a religião do Anticristo. O governo de Sofia parecia adequado a essa descrição, assim como o de Aleixo ou Teodoro; aliás, ela foi ainda mais dura com os cismáticos do que seu pai ou seu irmão haviam sido. Os governos das províncias receberam instruções para enviar quaisquer tropas que fossem necessárias para ajudar os arcebispos das províncias a fazerem cumprir a religião estabelecida. Qualquer um que não fosse à Igreja seria questionado e aqueles suspeitos de heresia, torturados. Os que oferecessem abrigo aos cismáticos sofriam a perda de todas as suas posses e o exílio. Mesmo com a tortura, o exílio e a fogueira, os Velhos Crentes permaneciam fortes.

Nem todos os Velhos Crentes se submeterem à perseguição ou cremaram a si mesmos. Aqueles que haviam ido para refúgios nas florestas ao norte organizaram a vida lá de acordo com novos padrões, semelhante ao que fizeram os dissidentes protestantes que, no mesmo período, deixavam a Europa para fundar comunidades religiosas na Nova Inglaterra. Mantendo-se em sigilo, os Velhos Crentes criaram comunidades fundadas na agricultura e na pesca e estabeleceram as bases para uma prosperidade futura. Uma geração mais tarde, nos tempos de Pedro, os Velhos Crentes já eram reconhecidos como trabalhadores árduos e sóbrios. Apreciando essas qualidades, Pedro disse aos oficiais: "Deixem-nos em paz".

No longo prazo, foi a Igreja oficial – e, portanto, a própria Rússia – que mais sofreu com o Grande Cisma. As reformas que Nikon esperava serem capazes de purificar a Igreja e prepará-la para a liderança do mundo ortodoxo acabaram por fragmentá-la. Os dois antagonistas, Nikon e Avvakum, e as duas facções, os reformadores e os Velhos Crentes, lutaram uns contra os outros até a exaustão, sugando a energia da Igreja, alienando seus membros mais zelosos e subordinando-a permanentemente ao poder temporal. Quando Pedro chegou, passou a olhar para a Igreja basicamente pelo mesmo ângulo que Nikon a vira: um corpo desorganizado e letárgico, cuja corrupção, ignorância e superstição tinham de ser vigorosamente expurgados. Quando deu início às suas atividades (as quais não completou até o fim de seu reinado), Pedro contava com duas vantagens esmagadoras se comparado a Nikon: tinha poder maior e não dependia de ninguém para aprovar suas reformas. Mesmo assim, ele se aventurou menos: diferentemente de Nikon, jamais interferiu em rituais, liturgias ou doutrinas. Em vez disso, fez cumprir a autoridade da Igreja oficial contra os cismáticos, mas não ampliou o cisma religioso. Os cismas de Pedro estavam em outras esferas.

VI

AS BRINCADEIRAS DE PEDRO

Durante os anos de governo de Sofia, somente Pedro e Ivan podiam realizar certas funções cerimoniais. Suas assinaturas eram necessárias em importantes documentos públicos, assim como sua presença em banquetes estatais, festivais religiosos e cerimônias de recepção de embaixadores estrangeiros. Em 1683, quando Pedro estava com onze anos, os dois co-czares receberam o embaixador de Carlos XI da Suécia. Engelbert Kampfer, secretário do embaixador, registrou o encontro:

> Ambos os reis se sentaram [...] em um trono de prata semelhante à cadeira de um bispo, um pouco elevada e coberta com tecido vermelho. [...] Os czares usavam mantos prateados entrelaçados com flores vermelhas e brancas e, em vez de cetros, tinham bengalas com a parte superior inclinada, como os báculos dos bispos, que, assim como o peitoral de seus mantos e suas coroas, brilhavam em branco, em verde e na cor de outras pedras preciosas. O mais velho puxou a coroa para baixo, ajeitando-a acima dos olhos várias vezes e, mantendo o olhar voltado para o chão, permaneceu quase imóvel. O mais novo tinha um rosto franco e aberto, e seu sangue subia para as bochechas toda vez que alguém lhe dirigia a palavra. Olhava em volta constantemente e sua extraordinária beleza e seu jeito cheio de vida – que às vezes confundiam os magnatas moscovitas – impressionou tanto a todos nós que, se ele fosse um jovem comum, e não um personagem imperial, teríamos alegremente rido e conversado com ele. O mais velho tem dezessete anos; o mais novo, dezesseis.[1] Quando o embaixador sueco entregou a

---

[1] Para se ter uma ideia do tamanho e da vitalidade de Pedro, os suecos pensaram que ele estava com dezesseis anos, muito embora tivesse apenas onze. (N. A.)

carta de credibilidade, ambos os czares se levantaram. [...] Entretanto, Ivan, o mais velho, por algum motivo atrasou os processos por não entender o que estava acontecendo, e ofereceu a mão para ser beijada no momento errado. Pedro estava tão ansioso que não deu aos secretários o tempo habitual para que ele e seu irmão fossem levantados do trono e os visitantes pudessem tocar suas cabeças. Pedro simplesmente se levantou, levou a mão à coroa e logo começou a lançar perguntas inesperadas: "Sua Majestade, Carlos da Suécia, está em boa saúde?". Pedro precisou ser afastado para que o irmão mais velho tivesse a chance de falar.

Em 1684, quando Pedro estava com doze anos, um médico alemão registrou:

Então beijei a mão direita de Pedro que, com um leve sorriso, ofereceu-me um olhar amigável e gracioso e imediatamente estendeu a mão para mim enquanto as mãos do czar Ivan tinham de ser seguradas. [Pedro] é um garoto extraordinariamente bonito, em quem a natureza mostrou sua força; e tem tantas vantagens por natureza que ser filho de um rei é a menor de suas qualidades. Esbanja uma beleza que ganha os corações de todos aqueles que o veem, além de uma mente que, mesmo tão jovem, é inigualável.

Em 1685, Van Keller, embaixador holandês, foi efusivo ao escrever:

O jovem czar agora entrou em seu 13º ano de vida. A natureza se desenvolve com vantagem e boa sorte em toda a personalidade do jovem. Sua estatura é ótima, assim como seu semblante; ele cresce visivelmente e avança tanto em inteligência e compreensão quanto em afeição e amor de todos. Tem forte preferência por conquistas militares; portanto, quando for maior de idade, certamente podemos esperar dele ações corajosas e feitos heroicos.

Ivan, todavia, era um contraste lastimável. Em 1684, quando Pedro estava com sarampo, o embaixador austríaco foi recebido apenas por Ivan, que tinha de ser segurado pelos servos e dava respostas praticamente inaudíveis. Quando o general Patrick Gordon, um soldado escocês a serviço da Rússia, foi recebido na presença de Sofia e Vassili Golitsyn, Ivan estava tão doente e fraco que, durante a entrevista, não fez nada além de olhar para o chão.

Ao longo da regência de Sofia, a relação entre Pedro e Ivan sempre se mostrou excelente – embora eles se vissem apenas em ocasiões formais. "O amor natural e o entendimento existentes entre os dois reis são ainda melhores do que antes", escreveu Van Keller em 1683. Sofia e os Miloslavski naturalmente se preocupavam com Ivan. Ele era a base de seu poder e dele deveria vir o futuro. A vida de Ivan poderia ser curta e, a não ser que ele trouxesse um herdeiro ao mundo, os Miloslavski seriam afastados da sucessão. Assim, apesar das enfermidades nos olhos, na língua e na mente de Ivan, Sofia decidiu que ele deveria se casar e tentar ter um filho. Ivan aceitou e se casou com Praskovaia Saltykova, a alegre filha de uma distinta família. Em seu esforço inicial, Ivan e Praskovaia foram parcialmente bem sucedidos: deram à luz uma filha; talvez da próxima vez tivessem um filho.

Para os Naryshkin, que viam com satisfação sombria as debilidades de Ivan, esses acontecimentos eram motivo de pessimismo. Pedro ainda era jovem demais para se casar e competir com Ivan no que dizia respeito a trazer um herdeiro ao mundo. A esperança dos Naryshkin estava na juventude e saúde de Pedro; em 1684, quando o jovem teve sarampo e febre alta, eles entraram em desespero. Só podiam esperar e enfrentar o governo de Sofia enquanto o filho alto e de rosto iluminado de Natália alcançava a maioridade.

O EXÍLIO POLÍTICO DOS Naryshkin acabou sendo a boa sorte de Pedro. O golpe de estado de Sofia e a expulsão do partido Naryshkin do poder o libertaram de tudo, exceto de algumas ocasiões cerimoniais. Pedro estava livre para crescer com uma vida sem restrições e com o ar puro do interior. Durante algum tempo depois da revolta Streltsi, a czarina Natália continuou com o filho e a filha no Kremlin, nos mesmos aposentos que haviam ocupado desde a morte de seu marido. Entretanto, com Sofia no poder, cada vez mais a atmosfera parecia pesada e opressiva. Natália ainda sentia amargamente os assassinatos de Matveiev e do irmão Ivan Naryshkin, e jamais teve certeza de que Sofia não agiria novamente contra ela e seus filhos. Entretanto, havia pouco risco de isso acontecer; durante a maior parte do tempo, Sofia simplesmente ignorava sua madrasta. Natália recebia uma pequena soma para viver. A quantia nunca era suficiente, por isso a humilde czarina se via forçada a pedir mais ao patriarca ou aos demais membros do clero.

Para escapar do Kremlin, Natália começou a passar mais tempo na casa de campo e espaço de caça em Preobrajenskoe, no rio Yauza, a pouco menos de cinco quilômetros de Moscou. Nos tempos de Aleixo, a propriedade havia sido parte de sua enorme instalação para falcoaria, e ainda incluía filas de estábulos e centenas de viveiros, tanto para os falcões quanto para os pombos que eram suas presas. A casa, uma impressionante estrutura de madeira com cortinas vermelhas nas janelas, era pequena, mas ficava em meio a campos verdes entrecortados por árvores. Do topo de uma colina, Pedro podia ver os gramados, campos de cevada e aveia, um rio serpenteando em meio a bosques de bétula, pequenas vilas dominadas por igrejas de paredes brancas e uma cúpula azul ou verde.

Ali, nos campos e florestas de Preobrajenskoe e pelas margens do Yauza, Pedro pôde deixar de lado a sala de aula e não fazer nada além de brincar. Sua brincadeira favorita, como desde o início da infância, era a guerra. Durante o reinado de Teodoro, uma pequena pista de desfiles havia sido criada para Pedro no Kremlin, onde ele podia treinar seus colegas. Agora, com o mundo aberto de Preobrajenskoe à sua volta, havia espaço infinito para essas brincadeiras fascinantes. E, diferentemente da maioria dos garotos que brincavam de guerra, Pedro podia contar com um arsenal do governo para lhe fornecer equipamentos. Os registros comprovam que seus pedidos eram frequentes. Em janeiro de 1683, ele encomendou uniformes, insígnias e dois canhões de madeira com casco revestido de ferro e com rodas que lhes permitissem ser puxados por cavalos – tudo para ser entregue imediatamente. Em seu 11º aniversário, em junho de 1683, Pedro abandonou os canhões de madeira e os substituiu por canhões verdadeiros com os quais, sob a supervisão de artilheiros, pôde dar tiros de saudação. Ele gostava tanto disso que os mensageiros tinham que viajar quase diariamente até o arsenal para buscar mais pólvora. Em maio de 1685, Pedro, com quase treze anos, encomendou dezesseis pares de pistolas, dezesseis carabinas com correias e aplicações em latão e, pouco depois, 23 outras carabinas e dezesseis mosquetes.

Quando Pedro estava com catorze anos, ele e a mãe haviam se instalado permanentemente em Preobrajenskoe e suas brincadeiras bélicas haviam transformado a propriedade de veraneio em um acampamento militar para adolescentes. Os primeiros "soldados" de Pedro foram seus colegas de brincadeiras, escolhidos para trabalhar para ele quando Pedro atingira os cinco anos. Eles foram selecionados de famílias de boiardos para oferecer ao príncipe uma comitiva de jovens nobres que atuariam como estribeiros, criados e mordomos; na verdade, eram seus amigos. Pedro também preencheu suas fileiras recrutando gente do enorme e agora inútil grupo de assistentes de seu pai, Aleixo, e de seu irmão, Teodoro. Multidões de funcionários, especialmente aqueles envolvidos com as instalações para a criação de falcões do czar Aleixo, permaneciam ligados ao serviço real, mas sem nada para fazer. A saúde de Teodoro o havia impedido de caçar, Ivan era ainda menos capaz de desfrutar do esporte, e Pedro simplesmente não gostava da atividade. Mesmo assim, todas aquelas pessoas continuavam recebendo salários do Estado e sendo alimentadas às custas do czar, então Pedro decidiu empregar alguns deles em seu esporte.

O exército ganhou ainda mais membros quando jovens nobres decidiram se candidatar – fosse por impulso próprio ou instados por pais ansiosos em receber favores do jovem czar. Garotos de outras classes sociais também tinham o direito de colocar sua candidatura, e os filhos de clérigos, cavalariços, criados e até mesmo serviçais que trabalhavam para os nobres se viram ao lado dos filhos dos boiardos. Em meio a esses jovens voluntários de origem obscura estava Alexandre Danilovich Menshikov, um ano mais novo do que o czar. Por fim, trezentos desses meninos e jovens adultos se viram reunidos na propriedade de Preobrajenskoe. Viviam em quartéis, treinavam como soldados, usavam linguajar de soldados e recebiam salários de soldados. Pedro os mantinha como camaradas especiais, e, a partir desse conjunto de nobres e cavalariços jovens, viria a criar o orgulhoso Regimento Preobrajenski. Até a queda da monarquia russa, em 1917, esse foi o primeiro regimento da Guarda Imperial Russa, cujo coronel sempre seria o próprio czar e cuja afirmação mais orgulhosa era a de ter sido fundada por Pedro, o Grande.

Logo, todos os alojamentos disponíveis na pequena vila de Preobrajenskoe estariam preenchidos, mas o exército de garotos de Pedro continuava em expansão. Novas instalações foram construídas em Semyonovskoe, uma vila próxima; com o passar do tempo, essa instalação veio a formar o Regimento Semyonovski, tornando-se o segundo regimento da Guarda Imperial Russa. Cada um desses regimentos embrionários contava com trezentos membros e era organizado em infantaria, cavalaria e artilharia – exatamente como um exército regular. Quartéis, sedes e estábulos foram construídos, mais arreios e munições trazidos da artilharia montada, cinco tocadores de pífano e dez de tambores foram retirados dos regimentos regulares para marcar o ritmo dos jogos de Pedro. Uniformes em estilo ocidental foram criados e enviados: botas pretas, chapéus de três pontas pretos, calças e casacos (que desciam até o joelho) vistosos e com punhos enormes, verde-escuro para os Preobrajenski e azul-vivo para os Semyonovski. Níveis de comando foram organizados, com oficiais de campo, subalternos, sargentos, equipes de abastecimento e de administração e até mesmo um departamento para pagamento, todos ocupados pelos garotos. Assim como os soldados adultos, eles viviam sob estrita disciplina militar e passavam por rigorosos treinamentos militares. Em volta de seus quartéis, eles montavam guardas e faziam vigilância. Conforme o treino avançava, eles passaram a organizar longas marchas pelo interior, acampando durante a noite, escavando trincheiras e definindo patrulhas.

Pedro mergulhou entusiasticamente nesta atividade, querendo participar de maneira completa, em todos os níveis. Em vez de se atribuir o papel de coronel, ele se alistou no Regimento Preobrajenski no nível de entrada, como tocador de tambor – podendo ali tocar o instrumento que amava com toda sua empolgação. Com o tempo, ele se promoveu a artilheiro ou bombardeiro, para poder disparar a arma mais barulhenta e que fazia o maior estrago. Nas barracas ou no campo, ele não admitia distinções entre os outros garotos e ele mesmo. Executava as mesmas tarefas, assumia sua posição nas vigias, noite ou dia, dormia na mesma barraca e comia a mesma comida. Quando era preciso aterrar, Pedro escavava com sua pá. Quando o regimento desfilava, Pedro estava nas fileiras, mais alto que os outros mas, de resto, indiscernível.

A recusa de Pedro de aceitar posições mais altas em qualquer organização militar ou naval russa tornou-se uma característica que se estendeu por toda a sua vida. Mais tarde, quando ele marchasse com seu novo exército russo ou navegasse com sua nova frota, seria sempre na posição de comandante subordinado. Estava disposto a ser promovido de garoto do tambor para artilheiro, de artilheiro para sargento e finalmente para general, ou na frota naval, até contra-almirante e, por fim, vice-almirante, mas somente quando sentisse que sua competência e seus serviços justificassem, por mérito, tal promoção. No início, Pedro fez isso em parte porque, nos tempos de paz, os tocadores de tambor e artilheiros se divertiam mais e faziam mais barulho do que majores e coronéis. No entanto, também havia a contínua convicção de que ele deveria aprender os aspectos da vida militar de baixo para cima. E se ele, o czar, fizesse isso, nenhum nobre poderia exigir o comando com base em seu título. Desde o início, Pedro deu esse exemplo, diminuindo a importância do nascimento e elevando a necessidade da competência, introduzindo na nobreza russa o conceito de que posição e prestígio deveriam ser conquistados novamente por cada geração.

Conforme Pedro ficava mais velho, suas brincadeiras de guerra se tornavam mais elaboradas. Em 1685, para praticar formação, defesa e ataque a fortalezas, os jovens soldados trabalharam por quase um ano construindo um pequeno forte de terra e madeira na margem do Yauza, em Preobrajenskoe. Assim que terminaram, Pedro bombardeou a construção com morteiros e canhões para ver se era capaz de derrubá-la. Com o tempo, o forte reconstruído viria a se transformar em uma pequena cidade fortificada chamada Pressburgo, com suas próprias tropas, instalações administrativas, corte de justiça e até mesmo um "Rei de Pressburgo" de brincadeira, que era um dos camaradas de Pedro e a quem ele fingia obedecer.

Para brincadeiras militares de tamanha complexidade, Pedro precisou de conselhos profissionais – afinal, nem mesmo os mais ansiosos garotos conseguiriam construir e bombardear fortalezas sozinhos. O conhecimento técnico veio de oficiais estrangeiros que viviam no Subúrbio Alemão. Cada vez mais esses estrangeiros, inicialmente chamados para trabalhar como instrutores temporários, resolviam ficar e atuar como oficiais permanentes nos regimentos do garoto. No início de 1690, quando as duas companhias foram formalmente transformadas nos Regimentos de Guarda Preobrajenski e Semyonovski, quase todos os coronéis, majores e capitães eram estrangeiros; somente os sargentos e os soldados eram russos.

Foi sugerido que o motivo de Pedro para desenvolver essas companhias de jovens era criar uma força armada que poderia um dia ser usada para derrubar Sofia. Isso é pouco provável. Sofia estava totalmente ciente do que acontecia em Preobrajenskoe e não se mostrou seriamente preocupada. Se ela acreditasse haver perigo, os pedidos de Pedro de armas vindas do arsenal do Kremlin seriam rejeitados. Enquanto a regente pudesse contar com a lealdade de vinte mil Streltsi na capital, os seiscentos garotos de Pedro não significavam nada. Sofia até mesmo emprestou a Pedro regimentos de Streltsi para participarem nas simulações de batalhas. Entretanto, em 1657, enquanto ele preparava um exercício de campo em larga escala, a regente se lançou na primeira campanha contra os tártaros da Crimeia. Os Streltsi, os soldados regulares e os oficiais estrangeiros emprestados a Pedro tiveram que se unir novamente ao exército regular, e as manobras do jovem foram canceladas.

DURANTE ESSES ANOS, TUDO atraía a curiosidade de Pedro. Ele pediu um relógio de parede, uma estátua de Cristo, uma sela como a dos calmucos, um enorme globo terrestre, um macaco de circo. Queria saber como as coisas funcionavam, adorava ver e sentir as ferramentas em suas enormes mãos. Observava os artesãos usando ferramentas e então os imitava e desfrutava da sensação de cortar madeira, lascar pedras e moldar ferro. Aos doze anos de idade, encomendou um banco de carpinteiro e passou a dominar o uso de machados, cinzéis, martelos e pregos. Tornou-se escultor. Aprendeu a delicada tarefa de girar um torno mecânico e tornou-se um excelente artesão de madeira e, posteriormente, de marfim. Aprendeu a trabalhar com tipos e descobriu como os livros eram encadernados. Adorava o barulho e o brilho vermelho dos martelos no ferro na área de trabalho dos ferreiros.

Uma consequência dessa juventude espontânea e ao ar livre em Preobrajenskoe foi o fato de a educação formal de Pedro ter sido descontinuada. Quando deixou o Kremlin, detestando as memórias associadas ao local, ele se desligou dos tutores que haviam ensinado Teodoro e Sofia, e também dos costumes e tradições que envolviam a educação de um czar. Brilhante e curioso, Pedro escapou em direção ao ar livre para se dedicar a assuntos práticos, em vez de teóricos. Aprendeu com rios e florestas, e não com a sala de aula; com mosquetes e canhões, em vez de papel e caneta. O ganho foi importante, mas a perda também foi bastante considerável. Pedro leu poucos livros. Sua caligrafia, ortografia e gramática jamais avançaram além do nível abominável do início da infância. Não aprendeu línguas estrangeiras, exceto noções básicas de holandês e alemão posteriormente adquiridas no Subúrbio Alemão e em suas viagens ao exterior. Não foi tocado pela teologia; sua mente jamais se viu desafiada ou expandida pela filosofia. Assim como acontece com qualquer criança obstinada e inteligente que é retirada da escola aos dez anos e que passa por sete anos de liberdade indisciplinada, a curiosidade de Pedro o levou em muitas direções. Mesmo sem um guia, ele aprendeu muito. Entretanto, não obteve o treinamento formal e disciplinado da mente, os avanços regulares e sequenciais das mais básicas às mais elaboradas disciplinas até se chegar ao que, na visão grega, era a mais alta das matérias: a arte de governar pessoas.

A educação de Pedro, direcionada por sua curiosidade e capricho, uma mistura do útil com o inútil, preparou o homem e o monarca que estavam por vir. Grande parte de suas realizações talvez não tivessem ocorrido se o jovem czar tivesse recebido sua educação no Kremlin, e não em Preobrajenskoe; a educação formal pode tanto inspirar quanto sufocar. Todavia, Pedro posteriormente sentiu e lamentou a falta de profundidade e polimento de sua educação formal.

Sua experiência com um sextante foi típica de sua instrução entusiástica e autônoma. Em 1687, quando Pedro tinha quinze anos, o príncipe Jacob Dolgoruki, prestes a partir para a França em uma missão diplomática, mencionou ao czar que certa vez havia possuído um instrumento estrangeiro "por meio do qual a distância e o espaço podiam ser medidos sem sairmos do lugar". Infelizmente, todavia, o instrumento havia sido roubado, mas Pedro pediu ao príncipe para que lhe comprasse outro na França. Quando Dolgoruki retornou, em 1688, a primeira pergunta de Pedro foi se ele lhe havia comprado o sextante. O príncipe então lhe mostrou uma caixa com um item embrulhado no interior; era o sextante, elegantemente feito de metal e madeira. Mas ninguém ali sabia usá-lo. A busca por um especialista começou, e logo levou ao Subúrbio Alemão, de onde veio um comerciante holandês de cabelos brancos chamado Franz Timmerman, que rapidamente usou o aparelho para calcular a distância até uma casa vizinha. Um servo foi enviado para medir a distância *in loco* e retornou com um número similar ao de Timmerman. Pedro ansiosamente pediu para aprender a usar o aparelho. Timmerman concordou em ensinar, mas deixou claro que seu aluno teria, primeiro, de aprender aritmética e geometria. Pedro tinha estudado noções de aritmética no passado, mas os conhecimentos haviam caído em desuso; sequer se lembrava como realizar subtrações e divisões. Impulsionado por seu desejo de usar o sextante, mergulhou em uma variedade de disciplinas: aritmética, geometria e também balística. E, quanto mais longe Pedro chegava, mais caminhos pareciam surgir à sua frente. Interessou-se novamente por geografia e passou a estudar, com o enorme globo que pertencera a seu pai, os contornos da Rússia, da Europa e do Novo Mundo.

Timmerman foi um tutor improvisado. Tinha passado anos na Rússia e estava há tempos sem contato com a mais moderna tecnologia da Europa Ocidental. Não obstante, ele se tornou um conselheiro e amigo para Pedro, e o czar constantemente mantinha ao seu lado o holandês, que adorava um cachimbo. Timmerman tinha viajado pelo mundo, sabia descrever como as coisas funcionavam, conseguia responder pelo menos algumas das perguntas constantemente lançadas pelo garoto alto e de curiosidade infinita. Juntos, eles viajaram pelos arredores de Moscou, visitando propriedades e monastérios e analisando pequenas vilas. Uma dessas excursões, em junho de 1688, levou a um famoso episódio que traria consequências importantes para Pedro e para a Rússia. Na ocasião, o czar vagava com Timmerman por uma propriedade real perto da vila de Ismailovo. Em meio às construções atrás da casa principal havia um armazém que, pelo que Pedro ouvira dizer, estava repleto de lixo e permanecia trancado há anos. Com a curiosidade atiçada, pediu para que as portas fossem abertas e, apesar do cheiro de mofo, começou a olhar o interior. Na luz fraca, um enorme objeto imediatamente atraiu seus olhos: um velho barco, com a madeira em decadência, virado de ponta cabeça em um canto do armazém. Tinha seis metros de comprimento e quase dois de largura, mais ou menos do tamanho de um barco salva-vidas em um navio de cruzeiro moderno.

Aquele não era o primeiro barco visto por Pedro. O jovem conhecia as embarcações rasas e pesadas que os russos usavam para transportar mercadorias nos grandes rios do país; também conhecia os pequenos barcos usados para lazer nos arredores de Preobrajenskoe. No entanto, as embarcações russas eram essencialmente criadas para serem usadas em rios: barcas com fundo achatado e proas quadradas, impulsionadas por remos ou puxadas por homens ou animais nas margens do rio, ou apenas pela própria corrente. O objeto à sua frente era diferente: fundo, de casco arredondado, quilha pesada e arco pontiagudo – características que não eram voltadas para a navegação em rios.

– Que tipo de barco é esse? – Pedro perguntou a Timmerman.

– Um barco inglês – foi a resposta.

– Para que é usado? É melhor do que os barcos russos? – questionou Pedro.

– Se ele tivesse um novo mastro e velas, poderia seguir não apenas no sentido do vento, mas também contra ele – explicou Timmerman.

– Contra o vento? – Pedro estava impressionado. – Isso é possível?

Ele queria experimentar o barco imediatamente, porém Timmerman analisou a madeira apodrecida e insistiu que grandes reparos deveriam ser feitos; enquanto isso, um mastro e velas poderiam ser produzidos. Com Pedro pressionando-o constantemente para se apressar, Timmerman encontrou outro ancião holandês, Karsten Brandt, que chegara da Holanda em 1660 para construir um navio no Mar Cáspio para o czar Aleixo. Brandt, que vivia como carpinteiro no Subúrbio Alemão, foi até Ismailovo e iniciou o trabalho. Substituiu a madeira e calafetou o fundo, preparou o mastro e as velas quadradas, as adriças e o tecido. O barco foi levado sobre roletes ao Yauza, onde foi lançado às águas. Diante dos olhos de Pedro, Brandt começou a navegar no rio, para a direita e para a esquerda, usando a brisa para seguir não apenas na direção do vento, mas também contra a leve correnteza. Carregado de admiração, Pedro gritou a Brandt para chegar à margem e levá-lo a bordo. Então, subiu no barco, tomou o leme e começou a seguir contra o vento. "E que enorme prazer foi para mim", escreveu posteriormente o czar no prefácio de suas *Regulações Marítimas*.[2]

Depois disso, Pedro passou a navegar todos os dias. Aprendeu a usar as velas e o vento, mas o Yauza era estreito e a brisa frequentemente leve demais para oferecer a possibilidade de manobras, o que fazia o barco encalhar constantemente. O corpo de água realmente grande mais próximo, com quinze quilômetros de um lado ao outro, era o lago Pleschev, próximo a Pereslavl, 140 quilômetros a nordeste de Moscou. Pedro podia ser um jovem irresponsável se divertindo nos campos, mas também era um czar e não podia viajar para tão longe da capital sem algum propósito bastante sério. Ele rapidamente encontrou uma justificativa. O festival de junho ocorreria no grande Mosteiro Troitski, e Pedro implorou para que sua mãe lhe desse permissão para ir até lá e participar da cerimônia religiosa. Natália concordou e, assim que o serviço chegou ao fim, Pedro, agora além do alcance de qualquer autoridade restritiva, simplesmente seguiu a noroeste, através da floresta de Pereslavl. Conforme um acordo prévio, Timmerman e Brandt o acompanharam.

Parado na margem, com o sol batendo em seus ombros e brilhando contra a água, Pedro olhou para o lago. Pouco conseguia enxergar da encosta ao outro lado. Ali ele poderia navegar sem parar – por uma ou duas horas. Ele desejava navegar imediatamente, mas não havia barcos ali, e tampouco seria

---

[2] A verdadeira origem desse famoso barco, que Pedro chamou de "O Avô da Marinha Russa", é desconhecida. Pedro acreditava que ele fosse inglês. Uma lenda afirma que foi originalmente enviado como presente a Ivan, o Terrível, pela Rainha Elisabete I. Outros acreditam que foi construído na Rússia por carpinteiros holandeses durante o reinado do czar Aleixo. O que é importante notar é que se trata de um pequeno navio a vela de modelo ocidental. (N. A.)
Reconhecendo a importância deste objeto em sua vida, Pedro determinou que ele fosse preservado. Em 1701, o barco foi levado ao Kremlin e mantido em uma construção perto da Torre dos Sinos de Ivan. Em 1722, quando a longa guerra contra a Suécia finalmente chegou ao fim, Pedro ordenou que o barco fosse levado de Moscou a São Petersburgo. Pesando 1,5 tonelada, teve de ser carregado em parte sobre estradas de madeira, e as ordens de Pedro quanto ao cuidado foram específicas: "Tragam o barco até Schlusselburg. Sejam cuidadosos para não destruí-lo. Por esse motivo, viajem apenas durante o dia e parem à noite. Quando a estrada estiver ruim, sejam especialmente cuidadosos". Em trinta de maio de 1723, no 51º aniversário de Pedro, o celebrado barco desceu pelo Neva até o Golfo da Finlândia, para lá se encontrar com seus "netos", os homens de guerra da Frota do Báltico russa. Em agosto daquele ano, o barco foi colocado em uma construção especial, dentro da Fortaleza de São Pedro e São Paulo, onde permaneceu por mais de dois séculos. Hoje, o barco de Pedro é o mais valioso item em exibição no Museu da Marinha da União Soviética, no antigo prédio da bolsa de valores na ilha Vasilevski, de Leningrado. (N. A.)

possível trazer o barco inglês de Ismailovo. Então, conversou com Brandt e lhe perguntou se seria possível construir novas embarcações ali, na encosta do lago.

— Sim, podemos construir barcos aqui — respondeu o velho carpinteiro. Ele olhou em volta e viu a costa vazia e a floresta virgem. — Mas precisaremos de muitas coisas.

— Isso não é problema — falou Pedro animadamente. — Providenciaremos o que for necessário.

A intenção de Pedro era ajudar a construir os barcos às margens do Pleschev. Isso significava não apenas outra visita rápida e sem autorização ao lago, mas obter a permissão para viver ali durante um longo período. Ele retornou a Moscou e insistiu com sua mãe. Natália resistiu, afirmando que ele deveria ficar em Moscou pelo menos até a celebração formal do dia de seu nome.[3] Pedro permaneceu na cidade, mas, no dia seguinte, ele, Brandt e outro construtor naval (chamado Kort) se apressaram de volta para o lago Pleschev. Escolheram um local para funcionar como estaleiro na costa ocidental do lago, não longe da estrada Moscou-Yaroslavl, e começaram a construir barracas e uma doca, na qual ancorariam os futuros barcos. A madeira foi cortada, preparada e modelada. Trabalhando da alvorada ao anoitecer, com Pedro e outros homens serrando e martelando vigorosamente sob a supervisão dos holandeses, eles prepararam as quilhas para cinco embarcações — duas pequenas fragatas e três iates, todos com arcos arredondados e popas em estilo holandês. Em setembro, os esqueletos dos barcos começaram a tomar forma, mas nenhum deles estava terminado quando Pedro se viu forçado a retornar a Moscou para o inverno. Ele foi embora contrariado, pedindo aos carpinteiros navais para permanecerem e trabalharem o máximo que pudessem para que os barcos estivessem prontos para a primavera.

A DESCOBERTA ACIDENTAL DESSE barco e as primeiras aulas de navegação de Pedro no Yauza foram o início de dois temas muito presentes em sua personalidade e em sua vida: a obsessão pelo mar e o desejo de aprender com o ocidente. Assim que assumiu o poder e o título, ele se voltou para o mar — primeiro para o Mar Negro, depois para o Báltico, a noroeste. Impelida pela força desse estranho sonhador marinho, a enorme nação tropeçou na direção dos oceanos. Era estranho e, ainda assim, parcialmente inevitável. Nenhuma grande

---

3   Em países eslavos e alguns latinos, havia a celebração do dia do santo homônimo à pessoa. (N. E.)

nação havia sobrevivido e prosperado sem acesso ao mar. O que é impressionante é que esse impulso tenha vindo dos sonhos de um adolescente.

Enquanto Pedro velejava pelo Yauza com Brandt ao seu lado no leme, sua fascinação pela água coincidiu e se misturou com sua admiração pelo ocidente. Ele sabia que estava em um barco estrangeiro, tomando aulas com um instrutor estrangeiro. Aqueles holandeses que haviam reformado o barco e que agora lhe mostravam como usá-lo vinham de uma civilização tecnicamente avançada se comparada à Moscóvia. A Holanda tinha milhares de barcos e de marinheiros; por enquanto, Timmerman e Brandt representavam bem isso. Eles se tornaram heróis para Pedro, que queria estar perto dos dois anciões para que eles pudessem lhe ensinar. Naquele momento, Timmerman e Brandt eram o ocidente. E, um dia, Pedro seria a Rússia.

Ao final de 1688, Pedro tinha dezesseis anos e meio e já não era um garoto. Fosse usando um manto de tecido dourado e sentado ao trono ou escavando trincheiras, puxando cordas e martelando pregos em uma túnica verde manchada de suor enquanto falava de assuntos técnicos com carpinteiros e soldados, fisicamente ele era um homem. Em uma era na qual a vida era curta e as gerações sucediam rapidamente umas às outras, os homens costumavam se tornar pais nessa idade. Isso era especialmente verdadeiro para os príncipes, para quem a necessidade de dar continuidade à sucessão era a principal responsabilidade. A tarefa de Pedro era clara: estava na hora de se casar e ter um filho. Sua mãe sentia isso profundamente, e a essa altura nem mesmo Sofia se opunha à ideia. Não era apenas uma questão de Naryshkin *versus* Miloslavski, mas sim de assegurar a sucessão dos Romanov. A czarevna não podia se casar; o czar Ivan só tinha tido filhas.

Natália também tinha razões mais pessoais. Estava irritada por conta do crescente interesse de seu filho pelo estrangeiro; essa preferência ultrapassava qualquer coisa que ela conhecera na atmosfera moderna e ocidentalizada da casa de Matveiev ou do ambiente cada vez mais liberal da corte nos últimos anos do czar Aleixo. Pedro estava passando todo seu tempo com aqueles holandeses, e eles o tratavam como um aprendiz, e não como um autocrata. Eles haviam lhe apresentado a bebida e o cachimbo, além de garotas estrangeiras que se comportavam de forma muito diferente daquela das filhas reclusas da nobreza russa. Ademais, Natália estava extremamente preocupada com a segurança de seu filho. O fato de ele manejar canhões e velejar era perigoso. O jovem passava tempo demais longe, estava fora do controle da mãe, vivia acompanhado de pessoas inadequadas e colocando a vida em perigo. Uma esposa mudaria tudo isso. Uma bela garota russa, tímida, simples e amável o distrairia e lhe daria algo mais interessante para fazer do que correr pelos campos e se molhar em rios e lagos. Uma boa esposa poderia transformar Pedro de adolescente em homem. Com sorte, ela rapidamente também faria desse homem um pai.

Pedro aceitou o desejo de sua mãe sem argumentar – não porque tivesse se tornado um filho responsável de uma hora para a outra, mas porque simplesmente não dava a mínima para tudo aquilo. Concordou na tradicional seleção de jovens elegíveis, que se reuniriam no Kremlin; concordou que sua mãe as escolhesse e separasse as mais adequadas. Quando isso foi feito, ele olhou para o prospecto, não reclamou e, portanto, acatou a decisão de sua mãe. Assim, sem qualquer esforço, Pedro se viu com uma nova esposa, e a Rússia, com uma nova czarina.

Seu nome era Eudóxia Lopukhina. Tinha vinte anos — três a mais do que Pedro — e afirma-se que era uma mulher bonita, embora nenhum retrato dela com essa idade tenha sobrevivido. Era tímida e totalmente respeitosa, o que atraiu a atenção de sua nova sogra. Também era bem-nascida, filha de uma família moscovita antiga e bastante conservadora, que tinha suas origens no século XV e agora era ligada pelo matrimônio com os Golitsyn, Kurakin e Romodanovski. Eudóxia era uma ortodoxa devota, quase sem qualquer educação formal, estremecia diante de qualquer coisa que viesse do estrangeiro e acreditava que, para agradar seu esposo, tinha de se tornar sua principal escrava. Corada, esperançosa e desamparada, ela se viu ao lado do noivo alto e jovem, e se tornou sua esposa em 27 de janeiro de 1689.

Mesmo para uma época em que os casamentos eram arranjados, a combinação de Pedro e Eudóxia foi um desastre. Ele, independentemente de sua prontidão física para a paternidade, continuava explodindo de contentamento com suas novas descobertas, mais preocupado com a forma como as coisas funcionavam do que com a maneira como as pessoas se comportavam. Poucos garotos de dezessete anos de qualquer época, mesmo se forçados a se casar, abandonarão tudo o que amam para se entregar à domesticidade. E certamente Eudóxia era mal preparada para realizar tal milagre com Pedro. Modesta, convencional, pouco mais do que uma criança tímida, bastante consciente da posição social de seu marido, ansiosa para agradar, embora incerta de como fazer isso, ela podia ser um modelo de czarina para um czar moscovita convencional. Estava preparada para oferecer tudo o que pudesse, mas a faísca selvagem e impetuosa do gênio existente em seu marido a deixava confusa, e o mundo violento e masculino de Pedro a assustava. Eudóxia estava preparada para participar das grandes cerimônias de Estado, mas não para construir barcos. Seu desgosto por estrangeiros cresceu. Haviam lhe ensinado que eles eram ruins; e agora esses mesmos estrangeiros roubavam-lhe o marido. Eudóxia não conseguia conversar com Pedro, não sabia nada sobre carpintaria ou cordames. Desde o início, seus assuntos o entediavam; em pouco tempo, também o entediava fazer amor com ela; logo ele mal suportava olhar para Eudóxia. Todavia, os dois eram casados e dormiam juntos, e dentro de dois anos, dois filhos nasceram. O mais velho era o czarevich Aleixo, cuja vida trágica atormentaria Pedro. O segundo, um bebê chamado Alexander, morreu depois de apenas sete meses. Quando isso aconteceu, por volta de três anos depois do casamento, Pedro se sentia tão distante da esposa e tão indiferente a tudo aquilo que sequer se preocupou em ir ao funeral do filho.

ATÉ MESMO A LUA de mel foi breve. No início da primavera, apenas algumas semanas após seu casamento, Pedro observava, inquieto, o gelo do Yauza começar a derreter em Preobrajenskoe. Sabendo que logo ele derreteria no lago Pleschev, o czar se esforçou para se livrar de sua esposa, sua mãe e suas responsabilidades. No início de abril de 1689, libertou-se e correu para o lago, ansioso para ver os progressos de Brandt e Kort. Encontrou o gelo se desfazendo no Pleschev, a maioria dos barcos terminados, prontos para serem lançados na água, e precisando de somente alguns rolos de corda para prender as velas. No mesmo dia, ele escreveu para sua mãe de maneira exuberante pedindo cordas e sorrateiramente enfatizando que, quanto mais cedo as cordas chegassem, mais cedo ele seria capaz de voltar para vê-la.

> À minha querida mãezinha, Senhora Czarina e Grande Duquesa Natália Kyrilovna: seu filho, Petrushka, agora aqui a trabalho, pede sua bênção e deseja saber sobre sua saúde. Nós, por meio de suas preces, estamos bem. O lago está totalmente sem gelo hoje, e todos os barcos, exceto o grande navio, estão prontos, esperando apenas cordas. Portanto, imploro sua bondade para que setecentas braças [cerca de 1.300 metros] sejam enviadas do Departamento de Artilharia o mais rapidamente possível, pois o trabalho depende delas, assim como o prolongamento de nossa estada. Peço sua bênção.

Natália entendeu e ficou furiosa. Respondeu não enviando cordas, mas ordenando que Pedro retornasse imediatamente a Moscou para participar de uma cerimônia em homenagem ao czar Teodoro; sua ausência seria considerada um desrespeito enorme à memória do irmão. Extremamente infeliz com a ideia de deixar seus barcos para trás, Pedro tentou novamente resistir à ordem de sua mãe. Sua próxima carta enviada a ela era uma mistura de alegria forçada e leve evasão:

> À minha queridíssima mãe, Senhora Czarina Natália Kyrilovna, seu indigno filho, Petrushka, deseja enormemente saber como está sua saúde. Quanto às suas ordens para que eu retorne a Moscou, estou pronto, mas há trabalho a ser feito aqui, conforme o homem que a senhora enviou verificou com os próprios olhos e explicará mais claramente. Por meio de suas orações, nós nos encontramos em perfeita saúde. Sobre meu retorno, escrevi demoradamente a Lev Kyrilovich [tio de Pedro e irmão de Natália] e ele lhe transmitirá as informações. Portanto, humildemente me renderei à sua vontade. Amém!

Entretanto, Natália foi inflexível: Pedro teria de retornar. Ele chegou a Moscou apenas um dia antes da cerimônia e um mês se passou antes que conseguisse escapar novamente. Dessa vez, quando retornou ao lago Pleschev, descobriu que Kort havia morrido. Trabalhando ao lado de Brandt e de outros construtores de navios, Pedro ajudou a deixar os barcos prontos. Depois disso, escreveu novamente para sua mãe, usando como mensageiro o boiardo Tikhon Streshnev, que Natália havia enviado a Pereslavl para verificar o que estava acontecendo.

"Olá", foi a saudação de Pedro a sua mãe.

> Eu gostaria de saber sobre a sua saúde e imploro sua bênção. Estamos todos bem. Quanto aos barcos, digo novamente que estão muito bons, conforme Tikhon Nikitich lhe contará mais. Seu indigno Petrus.

A assinatura "Petrus" é reveladora. O restante da correspondência estava escrita no russo duvidoso de Pedro, mas ele escreveu seu nome em latim, usando o nada familiar e, para ele, exoticamente interessante alfabeto ocidental. Além do latim, Pedro estava apendendo holandês com seus colegas de trabalho.

Durante esses meses de primavera em Pereslavl, logo depois de seu casamento, Pedro escreveu cinco cartas para a mãe, mas nenhuma para a esposa.

Tampouco a mencionava quando escrevia a Natália. Essa falta de atenção foi prontamente aceita por sua mãe. Na pequena corte em Preobrajenskoe, onde esposa e sogra viviam, as tensões já haviam se instalado. Natália, que havia escolhido aquela mulher para Pedro, logo enxergou as limitações de Eudóxia, passando a desdenhá-la e a aceitar a avaliação negativa de Pedro. A esposa, instalada em um ambiente nada amigável, pateticamente esperava que seu marido retornasse para criar harmonia, e lhe escreveu implorando para que ele se lembrasse dela, pedindo algum sinal de amor e ternura.

> Eu saúdo meu senhor, o Czar Pedro Alexeievich. Espero que esteja seguro, minha luz por muitos anos. Imploramos sua misericórdia. Venha para nós, ó, Senhor, sem demoras. Eu, graças à bondade de sua mãe, estou segura e bem. Sua insignificante esposa, Dunka, se inclina diante do senhor.

Pedro foi chamado mais uma vez para retornar e participar de uma cerimônia pública em Moscou. E, de novo, mostrou-se relutante em abandonar seus barcos, mas, dessa vez, ao chegar à capital, sua mãe insistiu para que ficasse. Uma crise estava se formando: membros do partido aristocrata dos boiardos reunidos em volta de Pedro e de sua mãe estavam se preparando para desafiar o governo da regente Sofia. Após sete anos de um governo inegavelmente competente, a administração de Sofia começava a naufragar. Haviam ocorrido duas campanhas militares desastrosas. Agora, a regente, impulsionada por sua paixão por Vassili Golitsyn, comandante do exército perdedor, tentava convencer os moscovitas a tratar seu amante como um herói. Era demais para se aceitar, e os partidários de Pedro acreditavam que o fim estava próximo. Entretanto, eles precisavam do símbolo de sua causa por perto. Vestido com majestade, Pedro poderia facilmente adotar sua total onipotência como czar. Usando calças e sentado em um pedaço de madeira em um ancoradouro a dois dias de viagem de Moscou, todavia, ele continuava a ser o jovem que Sofia conhecia: um garoto de outro mundo, cujos gostos exóticos eram vistos com uma mistura de diversão indulgente e desdém.

VII

A REGÊNCIA DE SOFIA

Sofia tinha 25 anos quando se tornou regente e apenas 32 quando seu título e seu cargo lhe foram tomados. Um retrato a mostra como uma jovem de olhos castanhos, com rosto redondo, bochechas rosadas, cabelos loiro-acinzentados, queixo longo e lábios carnudos. Era voluptuosa e bonita. Na cabeça, usava uma pequena coroa com um orbe e uma cruz; envolvendo seus ombros estava um manto vermelho, com barras de pele. Os traços em seu retrato jamais foram questionados; a pintura é, em geral, usada tanto por eruditos ocidentais quanto por soviéticos para retratar Sofia. De qualquer forma, a imagem é inadequada, uma vez que é o retrato de qualquer jovem de aparência agradável e modestamente bela; não revela nada da energia e determinação ferozes que permitiram a Sofia conter a revolta Streltsi e, em seguida, governar a Rússia por sete anos.

Um relato bastante diferente e completamente grotesco a respeito da aparência física da regente foi oferecido por um agente da diplomacia francesa chamado De Neuville, enviado a Moscou pelo marquês de Béthune, embaixador francês na Polônia, em 1689. Em uma das descrições mais deselegantes de uma mulher já oferecida por um homem – certamente por um homem francês – ele escreveu sobre Sofia:

> Sua mente e sua enorme capacidade não trazem qualquer relação com a deformidade de sua pessoa, pois é imensamente gorda, com a cabeça tão grande quanto um balde, pelos no rosto e furúnculos nas pernas. Tem pelo menos quarenta anos. No entanto, assim como sua estatura é larga, baixa e grosseira, sua mente é sagaz, sutil, imparcial e cheia de política. E, embora Sofia jamais tenha lido Ma-

quiavel ou sabido de sua existência, todas as máximas do filósofo lhe vêm naturalmente.

Entretanto, se Sofia fosse assim tão horrível, outros certamente teriam mencionado esse fato. E De Neuville estava em Moscou durante o final do governo de Sofia, quando a política da regente envolvia alinhar a Rússia à Áustria, inimiga da França em uma guerra contra o secreto amigo francês, o Império Otomano. De Neuville estava muito errado a respeito da idade de Sofia – ele acrescentara oito anos –, mas talvez isso fizesse parte do insulto. E certamente ao menos um item de sua horrenda lista não passava de um fruto de imaginação, uma vez que De Neuville jamais vira as pernas de Sofia. Todavia, independentemente de quais fossem seus motivos, esse francês causou seu efeito. Sua descrição continuará afligindo Sofia enquanto a história da regente for escrita.

Quando se tornou regente, em 1682, Sofia apressou-se em instalar seus próprios tenentes no governo. Seu tio, Ivan Miloslavski, permaneceu como um dos principais conselheiros até sua morte. Teodoro Shakloviti, o novo comandante dos Streltsi que havia conquistado o respeito dos soldados agitados e reintroduzido a disciplina firme aos regimentos de Moscou, era outro apoiador. Shakloviti era um homem da Ucrânia, de origem camponesa e quase sem nenhuma educação formal, mas que se mostrou dedicado a Sofia e pronto para garantir que as ordens da governante fossem levadas a cabo. Conforme a regência progredia, ele se aproximou ainda mais de Sofia e, por fim, chegou a ser secretário do conselho de boiardos, mesmo com os membros o odiando ferozmente por conta de suas origens. Para contrabalançar Shakloviti, Sofia também se aconselhava com o jovem monge erudito Sylvester Medvedev, que tinha conhecido enquanto ainda era uma garota no *terem*. Discípulo zeloso de Simeon Polotski e tutor de Sofia, Madvedev era considerado o mais instruído teólogo da Rússia.

Miloslavski, Shakloviti e Medvedev eram importantes, mas a principal figura durante a regência de Sofia – seu conselheiro, principal ministro, braço direito, conforto e, por fim, amante – era o príncipe Vassili Vasilievich Golitsyn. Filho de uma das mais antigas casas aristocráticas da Rússia, Golitsyn e seus gostos e ideias eram ainda mais ocidentais e revolucionários do que os de Artemon Matveiev. Estadista e soldado experiente, amante do ambiente urbano e das artes e um visionário político cosmopolita, Golitsyn talvez fosse o homem mais civilizado que a Rússia produzira até então. Nascido em 1643, teve uma educação muito além do costume da nobreza russa. Enquanto garoto, estudou teologia e história e aprendeu a falar e a escrever latim, grego e polonês.

Em Moscou, em seu enorme palácio de pedras com teto de folhas pesadas de latão, Golitsyn vivia como um grande senhor feudal em estilo ocidental. Os visitantes, esperando a mobília primitiva da Moscóvia, impressionavam-se com o esplendor: tetos esculpidos, estátuas de mármore, cristais, pedras preciosas e prataria, vidros pintados, instrumentos musicais, instrumentos de matemática e de astronomia, cadeiras douradas e mesas de ébano emolduradas por marfim. Nas paredes havia tapeçaria gobelins, grandes espelhos venezianos e mapas alemães em molduras douradas. A casa ostentava uma biblioteca com livros em latim, polonês e alemão, além de uma galeria com retratos de todos os czares russos e muitos monarcas contemporâneos da Europa Ocidental.

Golitsyn se sentia bastante estimulado na companhia de estrangeiros. Era visita frequente no Subúrbio Alemão, onde ceava regularmente com o general Patrick Gordon, soldado escocês que havia sido conselheiro e colaborador durante os esforços para reformar o exército. A casa de Golitsyn em Moscou tornou-se um ponto de encontro para viajantes estrangeiros, diplomatas e comerciantes. Até mesmo jesuítas, tão vigorosamente evitados pelos russos, eram bem-vindos. Um visitante francês ficou impressionado pela forma sensível como Golitsyn, em vez de estimulá-lo a beber o copo de vodca oferecido na chegada (como a maioria dos anfitriões russos fazia), gentilmente o aconselhou a não consumir aquilo, uma vez que, em geral, aquela bebida não era agradável para estrangeiros. Durante as discussões mais informais, em latim, após o jantar, os assuntos variavam desde os méritos das novas forças armadas e dos novos projéteis até a política europeia.

Golitsyn admirava com paixão a França e Luís XIV, e insistia que seu filho usasse constantemente um retrato em miniatura do Rei Sol. A De Neuville, agente francês em Moscou, Golitsyn revelou suas esperanças e sonhos. Falou sobre mais reformas no exército, estabelecer negócios na Sibéria, criar relações permanentes com o Oeste, enviar jovens russos para estudarem em cidades ocidentais, estabilizar a moeda, proclamar a liberdade religiosa e até mesmo emancipar os servos. Conforme Golitsyn falava, sua visão se expandia: ele sonhava em "povoar os desertos, enriquecer os pedintes, transformar os selvagens em homens educados, os covardes em heróis e as cabanas dos pastores em palácios de pedras".

Sofia conheceu esse homem excêntrico aos 24 anos, quando sua rebelião contra o *terem* estava em plena flor. Golitsyn tinha 39 na época, olhos azuis, um pequeno bigode, um cavanhaque perfeitamente aparado e, sobre os ombros, um elegante manto de pele. Em meio a uma multidão de boiardos moscovitas convencionais com suas cafetãs e barbas espessas, ele parecia um conde refinado recém-chegado da Inglaterra. Com a inteligência, o gosto por aprender e a ambição de Sofia, era natural que ela visse em Golitsyn a personificação de um ideal, e a atração foi inevitável.

Golitsyn tinha uma esposa e filhos crescidos, mas isso não importava. Decidida e apaixonada, agora mergulhando na vida sem preocupações, Sofia tinha decido jogar ao vento a precaução em seu movimento pelo poder. Certamente não faria menos do que isso por amor. Ademais, ela combinaria os dois fatores. Com Golitsyn, dividiria o poder e o amor, e juntos eles governariam. Ele, com sua visão, proporia ideias e políticas; ela, com sua autoridade, garantiria que essas políticas fossem executadas. Em sua proclamação como regente, nomeou Golitsyn como chefe do departamento de relações exteriores. Dois anos mais tarde, conferiu-lhe a rara distinção de Guardião do Grande Selo – o que, na realidade, o transformava em primeiro ministro.

Nos primeiros anos de regência de Sofia, cumprir com seu papel foi uma tarefa privada. Em privado, ela governava o Estado, mas, em público, escondia sua pessoa e suas atividades atrás da figura cerimonial dos dois jovens czares e dos serviços administrativos de Golitsyn. As pessoas raramente a viam. Seu nome aparecia em documentos públicos apenas como "A Mais Ortodoxa Princesa, Irmã de Vossas Majestades". Quando Sofia aparecia em público, era separada de seus irmãos e de uma forma que a fazia parecer pelo menos em posição igual à deles. Um exemplo foi o adeus aos embaixadores suecos levando de Moscou uma reafirmação do tratado de paz entre Rússia e Suécia. Durante a manhã, os embaixadores foram chamados para assistir à cerimônia formal na qual os jovens czares faziam um juramento diante do Sagrado Evangelho garantindo que cumpririam os termos do tratado. Os embaixadores chegaram em carruagens reais para serem recebidos pelo príncipe Golitsyn, que os acompanhou em meio às fileiras de Streltsi vestidos de vermelho até a Escada Vermelha, a caminho do salão de banquetes, onde Pedro e Ivan estavam sentados em seu trono duplo. Os bancos alinhados à parede estavam tomados por boiardos e oficiais do Estado. Os czares e os embaixadores trocaram saudações formais e ambos os lados se comprometeram a manter a paz. Então, Pedro e Ivan se levantaram, retiraram as coroas das cabeças, caminharam até a mesa sobre a qual estavam o Sagrado Evangelho e um documento contendo o texto do tratado e lá, invocando Deus como testemunha, prometeram que a Rússia jamais quebraria o tratado e atacaria a Suécia. Os czares beijaram o Evangelho e Golitsyn passou o documento aos embaixadores.

A cerimônia oficial foi assim concluída. A verdadeira cerimônia de adeus aos embaixadores aconteceria mais tarde naquele mesmo dia. Mais uma vez, os representantes suecos foram conduzidos em meio a fileiras de Streltsi armados com alabardas resplandecentes. Na entrada do Salão Dourado, dois camareiros anunciaram que a grande senhora, a nobre czarevna, a grã-duquesa Sofia Alexeievna, Alteza Imperial da Rússia Grande e Pequena e Branca, estava preparada para recebê-los. Os embaixadores fizeram uma reverência e entraram no salão. Sofia sentou-se no Trono Diamante, que havia sido dado como presente a seu pai pelo xá da Pérsia. Ela usava um manto de tecido prateado bordado com ouro, forrado com zibelina e coberto com uma camada de renda fina. Sobre sua cabeça estava uma coroa de pérolas. Suas atendentes – as esposas dos boiardos e duas anãs – permaneceram por perto. Diante do trono estavam Vassili Golitsyn e Ivan Miloslavski. Quando os embaixadores a saudaram, Sofia os chamou até um pouco à frente e conversou com eles por alguns minutos. Os embaixadores beijaram-lhe a mão antes que ela os dispensasse e, em seguida, como gesto de uma russa autocrata, mandou que enviassem-lhes o jantar de sua própria mesa.

Sob a regência de Sofia, Golitsyn se orgulhava de administrar "um reino fundado na justiça e no consenso geral". O povo de Moscou parecia contente. Nos feriados, multidões caminhavam pelos jardins públicos e pelas margens do rio. Em meio à nobreza, uma forte influência polonesa era sentida: luvas polonesas, chapéus de pele poloneses e sabonetes poloneses estavam em alta. Os russos passaram a gostar de traçar sua genealogia e criar brasões de família. Sofia continuou sua vida intelectual, escrevendo versos em russo e até mesmo algumas peças, algumas das quais chegaram a ser encenadas no Kremlin.

A aparência e os modos de Moscou começavam a mudar. Golitsyn interessava-se por arquitetura e os vários incêndios devastadores em Moscou limpavam enormes áreas para que ele pudesse exercer sua influência. No outono de 1688, o Tesouro se viu temporariamente incapaz de pagar os salários dos agentes estrangeiros, pois todos os rublos haviam sido adiantados com juros para ajudar cidadãos a reconstruírem suas casas destruídas pelas chamas.

Para se prevenirem do fogo, um decreto ordenava que os telhados de madeira fossem cobertos com terra para reduzir a superfície inflamável. Golitsyn estimulou os moscovitas a construírem usando pedra e, durante sua administração, todos os novos prédios públicos e uma ponte atravessando o Rio Moscou foram erguidos também com pedras.

Entretanto, o teatro no Kremlin, as luvas polonesas e até mesmo as novas construções de pedra em Moscou não representavam uma reforma real da sociedade russa. Com o passar dos anos, o regime se viu cada vez mais forçado a se contentar com manter a ordem, e os sonhos grandiosos de Golitsyn continuaram irrealizados. O exército parecia melhorar sob a liderança de oficiais estrangeiros, mas falharia terrivelmente quando testado na guerra. A colonização de províncias distantes na Sibéria foi interrompida quando todos os recursos militares do Estado foram usados na guerra contra os tártaros. O comércio russo permanecia em mãos estrangeiras e a melhora de vida dos servos jamais passou pela porta do elegante salão de Golitsyn. "Povoar os desertos, enriquecer os pedintes, transformar os selvagens em homens educados" continuavam sendo uma fantasia.

Uma grande conquista da regência estava no âmbito da política externa. Desde o início, Sofia e Golitsyn haviam firmado uma política de paz com todos os países vizinhos. Enormes áreas de territórios anteriormente russos ainda estavam em mãos estrangeiras: os suecos mantinham a costa sul do Golfo da Finlândia, os poloneses ocupavam a Rússia Branca (ou Bielorrússia) e a Lituânia. Entretanto, Sofia e Golitsyn decidiram não contestar essas conquistas. Então, assim que seu governo estava firmemente estabelecido, Sofia enviou embaixadores para Estocolmo, Varsóvia, Copenhague e Viena, declarando a disposição da Rússia de aceitar o *status quo* por meio da confirmação de todos os tratados existentes.

Em Estocolmo, o rei Carlos XI ficou contente em saber que os czares Ivan e Pedro não tentariam recuperar as províncias bálticas russas entregues à Suécia pelo czar Aleixo em 1661, por meio do Tratado de Kardis. Em Varsóvia, a embaixada de Sofia enfrentava uma situação mais complicada. Poloneses e russos eram tradicionalmente inimigos. Tinham guerreado por dois séculos, e a Polônia, em geral, tinha capacidade bélica superior. Os exércitos poloneses tinham penetrado profundamente na Rússia, as tropas polacas ocuparam o Kremlin e um czar polonês chegou a ser colocado no trono russo. A mais recente guerra havia chegado ao fim depois de doze anos de luta, com uma trégua assinada em 1667. De acordo com o documento, o czar Aleixo estabelecia a fronteira oeste da Rússia em Smolensk e ganhava o direito à Ucrânia a leste do rio Dnieper. Também lhe foi permitido manter, por apenas dois anos, a antiga cidade de Kiev; ao final desses dois anos, ela deveria ser devolvida à Polônia.

Era uma promessa impossível de ser cumprida. Os anos passaram, a trégua foi mantida, mas Aleixo e, depois dele, seu filho Teodoro, viram-se incapazes de devolver Kiev. A cidade significava muito: era uma das mais antigas da Rússia, era a capital da Ucrânia, era ortodoxa. Entregá-la de volta à Polônia católica era difícil, doloroso e, por fim, impensável. Portanto, nas negociações, Moscou cercava, discutia, postergava, ao passo que os poloneses teimosamente se recusavam a deixar de lado sua reivindicação. Era assim que a questão se encontrava quando as propostas de paz de Sofia surgiram.

Durante esse período, todavia, uma nova crise havia surgido para confrontar os poloneses. Polônia e Áustria estavam em guerra com o Império Otomano. Em 1683, o ano seguinte à posse de Pedro, a maré otomana atingiu seu ponto alto na Europa quando os exércitos turcos cercaram Viena. Foi o rei da Polônia, Ian Sobieski, quem liderou o exército cristão à vitória sob os muros da cidade. Os turcos se retiraram Danúbio abaixo, mas a guerra continuou, e tanto a Polônia quanto a Áustria estavam ansiosas pela ajuda russa. Em 1685, os poloneses foram severamente derrotados pelos turcos e, na primavera seguinte, uma comitiva composta por mil homens e 1.500 cavalos chegou a Moscou em busca de uma aliança russo-polaca. Golitsyn os recebeu como realeza; eles foram acompanhados pelas ruas por uma equipe especial de Streltsi e participaram de banquetes com a mais alta nobreza russa. Depois de demoradas negociações, ambos os lados alcançaram seus objetivos. E ambos os lados também pagaram um preço muito alto.

A Polônia cedeu formalmente Kiev à Rússia, deixando de lado sua reivindicação pela grandiosa cidade. Para a Rússia, para Sofia e para Golitsyn, esse era o maior triunfo da regência da czarevna. Os negociadores russos, guiados por Golitsyn, foram fartamente recompensados com elogios, presentes, servos e propriedades; os dois czares serviram pessoalmente as taças das quais os negociadores beberiam. Em Varsóvia, o rei Ian Sobieski ficou desolado por perder Kiev. Quando concordou com o tratado, lágrimas saíram de seus olhos. Mesmo assim, a Rússia pagou por esse triunfo: Sofia havia concordado em declarar guerra ao Império Otomano e lançar um ataque ao vassalo do sultão, o cã da Crimeia. Pela primeira vez na história russa, a Moscóvia se uniria a uma coalisão de poderes europeus lutando contra um inimigo comum.¹

A guerra contra os turcos significava uma mudança abrupta na política externa russa.² Até esse momento, não havia ocorrido hostilidades entre sultão e czar. As relações entre Moscou e Constantinopla eram tão amigáveis que os embaixadores russos na Sublime Porta (o palácio no qual o primeiro-ministro

---

1   É importante notar que a primeira guerra da Rússia com a Turquia não foi inspirada por nenhum dos objetivos geralmente atribuídos à agressão russa nesta área. Não foi motivada pelo desejo de um porto de águas aquecidas, tampouco se tratou de uma cruzada para libertar Constantinopla dos infiéis. Em vez disso, foi uma guerra na qual a Rússia entrou contra sua vontade, como uma obrigação indesejável de um tratado com a Polônia. De fato, o primeiro ataque russo à Turquia não foi pela aquisição de Constantinopla, mas para ganhar o direito indiscutível sobre Kiev. (N. A.)

2   Uma das consequências da decisão de Sofia em promover a guerra no sul ainda afeta o mundo moderno. Por mais que possa parecer parte de um tempo remoto, sua decisão de atacar os tártaros gerou um efeito importante e até mesmo ajudou a originar a disputa pelo limite do extremo leste entre a União Soviética e a China. Após decidirem despender o máximo esforço contra os tártaros, Sofia e Golitsyn suspenderam todas as outras ambições territoriais da Rússia. O impulso do avanço em direção ao pacífico cessou abruptamente. Em meados do século XVII, soldados, comerciantes, caçadores e pioneiros russos haviam conquistado a bacia do rio Amur, um enorme círculo em volta do território agora conhecido como Manchúria. Durante anos, sob pressões chinesas cada vez maiores, os soldados da fronteira enviaram apelos desesperados a Moscou pedindo reforço. Entretanto, Sofia, reduzindo suas obrigações, enviou não reforços, mas uma missão diplomática encabeçada por Teodoro Golovin para estabelecer a paz com a dinastia Manchu. As negociações ocorreram no posto de fronteira russo de Nerchinsk, na parte superior do rio Amur. Golovin estava em desvantagem – Sofia não apenas havia lhe ordenado que chegasse a um acordo de paz, mas os chineses levaram uma enorme frota pesadamente armada e cercaram o forte com dezessete mil soldados. No final, Golovin assinou um documento entregando toda a bacia do Amur à China.

Subsequentemente, os russos alegaram que o tratado não havia sido fundado na justiça, mas na presença da enorme e ameaçadora força militar chinesa. Em 1858 e 1860, a situação se inverteu, e a Rússia tomou de volta mais de 610 mil quilômetros quadrados do território de uma China impotente. Nem todos os russos aprovaram essa retomada. Afinal, o Tratado de Nerchinsk havia sido honrado por 180 anos; durante todo esse tempo, o território havia sido chinês. Entretanto, o czar Nicolau I aprovou, proclamando: "Onde a bandeira russa foi erguida um vez, ela jamais deverá ser baixada". Essa é a essência da disputa soviético-chinesa: os russos afirmam que a vasta região lhes foi tomada injustamente durante a regência de Sofia e que, conforme o jornal Izvestia colocou em 1972, "isso ofereceu as bases para a diplomacia russa rever, no meio do século XVII, o tratado de modo pacífico e definir a fronteira russo-chinesa no Extremo Oriente". Em resposta, os chineses argumentam que o Tratado de Nerchinsk foi legítimo e que os russos simplesmente roubaram, no século XIX, um território que era chinês. Hoje em dia, a área pertence à Rússia. Todavia, de acordo com mapas chineses, ele pertence à China. Atualmente, ao longo do rio Amur, vários milhões de soldados russos e chineses se encaram através dessa disputada fronteira. (N. A.)

do sultão, o grão-vizir, tinha seu escritório) sempre haviam sido tratados com respeito maior do que os embaixadores de outros países. E o Império Otomano ainda era uma força dinâmica no mundo. O grão-vizir Kara Mustafá havia sido trazido de volta de Viena e os janízaros haviam recuado pelo Danúbio, mas o império do Sultão era tão vasto e seu exército tão grande que Sofia se mostrou relutante em desafiá-lo. Antes de ela e Golitsyn concordarem em assinar o tratado, eles convocaram o general Gordon repetidas vezes para pedir sua opinião acerca do estado do exército e do tamanho do risco militar. Solenemente, o experiente soldado escocês declarou que acreditava ser o momento favorável para uma guerra.

Sofia e Golitsyn foram convocados para atacar não os turcos, mas seus vassalos, os tártaros da Crimeia. O medo que os russos tinham desses descendentes islâmicos dos mongóis era profundamente arraigado. Ano após ano, cavaleiros tártaros seguiam de sua fortaleza na Crimeia em direção ao norte, atravessavam áreas de pastoreio na estepe ucraniana e, em pequenos grupos ou em grandes exércitos, arrebatavam assentamentos cossacos ou cidades russas para saquear e devastar. Em 1662, os tártaros invadiram a cidade de Putivl e transformaram seus vinte mil habitantes em escravos. Ao final do século XVII, os russos lotavam os mercados otomanos de escravos. Homens russos eram vistos acorrentados a remos em todos os portos no oeste do Mediterrâneo; jovens garotos russos se transformavam em um presente de boas vindas do cã da Crimeia ao sultão. Aliás, os escravos russos eram tantos que, no leste, as pessoas perguntavam umas às outras em tom jocoso se ainda tinham sobrado habitantes na Rússia.

Parecia não haver maneira de dar um fim a esses devastadores ataques tártaros. A fronteira era grande demais; as defesas russas, escassas demais. Era impossível conhecer de antemão os objetivos dos tártaros, e sua mobilidade era sem igual. O czar foi reduzido a pagar uma soma anual ao cã, um dinheiro para a proteção – algo que o cã chamava de "tributo", embora os russos preferissem descrever como "doação". Entretanto, isso não fez os ataques cessarem.

Apesar de Moscou estar distante e na capital os ataques serem considerados mais um incômodo que uma agressão, eles continuavam sendo uma afronta à honra nacional. Ao levar a cabo o tratado com a Polônia, Moscou tentaria combater as agressões tártaras direto de sua fonte. No entanto, apesar do otimismo de Gordon, a campanha não seria fácil. Bakhchisarai, capital do cã nas montanhas da Crimeia, estava a mais de 1600 quilômetros de Moscou. Para chegar lá, o exército teria de marchar em direção ao sul, atravessar a extensa estepe ucraniana, invadir o istmo de Perekop na entrada da Crimeia, e então avançar pela terra selvagem ao norte da região. Muitos dos boiardos que serviriam como oficiais no exército reagiram sem qualquer entusiasmo diante dessa perspectiva. Alguns desconfiavam do tratado com a Polônia, preferindo, se uma guerra fosse realmente necessária, lutar contra os poloneses (e não ao lado deles). Outros temiam a marcha longa e perigosa. E muitos se opunham à campanha simplesmente porque havia sido Golitsyn quem a havia proposto. Os príncipes Boris Dolgoruki e Yuri Shcherbatov ameaçaram se apresentar, junto a seus partidários, vestidos de preto para o serviço militar, como um protesto contra o tratado, a campanha e o próprio Golitsyn.

De qualquer forma, ao longo do outono e do inverno, a Rússia mobilizou um exército. Recrutas foram reunidos, impostos especiais recolhidos, milhares de cavalos, bois e vagões preparados e, no início da primavera, um comandante foi selecionado. Para seu próprio desalento, o generalíssimo de sua expedição não seria ninguém menos do que Vassili Golitsyn, que tinha certa experiência militar, mas que essencialmente se considerava mais um estadista do que um comandante militar. Golitsyn teria preferido permanecer em Moscou, manter controle do governo e ficar de olho em seus numerosos inimigos. No entanto, seus oponentes argumentaram fervorosamente que o ministro que havia se comprometido a atacar os tártaros deveria estar na expedição principal. Golitsyn se viu sem opções. Não havia nada a fazer, senão aceitar.

Em maio de 1687, um exército russo composto por cem mil homens começou a marchar para o sul, seguindo a estrada até Orel e Poltava. Golitsyn moveu-se cuidadosamente, temendo que a ágil cavalaria tártara pudesse seguir o caminho inverso e atacá-lo pela retaguarda. Em treze de junho, ele estava acampado na parte inferior do Dnieper, a 240 quilômetros de Perekop, e ainda não havia qualquer oposição tártara, nem sequer um sinal dos batedores do cã. No entanto, os homens de Golitsyn encontraram algo pior: fumaça no horizonte. Os tártaros estavam queimando a estepe para que não houvesse alimento para os cavalos e bois dos russos. Conforme as linhas de fogo avançavam pela grama alta, deixavam para trás uma paisagem composta por restos enegrecidos e queimados. Às vezes, as chamas chegavam a alcançar o exército, envolvendo homens e animais na fumaça e ameaçando incendiar a pesada caravana de bagagem. Assim afligido, o exército russo seguiu em frente até que, a cerca de um quilômetro de Perekop, Golitsyn decidiu não prosseguir. O exército passou a recuar. No calor e na poeira de julho e agosto, incapaz de encontrar comida ou pastagem, os russos cambalearam de volta para casa. Em seus relatos a Moscou, entretanto, Golitsyn descrevia a campanha como um sucesso. O cã, ele declarou, havia ficado tão aterrorizado com o avanço do exército moscovita que fugira para um esconderijo na mais remota montanha da Crimeia.

Golitsyn retornou a Moscou no final da noite de catorze de setembro para ser recebido como herói. Na manhã seguinte, pôde beijar as mãos da regente e dos dois czares. Sofia emitiu uma declaração anunciando a vitória e cobrindo seu favorito em elogios e recompensas. Novas propriedades e renda foram concedidas a ele e, a seus oficiais, pequenas medalhas de ouro com pingentes de Sofia, Pedro e Ivan. A realidade, todavia, era que Golitsyn havia marchado por quatro meses, perdido 45 mil homens e retornado a Moscou sem ver – e muito menos enfrentar em batalha – o principal exército tártaro.

Não demorou muito para os fatos serem conhecidos nas capitais dos aliados russos. A reação foi de repulsa e fúria. Naquele mesmo ano, 1687, os poloneses conquistaram pouco sucesso, mas os austríacos e venezianos contaram com mais sorte e afastaram os turcos de cidades e fortalezas importantes na Hungria e no Egeu. No ano seguinte, 1688, a Rússia não investiu em qualquer campanha contra o inimigo comum, e a situação piorou ainda mais para seus aliados. Enormes exércitos turcos se concentraram para uma investida contra a Polônia enquanto, na Alemanha, Luís XIV da França atacava o Império Habsburgo pela retaguarda. Diante dessas novas ameaças, tanto o rei Ian Sobieski quanto o imperador Leopoldo consideraram a hipótese de estabelecer a paz com os turcos. Por fim, concordaram em continuar com a guerra somente se a Rússia cumprisse com suas obrigações e continuasse o ataque na Crimeia.

Sofia e Golitsyn ficariam felizes em colocar prontamente um ponto final no conflito, se recebessem permissão para ficar com Kiev. O que eles não podiam encarar era a retirada dos aliados da Rússia, deixando a Moscóvia sozinha para enfrentar toda a força do Império Otomano. Relutantemente, portanto, encararam a necessidade de organizar mais uma expedição à Crimeia. Na primavera de 1688, o cã tártaro ofereceu um novo estímulo para o ataque: lançou uma campanha e invadiu a Ucrânia, ameaçando as cidades de Poltava e Kiev e avançando até quase os Cárpatos. No outono, quando o cã se retirou para a Crimeia, sessenta mil prisioneiros cambaleavam atrás de seus cavaleiros.

Forçado a continuar a guerra, Golitsyn proclamou uma segunda campanha contra a Crimeia, declarando que somente aceitaria a paz quando toda a costa do Mar Negro estivesse em posse da Rússia e os tártaros fossem retirados da Crimeia e reassentados no lado oposto do Mar Negro, na Anatólia Turca. Essa declaração, extravagante a ponto de parecer sem sentido, indicava a posição de crescente desespero pessoal de Golitsyn. A essa altura, era essencial que ele derrotasse os tártaros para repelir as críticas domésticas de seus inimigos políticos e pessoais em Moscou. Antes de sair em sua campanha, foi atacado por um assassino que não alcançou seu objetivo; na véspera de sua partida, Golitsyn encontrou um caixão do lado da porta da sua casa, acompanhado por um aviso de que, se a segunda campanha não fosse mais bem sucedida do que a primeira, o caixão passaria a ser sua casa.

A nova campanha seria lançada mais cedo do que a anterior: "antes que o gelo derreta". As tropas começaram se reunir em dezembro e, no início de março, Golitsyn partiu para o sul com 112 mil homens e 450 canhões. Um mês mais tarde, reportava a Sofia que seu progresso havia sido impedido pela neve e pelo frio extremo, depois por rios caudalosos, pontes destruídas e a pesada lama. No rio Samara, Mazeppa, o líder dos cossacos, uniu-se ao exército, trazendo dezesseis mil cavaleiros. Mais uma vez, o avanço foi dificultado pela estepe queimada, mas, dessa vez, a situação era menos grave. Golitsyn já havia enviado seus homens na frente para queimar a estepe, de modo que, quando o exército principal chegasse, eles encontrariam novos brotos de grama nascendo.

Em meados de maio, conforme o exército se aproximava do istmo de Perekop, uma massa de dez mil cavaleiros tártaros surgiu subitamente e atacou o Regimento Kazan, comandado por Boris Sheremetev, futuro marechal de campo. Pressionados, os russos se dispersaram e correram. Os tártaros galoparam em direção ao comboio de bagagens, mas Golitsyn foi capaz de alinhar sua artilharia e conter o ataque com tiros de canhão. No dia seguinte, dezesseis de maio, durante uma pesada tempestade, outro ataque tártaro se formou na retaguarda de Golitsyn. Mais uma vez, a artilharia conseguiu repelir os agressores. Depois disso, o exército russo nunca mais se viu sem uma ameaçadora escolta tártara no horizonte.

Em trinta de maio, os russos se viram diante da parede de terra que se estendia por quase sete quilômetros ao longo do istmo de Perekop. Atrás de uma profunda trincheira, havia uma muralha com uma fileira de canhões e guerreiros tártaros; além da fila, uma citadela fortificada abrigava o restante do exército do cã. Golitsyn não tinha condições de lançar um ataque. Seus homens estavam cansados, tinham pouca água e lhes faltavam os equipamentos necessários para o cerco. Em vez disso, enquanto seus homens exaustos acampavam ao lado da muralha, ele tentou usar suas habilidades diplomáticas de negociação. Suas exigências eram muito menores do que aquelas definidas em Moscou. Agora ele só pedia que os tártaros prometessem não atacar a Ucrânia e a Polônia, deixassem de lado a exigência de tributos russos e libertassem os prisioneiros russos. O cã, consciente de sua força, recusou-se a atender às duas primeiras demandas e respondeu à terceira dizendo que muitos dos prisioneiros já estavam livres, mas que "tinham aceitado a fé de Maomé". Incapaz de alcançar um acordo e sem disposição para atacar, Golitsyn decidiu novamente recuar.

Mais uma vez, relatos de vitórias brilhantes foram enviados a Moscou; mais uma vez Sofia os aceitou e celebrou o general que retornava como um conquistador. E não apenas um conquistador dos Tártaros, mas um conquistador da própria regente. As cartas de Sofia se pareciam menos com as de uma rainha dando boas-vindas a um de seus generais e mais com as de uma mulher implorando para que seu amante voltasse logo para casa.

> Oh, minha alegria, luz dos meus olhos, como posso fazer meu coração acreditar que voltarei a vê-lo, meu amor? Esse dia, o dia em que você, minha alma, voltar para casa, será ótimo para mim. Se fosse possível, eu o colocaria diante de mim em um único dia. Suas cartas, protegidas pelos cuidados de Deus, foram todas entregues em segurança para mim. Eu estava a pé e tinha acabado de chegar ao Mosteiro de São Sérgio, aos portões sagrados, quando sua carta sobre as batalhas chegou. Não sei como consegui entrar. Eu lia enquanto andava. O que você escreveu, paizinho, sobre ir até os mosteiros, isso eu fiz. Eu mesma peregrinei a pé a todos os mosteiros.

Enquanto isso, o exército lutava para chegar em casa. Francis Lefort, oficial suíço a serviço da Rússia, escreveu para sua família em Genebra que a campanha havia custado a vida de 35 mil homens: "vinte mil mortos e quinze mil levados como prisioneiros. Além disso, setenta canhões e todo o material de guerra foram abandonados".

Apesar de todas essas perdas, Sofia novamente recebeu seu amante como herói. Quando Golitsyn chegou a Moscou, em oito de julho, ela quebrou o protocolo e o recebeu não no palácio do Kremlin, mas nos portões da cidade. Juntos, eles seguiram até o Kremlin, onde Golitsyn foi recebido e agradecido publicamente pelo czar Ivan e pelo patriarca. Por ordem de Sofia, serviços especiais de ação de graças foram realizados em todas as igrejas de Moscou com o objetivo de celebrar o retorno seguro e vitorioso do exército russo. Duas semanas mais tarde, as recompensas pela campanha foram anunciadas: Golitsyn receberia uma propriedade em Suzdal, uma grande soma de dinheiro, uma taça de ouro e um cafetã de tecido dourado decorado com zibelina. Outros oficiais, russos e estrangeiros, receberam taças de prata, salário extra, zibelina e medalhas de ouro.

A alegria dessas celebrações foi maculada por um fator apenas: a desaprovação de Pedro. Desde o início, ele se recusou a aceitar a farsa chamada de "vitória". Recusou-se a cumprimentar o recém-retornado "herói" com Ivan e o patriarca no Kremlin. Por uma semana, recusou-se a consentir com todas aquelas recompensas. Por fim, forçado a se conformar, Pedro se mostrou amargurado. As regras de etiqueta ditavam que Golitsyn fosse a Preobrajenskoe para agradecer o czar por sua generosidade. Quando Golitsyn chegou, todavia, Pedro recusou-se a vê-lo. Aquilo não era apenas uma afronta, mas também um desafio.

Em seu diário, Gordon descreveu a crescente tensão:

> Todos perceberam claramente e sabiam que o consentimento do mais jovem czar não havia sido alcançado sem enormes dificuldades, e isso só o deixou mais estimulado a agir contra o generalíssimo e os mais proeminentes membros do outro partido na corte, pois agora estava claro que uma dissidência era iminente. [...] Enquanto isso, tudo era mantido o mais em segredo possível nas grandes casas, mas, mesmo com tamanho silêncio e destreza, todos sabiam o que estava acontecendo.

A DECLARAÇÃO DE UMA segunda campanha contra os tártaros gerou uma nova onda de ressentimento ao número cada vez maior de pessoas que se opunham ao governo de Sofia. Já havia um descontentamento acerca de sua administração, e seu favorito, Golitsyn – impopular como o homem que havia abolido a precedência e que preferia os modos ocidentais aos costumes tradicionais da Rússia –, agora era visto como um general sem sucesso prestes a dar início a outra campanha nada popular. Obviamente uma vitória daria fim a grande parte do antagonismo, mas não a todo. Afinal, simplesmente com a passagem do tempo, um novo elemento entrava em cena: Pedro estava crescendo.

Julgando que não se passaria muito tempo antes que esse jovem e ativo czar estivesse pronto para assumir um papel importante no governo, o partido dos boiardos, reunido em volta de Pedro e Natália em Preobrajenskoe, começou a medir sua força. E eles contavam com alguns dos maiores nomes da

Rússia: Urusov, Dolgoruki, Sheremetev, Romodanovski, Troekurov, Streshnev, Prozorovski, Golovkin e Lvov, isso sem mencionar as famílias da mãe e da esposa de Pedro, Naryshkin e Lopukhin. Foi esse partido aristocrata, como era chamado, que insistiu que Golitsyn, ao aceitar um tratado com a Polônia, seria o responsável por liderar os exércitos na segunda campanha.

Ao se defender desses inimigos à espera, Golitsyn tinha um único aliado, Teodoro Shakloviti. Sendo o mais resoluto e implacável conselheiro de Sofia, seus sentimentos relacionados ao partido aristocrata de oposição – e, aliás, a todos os boiardos – eram claros: ele os odiava tanto quanto eles o odiavam. Desde sua ascensão, em 1687, quando disse desdenhosamente a um grupo de Streltsi que os boiardos se pareciam muito com "maçãs podres e caídas", Shakloviti havia feito seu melhor para levantar os soldados contra os nobres. E, mais claramente do que qualquer outro membro do partido de Sofia, via que, uma vez que Pedro crescesse, os aristocratas seriam fortes demais. A hora para destruí-los completamente, ele insistia, era agora.

Quando partiu para o sul, Golitsyn não tinha ninguém além de Shakloviti para proteger seus interesses; e os boiardos começaram a se movimentar. Um Naryshkin foi promovido à posição de boiardo; o príncipe Michael Cherkasski, antigo inimigo de Golitsyn, foi nomeado para um departamento importante. Melancolicamente, Golitsyn escreveu da estepe para Shakloviti, implorando ajuda:

> Sempre temos angústias e poucas alegrias, diferentemente daqueles que são sempre alegres e conseguem tudo o que querem. Em todos os meus negócios, minha única esperança está em ti. Escreva para mim, imploro, se não houver nenhum obstáculo malicioso vindo desse povo [os boiardos]. Pelo amor de Deus, mantenha um olho constante em Cherkasski e não o deixe assumir aquele departamento, mesmo se, para isso, tiver de usar a influência do Patriarca ou da Princesa [Sofia] contra ele.

A repulsa pública que Pedro sentia pelo amante de Sofia a chocava, enfurecia e preocupava. Aquele era o primeiro desafio direto à posição da regente, o primeiro sinal claro de que o jovem czar Naryshkin não aceitaria automaticamente as ordens que recebesse. A verdade era evidente para todos: Pedro já não era um garoto, estava crescendo e um dia seria maior de idade – e, então, a regência se tornaria desnecessária. Sofia desprezara as brincadeiras de guerra da adolescência de Pedro e também o período que ele passou construindo barcos; entretanto, observadores estrangeiros, cujos governos desejavam uma previsão objetiva do futuro da Rússia, assistiam cuidadosamente ao que acontecia em Preobrajenskoe. O barão Van Keller, embaixador holandês, havia escrito a Haia elogiando o comportamento, a capacidade intelectual e a enorme popularidade de Pedro: "Mais alto do que seus cortesãos, o jovem Pedro atrai a atenção de todos. Elogiam-se sua inteligência, a amplitude de suas ideias, seu desenvolvimento físico. Diz-se que ele logo será aceito como soberano, e então as coisas certamente tomarão um caminho muito diferente".

Sofia não fez nada para conter ou suprimir seu meio-irmão. Ocupada com as questões de Estado, acreditando que o garoto e sua mãe não seriam ameaça para o governo, a regente simplesmente os havia deixado em paz. Quando Pedro tinha doze anos, ela lhe deu de presente uma coleção de fechos em formato de estrelas, botões e diamante. Conforme o czar ficou mais velho, Sofia não se opôs às demandas de mosquetes e canhões reais enviados do arsenal para serem usados nas brincadeiras de guerra violentamente realistas. O fluxo de armas era constante, mas Sofia o ignorava. Em janeiro de 1689, Pedro teve o direito de, pela primeira vez, participar de uma reunião com o Conselho de Boiardos. Ele achou as discussões entediantes e não retornou com frequência. Abaixo da superfície, todavia, Sofia tinha uma crescente sensação de insegurança e ansiedade. Depois de sete anos empunhando o poder, não tinha apenas se tornado acostumada com a situação, mas não conseguia se imaginar deixando aquele poder para trás. Mesmo assim, estava consciente de que era mulher e de que o papel de regente era apenas temporário. A não ser que sua posição fosse formalmente transformada de alguma forma, a regente teria de sair de cena quando seus irmãos atingissem a maioridade. Agora, esse momento estava próximo. Ivan estava casado, tinha filhas, mas obviamente não era ele que representava o problema. O irmão mais velho estava não apenas contente, mas ansioso para que alguém o aliviasse do peso do governo. Pedro, todavia, estava se tornando um homem, conforme seu casamento com Eudóxia Lopukhina deixava claro. A situação era dolorosa para Sofia; se nada fosse feito, uma crise que culminaria em sua rejeição seria inevitável.

Aliás, Sofia já havia dado alguns passos no sentido de fortalecer sua posição, e tentara dar alguns outros – mas foi rejeitada em sua tentativa. Três anos antes, em 1686, na conclusão do tratado de paz com a Polônia, Sofia tinha tomado vantagem da aprovação geral de suas políticas para começar a usar o título de autocrata – normalmente reservado para os czares. Depois disso, o título apareceu junto a seu nome em documentos oficiais e em todas as cerimônias públicas, concedendo a ela o mesmo status de seus irmãos Ivan e Pedro. Todavia, todos sabiam que Sofia não era igual porque, diferentemente de seus irmãos, ela não havia sido coroada. Entretanto, a regente esperava que isso também fosse possível. No verão de 1687, ela instruiu Shakloviti a avaliar se, no caso de Golitsyn realizar uma enorme vitória sobre o cã da Crimeia, ela teria o apoio dos Streltsi para se coroar. Shakloviti seguiu a ordem e estimulou os Streltsi a pedirem que os dois czares permitissem a coroação de sua irmã. Entretanto, os soldados, conservadores, foram contrários a isso, e o projeto foi temporariamente deixado de lado. Ainda assim, a ideia se manteve viva pelo surgimento de um impressionante retrato de Sofia. Criado por um artista polonês, o quadro retratava a regente sentada sozinha, usando a coroa Monomakh na cabeça e segurando o orbe e o cetro nas mãos, exatamente como os autocratas coroados costumavam ser pintados. Seu título era de grã-duquesa e Autocrata. Abaixo da imagem havia uma estrofe de 24 versos composta pelo monge Sylvester Medvedev enaltecendo as qualidades reais da mulher retratada, a quem comparava favoravelmente a Semíramis da Assíria, à imperatriz Pulquéria do Bizâncio e à rainha Elizabete I da Inglaterra. Algumas cópias da imagem, impressas em cetim, seda e papel circularam por Moscou, ao passo que outras seguiram para a Holanda com o pedido de que os versos fossem traduzidos para latim e alemão e distribuídos por toda a Europa.

Aos boiardos reunidos em volta de Pedro e de sua mãe, a presunção de Sofia ao título era intolerável, e a distribuição de seu retrato usando privilégios reais do Estado russo era algo, de fato, ameaçador. Eles acreditavam que a regente queria ser coroada, casar-se com seu favorito, Vassili Golitsyn, e então destronar os dois czares ou se livrar de Pedro lançando mão de qualquer meio que fosse necessário. Ninguém pode dizer ao certo se isso era mesmo parte do plano de Sofia. Ela já tinha alcançado tanto que talvez de fato sonhasse com o poder formal e incontestável e com a possibilidade de ter seu amado sentado ao seu lado. Não há evidência, todavia, de que ela estivesse preparada para depor Pedro. E Golitsyn, por sua vez, era extremamente discreto quanto ao assunto casamento – afinal, ainda havia uma princesa Golitsyn.

O único membro do partido de Sofia que não se mostrava reservado quanto a suas esperanças ou intenções era Teodoro Shakloviti. Ele insistiu várias vezes com Sofia que era necessário esmagar o partido Naryshkin antes que Pedro alcançasse a maioridade. Mais de uma vez, estimulou grupos de Streltsi a matar os líderes do partido de Pedro e talvez até mesmo a czarina Natália. Ele falhou; Sofia não estava disposta a dar passos tão drásticos, e Golitsyn preferia se manter afastado de qualquer violência. Ainda assim, a devoção de Shakloviti mexia com Sofia. Durante as longas semanas em que Golitsyn permanecera distante, em sua segunda campanha improdutiva contra a Crimeia, mesmo enquanto ela escrevia cartas apaixonadas a seu "paizinho", Sofia pode ter aceitado Shakloviti temporariamente como seu amante.

O TEMPO INEVITAVELMENTE MUDARIA as relações entre Pedro e Sofia, mas o confronto foi precipitado pelo resultado desastroso da segunda campanha na Crimeia. Enquanto o governo de Sofia fosse bem sucedido, seria difícil desafiá-la. Entretanto, as duas campanhas de Golitsyn revelaram mais do que falhas militares: ao atrair a atenção para o relacionamento entre a regente e o comandante do exército, elas deram aos inimigos de Sofia algo específico para atacar.

Pedro não havia participado nem do tratado de paz com a Polônia, nem das campanhas militares contra os tártaros, mas se mostrava muito interessado nas questões militares e estava tão ansioso quanto qualquer outro russo para colocar um ponto final nos ataques tártaros à Ucrânia. Portanto, acompanhou, entusiasmado, o curso das campanhas militares de Golitsyn. Quando, em junho de 1689, Golitsyn retornou de sua segunda campanha desastrosa, Pedro se viu furioso e desdenhoso. Em dezoito de julho, um incidente levou esse crescente antagonismo à atenção pública. Durante o festival celebrando a aparição milagrosa do ícone da Nossa Senhora de Kazan, Sofia apareceu com seus dois irmãos na Catedral da Assunção, exatamente como fizera nos anos anteriores. Quando a cerimônia chegou ao fim, Pedro, após um comentário sussurrado por um de seus companheiros, foi até Sofia e pediu para que ela deixasse a procissão. Agora um desafio estava aberto: evitar que a regente acompanhasse os czares era despi-la de sua autoridade. Sofia compreendeu a implicação e se recusou a obedecer. Em vez disso, tomou pessoalmente o ícone do arcebispo e, carregando-o, seguiu andando desafiadoramente com a procissão. Indignado e frustrado, Pedro imediatamente deixou a cerimônia e voltou furioso e mal humorado para o interior.

A tensão entre as duas partes era crescente; rumores se espalhavam. Cada lado temia um movimento repentino da outra parte e estava convencido de que a melhor estratégia era permanecer na defensiva. Nenhum deles queria perder a vantagem moral ao dar o primeiro golpe. Exteriormente, Pedro não tinha nenhum bom motivo que justificasse o ataque a sua meia-irmã e a seu meio-irmão no Kremlin. Eles estavam governando de acordo com o tratado feito na coroação dos dois czares, em 1682. Não tinham, de forma alguma, repudiado o que fora acordado ou infringido as prerrogativas. Da mesma forma, Sofia não podia encontrar pretextos públicos para atacar Pedro, um czar ungido, em Preobrajenskoe. Embora os Streltsi, por insistência de Shakloviti, pudessem defendê-la no caso de um ataque vindo dos Naryshkin e das tropas juvenis de Pedro, convencê-los a marchar até Preobrajenskoe para atacar o monarca ungido seria uma tarefa bastante complicada.

Essas mesmas considerações deixavam ambos os lados inseguros no que dizia respeito a sua verdadeira força. Em números, Sofia tinha grande vantagem, pois contava com o apoio da maioria dos Streltsi, além dos oficiais estrangeiros do Subúrbio Alemão. A força numérica de Pedro era pequena: tinha apenas sua família, seus companheiros, suas tropas juvenis (com aproximadamente seiscentos membros) e o provável apoio do regimento Sukharev dos Streltsi. Todavia, embora a força física de Sofia fosse maior, ela era fundada na debilidade. Sofia jamais poderia ter certeza de quão fieis eram os Streltsi e sentia um medo exagerado até mesmo do pequeno número de homens armados reunidos em volta de Pedro. Naquele verão, aonde quer que a regente fosse, estava sempre cercada por um forte esquema de segurança formado por seus próprios Streltsi. Sofia os presenteava com regalos e dinheiro e os enchia de elogios e exortações: "Não nos abandonem. Podemos depender de vocês? Se formos desnecessários, meu irmão e eu nos refugiaremos em um mosteiro".

Enquanto Sofia lutava para manter sua influência, Vassili Golitsyn, o "herói" retornado de Perekop, permanecia em silêncio, relutante em se envolver em qualquer ataque ou oposição aberta contra Pedro e os boiardos próximos do czar. O outro admirador e tenente de Sofia, Shaklovti, era mais determinado. Com frequência, ia até os Streltsi e denunciava abertamente os membros do partido de Pedro; não mencionava o nome do czar, mas falava em eliminar seus principais apoiadores e em enviar a czarina Natália para um convento.

Quando julho chegou ao fim e agosto teve início, a tensão em Moscou crescia com o calor. Em 31 de julho, Gordon registrou em seu diário: "O calor e a amargura são cada vez maiores e parecem prestes a explodir". Alguns dias mais tarde, escreveu sobre "rumores perigosos sendo murmurados". Ambos os lados esperaram nervosamente ao longo dos dias e das noites do verão. A situação parecia encoberta com palha. Qualquer rumor poderia ser a faísca.

VIII

SOFIA DEPOSTA

A CRISE ESTOUROU EM dezessete de agosto de 1689. Mais cedo naquele verão, enquanto Golitsyn ainda estava no sul, Sofia havia criado o hábito de peregrinar a pé até as igrejas e mosteiros na vizinhança de Moscou. Na tarde do dia dezessete, pediu a Shakloviti para que providenciasse uma escolta de Streltsi para acompanhá-la na manhã seguinte até o Mosteiro de Donskoi, a cerca de 3,5 quilômetros do Kremlin. Como um assassinato havia ocorrido recentemente próximo ao mosteiro, o grupo de soldados que Shakloviti enviou ao Kremlin era maior e mais bem armado do que o de costume. A marcha do grupo de mosqueteiros pesadamente armados pelas ruas não passou despercebida. Enquanto o grupo preparava seu bivaque dentro do Kremlin, uma carta anônima começou a circular pelo palácio, alertando que, naquela mesma noite, os soldados das brincadeiras de Pedro em Preobrajenskoe atacariam o Kremlin e tentariam assassinar o czar Ivan e a regente Sofia. Ninguém se interessou por investigar a autenticidade da carta; talvez ela tivesse sido escrita por Shakloviti. Como era de se esperar, Sofia ficou extremamente furiosa. Para acalmá-la, Shakloviti ordenou que os enormes portões do Kremlin fossem fechados e convocou ainda mais Streltsi para guardarem a citadela. Soldados foram espalhados pela estrada até Preobrajenskoe para reportarem qualquer sinal de soldados deixando o campo de Pedro e seguindo em direção a Moscou. Dentro do Kremlin, uma longa corda foi presa ao sino da catedral, de modo que ele pudesse ser tocado de dentro do palácio, já que quem quer que corresse até o lado de fora para puxar a corda correria o risco de ser morto.

O povo de Moscou observava alarmado e temeroso a mobilização dos Streltsi. Lembravam-se do banho de sangue ocorrido sete anos antes e agora uma nova revolta parecia muito próxima. Até mesmo os Streltsi se mostravam desconfortáveis. Acreditavam que receberiam ordens para marchar até a corte dos Naryshkin em Preobrajenskoe e, para muitos, essa hipótese era problemática. Pedro, afinal, era um czar ungido a quem eles haviam jurado defender, assim como haviam jurado defender o czar Ivan e a regente. O que havia no ar era uma infeliz mistura de lealdades hesitantes. E, mais importante, ninguém queria estar do lado perdedor.

Enquanto isso, em Preobrajenskoe, notícias do tumulto em Moscou causavam agitação, mas nenhuma precaução especial. Durante a noite, um dos criados de Pedro foi até a cidade levando um despacho costumeiro do czar ao Kremlin. Sua chegada, todavia, foi interpretada erroneamente por alguns dos Streltsi tensos e nervosos. Cientes de que se tratava de um criado de Pedro, eles o tiraram do cavalo, espancaram-no e o arrastaram até o palácio para ver Shakloviti.

Esse ato de violência gerou repercussões imediatas e inesperadas. Durante as semanas anteriores, os mais velhos e mais experientes partidários de Pedro – seu tio Lev Naryshkin e o príncipe Boris Golitsyn, (primo de Vassili Golitsyn, querido de Sofia) –, cientes de que um confronto com Sofia e Shakloviti era iminente, trabalhavam em silêncio para ganhar informantes entre os Streltsi. Sete homens haviam sido conquistados, cujo chefe era o tenente coronel Larion Elizarov, e a instrução permanente era para que reportassem qualquer movimento decisivo feito por Shakloviti. Em alerta por conta da mobilização dos Streltsi, Elizarov observava de perto em busca de qualquer sinal de que os soldados receberiam ordens para marchar até o campo dos Naryshkin em Preobrajenskoe. Ao descobrir que o mensageiro de Pedro havia sido arrancado de seu cavalo, espancado e levado até Shakloviti, ele supôs que o ataque contra Pedro estava começando. Dois cavalos foram preparados e dois conspiradores companheiros de Elizarov receberam ordens para seguir e alertar urgentemente o czar.

Em Preobrajenskoe, tudo estava quieto quando, pouco depois da meia-noite, os dois mensageiros galoparam para dentro dos jardins. Pedro estava dormindo, mas um assistente entrou correndo em seu quarto e gritou que ele deveria fugir para salvar a própria vida, que os Streltsi estavam a caminho, vindo atrás dele. O czar pulou da cama e, ainda com trajes de dormir e pés descalços, correu até os estábulos, montou em um cavalo e galopou até um esconderijo temporário em um bosque próximo, onde esperou os companheiros levarem suas roupas. Em seguida, vestiu-se rapidamente, montou no cavalo e, acompanhado por um pequeno grupo, seguiu pela estrada até o Mosteiro Troitski, a pouco mais de setenta quilômetros a nordeste de Moscou. A viagem levou o restante da noite. Quando Pedro chegou, às seis da manhã, estava tão cansado que precisou ser retirado de seu cavalo.

Aqueles que o viram tiveram a impressão de que o terror da noite havia deixado abatido o animadíssimo jovem de dezessete anos. Por sete anos, o pesadelo de um ataque dos Streltsi contra os Naryshkin havia sido parte dos pesadelos de Pedro. Ser acordado com o susto da notícia de que eles estavam realmente a caminho era misturar pesadelo e realidade. Em Troitski, o czar foi levado para a cama, mas estava tão cansado e extenuado que explodiu em lágrimas e chorou compulsivamente, relatando ao abade, em meio aos soluços, que sua irmã havia planejado matá-lo junto com toda a família. Pouco a pouco, conforme o cansaço o vencia, ele se entregou ao sono profundo. Enquanto Pedro dormia, outros chegavam a Troitski. Dentro de duas horas, Natália e Eudóxia se viram no mosteiro, tendo ambas sido acordadas e carregadas para longe de Preobrajenskoe com a proteção dos regimentos de soldados das brincadeiras de Pedro. Mais tarde naquele dia, todo o regimento Sukharev de Streltsi chegou de Moscou para se unir ao jovem czar.

A natureza do que havia acontecido – Pedro ser tirado da cama e obrigado a fugir – sugere que a decisão de ir rumo ao santuário foi tomada em um momento de pânico. Todavia, esse não foi o caso. Aliás, a decisão de ir ao monastério sequer foi de Pedro. Como parte do plano geral para confrontar Sofia, Lev Naryshkin e Boris Golitsyn haviam planejado com antecedência uma rota de fuga para que o czar e toda a corte pudessem deixar Preobrajenskoe: se uma emergência ocorresse, todo o partido fugiria para Troitski. Assim, a chegada de Pedro e a rápida reunião de suas forças dentro das poderosas muralhas do mosteiro fortificado haviam sido cuidadosamente preestabelecidas. O czar, entretanto, desconhecia esse plano e, quando foi acordado no meio da noite com ordens de fugir para salvar a própria vida, ficou aterrorizado. Mais tarde, a história de que um czar ungido tivera de fugir com roupas de dormir por conta de um possível ataque inimigo acrescentou peso às acusações contra Sofia. Mesmo que de forma não intencional, Pedro cumprira perfeitamente seu papel.

Aliás, ele sequer estivera em perigo, pois os Streltsi em momento algum haviam recebido ordens para marchar até Preobrajenskoe – e, quando a notícia da fuga de Pedro para Troitski chegou ao Kremlin, ninguém sabia como interpretá-la. Sofia, ouvindo o relato enquanto retornava das preces matinais, estava convencida de que o comportamento de Pedro implicava em alguma ameaça para ela. "Não fosse a minha precaução, eles teriam assassinado todos nós", ela falou aos Streltsi à sua volta. Shakloviti foi desdenhoso. "Deixe-o fugir", afirmou. "Ele ficou completamente louco."

Conforme analisava a nova situação, todavia, Sofia tornou-se desconfortável. Mais claramente do que Shakloviti, ela percebia o significado do que havia acontecido. Impulsionado por um falso perigo, o czar havia dado um passo decisivo. O Mosteiro Troitski era mais do que uma fortaleza inexpugnável. Talvez fosse o local mais sagrado da Rússia, um santuário tradicional para a família real em tempos de enormes perigos. Agora, se os partidários de Pedro conseguissem espalhar a imagem do czar fugindo para Troitski e usassem essa imagem para reunir todos os russos contra uma usurpadora, eles ganhariam uma enorme vantagem. Seria impossível convencer os Streltsi a marcharem contra o Mosteiro Troitski e, para o povo, a fuga de Pedro significava que a vida do czar estava em perigo. Sofia percebeu que sua posição estava seriamente ameaçada e, a menos que se movesse com muito cuidado, ela poderia perder tudo.

O FAMOSO MOSTEIRO DE Troitskaia-Sergeieva – ou, para usar o nome completo, Lavra da Trindade e São Sérgio sob a Benção da Santíssima Trindade – ficava a aproximadamente setenta quilômetros de Moscou, na Grande Estrada Russa que leva da capital à grande Rostov e depois até Yaroslavl, no Volga. As origens desse local histórico e santificado remontam ao século XIV, quando uma pequena igreja e um mosteiro de madeira foram fundados por um monge chamado Sérgio, que abençoou o exército russo antes da grande Batalha de Kulikovo contra os tártaros. Quando os russos venceram, o mosteiro tornou-se um santuário nacional. No século XVI, Troitski tornou-se rico e poderoso; czares próximos da morte e nobres em busca da salvação deixavam suas posses para o mosteiro, de modo que os cofres estavam abarrotados de ouro, prata, pérolas e outras joias. Enormes muralhas brancas, com entre nove e quinze metros de altura e seis metros de espessura, envolviam a construção, formando uma circunferência de mais de um quilômetro e meio que o tornava inexpugnável. Das muralhas e imensas torres redondas posicionadas nos cantos, as bocas de dezenas de canhões de bronze permaneciam apontadas para a área rural. Nos anos 1608 e 1609, durante o Tempo de Dificuldades, Troitski resistiu a um cerco de trinta mil poloneses cujas balas de canhão simplesmente batiam nas pesadas muralhas do mosteiro e voltavam.[1]

---

[1] Hoje em dia, o mosteiro é comumente chamado de Zagorsk por conta da cidade industrial que agora se espalha ao pé de suas muralhas. Um oásis de vida religiosa na Rússia Soviética, o local

Seguro dentro desse poderoso bastião, com as enormes muralhas protegidas pelos soldados que o acompanhavam e por Streltsi leais, Pedro planejava, juntamente com sua comitiva, um contra-ataque. O primeiro movimento foi enviar um mensageiro a Sofia, perguntando o motivo de tantos Streltsi terem se reunido no Kremlin no dia anterior. Era uma pergunta difícil para a regente. Com os dois lados ainda externamente cumprindo com todas as cortesias formais, Sofia não poderia responder que havia mobilizado os Streltsi porque esperava um ataque de seu irmão, Pedro. A resposta por ela apresentada – a de que havia reunido os soldados para acompanhá-la até o Mosteiro Donskoi – parecia insuficiente. Não era necessário centenas de homens armados para esse propósito e os apoiadores de Pedro tornaram-se ainda mais convencidos da má fé da regente.

O próximo movimento de Pedro foi ordenar ao coronel do regimento de elite Stremyani, Ivan Tsykler, que fosse até Troitski com cinquenta de seus homens. Para Sofia, aquela convocação parecia ameaçadora. Tsykler havia sido um dos líderes da revolta Streltsi de 1682 e, depois disso, um dos mais leais oficiais da regente. Se ele recebesse permissão para ir e sob tortura contasse o que sabia sobre os esquemas de Shakloviti para suprimir os Naryshkin, o rompimento com Pedro seria irreparável. Todavia, mais uma vez Sofia se viu sem escolha. Pedro era o czar e aquela era uma ordem real – desafiá-la significaria uma provocação aberta. Quando Tsykler chegou, contou tudo o que sabia, mesmo sem ser torturado. Percebendo que a estrela de Pedro subia, o coronel se ofereceu para passar para o lado de Pedro se o czar lhe oferecesse proteção através de uma ordem real.

Desde o início, Sofia entendeu as fraquezas de sua posição. Se uma disputa tivesse início, Pedro certamente a venceria. Sua única chance residia na reconciliação. Todavia, se pudesse convencer o czar a deixar Troitski e a retornar a Moscou, tirando-o, assim, da santidade e proteção daquelas poderosas muralhas, então ela poderia lidar com os conselheiros de seu irmão, Pedro voltaria a brincar com seus soldados e barcos e a autoridade da regente seria restabelecida. Sendo assim, ela enviou o príncipe Ivan Troekurov,

---

é, como tem sido há séculos, uma atração para peregrinos de toda a Rússia. Como uma das mais ricas demonstrações de arquitetura religiosa encontradas na União Soviética, a construção também transformou-se em parada regular para a maioria dos turistas estrangeiros que visitam Moscou. Felizmente, Troitski ainda exala algo da beleza, grandeza e santidade de seu passado. (N. A.)

cujo filho era amigo íntimo de Pedro, para convencer o czar a retornar. A missão de Troekurov falhou. Pedro entendia claramente a vantagem de permanecer em Troitski, e enviou Troekurov de volta com a mensagem de que não concordava mais em ser governado por uma mulher.

Isso foi um movimento de Pedro. Com as próprias mãos, escreveu cartas aos coronéis de todos os regimentos Streltsi, ordenando-lhes que viessem a Troitski com dez homens cada um. Quando a notícia chegou ao Kremlin, Sofia reagiu violentamente. Convocou os coronéis dos Streltsi e os avisou para que não se envolvessem na disputa entre ela e seu irmão. Quando os coronéis hesitaram, afirmando ter ordens do próprio czar, a quem eles não se atreveriam a desobedecer, Sofia declarou enfaticamente que qualquer homem que tentasse deixar a cidade para seguir a caminho de Troitski seria decapitado. Vassili Golitsyn, ainda comandante do exército, ordenou que nenhum oficial estrangeiro deixasse Moscou por qualquer motivo. Diante dessas ameaças, os coronéis dos Streltsi e os oficiais estrangeiros permaneceram em Moscou.

No dia seguinte, Pedro aumentou a pressão, enviando uma nota oficial ao czar Ivan e a Sofia na qual declarava que havia ordenado que os coronéis Streltsi viessem a Troitski. Pediu que Sofia, como regente, garantisse que essa ordem fosse cumprida. Em resposta, ela enviou o tutor de Ivan e o confessor de Pedro a Troitski para explicar que os soldados se atrasariam e implorar uma reconciliação. Eles retornaram a Moscou dois dias depois – de mãos vazias. Enquanto isso, Shakloviti enviava espiões a Troitski para observar as atividades por lá e contar o número de partidários de Pedro. Eles voltaram com relatos atualizados sobre a força e a confiança crescentes do czar e, de fato, Shakloviti só precisava reunir seus homens de manhã para perceber que cada vez mais soldados desertavam durante a noite e seguiam caminho para Troitski.

Sofia apelou ao patriarca Joaquim, pedindo-lhe que fosse a Troitski e usasse o enorme peso de sua posição para tentar uma reconciliação com Pedro. O patriarca concordou e, ao chegar, uniu-se prontamente ao czar. Assim, quando novos desertores chegaram a Troitski, foram recebidos por Pedro e Joaquim, o czar e o patriarca, um ao lado do outro.

Joaquim não via seu ato como traição. Embora tivesse se submetido a Sofia como regente, ele era de uma família de boiardos que se opunha ao governo dela. Pessoalmente, desgostava de Sofia e de Golitsyn por conta das manias ocidentais de ambos, e havia resistido à ambição da regente em ser coroada. Mais importante, Joaquim detestava o monge Sylvester Medvedev por se envolver com questões da igreja que, ele insistia, eram da competência do patriarca. Até aquele momento de crise, Joaquim havia apoiado a regente não por simpatia, mas por reconhecer sua autoridade. O fato de agora mudar de aliança era um sinal claro de que o poder e a autoridade estavam sendo passados para outras mãos.

A deserção de Joaquim foi um golpe pesado para Sofia. Seu afastamento encorajou outros a fazerem o mesmo. No entanto, a massa dos Streltsi e os principais cidadãos de Moscou permaneceram na cidade, incertos sobre o que fazer, esperando algum sinal de quem provavelmente sairia como vencedor.

Em 27 de agosto, Pedro fez um novo movimento: enviou cartas austeras repetindo as ordens para que todos os coronéis dos Streltsi e dez soldados de cada regimento se apresentassem em Troitski. Uma ordem similar convocava diversos representantes do povo de Moscou. Dessa vez, todos os que não obedecessem estariam ameaçados de morte. As cartas, advertindo punições explícitas, tiveram um grande impacto, e uma massa desorganizada de Streltsi, liderada por cinco coronéis, imediatamente partiu para se encontrar com o czar.

No Kremlin, incapaz de conter o crescente êxodo a Troitski, Sofia ficava cada vez mais desesperada. Em um esforço final para solucionar a crise por meio de conciliação, ela decidiu ir a Troitski e enfrentar Pedro pessoalmente. Acompanhada por Vassili Golitsyn, Shakloviti e uma escolta de Streltsi, a regente seguiu pela Grande Estrada Russa. Na vila de Vozdvijenskoe, a cerca de doze quilômetros do grande monastério, deparou-se com Ivan Buturlin, amigo de Pedro, e um grupo de soldados com mosquetes carregados. Colocando seus homens em uma fila de modo a bloquear a estrada, Buturlin ordenou que a regente parasse. Disse-lhe que Pedro se recusava a vê-la, proibiu-a de ir a Troitski e ordenou que retornasse imediatamente a Moscou. Sentindo-se insultada e furiosa, Sofia declarou: "Eu certamente chegarei a Troitski!" e ordenou que Buturlin e seus homens saíssem do caminho. Nesse momento, outro apoiador de Pedro, o jovem príncipe Troekurov, chegou com uma ordem do czar dizendo que Sofia definitivamente deveria ser impedida de chegar ao mosteiro, mesmo que para isso fosse necessário o uso da força.

Sentindo-se frustrada e humilhada, Sofia recuou. Chegando ao Kremlin antes do amanhecer de onze de setembro, dirigiu-se ao seu número cada vez menor de apoiadores. Seu tom de voz beirava a histeria: "Eles quase atiraram em mim em Vozdvijenskoe. Muitas pessoas vieram em minha direção com mosquetes e arcos. Foi com dificuldade que escapei e me apressei para Moscou, aonde cheguei em cinco horas. Os Naryshkin e Lopukhin estão tramando um plano para assassinar o czar Ivan Alexeievich e chegaram a apontar para a minha cabeça. Reunirei os regimentos e conversarei pessoalmente com eles. Obedeçam-nos e não sigam para Troitski. Eu confio em vocês. Em quem confiaria, se não em vocês, ó, fiéis apoiadores? Vocês também fugirão? Beijem a cruz primeiro", e então Sofia segurou a cruz para cada um deles beijar. "Agora, se tentarem fugir, a cruz não os deixará fazer isso. Quando correspondências chegarem de Troitski, não as leiam. Tragam-nas para o palácio."

Tendo ganhado a iniciativa, Pedro e seus conselheiros não desistiram. Algumas horas depois do retorno de Sofia a Moscou, o coronel Ivan Nechaev chegou de Troitski com cartas oficiais endereçadas ao czar Ivan e à regente. Essas correspondências anunciavam formalmente a existência de uma conspiração contra a vida do czar Pedro e declarava que os principais conspiradores eram Shakloviti e Medvedev – traidores que deveriam ser imediatamente presos e enviados para Pedro em Troitski para serem julgados.

Essas cartas, entregues primeiro a um funcionário do palácio aos pés da Escada Vermelha, produziram uma onda de choque que se espalhou por toda a propriedade. Oficiais e funcionários que até então apoiavam Sofia na esperança de que ou ela vencesse, ou que se chegasse a um acordo, agora entendiam que estavam diante da ruína ou da morte. Os Streltsi que ainda eram parcialmente leais à regente começaram a resmungar que não protegeriam traidores e que conspiradores deveriam ser rendidos. Sofia ordenou que o coronel Nechaev, que havia trazido aquelas cartas desagradáveis, fosse levado até ela, e ele se viu diante de uma explosão de emoções da regente. Furiosa e trêmula, ela perguntou: "Como se atreve a tomar para si tal tarefa?". Nechaev respondeu que não se atreveria a desobedecer o czar. Em um golpe de fúria, Sofia ordenou que ele fosse decapitado. Todavia, para sorte de Nechaev, nenhum executor foi encontrado naquele momento e, diante do tumulto que se seguiu, o coronel foi esquecido.

A regente, sozinha e afastada, tentou uma última vez reunir seus apoiadores. Foi até o topo da Escada Vermelha e falou com uma multidão de Streltsi e cidadãos na praça do palácio. Com a cabeça erguida, lançou o desafio aos Naryshkin e implorou para aqueles que a estivessem ouvindo não desertá-la. "Indivíduos de má-índole [...] lançaram mão de todos os meios para fazer com que eu e o czar Ivan brigássemos com meu irmão mais novo. Espalharam discórdia, inveja e problemas. Contrataram pessoas para falar de uma conspiração contra a vida do jovem czar e de outras pessoas. Por inveja dos grandes serviços de Teodoro Shakloviti e de seu constante cuidado, dia e noite, pela segurança e prosperidade do império, eles o consideraram o chefe dessa conspiração, como se ela realmente existisse. Para acertar as coisas e descobrir o motivo dessa acusação, segui pessoalmente até Troitski, mas fui mantida distante do mosteiro por sugestão de conselheiros maldosos que cercam meu irmão e que não me permitiram seguir adiante. Depois de ser insultada dessa forma, fui obrigada a voltar para casa. Vocês todos sabem muito bem como se deu a minha conduta durante esses sete anos, sabem que adotei a regência no momento de maior inquietação, que firmei um tratado de paz com governantes cristãos, nossos vizinhos, e que os inimigos da religião cristã foram levados por minhas mãos ao terror e à desordem. Por seus serviços, vocês receberam grandes recompensas, e sempre lhes mostrei benevolência. Não posso acreditar que me trairão e acreditarão em invenções de inimigos da paz e da prosperidade geral. Não é a vida de Teodoro Shakloviti que eles querem, mas a vida do meu irmão."

Naquele dia, Sofia fez esse discurso três vezes: primeiro para os Streltsi, depois para os principais cidadãos de Moscou e, por fim, para uma enorme multidão que incluía uma série de oficiais estrangeiros vindos do Subúrbio Alemão. As exortações da regente causaram efeito: "Foi um belo e longo discurso", comentou Gordon, e o humor da multidão pareceu melhorar muito. Sob comando de sua irmã, o czar Ivan desceu até a multidão para passar copos de vodca aos boiardos, oficiais e Streltsi. Sofia ficou satisfeita. Em um clima de generosidade, foi até o coronel Nechaev, perdoou-o e lhe passou um copo de vodca.

Nesse ínterim, o príncipe Boris Golitsyn, um dos principais líderes do partido de Pedro em Troitski, tentou ganhar o apoio de seu primo Vassili. Boris enviou um mensageiro pedindo a Vassili para ir até Troitski, atendendo a um favor do czar. Vassili respondeu pedindo a Boris para ajudá-lo a mediar um acordo entre as partes. Boris recusou e sugeriu mais uma vez que Vassili fosse a Troitski, garantindo que seria favoravelmente recebido por Pedro. Com honradez, Vassili recusou o convite, afirmando que sua tarefa era ficar ao lado de Sofia.

Mais uma vez o movimento foi de Pedro, e mais uma vez ele aumentou a pressão sobre Sofia. Em quatorze de setembro, uma ordem escrita por ele chegou ao Subúrbio Alemão. Endereçada a todos os generais, coronéis e demais oficiais que ali viviam, a correspondência reafirmava a existência de uma conspiração, apontava Shakloviti e Medvedev como principais conspiradores e ordenava que todos os oficiais estrangeiros fossem a Troitski totalmente armados e a cavalo. Para os soldados estrangeiros, essa ordem trazia à tona um dilema: eles haviam sido contratados para servirem ao governo, mas, em meio a essa situação caótica, quem era o governo? Em um esforço para evitar tomar lados em uma disputa entre irmãos, o general Gordon, o líder dos oficiais estrangeiros, já havia declarado que, sem uma ordem de ambos os czares, nenhum dos seus oficiais se moveria. Agora o comando de Pedro forçava a situação para Gordon. Pessoalmente, apesar de todas as ameaças, Gordon se sentia constrangido pela necessidade de escolher um lado. Ele gostava de Pedro e várias vezes o tinha ajudado nos jogos e brincadeiras com artilharia e fogos de artifício, e era ainda mais próximo de Golitsyn, com quem havia trabalhado durante anos para reformar o exército Russo e a quem acompanhara durante as duas campanhas desastrosas na Crimeia. Assim, quando a carta de Pedro foi aberta e lida na presença de todos os oficiais sêniores estrangeiros, a reação de Gordon foi reportar a ordem de Pedro a Golitsyn e pedir conselho. Golitsyn se mostrou angustiado e afirmou que discutiria a questão imediatamente com Sofia e Ivan. Gordon o lembrou de que todos os estrangeiros, não por culpa própria, estariam em risco se fizessem o movimento errado. Golitsyn compreendeu e afirmou que lhes daria uma resposta ao anoitecer. Pediu para Gordon enviar seu genro ao palácio para receber a resposta da regente.

Todavia, o general tomou sua própria decisão assim que viu Golitsyn hesitar. Se o favorito da regente, o guardião do Grande Selo, o comandante do exército, não era capaz de emitir uma ordem, então o regime em Moscou estava claramente próximo do colapso. Gordon colocou a sela em seu cavalo e disse a seus oficiais que, independentemente de quais ordens chegassem do Kremlin, ele partiria a caminho de Troitski. Naquela noite, uma longa cavalgada de oficiais estrangeiros deixou a capital, chegando ao mosteiro durante a alvorada. Pedro levantou-se para saudá-los e lhes deu sua mão para beijar.

A partida dos oficiais estrangeiros foi, conforme o próprio Gordon registrou em seu diário, "a ruptura decisiva". Os Streltsi que continuavam em Moscou perceberam que Pedro havia vencido. Para salvarem a própria vida, reuniram-se diante do palácio exigindo que Shakloviti se rendesse a eles para que pudessem levá-lo a Troitski e entregá-lo a Pedro. Sofia recusou, e então os Streltsi começaram a gritar: "É melhor colocar um ponto final nisso de uma vez! Se você não o entregar, tocaremos o sino de alarme!". A regente entendeu o que aquilo significaria: mais um levante, com soldados correndo como selvagens e assassinando quem acreditassem ser um traidor. Em meio a essa violência, qualquer um poderia morrer – até mesmo ela. Sofia tinha sido derrotada. Então mandou buscar Shakloviti que, como Ivan Naryshkin sete anos antes, havia se escondido na capela do palácio. Aos prantos, ela o entregou e, naquela noite, Shakloviti foi acorrentado e enviado a Troitski.

A luta havia chegado ao fim, assim como a regência. Pedro havia vencido. Depois da vitória, veio a vingança. O primeiro golpe recaiu rapidamente sobre Shakloviti. Após sua chegada a Troitski, foi interrogado sob açoitadas. Depois de quinze chicotadas, admitiu que havia considerado o assassinato de Pedro e de sua mãe, Natália, mas negou ter feito quaisquer planos específicos. No curso da confissão, exonerou completamente Vassili Golitsyn de qualquer conhecimento ou participação em suas atividades. Golitsyn, por sinal, também estava em Troitski. Na manhã em que Shakloviti chegou, ele apareceu voluntariamente no mosteiro, pedindo permissão para entrar e fazer uma homenagem ao czar Pedro. Seu pedido de entrada foi negado e ele recebeu ordens para esperar na vila até que uma decisão a seu respeito fosse tomada. A melhor maneira de lidar com ele era um problema complicado para Pedro e seus apoiadores; por um lado, Golitsyn havia sido o principal ministro, general e amante de Sofia durante os sete anos de regência e, portanto, deveria ser condenado junto com os demais conselheiros próximos da regente. Por outro lado, todavia, era amplamente reconhecido que a intenção do serviço de Golitsyn havia sido honrável, muito embora ele tivesse falhado na execução. Shakloviti declarara que Golitsyn não tinha participado de nenhuma conspiração. Mais importante, era membro de uma das mais proeminentes famílias da Rússia, e seu primo, o príncipe Boris Golitsyn, desejava ansiosamente poupar a família da vergonha de uma acusação de traição.

Ao tentar poupar Vassili, Boris Golitsyn arriscou a ira da czarina Natália e dos demais conselheiros de Pedro. Em certo momento, chegaram a ameaçar comprometê-lo junto com seu primo. Esse momento ocorreu depois que Shakloviti escreveu nove páginas de confissão na presença de Boris Golitsyn. Já passava da meia-noite quando Shakloviti terminou, e Pedro tinha ido para a cama. Boris levou a confissão para seu quarto, com o objetivo de entregar os escritos ao czar quando amanhecesse. No entanto, alguém foi apressadamente até Pedro, acordou-o e contou que Boris Golitsyn levara as confissões de Shakloviti para o quarto para que pudesse apagar qualquer informação que comprometesse seu primo. Pedro imediatamente enviou um mensageiro para perguntar a Shakloviti se ele havia escrito uma confissão e, se sim, onde estava o documento. Ele respondeu que o havia entregado ao príncipe Boris Golitsyn – e, por sorte, este último havia sido avisado por um amigo que Pedro estava acordado, e então se apressou para apresentar a confissão ao czar. Pedro perguntou severamente por que ele não entregara os papéis de imediato. Quando Golitsyn respondeu que era tarde e que não queria acordar o czar, Pedro aceitou a explicação e, com base na exoneração de Shakloviti, decidiu poupar a vida de Vassili Golitsyn.

Às nove horas daquela noite, Vassili foi chamado. Esperando ver Pedro pessoalmente, preparou uma declaração que apontaria todos os seus serviços ao Estado como prefácio para um pedido de perdão. Entretanto, nenhuma audiência foi concedida. Golitsyn ficou esperando no meio de uma antessala lotada até que um funcionário apareceu na escadaria e leu sua sentença em voz alta. Ele foi acusado de reportar-se apenas à regente, e não pessoalmente aos czares, de escrever o nome de Sofia em posição igual à dos czares em documentos oficiais e de causar males e problemas ao governo e às pessoas por seu mau desempenho como general nas duas campanhas na Crimeia. Embora sua vida tivesse sido poupada, a sentença foi pesada: foram retirados de Golitsyn o título de boiardo e todas as posses, e, junto com sua família, ele foi condenado ao exílio em uma vila no Ártico. Caído em desgraça e empobrecido, ele partiu. No caminho, foi saudado por um mensageiro de Sofia que lhe entregou uma quantia em dinheiro e a promessa da ex-regente de tentar arranjar para que eles fossem soltos por meio da intercessão do czar Ivan. Talvez essas tenham sido as últimas boas notícias que Golitsyn recebeu. Em breve, Sofia não estaria em posição de ajudar ninguém, nem a si mesma, e o belo e cosmopolita Golitsyn deu início a 25 anos de exílio. Ele estava com 46 anos no verão de 1689, quando Sofia foi deposta. Depois disso, enfrentou uma existência infeliz no Ártico até morrer em 1714, aos 71 anos.

É irônico que um homem tão avançado para a Rússia de sua época, alguém que poderia ter sido tão útil para Pedro no esforço do czar de modernizar o Estado, tenha se visto no partido de oposição ao czar, perdido tudo na troca do poder e, assim, sido condenado a passar a maioria do reinado do Grande Reformista em uma cabana no Ártico. E é igualmente irônico que os boiardos moscovitas tenham se unido a Pedro em oposição a Golitsyn. Ao ajudarem o czar a depor Sofia e Golitsyn, eles acreditavam estar rejeitando a perigosa intrusão da cultura ocidental. Na verdade, estavam afastando os maiores obstáculos para a ascensão do maior "ocidentalizador" da história da Rússia.

O FIM DE GOLITSYN parece infeliz, mas foi moderado em comparação ao destino de outros membros do círculo mais próximo de Sofia. Embora, de acordo com Gordon, Pedro tenha se mostrado relutante em impor pena máxima a seus oponentes, os líderes mais velhos do partido e especialmente o patriarca insistiram nesse tipo de condenação. Shakloviti foi condenado à morte e, quatro dias depois de sua chegada a Troitski, foi decapitado do lado de fora das enormes muralhas do mosteiro. Dois outros morreram com ele. Três Streltsi foram chicoteados, tiveram as línguas cortadas e foram exilados na Sibéria. Sylvester Medvedev havia fugido de Moscou na esperança de encontrar asilo na Polônia, mas foi interceptado, levado a Troitski e interrogado sob tortura. Admitiu que tinha ouvido conversas vagas sobre a morte de alguns dos partidários de Pedro e que havia escrito os comprometedores versos elogiando Sofia abaixo do retrato da então regente, mas negou estar envolvido em qualquer conspiração contra Pedro ou o patriarca. Foi preso, denunciado novamente, severamente torturado com fogo e ferro quentes e, por fim, dois anos mais tarde, executado.

Com os apoiadores de Sofia aniquilados, ainda restava o problema central: o que fazer com a própria Sofia. Sozinha e sem apoio, ela aguardava no Kremlin pelo seu destino. Nenhum dos testemunhos dados sob tortura por Shakloviti envolvia Sofia em uma conspiração para derrubar Pedro do trono, menos ainda para assassiná-lo. O máximo que poderia ser dito era que ela estava ciente dos planos contra alguns membros do partido do czar e que havia sido ambiciosa ao dividir o poder com seus irmãos como autocrata, e não como regente. Isso, todavia, era o suficiente para Pedro. De Troitski, ele escreveu para Ivan expondo suas queixas contra Sofia e propondo que, doravante, os dois governassem sozinhos o Estado. Pedro apontou que, na coroação, Deus havia concedido a coroa a duas, e não três pessoas; a presença de sua irmã Sofia e a alegação de igualdade com os dois ungidos por Deus era uma afronta à vontade de Deus e aos direitos dos dois czares. Ele propôs que os dois governassem juntos, sem a desagradável interferência "dessa vergonhosa terceira pessoa". Pediu a Ivan permissão para apontar dois novos oficiais sem necessitar de consentimento específico por parte do irmão com cada um, e concluiu que seu irmão deveria permanecer como czar sênior: "Estou pronto para honrá-lo como eu honraria meu pai".

Sem poder para discordar, Ivan aceitou o que havia sido apresentado. Uma ordem foi emitida para que o nome de Sofia fosse excluído de todos os documentos oficiais. Pouco tempo depois, o emissário de Pedro, príncipe Ivan Troekurov, chegou ao Kremlin para pedir ao czar Ivan que fosse solicitado a Sofia para que deixasse o local e seguisse para o Convento de Novodevichi, nos arredores da cidade. Ela não teria de tomar o véu como freira, e aposentos confortáveis e bem mobiliados lhe seriam designados; um grande número de servos a acompanhariam, e ela teria uma vida confortável, restrita apenas no sentido de não poder deixar o convento e de só poder receber a visita de suas tias e irmãs. No entanto, Sofia compreendeu na mesma hora que esse tipo de confinamento, independentemente de quão luxuoso fosse, significava o fim de tudo o que tinha algum sentido para ela. Poder, ação, agitação, intelecto e amor lhe seriam tirados. Ela resistiu, recusando-se por mais de uma semana a deixar o palácio do Kremlin, mas a pressão se tornou forte demais e ela foi cerimonialmente levada ao convento – entre as paredes que a cercariam pelos últimos quinze anos de sua vida.

Pedro se recusou a voltar para Moscou até Sofia deixar o Kremlin. Quando sua irmã estava seguramente encarcerada, ele tomou a estrada para o sul de Troitski, mas demorou uma semana inteira no caminho, passando o tempo com o general Gordon, que exercitou sua infantaria e cavalaria diante dos olhos do czar. Por fim, em dezesseis de outubro, Pedro adentrou novamente a capital, seguindo por uma estrada margeada por regimentos Streltsi ajoelhados para pedir seu perdão. Ao entrar no Kremlin, foi à Catedral da Dormição para abraçar seu irmão, Ivan. Depois, usando as vestes de Estado, apresentou-se no topo da Escada Vermelha. Pela primeira vez, o jovem ali parado, muito alto, com rosto arredondado e olhos escuros, era o senhor do Estado russo.

Assim foi a queda de Sofia, a primeira mulher a governar em Moscou. Suas conquistas como governante foram exageradas. O príncipe Boris Kurakin distorceu a verdade quando afirmou: "Nunca houve um governo tão inteligente no Estado russo. Durante os sete anos de regência de Sofia, todo o Estado se tornou uma elite de grande riqueza". Por outro lado, ela não era, como alguns admiradores de Pedro a descreveram, simplesmente a última governante da antiga ordem, um enorme empecilho reacionário diante do caminho que a história russa tomaria, um caminho mais suave e aberto que desembocaria na moderna Era de Pedro. A verdade é que Sofia era competente e, no geral, fez um bom governo. Durante os anos em que guiou o Estado, a Rússia estava em transição. Dois czares, Aleixo e Teodoro, haviam instituído mudanças e reformas moderadas nas políticas russas. Sofia nem retardou, nem acelerou a velocidade dessas alterações, mas permitiu que elas prosseguissem e, ao fazer isso, ajudou a preparar o caminho para Pedro. À luz do que havia se iniciado durante o reinado de Aleixo e continuado com Teodoro e Sofia, até mesmo as impressionantes mudanças realizadas por Pedro tomam um caráter mais evolucionário do que revolucionário.

Não foi como governante russa, mas como mulher russa que Sofia se mostrou mais memorável. Ao longo dos séculos, as russas haviam sido degradadas como posses, escondidas nos cômodos escuros do *terem*. Sofia saiu à luz do dia e tomou o controle do Estado. Independentemente de quão bem tenha exercido o poder uma vez com ele em mãos, o simples fato de tomar esse poder naquela época seria o suficiente para transformá-la em uma figura histórica. Infelizmente, o fato de Sofia ser mulher não foi apenas seu diferencial, mas também sua ruína. Quando a crise se instalou, os moscovitas ainda não estavam dispostos a seguir uma mulher em oposição a um czar coroado.

Pedro colocou Sofia em Novodevichi e os portões do convento se fecharam permanentemente para ela. No entanto, no século que se seguiu, o papel da mulher real na Rússia se transformou. Quatro soberanas sucederam Pedro no poder. Havia uma imensa distância entre as criaturas isoladas no *terem* do século XVII e essas imperatrizes vivazes do século XVIII. E grande parte desse caminho foi trilhado por uma única mulher, a regente Sofia. Compartilhando similaridades com essas imperatrizes, com a mesma determinação e impulso de governar, foi Sofia quem mostrou a elas o caminho.

O próprio Pedro, muito tempo depois de destituí-la, descreveu-a a um estrangeiro como "uma princesa dotada de todas as características de perfeição do corpo e da mente, não fosse por sua ambição sem limites e desejo insaciável pelo poder". Nos 32 anos do reinado de Pedro, somente uma russa representou um desafio contra ele em busca do trono: Sofia. Duas vezes, em 1682 e em 1689, ela opôs sua força contra o czar. No terceiro e último confronto interno à força de Pedro, a revolta Streltsi de 1698, o único oponente que Pedro temia era Sofia. Ela já estava trancafiada em um convento há nove anos, mas ele instantaneamente presumiu que sua meia-irmã pudesse estar por trás dos levantes. No pensamento do czar, Sofia era a única pessoa forte o suficiente para sonhar em destituí-lo do trono.

O fato de Sofia ter tantas qualidades a ponto de poder amedrontar Pedro (entre elas a audácia necessária para desafiá-lo e a força para preocupá-lo até mesmo estando dentro das muralhas de um convento) não deveria surpreender. Ela era, afinal de contas, sua irmã.

IX

GORDON, LEFORT E A COMPANHIA DA ALEGRIA

Em termos de contagem tradicional, o reino de Pedro, o Grande durou 42 anos, iniciando-se em 1682, quando o czar foi coroado aos dez anos de idade, e prosseguindo até sua morte, em 1725, aos 52. Não obstante, conforme exposto anteriormente, durante os primeiros sete desses anos os dois jovens czares, Pedro e Ivan, foram afastados de todas as práticas do Estado enquanto o verdadeiro poder de governo residia nas mãos da irmã deles, Sofia. É de se supor, portanto, que o reinado de Pedro poderia ser oficialmente reconhecido como iniciado no verão de 1689, quando ele e seus partidários tomaram o poder da regente e o czar jovem e alto entrou, triunfante, em Moscou, com o título assegurado e o povo de joelhos diante dele. Entretanto, surpreendentemente, o vitorioso jovem autocrata ainda não começaria a governar. Durante os cinco anos seguintes, o czar deu as costas para a Rússia, despreocupadamente retornando à vida adolescente que havia criado para si mesmo antes da viagem a Troitski – com Preobrajenskoe e o lago Pleschev, os soldados e os barcos, a informalidade e a ausência de responsabilidades. Tudo o que ele queria era estar sozinho e desfrutar de sua liberdade. Pedro permanecia completamente indiferente ao governo e aos assuntos de Estado; mais tarde, confessou que, durante esses anos, não tinha nada além de sua própria diversão em mente. Nesse sentido, então, o verdadeiro início do reinado de Pedro pode ser visto não como começando em 1682, quando ele tinha dez anos, nem em 1689, quando estava com dezessete, mas em 1694, com 22 anos.

Durante esse período, o governo foi administrado pelo pequeno grupo que havia apoiado e guiado Pedro no confronto com a regente. Sua mãe, Natália, agora com quarenta anos, era a líder nominal, porém não era tão independente quanto Sofia e era facilmente convencida pelas opiniões dos homens à sua volta. O patriarca Joaquim, um religioso conservador e implacável em suas hostilidades a todos os estrangeiros, estava ao lado dela, decidido a expurgar os vírus do ocidente que haviam se arrastado para dentro da Rússia durante o período de Sofia e Vassili Golitsyn. O tio do czar e irmão de Natália, Lev Naryshkin, recebeu o posto vital de diretor das Relações Exteriores – na realidade, seu verdadeiro papel condizia ao de primeiro-ministro. Era um homem amigável, de inteligência não excepcional cuja alegria residia em sua nova autoridade para oferecer recepções deslumbrantes e banquetes gloriosos, servidos em bandejas de ouro e prata aos embaixadores estrangeiros. Nas verdadeiras negociações com esses embaixadores e na administração prática de seu gabinete, era necessária e imensamente assistido por um dos poucos diplomatas profissionais da Rússia, Emilian Ukraintsev. Ao boiardo Tikhon Streshnev, um velho amigo do czar Aleixo e guardião formal de Pedro, foi confiada a condução de todos os assuntos domésticos. O terceiro membro do trio de governantes era Boris Golitsyn, que havia sobrevivido à forte suspeita que pairou sobre ele por seus esforços de evitar a queda de seu primo Vassili. Outros nomes famosos apareceram no governo: Urusov, Romodanovski, Troekurov, Prozorovski, Golovkin, Dolgoruki. Alguns dos homens que haviam se mostrado proeminentes durante o período de Sofia – Repnin e Vinius – mantiveram seus postos. Boris Sheremetev permaneceu como comandante do exército do sul, enfrentando os tártaros. Além disso, mais de trinta Lopukhin de ambos os sexos, parentes de Eudóxia (esposa de Pedro), chegaram à corte prontos para tomar quaisquer vantagens possíveis com sua posição de parente do czar.

 Para a Rússia, a mudança no governo foi para pior. Os novos governantes não tinham nem a habilidade, nem a energia de seus antecessores. Nenhuma lei importante foi criada durante esses cinco anos. Nada foi feito para defender a Ucrânia contra os ataques devastadores dos tártaros. Havia brigas na corte e corrupção no governo. A lei e a ordem entraram em decadência no interior. Houve uma explosão de ódio popular contra todos os estrangeiros: um decreto, influenciado pelo patriarca, ordenava que todos os jesuítas deixassem o país num período de duas semanas; outro exigia que todos os estrangeiros fossem parados na fronteira e fortemente questionados quanto a suas origens e seus motivos para visitar a Rússia. As respostas eram enviadas a Moscou e os estrangeiros mantidos na fronteira até que a autorização para entrar lhes fosse concedida pelo governo central. Simultaneamente, o diretor dos postos,

Andrei Vinius, foi instruído a ordenar que seus oficiais abrissem e lessem todas as correspondências que atravessassem a fronteira. O patriarca queria até mesmo fazer com que todas as igrejas protestantes do Subúrbio Alemão fossem destruídas e só foi impedido quando os habitantes apresentaram um documento assinado pelo czar Aleixo contendo permissão escrita para a existência delas. No ápice dessa xenofobia, um estrangeiro foi capturado por multidões nas ruas de Moscou e queimado vivo.

Entretanto, por todos os seus esforços, havia um russo cujos hábitos o patriarca não podia mudar. O desespero de Joaquim era o próprio Pedro, que passava grande parte de seu tempo no Subúrbio Alemão em meio a esses mesmos estrangeiros que o patriarca tanto temia. De qualquer forma, enquanto Joaquim estava vivo, Pedro manteve seu comportamento sob controle. Em dez de março de 1690, o czar convidou o general Gordon para jantar na corte em homenagem ao nascimento de seu filho, o czarevich Aleixo. Gordon aceitou, mas o patriarca interveio, protestando veementemente pela inclusão de um estrangeiro em uma celebração homenageando o herdeiro ao trono russo. Furioso, Pedro deferiu e o convite foi retirado, mas, no dia seguinte, convidou Gordon para ir até sua casa no interior, jantou com ele e, em seguida, partiu com o escocês para Moscou, conversando com ele publicamente por todo o caminho.

O problema se resolveu sozinho uma semana mais tarde, em dezessete de março, quando Joaquim subitamente morreu. Ele deixou um testamento insistindo que o czar evitasse contato com todos os hereges (protestantes ou católicos), que os forçasse a sair da Rússia e que evitasse pessoalmente todas as roupas e costumes estrangeiros. Acima de tudo, exigia que Pedro não nomeasse estrangeiros para posições oficiais no Estado ou no exército, para que eles não estivessem em posição de dar ordens aos fiéis ortodoxos. A resposta de Pedro, uma vez que Joaquim estava enterrado, foi encomendar para si mesmo um novo conjunto de roupas alemãs e, uma semana mais tarde, ir pela primeira vez jantar como convidado de Gordon no Subúrbio Alemão.

A escolha de um novo patriarca trouxe de volta as mesmas questões que o próprio Joaquim havia colocado: liberalismo *versus* conservadorismo, tolerância a estrangeiros *versus* defesa feroz da ortodoxia tradicional. Alguns clérigos com maior grau de educação, apoiados por Pedro, preferiam Marcellus, arcebispo de Pskov, um religioso erudito que havia viajado para o exterior e falava diversas línguas. No entanto, a czarina Natália, o grupo de boiardos governantes, os monges e a maior parte do baixo clero preferiam o mais conservador Adriano, arcebispo de Kazan. A disputa dentro da igreja foi renhida, com os partidários de Adriano acusando Marcellus de ter educação demais, de favorecer os cristãos e de já ter chegado às margens da heresia. Depois de meses de debate, Adriano foi escolhido por conta de sua "ignorância e simplicidade", afirmou um Patrick Gordon decepcionado.

Pedro ficou magoado por essa rejeição. Sete anos mais tarde, descreveu a eleição de Adriano com amargura e desgosto a um anfitrião estrangeiro: "O czar nos contou que, quando o patriarca de Moscou faleceu, ele pretendia preencher a vaga com um homem culto e viajado, que falava latim, italiano e francês", relatou o estrangeiro. "[Mas] os russos o forçaram de uma maneira tumultuosa a não obrigar tal homem a governá-los, alegando três motivos: primeiro, porque falava línguas bárbaras; segundo, porque sua barba não era longa o suficiente para um patriarca; e terceiro, porque seu cocheiro sentava-se no banco da carruagem, e não nos cavalos, como era costume".

DE FATO, APESAR DO desejo ou do decreto de qualquer patriarca, o ocidente já estava firmemente instalado a três milhas do Kremlin.

Fora de Moscou, no caminho entre a cidade e Preobrajenskoe, ficava uma cidade notável e autônoma típica da Europa Ocidental conhecida como Subúrbio Alemão.[1] Os visitantes que caminhavam por suas avenidas largas e arborizadas e passavam diante das casas de tijolos de dois ou três andares com enormes janelas em estilo europeu ou pelas praças com fontes de água quase não acreditavam estar no coração da Rússia. Atrás das mansões decoradas com pilares e cornijas repousavam jardins europeus precisamente projetados com tendas e espelhos-d'água. Pelas ruas circulavam carruagens fabricadas em Paris ou em Londres. Somente as cúpulas das igrejas moscovitas erguendo-se do outro lado dos campos, ao longe, lembravam esses visitantes que eles estavam a mil milhas de suas casas.

Nos tempos de Pedro, essa próspera ilha estrangeira era relativamente nova. Um assentamento anterior para estrangeiros, fundado por Ivan, o Terrível dentro da cidade havia sido dispersado durante o Tempo de Dificuldades. Depois do advento do primeiro Romanov, em 1613, os estrangeiros se assentavam onde conseguiam, em qualquer ponto da cidade. Esse desdobrar

---

[1] O Subúrbio Alemão – em russo, *Nemetskaia Sloboda* – tem seu nome derivado da palavra *nemets*, ou seja, "alemão" em russo. Para a maior parte da população da Rússia, incapaz de distinguir a diferença entre as línguas estrangeiras, todos os estrangeiros eram "alemães" (ou *nemtsy*). (N. A.)

enfureceu os moscovitas conservadores que acreditavam que sua sagrada cidade ortodoxa estava sendo profanada e, durante a revolta de 1648, essas habitações de estrangeiros tornaram-se alvos de ataques aleatórios por grupos de Streltsi. Em 1652, o czar Aleixo decretou que os estrangeiros estavam proibidos de morar ou fundar igrejas dentro das muralhas da Sagrada Moscou, mas permitiu a existência de um novo assentamento para esses imigrantes: o Subúrbio Alemão, a ser criado às margens do Yauza com terrenos loteados com base na posição social de todos os oficias, engenheiros, artistas, médicos, boticários, comerciantes, professores e demais profissionais estrangeiros trabalhando para a Rússia.

Originalmente, a colônia era formada predominantemente por alemães protestantes, mas, em meados do século XVII, havia ali muitos holandeses, ingleses e escoceses. Estes últimos, na maioria monarquistas e católicos fugindo de Oliver Cromwell, conseguiram um refúgio, apesar de sua religião, por conta da fúria violenta do czar Aleixo com relação à decapitação do rei Carlos I. Em meio aos nomes proeminentes de jacobitas escoceses no Subúrbio Alemão estavam Gordon, Drummond, Hamilton, Dalziel, Crawford, Graham e Leslie. Em 1685, Luís XIV revogou o Édito de Nantes, acabando com a tolerância oficial francesa ao protestantismo. Sofia e Golitsyn autorizaram que um número de refugiados franceses huguenotes, escapando da nova perseguição na França, viessem para a Rússia. Assim, durante a adolescência de Pedro, o Subúrbio Alemão havia se tornado uma colônia internacional com três mil europeus ocidentais, um lugar onde monarquistas se misturavam com republicanos e protestantes com católicos. As diferenças nacionais, políticas e religiosas dessas pessoas eram suavizadas pela distância e pelo exílio.

O fato de estarem reclusos em uma área separada facilitou para esses indivíduos manterem os costumes e as tradições do ocidente. Os habitantes usavam roupas estrangeiras, liam livros estrangeiros, tinham suas próprias igrejas luteranas ou calvinistas (os católicos não tinham permissão para construírem igrejas, mas os padres podiam rezar missas privadas nas casas), falavam suas próprias línguas e educavam seus filhos. Mantinham correspondência constante com seus países de origem. Um dos estrangeiros mais respeitados, o holandês Van Keller, enviava e recebia notícias de Haia em intervalos de oito dias, mantendo o Subúrbio informado sobre tudo o que estava acontecendo além das fronteiras russas. O general Patrick Gordon esperava ansiosamente relatórios científicos vindos da Real Sociedade de Londres para a Melhoria do Conhecimento Natural. Esposas de ingleses recebiam grandes quantidades de poesia junto com suas porcelanas refinadas e seus sabonetes perfumados. Além disso, o Subúrbio contava com um grupo de atores, músicos e aventureiros que ajudavam na produção de peças de teatro, concertos, bailes, piqueniques, além dos casos de amor e dos duelos que mantinham os habitantes entretidos.

Obviamente essa ilha estrangeira, núcleo de uma civilização mais avançada, não permaneceu intocada pelo mar russo à sua volta. As casas e jardins do Subúrbio Alemão eram rodeados pelas terras reais de Sokolniki e Preobrajenskoe, e, apesar da proibição do patriarca, os russos mais instruídos, sedentos por conhecimento e por conversas inteligentes, passaram a se misturar socialmente com os estrangeiros que viviam a poucas centenas de metros de distância. Por meio desses russos, os costumes estrangeiros começaram a permear a vida do país. Os hábitos de fumar tabaco e cheirar rapé, esconjurados pelo patriarca, passaram a se espalhar. Alguns russos, como Vassili Golitsyn, até mesmo passaram a cortar os cabelos e a barba e a conversar com jesuítas.

O contato influenciava ambos os lados e muitos imigrantes adotaram qualidades russas. Com a falta de mulheres estrangeiras para se casarem, aceitaram russas como suas esposas, aprenderam a língua russa e permitiram que seus filhos fossem batizados na Igreja Ortodoxa. Todavia, como resultado de sua residência forçada no Subúrbio Alemão, a maioria deles manteve estilos de vida, línguas e religiões tipicamente ocidentais. Um casamento na direção oposta ainda era raro, pois poucas mulheres do ocidente estavam dispostas a se casar com homens locais e aceitar o status inferior da mulher russa. No entanto, essa realidade estava mudando. Mary Hamilton havia se casado com Artemon Matveiev e coordenado a casa onde o czar Aleixo conhecera Natália Naryshkina. Conforme os homens russos se tornaram mais "ocidentalizados", passaram a ter menos problemas para encontrarem esposas ocidentais, uma prática que floresceu até o fim do império, em 1917. O filho de Pedro, Aleixo, casou-se com uma mulher ocidental, e todos os czares depois dele, quando chegavam à idade para se casar, escolhiam (quando alguém não selecionava para eles) uma princesa da Europa Ocidental.

Desde a infância, Pedro havia se mostrado curioso com relação ao Subúrbio Alemão. Enquanto passava pela estrada, avistara as belas casas de tijolos e os jardins sombreados. Conheceu Timmerman e Brandt, além dos oficiais estrangeiros que haviam supervisionado a construção de seus fortes de brincadeira e usado de sua artilharia, mas, até a morte do patriarca Joaquim, em 1690, seus contatos com a cidade dos imigrantes era restrita. Depois da morte do velho religioso, as visitas de Pedro se tornaram tão frequentes que ele parecia quase viver lá.

No Subúrbio Alemão, o jovem czar encontrou a inebriante combinação de bons vinhos, boa conversa e companheirismo. Quando os russos passavam uma noite reunidos, simplesmente bebiam até todos dormirem ou até não haver nada mais nada para beber. Os estrangeiros também bebiam muito, mas, em meio à fumaça do tabaco e o tinir dos jarros de cerveja, havia também conversas sobre o mundo, seus monarcas e estadistas, cientistas e guerreiros. Pedro se sentia estimulado por aquelas discussões. Quando o Subúrbio Alemão recebeu a notícia da vitória dos ingleses contra os franceses no La Hogue em 1694, o jovem czar ficou entusiasmado. Pediu a notícia original, providenciou que fosse traduzida imediatamente e, então, dando pulos e gritos de alegria, ordenou uma saudação de artilharia ao rei Guilherme III da Inglaterra. Naquelas longas noites, Pedro também ouviu vários conselhos em relação à Rússia: instituir mais treinamento para o exército; exigir disciplina mais dura e pagamentos regulares aos soldados; conquistar os negócios com o Oriente, afastando as transações do Mar Negro (dominado pelos otomanos) e transferindo-as para o Mar Cáspio e o rio Volga.

Uma vez que os habitantes do Subúrbio compreenderam que aquele monarca alto e jovem gostava deles, convidaram-no para ir a todos os lugares e passaram a competir por sua companhia. Pedro foi convidado a participar de casamentos, batismos e outras celebrações familiares. Nenhum comerciante casava uma filha ou batizava um filho sem convidar o czar para participar do banquete. Pedro com frequência era padrinho, segurando crianças luteranas e católicas diante da fonte. Apadrinhou diversos casamentos estrangeiros e tornou-se participante assíduo da divertida dança local (conhecida como Grossvater) que se seguia a essas cerimônias.

Em uma sociedade que misturava soldados escoceses, comerciantes holandeses e engenheiros alemães, Pedro naturalmente encontrou muitas pessoas cujas ideias o fascinavam. Um deles foi Andrei Vinius, um russo-holandês de meia-idade que tinha um pé em cada uma das culturas. O pai de Vinius era um engenheiro e comerciante holandês que havia criado uma siderúrgica em Tula, a sul de Moscou, nos tempos do czar Miguel e que, com esse trabalho, havia enriquecido. A mãe, russa, havia criado seu filho na religião ortodoxa. Falando tanto russo quanto holandês, Vinius havia servido primeiro no Ministério das Relações Exteriores e depois se tornado responsável pelo correio. Escrevera um livro sobre geografia, falava latim e estudava mitologia romana. Com ele, Pedro começou a aprender holandês e algumas noções de latim. Quando escrevia para Vinius, o czar assinava as correspondências como "Petrus" e fazia referências a seus "jogos de Netuno e Marte" e às celebrações que realizava "em homenagem a Baco".

Foi também no Subúrbio Alemão que Pedro conheceu dois outros estrangeiros bastante diferentes em formação e estilo, mas que se tornaram ainda mais importantes para ele: o severo mercenário e soldado escocês, general Patrick Gordon, e o charmoso aventureiro suíço Francis Lefort.

Patrick Gordon nasceu em 1635, na propriedade Auchleuchries, de sua família, perto de Aberdeen, nas Terras Altas escocesas. Sua família era célebre e ardorosamente católica, ligada ao primeiro duque de Gordon e aos Earls de Errol e Aberdeen. A Guerra Civil inglesa havia complicado a juventude de Gordon. Sua família era ferrenhamente monarquista e, quando Oliver Cromwell decapitou o rei Carlos I, também colocou abaixo a fortuna de todos os seguidores devotos dos Stuart; depois disso, um garoto católico escocês não tinha qualquer chance de entrar para uma universidade ou seguir carreira no serviço público ou militar. Então, aos dezesseis anos, Patrick foi buscar sua sorte no exterior. Depois de dois anos em uma escola jesuíta em Brandemburgo, fugiu para Hamburgo e se uniu a um grupo de oficiais escoceses recrutados pelo exército sueco. Gordon serviu ao rei da Suécia com distinção, mas, quando foi capturado pelos poloneses, não demonstrou qualquer escrúpulo em mudar de lado. Para soldados mercenários, mudar de lado de tempos em tempos era um processo normal, e isso não era considerado uma vergonha nem por eles, nem pelos governos que os contratavam. Alguns meses mais tarde, Gordon foi recapturado e convencido a se unir novamente aos suecos. Posteriormente, foi capturado mais uma vez e voltou a se juntar aos poloneses. Antes de completar 25 anos, Patrick Gordon havia mudado de lado quatro vezes.

Em 1660, o novo rei da dinastia Stuart, Carlos II, tomou o trono da Inglaterra, e Gordon se viu pronto para voltar para casa. Antes que pudesse partir, todavia, um diplomata russo na Europa lhe fez uma oferta tentadora: três anos de serviço no exército russo, começando com a comissão de major. Gordon aceitou, mas logo descobriu, ao chegar a Moscou, que a cláusula de seu contrato referente ao tempo de serviço não tinha valor; como soldado útil, ele não seria autorizado a deixar o país. Quando se candidatou, foi ameaçado de denúncia como espião polonês e católico romano, e correu o risco de ser mandado para a Sibéria. Aceitando temporariamente seu destino, instalou-se em meio à vida moscovita. Rapidamente descobriu que sua maior chance de promoção baseava-se em se casar com uma mulher russa. Então, encontrou uma esposa, e juntos construíram uma família. Os anos se passaram e Gordon serviu o czar Aleixo, o czar Teodoro e a regente Sofia em lutas contra poloneses, turcos, tártaros e basquírios. Tornou-se general e retornou duas vezes à Inglaterra e à Escócia, embora os moscovitas se assegurassem que esse personagem de enorme valor retornaria ao país, mantendo a mulher e os filhos na Rússia. Em 1686, Jaime II pediu pessoalmente a Sofia para libertar Gordon do serviço russo para que ele pudesse voltar para casa. Esse pedido real foi recusado e, por algum tempo, a regente e Vassili Golitsyn ficaram tão furiosos com o general que novamente surgiram conversas sobre a ruína e a Sibéria. Então, o rei Jaime escreveu novamente declarando que gostaria de nomear Gordon como seu embaixador em Moscou. A nomeação também foi recusada pela regente, que declarou que o general Gordon não poderia servir como embaixador porque ainda estava a serviço do exército russo e, aliás, prestes a partir em uma campanha contra os tártaros. Assim, em 1689, Gordon, aos 54 anos de idade, era respeitado por todos, muito rico (seu salário era de mil rublos por ano, ao passo que o de um pastor luterano era de apenas sessenta) e o soldado estrangeiro de maior destaque no Subúrbio Alemão. Quando, como chefe do corpo de oficiais estrangeiros, ele montou em seu cavalo e seguiu até Troitski para se unir a Pedro, as esperanças de Sofia receberam o golpe final.

Não é de se surpreender que Gordon – corajoso, bastante viajado, com experiência em batalhas, leal e sagaz – tenha atraído a atenção de Pedro. O surpreendente é que Pedro, com dezoito anos, atraiu o interesse de Gordon. Pedro era czar, certamente, mas Gordon havia servido outros czares sem qualquer sentimento especial de amizade. Em Pedro, todavia, encontrou um um aluno hábil e admirável, e, agindo como uma espécie de tutor militar não oficial, Gordon instruiu Pedro em todos os aspectos da guerra. Durante os cinco anos que se seguiram à queda de Sofia, Gordon tornou-se não apenas o general contratado de Pedro, mas também um amigo.

Para Gordon, a amizade de Pedro se mostrou decisiva. Agora amigo íntimo e conselheiro do jovem monarca, ele deixou para trás o sonho de retornar a seu país e passar seus últimos anos nas Terras Altas. Aceitou que morreria na Rússia e, de fato, em 1699, quando a vida do soldado chegou ao fim, Pedro permaneceu ao lado de sua cama e fechou seus olhos.

Em 1690, logo após a queda de Sofia, Pedro tornou-se amigo de outro estrangeiro bastante diferente – o alegre e sociável mercenário suíço Francis Lefort. Ao longo da década seguinte, Lefort viria a se tornar um grande companheiro e amigo de coração de Pedro. Em 1690, quando o czar tinha dezoito anos, Francis Lefort estava com 34. Era quase tão alto quanto Pedro, mas mais rude do que o czar de ombros estreitos. Era belo, tinha o nariz grande e pontiagudo e olhos inteligentes e expressivos. Um retrato pintado alguns anos mais tarde o mostra diante dos barcos de Pedro; está de barba feita, com um lenço de renda envolvendo o pescoço e a peruca de cabelos pesados e encaracolados caindo sobre os ombros. No peitoral, um adereço perfeitamente forjado carregando a insígnia da águia de cabeça dupla de Pedro.

Francis Lefort nasceu em Genebra em 1656, filho de um comerciante próspero, e, por meio de seu charme e inteligência, logo se tornou membro da amigável sociedade local. O gosto pela vida alegre logo o despiu de qualquer desejo de tornar-se um comerciante como o pai, e o período durante o qual foi forçado a trabalhar como balconista de outro comerciante em Marselha o deixou tão infeliz que ele fugiu para a Holanda para se unir aos exércitos protestantes na luta contra Luís XIV. Lá, com apenas dezenove anos, o jovem aventureiro ouviu histórias de oportunidades na Rússia, e embarcou a caminho de Arcangel. Chegando à Rússia em 1675, não encontrou emprego e passou dois anos vivendo sem trabalho no Subúrbio Alemão. Em momento algum se mostrou entristecido – as pessoas gostavam de sua alegria irreprimível e, por fim, sua carreira tomou um rumo. Tornou-se capitão no exército russo, casou-se com a prima do general Gordon e foi notado pelo príncipe Vassili Golitsyn. Serviu nas duas campanhas de Golitsyn contra a Crimeia, mas, quando Gordon liderou os oficiais estrangeiros de Sofia para se unir a Pedro em Troitski, Lefort estava no grupo. Logo depois da deposição da regente, Lefort, então com 34 anos, era suficientemente importante para ser promovido a major general.

Pedro foi cativado por esse formidável cidadão do mundo. Ali estava alguém que brilhava exatamente da forma certa para atrair o olhar de Pedro. Lefort não era profundo, mas sua mente funcionava com agilidade e ele adorava conversar. Seu discurso era repleto de informações sobre a vida, os modos e a tecnologia do Ocidente. Não havia companheiro de bebedeiras e de bailes como Lefort. Era excelente em organizar banquetes, jantares e bailes com música, bebidas e parceiras de danças. De 1690 em diante, estava constantemente na companhia de Pedro. Os dois jantavam juntos duas ou três vezes por semana e se viam diariamente e, cada vez mais, Lefort impressionava por sua franqueza, compreensão e generosidade. Enquanto Gordon oferecia a Pedro conselhos sensatos, Lefort oferecia alegria, amizade, compaixão e compreensão. O czar se sentia à vontade com a afeição do amigo e, quando Pedro subitamente se enervava com algo ou alguém, partindo até mesmo para agressões físicas, somente Lefort era capaz de abordar e controlar o jovem monarca, segurando-o em seus braços fortes e mantendo-o assim até se acalmar.

O sucesso de Lefort se deve em boa parte a seu altruísmo. Embora adorasse o luxo e suas armadilhas, jamais foi ganancioso e não deu passos para assegurar que não viria a ser pobre num futuro próximo – uma qualidade que o tornou ainda mais querido para Pedro, que garantia que todas as necessidades de Lefort fossem atendidas. Suas contas eram pagas, ele foi presenteado com um palácio e fundos para administrá-lo e rapidamente promovido a general pleno, almirante e embaixador. Mais importante para Pedro, Lefort adorava genuinamente a vida na Rússia. Ele voltou como visitante à sua Genebra, levando consigo muitos títulos e o testemunho pessoal do czar da estima que nutria por Lefort aos fundadores da cidade. Mas, ao contrário de Gordon, Lefort jamais sonhou em retornar permanentemente ao seu local de nascimento. "Meu coração", disse aos amigos suíços, "está totalmente voltado para Moscou".

Para Pedro, entrar na casa de Lefort era como pisar em outro planeta. Lá, o que encontrava era inteligência, charme, hospitalidade, entretenimento, descanso e, em geral, a estimulante presença de mulheres. Às vezes, eram as respeitáveis esposas ou as belas filhas de comerciantes e soldados estrangeiros, vestidas com roupas ocidentais. Mais frequentemente, todavia, eram prostitutas despudoradas, cujo papel era garantir que nenhum homem ficasse chateado; mulheres roliças e robustas que não se ofendiam com a linguagem dos quartéis ou o toque de rudes mãos masculinas. Pedro, conhecendo apenas as mulheres endurecidas e rígidas do *terem*, entregou-se com deleite a esse mundo. Guiado por Lefort, ele logo se viu sentado e contente em meio à fumaça do tabaco, com um jarro de cerveja à mesa, um cachimbo na boca e os braços em volta da cintura de uma jovem sorridente. Os protestos de sua mãe, a censura do patriarca, as lágrimas de sua esposa – tudo isso era esquecido.

Não demorou até os olhos de Pedro se voltarem para uma dessas jovens – uma alemã de cabelos loiros chamada Anna Mons, filha de um comerciante de vinho de Vestfália. A jovem tinha a reputação maculada – já havia sido conquistada por Lefort. Alexander Gordon, filho do general, a descreveu como "impressionantemente bela", e, quando Pedro revelou seu interesse naqueles cabelos loiros, riso ousado e olhos brilhantes, Lefort prontamente cedeu sua conquista ao czar. A bela de bom temperamento era exatamente o que Pedro queria: ela conseguia acompanhá-lo drinque a drinque, piada a piada. Anna Mons tornou-se sua amante.

Havia pouco conteúdo por trás do riso espontâneo de Anna, e seu gosto por Pedro era fortemente estimulado por sua ambição. A jovem usava seus meios para obter favores dele, e o czar a cobriu com joias, um palácio no interior e uma propriedade. Cego ao protocolo, apareceu com Anna na companhia de boiardos russos e diplomatas estrangeiros. Ela naturalmente começou a nutrir esperanças. Sabia que Pedro não suportava a esposa e, com o tempo, passou a acreditar que poderia um dia substituir a czarina no trono. Pedro chegou a pensar nisso, mas não via necessidade de os dois se casarem. O caso já era o suficiente – caso que, por sinal, estendeu-se por doze anos.

Obviamente a maior parte dos companheiros de Pedro não era composta por estrangeiros, mas sim russos. Alguns eram amigos de infância que haviam permanecido ao seu lado durante o longo exílio em Preobrajenskoe; outros eram homens mais velhos, com serviços distintos e sobrenomes antigos, que permaneciam ligados a Pedro apesar de seu comportamento desregrado e de seus amigos estrangeiros porque ele era o czar ungido. O príncipe Miguel Cherkasski, um homem mais velho e barbado, devoto aos costumes antigos, procurou Pedro por um senso de patriotismo, sem conseguir observar à distância enquanto o jovem autocrata andava cercado por estrangeiros. Um motivo similar motivou o príncipe Pedro Prozorovski, outro sábio austero e idoso, e Teodoro Golovin, o mais experiente diplomata russo, que havia negociado o Tratado de Nerchinsk com a China. Quando o príncipe Teodoro Romodanovski aproximou-se do jovem czar, foi com um senso de devoção que desconheceria limites. Ele detestava os Streltsi, que haviam matado seu pai na carnificina de 1682. Mais tarde, como governador de Moscou e chefe da polícia, governaria com mão de ferro. E, quando os Streltsi se rebelaram novamente, em 1698, Romodanovski caiu sobre eles como um anjo impiedoso sedento por vingança.

Inicialmente, esse conjunto variado de barbas brancas de renome, jovens insolentes e aventureiros estrangeiros parecia estranho. Entretanto, o tempo os transformou em um grupo coeso que passou a se chamar de Companhia da Alegria, acompanhando Pedro a todos os lugares. Era um estilo de vida boêmio, itinerante, que percorria o interior e chegava sem ser anunciado para comer e dormir na casa de algum nobre surpreso. Na esteira de Pedro havia entre oitenta e duzentos seguidores.

Um banquete comum para a Companhia da Alegria se iniciava ao meio-dia e terminava na alvorada. As refeições eram gigantescas, mas havia intervalos entre os pratos para fumar, jogar boliche e praticar tiro com arco e flecha e mosquetes. Discursos e brindes eram acompanhados não apenas por aplausos e gritos, mas por explosões de trombetas e salvas de artilharia. Quando uma banda estava presente, Pedro tocava os tambores. Durante as noites, havia dança e, com frequência, fogos de artifício. Quando um folião se entregava ao sono, simplesmente rolava do banco para o chão e ali roncava. Metade do grupo podia dormir enquanto os demais membros celebravam. Por vezes, essas festas se estendiam por dois ou três dias, com os convidados dormindo lado a lado no chão, levantando-se para consumir outras quantidades assombrosas de comida e bebida e, em seguida, deitando-se novamente e se entregando ao sono preguiçoso.

O REQUISITO ÓBVIO PARA se tornar membro da Companhia da Alegria de Pedro era a capacidade de beber, mas não havia nada de novo ou de anormal nessa intemperança dos amigos do czar. Desde tempos antiquíssimos, a bebida era, nas palavras do príncipe Vladimir I, o Grande, de Kiev, no século X, "a alegria dos russos". Sucessivas gerações de residentes e viajantes ocidentais achavam que a embriaguês fosse quase universal na Rússia. Camponeses, padres, boiardos, czar: todos participavam. De acordo com Adam Olearius, que visitou a Moscóvia nos tempos do avô de Pedro, o czar Miguel, nenhum russo deixava passar a chance de tomar uma bebida. Estar embriagado era uma característica essencial da hospitalidade russa. Propondo brindes que ninguém se atrevia a recusar, anfitrião e convidados bebiam copo após copo, virando as taças de ponta-cabeça sobre a cabeça para provar que estavam vazias. Se os convidados não fossem enviados de volta para casa bêbados, a noite era considerada um fracasso.

O pai de Pedro, o czar Aleixo, mesmo com sua piedade, era tão russo quanto os outros. O doutor Collins, médico de Aleixo, notou quão feliz Aleixo ficava ao ver seus boiardos "generosamente embriagados". Os boiardos, por sua vez, sempre estavam ansiosos por ver embaixadores estrangeiros o mais alcoolizados possível. Pessoas comuns também bebiam – menos para ser sociáveis, mais para esquecer da realidade. Seu objetivo era atingir um estupor de inconsciência, expulsando o mundo infeliz à sua volta da mente o mais rapidamente possível. Nas tabernas imundas, homens e mulheres penhoravam seus bens e até mesmo suas roupas para garantir mais canecas de vodca. "As mulheres", reportou outro visitante ocidental, "são, com frequência, as primeiras a se tornarem completamente alucinadas com doses imoderadas de conhaques e podem ser vistas, seminuas e sem qualquer pudor, em quase todas as ruas".

O filho fanfarrão de Aleixo e sua Companhia da Alegria viviam plenamente de acordo com essas tradições russas. Embora grande parte do álcool consumido em suas festas fosse em formas mais suaves – cerveja ou *kvas* – as doses eram vastas e continuas. Em seu diário, Gordon com frequência se referia à quantidade que Pedro bebia e às dificuldades que o próprio general, um homem de meia-idade, enfrentava para acompanhar o czar. No entanto, foi Lefort quem ensinou Pedro a beber realmente em excesso. Sobre Lefort, o filósofo alemão Leibniz, que observou o suíço em uma viagem com Pedro ao Ocidente, à Grande Embaixada, escreveu: "[O álcool] nunca o derrota. Ele sempre continua dono de sua razão. [...] Ninguém pode rivalizar Lefort. [...] Ele não deixa o cachimbo e o copo antes de três horas após o nascer do sol". Por fim, o álcool cobrou seu preço. Lefort morreu relativamente jovem, aos 43 anos de idade; Pedro, aos 52. Quando era jovem, todavia, essas fortes bebedeiras não o deixavam exausto e devasso, mas, na verdade, pareciam renová-lo para o próximo dia de trabalho. Ele podia beber a noite toda com seus camaradas, e enquanto eles roncavam em um sono embriagado, Pedro se levantava ao amanhecer e os deixava para começar a trabalhar como carpinteiro ou construtor de barcos. Poucos conseguiam acompanhar seu ritmo.

Com o tempo, o czar decidiu não deixar os arranjos desses banquetes ao acaso. Ele gostava de jantar duas ou três vezes por semana na casa de Lefort, mas era impossível para o amigo, com sua renda limitada, providenciar o entretenimento caro e complicado que o czar esperava. Sendo assim, Pedro construiu para o suíço um salão maior, onde poderia acomodar algumas centenas de convidados. Mais adiante, até mesmo esse salão tornou-se pequeno demais, e o czar acabou erguendo uma bela mansão de pedras, magnificamente coberta com tapeçarias, contendo adegas e um salão de banquetes grande o bastante para acomodar 1.500 pessoas. Lefort era o proprietário nominal, mas, na realidade, a mansão tornou-se uma espécie de clube para a Companhia da Alegria. Quando Pedro estava ausente, e até mesmo quando Lefort estava ausente, os membros da Companhia da Alegria em Moscou se reuniam na propriedade para jantar, beber e passar a noite – tudo com despesas custeadas pelo czar.

Pouco a pouco, a Companhia deixou para trás as bebedeiras e os banquetes espontâneos e passou a promover festanças e festas à fantasia mais organizadas. Em seus momentos mais informais, Pedro havia dado apelidos a seus camaradas, e esses apelidos foram pouco a pouco se tornando títulos jocosos. O boiardo Ivan Burturlin ficou conhecido como "O Rei Polonês" porque, em uma das manobras militares em Preobrajenskoe, foi comandante do exército "inimigo". O príncipe Teodoro Romodanovski, outro comandante e defensor da cidadela de brinquedo em Pressburgo, foi promovido a "Rei de Pressburgo" e depois a "Príncipe-César". Pedro o tratava como "Sua Majestade" e "Senhor Meu Rei" e assinava suas cartas a Romodanovski como "Seu servo e eterno escravo, Pedro". Essa brincadeira, na qual Pedro zombava de sua própria posição e de seu título aristocrata, continuou existindo durante o reinado. Depois da Batalha de Poltava, os oficiais suecos derrotados foram levados à presença do "czar" – que, na realidade, era Romodanovski. Somente alguns dos suecos, nenhum dos quais havia visto o verdadeiro Pedro, perguntaram-se quem era o oficial russo extremamente alto parado atrás do falso príncipe-césar.

No entanto, a paródia que Pedro fazia do poder temporal era moderada se comparada à zombaria que ele e seus camaradas pareciam fazer da Igreja. A Companhia da Alegria foi organizada em "O Sínodo de Tolos e Bobos da Corte Totalmente Fanfarrões e Totalmente Bêbados", com um "príncipe-papa" falso, um colégio de cardeais e um grupo de bispos, arquimandritas, sacerdotes e diáconos. O próprio Pedro, embora fosse apenas um diácono, cuidou de estabelecer as regras e instruções para esse estranho grupo. Com o mesmo entusiasmo que posteriormente demonstraria ao criar as leis do Império Russo, cuidadosamente definiu as cerimônias e os rituais do Sínodo dos Bêbados. O primeiro mandamento era que "Baco seja adorado com bebedeiras fortes e honráveis e que receba suas justas homenagens". Em termos práticos, isso significava que "todas as taças deveriam ser devidamente esvaziadas e que todos os membros deveriam se embriagar todos os dias e jamais irem sóbrios para a cama". Nessas "cerimônias" desordeiras, o príncipe-papa Nikita Zotov, que era o antigo tutor de Pedro, bebia pela saúde de todos e, em seguida, abençoava a congregação ajoelhada fazendo o sinal da cruz sobre eles com dois longos cachimbos holandeses.

Nos feriados religiosos, as brincadeiras tornavam-se mais elaboradas. No Natal, mais de duzentos homens, cantando e assobiando, viajavam até Moscou inclinando-se para fora de trenós superlotados. À frente deles, dirigindo o veículo puxado por doze homens calvos, estava o falso príncipe-papa. Havia cartas de baralho costuradas em seus trajes, ele usava um chapéu de lata e se empoleirava sobre um barril. Escolhendo os nobres e comerciantes mais ricos para honrar com seus cânticos, eles se reuniam na casa desses nobres e comerciantes, esperando comida e bebida como agradecimento pelas canções indesejadas. Durante a primeira semana da Quaresma, mais uma procissão surgia, dessa vez de "penitentes", seguindo o príncipe-papa pela cidade. A Companhia, usando fantasias escandalosas viradas do avesso, seguia nas costas de burros e novilhos ou em trenós puxados por cabras, porcos e até mesmo ursos.

Um casamento no círculo de Pedro mexeu com a Companhia da Alegria, exigindo esforços especiais: em 1695, quando o bobo da corte favorito de Pedro, Jacob Turgenev, casou-se com a filha de um sacristão. O banquete e a celebração se estenderam por três dias. O casamento ocorreu em um espaço fora de Preobrajenskoe, e Turgenev e a esposa chegaram à cerimônia na mais refinada carruagem do czar. Atrás deles, veio uma procissão de boiardos usando fantasias fantásticas – chapéus de casca de bétula, botas de palha, luvas de pele de rato, casacos cobertos com caudas de esquilo e patas de gato; alguns vinham a pé e outros em carroças puxadas por bois, cabras e porcos. A celebração terminou com uma entrada triunfal em Moscou, com os recém-casados montados juntos nas costas de um camelo. "A comitiva", comentou Gordon, "foi extremamente incrível", mas a brincadeira talvez tenha ido longe demais: algumas noites mais tarde, o noivo, Turgenev, morreu subitamente.

O Sínodo dos Bêbados, criado quando Pedro tinha dezoito anos, continuou sua existência embriagada até o fim do reinado do czar, com o homem maduro que havia se tornado imperador ainda envolvido nas festanças iniciadas por um adolescente desenfreado. Esse comportamento, que os diplomatas estrangeiros julgavam vulgar e escandaloso, parecia uma blasfêmia para muitos dos súditos de Pedro. E tornava mais forte a crença dos fiéis ortodoxos conservadores de que Pedro era o próprio anticristo, e eles esperavam ansiosamente um raio dos céus para acabar com o blasfemo. Aliás, foi em parte com o objetivo de provocar, enfraquecer e degradar a hierarquia da Igreja, e especialmente o novo patriarca Adriano, que o czar havia inicialmente instituído o Sínodo dos Bêbados. Sua mãe e os boiardos conservadores haviam alcançado a vitória sobre o candidato de Pedro, o instruído Marcellus de Pskov – que assim fosse, então! –, mas o czar retaliou apontando seu próprio falso patriarca. A paródia envolvendo a hierarquia da Igreja não apenas deu vazão ao ressentimento de Pedro, mas, com o passar do anos, refletiu sua contínua impaciência com toda a instituição da Igreja na Rússia.

Entretanto, Pedro aprendeu a ser cuidadoso. O Sínodo dos Bêbados não insultava diretamente a Igreja Ortodoxa Russa porque o czar rapidamente voltou a paródia a uma imitação da Igreja Católica Romana. O líder original da brincadeira, o príncipe-patriarca, tornou-se príncipe-papa, foi cercado por um colegiado de cardeais, e as cerimônias e a linguagem da paródia foram emprestadas não da liturgia russa, mas da romana. Com a sátira realizada dessa forma, obviamente menos russos se opuseram.

Aos olhos de Pedro, a brincadeira com o falso sínodo não era uma blasfêmia. Deus certamente era um ser majestoso demais para se sentir ofendido com pequenas paródias e piadas. Acima de tudo, o falso sínodo não era mais do que isso: uma brincadeira. Era uma forma de relaxar – infantil, talvez, ridícula, até mesmo asquerosa, mas, em sua maior parte, a Companhia não era composta por membros de sensibilidades refinadas. Eram homens de ação, engajados em construir e governar um Estado. Suas mãos estavam manchadas de sangue, cimento e poeira, e eles precisavam relaxar. Seus prazeres eram condizentes com seu caráter: eles bebiam, riam, gritavam, usavam fantasias, dançavam, faziam piadas, zombavam uns dos outros e do quer que passasse diante de seus olhos – em especial da Igreja, que resistia a todos os seus feitos.

PARA OS RUSSOS CONTEMPORÂNEOS, não era apenas a alma de Pedro que parecia correr perigo durante aqueles anos, mas também seu corpo. Ele testava fogos de artifício cada vez mais elaborados e perigosos. Durante a celebração do Entrudo de 1690, quando Pedro também homenageava o nascimento de seu filho Aleixo, uma apresentação de fogos se estendeu por cinco horas. Um foguete de mais de dois quilos, em vez de queimar no ar, caiu de volta na terra, atingindo a cabeça de um boiardo e matando-o. Conforme a eficiência de Pedro crescia, essas amostras pirotécnicas se tornavam mais espetaculares. Em 1693, seguindo uma longa saudação de 56 canhões, a imagem de uma bandeira de chamas brancas apareceu no céu, carregando consigo as letras holandesas do monograma do príncipe Romodanovski, seguida por uma imagem de Hércules abrindo a mandíbula de um leão.

E havia também os jogos de guerra. Durante o inverno de 1689-1690, Pedro esperou impacientemente a chegada da primavera para dar início às simulações com seus regimentos. Os jantares do czar com o general Gordon eram preenchidos por discussões sobre novas técnicas e táticas europeias a serem ensinadas às tropas. O teste veio no verão, em um exercício durante o qual o regimento Preobrajenski atacou o campo fortificado do regimento Semyonovski. Granadas de mão e potes com fogo foram usados – potes que, embora feitos com papelão e barro, ainda eram perigosos se arremessados contra um grupo de homens. O próprio Pedro se feriu quando, durante um ataque, um pote de barro cheio de pólvora explodiu próximo a ele, queimando-lhe o rosto.

Ao longo do verão de 1691, os regimentos se prepararam para uma falsa batalha de larga escala a ser realizada no outono. Romodanovski, o falso rei de Pressburgo, comandou um exército composto por dois regimentos falsos e outras tropas, e foi confrontado por um exército Streltsi comandado pelo príncipe Ivan Buturlin, o falso rei da Polônia. A batalha, que teve início ao amanhecer de seis de outubro, se estendeu por dois duros dias e terminou com a vitória do exército "russo" sob controle de Romodanovski. Todavia, Pedro, ainda não satisfeito, pediu uma segunda rodada, que aconteceu em meio a chuva, fortes ventos e lama em nove de outubro. O exército de Romodanovski saiu novamente vitorioso, mas, dessa vez, houve vítimas reais. O príncipe Ivan Dolgoruki foi baleado no braço direito, a ferida infeccionou e, nove dias depois, ele morreu. Gordon foi ferido na coxa e teve seu rosto tão severamente queimado que ele precisou passar uma semana na cama.

Durante esse período, Pedro não se esqueceu de seus barcos. Para acelerar os trabalhos em Pereslavl, vinte construtores navais do famoso estaleiro de Zaandam, na Holanda, foram contratados no início de 1691 para irem até a Rússia. Quando Pedro retornou ao lago Pleschev, encontrou os homens trabalhando com Karsten Brandt em duas pequenas fragatas de trinta canhões e três iates. Pedro ficou com eles por apenas três semanas, mas, no ano seguinte, visitou o lago quatro vezes – e, em duas dessas ocasiões, permaneceu no local por mais de um mês. Equipado com um "decreto imperial" do príncipe-césar Romodanovski para construir um navio de guerra desde a quilha, o czar trabalhou do amanhecer ao anoitecer, fazendo suas refeições no estaleiro e dormindo apenas quando estava cansado demais para trabalhar. Alheio a tudo mais, recusou-se a ir a Moscou para receber a visita de um embaixador da Pérsia. Somente quando dois membros sêniores do governo, seu tio Lev Naryshkin e Boris Golitsyn, viajaram até o lago para convencê-lo da importância do evento, Pedro relutantemente concordou em deixar de lado suas ferramentas e voltar com eles para Moscou. Dentro de uma semana, estava outra vez no lago.

Em agosto, convenceu sua mãe Natália a visitar o estaleiro e a frota. Eudóxia, sua esposa, fez a viagem com outras mulheres e, durante o mês que passaram ali, Pedro manobrou entusiasticamente sua flotilha composta por doze embarcações diante dos olhos das visitantes. Sentadas em uma pequena colina que se erguia na encosta, as damas podiam ver o czar usando um casaco carmesim, parado no deque, acenando, apontando e gritando ordens – tudo muito misterioso e inquietante para mulheres que viviam em uma realidade não muito distante do *terem*.

Naquele ano, Pedro permaneceu no lago até novembro. Quando finalmente retornou a Moscou, um ataque de disenteria o manteve na cama por seis semanas. Ficou tão fraco que se chegou a temer por sua vida. Seus camaradas e seguidores estavam alarmados: se Pedro morresse, nada poderia evitar o retorno de Sofia e até mesmo o exílio e a morte deles. Entretanto, o czar só tinha 21 anos, seu corpo era forte e, perto do Natal, ele começou a se recuperar. Ao final de janeiro, já estava novamente passando as noites no Subúrbio Alemão. Perto do fim de fevereiro, Lefort ofereceu um banquete em homenagem a Pedro e, ao amanhecer do dia seguinte, sem ter dormido, o czar seguiu para Pereslavl para trabalhar em seus barcos durante toda a Quaresma.

Suas visitas daquele ano de 1693 seriam os últimos períodos extensos que Pedro permaneceria no lago Pleschev. Duas vezes, em anos subsequentes, ele passou pelo local a caminho do Mar Branco e, ainda mais tarde, foi até lá para verificar os materiais de artilharia para a campanha de Azov. No entanto, depois de 1697, não retornou até estar a caminho da Pérsia, em 1722. Depois de um quarto de século, encontrou os barcos e as construções negligenciados e em decadência. Deu ordens para que o que havia sobrado fosse cuidadosamente preservado e, por algum tempo, esforços foram despendidos pela nobreza local. No século XIX, durante as primaveras, todo o clero de Pereslavl embarcava e, acompanhado por uma multidão de pessoas em vários barcos, navegava até o meio do lago para abençoar a água em memória a Pedro.

X
ARCANGEL

COMO UM GIGANTE TRANCAFIADO em uma caverna com nada além de uma abertura do tamanho de uma agulha para a entrada de luz e ar, a enorme massa de terra do império moscovita contava com um único porto marítimo: Arcangel, no Mar Branco. O único ancoradouro, distante do coração da Rússia, ficava a apenas duzentos quilômetros do Círculo Polar Ártico e passava seis meses do ano totalmente congelado. Todavia, apesar de seus inconvenientes, Arcangel era russo. Era o único local em todo o reino onde um jovem monarca inebriado pela ideia de barcos e oceano podia desfrutar da vista de grandes navios e respirar o ar salgado. Nenhum czar jamais havia ido a Arcangel, mas, é claro, nenhum czar jamais havia se interessado por barcos. O próprio Pedro explicou isso no prefácio de *Regulações Marítimas*, escrito 27 anos mais tarde, em 1720:

> Durante alguns anos, tive de satisfazer meus desejos no lago Pleschev, mas ele finalmente se tornou estreito demais para mim. [...] Então decidi ver o mar aberto, e passei a frequentemente implorar a permissão de minha mãe para visitar Arcangel. Ela me proibiu de seguir em uma jornada tão perigosa, mas, ao ver meu enorme e imutável desejo, acabou permitindo, mesmo contra sua vontade.

Antes que Natália se curvasse aos apelos, todavia, ela arrancou de seu filho – "minha vida e minha esperança" – uma promessa de que ele não navegaria no oceano.

Em onze de julho de 1693, Pedro deixou Moscou a caminho de Arcangel com mais de cem pessoas, incluindo Lefort e diversos membros de sua Companhia da Alegria, além de oito cantores, dois anões e quarenta Streltsi como segurança. A distância que o separava da capital era de mais de 950 quilômetros em linha reta; entretanto, a rota efetiva, passando por estradas e rios, tinha 1.600 quilômetros. Os primeiros quinhentos desses quilômetros se davam pela Grande Estrada Russa, passando pelo Mosteiro Troitski, Pereslavl e Rostov, atravessando o Volga em Yaroslavl, a caminho da agitada cidade de Vologda, o centro de transbordo na região sul, foco dos negócios de Arcangel, onde o grupo embarcou em uma frota de grandes e coloridas barcaças preparadas para eles. O restante da viagem seguiu pelo rio Suhona até sua junção com o rio Duína e, dali, seguiram a norte pelo próprio Duína até Arcangel. As barcaças se moviam lentamente, embora viajassem a favor da corrente. Na primavera, quando o rio se enchia com a neve derretida, os barcos de Pedro teriam flutuado facilmente; mas agora, em pleno verão, o nível das águas havia diminuído e, por vezes, as barcaças encalhavam e tinham de ser empurradas. Em duas semanas, a pequena frota chegou a Kholmogori, capital administrativa e sede do arcebispo da região norte. Ali, o czar foi recebido com banquetes e o tocar dos sinos; com pesar, despediu-se e continuou o caminho pelo rio. Por fim, avistou as torres de vigia, os galpões, as docas e os navios ancorados que compunham o porto de Arcangel.

O porto não ficava diretamente na costa do Mar Branco. Em vez disso, estava situado a cinquenta quilômetros na subida de um rio, onde o gelo se formava ainda mais rapidamente do que na água salgada do oceano. De outubro a maio, o rio que cortava a cidade permanecia congelado e duro como aço. Entretanto, na primavera, quando o gelo começava a derreter na encosta do Mar Branco e depois nos rios, Arcangel começava a se agitar. As barcaças carregadas no interior da Rússia com peles, cânhamo, gordura, trigo, caviar e potassa seguiam em uma procissão infinita a caminho do norte pelo Duína. Ao mesmo tempo, os primeiros navios mercantes de Londres, Amsterdã, Hamburgo e Bremen, escoltados por navios de guerra para se protegerem dos corsários franceses itinerantes, forçavam seu caminho através dos blocos de gelo derretendo ao redor do Cabo Norte, a caminho de Arcangel. Traziam tecidos de lã e algodão, seda e renda, objetos de ouro e de prata, vinhos e compostos químicos para o tingimento de tecido. Em Arcangel, durante os agitados meses de verão, até cem navios estrangeiros podiam ser vistos parados no rio, descarregando suas mercadorias ocidentais e carregando produtos russos.

Durante o verão em Arcangel, os dias eram freneticamente agitados, mas, mesmo assim, a vida era prazerosa para os estrangeiros. No final de junho, o dia recebia a luz do sol por 21 horas, e as pessoas dormiam pouco. A cidade era esplendidamente abastecida com peixe fresco e carne de caça. O salmão era trazido do mar para ser defumado ou salgado e enviado para a Europa ou para o interior, mas havia mais do que suficiente para ser consumido fresco em Arcangel. Os rios estavam repletos de peixes, incluindo perca, lúcio e pequenas enguias deliciosas. Os frangos e cervos selvagens eram numerosos e baratos, e uma perdiz do tamanho de um peru podia ser comprada por dois centavos ingleses. Havia lebres, patos e gansos. Como muitos navios chegavam da Europa, cerveja holandesa e vinho e conhaque franceses eram abundantes, embora os impostos de importação russos os encarecessem. Havia uma sede da Igreja Reformada Holandesa e uma igreja luterana no local, além de bailes, piqueniques e um fluxo constante de novos capitães e oficiais.

Para um jovem como Pedro, fascinado pelo Ocidente e pelos ocidentais e hipnotizado pelo mar, tudo ali era estimulante: o oceano se estendendo até o horizonte, a maré subindo e descendo duas vezes por dia, o cheiro da água salgada, das cordas e do alcatrão em torno dos cais, a imagem de tantos navios no ancoradouro, os enormes cascos de carvalho, os mastros altos e as velas enroladas, a agitação das pequenas embarcações cruzando a enseada, os cais e os armazéns repletos de produtos interessantes, os comerciantes, capitães e marinheiros de muitas terras diferentes.

Pedro podia ver a maioria da atividade no porto da casa que havia sido preparada para ele na ilha Moiseiev. Já no dia de sua chegada, mostrou-se ansioso para se lançar ao mar, esquecendo-se de sua promessa a Natália. Foi até o cais, onde estava um pequeno iate de doze canhões, o São Pedro, que havia sido construído para ele. Embarcou, estudou o casco e os demais equipamentos e esperou impacientemente uma chance de testar as qualidades da embarcação além do rio Duína e no mar aberto.

Sua oportunidade veio logo em seguida. Um comboio de mercadores holandeses e ingleses estava partindo para a Europa. Pedro, a bordo do São Pedro, os acompanharia pelo mar Branco até o oceano Ártico. Com o vento e a maré favoráveis, os navios subiram a âncora, desenrolaram as velas e seguiram pelo rio, passando por dois pequenos fortes que guardavam a aproximação do mar. Ao meio-dia, pela primeira vez na história, um czar russo estava em águas salgadas. Conforme as colinas e florestas tornavam-se menores na distância, Pedro se viu cercado apenas pelo tremular das ondas, pelos navios subindo e descendo na água verde-escura do Mar Branco, pelo estalar da madeira e pelo assobiar do vento contra a tripulação.

Cedo demais para Pedro, o comboio chegou ao ponto setentrional onde o Mar Branco, ainda relativamente cercado por terra, amplia-se e se transforma no vasto Oceano Ártico. Então, embora relutante, o czar retornou. Ao chegar novamente a Arcangel, sabendo que a notícia dessa sua viagem logo alcançaria Moscou, ele escreveu para sua mãe. Sem efetivamente mencionar o passeio, buscou acalmá-la antecipadamente:

> A senhora escreveu, ó senhora, que eu a entristeci por não lhe avisar da minha chegada. Todavia, nem mesmo agora tenho tempo para escrever com detalhes porque estou à espera de alguns navios, e, assim que eles vierem – ninguém sabe quando, mas espera-se que cheguem logo, uma vez que saíram de Amsterdã há mais de três semanas – retornarei imediatamente, viajando dia e noite. Mas peço-lhe clemência em um assunto: por que se preocupa tanto comigo? Já se dignou a escrever que me entreguei aos cuidados da Virgem. Por que sofre tanto se tenho uma guardiã tão forte ao meu lado?

Aquele era um argumento engenhoso, mas que não fez qualquer diferença para Natália. Ela escreveu a Pedro implorando que ele se lembrasse da promessa de permanecer em terra firme e insistindo que retornasse a Moscou.

Natália chegou a anexar uma carta do filho de três anos de Pedro, Aleixo, endossando seu pedido. Pedro respondeu várias vezes que ela não deveria se preocupar: "Se vocês estão sofrendo, qual prazer tenho eu? Imploro para que me façam feliz não sofrendo por mim" e "Vocês se dignam a me escrever [...] para dizer que eu deveria responder com mais frequência. Até agora, envio cartas por todos os mensageiros que aqui chegam e minha única falta é não ir pessoalmente até aí".

De fato, Pedro não tinha intenção de deixar Arcangel até a esperada frota de mercadores holandeses chegar de Amsterdã. Enquanto isso, seus dias passavam alegremente. Da janela de sua casa na ilha Moiseev, podia ver os navios chegando e partindo pelo rio. Ansioso, embarcava e inspecionava cada embarcação no porto, lançando perguntas durante horas aos capitães, subindo nos mastros para estudar as velas e examinando a construção dos cascos. Os capitães holandeses e ingleses esbanjavam hospitalidade ao monarca cheio de juventude, convidando-o para beber e jantar com eles a bordo. Debatiam sobre as maravilhas de Amsterdã, o enorme centro de construção de navios em Zaandam, a coragem dos marinheiros e soldados holandeses ao resistirem às ambições de Luís XIV da França. Logo, a Holanda se tornou a paixão de Pedro, e ele andava pelas ruas de Arcangel usando a roupa de um capitão da marinha holandesa. Passava tempo nas tavernas, fumando um cachimbo de barro e esvaziando garrafa após garrafa acompanhado de capitães holandeses que haviam navegado com os lendários almirantes Tromp e de Ruyter. Com Lefort e seus camaradas, participava de infinitos jantares e bailes nas casas de mercadores estrangeiros. E também encontrava tempo para trabalhar na forja e no torno. Foi durante essa visita que o czar começou a dar forma ao elaborado lustre de marfim feito de presas de morsa que agora se encontra na Galeria Pedro do Hermitage. Ia frequentemente à igreja do profeta Elias e os fiéis aprenderam a aceitar a imagem do czar lendo a epístola ou levantando-se e cantando com o coral. Pedro gostava de Afanásio, o arcebispo de Kholmogori, e desfrutava das conversas com ele após a refeição do meio-dia.

Ainda enquanto o verão chegava ao fim, o czar decidiu retornar a Arcangel no ano seguinte, mas queria mudar algumas coisas. Ficava deprimido ao notar que, excetuando-se seu pequeno iate, naquele porto russo não havia nenhum navio russo tripulado por marinheiros russos. Com as próprias mãos, construiu a quilha de um navio maior do que o pequeno São Pedro, e ordenou que a embarcação ficasse pronta durante o inverno. Ademais, desejando um barco em estilo ocidental que pudesse ser lançado ao oceano, pediu a Lefort e a Vinius para encomendarem uma fragata holandesa de Nicholas Witsen, burgomestre de Amsterdã.

Em meados de setembro, o comboio de comerciantes holandeses chegou. Pedro lhes deu as boas vindas e, ao mesmo tempo, despediu-se de Arcangel em uma enorme celebração organizada por Lefort, com banquetes que duraram uma semana, bailes e salvas de artilharia dos fortes e navios ancorados. O retorno a Moscou foi lento. Agora as barcaças seguiam rio acima, levadas não por animais, mas por homens puxando cordas ao longo da encosta. Enquanto os barqueiros se esforçavam e as barcaças seguiam lentamente, os passageiros saíam e caminhavam pelo limite da floresta, às vezes caçando patos e pombos para o jantar. Sempre que a flotilha passava por uma vila, o padre e os habitantes iam até a barcaça real para presentear o czar com peixes, groselhas, frangos e ovos frescos. Às vezes, parados nas barcaças durante a noite, os viajantes avistavam um lobo na margem. Quando chegaram a Moscou, em meados de outubro, a temporada de neve já tinha se iniciado em Arcangel. O porto estava fechado para o inverno.

Naquele mesmo inverno, depois de seu retorno a Moscou, Pedro sofreu um forte golpe. Em quatro de fevereiro de 1694, depois de uma doença que se estendeu por apenas dois dias, sua mãe, a czarina Natália, morreu aos 42 anos de idade. Natália não estava bem desde sua viagem de um mês para ver a regata de Pedro no lago Pleschev, em 1693. No inverno, foi fatalmente acometida. Pedro estava em um banquete quando recebeu a notícia da doença da mãe, e se apressou até os aposentos da czarina. Ele já havia falado com sua mãe e recebido a última bênção dela quando o patriarca apareceu e começou a repreendê-lo por trajar as roupas ocidentais que Pedro agora usava costumeiramente. Era desrespeitoso e ultrajante para a czarina, declarou o patriarca. Furioso, o czar respondeu que o patriarca, como chefe da Igreja, deveria ter questões mais importantes para cuidar do que o trabalho dos alfaiates. Sem querer dar continuidade à discussão, Pedro saiu, nervoso. Ele estava em sua casa em Preobrajenskoe quando recebeu a notícia de que sua mãe havia falecido.

A morte de Natália afundou Pedro no sofrimento. Durante vários dias, ele não conseguia falar sem explodir em lágrimas. Gordon foi até Preobrajenskoe e o encontrou "abatido e tomado pela melancolia". O funeral da czarina foi uma magnífica cerimônia estatal, mas Pedro se recusou a comparecer. Somente após o enterro foi até a sepultura para orar – sozinho. Para Teodoro Apraxin em Arcangel, ele escreveu:

> Tolamente relato meu sofrimento e minha maior dor, os quais nem minha mão, nem meu coração conseguem escrever em detalhes sem lembrar o que o apóstolo Paulo diz a respeito de não sofrer por coisas assim, e também a voz de Esdras: "Chama-me outra vez quando este dia tiver passado". Esqueço tudo isso sempre que posso, como se estivesse acima da minha mente e do meu raciocínio, pois assim foi a vontade de Deus Todo Poderoso e tudo está de acordo com a vontade do Criador. Amém. Portanto, como Noé, descansando um pouco de meu sofrimento e deixando de lado o que nunca vai voltar, escrevo sobre a vida.

O restante da carta dava instruções sobre os navios sendo construídos em Arcangel, roupas para os marinheiros e outras questões práticas. Quando se tem 22 anos, a vida segue e as feridas cicatrizam rapidamente. Dentro de cinco dias, Pedro visitou a casa de Lefort, onde dessa vez não havia mulheres, música, danças ou fogos de artifício. Entretanto, o czar começou a falar sobre o mundo.

Dentro da família, o espaço de Natália no coração de Pedro foi tomado por sua irmã mais nova, também chamada Natália, uma garota alegre que, sem compreender todos os objetivos de seu irmão, sempre o apoiava com sinceridade. Ela pertencia à mesma geração dele e sempre se mostrava curiosa por tudo que vinha do exterior. Mesmo assim, com o falecimento da czarina, todos os fortes membros da família de Pedro estavam distantes: seu pai e sua mãe estavam mortos; sua meia-irmã, Sofia, trancafiada em um convento. Sua esposa, Eudóxia, estava presente, mas Pedro parecia totalmente alheio aos sentimentos ou até mesmo à existência dela. Com a czarina, foram-se as últimas restrições às ações de Pedro. Ele amava a mãe e tentava agradá-la, mas, cada vez mais, tornava-se impaciente. Nos últimos anos, os esforços constantes de Natália para restringir os movimentos do filho e cercear seu interesse por novidades e contato com estrangeiros tinham pesado sobre ele. Agora, ele estava livre para viver como quisesse. A vida de Natália, apesar de influenciada por seus anos na casa ocidentalizada de Matveiev, havia permanecido essencialmente como a de uma mulher moscovita mais velha. A morte da czarina significava uma ruptura da última ligação poderosa que prendia Pedro às tradições do passado. Era somente Natália que mantinha o filho em contato com os rituais do Kremlin; depois de sua morte, ele rapidamente os deixou de lado. Dois meses e meio depois do falecimento de Natália, Pedro apareceu com Ivan na grande procissão de Páscoa da corte, mas essa seria sua última participação em cerimônias do Kremlin. Depois disso, ninguém mais teria poder para forçá-lo a se envolver com o que ele não estivesse inclinado a fazer.

Na primavera de 1694, Pedro retornou a Arcangel. Dessa vez, 22 barcaças foram necessárias para carregar rio abaixo as trezentas pessoas que compunham sua comitiva. As barcaças também carregavam 24 canhões para os navios, mil mosquetes, muitos barris de pólvora e ainda mais barris de cerveja. Animado com o pensamento de retornar ao porto, Pedro promoveu vários de seus antigos camaradas a altas posições navais: Teodoro Romodanovski foi transformado em almirante, Ivan Burturlin tornou-se vice-almirante e Patrick Gordon contra-almirante. Com a exceção de Gordon, nenhum deles jamais havia estado em um navio, e a experiência náutica de Gordon fora como passageiro em navios que cruzavam o Canal da Mancha. Pedro tomou para si o cargo de capitão, com o objetivo de chefiar a fragata holandesa importada de Witsen.

Em Arcangel, deu graças na igreja do profeta Elias e logo se apressou para o rio para ver seus navios. Seu pequeno iate, o São Pedro, estava parado no dique, com a vela já pronta para seguir o caminho até o mar. A fragata holandesa não havia chegado, mas a nova embarcação que ele havia começado a construir no verão anterior estava pronta no estaleiro e esperando para entrar na água. Pedro agarrou uma marreta, arrancou as escoras e assistiu, deliciado, o casco tocar as águas. Enquanto o navio, batizado de São Paulo, estava sendo preparado, Pedro decidiu passar o tempo visitando o Mosteiro Solovetski, que ficava em uma ilha do mar Branco. Na noite de dez de junho, embarcou no São Pedro, levando consigo o arcebispo Afanásio, alguns camaradas e um pequeno grupo de soldados. Eles partiram com a maré, mas, na embocadura do Duína, a brisa cessou, e somente no dia seguinte o grupo conseguiu navegar, com o vento refrescante, em direção ao mar Branco. Durante o dia, o céu escureceu e o vento se tornou mais forte. A cerca de doze quilômetros de Arcangel, um vendaval estourou sobre a pequena embarcação. O vento uivante arrancou as velas dos mastros e ondas verdes gigantescas rolaram sobre o convés. O iate foi arremessado e puxado por essas ondas, ameaçando virar; a tripulação, composta por marinheiros experientes, reuniu-se em orações. Os passageiros, presumindo que estavam condenados, fizeram o sinal da cruz e se prepararam para afogar. Encharcado, o arcebispo teve de fazer grande esforço para passar entre todos no convés trepidante, concedendo a extrema-unção.

Pedro se apoiou no leme em meio ao vento e às ondas, recebeu a extrema-unção, mas não perdeu as esperanças. Cada vez que a embarcação subia em uma grande onda e descia novamente, Pedro brigava com o timão, tentando manter a proa na direção do vento. Sua determinação surtiu efeito. O piloto se arrastou até Pedro e gritou em seu ouvido que eles deveriam tentar chegar ao porto do Golfo de Unskaia. Com o piloto ajudando-o ao leme, eles manobraram por uma passagem estreita, deixando para trás rochas sobre as quais o mar borbulhava e chiava, e chegaram ao porto. Por volta do meio-dia de doze de junho, depois de 24 horas de terror, o pequeno iate ancorou nas águas calmas do pequeno Mosteiro Pertominsk.

Toda a tripulação remou até a encosta para dar graças por sua salvação na capela do mosteiro. Pedro recompensou o piloto com dinheiro e os monges com presentes e pagamento de mais rendas. Então, como sua ação de graças pessoal, fez com as próprias mãos uma cruz de madeira de três metros de altura e a carregou no ombro até o ponto da encosta onde havia ancorado depois de sua provação. Ela recebeu a inscrição em holandês: "Esta cruz foi feita pelo Capitão Pedro em 1694".[1]

Fora do ancoradouro, o temporal se estendeu por mais três dias. No dia dezesseis, o vento diminuiu e Pedro voltou a velejar a caminho do Mosteiro Solovetski, o mais famoso no norte da Rússia, onde passou três dias agradando os monges com suas devoções diante das relíquias sagradas. Seu retorno a Arcangel ocorreu em águas calmas e a chegada foi saudada com júbilo pelos amigos ansiosos que sabiam da tempestade e temiam pelo São Pedro e seu poderoso passageiro.

Algumas semanas mais tarde, o navio que Pedro havia começado a construir estava pronto para ser lançado ao mar. Agora, contando com o São Pedro, o czar tinha duas embarcações capazes de navegar no oceano e, quando a nova fragata construída pelos holandeses chegasse de Amsterdã, sua pequena frota aumentaria para três. Esse feliz evento ocorreu em 21 de julho, quando a fragata Sagrada Profecia navegou pelo estuário do Duína e ancorou em Solombola. O navio de guerra holandês sob o comando do capitão Jan Flam, que já tinha feito trinta viagens até Arcangel, era robusto e de proa arredondada, com 44 canhões distribuídos pelos conveses superior e intermediário. O burgomestre Witsen, esperando agradar o czar, havia cuidado para que as cabines fossem cobertas de madeira, com mobília elegante e polida, sedas dependuradas e carpetes belamente tecidos.[2]

---

1   Alguns anos mais tarde, Pedro usou engenhosamente a salvação quase milagrosa dessa tempestade para reforçar sua tese de que deveria visitar o Ocidente, uma ideia à qual a maioria dos russos se opunha. Ele jantava com um grupo na casa de Boris Sheremetev quando revelou que, durante o ápice da tempestade, havia jurado a São Pedro, seu padroeiro, que, se sua vida fosse salva, viajaria a Roma para agradecer no túmulo do apóstolo homônimo na Cidade Sagrada. Agora, declarou o czar, teria de cumprir esse juramento. A visita de Pedro a Roma, agendada para a parte final da Grande Embaixada, nunca aconteceu. Ele estava a caminho em 1689 quando foi chamado de volta a Moscou às pressas por conta da notícia da última revolta dos Streltsi. (N. A.)

2   Com seus canhões e mobília luxuosa, o Sagrada Profecia trouxe mais um presente ocidental para a Rússia. Quando o navio ancorou em Arcangel, a enorme bandeira vermelha, branca e azul da Holanda flutuava presa à popa. Pedro, admirando tudo naquele navio, imediatamente decidiu que sua própria bandeira naval deveria ser criada com base naquela. Sendo assim, tomou o desenho holandês – três largas faixas horizontais, vermelha na parte superior, branca no meio e azul na base – e simplesmente mudou a sequência. Na bandeira russa, a faixa branca ficava em cima, seguida pela azul e, por fim, a vermelha. Essa bandeira naval não demorou a se tornar a bandeira do império russo (distinta do padrão imperial do czar, que era a águia dupla). E permaneceu sendo a bandeira do império até a queda da dinastia, em 1917. (N. A.)

Pedro estava extremamente animado. Apressou-se até o rio quando o navio foi visto e logo estava a bordo, arrastando-se por cada centímetro dos equipamentos e da área inferior. Naquela noite, o novo capitão do Sagrada Profecia comemorou a bordo e, no dia seguinte, escreveu em êxtase a Vinius:

Min Her:
O que eu por tanto tempo desejei tornou-se realidade. Jan Flam chegou bem com 44 canhões e quarenta marinheiros em seu navio. Dê os parabéns a todos nós! Devo escrever mais na próxima oportunidade, mas agora estou fora de mim de tanta alegria e não posso me demorar. Ademais, é impossível, pois Baco é sempre honrado em ocasiões assim e, com suas folhas de videira, ele entorpece os olhos daqueles que desejam escrever longamente.

O Capitão do Navio Sagrada Profecia

Dentro de uma semana, a nova fragata estava pronta para navegar sob o comando de seu novo capitão. Pedro havia providenciado que sua pequena frota russa acompanhasse até o Oceano Ártico uma comitiva de mercadores holandeses e ingleses retornando para casa. Antes de navegar, o czar garantiu que a disposição da frota e os sinais para coordenar seu movimento deveriam estar de acordo com as técnicas que ele mesmo havia criado. O recém-encomendado São Paulo, com o vice-almirante Buturlin a bordo, estava na linha de frente, seguido por quatro navios holandeses carregados com carga russa. Então vinha a nova fragata de Pedro, com o almirante Romodanovski e o próprio czar como capitão (embora Jan Flam não saísse de seu lado). Depois disso, quatro navios mercantes ingleses e, atrás, o iate São Pedro, levando o general Gordon, o novo contra-almirante. As noções de navegação de Gordon eram escassas – ele quase encalhou seu próprio navio em uma pequena ilha, pensando que as cruzes em um cemitério fossem os mastros e vigas de madeira das embarcações à sua frente.

A pequena frota de Pedro acompanhou o comboio até Svyatoi Nos, na Península de Kola, a leste de Murmansk. Ali, o Mar Branco se juntava às águas acinzentadas do Oceano Ártico. Pedro tinha esperado poder navegar até mais adiante, mas um forte vento soprava e, depois de sua experiência anterior, permitiu-se ser convencido a voltar para a costa. Cinco tiros foram dados para sinalizar que o navio retornaria, e as embarcações ocidentais desapareceram no horizonte, ao norte. Os três pequenos navios de Pedro retornaram a Arcangel, o czar promoveu um banquete de despedida e, em três de setembro, relutantemente tomou o caminho de volta para Moscou.

EM SETEMBRO DAQUELE ANO de 1694, em um enorme vale próximo da vila de Kojukhovo, às margens do rio Moscou, ocorreu a última e maior manobra do exército de Pedro em tempos de paz. Dessa vez, trinta mil homens estavam envolvidos, incluindo infantaria, cavalaria, artilharia e um amplo abastecimento. Os combatentes foram divididos em dois exércitos. Um deles, comandado por Ivan Buturlin, consistia de seis regimentos de Streltsi, além de numerosos esquadrões de cavalaria. O lado oposto era comandado por Teodoro Romodanovski (o rei de Pressburgo das brincadeiras da Companhia da Alegria), que coordenava os dois regimentos de guardas de Pedro, o Preobrajenski e o Semyonovski, além de regimentos adicionais regulares e uma série de companhias de milícia convocadas de cidades desde Moscou até Vladimir e Suzdal. Essencialmente, a simulação de guerra envolveu um ataque realizado pelo exército de Buturlin em um forte na margem do rio. E a força de Romodanovski deveria defender esse forte.

Antes de os movimentos começarem, Moscou se animou ao ver dois exércitos em uniformes de desfile acompanhados por escribas, músicos e a tropa especial de cavalaria de anões marchando pelas ruas da cidade em seu caminho para o campo de combate. Conforme o regimento Preobrajenski se aproximou, os moscovitas ficaram boquiabertos: à frente das tropas, vestido como um artilheiro comum, marchava o czar. Para uma população acostumada a avistar os monarcas em toda sua majestade à distância, aquela era uma imagem inacreditável.

Na simulação, a guerra foi conduzida com entusiasmo, inspirada pela rivalidade natural entre os regimentos de Streltsi e as Guardas, ambos determinados a provar seu mérito diante do czar. Bombas e tiros de canhões foram disparados e, embora no evento não houvesse munição real, rostos acabaram queimados e corpos, mutilados. O exército agressor derrubou uma ponte que atravessava o rio Moscou e começou a cercar o forte de Pressburgo. Pedro havia contado com um cerco demorado no qual todas as técnicas ocidentais de minas e contraminas sob fortificações poderiam ser praticadas, mas, infelizmente, Baco estava presente também nessa simulação, e a maior parte dos dias terminou com banquetes e bebedeiras. Depois de um desses eventos, a força atacante, embriagada pela confiança, decidiu investir em um assalto repentino. Os defensores, igualmente embriagados por ela, não estavam em condições de resistir e o forte foi facilmente tomado. Pedro ficou furioso com essa conclusão precipitada. No dia seguinte, determinou que os vitoriosos deixassem o forte e que todos os prisioneiros retornassem, e ordenou que o local não deveria ser tomado novamente até que as paredes fossem propriamente minadas e, por fim, desabassem. Sua ordem foi obedecida e, dessa vez, três semanas foram necessárias antes de o forte ser tomado da forma esperada.

As manobras militares de Kojukhovo foram concluídas no final de outubro e, conforme os regimentos retornavam aos seus quartéis para passarem o inverno, Pedro começou a discutir com seus conselheiros sobre qual seria a melhor forma de empregar esses soldados no ano seguinte. Talvez tivesse chegado o momento de parar de brincar de guerra; talvez fosse a hora de apontar essa nova arma que ele havia forjado contra os turcos, com quem a Rússia tecnicamente continuava em guerra. O fato de que alguma espécie de ação desse tipo estivesse sendo considerada naquele inverno é revelado em uma carta escrita por Gordon em dezembro de 1694: "Acredito e tenho esperança de que, no próximo verão, devamos nos envolver em algo relacionado à defesa do cristianismo e de nossos aliados", escreveu o escocês.

XI

AZOV

PEDRO AGORA ESTAVA COM 22 anos, no auge de sua juventude. Para aqueles que viam o czar pela primeira vez, sua característica física de maior destaque era a altura: com aproximadamente dois metros, o monarca se elevava sobre todos à sua volta, ainda mais naqueles dias em que a média de estatura do homem comum era menor do que atualmente. Por mais alto que fosse, todavia, o corpo de Pedro era mais angular do que sólido. Os ombros eram incomumente estreitos para sua estatura, os braços, longos e as mãos, que ele mostrava ansiosamente, fortes e grosseiras, cheias de calos permanentes em consequência de seu trabalho no estaleiro. Naquele tempo, o rosto de Pedro era arredondado, ainda jovem e quase belo. Usava um pequeno bigode e andava sem peruca, deixando os cabelos lisos e castanhos na altura entre as orelhas e os ombros.

Sua qualidade mais extraordinária, ainda mais notável do que a altura era, entretanto, a energia titânica. Não conseguia ficar sentado ou parado por muito tempo no mesmo lugar. Andava tão rapidamente com passos largos e soltos que aqueles que o acompanhavam tinham de acelerar para manter o ritmo. Quando forçado a fazer trabalhos burocráticos, andava de um lado para o outro perto de uma mesa suficientemente alta a ponto de lhe permitir trabalhar de pé. Sentado durante um banquete, comia por alguns minutos e então corria para ver o que estava acontecendo na sala ao lado ou para fazer caminhadas ao ar livre. Precisava se movimentar e gostava de gastar energia dançando. Quando passava certo tempo em um lugar, sentia vontade de sair, queria se movimentar, ver novas pessoas e novas paisagens, formar novas impressões. A imagem mais acurada de Pedro, o Grande é aquela de um homem que, por toda a vida, esteve sempre curioso, sempre incansável, sempre em movimento.

Todavia, foi durante esse mesmo período que uma desordem física preocupante, e, com frequência, humilhante, começou a afligir o jovem czar. Quando estava emocionalmente agitado ou sob o estresse gerado pela pressão dos acontecimentos, seu rosto às vezes começava a se repuxar descontroladamente. Essa desordem, que em geral acometia apenas um lado do rosto, variava em grau de severidade – às vezes o tremor não passava de um tique que se estendia por apenas um ou dois segundos; em outras ocasiões, entretanto, uma verdadeira convulsão ocorria, começando com a contração dos músculos do lado esquerdo do pescoço, seguida por um espasmo envolvendo todo o lado esquerdo do corpo e fazendo seus olhos virarem até somente a parte branca estar visível. Nas piores ocasiões, quando a crise era violenta, também o acometiam movimentos desarticulados do braço esquerdo e a convulsão somente chegava ao fim quando Pedro perdia a consciência.

Com apenas descrições não profissionais dos sintomas de Pedro disponíveis, a natureza precisa e a causa de sua doença jamais serão conhecidas. É mais provável que sofresse de convulsões epilépticas faciais, uma das mais brandas de uma série de desordens psicológicas cuja forma mais severa é a crise tônico-clônica. Não há evidências de que Pedro tenha sofrido dessa condição extrema; não existem relatos de que tenha caído totalmente inconsciente no chão, com a boca espumando ou sem controle de suas funções corporais. No caso de Pedro, o problema se iniciava em uma parte do cérebro que afetava os músculos do lado esquerdo do rosto e do pescoço. Se a crise continuasse sem ser combatida, o foco poderia se espalhar para partes adjacentes do cérebro, afetando o movimento do ombro e do braço esquerdo.

Sem conhecer a natureza dessa doença, torna-se ainda mais difícil apontar sua causa. Tanto na época quanto em escritos históricos subsequentes, uma ampla gama de opiniões foi apresentada. As convulsões de Pedro já foram atribuídas ao horror traumático que ele sofrera em 1682, quando, aos dez anos de idade, assistiu ao lado de sua mãe ao massacre de Matveiev e dos Naryshkin, executado pelos Streltsi revoltosos. Outros supõem que essa condição seja fruto do choque de ser acordado no meio da noite em Preobrajenskoe, sete anos depois disso, para receber a notícia de que os Streltsi estavam a caminho para assassiná-lo. Alguns atribuem o problema às bebedeiras excessivas – algo que o czar aprendeu com Lefort e praticou com a Companhia da Alegria. Havia até mesmo um rumor, levado ao Ocidente por meio das correspondências do Subúrbio Alemão, de que o problema do czar havia sido causado por um veneno ministrado por Sofia, que desejava limpar seu caminho até o trono. A causa mais provável desse tipo de epilepsia, todavia – e em especial considerando a ausência de algum forte golpe que poderia deixar uma cicatriz permanente no tecido cerebral –, é a persistência de febre alta por um tempo considerável. Pedro sofreu essas febres durante semanas entre novembro de 1693 e janeiro de 1694, quando ficou tão doente a ponto de muitos acreditarem que ele morreria. Uma febre desse tipo em decorrência de encefalite pode deixar lesões no cérebro; subsequentemente, quando estímulos psicológicos específicos perturbam essa área comprometida, uma convulsão do tipo das que o czar sofria pode ser desencadeada.

O impacto psicológico dessa doença sobre Pedro foi profundo; em grande parte, ela foi responsável por sua timidez incomum, especialmente com estranhos que não sabiam sobre suas convulsões e, portanto, não estavam preparados para testemunhá-las. Não havia tratamento para paroxismos desse tipo, tão perturbadores para aqueles que estavam em volta quanto para o próprio Pedro, embora o que se fazia na época ainda hoje seria considerado bastante razoável. Quando o tremor não passava de um tique, Pedro e aqueles por perto tentavam agir como se nada tivesse acontecido. Se a convulsão se tornasse mais pronunciada, seus amigos ou enfermeiros traziam rapidamente alguém cuja presença fizesse o czar relaxar. Sempre que estava por perto, essa pessoa era sua segunda esposa, Catarina, porém, antes de Catarina aparecer ou quando ela não estava presente, quem fazia esse papel era alguma jovem capaz de fazer o czar relaxar. "Pedro Alexeievich, aqui está a pessoa com quem deseja conversar", seu enfermeiro preocupado lhe dizia antes de se retirar. O czar então se deitava e colocava sua cabeça trêmula no colo da mulher, e ela afagava sua testa e suas têmporas, conversando com ele em um tom suave e tranquilizador. Pedro então dormia, e a perda de consciência desfazia os desequilíbrios elétricos em seu cérebro. Quando acordava, uma ou duas horas mais tarde, estava sempre renovado e com o humor melhor do que estivera antes do ocorrido.

No INVERNO DE 1695, Pedro procurou uma nova forma de descarregar sua energia. Os dois verões que passou em Arcangel, os breves cruzeiros no mar Branco, as longas conversas com capitães do mar holandeses e ingleses, tudo isso o havia estimulado. Agora, queria viajar mais longe, ver mais, navegar em mais navios. Uma ideia recorrente era uma expedição à Pérsia e ao Oriente. Esse assunto surgia com frequência durante as noites de inverno no Subúrbio Alemão, onde comerciantes holandeses e ingleses falavam extensivamente sobre o intercâmbio da Europa com a Pérsia e da Europa com a Índia que poderiam ser expandidos pelos rios até a Rússia. De Arcangel, Lefort havia escrito para sua família em Genebra que "havia rumores sobre uma jornada até Cazã e Astracã que aconteceria dentro de aproximadamente dois anos". Posteriormente, o suíço escreveu: "No próximo verão, construiremos cinco enormes navios e duas galeras que, com a vontade de Deus, seguirão daqui a dois anos até Astracã para a conclusão de importantes tratados com a Pérsia. Também existe a ideia de se construir algumas galeras e ir até o mar Báltico".

Com as conversas sobre a Pérsia e o Báltico no ar, Moscou se surpreendeu no inverno de 1695 com o anúncio de que a Rússia embarcaria no verão seguinte em uma nova guerra contra os tártaros e seus senhores, o Império Otomano. Não sabemos exatamente por que o czar decidiu, naquele inverno, atacar a fortaleza turca de Azov. Já foi sugerido que esse mergulho repentino na guerra ativa era fruto exclusivamente da inquietação de Pedro e que esse conflito funcionaria sobretudo como uma válvula de escape para sua energia e curiosidade. Assim, vista em retrospecto, a guerra se torna mais um passo na grande aventura marítima da vida do czar: primeiro, Yauza; em seguida, o lago Plescheve; depois, Arcangel; e assim por diante. Agora ele sonhava em criar uma frota. Todavia, o único porto da Rússia permanecia congelado durante seis meses do ano. O mar mais próximo, o Báltico, ainda era domínio da Suécia, o poder militar dominante da Europa Setentrional. Restava apenas um caminho para as águas salgadas: seguir ao sul e chegar ao mar Negro.

Ou, se essa nova aventura não fosse um "jogo de Netuno", talvez fosse um "jogo de Marte". Durante vinte anos, Pedro havia brincado com soldados — primeiro de brinquedo, depois, garotos reais e, por fim, homens adultos. Seus jogos haviam se transformado de exercícios envolvendo algumas centenas de cavalariços e falcoeiros em trinta mil homens envolvidos no ataque e na defesa da fortaleza em Pressburgo. Agora, buscando a excitação de um verdadeiro combate, Pedro procurava uma fortaleza para sitiar. E Azov, isolada na parte inferior da estepe ucraniana, adequava-se perfeitamente a esse propósito.

Inquestionavelmente, a compulsão de Pedro para chegar ao mar e o desejo de testar seu exército influenciaram na decisão acerca de Azov. No entanto, havia também outros motivos envolvidos. A Rússia ainda estava em guerra contra o Império Otomano, e os cavaleiros do cã tártaro seguiam rumo ao norte com o objetivo de atacar a Ucrânia todos os verões. Em 1692, um exército de doze mil cavaleiros tártaros apareceu diante da cidade de Neimerov, queimou-a e levou dois mil prisioneiros para serem vendidos no mercado de escravos otomano. Um ano depois, o número de prisioneiros russos já somava quinze mil.

Desde a queda de Sofia, Moscou havia despendido poucos esforços para defender essas fronteiras ao sul, apesar do interesse que elas representavam para a capital. Aliás, a indiferença do czar havia levado ao escárnio pungente de Dositeu, patriarca ortodoxo de Jerusalém. "Os tártaros da Crimeia não são muitos", ele escreveu a Pedro, "e ainda assim bradam que recebem tributo seu. Os tártaros são súditos dos turcos; portanto, a lógica diz que vocês estão sujeitos aos turcos. Muitas vezes você se vangloriou dizendo que faria isso e aquilo, mas tudo terminou apenas em palavras e nenhuma ação".

Ademais, havia um motivo diplomático para um reinício das hostilidades contra turcos e tártaros. O aliado de Moscou, rei Ian Sobieski da Polônia, julgando que a Rússia não havia contribuído com nada relevante na guerra comum contra a Turquia, ameaçava chegar a uma paz separada com o Império Otomano, ignorando completamente os interesses da Rússia. De fato, o rei reclamou aos russos residindo em Varsóvia, afirmando que não poderia ser culpado por deixar de lado os interesses de Moscou, uma vez que ninguém havia se importado em lhe explicar quais eram os interesses moscovitas.

A campanha de Azov, portanto, foi mais do que uma brincadeira de guerra elaborada para a educação e diversão particulares do czar. O desejo de suprimir os ataques tártaros e a necessidade de realizar um esforço militar para satisfazer os poloneses eram pressões sérias às quais o governo russo teria de responder. Esses dois fatores encaixavam-se perfeitamente com os desejos privados de Pedro.

Assim, a decisão a ser tomada era onde a campanha aconteceria. Havia dois objetivos: atacar os turcos e eliminar os tártaros. As duas infelizes campanhas de Golitsyn haviam deixado os russos reticentes a outro ataque direto na estepe em direção a Perekop. Em vez disso, agora os dois movimentos do ataque russo ocorreriam um de cada lado da fortaleza peninsular. Os dois objetivos seriam a foz dos rios Dnieper e Don, onde fortes turcos bloqueavam o acesso dos cossacos ucranianos e dos russos ao mar Negro. Nessa ocasião, em vez de marchar pela estepe seca, levando suprimentos em milhares de vagões, o exército russo viajaria para o sul pela água, usando barcaças como veículos para o transporte dos suprimentos.

Dois exércitos russos bastante distintos foram formados para a dupla ofensiva. O exército oriental deveria descer pelo Don para atacar a poderosa fortaleza turca de Azov, e era composto pelos soldados das antigas brincadeiras de Pedro, os homens que haviam atacado ou defendido Pressburgo no outono anterior, durante a simulação em Kojukhovo. Incluía os novos regimentos Preobrajenski e Semyonovski, os Streltsi e a artilharia e cavalaria treinadas em modos ocidentais – 31 mil homens em três divisões, comandados por Lefort, Golovin e Gordon. Para evitar ciúme, nenhum dos três foi nomeado comandante supremo. Cada divisão deveria operar de forma independente, e os três generais deveriam tomar decisões gerais no conselho, diante da presença do bombardeiro Pedro, então com 23 anos de idade.

A segunda frente da ofensiva russa, a frente ocidental – que desceria pelo Dnieper para atacar os maiores fortes turcos em Ochakov e Kazikerman e três fortes menores que guardavam a foz do rio – era composta por um exército russo muito maior e mais tradicional, comandado pelo boiardo Boris Sheremetev. Esse exército era reminiscente das enormes forças que Golitsyn havia guiado ao sul: 120 mil homens, a maioria deles camponeses, reunidos ao antigo estilo russo para apenas um verão de campanha. No plano geral, o esforço de Sheremetev deveria funcionar como apoio às tropas de Pedro. Seu objetivo não era simplesmente capturar os fortes no Dnieper, mas também distrair o principal exército de cavaleiros tártaros, de modo a evitar que seguissem a leste para atacar as tropas de Pedro antes que elas chegassem a Azov. Ademais, o czar esperava que a presença dessa enorme força de cobertura cortasse as comunicações entre a Crimeia e as províncias otomanas europeias ao oeste, obstruindo, assim, o movimento anual da cavalaria tártara para se unir ao exército do sultão nos Bálcãs. Isso seria uma contribuição direta aos aliados da Rússia, os quais se viam bastante pressionados. Ademais, a simples presença desse enorme exército russo na Ucrânia fortaleceria a influência do czar em meio aos voláteis e impressionáveis cossacos.

Assim que o plano da campanha estava decidido, Pedro deu início aos preparativos. Escreveu com exuberância para Apraxin, que estava em Arcangel. "Em Kojukhovo nos divertimos. Agora, vamos realmente praticar o jogo diante de Azov."

A divisão de Gordon foi a primeira a se aprontar, e deixou Moscou em março, seguindo a sul pela estepe "repleta de flores e ervas, aspargo, tomilho, manjerona, tulipas, cravos e trevos amarelos", de acordo com o diário do comandante. O principal corpo militar, com Pedro, Lefort e Golovin, partiu em maio a bordo de barcaças no rio Moscou, movendo-se corrente abaixo para entrar no Volga. Seguiram pelo enorme rio até Tsaritsyn (posteriormente Stalingrado, atual Volgogrado), e então arrastaram os canhões e os suprimentos pela parte baixa do Don, a partir de onde deram continuidade à jornada em outras embarcações. O progresso era lento por conta dos vazamentos nas barcaças e também dos barqueiros inexperientes. Pedro escreveu furiosamente para Vinius: "Acima de tudo, a demora foi causada por pilotos e homens tolos que se autodenominam 'mestres', mas que, na realidade, estão tão longe disso quanto a terra está dos céus". Em 29 de junho, o corpo principal, composto por 21 mil homens, chegou a Azov e encontrou os dez mil soldados de Gordon já entrincheirados diante da cidade.

A cidade fortificada de Azov ficava na margem esquerda da ramificação mais ao sul do Don, cerca de trinta quilômetros corrente acima pelo mar de Azov. Em 500 a.C., uma colônia grega (uma entre várias que se espalhavam pela costa do mar Negro) havia ocupado o local. Posteriormente, a cidade, tomando os direitos sobre a entrada do grande rio e o comércio que ali ocorria, tornou-se uma colônia do estado comerciante de Gênova. Tomada pelos turcos em 1475, tornou-se a ligação noroeste no controle absoluto do mar Negro e serviu como barreira a qualquer avanço russo pelo Don. A cidade havia sido fortificada com torres e muralhas e, como parte do sistema de barreira, duas torres de vigia turcas foram instaladas a 1,5 quilômetro de distância rio acima, com correntes de ferro se estendendo entre elas, atravessando o rio, para evitar que as leves galeras cossacas passassem pela cidade e avançassem em direção ao mar.

Com Pedro presente diante da cidade, um canhão russo abriu fogo, e o bombardeio prosseguiu por quatorze semanas. Muitos problemas ocorreram. Faltavam engenheiros experientes e, nos tempos de Pedro, um cerco era tanto uma questão de engenharia quanto era de artilharia ou infantaria. A organização de abastecimento russa foi incapaz de enfrentar o problema de alimentar trinta mil homens ao ar livre por um período tão longo, e o exército rapidamente devastou o parco campo ao redor de Azov. Os Streltsi relutavam em seguir ordens emitidas por oficiais europeus e, portanto, mostravam-se inúteis. Sobre a situação geral, Gordon declarou: "Às vezes agíamos como se não estivéssemos lutando com seriedade".

Inicialmente, os fortes com as duas torres de vigia turcas guardando a cidade evitavam a passagem de barcaças russas com abastecimento para o exército. Os suprimentos tiveram de ser descarregados antes desse ponto e levados por terra, em vagões, para as tropas. E os vagões estavam sempre expostos a ataques da cavalaria tártara, que permanecia nos arredores do campo russo. Tomar os dois fortes tornou-se um objetivo primário e o exército vibrou quando os cossacos do Don invadiram uma das fortificações; logo depois, sob intenso fogo da artilharia, os turcos abandonaram o outro forte.

A alegria de Pedro com essa manobra bem sucedida foi rapidamente destruída por um episódio de traição em seu próprio campo. Um marinheiro holandês de nome Jacob Jensen desertou os russos pelos turcos, levando consigo informações importantes. Oriundo originalmente de um navio holandês em Arcangel, Jensen havia entrado para o serviço russo, aceitado a fé ortodoxa e servido na nova artilharia de Moscou. Pedro, que gostava tanto dos holandeses quanto da artilharia, havia mantido Jensen a seu lado durante os dias e noites que antecederam Azov e confiara nele. Quando desertou, o holandês levou ao paxá em Azov os números e a disposição das tropas russas, os pontos fracos e fortes do cerco e o que sabia a respeito das intenções do czar. Também comentou sobre o hábito imutável de todos os russos, incluindo soldados, de tirar um cochilo depois do almoço. Alguns dias mais tarde, exatamente nessa hora, uma investida turca às trincheiras russas foi lançada. Em um primeiro momento, os russos sonolentos correram, mas Gordon conseguiu reagrupá-los e, depois de uma batalha desesperada que se estendeu por três horas, os turcos acabaram recuando. A agressão custou muito para os homens que mantinham o estado de sítio: quatrocentos russos foram mortos, seiscentos saíram feridos e parte do trabalho do cerco foi destruído.

Ainda mais custosa do que a traição de Jensen foi a incapacidade do exército russo de isolar a fortaleza. Gordon, o mais experiente soldado no local, queria a posse total da cidade, mas, por falta de homens, os aparelhos de cerco russos nem mesmo contornavam a área lateral de Azov. Entre o final das trincheiras russas e o rio havia um espaço livre por meio do qual a cavalaria tártara mantinha comunicação com as tropas de Azov. E o sítio tornava-se ainda menos eficaz por conta da falta de navios para controlar o rio. Pedro só pôde observar impotente quando vinte galeras turcas subiram pelas águas e ancoraram perto da cidade para entregar mantimentos e reforços às tropas turcas.

Durante as longas semanas do cerco, o próprio Pedro trabalhou incansavelmente. Continuava executando dois papéis: como artilheiro comum, era o bombardeiro que chamava a si mesmo de Pedro Alexeiev e ajudava a carregar e atirar morteiros que arremessavam bombas e granadas contra a cidade; como czar, presidia o conselho sênior de guerra e discutia e revisava todos os planos e operações. Além disso, trocava correspondências constantes com seus amigos em Moscou. Buscando melhorar seu espírito desanimado, mantinha o tom jocoso, referindo-se a Romodanovski em Moscou como "Meu Senhor Rei" e assinando as correspondências como "Bombardeiro Pedro", uma expressão de grande respeito.

Cada vez mais o problema do comando dividido prejudicava a operação de sítio russa. Lefort e Golovin ressentiam a experiência militar superior do General Gordon e tendiam a se unir no conselho para rejeitarem as propostas do veterano escocês. Pedro também se tornava cada vez mais impaciente com o curso do cerco e, junto com Lefort e Golovin, forçou a decisão de lançar um ataque mais assertivo, em um esforço para tomar a cidade rapidamente. Gordon argumentava que, para tomar uma fortaleza com tal estrutura, eles precisavam avançar as trincheiras para mais perto das muralhas, de modo que as tropas pudessem estar protegidas até o momento do ataque em vez de longamente expostas no espaço aberto diante dos muros. Seus avisos foram rechaçados e, em quinze de agosto, o ataque teve início. E falhou, conforme previsto. "O resultado dessa agressão fora de hora e imprudente foi tal que, dos quatro regimentos, 1.500 homens morreram, sem incluir oficiais", escreveu Gordon em seu diário. "Por volta de nove da manhã, Sua Majestade mandou buscar a mim e a outros oficiais. Não se via nada além de olhares furiosos e semblantes entristecidos." A adversidade russa continuou. Duas enormes minas terrestres, cujo objetivo era serem colocadas sob as muralhas turcas, explodiram enquanto ainda estavam dentro das trincheiras russas, causando ainda mais baixas.

Era começo de outono. Pedro sabia que não poderia deixar seus homens nas trincheiras durante todo o inverno. Teria que ou invadir a cidade, ou recuar. No entanto, um ataque final não se mostrou mais bem-sucedido do que o primeiro e, em doze de outubro, com o moral dos soldados muito baixo e o tempo cada vez mais frio, Pedro deu fim ao cerco. Planejava retornar no ano seguinte, todavia, conforme indicado pelo fato de ter deixado as duas torres de vigia cercada por três mil homens.

A retirada em direção ao norte foi um desastre e acabou custando mais vidas e equipamento do que todo o sítio durante o verão. Ao longo de sete semanas, em meio a chuvas pesadas, os russos cambalearam em direção ao norte, atravessando a estepe perseguidos e atacados pelos cavaleiros tártaros. Os rios estavam cheios devido às chuvas, a grama havia sido queimada durante o verão e agora estava encharcada, não havia nada para os animais se alimentarem, e os homens tinham dificuldades de encontrar madeira seca para fazer fogueiras. O diplomata austríaco Pleyer acompanhava o exército, e seu relato a Viena era um conto de calamidades: "Enormes quantidades de suprimentos, o suficiente para manter o exército, foram destruídas pelo tempo ruim, ou perdidas com as barcaças que afundaram. [...] Era impossível ver sem derramar lágrimas como, por oitocentos quilômetros de estepe, homens e cavalos jaziam com os corpos parcialmente devorados por lobos, e as vilas estavam cheias de enfermos, alguns dos quais não suportaram".

Em dois de dezembro, o exército chegou a Moscou. Pedro, imitando Sofia e Golitsyn (a quem havia condenado anteriormente), tentou mascarar sua derrota com uma entrada triunfal na cidade. Ele marchou pela capital com apenas um patético prisioneiro turco andando à sua frente. O gesto não enganou ninguém e as queixas contra os conselheiros militares estrangeiros do czar cresceram. Como poderia se esperar que um exército ortodoxo vencesse quando era comandado por estrangeiros e hereges?

Esse argumento ganhou força pelo fato de o exército de Sheremetev, uma tropa em estilo antigo e totalmente coordenada por russos, ter obtido considerável sucesso na parte baixa do Dnieper. Junto com os cavaleiros do líder cossaco, Mazeppa, as tropas de Sheremetev haviam invadido duas fortalezas turcas ao longo do rio; após essa vitória, os turcos se retiraram de outras duas fortificações. Essa conquista dava aos russos o controle de toda a linha do Dnieper quase até seu estuário no mar Negro.

Entretanto, apesar dos sucessos de Sheremetev, a campanha do próprio Pedro contra Azov havia se mostrado um fracasso. Seu exército, que se vangloriava por ter um "estilo ocidental", havia sido mantido distante e sofrido desastrosamente ao recuar. Ainda assim, mesmo com a derrota sendo um choque para o exuberante jovem de 23 anos, ela não o desencorajou. Pedro queria retornar. Sem inventar desculpas e reconhecendo sua falha, lançou-se nas preparações para uma segunda tentativa. O czar fracassara por conta de três erros: comando dividido, falta de engenheiros habilidosos para construir aparelhos de cerco eficientes e ausência do controle do mar na foz do rio para fechar a fortaleza, impedindo que ela recebesse ajuda externa.

O primeiro problema era o mais fácil de corrigir: no verão seguinte, um comandante militar supremo seria nomeado. Pedro tentou remediar a segunda questão escrevendo ao imperador austríaco e ao eleitor de Brandenburgo em busca de especialistas em cercos para ajudar a derrotar os turcos infiéis. O terceiro fator, todavia, era muito mais complicado: uma frota para controlar o rio. E, ainda assim, Pedro havia decidido que providenciaria isso e exigiu que até maio – ou seja, em apenas cinco meses – fosse construída uma frota de guerra composta por 25 galeras armadas e 1.300 novas barcaças fluviais para o transporte de tropas e suprimentos. As galeras não deveriam ser apenas barcos rasos, mas respeitáveis embarcações de guerra adequadas para derrotar a frota turca no estuário do Don e até mesmo nas águas abertas do mar de Azov.

A empreitada parecia impossível. Não apenas o tempo era curto demais, mas esses cinco meses em particular eram os piores do ano. Rios e estradas estariam congelados e tomados pela neve, os dias seriam curtos e as noites de inverno chegariam cedo, os homens trabalhando ao relento martelariam e serrariam com dedos anestesiados pelo frio. E não havia portos nem espaços para a construção de navios. Pedro teria de construir suas embarcações em algum lugar no interior da Rússia e fazê-las navegar rio abaixo para levá-las à posição de guerra contra os turcos. Ademais, no coração da Rússia não existiam construtores navais. Os habitantes locais só sabiam fazer barcos para navegar em rios, estruturas simples de trinta metros de comprimento por seis metros de largura reunidas sem o uso de um prego sequer, usadas para uma viagem ao longo do rio e depois destruídas para que a madeira fosse reaproveitada como lenha ou em construções. O plano de Pedro, então, era construir os estaleiros, reunir a força de trabalho, ensiná-los a medir, cortar e preparar a madeira, criar as quilhas, construir os cascos, arrumar os mastros, dar forma aos remos, tecer as cordas, costurar as velas, treinar as equipes e seguir navegando com a enorme frota pelo rio Don até Azov. Tudo isso dentro dos cinco meses de inverno![1]

Pedro deu início aos trabalhos. Como espaço para a criação de um estaleiro, escolheu a cidade de Voronej, na parte superior do Don, a aproximadamente 480 quilômetros de Moscou e oitocentos quilômetros do mar. A cidade trazia diversas vantagens. A enorme distância a mantinha segura da ameaça de ataques tártaros. Ficava situada acima da linha da estepe sem árvores, em um cinturão de floresta virgem onde a madeira estava prontamente disponível. Por esses motivos, desde o reinado de Aleixo e da união da Ucrânia à Rússia, Voronej havia sido um local para a construção de barcaças simples que transportavam bens aos cossacos que viviam na região do Don. Na margem leste mais baixa do rio, em Voronej, Pedro construiu novos estalei-

---

[1] A construção naval teve início na Rússia e na América por volta do mesmo período. Em 1690, cinco anos antes de Pedro dar início ao seu programa urgente de construção de navios em Voronej, uma pequena embarcação de guerra, o *Falkland*, foi construída para a marinha inglesa em Portsmouth, New Hampshire. O navio, criado inteiramente por colonos, foi a primeira embarcação de guerra produzida na América do Norte. (N. A.)

ros, expandiu os já existentes e reuniu um grande número de trabalhadores não qualificados. A província de Belgorov, onde fica Voronej, recebeu ordens para enviar 27.828 homens para trabalharem nos estaleiros. Pedro procurou em Arcangel carpinteiros e construtores de navios habilidosos, arrancando artesãos russos e estrangeiros de sua indolência de inverno e garantindo que eles terminariam o trabalho no verão. Pediu ao Doge de Veneza que lhe enviasse especialistas na construção de galeras. Uma galera foi encomendada da Holanda e, assim que chegou a Arcangel, foi dividida em partes e levada a Moscou, onde serviu de modelo para outras embarcações construídas naquele inverno em Preobrajenskoe. Essas embarcações de um ou dois mastros, construídas em Preobrajenskoe ou no lago Pleschev, foram divididas em partes como os navios pré-fabricados modernos; então, essas seções foram colocadas em trenós e arrastadas por estradas cobertas de neve até Voronej.

No meio do esforço hercúleo de Pedro, em oito de fevereiro de 1696, o czar Ivan morreu subitamente. Fraco e indefeso, o gentil Ivan havia passado a maior parte de seus 29 anos como um ícone vivo, apresentado em cerimônias ou arrastado para o holofote em momentos de crise para acalmar a multidão furiosa. As diferenças entre o incansável e ativo Pedro e seu meio-irmão, o co-czar silencioso e calmo, era tão gigantesca que havia uma enorme afeição entre eles. Ao manter o título real e comparecer nas cerimônias de Estado, Ivan havia retirado muitos fardos pesados das costas do bombardeiro e comandante real. Durante suas viagens, Pedro sempre escrevia cartas respeitosas e afetuosas a seu irmão e co-monarca. Agora que Ivan estava morto, enterrado na propriedade da Catedral do Arcanjo São Miguel, no Kremlin, Pedro passaria a cuidar da jovem viúva, a czarina Praskovaia, e suas três filhas. Como gratidão, Praskovaia permaneceu leal a Pedro durante o resto de sua vida.

A morte de Ivan não teve um significado político ativo, mas selou formalmente a soberania de Pedro. Ele agora era o czar único, o governante supremo do Estado russo.

Quando retornou a Voronej, Pedro encontrou muita atividade e confusão. Pilhas de madeira tinham sido cortadas e arrastadas até os estaleiros, e dezenas de barcaças já haviam tomado forma. Entretanto, havia também infinitos problemas: muitos dos carpinteiros demoraram a chegar de Arcangel; muitos trabalhadores destreinados, devido a habitação e alimentação inadequadas, desertaram;

o tempo variava entre o derretimento do gelo (que tornava o solo lamacento) e repentinas novas ondas de frio que voltavam a congelar o rio e as estradas.

Pedro entrou em ação. Dormia em uma pequena casa de madeira próxima ao estaleiro e se levantava antes do amanhecer. Aquecendo-se perto de uma fogueira, ao lado de seus carpinteiros, cercado pelo som dos golpes de martelos e marretas, trabalhava em uma galera, a *Principium*, construída de acordo com os desenhos holandeses. E se deliciava com o trabalho. "De acordo com o decreto divino de nosso avô, Adão, estamos comendo o pão conquistado com o suor de nosso rosto", escreveu.

Em março, o tempo melhorou e, em meados de abril, três galeras já estavam ancoradas no rio, prontas para receberem carga. Para comandar essa nova armada, Pedro buscou navegadores até mesmo dos mais distantes lagos e rios russos. Para ocupar as galeras de guerra, criou uma força especial da marinha com quatro mil homens selecionados de muitos regimentos, com uma grande proporção deles tendo sido seus guardas nas Preobrajenski e Semyonovski.

A mobilização geral foi menor do que a do verão anterior – nessa segunda campanha, não haveria uma marcha no Dnieper – mas a força destinada a realizar o segundo assalto a Azov seria duas vezes maior do que a usada no verão anterior. Quarenta e seis mil soldados russos seriam reforçados por quinze mil cossacos ucranianos, cinco mil cossacos do Don e três mil calmucos (cavaleiros fortes, de pele escura e semi-asiáticos que poderiam se passar por tártaros). Um único oficial, o boiardo Aleixo Shein, havia sido apontado como comandante-chefe da expedição. Shein não era um militar experiente nesse tipo de atividade, mas vinha de uma família distinta, tinha bom julgamento e sua nomeação silenciou os moscovitas conservadores que resmungavam que um exército comandado por estrangeiros jamais seria bem sucedido. Lefort, embora não fosse marinheiro, adotou a posição de almirante da nova frota, ao passo que Pedro, trocando seus interesses de Marte para Netuno, adotou para si o título de capitão naval, em vez de artilheiro e bombardeiro.

Em primeiro de maio, Shein, o generalíssimo, embarcou na sua galera de comandante e levantou na popa a enorme bandeira bordada ostentando o brasão do czar. Dois dias depois, os primeiros navios subiram a âncora e a enorme caravana de galeras e barcaças deu início à sua viagem pelo Don. Pedro, partindo mais tarde com um esquadrão de batalha de oito galeras velozes, ultrapassou a frota principal em 26 de maio. Ao final do mês, todas as galeras e barcaças haviam chegado aos fortes e torres de vigias mantidas por russos acima de Azov.

A luta teve início imediatamente. Em 28 de maio, o líder dos cossacos do Don, que havia seguido na frente com 250 homens para fazer o reconhecimento da foz do rio, enviou um aviso de que dois enormes navios turcos estavam ancorados na região. Pedro decidiu atacar. Nove galeras foram selecionadas e um dos melhores regimentos de Gordon embarcou. Foram acompanhadas no rio por quarenta barcos cossacos, cada um levando vinte homens. Em águas desconhecidas e contando com ventos desfavoráveis, as galeras começaram a encalhar e receberam ordens pra retornar. Pedro foi para um dos barcos mais leves dos cossacos e continuou descendo o rio; porém, ao chegar à foz, encontrou não duas, mas trinta embarcações turcas, incluindo navios de guerra, barcaças e fragatas. Julgou essa força grande demais para ser enfrentada com seus pequenos barcos e voltou rio acima até a área onde estavam os russos. Os cossacos, todavia, permaneceram próximos dos navios turcos. Na noite seguinte, enquanto estes últimos ainda transportavam suprimentos das embarcações para a encosta, os invasores cossacos atacaram e capturaram dez dos menores navios turcos. O restante da força fugiu de volta para o ancoradouro principal, onde os capitães turcos ficaram tão alarmados que, embora o descarregamento ainda não tivesse chegado ao fim, toda a frota subiu âncora e navegou por mar aberto. Essa seria a última ajuda que a cidade de Azov viria a receber.

Alguns dias mais tarde, Pedro retornou à foz do rio, trazendo toda a sua força de 29 galeras, passando com segurança pela fortaleza de Azov. A cidade agora estava isolada e qualquer ajuda enviada pelo sultão teria de lançar mão de muitos esforços para passar pela frota de Pedro. Para se fortalecer, o czar colocou tropas na foz do rio e construiu dois pequenos fortes contendo artilharia. Quando eles estavam concluídos, escreveu a Romodanovski: "Agora estamos completamente fora do perigo da frota turca". Em quatorze de junho, uma série de navios apareceu e tentou descarregar tropas para atacar os fortes russos, mas, ao ver as galeras de Pedro, essa frota rapidamente se assustou e se distanciou. Duas semanas mais tarde, os turcos tentaram atacar mais uma vez. Entretanto, a chegada das embarcações russas os forçou a recuar.

Enquanto isso, com o mar seguro e a cidade isolada, os generais e engenheiros de Pedro podiam prosseguir com o cerco. Felizmente para eles, as tropas turcas em Azov, sem esperar que os russos retornariam depois do fracasso anterior, haviam feito pouco para melhorar sua situação. Não tinham se importado em desfazer as muralhas do cerco russo ou em fechar as trincheiras cavadas no verão anterior, e os soldados de Pedro voltaram a ocupar rapidamente esses locais, sem precisar fazer grandes escavações. Agora com o dobro de homens, o exército russo se viu capaz de espalhar o estado de sítio completamente em volta da cidade.

Assim que sua artilharia estava posicionada, Pedro convocou o paxá turco em Azov para que se rendesse. Em 26 de junho, quando a exigência do czar foi recusada, o canhão russo abriu fogo. Durante os dias que se seguiram, Pedro viveu principalmente em sua galera ancorada na foz do Don, subindo pelo rio em alguns momentos para assistir ao bombardeio. Quando notícias de suas atividades chegaram a Moscou, sua irmã, Natália, alarmada pelos relatos de que o czar estava se expondo à munição do inimigo, escreveu e implorou para que Pedro não chegasse perto dos canhões e das balas do adversário. Despreocupadamente, ele respondeu: "Não sou eu quem se aproxima dos canhões e das balas, são eles que se aproximam de mim. Ordene que eles parem".

Conforme todas as esperanças de reforços vindos pelo mar desapareciam, Pedro repetiu sua oferta de rendição em termos pacíficos. Um arqueiro russo atirou uma flecha por sobre as muralhas, levando uma oferta escrita de termos honráveis, concedendo às tropas o direito de deixar a fortaleza com todas as suas armas e bagagens caso se rendessem antes do assalto iminente. A resposta foi uma linha de fumaça subindo pelas muralhas quando todos os canhões turcos contra-atacaram juntos.

Enquanto isso, os trabalhos do cerco progrediam. Sob a direção de Gordon, quinze mil russos empenhavam-se cavando, enchendo cestos de terra e fazendo uma muralha cada vez mais alta e cada vez mais próxima das muralhas turcas, até finalmente uma vasta plataforma estar construída – sobre a qual era possível ver e atirar diretamente nas ruas da cidade. Em meados de julho, os engenheiros de cerco austríacos enviados pelo imperador Leopoldo chegaram. Haviam passado quatro meses no caminho, pois tinham entendido que a campanha não iniciaria antes do final do verão. Quando Pedro descobriu que essa informação distorcida se devia à indisposição de Ukraintsev no Ministério das Relações Exteriores em Moscou de revelar o plano do exército para a Áustria por medo de que as informações vazassem para os turcos, ele escreveu furioso para Vinius, cunhado do culpado: "Ele tem um mínimo de bom senso? A ele foram confiadas questões de Estado e, ainda assim, esconde o que todos sabem. Apenas diga-lhe que o que ele não escrever no papel, escreverei em suas costas!".

Os engenheiros austríacos ficaram impressionados com a magnitude das trincheiras russas, mas sugeriram uma abordagem mais científica, usando minas, trincheiras e canhões bem posicionados. Todavia, foi o monte de terra que resultou na tomada da cidade. Uma quantidade considerável de cossacos, insatisfeitos com o infinito trabalho com pás e cestos, e achando carregar terra algo bem menos interessante do que lutar, decidiram atacar a cidade por conta própria. Em 27 de julho, sem ordens de seus generais, dois mil cossacos avançaram do monte de terra em direção às muralhas e ruas da cidade. Se contassem com o apoio de soldados regulares ou dos Streltsi, teriam alcançado sucesso. Da forma como as coisas ocorreram, todavia, um contra-ataque desesperado dos turcos forçou-os a recuar, mas eles conseguiram manter o controle de uma das torres num canto da muralha, onde finalmente receberam o reforço de soldados enviados por Golovin. No dia seguinte, para tirar proveito do avanço, Shein ordenou um assalto geral, mas antes que esse ataque pudesse começar, os turcos, abaixando e balançando suas bandeiras, deram sinais de que se renderiam. O paxá, vendo sua muralha violada, decidiu aceitar a oferta russa e se render sob condições honráveis.

As condições permitiram que os turcos se retirassem com todas as suas armas e bagagens, levando suas esposas e filhos, mas Pedro insistiu que Jensen, o traidor holandês, fosse entregue. O paxá hesitou quando Jensen gritou: "Cortem minha cabeça, mas não me entreguem para Moscou!". Entretanto, o czar insistiu, e o holandês foi levado com as mãos e os pés amarrados para a área russa.

No dia seguinte, com bandeiras balançando, os soldados turcos marcharam para fora de Azov e passaram pelas linhas russas para embarcar em navios turcos que tinham recebido permissão para se aproximar. Shein, o comandante vitorioso, esperou a cavalo próximo ao ponto de embarque. O paxá o agradeceu por manter a palavra, abaixou sua bandeira em respeito, embarcou no navio e foi embora. Dez regimentos russos entraram na cidade vazia, que estava extremamente danificada pelo bombardeio. Os cossacos não puderam ser contidos e saquearam as casas vazias enquanto os comandantes russos participavam de um banquete de vitória no qual não economizaram "nem bebida, nem pólvora".

Azov agora era uma cidade russa e Pedro ordenou o cessar imediato de todo o trabalho de cerco. Sob a supervisão de engenheiros austríacos, começou a reconstruir as muralhas e os bastiões fortificados da cidade. As ruínas e os escombros foram retirados das ruas e as mesquitas, transformadas em igrejas cristãs. Pedro participou da missa em uma das novas igrejas antes de deixar a cidade.

Agora ele precisava de um porto para sua nova frota do rio Don. Azov ficava muito distante rio acima, e a foz do Don era traiçoeira: rasa demais em alguns pontos, profunda demais em outros. Durante uma semana, dormindo em um banco de uma de suas novas galeras, o czar navegou analisando as costas próximas ao mar de Azov em busca de ancoragem. Por fim, decidiu construir um porto na encosta norte do mar, a cinquenta quilômetros da foz do Don. O local ficava atrás de um ponto conhecido pelos cossacos como Tagonrog. Ali, Pedro ordenou a construção de um forte e um porto que se tornariam a primeira base naval verdadeira na história da Rússia.

A notícia da vitória em Azov espantou Moscou. Pela primeira vez desde o reinado de Aleixo, um exército russo havia saído vitorioso de um conflito. "Quando sua carta chegou", reportou Vinius a Pedro, "havia muitos convidados na casa de Lev Kyrilovich [Naryshkin, tio de Pedro]. Ele imediatamente me mandou falar com o patriarca. Sua santidade, ao ler a notícia, explodiu em lágrimas, ordenou que o grande sino fosse tocado e, na presença da czarina e do czarevich, agradeceu ao Todo-Poderoso. Todos falaram com admiração da humildade de seu senhor que, depois de uma vitória tão grandiosa, não elevou o próprio ego, mas atribuiu tudo ao Criador dos Céus e elogiou apenas aqueles que o ajudaram, embora saibam que foi por causa do planejamento do czar e pela ajuda que recebeu do mar que a cidade se dobrou aos seus pés."

Pedro escreveu a Vinius que, se "o trabalhador é digno de contratação", então seria apropriado honrar esse trabalhador e o comandante com um arco triunfal e um desfile celebrando a vitória. Vinius imediatamente deu início aos preparativos enquanto, para dar-lhe tempo, Pedro adiava sua jornada de volta para casa. Inspecionou as siderúrgicas de Tula e trabalhou com o famoso ferreiro Nikita Demidov, cuja fortuna posterior da família foi providenciada pelo czar, que lhe ofereceu enormes territórios para mineração nos Urais.

Em dez de outubro, Pedro uniu-se às tropas em Kolomenskoe para a marcha triunfal Moscou adentro. Para espanto dos moscovitas, a marcha ocorreu não dentro dos padrões religiosos tradicionais da Igreja Ortodoxa, segundo os quais os triunfos de Aleixo seriam recebidos com ícones sagrados carregados por personalidades da Igreja, mas com pompa pagã inspirada nas mitologias grega e romana. O arco triunfal erguido por Vinius perto do rio Moscou era típico do Classicismo Romano, com enormes estátuas de Hércules e Marte segurando-o e o paxá turco retratado em correntes na parte inferior.

O desfile se estendeu por vários quilômetros. À frente estavam dezoito cavaleiros, seguidos por uma carruagem puxada por seis cavalos carregando o velho tutor de Pedro, o príncipe-papa Nikita Zotov, usando armadura e levando espada e escudo. Em seguida, vinham outros quatorze cavaleiros diante da carruagem dourada do almirante Lefort, que usava um casaco carmesim enfeitado com ouro. Teodoro Golovin e Lev Naryshkin vinham logo depois, e então trinta homens da cavalaria com couraças de prata. Duas companhias de trompetistas precediam o estandarte real do czar, cercado por guardas com lanças. Atrás do estandarte, em outra carruagem dourada, ia o comandante Aleixo Shein, seguido por dezesseis estandartes turcos capturados, com o mastro invertido e as bandeiras esfregando na terra. Um aviso sombrio vinha em seguida: uma carruagem comum contendo o traidor Jensen, todo amarrado. Em volta do pescoço, havia uma placa dizendo "malfeitor". Ao seu lado estavam dois executores cercados por machados, facas, chicotes e torques, testemunhando de modo sinistro o destino que esperava Jensen e outros traidores.

E em meio a toda essa montagem de cores vivas, belos cavalos e homens marchando, onde estava o czar? Para surpresa de todos os moscovitas, Pedro apareceu não na nas costas de um cavalo ou em uma carruagem dourada à frente do exército, mas caminhando com os outros capitães dos navios, atrás da carruagem do Almirante Francis Lefort. Pedro só pôde ser reconhecido por conta de sua enorme altura e seu uniforme de capitão alemão, com calças estrangeiras, um casaco preto e um enorme chapéu negro no qual, como único sinal de sua posição especial, havia colocado uma pluma branca. A pé, dessa forma, o vitorioso czar caminhou quinze quilômetros pela capital, partindo de Kolomenskoe, no sul da cidade, até Preobrajenskoe, no nordeste.

As NOTÍCIAS DO TRIUNFO do jovem czar reverberaram de forma rápida pela Europa, causando espanto e admiração. Vinius escreveu diretamente a Witsen, burgomestre de Amsterdã, pedindo que ele transmitisse a novidade ao herói de Pedro, o rei Guilherme III da Inglaterra. Em Constantinopla, a notícia trouxe consternação. Os abatidos soldados turcos, retornando para casa depois de um longo período de sítio, foram presos, três oficiais foram executados, obrigando o paxá que havia cedido a cidade a fugir para salvar a própria vida.

Azov era apenas o começo. Os russos, que esperavam que agora, após uma grande vitória – a primeira em três décadas – Pedro se acalmaria e governaria como seu pai, Aleixo, e seu irmão, Teodoro, logo descobriram os novos projetos e as novas ideias borbulhando na mente do soberano. A primeira era a construção de uma frota marítima. Pedro queria navios de verdade e não apenas as galeras que havia construído com o único propósito de apoiar uma campanha em solo e isolar uma fortaleza do mar. Ao tomar Azov, o czar havia ganhado acesso apenas ao mar de Azov; a entrada para o mar Negro continuava bloqueada por uma poderosa fortaleza turca em Kerch, no estreito entre o mar de Azov e o mar Negro e, para forçar esse estreito, Pedro precisaria de uma frota marítima.

O triunfo de Moscou mal havia terminado de ser celebrado quando o soberano reuniu seu conselho de boiardos em Preobrajenskoe e anunciou seus planos de colonizar Azov e Tagonrog e dar início à construção de uma marinha. Uma série de decretos surgiu dessa reunião histórica. Três mil famílias de camponeses e três mil Streltsi com suas esposas e famílias seriam arrancados de onde viviam e despachados para Azov como colonizadores militares. Vinte mil trabalhadores ucranianos foram recrutados e enviados para Tagonrog para construírem o porto. Os novos navios deveriam ser construídos em Voronej, onde os estaleiros existentes seriam vastamente expandidos; dali, as embarcações prontas seriam levadas Don abaixo. A responsabilidade pela construção dos navios foi alocada. Todos os que pudessem ajudar – Igreja, proprietários de terra, comerciantes – se uniriam ao Estado para arcar com os custos. O Estado construiria sozinho dez grandes navios. Cada grande proprietário de terra construiria mais um. Cada grande mosteiro também. Todos esses navios seriam totalmente construídos, equipados e armados dentro de um período de dezoito meses. O governo ofereceria a madeira, mas os donos de terras ou oficias da Igreja providenciariam todo o resto: cordas, velas, canhões, acessórios.

A ordem foi duramente aplicada. Falhar significava o confisco imediato da propriedade. Quando os comerciantes de Moscou e de outras cidades, sentindo que sua responsabilidade de oferecer doze navios era pesada demais, pediram ao czar que reduzisse a quantidade, sua parte aumentou para quatorze navios. Em geral, as embarcações eram construídas em Voronej sem que os proprietários de terras ou comerciantes se envolvessem pessoalmente com a construção. Eles apenas arcavam com os custos necessários e contratavam construtores navais do Subúrbio Alemão para realizar o trabalho qualificado.

Os construtores de navios começaram a chegar da Europa; os treze especialistas em construção de galeras solicitados ao Doge de Veneza chegaram e o trabalho teve início; cinquenta outros carpinteiros navais chegaram a Moscou e foram enviados a Voronej. No entanto, esses estrangeiros eram apenas uma pequena parte do pessoal. Para construir a frota que Pedro imaginava seriam necessários muitos outros engenheiros navais e, uma vez que as embarcações estivessem na água, outros tantos oficiais navais para comandá-las. Pelo menos parte deles teria de ser russos. Em 22 de novembro de 1696, algumas semanas depois de o esforço de construção naval ser anunciado, Pedro declarou que enviaria mais de cinquenta russos, a maioria deles jovens e filhos das famílias mais nobres, para a Europa Ocidental para estudarem náutica e construção naval. Vinte e oito foram enviados para Veneza para estudar as famosas galeras da cidade; os demais seguiram para Holanda e Inglaterra para estudar os navios maiores das duas potências marítimas. O próprio Pedro desenhou o programa de estudos: os alunos russos deveriam se familiarizar com mapas e bússolas e outras ferramentas de viagens marítimas, aprender a arte da construção naval, servir em navios estrangeiros (começando em posições inferiores, como marinheiros comuns) e, se possível, participar de uma guerra naval. Nenhum dos estudantes poderia retornar à Rússia sem um certificado assinado por um mestre estrangeiro atestando proficiência.

A ordem de Pedro caiu em ouvidos horrorizados. Alguns dos selecionados já eram casados – Pedro Tolstói, o mais velho dos alunos, tinha 52 anos quando partiu para o exterior – e deixariam suas esposas e filhos para serem enviados às tentações do mundo ocidental. Os pais temiam o péssimo efeito da religião ocidental nos filhos, ao passo que as esposas temiam as artes sedutoras das mulheres do ocidente nos maridos. E cada um deles teria de arcar com os custos da própria viagem. Não havia a quem recorrer – eles tinham de partir. Ninguém se tornou um almirante de destaque em seu retorno à Rússia, mas os anos no exterior não foram um total desperdício. Tolstoy empregou seu conhecimento do Ocidente e suas habilidades com a língua italiana ao se tornar embaixador em Constantinopla. Boris Kurakin tornou-se o principal embaixador de Pedro na Europa Ocidental. Yuri Trubestkoi e Dmitri Golitsyn tornaram-se senadores, e Golitsyn foi visto como o homem mais erudito na Rússia de Pedro. E esses cinquenta estudantes foram apenas o primeiro grupo. Nos anos que se seguiram, uma grande quantidade de jovens russos, tanto plebeus quanto nobres, foram rotineiramente enviados para o exterior para receber treinamento naval. O conhecimento que traziam para casa ajudou a transformar a Rússia.

O massivo programa de construção para a frota de Azov e o envio de dezenas de jovens russos ao exterior para aprender náutica não foram as maiores surpresas que aguardavam a Rússia na esteira da vitória de Pedro sobre os turcos. Duas semanas depois de enviar os primeiros aprendizes navais, o conselheiro Ukraintsev, do Ministério das Relações Exteriores, fez outro anúncio, dessa vez mais dramático:

> Para tratar de seus importantes assuntos de Estado, o soberano envia às nações vizinhas, ao imperador, aos reis da Inglaterra e da Dinamarca, ao papa em Roma, aos estados dos Países Baixos, ao Eleitor de Brandemburgo e a Veneza seus grandes Embaixadores e Plenipotenciários: o general e almirante Francis Lefort, o general Teodoro Golovin e o conselheiro Prokofi Voznitsyn.

A Grande Embaixada, como passou a ser chamada, somaria mais de 250 pessoas e passaria mais de dezoito meses fora da Rússia. Além de oferecer aos seus membros a oportunidade de estudar o Ocidente em primeira mão e de recrutar oficiais, marinheiros, engenheiros e construtores navais para construir e tripular uma armada russa, a Grande Embaixada permitiria aos ocidentais verem e reportarem suas impressões dos principais russos que fizessem a viagem. Logo depois do anúncio, dois rumores quase inacreditáveis espalharam-se rapidamente por Moscou: o próprio czar planejava acompanhar a Grande Embaixada ao Ocidente e não queria seguir viagem como Grande Senhor e Czar, autocrata e soberano, mas como um simples membro da equipe dos embaixadores. Pedro, com seus mais de dois metros de altura, pretendia viajar incógnito.

PARTE DOIS

A GRANDE EMBAIXADA

XII

RUMO À EUROPA OCIDENTAL

A GRANDE EMBAIXADA FOI um dos dois ou três eventos grandiosos da vida de Pedro, um projeto que impressionou seus conterrâneos. A Rússia jamais tinha visto um czar viajar ao exterior pacificamente; alguns haviam se aventurado a atravessar as fronteiras em tempos de guerra para estabelecer estado de sítio ou para tentar derrubar um exército inimigo, mas nunca em tempos de paz. Por que Pedro queria fazer isso? Quem governaria em seu lugar? E por que, se ele desejava fazer a viagem, planejava fazê-la no anonimato?

Muitas dessas perguntas eram feitas também pelos europeus – não por angústia, mas por pura fascinação. Qual era o motivo que levava a tal jornada o monarca de uma terra vasta, remota e semi-oriental, um monarca viajando no anonimato, desdenhando cerimônias e recusando honras, curioso por ver tudo e compreender como tudo funcionava? Conforme a notícia sobre a viagem se espalhava, a especulação acerca de seu propósito tornava-se gigante. Alguns, como Pleyer, o agente austríaco em Moscou, acreditavam que a Embaixada era "meramente um disfarce [...] para permitir que o czar deixasse seu país e se divertisse um pouco, sem propósitos maiores". Outros (como Voltaire, que escreveu sobre o assunto posteriormente) achavam que o objetivo de Pedro consistia em descobrir como era a vida comum para que, ao sentar-se novamente no trono, pudesse ser um melhor governante. Outros ainda acreditavam que o objetivo de Pedro era cumprir com o juramento que havia feito quando sua embarcação quase afundara – e, portanto, visitar a sepultura de São Pedro, em Roma.

De fato havia uma sólida razão diplomática para a Embaixada. Pedro estava ansioso por renovar e, se possível, fortalecer a aliança contra os turcos.

Sob seu ponto de vista, a tomada de Azov era apenas o começo. Ele agora esperava invadir o Estreito de Kerch com sua nova frota e conquistar o domínio do Mar Negro e, para realizar tal façanha, teria de não apenas adquirir tecnologia e mão de obra treinada, mas também conquistar aliados de confiança. A Rússia não conseguiria enfrentar sozinha o Império Otomano e a solidariedade de sua aliança já estava ameaçada. O rei Ian Sobieski da Polônia havia morrido em junho de 1696 e, com sua morte, a maior parte do fervor contra os turcos havia desaparecido daquela nação. Luís XIV da França já manobrava para colocar príncipes franceses no trono da Espanha e da Polônia – ambição que provavelmente causaria novas guerras com o Império Habsburgo. O imperador, em consequência, estava ansioso pela paz no Oriente. Para evitar um desgaste ainda maior da aliança, a Embaixada Russa pretendia visitar as capitais de seus aliados: Varsóvia, Viena e Veneza. Também visitaria as principais cidades das potências marítimas protestantes, ou seja, Amsterdã e Londres, em busca de ajuda. Somente a França, aliada da Turquia e inimiga da Áustria, da Holanda e da Inglaterra seria evitada. Os embaixadores deveriam buscar construtores e oficiais navais capacitados, homens que haviam chegado ao comando por mérito e não por influência. Além disso, deveriam comprar canhões, âncoras, blocos, polias e instrumentos de navegação que pudessem ser copiados e produzidos na Rússia.

Entretanto, até mesmo objetivos sérios assim poderiam ser concretizados pelos embaixadores de Pedro, sem a presença do czar. Por que, então, ele viajaria? A respostas mais simples parecia ser a mais adequada: Pedro fez a viagem por conta de seu desejo de aprender. A visita à Europa Ocidental foi o estágio final de sua educação, o ponto culminante de tudo o que ele havia aprendido com estrangeiros desde a infância. Eles o haviam ensinado tudo o que podiam na Rússia, mas havia mais, e Lefort com frequência estimulava o czar a viajar. O enorme interesse de Pedro residia nos navios para o embrião de sua marinha, e ele estava bastante ciente de que os maiores construtores de embarcações do mundo viviam na Holanda e na Inglaterra. Pedro queria visitar esses países, onde os estaleiros haviam estabelecido as marinhas e as frotas de navios mercadores dominantes no mundo; e também Veneza, que era o maior celeiro de construção de galeras com múltiplos remos para serem usadas em mares interiores.

A maior autoridade acerca de seus motivos era o próprio Pedro. Antes de partir, ele encomendou para si mesmo um selo com a inscrição: "Sou um estudante e preciso aprender". Mais tarde, em 1720, escreveu um prefácio ao recém-criado *Regulações Marítimas* para a nova marinha russa, e no documento descreveu a sequência de eventos durante esse período inicial de sua vida:

> Ele [Pedro referia-se a si mesmo na terceira pessoa] voltou toda a sua mente à criação de uma frota. [...] Um local adequado para a construção de embarcações foi encontrado no rio Voronej, perto da cidade de mesmo nome. Construtores navais habilidosos foram trazidos da Inglaterra e da Holanda e, em 1696, iniciou-se um novo trabalho na Rússia: a construção de grandes navios de guerra, galeras e outras embarcações. Assim, para que isso pudesse ser assegurado para sempre na Rússia e para que essa arte pudesse ser apresentada ao povo, ele enviou muitas pessoas de famílias nobres à Holanda e a outros países para aprender a construção e o manejo de navios; e, para que o monarca não se sentisse vergonhosamente atrasado em relação a seus súditos nesse assunto, ele mesmo seguiu em uma jornada à Holanda. Em Amsterdã, no cais da Companhia das Índias Orientais, entregou-se com outros voluntários ao aprendizado da arquitetura naval, aprendeu o que um bom carpinteiro deveria saber e, com seu próprio trabalho e suas próprias habilidades, construiu e lançou um navio.

Quanto à decisão de viajar no anonimato – e para isso ele ordenou que todas as correspondências deixando Moscou fossem censuradas, a fim de evitar o vazamento de seu plano –, ela tinha como objetivo ser uma fachada para protegê-lo e lhe oferecer liberdade. Ansioso por viajar, mas detestando as formalidades e as cerimônias que inevitavelmente o afogariam se seguisse como monarca, Pedro escolheu fazer a jornada "invisível" dentro da própria Embaixada. Deu a ela uma liderança distinta e, assim, pôde assegurar uma recepção consistente das pessoas de classes mais elevadas. Ao fingir não estar presente, deu a si mesmo a liberdade de evitar o desperdício de horas em cerimônias tediosas. Honrando os embaixadores, os anfitriões estariam horando o czar e, enquanto isso, Pedro Mikhailov teria a liberdade de ir e vir e de ver o que quisesse.

Se o propósito de Pedro parece limitado, o impacto de sua jornada de dezoito meses seria imenso. Ele retornou à Rússia decidido a remodelar o país de acordo com os padrões ocidentais. O antigo Estado moscovita, isolado e introvertido durante séculos, se aproximaria e se abriria à Europa. De certa forma, o fluxo de efeitos foi circular: o Ocidente afetou Pedro, o czar teve um poderoso impacto sobre a Rússia que, modernizada e emergente, teve uma nova e maior influência sobre a Europa. Portanto, para todos os três – Pedro, Rússia e Europa –, a Grande Embaixada foi um marco crucial.

A EUROPA QUE PEDRO se preparava para visitar na primavera de 1697 era dominada pelo poder e pela glória de um único homem, Sua Mais Cristã Majestade, Luís XIV da França. Chamado de "Rei Sol" e representado pela arte como Apolo, seus raios se estendiam de modo a afetar todos os cantos da política, diplomacia e civilização europeias.

Quando Pedro nasceu e por toda a sua vida (com a exceção dos últimos dez anos), Luís foi o homem mais influente da Europa. É impossível compreender a Europa na qual a Rússia estava entrando sem primeiro consideramos o monarca francês. Poucos reis de qualquer época ultrapassaram Sua Majestade. Seu reinado de 72 anos foi o mais longo da história da França; seus contemporâneos franceses o consideravam um semideus. "Seu mais leve gesto, seu modo de andar, seu porte, seu semblante, tudo era medido, apropriado, nobre, majestoso", escreveu Saint-Simon, um cronista da corte. A presença de Luís era esmagadora. "Jamais estremeci dessa forma diante dos inimigos de Sua Majestade", confessou um dos marechais do rei ao se ver diante da presença real.

Embora Luís tivesse nascido na família real, o alcance de sua majestade dependeu mais de seu caráter – seu enorme ego e absoluta segurança de si mesmo – do que de sua herança física ou política. Em termos de estatura, era baixo até mesmo para a época, medindo apenas 1,62 metros. Ostentava uma imagem robusta e pernas musculosas e poderosas que adorava exibir em meias justas de seda. Tinha olhos castanhos e um nariz longo, fino e arqueado, boca sensual e cabelos também castanhos que, quando mais velho, escondia debaixo de uma peruca de longos cachos negros. A varíola que o acometera aos nove anos deixara marcas nas bochechas e no queixo.

Luís nasceu em cinco de setembro de 1638, o tardio primeiro fruto de um casamento que havia se mostrado estéril durante 23 anos. A morte de seu pai, Luís XIII, transformou o garoto em rei do país aos quatro anos de idade. Durante a infância de Luís, a França foi governada por sua mãe, Ana de Áustria, e por seu primeiro-ministro (e talvez também amante), cardeal Mazarino, protegido e sucessor do grande Richelieu. Quando Luís estava com nove anos, a França deu início à revolução conhecida como Fronda. Essa humilhação assustou o pequeno rei e, ainda antes da morte de Mazarino, ele se viu decidido a ser seu próprio mestre e não permitir que nenhum ministro o dominasse como Richelieu havia dominado seu pai e Mazarino sua mãe. Durante o resto de sua vida, Luís, em momento algum, colocou por vontade própria os pés nas ruas estreitas e turbulentas de Paris.

Ele sempre foi um homem do campo. Nos primeiros anos de seu reinado, viajou com a corte diversas vezes ao grande castelo real fora de Paris, mas os reis da França, especialmente os grandes reis, construíam seus próprios palácios para refletir sua glória pessoal. Em 1668, Luís escolheu o local de seu próprio palácio, a terra do pequeno castelo de caça de seu pai em Versalhes, trinta quilômetros a oeste de Paris. Ali, em um pequeno monte arenoso pouco acima do bosque da Île-de-France, o rei ordenou que seu arquiteto, Le Vau, desse início à construção. E o trabalho seguiu por anos. Trinta e seis mil homens labutaram nos andaimes que cercavam a construção ou na terra dos jardins, plantando árvores, instalando canos, erguendo estátuas de mármore e bronze. Seis mil cavalos puxaram madeira e blocos de pedra em carroças e trenós. A taxa de mortalidade foi alta. Todas as noites, vagões carregavam os corpos dos mortos que haviam caído dos andaimes ou sido atingidos por deslizamentos inesperados de pedras. A malária se espalhou pelas barracas toscas dos trabalhadores, matando dezenas deles todas as semanas. Em 1682, quando o castelo finalmente ficou pronto, Luís havia construído o maior palácio do mundo. Não havia muralhas: o monarca havia escolhido criar o palácio sem proteções, em espaço aberto, para demonstrar o poder de um monarca que não precisava de fossos ou muralhas para se proteger.

Atrás de uma fachada de trezentos metros de comprimento estavam enormes galerias públicas, câmaras do conselho, bibliotecas, aposentos privados para a família real, *boudoirs* e uma capela privada, isso para não mencionar corredores, escadarias, armários e cozinhas. Na decoração, dizia-se que Versalhes representava o mais visível consumo de arte e estátuas desde os tempos do Império Romano. Por todo o palácio, os tetos altos e as enormes portas eram estampados em ouro com o símbolo do Sol, a marca de Apolo e também do criador e ocupante daquele enorme palácio. As paredes eram cobertas por veludo estampado, painéis de mármore ou tapeçaria. À noite, milhares de velas eram acesas em centenas de lustres de vidro e candelabros de prata. As salas eram mobiliadas com peças requintadas – mesas douradas cujas pernas eram curvadas ou decoradas com flores e folhas, e cadeiras com encostos largos e estofamento de veludo. Nos aposentos privados, valiosos carpetes eram colocados sobre o piso e nas paredes dependuravam-se enormes obras de Andrea del Sarto, Ticiano, Rafael, Rubens e Van Dyck. No quarto de Luís estava a Mona Lisa.

Os jardins, criados por Le Nôtre, eram tão espetaculares quanto o palácio. Milhões de flores, arbustos e árvores foram plantados com precisão geométrica em meio a vias gramadas, pátios, rampas e escadarias, represas, lagos, fontes e cascatas. As fontes, com 1.500 jatos de água jorrando de lagos octogonais, tornaram-se – e continuam sendo – a inveja do mundo. Pequenas cercas vivas podadas se curvavam em formas ornamentadas, separando flores de todas as cores e tipos, muitas delas trocadas diariamente. O rei gostava especialmente de tulipas e todos os anos (quando ele não estava em guerra com a Holanda) quatro milhões de bulbos eram importados dos viveiros para deixarem Versalhes brilhando em carmesim e amarelo durante a primavera. A paixão do rei por laranjeiras levou Le Notre a criar um enorme laranjal em uma área semicerrada, para que as árvores ficassem protegidas do vento. Nem mesmo isso foi suficiente, e Luís trouxe algumas de suas laranjeiras para dentro do palácio e as manteve próximas às janelas de seus aposentos privados, plantadas em vasos de prata.

Parado nas altas janelas da Galeria dos Espelhos, na fachada ocidental do palácio, o rei podia avistar longas áreas de grama, pedra e água adornadas por esculturas, até o Grande Canal. Esse corpo de água, construído na forma de uma enorme cruz, tinha mais de 1,5 quilômetro de comprimento. Ali o rei era levado para andar de barco. Nas noites de verão, toda a corte embarcava em gôndolas presenteadas pelo Doge de Veneza e passava horas navegando sob as estrelas enquanto Lully e a orquestra da corte, em uma embarcação posicionada em algum ponto próximo, preenchia o ar com música.

Versalhes tornou-se símbolo de supremacia, riqueza, poder e majestade do mais rico e mais poderoso monarca da Europa. Em todos os cantos do continente, outros príncipes – até mesmo príncipes que estavam em guerra com a França – registravam sua amizade, sua inveja e suas provocações a Luís construindo palácios emulando Versalhes. Todos eles queriam seu próprio Versalhes e ordenavam que seus arquitetos e construtores criassem palácios, jardins, móveis, tapeçaria, carpetes, pratarias, vidros e porcelanas imitando a obra-prima de Luís. Em Viena, Potsdam, Dresden, Hampton Court e, posteriormente, São Petersburgo, construções foram erguidas e decoradas com inspiração em Versalhes. Até mesmo as longas avenidas e bulevares imponentes de Washington, D.C., criadas mais de um século depois, foram geometricamente desenhadas por um arquiteto francês imitando Versalhes.

Luís amava seu palácio e, quando visitantes distintos chegavam, o rei os conduzia pessoalmente pela construção e seus jardins. Entretanto, o castelo era muito mais do que o mais belo espaço de recreação da Europa: ele tinha um sério propósito político. A filosofia do rei consistia em concentrar totalmente o poder nas mãos do monarca; Versalhes se tornou seu instrumento. O vasto tamanho do palácio tornou possível que o rei convocasse e abrigasse ali todos os membros importantes da nobreza da França. A Versalhes acorreram, como se atraídos por um enorme ímã, todos os grandes duques e príncipes franceses; o restante do país, onde continuavam os líderes dessas antigas casas (com sua herança, poder e responsabilidades), permanecia deserto e ignorado. Em Versalhes, com o poder fora de seu alcance, a nobreza francesa se tornou um ornamento, e não um rival, do monarca.

Luís atraiu os nobres para perto de si e, uma vez que eles estavam ali, não os abandonou ao cansaço e ao tédio. Sob o comando do Rei Sol, Versalhes reluzia. O protocolo intrincado se alternava com o brilhante entretenimento para manter todos ocupados de manhã até a noite. Tudo, até os últimos detalhes, se desenrolava ao redor do rei. Seu quarto ficava exatamente no centro do palácio, com vistas a oeste para o Cours de Marbre. Desde oito horas da manhã, quando as cortinas da cama real eram puxadas para as laterais e Luís acordava ouvindo "Majestade, já é hora", o monarca estava em desfile. Levantava-se, tinha o corpo esfregado com água de rosas e essência de vinho, era barbeado e vestido, observado pelos mais sortudos entre seus súditos. Duques o ajudavam a tirar o pijama e vestir os calções. Cortesãos discutiam quem levaria ao rei sua camisa. Acotovelavam-se pelo privilégio de presentear o rei com sua *chaise percee* (sua "cadeira com um buraco"), e então se reuniam em volta do soberano enquanto ele realizava suas funções naturais. Havia uma multidão em seus aposentos quando Luís fazia orações com seu capelão e durante as refeições. E essa multidão o seguia enquanto caminhava pelo palácio, passeava pelos jardins, ia ao teatro ou visitava seus cães de caça. O protocolo estabelecia quem tinha o direito de se sentar à presença do rei e se em uma cadeira com encosto ou apenas em um banquinho. O monarca era tão glorificado que até mesmo enquanto passavam com seu jantar os cortesãos erguiam o chapéu em saudação, dizendo: *la viande du roi* ("o jantar do rei").

Luís adorava caçar. Em todos os dias de tempo bom, andava com uma espada ou lança na mão, seguindo cães latindo pela floresta atrás de um javali ou cervo. Todas as noites, havia música e dança e apostas em que se ganhava e perdia fortunas. Todas as noites de sábado ocorria um baile. Com frequência, de máscaras – elaborados festivais de três dias nos quais toda a corte se vestia com trajes romanos, persas, turcos ou índios. Os banquetes em Versalhes eram gigantescos. O próprio Luís se alimentava por duas pessoas. A princesa Palatine escreveu: "Com frequência já vi o rei comer quatro pratos diferentes de sopas de tipos distintos, um faisão inteiro, uma perdiz, um enorme prato de salada, duas fatias grossas de presunto, um prato de carneiro em molho de alho, um prato de doces e depois frutas e ovos cozidos. Tanto o rei quanto o *monsieur* [o irmão mais novo de Luís] gostam muito de ovos cozidos". Os netos do monarca posteriormente aprenderam a comer com garfo, uma inovação polida. Entretanto, quando eram convidados para cear com Luís, ele não aceitava o uso dessas ferramentas e as proibiu, declarando: "Nunca em minha vida usei nada para comer além de uma faca e meus dedos".

O principal banquete de Versalhes era um banquete de amor. O enorme palácio, com seus incontáveis cômodos nos quais se podia deslizar discretamente, as aleias arborizadas que se entrecruzavam, as estátuas atrás das quais era possível se esconder, tornavam-no um belo palco. Nisso, e em todo o resto, o rei tinha um papel fundamental. A esposa de Luís, Maria Teresa, que lhe chegou como uma infanta da Espanha, era uma criatura simples, quase infantil, com enormes olhos azuis. Cercava-se com meia dúzia de anões e sonhava com a Espanha. Enquanto ela viveu, Luís manteve suas obrigações matrimoniais, encontrando o caminho para a cama da esposa todas as noites e com ela fazendo amor devidamente duas vezes por mês. A corte sempre sabia dessas ocasiões por conta do fato de a rainha ir se confessar no dia seguinte com um brilho especial no rosto. Entretanto, ela não era suficiente para Luís, que tinha muita energia sexual e sempre estava inclinado a ir para a cama com qualquer mulher acessível e era implacável em sua perseguição. "Os reis que têm desejo raramente suspiram por muito tempo", declarou o cortesão Bussy-Rabutin. Entretanto, não há registros de que Luís tenha sido seriamente rejeitado em alguma ocasião. Pelo contrário: a corte estava repleta de belas mulheres, a maioria delas casadas, mas, mesmo assim, ambiciosas, exibindo sua disponibilidade. As três *Maîtresses en Titre* (amantes reais reconhecidas) sucessivas, Louise de La Vallière, *madame* de Montespan e *mademoiselle* de Fontanges, eram apenas a ponta do iceberg, embora com *madame* de Montespan tenha ocorrido uma grande paixão que durou doze anos e resultou em sete filhos. Ninguém se mostrava perturbado por esses arranjos, exceto talvez o marquês de Montespan, que deixou o rei furioso ao causar rebuliço por ciúme e referir-se a sua esposa durante todos esses anos como "a falecida madame de Montespan".

A corte honrava quem quer que o rei escolhesse. Duquesas se levantavam quando uma nova amante entrava na sala. Em 1673, quando Luís foi para a guerra, levou consigo a rainha, Louise de la Vallière e madame de Montespan, na época em estágio avançado da gravidez. Todas as três seguiam depois do exército na mesma carruagem. Em campanha, a tenda militar de Luís era feita de seda chinesa e contava com seis cômodos, incluindo três quartos. Para o Rei Sol, a guerra não era um completo inferno.

Mas nem mesmo na França a imagem de monarca majestoso e gracioso de Luís era apoiada incondicionalmente. Havia aqueles que o achavam imprudente: ele partia em longos passeios – de cinco ou seis horas – de carruagem, insistindo que as damas o acompanhassem até mesmo quando estavam grávidas, e se recusava a parar para que elas pudessem se aliviar. Parecia despreocupado com a plebe: aqueles que tentavam conversar com ele sobre a pobreza que suas guerras estavam causando eram excluídos de sua presença como pessoas de mau gosto. Era severo e sabia ser implacável: depois do Caso dos Venenos, no qual numerosos membros da corte haviam morrido, supostamente envenenados — resultando em rumores de uma conspiração contra a vida do rei — 36 dos acusados foram torturados e queimados na fogueira, ao passo que 81 homens e mulheres foram acorrentados pelo resto da vida no fundo de masmorras francesas, e os carcereiros receberam ordens para chicoteá-los se eles falassem. A história do Homem da Máscara de Ferro, cuja identidade era conhecida apenas pelo rei e que foi mantido a vida toda em confinamento solitário, era mencionada apenas em cochichos pela corte.

Fora da França, poucos europeus enxergavam os raios do Rei Sol como algo totalmente benéfico. Para a Europa Protestante, Luís era um tirano católico agressivo e brutal.

O instrumento das guerras de Luís era o exército francês. Criado por Louvois, somava 150 mil membros nos tempos de paz e quatrocentos mil quando em guerra. A cavalaria vestia-se de azul; a infantaria, de vermelho claro, e os guardas reais (a famosa *Maison du Roi*) de escarlate. Comandado pelos maiores marechais da França (Condé, Turenne, Vendôme, Tallard e Villars), o exército nacional era a inveja – e o terror – da Europa. O próprio Luís não era um guerreiro. Embora tivesse ido para a guerra quando jovem, exibindo uma imagem impetuosa montado a cavalo e usando uma bela couraça, capa de veludo e chapéu de três pontas com plumas, não participava efetivamente de batalhas, apesar de ter se tornado um especialista em detalhes de estratégia e administração militar. Quando Louvois morreu, Luís assumiu seu papel e tornou-se o ministro da guerra. Era ele quem discutia as grandes estratégias das campanhas com seus marechais e cuidava do abastecimento de suprimentos, do recrutamento, treinamento, alocação e extração de informações.

Assim o século se desenrolou, e o prestígio do Rei Sol e o poder e glória da França cresciam ano após ano. O esplendor de Versalhes atraía a admiração e a inveja do mundo. O exército francês era o melhor da Europa. O francês tornou-se a língua universal da diplomacia, da sociedade e da literatura. Aparentemente tudo, qualquer coisa, era possível, se no papel que carregava a ordem aparecesse a altiva e tremida assinatura de Luís.

NA ÉPOCA DA GRANDE Embaixada, a lacuna entre a Rússia e o Ocidente parecia muito maior do que qualquer coisa mensurável em ternos de navios ou tecnologia militar. Para os ocidentais, a Rússia parecia sombria e medieval – as glórias de sua arquitetura, os ícones, a música religiosa e a arte popular eram desconhecidos, ignorados ou desprezados –, ao passo que os russos mais educados do final do século XVII viam a Europa como uma comunidade brilhante e moderna. Novos mundos estavam sendo explorados não apenas do outro lado do oceano, mas também na ciência, música, arte e literatura. Novos instrumentos estavam sendo inventados para atender necessidades práticas. Hoje em dia, muitas dessas conquistas se tornaram necessidades e tesouros do mercado moderno – telescópio, microscópio, termômetro, barômetro, bússola, relógio de pulso, relógio de parede, champanhe, velas de cera, iluminação nas ruas e o consumo generalizado do café e do chá, tudo isso surgiu nessa época. Os homens mais afortunados já tinham ouvido peças de Purcell, Lully, Couperin e Corelli; dentro de alguns anos, ouviriam os trabalhos de Vivaldi, Telemann, Rameau, Handel, Bach e Scarlatti (sendo que os últimos três nasceram no mesmo ano, 1685). Na corte e nos bailes da nobreza, damas e cavalheiros dançavam gavota e minueto. O trio de dramaturgos franceses – Molière, Corneille e Racine – mergulhava fundo nas fraquezas da natureza humana em suas peças, apresentadas pela primeira vez diante de seu patrono real em Versalhes e que se espalharam rapidamente nas formas de performance e de leitura por todos os cantos da Europa. A Inglaterra criava a literatura de Thomas Hobbes, John Locke, Samuel Pepys e John Evelyn, além dos poetas John Dryden e Andrew Marvell e, acima de tudo, John Milton. Na pintura, a maior parte dos gigantes de meados do século XVII – Rembrandt, Rubens, Van Dyck, Vermeer, Frans

Hals e Velasquez – já haviam partido, mas, na França, os retratos de homens e mulheres distintos ainda eram criados por Mignard e Rigaud e, em Londres, por Sir Godfrey Kneller, discípulo de Rembrandt, que pintou dez soberanos em atividade, inclusive o jovem Pedro, o Grande.

Em suas bibliotecas e laboratórios, os cientistas europeus, libertados da obediência à doutrina religiosa, avançavam nos estudos, deduzindo conclusões a partir de fatos observados, sem precisar renegar quaisquer resultados pela possibilidade de eles não serem ortodoxos. Descartes, Boyle e Leeuwenhoek produziram trabalhos científicos sobre as coordenadas geométricas, a relação entre volume, pressão e densidade dos gases e o mundo impressionante que podia ser visto em um microscópio capaz de ampliar uma imagem em trezentas vezes. As mentes mais originais entre essas abordavam múltiplos campos do conhecimento – por exemplo, Gottfried von Leibniz, que desenvolveu os cálculos diferencial e integral, também sonhou em traçar os fundamentos sociais e governamentais para uma sociedade totalmente nova; durante anos, perseguiria Pedro, o Grande, na esperança de que o czar lhe permitisse usar o império russo como um enorme laboratório para suas ideias.

A maior mente científica da época, abrangendo matemática, física, astronomia, óptica, química e botânica, pertencia a Isaac Newton. Nascido em 1642, membro do Parlamento de Cambridge, condecorado em 1705, Newton tinha 55 anos quando Pedro chegou à Inglaterra. Seu mais grandioso trabalho, o majestoso *Principia Mathematica*, formulando a Lei da Gravidade Universal, já era parte de seu histórico, tendo sido publicado em 1687. O trabalho de Newton, na avaliação de Albert Einstein, "determinou o curso do pensamento, da pesquisa e da prática ocidentais a um ponto que ninguém, antes ou depois de seu tempo, foi capaz de tocar".

Com a mesma paixão pela descoberta, outros europeus do século XVII se lançavam aos oceanos para explorar e colonizar o globo. A maior parte da América do Sul e também grande parte da América do Norte eram governadas por Madri. Colônias inglesas e portuguesas haviam sido criadas na Índia. As bandeiras de meia dúzia de nações europeias ondulavam em assentamentos na África; até mesmo um Estado tão improvável e não marítimo como Brandemburgo havia estabelecido uma colônia na Costa do Ouro. Na mais promissora de todas as novas regiões sendo exploradas, a metade ocidental da América do Norte, dois Estados europeus, França e Inglaterra, haviam criado impérios coloniais. O da França era muito maior em termos de território: de Quebec e Montreal, os franceses penetraram pelos Grandes Lagos até o coração da América moderna. Em 1672, ano do nascimento de Pedro, Jacques Marquette explorou a região próxima a Chicago. Um ano mais tarde, ele e o padre Louis Jolliet desceram o Mississippi em canoas até chegar ao Arkansas. Em 1686, enquanto Pedro navegava no Yauza, o sieur de La Salle requereu todo o Vale do Mississippi para a França e, em 1699, as terras na foz do rio foram batizadas de Louisiana em homenagem a Luís XIV.

As colônias inglesas que se espalhavam pela costa do Atlântico desde Massachusetts até a Geórgia eram mais compactas, mais densamente povoadas e, portanto, mais tenazes em épocas problemáticas. As colônias de Nova Holanda (absorvida no que hoje é Nova York e Nova Jérsei) e Nova Suécia (próxima à atual Wilmington, Delaware) haviam se tornado espólio da Inglaterra durante as guerras navais anglo-holandesas das décadas de 1660 e 1670. Na época da Grande Embaixada de Pedro, Nova York, Filadélfia e Boston eram cidades substanciais com mais de trinta mil habitantes.

Por todo o globo, a maioria da humanidade morava no campo. A vida era uma luta pela sobrevivência. Madeira, vento, água e os músculos fortes de homens e animais eram as fontes disponíveis de energia. A maioria dos homens e mulheres só conversava sobre pessoas e eventos no limite de seu horizonte e da sua vila; o que acontecia em outros lugares estava além de seu conhecimento e interesse. Quando o sol se punha, o mundo – suas planícies e colinas e vales, suas cidades, vilas e vilarejos – era mergulhado na escuridão. Aqui e ali, uma fogueira podia iluminar ou uma vela tremeluzir, mas a maioria das pessoas simplesmente cessava suas atividades e ia dormir. Olhando para a escuridão, aqueciam-se com suas esperanças pessoais ou lutavam contra seu desespero interno, e então iam dormir para se aprontar para o dia que estava por vir.

Com frequência demasiada, a vida era não apenas dura, mas também curta. Os mais ricos podiam viver até os cinquenta anos, ao passo que a vida de um homem de classe mais baixa terminava, em média, em algum ponto entre trinta e quarenta anos. Apenas metade de todas as crianças sobrevivia ao primeiro ano de vida, e essa estimativa valia tanto para os palácios quanto para o campo. Dos cinco filhos de Luís XIV e sua rainha, Maria Teresa, somente o primogênito sobreviveu. A rainha Ana da Grã-Bretanha, tentando desesperadamente deixar um herdeiro, deu à luz dezesseis vezes. Nenhum dos filhos viveu além dos dez anos. Pedro, o Grande, e sua segunda esposa, Catarina, viriam a ter doze filhos, mas apenas duas meninas, Ana e Isabel, chegaram à idade adulta. Até mesmo o Rei Sol perderia seu único filho, seu primeiro neto e seu primeiro bisneto (todos possíveis reis da França) para o sarampo em um período de catorze meses.

De fato, ao longo do século XVII, a população europeia decresceu. Em 1648, foi estimada em 118 milhões; em 1713, a estimativa havia caído para 102 milhões. As causas desse declínio eram, primordialmente, as pragas e epidemias que de tempos em tempos devastavam o continente. A peste negra, trazida pelas pulgas nos pelos de ratos, varreu as cidades e deixou para trás um tapete de cadáveres. Em 1665, em Londres, cem mil morreram; nove anos antes em Nápoles, 130 mil. Estocolmo perdeu um terço de sua população para a peste entre 1710 e 1711; já Marselha, metade de seus habitantes entre 1720 e 1721. Colheitas ruins e a fome que veio como consequência delas também mataram centenas de milhares de pessoas. Algumas morriam de inanição, mas a maioria se tornava presa de doenças cuja tarefa era facilitada pela baixa resistência do organismo, fruto da desnutrição. A falta de saneamento também foi responsável por muitas mortes. Os piolhos traziam tifo; os mosquitos, malária. E as pilhas de esterco de cavalo nas ruas atraíam moscas que levavam a tifoide e a diarreia infantil a milhares de crianças. A varíola era quase universal – alguns morriam, outros sobreviviam com marcas no rosto e no corpo. A parte escurecida do rosto de Luís XIV foi maculada pela varíola, assim como os traços de Carlos XII da Suécia. Somente em 1721 o terror da doença passou a ser parcialmente contido pelo desenvolvimento de uma inoculação. Então, o bravo gesto da Princesa de Gales de se submeter ao procedimento não apenas aumentou a coragem de outras pessoas, mas chegou a transformar aquilo em moda.

Nesse moderno mundo do século XVII, com todo seu esplendor, sua energia e seus males, os poucos russos que viajavam para outros países saíam piscando os olhos como criaturas da escuridão que se deparam com a luz. Desaprovavam e desacreditavam da maioria das coisas que viam. Estrangeiros, obviamente, eram hereges, e o contato com eles trazia grandes chances de contaminação; de fato, todo o processo de condução de relações com os governos estrangeiros era, na melhor das hipóteses, um mal necessário. O governo russo sempre se mostrou relutante em receber embaixadas estrangeiras permanentes em Moscou. Essas embaixadas somente "trariam problemas ao Estado moscovita e o misturariam com outras nações", explicou um dos principais oficiais do czar Aleixo. E a mesma mistura de desdém e desconfiança governava as atitudes russas no que dizia respeito a enviar suas embaixadas ao exterior. Enviados russos viajavam para o Ocidente somente quando tinham fortes motivos. E, mesmo nessas ocasiões, esses enviados costumavam ser ignorantes sobre os países estrangeiros, saber pouco sobre a política ou a cultura europeias e falar apenas russo. Cientes de suas insuficiências, compensavam-nas dando atenção elaborada a questões de protocolos, títulos e modo de discursar. Exigiam que tivessem permissão para entregar todas as comunicações de seu rei nas mãos dos próprios monarcas. Ademais, exigiam que, quando esse monarca estrangeiro os recebesse, ele deveria perguntar formalmente sobre a saúde do czar e, enquanto fazia isso, colocar-se de pé e tirar o chapéu. É desnecessário dizer que essa não era uma cerimônia que agradava Luís XIV ou mesmo príncipes europeus menores. Quando anfitriões ofendidos sugeriam que os embaixadores russos deveriam se adequar às práticas ocidentais, esses russos respondiam friamente: "Não seguimos o modelo de outros".

Além de se mostrarem ignorantes e arrogantes, os enviados russos eram rigidamente limitados em sua liberdade de ação. Nada poderia ser concordado em negociações, a não ser que tivesse sido previsto e aceito nas instruções que lhes eram previamente passadas. Qualquer proposição nova, mesmo que de menor importância, deveria ser discutida em Moscou, embora esse esforço requeresse semanas de espera enquanto os mensageiros viajavam. Assim, poucas cortes viam de forma positiva uma missão russa, e os oficiais estrangeiros apontados para lidar com os visitantes moscovitas se consideravam extremamente azarados.

Um encontro assim ocorreu em 1687, quando a regente Sofia enviou o príncipe Jacob Dolgoruki e uma embaixada russa a Holanda, França e Espanha. Na Holanda, foram bem recebidos, mas, na França, tudo deu errado. O mensageiro enviado antecipadamente a Paris para anunciar a chegada do grupo se recusou a entregar sua mensagem para qualquer um que não fosse o rei em pessoa. Como nem o Ministro das Relações Exteriores, nem ninguém mais pôde dissuadir o obstinado russo de seu propósito, ele foi enviado de volta sem ninguém em Paris ter aberto e lido sua correspondência. Mesmo assim, a embaixada seguiu da Holanda para a França. Ao chegarem à fronteira francesa em Dunquerque, todas as bagagens da embaixada foram seladas por funcionários da alfândega com a explicação de que seriam abertas, examinadas e verificadas por oficiais mais qualificados assim que eles chegassem a Paris. Os russos prometeram deixar o selo alfandegário intacto, porém, assim que chegaram a Saint-Denis, nos arredores de Paris, arrancaram os selos, abriram a bagagem e espalharam o conteúdo – na maioria valiosas peles russas – em mesas para ser vendido. Comerciantes franceses se aglomeraram em volta e as vendas ocorreram de forma acelerada. Subsequentemente, oficiais horrorizados da corte francesa indicaram que os russos haviam se esquecido de "sua dignidade como embaixadores, agindo em vez disso como vendedores de peças a varejo e, assim, concentrando-se em seus lucros e interesses privados, e não na honra de seus mestres".[1]

Os embaixadores foram recebidos pelo rei em Versalhes e as coisas correram bem até outro funcionário da alfândega chegar para examinar as bagagens. Quando os russos se recusaram a permitir a revista, a polícia apareceu, acompanhada por chaveiros. Os russos furiosos gritaram insultos e um dos embaixadores chegou a puxar uma faca. Então, os franceses recuaram e reportaram o ocorrido ao rei. Indignado, Luís ordenou que os russos deixassem a França e levassem de volta os presentes que os dois czares lhe haviam enviado. Quando os embaixadores se recusaram a ir embora antes de terem outra audiência com o rei, os oficiais franceses retiraram toda a mobília da casa onde os russos estavam hospedados e cortaram seu abastecimento de comida. Dentro de um dia, os russos se renderam, implorando uma audiência, alegando que, se retornassem a Moscou sem falar com o rei, teriam suas cabeças cortadas. Dessa vez, concordaram mansamente em permitir que suas bagagens fossem examinadas e em conduzir suas negociações com oficiais menores caso Luís não pudesse recebê-los. Dois dias depois, o rei os convidou para um jantar em Versalhes, e pessoalmente lhes mostrou os jardins e as fontes. Os embaixadores ficaram tão fascinados que não quiseram ir embora e começaram a inventar razões criativas para prolongar sua estada. Todavia, ao retornarem para casa, reclamaram sonoramente do tratamento recebido em Paris e o ressentimento russo por essa desordem diplomática foi um fator parcial nas relações subsequentes entre Rússia e França. Em conjunto com o apoio francês à Turquia, país contra o qual a Rússia estava em guerra (pelo menos formalmente) desde 1712, esse episódio influenciou a decisão de Pedro de não viajar a Paris antes da morte do Rei Sol. E foi por isso que, enquanto a Grande Embaixada se preparava para

---

[1] A aparente audácia do comportamento russo foi o resultado de um arranjo criado para toda missão russa viajando ao exterior. Os embaixadores do país recebiam ou um salário baixo, ou nenhum dinheiro. Em vez disso, eram abastecidos pelo Estado com bens, especialmente peles, que tinham alta demanda na Europa. Esperava-se que eles vendessem essas peles como forma de conseguir um salário e, portanto, os diplomatas russos se mostravam ansiosos por passar suas bagagens pela alfândega sem pagar impostos. (N. A.)

deixar a Rússia, ela não contemplava uma visita a um dos maiores monarcas do Ocidente e, infelizmente – tanto para a história quanto para as lendas – os dois monarcas colossais de uma era, Pedro e Luís, nunca estiveram juntos em um mesmo espaço.

XIII

"É IMPOSSÍVEL DESCREVÊ-LO"

Como chefe da Grande Embaixada, Pedro nomeou Lefort – agora com os títulos de governador geral de Novgorod e almirante geral – para assumir a posição de primeiro embaixador. Os dois embaixadores companheiros de Lefort eram também russos: Teodoro Golovin, governador geral da Sibéria, e Prokofi Voznitsyn, governador de Bolkhov. Golovin foi um dos primeiros diplomatas profissionais da Rússia. Aos 37 anos de idade, havia negociado em nome de Sofia o Tratado de Nerchinsk com a China e, desde que Pedro assumira o poder, havia se tornado um dos companheiros e servos mais úteis do czar. A condução dos negócios exteriores lhe foi confiada e, por fim, Golovin recebeu o título de almirante geral. Em 1702, tornou-se um conde do Sagrado Império Romano – e, de fato, primeiro-ministro de Pedro. Voznitsyn também contava com experiência diplomática prévia, tendo servido em missões a Constantinopla, Pérsia, Veneza e Polônia.

Foram escolhidos vinte nobres e 35 jovens "voluntários" russos para acompanhar os embaixadores que, como aqueles enviados nos meses anteriores, seguiriam para Inglaterra, Holanda e Veneza para aprender construção de navios, navegação e outras ciências náuticas. Muitos dos nobres e "voluntários" eram colegas de Pedro dos regimentos das brincadeiras em Preobrajenskoe, de seus dias construindo embarcações em Pereslavl, suas visitas a Arcangel e suas campanhas contra Azov. Entre os membros de destaque estavam seu amigo de infância Andrei Matveiev e o impetuoso jovem Alexander Menchikov. Para completar a Embaixada havia camareiros, padres, secretárias, intérpretes, músicos (incluindo seis trompetistas), cantores, cozinheiros, cocheiros, setenta soldados e quatro anões, somando um total de mais de 250 membros. E em algum ponto no meio estava um homem alto, de cabelos castanhos, olhos escuros e com uma verruga do lado direito do rosto, a quem os demais chamavam simplesmente de Pedro Mikhailov. Se os membros da Embaixada se referissem a ele de alguma outra forma, revelassem que era o czar ou até mesmo mencionassem que o soberano russo estava presente na Embaixada, esse indivíduo receberia pena de morte.

Para governar a Rússia durante sua ausência, Pedro nomeou um conselho de regência composto por três homens. Os dois primeiros eram seu tio Lev Naryshkin e o príncipe Boris Golitsyn, ambos homens mais velhos e de confiança que haviam aconselhado a mãe de Pedro durante os anos de exílio em Preobrajenskoe e guiado seu partido durante a crise final com Sofia. O terceiro regente era o príncipe Pedro Prozorovski, tesoureiro do czar, que sofria de uma estranha doença que o impossibilitava de tocar a mão de outra pessoa ou até mesmo abrir uma porta sem julgar que havia se contaminado. Nominalmente subordinado a esses três homens, mas de fato o verdadeiro vice-rei da Rússia durante a ausência de Pedro, estava o príncipe Teodoro Romodanovski (governador geral de Moscou, comandante de quatro regimentos da Guarda e príncipe-césar da Companhia da Alegria). Recebendo suprema jurisdição em todos os casos civis e militares e responsável por manter a ordem, Romodanovski recebeu ordens severas para agir da forma mais dura possível quando diante de qualquer sinal de descontentamento ou de rebelião. Aleixo Shein, o generalíssimo da bem-sucedida expedição em Azov, ficou no comando da fortaleza, enquanto Boris Sheremetev, partindo em sua jornada privada de três anos a Roma, foi substituído na fronteira do Dnieper pelo príncipe Jacob Dolgoruki.

Às vésperas da partida da Embaixada, Pedro celebrava alegremente durante um banquete na mansão de Lefort quando um mensageiro trouxe notícias inquietantes. Conforme Gordon escreveu em seu diário: "Uma noite feliz foi maculada pelo acidente da descoberta de traição contra Sua Majestade". Três homens – um coronel dos Streltsi (Ivan Tsykler) e dois boiardos – foram capturados e acusados de tramar contra a vida de Pedro. Havia poucas evidências. Tsykler havia sido um dos primeiros oficiais de Sofia a ir a Troitski e se unir a Pedro. Por essa troca de alianças, esperava receber grandes recompensas, mas havia se decepcionado – agora era enviado para servir no exército em Azov. Desapontado, ele talvez tenha expressado seu descontentamento de forma pública demais. Os dois boiardos envolvidos eram homens extrovertidos, representantes de uma onda de reclamações acerca do estilo e do direcionamento do governo de Pedro: o czar havia deixado para trás sua esposa e o Kremlin; mantinha suas vergonhosas relações com estrangeiros do Subúrbio Alemão; havia diminuído a dignidade do trono ao desfilar na celebração pela vitória em Azov atrás da carruagem de Lefort, um suíço; agora os estava abandonando para passar meses com estrangeiros no Ocidente.

Infelizmente, essas queixas tocaram fundo em uma lembrança dolorosa de Pedro: mais uma vez, os Streltsi estavam envolvidos em acusações de traição. O medo e o ódio que o czar nutria por eles ferveram. Os três homens foram sangrentamente executados na Praça Vermelha, perdendo primeiro os braços e as pernas e depois as cabeças a golpes de machado. Ademais, o temor de Pedro de que a dissidência dos Streltsi pudesse ser apenas um prelúdio para uma tentativa dos Miloslavski voltarem ao poder o levou a um escabroso ato de desprezo contra essa família. O caixão de Ivan Miloslavski, que estava morto há quatorze anos, foi colocado em um trenó atrelado a um grupo de porcos e puxado até a Praça Vermelha. Lá, foi aberto abaixo do local das execuções para que o sangue dos homens recém-condenados caísse no corpo do cadáver.

Cinco dias depois dessa cena bárbara em Moscou, a Grande Embaixada partiu para estudar a civilização e as tecnologias do Ocidente. Em vinte de março de 1697, o grupo seguiu em direção a Novgorod e Pskov em uma longa fila de trenós e carroças de bagagens. Nos volumosos veículos estavam belas roupas de seda e brocado decoradas com pérolas e joias (a serem usadas por Lefort e os demais embaixadores em audiências formais), uma grande remessa de pele de zibelina (a ser usada para cobrir os custos caso o ouro e a prata não fossem suficientes em Amsterdã), um imenso suprimento de mel, salmão e outros peixes defumados, além do tambor pessoal de Pedro.

Após cruzar a fronteira russa, a Grande Embaixada entrou na província da Livônia, terra sueca no Báltico e que atualmente, em linhas gerais, forma o território da Letônia. Infelizmente, o governador sueco de Riga, Eric Dahlbert, estava completamente despreparado para receber um grupo tão grande, e em especial para receber o distinto visitante disfarçado em meio ao grupo. O governador de Pskov, cidade russa mais próxima da fronteira, foi parcialmente culpado por essa falha. Ele havia ordenado que os arranjos fossem feitos, mas, em sua carta a Dahlberg, esqueceu-se de mencionar o tamanho da Embaixada visitante ou, mais importante, qual personagem augusto estaria viajando disfarçado em meio a ela. Dahlbert respondera com uma carta formal de boas-vindas, afirmando que faria todo o possível com "a simpatia da boa vizinhança". Apontou, todavia, que sua recepção seria necessariamente afetada pelas desastrosas colheitas que haviam levado a província à beira da fome. Para piorar a situação, além do aviso antecipado inadequado, houve outra falha. Dahlberg enviou carruagens com uma escolta de cavalaria até a fronteira para trazer os embaixadores do czar até Riga em estilo diplomático. Como os membros importantes da Embaixada, inclusive Pedro, estavam viajando à frente do grupo principal, acabaram não recebendo essas boas-vindas. Já nos arredores de Riga, quando as carruagens e a escolta finalmente alcançaram os embaixadores, os suecos ofereceram uma segunda recepção e prepararam um desfile militar como forma de reparação.

Se esse tivesse sido o único incidente e se Pedro tivesse conseguido passar por Riga rapidamente e cruzar o rio Duína[1] conforme planejado, tudo poderia ter corrido bem. No entanto, ele chegou no início da primavera, quando o gelo no rio derretia e fluía por debaixo das muralhas da cidade. Não havia pontes e os enormes blocos de gelo no rio impossibilitavam a travessia por navio. Durante sete dias, o czar e o grupo de russos se viram forçados a esperar na cidade até o gelo derreter.

Embora impaciente e ansioso para partir, o czar inicialmente se mostrou contente com as honras prestadas a seus embaixadores. Todas as vezes que eles entravam ou saíam da cidadela, uma saudação de 24 tiros ecoava.

Riga, a capital da Livônia, era uma cidade báltica protestante com torres de igrejas altas e pontiagudas, telhados de duas águas, ruas de paralelepípedos e prósperos comerciantes independentes – uma imagem totalmente diferente de Pskov e da Rússia, que não ficava distante. Riga também era uma importante cidadela e uma poderosa âncora do Império Sueco e, com isso em mente, os anfitriões locais ficaram nervosos com aqueles visitantes russos e especialmente com a presença do curioso czar de 24 anos de idade. Como era previsível, Pedro estava decidido a estudar as fortificações da cidade. Riga era uma fortaleza moderna, cuidadosamente construída por engenheiros militares suecos de acordo com os mais modernos padrões ocidentais. Sendo assim, era muito mais poderosa e interessante para Pedro do que as fortificações em estilo antigo, compostas pelas muralhas simples e as torres que caracterizavam todas as fortalezas russas, inclusive o Kremin e aquela que Pedro havia visto e conquistado em Azov. Aqui estavam bastiões de pedra e contraescarpas construídas de acordo com o modelo de Vauban, o mestre francês. Para

---

1 O rio que derrama suas águas no Mar Branco em Arcangel também é chamado de Duína. O Duína de Arcangel é com frequência chamado de Duína do Norte e o de Riga, de Duína Ocidental. (N. A.)

Pedro, aquela era uma oportunidade rara e ele queria aproveitá-la ao máximo. Então, escalou as muralhas, fez rascunhos a lápis, mediu a profundidade e a largura dos fossos e estudou os ângulos dos tiros de canhões.

O czar enxergava sua atividade como a de um estudante analisando de forma abstrata uma fortaleza moderna, mas os suecos compreensivelmente viam a situação de forma um pouco diferente. Para eles, Pedro era um monarca e comandante militar cujo exército de seu pai havia sitiado essa cidade apenas quarenta anos antes. A fortaleza que Pedro agora examinava e media com tanto cuidado havia sido erguida especificamente para proteger a cidade dos russos e evitar a penetração russa na costa do Báltico. Assim sendo, a imagem do jovem alto parado diante das muralhas trabalhando com seu bloco de notas e sua fita métrica era preocupante. Além disso, havia o problema do anonimato de Pedro. Certo dia, um sentinela sueco, observando o estrangeiro que anotava detalhes em seu caderno, ordenou que ele se retirasse. Pedro ignorou o sentinela e insistiu em sua atividade. Erguendo seu mosquete, o soldado sueco ameaçou abrir fogo. Pedro ficou enfurecido, enxergando aquilo não tanto como um insulto, mas como uma violação da hospitalidade. Lefort, como Primeiro Embaixador, reclamou com Dahlbert. O governador sueco, independentemente de seus sentimentos particulares com relação ao reconhecimento de suas fortificações, pediu desculpas e assegurou ao embaixador que o sentinela não tinha intenção de demonstrar falta de cortesia. Lefort aceitou a explicação e concordou que o soldado não fosse punido, uma vez que estava realizando sua obrigação.

Mesmo assim, a relação entre os anfitriões suecos e os hóspedes russos continuou se deteriorando. Dahlberg se via em uma posição complicada. A Grande Embaixada Russa não havia sido oficialmente aprovada pela corte sueca. Ademais, o fato de o czar não querer sua presença reconhecida criava complicados problemas de protocolo. Dahlbert, então, era educado e formal, seguindo o que mandava o protocolo para a recepção de embaixadores importantes de monarcas vizinhos, mas não fez nada além disso. Nenhum entretenimento fora planejado; nada de banquetes, fogos de artifício ou diversões do tipo que Pedro tanto apreciava. O comandante sueco rígido e frio simplesmente se retirou e – na impressão dos russos – ignorou-os. Ademais, a Embaixada não estava se dirigindo à Suécia propriamente dita, mas apenas em trânsito pelo território do país; portanto, os procedimentos diplomáticos normais indicando que o país anfitrião deveria arcar com os custos de visitantes diplomatas não se aplicava. Os russos tiveram de pagar por sua alimentação, seus alojamentos, cavalos e forragem, e os embaixadores arcaram com um custo inflado pela fome e pelo desejo dos comerciantes de Riga de extraírem tudo o que pudessem dos visitantes.

Além dessa sensação de ofensa, Pedro se mostrava cada vez mais irritado pelas multidões que vinham encará-lo. Quando finalmente, depois de uma semana, o gelo estava suficientemente derretido para eles poderem cruzar o rio, Dahlberg tentou despachar seus visitantes em grande estilo. Navios carregando a bandeira amarela e azul da Suécia transportaram a embaixada através do rio enquanto, da fortaleza, canhões atiravam em saudações. Todavia, era tarde demais. Na mente de Pedro, Riga era uma cidade de grosserias, inospitalidade e insultos. Conforme o czar viajava pela Europa, o contraste com a recepção em Riga tornava-a ainda maior. Na maioria das demais cidades que Pedro visitou, o soberano local estava lá para recebê-lo e, muito embora o czar insistisse em seguir viagem no anonimato, esses eleitores, reis e até mesmo o imperador austríaco sempre encontravam uma forma de se encontrar em privado com ele, de entretê-lo luxuosamente e de pagar suas contas.

O antagonismo de Pedro com relação a Riga cresceu imensamente. Três anos mais tarde, em busca de desculpas para dar início à Grande Guerra do Norte contra a Suécia, ele citou sua recepção grosseira na cidade. E, treze anos mais tarde, em 1710, quando as tropas russas chegaram a Riga e deram início ao cerco que levou à sua captura e incorporação por mais de dois séculos pelo império russo, o próprio Pedro estava presente para lançar as três primeiras granadas. "Assim", escreveu a Menchikov, "o Senhor Deus nos permitiu ver o início de nossa vingança contra esse lugar amaldiçoado".

Uma vez do outro lado do Duína, Pedro entrou no Ducado da Curlândia, cuja capital, Mitau, estava a cinquenta quilômetros a sul de Riga. Nominalmente um feudo do reino polonês, a Curlândia estava suficientemente distante de Varsóvia para manter uma autonomia prática e, com a Polônia agora se desintegrando, o duque da Curlândia era quase autônomo. Aqui não havia a possibilidade de se cometer o erro que Dahlberg havia cometido em Riga. O czar era o czar; o anonimato seria respeitado, mas todos saberiam quem era o anônimo. Assim, embora seu ducado fosse pobre, o duque Frederico Casemiro honrou a Embaixada com exuberante entretenimento. "Mesas eram mantidas abertas em todos os lugares, com trompetes e música acompanhados por banquetes e bebida em excesso, como se Sua Majestade, o Czar, fosse outro Baco. Nunca vi pessoas que bebessem tanto", escreveu um dos ministros do duque. A quantidade de bebida que Lefort ingeria era especialmente notável: "Em momento algum é dominado, mantendo-se mestre de sua razão". Os russos, era sussurrado pelos estrangeiros à sua volta, não passavam de "ursos batizados".

Ciente de que o czar adorava a água, o duque da Curlândia providenciou um iate para que seu convidado pudesse seguir a próxima etapa de sua jornada pelo mar. O destino de Pedro era Caliningrado, na época uma cidade no grande e poderoso estado eleitoral de Brandemburgo, no norte da Alemanha. Em Caliningrado, pronto para receber o czar estava o próprio eleitor[2], Frederico III. Membro da ambiciosa casa von Hohenzollern, Frederico tinha planos de expansão para si mesmo e para seus domínios. Seu sonho era transformar seu eleitorado em um poderoso reino conhecido como Prússia e se transformar em Frederico I, rei da Prússia. O título poderia ser concedido pelo imperador Habsburgo em Viena, mas o verdadeiro aumento do poder só viria a custo da Suécia, cujas fortalezas e territórios estavam espalhados pela costa do norte da Alemanha. Frederico se mostrava ansioso pelo apoio russo como um contrapeso à Suécia. E agora, como se em resposta à sua necessidade, chegava o czar, buscando passar pelo território de Brandemburgo. Naturalmente, Frederico estava em Caliningrado para recebê-lo.

Pedro, viajando pelo mar, chegou à cidade naquela noite. Instalou-se em um alojamento modesto e fez uma visita privada ao eleitor. A primeira conversa durou uma hora e meia enquanto os dois governantes discutiam sobre navios, armas e navegação. Depois disso, Frederico levou Pedro para caçar perto de sua casa de campo e juntos eles assistiram a uma briga entre dois ursos. Pedro impressionou seu anfitrião tocando trompete e tambor em volume alto. Além disso, sua curiosidade, vivacidade e prontidão em ser agradado também causaram uma impressão favorável.

Sete dias mais tarde, os cavaleiros e carroças da Grande Embaixada Russa chegaram por terra e Pedro os observou de uma janela para ver como seriam recebidos. Frederico lhes concedeu uma boa quantia para gastar durante a visita e serviu um esplendoroso jantar de boas vindas, seguido por fogos de artifício. Em conjunto com os demais nobres jovens da Embaixada, Pedro participou da recepção usando um casaco escarlate com botões dourados. Mais tarde, Frederico confessou que se esforçara para manter a expressão séria quan-

---

2   Os eleitores, ou príncipes eleitores, tinham a função de eleger o rei dos romanos em preparação para sua ascensão como imperador do Sacro Império Romano Germânico. Seu número era variável, e eles eram escolhidos entre os mais prósperos donos de terras do império. (N. E)

do, conforme ditado pelo protocolo, perguntou aos embaixadores se traziam notícias do czar e se o tinham deixado em boas condições de saúde.

Nas negociações, Frederico se mostrava ansioso por reafirmar uma antiga aliança que o czar Aleixo havia estabelecido com Brandemburgo contra a Suécia, mas Pedro, ainda em guerra com a Turquia, não estava disposto a fazer nada que pudesse provocar os suecos. Por fim, em conversas a bordo do iate do eleitor, os dois monarcas concordaram em firmar um novo tratado, prometendo de forma geral ajudar um ao outro contra seus inimigos mútuos. Frederico também pediu ajuda a Pedro em sua campanha para se promover à posição de rei. O czar concordou em tratar os embaixadores do eleitor em Moscou da mesma forma como seus embaixadores haviam sido recebidos em Brandemburgo. Era uma declaração vaga, mas algo de que Frederico poderia lançar mão ao levar seu caso ao imperador em Viena.

Embora ansioso em partir para a Holanda, Pedro permaneceu em Caliningrado até a situação com a Polônia se esclarecer. Em junho de 1696, quando Ian Sobieski morreu, o trono polonês ficou vago e passou a ser disputado por Augusto I, eleitor da Saxônia, e o príncipe de Conti, um Bourbon apontado por Luís XIV. Rússia, Áustria e a maioria dos estados alemães colocavam-se contrários à eleição de Conti. Um rei francês no trono polonês significaria um fim imediato à participação da Polônia na guerra contra a Turquia, uma aliança franco-polonesa e a extensão do poder francês na Europa Oriental. Pedro estava preparado para lutar com o objetivo de evitar que isso acontecesse e então moveu tropas russas para a fronteira com a Polônia. Com a situação ainda confusa, as duas partes ainda manobrando e a assembleia política ainda despreparada para votar, Pedro decidiu esperar em Caliningrado antes de seguir para o oeste. Enquanto esperava, examinou aquilo que lhe interessava na cidade. Com o coronel Streltner von Sternfeld, principal engenheiro do exército de Brandemburgo e especialista em artilharia, estudou balística (tanto teórica quanto prática). Atirou em alvos com canhões de vários tamanhos enquanto von Sternfeld corrigia sua mira e explicava seus erros. Quando chegou a hora de Pedro partir, von Sternfeld assinou um certificado atestando que seu aluno, Pedro Mikhailov, dominava aquela habilidade.

Infelizmente, Pedro encontrou problemas também em Caliningrado. Dessa vez, o responsável foi seu temperamento imprudente, e não sua curiosidade. Em seu Dia do Nome, data mais importante do que o aniversário para os russos, Pedro havia contado com uma visita de Frederico e planejado sua própria exibição de fogos de artifício para o eleitor. Entretanto, sem se dar conta do significado da data, Frederico havia deixado Caliningrado para se encontrar com o duque da Curlândia, delegando vários de seus ministros para representá-lo na celebração do czar. Pedro se sentiu ferido e humilhado quando Frederico não apareceu, e demonstrou sua indignação publicamente aos representantes, dizendo em voz alta em holandês para Lefort: "O eleitor é muito bom, mas seus ministros são o demônio". Pensando ter visto um dos ministros sorrir ao ouvir suas palavras, Pedro teve um ataque de fúria, aproximou-se do cidadão e gritou: "Saia já daqui! Saia já daqui!", e então o empurrou para fora da sala. Depois que sua raiva passou, escreveu uma carta a seu "mais querido amigo", Frederico. A nota era um pedido de desculpas, mas carregava também um tom de queixa. Ao partir, Pedro apaziguou ainda mais a situação enviando a Frederico um enorme rubi.

EM MEADOS DE AGOSTO, depois de passar sete semanas em Caliningrado, Pedro recebeu a notícia de que Augusto da Saxônia havia chegado a Varsóvia e sido eleito rei da Polônia. O czar ficou contente com o resultado e ansioso por partir imediatamente por mar para a Holanda, mas a presença de um esquadrão de navios de guerra franceses no Báltico o forçou a mudar de planos; ele não queria se tornar um hóspede involuntário a bordo de uma embarcação com uma grande bandeira branca com a flor de lis do rei da França. Decepcionado, usou o único caminho disponível para ele: por terra, atravessando os estados eleitorais alemães de Brandemburgo e Hanover.

O despontamento de Pedro por não ser possível viajar de navio foi agravado por um novo problema que ele agora encarava ao viajar por terra: ao longo de toda sua rota, as pessoas queriam vê-lo. A longa demora em Caliningrado havia gerado tempo suficiente para que a notícia de sua presença em meio à Embaixada se espalhasse pela Europa, e por todos os cantos havia muita animação e curiosidade: pela primeira vez, um czar moscovita, o governante de uma terra exótica e obscura, viajava pela Europa, onde poderia ser visto, examinado e admirado. Pedro ficava irritado com esse tipo de atenção.

Tendo deixado Caliningrado em segredo, pediu a seu cocheiro para se apressar, na esperança de evitar atenção. Passou rapidamente por Berlim, permanecendo nos fundos da carruagem para evitar ser reconhecido. Essa velocidade e reclusão o fizeram passar rapidamente pelo norte da Alemanha, mas Pedro não conseguiria evitar um encontro com duas damas formidáveis que haviam criado estratégias para emboscá-lo. Eram Sofia, a viúva eleitora de Hanover, e sua filha, Sofia Charlotte, eleitora de Brandemburgo. Ambas estavam ansiosas para ver com os próprios olhos o czar de quem tanto se falava. A mais jovem, Sofia Charlotte, que estava visitando a mãe em Hanover enquanto o marido, o eleitor Frederico, recebia Pedro em Caliningrado, mostrou-se especialmente curiosa. Havia esperado encontrar-se com Pedro em Berlim, e agora, decidida a abordá-lo quando ele se aproximasse de Hanover, havia colocado sua mãe, seus irmãos e seus filhos em carruagens e se apressado para interceptar os russos na cidade de Koppenbrügge. Chegando pouco antes de Pedro, ela enviou um mordomo para convidar o czar para um jantar.

Num primeiro momento, vendo o tamanho da comitiva das mulheres e a multidão de cidadãos locais passeando com curiosidade do lado de fora dos portões, Pedro se recusou a comparecer. O mordomo insistiu, todavia, e o czar concordou com a condição de que, exceto por Sofia Charlotte e sua mãe, haveria apenas os irmãos e os filhos da eleitora e membros importantes da equipe de Pedro. Ao ser apresentado às duas damas reais, Pedro estremeceu, enrubesceu e não conseguiu falar. Elas eram, afinal, as primeiras mulheres ocidentais, aristocráticas e intelectualizadas que ele conhecia. Seu único contato anterior com mulheres ocidentais havia sido com as esposas e filhas de comerciantes e soldados também ocidentais, membros da classe média, no Subúrbio Alemão. Entretanto, essas duas mulheres eram excepcionais mesmo em meio à aristocracia europeia. Sofia de Hanover, então com 67 anos, era a governante vigorosa, de bom senso e bem-sucedida de um próspero estado do norte da Alemanha. Alguns anos após esse encontro com Pedro, ela, como neta do rei Jaime I da Inglaterra, seria escolhida pelo Parlamento para suceder a rainha Ana da Grã-Bretanha e, assim, assegurar a sucessão protestante na Inglaterra.[3] Sua filha, Sofia Charlotte de Brandemburgo, então com 29 anos, tinha uma mentalidade igualmente forte e era uma figura estonteante entre as damas das cortes do norte da Alemanha. Durante algum tempo, havia sido a noiva designada para o neto de Luís XIV, o duque de Borgonha, antes de a política ditar que Borgonha deveria se casar com Maria Adelaide de Saboia. Durante os dois anos que Sofia Charlotte vivera em Versalhes, sua inteligência e beleza haviam atraído a admiração do próprio Rei Sol. Ela era culta, e Leibniz havia se tornado seu amigo e também seu tutor. Aliás, Sofia Charlotte era tão agradável e interessante que seu esposo, que lhe construiu o palá-

---

[3] Sofia não viveu para usar a coroa britânica. Morreu antes da rainha Ana e ambos seus títulos de Hanover e da Inglaterra foram passados para seu filho, Jorge Luís, que governou simultaneamente como eleitor de Hanover e rei Jorge I da Grã-Bretanha. (N. A.)

cio de Charlottenburg, em Berlim, era realmente apaixonado por ela. Naturalmente, de acordo com o exemplo augusto estabelecido para monarcas menores por Luís XIV, Frederico sentia a obrigação de ter uma amante, mas dava vasta preferência a sua charmosa e inteligente esposa.

Pedro, confrontado por essas damas elegantes e fortes, simplesmente cobriu o rosto com as mãos e murmurou em alemão: "Não sei o que dizer". Percebendo as dificuldades do czar, Sofia Charlotte e sua mãe colocaram o convidado à vontade sentando-o entre elas à mesa e dando início a uma conversa. Não demorou até Pedro deixar a timidez de lado e começar a falar tão livremente que as duas mulheres tiveram de competir por sua atenção. O jantar durou quatro horas e ambas as eleitoras se mostraram ansiosas por prosseguir bombardeando-o com perguntas, mas Sofia Charlotte temeu que ele estivesse entediado e pediu músicas e dança. Inicialmente, Pedro se recusou a dançar, afirmando que não tinha luvas, mas mais uma vez as duas o convenceram e logo ele já se movia com prazer. Rodopiando com elas pela pista, Pedro sentiu estruturas estranhas abaixo dos vestidos: os ossos de baleia nos corsetes. "Essas mulheres alemãs têm ossos duros como o diabo!", ele gritou aos amigos. As mulheres se deleitaram.

Pedro estava se divertindo imensamente. A festa foi mais alegre do que as realizadas no Subúrbio Alemão, mais alegre até do que os enormes banquetes da Companhia da Alegria. O czar agora se encontrava tomado pela boa energia. Ordenou que seus anões dançassem. Beijou e beliscou a orelha de seu anão favorito. Beijou também a cabeça da princesa de dez anos de idade, Sofia Doroteia, futura mãe de Frederico, o Grande, arruinando seu penteado. Também abraçou e beijou o príncipe Jorge, então com quatorze anos, que futuramente viria a ser o rei Jorge II da Grã-Bretanha.

No decorrer da noite, as duas eleitoras observaram de perto o czar. Perceberam que ele estava muito distante de ser o jovem bárbaro e incivilizado descrito pelos rumores. "Ele tem um ar natural e sem constrangimentos que me agradou", escreveu Sofia Charlotte. As caretas e contorções faciais de Pedro não eram tão ruins quanto elas haviam esperado e Sofia Charlotte acrescentou compreensiva: "Algumas delas ele não tem como corrigir". A eleitora mais velha, uma conhecedora experiente dos homens, descreveu a noite e o convidado de honra com detalhes:

> O czar é muito alto. Seus traços são refinados e sua figura, bastante nobre. Tem uma mente cheia de vivacidade, respostas rápidas e inteligentes. Porém, com to-

das as vantagens que a natureza lhe concedeu, poder-se-ia desejar que seus modos fossem um pouco menos rústicos. Imediatamente nos sentamos à mesa. *Herr* Koppenstein, que atuou como mestre de cerimônia, apresentou o guardanapo a Sua Majestade, que se mostrou imensamente constrangido porque, em Brandemburgo, em vez de um guardanapo de mesa, haviam lhe oferecido uma jarra e uma bacia [para limpar as mãos] depois da refeição. É muito alegre, fala bastante e criamos uma grande amizade mútua. E ele trocou caixas de rapé com minha filha. Permanecemos realmente por muito tempo à mesa, e teríamos ficado ali contentes por muito tempo mais sem sentir tédio por um instante sequer, pois o czar estava de muito bom humor e em momento algum deixou de conversar conosco. Minha filha fez seus italianos cantarem. A música deles agradou Pedro, embora ele tenha nos confessado que não liga muito para música.

Perguntei se gostava de caçar. Ele respondeu que seu pai gostava muito do esporte, mas que ele mesmo, desde o início da juventude, havia desenvolvido uma verdadeira paixão por navegação e fogos de artifício. Ele nos disse que trabalhou pessoalmente na construção de navios e nos mostrou suas mãos, fazendo-nos tocar nos calos provocados pelo trabalho. Trouxe seus músicos, que tocaram danças russas – e gostamos mais delas do que das polonesas. [...]

Sentimos por não podermos ficar mais tempo para vê-lo novamente, pois sua companhia nos foi muito agradável. É um homem extraordinário. É impossível descrevê-lo ou até mesmo oferecer uma ideia a seu respeito, a não ser que você o tenha conhecido. Tem um coração muito bom e sentimentos claramente nobres. Também devo dizer que Pedro não ficou embriagado diante de nós, mas ele mal tinha saído quando as pessoas de seu grupo começaram a se desculpar amplamente.

É um príncipe ao mesmo tempo muito bom e muito ruim. Sua personalidade é exatamente como a de seu país. Se tivesse recebido uma educação melhor, seria um homem excepcional, pois tem enormes qualidades e uma inteligência natural ilimitada.

Pedro demonstrou quão agradável havia sido a noite enviando a cada uma das eleitoras um baú cheio de peles de zibelina e brocado russos. Então, partiu imediatamente, à frente do grupo principal. Afinal, a Holanda estava poucos quilômetros a sul seguindo pelo Reno.

XIV

PEDRO NA HOLANDA

Na segunda metade do século XVII, a Holanda, termo usado para referir-se às sete Províncias Unidas dos Países Baixos do Norte, estava no pico de seu poder e prestígio mundiais. Com sua densa e abundante população composta por dois milhões de trabalhadores reunidos em uma área minúscula, a Holanda era, de longe, o Estado mais rico, urbanizado e cosmopolita da Europa. Não é de se surpreender que a prosperidade desse pequeno Estado fosse fonte de admiração e inveja por parte de seus vizinhos, e que essa inveja com frequência se transformasse em ganância. Nessas ocasiões, os holandeses se apoiavam em certas características nacionais para se defenderem. Eram valentes, obstinados e engenhosos e, quando lutavam – primeiro contra os espanhóis, depois, os ingleses, e, por fim, os franceses –, faziam-no de forma prática e, ao mesmo tempo, desesperada e sublimemente heroica. Para defender sua independência e democracia, um povo de dois milhões de cidadãos mantinha um exército com 120 mil membros e a segunda maior marinha do mundo.

A prosperidade da Holanda, assim como sua liberdade, apoiava-se na sagacidade e no trabalho duro. Na maior parte das nações europeias daquela época, a vasta maioria do povo era presa à terra, envolvida no simples processo de se sustentar e criar um pequeno excedente para alimentar as cidades. Na Holanda, cada camponês, produzindo uma colheita maior por acre, de alguma forma extraindo mais leite de suas vacas e mais carne de seus porcos, tornou-se capaz de alimentar dois concidadãos não fazendeiros. Assim, na Holanda, mais da metade da população encontrava-se livre para realizar outras atividades e esses cidadãos passaram a se envolver com comércio, indústria e transportes de bens.

O comércio e o transporte eram a fonte da enorme riqueza do país. Os holandeses do século XVII eram um povo comerciante e que se beneficiava com o mar. Os dois portos irmãos de Amsterdã e Roterdã, situados nas duas fozes do Reno, estavam nas junções dos canais europeus e seus mais importantes rios com os oceanos do mundo. Quase tudo que entrava e saía da Europa e atravessava o mar passava pela Holanda. Estanho inglês, lã espanhola, ferro sueco, vinhos franceses, peles russas, especiarias e chás indianos, madeira norueguesa e lã irlandesa seguiam para o país para serem classificados, finalizados, tecidos, misturados, separados e transportados por vias aquáticas.

Para transportar esses bens, os holandeses tinham quase o monopólio do transporte mundial. Quatro mil comerciantes holandeses – mais embarcações comerciais do que o restante da frota mundial somada – navegavam pelos oceanos do mundo. A Companhia Holandesa das Índias Orientais, fundada em 1602, e a mais recente Companhia Holandesa das Índias Ocidentais contavam com escritórios em todos os maiores portos do mundo. Os navegantes holandeses, combinando o vigor dos exploradores com o calculismo dos negociantes, estavam sempre em busca de novos mercados e novos portos. Conforme os navios iam incessantemente de um lado para o outro, bens e lucros acumulavam-se e os comerciantes holandeses tornavam-se mais e mais ricos. Novos serviços foram desenvolvidos na cidade de Amsterdã para proteger e estimular os negócios: o seguro foi criado para diminuir riscos, bancos e bolsas de valores encontraram formas de oferecer créditos e fomentar empréstimos públicos em escalas sem precedentes com o objetivo de financiar grandes empreendimentos comerciais; gráficas passaram a imprimir contratos, informações sobre cargas e todos os múltiplos formulários necessários para organizar, anunciar e confirmar as milhares de transações de negócios que ocorriam diariamente. Riqueza gerava confiança, confiança gerava crédito, crédito gerava mais riqueza e o poder e a fama da Holanda se espalharam ainda mais. O país era um verdadeiro modelo de Estado mercantil rico e bem-sucedido, um paraíso comercial que recebia jovens vindos de toda a Europa protestante – em especial da Inglaterra e da Escócia – para aprender as técnicas comerciais e financeiras da supremacia holandesa.

Era para essa brilhante Meca do comércio, do poder marítimo, da cultura, desse império mundial que um ansioso jovem russo chamado Pedro Mikhailov se apressava, atravessando a Alemanha, no final do verão de 1697.

Em Pereslavl, Arcangel e Voronej, conversando com construtores navais e capitães holandeses, Pedro havia com frequência ouvido o nome Zaandam. Essa cidade holandesa às margens do grande golfo de Ij, quinze quilômetros a norte de Amsterdã, tinha fama de construir os melhores navios do país. Nos cinquenta estaleiros de construção naval privados existentes tanto na cidade quanto à sua volta, eram construídos até 350 navios por ano, e os habitantes locais tinham fama de serem tão rápidos e tão especializados que, do momento em que a quilha era preparada até o navio estar pronto para ser lançado ao mar, menos de cinco semanas se passavam. Ao longo dos anos, o desejo de Pedro de visitar e aprender a construir navios em Zaandam havia se firmado fortemente. Agora, enquanto atravessava a Alemanha, disse a seus companheiros que queria permanecer em Zaandam durante o outono e o inverno aprendendo a construir navios. Quando chegou a Emmerich, pelo Reno, próximo à fronteira da Holanda, estava tão impaciente que contratou um barco e, deixando a maior parte da Embaixada para trás, seguiu pelo rio, passando por Amsterdã sem sequer parar para descansar.

No início da manhã do domingo, dezoito de agosto, Pedro e seus seis companheiros viajavam pelo canal, aproximando-se de Zaandam, quando o czar percebeu uma figura familiar sentada em um barco a remo, pescando enguias. Era Gerrit Kist, ferreiro holandês que havia trabalhado com Pedro em Moscou. Feliz por avistar o rosto familiar, Pedro gritou um cumprimento. Kist, acordando de seus pensamentos e erguendo os olhos para ver o czar da Rússia passar por ali, quase caiu de seu barco. Aproximando-se da margem e pulando da embarcação, Pedro abraçou Kist animadamente e pediu-lhe para jurar segredo acerca de sua presença. Então, ao descobrir que Kist vivia por ali, o czar imediatamente anunciou que ficaria com o ferreiro. O holandês apresentou muitas objeções, argumentando que sua casa era pequena demais e simples demais para receber um monarca e propondo, então, a casa de uma viúva que vivia logo atrás da sua. Com uma oferta de sete florins, a viúva foi persuadida a se mudar para a casa do pai. Assim, dentro de algumas horas, Pedro estava contente e instalado em uma pequena casa de madeira composta por dois pequenos cômodos, duas janelas, uma lareira e um quarto tão pequeno que ele sequer conseguia esticar totalmente o corpo. Dois de seus companheiros permaneceram com ele; os outros quatro encontraram instalações por perto.

Como era domingo, os estaleiros estavam fechados, mas Pedro se mostrava intensamente animado e achou impossível ficar parado e não fazer nada.

Foi às ruas, que estavam cheias de pessoas passeando em uma tarde ensolarada. A multidão, atraída pela notícia de que um barco estranho havia chegado trazendo estrangeiros usando roupas exóticas, começou a perceber sua presença. Irritado, ele tentou encontrar refúgio no Otter Inn, mas lá as pessoas também o encaravam. E aquilo era apenas o começo.

No início da manhã de segunda-feira, Pedro se apressou até uma loja no dique e comprou instrumentos de carpintaria. Depois, foi até o estaleiro privado de Lynst Rogge e, apresentando-se como Pedro Mikhailov, inscreveu-se como um trabalhador comum. Contente, começou os serviços, usando a machadinha para dar forma à madeira e constantemente perguntando ao contramestre o nome de todos os objetos que encontrava à sua frente. Depois do trabalho, começou a visitar as esposas e os pais dos construtores navais que conhecia na Rússia, explicando-lhes que trabalhava ao lado de seus filhos ou maridos e declarando com prazer: "Eu também sou carpinteiro". Procurou a viúva de um carpinteiro holandês que havia morrido na Rússia, a quem anteriormente concedera uma recompensa de quinhentos florins. A mulher lhe disse que tinha rezado com frequência por uma chance de expressar ao czar o quanto aquele presente significava para ela. Sentindo-se tocado e contente, Pedro ceou com a mulher.

Na terça-feira, ansioso por estar na água, Pedro comprou um pequeno barco a remo, pechinchando no melhor estilo holandês. Pagou quarenta florins e, em seguida, ele e o vendedor foram a uma taverna e dividiram um jarro de cerveja.

Apesar do desejo de Pedro de que ninguém descobrisse sua identidade, o segredo rapidamente começou a evaporar. Na manhã de segunda-feira, ele havia pedido para que seus companheiros tirassem seus mantos russos e usassem as jaquetas vermelhas e calças de lona branca dos trabalhadores holandeses; porém, mesmo assim, os russos não pareciam holandeses. A altura de Pedro já tornava o anonimato impossível e, na terça-feira, todos em Zaandam sabiam que "uma pessoa de grande importância" estava na cidade. Isso foi confirmado por um incidente naquela tarde, quando Pedro, andando pela rua e comendo ameixas, ofereceu as frutas a um grupo de rapazes que encontrou. Não havia ameixas suficientes e os garotos começaram a segui-lo. Quando ele tentou afastá-los, eles lançaram pedras e lama contra ele. Pedro encontrou abrigo no *Three Swans Inn* e buscou ajuda. O burgomestre em pessoa apareceu e o czar se viu forçado a explicar quem era e por que estava ali. O burgomestre imediatamente emitiu uma ordem proibindo os habitantes da cidade de causarem problemas ou insultarem "pessoas distintas que preferem permanecer no anonimato".

Logo, a mais distinta das pessoas foi precisamente identificada. Um construtor naval de Zaandam que trabalhava na Rússia havia escrito para seu pai afirmando que a Grande Embaixada seguiria para a Holanda e que o czar provavelmente estaria entre eles, viajando no anonimato. Contou também que seria fácil reconhecer Pedro por conta da grande altura, das sacudidas ou contrações na cabeça e nos braços e da pequena verruga na bochecha direita. O pai havia acabado de ler a carta em voz alta na quarta-feira para todos na barbearia de Pomp quando um homem alto e com aquelas exatas características entrou no estabelecimento. Como os barbeiros de todo lugar, Pomp via como sua obrigação comunicar todas as fofocas, e imediatamente passou a transmitir a notícia de que o mais alto dos estrangeiros era o czar da Moscóvia. Para verificar o relato de Pomp, as pessoas apressaram-se até Kist, que estava abrigando o estranho e era conhecido por conhecer o czar após passar anos na Rússia. Kist, fiel ao desejo de Pedro, veementemente negou a identidade de seu convidado até sua esposa dizer: "Gerrit, não posso aguentar mais. Pare de mentir".

Muito embora o segredo de Pedro tivesse sido revelado, ele ainda tentava passar despercebido. Recusou convites para jantar com os principais comerciantes de Zaandam e para comer peixe cozido à moda de Zaandam com o burgomestre e seus conselheiros. A ambos os convites, respondeu que não havia ninguém importante presente; o czar ainda não havia chegado. Quando um dos principais comerciantes foi até os camaradas de Pedro para oferecer uma casa maior com um jardim repleto de árvores frutíferas – que seria mais apropriada para eles e seu mestre –, eles responderam que não eram nobres, mas apenas servos, e que as acomodações em que estavam alojados eram amplas.

A notícia da presença do czar em Zaandam espalhou-se rapidamente pela Holanda. Muitas pessoas, entretanto, simplesmente recusavam-se a acreditar e inúmeras apostas foram feitas. Dois comerciantes que haviam conhecido Pedro em Arcangel se apressaram em direção a Zaandam. Vendo-o em sua casa na manhã de terça-feira, eles ficaram pálidos de emoção e declararam: "Certamente é o czar, mas como e por que está aqui?". Outro conhecido de Arcangel contou a Pedro que estava impressionado de vê-lo na Holanda e usando roupas normais de trabalho. Pedro simplesmente respondeu: "Você está vendo", e se recusou a comentar mais sobre o assunto.

Na quinta-feira, o czar comprou um barco a vela por 450 florins e instalou um novo mastro e gurupés com as próprias mãos. Quando o sol nasceu na sexta-feira, Pedro estava navegando no Ij, com a cana do leme na mão. Naquele dia, depois do jantar, voltou a navegar, mas, enquanto se divertia pelo Ij, viu um grande número de barcos saindo de Zaandam para unirem-se a ele. Para escapar, guinou na direção da encosta e pulou para fora da embarcação, mas logo se viu em meio a outra multidão curiosa, acotovelando-se para vê-lo e encarando-o como se ele fosse um animal no zoológico. Furioso, Pedro esbofeteou a cabeça de um espectador, fazendo a multidão gritar para a vítima: "Bravo! Marsje, agora você foi condecorado!". A essa altura, o número de pessoas nos barcos e na encosta havia crescido tanto que Pedro se isolou em uma pousada e se recusou a retornar a Zaandam antes do escurecer.

No dia seguinte, sábado, o czar planejava observar a delicada e interessante operação mecânica por meio da qual um navio grande e recém-construído era puxado pelo topo de um dique com a ajuda de rolamentos e cabrestantes. Com o objetivo de protegê-lo, um espaço havia sido cercado de modo que Pedro pudesse observar sem ser esmagado pela multidão. Na manhã de sábado, todavia, a notícia da esperada presença do czar havia atraído multidões ainda maiores, com pessoas vindas até mesmo de Amsterdã. Havia tantas delas que as cercas foram derrubadas. Pedro, vendo as janelas e até mesmo os tetos nas casas em volta repletas de espectadores, recusou-se a comparecer, muito embora o burgomestre tivesse ido pessoalmente chamá-lo. O czar respondeu em holandês: "Pessoas demais. Pessoas demais".

No domingo, barcos e mais barcos trouxeram multidões de Amsterdã. Por conta do desespero, o número de seguranças nas pontes de Zaandam foi redobrado, mas a multidão simplesmente os empurrava. Pedro não se atreveu a colocar os pés para fora durante todo o dia. Reprimido dentro de casa, fervendo de fúria e frustração, pediu ajuda ao conselho da cidade, que se encontrava constrangido, mas eles não puderam fazer nada com a torrente de curiosos que crescia a cada minuto. Como último recurso, Pedro decidiu deixar Zaandam. Seu barco foi trazido do ancoradouro regular para um local perto da casa. Usando vigorosamente os joelhos e cotovelos, o czar conseguiu abrir caminho pela multidão e subir a bordo. Embora o forte vento que soprava desde a manhã agora atingisse as proporções de um temporal, o czar insistiu em deixar a cidade. Uma das cordas se rompeu quando ele partiu e, por um momento, o barco correu perigo de afundar. Mesmo assim, apesar dos protestos de marinheiros experientes, Pedro seguiu viagem, chegando a Amsterdã três horas mais tarde. Lá também uma multidão de holandeses acotovelava-se para vê-lo. Mais uma vez, vários deles receberam golpes do czar. Por fim, Pedro conseguiu chegar a uma hospedaria que havia sido reservada para a Grande Embaixada.

Assim foi o fim da tão sonhada visita de Pedro a Zaandam. Tentar trabalhar em um estaleiro aberto ou andar livremente pela cidade era totalmente impossível, e a permanência de meses foi reduzida a uma única semana. Mais tarde, ele enviou Menchikov e dois outros membros de seu partido de volta a Zaandam para aprender a técnica especial de construção de mastros e ele mesmo retornou para duas breves visitas. Todavia, a instrução que Pedro queria adquirir sobre a construção de navios holandeses não aconteceria em Zaandam, mas sim em Amsterdã.

Nos tempos de Pedro, Amsterdã era o maior porto da Europa e a cidade mais rica do mundo. Construída onde dois rios, o Amstel e o Ij, fluem para a o golfo Zuiderzee, a cidade foi erguida das águas. Estacas foram fincadas no terreno pantanoso para criar uma fundação e a água passou a fluir pela cidade em canais com forma de anéis concêntricos – havia cinco deles na época de Pedro. Cada canal era dividido em duas ou em três passagens de água menores, de modo que toda a cidade ficava praticamente flutuando, um arquipélago de setenta ilhas ligadas por quinhentas pontes arqueando-se sobre os canais para permitir a passagem de barcos e barcaças. As muralhas foram construídas logo atrás do canal mais externo, de modo que ele constituísse um fosso natural. Em meio a essas muralhas estavam torres de vigia fortificadas às quais – tipicamente – os holandeses utilitários tinham dado um segundo uso. No topo das torres, colocaram moinhos de vento cujas rotações ofereciam energia a bombas trabalhando constantemente para sugar a água de pequenas áreas de solo seco. De pé sobre as fortificações, um observador conseguia ver uma enorme extensão de terra plana e úmida pontuada em todas as direções por outros moinhos de ventos, grandes ou pequenos, girando sem parar para bombear a água do mar.

As construções proclamavam a riqueza da cidade. Vista do porto, Amsterdã era um panorama de torres de igreja feitas de tijolos vermelhos, simétricas e metódicas, desenhadas no estilo arredondado típico dos holandeses. Os fundadores da cidade sentiam-se enormemente orgulhosos de sua prefeitura, acreditando que a construção, que se apoitava em 13.659 estacas, era a oitava maravilha do mundo. Hoje em dia, a construção é um palácio real. Por toda a cidade, havia cervejarias, refinarias de açúcar, tabaco, depósitos, armazéns de café e especiarias, panificadoras, abatedouros e siderúrgicas, cada um contribuindo com sua forma ou seu odor pungente para formar uma imagem composta de enorme variedade e riqueza. No entanto, acima de tudo era nas esplêndidas mansões construídas pelos comerciantes prósperos ao longo dos canais que a riqueza de Amsterdã era ostentada. Afastada dos canais, em ruas repletas de elmos e tílias, essas mansões de tijolos vermelhos permanecem até hoje como uma das mais belas características da cidade. Bastante estreitas (porque os proprietários pagavam impostos de acordo com a largura de suas casas), elas se erguiam com quatro ou cinco andares e um frontão elegante e pontiagudo no pico. Desse topo, uma viga geralmente se projetava por sobre a rua e era usada como âncora para auxiliar no transporte de móveis pesados e outros objetos, passando-os pelas janelas dos andares superiores, uma vez que as escadas eram estreitas demais para isso. Por essas janelas altas, o proprietário podia olhar a rua, as árvores, os elegantes postes de iluminação e as águas acinzentadas e ondulantes dos canais.

Havia água e navios por todos os cantos. Cada vez que virava uma esquina, o visitante avistava mastros e velas. O mar era uma floresta de mastros. Pelos canais, pedestres pisavam em cordas, anéis de ferro para prender barcos, pedaços de madeira, barris, âncoras e até mesmo canhões. Toda a cidade era quase um estaleiro. E o próprio porto estava repleto de navios de todos os tamanhos: barcos de pesca equipados com arpões retornavam ao meio-dia da pesca iniciada de manhã no Zuiderzee; enormes navios mercantes de três mastros da Companhia Holandesa das Índias Orientais e navios de linha com setenta ou oitenta canhões, todos ostentando o típico *design* holandês com proa arredondada e apontada para cima, cascos de viga ampla e fundos rasos, com exatamente a mesma aparência dos sapatos de madeira holandeses, apenas equipados com mastros e velas; elegantes iates do Estado, com bulbosos arcos holandeses e cabines grandes e ornadas, com janelas chumbadas que se abriam por sobre a popa. E, na extremidade ocidental do porto, em uma área chamada Ostenburg, estavam as docas da Companhia Holandesa das Índias Orientais, com os enormes desembarcadouros e rampas de lançamento navais onde os navios da empresa eram construídos. Pouco a pouco, os cascos enormes, bulbosos e arredondados dos navios das Índias Orientais tomavam forma, nascendo da quilha, costela a costela, tábua a tábua, deque a deque. Ali perto, embarcações veteranas retornando de longas viagens eram inspecionadas – primeiro, os cordames e os mastros eram removidos; depois, os cascos eram trazidos para áreas de maré baixa e colocados de lado. Ali ficavam como baleias encalhadas, com carpinteiros, montadores e outros funcionários formando uma multidão à sua volta, raspando de seus fundos ricas camadas de algas marinhas, trocando as placas apodrecidas e selando as aberturas com piche para manter a água do mar do lado de fora.

Seria nesse estaleiro, um paraíso especial para um marinheiro (dentro de um paraíso maior, que era toda Amsterdã), que Pedro passaria quatro meses.

O RETORNO DE PEDRO a Amsterdã havia sido forçado pelas multidões em Zaandam, mas ele teria retornado de qualquer forma para encontrar sua Grande Embaixada, que acabava de chegar. Os embaixadores haviam sido recebidos em estilo real em Cleves, perto da fronteira, e quatro grandes iates e numerosas carruagens haviam sido colocadas à sua disposição. Os fundadores da cidade de Amsterdã, entendendo o possível significado dessa embaixada em termos de futuros negócios com a Rússia, decidiram recebê-los com honras extraordinárias.

A recepção incluía visitas cerimoniais à prefeitura, ao almirantado e às docas, além de performances especiais de ópera e balé e um grandioso banquete que terminaria com um show de fogos de artifícios lançados de uma balsa no Amstel. Durante essas festividades, Pedro teve a chance de conversar com o extraordinário burgomestre de Amsterdã, Nicholas Witsen. Instruído, rico, respeitado por seu caráter e também por suas conquistas, ele era um explorador, patrono das artes e cientista amador, além de servidor público. Uma de suas paixões era os navios, e ele levou Pedro para ver sua coleção de modelos navais, instrumentos de navegação e ferramentas usadas na construção de embarcações. Witsen era fascinado pela Rússia e, durante muito tempo, em conjunto com suas outras obrigações e interesses, atuara como ministro não oficial da Moscóvia em Amsterdã.

Durante os meses que Pedro passou na cidade, o czar e o burgomestre conversaram diariamente e Pedro contou a Witsen o problema das multidões em Zaandam e em Amsterdã. Como ele conseguiria trabalhar em silêncio, aprendendo a construir navios, se estivesse cercado por estranhos curiosos que não paravam de encará-lo? Witsen imediatamente apresentou uma sugestão: se Pedro permanecesse em Amsterdã, poderia trabalhar nos estaleiros e nas docas da Companhia Holandesa das Índias Orientais, que eram cercadas por muralhas e fechadas ao público. Pedro adorou a ideia e Witsen, um dos diretores da empresa, fez os arranjos necessários. No dia seguinte, o conselho administrativo da Companhia das Índias Orientais resolveu convidar "uma alta personalidade aqui presente no anonimato" para trabalhar em seus estaleiros. E, para a conveniência de Pedro, decidiram oferecer-lhe a casa do mestre produtor de cordas para que ele pudesse morar e trabalhar dentro do estaleiro sem ser perturbado. Ademais, para assisti-lo no aprendizado, a diretoria ordenou a instalação da quilha de uma nova fragata de trinta ou quarenta metros (como o czar preferisse) para que ele e seus camaradas pudessem trabalhar e observar os métodos holandeses desde o início.

Naquela noite, durante o banquete formal de Estado oferecido à Embaixada pela cidade de Amsterdã, Witsen contou a Pedro sobre a decisão à qual os diretores haviam chegado mais cedo naquele mesmo dia. Pedro se mostrou entusiasmado e, embora adorasse fogos de artifício, quase não conseguiu se conter durante o restante da refeição. Quando o último foguete explodiu, o czar colocou-se rapidamente de pé e anunciou que seguiria para Zaandam naquele exato momento, no meio da noite, para buscar suas ferramentas e poder trabalhar na manhã seguinte. As tentativas tanto de russos quanto de holandeses de contê-lo provaram-se inúteis e, às onze da noite, o czar entrou em seu iate e seguiu viagem. Na manhã seguinte, estava de volta e foi direto para o estaleiro da Companhia das Índias Orientais, em Ostenburg. Dez "voluntários" russos, incluindo Menchikov, acompanharam-no, ao passo que os demais "voluntários" foram espalhados, por ordens de Pedro, em volta do ancoradouro, aprendendo a fabricar velas e cordas, arrumar mastros, usar polias e também noções de náutica. O príncipe Alexandre de Imeritia foi enviado a Haia para estudar artilharia. O próprio Pedro começou a estudar carpintaria sob a supervisão de Gerrit Claes Pool, mestre em carpintaria naval.

As primeiras três semanas foram gastas coletando e preparando madeira e outros materiais necessários. Para que o czar pudesse ver exatamente o que estava sendo feito, o holandês expôs todas as peças antes mesmo de criar a quilha. Então, conforme cada peça era presa no lugar, o navio tomava forma rapidamente, quase como um grande modelo pré-fabricado. A fragata de trinta metros foi batizada de *Os Apóstolos Pedro e Paulo*, e Pedro trabalhou com entusiasmo em cada estágio da montagem.

Ele chegava ao estaleiro todos os dias ao amanhecer, carregando o machado e as ferramentas nos ombros, assim como os demais trabalhadores. Não permitia que fizessem distinção entre ele e os outros e recusava-se terminantemente a ser chamado ou identificado por qualquer título. Nas horas de descanso da tarde, gostava de sentar-se em um toco de madeira e conversar com os marinheiros ou construtores navais ou qualquer um que o chamasse de "carpinteiro Pedro" ou *"baas* [mestre] Pedro". Ignorava ou dava as costas para qualquer um que o chamasse de "Majestade". Quando dois nobres ingleses vieram vislumbrar o czar da Moscóvia trabalhando como operário, o contramestre, para apontar quem era Pedro, disse: "Carpinteiro Pedro, por que não ajuda seus camaradas?". Sem dizer uma palavra, o czar se aproximou e ajeitou o ombro sob uma tora que vários outros homens se esforçavam para erguer, ajudando-os, assim, a colocar a madeira no lugar.

Pedro estava feliz com a casa que haviam lhe concedido. Vários de seus camaradas ali viviam com ele como um grupo de trabalhadores comuns. Originalmente, as refeições do czar eram preparadas pela equipe da hospedaria na qual estava a Embaixada, mas isso o incomodava. Pedro queria uma casa completamente independente. Não tinha horas fixas para suas refeições, pois queria se alimentar sempre que estivesse faminto. Então ficou combinado que ele receberia lenha e produtos para preparar seu sustento e, então, deixado por contra própria. Depois disso, Pedro prepararia o fogo e suas refeições como um carpinteiro simples.

Porém, embora estivesse em uma terra estrangeira, usando roupas locais e envolvido com as práticas dos trabalhadores, nem Pedro, nem seus compatriotas em momento algum se esquecerem de quem ele era ou do poder que tinha em mãos. Em Moscou, seus vice-reis mostravam-se relutantes em agir sem seu consentimento, e cada mensageiro lhe trazia montes de correspondências pedindo orientações, favores ou notícias. Pedro, em um estaleiro a milhares de quilômetros de sua capital, agora interessava-se mais do que nunca pelo governo de seu país. Insistia em ser informado dos menores detalhes dos assuntos públicos que, no passado, tão deliberadamente negligenciava. Queria saber tudo o que estava acontecendo. Como os Streltsi estavam se comportando? Quais progressos haviam sido alcançados nos dois fortes em Azov? E quanto ao porto e aos fortes em Tagonrog? O que estaria se passando na Polônia? Quando Shein lhe escreveu para contar da vitória sobre os turcos nos arredores de Azov, Pedro celebrou oferecendo um enorme banquete para os principais comerciantes de Amsterdã, seguido por um concerto, um baile e fogos de artifício. Quando descobriu a vitória culminante do príncipe Eugênio de Savoia sobre os turcos em Senta, enviou a notícia a Moscou e concedeu outro banquete para homenagear esse sucesso. Tentava responder as cartas de Moscou toda sexta-feira, embora, conforme escreveu a Vinius: "às vezes pelo cansaço, às vezes pela ausência, às vezes por *Khmelnitski* [uma bebida] isso seja impossível".

Em certa ocasião, o poder de Pedro sobre dois de seus súditos (ambos nobres servindo a Embaixada na Holanda) foi colocado em prática. Ao descobrir que os dois russos haviam criticado seu comportamento, afirmando que o czar deveria se comportar menos como um espetáculo e agir mais de acordo com os outros homens, Pedro ficou furioso. Presumindo que na Holanda ele possuía poder de vida e morte sobre seus súditos (como era o caso na Rússia), ordenou que os dois fossem acorrentados para posterior execução. Witsen interferiu, pedindo para que Pedro se lembrasse de que estava na Holanda, onde nenhuma execução poderia ocorrer exceto por uma sentença do tribunal do país. Witsen delicadamente sugeriu que os homens fossem libertados, mas Pedro se mostrou inflexível. Por fim, relutantemente cedeu em um acordo que enviou os dois infelizes exilados às mais distantes colônias da Holanda: um deles foi para a Batávia e o outro, para o Suriname.

Fora do estaleiro, a curiosidade de Pedro era insaciável. Ele queria ver tudo com os próprios olhos. Visitou serrarias, fábricas de fios e de papel, oficinas, museus, jardins botânicos e laboratórios. Em todos os lugares, perguntava: "Para que serve isso? Como funciona?". Ouvindo as explicações, assentia: "Muito bom, muito bom". Conheceu arquitetos, escultores e Van der Heyden, inventor da bomba de incêndio, a quem Pedro tentou convencer a ir para a Rússia. Visitou o arquiteto Simon Schnvoet, o museu de Jacob de Wilde e aprendeu a rascunhar e a desenhar com Schonebeck. Gravou uma placa retratando um homem alto e jovem (que se parecia consigo) segurando uma cruz alta, parado sobre a lua crescente e os símbolos do islã. Em Delft, visitou o engenheiro barão von Coehorn, o "Vauban holandês", que lhe deu aulas sobre a ciência das fortificações. Visitou holandeses em suas casas, especialmente aqueles envolvidos em negócios com a Rússia. Passou a se interessar pela impressão quando conheceu a família Tessing, e concedeu a um dos irmãos o direito de imprimir livros em russo e de introduzi-los na Rússia.

Várias vezes, Pedro deixou o estaleiro para visitar a sala de aula e de dissecação do renomado professor de anatomia Fredrik Ruysch, famoso em toda a Europa por sua habilidade de preservar partes do corpo humano e até mesmo cadáveres inteiros com a injeção de compostos químicos. Seu impressionante laboratório era considerado uma das maravilhas da Holanda. Certo dia, Pedro se viu diante do corpo de uma criança tão perfeitamente preservada que parecia viva e sorridente. Ele encarou o cadáver por um bom tempo, impressionado, e por fim não conseguiu resistir: inclinou o corpo para a frente e beijou a testa fria. Interessou-se tanto por cirurgia que teve dificuldades em deixar o laboratório – queria ficar e observar mais. Jantou com Ruysch, que o aconselhou na escolha de alguns cirurgiões para serem levados à Rússia para trabalhar com o exército e a frota. Pedro se interessou por anatomia e, depois disso, considerou-se um cirurgião qualificado. Afinal, ele perguntava, quantos outros russos haviam estudado com o famoso Ruysch?

Em anos posteriores, Pedro sempre carregava consigo dois estojos: um cheio de instrumentos matemáticos para examinar e verificar os planos de construção que lhe eram apresentados e o outro repleto de instrumentos cirúrgicos. Deixava instruções para ser informado sempre que uma operação importante estivesse prestes a ser realizada em um hospital nos arredores e, em geral, estava presente, com frequência ajudando e adquirindo habilidades suficientes para dissecar, tirar sangue, extrair dentes e realizar cirurgias menores. Seus servos que se adoentavam tentavam manter a enfermidade escondida do czar para que ele não aparecesse ao lado de seus leitos com seu estojo de instrumentos e oferecesse – e até mesmo insistisse que aceitassem – seus serviços.

Em Leyden, Pedro visitou o famoso doutor Boerhaave, que supervisionava um celebrado jardim botânico. Boerhaav também dava aulas de anatomia e, quando perguntou a Pedro a que horas ele gostaria de fazer uma visita, o czar escolheu as seis da manhã seguinte. Também visitou a área de dissecação de Boerhaave, onde havia sobre a mesa um cadáver com alguns músculos expostos. Pedro estudava o corpo com fascinação quando ouviu queixas de alguns de seus colegas russos enjoados. Furioso, e para horror do holandês, o czar ordenou que eles se aproximassem do cadáver, inclinassem o corpo e mordessem um dos músculos.

Em Delft, visitou o celebrado naturalista Anton van Leeuwenhoek, inventor do microscópio. Passou mais de duas horas conversando com Leeuwenhoek e olhando pelas lentes do incrível instrumento com o qual o naturalista havia descoberto a existência do espermatozoide e estudado a circulação do sangue em peixes.

Nos dias livres em Amsterdã, Pedro vagava a pé pela cidade, observando os cidadãos passarem, as carruagens sacudirem sobre as pontes, os milhares de barcos remando para cima e para baixo nos canais. Nos dias de compras, o czar frequentava a feira ao ar livre e o Botermarket, onde bens de todos os tipos eram empilhados em áreas abertas e sob arcadas. Parado próximo a uma mulher que comprava queijos ou a um comerciante escolhendo tinta, Pedro observava e estudava. Gostava particularmente de ver artistas de rua se apresentando diante de multidões. Certo dia, assistiu a um palhaço célebre fazendo malabarismo sobre um barril. Deu um passo à frente e tentou convencer o homem a ir com ele para a Rússia. O malabarista recusou o convite, afirmando que fazia muito sucesso em Amsterdã. No mercado, o czar testemunhou um dentista extrair um dente dolorido com instrumentos nada ortodoxos (como a parte côncava de uma colher ou a ponta de uma espada). Pediu uma aula e absorveu conhecimento suficiente para fazer experiências com seus servos. Aprendeu a remendar suas próprias roupas e, com um sapateiro, a fazer chinelos. No inverno, quando os céus se mostravam eternamente cinzas e o Amstel e os canais estavam congelados, Pedro viu mulheres com peles e lãs e homens e garotos com casacos longos e lenços acelerarem em seus patins de gelo com lâminas curvadas. Os locais mais aquecidos e aqueles onde o czar ficava mais feliz eram as cervejarias e as tavernas onde relaxava com seus camaradas holandeses e russos.

    Observando a imensa prosperidade da Holanda, Pedro não conseguia deixar de se perguntar como seu próprio povo, com uma extensão infinita de estepe e floresta à disposição, produzia apenas para o próprio consumo, ao passo que ali, em Amsterdã, com os cais e armazéns e florestas de mastros, mais riqueza era acumulada do que em toda a área da Rússia. Um motivo, Pedro sabia, era o comércio, a economia mercantil, a posse de navios. Ele decidiu se dedicar a realizar essas conquistas para a Rússia. Outro motivo era a tolerância religiosa na Holanda. Como o negócio internacional não conseguiria florescer em uma atmosfera de estreitas doutrinas religiosas ou preconceitos, a Holanda protestante praticava a maior tolerância religiosa na Europa daquela época. Foi para lá que os dissidentes da Inglaterra calvinista de Jaime I fugiram em 1606, e de lá navegaram uma década mais tarde até a Baía de Plymouth. Foi também para a Holanda que os huguenotes franceses seguiram aos milhares quando Luís XIV revogou o Édito de Nantes. Ao longo de todo o século XVII, a Holanda serviu tanto como uma central intelectual e artística quanto um centro comercial da Europa. Foi para defender suas liberdades religiosas e também sua supremacia comercial que os holandeses resistiram tão ferozmente ao engrandecimento da França católica de Luís XIV. Pedro ficou intrigado com essa atmosfera de tolerância religiosa. Visitou muitas igrejas protestantes na Holanda e fez diversas perguntas aos pastores.

Uma faceta brilhante da cultura holandesa do século XVII não o interessou muito, todavia. Era a nova e excepcional pintura dos grandes mestres da Escola Holandesa – Rembrandt, Vermeer, Frans Hals e seus contemporâneos e sucessores. Pedro, de fato, comprou obras holandesas e as levou para Rússia, mas não eram Rembrandts e outras peças de arte que posteriormente seriam colecionadas por Catarina, a Grande. Em vez disso, ele colecionava imagens de navios e do mar.

XV

O PRÍNCIPE DE ORANGE

EM UM MUNDO PREDATÓRIO, a riqueza e o poder da Holanda não foram nem conquistados, nem mantidos sem lutas. A república havia nascido de um esforço do século XVI das Províncias Unidas dos Países Baixos do Norte para se libertarem de seu governante espanhol, Filipe II. Em 1559, finalmente conquistaram a independência. Com habilidade e determinação, os holandeses desenvolveram um poder marítimo que derrotou os almirantes espanhóis, herdou as rotas de comércio da Espanha ao redor do mundo e criou as bases para o império ultramarino holandês. Entretanto, conforme a república conquistava sua prosperidade, a inveja e a ganância de seus dois vizinhos mais poderosos, Inglaterra e França, também cresciam. Cobiçando o quase-monopólio holandês do comércio europeu, os ingleses – tanto sob o comando de Oliver Cromwell quanto de Carlos II – atacaram a Holanda, provocando três guerras navais entre os dois países. Foi na segunda dessas guerras que a frota inglesa – comandada pelo irmão do rei, o duque de York (que posteriormente se tornaria o rei Jaime II) – tomou o porto de Nova Amsterdã e batizou de "Nova York" (em homenagem a seu próprio nome) o vilarejo na ponta da Ilha de Manhattan. Mais tarde, os holandeses retaliaram com um ataque naval ousado no estuário do Tâmisa, agredindo a principal base naval britânica em Chatham, queimando os quatro navios de linha no ancoradouro e partindo com o navio Royal Charles, o orgulho da Marinha Real, rebocado. Nessas guerras marinhas entre dois povos navegadores, os holandeses iam além de simplesmente resistir. Liderados por dois impressionante almirantes, Tromp e de Ruyter, guiaram seus navios de guerra menores e de bico arredondado contra os ingleses com tamanha bravura e habilidade que a Holanda se tornou a única nação a derrotar a Marinha Britânica com frequência.

As guerras da Holanda contra a Inglaterra se deram no mar e nas colônias. Uma ameaça muito mais mortal às Províncias Unidas viria pela terra, de seu poderoso vizinho, a França de Luís XIV. Para os homens reunidos em volta de Luís em Versalhes, o sucesso da pequena república protestante era uma afronta à grandeza da França, um pecado contra sua religião e, mais importante, uma barreira e um concorrente no comércio. O rei, seu ministro das finanças, Colbert, e seu ministro de guerra, Louvois, se uniram no desejo de derrotar os notáveis arrivistas holandeses. Em 1672, com o maior e melhor exército da história da Europa Ocidental e o Rei Sol pessoalmente no comando, a França seguiu pelo Reno até os campanários de Amsterdã estarem ao alcance da vista. A Holanda estava derrotada... Ou derrotada estaria não fosse pelo surgimento na História de uma das figuras mais extraordinárias do século XVII, Guilherme de Orange.

Guilherme, príncipe de Orange, simultaneamente estatuder da Holanda e dos Países Baixos Unidos e rei Guilherme III da Inglaterra, talvez fosse a figura política mais interessante que Pedro viria a encontrar durante a vida. Dois eventos dramáticos, quase milagrosos, estabeleceram as diretrizes da vida de Guilherme. Aos seus 21 anos, quando o aparentemente invencível exército da França havia engolido metade da república holandesa, ele recebeu poderes político e militar supremos e um pedido para que repelisse os agressores. E foi bem-sucedido. Quinze anos mais tarde, aos 36, sem renunciar a seus títulos holandeses, conduziu a única invasão de sucesso à Inglaterra desde os dias de Guilherme, o Conquistador.

Fisicamente, Guilherme de Orange não era privilegiado. Magro e bastante baixo, com uma ligeira deformidade na coluna que o deixava com as costas curvadas, tinha rosto fino e escuro, olhos negros, nariz longo e adunco, lábios grossos e cabelos negros caindo em pesados caracóis que lhe davam uma aparência mais de espanhol ou italiano do que a de um holandês. De fato, ele tinha muito pouco sangue holandês. Nasceu em uma família europeia curiosa, uma casa principesca cuja história é parte integrante na luta pela independência da Holanda, mas cujo principado hereditário (Orange) ficava milhas a sul, no vale do Ródano, na França, alguns quilômetros a norte de Avignon. Desde os tempos de Guilherme, o Taciturno, que guiou os holandeses à liberdade contra a Espanha no século XVI, a Casa de Orange havia oferecido à república líderes eleitos – estatuders – em tempos de perigo. O sangue da família era suficientemente bom para promover casamentos com outras famílias reais, e metade dos ancestrais de Guilherme eram Stuarts. Seu avô era o rei Carlos I da Inglaterra; sua mãe, uma princesa cujos irmãos – tios de Guilherme – foram dois reis da Inglaterra: Carlos II e Jaime II.

Guilherme se tornou o líder da Casa de Orange assim que nasceu – seu pai havia morrido de varíola uma semana antes. Criado pela avó, ele sofreu severamente de asma e por toda a infância foi solitário, delicado e infeliz. Naqueles anos, o gabinete do estatuder permaneceu vazio e a Holanda foi governada por uma oligarquia comandada por dois irmãos, João e Cornélio de Witt, que acreditavam que através de conciliação cuidadosa conseguiriam apaziguar Luís XIV. Então, em 1672, ano do nascimento de Pedro, veio a primeira crise da vida de Guilherme. Naquela primavera, Louvois presenteou Luís com um novo e impressionante exército composto por 110 mil homens reunidos em Charleroix, na fronteira ao norte. Luís, ao chegar para comandar pessoalmente o golpe que destruiria a república protestante, não esperava encontrar dificuldades: "Eu agora possuo uma escolta que me permitirá fazer uma jornada silenciosa para o interior da Holanda", declarou satisfeito.

Embora o Rei Sol estivesse nominalmente no comando, eram o experiente marechal Turenne e o príncipe de Condé que efetivamente davam as ordens. O exército de Luís facilmente seguiu pelo Reno, passando sobre as pontes de cobre recém-instaladas, e as cidades e fortalezas holandesas caíram como pinos de boliche. Vendo os franceses avançarem implacavelmente, o povo holandês entrou em pânico. Houve levantes contra os de Witts, que foram considerados responsáveis pela situação do país. Em Haia, uma multidão frenética encontrou os irmãos e os linchou.

Foi nesse momento de crise que os holandeses subitamente se voltaram, como crianças aterrorizadas, para a Casa de Orange, que um século antes havia oferecido salvação. Guilherme estava com apenas 21 anos, mas, em oito de julho, foi nomeado estatuder da Holanda e capitão geral do Exército, cargos vitalícios. Seu programa foi direto e desolador: "Podemos morrer na última trincheira". Imediatamente, começou a demonstrar as qualidades pelas quais viria a se tornar reconhecido. Tomou o campo usando o traje do comandante, o qual seria sua vestimenta por muitos anos: o uniforme azul da Guarda Azul Holandesa, uma armadura leve cobrindo as costas e o peito, um lenço de renda de Bruxelas, cinto e lenço alaranjados, botas altas, luvas e cinto trançados e com franjas, chapéu de aba larga com plumas. Permanecendo em cima de um cavalo do amanhecer ao cair da noite, indiferente à fadiga, o jovem príncipe lançou o desafio diante de Luís e seus marechais veteranos.

Na primeira semana depois de assumir o comando, Guilherme se viu forçado a tomar uma terrível decisão. Apesar dos esforços, seu exército não conseguia enfrentar os franceses, que avançavam rapidamente a caminho do coração dos Países Baixos. Arnhem caiu, assim como Utrecht, a apenas 35 quilômetros de Amsterdã. Então, quando os franceses estavam a apenas um dia de marcha do grande porto da Holanda, os holandeses obedeceram a ordem de Guilherme e abriram os diques. O mar invadiu a Holanda, inundando plantações e campos, engolindo ricas casas e jardins, afogando gado e porcos e desfazendo o trabalho de muitas gerações. Conforme os soldados abriam as comportas e diques, fazendeiros desesperados e contrários a verem suas fazendas desaparecerem debaixo das águas que se aproximavam lutaram para impedi-los. Amsterdã, até agora quase indefesa, tornava-se uma ilha. Sem barcos, os franceses só podiam encarar a cidade de longe.

Para o desgosto de Luís, embora o exército da Holanda estivesse derrotado e metade do país inundado, Guilherme recusava-se a se render. Os batalhões holandeses, incapazes de derrotar os franceses (cujo grupo era muito mais numeroso), permaneceram à espera no campo de batalha. Condé se estabeleceu em alojamentos de inverno em Utrecht, na esperança de que, quando o inverno chegasse, pudesse atacar Amsterdã com a ajuda do gelo. No entanto, o inverno foi ameno, e Luís, que nunca gostava de ver exércitos franceses trabalharem longe da França, ficou nervoso. Enquanto isso, Guilherme havia estado diplomaticamente ativo. Ele apontou ao Império Habsburgo, a Brandemburgo, Hanover, Dinamarca e Espanha que o poder e a ambição de Luís eram uma ameaça não apenas para a Holanda, mas também para os demais Estados. Todos ficaram impressionados com o argumento e mais ainda com a contínua resistência holandesa. Na primavera, a guerra se expandiu. O pequeno exército de Guilherme começou a atacar as linhas de comunicação francesas e Luís ficou ainda mais nervoso. Por fim, sistematicamente destruindo as cidades que haviam ocupado, os franceses recuaram. Essa vitória parcial – a sobrevivência da Holanda – era uma conquista quase unicamente do soldado e estadista de 21 anos que, naqueles poucos meses, tornou-se o segundo líder nacional mais importante da Europa.

Em 1678, a paz finalmente foi estabelecida, mas as suspeitas de Guilherme acerca das ambições de Luís jamais diminuíram. A oposição ao grande rei francês tornou-se a obsessão de Guilherme. Ele entendia que o poder de qualquer outro Estado sozinho poderia ser equiparado ao da França; portanto, o trabalho de sua vida passou a ser uma incansável busca por coalisões de Estados europeus suficientemente fortes para combaterem as ambições do Rei Sol – as quais eram, pelo ponto de vista de Guilherme, estabelecer na Europa "uma monarquia universal e uma religião universal".

O jovem herói rapidamente transformou-se em um estadista e guerreiro experiente. Corajoso e cheio de energia, um disciplinador implacável de si mesmo e de seus homens, Guilherme jamais foi um soldado de excelência. Embora tenha chefiado os exércitos inglês e holandês por quase três décadas, jamais saiu do segundo escalão como comandante militar; certamente não poderia ser comparado ao tenente que o sucedeu como generalíssimo da coalisão anti-França, John Churchill, primeiro duque de Marlborough. O talento de Guilherme estava não em vencer batalhas (ele com frequência era derrotado), mas em sobreviver à derrota, em permanecer no campo de batalha, em recuar, resistir e preparar a próxima campanha. Seu ponto forte era a diplomacia. Austero, frio, impaciente, obstinado, apaixonado, tinha como verdadeira natureza não tolerar impedimentos, passando por cima de tudo para alcançar seus objetivos. Entretanto, como a Holanda não tinha o poder necessário para sustentar esse lado de sua personalidade, Guilherme se viu forçado a suprimir esses sentimentos, fechar acordos e concessões com seus aliados, acalmar-se e esperar.

Era calvinista, mas tolerava todas as religiões: o Papa era seu aliado, assim como o Imperador Católico; havia oficiais católicos em seu exército. Praticamente todos os preconceitos e antagonismos eram deixados de lado; sua única vendeta era para com Luís. Porém, no fundo, sua vida era guiada por uma forte crença calvinista na predestinação. Estava convencido de que, assim como os membros passados de sua família, ele agia como um instrumento de Deus. A Divindade, acreditava, havia escolhido sua família e agora ele mesmo para salvar a Holanda e a causa protestante na Europa. Guilherme via sua missão até mesmo como sendo pessoal: ele e Luís travavam uma batalha pelo futuro do continente europeu. Por conta da sólida fundação de sua fé, não se desanimava quando perdia uma batalha: tudo era pré-determinado por Deus e a derrota era apenas um desafio ao seu mérito, um teste à sua habilidade de seguir como um campeão divino. Embora Guilherme em certos momentos duvidasse e até mesmo se desesperasse, jamais desistia, acreditando que, de alguma forma, por meio de milagres — se assim necessário — Deus salvaria sua causa. Dessa forma, mesmo que seu poder fosse muito menor do que o de Luís, Guilherme, diferentemente do rei francês, estava preparado para correr enormes riscos. Foi um risco de magnitude, quase um segundo milagre, que em 1688 catapultou Guilherme para o trono da Inglaterra.

Durante anos, o principal objetivo diplomático de Guilherme, depois de salvaguardar a Holanda, havia sido afastar da França seu tio, o cínico Carlos II da Inglaterra e ligar a Inglaterra à Holanda em uma aliança contra Paris. Ele nunca obteve êxito, mas, após 1672, a Inglaterra permaneceu neutra na desconfortável paz que se seguiu. Em 1677, para promover sua política, Guilherme, então com 26 anos, casou-se com sua prima de primeiro grau, sobrinha de Carlos II, a princesa Maria da Inglaterra, na época com quinze anos. Não foi um casamento por amor, tendo em vista que mulheres em geral significavam pouco para Guilherme, e o casamento não deixou filhos. A princesa, entretanto, foi uma esposa dedicada que deixou de lado a Inglaterra e se esforçou para se tornar princesa da Holanda sem sequer visitar sua terra natal por um período de dez anos depois do casamento. Tornou-se bastante amada pelo povo holandês e retribuiu a afeição. Não tinha expectativa de tomar o trono inglês: à sua frente, estava o rei incumbente, seu tio Carlos II, depois qualquer herdeiro varão legítimo que pudesse ter filhos, depois seu pai, o duque de York, seguido pelos herdeiros homens legítimos dele.

Em 1685, entretanto, depois de 25 anos no trono inglês, Carlos II morreu sem deixar herdeiro legítimo e o trono passou para seu irmão mais novo, o melhor almirante inglês, Jaime, duque de York. Essa troca de monarcas alterou fortemente a posição britânica. Jaime era sincero, direto, orgulhoso, objetivo e desprovido de sutilezas. Nascido protestante, converteu-se ao catolicismo aos 35 anos, demonstrando dali por diante o fanatismo especial de um convertido, traço que era entusiasticamente encorajado por sua segunda esposa, a católica Maria de Modena. Nos deques de seus navios ou na capela de madeira pequena e especial montada em rodas e levada em meio a seu exército, Jaime participava da missa duas vezes por dia.

Uma vez no trono, agiu rapidamente para alterar o equilíbrio das forças políticas na Inglaterra. Seu primeiro objetivo era simplesmente remover as restrições colocadas aos católicos ingleses pela maioria protestante e anticatólica. Cada vez mais, todavia, os católicos eram promovidos a posições-chave. Governantes católicos foram instalados nos portos do Canal e um almirante católico recebeu o comando da frota do Canal. Embora a ansiedade e a oposição dos protestantes crescessem rapidamente, um fato importante sufocou qualquer ação aberta: Jaime não tinha filhos, e suas duas filhas, Maria e Ana, eram ambas protestantes. Assim, os anglicanos ingleses estavam preparados para esperar pela morte de Jaime e a vinda de sua sucessora, Maria. E o marido de Maria, que a acompanharia no trono, era Guilherme de Orange. O título que permitia a Guilherme reinar vinha apenas parcialmente de seu *status* de marido de Maria; por direito próprio, ele também era, como único sobrinho tanto do rei Carlos II quanto do rei Jaime II, o próximo herdeiro após Maria e Ana.

Guilherme não desgostava de seu tio, mas temia profundamente a presença de um monarca católico no trono inglês e as implicações de um alinhamento da França e da Inglaterra católicas contra a Holanda protestante. Mesmo assim, também estava preparado para esperar a morte de Jaime para subir ao trono com sua esposa, Maria. Entretanto, em vinte de junho de 1688, a rainha e esposa de Jaime, Maria de Modena, teve um filho. O rei católico agora tinha um herdeiro católico. Essa questão foi o estopim para que os protestantes ingleses passassem imediatamente a apoiar Guilherme. Embora o que aconteceu em seguida tenha sido visto pelos apoiadores de Jaime (que passariam a ser chamados de jacobitas) como um golpe de monstruosa ambição por parte de um sobrinho e genro implacável usurpando o trono da Inglaterra, o motivo para a ação de Guilherme teve muito pouco a ver com a Inglaterra e tudo a ver com a França e a Europa. Ele não queria ser rei da Inglaterra e nem se importava em manter as liberdades dos ingleses ou os direitos do Parlamento – o que ele queria era manter a Inglaterra do lado dos protestantes.

O convite para Guilherme substituir seu tio no trono inglês foi feito por sete dos mais respeitados líderes protestantes da Inglaterra, incluindo tanto Whigs[1] quanto Tories.[2] Obtendo o apoio e a permissão das Províncias Unidas dos Países Baixos, Guilherme enviou à Inglaterra um exército holandês composto por doze mil homens em duzentos navios comerciais escoltados por 49 navios de guerra – quase toda a frota holandesa. Passando pelas frotas inglesa e francesa, que o observavam, ele desembarcou em Torbay, na costa de Devonshire. Chegou ao solo atrás de uma bandeira ostentando o antigo lema da Casa de Orange, *Je maintiendrai* ("Eu manterei"), à qual Guilherme acrescentou as palavras: "as liberdades da Inglaterra e da religião protestante".

---

1   O partido liberal da Inglaterra. (N.E.)
2   O partido conservador da Inglaterra. (N.E.)

Jaime enviou seu amigo, o comandante militar mais habilidoso, John Churchill, na época conde de Marlborough, para confrontar o exército de Guilherme, mas Marlborough, sendo protestante, prontamente desertou para o lado dos invasores, assim como o fizeram a outra filha de Jaime, a princesa Ana, e seu marido, o príncipe Jorge da Dinamarca. O rei ficou abalado. Gritando "Que Deus me ajude! Até mesmo meus filhos me desertaram!", ele fugiu de Londres sem sequer se barbear, jogando o Grande Selo no rio enquanto cruzava o Tâmisa a caminho da França. Lá, no *château* de St. Germain-en-Laye, onde agora está enterrado, o orgulhoso e obstinado monarca viveu por treze anos como pensionista de Luís. Manteve uma falsa corte e um grupo de guardas irlandeses, todos dependentes de Luís, que tinha sua vaidade engrandecida pela presença de um monarca exilado suplicante a seus pés.

A posição de Maria na disputa entre seu pai e seu marido foi dolorosa, mas, como protestante e esposa, ela apoiou Guilherme. Quando chegou à Inglaterra, rapidamente rejeitou a proposta para se tornar a única monarca, o que excluiria seu marido. Guilherme e Maria foram proclamados soberanos conjuntos por um Parlamento que, em troca, extraiu deles uma Carta de Direitos e outros privilégios que hoje são peças centrais da constituição britânica.

Ironicamente, embora os eventos de 1688 tenham marcado uma forte transformação na história política e constitucional da Inglaterra e sejam chamados de Revolução Gloriosa, Guilherme não lhes deu muita importância. Para manter o apoio à luta na Europa, consentia com tudo que o Parlamento pedia. Deixou a política doméstica nas mãos de outros enquanto se esforçava para controlar com as próprias mãos a política externa inglesa, alinhando-a com a política holandesa e até mesmo fundindo os serviços diplomáticos holandês e inglês. Sua política externa era, simplesmente, a guerra com a França. E, ao acolher Guilherme, a Inglaterra também acolheu essa guerra. Essencialmente, um acordo havia sido fechado: o Parlamento concordava com a guerra de Guilherme para proteger a religião protestante e afirmar sua supremacia; Guilherme aceitava a supremacia do Parlamento para manter o apoio inglês na luta contra Luís.

Ele não se sentia em casa junto aos habitantes da ilha. Detestava o clima britânico, que agravava sua asma, e desgostava do povo local. "Tenho certeza de que essas pessoas não foram feitas para mim, assim como eu não fui feito para elas." Sentia falta da Holanda. Em 1692, quando Haia realizava sua feira anual, lamentou: "Eu gostaria de ser um pássaro para poder voar até lá". Em outra ocasião, falando sobre a Holanda, declarou: "sinto falta de lá como um peixe sente falta da água".

E os ingleses retribuíam sinceramente o desgosto de Guilherme. Teciam comentários sobre sua insociabilidade, seu silêncio e seu mau humor ao lidar com seus súditos ingleses, além de seu desgosto pelos hábitos, pelas tradições, pelas festas e pelas políticas locais, e também por Londres. Embora Guilherme tenha adotado a sábia Elizabeth Villiers como sua amante, a rainha Maria permaneceu devotada a ele, governando a Inglaterra em seu lugar sempre que o marido estava ausente e se afastando completamente da política quando ele retornava. Quando ela morreu de varíola aos 32 anos, Guilherme sofreu amargamente o luto. Continuou como monarca único, um homem solitário e sem filhos cuja herdeira era a irmã de Maria, princesa Ana. Os franceses, sempre prontos para esperar o pior do homenzinho estranho que tão desesperadamente se opunha a eles, espalharam rumores de que Guilherme estaria apaixonado pelo conde de Albermarle.

O que Guilherme mais desgostava nos ingleses era o que ele via como uma negligência ingênua de seus próprios interesses de longo prazo, além da egoísta falta de preocupação acerca do que acontecia à Europa; em outras palavras, Guilherme não se sentia satisfeito com o empenho vacilante daquele povo com a causa dele. Como rei da Inglaterra, ligou os interesses ingleses aos holandeses, mas não subordinou um ao outro. Em vez disso, como líder da coalisão da Europa, adotou uma visão geral de seu papel. Começou a falar da Europa como uma entidade e, em suas correspondências, seu objetivo tornou-se "o interesse geral da Europa".

Como era de se prever, dois anos após a coroação de Guilherme, a Inglaterra estava em guerra com a França. O conflito durou nove anos. Seu resultado foi o incoerente Tratado de Ryswick, criado em Haia, em 1697, durante a visita de Pedro à Holanda – um documento que não alterava fronteiras, mas em cujos termos Luís finalmente reconhecia Guilherme como rei da Inglaterra. Depois disso, em um breve interlúdio de paz, Luís e Guilherme chegaram a trabalhar juntos para afastar a crise internacional que inevitavelmente ocorreria quando o frágil rei da Espanha, Carlos II, morresse sem deixar um herdeiro. A solução acordada foi uma partilha, mas Carlos frustrou os planos deixando seu reino e império ao neto de Luís, e o Rei Sol rasgou o tratado com Guilherme, que naturalmente se recusou a aceitar essa fusão do território e do poder da França e da Espanha, e passou novamente a reunir uma coalisão anti-França.

A grande guerra que se seguiu, batizada de Guerra da Sucessão Espanhola, estendeu-se por onze anos e marcou a linha divisória entre a Europa do século XVII e a do século XVIII. Em termos imediatos, o conflito foi vencido e o objetivo de Guilherme alcançado: a França estava limitada a suas fronteiras, a Holanda conservou sua liberdade e a religião protestante foi mantida na Europa. Entretanto, Guilherme não viveu para ver. Na primavera de 1702, à véspera de sua declaração de guerra, o rei foi cavalgar com Sorrel, seu cavalo favorito, no parque do Hampton Court. O animal tropeçou, lançando Guilherme para fora da sela. O resultado foi uma clavícula quebrada. Num primeiro momento, o incidente não pareceu sério, mas Guilherme, aos cinquenta anos de idade, estava exausto. Seus olhos estavam fundos, sua tosse asmática não cessava. Seu corpo emancipado carecia da força para resistir e, em dezenove de março de 1702, o monarca faleceu.

PARA A SORTE DE Pedro, Guilherme por acaso estava na Holanda quando a Grande Embaixada chegou. Desde a adolescência do czar, Guilherme havia sido seu maior herói em meio aos líderes ocidentais. Nas longas noites no Subúrbio Alemão, conversando com holandeses, alemães e outros estrangeiros, a maioria deles favorável à causa protestante e antifrancesa de Guilherme, Pedro havia ouvido inúmeras histórias sobre o holandês destemido, habilidoso e persistente. Em 1691, em Pereslavl, o czar havia ordenado que os canhões de seus dois navios no lago atirassem em saudações ao ouvir a notícia da vitória anglo-holandesa sobre a frota francesa em La Hogue. Predisposto a valorizar tudo o que era holandês, querendo aprender os segredos da construção naval holandesa, esperando recrutar ajuda holandesa em sua guerra contra os turcos, Pedro se mostrava ansioso por conhecer o rei e estatuder a quem tanto admirava.

O primeiro encontro ocorreu em Utrecht, com Pedro sendo acompanhado por Witsen e Lefort. A reunião foi totalmente reservada e informal, como ambos os monarcas sempre preferiam. Formavam um par improvável: de um lado, o holandês pequeno e friamente disciplinado, com as costas arqueadas e a respiração de um asmático; do outro, o alto, jovem e impulsivo russo. A proposta de Pedro para que Guilherme se unisse a ele em uma aliança cristã contra os turcos não obteve resposta. Guilherme, embora negociando a paz com a França, não queria uma grande guerra no Oriente, o que poderia distrair seu aliado austríaco e estimular Luís XIV a reiniciar suas aventuras no Ocidente. De qualquer forma, o apelo oficial de Pedro seria entregue não pessoalmente a Guilherme, mas pelos embaixadores russos aos governadores formais da Holanda, Suas Nobres Altezas do Estado Geral, que permaneciam em Haia, a capital nacional. Era a eles que a Grande Embaixada apresentaria suas credenciais e declararia suas questões, e Pedro levou esse evento extremamente a sério. Como a Rússia não tinha embaixadores ou embaixadas permanentes em outros países, a chegada dessa enorme delegação comandada por três líderes do Estado russo (mesmo sem a presença reconhecida do soberano) e a forma como eles seriam recebidos eram fatores de grande importância para o czar. Ele estava ansioso para que a estreia da Embaixada fosse promissora e Ryswick oferecia um excelente palco para esse propósito. Os estadistas e diplomatas mais celebrados de todas as grandes potências europeias estavam presentes para conduzir e vigiar as negociações cruciais de paz; qualquer coisa que acontecesse em Ryswick seria cuidadosamente percebido e reportado para todas as capitais e todos os monarcas da Europa.

Os embaixadores russos prepararam-se por dias em Amsterdã para suas audiências. Ordenaram três carruagens estatais esplendorosas, roupas novas para si e fardas novas para seus servos. Enquanto isso, em Haia, dois hotéis eram preparados para eles com enormes quantidades de vinho e alimentos. Enquanto a Embaixada se preparava, Pedro explicou a Witsen que queria acompanhar anonimamente seus embaixadores para observar como seriam recebidos. Esse foi um pedido difícil de ser aceito por Witsen, porém, ainda mais difícil de ser recusado. Pedro seguiu em uma das carruagens menores, insistindo que seu anão preferido o acompanhasse, muito embora o veículo estivesse cheio. "Muito bem", declarou, "então eu o levarei em meu colo." Por toda a estrada entre Amsterdã e Haia, Pedro viu coisas novas. Passando por um moinho de vento, perguntou para que aquilo servia. Ao ser informado que o moinho cortava pedras, ele declarou: "Quero vê-lo". A carruagem parou, mas o local estava trancado. Mesmo durante a noite, enquanto o grupo cruzava uma ponte, Pedro quis estudar sua construção e fazer medições. A carruagem parou novamente, lampiões foram trazidos e o czar mediu a extensão e a largura da ponte. Ele media a profundidade de seus pontões quando o vento apagou as luzes.

Em Haia, Pedro foi levado ao Hotel Amsterdam, onde lhe mostraram um belo quarto com uma cama luxuosa. Ele rejeitou ambos, escolhendo um pequeno quarto no topo do hotel com apenas uma cama dobrável simples. Alguns minutos mais tarde, todavia, decidiu que queria ficar com seus embaixadores. Já passava da meia-noite, mas Pedro insistiu que os cavalos e as carruagens fossem preparados para seguir até o Hotel des Doelens. Lá, mais uma vez lhe mostraram um apartamento que não o agradou, e ele seguiu em busca de suas próprias acomodações. Vendo um dos servos da Embaixada dormindo em uma pele de urso, Pedro o puxou pelos pés dizendo: "Vamos, vamos, levante-se!". O servo virou-se para o lado, resmungando. Pedro o chutou uma segunda vez e gritou: "Rápido, rápido. Eu quero dormir aí". Dessa vez, o servo entendeu e rapidamente se colocou de pé. Pedro se jogou na pele de urso aquecida e ali dormiu.

No dia em que os embaixadores foram recebidos pelos Estados Gerais, o czar se vestiu em estilo europeu como um cavalheiro da corte. Usava terno azul com ornamentos dourados, peruca loira e um chapéu com plumas brancas. Witsen o acompanhou até a câmara próxima ao salão no qual a recepção aconteceria; através de uma janela, Pedro conseguia observar e ouvir tudo. Lá ficou e esperou até os embaixadores aparecerem. "Eles estão atrasados", reclamou. Sua impaciência tornou-se ainda maior quando ele viu todos se virando constantemente para olhá-lo e ouviu o crescente zumbido de animação conforme os sussurros transmitiam a informação de que o czar estava na sala ao lado. Pedro queria escapar, mas não conseguiria fazê-lo sem cruzar o salão. Angustiado, pediu a Witsen para ordenar que os membros dos Estados Gerais virassem a cabeça para o outro lado para que não o vissem passar. Witsen explicou que não poderia dar ordens àqueles cavalheiros, que eram soberanos na Holanda, mas que transmitiria o pedido mesmo assim. Eles responderam que estavam dispostos a se levantar diante da presença do czar, mas que não consentiriam em lhe dar as costas. Ao ouvir isso, Pedro cobriu o rosto com a peruca e atravessou rapidamente o salão até o vestíbulo, descendo as escadas em seguida.

Alguns minutos mais tarde, os embaixadores chegaram ao salão e a audiência teve início. Lefort fez um discurso em russo (com interpretação para o francês) e presenteou Suas Nobres Altezas com uma enorme coleção de peles de zibelina. Lefort, que usava roupas europeias em Moscou, vestiu-se para a ocasião com mantos moscovitas feitos de tecido dourado com bordas em peles. Seu chapéu e sua espada brilhavam com diamantes. Golovin e Voznitsyn usavam cetim preto decorado com ouro, pérolas e diamantes; em seus peitos, medalhões com um retrato do czar; os ombros, cobertos com a dupla águia bordada em ouro. Os embaixadores causaram uma boa impressão, as vestimentas russas foram muito admiradas e todos falaram sobre o czar.

Enquanto permaneceu em Haia, Pedro manteve sua posição de czar no anonimato, encontrando-se privadamente com estadistas holandeses, mas recusando-se a aceitar o reconhecimento público. Participou de um banquete para os corpos diplomáticos, sentando-se ao lado de Witsen. Continuou encontrando-se em particular com Guilherme, embora não haja registros das conversas. Por fim, satisfeito com a recepção dos embaixadores e deixando-os conduzir as negociações com os Estados Gerais, Pedro retornou ao trabalho no estaleiro em Amsterdã. O sucesso da Embaixada foi limitado. Os holandeses não se mostraram interessados em uma cruzada contra os turcos e, como as dívidas cresciam por conta da guerra contra a França e da necessidade de reconstruir sua própria marinha, rejeitaram o pedido russo de ajudar a construir e armar setenta navios de guerra e mais de cem galeras para uso no mar Negro.

Durante o outono, frequentemente acompanhado por Witsen, Pedro fez excursões frequentes de carruagem pelo interior plano da Holanda. Seguindo pelas regiões que haviam estivado no fundo de um mar raso, ele olhava para a paisagem pontuada por moinhos de vento e torres de igreja feitas de tijolos, campos com gado pastando e pequenas cidades de tijolos com ruas também cobertas por tijolos. Os rios e canais repletos de barcos e barcaças eram um deleite para Pedro. Frequentemente, quando a água encontrava-se escondida pela paisagem plana, parecia que velas e mastros marrons moviam-se sozinhos pelos enormes campos.

A bordo de um iate estatal, Witsen levou Pedro à ilha de Texel, na costa do mar do Norte, para observar o retorno da frota de baleeiras da Groenlândia. O local era remoto, com longas dunas e matagal crescendo no limite da areia branca. No porto, Pedro subiu a bordo de uma das embarcações volumosas e de três mastros, examinou tudo e fez muitas perguntas sobre baleias. Para fazer uma demonstração, o pescador desceu um bote e a equipe explicou como atacar o animal com um arpão. Pedro ficou impressionado com a precisão e a coordenação. Em seguida, embora o barco cheirasse a gordura de baleia, o czar desceu sob os deques para ver o espaço onde os animais eram mortos e sua gordura fervida com o objetivo de se obter o precioso óleo.

Pedro retornou discretamente a Zaandam várias vezes para visitar seus camaradas que continuavam trabalhando na cidade. Menchikov aprendia a construir mastros, Naryshkin aprendia navegação, Golovki e Kurakin trabalhavam na construção de cascos. Em geral, Pedro viajava até lá por água, ou pelo menos aproveitava a visita para navegar. Certa vez, enquanto velejava durante um temporal, seu barco virou. O czar escapou do acidente e pacientemente se sentou na embarcação virada, esperando o resgate.

Embora sua privacidade fosse protegida enquanto ele trabalhava nas docas, era impossível isolá-lo completamente em suas viagens a Ij. Pequenos barcos repletos de curiosos regularmente tentavam abordá-lo, o que sempre o deixava furioso. Em certa ocasião, diante da insistência de diversas damas que por ali passavam, o capitão de um navio tentou seguir ao lado da embarcação de Pedro. Em um momento de fúria, o czar jogou duas garrafas vazias na cabeça do capitão. Errou o alvo, mas fez o navio dar meia-volta e deixá-lo em paz.

No início de sua visita, Pedro conheceu o principal almirante holandês da época, Gilles Schey, discípulo de Ruyter. Foi Schey quem lhe ofereceu o espetáculo mais impressionante e agradável de sua visita: uma grande simulação de batalha naval no Ij. Os donos de navios no norte da Holanda foram convidados a participarem, e canhões foram instalados em todas as embarcações capazes de carregá-los. Grupos de soldados voluntários foram distribuídos em meio aos deques dos navios maiores, e receberam a tarefa de simular tiros de mosquetes durante a batalha. Em uma manhã de domingo, sob um céu sem nuvens e com um vento fresco soprando, centenas de navios se reuniram à beira de um dique com milhares de espectadores. Pedro e os membros de sua Embaixada embarcaram em um grande iate da Companhia das Índias Orientais e seguiram em direção a duas frotas já preparadas em linhas opostas da batalha. Depois de um cumprimento ao convidado, a batalha teve início. Primeiro, as duas filas de navios atiraram salvos uma contra a outra, depois teve início uma série de combates de um navio contra o outro. A batalha – com seus avanços e recuos, lutas e embarques, fumaça e barulho – agradou tanto o czar que ele levou seu navio para o ponto em que a ação era mais intensa. Com os canhões ribombando continuamente de modo que ninguém conseguisse ouvir nada, "o czar encontrava-se em um estado de arrebatamento difícil de descrever". Durante a tarde, o número de colisões forçou o almirante a sinalizar para que ambos os lados deixassem de lado suas ações.

Pedro jantava frequentemente com Schey e tentava persuadir o almirante a ir para a Rússia supervisionar a construção da frota do país e tomar o comando quando os navios fossem lançados ao mar. Ofereceu a Schey todos os títulos que o holandês poderia desejar, uma pensão de 24 mil florins e mais dinheiro para sua esposa e filhos caso eles preferissem ficar para trás na Holanda. Também prometeu fazer os arranjos pessoalmente com Guilherme. Schey declinou, o que de forma alguma diminuiu o respeito de Pedro por ele, e propôs ao czar outro almirante capaz de supervisionar e comandar uma marinha. Era Cornelius Cruys, nascido na Noruega, mas filho de pais holandeses. Como contra-almirante, Cruys era inspetor-chefe de equipamentos naval do almirantado holandês em Amsterdã e, nessa posição, já havia aconselhado os russos em suas compras de equipamentos navais. Era exatamente o tipo de homem que Pedro queria, mas, como Schey, Cruys demonstrou pouco entusiasmo pela oferta de ir para a Rússia. Foram necessários os esforços conjuntos de Schey, Witsen e outras pessoas de destaque (que compreendiam que Cruys teria uma influência poderosa sobre os negócios russos) para convencer o almirante a aceitar o convite.

Com a exceção do tempo necessário para as idas a Haia e para as viagens para conhecer vários locais e pessoas em outras partes da Holanda, Pedro trabalhou constantemente no estaleiro por quatro meses. Em dezesseis de novembro, nove semanas depois do preparo da quilha para a fragata do czar, o casco estava pronto para ser lançado. Na cerimônia, Witsen, em nome da cidade de Amsterdã, entregou a embarcação a Pedro como um presente. O czar, profundamente comovido, abraçou o burgomestre e imediatamente batizou a fragata de *Amsterdã*. Mais tarde, preenchida com muitos objetos e equipamentos que Pedro havia comprado, a embarcação foi despachada para Arcangel. Por mais que estivesse feliz com o navio, o czar se sentia ainda mais orgulhoso da folha de papel recebida de Gerrit Pool, mestre construtor naval, certificando que Pedro Mikhailov havia trabalhado por quatro meses em seu estaleiro e era um construtor naval capaz e competente que dominava completamente a ciência da arquitetura naval.

Todavia, Pedro ficou um pouco perturbado com a instrução recebida na Holanda. O que ele havia aprendido era pouco mais do que carpintaria aplicada a navios – era melhor do que o que absorvera na Rússia, sem dúvida, mas não era o que o czar buscava. Pedro queria compreender os segredos básicos do projeto de um navio, ou seja, a arquitetura naval. Queria desenhos técnicos, criados cientificamente, controlados pela matemática e não apenas prática com o machado e o martelo. Entretanto, os holandeses eram empíricos na construção de navios, assim como em tudo mais. Cada estaleiro do país tinha seu próprio *design* individual, cada construtor naval holandês construía o que havia funcionado para ele antes e não havia princípios básicos que Pedro pudesse levar de volta consigo para a Rússia.

Para construir uma frota a mil milhas de distância no Don e contando com a força de trabalhadores em grande parte sem habilidades, ele precisava de algo que pudesse ser facilmente explicado, compreendido e copiado por homens que nunca haviam visto um navio antes.

A crescente insatisfação de Pedro com a metodologia holandesa no quesito construção naval se expressou de diversas formas. Primeiro, ele enviou uma nota a Voronej dizendo que os construtores navais trabalhando lá não estavam mais autorizados a criar navios da forma como quisessem, mas que deviam ser colocados sob a supervisão de ingleses, venezianos ou dinamarqueses. Em segundo lugar, agora que sua fragata estava pronta, ele decidiu seguir para a Inglaterra para estudar as técnicas dos construtores navais ingleses. Em novembro, em uma de suas conversas com Guilherme, Pedro mencionou seu desejo de visitar a Inglaterra. Quando o rei voltou a Londres, o czar enviou o major Adam Weide atrás dele com um pedido formal para que o soberano russo fosse autorizado a visitar a Inglaterra anonimamente. A resposta de Guilherme deixou Pedro eufórico. O rei afirmou que estava construindo, como presente para o czar, um incrível iate real, ainda inacabado, que, quando completo, seria o iate de mais belas proporções e o mais veloz da Inglaterra. Além disso, o rei Guilherme anunciou que enviaria dois navios de guerra, *Yorke* e *Romney*, com três navios menores, comandados pelo vice-almirante Sir David Mitchell, para acompanhar o czar até a Inglaterra. Todavia, Pedro decidiu que iria sozinho, acompanhado apenas por Menchikov e vários dos "voluntários", deixando Lefort e a maioria da Embaixada na Holanda para continuar negociando com os governantes locais.

Em sete de janeiro de 1698, depois de quase cinco meses na Holanda, Pedro e alguns companheiros escolhidos subiram a bordo do *Yorke*, navio do almirante Mitchell e, no início da manhã seguinte, atravessaram a estreita faixa de mar acinzentado que separa a Europa continental da Inglaterra.

XVI

PEDRO NA INGLATERRA

NA ÉPOCA DA VISITA de Pedro, Londres e Paris eram as duas cidades mais populosas da Europa. Em termos de riqueza comercial, Londres estava atrás somente de Amsterdã, mas logo ultrapassaria a cidade holandesa. O que tornava Londres única, todavia, era até que grau a cidade dominava a nação. Como Paris, Londres era a capital nacional e sede do governo e, como Amsterdã, era o maior porto do país, o centro do comércio, da arte e da cultura. Na Inglaterra, entretanto, o tamanho da cidade ofuscava todo o restante. Em conjunto com suas cercanias, Londres somava 750 mil habitantes; a segunda maior cidade inglesa, Bristol, tinha apenas trinta mil. Ou, dizendo de outra forma, um de cada dez ingleses era londrino, enquanto apenas um em cada quarenta franceses vivia em Paris.

A Londres de 1698 concentrava-se principalmente na margem norte do Tâmisa, estendendo-se desde Tower Hill até as Casas do Parlamento. O grande bulevar da cidade, cortado por uma única ponte, a Ponte de Londres, era o Tâmisa. O rio, com 230 metros entre uma margem e outra, fluía entre barrancos pantanosos com juncos, intercalados com jardins bem podados e campos verdes – os taludes de pedra vieram depois. O Tâmisa tinha papel central na vida da cidade. Sempre tomado por navios, era usado como via de comunicação para se atravessar de uma parte da cidade a outra. Centenas de barqueiros remavam seus pequenos veículos, oferecendo um serviço mais rápido, limpo e seguro do que a locomoção pelas ruas movimentadas. No outono e no inverno, pesadas brumas e neblinas brotavam do Tâmisa e espalhavam-se pelas ruas, encobrindo tudo em um vapor espesso, marrom e venenoso criado pela mistura da neblina com a fumaça saindo de milhares de chaminés.

A Londres que Pedro visitou e explorou a pé era rica, vívida, suja e perigosa. As ruas estreitas eram abarrotadas de lixo e imundície, que podiam ser lançados livremente de qualquer janela. Até mesmo as principais avenidas eram escuras e abafadas, pois os construtores gananciosos, ansiosos por ganhar mais espaços, haviam projetado andares superiores que chegavam a invadir a rua. Por esses becos escuros, multidões de londrinos se empurravam e acotovelavam. O congestionamento do trânsito era monumental. Filas de carruagens e carroças formavam sulcos profundos nas ruas, de modo que os passageiros no interior do veículo eram jogados de um lado para o outro, chegando ao destino sufocados, nauseados e, por vezes, feridos. Quando dois cocheiros encontravam-se em uma rua estreita, terríveis discussões começavam, e os dois "saudavam um ao outro com títulos extremamente diabólicos e execrações amarguradas, como se todos estivessem brigando para saber quem deveria ir primeiro para o inferno". Para distâncias curtas, de modo a evitar a lama e o empurra-empurra da multidão, liteiras carregadas por dois homens fortes eram populares. Os maiores veículos eram as diligências que chegavam a Londres pelas estradas, trazendo visitantes e comerciantes do interior. Seus destinos eram as pousadas, onde os passageiros cansados podiam jantar repolho e pastelão, presunto, frango, carne bovina, vinho, bife de carneiro e pombo, e se levantar na manhã seguinte para um café da manhã composto por cerveja e torrada.

Londres era uma cidade violenta, com diversões grosseiras e cruéis que rapidamente esmagavam os inocentes e desprotegidos. Para as mulheres, a idade de consentimento era doze anos (e permaneceu sendo doze anos na Inglaterra até 1885). Os crimes eram comuns e, em algumas partes da cidade, as pessoas não conseguiam dormir por conta dos gritos de "Assassino!" brotando nas ruas. Açoites públicos eram uma cena popular e as execuções atraíam enormes multidões. No "Dia do Enforcamento", funcionários, donos de lojas e aprendizes deixavam seus trabalhos para lotarem as ruas, rindo em deleite mórbido na esperança de vislumbrar o rosto do condenado. Damas e cavalheiros de posses pagavam por lugares nas janelas e sacadas com vistas para a rota entre a prisão de Newgate e Tyburn, onde as execuções aconteciam, ou, ainda melhor, em plataformas de madeira construídas especialmente para oferecer uma visão sem qualquer obstrução. A mais medonha das execuções era a pena por traição: o culpado era enforcado, estripado e esquartejado. Ficava dependurado até quase morrer por conta do estrangulamento, depois tinha o corpo cortado e, ainda vivo, era estripado e decapitado. Em seguida, seu tronco era cortado em quatro partes.

Os esportes eram fortemente regados a sangue. Multidões pagavam para ver búfalos e ursos serem atacados por mastins enfurecidos. Com frequência, os dentes do urso haviam sido lixados, portanto, o animal encurralado só conseguia golpear com suas enormes patas os mastins que pulavam e rasgavam sua pele. Brigas de galo atraíam apostadores e grandes quantias eram arriscadas em aves especialmente treinadas.

Entretanto, apesar da violência, Londres também era uma cidade onde a graça, a beleza e a vida civilizada tinham sua importância. Foi durante essa época que Sir Christopher Wren, o maior dos arquitetos ingleses, ergueu 52 novas igrejas paroquiais em Londres, em espaços abertos pelo Grande Incêndio. As torres finas e brilhantes davam à cidade uma linha do horizonte distinta e de tirar o fôlego, dominada pela imensa cúpula da Catedral de São Paulo, a obra-prima de Wren. A igreja passou 41 anos sendo construída; na véspera da chegada de Pedro, o coral havia acabado de ser aberto para o público.

Para os homens mais educados, a vida londrina se centrava em centenas de cafés onde as conversas podiam abranger os mais diversos assuntos. Pouco a pouco, os diferentes estabelecimentos começavam a se especializar em conversas sobre política, religião, literatura, ideias científicas, negócios, transportes e agricultura. Escolhendo a casa de acordo com o assunto que queria ouvir, o visitante podia entrar, sentar-se perto da lareira, beber café e ouvir toda sorte de opiniões expressadas em termos brilhantes, cultos e apaixonados. Bons conversadores podiam aguçar sua perspicácia, escritores contavam com um espaço para compartilhar seus dilemas, políticos tinham a oportunidade de arranjar acordos, os solitários podiam encontrar calor. No Café de Lloyd, o seguro marítimo teve início. No Café de Will, Addison tinha sua cadeira perto da lareira no inverno e perto da janela no verão.

ESSA ERA LONDRES EM 1698. Quanto à política de uma forma mais ampla, para a Inglaterra, o século XVII foi um tempo de transição da pequena e relativamente insignificante ilha do século XVI da rainha Elisabete I para a grande potência europeia e império mundial dos séculos XVIII e XIX. Quando Elisabete morreu, em 1603, levando consigo a dinastia Tudor, a Inglaterra se viu livre das ambições da Espanha, tendo derrotado Filipe II e sua armada. Entretanto, o arquipélago permaneceu como um fator periférico nos negócios da Europa. A questão da dinastia se acertou quando o rei Jaime VI da Escócia, filho de Maria, rainha da Escócia, veio de Edimburgo para tomar o trono inglês como Jaime I e dar início a um século de governo Stuart. Durante a primeira metade do século, a Inglaterra estava concentrada em seus próprios problemas, tentando resolver a confusão da religiosidade e o poder relativo da coroa e do Parlamento. Quando o debate se transformou em guerra civil, o segundo Stuart, Carlos I, perdeu a cabeça e, por onze anos, a Inglaterra foi governada pelo olho severo do Lorde Protetor, Oliver Cromwell. Mesmo quando Carlos II se restabeleceu no trono, em 1660, a tensão religiosa continuava crítica. A nação estava dividida entre católicos e protestantes, e os protestantes, entre a Igreja Anglicana e os Não Conformistas.

De qualquer forma, o poder e as ambições da Inglaterra cresciam. Em meados do século XVII, os holandeses dominavam as rotas de comércio mundiais, mas os marinheiros e comerciantes ingleses mostravam-se ansiosos para entrar em competição, e três guerras navais com a Holanda abalaram a supremacia deste país. Mais tarde, durante a Guerra da Sucessão Espanhola, John Churchill, duque de Marlborough, conquistou quatro grandes vitórias contra os exércitos franceses no campo de batalha, cercou e capturou fortalezas supostamente invencíveis e estava prestes a expulsar o Rei Sol de Versalhes quando a vitória lhe foi tirada por uma decisão do governo de pôr fim à guerra. Ainda assim, a Inglaterra triunfou não apenas sobre a França, mas também sobre seu próprio aliado, a Holanda. A longa guerra havia esgotado mesmo os recursos extremamente organizados dos ricos Países Baixos. A posição holandesa no continente estava muito mais vulnerável do que a inglesa e, durante seus conflitos, o vasto comércio por oceanos da Holanda se viu bastante restrito enquanto o da Inglaterra florescia e crescia. O *status* das duas potências, quase equivalente no século XVII, transformou-se rapidamente no século XVIII. O poder da Holanda diminuiu rápido e o país deslizou para a posição de um Estado menor. A Inglaterra saiu das guerras de Marlborough suprema nos oceanos e seu poder marítimo levou a um império mundial com colônias em todos os cantos do globo.

A visita de Pedro à Inglaterra veio em um momento crucial dessa transição para potência mundial. O Tratado de Ryswick encerrou a primeira grande guerra contra Luís, colocando em cheque o poder do Rei Sol. A luta final — a Guerra da Sucessão Espanhola — ocorreria apenas quatro anos mais tarde, mas a Inglaterra já se agitava com a energia que alimentaria a vitória de

Marlborough em terra e tornaria a Marinha Real Britânica a senhora dos mares. A riqueza do comércio inglês ainda não podia competir com o solo fértil da França, porém os britânicos tinham uma vantagem insuperável: eram uma ilha. Sua segurança não residia na cadeia de fortalezas que a Holanda mantinha nos Países Baixos Espanhóis, mas nas ondas do mar e em sua frota. E, embora as frotas custassem caro, seu custo era mais baixo do que o despendido com exércitos e fortalezas. Luís criou dezenas de exércitos franceses magníficos, no entanto, para fazer isso, esmagou seu povo com impostos. Na Inglaterra, as taxas votadas pelo Parlamento eram doloridas, mas não chegavam a esmagar. A Europa se via impressionada pela resiliência da economia inglesa e pela aparente vastidão do tesouro nacional. Era um sistema que certamente impressionaria um monarca visitante ansioso por elevar seu povo de uma economia agrária simples ao mundo moderno.

O H.M.S. YORKE ERA o maior navio de guerra no qual Pedro havia navegado e, durante sua viagem de 24 horas pelo Canal, ele observou com interesse seu manejo. Embora o tempo estivesse turbulento, o czar permaneceu no deque durante todo o trajeto, constantemente lançando perguntas. O navio jogava muito devido ao mar agitado, mas Pedro insistiu em seguir na parte de cima estudando os equipamentos.

No início da manhã, a pequena esquadra chegou à costa de Suffolk e foi saudada pelas armas dos fortes costeiros. Na foz do Tâmisa, Pedro e o almirante Mitchell deixaram o Yorke e embarcaram no pequeno iate *Mary*. Esse iate, acompanhado por outros dois, subiu o Tâmisa e, na manhã de onze de janeiro, ancorou perto da Ponte de Londres. Ali, o czar seguiu para uma barcaça real que subiu o rio até o cais de desembarque na Strand Street. O czar foi recebido por um mordomo da corte com as boas vindas do rei Guilherme. Pedro respondeu em holandês e o almirante Mitchell, que falava a língua, atuou como intérprete. O czar admirava Mitchell e seu primeiro pedido ao rei foi que o almirante fosse designado como seu acompanhante e intérprete oficial durante toda a estadia.

Pedro passou seus primeiros dias em Londres na casa de número 21 da Norfolk Street. A seu pedido, a construção selecionada era pequena e simples, com uma porta que se abria diretamente para a margem do rio. Dois dias depois da chegada do czar, o próprio rei lhe fez uma visita informal. Chegando em uma carruagem pequena e sem distintivos, Guilherme encontrou o czar ainda sem o casaco, no quarto que dividia com quatro outros russos. Os dois governantes começaram a conversar, mas Guilherme logo achou o ar no pequeno quarto quente e pesado demais para sua asma – ao chegar, Pedro havia fechado as janelas como se fazia em Moscou, de modo a evitar o frio do início do outono e do fim da primavera. Incapaz de respirar, Guilherme implorou que a janela fosse aberta e, quando isso aconteceu, inspirou profundamente o ar fresco e frio que invadiu o quarto.

No dia 23, Pedro, acompanhado pelo almirante Mitchell e dois companheiros russos, seguiu até o Palácio de Kensington para fazer sua primeira visita a Guilherme como rei da Inglaterra e esse encontro foi mais demorado do que as breves conversas na Holanda ou o breve diálogo no quarto abafado de Pedro, em Norfolk Street. Embora o relacionamento entre Pedro e Guilherme jamais tenha se tornado íntimo – o abismo entre o exuberante e grosseiro autocrata de 25 anos e o solitário, cansado e melancólico rei era grande demais –, o monarca britânico demonstrou interesse pelo czar. Além de se impressionar com a energia e a curiosidade do russo, ele não pôde evitar sentir-se lisonjeado pela admiração que Pedro demonstrava por sua pessoa e as conquistas de sua carreira e, como um permanente criador de alianças, Guilherme apreciou a animosidade que o czar nutria por Luís XIV, antagonista do rei. Quanto a Pedro, nem a idade, nem a personalidade de Guilherme facilitavam o surgimento de uma amizade, mas o czar continuava respeitando seu herói holandês.

Depois de sua conversa com o rei, Pedro foi apresentado à herdeira do trono, a princesa Ana, então com 33 anos, que sucederia Guilherme dentro de quatro anos. Ao ser convencido pelo rei, o czar permaneceu para participar de um baile, embora, para preservar seu anonimato, tenha assistido a tudo através de uma pequena janela na parede da sala. Ficou fascinado pela construção de um cata-vento que havia sido instalado na galeria principal do Palácio de Kensington. Por meio de conexões com o cata-vento no telhado, o mostrador indicava para onde o vento soprava. Pedro posteriormente instalaria um aparelho idêntico em seu palácio de verão às margens do Neva, em São Petersburgo.

Também foi nesse encontro que Guilherme convenceu Pedro a posar para um retrato pintado por Sir Godfrey Kneller – imagem que os contemporâneos consideravam de semelhança impressionante com a realidade. Hoje em dia, o original está na Galeria do Rei do Palácio de Kensington, onde sua criação foi sugerida há quase trezentos anos.

A única visita de Pedro ao palácio foi também o único momento de sua vida cerimonial em Londres. Teimosamente mantendo seu anonimato, andava por Londres como queria, com frequência a pé, mesmo nos dias de inverno. Assim como na Holanda, visitava oficinas e fábricas, sempre pedindo para que lhe mostrassem como as coisas funcionavam, até mesmo solicitando desenhos e especificações. Procurou um relojoeiro para comprar um relógio de bolso e ficou ali para aprender a desmontar, reparar e remontar o intrincado mecanismo. Impressionado pela carpintaria dos caixões ingleses, ordenou que um deles fosse enviado a Moscou para servir como modelo. Comprou um crocodilo e um peixe-espada empalhados, criaturas estranhas jamais vistas na Rússia. Fez uma única visita ao teatro de Londres, mas o público olhou mais para ele do que para o palco, e ele se retirou, escondendo-se atrás de seus camaradas. Conheceu o homem que havia projetado o iate *Royal Transport*, que estava sendo preparado para ele pelo rei, e se espantou ao descobrir que o designer era um nobre inglês jovem e beberrão, um homem muito parecido com ele mesmo. Peregrine Osborne, marquês de Carmarthen, era filho do grande ministro de Carlos II, Danby, agora duque de Leeds. Ele, por acaso, também era um marinheiro esplêndido e um *designer* original, além de um beberrão majestoso. Foi Carmarthen quem apresentou Pedro à sua bebida favorita, conhaque com pimenta. Juntos, os dois iam com tanta frequência à taverna em Great Tower Street que o local foi renomeado como Czar de Moscóvia. Com Carmarthen, Pedro encontrou Laetitia Cross, uma das principais atrizes da época. A companhia de Laetitia o agradava e, entendendo que receberia alguma recompensa por isso, ela foi morar com ele durante sua estada em Londres.

A imagem de Londres que mais atraiu Pedro foi, obviamente, a floresta de mastros pertencentes aos navios enfileirados no grande ancoradouro conhecido como Pool of London. Apenas ali, Daniel Defoe contou certo dia pelo menos dois mil navios. Mas Pedro, ansioso por dar início às suas aulas de construção naval em meio às docas e estaleiros do baixo Tâmisa, ficou temporariamente frustrado pelo gelo no rio. O inverno de 1698 foi excepcionalmente frio. A parte superior do Tâmisa permaneceu, em parte, congelada e as pessoas eram capazes de atravessar de Southwalk até Londres caminhando. Vendedores de tortas, malabaristas e garotinhos ofereciam suas mercadorias e brincavam no gelo, mas ele tornava a viagem por água impossível e atrasou o projeto do czar.

Para maior conveniência e para escapar das multidões que agora começavam a seguir suas excursões, ele trocou seus alojamentos para Deptford, instalando-se em Sayes Court, uma casa grande, elegantemente decorada, que lhe fora oferecida pelo governo inglês. A casa pertencia a John Evelyn, o celebrado ensaísta e cronista, e era seu orgulho: ele havia passado 45 anos construindo os jardins, o gramado, os caminhos de pedra e o arvoredo. Para abrir espaço para Pedro e seus camaradas, outro ocupante, o almirante Benbow, fora retirado da casa, e a propriedade havia sido especialmente redecorada. Para Pedro, as atrações da mansão eram o tamanho (era grande o bastante para abrigar toda a sua comitiva), o jardim no qual ele poderia relaxar com privacidade e a porta na base do jardim, a qual se abria diretamente para o estaleiro e o rio.

Infelizmente para Evelyn, os russos importavam-se pouco com a reputação do escritor ou com seu esforço de toda uma vida para criar beleza. Eles vandalizaram a casa. Enquanto a comitiva ainda estava lá, o mordomo de Evelyn, horrorizado, escreveu a seu patrão:

> Trata-se de uma casa repleta de pessoas bastante desagradáveis. O czar fica próximo da biblioteca e ceia no salão ao lado do seu escritório. As refeições são às dez horas e às seis da noite. Ele raramente passa o dia todo em casa, com frequência vai para o pátio do rei [o estaleiro] ou fica próximo à água, usando várias roupas. Espera-se que o rei venha aqui hoje; o melhor salão está limpo para que a majestade seja entretida. E o rei paga tudo para ele [o czar].

No entanto, foi somente depois que os russos saíram, ao final de uma estada de três meses, e Evelyn foi ver sua (anteriormente) bela casa, que a extensão dos danos ficou evidente. Consternado, ele dirigiu-se ao superintendente real, Sir Christopher Wren, e ao jardineiro real, sr. London, para perguntar-lhes os custos estimados dos reparos. Os homens encontraram o chão e os carpetes tão sujos e manchados de tinta e gordura que um novo piso teve de ser instalado. Os azulejos haviam sido arrancados das fornalhas e fechaduras de bronze foram arrombadas. A pintura encontrava-se surrada e destruída. Havia janelas quebradas e mais de cinquenta cadeiras – todas de que a casa dispunha – tinham simplesmente desaparecido, provavelmente lançadas nas fornalhas. Colchões de pena, lençóis e dosséis haviam sido arrancados e rasgados como se por animais selvagens. Vinte pinturas e retratos encontravam-se rasgados, provavelmente tendo sido usados na prática de tiro ao alvo. Do lado de fora, o jardim estava arruinado. O gramado havia se transformado em lama e terra, "como se um regimento de soldados com sapatos de aço tivesse treinado ali". A magnífica cerca viva, de 120 metros de extensão, 2,70 metros de altura e 1,5 metro de espessura, havia sido achatada por carrinhos de mão. O gramado, os caminhos de pedra, os arbustos e as árvores estavam totalmente destruídos. Vizinhos relataram que os russos haviam encontrado três carrinhos de mão, inexistentes em seu país natal, e desenvolvido um jogo no qual um homem, por vezes o próprio czar, colocava-se dentro do carrinho e outro o lançava contra a cerca viva. Wren e seus companheiros anotaram tudo isso e fizeram uma recomendação que resultou a Evelyn uma recompensa de 350 libras e nove centavos, uma soma enorme para a época.

Não era surpreendente que em uma época de conflitos religiosos, o espírito missionário protestante tenha despertado com a presença do curioso jovem monarca que queria importar a tecnologia ocidental para seu reino atrasado. E, se o czar levaria consigo técnicas de construção naval, por que não também a religião? Corriam rumores de que Pedro não era devoto da ortodoxia tradicional e que estava interessado em outros sistemas de crença, o que ampliou a visão de possibilidades nas cabeças de protestantes agressivos. Seria possível converter o jovem monarca e, por meio dele, seu povo primitivo? Poderia haver pelo menos uma união das igrejas anglicana e ortodoxa? O arcebispo de Canterbury se mostrou inspirado pela hipótese, e até mesmo o rei Guilherme atentou-se à possibilidade. Sob ordens do rei e do arcebispo, um célebre religioso inglês, Gilbert Burnet, bispo de Salisbury, foi instruído a procurar o czar "e oferecer-lhe as informações que ele estivesse disposto a receber sobre nossa religião e constituição".

Em quinze de fevereiro, Pedro recebeu Burnet e uma delegação formal de religiosos anglicanos. Gostou de Burnet e eles se encontraram diversas vezes para conversas que duraram várias horas, mas o inglês, que havia procurado o czar para instrui-lo e persuadi-lo, achou que as chances de conversão eram nulas. Pedro foi apenas o primeiro de muitos russos cujo interesse em importar a tecnologia ocidental seria confundido por ocidentais ingênuos com uma oportunidade de exportar também suas filosofias e ideias. O interesse do czar pelo protestantismo era puramente clínico. Cético a todas as religiões, incluindo a ortodoxia, ele buscava, em meio às formas e doutrinas de cada uma delas, a que seria mais útil para ele e seu Estado. Depois das conversas, Burnet levou o czar para visitar o arcebispo de Canterbury no palácio de Lambeth. Apesar de convidado a participar das cerimônias na catedral de São Paulo, Pedro declinou por conta da grande quantidade de pessoas, mas aceitou a comunhão anglicana na capela privada do arcebispo antes de um café da manhã no qual os dois tiveram uma longa conversa.

Muito tempo depois de o czar retornar à Rússia, Burnet esboçou suas impressões do jovem e alto soberano russo com quem havia conversado tão seriamente:

> Eu o atendi com frequência e tive ordens tanto do rei quanto do arcebispo e dos bispos para fazê-lo. Eu tinha um bom intérprete, de modo que consegui conversar bastante e de forma aberta com ele. Era um homem de temperamento muito forte, brutal em sua paixão e que se inflamava rapidamente. Alimentava seu ardor natural bebendo muito conhaque, que ele mesmo servia com grande destreza. É sujeito a movimentos convulsivos por todo o corpo, e sua cabeça parece ser afetada por eles. Não lhe falta capacitação, e tem um conhecimento maior do que se poderia esperar com base em sua educação, que foi muito indiferente. Uma ausência de julgamentos, além da instabilidade de seu temperamento, aparecem frequente e evidentemente demais. É mecanicamente inclinado e parece ter sido criado pela natureza mais para ser um carpinteiro naval do que um grande príncipe. Esse foi seu principal objeto de estudo e exercício enquanto esteve aqui. Produziu muitas coisas com as mãos e fez com que todos ao seu redor trabalhassem em modelos de navios. Contou-me que criou uma grande frota em Azov e que com ela atacou o império turco, mas não me pareceu capaz de levar tal projeto a cabo, embora sua conduta nas guerras desde o ocorrido tenha apresentado um gênio maior nele do que parecia na época. Desejava entender nossa doutrina, porém não parecia disposto a reparar os problemas na Moscóvia. Estava, de fato, decidido a encorajar o aprendizado e a educar seu povo enviando alguns deles para outros países e a atrair estrangeiros para viverem na Rússia. Ainda parecia apreensivo com relação às intrigas de sua irmã. Havia uma mistura de paixão e severidade em seu temperamento. É resoluto, mas entende pouco de guerra, e não parece curioso sobre o assunto. Depois de vê-lo com frequência e ter conversado muito com ele, não consegui não adorar a profundidade da providência divina, que criou um homem tão furioso para ter autoridade absoluta sobre uma parte tão grande do mundo.

O interesse de Pedro nos assuntos da igreja iam além da Igreja Anglicana. Histórias acerca de sua curiosidade sobre o protestantismo inspiraram todos os tipos de seitas, fanáticas ou não, a ter a esperança de conquistar um apoiador ou um convertido. Reformistas, extremistas, filantropos e charlatães procuraram o czar na esperança de usá-lo como meio de introduzir suas crenças particulares nas terras distantes de Pedro, mas ele ignorava a maior parte dessas pessoas. No entanto, ficou fascinado pelos quacres. Foi a vários encontros desse grupo religioso e por fim conheceu William Penn, a quem a enorme colônia da Pensilvânia havia sido entregue por Carlos II em troca do cancelamento de um enorme empréstimo feito à coroa. Penn tinha efetivamente passado dois anos em seu "sagrado experimento", um território dedicado à tolerância religiosa no Novo Mundo e, durante a visita do czar, estava se preparando para partir novamente. Ao ouvir que Pedro já havia participado de uma cerimônia dos quacres, em três de abril Penn foi até Deptford para ver o czar. Eles conversaram em holandês – língua que o inglês dominava – e Penn presenteou Pedro com uma série de seus escritos naquela língua. Após a visita, o czar continuou participando dos encontros de quacres em Deptford. Seguindo a cerimônia da melhor forma que podia, levantando-se, sentando-se, observando os longos períodos de silêncio, Pedro olhava em volta constantemente para ver o que os demais presentes estavam fazendo. E guardou consigo a experiência. Dezesseis anos mais tarde, na província de Holstein, no norte da Alemanha, ele encontrou um ponto de encontro dos quacres e o visitou com Menchikov, Dolgoruki e outros. Os russos, com a exceção de Pedro, não entendiam nenhuma palavra do que era dito, mas permaneciam em silêncio e ocasionalmente o czar se inclinava e interpretava para eles. Quando a cerimônia chegou ao fim, o czar declarou aos seus seguidores que "quem quer que vivesse de acordo com tal doutrina seria feliz".

Durante as mesmas semanas em que Pedro conversava com os líderes da igreja inglesa, ele também consumava um negócio que, pelo que imaginava, entristeceria os corações de seus religiosos ortodoxos. Tradicionalmente, os ortodoxos proibiam o uso da "erva ímpia", o tabaco. Em 1634, o avô de Pedro, czar Miguel, havia proibido o fumo ou qualquer outro uso do tabaco sob pena de morte; subsequentemente a pena foi reduzida e os russos pegos fumando apenas tinham a narina perfurada. Mesmo assim, a vinda de estrangeiros para a Rússia havia espalhado o hábito, e, portanto, a punição era rara. O czar Aleixo chegou a licenciar o tabaco por um curto período, transformando sua venda em monopólio do Estado. Entretanto, a igreja e todos os russos conservadores continuavam censurando o hábito. Era óbvio que Pedro ignorava essa desaprovação. Na juventude, havia sido apresentado ao tabaco e era visto fumando um longo cachimbo de barro com seus amigos alemães e holandeses no Subúrbio Alemão. Antes de deixar a Rússia com a Grande Embaixada, Pedro havia emitido um decreto autorizando a venda e o fumo de tabaco.

Na Inglaterra, cujas colônias incluíam as grandes plantações de tabaco em Maryland, Virgínia e Carolina do Norte, esse súbito potencial de abrir um vasto novo mercado para o produto causava grande entusiasmo. Os comerciantes da erva haviam pedido ao rei para interceder junto ao czar em nome deles. E ninguém se interessava mais pelo assunto ou estava em melhor posição para fazer algo do que Carmarthen, o novo camarada de Pedro. Quando Carmarthen apresentou-lhe uma proposta de um grupo de comerciantes ingleses pelo monopólio do tabaco na Rússia, Pedro instantaneamente se interessou. Ele não apenas via o fumo como um hábito ocidental, cujo amplo uso ajudaria a enfraquecer a mão de aço da igreja ortodoxa, como havia também uma atração imediata ainda maior: dinheiro. Nessa época, Pedro e sua Embaixada precisavam desesperadamente de fundos. O custo de manter 250 russos no exterior, mesmo com os subsídios recebidos dos países anfitriões, eram enormes. Além disso, os agentes de Pedro na Holanda estavam recrutando marinheiros, oficiais navais, construtores navais e outros trabalhadores. Era preciso pagar as tarifas iniciais, salários e custos de viagem. Os agentes estavam ocupados comprando tantos artigos, instrumentos, máquinas e modelos que dez navios tiveram de ser fretados para levar toda essa carga e o pessoal recrutado para a Rússia. O tesouro da Embaixada tornava-se cada vez menor e eles tinham de fazer repetidos contatos com Moscou pedindo grandes somas, que nunca eram suficientes.

Essa situação tornava a proposta de Carmarthen tão irresistível que ele ofereceu um pagamento de 28 mil libras inglesas em troca da permissão para exportar setecentas toneladas de tabaco isentas de impostos para a Rússia e vender a mercadoria no mercado do país sem qualquer restrição. De acordo com o ponto de vista de Pedro, o mais importante era que Carmarthen estava preparado para pagar adiantadamente, em Londres, ao czar. O contrato foi assinado em dezesseis de abril de 1698. A alegria de Pedro pode ser medida pela resposta de Lefort ao anúncio jubiloso do czar: "Por ordens suas, nós [na Holanda] não abrimos sua carta antes de bebermos três taças. E, depois que lemos, bebemos três outras. [...] Na verdade, acredito ter sido um bom negócio".

Quando não estava trabalhando nas docas, Pedro andava por Londres e arredores em busca de lugares interessantes para visitar. Foi até o Hospital Naval Greenwich, projetado por Christopher Wren, e o chamou de "uma das vistas mais sublimes que a arquitetura inglesa pode proporcionar". Ele aprovava o estilo de vida simples de Guilherme III, presente nos tijolos vermelhos e nos painéis de carvalho no palácio de Kensington, mas o hospital majestoso com suas duas colunatas de frente para o Tâmisa realmente o impressionou. Ao jantar com o rei depois da visita a Greenwich, o czar não conseguiu evitar dizer: "Se eu pudesse aconselhar Vossa Majestade, diria para levar sua corte ao hospital e trazer os pacientes para seu palácio". Pedro viu as tumbas dos monarcas ingleses (e também os vendedores de maçãs e ostras) dentro da Abadia de Westminster. Visitou o castelo de Windsor e Hampton Court, contudo, os palácios reais lhe pareciam menos interessantes do que instituições científicas ou militares em funcionamento. No Observatório de Greenwich, discutiu matemática com o Astrônomo Real. No Woolwich Arsenal, principal fundição para a criação de canhões da Inglaterra, Pedro descobriu no mestre de materiais bélicos, Romney, um companheiro com quem podia dividir seu deleite por artilharia e fogos de artifícios. A Torre de Londres na época servia como arsenal, zoológico, museu e espaço da Casa da Moeda. Durante a visita ao museu de armaduras medievais, o czar foi poupado de ver o machado que, cinquenta anos antes, havia decapitado Carlos I. Seus anfitriões lembraram-se de que o pai de Pedro, o czar Aleixo I, ao ouvir que o povo inglês havia decapitado seu soberano, havia furiosamente despido os comerciantes ingleses na Rússia de todos os seus privilégios. Assim, o machado foi mantido longe da vista de Pedro, "pois temia-se que ele pudesse jogar o objeto no Tâmisa". Para o czar, a parte mais interessante da Torre de Londres foi a Casa da Moeda. Impressionado pela excelência da cunhagem inglesa e pela técnica com a qual as moedas eram feitas, Pedro foi até lá várias vezes. Infelizmente, o guardião da Casa da Moeda, Sir Isaac Newton, vivia e trabalhava no Trinity College, em Cambridge. O czar ficou admirado pela reforma da cunhagem inglesa instituída por Newton e John Locke. Para evitar a constante degradação da cunhagem por pessoas raspando pequenas partes de prata das beiradas, as moedas inglesas tinham as bordas reforçadas. Dois anos mais tarde, quando Pedro começou a reformar a cunhagem extremamente irregular da Rússia, o sistema inglês serviu como modelo.

Durante toda a sua permanência na Inglaterra, Pedro estava sempre em busca de homens qualificados para trabalhar na Rússia. Auxiliado em seu recrutamento por Carmarthen, ele entrevistou grandes quantidades de candidatos e finalmente convenceu sessenta ingleses a acompanhá-lo. Entre eles estava o major Leonard van der Stamm, principal construtor de navios de Deptford; o capitão John Perry, engenheiro hidráulico a quem Pedro havia atribuído a responsabilidade por construir o canal Volga-Don; e o professor Henry Farquharson, matemático da Universidade de Aberdeen, que abriria uma escola de matemática e navegação em Moscou. Pedro também escreveu a um amigo na Rússia contando que havia recrutado dois barbeiros "para propósitos futuros", uma sugestão que trazia presságios nefastos aos moscovitas cujo orgulho residia no tamanho de suas barbas.

Os sentimentos de Pedro por Guilherme e a gratidão pelo rei se tornaram ainda maiores em dois de março, quando o presente real, o iate *Royal Transport*, foi-lhe entregue. Ele navegou no veículo no dia seguinte e, depois disso, com a maior frequência que podia. Ademais, Guilherme ordenou que mostrassem a Pedro tudo o que ele quisesse ver da frota inglesa. O clímax ocorreu quando o czar foi convidado para uma revisão especial da frota e uma simulação de combate nos arredores de Spithead, próximo à Ilha de Wight. Uma esquadra composta pelos navios *Royal William*, *Victory* e *Association* levou Pedro e sua comitiva a bordo em Portsmouth, transportando-os até o Solente, a partir da Ilha de Wight. Lá, Pedro foi transferido para *Humber*, o navio do almirante Mitchell. No dia do exercício, a frota recolheu a âncora e os grandes navios se ajeitaram, formando linhas de batalhas uma de frente para a outra. Os costados dos navios rugiram, encobrindo a frota com fumaça e chamas como se estivessem em uma batalha real, mas, nesse dia, os tiros não estavam carregados. Mesmo assim, enquanto as grandes embarcações manobravam em meio à fumaça, virando-se ao mesmo tempo para atacarem umas às outras, Pedro estava em deleite. Tentou ver e anotar tudo: a frequência com que os marinheiros preparavam as velas, as ordens aos timoneiros, o número e o calibre e a utilidade das armas, os sinais de um navio para o outro na linha de combate. Era um dia importante para um jovem que, pouco menos de dez anos antes, havia visto pela primeira vez uma embarcação e aprendido a manobrá-la nas águas estreitas do Yauza. Quando os navios retornaram ao ancoradouro, à noite, suas armas deram 21 tiros em saudação e os marinheiros deram gritos de alegria para o jovem monarca que sonhava com o dia em que levantaria sua própria bandeira a bordo de uma frota de seu país.

Guilherme o convidou para visitar as Casas do Parlamento. Sem querer ser encarado por desconhecidos, Pedro escolheu como seu esconderijo uma janela do lado de fora de uma galeria superior, e de lá observou o rei em seu trono cercado pela nobreza local nos assentos. Esse episódio levou ao comentário de um observador anônimo – comentário que correu por Londres: "Hoje vi a coisa mais rara do mundo: um monarca no trono e outro no telhado". Pedro ouviu o debate com um intérprete e então, para os russos que estavam com ele, declarou que, embora não pudesse aceitar as limitações que o parlamento impunha ao poder dos reis, "é bom ouvir os súditos falando com sinceridade e abertamente com seu rei. É isso que devemos aprender com os ingleses!". Enquanto Pedro esteve lá, Guilherme lhe deu assentimento formal a uma série de projetos, incluindo um imposto sobre a terra que se estimava produzir 1,5 milhões de libras em receita. Quando Pedro expressou surpresa ao saber que o Parlamento era capaz de produzir tanto dinheiro passando uma única lei, foi informado de que, no ano anterior, os parlamentares haviam aprovado uma lei que coletava o triplo do valor.

Conforme a visita de Pedro se aproximava do fim, sua presença em Londres passava a ser aceita como quase normal. Hoffman, embaixador imperial, escreveu a seu patrão em Viena:

> A corte aqui está muito satisfeita [com Pedro], pois ele agora não teme tanto as pessoas como temia no início. Elas o acusam apenas de certa mesquinhez, pois ele não mostrou gosto nenhum pelo luxo. Durante todo o tempo, andou vestido com roupas de marinheiro. Veremos o que vai usar para se apresentar a Vossa Majestade Imperial. Ele viu o rei poucas vezes, uma vez que não quis mudar seu modo de vida, fazendo refeições às onze horas da manhã e às sete da noite, indo para a cama cedo e se levantando às quatro horas, o que impressiona muito os ingleses que lhe fazem companhia. Dizem que ele pretende civilizar seus súditos de acordo com os modos de outras nações. No entanto, a julgar pela forma como ele age aqui, não podemos esperar nenhuma intenção que não seja transformá-los em marinheiros.

O relato do embaixador era, na verdade, um informativo de última hora ao imperador, uma vez que se esperava que Pedro partisse a qualquer momento para a Holanda antes de seguir viagem até sua próxima parada, Viena. Entretanto, a partida do czar foi adiada diversas vezes. Pedro fora à Inglaterra para fazer apenas uma curta visita, porém havia encontrado tantas coisas para ver e fazer, não apenas no estaleiro em Deptford, mas também em Woolwich e na Casa da Moeda, que adiou constantemente sua volta. Isso gerou ansiedade nos membros da Embaixada que haviam ficado em Amsterdã. Eles não apenas se preocupavam com o paradeiro e as intenções do czar, mas também haviam recebido de Viena a notícia de que o imperador estava prestes a firmar uma paz separada com o inimigo de ambos, os turcos. Considerando que o aparente objetivo da Grande Embaixada era fortalecer a aliança, a notícia de sua iminente desintegração não deixou os russos felizes. Conforme as mensagens chegavam e as pressões cresciam, Pedro com relutância chegou à conclusão de que era hora de partir.

Em dezoito de abril, o czar se despediu do rei. As relações entre eles haviam esfriado um pouco quando Pedro descobriu que havia um toque de Guilherme na paz vindoura entre o imperador e o sultão. Para Guilherme, obviamente, era essencial ajudar a libertar o Império Habsburgo de sua guerra nos Balcãs e voltá-lo contra o único inimigo que realmente lhe interessava: a França. Todavia, o encontro final no Palácio de Kensington foi amigável. O czar distribuiu 120 guinéus entre os servos do rei que o haviam atendido, o que, de acordo com um observador, "era mais do que mereciam, já que tinham sido muito grosseiros com ele". Ao almirante Mitchell, seu acompanhante e intérprete, Pedro deu quarenta peles de zibelina e seis peças de tecido adamascado, um suntuoso presente. Foi também nessa ocasião que o czar supostamente teria tirado de seu bolso um pequeno objeto envolvido em papel marrom e entregado ao rei como símbolo de amizade e apreciação. Segundo conta a lenda, Guilherme abriu o embrulho e encontrou um magnificente diamante bruto. Outra versão do rumor afirma que o presente era um rubi enorme, perfeito para ser "colocado no topo da Coroa Imperial da Inglaterra".

Em dois de maio, contra sua vontade, Pedro deixou Londres. Fez uma visita final à Torre e à Casa da Moeda no dia de sua partida, enquanto seus companheiros o esperavam a bordo do *Royal Transport*. E, quando o iate se moveu rio baixo, Pedro parou e ancorou em Woolwich, para que pudesse descer e dar adeus a Romney no arsenal. Novamente seguindo seu caminho, o *Royal Transport* chegou a Gravesend ao anoitecer, onde o czar ancorou outra vez. De manhã, acompanhado por Carmarthen, que navegava em seu próprio iate, o *Peregrine*, Pedro seguiu até o porto de Chatham, onde foi transferido ao *Peregrine* e passeou pelo porto, admirando os gigantescos navios de linha de três deques ancorados. Com Carmarthen, subiu em três navios de guerra, o *Britannia*, o *Triumph* e o *Association* e então seguiu a remo até a margem para visitar o depósito de materiais navais.

Na manhã seguinte, o *Royal Transport* levantou âncora e seguiu rumo a Margate, onde o estuário do Tâmisa se encontra com o mar. Lá, os tripulantes se depararam com uma esquadra inglesa, novamente comandada pelo almirante Mitchell, esperando para acompanhá-lo até a Holanda. O caminho foi tempestuoso e estimulante, mais do que a maioria dos russos a bordo poderia desejar, mas Pedro regozijou ver as ondas borbulhando sobre os deques.[1]

Embora nunca tenha retornado à Inglaterra, o czar tinha apreciado seu tempo vivendo no país. Lá encontrou muito do que gostava: informalidade, um monarca e um governo práticos e eficientes, boas bebidas e boas conversas sobre navios, artilharia e fogos de artifício. Embora não fosse íntimo de Guilherme, o rei da Inglaterra lhe abriu todas as portas, ofereceu a Pedro acesso a seus estaleiros, à Casa da Moeda e às fábricas de armas, mostrou-lhe sua frota e permitiu que os russos conversassem com todos e tomassem notas. Pedro ficou grato e carregou consigo o mais alto respeito não apenas pela arquitetura naval e mão de obra inglesas, mas pela ilha como um todo. Na Rússia, o czar certa vez disse a Perry que "se não tivesse ido à Inglaterra, certamente teria sido um homem desajeitado". Perry continuou: "Sua Majestade declarou com frequência a seus lordes, quando estava alegre, que acha que um almirante na Inglaterra tem uma vida muito mais feliz do que um czar na Rússia". "A ilha inglesa", declarou Pedro, "é a melhor e mais bela do mundo".

---

[1] Infelizmente, Pedro nunca mais navegou a bordo de seu esplêndido iate inglês. A embarcação foi carregada em Amsterdã com a coleção de instrumentos e curiosidades que o czar havia adquirido durante sua viagem e enviada a Arcangel. Lá, por ordens de Pedro, o iate deveria ser recebido por Franz Timmerman, que o levaria pela rede de rios e lagos do norte da Rússia até Yaroslavl e dali para o Volga. Um dia, quando o canal Volga-Don estivesse pronto, Pedro esperava trazer a embarcação pelo Don até Azov e navegar com ela até o Mar Negro. Entretanto, o calado do *Royal Transport* era de 2,5 metros e Timmerman não conseguiu levá-lo nem mesmo até o Volga. O iate retornou a Arcangel, onde permaneceu por quinze anos. Em 1715, quando a Rússia havia se tornado uma potência naval do Báltico, o czar ordenou que a embarcação fosse reformada e levada pelo Cabo Norte para encontrá-lo no Báltico. O *Royal Transport* entrou no Báltico e perdeu-se em uma tempestade, próximo à costa da Suécia. (N. A.)

XVII

LEOPOLDO E AUGUSTO

Em Amsterdã, a Embaixada mostrou-se extremamente feliz em rever o czar; eles sentiram-se abandonados quando a visita de semanas à Inglaterra estendera-se por quatro meses. Haviam passado o inverno viajando pelo pequeno país, conquistando em todos os cantos uma formidável reputação de beberrões. Tentaram patinar no gelo – atividade desconhecida na Rússia – mas, sem perceber que o gelo na Holanda era mais fino do que na Rússia, seus corpos quase sempre o atravessavam. Quando isso acontecia, os holandeses impressionavam-se ao ver que os russos, em vez de trocarem as roupas geladas e molhadas, simplesmente contentavam-se com mais uma dose de bebida. Entretanto, mesmo com toda a diversão, o inverno não foi desperdiçado. Ao retornar, Pedro encontrou uma pilha gigante de materiais, armas, instrumentos especiais e provisão naval à sua espera. Mais importante: a embaixada havia recrutado 640 holandeses, entre os quais o contra-almirante Cruys e outros oficiais navais (no final, Cruys convenceu duzentos oficiais navais a irem para a Rússia), marinheiros, engenheiros, técnicos, construtores navais, médicos e outros especialistas. Foi necessário fretar dez navios para levar para a Rússia o pessoal e os equipamentos adquiridos durante a viagem.

Em quinze de maio de 1698, Pedro e a Grande Embaixada deixaram Amsterdã a caminho de Viena, passando por Leipzig, Dresden e Praga. Em Dresden (capital do estado eleitoral da Saxônia e uma cidade tão rica em arquitetura e tesouros artísticos a ponto de ser chamada de "A Florença do Elba"), Pedro foi recebido de forma especialmente calorosa. O eleitor Augusto era também o rei Augusto II da Polônia. Quando Pedro chegou, Augusto estava longe de seu novo reino, porém havia deixado instruções para que o czar, a quem ele em parte devia o trono, fosse generosamente recebido como convidado real.

A reação inicial de Pedro à hospitalidade de Dresden foi hostil. Quando chegou à cidade, viu pessoas o encararem não apenas pela posição que ocupava, mas também por sua altura incomum. Sua sensibilidade a esse tipo de reação havia crescido, e não diminuído, durante os meses que passara no Ocidente, e Pedro ameaçou deixar Dresden na mesma hora se esse tipo de comportamento não cessasse. O príncipe Fürstenberg, representante do eleitor e anfitrião do czar, tentou acalmá-lo. Quando, na noite de sua chegada e mesmo sendo já bastante tarde, Pedro pediu para visitar o famoso museu Dresden Kunstkammer e o tesouro privado especial conhecido como Cofre Verde, Fürstenberg rapidamente concordou. Depois da meia-noite, o czar, o príncipe e o curador do museu entraram no palácio do eleitor, onde o museu ficava instalado em sete cômodos do piso superior. O Kunstkammer, ou "gabinete de curiosidades", havia sido fundado mais de um século antes com o objetivo de reunir e expor tanto belezas naturais quanto objetos fabricados pelo homem que fossem de especial interesse. A coleção de relógios e instrumentos mecânicos elaborados, ferramentas de mineração e de produção, além de livros raros, armaduras usadas em desfiles e retratos de notáveis, estava aberta a todos os intelectuais e pessoas bem-nascidas, e era exatamente o tipo de atração que fascinava Pedro. Ele decidiu, certo dia, criar na Rússia algo similar ao Kunstkammer. O Cofre Verde, que recebia esse nome porque suas paredes eram pintadas com a cor nacional da Saxônia, era um armazém secreto, acessível apenas por uma única porta nos aposentos do eleitor em atividade. Ali, os governantes da Saxônia mantinham uma coleção de joias e objetos preciosos que estava entre as mais ricas da Europa. Pedro se viu absorto pelas coleções e ficou ali, examinando um objeto após o outro, até o amanhecer.

Na noite seguinte, Fürstenberg ofereceu um pequeno jantar reservado que acabou se tornando o tipo de festa barulhenta e grosseira que os russos tanto adoravam. Trompetistas, oboístas e percussionistas foram chamados para tocar. A pedido de Pedro, cinco damas também foram convidadas, incluindo a bela condessa Aurora von Königsmark, amante do eleitor e mãe de Maurício de Saxe, o futuro grande marechal da França. A festa seguiu até as três da manhã, com Pedro exuberantemente assumindo as baquetas e tocando "com uma perfeição que ia muito além dos percussionistas". Depois dessa noite de bebida, música e dança, o czar seguiu mais à vontade para Praga e Viena. E, assim que Pedro deixou a cidade, o aliviado – e cansado – príncipe Fürstenberg escreveu ao eleitor: "Agradeço a Deus por tudo ter corrido tão bem, pois temi não conseguir agradar totalmente esse cavalheiro melindroso".

SETE QUILÔMETROS AO NORTE da antiga cidade de Viena erguem-se as duas colinas gêmeas de Kahlenberg e Leopoldsberg; no leste da cidade, o Danúbio segue a sul em direção a Budapeste; no oeste ficam os campos e as Florestas de Viena. Entretanto, apesar de toda a sua paisagem magnífica, em termos de tamanho Viena não podia ser comparada a Londres, Amsterdã, Paris ou mesmo Moscou. Em primeiro lugar, isso se devia ao fato de que Viena, ao contrário das outras grandes cidades da Europa, não tinha um grande porto ou um centro comercial. Sua única função era servir como espaço para a Casa Imperial de Habsburgo e como centro administrativo do vasto território que se estendia do Báltico à Sicília, e era ligada ao imperador Leopoldo I. De fato, nos tempos de Pedro, a Casa governava dois impérios. O primeiro era o antigo Sacro Império Romano, uma união frouxa de Estados quase independentes na Alemanha e Itália cujos laços e antigas tradições datavam do Império de Carlos Magno, cerca de mil anos antes. O outro império, bastante separado e distinto, era um conjunto de tradicionais terras pertencentes aos Habsburgo na Europa Central – Arquiducado da Áustria, Reino da Boêmia, Reino da Hungria e outros territórios nos Balcãs recém-conquistados dos turcos.

Foi o primeiro deles, o Sacro Império Romano-Germânico, que concedeu ao imperador seu título e seu imenso prestígio, justificando o tamanho e a magnificência de sua corte. Todavia, o título era na verdade vazio, e o império quase totalmente de fachada. Os governantes desse conjunto de Estados distintos, os eleitores[1] hereditários, margraves, landegraves, príncipes e duques, decidiam por si mesmos a religião dos súditos, o tamanho dos exércitos e se, quando a guerra surgisse, lutariam ao lado do imperador, contra ele ou permaneceriam neutros. Quando o assunto era ligado à discussão de políticas mais sérias, nenhum desses grandes senhores pensava em seus laços com o mestre imperial. Eles ou seus representantes faziam parte da Dieta Imperial de Regensburg, originalmente o órgão legislativo do império, mas que havia

---

[1] O título "eleitor" era dado aos sete príncipes germânicos que tinham o privilégio de eleger o Sagrado Imperador Romano. (N. E.)

se tornado puramente consultivo e decorativo. O imperador não podia criar leis sem o consenso da Dieta, e as discussões jamais chegavam a um acordo, pois os enviados argumentavam infinitamente sobre a precedência. Quando um imperador morria, a Dieta se reunia e automaticamente elegia o próximo comandante da Casa de Habsburgo. Isso era tradicional, e a tradição era o único traço do antigo império que não recebera permissão de morrer.

Apesar da superficialidade do título imperial, o imperador tinha sua importância. A força da Casa de Habsburgo, sua receita, seu exército e poder vinham dos Estados e territórios realmente governados por ela: Áustria, Boêmia, Morávia, Silésia, Hungria e novas conquistas, que se estendiam desde os Cárpatos até a Transilvânia e atravessavam os Alpes até o Adriático. Também havia reivindicações dos Habsburgo ao trono da Espanha, com todas as posses espanholas pela Europa, incluindo a própria Espanha, os Países Baixos espanhóis, Nápoles, Sicília e Sardenha. Esse segundo império analisava o sul e o leste em busca de perigos e oportunidades. Como uma barreira entre a Europa Oriental e os Bálcãs, acreditava em sua sagrada missão de defender o cristianismo contra o avanço do Império Otomano. Os príncipes protestantes ao norte não tinham interesse pelos medos e ambições do imperador nos Bálcãs, vendo-os apenas como uma questão particular da Casa de Habsburgo na qual, se o imperador quisesse apoio, teria de comprá-lo.

A Áustria era o centro e Viena, o coração do mundo Habsburgo. Era um mundo católico, fortemente amparado na tradição e em cerimônias elaboradas, ativamente guiado pelos jesuítas que nunca estavam distantes das deliberações dos conselhos de Estado ou do ombro do personagem imperial a quem Deus, eles garantiam, havia entregado uma confiança especial.

Sua Mais Católica Majestade, Leopoldo I, imperador do Sacro Império Romano, arquiduque da Áustria, rei da Boêmia e da Hungria, não admitia que nenhum mortal, com a exceção do papa, estivesse em posição equivalente à sua. Aos olhos do imperador Habsburgo, Sua Mais Cristã Majestade, o rei da França, não era nada além de um arrivista, um presunçoso de genealogia medíocre e pretensões detestáveis. O czar da Moscóvia era pouco mais notável do que qualquer outro príncipe oriental que vivia em tendas.

Leopoldo estava inabalavelmente seguro de sua posição. A Casa de Habsburgo era a mais antiga dinastia reinando na Europa. Por trezentos anos, em sucessão contínua, a família havia usado a coroa do Sacro Império Romano, cuja história e as prerrogativas datavam de Carlos Magno. Ao final do século XVII, a Reforma e a Guerra dos Trinta Anos haviam diminuído o poder imperial; todavia, em termos de representatividade, o imperador continuava sendo o governante secular proeminente da cristandade. Seu verdadeiro poder talvez estivesse se desvanescendo em comparação ao do rei da França, mas um senso de superioridade – sombrio, medieval, semieclesiástico – continuava existindo. Preservar esse senso de sua posição era uma das principais preocupações de Leopoldo. Ele mantinha uma equipe de historiadores e bibliotecários aplicados que haviam conseguido, por meio de suas pesquisas, ligar a genealogia do imperador a vários notáveis, desde heróis e santos até Noé.

O homem que carregava esse enorme peso de responsabilidade genealógica era moreno, de estatura mediana, com um maxilar inferior projetado para a frente e o lábio inferior saliente que tradicionalmente marcavam (se não desfiguravam) os Habsburgo. Embora em 1698 ele já ocupasse o trono imperial há quarenta anos (e permaneceria por mais sete), não havia nascido para a coroa. Em vez disso, Leopoldo era um filho mais novo, criado para o sacerdócio, que havia sido arrancado de seus estudos teológicos apenas pela morte de seu irmão mais velho, Fernando. Eleito imperador aos dezoito anos, durante todo seu reinado Leopoldo preferiu interesses discretos: teologia, artes, cerimônias na corte e o estudo da genealogia; amava a música em especial e compunha óperas. Não era um guerreiro, embora sob seu comando o império tenha permanecido quase constantemente em guerra. Quando os exércitos otomanos cercaram Viena em 1683, ele discretamente deixou o local, retornando só depois que os turcos haviam sido repelidos, expulsos Danúbio abaixo. Sua personalidade era melancólica, apática e obstinada. Ainda assim, em sua letargia, de alguma forma ele projetava uma dignidade austera, não sem grandeza, parte da qual repousava em sua atitude consigo mesmo. Ser imperador, ele sabia, era estar no cume da humanidade.

Cada detalhe da vida cotidiana na corte imperial era criado para proclamar essa sublime posição. Nos aposentos e corredores do antigo palácio vienense, o Hofburg, o imperador era objeto de um rígido protocolo mais parecido com Bizâncio do que com Versalhes. Normalmente, usava trajes de corte espanhóis: veludo negro com borda de renda branca, um manto curto, chapéu de abas largas virado para um lado, meias vermelhas usadas apenas por imperadores Habsburgo e sapatos também vermelhos. Nos dias de cerimônia – que eram frequentes –, aparecia com um esplendor quase ocidental, coberto com brocado escarlate e dourado bordado com diamantes, cercado por seus Cavaleiros da Ordem do Tosão de Ouro, todos usando mantos longos de veludo carmesim bordado com ouro. Vestido dessa forma nas festas religiosas, o imperador andava a pé em meio às massas, marchando à frente de uma longa procissão. Sempre que ele e sua família passavam, os bajuladores faziam reverência e caíam de joelhos. Se seu nome fosse mencionado, mesmo quando ele estivesse em outro ambiente, todos que o ouviam realizavam genuflexão similar. Quando Suas Majestades ceavam sozinhos, seus pratos passavam por 24 mãos antes de chegarem à mesa imperial. O vinho era servido por um mordomo que enchia o copo imperial com um joelho apoiado no chão.

O centro dessa cerimônia absurda era o Palácio de Hofburg, um labirinto confuso de construções erguidas ao longo de séculos e ligadas por corredores e escadas escuras, pequenos quintais e enormes passagens. Nessa confusão de pedras e alvenaria, que nada tinha da simetria e elegância de Versalhes, o imperador e sua comitiva de dois mil nobres e trinta mil servos abarrotavam-se ao lado de numerosos gabinetes do governo, um museu e até mesmo um hospital. Exceto durante as visitas ocasionais ao Palácio Favorito, nos arredores da cidade, onde costumava caçar cervos, ou no Palácio de Luxemburgo, a trinta quilômetros de distância, onde lançava seus falcões sobre as garças, Leopoldo governava seu império em Hofburg.

De fato, o caos do Hofburg era um símbolo do caos do império. A administração dos imperadores Habsburgo não era eficiente. Eles nunca conseguiram reunir todas as chancelarias, conselhos, tesourarias e outros diversos órgãos do Sacro Império Romano e dos domínios Habsburgo em uma única estrutura coesa de governo central. O próprio Leopoldo, formado para a teologia, era um autocrata indeciso. Tímido, apático, incerto acerca de qual caminho tomar, preferia ouvir conselhos e ponderar infinitamente sobre as recomendações contraditórias de seus conselheiros. Um diplomata francês o descreveu como "um relógio que sempre precisa ser acertado". Na década de 1690, Leopoldo encontrava-se envolto por um casulo de muitas camadas de comitês, todos discreta e vigorosamente guerreando uns contra os outros em suas costas. A política era feita por acaso.

No fundo, Leopoldo (e depois dele seus dois filhos, os imperadores José I e Carlos VI) não acreditava que uma administração caótica era um defeito fundamental. Os três, durante mais de um século, compartilharam a visão de que a administração do governo era um assunto menor, infinitamente menos importante não apenas para suas almas, mas também para o futuro da Casa de

Habsburgo, do que a crença em Deus e o apoio da Igreja Católica. Se Deus estivesse satisfeito com eles, Ele asseguraria que a Casa continuaria no poder e prosperaria. Essa era, portanto, a base de sua teoria política e de sua prática de governo: que o trono e o império lhes haviam sido entregues por Deus, e que "Nossa Casa, seus interesses e seu destino eram cuidados e seriam mantidos por um poder maior do que qualquer outro na Terra".

Durante o longo reinado de Leopoldo, apesar da apatia do imperador e da característica sufocante de sua burocracia, as fortunas do império cresceram. Isso pode ter ocorrido por conta da influência de Deus, conforme acreditava Leopoldo, porém, mais imediatamente, nas últimas décadas de seu reinado, as perspectivas e o poder de Leopoldo descansavam na brilhante espada do príncipe Eugênio de Saboia. O magro e curvado príncipe era um marechal de campo do Sacro Império Romano, comandante dos exércitos imperiais e – com o duque de Marlborough e o rei Carlos XII da Suécia – um dos mais famosos e bem-sucedidos comandantes militares de seu tempo.

Eugênio era italiano e francês de nascimento, seu título decorrente de um avô, duque de Saboia. Nasceu em Paris, em 1663, filho de Olympia Mancini, uma das beldades famosas da corte de Luís XIV, e do conde de Soissons. Como seu rosto e seu corpo frágil eram tão inadequados, sua candidatura para servir o exército francês foi rejeitada e ele foi encaminhado para uma carreira eclesiástica – aliás, Luís XIV chegou a chamar Eugênio, em público, de *Le Petit Abbé* (O Pequeno Abade). As zombarias do Rei Sol custariam caro à França. Aos vinte anos, Eugênio foi até o imperador pedir um comando no exército imperial. A corte sombria de Leopoldo chamava a atenção de Eugênio, e sua intensidade e falta de frivolidade – qualidades que lhe haviam tornado alvo de zombarias em Versalhes – funcionaram a seu favor em Viena. A chegada de Eugênio coincidiu com o cerco turco e, ainda com apenas vinte anos, ele assumiu o comando de um regimento da infantaria montada. Nos anos que se seguiram, deixou de lado seu desejo por um principado na Itália e dedicou a vida ao exército. Aos 26 anos, era general da cavalaria; aos 34, comandante do exército imperial da Hungria. Lá, em 11 de setembro de 1697, enquanto Pedro trabalhava em um estaleiro de Amsterdã, Eugênio venceu o principal exército do sultão, três vezes maior que o seu, em uma batalha desesperada em Zenta. A paz foi breve. Logo ele se viu combatendo os inimigos do imperador nos Países Baixos, no Reno, na Itália e no Danúbio. Participou de duas das maiores vitórias do duque de Marlborough, em Blenheim e em Oudenard, aceitando modestamente o papel de vice-comandante. Sua genialidade militar havia sido ofuscada pela de Marlborough, mas, enquanto a reputação deste último se resume aos dez anos de comando durante a Guerra da Sucessão Espanhola, a de Eugênio estende-se por cinquenta anos como soldado e trinta como comandante supremo.

Em nome de seu augusto potentado, os conselheiros, historiadores e genealogistas do imperador brigavam com tenacidade por questões de protocolo. Era inconcebível que o czar da Moscóvia, independentemente do tamanho de seus domínios, pudesse ser recebido como igual ao ajudante de Deus, o imperador. A questão tornava-se ainda mais complicada pelo fato de que, oficialmente, o czar não estaria presente. Todavia, de alguma forma precisava ser dada a devida atenção ao jovem alto cujo codinome era Pedro Mikhailov. Problemas de tais dimensões levavam algum tempo para ser resolvidos – foram necessários quatro dias para solucionar os detalhes da chegada da Embaixada em Viena e todo um mês de negociações até se chegar a um acordo sobre a maneira como o imperador receberia os embaixadores. Enquanto isso, Pedro se mostrava ansioso para encontrar-se pessoalmente com o imperador. Os oficiais da corte austríaca estavam inflexíveis quanto à ideia de um czar anônimo não poder ser publicamente recebido por Sua Majestade Imperial, porém a insistência de Lefort rendeu frutos em um encontro privado.

A entrevista informal aconteceu no Palácio Favorito, casa de campo de Leopoldo nos arredores da cidade. Mantendo o anonimato, Pedro foi levado por uma pequena porta no jardim e subiu as escadas em espiral até a câmara de audiências. Foi cuidadosamente informado por Lefort sobre o protocolo do encontro: os dois monarcas entrariam ao mesmo tempo na longa sala de audiências por portas em lados opostos; andando devagar, deveriam se encontrar exatamente no centro, diante da quinta janela. Infelizmente, Pedro, ao abrir a porta e ver Leopoldo, esqueceu-se do que lhe havia sido dito e, avançando em passos longos e rápidos em direção ao imperador, alcançou-o diante da terceira janela. Os funcionários austríacos ficaram boquiabertos. O protocolo havia sido quebrado! O que aconteceria com Pedro? O que aconteceria com eles? Entretanto, quando os dois soberanos seguiram até perto de uma das janelas para conversar, com apenas Lefort como intérprete, os funcionários ficaram aliviados ao perceber que o czar estava tratando seu senhor com grande respeito e deferência. Os dois formavam um enorme contraste: o imperador de baixa estatura, pálido, com 58 anos, tinha um rosto estreito e sombrio emoldurado por uma enorme peruca e um espesso bigode pendurado sobre o descaído lábio inferior, enquanto o incomumente alto czar de 26 anos exibia gestos vigorosos, imperiosos, às vezes bruscos. Na verdade, o encontro não passou de uma troca de cumprimentos e durou apenas quinze minutos. Depois disso, Pedro desceu até o jardim do palácio e alegremente remou em um barco pelo lago.

Esse primeiro encontro estabeleceu o tom da permanência de duas semanas de Pedro em Viena, sua única visita à capital imperial. Apesar dos resmungos irritados dos oficiais austríacos responsáveis pelo protocolo, Pedro permaneceu de bom humor. Visitou a imperatriz e as princesas imperiais e tentou ser agradável. Cordialmente recusou a quantia de três mil florins semanais oferecidos pela corte imperial para cobrir os custos da Embaixada russa em Viena. Essa soma, protestou Pedro, era demais para seu "querido irmão" pagar após arcar com os custos de longas guerras; Pedro reduziu o valor pela metade. Os austríacos, que haviam sido totalmente informados sobre a personalidade de Pedro tanto em Moscou quanto durante as viagens anteriores, mal conseguiam acreditar que aquele homem simples e modesto à sua frente era o mesmo sobre o qual tinham ouvido falar. Embaixadores estrangeiros falavam sobre suas "maneiras distintas e polidas". O embaixador espanhol escreveu a Madri: "Aqui ele parece bem diferente da descrição das outras cortes e bem mais civilizado, inteligente, com excelentes modos e grande modéstia".

Em um momento importante em Viena, as surpreendentes amabilidade e curiosidade de Pedro criaram altas expectativas. A Igreja Católica, especialmente o Colégio Jesuíta de Viena, estava ciente dos relatos do embaixador imperial em Londres sobre a falta de ligação que Pedro mantinha com a ortodoxia doutrinária e também de seu interesse em outras religiões. Assim como o arcebispo de Canterbury e outros protestantes haviam começado a pensar em converter o czar ao protestantismo, os católicos começaram a ter esperança de que o monarca e, depois dele, seu reino, pudessem ser trazidos para a Mãe Igreja. Essas esperanças estavam incorporadas no conselheiro pessoal do imperador, o padre Woolf, jesuíta que falava um pouco de russo. No Dia de São Pedro, após participar de uma cerimônia ortodoxa conduzida por seu próprio pastor russo viajando com a Embaixada, Pedro participou da missa no Colégio Jesuíta. Lá, ouviu o padre Woolf pregar "que as chaves seriam outorgadas uma segunda vez, para um novo Pedro, para que ele pudesse abrir outra porta". Logo depois, o czar participou de uma segunda missa, dessa vez celebrada pelo cardeal Kollonitz, o primaz da Hungria, antes de se reunir com o cardeal para um almoço no refeitório do Colégio. Com a conversa, tornou-se claro que Pedro não estava pensando em conversão e que os rumores de que ele planejava ir a Roma para ser aceito pela igreja pelo próprio papa eram falsos. Ele iria a Veneza para estudar a construção de galeras. Se chegasse a ir a Roma, seria como turista, e não como alguém tentando se converter. Depois do encontro, o cardeal descreveu o visitante:

> O czar é um jovem alto entre 28 e trinta anos de idade, com tez escura, orgulhoso e sério, com um semblante expressivo. Seu olho, braço e perna esquerdos sofreram com o veneno que lhe foi dado durante a vida de seu irmão; porém, como consequência resta agora apenas um olhar fixo e um movimento constante do braço e da perna. Para esconder isso, ele acompanha esses movimentos involuntários com outros movimentos em todo o corpo, o que, para muitas pessoas nos países por ele visitados, foi atribuído a causas naturais, mas que, na verdade, são artificiais. Sua sagacidade é rápida e alerta; suas maneiras, mais próximas das dos civilizados do que dos selvagens. A jornada na qual ele embarcou o aprimorou muito, e a diferença entre o início de suas viagens e os tempos atuais é clara, embora sua rudeza nativa ainda apareça – em especial na relação com seus seguidores, que ele controla com grande severidade. Tem conhecimentos de história e geografia e quer saber mais sobre esses assuntos; no entanto seus maiores interesses são o mar e os navios, nos quais ele trabalha com as próprias mãos.

No curso da visita de Pedro, Leopoldo promoveu um de seus famosos bailes de máscaras da corte vienense. O cenário era uma suposta pousada no interior, com o imperador e a imperatriz como proprietários e a corte e os embaixadores estrangeiros todos vestidos com trajes de camponeses nativos. O príncipe Eugênio de Saboia estava lá. Pedro se adornou para a noite como um camponês frísio, e sua parceira por sorteio, *Fräulein* Johanna von Thurn, vestiu-se da mesma maneira. Durante o jantar, toda a precedência foi deixada de lado e o imperador e a imperatriz sentaram-se onde quiseram à mesa. Durante os brindes, Leopoldo encontrou uma forma feliz de brindar seu convidado distinto que oficialmente não estava lá. "Acredito que vocês conheçam o czar da Rússia. Brindemos à saúde dele". Na manhã seguinte, a taça que o imperador havia usado chegou à porta de Pedro, como um presente. Era incrustada com cristais e valia dois mil florins. A alegria da parceira do czar foi medida também no dia seguinte, quando ela recebeu como presente quatro pares de zibelina e 250 ducados.

Para retribuir essa hospitalidade, no dia de São Pedro a Embaixada russa entreteve seus anfitriões oferecendo um baile para mil convidados, que se estendeu durante toda a noite. Fogos de artifício acesos pela mão do próprio czar, danças, bebidas e diversões pelos jardins de verão trouxeram um toque do Subúrbio Alemão a Viena. Durante um jantar de Estado oferecido depois que o imperador recebeu a Embaixada, a saúde de duas outras pessoas, a imperatriz e a czarina, não foi brindada. Essa omissão, feita por pedido dos russos, era um sinal do que estava para acontecer com Eudóxia quando Pedro retornasse a Moscou. Durante o jantar, enquanto a conversa se voltava aos vinhos, o barão Königsacker insistiu que Lefort imediatamente experimentasse seis variedades que ele havia recomendado. Quando os vinhos chegaram e Lefort os provou, ele pediu que seu amigo alto, o homem parado como um servo atrás da cadeira, também provasse.

Apesar de toda a amabilidade pública, a missão de Pedro em Viena foi um fracasso diplomático. A Grande Embaixada tinha ido até a cidade para atrair o interesse da Áustria em reiniciar uma guerra mais vigorosa contra os turcos. Em vez disso, todavia, os russos se viram esforçando-se para evitar que a Áustria aceitasse uma oferta de paz turca, o que seria muito favorável à Áustria, mas não à Rússia – uma paz com todos os combatentes concordando em manter o *status quo*, cada um mantendo os territórios que houvessem conquistado. Para o monarca Habsburgo, esse era um acordo favorável: a Hungria e partes da Transilvânia permaneceriam sob controle Habsburgo. A ideia de paz era bastante tentadora. Ademais, a sombra de Luís pairava mais uma vez no oeste. Era hora de apaziguar o leste, aceitar os frutos da vitória, reagrupar e encarar o Rei Sol.

A única parte que não se mostrava feliz com a possibilidade de paz era Pedro. Tendo renovado a guerra contra a Turquia em 1695 e 1696 com suas campanhas contra Azov, tendo capturado a fortaleza e provado a ambição de navegar no mar Negro, tendo movido montanhas para construir uma frota em Voronej e ido à Europa para aprender construção naval, contratando construtores, capitães navais e marinheiros para construírem e comandarem sua frota do mar Negro, ele não podia permitir que a guerra chegasse ao fim – pelo menos, não até adquirir Kerch e os turcos aceitarem seu direito de navegar no mar Negro.

Pedro expressou pessoalmente essa necessidade ao Ministro das Relações Exteriores imperial, o conde Kinski, e, por meio de Kinski, ao imperador. Compreendendo que os austríacos estavam decididos a promover a paz, Pedro concentrou-se nos termos do acordo. Inicialmente, queria ter certeza de que o imperador insistiria que a Turquia cedesse à Rússia a fortaleza de Kerch, que dominava a junção do mar Negro com o mar de Azov. Sem Kerch, a nova frota de Pedro não poderia ganhar acesso ao mar Negro, ficando confinada no vasto, porém basicamente inútil, mar de Azov. Kinski respondeu que o conferência de paz, para a qual a Rússia naturalmente seria convidada, ainda não havia se iniciado. Se Pedro queria Kerch, era melhor confiscá-la rápido, antes que o tratado fosse assinado. Ele duvidava que os turcos pudessem ser forçados a lhe entregar o território apenas por pressões diplomáticas em uma mesa de conferência, "pois os turcos não estão acostumados a entregar suas fortalezas sem uma guerra". O imperador prometeu que pelo menos não assinaria nenhum tratado sem que o czar conhecesse plenamente os termos nele contidos.

Isso era o melhor que podia ser feito, e Pedro estava impaciente para deixar a Áustria. Viena era uma cidade interiorana, sem estaleiros ou navios, e a próxima parada da comitiva russa seria Veneza, onde Pedro esperava aprender os segredos das mais maravilhosamente eficientes galeras de guerra venezianas. Em quinze de julho, tudo estava organizado, os passaportes da Embaixada prontos e alguns membros da comitiva já a caminho de Veneza. Pedro tinha acabado de sair de uma audiência de adeus com o imperador quando, no momento da partida, a última correspondência chegou de Moscou, uma carta urgente trazendo notícias perturbadoras de Romodanovski. Quatro regimentos de Streltsi, após receberem ordens para marchar de Azov até a fronteira polonesa, haviam se revoltado e seguiam a caminho de Moscou. Conforme informava a carta de Romodanovski, eles estavam a apenas cem quilômetros da capital russa, e as tropas leais, sob comando de Shein e Patrick Gordon, tinham seguido para bloquear o caminho. Nada foi dito sobre a causa ou o tamanho da revolta, e não havia mais notícias quanto ao que havia ocorrido. A carta havia sido enviada um mês antes. Pedro se deu conta de que, enquanto dançava em trajes de camponês durante um baile de máscaras, os Streltsi podiam ter ocupado o Kremlin, Sofia podia ter tomado o trono russo e ele podia ter passado a ser visto, agora, como traidor.

No mesmo instante, decidiu abandonar o restante da viagem, cancelar a visita a Veneza e retornar imediatamente a Moscou para encarar o que quer que o aguardasse lá. Esperando e confiando que seus regentes ainda estivessem no poder, ele escreveu a Romodanovski:

Recebi a carta na qual sua graça escreve que a semente de Ivan Mikhailovich [Miloslavsky] está brotando. Peço para que seja severo; não há outra forma de apagar essa chama. Embora sintamos muito por deixar de lado nossa atual e proveitosa empreitada, estaremos com você mais rapidamente do que imagina.

Ao colocar um ponto final na Embaixada, Pedro decidiu levar consigo os dois primeiros embaixadores, Lefort e Golovin, para ajudar a lidar com a situação em Moscou, e deixar o terceiro, Voznitsyn, em Viena para representar a Rússia nas futuras negociações de paz com os turcos.

Em dezenove de julho, Pedro deixou Viena e seguiu a caminho da Polônia, impressionando os austríacos, que não sabiam nada sobre a notícia e esperavam vê-lo partir para Veneza. O czar viajou durante dia e noite, parando apenas para se alimentar e trocar os cavalos. Tinha chegado a Cracóvia quando um mensageiro, enviado a galope por Voznitsyn, trouxe notícias atualizadas e mais otimistas. Shein havia encontrado e capturado os rebeldes – 130 haviam sido executados e 1.860 estavam presos. Pedro se viu aliviado e considerou dar meia-volta e fazer a visita planejada a Veneza. No entanto, já tinha percorrido metade do caminho de volta para casa, tinha passado um ano e meio fora de seu país e havia muita coisa que queria fazer em Moscou. Ele continuou rumo ao leste, diminuindo a velocidade, adotando um ritmo de passeio em direção à cidade de Rawa, na Galícia. Ali, pela primeira vez, o czar se deparou com uma figura extraordinária com a qual as maquinações diplomáticas e militares suas e da Rússia se tornariam profundamente envolvidas. Era Augusto, eleitor da Saxônia e agora também, graças ao apoio tanto do imperador quanto do czar, o rei da Polônia.

NOS TEMPOS DE PEDRO, a Polônia, território que o czar percorria em sua jornada de volta para casa, era o mais fraco e mais vulnerável de todos os Estados europeus. Em tamanho físico e população, era gigante: suas fronteiras espalhavam-se desde a Silésia até a Ucrânia, do Báltico aos Cárpatos; sua população era de oito milhões, uma das maiores do continente. Mesmo assim, política e militarmente a Polônia mostrava-se insignificante. Aliás, o vasto Estado permanecia intacto apenas porque seus vizinhos estavam ocupados demais ou fracos demais para se importar em separá-lo. Durante todos os vinte anos da Grande Guerra do Norte, que estava prestes a começar, a Polônia permaneceria prostrada, com a infeliz função de oferecer um campo de batalhas para os exércitos estrangeiros que a invadiriam. Diante do poder militar da agressiva Suécia, cujo império todo contava com apenas 2,5 milhões de súditos, a gigante Polônia mostrava-se indefesa.

Uma série de fatores era responsável pela impotência da Polônia. O primeiro era a ausência de qualquer coesão racial ou religiosa. Somente metade do país era composta por poloneses, e essa metade tendia a ser católica. A outra metade – formada por lituanos, russos, judeus e alemães – era uma mistura de protestantes, ortodoxos russos e judeus. Em meio a toda essa rica variedade, antagonismos políticos e religiosos floresciam. Os lituanos lutavam entre si e eram unidos apenas pelo ódio que nutriam pelos polacos. Os judeus, que formavam uma grande porcentagem das populações urbanas, tendiam a dominar os negócios e as finanças, gerando, assim, o medo e a inveja dos poloneses. Os cossacos, cuja aliança nominal era o *hetman* ucraniano (agora um súdito nominal do czar) recusavam-se a obedecer às ordens do rei polonês.

Se a situação racial e religiosa era confusa, o estado da política era caótico. A Polônia era uma república que tinha rei. O rei era um monarca eleito, e não de posição hereditária, exercendo apenas o poder que a nobreza escolhia lhe conceder – que, em geral, era nulo. Sendo assim, o monarca não representava mais do que um ornamento do Estado. Portanto, em um momento em que a França liderava a maior parte das nações europeias em direção à centralização do poder e ao absolutismo real, a Polônia seguia na direção oposta, a caminho da desintegração política e do anarquismo. Os verdadeiros governantes do país eram os grandes senhores poloneses e lituanos, que governavam imensos territórios nos quais nenhuma autoridade central estava autorizada a entrar. Na Lituânia, a poderosa família Sapieha, sonhando em tomar o trono, categoricamente desafiava todos os reis da Polônia.

Foram os aristocratas donos de terra poloneses e lituanos que, em 1572, haviam insistido que a coroa se tornasse um poder eletivo. Eram eles que, ao final do século XVII, possuíam todas as riquezas da nação e exportavam linho, grãos e madeira de suas enormes propriedades que se estendiam desde a parte mais baixa do rio Vístula até o Báltico. Eles mantinham todo o poder político, não apenas elegendo seu soberano, mas impondo sobre ele um pacto formal, assinado pelo candidato eleito antes de sua coroação, estabelecendo os termos de seu reinado. A concretização do ideal dos aristocratas foi alcançada quando a Dieta, ou o parlamento polonês, afinal concordou que nenhum projeto de lei seria aprovado caso um único membro se opusesse. Nem o rei, nem a Dieta tinham qualquer mecanismo para autorizar ou coletar taxas. E a Polônia não contava com uma política externa sistemática. "Esta nação desorganizada [é] como o mar", reclamou um diplomata inglês. "Espuma e ruge [...] mas só se move quando é agitada por algum poder superior".

O exército polonês funcionava de forma similar. Sua cavalaria sempre se mostrava soberbamente corajosa e ricamente equipada: diamantes brilhavam nas couraças e nas espadas dos valentes cavaleiros. Entretanto, a disciplina era inexistente. A qualquer momento, um exército polaco no campo de batalhas poderia ser dilatado ou reduzido com a chegada ou partida de grandes nobres e seus acompanhantes armados. Apenas esses homens podiam decidir se ou quando participariam de uma campanha. Se estivessem cansados ou irritados, apenas se retiravam, independente dos perigos que essa ação acarretaria para outras tropas do exército. De tempos em tempos, o rei também estava envolvido na guerra, mas a república polonesa, representada pela Dieta, estava em paz. Era nesse tipo de confusão caleidoscópica com um rei ornamental, um parlamento paralisado e um exército feudal individualista que a vasta e tumultuosa nação polonesa tropeçava e cambaleava em direção à anarquia.

Com um sistema assim, a única esperança de unidade e ordem da Polônia estava em um forte monarca que, de alguma forma, conseguisse se sobrepor ao caos. A escolha, entretanto, não dependia apenas da nobreza polaca. A essa altura, a eleição de um novo rei polonês que teria poder, ainda que limitado, sobre uma vasta nação era uma preocupação europeia. Todos os monarcas do continente desejavam ganhar a coroa polonesa para sua casa, ou pelo menos para um príncipe que fosse favorável à sua causa. Pedro da Rússia, como vizinho oriental da Polônia, mostrava-se especialmente preocupado. Temendo que um candidato francês pudesse conquistar o trono, o czar tinha se preparado para caso precisasse invadir a Polônia. Para influenciar a eleição ou estar pronto se os franceses a vencessem, Pedro moveu tropas russas para a fronteira polonesa (foi uma ordem para que regimentos de Streltsi deixassem Azov a caminho da fronteira com a Polônia o que precipitou a revolta e, assim, fez o czar retornar de Viena). E, do outro lado do continente, o Rei Sol desejava ver uma Polônia parceira da França se erguendo pelas costas do imperador Habsburgo. O candidato de Luís era François Louis de Bourbon, príncipe de Conti, um príncipe de sangue francês cujos feitos no campo de batalha, enorme charme e ambivalência sexual haviam-no transformado em um queridinho da corte francesa. Conti não se sentia entusiasmado em aceitar o título real, detestando deixar para trás seus amigos e os deleites de Versalhes em troca das ruínas bárbaras da Europa Oriental. No entanto, o rei estava decidido e abriu o bolso, enviando três milhões de libras em ouro para comprar os votos de tantos membros da Dieta quanto fossem necessários. O esforço se provou bem-sucedido e, com o apoio da maior parte da nobreza polonesa, incluindo a família Sapieha da Lituânia, Conti foi eleito e embarcou a caminho de Gdánsk com uma poderosa esquadra naval francesa comandada pelo famoso almirante Jean Bart.

Conti chegou à Polônia e descobriu que a eleição havia sido derrubada. O candidato rechaçado, Augusto da Saxônia, apoiado pelo czar e pelo imperador, havia simplesmente se recusado a aceitar a decisão da Dieta e marchado em direção à Polônia à frente de um exército saxão. Tendo chegado a Varsóvia antes de Conti, Augusto converteu-se ao catolicismo, persuadiu a Dieta a mudar de ideia e se fez coroar rei da Polônia em quinze de setembro de 1697. Bastante feliz, Conti retornou a Versalhes e Augusto deu início a um reinado que se estendeu por 36 anos.

Assim, Augusto estava no trono polonês há menos de um ano quando Pedro passou pelo país em seu caminho de volta a Moscou. Augusto também era eleitor da Saxônia, embora a união da Saxônia com a Polônia se desse apenas por sua pessoa. Os dois Estados não tinham sequer uma fronteira comum, sendo separados pela Silésia, uma província Habsburgo, e também pelos territórios de Brandemburgo no rio Oder. A Saxônia era luterana; a Polônia, predominantemente católica. O poder de Augusto, como o de todos os reis polacos, era limitado, mas ele já se mostrava ansioso em buscar formas de melhorar essa situação.

Quando Pedro chegou a Rawa, onde o novo rei estava, encontrou em Augusto um homem jovem e, assim como ele, fisicamente excepcional. Augusto era alto (exceto na presença de Pedro, cuja altura era anormal para a época) e forte. Era chamado de Augusto, o Forte, e dizia-se que era capaz de entortar uma ferradura usando apenas as mãos. Aos 28 anos de idade, corpulento e saudável, tinha bochechas vermelhas, olhos azuis, nariz forte e boca carnuda, além de sobrancelhas excepcionalmente pesadas e negras. Sua esposa, uma Hohenzollern, o deixara quando ele se tornou católico, porém isso importava pouco para Augusto, um homem sensual e mulherengo em escala gigantesca. Mesmo em um tempo em que o rei tinha muitos concorrentes, seus esforços eram impressionantes: ele colecionava mulheres e, como fruto dessa coleção, afirma-se que Augusto tenha deixado 354 bastardos. Uma de suas amantes favoritas foi a bela condessa Aurora von Königsmark, que Pedro já havia conhecido em Dresden; outra, anos mais tarde, seria a condessa Orzelska que, por sinal, era também filha de Augusto.

Além de desfrutar dos prazeres da carne, Augusto também adorava "pegadinhas" que celebrassem seu gosto. Deu a Pedro uma caixa de ouro com uma mola secreta, decorada com dois retratos de outra de suas amantes. A imagem na capa mostrava uma mulher usando um vestido belo e formal, com uma expressão de total dignidade. A segunda imagem, revelada quando a mola era tocada e a tampa se abria, mostrava a mesma mulher em estado de desordem apaixonada e voluptuosa após ter se rendido aos avanços de seu amante.[2]

No imponente, saudável, divertido e jovem Augusto, Pedro encontrou uma alma gêmea. Eles passaram quatro dias em Rawa, comendo, visitando a infantaria e a cavalaria saxônias e bebendo juntos durante as noites. Pedro mostrava sua afeição abraçando e beijando com frequência seu novo amigo. "Não posso sequer começar a descrever o afeto entre os dois soberanos", escreveu um membro da comitiva de Pedro. A impressão que Augusto causou no czar foi profunda e duradoura, e Pedro usava orgulhosamente o brasão real da Polônia que Augusto havia lhe presenteado. Ao retornar a Moscou, quando recebeu os boiardos que lhe davam as boas vindas no dia após sua chegada, Pedro ostentou sua nova amizade diante deles. "Eu o [Augusto] estimo mais do que a todos vocês juntos", anunciou. "E não é porque ele é rei e, portanto, superior a vocês, mas simplesmente porque gosto dele".

Os dias em Rawa e a nova amizade de Pedro tiveram resultados importantes para a Rússia. Foi durante esses dias que Augusto, que já havia lucrado com a ajuda de Pedro para ganhar a coroa, usou a amizade entusiasmada do czar para forçar mais um de seus projetos ambiciosos: um ataque conjunto à Suécia. O rei sueco, Carlos XI, havia morrido, deixando o trono para seu

---

2 Em outra ocasião, também por humor, Augusto acompanhava Frederico Guilherme da Prússia e seu filho de dezesseis anos, o futuro Frederico, o Grande, durante uma visita a seu palácio em Dresden. Eles entraram em um dormitório e estavam admirando o teto quando, de repente, uma cortina foi erguida em volta da cama, revelando uma mulher nua. Horrorizado, o sério e pudico Frederico Guilherme se apressou para fora do cômodo, levando consigo seu filho. Augusto, em meio às risadas, pediu desculpas, mas, mais tarde durante a visita, enviou a mesma mulher para o jovem Frederico desfrutar. Por educação, o jovem a aceitou, embora sua preferência não fosse pelo sexo feminino. (N. A.)

filho de quinze anos. O momento parecia adequado para uma tentativa de arrebatar as províncias do Báltico que a Suécia usava para bloquear os acessos russo e polonês ao Mar Báltico. Augusto foi astuto e enganador; com o tempo, ganharia a reputação de maior criador de jogos duplos entre todos os governantes europeus. Era característico do rei propor que, para melhor assegurar o sucesso, o ataque fosse planejado em segredo e lançado como uma surpresa.

Pedro ouviu com empatia seu barulhento e intrigante novo amigo. Ele tinha seus próprios motivos para se sentir atraído pelo esquema: em Viena, havia se dado conta de que a guerra no sul contra a Turquia estava chegando ao fim. A porta para o mar Negro estava se fechando com a mesma velocidade que seu apetite por aventuras marinhas crescia. O czar havia retornado da Holanda e da Inglaterra imbuído do espírito de navios, marinhas e negócios no mar. Portanto, não é de se surpreender que uma proposta de abrir o caminho do Báltico e uma rota marítima direta para o oeste o tenha interessado. Além disso, as províncias suecas que seriam atacadas haviam no passado pertencido à Rússia. Elas tinham caído como ameixas em uma direção. Que fosse; agora era hora de serem colhidas com outra mão. Pedro assentiu quando Augusto falou. Vinte e cinco anos mais tarde, escrevendo uma introdução para a história russa oficial da Grande Guerra do Norte, o czar confirmou que, nesse encontro em Rawa, o acordo inicial para atacar a Suécia havia sido firmado.

A Grande Embaixada havia chegado ao fim. A primeira jornada em tempos de paz para fora do país feita por um czar russo tinha se estendido por dezoito meses, custado 2,5 milhões de rublos, apresentado o carpinteiro Pedro Mikhailov a eleitores, príncipes, reis e imperadores, e provado à Europa Ocidental que os russos não comiam carne crua e vestiam apenas pele de urso. Quais foram os resultados substanciais? Em termos de sua proposta declarada e aberta, o fortalecimento da aliança contra os turcos, a Embaixada falhou. A paz estava chegando ao leste enquanto a Europa se preparava para guerras novas e diferentes. Sempre que buscava ajuda – em Haia, em Londres, em Viena –, Pedro se deparava com a sombra de Luís XIV. Era o Rei Sol, e não o sultão, que amedrontava a Europa. A diplomacia, o dinheiro, os navios e os exércitos do continente estavam sendo mobilizados para a crise iminente, quando o trono da Espanha ficasse vazio. A Rússia, deixada para ou chegar à paz ou enfrentar sozinha os turcos, não teve outra escolha senão buscar a paz.

Em termos de resultados práticos e úteis, todavia, a Embaixada alcançou considerável sucesso. Pedro e seus embaixadores haviam sido bem-sucedidos em recrutar mais de oitocentos europeus tecnicamente habilidosos para trabalharem na Rússia – sendo a maioria deles holandeses, mas também havia ingleses, escoceses, venezianos, alemães e gregos. Muitos desses homens permaneceram na Rússia por anos, levaram contribuições significativas para modernizar a nação e deixaram seus nomes permanentemente escritos na história do reinado de Pedro.

Mais importante, todavia, foi a profunda e firme impressão que a Europa Ocidental causou em Pedro. Ele havia viajado para o Ocidente buscando aprender a construir navios, e realmente conquistou esse objetivo. Entretanto, sua curiosidade o levara a uma série de novos campos do saber. Pedro havia testado tudo que atraíra seus olhos – microscópios, barômetros, cata-ventos, moedas, cadáveres e alicates de dentista, além da construção de navio e artilharia. O que viu nas prósperas cidades e nos prósperos portos do oeste, o que aprendeu com cientistas, inventores, comerciantes, negociadores, engenheiros, impressores, soldados e navegadores confirmou sua antiga crença, formada no Subúrbio Alemão, de que os russos eram tecnologicamente atrasados – estando décadas, talvez séculos, atrás do Ocidente.

Perguntando-se como isso teria acontecido e o que poderia ser feito para remediar a situação, o czar passou a entender que as raízes das conquistas tecnológicas do Ocidente estavam em libertar a mente do homem. Ele entendeu que haviam sido o Renascimento e a Reforma – nenhum dos quais havia chegado à Rússia – os responsáveis pelo rompimento dos laços com a Igreja medieval e criação de um ambiente no qual pesquisas científicas e filosóficas independentes, além de diversos empreendimentos comerciais, podiam florescer. E sabia que esses laços da religião ortodoxa ainda existiam na Rússia, reforçados por folclores e tradições camponesas que haviam prosperado por séculos. Pedro resolveu quebrar essas amarras quando retornasse.

Entretanto, curiosamente, ele não entendeu – talvez não quisesse entender – as implicações políticas dessa nova visão de homem. Pedro não havia viajado para o Ocidente com o objetivo de estudar "a arte do governo". Embora na Europa Protestante estivesse cercado por evidências dos direitos civis e políticos dos homens individuais incluídos nas constituições, nas propostas de lei e nos parlamentos, ele não retornou à Rússia decidido a dividir seu poder com o povo. Pelo contrário: voltou não apenas decidido a mudar seu país, também convencido, entretanto, de que, se a Rússia fosse ser transformada, era ele quem deveria oferecer direcionamento e força motriz. Pedro tentaria liderar; porém, quando educação e persuasão não fossem suficientes, ele iria empurrar – e, se necessário, chicotear – a nação adiante.

XVIII
"ESSAS COISAS ATRAPALHAM"

No início do amanhecer de cinco de setembro de 1698, Moscou acordou e descobriu que o czar havia retornado. Pedro tinha chegado na manhã anterior com Lefort e Golovin, feito uma breve visita ao Kremlin, parado nas casas de vários amigos e depois passado a noite com Anna Mons em uma casa de madeira em Preobrajenskoe. Conforme a notícia se espalhava rapidamente pela cidade, uma multidão de boiardos e oficiais se reunia diante da porta da casa de Pedro para dar-lhe as boas-vindas, esperando, relatou um observador "provar, pela prontidão de sua subserviência, a firmeza de sua lealdade". Pedro recebeu todos com um prazer entusiasmado. Aqueles que se jogaram no chão aos seus pés, no antigo estilo moscovita, o czar "ergueu-os graciosamente de suas posições e os abraçou e beijou, como se faz apenas entre amigos".

Naquele mesmo dia, enquanto os fidalgos ainda se acotovelavam para se aproximarem do czar, o calor das boas-vindas foi extraordinariamente colocado em teste. Depois de passar por entre eles e trocar abraços, Pedro subitamente ergueu uma navalha longa e afiada e, usando as próprias mãos, passou a cortar a barba dos homens. Começou com Shein, o comandante do exército, que ficou atônito demais para resistir. Em seguida veio Romodanovski, cuja profunda lealdade a Pedro foi capaz de superar até mesmo essa afronta à sensatez moscovita. Os demais foram forçados, um a um, a se render, até todos os boiardos presentes não terem mais barba, e ninguém poder rir ou apontar o dedo em choque para os demais. Apenas três foram poupados: o patriarca, que observava horrorizado o procedimento, por respeito a sua posição; o príncipe Miguel Cherkasski, por sua idade avançada; e Tikhon Streshnev, por seu papel de guardião da czarina.

A cena foi marcante: de repente, os líderes políticos, militares e sociais da Rússia estavam fisicamente transformados. Rostos conhecidos e reconhecidos por toda uma vida de repente foram deixados de lado, abrindo espaço para novas faces. Queixos, maxilares, bocas, lábios, todos escondidos por anos, apareceram, criando todo um novo semblante naqueles homens. Era cômico, porém o humor se misturava com nervosismo e terror. Para a maioria dos russos ortodoxos, a barba era um símbolo fundamental de crença religiosa e respeito próprio. Era um ornamento concedido por Deus, usado pelos profetas, apóstolos e pelo próprio Jesus. Ivan, o Terrível expressou o sentimento da tradição moscovita quando declarou: "Fazer a barba é um pecado que nem o sangue de todos os mártires é capaz de apagar. É desfazer a imagem do homem criada por Deus". Os padres em geral se recusavam a abençoar homens sem barba; esses homens eram considerados vergonhosos e estavam além do limite aceito pelo cristianismo. Mesmo assim, em meados do século XVII, conforme mais comerciantes, soldados e engenheiros estrangeiros (e sem barba) chegavam a Moscou, o pai de Pedro, o czar Aleixo, havia relaxado a regra, declarando que os russos podiam fazer a barba se assim quisessem. Poucos fizeram, e esses poucos levaram o patriarca Adriano a reforçar a condenação: "Deus não criou o homem sem barba, mas apenas os gatos e os cachorros. Barbear-se não é apenas um ato tolo e desonroso, é também um pecado mortal". Esses sentimentos ecoaram nos ouvidos dos boiardos enquanto eles seguiam o comando do czar.

Barbeado, Pedro via as barbas como desnecessárias, bárbaras e ridículas. Elas tornavam seu país motivo de zombaria e chacota no Ocidente. Eram um símbolo visível de tudo o que ele queria mudar e, sendo assim, ele agia, segurando a lâmina com a própria mão. Depois disso, sempre que o czar ia a um banquete ou a uma cerimônia, aqueles que chegavam com barba voltavam sem ela. Menos de uma semana após seu retorno, Pedro foi a um banquete oferecido por Shein e ordenou que seu bobo da corte, Jacob Turgenev, percorresse a sala fazendo papel de barbeiro. O processo com frequência era desconfortável; raspar barbas longas e grossas a seco deixava muitos cortes e feridas nas partes onde a lâmina se aproximava demais da pele. Entretanto, ninguém se atrevia a contestar. O czar estava lá para estapear aqueles que demonstrassem relutância.

Embora o corte das barbas tenha se iniciado no círculo íntimo do monarca para ridicularizar as antigas tradições russas e mostrar que aqueles que desejavam ser atendidos pelo czar teriam de aparecer sem barba em sua presença, a proibição das barbas logo se tornou séria e geral. Por decreto, todos os russos, com a exceção dos clérigos e dos camponeses, receberam ordens para se barbear. Para assegurar que a ordem fosse cumprida, oficiais receberam o direito de cortar a barba de qualquer homem que encontrassem, independentemente de seu nível de importância. Num primeiro momento, russos horrorizados e desesperados subornaram esses oficiais para fazer vista grossa, mas, assim que pagavam o suborno, caíam nas mãos de outro oficial. Em pouco tempo, ostentar barba passou a ser um luxo bastante caro.

Por fim, aqueles que insistiam em manter suas barbas foram autorizados a mantê-las pagando um imposto anual. O pagamento dava ao portador uma pequena medalha de bronze com a imagem de uma barba e as palavras "IMPOSTO PAGO", usada em uma corrente em volta do pescoço para provar, caso alguém questionasse que aquela barba era legal. O imposto era graduado: camponeses pagavam apenas dois copeques por ano; comerciantes ricos pagavam até cem rublos. Muitos estavam dispostos a pagar a tarifa para manter suas barbas, mas poucos daqueles que se aproximavam de Pedro estavam dispostos a encarar sua fúria com qualquer pelo no queixo. Ao encontrar homens barbados diante da sua presença, o czar às vezes, "brincando, puxava os fios da barba pela raiz ou os tirava tão grosseiramente [com a lâmina] que, às vezes, arrancava também a pele".

Embora Pedro mantivesse o bom humor, a maioria dos russos considerava cortar a barba um ato de agressão e humilhação. Alguns prefeririam entregar tudo a perder a barba que haviam usado durante toda a vida, esperando levá-la ao túmulo e, assim, chegar ostentando-a orgulhosamente ao outro mundo. Todavia, eles não conseguiam resistir; a força de Pedro era grande demais. Mesmo assim, tentavam pateticamente compensar o que acreditavam ser um pecado mortal. John Perry, o engenheiro inglês que Pedro havia contratado durante a viagem a Londres para trabalhar na Rússia, descreveu um carpinteiro russo idoso que encontrou no cais de Voronej.

> Por volta dessa época, o czar foi até Voronej, onde eu estava a serviço, e muitos dos meus funcionários que tinham usado barba durante toda a vida agora se viam obrigados a dizer adeus a ela. Entre os quais, saindo das mãos de um barbeiro, estava um velho carpinteiro russo [...] um trabalhador muito bom com seu machado, um homem de quem sempre fui amigo. Fiz alguns gracejos [...] dizendo--lhe que ele estava se tornando um jovem e perguntei o que havia feito com sua

barba. [...] Ele levou a mão ao peito, tirou-a e me mostrou; depois me disse que, quando chegasse em casa, guardaria os fios para que eles fossem colocados em seu caixão e enterrados com ele, para que pudesse explicar a São Nicolau, quando partisse para o outro mundo, e disse também que todos os seus irmãos [colegas de trabalho] haviam tomado o mesmo cuidado.[1]

QUANDO RETORNOU À RÚSSIA, Pedro estava alegre e entusiasmado. Estava feliz por ter seus amigos por perto e tão ansioso por começar a promover mudanças que mal sabia por onde começar. Em atos impulsivos, ia até um lugar e depois se apressava a outro. Em seu segundo dia em Moscou, passou suas tropas em revista e imediatamente sentiu-se desagradado. Johann Korb, diplomata austríaco, relatou:

> Vendo como eles eram atrasados em comparação a outros soldados, ele [Pedro] analisou todas as atitudes e movimentos dos exercícios manuais, ensinando-os com seus próprios movimentos como deviam empenhar-se para posicionar seus corpos pesados e desajeitados. Por fim, cansado com a horda de homens grosseiros, foi-se com um grupo de boiardos participar de um jantar que havia encomendado na casa de seu embaixador, Lefort. Tiros de artilharia misturavam-se com os gritos dos beberrões e os prazeres à mesa prolongaram-se até altas horas da noite. Em seguida, tirando vantagem da escuridão da noite, seguiu, acompanhado por pouquíssimos daqueles em que confiava, até o Kremlin, onde se entregou à afeição paterna ao ver seu pequeno filho [o czarevich Aleixo], beijou-o três vezes e, deixando para trás muitos outros carinhos, retornou à moradia de madeira em Preobrajenskoe, fugindo da imagem de sua esposa, a czarina [Eudóxia], de quem desgostava há muito tempo.

Alguns dias mais tarde, Pedro celebrou o Ano Novo Russo – que, de acordo com o calendário da Antiga Moscóvia, iniciava-se em primeiro de setembro – com um generoso banquete na casa do general Shein. Entre os convi-

---

[1] Depois de Pedro, as barbas voltaram muito lentamente a fazer parte da alta sociedade russa. Ao longo do século XVIII e primeira metade do século XIX, todos os oficiais e funcionários públicos e soldados do exército deviam barbear-se. Nas décadas de 1860 e 1870, sob Alexandre II, essa regra foi amenizada e muitos ministros do governo e soldados russos – com a exceção de membros da Guarda Imperial – voltaram a usar barba. Todos os czares que seguiram Pedro I usavam o rosto barbeado, com a exceção dos dois últimos, Alexandre III e Nicolau II, que usavam barbas para manifestar seus fortes gostos eslavófilos. (N. A.)

dados estava uma multidão de boiardos, oficiais e outros homens, e também um grupo de marinheiros comuns da recém-formada frota. Pedro honrou os marinheiros em particular, passando grande parte da noite com eles, cortando maçãs pela metade e entregando uma parte a um marinheiro enquanto comia a outra. Abraçou um deles e o chamou de "irmão". Brindes eram seguidos de mais brindes e, cada vez que um copo era erguido, uma salva de 25 tiros ecoava.

Mais um "entretenimento suntuoso" ocorreu duas semanas após o retorno do czar e, embora Pedro tenha chegado com "a gengiva inchada e dor de dente", o embaixador austríaco relatou que jamais havia visto o czar mais feliz. O general Patrick Gordon, que se apresentou pela primeira vez a Pedro desde o retorno do monarca, pediu desculpas pela demora dizendo que estava em sua casa de campo e que havia demorado por conta do mau tempo e dos temporais. O velho soldado fez duas reverências e estava prestes a se ajoelhar para abraçar o czar na altura dos joelhos quando Pedro estendeu a mão e o puxou calorosamente.

Não muito tempo depois de o czar obrigar seus boiardos a fazerem a barba, ele também começou a insistir que deixassem para trás as tradicionais roupas russas e passassem a se vestir como os ocidentais. Alguns já tinha feito isso; roupas polonesas haviam surgido na corte e eram usadas regularmente por personalidades progressistas como Vassili Golitsyn. Em 1681, o czar Teodoro havia insistido que seus súditos encurtassem os longos mantos para permitir-lhes andar. No entanto, a maioria dos homens continuava usando a vestimenta russa tradicional: camisa bordada, calças largas enfiadas em botas frouxas e brilhantemente coloridas de vermelho ou verde, com a ponta virada para cima e detalhes em dourado e, por cima disso, um cafetã que chegava ao chão, com gola de veludo, seda ou brocado e mangas de tamanho e largura exagerados. Para sair ao ar livre, outra peça longa era acrescentada, de tecido leve no verão ou forrada de pele no inverno, com gola alta e mangas ainda mais longas que caíam até o chão. Caminhando juntos em Moscou com seus mantos longos e fluidos e seus chapéus altos e cobertos de pele, um grupo de boiardos russos formava uma imagem opulenta, quase oriental.

Pedro detestava essa vestimenta nacional porque ela não era nada prática. Em sua vida ativa, trabalhando como construtor naval, navegando e marchando com os soldados, os mantos longos e pesados atrapalhavam-no a ponto de quase impedi-lo de andar. Tampouco gostava das expressões de curiosidade, diversão e desprezo que via nos rostos dos ocidentais quando um grupo de russos com roupas nacionais andavam pelas ruas de uma cidade ocidental. De volta em Moscou, estava decidido a promover mudanças. Em meio aos mais insistentes adeptos das vestimentas antigas estava o severo príncipe Romodanovski. Quando Romodanovski ouviu dizer que Teodoro Golovin, embaixador da Grande Embaixada, havia deixado de lado suas vestes russas para usar peças estrangeiras no Ocidente, declarou: "Não acredito que Golovin seja tão asno acéfalo a ponto de desprezar as roupas de sua pátria". Ainda assim, em trinta de outubro, quando Pedro ordenou que Golovin e Lefort fossem recebidos para reconhecer o retorno da Embaixada e afirmou que somente aqueles usando trajes ocidentais seriam autorizados a comparecer, Romodanovski viu-se obrigado a se conformar.

Naquele inverno, durante um banquete com celebração de dois dias dedicados ao novo palácio de Lefort, Pedro pegou uma longa tesoura e cortou as enormes mangas dos boiardos sentados à sua volta. "Estão vendo?", perguntou. "Essas coisas atrapalham. Vocês não estão seguros com elas. Em um momento, derrubam um copo, depois acidentalmente mergulham as mangas no molho". Ele entregou as mangas cortadas para os convidados estupefados, sugerindo: "Façam meias com elas".

Um ano mais tarde, em janeiro de 1700, Pedro transformou a persuasão em decreto: com tambores nas ruas e nas praças, foi proclamado que todos os boiardos, oficiais do governo e homens de propriedade, tanto em Moscou quanto nas províncias, deveriam abandonar seus longos mantos e passar a usar cafetãs em estilo húngaro ou alemão. No ano seguinte, um novo decreto ordenou que homens usassem coletes, calças, meias, botas e um chapéu em estilo francês ou alemão, e que as mulheres usassem anáguas, saias, boinas e sapatos ocidentais. Decretos posteriores proibiram o uso das botas altas e dos longos punhais russos. Modelos das roupas novas e aprovadas foram dependurados nos portões de Moscou e em locais públicos da cidade para as pessoas observarem e copiarem. Todos os que chegavam aos portões com roupas tradicionais, exceto pelos camponeses, só recebiam o direito de entrar após pagarem uma multa. Mais tarde, Pedro instruiu os guardas nos portões da cidade a forçarem todos os visitantes que chegassem usando casacos longos e tradicionais a se ajoelharem e, em seguida, cortarem os casados no ponto onde a peça tocava o chão. "Muitas centenas de casacos foram cortados, conforme ordenado", relata Perry. "E, sendo feito com bom humor, gerava brincadeiras entre as pessoas, o que logo colocou um ponto final no costume de usar casacos longos, especialmente nas regiões próximas de Moscou e nas cidades que o czar visitava".

Não é de se surpreender que as transformações das vestimentas, conforme propostas por Pedro, foram muito mais prontamente aceitas pelas mulheres do que pelos homens. Sua irmã Natália e sua cunhada, a viúva Praskovaia, foram as primeiras a dar o exemplo, e muitas russas nobres se apressaram em segui-lo. Vendo grandes possibilidades em roupas estrangeiras, ansiosas por estarem à *la mode*, elas buscaram no Ocidente os modelos de vestidos, sapatos e chapéus usados em Versalhes.

Com o passar do tempo, outros decretos estenderam e refinaram a vontade de Pedro de que novas roupas fossem usadas "pela glória e beleza do Estado e da profissão militar". A resistência não foi tão forte quanto aquela apresentada com a condenação das barbas; os padres ainda podiam repreender os homens com o rosto limpo, mas a Igreja não se ergueu em defesa das roupas tradicionais. A moda tinha sua própria autoridade, e os homens em posição inferior se apressaram em adotar as vestimentas de seus superiores. Dentro de cinco anos, Whitworth, embaixador inglês, reportou de Moscou que "em toda esta grande cidade, nenhuma pessoa importante se veste de outra forma que não à moda alemã".

No interior, entretanto, a moda ainda seguia os antigos hábitos. Os nobres, burocratas e comerciantes que compareciam diante de Pedro se vestiam como o czar queria, mas a pequena nobreza, vivendo em estados distantes, ainda usava serenamente seus longos mantos. De certa forma, a primeira e mais óbvia das reformas de Pedro em seu retorno do Ocidente foi típica do que se seguiu. Em sua impaciência para pôr em prática os costumes ocidentais na sociedade russa, o czar libertou-se dos hábitos locais cujas existências se baseavam no bom senso. Era verdade que as antigas roupas russas eram pesadas e dificultavam o andar; os membros certamente passaram a ficar mais livres quando os mantos e casacos longos foram deixados de lado. Entretanto, no frio rigoroso do inverno russo, esses membros mais livres também tinham mais tendência a congelar. Quando a temperatura caía a vinte ou trinta graus celsius negativos, o antigo russo, em suas botas quentes, seu sobretudo erguendo-se acima das orelhas e descendo até o chão, com sua barba protegendo a boca e as bochechas, podia olhar com satisfação para o pobre colega ocidentalizado cujo rosto estava arroxeado pelo frio e cujos joelhos, expostos abaixo de seu casaco mais curto, batiam em uma tentativa inútil de se aquecer.

A DETERMINAÇÃO ARDENTE DE Pedro de se livrar rapidamente de todos os apetrechos e memórias dos antigos costumes e tradições moscovitas geraram resultados desoladores em sua esposa, Eudóxia. O outono após seu retorno do ocidente marcou a ruptura final entre o czar de 26 anos e a czarina de 29.

Havia muito tempo que Pedro queria colocar um ponto-final em seu casamento e se livrar da mulher triste e enjoativa que ele nunca tinha amado e com quem se vira forçado a se casar. Desde o início, não era segredo que Pedro fazia o possível para evitar a esposa. Ela era simples e inculta. Temia os entusiasmos do marido e desgostava de seus amigos – em especial de Lefort – e estrangeiros que se aglomeravam à volta de Pedro. Uma grande ortodoxa que acreditava que os estrangeiros eram fonte de heresia e contaminação, ela não suportava ver o marido adotando suas roupas, linguajar, hábitos e ideias. Inevitavelmente, tentando colocar-se entre seu marido entusiasta e teimoso e a vida brilhante que ele havia encontrado com seus novos amigos, Eudóxia enfraqueceu ainda mais sua posição. Ela também sabia que Pedro era infiel, e que oferecia a Anna Mons uma vida de regalias. Em um ato tolo, Eudóxia demonstrou abertamente seu ciúme (o que enervou Pedro) enquanto tentava agradá-lo com cartas ou demonstrações de afeição que só o cansavam. Em suma, ele estava entediado e constrangido, e desejava ver-se livre dela.

Enquanto estava no Ocidente participando de jantares, bailes e conversas com as mulheres fascinantes que conhecia em todos os lugares, Pedro resolveu livrar-se de sua esposa desamparada, desinteressante e possessiva. Não escreveu uma linha sequer a Eudóxia durante seus dezoito meses fora do país, mas as cartas aos amigos na Rússia continham vários sinais de suas intenções. De Londres, escreveu a seu tio Lev Naryshkin e a Tikhon Streshnev pedindo para que eles convencessem sua esposa a fazer votos religiosos e tornar-se uma freira. Assim que ela tomasse o véu, todas as suas relações terrenas, incluindo o casamento, perderiam a validade. Ao retornar a Amsterdã, Pedro aumentou a pressão, pedindo a Romodanovski para intervir e usar sua influência sobre a relutante czarina. Até mesmo o patriarca foi induzido a trabalhar em nome de Pedro, embora tivesse tentado evitar a tarefa desagradável. Quando chegou a Viena, Pedro estava decidido. Sua recusa em oferecer um brinde à imperatriz, o que lhe requereria beber o brinde recíproco que seria oferecido à czarina, era um sinal claro de seu propósito.

Ao retornar a Moscou, o czar inicialmente se recusou a ver Eudóxia. Em vez disso, furiosamente perguntou a Naryshkin e aos demais por que suas ordens com relação a ela não haviam sido cumpridas. Eles responderam que, em se tratando de um assunto tão delicado, o próprio soberano deveria cuidar dos arranjos. Assim, depois de passar vários dias em Moscou, Pedro chamou Eudóxia para encontrá-lo na casa de Vinius. Eles discutiram por quatro horas, com Pedro insistindo furiosamente que ela deveria aceitar o véu e libertá-lo. Eudóxia, encontrando forças no desespero, recusou com firmeza, alegando que suas tarefas como mãe a impossibilitavam de se isolar do mundo. Uma vez encarcerada em um convento, ela previa (corretamente, como o destino mostraria) que nunca mais voltaria a ver o filho. Portanto, Eudóxia declarou que jamais abandonaria de vontade própria o palácio ou seu casamento.

Pedro deixou o encontro decidido a conseguir seu objetivo de qualquer jeito. Primeiro, Aleixo, então com oito anos e meio, for tirado à força de sua mãe e colocado sob os cuidados de Natália, irmã mais nova do czar, em Preobrajenskoe. Certa manhã, não muito depois disso, uma carruagem simples, sem damas ou servos, foi enviada ao palácio. Eudóxia foi levada para dentro do veículo, que seguiu rumo ao Convento Pokrovski, em Suzdal. Lá, dez meses mais tarde, a cabeça de Eudóxia foi raspada e ela teve de adotar um novo nome como freira: Helena. Mais tarde na vida de Pedro, ela reapareceria de forma surpreendente, mas, por enquanto, o desejo do czar havia sido realizado: ele finalmente estava livre.

Nos meses após seu retorno do Ocidente, Pedro impôs outras mudanças na vida russa, a maior parte delas superficial e simbólica, como o corte da barba e das roupas. Essas rupturas eram prenúncios de reformas institucionais mais profundas, que viriam nas décadas seguintes. As primeiras transformações realmente não mudaram nada nos fundamentos da sociedade local. Ainda assim, para os russos, elas pareciam muito estranhas, pois elas estavam ligadas aos ingredientes mais comuns da vida cotidiana.

Uma dessas transformações tinha a ver com o calendário. Desde os tempos mais antigos, os russos calculavam os anos não pelo aniversário de Cristo, mas pelo momento em que acreditavam que o mundo havia sido criado. Sendo assim, para eles, Pedro retornou do Ocidente não no ano de 1698, e sim no de 7206. Ademais, os russos iniciavam um novo ano não em primeiro de janeiro, mas em primeiro de setembro. Esse fato se originou da crença de que o mundo foi criado no outono, quando os grãos e outros frutos da terra haviam amadurecido e se tornado perfeitos, prontos para serem colhidos, e não no meio do inverno, quando a terra estava coberta por neve. Tradicionalmente, o Dia de Ano Novo, primeiro de setembro, era comemorado com uma grande cerimônia na qual o czar e o patriarca sentavam-se em dois tronos no pátio do Kremlin, cercados por multidões de boiardos e outras pessoas. Pedro havia suspendido esses ritos por serem obsoletos, mas o primeiro de setembro continuava sendo o início do novo ano.

Ansioso por alinhar o calendário e o Dia de Ano Novo ao correspondente ocidental, Pedro decretou, em dezembro de 1699, que o próximo ano começaria em primeiro de janeiro e que eles entrariam em 1700. Em seu decreto, o czar afirmou claramente que a mudança se dava para que a Rússia se alinhasse com a prática ocidental.[2] Entretanto, para frustrar os argumentos daqueles que diziam que Deus não poderia ter criado a Terra no meio do inverno, Pedro os convidou "para ver o mapa do globo e, de bom humor, fez com que entendessem que a Rússia não era o mundo todo e que o que era inverno para eles era, ao mesmo tempo, verão nos locais abaixo do Equador". Para celebrar a mudança e causar uma boa impressão do novo dia nos moscovitas, Pedro encomendou missas especiais para o Ano Novo, realizadas em todas as igrejas em primeiro de janeiro. Ademais, instruiu que os ramos verdes festivos fossem usados para decorar os umbrais no interior das casas, e ordenou que todos os cidadãos de Moscou deveriam "demonstrar sua felicidade fazendo votos em voz alta" uns aos outros no Ano Novo. Todas as casas deveriam ser iluminadas e abertas para banquetes durante sete dias.

Pedro também alterou o dinheiro russo. Havia retornado com vergonha do sistema monetário aleatório, informal, quase oriental usado em suas terras. Até aquele momento, uma quantidade substancial de moeda circulando na Rússia consistia de dinheiro estrangeiro, normalmente alemão ou holandês, com um M estampado, de modo a denotar "Moscóvia". As únicas moedas russas em circulação eram pequenas peças ovais de prata chamadas copeques, estampadas de um lado com a imagem de São Jorge e, do outro, com o título do czar. A qualidade da prata e o tamanho das moedas diferiam enormemente e, para fazer troco, os russos simplesmente as cortavam em pedaços com uma lâmina pesada. Pedro, influenciado por sua visita à Casa da Moeda inglesa, passou a entender que, para promover o aumento dos negócios, pre-

---

[2] Ao escolher seguir o Calendário Juliano, então usado na Inglaterra, Pedro alinhou a Rússia com o Ocidente antes do Ocidente se transformar. Em 1752, a Inglaterra adotou o Calendário Gregoriano, mas a Rússia se recusou a trocar de calendário uma segunda vez. Como resultado, até a Revolução, o calendário russo estava atrás do ocidente onze dias no século XVIII, doze dias no século XIX e treze dias no século XX. Em 1918, o governo soviético finalmente aceitou o Calendário Gregoriano, que é o padrão ao redor do mundo. (N. A.)

cisaria ter uma quantidade adequada de dinheiro oficial, emitido e protegido pelo governo. Portanto, ordenou a produção de moedas de cobre grandes e belas, que poderiam servir como trocado para os atuais copeques. Depois, cunhou peças de ouro e prata em valores mais altos, até o rublo, que era equivalente a cem copeques. Dentro de três anos, essa nova cunhagem havia alcançado um nível tão alto que o equivalente a nove milhões de rublos em espécie haviam sido criados e agora circulavam pelo país.

Outra ideia estrangeira foi apresentada a Pedro em uma carta anônima encontrada no chão de um escritório do governo. Normalmente, as missivas não assinadas traziam denúncias de altos oficiais, mas esta carta propunha que a Rússia adotasse um sistema de uso de papel selado, ou seja, que todos os acordos, contratos, petições e outros documentos formais deveriam ser registrados em papel oficial ostentando a marca dos impostos recolhidos – uma águia no canto esquerdo superior. O papel deveria ser vendido somente pelo governo. A receita gerada abasteceria o tesouro nacional. Muito contente com a ideia, Pedro adotou a medida de imediato e instituiu uma busca ao autor anônimo da correspondência. Descobriu-se que era um servo chamado Aleixo Kurbatov que, como camareiro de Boris Sheremetev, havia acompanhado seu chefe à Itália, onde observara o uso do papel selado. Pedro ofereceu uma grande recompensa a Kurbatov e lhe deu um novo cargo no governo, no qual sua tarefa consistia em encontrar outras formas de aumentar as receitas governamentais.

Foi o próprio Pedro quem levou para casa outra prática ocidental que simultaneamente aumentou a sofisticação da sociedade russa e salvou as terras e o dinheiro do Estado. A forma tradicional russa de recompensar serviços importantes prestados ao czar consistia em conceder grandes propriedades ou somas em dinheiro. No Ocidente, Pedro descobriu o mecanismo muito mais econômico de entrega de condecorações – medalhas, cruzes e estrelas. Imitando as condecorações estrangeiras como a Ordem da Jarreteira inglesa e a Ordem do Tosão de Ouro dos Habsburgo, Pedro criou uma ordem exclusiva dos cavaleiros russos, a Ordem de Santo André, batizada em homenagem ao padroeiro do país. Os novos cavaleiros eram distinguidos por um amplo laço azul claro usado diagonalmente no peito e a cruz de Santo André em esmalte preto e branco. O primeiro a receber a condecoração foi Teodoro Golovin, companheiro e embaixador fiel de Pedro na Grande Embaixada e agora, para todos os efeitos, o primeiro-ministro extraoficial. O czar também nomeou Mazeppa, *hetman* dos cossacos, e Boris Sheremetev, que sucederia Shein no comando do exército. Vinte e cinco anos mais tarde, quando Pedro morreu, a Ordem de Santo André somava 38 membros, sendo 24 deles russos e quatorze estrangeiros. Essa ordem continuou sendo a mais alta e mais cobiçada distinção conferida por um soberano russo até a queda do império. Assim, por mais de dois séculos, com a natureza humana sendo como é, essas fitas coloridas e pedaços de prata e esmalte tornaram-se, para os generais, almirantes, ministros e demais oficiais russos, tão valiosos quanto milhares de acres da terra russa.

XIX

FOGO E AÇOITE

UMA VEZ QUE AS barbas foram cortadas e os primeiros drinques de reencontro brindados, o sorriso desapareceu do rosto de Pedro. Havia um trabalho mais austero a ser realizado: era hora de um confronto final com os Streltsi.

Desde a queda de Sofia, a tropa de elite dos antigos exércitos moscovitas havia sido humilhada de propósito. Nas batalhas de brincadeira de Pedro em Preobrajenskoe, os regimentos dos Streltsi sempre faziam o papel do "inimigo", cuja tarefa sempre consistia em perder. Em época mais recente, no combate real ao pé das muralhas de Azov, os Streltsi haviam sofrido grandes perdas. Ressentiam serem forçados a cavar como trabalhadores, juntando terra para os trabalhos de cerco; não gostavam de serem forçados a obedecer aos comandos de oficiais estrangeiros e resmungavam ao ver seu jovem czar tão ansioso por seguir os conselhos daqueles ocidentais que falavam línguas incompreensíveis.

Infelizmente para os Streltsi, as duas campanhas em Azov haviam demonstrado de forma conclusiva para Pedro o quão inferior em disciplina e em habilidade de guerrear eles eram se comparados a seus novos regimentos, e o czar anunciou a intenção de reformular seu exército de acordo com padrões ocidentais. Depois da captura de Azov, foram os novos regimentos que retornaram a Moscou com o czar para fazer uma entrada triunfal e receber as honras, ao passo que os Streltsi foram deixados para trás para reconstruir as fortificações e guardar a cidade conquistada. Isso transgredia todos os precedentes: o local tradicional dos Streltsi em tempos de paz era Moscou, onde eles guardavam o Kremlin, cuidavam de suas esposas e famílias e administravam negócios lucrativos paralelamente. Agora, alguns dos soldados haviam permanecido longe de casa por quase dois anos, e isso também fora proposital. Pedro e seu governo queriam poucos deles na capital e a melhor forma de mantê-los distantes era atribuir-lhes serviço permanente em uma fronteira distante. Assim, em certo momento, querendo reforçar o exército russo no limite com a Polônia, o governo ordenou que dois mil Streltsi dos regimentos em Azov fossem enviados para essa fronteira. Eles seriam substituídos em Azov por alguns dos Streltsi que ainda estavam em Moscou, enquanto as Guardas e as demais tropas em estilo ocidental permaneceriam na capital para proteger o governo.

Os Streltsi marcharam; porém, seu descontentamento crescia. Estavam furiosos por terem de andar de um posto distante a outro, a centenas de quilômetros de distância, e ainda mais furiosos por não poderem passar por Moscou para ver suas famílias. No meio do caminho, alguns dos soldados chegaram a desertar e reapareceram na capital, apresentando petições nas quais solicitavam seus salários atrasados e pediam permissão para permanecer na cidade. As petições foram rejeitadas e eles receberam ordens para retornar imediatamente a seus regimentos ou enfrentar severas punições. Retornaram a seus camaradas, dizendo-lhes como haviam sido mal recebidos. Também levaram as mais recentes notícias e rumores das ruas de Moscou, e a maioria dessas informações envolvia Pedro e sua longa ausência no Ocidente. Mesmo antes de o czar partir, sua preferência por estrangeiros e o fato de ter promovido oficiais estrangeiros a postos mais altos na administração pública e no exército haviam enfurecido os Streltsi. Agora, a raiva desses soldados era alimentada por boatos recentes. Dizia-se que Pedro havia se tornado alemão, que havia deixado para trás a fé ortodoxa e até mesmo que estava morto.

Enquanto os Streltsi debatiam calorosamente entre si, suas queixas pessoais começavam a aumentar e se transformar em uma insatisfação política maior contra o czar, pela possibilidade de a fé ortodoxa e o país estarem sendo subvertidos. O czar não era mais um czar! Um verdadeiro monarca russo permanecia entronado no Kremlin, remoto, aparecendo apenas em grandes comitivas, coberto em joias e mantos. Esse Pedro alto que gritava e bebia com carpinteiros e estrangeiros durante noites inteiras no Subúrbio Alemão, que andava em procissões triunfais atrás de estrangeiros que ele havia transformado em generais e almirantes, esse homem não podia ser um verdadeiro czar. Se Pedro era mesmo filho de Aleixo – e muitos duvidavam disso –, então ele havia sido enfeitiçado. E eles apontavam para seus ataques epiléticos como evidência de que Pedro era filho do demônio. Enquanto tudo isso fervilhava em suas mentes, os Streltsi perceberam sua tarefa: derrubar esse estranho czar, esse falso czar, e restabelecer os antigos e tradicionais costumes.

E agora um novo decreto chegava da capital: as companhias se distribuiriam em tropas menores entre Moscou e a fronteira polaco-lituana, e os desertores que haviam ido para Moscou seriam presos e exilados. Esse decreto foi o catalisador. Dois mil Streltsi decidiram marchar para Moscou. Em nove de junho, durante um jantar na embaixada austríaca em Moscou, Korb, o secretário recém-chegado, declarou: "Hoje, pela primeira vez, um vago rumor de revolta dos Streltsi espalhou terror". As pessoas se lembravam da revolta ocorrida dezesseis anos antes e agora, temendo uma repetição daquela carnificina, os que tinham condições começavam a deixar a capital.

Nessa atmosfera de pânico, o governo do czar se reuniu para encarar o perigo. Ninguém sabia quantos rebeldes havia por aí ou a que distância da cidade eles estavam. As tropas em Moscou recebiam ordens do boiardo Aleixo Shein e, ao lado dele, como havia sido em Azov, estava o velho escocês, general Patrick Gordon. Shein concordou em aceitar a responsabilidade de suprimir a revolta, mas pediu que todos os membros do conselho de boiardos aprovassem com unanimidade a decisão e declarassem sua aprovação assinando ou anexando seus selos aos documentos. Eles recusaram a proposta, provavelmente reconhecendo que, se os Streltsi vencessem, suas assinaturas os condenariam. Todavia, concordaram que era essencial evitar que os Streltsi entrassem em Moscou e incitassem uma rebelião ainda maior. Todas as tropas reais que puderam ser encontradas se reuniriam e marchariam para encontrar os Streltsi antes que eles chegassem à capital.

Os dois regimentos das Guardas, Preobrajenski e Semyonovski, receberam ordens para se preparar para marchar dentro de uma hora. Para apagar qualquer faísca de rebelião que pudesse ter se espalhado entre eles, a ordem declarava que aqueles que se recusassem a marchar contra os traidores seriam também proclamados traidores. Gordon seguiu em meio aos soldados, exortando-os e lhes assegurando que não havia combate mais glorioso e nobre do que aquele realizado para salvar o soberano e o Estado das mãos de traidores. Quatro mil homens leais foram reunidos e marcharam a oeste, para fora da cidade, com Shein e Gordon seguindo na frente. Mais importante, o coronel De Grage, um oficial artilheiro austríaco, estava lá com 25 canhões de campanha.

O confronto ocorreu cinquenta quilômetros a noroeste de Moscou, próximo do famoso Mosteiro Nova Jerusalém, do patriarca Nikon. Tudo – números, liderança, artilharia e até mesmo o momento certo – favoreceu as forças leais. Se os Streltsi tivessem chegado uma hora mais cedo, talvez tivessem ocupado o poderoso mosteiro e sido capazes de suportar um cerco suficientemente longo a ponto de desanimar os soldados leais e convencer alguns deles a se unirem à revolta. E a fortaleza murada teria sido um reforço tático à sua posição. Da forma como as coisas ocorreram, todavia, os dois lados encontraram-se no campo aberto.

Perto do mosteiro corria um riacho. Shein e Gordon adotaram posição de comando na margem a leste, bloqueando a estrada para Moscou. Logo em seguida, as longas filas de Streltsi carregando mosquetes e alabardas começaram a aparecer, e a linha de frente passou a avançar pelo rio. Para descobrir se havia alguma chance de encerrar pacificamente a rebelião, Gordon desceu pela margem do rio para conversar com os amotinados. Conforme os primeiros Streltsi saíam da água, ele os aconselhou, como antigo soldado, que a noite se aproximava e que Moscou estava longe demais para que chegassem naquele dia; seria melhor passarem a noite acampados do outro lado do rio, onde havia muito espaço. Lá, eles poderiam descansar e decidir o que fariam no dia seguinte. Os Streltsi, exaustos e incertos, que não esperavam lutar antes de chegar a Moscou e agora viam as tropas do governo reunidas contra eles, aceitaram o conselho de Gordon e começaram a montar o acampamento. A Gordon, o porta-voz dos Streltsi, sargento Zorin, passou uma petição não concluída que enumerava diversas reclamações:

> Que eles haviam recebido ordens para servir em cidades diferentes a cada ano e que, quando estavam na linha de frente em Azov, pelo artifício de um herege e estrangeiro, Fransko Lefort, o qual, para causar mais danos à Ortodoxia, havia guiado os Streltsi de Moscou sob a muralha no momento errado, colocando-os, assim, na mais perigosa e sangrenta posição e fazendo muitos serem assassinados; que, por esse artifício, uma mina havia sido colocada sob as trincheiras e essa mina havia matado mais de trezentos homens.

A petição prosseguia com outras reclamações, incluindo "que eles haviam ouvido que alemães estavam seguindo a caminho de Moscou para cortar suas barbas e fumar tabaco em público, de modo a desonrar a Ortodoxia". Enquanto isso, conforme Gordon conversava com os rebeldes, as tropas de Shein discretamente posicionavam-se em trincheiras nos pontos altos da margem leste, e De Grage ajeitava seus canhões em uma elevação, apontando as bocas para o outro lado do riacho, onde estavam os Streltsi.

No amanhecer no dia seguinte, satisfeito por sua posição ser tão forte quanto possível, Gordon foi novamente conversar com os Streltsi, que exigiam que sua petição fosse lida para o exército leal. Gordon recusou; a petição era, na verdade, uma convocação contra o czar e uma condenação dos amigos mais próximos de Pedro, especialmente Lefort. Em vez disso, Gordon falou da clemência do monarca. Estimulou os Streltsi a retornarem pacificamente e retomarem suas obrigações como guardas, já que a revolta não poderia gerar nenhum resultado positivo. Prometeu que, se eles apresentassem seus pedidos pacificamente e com a devida expressão de lealdade, ele cuidaria para que recebessem resposta às suas queixas e perdão por sua desobediência até aquele momento. Gordon falhou. "Usei toda a retórica que dominava, porém foi tudo em vão", escreveu. Os Streltsi responderam apenas que não voltariam a seus postos "até serem autorizados a beijar suas esposas em Moscou e receberem seus pagamentos atrasados".

Gordon reportou isso a Shein e então retornou uma terceira vez com uma oferta final, afirmando que pagaria os salários e concederia o perdão. A essa altura, todavia, os Streltsi mostravam-se inquietos e impacientes. Avisaram Gordon, seu antigo comandante, mas também estrangeiro, que ele deveria se retirar imediatamente ou seria baleado por seus esforços. Eles gritaram que não reconheciam nenhum mestre e que não aceitariam ordens de ninguém, que não voltariam para seus postos de segurança, que precisavam chegar a Moscou e que, se o caminho estivesse bloqueado, abririam a estrada com aço. Furioso, Gordon retornou a Shein e as tropas leais se prepararam para dar início à batalha. Na margem oeste, as tropas de Streltsi também se posicionaram em filas, ajoelharam-se e pediram a benção de Deus. De ambos os lados do rio, infinitos sinais da cruz foram feitos enquanto soldados russos se preparavam para guerrear entre si.

Os primeiros tiros vieram por ordem de Shein. Com um rugido, a fumaça saiu da boca dos canhões, entretanto nenhum mal foi causado. As armas de De Grage haviam lançado pólvora, mas não balas. Shein esperava que essa demonstração de força pudesse impressionar os Streltsi e fazê-los se render. Em vez disso, todavia, a saraivada gerou o efeito oposto. Ao ouvir o barulho e não enxergar danos a seus soldados, os Streltsi ganharam coragem, pensando que estavam em vantagem. Tocando seus tambores e erguendo suas bandeiras, eles avançaram pelo rio. Diante disso, Shein e Gordon ordenaram que De Grage usasse de fato suas armas. Os canhões rugiram novamente, dessa vez enviando balas contra as fileiras de Streltsi. Repetidas vezes, as armas de

De Grage atiraram contra a massa de homens à sua frente. Balas de canhão voaram na direção dos Streltsi, arrancando cabeças, braços e pernas.

Em uma hora, tudo havia chegado ao fim. Enquanto os canhões ainda ecoavam, os Streltsi se deitaram no chão para escapar dos tiros, implorando por rendição. Do lado leal, soaram ordens para que os rebeldes abandonassem suas armas. Os Streltsi obedeceram rapidamente, mas, mesmo assim, a artilharia continuou atirando, com Gordon reafirmando que, se ele silenciasse suas armas, os inimigos poderiam ganhar coragem e se convencer a atacar outra vez antes que pudessem ser desarmados. E assim os intimidados e aterrorizados Streltsi permitiram-se ser acorrentados e presos até se tornarem completamente inofensivos.

Com os rebeldes em correntes, Shein foi impiedoso. Ainda no local, com todo o grupo de Streltsi revoltosos acorrentados e sob guarda no campo de batalha, ele ordenou uma investigação da rebelião. Queria conhecer a causa, os instigadores, os objetivos. Sem exceção, todos os Streltsi que ele questionou admitiram seu envolvimento e concordaram que mereciam a morte. No entanto, igualmente sem exceção, todos se recusaram a apresentar quaisquer detalhes quanto ao seu objetivo. Também recusaram-se a trair qualquer um de seus companheiros e entregá-los como instigadores ou líderes. Por consequência, nos campos agradáveis próximos ao Mosteiro Nova Jerusalém, Shein ordenou que os Streltsi fossem torturados. Açoites e fogo fizeram seu trabalho e, finalmente, um dos soldados foi convencido a falar. Concordando que ele e seus colegas mereciam a morte, admitiu que, se a rebelião tivesse sido bem-sucedida, eles planejavam primeiro saquear e queimar todo o Subúrbio Alemão e massacrar seus habitantes e, em seguida, invadir Moscou, matar todos aqueles que resistissem, capturar os principais boiardos, assassinar alguns e exilar outros. Depois disso, anunciariam ao povo que o czar, que havia viajado para o exterior por conta do conselho malicioso dos estrangeiros, havia morrido no Ocidente e que a princesa Sofia seria convocada para assumir outra vez como regente até o czarevich Aleixo, filho de Pedro, alcançar a maioridade. Para aconselhar e apoiar Sofia, Vassili Golitsyn retornaria do exílio.

Talvez isso fosse verdade, ou talvez Shein tivesse simplesmente extraído por meio de tortura o que queria ouvir. De qualquer forma, ele ficou satisfeito e, com base nessa confissão, ordenou que os executores dessem início a seu trabalho. Gordon protestou – não para salvar a vida dos condenados, mas para preservá-los para mais interrogatórios no futuro. Antecipando o desejo intenso de Pedro de chegar à raiz da questão quando retornasse, Gordon implorou para Shein poupá-los. Entretanto, Shein era o comandante e insistiu que execuções imediatas eram necessárias para causar a impressão adequada ao restante dos Streltsi – e da nação – com relação ao que acontecia com traidores. Cento e trinta homens foram executados no campo de batalha e o restante, quase 1.900, foram levados acorrentados de volta a Moscou, onde foram entregues a Romodanovski, que os distribuiu nas celas de várias fortalezas e mosteiros pelo interior para esperar o retorno de Pedro.

Pedro, apressando-se de Viena para Moscou, havia sido informado no caminho sobre a vitória fácil sobre os Streltsi e assegurado de que "nenhum deles escapou". De qualquer forma, apesar da rápida contenção da revolta que jamais apresentou uma ameaça séria a seu trono, o czar sentia-se profundamente perturbado. Seu primeiro pensamento, após a ansiedade e humilhação de saber que seu exército havia se rebelado enquanto ele estava viajando ao exterior, foi – exatamente como Gordon imaginou que seria – questionar como as raízes da rebelião haviam se espalhado e quais pessoas do alto escalão poderiam estar envolvidas. Pedro duvidava que os Streltsi tivessem agido sozinhos. As demandas e acusações contra os amigos do czar, contra o czar e seu estilo de vida pareciam amplas demais para virem de meros soldados. No entanto, quem os havia instigado? Em nome de quem?

Nenhum de seus boiardos ou oficiais conseguiu oferecer uma resposta satisfatória. Eles diziam que os Streltsi haviam se mostrado valentes demais sob tortura e que fora impossível forçá-los a responder. Furioso e desconfiado, Pedro ordenou que os regimentos das Guardas reunissem as centenas de presos espalhados em celas ao redor de Moscou e os levassem a Preobranjenskoe. Lá, no interrogatório que se seguiu, Pedro resolveu descobrir se, conforme havia escrito a Romodanovski, "a semente dos Miloslavski havia germinado outra vez". E, mesmo que aquilo não tivesse sido uma conspiração total para derrubar seu governo, ele estava decidido a dar fim àqueles "multiplicadores do mal". Desde a infância de Pedro, os Streltsi haviam feito oposição a ele e o ameaçado. Tinham matado seus amigos e familiares, apoiando as pretensões da usurpadora Sofia. E continuaram tramando contra Pedro – apenas duas semanas antes do czar partir para o exterior, haviam descoberto a conspiração do coronel Tsykler dos Streltsi. Agora, mais uma vez eles haviam usado linguagem violenta contra os amigos estrangeiros do czar e contra o próprio czar, e marchado em direção a Moscou com o objetivo de derrubar o Estado. Pedro estava cansado de tudo isso: o incômodo e o perigo, as alegações arrogantes de privilégios especiais e o desejo de lutar somente quando e onde quisessem, o desempenho fraco como soldados, o fato de que eram figuras quase medievais em um mundo moderno. De uma vez por todas, de uma forma ou de outra, Pedro se livraria deles.

INTERROGAR SIGNIFICAVA QUESTIONAR SOB tortura. Na Rússia dos tempos de Pedro, a tortura era usada com três propósitos: forçar homens a falar; puni-los, mesmo quando nenhuma informação era desejada; e como um prelúdio ou refinamento das mortes por execução. Tradicionalmente, três métodos gerais de tortura eram usados no país: o *batog*, o açoite (ou *cnute*) e o fogo.

O *batog* era uma pequena haste ou vara com aproximadamente a espessura do dedo de um homem comumente usada para espancar um ofensor por crimes menores. A vítima era deitada de barriga para baixo no chão, com as costas nuas e as pernas e os braços estendidos. Dois homens batiam simultaneamente nas costas nuas com *batogs*, sendo um deles sentado ou ajoelhado sobre a cabeça e braços da vítima, o outro sobre os pés e as pernas. De frente um para o outro, os dois carrascos batiam rítmica e alternadamente com as hastes, "mantendo o ritmo como ferreiros fazem com uma bigorna até as varas ficarem em pedaços, quando então pegavam outras novas e continuavam o trabalho até receberem ordens para parar". Usados indiscriminadamente por um período prolongado em uma vítima enfraquecida, os *batogs* podiam causar a morte, embora, via de regra, isso não chegasse a acontecer.

Punições ou interrogatórios mais sérios requeriam o *cnute*, um método selvagem, porém tradicional, de causar dor na Rússia. Era um chicote espesso de couro, com aproximadamente um metro de comprimento. Um golpe do açoite rasgava a pele das costas nuas da vítima e, quando o golpe recaía repetidas vezes no mesmo lugar, era capaz de chegar até os ossos. O grau de punição era determinado pelo número de golpes infligidos – entre quinze e 25 era considerado o padrão; mais do que isso costumava levar à morte.

Usar o açoite era um trabalho de habilidade. O carrasco, observou John Perry, aplicava "tantos golpes nas costas nuas quanto era apontado pelos juízes, primeiro dando um passo para trás e um salto para a frente a cada golpe, que é realizado com força tamanha que faz o sangue voar e deixa para trás um vergão da espessura do dedo de um homem. E esses mestres [do *cnute*], como os russos os chamam, trabalham com tanta exatidão que raramente acertam dois golpes no mesmo ponto; pelo contrário, espalham-nos por toda a extensão e largura das costas, um ao lado do outro com grande destreza, desde o topo dos ombros de um homem até a cintura".

Normalmente, para receber golpes de açoite, a vítima era erguida e colocada nas costas de outro homem, em geral alguém forte selecionado pelo mestre do açoite em meio aos espectadores. Os braços da vítima eram presos sobre os ombros, e as pernas em volta dos joelhos do escolhido. Então, um dos assistentes do mestre do açoite segurava a vítima pelos cabelos, puxando sua cabeça para fora do caminho dos golpes rítmicos que seriam dados nas costas expostas e arfantes.

Se desejado, o açoite podia ser usado de forma ainda mais terrível. As mãos da vítima eram amarradas atrás das costas e uma longa corda era presa a seus punhos e passada sobre o galho de uma árvore ou uma viga posicionada acima da cabeça. Puxar a corda levantava a vítima no ar com as mãos para trás, deixando os braços invertidos nas articulações dos ombros. Para garantir que os braços fossem completamente puxados para fora das articulações, um tronco pesado ou algum tipo de peso era às vezes preso aos pés da vítima. Com o indivíduo já em agonia, o mestre então açoitava as costas distendidas com o número designado de golpes, e depois a vítima era abaixada até o chão e seus braços eram empurrados de volta nas articulações. Em alguns casos, essa tortura se repetia semanalmente até a vítima confessar.

A tortura com fogo era comum – às vezes sozinha, outras vezes combinada com outros tipos de tormento. Em sua forma mais simples, o interrogatório com fogo significava que "os pés e as mãos [da vítima] eram amarrados e ela era fixada em uma longa estaca, como um espeto, e tinha suas costas assadas no fogo enquanto era questionada e instigada a confessar." Em alguns casos, um homem que havia acabado de receber golpes de açoite era levado e amarrado nesse tipo de estaca para que suas costas fossem queimadas quando já estivessem feridas e sangrando por conta do chicote; em outros, com o sujeito ainda suspenso no ar, depois de receber golpes de açoite, tinha suas costas ensanguentadas tocadas e marcadas com um ferro quente.

Em geral, as execuções na Rússia eram similares às dos outros países. Os criminosos eram queimados até a morte, enforcados ou decapitados. O condenado ao fogo era queimado no meio de uma pilha de madeira e palha. Já a decapitação requeria que a vítima colocasse a cabeça em um bloco e se entregasse ao golpe de um machado ou espada. Essa morte simples e instantânea podia se tornar mais dolorosa cortando-se as mãos e os pés da vítima anteriormente. Execuções desse tipo eram tão comuns, escreveu um viajante holandês, "que, se uma é realizada em uma extremidade da cidade, na outra ponta as pessoas raramente sabem que isso aconteceu". Os falsificadores eram punidos com a ajuda de suas moedas falsas, que eram derretidas e derramadas, na forma de metal líquido, em suas gargantas. Os estupradores eram castrados.

Embora tortura pública e execuções não fossem novidades para nenhum europeu do século XVII, o que impressionava a maioria dos visitantes na Rússia era o estoicismo, "a teimosia indomável" com a qual a maioria dos russos aceitava essas terríveis agonias. Eles resistiam com firmeza a dores horrendas, recusando-se a trair amigos e, quando condenados à morte, seguiam humilde e calmamente até a forca ou os blocos de pedra para serem decapitados. Um observador em Astracã viu trinta rebeldes serem decapitados em menos de meia-hora. Não houve barulho ou clamor. Os condenados simplesmente iam até o bloco e apoiavam as cabeças nas poças de sangue deixadas pelos predecessores. Nenhum tinha sequer as mãos amarradas às costas.

Essa força incrível e resistência espantosa à dor impressionavam não apenas os estrangeiros, mas também o próprio Pedro. Certa vez, depois que um homem havia sido torturado quatro vezes com açoite e fogo, o monarca se aproximou impressionado e perguntou como ele suportava tamanha dor. O homem mostrou-se contente em conversar sobre o assunto e revelou a Pedro a existência de uma sociedade de tortura da qual era membro. Explicou que ninguém era aceito sem ser antes torturado e que, depois disso, a promoção dentro da sociedade residia em ser capaz de aceitar gradações mais altas de tortura. Para esse grupo bizarro, o açoite não significava nada. "A mais aguda das dores", ele explicou a Pedro, "é quando um carvão em brasa é colocado em sua orelha; também é muito dolorido quando sua cabeça é raspada e água extremamente fria é derrubada, gota a gota, de uma altura considerável".

Mais extraordinário, e ainda mais tocante, era o fato de que às vezes os mesmos russos que podiam suportar o açoite e o fogo e permanecerem mudos até a morte desabavam quando tratados com gentileza. Isso aconteceu com o homem que contou ao czar sobre a sociedade da tortura. Ele havia se recusado a dizer uma palavra de confissão, muito embora tivesse sido torturado quatro vezes. Pedro, percebendo que o homem era invulnerável à dor, foi até ele e lhe deu um beijo, dizendo: "Não é segredo para mim que você sabe sobre a conspiração contra minha pessoa. E já foi punido o bastante. Agora confesse, pelo amor que me deve como seu soberano, e juro pelo Deus que me fez czar não apenas perdoá-lo completamente, mas também, como demonstração especial da minha clemência, transformá-lo em coronel". Essa abordagem não ortodoxa deixou o prisioneiro tão perturbado e comovido que ele abraçou o czar e declarou: "Para mim, essa é a maior de todas as torturas. Não haveria outra forma de me fazer falar". O homem contou tudo a Pedro, e o czar, mantendo-se fiel à barganha, perdoou-o e o promoveu à posição de coronel.

O SÉCULO XVII, como todos os anteriores e posteriores, foi um tempo de crueldades horríveis. Torturas eram praticadas em todos os países e como punição a uma variedade de crimes, particularmente aqueles praticados contra o soberano ou o Estado. Em geral, como o soberano *era* o Estado, qualquer forma de oposição – desde assassinato até a mais leve crítica contra ele – era classificada como traição e punida de acordo. Entretanto, um homem também poderia ser torturado e morto por frequentar a igreja errada ou por bater carteira.

Por toda a Europa, aqueles que tocavam a pessoa ou a dignidade do rei sofriam a plena fúria da lei. Na França, em 1613, o assassino de Henrique IV foi rasgado em pedaços por quatro cavalos na Place de l'Hôtel de Ville, diante de uma enorme multidão de parisienses que levou seus filhos e fez piquenique durante o evento. Um francês de sessenta anos teve a língua arrancada e foi enviado para a forca por insultar o Rei Sol. Na França, criminosos comuns eram decapitados, queimados ou levados para a roda. Na Itália, os viajantes reclamavam das forcas públicas: "Vemos tanta carne humana pelas estradas que as viagens tornam-se desagradáveis". Na Inglaterra, a *peine forte et dure* era aplicada a criminosos: uma prancha era colocada sobre o peito da vítima e, um por um, pesos eram colocados em cima, até o indivíduo perder a respiração e a vida. A pena por traição na Inglaterra incluía enforcamento, decapitação e esquartejamento. Em 1660, Samuel Pepys escreveu em seu diário: "Fui até Charing Cross para ver o major-general Harrison enforcado, decapitado e esquartejado, o que aconteceu lá, e ele parecia tão animado quanto qualquer homem estaria naquelas condições. Ele foi esquartejado e sua cabeça e coração mostrados ao povo, que os saudou com gritos de alegria".

E as penas cruéis não se restringiam a crimes políticos. "Bruxas" eram queimadas na Inglaterra durante a vida de Pedro e continuaram sendo enforcadas um século depois. Em 1692, seis anos antes da revolta dos Streltsi, vinte mulheres jovens e dois cachorros foram enforcados por bruxaria em Salem, Massachusetts. Durante a maior parte do século XVIII, homens ingleses foram executados por roubar cinco xelins e mulheres, enforcadas por roubar um lenço. Na Marinha Real, infrações à disciplina eram comumente punidas com chicote. Esses açoitamentos, que com frequência resultavam em morte, não foram abolidos até 1881.

Tudo isso está sendo dito com a finalidade de oferecer perspectiva. Poucos de nós no século XX podemos ficar hipocritamente surpresos com as barbaridades de tempos passados. Nações ainda executam traidores. Torturas e execuções em massa continuam ocorrendo, tanto na guerra quanto na paz, tornadas mais eficientes e mais indiscriminadas agora pelos instrumentos da tecnologia moderna. Em nosso tempo, as autoridades de mais de sessenta nações – entre elas alemãs, russas, francesas, britânicas, americanas, japonesas, vietnamitas, coreanas, filipinas, húngaras, espanholas, turcas, gregas, brasileiras, chilenas, uruguaias, paraguaias, iranianas, iraquianas, ugandenses e indonésias – praticaram ou praticam torturas em nome do Estado. Poucos séculos podem exibir feitos mais bárbaros do que os de Auschwitz. Hoje, em hospitais psiquiátricos, dissidentes políticos soviéticos são torturados com drogas destrutivas criadas não apenas para diminuir a resistência, mas para subverter a personalidade. E somente a tecnologia moderna é capaz de oferecer um espetáculo como o enforcamento de quatorze judeus na Praça Tahrir, em Bagdá, diante de uma multidão de meio milhão de pessoas. E, para aqueles que não puderam estar presentes, há horas de closes televisivos mostrando os corpos dependurados.

Nos tempos de Pedro, como nos nossos, lançava-se mão da tortura para conseguir informações e de execuções públicas para evitar futuros crimes. O fato de homens inocentes terem confessado para escapar de mais dor nunca fez a tortura cessar, assim como a execução de criminosos não fez o crime deixar de existir. Inegavelmente, o Estado tem o direito de se defender de pessoas que desobedecem às leis, e talvez seja até mesmo sua obrigação tentar evitar futuras infrações, mas até que ponto de repressão e crueldade um Estado ou uma sociedade pode alcançar antes de os meios deixarem de justificar os fins? Essa é uma questão tão antiga quanto a própria teoria política e não será respondida aqui. No entanto, devemos ter isso em mente quando lermos o que Pedro fez.

Por ordens do czar, o príncipe Romodanovski levou todos os traidores capturados a Preobrajenskoe e construiu quatorze câmaras de tortura para recebê-los. Seis dias por semana (domingo era dia de descanso), semana após semana, no que se tornou uma linha de montagem da tortura, todos os prisioneiros sobreviventes, 1.714 homens, foram questionados. Metade de setembro e a maior parte de outubro foram passadas golpeando e queimando os Streltsi com açoites e chamas. Aqueles que já haviam confessado uma acusação eram interrogados novamente sobre outra. Assim que um rebelde revelava alguma informação, todos aqueles que haviam sido questionados eram arrastados de volta para serem reexaminados quanto a esse assunto. Os que tinham perdido a força e quase perdido a sanidade sob tortura eram entregues a médicos para serem reabilitados por meio de tratamento, apenas para que pudessem voltar a ser questionados em novas e excruciantes sessões de tortura.

O major Karpakov, profundamente envolvido como um dos líderes da rebelião, depois de receber golpes de açoite e de ter suas costas queimadas, perdeu a fala e desmaiou. Preocupado com a possibilidade de o homem morrer prematuramente, Romodanovski colocou-o sob os cuidados do médico pessoal de Pedro, o doutor Carbonari. Assim que foi reabilitado, Karpakov foi outra vez sujeito a tortura. Um segundo oficial, que também perdera o poder da fala, foi entregue ao doutor Carbonari para ser reabilitado. Por um equívoco, o médico deixou seu bisturi na cela após cuidar do prisioneiro. O oficial, sem querer permitir que sua vida, que ele sabia estar quase no fim, fosse restaurada para que ele pudesse sofrer mais torturas, pegou a lâmina e tentou cortar a própria garganta. No entanto, estava fraco demais e não conseguiu fazer uma incisão profunda o suficiente. Antes que pudesse causar um dano fatal, sua mão perdeu a força e ele desmaiou. O homem foi descoberto, parcialmente curado e devolvido às sessões de tortura.

Todos os principais amigos e tenentes de Pedro estiveram envolvidos na carnificina. Homens como Romodanovski, Boris Golitsyn, Shein, Streshnev, Pedro Prozorovski, Miguel Cherkasski, Vladimir Dolgoruki, Ivan Troekurov, Teodoro Shcherbatov e o antigo tutor e príncipe-papa de Pedro, Zotov, foram escolhidos para participar, como sinal especial da confiança do czar. Se a conspiração tivesse se espalhado e os boiardos estivessem envolvidos, Pedro contava com esses camaradas para descobrir e fielmente reportar os fatos. O próprio czar, furioso e atormentado pela desconfiança, com frequência estava presente – e às vezes com sua bengala enorme e com punho de marfim – para questionar pessoalmente aqueles que pareciam mais culpados.

No entanto, os Streltsi não se entregavam facilmente, e essa enorme resistência às vezes deixava o czar furioso. Sobre isso, Korb escreveu:

> Enquanto um cúmplice ou rebelde era preso a um cavalete, suas lamentações faziam brotar uma esperança de que a verdade poderia ser arrancada pelos tormen-

tos, mas não era o que ocorria. Quando seu corpo começava a ser alongado com a corda, além do horrível estalar de seus membros sendo puxados das articulações, ele permanecia mudo, mesmo quando vinte golpes do açoite eram desferidos, como se o acúmulo da dor fosse grande demais para afligir os sentidos. Todos acreditavam que o homem deveria estar esmagado com o excesso de calamidade a ponto de fazê-lo perder a capacidade de gemer e de falar. Então ele era solto dos infames raque e corda, e em seguida lhe perguntavam se ele conhecia as pessoas presentes na câmara de tortura. Para surpresa de todos, o homem apontava cada um deles. Entretanto, quando lhe perguntavam de novo sobre a traição, mais uma vez ele ficava totalmente mudo. E não quebrava o silêncio por um quarto de hora, enquanto era queimado pelo fogo, conforme ordens do czar. E este, finalmente cansado desse excesso de teimosia, furiosamente erguia o bastão que por acaso segurava e bateu violentamente na mandíbula do indivíduo – mandíbula que permanecia fechada em silêncio obstinado – para abri-la e fazer o homem falar. E as palavras também vieram do czar furioso: "Confesse, animal, confesse!", proclamou em voz alta, demonstrando o tamanho de sua ira.

Embora os interrogatórios supostamente fossem conduzidos em segredo, toda Moscou sabia que algo terrível estava acontecendo. Ainda assim, Pedro se mostrava ansioso por esconder o trabalho selvagem, especialmente dos estrangeiros; ciente da reação que essa onda de terror causaria nas cortes ocidentais que ele havia acabado de visitar, o czar tentou afastar as câmaras de tortura dos olhos e ouvidos do Ocidente. Mesmo assim, rumores provocavam enorme curiosidade. Um grupo de diplomatas ocidentais foi até Preobrajenskoe a cavalo para verificar o que poderiam descobrir. Depois de passar por três casas das quais vinham gritos e gemidos aterrorizantes, pararam e desceram de seus cavalos na frente de uma quarta casa, da qual vinham gritos agudos ainda mais ferozes. Ao entrar, espantaram-se ao ver o czar, Lev Naryshkin e Romodanovski. Enquanto recuavam, Naryshkin perguntou-lhes quem eram e por que estavam ali. Furioso, ordenou que fossem à casa de Romodanovski para que o assunto pudesse ser analisado. Montando novamente em seus cavalos, os diplomatas se recusaram a obedecer, respondendo a Naryshkin que, se ele tivesse algo a lhes dizer, que fosse às embaixadas e dissesse lá. Soldados russos apareceram e um oficial da Guarda tentou arrastar um dos diplomatas para fora de sua sela. Desesperados, os visitantes indesejáveis chicotearam seus cavalos e galoparam para a segurança, passando pelos soldados que corriam para bloquear o caminho.

Em dado momento, os relatos de horror alcançaram tal magnitude que o patriarca se sentiu na obrigação de implorar a Pedro por misericórdia. Então, foi até o czar, levando consigo uma imagem da Santíssima Virgem, lembrando Pedro da humanidade de todos os homens e pedindo o exercício da misericórdia. Pedro, ofendido com a intrusão da autoridade espiritual nas questões temporais, respondeu calorosamente ao religioso: "O que está fazendo com essa imagem e por que está se intrometendo nisso? Vá embora imediatamente e coloque essa imagem em algum lugar onde ela possa ser adorada. Saiba que eu venero Deus e sua Sagrada Mãe talvez mais sinceramente do que você. Entretanto, esse é o meu papel como soberano, uma tarefa que devo a Deus, salvar meu povo do mal e condenar com vingança pública crimes que levem à ruína comum". Neste caso, continuou Pedro, justiça e severidade estavam ligadas; a gangrena corria profundamente no corpo político e poderia ser curada apenas com ferro e fogo. Moscou, ele afirmava, seria salva não pela piedade, mas pela crueldade.

Ninguém estava fora do alcance da fúria do czar. Os padres que haviam orado pelo sucesso da rebelião e foram descobertos viram-se condenados à execução. A esposa de um oficial menor, passando diante de uma forca construída na frente do Kremlin, disse dos homens ali dependurados: "Ai! Vai saber se vocês eram inocentes ou culpados?" Ela foi ouvida e denunciada como alguém que expressava compaixão por traidores condenados e, junto com o marido, foi presa e interrogada. Capazes de provar que a mulher só estava expressando compaixão por todos os humanos que sofriam, o casal escapou da morte, porém foi exilado de Moscou.

Apesar das lamentáveis confissões forçadas, arfadas entre gritos ou arrancadas em meio aos gemidos de homens quase inconscientes, Pedro descobriu pouco mais do que Shein já sabia: os Streltsi queriam tomar a capital, queimar o Subúrbio Alemão, matar os boiardos e pedir que Sofia os governasse. Se ela se recusasse, convidariam o czarevich Aleixo, então com oito anos, e, como última alternativa, o antigo amante de Sofia, o príncipe Vassili Golitsyn, "pois ele sempre foi misericordioso conosco". Pedro de fato descobriu que nenhum boiardo ou membro importante do governo ou da nobreza estivera envolvido na tentativa de golpe, mas as perguntas mais importantes permaneceram sem resposta: havia uma conspiração de pessoas importantes contra sua vida e seu trono? E, mais importante: Sofia sabia ou havia encorajado antecipadamente a revolta?

Pedro tinha profundas suspeitas de sua irmã e não conseguia acreditar que ela não estivesse o tempo todo tramando contra ele. Para confirmar sua suspeita, uma série de mulheres, incluindo esposas dos Streltsi e todas as servas de Sofia, foram interrogadas. Duas camareiras foram levadas às salas de tortura e tiveram de se desnudar até a cintura. Uma delas já havia recebido vários golpes de açoite quando o czar entrou. Ele percebeu que ela estava grávida e, por esse motivo, absolveu-a de mais tortura, todavia as duas foram condenadas à morte.

Sob tortura, uma Strelets, Vaska Alexeiev, declarou que as duas cartas que pareciam ser de Sofia haviam sido enviadas ao acampamento dos Streltsi e lidas em voz alta aos soldados. Essas cartas supostamente estimulavam os Streltsi a marchar rumo a Moscou, tomar o Kremlin e convocar a czarevna a aceitar o trono. De acordo com um relato, as cartas saíram dos aposentos de Sofia dentro de pães entregues pela czarevna a uma velha pedinte. Outras cartas, menos incendiárias, haviam sido escritas por Marta, irmã de Sofia, informando a ex-regente que os Streltsi estavam marchando a caminho da capital.

Pedro foi pessoalmente a Novodevichi para interrogar Sofia. Não era uma questão de tortura; de acordo com um relato, ele alternava entre chorar com ela pelo destino que os havia transformado em antagonistas e ameaçá-la de morte, usando o exemplo de Elisabete I da Inglaterra e Maria da Escócia. Sofia negou ter escrito aos Streltsi. Quando Pedro sugeriu que ela talvez os tivesse lembrado de que poderia voltar a reinar, Sofia declarou de forma bastante direta que, quanto a isso, eles não precisavam de uma carta vinda dela; os Streltsi certamente se lembravam de que ela havia governado o Estado por sete anos. No final, Pedro não descobriu nada durante essa visita. Poupou a vida da irmã, mas concluiu que ela precisava viver mais limitadamente. Sofia foi forçada a raspar a cabeça e fazer votos religiosos como freira Susanna. Ele a confinou permanentemente em Novodevichi, onde foi mantida por cem soldados e sem direito a receber visitas. Sofia viveu assim por mais seis anos e morreu aos 47, em 1704. Suas irmãs Marta e Catarina Miloslavskaia (também meias-irmãs de Pedro) foram exoneradas politicamente, porém Marta também passou o resto de seus dias em um convento.

As primeiras execuções dos Streltsi condenados ocorreram em dez de outubro, em Preobrajenskoe. Atrás dos galpões, o campo erguia-se em uma colina íngreme e, no topo, as forcas foram instaladas. Um regimento das Guardas foi colocado entre o local das execuções e a grande multidão de expectadores, puxando e empurrando, esticando os pescoços para ver. Os Streltsi, muitos dos quais já não conseguiam andar, chegaram em uma comitiva de pequenas carroças, cada uma carregando dois homens sentados um de costas para o outro, cada um segurando uma vela acesa. Quase sem exceção, os condenados permaneceram em silêncio, mas suas esposas e filhos, correndo atrás das carroças, preencheram o ar com gritos e soluços funestos. Conforme as carroças atravessavam o córrego que separava as forças da multidão, os gritos individuais cresciam, transformando-se em uma lamúria coletiva.

Quando todas as carroças haviam chegado, Pedro, usando o casaco polonês verde que Augusto havia lhe presenteado, apareceu com seus boiardos perto da área onde os embaixadores do Império Habsburgo, da Polônia e da Dinamarca assistiam de suas charretes. Quando chegou a hora de ler a sentença, Pedro gritou para a multidão ouvi-lo bem. Então, os culpados começaram a seguir até as forcas, arrastando troncos presos a seus pés para evitar a fuga. Eles tentaram subir sem ajuda na forca, contudo alguns precisaram ser auxiliados. Já posicionados, fizeram o sinal da cruz em quatro direções e cobriram o rosto com um pedaço de linho. Alguns colocavam suas cabeças nas cordas e pulavam da forca, na esperança de quebrarem o pescoço e encontrarem um fim rápido. Em geral, os Streltsi enfrentavam a morte com grande calma, seguindo uns aos outros sem expressar grande tristeza no rosto. Como os carrascos regulares eram incapazes de lidar com tantos homens, Pedro convocou vários oficiais militares para montar as forcas e ajudar com o trabalho. Naquela noite, reportou Korb, Pedro foi jantar na casa do general Gordon. Permaneceu em um silêncio sombrio, comentando somente sobre a resistência teimosa dos homens que haviam morrido.

Esse espetáculo sombrio foi apenas a primeira de muitas cenas similares ocorridas naquele outono e inverno. A cada poucos dias, muitos homens eram executados. Duzentos foram enforcados nas muralhas da cidade, em ripas especiais que saíam das ameias, dois Streltsi em cada ripa. Em cada portão da cidade, seis outros corpos balançavam em forcas, um lembrete dos frutos da traição a todos que entravam. Em onze de outubro, 144 foram enforcados na Praça Vermelha, em toras instaladas nas ameias da muralha do Kremlin. Cento e nove foram decapitados por machado e espada sobre uma trincheira aberta em Preobrajenskoe. Três irmãos, entre os mais teimosos dos rebeldes, foram executados na Praça Vermelha, sendo dois executados pela roda, deixados para enfrentar uma morte lenta, enquanto o terceiro era decapitado diante de seus olhos. Os dois sobreviventes reclamaram amargamente da injustiça de seu irmão ter o direito de morrer de forma tão rápida e simples.

Para alguns, havia humilhações especiais. Para os padres que haviam encorajado os Streltsi, uma forca construída na forma de uma cruz foi instalada na frente da Catedral de São Basílio. Os religiosos foram enforcados pelo bobo da corte, vestido com roupas clericais para a ocasião. Para deixar clara a ligação entre os Streltsi e Sofia, 196 deles foram enforcados em uma enorme forca erguida perto do Convento Novodevichi, onde a czarevna estava presa. Três, os supostos líderes, foram enforcados bem na frente da janela do quarto de Sofia, com um dos cadáveres segurando uma folha de papel de modo a representar a petição dos Streltsi para que ela voltasse ao governo. Eles permaneceram dependurados ali, tão próximos a ponto de permitir que a antiga regente pudesse tocá-los, durante o restante do inverno.

Nem todos os homens dos quatro regimentos amotinados foram executados. Pedro reduziu as sentenças de quinhentos soldados com menos de vinte anos, que foram marcados na bochecha direita e enviados para o exílio. Outros tiveram o nariz ou as orelhas cortados para deixá-los horrivelmente marcados como participantes na traição. Durante o reinado de Pedro, homens marcados a ferro, sem nariz e sem orelhas, evidência tanto da ira quanto da misericórdia do czar, vagavam pelo país.

KORB RELATOU QUE, EM sua fúria vingativa, Pedro forçou alguns de seus favoritos a agirem como carrascos. De acordo com os relatos do secretário austríaco, em 23 de outubro os boiardos que formavam o conselho no qual os Streltsi foram condenados acabaram chamados a Preobrajenskoe e receberam ordens para realizar as execuções com as próprias mãos. Para cada boiardo foi trazido um Streltsi e um machado, com a ordem de que decapitasse o homem à sua frente. Alguns seguraram o machado com mãos trêmulas, miraram de forma errada e golpearam sem a força necessária. Um boiardo acertou baixo demais, atingindo a vítima no meio das costas e quase a cortando ao meio. Com a criatura se contorcendo, gritando e sangrando diante dele, o boiardo não conseguiu terminar a tarefa.

Nesse trabalho macabro, dois homens aparentemente se destacaram. O príncipe Romodanovski, já renomado por sua perseguição implacável durante as investigações nas câmaras de tortura, decapitou quatro Streltsi, de acordo com Korb. A paixão sombria de Romodanovski, "superando todos os demais no fator crueldade", talvez tivesse raízes no assassinato de seu pai pelos

Streltsi em 1682. Alexander Menchikov, o jovem favorito do czar, ansioso por agradar, posteriormente se gabou de ter cortado vinte cabeças. Entre os amigos mais próximos do czar, somente os estrangeiros se recusaram a realizar a tarefa, alegando que, em seus países, não era costume que homens como eles fizessem o papel de carrascos. De acordo com Korb, Pedro analisou todo o processo de cima de seu cavalo, franzindo a testa com desagrado quando via um boiardo pálido e trêmulo relutando a aceitar o machado.

Korb também afirma que o próprio Pedro decapitou alguns dos Streltsi. O secretário austríaco declarou que, no dia das primeiras execuções públicas em Preobrajenskoe, ele estava com um major alemão do exército de Pedro. Deixando Korb, o major atravessou a multidão e, por fim, retornou para informar ao secretário que havia visto Pedro decapitar pessoalmente cinco dos Streltsi. Em outro dia, mais tarde naquele outono, Korb afirma: "foi reportado por uma série de pessoas que hoje, mais uma vez, o próprio czar executou vingança pública contra alguns traidores". A maioria dos historiadores – ocidentais e russos, pré-revolucionários e soviéticos – rejeita essa evidência baseada em rumores. Aqueles que já veem em Pedro brutalidade e violência excessivas não terão dificuldades de imaginá-lo segurando um machado, na posição de carrasco. Pedro de fato se tornava violento quando estava nervoso, e agora estava furioso com os revoltosos que, mais uma vez, haviam levantado as espadas contra o seu trono. Para o czar, era a traição que era imoral, e não sua punição. Aqueles que não querem acreditar que o czar se tornou um carrasco podem se consolar com o fato de que nem Korb, nem seus colegas austríacos realmente testemunharam o evento descrito; suas evidências não poderiam ser usadas em um tribunal moderno.

Embora haja dúvida sobre essa questão, não resta qualquer desconfiança da responsabilidade de Pedro pelas torturas e mortes em massa, ou da questão de sua presenças nas câmaras de tortura enquanto indivíduos eram chicoteados ou queimados. Para nós, isso parece brutal e degradante; para Pedro, parecia necessário. Ele estava indignado, furioso e queria ouvir a verdade. "Uma desconfiança tão grande dos boiardos havia invadido a mente do czar", relatou Korb, "que ele temia confiar a eles qualquer parte dessa averiguação, preferindo, em vez disso, participar dos interrogatórios e averiguar [por si próprio] os acusados". Ademais, Pedro em momento algum hesitou em participar dos empreendimentos que comandava, fosse no campo de batalhas, a bordo de navios ou na câmara de tortura. Ele havia decretado o interrogatório e a destruição dos Streltsi; não ficaria sentado, esperando que alguém lhe levasse a notícia de que a ordem havia sido cumprida.

De qualquer forma, Pedro não era um sádico. Não gostava de ver as pessoas sendo torturadas – por exemplo, não lançava ursos contra as pessoas simplesmente para ver o que aconteceria, como fazia Ivan, o Terrível. Pedro torturava por razões práticas de Estado, ou seja, para extrair informações. Realizava execuções como punição por traição. Para ele, estas eram ações naturais, tradicionais, até mesmo morais. Poucos de seus contemporâneos do século XVII, russos ou europeus, discutiriam esse princípio. Aliás, naquele momento da história russa, o que contava não era a moralidade, mas sim os efeitos da ação de Pedro. A destruição dos Streltsi inspirou no povo russo uma crença na vontade dura e implacável do czar e proclamou sua determinação férrea de não tolerar oposições ao seu governo. Por conseguinte, apesar de suas roupas e gostos ocidentais, seu povo sabia que não tinha escolha que não fosse segui-lo. Afinal, por baixo das roupas ocidentais batia o coração de um czar moscovita.

Isso era parte do plano de Pedro. Ele não destruiu os Streltsi apenas para levar a cabo sua vingança ou para expor uma conspiração específica, e sim para dar um exemplo, aterrorizar, forçar a submissão. A lição dos Streltsi, forjada a fogo e sangue, é algo que hoje nos faz estremecer, mas que consolidou o reinado de Pedro e lhe deu poder para executar suas reformas e – para o bem ou para o mal – revolucionar a sociedade russa.

No Ocidente do qual Pedro havia tão recentemente retornado e onde esperava construir uma nova imagem de seu país, a notícia causou choque. Até mesmo a compreensão comum de que um soberano não podia tolerar traição foi deixada de lado diante dos relatos da escala das torturas e execuções em Preobrajenskoe. Em todos os cantos, esses relatos pareciam confirmar a crença daqueles que afirmavam que a Moscóvia era uma nação incorrigivelmente bárbara e que seu governante era um tirano oriental cruel. Na Inglaterra, o bispo Burnet revisou sua avaliação de Pedro: "Por quanto tempo ele será o flagelo daquela nação ou de seus vizinhos, isso só Deus sabe".

O fato de Pedro estar ciente de como o Ocidente enxergaria suas ações foi demonstrado por seu desejo de esconder as torturas, se não as execuções, dos diplomatas estrangeiros em Moscou. Subsequentemente, quando o diário de Korb foi publicado em Viena (impresso em latim, mas traduzido para o russo para benefício de Pedro), o czar reagiu com violência. A obra precipitou uma séria crise diplomática até o imperador Leopoldo I concordar em destruir todas as cópias não vendidas. E até mesmo as cópias vendidas foram caçadas por agentes do czar, que tentaram comprar todos os exemplares possíveis.

Enquanto os quatro regimentos de Streltsi que haviam se rebelado eram punidos, os demais, incluindo seis regimentos recentemente enviados de Moscou para proteger Azov, haviam se tornado perigosamente irrequietos e ameaçavam se unir aos cossacos do Don e marchar rumo a Moscou. "Há boiardos em Moscou, alemães em Azov, demônios na água e vermes na terra", era a forma como eles expressavam a infelicidade com o mundo à sua volta. Então veio a notícia da total destruição de seus camaradas, e os Streltsi em Azov repensaram sua subordinação e permaneceram em seus postos.

Apesar do sucesso de sua política sombria, Pedro decidiu que simplesmente não podia mais tolerar os Streltsi. Ainda mais depois dessa sangrenta repressão, o ódio dos sobreviventes só aumentaria e o Estado talvez se encontrasse mais uma vez sujeito a uma revolta. Dos dois mil Streltsi que se rebelaram, quase 1.200 haviam sido executados. Suas esposas e filhos tinham sido expulsos de Moscou e as pessoas em todos os lugares estavam proibidas de lhes oferecer assistência, exceto empregando-os como servos em propriedades distantes da capital. Na primavera seguinte, Pedro dissolveu os outros dezesseis regimentos. Suas casas e terras em Moscou foram confiscadas e eles foram enviados para o exílio na Sibéria e em outras regiões distantes, onde tornaram-se aldeões comuns. Foram proibidos de pegar em armas novamente e os governantes locais foram avisados para não tentar recrutá-los para o serviço militar. Mais tarde, quando a Grande Guerra do Norte contra a Suécia demandava constantes reforços, Pedro voltou atrás nessa decisão, e vários regimentos de antigos Streltsi foram formados, embora controlados de perto. Em 1708, após uma revolta final dos Streltsi enviados à distante cidade de Astracã, a organização foi permanentemente abolida.

Assim, Pedro finalmente colocava um ponto-final nos soldados-negociantes truculentos e autoritários da Moscóvia, aqueles que tanto haviam influenciado e aterrorizado sua juventude. Os Streltsi foram eliminados por completo e, com eles, a única oposição armada séria às políticas de Pedro e o principal obstáculo à sua desejada reformulação do exército. Eles foram substituídos por uma criação do próprio czar, os regimentos militares atualizados e eficientes das Guardas, treinado de acordo com modelos ocidentais e imbuídos com o apoio das políticas do czar. Ironicamente, os oficiais das Guardas russas, recrutados quase que apenas de famílias da pequena nobreza proprietária de terras, rapidamente adotaram o papel político que os Streltsi almejaram sem sucesso. Enquanto a determinação do soberano fosse tão forte quanto a de Pedro, eles seriam submissos e obedientes. Entretanto, quando o soberano era uma mulher (como aconteceu quatro vezes dentro de um século após a morte de Pedro) ou uma criança (como ocorreu duas vezes), e em momentos de interregno, quando não havia soberano e a sucessão era duvidosa, então as Guardas ajudavam a escolher quem governaria. Os Streltsi, se ainda existissem, poderiam rir do rumo dos acontecimentos. É mais provável, todavia, que, com o medo de o espírito de Pedro estar observando-os, eles simplesmente segurassem a língua em um silêncio carregado de medo.

XX

ENTRE AMIGOS

Naquele outono e inverno, a Rússia sentiu pela primeira vez o peso da determinação de Pedro. A tortura e a execução dos Streltsi foram as manifestações mais sombrias e dramáticas dessa determinação, mas, mesmo enquanto as fogueiras do tormento ainda queimavam, moscovitas e observadores estrangeiros assustados começaram a discernir um traço comum nas ações do czar. A destruição dos Streltsi, o corte das barbas e das mangas, as mudanças no calendário e na moeda, o encarceramento da czarina, as zombarias com os rituais da igreja, a construção de navios em Voronej – tudo isso era parte de um único propósito: destruir o velho e substituí-lo pelo novo, movendo a enorme e inerte massa de compatriotas em direção a um estilo de vida mais moderno, mais ocidental.

Embora esses golpes contra a Antiga Rússia tenham sido descritos separadamente, eles aconteceram ao mesmo tempo. Dos dias na câmara de tortura em Preobrajenskoe, Pedro seguia diretamente para noites de festividade e uma sucessão de banquetes e entretenimentos. Em quase todas as noites durante aquele temível outono e inverno, o czar participou de um banquete, um baile de máscaras, um casamento, um batismo, uma recepção a embaixadores estrangeiros ou uma paródia de cerimônia religiosa com seu Sínodo dos Bêbados. Fazia isso por dois motivos: em parte, para descarregar sua raiva contra a rebelião e sua melancolia pelo terrível trabalho de retaliação; em parte, porque estava feliz em voltar para casa e estar com seus amigos depois de dezoito meses no Ocidente.

Em muitas dessas ocasiões, Anna Mons estava presente. Mons já era amante do czar antes de ele partir com a Grande Embaixada, e agora – com Eudóxia fora do caminho – a mulher que se descrevia como "amiga legal" do czar passou a ser publicamente reconhecida. Ao lado de Pedro, Mons participou do batismo do filho do embaixador dinamarquês; no aniversário de Anna, Pedro foi jantar na casa da mãe dela. A presença de Mons e de um número pequeno, porém crescente, de mulheres quebrava os precedentes de que as noites de bebedeira envolvendo russos deviam ser compostas exclusivamente por homens. E os convivas não eram também exclusivamente russos. Em todas essas atividades, os embaixadores da Dinamarca, da Polônia, da Áustria e de Brandemburgo estavam incluídos como companheiros favoritos de Pedro. Aliás, o czar se regozijava com sua presença; eles o faziam se sentir mais próximo do Ocidente e podiam compreender, melhor do que seus boiardos, suas esperanças e ambições. A presença desses homens foi favorável para a História – os relatos e diários desses personagens oferecem descrições detalhadas da vida na corte de Pedro.

O mais completo e detalhado desses relatos é o de Johann-Georg Korb, secretário de um embaixador austríaco visitante. Apesar de nem sempre confiável e de repetir rumores com frequência, Korb mostrou-se um repórter aplicado ao registrar tudo o que via, além de todos os rumores que ouvia. Suas páginas oferecem uma rica imagem da vida de Pedro nos poucos anos entre seu retorno do Ocidente e o mergulho na grande guerra que dominaria o restante de sua vida e de seu reinado.

O jovem diplomata austríaco chegou a Moscou em abril de 1689, quando Pedro ainda estava em Londres. A entrada do embaixador na capital russa foi conduzida com grande pompa e o tradicional banquete formal de boas vindas à embaixada foi opulento; no total, os convidados contaram pelo menos 108 pratos diferentes.

Pedro recebeu a embaixada assim que retornou. A audiência ocorreu na casa de Lefort.

> Vários ilustres estavam próximos de Sua Majestade e, em meio a todos eles, o czar permanecia proeminente, com uma bela imagem e aparência altiva. Fizemos nossas reverências, as quais Sua Majestade reconheceu com assentimento gracioso, um presságio de sua gentileza [...] O czar permitiu que o senhor embaixador e todos os oficiais da embaixada e missionários presentes lhe beijassem as mãos.

No entanto, Korb e seus colegas logo descobriram que a formalidade dessas boas-vindas não passava de fachada. Aliás, Pedro não tolerava cerimônias ofícias desse tipo, e, quando forçado a participar delas, via-se desajeitado e confuso. Vestir-se com toda a elegância cerimonial, ficar parado de pé ou sentado no trono, ouvir os embaixadores recém-chegados, tudo isso era doloroso a ponto de fazê-lo bufar, enrubescer e transpirar. Pedro considerava, conforme Korb veio a descobrir, que aquilo era "uma lei bárbara e desumana erguida unicamente contra os reis para evitar que eles desfrutassem da sociedade humana". O czar rejeitava tais leis e ceava e conversava com seus companheiros, com oficiais alemães, comerciantes, embaixadores de outros países – em suma, com quem quer que gostasse. Quando Pedro estava pronto para comer, não soavam trombetas nem floreios. Em vez disso, alguém gritava: "O czar quer comer!". Em seguida, carnes e bebidas eram colocadas sobre a mesa, em nenhuma ordem especial, e cada um se servia com o que queria.

Aos visitantes austríacos, acostumados aos banquetes formais do Palácio de Hofburgo, em Viena, esses eventos em Moscou pareciam informais e bagunçados. Korb escreveu:

> O czar ordenou que um jantar fosse preparado pelo general Lefort e que todos os embaixadores e principais boiardos fossem convidados. O monarca chegou mais tarde do que esperava, pois estava envolvido com questões importantes. Mesmo à mesa, sem perceber a presença dos embaixadores, ele continuou discutindo alguns assuntos com seus boiardos, mas a consulta era quase uma altercação, sem economia de palavras ou gestos, com todos extremamente animados, cada um defendendo sua opinião com obstinação e com um ardor perigoso sob os olhos de Sua Majestade. Dois homens, cuja baixa posição lhes permitia que se abstivessem dessa complicada discussão, buscavam atrair atenção tentando acertar a cabeça um do outro com pães que haviam encontrado sobre a mesa; pois todos, de sua própria forma, faziam seu melhor para oferecer provas genuínas de sua verdadeira origem. Ainda assim, mesmo em meio aos convidados moscovitas, havia alguns cujo discurso mais modesto traduzia o alto caráter da alma. Uma gravidade imperturbável de modos era encontrada no idoso príncipe Lev Cherkasski; a prudência madura do conselho caracterizava o boiardo Golovin; um conhecimento adequado dos assuntos públicos era notável em Artemonowicz. Esses homens brilhavam ainda mais porque sua espécie era evidentemente muito rara. Artemonowicz, indignado com o fato de uma variedade tão grande de loucos ser aceita em um banquete real, exclamou em voz alta em latim: "Este local está

cheio de tolos", para que suas palavras pudessem mais facilmente chegar aos ouvidos daqueles que sabiam latim.

Pedro usava esses banquetes para conduzir toda sorte de negócios:

O baile teve início imediatamente após a mesa ser tirada e agora acontecia a despedida do enviado dos poloneses. O czar afastou-se de forma bastante inesperada da multidão alegre, indo para um local próximo à sala de jantar, onde as taças e copos eram mantidos, ordenando que o embaixador polonês o seguisse. Todo o corpo de convidados, ansiosos por saber o que estava acontecendo, reuniu-se em volta deles. Dificultados pela própria pressa, nem todos tinham chegado à sala quando as cartas credenciais foram passadas de volta ao enviado polonês. E o czar, saindo da sala, tropeçou naqueles que ainda estavam empurrando e puxando para entrar.

Apesar de sua atitude desdenhosa, os ocidentais às vezes comportavam-se de forma tão má ou infantil quanto os moscovitas. Em um jantar para os diplomatas da Dinamarca e da Polônia, o embaixador polonês recebeu 25 pratos da mesa do czar e o dinamarquês apenas 22. O dinamarquês ficou indignado e sua irritação diminuiu quando ele foi autorizado a preceder seu rival polonês no momento de beijar as mãos reais antes de partir. Então, o dinamarquês tolo ostentou e pavoneou sua pequena vitória até o polonês se mostrar furioso. Por fim, Pedro ouviu a discussão e, detestando todo tipo de protocolo, gritou: "Ambos são asnos!".

Alguns dos embaixadores estrangeiros tendiam a cometer os mesmos erros que os boiardos de Pedro cometiam de vez em quando: tendo o czar entre eles como um camarada beberrão, esqueciam-se quem o homem com o qual discutiam com fervor realmente era. Então, de repente, a discussão atingia um ponto em que eles se viam diante do perigoso fato de que estavam desafiando um homem que era um autocrata absoluto, o único árbitro da vida e da morte de toda uma nação. Algumas dessas discussões eram relativamente amenas. Durante um jantar, Pedro contava aos presentes que, em Viena, havia ganhado peso, no entanto, durante seu retorno, a natureza dos alimentos na Polônia o deixou bastante magro outra vez. O embaixador polonês, um homem bastante roliço, rebateu a afirmação, expondo que havia sido criado na Polônia e que devia seu tamanho à dieta polaca. Pedro reagiu: "Não foi na

Polônia, mas aqui em Moscou que você ganhou peso". O polonês, como todos os embaixadores, tinha a alimentação e os gastos cobertos pelo governo anfitrião. Sabiamente, o polaco deixou a questão de lado.

Em outra ocasião,

> durante um jantar, surgiu a discussão sobre a diferença entre os países; falaram muito mal daquele que fica ao lado da Moscóvia [Korb não cita o nome]. O embaixador que vinha de lá respondeu que, de sua parte, havia percebido muitos fatores da Moscóvia que seriam dignos de censura. O czar rebateu: "Se fosses meu súdito, eu te faria companheiro daqueles que agora estão dependurados nas forcas, pois sei bem a que teu discurso se refere".
>
> O czar posteriormente encontrou uma oportunidade de fazer o mesmo sujeito dançar com seu bobo da corte, um motivo de zombaria na corte, em meio a risos dissimulados. E, ainda assim, o embaixador [dançou, pensando que o bobo da corte de Pedro representasse um símbolo de afeição], sem entender o truque vergonhoso do qual estava sendo vítima até o embaixador imperial lhe avisar de modo discreto para não se esquecer da dignidade de seu posto.

O humor de Pedro era estranho e imprevisível, dado a violentas variações entre o júbilo e a inesperada fúria. Em um instante, era jovial, mostrava-se feliz por estar na companhia de seus amigos e fazendo piadas com a surpreendente aparência de um companheiro recém-barbeado, mas, alguns minutos mais tarde, era capaz de se afundar em uma melancolia carregada de irritabilidade ou explodir em súbita raiva. Em um banquete, Pedro furiosamente acusou Shein de vender postos no exército em troca de dinheiro. Shein negou a alegação, e Pedro avançou para fora da sala para questionar os soldados em sentinela ao redor da casa de Lefort

> para descobrir quantos coronéis e outros oficiais regimentais o general havia promovido sem referência ao mérito, mas apenas pelo dinheiro.

Continuando seu relato, Korb descreve o que aconteceu em seguida:

> Logo depois que ele retornou, sua fúria havia crescido a ponto de ele puxar a espada e, olhando para o general, horrorizar os convidados com a seguinte ameaça: "Ao atingir-te assim, vou macular tua má administração". Fervilhando de raiva justificada, ele apelou para o príncipe Romodanovski e para Zotov. Porém, ao

vê-los dando desculpas ao general, Pedro ficou tão furioso que assustou todos os convidados dando golpes à direita e à esquerda, sem saber exatamente o que atingiria com a espada empunhada. O príncipe Romodanovski reclamou de um dedo cortado e outra leve ferida na cabeça. Zotov foi ferido na mão enquanto a espada retornava do golpe. Um golpe muito mais mortal foi direcionado ao general [Shein], que, sem dúvida, teria se afogado em seu próprio sangue se o general Lefort (que era praticamente o único que se aventuraria a isso) não tivesse segurado o czar em seus braços e contido sua mão durante o golpe. Entretanto, o czar, ofendido com o fato de qualquer pessoa tentar impedi-lo de saciar sua muito justa fúria, girou sobre si mesmo e atingiu seu obstáculo indesejado com um golpe nas costas. Ele [Lefort] era o único que sabia qual remédio usar; nenhum dos moscovitas é mais adorado pelo czar do que ele. [...] Esse homem [Lefort] mitigou tanto a ira [de Pedro] que, embora mantivesse as ameaças, o czar absteve-se de um assassinato. A alegria veio logo depois dessa terrível tempestade. O czar, com um rosto cheio de sorrisos, esteve presente no baile e, para mostrar sua alegria, ordenou que os músicos tocassem canções que ele havia dançado no palácio de seu mais adorado soberano e irmão [o rei Augusto], de quando aquele mais majestoso anfitrião entretinha convidados exaltados. Duas jovens damas, que haviam partido discretamente, foram trazidas de volta por soldados após ordem do czar. Mais uma vez, 25 tiros saudaram os brindes, e a alegria da festa estendeu-se até as cinco e meia da manhã.

No dia seguinte, as promoções feitas por Shein foram canceladas e, logo depois, Patrick Gordon foi encarregado de decidir quais oficiais deveriam ser promovidos.

Essa não foi a única ocasião na qual Lefort aceitou os golpes de Pedro ou se jogou entre o czar e uma possível vítima de sua fúria. Em dezoito de outubro, Pedro jantava novamente na casa de Lefort quando, afirma Korb, "um inexplicável furacão interrompeu a alegria. Agarrando o general Lefort e jogando-o contra o chão, Sua Majestade, o Czar, chutou-o". Lefort, todavia, era praticamente o único homem capaz de deter a fúria de Pedro. Em um banquete para duzentos membros da nobreza na casa de Lefort, uma discussão teve início entre dois dos ex-regentes, o tio de Pedro, Lev Naryshkin, e o príncipe Boris Golitsyn. Pedro ficou tão exasperado que "ameaçou em voz alta acabar com a discussão arrancando a cabeça de um ou de outro – o que fosse mais culpado. Ele ordenou que o príncipe Romodanovski examinasse a questão e, com um golpe violento de seu punho fechado, jogou para trás o general Lefort, que se aproximava para mitigar a fúria do monarca".

Korb desgostava especialmente do príncipe Teodoro Romodanovski, o governador de Moscou, homem alto e de sobrancelhas grossas e que também fazia papel do "Falso Czar", além de atuar como chefe de polícia de Pedro. Romodanovski era uma figura sombria com um senso de humor pesado. Gostava de forçar seus convidados a beber uma grande dose de conhaque com pimenta de um copo que era entregue pelas patas de um enorme urso treinado. Se o copo fosse recusado, o urso tiraria o chapéu, a peruca e as demais peças de roupa do convidado relutante. Romodanovski desdenhava estrangeiros. Certa vez, sequestrou um jovem intérprete alemão que trabalhava para um dos médicos do czar e só o devolveu quando o médico reclamou com Lefort. Em outra ocasião, prendeu um médico estrangeiro. Quando, ao ser solto, o médico "perguntou ao príncipe Romodanovski por que tinha sido mantido no confinamento por tanto tempo, não obteve outra resposta além de que aquilo havia sido feito para chateá-lo".

EM DOZE DE OUTUBRO, Korb registrou: "O chão estava coberto com uma densa camada de neve e tudo havia congelado por conta do intenso frio". Tanto os banquetes quanto as execuções prosseguiam, embora Pedro logo tenha deixado Moscou para visitar o estaleiro em Voronej. Antes do Natal, todavia, o czar retornou. "Sendo hoje véspera de Natal", continua o diário de Korb,

> a qual é precedida na Rússia por um jejum de sete semanas, todos os mercados e vias públicas podem ser vistos transbordando com carnes. Aqui se vê uma incrível multidão de gansos; em outro local, o número de porcos já mortos é tão grande que parece ser suficiente para todo um ano. O número de bovinos mortos segue a mesma proporção. Aves de todos os tipos parecem terem voado juntas de toda a Moscóvia para esta cidade. Seria inútil tentar nomear todas as variedades. E suficiente dizer que há tudo o que alguém poderia desejar.

Korb viu a celebração do Natal misturar-se às grosserias do Sínodo dos Bêbados:

> O falso patriarca com seus falsos seguidores e demais membros em oitenta trenós dão a volta na cidade e no Subúrbio Alemão, carregando cruzes, mitras e outros emblemas simbolizando seus papéis. Todos param nas casas dos mais ricos

oficiais moscovitas e alemães e cantam os louvores à Divindade recém-nascida pelos quais os moradores dessas casas têm de pagar caro. Depois que eles cantaram os louvores da Divindade recém-nascida em sua casa, o general Lefort recebeu todos com música agradável, um banquete e um baile.

Esses cantores desafinados de Natal esperavam uma boa recompensa por seus esforços. Quando essa recompensa não se mostrava suficientemente generosa, o resultado era triste para o proprietário da casa:

> O mais rico comerciante da Moscóvia, cujo nome era Filadilov, causou tamanha ofensa ao presentear o czar e seus boiardos com apenas doze rublos quando eles cantaram os louvores do Deus recém-nascido em sua casa que o czar, com toda a velocidade possível, ordenou que cem membros do povo fossem até a casa do comerciante com um mandato para receberem, cada um, um rublo imediatamente.

Os banquetes seguiram até a Epifania, quando a tradicional bênção do rio acontecia sob as muralhas do Kremlin. Contrário ao costume, o czar não se sentou com o patriarca em seu trono, mas apareceu usando uniforme à frente de seu regimento, acompanhado por outras tropas que somavam doze mil homens sobre o espesso gelo do rio. "O cortejo até o rio congelado foi guiado pelo regimento do general Gordon. O belo vermelho de seus novos uniformes deixava a imagem ainda mais esplêndida", escreveu Korb.

> Em seguida veio o Regimento Preobrajenski em belos uniformes verdes com o czar marchando à frente como seu coronel. Então, um terceiro regimento, o Semyonovski, com uniformes azuis. Cada regimento tinha um grupo de músicos. [...]
> Um ponto era marcado no gelo do rio por trilhos, com os regimentos à sua volta. Quinhentos eclesiásticos, subdiáconos, diáconos, clérigos, abades, bispos e arcebispos, cobertos com mantos de ouro e prata com gemas e pedras preciosas, traziam um ar de grande majestade. Diante de uma esplêndida cruz dourada, doze clérigos carregavam um lampião com três velas acesas. Os moscovitas consideram ilícito e vergonhoso que a cruz apareça em público desacompanhada de luzes. Uma incrível multidão amontoava-se por todos os lados. As ruas estavam cheias, os telhados das casas cobertos e as muralhas da cidade tomadas por expectadores.

Quando o clero preencheu o grande espaço, a cerimônia sagrada teve início. Muitas velas foram acesas. Depois que o Todo Poderoso foi invocado, o arcebispo metropolitano andou balançando seu turíbulo, espalhando por todo o espaço a fumaça do incenso. No centro, o gelo foi quebrado, permitindo que a água surgisse como em um poço. O arcebispo metropolitano passou o turíbulo ali três vezes, consagrando o poço, mergulhando três vezes nele a luz da cera ardente. Ali perto, em uma pilastra, estava o porta-estandarte, segurando a bandeira do reino, branca e com uma águia de duas cabeças bordada em ouro. O estandarte foi desfraldado assim que o clero entrou naquele espaço. Depois disso, o porta-estandarte tem de assistir às cerimônias – o incensamento, as bênçãos – sempre indicando-as ao agitar a bandeira. Seus movimentos são observados de perto pelos porta-estandartes regimentais, de modo que todos balancem as bandeiras ao mesmo tempo.

Quando a bênção da água chega ao fim, todos os estandartes regimentais aproximam-se e ficam parados para ser devidamente aspergidos com a água benta. O patriarca, ou, em sua ausência, o arcebispo metropolitano, saindo de seu retiro, asperge então Sua Majestade, o czar, e todos os soldados. Para encerrar, a artilharia de todos os regimentos bramiu, seguida por salvas triplas de mosquetes.

As bacanais do outono e do inverno atingiram o auge na semana de carnaval, antes do início da Quaresma. O Sínodo dos Bêbados teve um papel-chave nessas bacanais, uma vez que seus membros seguiram em uma paródia de procissão solene até o palácio de Lefort para adorarem Baco. Korb os observou passar:

> Aquele que carregava as honras assumidas pelo patriarca era notável pelas vestimentas próprias de um bispo. Baco estava adornado com uma mitra e seguia nu para denotar a lascívia aos que observavam. Cupido e Vênus eram a insígnia em seu cajado para que não houvesse nenhum equívoco quanto ao rebanho do qual era pastor. O restante da multidão de envolvidos com a bacanal vinha atrás dele, alguns carregando vasilhas cheias de vinho, outros, de hidromel, cerveja e conhaque – o júbilo de Baco. E, como o frio do inverno impedia-lhes o uso de louros na cabeça, carregavam grandes pratos de folhas de tabaco secas, com as quais, acesas, seguiam até os cantos mais remotos do palácio, onde exalavam esses odores extremamente agradáveis em homenagem a Baco. Dois desses cachimbos pelos quais as pessoas sentem prazer em exalar fumaça, colocados em forma de cruz, eram usados pelo falso bispo para realizar os ritos de consagração!

Muitos dos embaixadores ocidentais ficaram chocados com essa paródia, e o próprio Korb impressionou-se ao notar que "a cruz, o mais precioso penhor de nossa redenção, era usada em zombarias". Entretanto, Pedro não tinha motivos para dissimular suas brincadeiras. Durante a Quaresma, quando o recém-chegado embaixador de Brandemburgo havia apresentado suas credenciais,

> o czar ordenou que ele ficasse para o jantar, que foi esplêndido, com os principais embaixadores e os mais importantes boiardos presentes. Após o jantar, o falso patriarca começou a promover brindes. Aqueles que bebiam o faziam de joelhos para reverenciar o falso eclesiástico e implorar o favor de sua bênção, que ele dava com dois cachimbos formando uma cruz. Apenas o embaixador austríaco esquivou-se furtivamente, afirmando que o sinal sagrado de nossa fé cristã era santo demais para ser envolvido em tais gracejos. O baile ocorria na sala ao lado das festividades. [...] Com as belas cortinas que decoravam o palácio ligeiramente puxadas, o czarevich Aleixo e [a irmã de Pedro] Natália foram vistos pelos convidados. A beleza natural do czarevich [então com nove anos] era maravilhosamente destacada por suas civilizadas vestes alemãs e peruca empoada. Natália estava acompanhada pelas mais distintas damas russas. Esse dia também viu um grande distanciamento dos modos russos – que, até então, proibia a aparição de mulheres em reuniões públicas masculinas e em eventos festivos – pois algumas mulheres foram não apenas autorizadas a participar do jantar, mas também do baile que veio em seguida.

Enquanto isso, como um acompanhamento sombrio a esse carnaval, a execução dos Streltsi seguia implacavelmente. Em 28 de fevereiro, trinta e seis morreram na Praça Vermelha e 150 em Preobrajenskoe. Naquela mesma noite, um majestoso banquete ocorreu na casa de Lefort, depois do qual os convidados assistiram a uma belíssima apresentação de fogos de artifício.

Na primeira semana de março chegou a Quaresma e, com ela, o fim dos festivais de banquetes e mortes. Uma calma surgiu na cidade, deixando-a tão serena a ponto de Korb apontar:

> O silêncio e a modéstia dessa semana são tão notáveis quanto o tumulto e a fúria da semana passada. Nem as lojas, nem os mercados estão abertos, os tribunais não funcionaram, os juízes não tinham nada para fazer. [...] Com o jejum

mais estrito, eles flagelam a carne com pão seco e frutos da terra. É uma metamorfose tão inesperada que é quase impossível de se acreditar.

Na calma da Quaresma, as autoridades finalmente começaram a soltar os corpos dos Streltsi das forcas onde haviam permanecido dependurados durante o inverno e a levá-los para ser enterrados. "Foi um espetáculo horrível", relatou Korb. "Cadáveres empilhavam-se em carroças, muitos seminus, de forma totalmente desordenada. Como ovelhas abatidas sendo levadas a um mercado, eles seguiam para suas sepulturas."

Além da vida na corte de Pedro, Korb observou muitas facetas da vida cotidiana em Moscou. O czar decidiu fazer algo a respeito das hordas de mendigos que seguiam cidadãos pelas ruas desde o momento em que passavam pelas portas de suas casas até entrarem em outra casa. Com frequência, esses pedintes conseguiam simultaneamente misturar suas súplicas com furtos de algo dos bolsos das vítimas. Por decreto, pedir esmolas era proibido, assim como encorajar tal ato. Qualquer um pego dando esmolas era multado em cinco rublos. Para lidar com os mendigos, o czar anexou um hospital a cada igreja, arcando pessoalmente com esses custos para atender aos pobres. A possibilidade de as condições nesses hospitais serem assustadoras foi sugerida por outra testemunha diplomática, que escreveu: "Isso logo afastou das ruas os pobres mendigos, muitos dos quais escolheram trabalhar em vez de serem trancafiados nos hospitais".

Korb estava impressionado, mesmo naqueles dias da ausência de leis em todos os países, pelo impressionante número e pela audácia dos ladrões de Moscou, que agiam em bandos e, ousados, pegavam o que queriam. Em geral à noite, mas também sob a luz do dia, assaltavam e frequentemente assassinavam suas vítimas. Havia assassinatos misteriosos e não resolvidos. Um capitão marinho estrangeiro, jantando com sua esposa na casa de um boiardo, foi convidado para sair à noite para andar de trenó na neve. Quando ele e seu anfitrião retornaram, descobriram que a cabeça da esposa havia sido cortada, e não havia pistas quanto à identidade ou aos motivos do assassino. Oficiais do governo não viviam mais seguros do que os cidadãos comuns. Em 26 de novembro, Korb escreveu:

> Um mensageiro enviado a Sua Majestade ontem à noite em Voronej, carregando cartas e alguns utensílios de valor, foi violentamente abordado na ponte de pedra de Moscou e roubado. As cartas, com os selos abertos, foram encontradas

espalhadas na ponte ao nascer do dia, porém os utensílios e o próprio mensageiro foram levados. Não há pistas.

O mensageiro, presumia-se, fora eliminado da forma mais prática, sendo "jogado sob o gelo nas águas do rio".

Estrangeiros precisavam ser especialmente cuidadosos, pois eram considerados presas fáceis não apenas pelos ladrões, mas também pelos moscovitas comuns. Um dos servos de Korb que falava russo relatou ter recentemente encontrado um cidadão que pronunciou uma série de juramentos e ameaças contra todos os estrangeiros: "Vocês, cachorros alemães, vêm roubando à vontade há muito tempo, mas está chegando o dia em que sofrerão e pagarão por tudo". Encontrar um estrangeiro sozinho, especialmente se estivesse cambaleando bêbado, oferecia a alguns moscovitas a rara oportunidade do prazer da vingança. E defender-se contra a violência na maioria das vezes tampouco era seguro. Numa tentativa de reduzir o número de mortes nas ruas, Pedro tornou crime empunhar uma espada, um revólver ou uma faca quando bêbado, mesmo que a arma fosse erguida em autodefesa e ou que não chegasse a efetivamente ser usada. Certa noite, um engenheiro de minas austríaco chamado Urban seguia ligeiramente embriagado para sua casa, indo de Moscou ao Subúrbio Alemão, quando foi abordado por um russo, primeiro com palavras e em seguida com socos. De acordo com Korb: "Urban, perdendo a paciência e indignado por ser insultado por tal patife imundo, e usando o direito natural da autodefesa, sacou um revólver. A bala que selvagemente atirou mal raspou a cabeça de seu assaltante, no entanto, com medo de que as queixas do homem ferido causassem um grande incômodo para o czar, Urban chegou a um acordo amigável com o homem, entregando-lhe quatro rublos para que não dissesse nada a respeito do incidente". Entretanto, o ocorrido chegou aos ouvidos de Pedro, e Urban foi preso e acusado de crime capital. Quando os amigos do austríaco explicaram que ele estava bêbado, o czar respondeu que permitiria que brigas de bêbados passassem impunes, mas não tiroteios. Todavia, Pedro reduziu a pena de morte por golpes de açoite e, mediante contínuos apelos do embaixador austríaco, por fim cancelou a pena.

Não que ladrões, quando pegos, fossem julgados de forma leve. Eles seguiam aos montes para a forca e a ruína; em um único dia, setenta eram enforcados. Ainda assim, isso não impedia seus colegas de continuarem agindo. Para eles, o crime era uma forma de vida e a desobediência à lei estava tão profundamente arraigada que tentativas de executá-la com frequência geravam uma fúria indignada naqueles acostumados a quebrá-la. Por exemplo: embora o conhaque fosse monopólio do Estado, e sua venda particular fosse estritamente proibida, ele estava sendo vendido em uma casa reservada. Cinquenta soldados foram enviados para cessar o contrabando. Uma briga ocorreu e três soldados saíram mortos. Longe de ficarem assustados ou de pensarem em fugir, os produtores de conhaque ameaçaram uma vingança ainda maior caso a tentativa de confisco se repetisse.

Aliás, os policiais e soldados encarregados de fazer cumprir as leis raramente seguiam as leis. Korb observou que

> os soldados em Moscou têm o hábito de atormentar seus prisioneiros de todas as formas que desejarem, sem respeitar a pessoa ou o crime do qual esses prisioneiros são acusados. Os soldados são culpados de feri-los com seus mosquetes e cassetetes e de jogá-los nos mais horríveis buracos, em especial os ricos, a quem deslavadamente dizem que não deixarão de atormentar até terem pagado certa quantia. Quer o prisioneiro vá de vontade própria ou não para a cadeia, ele será espancado da mesma forma.

Em certo momento de abril de 1699, o preço dos alimentos subiu vertiginosamente em Moscou. Investigações revelaram que os soldados, tendo recebido ordens para carregar os corpos dos Streltsi executados para fora da cidade antes do degelo da primavera, andavam confiscando os veículos de camponeses que chegavam à cidade com trigo, aveia e outros grãos, forçando esses camponeses a descarregarem os alimentos e carregarem suas carroças com corpos a serem levados para longe e enterrados, enquanto os soldados mantinham os alimentos em seu poder para consumo ou venda. Diante desses roubos, os camponeses pararam de trazer comida para a cidade, e os preços dos alimentos, que já estavam lá no alto, subiram astronomicamente.

Com a chegada do tempo mais ameno, os enviados estrangeiros com frequência eram convidados a visitar o adorável e florescente interior nos arredores de Moscou. Korb e seu embaixador foram convidados para um banquete na propriedade de Lev Naryshkin, tio de Pedro: "A rara profusão de acepipes", contou Korb,

> o alto custo das peças de ouro e prata, além da variedade e do requinte das bebidas evidenciavam a relação de sangue próxima do czar. Depois do jantar, houve uma disputa de arco e flecha. Ninguém foi dispensado porque o esporte lhe era

estranho ou por sua falta de habilidade. Uma folha de papel presa ao chão era o alvo. O anfitrião a perfurou várias vezes em meio a aplausos. Como a chuva nos forçou a abandonar esse prazeroso exercício, retornamos a nossos aposentos. Naryshkin saudou o lorde enviado levando-o pela mão até o quarto de sua esposa para cumprimentá-la e ser cumprimentado. Não há maior honraria entre os russos do que ser convidado pelo esposo para abraçar sua esposa e receber a distinção de um gole de conhaque diretamente das mãos dela.

Em outra ocasião, o enviado observou o zoológico do czar, contendo "um urso branco colossal, leopardos, linces e muitos outros animais mantidos apenas pelo prazer de serem vistos". Mais tarde, ele visitou o famoso Mosteiro Nova Jerusalém construído por Nikon. "Vimos as enormes paredes e as celas dos monges. Um pequeno rio corria pelos campos abertos à sua volta, criando uma imagem agradável. Divertimo-nos muito passeando de barco e pescando com redes, uma diversão ainda mais prazerosa por sabermos que jantaríamos esses peixes".

Os embaixadores foram convidados para ir até a propriedade do czar em Ismailovo. Era julho, tempo de grande calor em Moscou, e eles acharam a propriedade "muito agradável, cercada por um bosque não tão densamente arborizado, mas de altura extraordinária e oferecendo, nas sombras criadas por seus galhos elevados, um refúgio admirável do calor excessivo do verão". Havia músicos presentes "para auxiliar o gentil murmurar da floresta e dos ventos com harmonias mais doces".

A visita de Korb, ocorrida junto à de seu embaixador, estendeu-se por quinze meses. Em julho de 1699, eles partiram após exuberantes cerimônias. Pedro distribuiu presentes, incluindo numerosas peles de zibelina, ao enviado e a toda a sua comitiva. Por ordens do czar, um cortejo magnífico foi organizado e o embaixador andou na carruagem estatal pessoal de Pedro, com decoração de ouro, prata e pedras preciosas nas portas e no teto. Então essa carruagem e as demais que levavam a embaixada austríaca seguiram para fora da cidade acompanhadas por esquadrões da nova cavalaria de Pedro e destacamentos de sua nova e ocidentalizada infantaria.

XXI

VORONEJ E A FROTA DO SUL

Desde o instante em que retornou a Moscou, Pedro ansiava por ver seus navios sendo construídos em Voronej. Mesmo enquanto as torturas continuavam em Preobrajenskoe, e enquanto ele e seus amigos bebiam durante aquelas noites sombrias de outono e inverno, o czar desejava estar no Don, junto aos construtores navais do Ocidente, os quais ele havia recrutado e que agora começavam a trabalhar nos estaleiros à margem do rio.

Pedro havia feito uma primeira visita ao local no final de outubro. Muitos dos boiardos, ansiosos por permanecer nas boas graças do czar ao estar sempre por perto, seguiram-no até o sul. O príncipe Cherkasski, respeitado ancião cuja barba havia sido poupada, foi deixado para trás como prefeito de Moscou, porém logo descobriu que sua autoridade não era única. Como de costume, Pedro havia confiado o governo não apenas a um homem, mas a vários. Antes de partir, disse a Gordon: "A você confio tudo". A Romodanovski, declarou: "Enquanto isso, confio lealmente todas as minhas questões a você". Era a máxima do governo ausente de Pedro: com o poder divido entre muitos e os homens sem saber exatamente que poder cada um detinha, eles permaneceriam em constante divergência e confusão. O sistema provavelmente não ofereceria um governo eficiente durante sua ausência, todavia evitaria que um único regente se sentisse à vontade para desafiar seu poder. Com as causas da revolta dos Streltsi ainda indeterminadas, essa foi a primeira consideração de Pedro.

Em Voronej, nos estaleiros espalhando-se pelas margens do amplo e raso rio, Pedro encontrou os carpinteiros serrando e martelando e também se viu diante de muitos problemas. Havia carências e grande desperdício tanto de homens quanto de materiais. Apressados para atender as ordens do czar, os construtores navais usavam madeira verde, que apodreceria rapidamente na água.[1] Ao chegar da Holanda, o vice-almirante Cruys inspecionou os navios e ordenou que muitos retornassem ao estaleiro para serem reconstruídos ou reforçados. Os construtores estrangeiros, cada um seguindo seu próprio design, sem direcionamento ou controle vindos de cima, entravam em frequentes desacordos. Os construtores holandeses, trazidos de Londres por ordens de Pedro para trabalhar apenas sob a supervisão de outros, mostravam-se taciturnos e lentos. Os artesãos russos não se mostravam mais dispostos. Convocados por decreto para ir a Voronej aprender construção naval, eles entendiam que, se demonstrassem aptidão, seriam enviados ao Ocidente para aperfeiçoar suas habilidades. Portanto, muitos prefeririam fazer apenas o trabalho que fosse necessário, esperando que, de alguma forma, recebessem autorização para voltarem para casa.

Os piores problemas e os maiores sofrimentos estavam em meio à massa de trabalhadores destreinados. Milhares de homens haviam sido selecionados – camponeses e servos que nunca tinham visto uma embarcação maior do que uma barcaça ou um corpo de água mais largo do que um rio. Eles chegaram ao local carregando seus próprios machados e machadinhas, às vezes trazendo seus próprios cavalos, para cortar e podar as árvores e fazê-las flutuar nos rios até Voronej. As condições de vida eram primitivas, doenças espalhavam-se rapidamente e mortes eram comuns. Muitos fugiam, o que fez com que, em algum momento, os estaleiros tivessem de ser rodeados por cercas e guardas. Se pegos, os desertores eram espancados e obrigados a retornar ao trabalho.

Embora por fora Pedro se mostrasse otimista, a lentidão do trabalho e as doenças, mortes e deserções dos trabalhadores o deixaram soturno e desanimado. Três dias depois de chegar, em dois de novembro de 1698, ele escreveu a Vinius: "Graças a Deus encontramos nossa frota em excelentes condições. A única nuvem de dúvida que cobre minha mente é se colhermos esses frutos que, como as tâmaras, aqueles que plantam nunca conseguem colher". Posteriormente, escreveu: "Aqui, pela ajuda de Deus, há uma grande preparação. Porém, somente esperamos por aquele dia abençoado quando a grande nuvem de dúvida tenha passado por nós. Demos início a um navio que carregará sessenta canhões".

---

[1] O problema de usar madeira verde não se restringia apenas aos navios russos. Nos séculos XVII e XVIII, a média de vida dos navios da Marinha Britânica era de apenas dez anos, e isso se devia ao uso de madeira inapropriada. (N. A.)

Apesar das preocupações de Pedro, o trabalho prosseguiu, embora os estaleiros não tivessem qualquer tipo de maquinário e todo o trabalho fosse feito com ferramentas manuais. Grupos de homens e de cavalos transportavam o tronco das árvores, transformavam esses troncos em toras de madeira, empurravam-nas pelo estaleiro e colocavam-nas em valas na terra. Em seguida, com alguns homens abaixo das toras e outros apoiados ou sentados na madeira para estabilizá-la, as longas pranchas ou formas curvadas eram serradas ou talhadas. Grande parte do material era desperdiçada, já que poucas pranchas eram obtidas de uma única tora. Uma vez que se tinha a prancha primária, ela era entregue a artesãos mais habilidosos que trabalhavam com machados, martelos, marretas, brocas e cinzéis para criar as formas exatas necessárias. As peças mais fortes e mais pesadas transformavam-se em quilhas, colocadas sobre a terra. Então vinham as vigas, curvadas para cima e para fora para serem presas juntas. Por fim, nas laterais eram instaladas as pesadas tábuas que manteriam a água do mar para fora da embarcação. E então o trabalho poderia começar nos deques, interiores e em todas as estruturas especiais que transformariam o navio tanto em um local habitável quanto em uma máquina de trabalho.

Ao longo do inverno, ignorando o frio, Pedro trabalhou com seus homens. Andava pelos estaleiros pisando sobre as toras cobertas com neve, passando pelos navios silenciosamente parados, pelos trabalhadores reunidos em volta de fogueiras ao ar livre em uma tentativa de aquecer as mãos e os corpos, pela fundição e seus enormes foles de forja que levavam ar às fornalhas onde âncoras e encaixes de metal eram forjados. Ele era incansável, esbanjava energia e ordenava, adulava, persuadia. Os venezianos construindo as galeras reclamavam que trabalhavam tanto que nem tinham tempo para se confessar. Entretanto, a frota continuava crescendo. Quando Pedro chegou, no outono, encontrou vinte navios já ancorados. Todas as semanas, conforme o inverno avançava, outras cinco ou seis embarcações iam para a água ou aguardavam até estarem finalmente prontas para serem lançadas quando o gelo derretesse.

Não contente com a supervisão geral, Pedro usou as próprias mãos para desenhar e começar a construir, exclusivamente com trabalho russo, um navio de cinquenta canhões chamado Predestinação. Ele mesmo preparou a quilha e trabalhou com regularidade, junto com os boiardos que o acompanhavam na embarcação. O Predestinação era um belo navio de três mastros, com quarenta metros de extensão. E trabalhar nele oferecia a Pedro a feliz sensação de ter ferramentas em suas mãos e de saber que um dos navios que, em algum momento, navegariam no mar Negro seria sua criação.

Foi em março, durante sua segunda viagem a Voronej, que o czar foi abalado por um golpe pessoal: a morte de Francis Lefort. Em ambas as ocasiões em que Pedro foi trabalhar em seus navios naquele inverno, Lefort permaneceu em Moscou. Aos 43 anos, sua enorme força e seu caloroso entusiasmo pareciam intactos. Como Primeiro Embaixador da Grande Embaixada, ele havia sobrevivido a dezoito meses de banquetes cerimoniais no Ocidente e sua prodigiosa capacidade de beber não o havia abandonado durante as barulhentas noites de entretenimento do outono e inverno em Moscou. Parecia feliz e cheio de energia quando viu Pedro partir para Voronej.

Entretanto, nos dias que antecederam sua morte, enquanto Lefort seguia sua vida frenética, uma estranha história se espalhou. Certa noite, quando estava fora de casa, dormindo com outra mulher, sua esposa ouviu um terrível barulho no quarto do marido. Ciente de que o suíço não estava lá, mas "supondo que seu marido poderia ter mudado de ideia e voltado para casa furioso, ela enviou alguém para verificar. A pessoa retornou dizendo que não havia ninguém no quarto". Mesmo assim, o barulho prosseguiu e, a se acreditar na versão da esposa – a história foi contada a partir do relato de Korb – "Na manhã seguinte, todas as cadeiras, mesas e bancos estavam espalhados, virados e, além disso, gemidos profundos foram ouvidos constantemente ao longo da noite".

Logo depois, Lefort ofereceu um banquete para dois diplomatas estrangeiros, os embaixadores da Dinamarca e de Brandemburgo, que partiriam para visitar Voronej a convite de Pedro. A noite foi um grande sucesso e os diplomatas ficaram até tarde. Por fim, o calor na sala se tornou opressivo e o anfitrião levou seus convidados, cambaleando, para o ar frio do inverno para beber sob as estrelas, sem casacos ou qualquer roupa pesada. No dia seguinte, Lefort começou a tremer. A febre instalou-se rapidamente e ele passou a delirar, esbravejando e gritando por música e vinho. Aterrorizada, sua esposa sugeriu chamar Stumpf, um pastor protestante, mas Lefort gritou que não queria que ninguém se aproximasse. Stumpf veio mesmo assim. "Quando o pastor foi autorizado a vê-lo", escreve Korb, e o aconselhava a se converter a Deus, contam que ele apenas lhe disse para "não falar muito". À esposa, que, nos últimos momentos pediu a Lefort que a perdoasse por suas faltas passadas se ela tivesse cometido alguma, ele suavemente respondeu: "Nunca tive nada de que te repreender. Sempre te honrei e te amei". [...] Ele a elogiou pelos empregados e seus serviços, desejando que seus salários fossem pagos integralmente.

Lefort viveu por mais uma semana, confortado em seu leito de morte pela música de uma orquestra que havia sido trazida para tocar para ele. Por fim, às três horas da manhã, ele faleceu. Golovin de imediato fechou a casa e deu as chaves aos familiares de Lefort enquanto despachava um mensageiro com urgência para encontrar o czar em Voronej.

Quando Pedro ouviu a notícia, o machado caiu de sua mão, ele se sentou em uma tora de madeira, escondendo o rosto com as mãos, e chorou. Com uma voz rouca, carregada pelos soluços e pela dor, declarou: "Agora estou sozinho, sem nenhum homem de confiança. Ele foi o único fiel a mim. Em quem poderei confiar agora?".

O czar retornou de imediato a Moscou e o funeral ocorreu em 21 de março. Pedro cuidou pessoalmente da cerimônia – o suíço teria um serviço funerário mais luxuoso que qualquer russo, com a exceção do czar e do patriarca. Os embaixadores estrangeiros foram convidados e os boiardos receberam ordens para estar presentes. Foram instruídos para se reunir na casa de Lefort às oito da manhã para levar o corpo até a igreja, porém muitos se atrasaram. Outras demoras também aconteceram, e somente ao meio-dia a procissão estava formada. Enquanto isso, dentro da casa, Pedro havia observado o costume ocidental de preparar um suntuoso jantar frio para os convidados. Os boiardos, surpresos e felizes por encontrarem esse banquete, lançaram-se na direção da mesa. Korb descreveu a cena:

> As mesas estavam preparadas, repletas de carnes e copos de bebidas enfileirados e jarros com todo tipo de vinho. Vinho quente foi servido aos que assim preferiam. Os russos – pois todos, de qualquer posição ou cargo, tinham de estar presentes, por ordens do czar – sentaram-se à mesa e devoraram vorazmente as delícias frias. Havia uma grande variedade de peixes, queijos, manteigas, caviar e assim por diante.
> O boiardo Sheremetev, refinado por suas muitas viagens e usando roupas alemãs, além da Cruz de Malta no peito, pensou que entregar-se à voracidade dos demais

estava abaixo de sua dignidade. Aproximando-se, o czar demonstrou muitos sinais de sofrimento; a dor estampava-lhe claramente o rosto. Aos embaixadores, que lhe deram o respeito devido, inclinando-se até o chão, de acordo com o costume, o monarca respondeu com grande polidez. Quando Lev Naryshkin deixou seu assento e se apressou para encontrar o czar, ele de fato recebeu as saudações graciosamente, mas permaneceu distante, sem responder por algum tempo até que, recompondo-se, inclinou-se para abraçá-lo. Quando chegou a hora da remoção do corpo, a dor e a antiga afeição do czar e de alguns outros ficaram evidentes a todos, pois Pedro derramou lágrimas em abundância e, diante da vasta multidão reunida, deu o último beijo no cadáver. [...]

Então o corpo foi conduzido para a Igreja Calvinista, onde o pastor Stumpf fez um breve sermão. Ao deixarem o templo, os boiardos e seus compatriotas perturbaram a ordem da procissão, forçando seu caminho com arrogância desajeitada até o corpo. Os embaixadores estrangeiros, fingindo não perceber as pretensões desdenhosas, deixaram que todos os moscovitas seguissem à frente deles, mesmo aqueles cuja humildade e condição [não permitiriam isso]. Quando chegaram ao cemitério, o czar percebeu que a ordem havia mudado; que os súditos que tinham anteriormente seguido os embaixadores agora estavam adiante deles; então, chamou o jovem Lefort [sobrinho de Francis Lefort] para perto e questionou: "Quem perturbou a ordem? Por que aqueles que seguiam agora estão na frente?". E, quando Lefort permaneceu prostrado, sem oferecer uma resposta, o czar ordenou que ele falasse. Quando ele disse que haviam sido os russos que violentamente inverteram a ordem, o czar, extremamente furioso, afirmou: "Eles são cães, não meus boiardos".

Sheremetev, pelo contrário – e talvez isso possa se atribuído à sua prudência – continuava atrás dos embaixadores, embora todos os outros russos já os tivessem ultrapassado. No cemitério e na estrada havia canhões preparados, que abalaram o ar com um disparo triplo, e cada regimento também apresentou três tiros de mosquetes. Um dos artilheiros permaneceu, como um tolo, diante da boca de um canhão e teve sua cabeça arrancada pelo tiro. O czar retornou com as tropas para a casa de Lefort, e todos o seguiram. Aqueles que tinham participado da cerimônia de luto foram presenteados com um anel de ouro, no qual estava gravada a data do falecimento e uma cabeça da morte. Quando o czar saiu por um minuto, todos os boiardos se apressaram, ansiosos para irem para casa. Já tinham descido alguns degraus quando, ao se depararem com o czar, que agora retornava, voltaram para a sala. A pressa dos boiardos para irem embora fez brotar a suspeita de que estariam felizes pela morte, o que levou Pedro a um paroxismo de ira tal que, furiosamente, falou com eles nos seguintes termos: "Oras! Vocês estão contentes com a morte dele! Para vocês, é uma grande vitória o fato de ele estar morto. Por que não podem esperar? Acredito que a grandeza de sua alegria não permite que mantenham essa aparência forçada e a dor dissimulada em seus rostos".

A morte desse amigo ocidental deixou uma enorme lacuna na vida pessoal de Pedro. O suíço alegre havia guiado seu jovem amigo e soberano durante a juventude. Lefort, o poderoso folião, ensinara o jovem a beber, dançar, atirar com arco e flecha. Encontrara-lhe uma amante e inventara atividades novas e extravagantes para diverti-lo. Acompanhara-o na primeira campanha militar em Azov. Convencera-lhe a viajar ao Ocidente e, mais tarde, guiou pessoalmente a Grande Embaixada na qual estava Pedro Mikhailov, e a longa jornada havia inspirado o esforço do czar para levar à Rússia a tecnologia e o estilo da Europa. Então, quase às vésperas do maior desafio de Pedro, a guerra de vinte anos contra a Suécia, que converteria o jovem czar entusiasmado e nervoso no imperador conquistador, Lefort morreu.

Pedro entendeu o que tinha perdido. Durante toda a vida, estava cercado por homens tentando transformar suas posições e poderes no Estado para seu benefício pessoal. Lefort era diferente. Embora sua proximidade com o soberano tivesse lhe oferecido muitas oportunidades para tornar-se rico ao se transformar em um canal para favores e subornos, Lefort morreu pobre. Aliás, tinha tão pouco dinheiro que, antes de Pedro retornar de Voronej, a família precisou implorar ao príncipe Golitsyn o dinheiro para comprar um terno elegante para o enterro.

Pedro manteve o sobrinho e mordomo de Lefort, Pedro Lefort, a seu serviço. Escreveu a Genebra, pedindo que o único filho de seu amigo, Henry, viesse à Rússia, dizendo que queria alguém da família próxima de Lefort sempre por perto. Nos anos seguintes, o papel do suíço foi desempenhado por outros homens. Pedro sempre gostou de ter à sua volta companheiros extremamente fortes, cuja devoção ao czar fosse acima de tudo pessoal, e cujo poder viesse apenas de sua intimidade com ele. Desses, o mais proeminente foi Menchikov. Entretanto, Pedro nunca esqueceu Lefort. Certa vez, após uma festa esplêndida no palácio de Menchikov, quando o czar estivera feliz e cercado de amigos próximos, ele escreveu ao anfitrião ausente: "Essa foi a primeira vez que realmente me diverti desde a morte de Lefort".

E ENTÃO, SEIS MESES mais tarde, como se para tornar o último ano do antigo século um ponto divisor ainda mais marcante na vida de Pedro, ele perdeu outro de seus dedicados conselheiros e amigos ocidentais, Patrick Gordon. O velho soldado andava com a saúde fragilizada. Na véspera do Ano Novo de 1698, ele anotou em seu diário: "Neste ano, senti um considerável declínio em minha saúde e em minha força. Mas a Tua vontade será feita, meu glorioso Senhor". Sua última aparição pública havia sido com seus soldados em setembro de 1699 e, em outubro, ele se recolheu para a cama de forma permanente. Perto do final de novembro, enquanto a saúde de Gordon decaía, Pedro o visitou repetidamente, inclusive duas vezes na noite de 29 de novembro, quando o estado de Gordon piorou rapidamente. Na segunda vez, um padre jesuíta que já tinha concedido a Extrema Unção afastou-se da cama quando o czar entrou. "Fique onde está, padre", falou Pedro, "e faça o que achar adequado. Não vou interrompê-lo". Pedro falou com Gordon, que permanecia em silêncio. Então, pegou um pequeno espelho e o segurou diante do rosto do velho homem, esperando ver um sinal de respiração. O que não ocorreu. "Padre", falou o czar, "acho que ele está morto". O próprio Pedro fechou os olhos do amigo e, então, deixou a casa, com os olhos repletos de lágrimas.

Gordon também recebeu um funeral de Estado do qual todos os membros importantes de Moscou participaram. Os russos foram por vontade própria, pois a devoção do velho soldado a três czares e os serviços por ele prestados ao Estado eram universalmente apreciados. Seu caixão foi carregado por 28 coronéis, e vinte damas do mais alto berço seguiram a viúva na procissão de luto. Quando o caixão de Gordon foi depositado em um jazigo próximo ao altar da igreja, 24 canhões do lado de fora atiraram em saudação.

Pedro logo sentiu a perda de Gordon, tanto profissional quanto pessoalmente. Gordon era o soldado mais capacitado da Rússia, com experiência considerável em muitas campanhas. Seu valor como comandante e conselheiro na guerra iminente contra a Suécia teria sido excelente; se ele estivesse presente, o desastre em Narva, apenas doze meses após sua morte, talvez jamais houvesse acontecido. Pedro também sentiria saudade do escocês grisalho à sua mesa, onde o velho soldado lealmente tentava agradar seu patrão acompanhando drinque a drinque homens com metade de sua idade. Por todas essas razões, um Pedro entristecido falou sobre a morte de Gordon: "O Estado perdeu um servidor ardente e corajoso, que nos guiou com segurança para longe de muitas calamidades".

NA PRIMAVERA, A FROTA encontrava-se pronta. Oitenta e cinco embarcações de todos os tamanhos, incluindo dezoito navios de guerra carregando entre 36 e 46 armas estavam na água, além de quinhentas barcaças criadas para carregar homens, mantimentos, munições e pólvora. Em sete de maio de 1699, essa frota deixou Voronej e os moradores próximos do Don viram uma imagem notável: uma frota de navios totalmente aparelhados descendo o rio. O almirante Golovin estava nominalmente no comando, com o vice-almirante Cruys no comando efetivo da frota. Pedro assumiu o papel de capitão da fragata de 24 canhões, o *Apóstolo Pedro*.

Certo dia, enquanto o longo cortejo de navios descia o rio, Pedro viu um grupo de homens preparando-se para cozinhar algumas tartarugas para o jantar. Para a maioria dos russos, alimentar-se com carne de tartaruga era uma ideia repugnante, mas, curioso, Pedro pediu para que um pouco daquilo lhe fosse servido. Os camaradas que jantavam com ele provaram o prato, sem saber do que se tratava. Pensando ser frango e apreciando o sabor, eles consumiram tudo o que havia em seus pratos, e, em seguida, Pedro ordenou que seu servo trouxesse as "penas" daqueles frangos. Quando viram os cascos de tartaruga, a maioria dos russos deu risada; dois ficaram enjoados.

Ao chegar a Azov, em 24 de maio, Pedro ancorou sua frota no rio e seguiu para a margem para inspecionar as novas fortificações. Não restava dúvida de que elas eram necessárias: mais uma vez, durante aquela primavera, uma horda de tártaros da Crimeia havia seguido para o leste, atravessando o sul da Ucrânia e aproximando-se de Azov, queimando e saqueando, deixando para trás áreas desoladas, fazendas carbonizadas, vilas em cinzas e a população ferida e forçada a fugir. Satisfeito com os novos trabalhos de defesa, Pedro seguiu para visitar Tagonrog, onde as dragas e as construções estavam sendo criadas para a nova base naval. Quando os navios haviam se reunido ali, Pedro os levou para o mar, onde começaram a exercitar sinalização, balística e movimentação. Durante a maior parte de julho, as manobras continuaram, culminando em uma simulação de batalha naval do tipo que Pedro havia testemunhado em Ij, na Holanda.

Os navios estavam prontos e agora o czar encarava outro problema: o que fazer com eles. A frota fora construída para uma guerra contra a Turquia, para forçar a conquista da passagem para o mar Negro e disputar os direitos de os turcos controlarem aquele mar como um lago privado. Porém, a situação havia mudado. Prokofi Voznitsyn, um diplomata experiente, havia ficado em Viena para conquistar o que pudesse para a Rússia nas negociações que os poderes aliados (Áustria, Polônia, Veneza e Rússia) estavam prestes a dar início com os turcos parcialmente derrotados. O problema era que, embora o tratado de paz provavelmente só fosse confirmar a rendição desses territórios de fato ocupados, Pedro queria que a guerra continuasse por pelo menos algum tempo. E foi justamente para pressionar a guerra e capturar Kerch, conseguindo a entrada para o mar Negro, que ele havia trabalhado com tanto afinco durante o inverno na construção de sua frota.

Quando a conferência de paz finalmente ocorreu em Carlowitz, próximo a Viena, Voznitsyn estimulou os emissários aliados a não chegarem a um acordo de paz até que todos os objetivos da Rússia fossem alcançados. Entretanto, pesavam contra ele todos os outros interesses nacionais. Os austríacos já tinham se levantado para reconquistar toda a Transilvânia e a maior parte da Hungria. Veneza manteria suas conquistas na Dalmácia e no Egeu, e a Polônia manteria certos territórios ao norte dos Cárpatos. O embaixador inglês em Constantinopla, instruído a fazer tudo o que fosse possível para chegar à paz e libertar a Áustria para a iminente disputa contra a França, convenceu os desgastados turcos a se mostrarem generosos; contra sua vontade, eles concordaram em ceder Azov à Rússia, porém recusaram-se veementemente a entregar qualquer território que não tivesse sido conquistado, tal como Kerch. Voznitsyn, isolado de seus aliados, não pôde fazer nada além de se recusar a assinar o tratado geral. Ciente de que Pedro já estava prestes a atacar sozinho os turcos, ele propôs, em vez disso, uma trégua de dois anos – tempo durante o qual o czar poderia se preparar para operações mais amplas de ofensiva. Os turcos concordaram e Voznitsyn escreveu a Pedro sugerindo que o tempo também fosse usado para enviar um embaixador diretamente a Constantinopla com o objetivo de verificar se a Rússia poderia vencer por meio de negociações o que até agora não tinha conseguido ganhar – e parecia incerta de conseguir ganhar no futuro – por meio da guerra.

Tudo isso aconteceu durante o inverno de 1698-1699, enquanto Pedro construía sua frota em Voronej. Agora, com os navios prontos em Tagonrog, no entanto, com a nova trégua com a Turquia impedindo que eles fossem usados, Pedro decidiu aceitar a sugestão de Voznitsyn. Ele apontou um embaixador especial, Emilian Ukraintsev, o chefe de cabelos brancos do Ministério das Relações Exteriores, para ir a Constantinopla e discutir um tratado permanente de paz. Nesse plano, havia até mesmo um papel para a nova frota: ela acompanharia o embaixador até Kerch, de onde ele poderia navegar até a capital turca no maior e mais estimado dos novos navios de Pedro.

Em cinco de agosto, doze enormes embarcações russas, todas comandadas por estrangeiros, com exceção da fragata cujo capitão era Pedro Mikhailov, seguiram de Tagonrog até o Estreito de Kerch. O paxá turco, dominando o forte cujo canhão subjugava o estreito ligando o mar de Azov ao mar Negro, foi pego de surpresa. Certo dia, ouviu os salvos de saudação do canhão de Pedro e se apressou até o parapeito para encontrar um esquadrão naval russo diante da sua porta. O pedido do czar era que apenas um navio de guerra russo, a fragata de 46 canhões Krepost (Fortaleza) fosse autorizada a passar pelo estreito, levando o embaixador até Constantinopla. Num primeiro momento, o paxá preparou seus canhões e recusou o acordo, dizendo não ter ordens da capital. Pedro replicou ameaçando passar com o uso da força, se assim fosse necessário, e seus navios estavam acompanhados de galeras, bergantins e barcaças levando soldados. Depois de dez dias, o paxá consentiu, insistindo que a fragata russa aceitasse ser acompanhada por quatro navios turcos. Pedro se retirou e o Krepost navegou pelo estreito. Chegando ao mar Negro, o capitão holandês, Van Pamburg, preparou todas as velas e deixou a escolta turca para trás até se perder no horizonte.

O momento foi histórico: pela primeira vez, um navio de guerra russo, carregando a bandeira do czar moscovita, navegava livre e sozinho no lago privado do sultão. Ao pôr do sol de treze de setembro, quando o navio russo apareceu na entrada do Bósforo, Constantinopla se viu surpresa e abalada. O sultão reagiu com dignidade. Enviou uma mensagem de boas-vindas e congratulações e despachou caíques para trazer Ukraintsev e sua comitiva até a costa. Todavia, o embaixador se recusou a deixar o navio e exigiu receber permissão de navegar pelo Bósforo até chegar à cidade. O sultão concordou e o navio de guerra russo seguiu pelo rio, até ancorar afinal no Corno de Ouro, diretamente em frente ao palácio do sultão, no Cabo do Serralho, diante do Eleito de Deus. Durante nove séculos, desde os dias do império cristão de Bizâncio, nenhum navio russo havia ancorado sob essas muralhas.

Ao avistarem o Krepost, os turcos ficaram inquietos não apenas pela aparência, mas também pelo tamanho da embarcação russa – eles não conseguiam entender como uma embarcação tão gigantesca poderia ter sido construída em um rio raso como o Don. Entretanto, foram ligeiramente acalmados por seus arquitetos navais, que apontaram que o navio devia ter um fundo muito raso e, portanto, seria instável como uma plataforma para armas em mar aberto.

Ukraintsev foi muito bem tratado. Um grupo de altos oficiais esperava na doca quando ele se aproximou. Um belo cavalo lhe havia sido providenciado e ele foi escoltado a uma pousada de luxo à beira-mar. Depois disso, em concordância com as ordens de Pedro de demonstrar toda a capacidade naval russa, o Krepost foi aberto a visitantes. Centenas de barcos aproximaram-se dele e multidões de pessoas de todas as classes se aglomeraram a bordo. O ponto alto foi uma visita do próprio sultão que, com uma escolta de capitães otomanos, inspecionou a embarcação em detalhes.

A visita seguiu pacificamente, embora Van Pamburg, o exuberante capitão holandês, quase tenha causado sua própria ruína e a ruína da missão diplomática. Ele estava entretendo conhecidos holandeses e franceses a bordo e os manteve ali até depois da meia-noite. Então, quando os enviou novamente para a costa, decidiu saudá-los com um tiro de pólvora, sem balas, de seus 46 canhões. O barulho, diretamente sob as muralhas do palácio, acordou toda a cidade, incluindo o sultão, que pensou se tratar de um sinal de que a frota russa atacaria a cidade. Na manhã seguinte, as autoridades turcas, furiosas, ordenaram que a fragata fosse capturada e o capitão preso, mas Van Pamburg ameaçou explodir seu navio quando o primeiro soldado turco colocasse os pés na embarcação. Mais tarde, com pedidos de desculpas e promessas de que a ofensa não se repetiria, o incidente foi deixado de lado.

Enquanto isso, todavia, os turcos não estavam com pressa de lidar com Ukraintsev. Somente em novembro, três meses após a chegada do enviado russo a Constantinopla, eles consentiram em abrir as negociações. Depois disso, Ukraintsev participou de 23 encontros com negociadores otomanos até que, em junho de 1700, uma espécie de acordo foi alcançado. No início, as expectativas de Pedro haviam sido ambiciosas. Ele exigia o direito de manter Azov e os fortes capturados na parte baixa do Dnieper, tudo o que já estava sob sua posse por conquista. Pedia permissão para que navios comerciais (mas não de guerra) russos pudessem navegar no mar Negro. Pedia que o sultão proibisse o cã da Crimeia de lançar outros ataques contra a Ucrânia e que cancelasse seu direito de pedir um tributo anual a Moscou. Por fim, queria que um embaixador russo fosse designado de forma permanente à Sublime Porta, como acontecia com a Grã-Bretanha, a França e outras potências, e que os religiosos ortodoxos tivessem privilégios especiais no Santo Sepulcro, em Jerusalém.

Durante meses, os turcos não ofereceram uma resposta definitiva, enquanto surgiam disputas, controvérsias e demoras até mesmo nos menores detalhes do acordo proposto. Ukraintsev sentia que outros representantes diplomáticos em Constantinopla – representantes da Áustria, de Veneza e da Inglaterra, além de franceses – estavam decididos a atrapalhar sua missão com o objetivo de evitar que a Rússia e o Império Otomano se tornassem íntimos demais. "Não recebo nenhuma assistência ou informação do imperador nem de Veneza", reclamou Ukraintsev em uma nota a Pedro. "Os ministros ingleses e holandeses enfileiram-se ao lado dos turcos e têm melhores intenções para com eles do que para com o senhor. Eles o detestam e o invejam porque começou a construir navios e inaugurou a navegação em Azov e em Arcangel. Temem que isso possa atrapalhar o comércio marítimo deles." O cã tártaro da Crimeia mostravam-se ainda mais ansioso por evitar um acordo. "O czar", ele escreveu a seu soberano, o sultão, "está destruindo os antigos costumes e a antiga fé de seu povo [e] alterando tudo de acordo com métodos alemães e criando um exército e uma frota poderosos e, assim, irritando a todos. [...] Mais cedo ou mais tarde, irá perecer pelas mãos de seus próprios súditos".

Em certo momento, os turcos se mostraram inflexíveis e não precisaram de qualquer persuasão dos embaixadores da Europa Ocidental ou dos chefes tártaros: recusaram veementemente a demanda de Pedro de que navios russos de qualquer tipo pudessem ter acesso ao mar Negro. "O mar Negro e suas costas são governados unicamente pelo sultão otomano", afirmaram a Ukraintsev. "Desde tempos imemoriais nenhum navio estrangeiro singrou suas águas, e nenhum navio estrangeiro por elas passará. [...] A Porta otomana guarda o mar Negro como uma virgem pura e imaculada que ninguém se atreve a tocar e é mais fácil o sultão permitir que estrangeiros adentrem seu harém do que tolerar a navegação de embarcações estrangeiras no mar Negro." No fim, a resistência turca se provou demasiadamente forte. Embora geralmente fossem derrotados em guerras, os turcos agora encaravam um único inimigo, a Rússia, e não podiam ser forçados a entregar mais do que já tinham perdido em batalhas. Pedro também estava ansioso por concluir as negociações, pois tinha perspectivas mais tentadoras ao norte, no Báltico. O acordo, batizado de Tratado de Constantinopla, não foi um tratado de paz, e sim uma trégua de trinta anos que não atendeu às exigências, deixou todas as questões pendentes e supôs que, quando expirasse, a não ser que o acordo fosse renovado, a guerra recomeçaria.

Os termos eram equilibrados. Na questão territorial, a Rússia estava autorizada a manter Azov e uma faixa de território à distância de uma jornada de dez dias de suas muralhas. Por outro lado, os fortes na parte baixa do Dnieper, capturados dos turcos, seriam destruídos, e as terras voltariam a ser posse da Turquia. Uma área despopulada e supostamente desmilitarizada viria a se estender de leste a oeste da Ucrânia, separando as terras dos tártaros da Crimeia dos domínios de Pedro. A demanda por Kerch e o acesso ao mar Negro já havia sido abandonada pelos russos.

Nas cláusulas não territoriais, Ukraintsev foi mais bem-sucedido. Os turcos prometeram informalmente auxiliar os cristãos ortodoxos em seu acesso a Jerusalém. A recusa de Pedro em continuar pagando tributos ao cã tártaro foi formalmente aceita. Isso enfureceu o cã em questão, Devlet Gerey, mas a antiga ofensa finalmente chegou ao fim e nunca mais ressurgiu, mesmo depois do desastre que ocorreu a Pedro onze anos mais tarde no Prut. Por fim, Ukraintsev assegurou à Rússia o que Pedro considerava uma importante concessão: o direito de manter um embaixador permanente em Constantinopla, em condições iguais às da Inglaterra, Holanda, Áustria e França. Esse foi um passo importante no desejo de Pedro de tornar seu país uma grande potência europeia e o próprio Ukraintsev permaneceu no Bósforo para se tornar o primeiro embaixador permanente do czar em uma potência estrangeira.

Ironicamente, a assinatura de uma trégua de trinta anos com a Turquia contradizia bastante o enorme esforço dedicado à construção da frota em Voronej. Muito antes de os trinta anos terem se passado, as tripulações teriam se dispersado e as madeiras dos navios apodrecido. É óbvio que naquela época, na mente de Pedro, a trégua era apenas uma prorrogação. Embora sua atenção primária começasse a apontar para a Grande Guerra do Norte com a Suécia, os projetos no sul, em Voronej, Azov e Tagonrog, apenas se tornaram mais lentos, contudo não cessaram. Nunca em sua vida Pedro deixou de lado a ideia de um eventual ataque no mar Negro; de fato, para a fúria e o desespero dos turcos, a construção de navios em Voronej continuou, novas embarcações seguiram até Tagonrog e as muralhas de Azov tornaram-se mais altas.

Da forma como as coisas ocorreram, a frota de Pedro nunca foi usada em batalha e as muralhas de Azov nunca foram atacadas. Os destinos dos navios e da cidade foram decididos não numa batalha no mar, conforme Pedro esperava, mas pelo combate de exércitos a centenas de quilômetros a oeste. E neste combate, os navios serviram bem a seu mestre. Quando Carlos XII, adentrando profundamente na Rússia, propôs uma aliança turca nos meses que antecederam Poltava, a frota em Tagonrog foi uma das cartas mais fortes de Pedro para persuadir os turcos e os tártaros a não intervirem. Naqueles meses críticos da primavera de 1709, o czar fortaleceu com urgência a frota e dobrou o número de tropas em Azov. Em maio, dois meses antes da culminante batalha de Poltava, ele foi pessoalmente até Azov e Tagonrog e manobrou sua frota diante de um enviado turco. O sultão, impressionado pelo relato do enviado, proibiu Devlet Gerey, o cã tártaro, de levar seus milhares de cavaleiros para o lado de Carlos. Apenas por esse efeito, a frota de Voronej já justificou todo o esforço nela empenhado.

PARTE TRÊS

A GRANDE GUERRA DO NORTE

XXII

SENHORA DO NORTE

O Báltico é um mar setentrional, de um azul brilhante sob a luz do sol, cinza turvo sob a neblina e a chuva, e dourado intenso ao pôr do sol, quando o mundo se transforma no verdadeiro âmbar que só pode ser encontrado nessas encostas. Nas costas ao norte, o Báltico é adornado por florestas de pinheiros, fiordes de granito vermelho, praias de seixos e uma miríade de ilhas minúsculas. A costa sul é mais delicada: lá, um litoral esverdeado é recordado por praias de areia branca, dunas, pântanos e falésias baixas e cobertas de lama. As longas extensões, habitadas por cardumes e tomadas por areia, abrem espaço para lagoas rasas, com vinte quilômetros de largura e oitenta de extensão. Apesar de as terras serem pantanosas e planas, quatro rios históricos correm para o mar: Neva, Duína, Vístula e Oder, todos lançando água doce no oceano, o que faz a corrente predominante ser para fora do Báltico. Por esse motivo, é difícil a água salgada entrar no Báltico e não há correntes em Riga, Estocolmo ou na foz do Neva.

É a falta de sal que permite a criação do gelo. O inverno chega ao Báltico no final de outubro com fortes geadas e flocos de neve à noite. Em outubro, nos tempos de navegação, navios estrangeiros deixavam o local, descendo pelo Báltico, os cascos cheios de ferro e cobre, os deques carregados de enormes quantidades de madeira. Os capitães nativos do Báltico manobravam seus navios em direção ao porto, esvaziavam-nos e deixavam os cascos presos no gelo até a primavera. Com o início de novembro, a água nas baías e nas angras já estava cobertas com uma fina camada de gelo. Ao final do mês, Kronstadt e São Petersburgo já estavam congeladas; em dezembro, o mesmo acontecia com Talim e Estocolmo. O mar aberto não congelava, mas o gelo que se soltava e os frequentes temporais dificultavam a navegação. O pequeno canal entre Suécia e Dinamarca com frequência se enchia do gelo solto, e, em alguns invernos, ficava totalmente congelado — em 1658, um exército sueco marchou pelo gelo para surpreender o inimigo dinamarquês com um ataque. A metade norte do Golfo de Bótnia é composta por gelo sólido desde novembro até o início de maio.

A primavera faz o gelo derreter e a vida retornar, mais uma vez, ao Báltico. Nos tempos de Pedro, frotas de mercadores começavam a chegar de Amsterdã e de Londres. Manobravam pelo canal de menos de cinco quilômetros de extensão, passando entre colinas baixas e o famoso castelo de Helsingor a estibordo e os penhascos da costa sueca, próximos ao porto, a bombordo. Em junho, o Báltico se via tomado por velas: navios mercantes holandeses, com a água da cor do cobalto ricocheteando contra suas proas arredondadas e o vento abrindo as enormes velas, misturavam-se aos cascos fortes de carvalho de embarcações inglesas enviadas para buscar mastros e longarinas, alcatrão e terebintina, resinas, óleos e linho para velas, sem os quais a Marinha Real não conseguiria sobreviver. Ao longo do curto verão setentrional, sob o brilhante céu azul, navios cruzavam o Báltico, ancorando nos portos dos cais. Na encosta, os capitães ceavam com mercadores, enquanto os marinheiros bebiam nos bares e deitavam-se com as mulheres.

As cidades portuárias do Báltico eram, e continuam sendo, eminentemente alemãs, com ruas de paralelepípedos e construções medievais de pedra marcadas por telhados de pico alto, espigões, torres e ameias. A antiga cidade de Reval (atual Talim), capital da Estônia, é centrada em uma cidadela medieval disposta em uma enorme escarpa de rocha. Andorinhas voam em volta de suas torres altas e redondas, e crianças estonianas loiras brincam sob as sombras das castanheiras e dos lilases nos parques abaixo das enormes muralhas. Riga, a capital da Letônia, é maior e mais moderna, no entanto a cidade antiga à margem do rio Duína também forma um mundo de ruas de pedras e bares alemães, encimada pelas torres barrocas da Catedral de São Pedro e São Tiago e da imponente Catedral Dom. Fora da cidade, uma extensa praia de areia branca, emoldurada por dunas e pinheiros, percorre milhas ao longo do Golfo de Riga.

Nos tempos de Pedro, a arquitetura, a língua, a religião e todo o ambiente cultural dessas pequenas propriedades eram estranhos à colossal massa russa adjacente. Governadas pelos cavaleiros da Ordem Teutônica e posteriormente por uma aristocracia alemã, constituintes da Liga Hanseática e da

Igreja Luterana, elas mantiveram sua independência cultural e religiosa, mesmo depois que o exército de Pedro marchou de Poltava, capturou Riga e anexou essas províncias ao império russo por duzentos anos.

Ao NORTE, EM UM mundo de florestas e lagos, está a Suécia, nos tempos de Pedro no ápice de seu poder imperial. Desde a costa mais meridional do Báltico até o norte além do Círculo Polar Ártico, a Suécia se estende ao longo de mais de 1.500 quilômetros. Trata-se de uma região de pinheiros e bétulas, com 96 mil lagos, neve e gelo. Como no norte da Rússia, os verões são curtos e frescos. O gelo se forma em novembro e derrete em abril, e o país então passa por apenas cinco meses sem geadas. É uma terra fria, severa e bela, que criou uma raça de pessoas duras e resignadas.

No século XVII, havia apenas 1,5 milhão de pessoas espalhadas por essa vastidão. A maioria delas vivia da agricultura, morando em chalés simples de madeira, usando arados também de madeira e produzindo as próprias roupas, como faziam há séculos. Entre uma fazenda e outra e entre as pequenas cidades e vilas, as viagens eram lentas e perigosas. As estradas eram ruins e, do mesmo modo como acontecia na Rússia, era mais fácil viajar durante o inverno quando os trenós podiam deslizar pela superfície dos lagos congelados. Para se proteger dos ventos gelados, os camponeses suecos passavam os infinitos dias de inverno amontoados em volta de seus fogões aquecidos ou compartilhando banhos públicos, o meio mais eficiente de se livrar do frio.

As principais exportações do país eram os produtos de suas minas: prata, cobre e ferro. Este último, essencial tanto nos tempos de paz quanto nos de guerra, era o mais importante desses produtos e o responsável por metade das exportações suecas. A maior parte dessas cargas passava por Estocolmo, a capital, que em 1697 contava com uma população de aproximadamente sessenta mil habitantes. A cidade ficava localizada na costa leste da Suécia, contornada por um cinturão de ilhas protegendo a costa do mar aberto. Esse cinturão se torna mais espesso no ponto onde o Golfo da Bótnia se une ao Báltico. Do mar, um canal principal, o Saltsjö, estende-se por setenta quilômetros através da massa de ilhas, chegando a Estocolmo, no continente. Ali, em uma junção entre lagos, rios e o Saltsjö, foi construída a Estocolmo medieval: uma pequena cidade murada composta por ruas estreitas e sinuosas, casas de frente triangulares e igrejas com torres delgadas, similares àquelas das cidades do norte da Alemanha e do Báltico.

No século XVII, Estocolmo tornou-se um importante porto comercial. Mercadores holandeses e ingleses chegavam aos montes, ancorando no cais para carregar seus navios com ferro e cobre suecos. Conforme as docas, os estaleiros, os mercados e as instituições bancárias cresciam, a cidade expandia-se para outras ilhas. Com o aumento da riqueza, as torres das igrejas e os telhados das construções públicas passaram a ser banhadas em cobre, o que lhes dava um brilho alaranjado quando tocados pelos raios do pôr do sol. Os gostos luxuosos de Versalhes chegaram aos palácios e mansões da nobreza da cidade. Navios que partiam da Suécia carregando ferro retornavam de Amsterdã e Londres com móveis de nogueira ingleses, cadeiras douradas francesas, porcelana de Delft, na Holanda, artigos de vidro italianos e alemães, papéis de parede dourados, tapetes, tecidos e intrincados talheres de prata.

Além do ferro e do cobre, essa riqueza também era construída com o império. O século XVII foi a era de grandeza da Suécia. Desde a ascensão, aos dezesseis anos, de Gustavo Adolfo, em 1611, até a morte de Carlos XII, em 1718, o país esteve no ápice de sua história imperial, cobrindo toda a costa norte do Báltico e os principais territórios ao longo da costa sul. Isso incluía toda a Finlândia e também Carélia, Estônia, Ingria e Livônia, envolvendo, assim, toda a área ao redor do Golfo da Bótnia e do Golfo da Finlândia. A Suécia detinha o controle da Pomerânia ocidental e dos portos de Estetino, Stralsund e Wismar, na costa da Alemanha do Norte. Governava os bispados de Bremen e Verden, a oeste da península dinamarquesa, dando acesso ao Mar do Norte. E também controlava a maioria das ilhas do Báltico.

O comércio era ainda mais importante do que os territórios. Aqui, a supremacia sueca era assegurada pela instalação da bandeira azul e amarela na foz de todos os rios – com a exceção de um – que corriam para o Báltico: o Neva, na cabeça do Golfo da Finlândia; o Duína, que encontrava o mar na região pantanosa próxima a Riga; e o Oder, que alcançava o Báltico em Estetino. Somente a foz do Vístula, que corria para o norte, atravessando a Polônia e desembocando no Báltico em Gdánsk, não era sueca.

O fato de esses vastos territórios serem posse de uma coroa cuja população mal ultrapassava 1,5 milhão de habitantes era uma conquista dos grandes comandantes e fortes soldados suecos. O primeiro e maior deles foi Gustavo Adolfo, o Leão do Norte, salvador da causa protestante na Alemanha, cujas campanhas o levaram até o Danúbio, tendo sido assassinado aos 38 anos enquanto guiava uma carga de cavalaria.[1] A Guerra dos Trinta Anos, que continuou após sua morte, terminou com a Paz de Vestfália, que recompensou com abundância os esforços da Suécia. O país conquistou as províncias alemãs que lhe concederam o controle das fozes do Oder, do Weser e do Elba. Essas posses germânicas também resultaram em uma anomalia: a Suécia, Senhora Protestante do Norte, também era parte do Sacro Império Romano e tinha assentos na Dieta Imperial. Mais significativo do que esse poder vazio, todavia, era o acesso à Europa Central que esses territórios concederam à Suécia. Com eles servindo como pontas de lança no continente, os soldados suecos podiam marchar até qualquer ponto da Europa, e isso tornava o país uma força a ser considerada em todos os cálculos de guerra e paz do continente.

Em suma, a Suécia era um fenômeno: uma enorme potência, porém com pontos fracos. Não apenas estava satisfeita com suas conquistas, mas já havia conquistado até demais. Tinha muitas vantagens: um povo que trabalhava duro, soldados disciplinados e reis que comandavam brilhantemente no campo de batalhas. Mesmo assim, para manter sua posição, a Suécia também precisava de sabedoria. A força da nação precisava ser cultivada, e não lançada em aventuras novas e descontroladas. Enquanto seus monarcas compreendessem isso e agissem com sabedoria, não haveria motivos para a Suécia não permanecer indefinidamente como a Senhora do Norte.

As bases da Grande Guerra do Norte repousam na história, na economia e também no anseio que Pedro nutria pelo mar. A contenda entre Rússia e Suécia pela posse das terras costeiras no Golfo da Finlândia arrastava-se há séculos. A Suécia havia sido inimiga das cidades-estados de Moscou e Novgorod desde o século XIII. Carélia e Ingria, que se distribuíam a norte e a sul do rio

---

[1] Gustavo Adolfo foi sucedido por sua única herdeira, uma filha de seis anos de idade que viria a se tornar a lendária rainha Cristina. Assumindo o pleno poder real aos dezoito anos, ela governou a Suécia por dez anos, de 1644 a 1654. Sua paixão era aprender. Acordava às cinco horas da manhã para dar início às leituras. Eruditos, músicos e filósofos estrangeiros, incluindo Descartes, eram seduzidos até sua corte pelas histórias de seu gênio e seu tamanho. Então, de forma repentina, ela abdicou aos 28 anos, afirmando estar doente e que os pesos envolvidos com o governar eram fortes demais para uma mulher. O verdadeiro motivo, todavia, foi sua conversão secreta à Igreja Católica Romana, algo ilegal na Suécia protestante. O trono foi para o primo de Cristina, que se tornou o Rei Carlos X e pai de Carlos XII. Cristina seguiu imediatamente para Roma, onde viveu os outros 34 anos de vida sendo amiga de quatro papas e uma fortíssima patrocinadora das artes, além de amante do cardeal Azzolini. (N. A.)

Neva, eram antigas terras russas; o herói russo Alexandre Nevski conquistou o nome Nevski ("de Neva") ao derrotar os suecos no rio Neva em 1240. Durante o Tempo de Dificuldades russo, seguido pela morte de Ivan, o Terrível, a Suécia havia ocupado um vasto cinturão de território que incluía até mesmo Novgorod. Em 1616, o país entregou Novgorod, mas conservou todo o litoral ancorado em fortalezas como Nöteborg (no lago Ladoga), Narva e Riga, mantendo a Rússia isolada do mar. O czar Aleixo tentou reconquistar essas terras, mas se viu forçado a deixar esse plano de lado. Suas guerras mais importantes eram com a Polônia, e a Rússia não podia enfrentar Polônia e Suécia simultaneamente. A posse sueca das províncias foi reafirmada pela Paz de Kardis, assinada entre Rússia e Suécia em 1664.

De qualquer forma, na cabeça de Pedro aquelas eram terras russas, e seu país estava enfrentando perdas econômicas substanciais por conta delas estarem em mãos estrangeiras. Pelos portos (em mãos suecas) de Riga, Reval e Narva circulava uma enorme quantidade de comércio russo e, sobre ele, os tributos suecos mostravam-se pesados, engordando o tesouro do país. Por fim, obviamente havia o chamado do mar. Em Viena, quando encontrou o imperador decidido a promover a paz, Pedro compreendeu que não poderia guerrear sozinho contra o Império Otomano, e percebeu que o acesso de seu país ao Mar Negro estava bloqueado. No entanto, ali estava o Báltico, com suas ondas banhando a costa a poucos quilômetros da fronteira russa, e ele poderia funcionar como um acesso direto à Holanda, à Inglaterra e ao Ocidente. Diante da chance de, ao lado da Polônia e da Dinamarca, recuperar esse território por meio de uma guerra contra um rei ainda criança, Pedro achou a tentação irresistível.

Todavia, a guerra poderia não ter continuado se o destino não tivesse repentinamente enviado à cena um homem dedicado a misturar esses ingredientes. Johann Reinhold von Patkul era um patriota sem pátria. Patkul era membro da antiga nobreza da Livônia, a dura descendência alemã dos cavaleiros da Ordem Teutônica, que havia conquistado e mantido sob controle Livônia, Estônia e Curlândia até meados do século XVI. Depois de severas derrotas infligidas por Ivan, o Terrível, a Ordem Teutônica se dissolveu e a Livônia caiu nas mãos da Polônia. Entretanto, os poloneses eram conquistadores severos que insistiam na língua e nas leis polonesas e na religião católica e, por fim, os livônios protestantes buscaram a proteção da Suécia também protestante. Em 1660, depois de uma longa contenda, a Livônia tornou-se província sueca e, como tal, adquiriu seu peso nas questões políticas do restante do país. Isso incluía a famosa e bastante rejeitada política de "redução" de Carlos XI. Depois da morte prematura de Gustavo Adolfo, a aristocracia sueca rapidamente ganhou mais poder relativo sobre as questões de Estado, tornando-se ao mesmo tempo odiada pelas outras classes da população. Com a ascensão de Carlos XI, tanto o novo rei quanto o Parlamento da Suécia estavam decididos a reduzir a influência da aristocracia, concedendo ao rei poder absoluto. Um meio eficaz consistiu em exigir o retorno à coroa de numerosas terras distribuídas aos nobres para serem administradas. (Os nobres haviam começado a tratar essas terras como se fossem suas propriedades hereditárias). Essa "redução", iniciada em 1680, foi aplicada com severidade implacável não apenas na Suécia, mas em todas as províncias do império, inclusive a Livônia. Essa ordem atingiu a Livônia com mais força porque, apenas dois anos antes, Carlos XI havia solenemente afirmado os direitos dos barões livônios, garantindo com todas as letras que eles não seriam sujeitos a nenhuma "redução" que pudesse vir a ser imposta. Os barões protestaram contra o confisco e enviaram emissários a Estocolmo para defender sua causa.

Patkul foi um desses emissários. Era um homem culto, alto e belo que falava diversas línguas, escrevia em grego e latim, além de ser um oficial militar experiente. Também tinha temperamento forte, era sério e implacável. Quando ele falava, sua coragem e dedicação feroz à causa o tornavam uma figura imponente e majestosa. Patkul apresentou seu caso com eloquência – Carlos XI ficou tão comovido que o tocou no ombro e declarou: "Você falou como um homem honesto dedicado à sua pátria. Eu lhe agradeço". Entretanto, o rei reafirmou a redução como uma "necessidade nacional" e declarou que a Livônia não poderia ser tratada diferente do restante do reino. Patkul retornou à Livônia e esboçou uma petição feroz, a qual enviou a Estocolmo. O conteúdo foi considerado traição e ele foi condenado à revelia a perder a mão direita e a cabeça. Entretanto, escapou dos oficiais suecos enviados para encarcerá-lo e passou a vagar pela Europa em busca de uma oportunidade de libertar seu país de origem. Durante seis anos, sonhou em criar uma coalisão anti-Suécia que pudesse trazer independência à Livônia, ou pelo menos restaurar o poder da nobreza local. E, quando Carlos XI morreu e um garoto de quinze anos chegou ao trono, a oportunidade pareceu surgir.

Patkul estava impaciente, mas também era realista. Sabia que, para se livrar do jugo da Suécia, uma pequena província precisaria aceitar ajuda e provavelmente a soberania de outra grande potência. E a Polônia – uma república dominada por sua nobreza, que elegia o rei – parecia uma boa escolha. Sob um sistema tão leniente, pensou Patkul, a nobreza da Livônia teria maiores chances de manter seus direitos. Ademais, o recém-eleito rei polonês, Augusto da Saxônia, era alemão e, portanto, era possível esperar que se solidarizasse com a nobreza alemã na Livônia.

Em outubro de 1698, Patkul chegou secretamente a Varsóvia e passou a persuadir Augusto a tomar a iniciativa de formar uma aliança anti-Suécia. Patkul já havia visitado o rei Frederico IV da Dinamarca e encontrara-o disposto a colaborar. Os dinamarqueses nunca tinham aceitado plenamente a perda do território no sul da Suécia, que lhes fora tirado por Gustavo Adolfo, e estavam ansiosos por instaurar os dias em que o Oresund, o estreito que separa o Báltico do Mar do Norte e a Dinamarca da Suécia, pudesse ser visto como "uma corrente de água que atravessa os domínios do Rei da Dinamarca". Ademais, os dinamarqueses ressentiam e temiam a presença das tropas suecas em sua fronteira meridional, no território do duque de Holstein-Gottorp.

Augusto mostrou-se intrigado pela proposta de Patkul, especialmente diante da afirmação de que os nobres da Livônia estavam prontos para reconhecê-lo como seu rei hereditário. Para Augusto, isso trazia uma perspectiva interessante. Sua ambição era transformar a coroa eletiva polonesa em uma coroa hereditária. Ao se apossar da Livônia com tropas saxônicas e entregar a província à nobreza polaca, ele esperava conquistar o apoio dessa nobreza ao reivindicar de modo permanente o trono polonês. Augusto tornou-se ainda mais ansioso sob o feitiço de Patkul. Ao avaliar a possível reação das maiores potências europeias a tal guerra – uma preocupação de Augusto –, Patkul estimou que Áustria, França, Holanda e Inglaterra sem dúvida "fariam barulho intenso por conta de seu comércio, mas provavelmente não agiriam". Como mais um incentivo a Augusto, Patkul assegurou que a conquista da Livônia seria simples, e até mesmo ofereceu uma descrição exata das fortificações de Riga, cidade que seria o maior objetivo de Augusto.

O resultado dos esforços de Patkul ultrapassou suas maiores fantasias: um tratado de ofensiva contra a Suécia foi criado entre Dinamarca e Polônia. Frederico IV deveria libertar as províncias de Schleswig e Holstein das tropas suecas, preparando um ataque pelo estreito na Scania, província mais meridional da Suécia. Entre janeiro e fevereiro de 1700, Augusto deveria estar preparado para colocar suas tropas saxônicas em marcha a caminho da Livônia para tentar capturar Riga de surpresa. Assim, as forças suecas acabariam se dividindo em Alemanha do Norte, Báltico superior e sua terra natal e, na ausência de um rei adulto para unir a nação e guiar o exército, esperava-se que o império sueco cedesse rapidamente. Por fim, Patkul propôs que Pedro da Rússia fosse trazido para a guerra como um aliado adicional contra os suecos. Ataques russos a Ingria, na cabeceira do Golfo da Finlândia, distrairiam os suecos. Pedro talvez pudesse oferecer dinheiro, suprimentos e homens para apoiar o cerco saxão em Riga. Nem Patkul, nem os demais envolvidos acreditavam muito na qualidade das tropas russas, porém esperavam que a quantidade de homens compensasse a diferença. "A infantaria russa seria mais bem aproveitada trabalhando nas trincheiras e recebendo tiros do inimigo", sugeriu Patkul, "ao passo que as tropas do rei [Augusto] poderiam ser preservadas e usadas para cobrir as aproximações"; ou seja, os russos serviriam como buchas de canhão.

Os conspiradores preocupavam-se com a possibilidade de que, uma vez que as tropas russas entrassem nas províncias bálticas, talvez não fosse tão simples persuadi-las a deixar o local. "Também seria absolutamente necessário", avisou Patkul, "atar as mãos do czar, de modo que ele não coma diante de nossos olhos o prato que foi preparado para nós; ou seja, que ele não coloque as mãos na Livônia e que seu ataque seja restrito a Narva, pois, neste caso, ele poderia ameaçar o centro da província e tomar Tartu, Reval e toda a Estônia quase antes de a informação chegar a Varsóvia".

Com o nome de Kindler e camuflado em um grupo de doze engenheiros saxões contratados pelo czar, Patkul acompanhou o representante pessoal de Augusto, general George von Carlowitz, de Varsóvia a Moscou para tentar convencer Pedro.[2] Todavia, em Moscou, os dois conspiradores viram-se em um situação peculiar. Os suecos, sentindo que estavam sendo formadas alianças contra eles, esperavam apaziguar Pedro enviando a Moscou, no verão de 1699, uma esplêndida embaixada que anunciaria a ascensão do rei Carlos XII e pediria a reafirmação e a renovação de todos os tratados existentes, conforme era costume quando um novo monarca assumia o poder. O esplendor da embaixada sueca tinha como objetivo reparar a afronta que o czar afirmava ter sofrido ao passar por Riga em 1697. Quando a embaixada chegou à fronteira russa, em meados de junho, o tio de Pedro, Lev Naryshkin, recebeu-os polidamente, mas explicou que teriam de esperar o retorno do czar, que estava com sua frota em Azov.

O retorno de Pedro a Moscou, no início de outubro, foi um momento dramático. Ele encontrou duas embaixadas à sua espera: a sueca, oficial, pedindo-lhe para reafirmar a existência dos tratados de paz, e a polonesa, secreta, de Carlowitz e Patkul, pedindo-lhe para entrar em uma guerra contra a Suécia. Depois disso, por duas semanas, as duas negociações seguiram lado a lado – as

---

2   O acordo entre Pedro e Augusto em Rawa havia sido apenas uma erupção exuberante de camaradagem. Até agora, não havia planos concretos nem de uma aliança, nem de uma campanha. (N. A.)

oficiais e indesejáveis, com a Suécia, sendo conduzidas abertamente no Ministério das Relações Exteriores, enquanto as sérias e secretas, com Carlowitz, eram conduzidas pessoalmente por Pedro em Preobrajenskoe, com apenas Teodoro Golovin e um intérprete, Pedro Shafirov, presentes ao lado do czar.

Os suecos estavam cientes da presença de Carlowitz e sabiam que algum tipo de tratado estava sendo discutido, no entanto pensavam tratar-se de um tratado de paz e não suspeitavam nada da verdade. Para evitar levantar suspeitas, os suecos foram recebidos com honras por Pedro, a quem apresentaram uma imagem de corpo inteiro de seu novo rei montado em um cavalo. E, para amparar sua fraude, Pedro passou pela formalidade de reafirmar os tratados anteriores com a Suécia, mas, como um leve conforto para sua consciência, evitou beijar a cruz na cerimônia de assinatura. Quando os embaixadores suecos perceberam a omissão e reclamaram, o czar afirmou que já tinha feito um juramento de observar todos os tratados quando chegou ao trono e que era costume russo não repetir esse gesto. Em 24 de novembro, os embaixadores suecos tiveram uma audiência final com o czar. Pedro se saiu muito bem e entregou-lhes uma carta formal por ele escrita, a ser entregue ao rei Carlos XII, confirmando os tratados de paz entre Suécia e Rússia.

Enquanto isso, a missão de Carlowitz e Patkul prosseguia com sucesso. Pedro recebeu Carlowitz (Patkul continuava disfarçado) e leu a carta que ele lhe entregara, mas que provavelmente fora escrita por Patkul. Em troca do apoio do czar na formação de uma aliança, era oferecida a promessa de Augusto de apoiar as exigências russas acerca da reintegração de Ingria e Carélia. Pedro então chamou Heins, embaixador dinamarquês incluído nas negociações secretas, uma vez que a Dinamarca já havia assinado seu tratado de aliança com a Polônia. Heins confirmou a promessa existente na carta. E assim foi: apenas três dias depois da embaixada sueca deixar Moscou, Pedro assinou um tratado concordando que a Rússia atacaria a Suécia, se possível, em abril de 1700 (o czar cuidadosamente recusou apontar uma data específica). Uma cláusula afirmava que o ataque russo viria apenas *após* a assinatura de um tratado de paz ou de um armistício entre a Rússia e a Turquia. Uma vez que o acordo foi assinado, Patkul, que até agora permanecia no pano de fundo, foi apresentado ao czar. Duas semanas mais tarde, Carlowitz deixou Moscou a caminho da Saxônia, planejando seguir pela estrada que atravessava Riga e aproveitar a oportunidade para examinar as fortificações da cidade.

Tendo prometido atacar uma grande potência militar ocidental dentro de alguns meses, Pedro agora se voltava ao enorme trabalho de preparação para a guerra. Desde seu retorno do Ocidente, havia concentrado seus interesses na frota. De um dia para o outro, teve de mudar seu foco da construção de navios para a acumulação de armas, pólvora, transporte, cavalos, uniformes e soldados. Com os Streltsi desmoralizados e apenas alguns regimentos ainda existindo, o exército profissional consistia primariamente de quatro regimentos das Guardas: Preobrajenski, Semyonovski, Lefort e Buturski. Assim, se o czar quisesse cumprir a promessa feita a Augusto, todo um novo exército precisava ser criado, treinado, equipado e colocado para marchar dentro de três meses.

Pedro agiu rápido. Um decreto foi enviado a todos os proprietários de terras – civis ou do clero. Aos civis, foi solicitado que enviassem ao czar um servo como recruta para cada cinquenta servos que possuíssem. Os mosteiros e os demais proprietários de terra eclesiásticos foram mais severamente taxados, devendo enviar um recruta para cada 25 servos. Pedro também buscou voluntários em meio a homens livres da população moscovita, prometendo um bom pagamento: onze rublos por ano, além de uma pensão para bebidas. Todos esses homens receberam ordens para se reunirem em Preobrajenskoe entre dezembro e janeiro e, durante os meses de inverno, uma torrente de recrutas apareceu no local. Vinte e sete novos regimentos de infantaria se formariam nos moldes dos quatro regimentos das Guardas, com entre dois e quatro batalhões cada. Agora Pedro sentia profissionalmente a perda de Patrick Gordon. Com a falta da mão experiente do escocês, o czar supervisionava pessoalmente os treinos com a ajuda do general Avtemon Golovin, comandante da Guarda, e do brigadeiro Adam Weide. Enquanto isso, o príncipe Nikita Repnin era enviado para alistar e treinar homens nas cidades ao longo da parte baixa do Volga.

Embora os comandantes das três novas divisões do exército (Golovin, Weide e Repnin) fossem russos, todos os comandantes de regimentos eram estrangeiros. Alguns deles chegaram a ver as ações nas campanhas da Crimeia e de Azov, ao passo que outros haviam sido recentemente contratados no Ocidente. A maior dificuldade de Pedro residia nos antigos oficiais russos, muitos dos quais não sentiam qualquer desejo de entrar em guerra. Para substituir aqueles que foram dispensados, muitos cortesãos acabaram sendo contratados como oficiais. Eles pareciam se adaptar à vida de soldados com tanta rapidez que Pedro exclamou prematuramente: "Por que eu deveria gastar dinheiro com estrangeiros quando meus próprios súditos podem fazer o trabalho tão bem quanto eles?". Mais tarde, quase todos os camareiros da corte e outros oficiais palacianos entraram para o exército.

Os novos soldados usavam uniformes de modelo alemão: casaco verde-escuro, calça, bota e chapéu de três pontas. Foram armados com mosquetes e baionetas, e então deram início ao treinamento no qual aprenderam a marchar em colunas, posicionar-se em fileiras, parar firmemente lado a lado e atirar sob comando. A artilharia – que era grande graças aos trezentos canhões enviados como presente do rei Carlos XII para ajudar o czar a combater os turcos – estava sob o comando do príncipe Alexandre de Imeritia, que havia sido companheiro de Pedro na Holanda e se dedicara ao estudo da artilharia em Haia. O brigadeiro Weide, que servira no exército austríaco sob comandos do príncipe Eugênio de Saboia, elaborou as cláusulas de guerra definindo quais infrações disciplinares do exército deveriam ser severamente punidas.

Ao longo da primavera de 1700, Pedro se viu entre a guerra que queria encerrar e a guerra que queria iniciar. Durante as negociações, em fevereiro de 1700, os rumores de Constantinopla tornaram-se tão ameaçadores que o czar chegou à conclusão de que precisava se preparar para o reinício da guerra com o sultão. Pedro deixou seus regimentos treinando em Preobrajenskoe e seguiu para Voronej, onde trabalhou furiosamente para ajudar a preparar seus navios para a guerra. Perto do fim de abril, na presença de seu filho, de sua irmã e de vários boiardos, ele lançou um navio de 64 canhões, o Predestinação, no qual havia trabalhado com as próprias mãos.

Enquanto Pedro estava em Voronej, ambos seus aliados no Báltico lançaram os ataques planejados contra a Suécia. Em fevereiro, sem qualquer declaração de guerra, quatorze mil soldados saxônicos subitamente invadiram a Livônia e estabeleceram um cerco na grande fortaleza de Riga. Os suecos contra-atacaram e os repeliram, matando o general Carlowitz no processo. Pedro sentiu-se enojado, em especial com Augusto; o rei, disse ele, deveria estar na Livônia, liderando pessoalmente suas tropas, e não "divertindo-se com mulheres" na Saxônia.

Em março, o segundo dos aliados do czar, Frederico IV, invadiu com dezesseis mil homens os territórios do duque de Holstein-Gottorp, a sul da Dinamarca, e preparou o cerco à cidade de Tonning. Agora, mais do que nunca, era hora de Pedro mostrar sua força atacando a Ingria. No entanto, as mãos do czar estavam atadas. "É uma pena", ele falou a Golovin, "mas não há nada a ser feito. Não recebi notícias de Constantinopla".

Durante a primavera, os rumores de preparativos turcos para a guerra tornaram-se tão fortes e perturbadores que Pedro achou necessário reafirmar sua boa relação formal com a Suécia. Os boatos de seus tratados secretos com a Dinamarca e a Polônia começavam a correr e, para assegurar os suecos de suas boas intenções, ele propôs enviar uma embaixada russa a Estocolmo. Thomas Knipercrona, o embaixador sueco em Moscou, que desconhecia totalmente a conspiração armada bem debaixo de seu nariz no outono anterior, mostrou-se animado com a visita da embaixada, e Pedro deliberadamente se aproveitou de sua confiança. No dia após seu retorno de Voronej, o czar chamou Knipercrona em Moscou e, em tom de brincadeira, censurou a esposa do embaixador por ter escrito à filha afirmando que todos os suecos em Moscou estavam aterrorizados porque o exército russo estava prestes a invadir a Livônia. A filha de Knipercrona havia visitado Voronej e mostrado ao czar a carta de sua mãe. "Quase não consegui acalmar sua filha. Ela chorava amargamente", contou Pedro. "Você não pode pensar que eu daria início a uma guerra injusta contra o rei da Suécia e dissolveria uma paz eterna que prometi preservar". Knipercrona implorou ao czar para que perdoasse sua esposa. Pedro deu um abraço afetuoso no embaixador e jurou que, se o rei da Polônia capturasse Riga da Suécia, "eu a arrancarei das mãos dele". Totalmente convencido, Knipercrona reportou em seu despacho a Estocolmo que o czar não pensava em lançar qualquer agressão contra a Suécia.[3]

A primavera passou. Depois vieram junho e julho, mas nenhuma palavra de Constantinopla chegou. Em quinze de julho, Pedro recebeu um enviado saxão, o major general barão Langen. Augusto, que finalmente havia se unido a seu exército diante de Riga, implorou a Pedro para dar início às operações milhares. Langen reportou: "O czar enviou seus ministros para fora da sala e, com lágrimas nos olhos, afirmou para mim em um holandês dificultoso que sentia muito pela demora em concluir a paz com a Turquia. [...] [Ele disse que] havia ordenado que seus embaixadores concluíssem uma paz ou trégua no menor tempo possível, mesmo que isso lhe custasse perdas, para conseguir ter as mãos livres para ajudar com todas as forças seus aliados". Fi-

---

[3] Naquela época, assim como agora, a moral exercia um papel periférico na guerra e na diplomacia. A maioria dos Estados conquistava todos os territórios e as colônias que conseguisse. Na visão de Pedro, essas regiões costeiras eram antigas terras russas; agora simplesmente era o melhor momento para tomá-las de volta. Da mesma forma, as negociações simultâneas do czar com suecos e saxões não eram motivo de vergonha para a época. Atos similares eram rotina em Londres, Paris, Viena e Constantinopla. (N. A.)

nalmente, em oito de agosto, chegaram notícias de Constantinopla. O armistício de trinta anos havia sido assinado em três de julho, e o mensageiro de Ukraintsev, viajando da forma mais rápida possível, chegou a Moscou com a notícia 36 dias depois.

Finalmente livre para agir, Pedro movimentou-se com enorme velocidade. Na noite em que o despacho de Ukraintsev chegou, a paz temporária com a Turquia foi celebrada em Moscou com uma demonstração extraordinária de fogos de artifício. Na manhã seguinte, a guerra contra a Suécia foi declarada à maneira dos antigos czares moscovitas, da varanda de seus aposentos no Kremlin. "O Grandioso Czar estabeleceu", afirmava a proclamação, "que, pelos muitos erros do rei sueco, e especialmente porque durante a jornada por Riga ele [o czar] teve de enfrentar obstáculos e dissabores nas mãos dos habitantes da cidade, seus soldados marcharão em guerra a caminho das cidades suecas". Os objetivos de guerra declarados eram as províncias de Ingria e Carélia, "que, pela Graça de Deus e de acordo com a lei, sempre pertenceram à Rússia e foram perdidas durante o Tempo de Dificuldades". Naquele mesmo dia, Pedro enviou a Augusto uma carta escrita à mão, informando-o do que havia acontecido e declarando: "Esperamos que, com a ajuda de Deus, Sua Majestade não verá nada além de conquistas".

Assim teve início a Grande Guerra do Norte ou, como Voltaire a chamou, "A Famosa Guerra do Norte". Durante vinte anos, dois soberanos jovens, Pedro e Carlos, brigariam pela supremacia em um conflito que decidiria o destino de ambos os impérios. Nos primeiros anos, de 1700 a 1709, o czar ficaria na defensiva, preparando a si mesmo, seu exército e seu Estado para a hora em que aríete sueco seria apontado para seu reino. Durante esses anos, em meio às tormentas da guerra, a Rússia daria continuidade à sua transformação. Reformas ocorreriam não como resultado de um planejamento meticuloso e de uma execução metódica, mas como uma medida desesperada e apressada ditada pela necessidade de afastar um inimigo implacável. Posteriormente, depois de Poltava, a maré viraria, mas ambos os soberanos continuariam lutando, um deles distraído por e enredado em alianças em grande parte inúteis, o outro ardendo por vingar sua derrota e restaurar seu império em desintegração.

XXIII

QUE O CANHÃO DECIDA

PEDRO DA RÚSSIA E Carlos da Suécia, Frederico da Dinamarca, Augusto da Polônia, Luís da França, Guilherme da Inglaterra, Leopoldo da Áustria e a maioria dos outros reis e príncipes daquela época, em algum momento deixaram suas diferenças serem resolvidas pela guerra. Ela era o árbitro final entre as nações dos séculos XVII e XVIII, assim como foi, de fato, no século XX. Rivalidades dinásticas, definições de fronteiras, posse de cidades, fortalezas, rotas de comércio e colônias, e também os destinos dos reinados e impérios, eram todos decididos pela guerra. O axioma foi sucintamente descrito por um dos jovens oficiais de Luís XIV: "Não há juiz mais imparcial do que o canhão. Ele vai diretamente ao ponto e é incorruptível".

Ao longo de cinquenta anos, durante a segunda metade do século XVII, o exército da França foi o mais poderoso e admirado da Europa. Suas forças eram, de longe, as maiores do continente. Nos tempos de paz, o país mantinha um exército permanente composto por 150 mil homens – e esse exército se expandia, chegando a alcançar quatrocentos mil soldados em tempos de guerra. Durante a Guerra da Sucessão Espanhola, oito enormes exércitos franceses, cada um comandado por um marechal também da França, lutaram simultaneamente nos Países Baixos, no Reno, na Itália e na Espanha. Graças ao monarca e a Louvois, os soldados franceses eram os mais bem-treinados e os mais bem-equipados da Europa. Graças a generais como Turenne, Condé e Vendôme, os franceses eram, em geral, também os mais bem-sucedidos. A impressionante derrota do marechal Tallard, realizada pelo duque de Marlborough em Blenheim (o duque recebeu ajuda de seu companheiro de exército, o príncipe Eugênio de Saboia), foi a primeira grande derrota do exército francês desde a Idade Média.

Durante todo esse período, o tamanho e o poder de fogo e de destruição de todos os exércitos crescia rapidamente. Conforme enérgicos ministros das finanças aumentavam a base tributária para apoiar os exércitos, números cada vez maiores de tropas podiam ser levadas ao campo de batalha. Na primeira metade do século XVII, uma batalha podia envolver até 25 mil soldados de cada lado. Em 1644, em Marston Moor, episódio decisivo da Guerra Civil Inglesa, Cromwell opôs oito mil homens contra outros oito mil comandados pelo rei Carlos I. Sessenta e cinco anos mais tarde, em Malplaquet, Marlborough liderou 110 mil soldados aliados contra oitenta mil franceses. No ápice de sua força, a Suécia, com uma população de 1,5 milhão de habitantes, mantinha um exército composto por 110 mil homens. Pedro, mesmo depois de se livrar da massa irregular e desorganizada de soldados feudais que havia herdado de Sofia e Golitsyn, chegou a reunir e treinar um exército completamente novo com 220 mil membros.

Apesar de o recrutamento tornar-se necessário para preencher posições conforme as guerras se arrastavam, a maioria dos exércitos desse período era formada por soldados profissionais. Muitos deles, tantos oficiais quanto soldados, eram mercenários estrangeiros – naquela época, os soldados podiam se unir a qualquer exército que preferissem, contanto que não lutassem contra seu próprio monarca. Com frequência, reis e príncipes em momentos de paz alugavam regimentos inteiros para vizinhos em guerra. Assim, regimentos da Suíça, Escócia e Irlanda serviam no exército da França; regimentos da Prússia e da Dinamarca serviam no exército da Holanda; e o exército do Império Habsburgo contava com homens de todos os estados alemães. Oficiais mudavam de lado com a mesma frequência que os executivos atuais trocam de emprego, e seus empregadores antigos ou futuros não guardavam mágoa por suas ações. Aos 24 anos de idade, Marlborough serviu como coronel ao lado do marechal Turenne contra a Holanda e foi homenageado em um desfile realizado pelo próprio Luís XIV. Mais tarde, no comando de um exército predominantemente holandês, Marlborough quase tirou o Rei Sol de seu trono. Durante algum tempo, tanto antes quanto depois de Pedro assumir o trono, a maioria dos oficiais sêniores no exército russo eram estrangeiros; sem eles, o czar teria reunido pouco mais do que uma multidão.

Era costume que esses soldados profissionais conduzissem as questões de guerra com base em regras aceitas. Havia um ritmo sazonal na guerra que raramente era quebrado: verão e outono eram a época de campanhas e batalhas; inverno e primavera eram dedicados ao descanso, recrutamento e reabastecimento. Na maioria das vezes, essas regras eram ditadas por fatores como temperatura, plantações e condições das estradas. Todos os anos, os exércitos esperavam a primavera derreter a neve e uma quantidade suficiente de grama verde brotar para nutrir os cavalos usados pela cavalaria e para o transporte. Em maio e junho, uma vez que a lama tivesse secado e se transformado em terra, longas colunas de homens e carroças entravam em movimento. Os generais tinham até outubro para se deslocar, promover cercos e batalhar; em novembro, quando as primeiras geadas surgiam, os exércitos começavam a seguir para os alojamentos de inverno. Essas regras eram quase religiosamente observadas na Europa Ocidental. Ao longo de dez anos consecutivos de campanha no continente, Marlborough regularmente deixava o exército em novembro e retornava a Londres, onde permanecia até a primavera. Nos mesmos meses, oficiais sêniores franceses retornavam a Paris ou a Versalhes. Um aspecto há muito desaparecido dessas guerras civilizadas era a emissão de passaportes a oficiais proeminentes, para que viajassem pelo território hostil passando por rotas mais curtas para deixar o local durante o inverno. Soldados comuns, obviamente, não desfrutavam desses privilégios. Não podiam deixar o campo até o fim da guerra. Se tivessem sorte, eram confinados em abrigos na cidade durante os meses mais frios. Com maior frequência, todavia, ficavam amontoados em acampamentos de inverno compostos por barracas e casebres, tornando-se presas da geada, doença e fome. Na primavera, aqueles que haviam morrido vítimas da peste seriam substituídos por novas remessas de recrutas.

Marchando, um exército desse período se movimentava lentamente, mesmo sem obstáculos no caminho; poucos exércitos conseguiam se deslocar mais do que quinze quilômetros por dia, e a média de distância percorrida em marcha por dia era de 7,5 quilômetros. A marcha histórica de Marlborough dos Países Baixos até a Baviera, pelo Reno, antes da Batalha de Blenheim, foi considerada "rápida como um raio" para a época – quatrocentos quilômetros em cinco semanas. O fator limitante, em geral, era a artilharia. Os cavalos se esforçando para puxar os canhões pesados, cujas rodas deixavam buracos terríveis nas estradas para os que seguiriam atrás, que simplesmente não podiam se mover com mais agilidade.

Os exércitos marchavam em longas colunas, batalhão após batalhão, um panorama da cavalaria andando na frente e nas laterais, as carroças, carruagens e canhões seguindo atrás. Normalmente o exército marchava ao nascer do sol e acampava no meio da tarde. Criar um novo acampamento todas as noites requeria quase tanto esforço quanto a marcha diurna. Tendas eram erguidas em fileiras, as bagagens eram abertas, as fogueiras eram acesas, a água era distribuída para homens e animais, os cavalos eram colocados para pastar. Se o inimigo estivesse por perto, cada acampamento tinha de ser preparado em uma área adequada e protegido com fortificações na terra e paliçadas de madeira como forma de resistir a um ataque. Então, depois de um sono exausto, os homens se levantavam e, na escuridão que antecedia a aurora, tudo precisava ser desmanchado e colocado nas carroças para a marcha do dia seguinte.

Obviamente nem tudo podia ser levado em carroças. Um exército de cinquenta a cem mil homens só conseguia se manter marchando se contasse com campos férteis pra suprir muitas de suas necessidades ou com abastecimentos adicionais enviados pela água. Na Europa Ocidental, os grandes rios eram as ferrovias da guerra. Na Rússia, onde os rios fluíam para norte e para sul, e a guerra entre o país e a Suécia ocorria no eixo leste-oeste, as águas ofereciam pouca ajuda, e a consequente dependência de trens e de alimentos locais era muito maior.

Na Europa Ocidental, a maior parte das campanhas acontecia de forma calma. Os cercos eram populares e muito preferidos em comparação aos riscos maiores e surpresas desagradáveis da batalha em campo aberto. A guerra de cerco era conduzida com precisão impressionante, quase matemática; de cada lado, a qualquer momento, o comandante sabia com exatidão onde estavam os problemas e o que aconteceria a seguir. Luís XIV era um devoto da guerra de cerco; ela não lhe trazia o risco de perder o grande exército que ele havia construído com tanto cuidado e dinheiro. Ademais, ela lhe permitia participar com segurança do Jogo de Marte. Em Louis de Vauban, o Rei Sol tinha o maior mestre de operações de fortificação e cerco da história. Em nome de seu soberano, Vauban pessoalmente preparou cercos impecáveis a cinquenta cidades, e suas fortalezas funcionavam como modelo para a época. Às vezes bastiões puramente militares, outras vezes grandes cidades fortificadas, essas fortalezas protegiam as fronteiras da França como uma rede de bloqueio. Cuidadosamente adaptada às particularidades de cada terreno, cada construção era um trabalho não apenas de extrema utilidade, mas também de arte. Tendiam a ter a forma de uma estrela gigante: cada muralha era construída de modo a abrigar canhões enfileirados ou pelo menos mosquetes instalados em ângulos de noventa graus para sua proteção. Cada parte da construção era um forte autônomo, com artilharia e tropas próprias, além de saídas de emergência para os guardas. Em volta dessas grandes muralhas corria uma rede de fossos de seis metros de profundidade e doze metros de largura, também revestidos de pedra – locais frios e desolados para a infantaria atacante se encontrar. Quando essas fortificações foram construídas, os exércitos franceses estavam na ofensiva, e essas fortalezas, com suas enormes portas decoradas com a *fleur--de-lis* dourada e se abrindo para construções de severo esplendor, deviam funcionar não como pontos de defesa estáticos, mas como eixos nos quais os exércitos franceses seriam capazes de realizar manobras. Mais tarde, quando o exército de Marlborough venceu as batalhas a caminho de Paris e Versalhes, as fortalezas de Vauban salvaram o trono do Rei Sol.

Luís dava pessoalmente créditos a seus servos: "Uma cidade defendida por Vauban é uma cidade impenetrável; uma cidade cercada por Vauban é uma cidade tomada".[1] Sob a direção de Vauban, os cercos se transformaram em verdadeiros espetáculos teatrais formais, encenados e cronometrados de forma imaculada. Uma vez que a fortaleza estivesse cercada, Vauban dava início a uma série de trincheiras que corriam em ziguezague, aproximando-se cada vez mais das muralhas. Calculando os ângulos com precisão matemática, ele criava as trincheiras de modo que os tiros de defesa lançados das muralhas mal conseguissem tocar a infantaria nas trincheiras cada vez mais próximas. Enquanto isso, a artilharia do sitiante atirava dia e noite nas muralhas, silenciando os canhões de defesa, fazendo buracos nos parapeitos. Quando o momento da investida chegava, a infantaria agressora apressava-se para fora das trincheiras e atravessava as valas (que eles haviam preenchido com feixes de palha bem amarrados), passando pelas brechas nas muralhas agredidas. Poucos cercos, todavia, chegavam a esse clímax. De acordo com a rigorosa etiqueta que governava ambos os lados, uma vez que o defensor tinha a certeza matemática de que sua fortaleza cairia, ele estava livre para se render com honra. Nem seu governo, nem o sitiante esperava menos. No entanto, se, em uma explosão de paixão irracional, o defensor se recusasse a se render e o agressor fosse forçado a seguir com o ataque, enfrentando os custos de tempo e de vidas para tomar a cidade, então, uma vez tomada, toda ela estava entregue a violações, saques e incêndios.

---

[1] Embora o próprio rei estivesse presente no cerco, os créditos tinham de ser divididos. Conforme Luís descreveu: *"Monsieur* de Vauban me apresentou os passos que julguei serem os melhores". (N. A.)

Embora a arte de Vauban nunca tenha sido superada, na época, assim como agora, os maiores comandantes – Marlborough, Carlos XII, príncipe Eugênio – eram praticantes da guerra de movimento. Desses, o maior foi, sem dúvida, John Churchill, duque de Marlborough, que comandou os exércitos da Europa contra Luís XIV de 1701 a 1711 e que nunca participou de uma batalha que não tenha vencido ou cercou uma fortaleza que não tenha tomado. Em dez anos de guerra, lutando contra um marechal da França após o outro, ele derrotou todos. E, quando a mudança política na Inglaterra lhe custou o comando, ele estava atravessando implacavelmente a grande barreira fortificada de Vauban a caminho de Versalhes. Marlborough não se interessava pela guerra limitada e convencional da época; não queria conquistar uma cidade ou fortaleza específica. Sua crença era na ação grandiosa e decisiva, mesmo que ela viesse com grandes riscos. Seus objetivos eram a aniquilação do exército francês e a humilhação do Rei Sol em uma batalha em campo aberto. Estava pronto para arriscar uma província, uma campanha, uma guerra, até mesmo um reinado, no transcorrer de uma única tarde. Marlborough era o mais bem-sucedido soldado da época. Agia simultaneamente como comandante no campo, comandante supremo de coalisões e ministro das relações exteriores e possível primeiro-ministro da Inglaterra. Em termos de nossa mais recente grande guerra, era como se ele combinasse as funções e tarefas de Winston Churchill, Eden, Eisenhower e Montgomery.

Entretanto, o comando de Marlborough sempre teve certo equilíbrio: uma mistura de estratégia grandiosa e propósito tático. O soldado mais atrevido e agressivo da época era Carlos XII da Suécia. A impressão que os inimigos e uma Europa atenta tinham de Carlos era a de que ele estava ansioso por batalhas, a qualquer momento e contra quaisquer chances. Era extremamente devoto do movimento rápido e das táticas de choque. Sua impetuosidade e ansiedade de atacar traziam traços de imprudência, até mesmo de fanatismo, e é verdade que sua tática era a mesma de George S. Patton: atacar sempre! No entanto, não era um assalto com base na loucura; o ataque sueco se fundamentava no treinamento rígido e na disciplina de ferro, na dedicação total e na crença na vitória, e na excelência nas comunicações no campo de batalha. Informados por tambores e mensageiros, os comandantes subordinados sempre sabiam o que era esperado deles. Qualquer fraqueza em seu próprio meio era rapidamente coberta; qualquer fraqueza no exército inimigo era explorada com destreza.

Carlos estava disposto a quebrar a tradição sazonal da guerra (o chão duro e congelado era mais fácil de ser percorrido por suas carroças e canhões, e talvez suas tropas fossem mais acostumadas ao tempo congelante) e pronto para lançar uma campanha durante o inverno. Obviamente o exército com melhor mobilidade teria vantagens na guerra de movimento. Campanhas eram decididas por transportes e logística na mesma frequência com que eram decididas por batalhas campais. Dessa forma, qualquer fator que melhorasse a mobilidade era importante (por exemplo, os franceses mostravam-se extremamente satisfeitos com o desenvolvimento de um novo forno portátil que podia ser montado, aceso e produzir pão fresco em poucas horas).

Embora os comandantes de campo sempre se mantivessem atentos quando um exército inimigo estava por perto, poucas batalhas dos séculos XVII e XVIII ocorriam quando um dos lados não estava disposto a lutar. Era difícil encontrar o terreno adequado e preparar o elaborado arranjo necessário de homens, cavalos e armas. Um comandante relutante podia facilmente evitar batalhas permanecendo em áreas de solo irregular, rachado e bruto. Caso um general desse início às horas de preparação necessárias para organizar seu exército para a batalha, o outro, se não estivesse disposto a lutar, poderia simplesmente marchar para longe. Assim, dois exércitos podiam existir dentro de uma proximidade razoável por dias sem que dali brotasse um combate.

Quando ambos os comandantes tinham motivos convincentes para lutar – como disputar a travessia de um rio ou uma posição forte em uma estrada importante –, os exércitos posicionavam-se com uma distância entre 250 e 550 metros. Se houvesse tempo, o exército que esperava estar na defensiva – em geral os russos quando confrontados por Carlos XII ou os franceses quando enfrentados por Marlborough – erguia barreiras de espigões afiados (chamadas "cavalo de frisa") apoiadas no chão diante das linhas de infantaria, o que lhes dava certa proteção contra a cavalaria inimiga que avançava. Em alguns pontos ao longo das filas, oficiais de artilharia posicionavam suas armas, preparavam para atirar bolas de canhão (pesando entre dois a quatro quilos, mas podendo chegar a sete ou dez quilos, no caso de armas mais pesadas) a distâncias que variavam entre quatrocentos e quinhentos metros na direção do exército inimigo. Uma batalha de estratégia planejada geralmente começava com um bombardeio de artilharia; um ataque longo podia causar danos, porém raramente se mostrava decisivo contra tropas experientes e disciplinadas. Por incrível que pareça, os homens simplesmente ficavam esperando enfileirados enquanto bolas de canhão assobiavam pelo ar ou quicavam no chão, abrindo passagens ensanguentadas em meio aos soldados.

Os maiores avanços na artilharia de campo durante o século XVII foram promovidos pela Suécia. Gustavo Adolfo havia padronizado os calibres da artilharia de campo para que cada arma não precisasse de um suprimento de balas só seu e, no calor da batalha, a mesma munição pudesse ser usada em qualquer peça do arsenal. Então, conforme a artilharia se tornava importante por si mesma, os generais suecos perceberam que os artilheiros com frequência esqueciam-se da necessidade de apoiar sua infantaria. Para compensar, atribuíram canhões mais leves diretamente aos batalhões de infantaria, dois por batalhão, que dariam apoio de perto, atirando diretamente na infantaria inimiga à sua frente. Mais tarde, a artilharia sueca ligou-se até mesmo à cavalaria. Essa artilharia montada, com boa mobilidade, podia descer do cavalo, atirar nas formações da cavalaria inimiga e se distanciar, tudo em questão de minutos.

A arma decisiva, todavia, não era a artilharia ou a cavalaria, mas sim a infantaria, e as grandes batalhas da época foram vencidas por batalhões de infantaria avançando ou parados em fila, lutando uns contra os outros com mosquetes, pederneiras, lanças e, posteriormente, baionetas. O século XVII foi um momento de rápida transformação nos equipamentos e nas táticas da infantaria. Por séculos, a antiga lança – um pique de aço pesado e pontiagudo medindo entre quatro e cinco metros – foi considerada a "rainha das batalhas". Filas de lanceiros com suas longas armas expostas avançavam umas contra as outras e o ataque de uma muralha de lanças levava a batalha a uma conclusão. No entanto, o desenvolvimento das armas de fogo pouco a pouco tornou essa famosa arma obsoleta. Quando os lanceiros encaravam uma fileira de mosqueteiros, estes últimos podiam permanecer a certa distância e atirar contra o inimigo, derrubando-os um a um. Ao final do século, apenas alguns lanceiros ainda apareciam no campo de batalhas, exclusivamente para defender os mosqueteiros da cavalaria hostil. Para um cavaleiro, ainda era assustador andar perto de uma muralha de piques longos e afiados, mas, quando os lanceiros não estavam nas proximidades para um ataque imediato, não havia ninguém mais inútil ou menos perigoso no campo de batalha. Eles simplesmente ficavam parados em fileiras, segurando a longa lança, sendo atingidos pela artilharia inimiga e assassinados por balas de mosquetes do adversário enquanto esperavam que alguém se aproximasse e acabasse empalado por sua lança.

A solução foi a baioneta, um equipamento que permitia ao mosquete servir a dois propósitos: atirar até o inimigo estar muito perto e, então, com uma lâmina anexada à ponta, ser usado como uma pequena lança. A princípio, isso era feito encaixando a lâmina ao cano da arma. Entretanto, esse processo restringia os tiros e logo foi sucedido pela baioneta presa com um anel, que continuou a ser usada até o século passado. Os soldados da infantaria podiam atirar até o inimigo estar bem ao seu lado, e ainda eram capazes de agredi-lo com a lâmina. A baioneta surgiu enquanto a Grande Guerra do Norte se iniciava. Os Drabants, guardas escoceses, estavam equipados com baionetas em 1700 e, dentro de alguns anos, a maioria dos exércitos, incluindo o russo, já usava a arma.

No final do século XVII, o mosquete já havia sido bastante aprimorado. O grande fecho de mecha era uma arma pesada, com seis quilos ou mais. Para erguê-la e utilizá-la, o mosqueteiro levava consigo um bastão longo e forquilhado, o qual era colocado no chão, e então apoiava-se o cano da arma nessa forquilha para mirar e atirar. O processo de carregar e atirar uma única bala requeria 22 movimentos separados, entre eles colocar a pólvora, bater a bucha, ajeitar a bala e o rastilho, erguer a arma na altura do ombro, alinhá-la ao bastão de madeira, acender o fósforo e colocá-lo no ouvido do mosquete. Com grande frequência, por conta da umidade, o mosqueteiro que mirava e esperava o tiro sair ficava desapontado – ou pior do que desapontado, se a infantaria ou a cavalaria inimiga estivessem se aproximando rapidamente.

O substituto do fecho de mecha foi a pederneira, na qual uma faísca era produzida automaticamente por um pedaço de aço raspando contra uma pedra. A faísca então caía diretamente na câmara de pólvora. A arma era mais leve, embora apenas de modo relativo, pesando 4,5 quilos, mas já não era necessário o bastão de madeira, e o número de movimentos para carregar e atirar foi diminuído pela metade. Um bom atirador podia disparar vários tiros por minuto. A pederneira rapidamente se tornou a arma padrão da infantaria em todos os exércitos ocidentais. Somente os russos e turcos continuaram usando os antigos e pesados mosquetes com fechos de mecha, o que limitava o poder de fogo de sua infantaria.

Equipada com essas novas armas – a pederneira com baioneta anexada –, a infantaria tornou-se bastante eficaz, perigosa e, em pouco tempo, a força dominante no campo de batalha. A baioneta não apenas transformava uma arma em duas, mas também era bem menos desconfortável do que a lança, trazendo, assim, muito mais mobilidade para os soldados da infantaria. A maior velocidade ao atirar com mosquetes também demandava novas táticas e novas formações para tirar o maior proveito possível desse aumento de poder de fogo. A cavalaria, que havia dominado o campo de batalhas durante séculos, tornou-se secundária. A contribuição de Marlborough deu-se na compreensão e no uso do novo poder de fogo da infantaria. Soldados ingleses foram treinados para se desdobrar rapidamente de colunas em fileiras e lançar fogo regular e disciplinado, de pelotão em pelotão. Como agora um número menor de homens era capaz de lançar o mesmo volume de tiros, o tamanho dos batalhões foi reduzido e, assim, ficou mais fácil coordená-los. O comando tornou-se mais simples, mais rápido, mais responsivo. Para permitir que números maiores de mosquetes fossem apontados para o inimigo e também para reduzir a profundidade do alvo apresentado à artilharia inimiga, linhas de infantaria foram estendidas para os flancos, aumentando, assim, a largura do próprio campo de batalha. Tudo foi treinado repetidas vezes em tempos de paz, na esperança de que, com a repetição, os movimentos se tornassem um hábito impecável. O teste ocorreria nos momentos de tensão, quando os mosqueteiros já tivessem atirado e não contassem com tempo para outro tiro antes que uma onda de cavaleiros inimigos, de espadas em punho, os atacasse.

No início do século XVIII, o imenso aumento do poder de fogo da infantaria havia transformado o campo de batalhas em um local mais perigoso do que nunca. Era muito mais fácil matar homens permanecendo parado e acertando-os com saraivadas devastadoras de balas de mosquete do que invadir o espaço do inimigo e derrotá-los em combate corpo a corpo, como havia sido nos séculos antecedentes. Em batalhas anteriores, talvez 10% dos exércitos envolvidos sofresse baixas; agora, todavia, as taxas eram muito mais altas. Contudo, apesar de sua nova predominância, a infantaria ainda dependia, para sua própria segurança na batalha, da manutenção da perfeita ordem. Com seu grande poder de fogo, se pudessem manter as fileiras e não serem forçados a se separar, os soldados da infantaria eram capazes de infligir grandes prejuízos à cavalaria que se aproximasse demais. No entanto, ainda dependiam de um arranjo estritamente organizado quando a sua volta rugiam os esquadrões da cavalaria inimiga que, ao menor sinal de desordem, poderiam prendê-los debaixo dos cascos dos cavalos, destruir suas fileiras e reduzi-los a pó.

A organização de uma batalha – manter milhares de homens enfileirados, aproximar-se com as formações adequadas nos momentos certos, sob tiros do inimigo – era por si só uma tarefa enorme. A natureza conspirava contra os comandantes; sempre havia um bosque, uma vala ou até mesmo uma cerca capaz de bloquear ou atrapalhar as colunas de homens em movimento. Mesmo assim, nada podia ser apressado. O avanço em direção ao mais assassino ataque inimigo tinha de ser lento e seguro; a pressa poderia colocar em risco o equilíbrio e a afinação de um exército. Com frequência, mesmo com homens tombando por todos os lados, uma coluna de ataque podia ser parada para que as filas fossem mais bem alinhadas ou para permitir que uma coluna paralela a alcançasse.

Com raríssimas exceções, em geral os comandantes de sucesso eram aqueles que atacavam. A tática invariável de Marlborough era começar a batalha atacando a parte mais forte da linha inimiga. Seu costume era usar a infantaria inglesa magnificamente treinada para esse propósito. Enquanto o comandante inimigo, preocupado, utilizava cada vez mais suas reservas nessa área da batalha, Marlborough mantinha, e até mesmo aumentava a pressão, aceitando todas as baixas que fossem necessárias. Então, quando os outros segmentos da linha inimiga estavam enfraquecidos, ele liberava suas reservas, em geral uma massa de cavalaria, contra um ponto enfraquecido da frente inimiga. Via de regra, um avanço ocorria e o duque desfilava vitorioso pelo campo.

Todavia, por mais impressionante que fosse esse dinamismo durante o ataque, as melhores infantaria e cavalaria da Europa não eram as inglesas, mas as suecas. Os soldados suecos eram treinados para pensar apenas em termos de ataque, independentemente das adversidades. Se um inimigo de alguma forma tomasse a iniciativa e começasse a avançar em direção às linhas suecas, estes últimos corriam a rebater de imediato o ataque com um contra-ataque. Ao contrário dos ingleses sob o comando de Marlborough, cujas táticas da infantaria tinham como base o melhor uso de seu poder de fogo devastador, o fundamento do ataque sueco permanecia nas armas brancas – o aço frio. Tanto infantaria quanto cavalaria deliberadamente sacrificavam o poder de fogo de seus mosquetes e outras armas em favor de se aproximar com espadas e baionetas.

Isso criava uma cena impressionante. De modo lento, constante e silencioso, exceto pelo bater dos tambores, a infantaria sueca avançava, sem abrir fogo até o último minuto. Já próximas, as colunas se abriam em uma longa muralha azul e amarela com quatro fileiras de profundidade, paravam, lançavam uma única saraivada e então atacavam com baionetas a linha inimiga cambaleante. Os recrutas de Pedro levariam anos até conseguirem suportar um ataque tão feroz como esse. O impulso insuperável do ataque sueco vinha de duas fontes: fatalismo religioso e treino constante. Cada soldado aprendia a crença do rei de que "Deus não permitirá que ninguém morra até sua hora chegar". Isso produzia uma coragem calma, ancorada em meses e anos de práticas de marcha, transporte, pausas e tiros, o que dava à infantaria sueca uma capacidade incomparável de manobra e de coesão.

Embora cada vez mais a infantaria fosse o braço decisivo, ainda era a cavalaria que oferecia o ponto alto e que, com frequência, ao destruir o inimigo quando ele começava a vacilar, conquistava a vitória. A cavalaria ligeira era usada para analisar o exército, para fazer o reconhecimento, para saquear em busca de provisões e invadir. Os russos empregavam os cossacos para esse fim; o exército otomano, os tártaros. Os suecos usavam os mesmos cavaleiros nessas tarefas periféricas e no auge da batalha. Uma cavalaria pesada e regular era organizada em esquadrões de 150 homens preparados para a batalha com couraças no peito e nas costas, armados com espadas e, frequentemente, com armas de fogo para serem usadas contra emboscadas pelo caminho. Nos exércitos mais modernos da época, a cavalaria era treinada em manobras táticas de forma tão rígida e cuidadosa quanto a infantaria. No entanto, havia limites em seu uso. O primeiro, obviamente, era o terreno; a cavalaria precisava de campos abertos planos ou pelo menos regulares. Além disso, havia a questão da resistência dos cavalos; nem mesmo os melhores animais eram capazes de enfrentar mais de cinco horas a fio de luta. E ainda havia o crescente poder de destruição das armas de fogo da infantaria. Conforme as pederneiras passavam a dar tiros mais rápidos e precisos, a cavalaria tinha de se manter cada vez mais cuidadosa. Nem Marlborough, nem Carlos XII colocavam a cavalaria em ação antes do clímax, quando, como um choque de força, ela era capaz de destruir uma linha inimiga em desintegração, esmagar o flanco de uma linha de infantaria avançando ou, na perseguição, transformar uma retirada em uma bagunça.

Apesar dessas limitações, entretanto, esses ainda eram os dias de glória da cavalaria (Waterloo, com suas cargas de cavalaria reunidas, ainda estava por vir, dentro de um século, e o avanço da Brigada Ligeira em Balaclava só ocorreria um século e meio depois). Entre um quarto e um terço dos homens na maioria dos exércitos era composta por homens a cavalo; no exército sueco, a proporção era maior. Carlos treinou sua cavalaria para atacar em formações rigorosas; ela se aproximava do inimigo trotando lentamente, em formação em cunha, joelho a joelho, um cavaleiro bem ao lado e ligeiramente atrás do outro. Com três fileiras de profundidade, esse arco amplo vencia implacavelmente qualquer oponente, montado ou a pé.

Vista de longe, a carga de cavalaria fazia a guerra parecer bela: esquadrões coloridos de cavaleiros atravessando um campo aberto, com suas espadas e armaduras brilhando contra o sol, as bandeiras e os estandartes movendo-se com o vento, seguindo corajosamente em direção à linha inimiga. Entretanto, para os que estavam no campo de batalha, aquele era um lugar de carnificina, um pedaço do inferno: canhões rugindo e espocando; soldados de infantaria lutando para manter suas rígidas formações e seguir os comandos de carregar as armas e atirar enquanto, a seus pés, contorciam-se os corpos despedaçados de seus camaradas; homens montados cavalgando com força total sobre uma fila de soldados a pé; a força do impacto, os gritos, berros, gemidos; homens cambaleando e caindo; cavaleiros inclinando-se em suas selas, cortando freneticamente com suas lâminas todos que apareciam à sua frente; homens a pé lançando-se com baionetas na direção das selas, atingindo os cavaleiros no peito, nas pernas, nas costas; em ambos os lados, o instante da dor terrível, o último instante de surpresa e reconhecimento do que estava acontecendo, o impressionante jorrar do sangue vermelho; homens correndo, cavalos sem cavaleiros e, acima de tudo isso, uma nuvem de fumaça espessa, ofuscante, sufocante. E, após o cessar-fogo e a dissipação da fumaça, um campo banhado de sangue, com um tapete de homens ainda gritando ou arfando, ou então deitados em silêncio, olhando para o céu com olhos cegos.

Assim as nações resolviam suas diferenças.

XXIV

CARLOS XII

A CRIANÇA LOIRA E de olhos azuis que se tornou o rei Carlos XII da Suécia nasceu em dezessete de junho de 1682, quase exatamente dez anos após seu maior antagonista, Pedro da Rússia. Os pais de Carlos XII eram Carlos XI, um homem severo e profundamente religioso que havia se tornado rei aos cinco anos de idade, e a rainha Ulrica Leonor, princesa dinamarquesa que havia conseguido, com o calor de sua personalidade, conquistar a afeição tanto do povo dinamarquês quanto do sueco, mesmo enquanto os dois países estavam em guerra. Sete filhos nasceram durante os primeiros sete anos e nove meses desse casamento, mas apenas o príncipe Carlos e duas irmãs, Hedwig Sofia, um ano mais velha do que ele, e Ulrica Leonor, seis anos mais nova, sobreviveram. Quatro irmãos mais jovens morreram, um após o outro, antes de alcançarem dois anos de idade.

 Embora o corpo de Carlos fosse frágil, ele passou sua infância em meio a atividades rudes e masculinas. Quando estava com apenas quatro anos, o povo de Estocolmo se acostumou a ver seu pequeno corpo sobre uma sela, andando atrás do pai em revistas militares. Aos seis, foi retirado dos cuidados das mulheres e instalado em seus próprios aposentos com tutores e servos do sexo masculino. Aos sete, atirou em uma raposa; aos oito, matou três cervos em um dia; aos dez, matou seu primeiro lobo e, aos onze, o primeiro urso. Também aos onze, perdeu o último elemento de calor feminino que lhe restava quando a mãe morreu, aos 36 anos. A rainha era amada pela família e, com sua morte, o rei desmaiou e teve de passar por uma sangria. O príncipe Carlos foi levado para a cama com febre; logo depois, teve varíola, porém seu corpo ficou mais forte depois da doença do que era antes. O rosto ficou marcado com cicatrizes profundas, as quais ele orgulhosamente considerava sinais de masculinidade. Aos quatorze anos, Carlos tinha um corpo delgado e resistente e era um cavaleiro soberbo, além de excelente caçador e ávido estudante das artes militares.

Depois da morte da rainha Ulrica, o rei Carlos XI passava todo o tempo possível com os filhos, que o lembravam da esposa. O príncipe adotou o máximo possível das crenças e trejeitos do pai; sua fala tornou-se breve, seca e discreta; só não era irremediavelmente enigmático por demonstrar ocasionais vislumbres de compaixão e inteligências. A honra e o caráter sagrado de sua palavra tornaram-se seus dois princípios cardeais: um rei devia colocar a justiça e a honra acima de tudo; uma vez que sua palavra tivesse sido dada, deveria ser mantida.

Os tutores de Carlos descobriram que ele tinha uma mente ágil e aprendia com facilidade. Não gostava muito da língua sueca e sempre apresentava nela problemas de fala e de escrita. O alemão, a língua da corte de todos os reinos ao norte, vinha com mais facilidade para ele, que o utilizava como sua língua materna. Tornou-se extremamente proficiente em latim, língua que gostava de falar e de ouvir em palestras universitárias. Aprendeu francês, mas, apesar da aliança tática com Luís XIV durante os anos de governo, não gostava de falar a língua; todavia, lia-a com facilidade e admirava o teatro francês. Ao longo de seus quinze anos de campanha no continente, leu e releu Corneille, Molière e Racine. O conceito de viagem o empolgava bastante, e ele devorava relatos e ilustrações de viajantes e exploradores. Na infância, desejara ansiosamente ter um irmão que pudesse governar a Suécia enquanto ele mesmo viajasse o mundo. Era fascinado por história e biografias, especialmente a vida de conquistadores militares – Alexandre, o Grande, Júlio César e Gustavo Adolfo da Suécia; posteriormente, passou a levar consigo uma biografia de Alexandre, o Grande em todas as campanhas, às vezes fazendo comparações específicas entre as conquistas militares do macedônio e as suas próprias. Carlos tinha um interesse sincero por religião. Na infância e juventude, passava todas as horas da manhã com um bispo, discutindo um a um os livros da Bíblia. Também nutria interesse pela matemática e, como Pedro, por sua aplicação nas artes da balística de artilharia e fortificações. Embora os tutores admirassem sua rápida assimilação dos conteúdos, preocupavam-se com sua força de vontade, que com frequência parecia pura obstinação. Descobriram que, uma vez que o príncipe concluísse que estava certo, era impossível fazê-lo mudar de opinião.

A educação de Carlos, iniciada com tanto sucesso, foi interrompida quando ele atingiu quatorze anos. Em cinco de abril de 1697, o rei Carlos XI, aos 42 anos, morreu de câncer no estômago. Tradicionalmente, os príncipes suecos não atingiam a maioridade nem podiam ser coroados antes dos dezoito anos; com isso em mente, o rei, já próximo da morte, apontou um conselho de regentes que incluía a avó do garoto, a viúva rainha Hedwig Eleonora. Depois da morte de seu pai, Carlos passou a frequentar as reuniões do conselho de regentes e causou uma excelente impressão por suas perguntas inteligentes e, acima de tudo, por sua disposição de permanecer em silêncio e ouvir o debate que se desenrolava entre os mais velhos. Também surpreendeu a todos com seu comportamento frio durante um grande incêndio que destruiu o palácio real, mesmo enquanto o corpo de seu pai permanecia dentro da construção. Em contraste com a avó, que perdeu totalmente a cabeça, o garoto, com muita calma, emitiu ordens e salvou o corpo das chamas, muito embora todo o prédio tenha sido reduzido a cinzas.

Dentro de seis meses, tornou-se claro que o Conselho de Regentes não daria certo. Os integrantes mostravam-se divididos em suas opiniões e não conseguiam chegar a decisões. Ademais, Carlos era inteligente demais e muito ligado ao poder para ser deixado de lado enquanto outros governavam seu reino. Os regentes, lembrados pelo testamento do falecido rei de que seriam considerados responsáveis por suas ações quando o jovem Carlos atingisse a maioridade, tornaram-se ansiosos por expor as visões dele acerca de todos os assuntos discutidos. Cada vez mais, o jovem príncipe era cercado por indivíduos ansiosos por conquistar favores e o poder dos regentes foi fortemente reduzido. O governo da Suécia estava caindo na paralisia. A única solução, tomada em novembro de 1697, era declarar que o jovem, na época com quinze anos, fosse considerado maior de idade e coroado rei da Suécia.

Para a maioria de seus compatriotas, a cerimônia de coração de Carlos foi um choque. Ele estava assumindo a coroa como governante único e absoluto da Suécia, sem ser limitado por um conselho ou parlamento, e realmente queria convencer as pessoas disso em sua coroação. Recusou-se a passar pela cerimônia da forma como havia acontecido com os monarcas anteriores, com outra pessoa colocando a coroa em sua cabeça. Em vez disso, declarou que, como havia nascido para tomar a coroa, e não sido eleito, o ato da coroação era irrelevante. Os estadistas da Suécia, tanto liberais quanto conservadores, e até mesmo a avó de Carlos, ficaram horrorizados. Ele foi colocado sob pressão intensa, mas não abriu mão do que queria. Concordou apenas em se permitir ser consagrado por um arcebispo para poder aderir à injunção bíblica de que um monarca era um ungido de Deus; contudo, insistiu que toda a cerimônia fosse chamada de "consagração", e não de "coroação". Com quinze anos, Carlos foi à igreja já com a coroa na cabeça.

Aqueles que buscavam presságios encontraram muitos deles na cerimônia. Por ordem do novo monarca, em respeito à memória de seu pai, todos os presentes, ele incluso, estavam vestidos de preto. O único toque de cor era o manto roxo da coroação, usado pelo rei. Uma violenta tempestade de neve produziu um contraste gritante de branco e preto enquanto os convidados chegavam à igreja. O rei escorregou ao montar, com a coroa na cabeça, em seu cavalo; a coroa caiu e foi pega por um camareiro antes de atingir o chão. Durante o serviço, o arcebispo derrubou o chifre com óleo ungido. Carlos se recusou a fazer o tradicional juramento real e, então, no momento do clímax, colocou a coroa na própria cabeça.

A cena impressionante foi logo seguida por ainda mais evidências do caráter no novo monarca. A nobreza, esperando que Carlos mitigasse os severos decretos de "redução", ficou angustiada ao descobrir que o jovem monarca estava decidido a dar continuidade à política do pai. Membros do conselho sacudiam as cabeças ao verem a autoconfiança, a obstinação, a recusa absoluta do rei de voltar atrás ou mudar uma decisão tomada no passado. Nas reuniões, ele ouvia durante algum tempo; depois, colocava-se de pé e interrompia o diálogo, afirmando que já havia escutado o suficiente, que já tinha tomado uma decisão e que todos estavam por ele autorizados a irem embora. Tarde demais, os estadistas suecos arrependeram-se da decisão apressada de antecipar a maioridade do novo monarca. Agora, eles e o maior poder da Europa Setentrional estavam sob o poder absoluto de um adolescente teimoso e obstinado. Sentindo a hostilidade dos nobres, Carlos decidiu reduzir a importância do conselho, se não eliminá-lo por completo. Os antigos conselheiros e ministros eram mantidos esperando em antessalas, às vezes por horas a fio, antes de o monarca recebê-los – então, depois de ouvir os argumentos por alguns instantes, ele simplesmente os dispensava. Apenas mais tarde eles descobririam quais decisões haviam sido tomadas acerca das mais importantes questões nacionais.

A educação formal de Carlos teve um fim abrupto; suas horas no palácio agora eram completamente tomadas por questões de Estado. Entretanto, ainda era um adolescente vigoroso e saudável, atraído por exercícios físicos violentos e com um desejo de testar seu corpo e seu espírito contra todo um espectro de desafios físicos. Para satisfazer sua necessidade de se livrar das responsabilidades e dos olhares e palavras de repreensão de pessoas mais velhas, ele passou a cavalgar por longos períodos. Decidido a gastar sua energia e afastar seus problemas por meio da exaustão física intensa, escolheu concentrar-se em desafios imediatos, como saltar um muro alto, nas costas de seu cavalo favorito ou apostar corrida, também montado, com um amigo até uma árvore distante. No inverno, acompanhado apenas por um escudeiro e um oficial da guarda, ele deixava o palácio na escuridão do início da manhã para cavalgar pela floresta em meio aos lagos nos arredores da capital. Acidentes aconteciam. Certa vez, na neve profunda, seu cavalo caiu sobre ele, prendendo-o de tal modo que não conseguiu se mover. Como de costume, ele estava muito à frente de seus companheiros que, algum tempo depois, encontraram-no quase congelado. Em outra ocasião, atravessando um rio congelado, Carlos estava quase chegando ao outro lado quando encontrou uma área descongelada de cerca de cinco metros separando-o da margem. Embora não soubesse nadar, forçou seu cavalo a entrar na água gelada e se agarrou às costas do animal, que atravessou a abertura a nado.

Todos os esportes tinham de lhe oferecer a emoção do perigo – e, quanto maior o perigo, mais o esporte o atraía. Apenas para provar que era capaz, fez seu cavalo subir uma colina íngreme e tanto o animal quanto ele caíram para trás. O cavalo saiu ferido, mas o rei não. Ele descia por tobogãs em colinas geladas; dirigia trenós a velocidades estonteantes, às vezes prendendo uma série deles juntos em um longo trem que descia por declives acentuados. Na primavera, no verão e no outono, caçava; no entanto, tendo decidido que era covardia caçar com armas de fogo, levava apenas uma lança e um cutelo quando saía em busca de ursos. Depois de algum tempo, chegou à conclusão de que até mesmo o uso de aço era injusto, e levava consigo apenas seu reforçado tridente de madeira. O esporte envolvia provocar um urso encurralado até ele se apoiar nas patas traseiras e saltar para a frente. O caçador então dava um salto adiante, enfiava o tridente na garganta do animal e o arremessava para trás. Depois disso, os companheiros do rei apressavam-se para prender o animal a uma rede.

Ainda mais perigosos eram os jogos militares que Carlos adorava. Como Pedro havia feito em Preobrajenskoe, o soberano da Suécia dividia seus amigos e funcionários em dois grupos, equipando-os com bastões e granadas de mão supostamente inofensivas, feitas de papelão, mas que, mesmo assim, explodiam e causavam dor. Enquanto o rei atacava uma muralha de neve, uma explosão dessa natureza rasgou suas roupas e feriu vários de seus amigos.

O companheiro mais próximo do monarca e seu maior adversário nesses esportes era Arvid Horn, um jovem capitão da elite da Guarda da Cavalaria Real, os Drabants. Os Drabants eram, essencialmente, uma espécie de corpo de cadetes cujas fileiras eram preenchidas por homens que em algum momento se tornariam oficiais do exército sueco; de fato, cada soldado da cavalaria já era um futuro tenente e, dessa forma, recebia um salário de tenente. Com Horn ao seu lado, Carlos lançou-se fervorosamente no vigoroso e, muitas vezes, violento programa de treinamento dos Drabants. Com frequência, dois grupos de cavaleiros, com Carlos comandando um e Horn o outro, cavalgavam em direção um ao outro sem selas, usando robustos cassetetes de madeira de castanheira como armas. Golpes eram desferidos com força máxima; ninguém, nem mesmo o rei, era poupado. Em um desses combates, Carlos, trocando golpes com Horn, perdeu a paciência e acertou o rosto de seu adversário, algo que não era permitido. Da forma como ocorreu, o golpe do monarca acertou em uma ferida já inchada na bochecha de Horn. O capitão caiu desmaiado de sua sela, foi levado para a cama e teve febre. Na angústia de sua culpa, Carlos o visitou todos os dias.

Às vezes a simulação de batalha ocorria no mar. O iate real e outros navios do porto de Estocolmo eram equipados com mangueiras e bombas de incêndio para servirem como canhões e serem manobrados como se em uma batalha. Em uma dessas ocasiões, Horn tirou a maioria das roupas e pulou de seu iate em um barco a remo, e então passou a remar vigorosamente na direção do rei. Foi repelido com poderosos jatos de água lançados do navio de Carlos – jatos que logo encheram o bote de Horn, fazendo-o afundar. Horn pulou na água e calmamente deu a volta no navio real nadando. Carlos, inclinando-se sobre a grade, gritou perguntando a seu amigo se nadar era difícil. "Não", respondeu Horn. "Contanto que você não tenha medo."

Estimulado pelo desafio, Carlos pulou na água na mesma hora. Infelizmente, todavia, ele não sabia nadar. Debatia-se violentamente, mas já começava a se afogar quando Horn o agarrou pelas roupas e o arrastou até a margem.

Para os mais velhos, o comportamento do rei parecia imprudente e perigoso, porém Carlos estava, na realidade, ensinando a si mesmo as lições da guerra. Deliberadamente resolveu se fortalecer e aumentar sua resistência à fadiga. Após dormir metade da noite na cama, ele se levantava e passava a outra metade seminu no chão frio. Em uma semana do inverno, dormia três noites sem se despir em um estábulo congelante, coberto por feno. Sentia vergonha de qualquer sinal de fraqueza. Considerava sua pele delicada e clara como sendo efeminada e tentava escurecê-la tomando sol. Usou a peruca tradicional apenas até dar início à sua campanha contra a Dinamarca, e então a jogou fora e nunca mais voltou a colocá-la.

Sua irmã mais velha, Hedwig Sofia, foi sua amiga mais próxima durante a infância, mas Carlos não via outras mulheres e passou a desgostar da companhia feminina. Era frio, arrogante e violento, e não havia nada caloroso ou convidativo em sua personalidade que pudesse atrair o sexo oposto – nada além de sua posição. Soberano do principal Estado da Europa Setentrional, Carlos era de grande interesse para monarcas e ministros estrangeiros ansiosos por formarem alianças por meio de casamentos reais. Ainda nos primeiros anos de sua vida, seis princesas diferentes lhe foram sugeridas. Nenhum resultado foi alcançado, todavia, e durante um longo período a simples menção da palavra "casamento" o incomodava. A única candidata séria era a princesa Sofia da Dinamarca, cinco anos mais velha, que deixou de ser uma possibilidade depois que a Grande Guerra do Norte teve início e a Dinamarca tornou-se um dos inimigos da Suécia.

Em 1698, outro casamento iminente trouxe-lhe nova companhia quando seu primo, Frederico IV, duque de Holstein-Gottorp, chegou a Estocolmo para se casar com Hedwig Sofia. O duque, seis anos mais jovem do que Carlos, era ainda mais louco que o outro. De abril a agosto, incitou Carlos a adotar uma série de comportamentos selvagens que seriam conhecidos na Suécia como "a Fúria Gottorp". Junto com um grupo de homens jovens e destemidos (que acompanhavam o duque), os dois primos competiam em brincadeiras selvagens e perigosas. Corriam com seus cavalos até os animais exaustos caírem espumando no chão. Caçavam lebres selvagens pelas galerias do prédio do Parlamento. Estilhaçavam janelas do palácio com balas de pistolas e jogavam mesas e cadeiras no pátio. Segundo relatos, durante o jantar, jogavam caroços de cereja nos rostos dos ministros do rei e derrubavam os pratos das mãos dos servos. Em plena luz do dia, galopavam pelas ruas com espadas nas mãos, arrancando chapéus e perucas de qualquer um ao seu alcance. No meio da noite, quando Carlos e Frederico retornavam de seus passeios, galopando e gritando pelas ruas silenciosas, as pessoas que iam até as janelas viam o rei cavalgando atrás do duque, a camisa esvoaçando. Certa vez, Carlos chegou a levar seus camaradas Holstein a cavalo até um quarto onde sua avó, a Rainha Viúva, jogava cartas. A velha senhora desmaiou de susto.

Muitas das histórias eram deliberadamente exageradas para desmerecer o duque indesejado e o casamento que estava por vir. Não há evidências sólidas das histórias de orgias sangrentas no palácio, nas quais dois homens jovens decapitavam ovelhas para decidir qual tinha maior força nos músculos e mais habilidade com espadas. Entretanto, os rumores continuavam: dizia-se que o piso do palácio estava escorregadio por conta do sangue, que sangue escorria em correntes pelas escadarias, que cabeças de animais eram jogadas das janelas do palácio diretamente na rua.

Verdadeiro em cada detalhe ou não, o comportamento imprudente desses dois jovens teimosos, a quem aparentemente ninguém tinha a autoridade de dizer não, enfureceu o povo de Estocolmo. Os habitantes locais tendiam a culpar o duque, afirmando que ele queria ferir o rei, talvez até mesmo vê-lo morto, para que, por meio da irmã de Carlos, pudesse conquistar para si o trono. Conforme os episódios continuavam, os murmúrios tornavam-se mais intensos. Certo domingo, três clérigos de Estocolmo deram sermões sobre o mesmo tema: "Ai de ti, ó País, quando o teu rei é criança". Carlos, sinceramente devoto como seu pai, foi muito afetado por essas censuras. Em agosto de 1698, quando o duque se casou com Hedwig Sofia e retornou a Holstein, o monarca tornou-se mais quieto e reflexivo e voltou a se concentrar nas questões de Estado. Levantava-se cedo todas as manhãs, dedicava mais tempo às orações e começou a se interessar por arquitetura e teatro.

Houve uma recaída, entretanto. Quando o duque Frederico retornou, no verão de 1699, uma grande bebedeira ocorreu, durante a qual um urso em cativeiro foi forçado a tomar tanto vinho espanhol que cambaleou até uma janela, saltou para o pátio abaixo e acabou morrendo com a queda. Carlos foi encontrado, com as roupas bagunçadas e fala arrastada, junto a esta cena. Quando se deu conta do que tinha feito, sentiu-se profundamente envergonhado e jurou à avó que jamais voltaria a beber álcool. Pelo resto da vida, com todo o fervor protestante do norte, manteve-se fiel à sua promessa. Com exceção de duas famosas ocasiões, quando foi ferido ou estava com uma sede fortíssima durante uma batalha, ele nunca mais tocou em uma gota de bebida alcoólica forte. Tornou-se famoso por toda a Europa como o rei que não ingeria nada mais forte do que cerveja aguada.

Aos dezoito anos, Carlos estava nas profundezas de uma floresta, caçando um urso, quando soube que as tropas de Augusto haviam invadido a Livônia sueca sem uma declaração de guerra. Ouviu a notícia calmamente, sorriu, virou-se para o embaixador francês e falou em voz baixa: "Faremos o rei Augusto voltar pelo mesmo caminho por onde veio". A caça ao urso continuou; entretanto, assim que voltou a Estocolmo, Carlos convocou o conselho: "Resolvi nunca dar início a uma guerra injusta", declarou, "mas também nunca terminar uma guerra justa sem vencer meu inimigo". Era uma promessa que ele buscaria cumprir pelo resto de sua vida com uma convicção que ultrapassava a política habitual e quase ultrapassava a razão. Quando, algumas semanas mais tarde, recebeu a menos surpreendente notícia de que Frederico da Dinamarca havia entrado na guerra marchando sobre o território do duque de Holstein-Gottorp, Carlos declarou: "É curioso que ambos os meus primos, Frederico e Augusto, queiram iniciar uma guerra contra mim. Que assim seja, então. Porém, o rei Augusto não cumpriu com sua palavra. Nossa causa é, portanto, justa, e Deus vai nos ajudar. Pretendo acabar com um dos meus inimigos e depois conversar com o outro". Nesse momento, Carlos não sabia da existência de um terceiro adversário, Pedro, da Rússia, que também se preparava para entrar em campo contra ele.

Nenhum dos inimigos desprezava o poder sueco; a reputação militar do país era, de fato, muito alta. No entanto, o ponto fraco da nação, sob o ponto de vista desses inimigos, estava no topo. Toda a responsabilidade e a autoridade, militar e civil, agora repousavam nos ombros de um monarca de dezoito anos de idade. Carlos podia ter conselheiros e ministros, tutores, generais e almirantes, contudo, ele era o rei absoluto, e seu comportamento, conforme havia sido bem reportado, variava entre a rudeza obstinada e a temeridade obsessiva. Parecia uma combinação improvável para guiar uma nação na resistência ao ataque de três inimigos poderosos.

Infelizmente para eles, os inimigos de Carlos não conheciam e nem tinham como conhecer o verdadeiro caráter do monarca. O garoto que sonhava com Júlio César e Alexandre, o Grande, não tinha medo de desafios – pelo contrário, ele os adorava. Estava preparado não apenas para a guerra, mas para uma guerra feroz, desesperada, de grande alcance; não para uma breve batalha seguida por um acordo de paz mesquinho, mas para soluções completas e radicais. O conselho de seu pai, antes da morte, havia sido para manter a Suécia em paz, "a não ser que você seja arrastado pelos cabelos para a guerra". Essa "guerra injusta" lançada de surpresa contra a Suécia trouxe toda a moral severa do norte, a moral de Carlos, para a cena. Ele não estava preparado, como outros monarcas, para recuar, fazer concessões, vencer os inimigos com intrigas, para lutar num dia e se divertir no outro. Carlos havia sido injustamente atacado por Augusto e, não importava quanto tempo levasse, não descansaria até que seu agressor fosse arrancado do trono. Ao atacarem Carlos, os aliados haviam libertado um raio. Orgulhoso, precipitado, voluntarioso, amante dos desafios, orgulhoso da reputação da Suécia, ansioso para testar sua própria coragem no maior de todos os jogos, Carlos voltou-se para a guerra não apenas com determinação, mas com alegria.

Quando declarou "Pretendo acabar com um dos meus inimigos e depois conversar com o outro", Carlos XII estava descrevendo, de forma sucinta, sua estratégia militar. Depois disso, independentemente do que estivesse acontecendo em outros pontos do império sueco, o monarca passou a concentrar sua atenção e suas forças apenas em um inimigo. Quando esse adversário estivesse totalmente derrotado e destruído, então ele encararia o próximo. O primeiro golpe sueco cairia no mais próximo dos inimigos de Carlos, a Dinamarca. Ele ignorou as tropas saxônias que atravessavam o Báltico, marchando em direção à Livônia. Essa província seria defendida pelas tropas locais, em Riga, e a esperança era de que essas tropas conseguissem controlar a situação até o exército de campo sueco chegar. Se não conseguisse, seria vingada no futuro. Porém, nada poderia distrair a concentração de forças contra o inimigo selecionado por Carlos.

Em sua campanha contra a Dinamarca, Carlos teve a sorte de contar com o apoio das duas potências marítimas protestantes de Guilherme III: Inglaterra e Holanda. Guilherme, dedicado única e exclusivamente a manter a grande coalisão contra Luís XIV – algo que passara a vida construindo –, não queria distrações na forma de guerras menores na Europa Setentrional. Se ou quando Luís XVI tentasse conquistar o trono espanhol – e todo o poder e a riqueza da Espanha e de seus impérios ultramarinos – Guilherme queria que a Europa estivesse pronta para resistir. Qualquer nova guerra em qualquer ponto da Europa, portanto, precisava ser evitada ou encerrada rapidamente para que não se espalhasse pela Alemanha e abalasse sua grande coalisão. Por esse motivo, Inglaterra e Holanda precisavam da paz no norte e haviam garantido o *status quo*. Quando Frederico da Dinamarca moveu suas tropas para os territórios de Holstein-Gottorp, ao pé da Península da Dinamarca, ele estava, com efeito, alterando o *status quo*. Como a Dinamarca era a agressora, as duas potências marítimas cooperariam com a Suécia para derrotar os dinamarqueses o mais rápido possível e, assim, restaurar o equilíbrio. Uma frota composta por navios holandeses e ingleses foi enviada ao Báltico para ajudar a Suécia.

O esquadrão anglo-holandês foi um fator essencial nos planos de Carlos. A marinha sueca era composta por 38 navios de linha e doze fragatas – uma força formidável no Báltico, onde a Rússia não tinha uma frota nem uma costa marítima e Brandemburgo e Polônia contavam apenas com forças desprezíveis. Entretanto, a frota sueca ficava atrás, tanto em tamanho quanto em experiência, da marinha da Dinamarca e da Noruega, que estava acostumada a operar não apenas no Báltico, mas também no Mar do Norte e no Atlântico, e que, em tom de sarcasmo, via os navegantes suecos como meros "fazendeiros jogados na água salgada". O fato de haver certa verdade nisso ficava evidente na reação do próprio Carlos ao mar. Apesar de suas simulações de batalhas no porto de Estocolmo, o mar aberto causava-lhe enjoo, e ele via seus navios primariamente como uma forma de transportar soldados de um lado do Báltico a outro. Carlos com certeza não estava preparado para mover suas tropas por água enquanto a frota dinamarquesa esperava para interceptá-las. E não estava preparado para lidar com a frota da Dinamarca até sua marinha ser reforçada pelo esquadrão anglo-holandês, que estava a caminho.

Ao longo das semanas de março e abril, a Suécia pulsava com as preparações para a campanha iminente. A frota na principal base naval sueca, Karlskrona, estava equipada para se pôr ao mar. Navios foram adernados; seus fundos, raspados, remendados e reforçados; mastros e velas instalados e preparados. Canhões foram levados a bordo e colocados em suportes. Cinco mil novos marinheiros foram recrutados, aumentando a força da frota para dezesseis mil homens. Todos os navios comerciais no porto de Estocolmo, tanto suecos quanto estrangeiros, foram tomados para auxiliar no transporte da tropa. O treinamento do exército foi intenso. Regimentos de infantaria e cavalaria foram alistados com base no sistema sueco que exigia que cada distrito ou cidade fosse responsável por oferecer homens e equipamentos em uma unidade específica. O número de recrutas subiu para 77 mil, e esses homens foram munidos com os novos mosquetes e as baionetas que haviam sido usados e aprovados por exércitos franceses, ingleses e holandeses no continente.

Em meados de abril, Carlos estava pronto para deixar Estocolmo. Em treze de abril de 1700, foi até sua avó e suas duas irmãs durante a noite para se despedir. Era uma ocasião triste, mas que teria sido muito mais triste se algum dos presentes soubesse o que o futuro guardava. O rei, com seus dezoito anos de idade, estava deixando duas dessas familiares queridas para sempre. Embora Carlos fosse viver outros dezoito anos, jamais voltaria a ver a avó, a irmã mais velha ou a capital de seu país, Estocolmo.

O rei de quem aquelas mulheres se despendiam havia deixado de ser um adolescente e se transformado em um jovem adulto. Tinha 1,75 metro de altura – alto para os padrões da época –, com ombros largos e cintura fina. Caminhava com uma retidão quase rígida, embora fosse bastante flexível: montado a cavalo, conseguia inclinar o corpo sobre a sela e pegar uma luva enquanto galopava em alta velocidade. Seu rosto ostentava um nariz saliente, lábios carnudos e tez rosada que logo viria a ser escurecida e endurecida pela vida na campanha. Seus olhos eram de um azul profundo, cheios de vida e inteligência. Usava cabelos curtos e erguidos nas laterais, de modo a parecer uma coroa. A cor dos fios alterava conforme o sol os tingia, variando de castanho-avermelhado a loiro escuro durante o verão. Com o passar dos anos, tornou-se grisalho com faixas de fios brancos que começaram a diminuir em quantidade, expondo uma testa arredondada.

Após deixar a irmã e a avó, o rei apressou-se para o sul, visitando entrepostos militares pelo caminho. Em dezesseis de junho, em Karlskrona, embarcou no *Rei Carlos*, navio do almirante sueco Wachtmeister. A frota anglo-holandesa, composta por 25 navios de linha, agora havia chegado do porto de Gotemburgo, no oeste da Suécia e, conforme Carlos preparava as velas em Karlskrona, a frota aliada descia o estreito de Kattegat. As duas frotas agora se aproximavam, porém, entre elas, estava uma formidável barreira com um canal de cinco quilômetros de extensão com bancos de areia e canhões de defesa. Ademais, a frota dinamarquesa de quarenta navios de guerra permanecia na passagem do Báltico para o principal canal, decidida a barrar a união de seus dois oponentes.

Foi Carlos quem resolveu o problema. Parado no deque do navio, instruiu o almirante Wachtmeister para que levasse a frota pelo canal secundário mais raso e traiçoeiro próximo à costa sueca. Wachtmeister mostrou-se relutante, temendo pela segurança dos navios, mas Carlos assumiu a responsabilidade e, uma a uma, as grandes embarcações ostentando a bandeira azul e amarela passaram lentamente pelo canal. Três dos maiores navios puxaram água demais e tiveram de ser deixados para trás. Mesmo assim, em um único movimento, as frotas anglo-holandesa e sueca haviam se unido para combinar a força de sessenta navios de guerra que enfrentariam os quarenta navios dinamarqueses. Era uma superioridade que o almirante dinamarquês não quis desafiar, e isso permitiu que a próxima fase do plano sueco entrasse em ação. Carlos e seus generais planejavam mover um exército sueco pelo estreito até a ilha dinamarquesa de Zelândia, onde ficava a capital, Copenhague. Como o exército dinamarquês estava distante com o rei Frederico, enfrentando o duque de Holstein-Gottorp, os suecos esperavam marchar rapidamente em direção a Copenhague, ameaçar e talvez capturar a capital e, assim, forçar o rei Frederico a se render. O plano, criado pelo principal comandante de Carlos, o marechal de campo Carl Gustav Rehnskjold, recebeu o apoio entusiasmado do monarca. Os almirantes holandeses e ingleses mostraram-se menos entusiasmados; entretanto, eventualmente acabaram concordando.

Em 23 de julho, a força de ataque composta por quatro mil homens embarcou e navegou em meio a chuvas e ventos fortes. Embora a força fosse menor do que os cinco mil dinamarqueses defendendo a Zelândia, os suecos tinham a vantagem da mobilidade e puderam escolher seu local de desembarque. Inicialmente com falsos aportes para confundir os adversários, os suecos que desembarcaram foram até a encosta em pequenos barcos e se depararam com apenas oitocentos homens. Protegidos por pesados tiros de canhões disparados dos navios, os soldados de Carlos rapidamente conquistaram a cabeça de ponte. O próprio Carlos foi até ali de barco, andando pela água nos últimos metros do caminho. Para seu desgosto, descobriu ao chegar que o inimigo já havia recuado.

Os suecos ganharam força depressa. Dentro dos dez dias que se seguiram, outros dez mil soldados de lá, incluindo cavalaria e artilharia, cruzaram o estreito. As forças dinamarquesas, em menor número, refugiaram-se na cidade de Copenhague, e o exército de Carlos as seguiu, estabelecendo linhas de cerco pela cidade e dando início a um bombardeio. Foi essa situação desoladora que o rei da Dinamarca encontrou quando retornou apressadamente do sul: sua frota inútil e superada em números, sua capital sitiada, seu principal exército envolvido em uma batalha no extremo sul. Frederico percebeu que havia perdido e rapidamente se rendeu. Em dezoito de agosto de 1700, assinou a Paz de Travendal, acordo pelo qual devolvia os territórios de Holstein-Gottorp que havia tomado e se retirava da guerra contra a Suécia. Carlos estava satisfeito – não tinha planos de tomar territórios dinamarqueses, e agora podia voltar sua atenção para Augusto. Os ingleses e holandeses também mostravam-se satisfeitos – a guerra na fronteira com a Alemanha e o Império Habsburgo havia chegado ao fim. O *status quo* havia sido restaurado.

Dessa forma, a primeira campanha de Carlos em uma guerra havia se provado rápida, bem-sucedida e quase sem derramamento de sangue. Dentro de duas semanas, duas decisões importantes – forçar a frota sueca a passar pelo menor canal e colocar tropas na ilha de Zelândia pelas costas do rei Frederico – haviam restaurado os direitos de seu aliado, o duque de Holstein-Gottorp, e afastado um inimigo da guerra. Todavia, nem todos os sucessos dessa campanha breve e brilhante podem ser atribuídos exclusivamente às forças suecas. Foi a presença da frota anglo-holandesa que tornou possível a chegada à Zelândia.

E dessa forma a Dinamarca se viu fora da guerra. Carlos se deu conta de que, assim que surgisse uma oportunidade, Frederico poderia dar início a novas hostilidades; no entanto, isso não aconteceria tão cedo. Pelo menos o ataque sueco à Zelândia os havia feito ganhar um tempo valioso. Agora Carlos podia se preparar para enfrentar um segundo inimigo. Ao final da campanha dinamarquesa, ele pensou que seu próximo adversário seria Augusto da Polônia. No entanto, os eventos ditaram uma história diferente. De fato, o segundo golpe sueco recairia sobre Pedro da Rússia.

XXV

NARVA

O OBJETIVO DECLARADO DO czar ao atacar a Suécia era conquistar as províncias bálticas de Ingria e Carélia. Comparativamente, a Ingria era uma faixa estreita de terra que se estendia por 120 quilômetros ao longo da costa sul do Golfo da Finlândia, da foz do Neva até a cidade de Narva, ao passo que a Carélia tomava uma área muito maior de terra, com florestas e lagos entre o golfo e o lago Ladoga estendendo-se a oeste até Vyborg. Juntas, as duas províncias, que haviam sido tiradas da Rússia durante o Tempo de Dificuldades, dariam a Pedro uma boa passagem para o Báltico.

Narva, uma cidade costeira e fortaleza na Estônia, na fronteira com a Ingria, não havia sido incluída nos objetivos de guerra originais do czar; ela era parte do território que Patkul e Augusto haviam designado para serem entregues à Polônia. Mesmo assim, Pedro tinha certeza de que a forma mais segura de garantir a conquista da Ingria seria tomar a cidade. Assim, enquanto estudava os mapas da região, teve a impressão de que um golpe contra Narva não seria um movimento complicado, pois a fronteira russa estava a apenas trinta quilômetros a sudoeste da cidade, uma marcha curta para um exército invasor.

A decisão de Pedro foi recebida com insatisfação por Patkul e pelo barão Langen, representante de Augusto em Moscou. Eles não estavam ansiosos para ver os suecos substituídos pelos russos na Estônia, mesmo que, naquele momento, os russos fossem seus aliados. Conforme o barão Langen reportou a Patkul: "Fiz tudo o que era possível, com a ajuda do embaixador dinamarquês, para distraí-lo [o czar] de suas intenções. Nós o descobrimos tão teimoso que tememos voltar a tocar em um assunto tão delicado e tivemos que nos satisfazer com a dissensão do czar com a Suécia, na esperança de que, com o tempo, Narva virá para nossas mãos". Patkul preocupava-se com a possibilidade de que, tomando Narva, Pedro continuasse descendo pela costa do Báltico, engolindo toda a Livônia sem que Augusto pudesse evitar isso. No entanto, não havia nada a ser feito. O czar estava decidido.

Em meados de setembro de 1700, o príncipe Trubetskoi, governador de Novgorod, havia recebido ordens para marchar até Narva e sitiar a cidade com uma guarda-avançada composta por oito mil homens. O comando do exército principal foi entregue a Teodoro Golovin, que havia servido como embaixador, ministro das relações exteriores, almirante e que agora viria a se tornar marechal de campo.

Sob o comando de Golovin, o exército se repartiu em três divisões, a serem comandadas respectivamente por Avtemon Golovin, Adam Weide e Nikita Repnin. No geral, o exército era composto por um total de mais de 63 mil homens, porém as tropas estavam muito dispersas. Enquanto os homens de Trubetskoi moviam-se lentamente em direção a Narva, a divisão de Repnin ainda se reunia no Volga, a mais de 1.500 quilômetros de distância. Em quatro de outubro, 35 mil russos cavavam trincheiras diante da cidade, e o próprio Pedro havia chegado para vigiar o cerco. O czar esperava apenas a chegada de balas de canhão e pólvora para dar início ao bombardeio.

Construída pelos dinamarqueses no século XIII, a cidade de Narva havia se transformado em um porto marítimo próspero nos tempos da Liga Hanseática, e ainda nos dias de Pedro o local recebia uma quantidade substancial de mercadorias russas vindas de Pskov e Novgorod. Era como muitas outras cidades bálticas alemãs, com casas de tijolos com espigões e torres finas das igrejas luteranas erguendo-se sobre ruas cercadas por árvores. Situada na margem oeste do rio Narova, em uma faixa de terra formada pela ampla curva do rio, a cidade era, de fato, cercada por água em três lados e, como ficava muito próxima da fronteira com a Rússia, permanecia fortemente defendida. Uma alta muralha de pedras pontuada com bastiões circulava a cidade. Do outro lado de uma ponte de pedra estava o forte e poderoso castelo de Ivangorod, construído pelos russos em 1492, quando o rio era a fronteira. Na época em que foi construída, Ivangorod tinha como objetivo intimidar Narva, mas posteriormente a cidade e o castelo formaram um sistema de defesa único e integrado. As tropas contavam com 1.300 membros da infantaria, duzentos da cavalaria e quatrocentos civis armados.

Sob a coordenação do tenente-geral Ludwig von Hallart, engenheiro saxão emprestado a Pedro por Augusto, os russos estabeleceram linhas de cerco em frente às muralhas de terra no lado ocidental de Narva. Lá, na única estrada pela qual uma força de socorro poderia se aproximar da cidade, os russos se entrincheiraram entre muralhas duplas que separavam a cidade do oeste; assim, ao mesmo tempo, protegiam suas linhas de cerco contra ataques na retaguarda. Com o tempo, essas muralhas se desenvolveram em uma construção de 6,5 quilômetros de extensão e 2,7 metros de altura, com uma trincheira de 1,8 metro de profundidade na frente.

O cerco seguiu mais lentamente do que Pedro esperava. Embora estivesse a apenas trinta quilômetros da fronteira com a Rússia, Narva localizava-se a mais de 160 quilômetros das cidades russas mais próximas, Novgorod e Pskov. As estradas ruins, encharcadas em virtude das chuvas de outono, faziam os vagões de transporte atolar. Havia pouquíssimos arreios de artilharia, as carroças se desfaziam em pedaços e os cavalos caíam. Golovin fez seu melhor para mover os soldados rapidamente, buscando cavalos e carroças locais, no entanto, foi somente no final de outubro que a maioria de suas tropas estava posicionada.

O bombardeio da artilharia russa teve início em quatro de novembro. Enquanto isso, Sheremetev foi enviado para o oeste com cinco mil cavaleiros com o objetivo de reportar qualquer sinal de uma força de resgate sueca. Durante duas semanas, os canhões russos bombardearam as muralhas e torres de Narva, alcançando pouco sucesso. As bases dos canhões eram tão mal produzidas ou haviam sido tão danificadas durante o transporte que muitas delas simplesmente se desmanchavam após três ou quatro tiros. Duas investidas da infantaria russa em Ivangorod foram facilmente repelidas. Em dezessete de novembro não havia munição suficiente para continuar com o bombardeio por mais do que alguns dias e as armas foram silenciadas até que novos abastecimentos pudessem chegar. Ao mesmo tempo, dois relatos estressantes chegaram ao campo de Pedro: o rei Augusto havia desistido do cerco em Riga e se retirado para o inverno; e o rei Carlos XII, por sua vez, havia chegado com um exército sueco a Pernau, na costa do Báltico, 240 quilômetros a sudoeste de Narva.

UMA VEZ QUE A Paz de Travendal estava assinada, o exército sueco retirou-se rapidamente de Zelândia. Os oficiais de Carlos não estavam ansiosos para deixar suas tropas na ilha dinamarquesa, depois que as esquadras holandesa e inglesa retornassem a seus países de origem, e esses grandes navios estavam se preparando para isso. Era verdade que os dinamarqueses haviam chegado à paz, mas seria impossível prever quais tentações poderiam lhes ocorrer se a pequena força expedicionária sueca fosse deixada sozinha e exposta do lado errado do estreito. Ademais, o rei estava ansioso para deslocar os soldados rapidamente e poder usá-los em uma segunda campanha antes do inverno. Em 24 de agosto, o último soldado sueco havia embarcado e sido levado de volta para o sul de seu país. Durante os últimos dias de agosto e as primeiras semanas de setembro, Carlos recusou-se a ouvir qualquer sugestão de paz, pensando apenas em decidir como contra-atacaria Augusto. Em geral, acreditava-se que o exército navegaria para a Livônia para ajudar a cidade de Riga e forçar os exércitos saxões para fora da província. No entanto, o rei sueco começou a receber informações de que as tropas russas estavam se reunindo na fronteira da Ingria em tal número que restavam poucas dúvidas acerca das intenções de guerra do czar. E, de fato, antes do fim de setembro, Carlos recebeu a declaração de guerra de Pedro e a notícia de que o exército russo havia cruzado a fronteira e chegado diante da fortaleza sueca de Narva.

A Suécia decidiu pela Livônia. Dois inimigos, Augusto e Pedro, agora avançavam naquela região; duas das principais fortalezas suecas, Riga e Narva, estavam em perigo. Depois disso, o monarca fechou sua mente a todo o resto e concentrou sua energia apenas em mover sua expedição antes que as tempestades e o gelo no Báltico tornassem impossível o movimento pelo mar. Em uma carta do quartel sueco, um dos oficiais de Carlos declarou: "O rei está decidido a seguir para a Livônia. Ele se recusa a ver os embaixadores da França e de Brandemburgo, com receio de que estejam trazendo propostas de paz. Ele quer guerrear contra o rei Augusto a qualquer preço e irrita-se com tudo o que possa atrapalhá-lo nisso".

Em primeiro de outubro, ignorando todos os avisos de perigo das tempestades de outono no Báltico, Carlos viajou de Karlskrona até a Livônia. Mesmo com as tropas apertadas a bordo dos navios, havia transporte suficiente para carregar apenas cinco mil homens nessa primeira viagem. No terceiro dia, com a frota no meio do Báltico, um temporal os atingiu, conforme previsto, fazendo os navios se distanciarem uns dos outros. Alguns ancoraram e escaparam da tempestade pela costa da Curlândia, outros naufragaram e foram perdidos. Muitos cavalos se feriram com o movimento brusco dos navios e acabaram sendo levados com as ondas; Carlos, por sua vez, sentiu-se violentamente mareado.

Em seis de outubro o que havia sobrado da frota sueca chegou ao porto de Pernau, na parte superior da Baía de Riga. O prefeito e o conselho municipal receberam o monarca no cais, e os guardas de honra atiraram para o ar com mosquetes enquanto ele caminhava pelas ruas de pedras até um alojamento temporário. Assim que os danos causados pela tempestade foram reparados, a frota foi enviada de volta para a Suécia com o objetivo de trazer mais quatro mil homens, mais cavalos e o que havia restado da artilharia. Em Pernau, Carlos soube que Augusto da Polônia havia aumentado o cerco de Riga, interrompido as operações militares e se retirado para o inverno. Ainda em meados de julho, o rei polonês havia pessoalmente se unido ao cerco com dezessete mil soldados saxões, mas a notícia da Paz de Travendal, com a repentina derrubada de seu outrora aliado bélico dinamarquês, deixou-o surpreso e desanimado. Agora, descobrindo a chegada iminente da Suécia à Livônia, Augusto, agindo de maneira prudente, havia se retirado para esperar o desenrolar dos acontecimentos. Carlos recebeu essa informação com amargo desapontamento. Ele esperava lutar contra Augusto; estava decidido a lutar contra alguém. E, nesse contexto, restava uma possibilidade: a apenas 240 quilômetros de distância, Pedro da Rússia estava em campo com um exército russo, sitiando a fortaleza de Narva. Carlos rapidamente tomou uma decisão: se os saxões não iriam lutar, então ele enfrentaria os russos. E marcharia de encontro ao czar para libertar Narva.

Seu primeiro movimento foi concentrar todas as tropas disponíveis. Com os homens que havia trazido e os soldados adicionais chegando da Suécia, além de mais algumas das tropas de Riga (agora livres por conta da retirada de Augusto), Carlos estimava conseguir reunir sete mil membros de infantaria e oito mil de cavalaria até novembro. Durante cinco semanas, exercitou intensivamente o exército em Wesenberg, e, durante esse período, patrulhas da cavalaria sueca entraram regularmente em conflito com os cavaleiros de Sheremetev ao longo do caminho para Narva.

Nem todos no campo sueco mostravam-se entusiasmados com a ideia de uma campanha de inverno contra os russos. Para muitos dos oficias de Carlos, a empreitada parecia extremamente arriscada. O exército russo, eles argumentavam, era quatro vezes maior – alguns rumores diziam ser oito vezes maior; os russos estariam defendendo uma linha fortificada que os suecos, apesar de seu número inferior, teriam de atacar; a marcha até Narva duraria sete dias por meio de áreas queimadas e pilhadas, passando por estradas perigosas e pantanosas que correm por três desfiladeiros importantes, os quais os russos certamente defenderiam; doenças começavam a se espalhar entre os soldados suecos e o número de homens já diminuía; o tempo frio já se aproximava e nenhum quartel de inverno havia sido preparado.

Contra esses argumentos, Carlos respondia simplesmente que eles tinham ido até ali para lutar e que um inimigo os esperava. Se o exército sueco se retirasse e Narva fosse tomada, os russos se espalhariam por Ingria, Estônia e Livônia e, então, todas as províncias do Báltico seriam perdidas. O otimismo e a energia do rei conquistaram alguns dos oficiais e ajudaram a aumentar o ânimo das tropas. Todos entendiam que a responsabilidade da campanha – seu sucesso ou seu fracasso – recairiam totalmente sobre o monarca de dezoito anos. "Se o rei for bem-sucedido", declarou Rehnskjold antes de a marcha começar, "nunca houve ninguém que triunfasse sobre tais obstáculos".

No amanhecer de treze de novembro, sem esperar a chegada dos mil membros da cavalaria que estavam vindo de Reval, a expedição teve início. As colunas acompanhando a bandeira azul e amarela incluíam todos os homens aptos a marchar, somando um total de 10.537. As condições eram, conforme esperado, terríveis. As estradas estavam cobertas de lama por conta das chuvas de outono e os homens tinham de marchar e dormir no meio do barro. O interior devastado estava repleto de casas de fazenda incendiadas por cavaleiros russos. Não havia forragem para os cavalos, nem alimentos para os homens, com a exceção daquilo que haviam trazido. Ao longo de toda a marcha, a chuva regular e gelada de novembro os ensopava. À noite, quando a temperatura caía, a chuva se transformava em rajadas de neve e o chão começava a congelar. O rei dormia a céu aberto com seus soldados, recebendo chuva e neve no rosto.

Apesar do mau tempo, o exército sueco foi surpreendido positivamente ao perceber que quase não havia oposição à marcha. Duas das três passagens pela estrada foram tomadas sem qualquer resistência adversária. No quarto dia, a linha de frente da cavalaria sueca verificou a passagem de Pyhäjöggi, trinta quilômetros a oeste de Narva, onde a estrada seguia paralela a um riacho, cortando um vale profundo cercado por colinas íngremes. Cinco mil membros da cavalaria russa, comandados por Sheremetev, esperavam do outro lado do riacho, mas a ponte permanecia intacta.

Seguindo com a guarda avançada, Carlos foi informado da presença de Sheremetev. Ordenou que oito canhões da artilharia a cavalo fossem trazidos à frente. Em seguida, diante de um destacamento composto pela cavalaria e por parte de um batalhão da Guarda – não mais do que quatrocentos homens no total –, o rei acelerou pelo vale. A artilharia a cavalo sueca, oculta dos olhos dos russos pela fila de cavalaria a galope e trazida de modo inesperado à linha de frente, foi subitamente desmascarada e abriu fogo a curta distância sobre os cavaleiros russos na margem oposta. Os russos, assustados pelo brilho e pelos tiros repentinos dos canhões, e sem armas para revidar, galoparam rapidamente em retirada, deixando a passagem sem qualquer defesa. Depois disso, descobriu-se que essa retirada fora planejada, e não uma fuga, pois Sheremetev tinha ordens de Pedro para não envolver suas tropas em uma batalha contra o principal exército sueco. Todavia, para os esgotados suecos, o fato de eles terem usado apenas uma pequena parte do exército seguido pelo que parecia ser uma derrota russa foi visto como uma vitória e ofereceu-lhes o tão necessário encorajamento. Uma passagem que, caso fosse adequadamente defendida, teria exigido muito do exército sueco, acabou sendo entregue de graça. O caminho para Narva estava aberto.

Naquela noite, ainda ensopados pela chuva e cobertos de lama, os suecos levantaram acampamento no lado leste da passagem de Pyhäjöggi. A profundidade da lama forçou muitos soldados a passarem a noite de pé. Na tarde seguinte, no dia dezenove, faminto e quase congelado, o exército chegou ao casarão destruído e à vila de Lagena, a cerca de dez quilômetros de Narva. Sem saber se a fortaleza continuava resistindo, Carlos ordenou o disparo de um sinal previamente combinado de quatros tiros de canhão. Quatro ruídos abafados e distantes responderam da fortaleza sitiada. Narva continuava nas mãos da Suécia.

Sheremetev havia sido enviado para o oeste com sua cavalaria apenas para observar, e não para se opor a qualquer movimento sueco. Uma vez que o exército da Suécia deu início à marcha para o leste, ele seguiu as instruções e se retirou, devastando os campos até Pyhäjöggi. O comandante russo, acreditando que a passagem, se fortificada, poderia facilmente ser defendida e bloquear o avanço sueco a Narva, queria parar e lutar. Entretanto, Pedro, que não apreciava totalmente as possibilidades apresentadas pela geografia da região, rejeitara a proposta de Sheremetev. Na visão do czar, a passagem estava distante demais do campo principal, e ele não queria dividir o exército. Em vez disso, a decisão havia sido tomada no sentido de fortificar o lado do campo russo em terra, em Narva, contra o ataque da força de Carlos (que já se aproximava) enquanto, ao mesmo tempo, dava continuidade ao cerco. Na década seguinte, Marlborough tomaria cidade após cidade exatamente dessa maneira: primeiro cercando o local com seu exército e, então, fortificando a borda externa de seu campo circular de modo a manter distantes os exércitos de resgate enquanto estrangulava a cidade ou a fortaleza dentro de seu anel de constrição.

Em dezessete de novembro, Sheremetev guiou seus cavaleiros de volta ao campo, anunciando que os suecos haviam ocupado o Estreito de Pyhäjöggi e estavam seguindo logo atrás. Pedro convocou seus oficiais para um conselho. Munição adicional foi distribuída e a vigilância foi dobrada, mas aquela noite e a próxima seguiram em paz. De fato, os russos não esperavam nenhum ataque repentino dos suecos quando o exército de Carlos chegasse. Em vez disso, aguardavam um aumento gradual da força, um período de reconhecimento, estudo e manobra, com uma batalha em algum momento futuro.

Às três horas na madrugada de dezessete para dezoito de novembro, o czar convocou o duque du Croy, um nobre dos Países Baixos Espanhóis que estava no exército como observador em nome de Augusto da Polônia, e lhe pediu para assumir o comando. Pedro e Teodoro Golovin, o comandante supremo nominal da Rússia, partiriam imediatamente para Novgorod para acelerar os reforços e discutir com o rei Augusto os próximos passos da guerra. Pedro queria que Augusto explicasse o motivo que o levara a se retirar de Riga, um movimento que tinha deixado o czar desapontado e desconfiado, e foi por esse motivo que levou Golovin consigo – Golovin, além de ser comandante do exército, também era ministro das relações exteriores.

Alguns afirmam que o afastamento de Pedro na noite que antecedeu a Batalha de Narva foi um ato de covardia. A imagem de um czar tremendo e fugindo aterrorizado antes de Carlos se aproximar, deixando o infeliz Du Croy para carregar a responsabilidade do que estava para acontecer, foi somada à história da fuga anterior de Pedro para Troitski de modo a criar a imagem de um homem com medo do perigo, que entrava em pânico nos momentos de estresse. A acusação era injusta, tanto de forma geral quanto nesse caso em particular. Pedro arriscou sua vida muitas vezes, tanto no campo de batalha quanto nos deques de navios de guerra; portanto, a acusação de covardia não é digna de qualquer mérito. A explicação é bastante simples: Pedro, o único homem da Rússia sobre quem repousavam as responsabilidades, ia aonde achava que sua presença seria melhor utilizada. Acostumado ao ritmo medido das operações militares russas, o czar supôs que os suecos agiriam com cautela similar. Ninguém sonhava que um exército recém-chegado de uma longa e exaustiva marcha lançaria um ataque imediato em um inimigo quatro vezes mais forte e protegido por um fosso de 1,80 metro de extensão e por uma parede de terra de quase três metros de altura pontuada com 140 canhões. Tampouco havia, no campo russo, alguém totalmente consciente do caráter impetuoso de Carlos XII.

A figura infeliz nessa decisão foi Du Croy. Carlos Eugênio, duque du Croy, barão, margrave e príncipe do Sacro Império Romano, havia servido por quinze anos no Exército Imperial em guerras contra os turcos, mas havia sido forçado a renunciar depois de ter se retirado antes do confronto com o grão-vizir e um enorme exército otomano. Buscando trabalho, havia se apresentado a Pedro em Amsterdã em 1698, porém o czar não o contratou, e então Du Croy passou a trabalhar para Augusto. Foi Augusto quem o enviou a Pedro para convencer o czar a enviar vinte mil homens para ajudar no cerco de Riga, em vez de dar início a uma campanha em Ingria. O czar seguiu seu próprio plano, mas levou Du Croy como observador e conselheiro.

Agora, Du Croy de repente recebia o pedido de assumir o comando. Talvez, se Pedro tivesse tomado a decisão duas semanas mais cedo, ela pudesse ter sido correta, entretanto agora era tarde demais. Du Croy argumentou que, não entendendo a língua de Pedro e não sendo familiarizado com os oficiais russos, teria dificuldades em emitir ordens e em assegurar que seus comandos fossem obedecidos. E ele não estava feliz com a disposição das tropas russas – as linhas de circunvalação em volta da cidade eram longas demais e as forças russas estavam espalhadas demais por sua extensão; um forte ataque sueco em uma seção dessa linha poderia facilmente ser bem-sucedido antes que soldados das outras seções chegassem para ajudar.

Mesmo assim, sob o forte poder de persuasão do czar, Du Croy consentiu. Pedro concedeu-lhe poder absoluto sobre todo o exército. Suas instruções escritas eram para adiar a batalha até a chegada de mais munição, mas para manter o cerco e evitar que o exército de Carlos invadisse a cidade. O barão Langen, escrevendo para Augusto, expôs secamente a mudança de comando: "Espero que quando o duque du Croy tiver o comando absoluto, nossos negócios deem outra guinada, pois ele não tem mais vinho ou conhaque; e, estando assim privado de seu elemento, certamente redobrará seus ataques para se aproximar da adega do comandante". Ninguém no acampamento russo tinha a menor ideia do que estava prestes a acontecer.

Na alvorada do dia vinte, as colunas suecas haviam se reunido em Lagena e moviam-se em meio à chuva fria a caminho de Narva. Às dez da manhã, a vanguarda do exército tornou-se visível para os russos que observavam. O duque du Croy, imponente em um uniforme vermelho e montado em um cavalo cinza, estava no meio da inspeção matinal quando tiros de mosquete alertaram-no sobre a chegada dos suecos. Ele se aproximou a tempo de ver o inimigo saindo da floresta – colunas ensopadas da chuva deixando para trás uma floresta no cume do Hermannsberg. Du Croy não sentiu grande ansiedade: uma investida em uma linha de fossos fortificados como a sua era um processo lento e intrincado e, com base na experiência, ele sabia que isso se desenvolveria gradualmente. Todavia, estudando o avanço sueco por sua luneta, Du Croy surpreendeu-se ao notar como o exército era pequeno e se preocupou com a possibilidade de aquela ser apenas a vanguarda de uma força maior. Mesmo assim, ele enviaria parte de seu exército – talvez quinze mil homens para atacar os suecos na tentativa de desfazer as formações e afastá-los – se não tivesse encontrado seus oficiais russos fortemente indispostos a deixar a proteção de suas linhas de batalha. Sendo assim, ordenou que seus regimentos cravassem os estandartes junto aos fossos, preparassem as armas e esperassem.

Enquanto isso, Carlos e Rehnskjold estavam parados no topo do Hermannsberg, observando as linhas russas de um lado a outro através de suas lunetas. O campo de batalha se espalhava abaixo deles, limitado em ambos os lados pelas margens do rio Narva, que deslizava em uma curva ampla em volta da cidade, com a fortaleza Ivangorod do outro lado da corrente. No primeiro plano estava a linha de cerco russa. Uma ponte que cruzava o rio atrás do limite norte dessa linha era aparentemente a única rota russa de suprimentos – ou, se fosse o caso, de retirada. As fortificações de defesa pareciam impressionantes: um fosso seguido por uma muralha de terra pontilhada por estacas afiadas, o cavalo de frisa. Ao longo dessa construção de defesa havia bastiões espalhados, cada um munido de canhões. O exército russo dentro do campo era claramente muito maior do que a força sueca. Mesmo assim, a julgar pela atividade, também ficava claro que, olhando dentro do campo russo, nenhum ataque estava por vir.

A situação na qual Carlos e Rehnskjold encontravam-se era desconfortável; muitos comandantes a considerariam desesperadora. Exércitos pequenos e exaustos normalmente não tentavam avançar sobre linhas fortificadas armadas com uma força quatro vezes maior; no entanto, era a própria nudez do exército sueco que ditava um ataque. Permanecer inerte diante de um inimi-

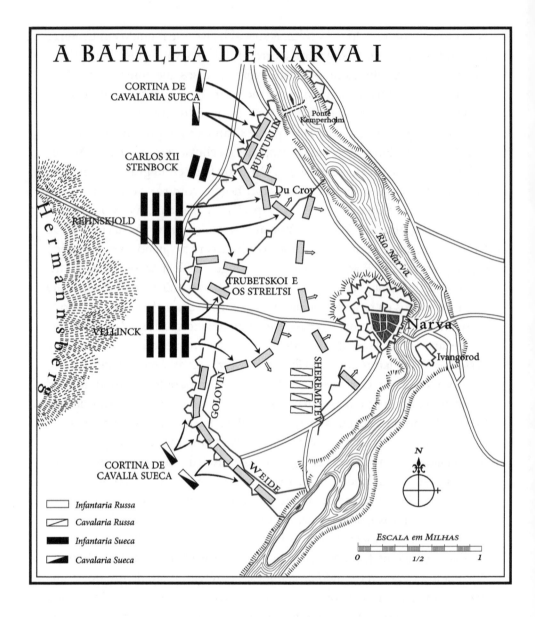

go daquele tamanho era impossível; recuar era igualmente impraticável. A única solução parecia ser atacar. Ademais, Carlos e Rehnskjold haviam percebido a mesma fraqueza que Du Croy apontara a Pedro: o exército russo se espalhava ao longo de seis quilômetros. Um avanço concentrado em uma área dessa linha poderia perfurá-la antes que reforços suficientes pudessem chegar de outros setores e Carlos acreditava que, uma vez dentro do campo russo, seus regimentos suecos disciplinados explorariam o caos que ele esperava causar. Portanto, ordenou que Rehnskjold atacasse e o general rapidamente divisou um plano.

A infantaria sueca, concentrada em peso, deveria realizar o golpe principal. Distribuída em duas divisões, ela atacaria os fossos em um ponto próximo ao centro da linha. Uma vez ultrapassada a muralha, as duas divisões deveriam se separar, uma seguindo para o norte, a outra para o sul, atacando a linha russa por dentro e levando os soldados inimigos na direção do rio. A cavalaria sueca continuaria do lado de fora dos fossos, controlando por ali, cobrindo os flancos da infantaria conforme ela avançasse e capturando qualquer russo que tentasse escapar ou atacá-los naquele lugar. Rehnskjold comandaria a ala setentrional (esquerda) do ataque de infantaria sueco; o conde Otto Vellinck comandaria a ala direita. Carlos deveria controlar uma pequena força separada na extrema esquerda, na companhia do coronel Magnus Stenbock e de Arvid Horn. Assim que as armas estavam prontas, a artilharia sueca deu início a um bombardeio pelo meio da linha russa, enquanto a infantaria se reunia no centro e os esquadrões da cavalaria trotavam em direção às alas. Assim, de forma calma e ordenada, dez mil suecos prepararam-se para avançar sobre quarenta mil russos entrincheirados.

De sua posição na muralha russa, Du Croy observou essa atividade com crescente alarme. Esperava que, de acordo com as regras da guerra, os suecos começassem a criar trincheiras e preparar seus próprios acampamentos fortificados. Sua confusão cresceu quando ele se deu conta de que alguns dos soldados suecos estavam carregando feixes que seriam usados para atravessar a vala cavada diante da muralha de barro. Então o comandante de Pedro começou a perceber que, por mais incrível que parecesse, o exército sueco estava prestes a atacar sua posição.

Durante a manhã e o início da tarde, os suecos calmamente continuaram seus preparativos. Às duas da tarde, quando estavam prontos, a chuva havia cessado, fazia mais frio e um novo temporal se formava no céu escurecido. Então, enquanto foguetes de sinalização eram lançados, colocando o exército em movimento, a tempestade estourou logo atrás, lançando rajadas de neve na direção das fileiras russas. Alguns dos oficiais suecos hesitaram, pensando que seria melhor adiar o ataque para quando o temporal chegasse ao fim. "Não", gritou Carlos. "A neve está batendo em nossas costas, mas está caindo em cheio no rosto do inimigo".

O rei estava certo. Os russos, com os flocos de neve ferindo seus olhos, atiravam com mosquetes e canhões, no entanto a maioria de seus tiros, mirados para um vazio tomado pelo branco, seguiam para o alto e não causavam qualquer dano ao adversário. Silenciosa e rapidamente os suecos avançaram, surgindo de repente diante do inimigo e de costas para a neve. Trinta passos à frente das valas, a fileira sueca parou de súbito, mosquetes apoiados nos braços. Uma única saraivada soou e, no baluarte, os russos "caíram como árvores". Lançando seus feixes na vala, os suecos se lançaram por cima delas. Sacudindo espadas e baionetas, atravessaram o fosso e avançaram contra o inimigo. Dentro de quinze minutos, uma ferrenha luta corpo a corpo estava acontecendo. "Avançamos diretamente, com a espada na mão, e assim entramos. Assassinamos todos aqueles que se aproximavam. Foi um massacre terrível", escreveu posteriormente um oficial sueco.

Num primeiro momento, os russos lutaram, obstinados. "Eles retribuíram com fogo pesado e mataram muitos soldados bons." Mas uma brecha havia sido criada, através da qual a infantaria sueca recém-chegada agora passava. Precisamente de acordo com o plano, as duas divisões suecas se separaram e começaram a levar os russos em direções opostas por dentro das valas. A coluna sueca meridional, pressionando a lateral esquerda das linhas russas, ocupou-se primeiro dos regimentos Streltsi sob comando de Trubetskoi. A fácil vitória sobre esses regimentos confirmou, infelizmente, a opinião de Pedro acerca do valor dos Streltsi na luta contra um inimigo moderno. Mais adiante na linha russa, eles encontraram a divisão de Golovin, que, mesmo sem seu comandante, demonstrou uma forte resistência inicial. Então, conforme um regimento após outro de russos inexperientes começou a desmoronar, o restante dos homens ficou confuso e recuou. A cavalaria de Sheremetev, alocada nessa ala atrás das linhas, deveria ter sido capaz de interferir, seguindo na direção da infantaria sueca, que avançava, reduzindo ou até mesmo impedindo seu avanço com o peso de homens e cavalos. No entanto, a cavalaria russa, composta majoritariamente por nobres montados e cossacos indisciplinados, entrou em pânico antes mesmo de ser atacada. Vendo os resolutos suecos se aproximarem, os soldados da cavalaria aceleraram seus cavalos e galoparam impetuosamente para dentro do rio em uma tentativa de escapar. Milhares de cavalos e mil homens foram perdidos nas pequenas cataratas.

No norte, à direita russa, a situação foi muito parecida. Atacados de trás das valas, os russos tentaram suportar, inicialmente defendendo a si mesmos com bravura. Então, com a queda dos oficiais, o pânico se instalou e eles começaram a fugir, gritando: "Os alemães nos traíram". Conforme o avanço sueco continuava em direção ao norte, conquistando bastião após bastião, a massa de russos em fuga tomava enormes proporções. Tantos deles correram em direção ao rio que logo uma multidão de soldados, artilheiros e carroceiros aterrorizados tentava escapar de modo desorganizado pela única ponte. De repente, a ponte rachou e cedeu com o peso, jogando inúmeros homens no rio.

Apenas em um ponto a linha russa resistiu. Na extremidade norte, perto da ponte Kamperholm, seis batalhões russos, incluindo regimentos das Guardas Preobrajenski e Semyonovski, sob o comando de Buturlin, recusaram-se a recuar ou a se dividir. Criando apressadamente um novo ponto de apoio e colocando-se nas barricadas atrás de centenas de vagões de artilharia e suprimentos, eles revidaram vigorosamente, atirando com mosquetes e usando a artilharia contra os suecos que agora se amontoavam em volta.

Com exceção desse único ponto de resistência, o exército russo na extremidade norte da linha (e também a maior parte dos soldados na extremidade sul) havia sido reduzido a uma massa confusa e em fuga. Centenas de soldados russos pularam as valas, tentando escapar das lâminas da infantaria sueca, apenas para serem encontrados e forçados a voltar pela cavalaria de Carlos. Os oficiais estrangeiros comandando os russos acharam a situação irremediável: "Eles corriam de um lado para o outro como gado", comentou Hallart, saxão, a respeito de seus homens. "Um regimento misturava-se ao outro de tal modo que seria impossível até mesmo colocar vinte homens em fila". Assim que os russos começaram a gritar contra seus oficiais estrangeiros, tornou-se impossível fazê-los obedecer. Vendo o que estava acontecendo e ouvindo os gritos de ameaça de seus homens, o duque du Croy declarou: "Nem o diabo poderia lutar com tais soldados", e, junto com Hallart e Langen, foi até a linha sueca e se rendeu a Stenbock. Ele se sentiu mais seguro sob a guarda sueca do que no comando de suas tropas indisciplinadas e aterrorizadas. Stenbock os recebeu polidamente e os levou ao rei.

Depois que o ataque às valas tinha sido lançado, o papel de Carlos consistiu basicamente em se divertir. Ele passou a maior parte da tarde fora das valas, deliberadamente expondo-se a perigos. Em certo momento, enquanto tentava passar por um amontoado de homens feridos e morrendo, Carlos caiu do cavalo e foi parar dentro da trincheira; ele foi retirado de lá, porém precisou deixar o animal, a espada e uma das botas para trás. Montou em outro cavalo, que foi imediatamente assassinado enquanto Carlos, por sua vez, era atingido por uma bala perdida – que ele encontrou na gravata após a batalha. Vendo o rei sem cavalo, um cavaleiro sueco desmontou de seu animal e o ofereceu ao monarca. Ajeitando-se na sela e sorrindo, Carlos disse: "Posso ver que o inimigo quer que eu pratique cavalgada".

Ao cair da noite, o rei apareceu dentro das valas, coberto de lama e ainda sem uma das botas. Lá, descobriu que, embora Du Croy e a maioria dos oficiais estrangeiros tivessem se rendido e muitos regimentos do exército russo houvessem se desintegrado, a vitória ainda não era segura. Apesar das perdas russas, ainda existiam 25 mil russos armados na cena e pouco mais de oito mil suecos. Os generais russos nativos (príncipe Dolgoruki, príncipe Alexander de Imeritia, Avtemon Golovin e Ivan Buturlin) não haviam desistido tão rápido quanto Du Croy, Hallart e Langen. Em vez disso, esses generais se retiraram para as barricadas de carroças na extremidade norte do campo e, lá, em volta do bastião improvisado, acontecia a mais feroz luta daquele dia. Enquanto isso, à esquerda russa, a divisão do general Weide continuava em grande parte intacta, tendo participado pouco da batalha. Se, de repente, as tropas de Weide começassem a atacar em direção ao norte e os regimentos dentro dos anéis de vagões saíssem para atacar o sul, a pequena quantidade de soldados de Carlos ficaria presa no meio deles.

Parecia imperativo, portanto, que Carlos capturasse as carroças. Ele trouxe a artilharia e chegou a mirar, mas o movimento se provou desnecessário: a energia dos russos ali dentro havia chegado ao fim. Convencidos de que continuar resistindo seria inútil, os generais russos passaram a tentar chegar a um acordo. Em segredo, Carlos se deleitava. Na escuridão que caía, seus soldados, agora cercando por completo as carroças, haviam sido incapazes de distinguir entre aliados e inimigos e, acidentalmente, começaram a atirar uns contra os outros. A rendição russa deu fim a esse problema e, perto das oito da noite, o rei emitiu ordens de cessar fogo. No entanto, a capitulação russa não foi total. Inicialmente, os russos insistiram em marchar para fora do baluarte com plena honra miliar. Por fim, todavia, aceitaram um arranjo que permitiria aos soldados manterem seus mosquetes e suas armas pequenas, enquanto os oficiais se tornavam prisioneiros de guerra. Carlos também tomou posse dos estandartes regimentais e de toda a artilharia.

Mesmo assim, com toda essa massa de russos em suas mãos, a situação continuava perigosa para a Suécia. A maioria de seus soldados a pé estava exaurida. Alguns dos homens haviam encontrado álcool no acampamento russo e, bebendo com o estômago vazio, logo ficaram embriagados. E mais: Carlos tinha medo de que, ao amanhecer, os russos poderiam contar o pequeno nú-

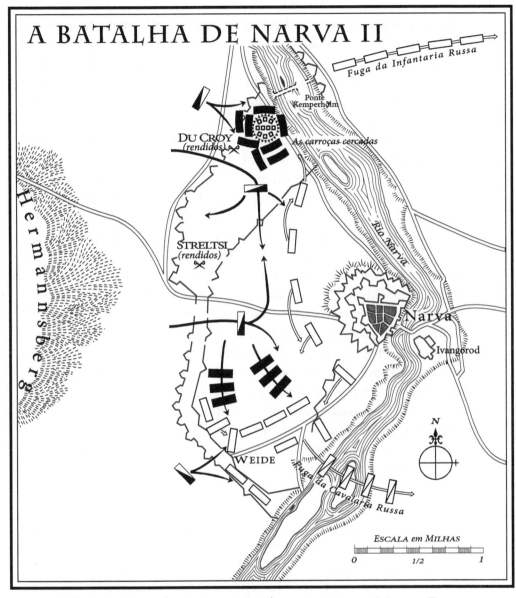

mero de homens que os haviam conquistado e que agora os vigiavam. Era essencial se livrar dos russos feridos rapidamente e acompanhá-los em passo acelerado para fora do campo. Carlos ordenou que os presos russos começassem a trabalhar de imediato no reparo da ponte Kamperholm.

Também continuava existindo o potencial perigo da divisão de Weide, ainda invicta, mais abaixo na antiga linha russa. Um oficial sueco escreveu: "Se Weide tivesse tido coragem de nos atacar, certamente teria vencido, pois estávamos extremamente cansados, mal tínhamos comido ou dormido por vários dias e, além disso, nossos homens estavam bêbados com o álcool que encontraram nas tendas dos moscovitas; portanto, era impossível que os poucos oficiais que sobraram conseguissem mantê-los em ordem". Entretanto, a ameaça de Weide rapidamente evaporou. Embora suas tropas não tivessem se engajado fortemente, ele havia se ferido. Quando descobriu a rendição da ala norte, não teve estômago para continuar sozinho. Ao amanhecer, vendo-se sozinho e cercado pela cavalaria sueca, Weide também se rendeu. Durante o restante da manhã, tropas espalhadas pelo campo de batalha se renderam aos suecos.

Ao amanhecer, a ponte estava consertada e os russos derrotados começavam a cruzá-la. Carlos parou na ponte e observou as longas filas de soldados adversários conforme eles tiravam os chapéus, estendiam suas bandeiras aos pés dele e marchavam no sentido leste, de volta para a Rússia. Quando as perdas foram analisadas no exército sueco, verificou-se que haviam morrido 31 oficiais e 646 soldados; outros 1.205 estava feridos. As perdas do outro lado podiam apenas ser estimadas, mesmo pelos próprios russos. Pelo menos oito mil homens haviam sido mortos ou feridos, e os feridos tinham poucas chances de conseguir chegar em casa agora, passando por terras congeladas. Dez generais russos, incluindo o duque du Croy, dez coronéis e 33 outros oficiais sêniores foram mantidos como prisioneiros, além do doutor Carbonari, médico pessoal de Pedro da Rússia, e Pedro Lefort, sobrinho do falecido melhor amigo do czar. Os prisioneiros foram enviados a Reval para passar o inverno e, na primavera, quando o gelo se desfez no Báltico, foram para a Suécia. A maioria permaneceu ali por muitos anos.[1]

---

[1] O duque du Croy sofreu um destino mais curioso. Tendo recebido autorização para permanecer em Reval após a derrota, ele escreveu de lá para o czar pedindo dinheiro para pagar suas contas. Pedro prontamente lhe enviou seis mil rublos. Na primavera de 1702, Du Croy faleceu. Sua morte foi sentida pelo ex-empregador russo. "Sinto realmente muito por esse bom ancião", lamentou Pedro ao ouvir a notícia. "Ele era um comandante militar muito experiente e capacitado. Se eu tivesse lhe confiado o comando quatorze dias antes, não teria sofrido a derrota em Narva." Quando morreu, o duque estava outra vez endividado. Pedro foi informado e pretendia pagar essas contas, mas nunca chegou a fazer isso. Então, os credores do duque em Reval invocaram uma lei antiga declarando que aqueles que morressem com dívidas não poderiam ser enterrados. O corpo foi colocado na catacumba de uma igreja onde, com a atmosfera seca, não apodreceu, mas se mumificou. Por fim, foi retirado de lá e fechado em uma caixa de vidro. Por quase duzentos anos, os visitantes de Reval eram levados para ver o duque deitado diante deles, ainda com sua peruca e uniforme. Alguns anos antes da revolução, o governo imperial decidiu que esse espetáculo era impróprio e, então, o duque foi finalmente enterrado. (N. A.)

A principal recompensa sueca foi a artilharia russa: 145 canhões, 32 morteiros, quatro obuses, dez mil balas de canhão e 397 barris de pólvora. O exército de Pedro havia efetivamente perdido a arma favorita do czar. Vendo a massa de russos derrotados marchando para longe e contemplando os prisioneiros e a artilharia, Magnus Stenbock falou emocionado: "É simplesmente o plano de Deus, mas, se houver algo humano no meio disso, é a resolução firme e imutável de Sua Majestade e a maturidade do general Rehnskjold."

A NOTÍCIA DA BATALHA de Narva causou uma impressão sensacional por toda a Europa. Relatos da vitória brilhante e intensos elogios ao jovem monarca da Suécia se espalharam em direção ao oeste. Em alguns locais, houve a satisfação gerada pela humilhação de Pedro, e também muita zombaria pela "fuga" do czar na véspera da batalha. Um medalhão lançado por Carlos, ostentando um homem com o rosto de Pedro fugindo, causou muitas gargalhadas. Leibniz, que antes havia demonstrado interesse na Rússia, agora expressava sua admiração para com a Suécia e também seu desejo de que "o jovem monarca reine em Moscou e até o rio Amur".

Embora a "maturidade" e o comando de Rehnskjold fossem parte indispensável do sucesso alcançado, também é verdade que sem a "resolução firme e imutável" do rei para atacar não haveria ocorrido uma vitória em Narva. Certamente o próprio Carlos aceitara a imagem que o povo havia criado sobre ele como um guerreiro invencível. Carlos estava exuberante – quase intoxicado pela vitória – quando passou pelo campo de batalha com Axel Sparre, tagarelando animado como um adolescente. "No entanto, não há prazer em lutar contra os russos", declarou com desdém, "pois eles não resistem como outros homens, mas simplesmente fogem. Se o rio estivesse congelado, talvez não tivéssemos matado nem um deles. Foi como o Faraó no Mar Vermelho. Por todos os cantos era possível ver cabeças de homens e cabeças e pernas de cavalos saindo da água, e nossos soldados atiravam contra eles como se fossem patos selvagens".

Desse momento em diante, a guerra tornou-se o grande objetivo da vida de Carlos. E, nesse sentido, embora Narva fosse a primeira grande vitória do monarca, também era o primeiro passo a caminho de sua destruição. Uma vitória alcançada com tanta facilidade ajudou a convencer Carlos de que ele era invencível. Narva, somada ao dramático sucesso do súbito ataque a Zelândia, deu início à lenda de que, acompanhado de um punhado de homens, Carlos XII era capaz de vencer exércitos enormes – uma lenda na qual o próprio Carlos acreditou. Narva também fez brotar em Carlos um perigoso desprezo por Pedro e pela Rússia. A facilidade com a qual havia vencido o exército de Pedro o convenceu de que os russos eram desprezíveis como soldados e que ele, Carlos, podia virar as costas para eles durante quanto tempo quisesse. Anos mais tarde, na poeira do verão ucraniano, o rei da Suécia pagaria caro por esses momentos de exaltação no campo de batalhas coberto por neve de Narva.

XXVI

"NÃO DEVEMOS PERDER A CABEÇA"

Pedro não estava a muitos quilômetros de Narva quando recebeu a notícia da batalha. Impressionado pela rapidez e magnitude do desastre, também entendeu que havia um perigo muito maior por vir: se Carlos decidisse dar sequência à sua vitória marchando em direção a Moscou, nada poderia impedi-lo.

Uma das qualidades de Pedro era que, quando confrontado com o desastre, ele não se desesperava. As falhas somente o estimulavam a seguir adiante; obstáculos serviam como desafios, estimulando novos esforços. O fato de sua resiliência, perseverança e determinação terem como base a teimosia, a arrogância, o patriotismo ou a sabedoria pouco importava – ele havia sofrido uma derrota enorme e humilhante, porém não houve recriminações. O czar manteve a compostura e jurou seguir em frente. Duas semanas depois da batalha, escreveu a Boris Sheremetev: "Não devemos perder a cabeça no infortúnio. Ordeno que o trabalho que iniciamos continue. Não nos faltam homens; os rios e os pântanos estão congelados. Não aceitarei desculpas".

Os nove anos entre Narva e Poltava foram desesperadores para Pedro. Ele não sabia quanto tempo de vida lhe restava. Frequentemente doente e de cama, com febre, incomodado com as revoltas realizadas às suas costas entre os basquírios e os cossacos do Don, ainda assim o czar conseguiu despejar sua energia colossal no preparo da Rússia. Agia de forma descuidada, apostando tudo, empobrecendo seu tesouro e seu povo, distribuindo enormes subsídios para manter Augusto, o único aliado que lhe restava, no campo de batalhas. E sempre assombrado com o pensamento de que Carlos poderia acordar uma manhã e decidir apontar suas baionetas brilhantes e invencíveis para a Rússia.

Anos mais tarde, após Poltava, Pedro foi capaz de ver tudo isso em perspectiva. Seu tom calmo, majestoso, era o de um homem olhando para trás no auge da vitória. No entanto, havia em suas palavras uma avaliação precisa da influência que Narva causara a ele mesmo, ao desenvolvimento do exército russo e à própria Rússia:

> Nosso exército foi vencido pelos suecos – isso é um fato incontestável. No entanto, devemos nos lembrar do tipo de exército que se tratava. O regimento Lefort era o único mais antigo. Os dois regimentos da Guarda estavam presentes nas duas investidas em Azov, mas nunca tinham visto uma batalha em campo, especialmente com tropas regulares. Os outros regimentos eram compostos – até mesmo alguns dos coronéis – por recrutas inexperientes, tanto oficiais quanto soldados. Ademais, uma grande fome havia se instalado porque, por conta da última estação do ano, as estradas estavam tão lamacentas que o transporte de alimento teve de ser interrompido. Em suma, foi como uma brincadeira de criança [para os suecos]. Portanto, não devemos nos surpreender com o fato de que, ao lutarem contra um exército antigo, disciplinado e experiente, esses alunos sem experiência saíram derrotados. A vitória [sueca], portanto, de fato foi um golpe triste e severo contra nós. Pareceu roubar todas as nossas esperanças no futuro e ter sido fruto da ira de Deus. No entanto, agora, quando pensamos melhor sobre o assunto, nós a atribuímos mais à bondade de Deus do que à Sua ira; pois, se os tivéssemos vencido quando éramos tão novatos na guerra quanto éramos no governo, essa sorte poderia ter gerado consequências infelizes. [...] O fato de termos sobrevivido a esse desastre, ou melhor, essa boa sorte, forçou-nos a ser diligentes e calejados.

O EXÉRCITO RUSSO, SAINDO derrotado de Narva sob o olhar do vitorioso rei da Suécia, vagou até Novgorod. Sem canhões, pólvora, tendas, bagagem nem, em muitos casos, mosquetes, os homens quase não passavam de um bando desordenado. Felizmente, uma divisão do exército, aquela que o príncipe Nikita Repnin reunira ao longo do Volga, não havia chegado a Narva em tempo de participar do desastre, e Pedro ordenou que Repnin marchasse até Novgorod e usasse suas tropas como modelo para disciplinar os regimentos derrotados que agora também seguiam para a cidade. Três semanas mais tarde, quando os retardatários foram contados, Repnin relatou a Pedro que 22.967 deles tinham se dividido em novos regimentos – que, somados à força de Repnin, de 10.834 homens, dava a Pedro um exército de quase 34 mil homens. Além deles, dez mil cossacos estavam a caminho, vindos da Ucrânia. A primeira ordem do czar ao chegar a Moscou foi instruir o príncipe Boris Golitsyn a reunir dez novos regimentos de cavalaria, cada um com mil homens.

Como comandante supremo do exército em construção, o czar apontou o boiardo Boris Sheremetev, que representava uma mistura incomum do antigo e do novo na Rússia de Pedro. Vinte anos mais velho do que o monarca e descendente de uma das famílias mais antigas da nação, Sheremetev havia sido um jovem rebelde contra os modos moscovitas tradicionais (certa vez, ainda jovem, não recebera a benção de seu pai por ter aparecido diante dele com o queixo barbeado). Diferente da maioria dos nobres russos, Sheremetev viajara ao exterior e desfrutara da experiência. Em 1686, Sofia o enviou em missões para se encontrar com o rei Ian Sobieski da Polônia e com o imperador Leopoldo, em Viena. Em 1697, aos 45 anos, foi novamente para o exterior, dessa vez como viajante solitário em período sabático de vinte meses de suas obrigações com o exército. Viajou a Viena, Roma, Veneza e Malta, e foi recebido pelo imperador, pelo papa, pelo doge e pelo grão-mestre dos cavaleiros da Ordem de São João, que o tornou um cavaleiro e o presenteou com uma Cruz de Malta. Ao retornar à Rússia, Sheremetev usava a cruz com tanto orgulho que outros russos invejosos passaram a perguntar sarcasticamente se o boiardo havia se tornado "o enviado de Malta". Sheremetev lidava serenamente com esses comentários; Whitworth, o novo embaixador inglês, chamou-o de "o homem mais polido do país".

Pedro mostrava-se satisfeito com o interesse de Sheremetev pela Europa, mas foi como soldado, e não como diplomata, que usou o boiardo. O tio de Sheremetev havia sido comandante supremo do exército russo nos tempos do czar Aleixo, até ser capturado pelos tártaros e forçado a passar trinta anos em cativeiro, na Crimeia. O próprio Sheremetev havia lutado contra os polacos e contra os tártaros. Em 1695 e em 1696, quando Pedro atacou Azov, ele conduziu campanhas diversionistas mais a oeste, as quais resultaram na captura de fortalezas tártaras ao longo da parte baixa do Dnieper. Como comandante, Sheremetev era competente, porém cuidadoso. Provava-se digno de confiança no sentido de que obedecia as ordens de Pedro para nunca arriscar o exército, a não ser que as chances estivessem, em peso, a seu favor.

Enquanto o novo exército de Sheremetev era reunido e reequipado, Pedro ordenou a imediata construção de fortificações em Novgorod, Pskov e no Monastério de Petchersk, próximo a Pskov. Mulheres e crianças foram colocadas para trabalhar junto com os homens. Serviços religiosos foram interrompidos para que os padres e monges pudessem se unir às pessoas comuns nos trabalhos. Casas e igrejas foram demolidas para abrir espaço para as novas muralhas. Para dar o exemplo, Pedro trabalhou com as próprias mãos nas primeiras trincheiras em Novgorod. Quando partiu, confiou o esforço ao tenente-coronel Shenshin, mas este, pensando que o czar não retornaria, rapidamente pôs fim ao seu próprio trabalho manual. Pedro voltou e, ao descobrir isso, fez o homem ser chicoteado na frente da muralha e o enviou a Smolensk para servir como soldado comum.

Todavia, Pedro percebeu que, a longo prazo, seu exército precisava ser completamente reformado como um corpo profissional permanente, com base em uma conscrição padrão de 25 anos. Mesmo assim, a primeira aparição do novo exército no campo de batalha gerou poucos elogios de um observador russo em 1701:

> Um grande número [de homens] é chamado para servir e, se forem examinados de perto, o único resultado é uma sensação de vergonha. A infantaria é armada com mosquetes ruins e não sabe manuseá-los. Lutam com armas improvisadas, com lanças e alabardas e, ainda assim, as armas têm lâminas cegas. Para cada estrangeiro morto, há três, quatro ou até mais russos assassinados. Quanto à cavalaria, nós mesmos sentimos vergonha de olhá-la, imagine então apresentá-la a estrangeiros. [É composta por] cavalos velhos e doentes, espadas cegas, homens magros e mal vestidos que não sabem segurar suas armas. Alguns nobres não sabem nem carregar um arcabuz, quanto mais atingir seus alvos. Não se importam com derrubar o inimigo, mas só pensam em voltar para suas casas. Rezam para que Deus lhes permita receber apenas uma ferida leve, para que não sofram muito, e, assim, recebam uma recompensa do soberano. Na batalha, escondem-se em matagais; grupos inteiros procuram abrigo em uma floresta ou vale, e até mesmo ouvi nobres dizendo: "Que Deus nos permita servir a nosso soberano sem termos de desembainhar nossas espadas".

Para remediar essas condições, Pedro ordenou uma reforma completa no treinamento do exército, com novos padrões de disciplina e novas táticas que tomavam como base os modelos europeus. O esforço tinha de começar do início, com a criação de novos manuais de treinamento, pois os únicos manuais de infantaria disponíveis na Rússia eram datados de 1647 – e eles haviam sido copiados de um manual alemão de 1615. Pedro queria a ênfase colocada no treino para a batalha; não pretendia treiná-los para formações de desfiles de solo, com soldados que "lutam esgrima com seus mosquetes e marcham como se estivessem dançando". Também não gostava dos uniformes elaborados dos combatentes ocidentais, que pareciam "bonecas bem-vestidas". Seu novo exército usaria roupas verdes simples, feitas com toda a velocidade que as fábricas russas fossem capazes. Se possível, usariam botas e cintos e chapéus de três pontas. O mais importante, todavia, era que estivessem equipados com armas modernas. Felizmente, enquanto estava na Inglaterra, o czar havia comprado entre trinta e quarenta mil pederneiras com baionetas modernas, as quais foram distribuídas e usadas como modelos para as versões produzidas em seu país. Inicialmente, a produção foi baixa (seis mil peças em 1701), mas, em 1706, a Rússia já produzia trinta mil pederneiras por ano; e, em 1711, quarenta mil.

Táticas modernas foram enfatizadas. Os homens aprendiam a atirar separados por pelotões mediante ordens dadas e a usar as novas baionetas. A cavalaria foi treinada para se movimentar apenas sob comando, agir em esquadrões, atacar com espadas e se retirar de modo ordenado, em vez de abandonar o campo como um rebanho em fuga. Por fim, Pedro trabalhou para infundir um novo princípio no exército: eles deviam lutar não com base "nos interesses de Sua Majestade, o Czar", mas, como Pedro escreveu com a própria mão, com base "nos interesses do Estado russo".

Lentamente, apesar das inúmeras dificuldades, das deserções frequentes, de muito ciúme e das brigas entre os oficiais, o novo exército foi formado. O problema mais sério, em termos de equipamentos, era a artilharia. Quase todos os canhões do exército russo, tanto os pesados morteiros para cerco quanto a artilharia de campo, haviam sido perdidos em Narva e era necessário começar do zero. Vinius, diretor dos correios, foi colocado no comando, com o título de Inspetor de Artilharia, e recebeu grandes poderes. Pedro se importava apenas com a ação. "Pelo amor de Deus", ele escreveu a Vinius, "acelere a artilharia". O velho descobriu que não havia tempo para extrair e refinar novos metais; os novos canhões teriam de ser produzidos com materiais mais prontamente disponíveis. Pedro deu a seguinte ordem: "De todo o reino do czar, das principais cidades, de igrejas e mosteiros, uma proporção dos sinos deverá ser recolhida para a produção de armas e morteiros". Era quase um sacrilégio, pois os sinos eram quase tão sagrados quanto as próprias igrejas, e cada um representava uma parte familiar da vida das pessoas. Mesmo assim, em junho de 1701, um quarto de todos os sinos das igrejas russas foi retirado das torres, fundido e transformado em canhões. Vinius teve problemas com os fundidores que forjaram as armas. Eles bebiam demais e nem mesmo o açoite era capaz de forçá-los a se apressarem. Entretanto, por trás de Vinius pairava a fúria do czar. "Fale com os burgomestres e mostre-lhes esta carta", escreveu-lhe Pedro. "Explique que, se por conta das demoras as armas não estiverem prontas, eles pagarão não apenas com dinheiro, mas com as cabeças".

Apesar das dificuldades em encontrar mão de obra e ligas adequadas para seu ferro, Vinius realizou milagres. Em maio de 1701, enviou vinte novos canhões para o exército em Novgorod; logo depois, outros 76. Ao final do ano, havia produzido mais de trezentas novas armas, além de ter fundado uma escola onde 250 garotos aprendiam a arte de produzir canhões e de se tornarem artilheiros. Pedro mostrou-se bastante satisfeito. "É um bom trabalho", escreveu. "E necessário, pois o tempo é como a morte". Em 1702, apesar da idade de Vinius, o czar o enviou à Sibéria para procurar novas fontes de ferro e cobre. Entre 1701 e 1704, sete novas siderúrgicas foram criadas além dos Montes Urais, extraindo um minério que o embaixador inglês reportou ser "admiravelmente bom, melhor do que a Suécia". A artilharia russa continuou crescendo, e os canhões produzidos nos Urais começaram a atirar contra os suecos. Em 1705, o embaixador inglês declarou que a artilharia russa estava "no momento presente, extremamente bem servida".

A TENTATIVA DE PEDRO de proteger seu país incluía pedidos discretos de ajuda em duas capitais, Haia e Viena, na forma de mediação entre Rússia e Suécia. A empreitada, todavia, não gerou resultados. Andrei Matveiev, filho do estadista Matveiev, havia sido enviado à Holanda como representante de Pedro. Lá, encontrou Guilherme III e os Estados Gerais totalmente envolvidos com outro assunto. No mesmo mês da Batalha de Narva, o evento que toda a Europa temia finalmente acontecera: Carlos II da Espanha morrera, deixando o trono para Filipe de Anjou, neto de Luís XIV. O Rei Sol havia aceitado em nome de seu neto, e a Europa se preparava para a guerra. Ademais, a Holanda não tinha qualquer desejo de tomar lado no conflito entre Suécia (à qual os holandeses estavam presos por um tratado) e Rússia (com quem mantinham os lucrativos negócios em Arcangel). Tudo que Matveiev conseguiu foi comprar quinze mil mosquetes de Witsen e enviá-los à Rússia.

O príncipe Pedro Golitsyn visitou Viena no anonimato e pediu uma audiência com o imperador. Teve de esperar sete semanas e, enquanto isso, negociava, com a ajuda do padre Woolf, jesuíta que falava russo, com quem quer que se dispusesse a conversar. E poucos se mostravam dispostos. "Todos me evitam, ninguém quer conversar comigo", reportou desamparado a Golovin, na Rússia. O prestígio russo estava tão baixo após o resultado de Narva que o conde Kaunitz, vice-chanceler imperial, riu na cara de Golitsyn e os embaixadores franceses e suecos caçoaram dele em público. Quando Golitsyn finalmente se encontrou com o imperador, Leopoldo foi educado, mas como também estava se preparando para a grande Guerra da Sucessão Espanhola, não ofereceu nada concreto. "É necessário tentar de todas as formas possíveis alcançar a vitória sobre o inimigo", escreveu Golitsyn em apelo a Golovin. "Que Deus nos proteja de passar este verão sem nenhum resultado positivo. [...] É absolutamente necessário que nosso soberano conquiste mesmo que uma pequena vitória, pela qual seu nome possa se tornar tão respeitado quanto antes na Europa. Depois, poderemos chegar a um acordo de paz; agora, todavia, as pessoas só riem de nossas tropas e de nossa conduta na guerra".

Não tendo sido bem recebido em suas abordagens diplomáticas, Pedro assegurou a lealdade de seu único aliado. Preparou um encontro com Augusto, a quem não via desde o primeiro encontro em Rawa, dois anos e meio antes, quando o rei-eleitor propôs pela primeira vez a guerra contra a Suécia. Agora Augusto estava nervoso. Embora não tivesse sido derrotado, vira seus dois aliados, Dinamarca e Rússia, atingidos rápida e implacavelmente pelo jovem rei sueco. Era preciso, então, considerar se daria continuidade à guerra ou se chegaria a um acordo com a Suécia.

Pedro encontrou o rei-eleitor em fevereiro de 1701, em Birze, uma área da Livônia controlada por tropas saxônicas. Em dez dias de reuniões pontuadas por banquetes e celebrações, os dois monarcas reafirmaram sua aliança. Pedro informou a Augusto que, apesar da derrota em Narva, a Rússia pretendia continuar na guerra. Augusto, como o único membros invicto da coalisão, pôde impor termos rígidos a Pedro. O czar concordou que, quando os despojos fossem divididos, Livônia e Estônia deveriam ir para a Polônia; apenas a Ingria estaria reservada à Rússia. Pedro também prometeu que entre quinze e vinte mil membros da infantaria russa – pagos, equipados e fornecidos pela Rússia – operariam sob comando saxão na Livônia. Ademais, concordou em pagar a Augusto um subsídio de guerra de cem mil rublos anuais durante três anos. Era um valor alto e, mais uma vez, os mosteiros e os comércios da Moscóvia seriam bastante extorquidos. No entanto, era essencial para o czar que a Rússia tivesse um aliado contra os suecos.

Houve momentos leves durante essa cúpula diplomática. Certo dia, o czar e o rei-eleitor participaram de uma competição pessoal de artilharia, com cada um atirando balas de canhões em direção a um alvo no campo aberto. Para desgosto de Pedro, Augusto, que não tinha experiência com artilharia, atingiu o alvo duas vezes, enquanto ele mesmo não o atingiu uma vez sequer. No dia seguinte, aconteceu um banquete que se estendeu por toda a noite. Ao amanhecer, Augusto continuou dormindo, mas Pedro levantou-se sozinho para ir à missa católica. Seu interesse na cerimônia fez o anfitrião católico propor uma união das igrejas ortodoxa e católica, porém Pedro respondeu: "Os soberanos somente têm direitos sobre os corpos de seu povo. Cristo é o soberano de suas almas. Para uma união desse tipo, seria necessário o consentimento do povo, e isso está no poder de Deus apenas".

Nas semanas de alegria que seguiram imediatamente a Batalha de Narva, Carlos se preparava para fazer exatamente o que Pedro temia: dar sequência à sua vitória invadindo a Rússia. Alguns dos conselheiros do rei apontaram que ele poderia facilmente ocupar o Kremlin, destronar Pedro, recolocar Sofia no poder e assinar um novo tratado de paz que acrescentaria novos territórios ao império da Suécia no Báltico. Essa possibilidade brilhava diante dos olhos de Carlos. "O rei agora não pensa em nada além da guerra", escreveu Magnus Stenbock algumas semanas após a batalha. "Já não se preocupa com os conselhos de outras pessoas e parece acreditar que Deus se comunica diretamente com ele e diz o que deve ser feito. O conde Piper [principal ministro do rei] está muito preocupado porque as questões mais importantes são resolvidas sem qualquer preparação e, em geral, as coisas acontecem de uma forma que eu não me atreveria a registrar no papel". E, em dezembro, Karl Magnus Posse, um oficial das Guardas, escreveu de volta à Suécia: "Apesar do frio e da escassez, e embora não houvesse água nas tendas, o rei não nos deixava ir aos quartéis de inverno. Acredito que, se ele tivesse apenas oitocentos homens sobrando, invadiria a Rússia com eles sem nem pensar em como esses homens fariam para sobreviver. E, se um de nossos soldados leva um tiro, o monarca se preocupa com isso tanto quanto se importaria com um piolho; nunca dá a mínima para essas perdas".

Apesar da impaciência de Carlos, uma invasão de larga escala à Rússia nesse período se mostrava impossível. O exército sueco, vitorioso sobre seus adversários humanos, logo se viu agredido por inimigos mais poderosos: fome e doença. A Livônia havia sido devastada pelos russos; a comida que lá existia fora consumida pelos soldados de Pedro. Nenhum reabastecimento viria da Suécia antes da primavera, e os cavalos da cavalaria sueca logo estavam roendo as cascas das árvores. Enfraquecidos pela fome, os regimentos de Carlos também foram devastados pela doença. Febre e disenteria (o fluxo sangrento) espalharam-se pelo campo e os homens começaram a morrer: quatrocentos do Regimento Vestmanland; 270 do Regimento Delcarlian. Na primavera, menos da metade do exército ainda estava em condições de agir. Relutante, Carlos curvou-se diante da necessidade e enviou seus regimentos aos quartéis de inverno. O próprio rei ocupou o antigo castelo de Lais, próximo a Tartu. Lá, permaneceu por cinco meses, passando o tempo com teatro amador, bailes de máscaras, jantares e violentas batalhas de bolas de neve. Magnus Stenbock organizou uma orquestra e tocou composições próprias para o monarca.

Quando a primavera de 1701 chegou, Carlos ainda considerava a ideia de invadir a Rússia, mas com menos entusiasmo. Seu desprezo pelos soldados russos havia crescido e ele já os considerava indignos de serem combatidos. Tinha a impressão de que outra vitória sobre Pedro somente faria a Europa dar risada, ao passo que uma vitória sobre as tropas saxônicas disciplinadas de Augusto faria o continente reagir positivamente. De forma mais prática, Carlos decidiu que não poderia marchar em direção à Rússia enquanto um exército saxão invicto estivesse operando em sua retaguarda.

Em junho, dez mil novos recrutas haviam chegado da Suécia, fazendo o exército de Carlos crescer para 24 mil membros. Deixando uma parte deles para enfrentar os russos, o monarca e o exército principal, composto por dezoito mil membros, marcharam para o sul com o objetivo de atravessar o rio Duína próximo a Riga e destruir o exército de nove mil saxões e quatro mil russos comandados por Steinau, general saxão. O rio tinha seiscentos metros de um lado a outro, e atravessá-lo consistia em praticamente um desembarque anfíbio. Com a ajuda de uma cortina de fumaça criada com a queima de feno úmido e esterco para proteger os carregamentos dos soldados suecos e com o apoio de canhões pesados montados nas embarcações suecas ancoradas no rio, o golpe foi bem sucedido. O próprio Carlos liderou a primeira onda da infantaria, afastando os medos de seus oficiais com a declaração de que ele morreria no momento escolhido por Deus, e não antes disso. Infelizmente para o rei sueco, todavia, sua cavalaria não pôde atravessar a água, e o exército saxão, embora terrivelmente maltratado, escapou. O comportamento das tropas que Pedro havia enviado para ajudar Augusto não se mostrou nada auspicioso. Quatro regimentos russos mantidos na reserva de Steinau entraram em pânico e fugiram antes mesmo de entrar na batalha. A consideração de Carlos pelo exército do czar tornou-se ainda menor.

Logo depois dessa vitória inconclusiva, em julho de 1701, Carlos, na época com dezenove anos, tomou uma decisão estratégica que afetaria profundamente tanto a sua vida quanto a de Pedro: concentrar-se na derrota total de Augusto antes de invadir a Rússia. Na época, essa decisão parecia razoável. Atacar os dois inimigos ao mesmo tempo era impossível e, dos dois, a Saxônia estava ativa, enquanto a Rússia permanecia inerte. Ademais, a Saxônia e até mesmo a Polônia eram entidades limitadas; o eleitor e os exércitos podiam ser encurralados e destruídos, ao passo que a Rússia era tão vasta que a lança sueca poderia penetrar profundamente e ainda assim não atingir o coração do enorme organismo.

E havia a moralidade insultada de Carlos. Augusto, seu primo, governante europeu culto, era um patife traiçoeiro, muito pior do que o czar. Pedro pelo menos havia declarado guerra antes de atacar; Augusto simplesmente marchou Livônia adentro sem emitir qualquer aviso. Como Carlos poderia ter certeza de que, mesmo se alcançasse a paz com Augusto, o rei-eleitor não voltaria atrás em sua palavra e o atacaria novamente assim que os suecos invadissem a Rússia? Em suma, Carlos disse a um amigo que considerava "insultante a mim mesmo e à minha honra manter qualquer relação com um homem que agiu de forma tão vergonhosa e desonrosa".

Finalmente, o monarca sueco estava perplexo e preocupado acerca da relação de Augusto com a enorme nação polonesa, sobre a qual o eleitor exercia um reinado intranquilo. Até o presente, Augusto vinha conduzindo a guerra contra a Suécia somente de sua posição de eleitor da Saxônia. Agora, o exército saxão havia se retirado para o que era, efetivamente, o santuário da Polônia, e o exército de Carlos não podia segui-lo. O cardeal Radiejowski, primaz da Polônia, insistia que a nação polonesa não tinha nada a ver com a guerra contra a Suécia, a qual o rei Augusto havia causado sem consentimento e que, portanto, Carlos não devia colocar os pés em solo polonês. Em uma carta ao cardeal, em trinta de julho de 1701, Carlos respondeu que Augusto havia perdido a coroa polonesa ao guerrear sem o consentimento da nobreza e da nação polaca, e a única forma de a Polônia assegurar a paz era reunir uma Dieta, destronar Augusto e eleger um novo rei. Ele garantiu que, até receber a resposta do cardeal, o exército sueco não violaria a fronteira da Polônia para atacar Augusto em solo polaco.

Carlos esperava que a resposta viesse rápido e não queria pressionar o cardeal ou a Dieta. No entanto, semanas se passaram, o verão se transformou em outono e nenhuma resposta chegou. Quando uma carta finalmente foi recebida, em meados de outubro, a resposta era negativa: a Dieta havia solicitado que Carlos permanecesse distante e deixasse a Polônia cuidar de seus próprios problemas; nenhuma garantia foi dada de que a Polônia impediria que o exército saxão de Augusto usasse o país como base no ano seguinte. Carlos ficou furioso, mas já era tarde demais para agir naquele ano. Ele levou o exército novamente para os alojamentos de inverno, dessa vez no neutro Ducado da Curlândia, que se viu forçado a receber e alimentar o exército indesejado e a arcar com esses custos. Em janeiro, o exército seguiu mais para o sul, até a Lituânia.

Foi a esse segundo acampamento de inverno, em Bielowice, que Augusto enviou uma segunda emissária cujo objetivo era, usando seus excepcionais poderes de persuasão, induzir o rei Carlos XII a chegar à paz. Tratava-se da condessa Aurora von Königsmark, a mais bela e famosa das muitas amantes de Augusto. Aurora tinha cabelos dourados, olhos lindos, boca rosada, seios fartos e cintura fina; era espirituosa, bem-humorada e talentosa. Não é difícil compreender o raciocínio de Augusto: se essa celebrada beleza sueca conseguisse passar algum tempo com o tímido e desajeitado rei da Suécia, ele poderia ser domado e talvez abrandasse seu estilo duro e voltado para a guerra. O fato de Carlos ter dezenove anos e Aurora quase 39 era uma vantagem, e não um empecilho; para uma missão desse tipo, a beleza era indispensável, mas também eram necessários tato, maturidade e experiência.

A razão declarada para a visita de Aurora era rever seus muitos familiares entre os oficiais suecos no quartel. Ao chegar, ela enviou uma carta lisonjeira ao jovem rei, pedindo a honra de beijar-lhe a mão real. Carlos recusou-se veementemente a recebê-la. Sem se desesperar, serenamente confiante no efeito de sua aparência, a condessa dirigiu sua carruagem a um ponto da estrada pelo qual o rei passava todos os dias. Quando Carlos se aproximou, Aurora desceu de sua carruagem e se ajoelhou, diante do cocheiro, na estrada lamacenta. Impressionado, Carlos tirou o chapéu e fez uma reverência ainda montado, e logo depois fez seu cavalo seguir e galopou para longe. Aurora havia falhado; Augusto teria de encontrar outra forma de distrair ou dissuadir Carlos.

Alguns meses mais tarde, na primavera de 1702, o monarca sueco invadiu a Polônia, marchando em direção a Varsóvia e Cracóvia, decidido a fazer com as próprias mãos o que os poloneses haviam se recusado a fazer: retirar Augusto do trono. Em nove de julho de 1702, diante de doze mil soldados suecos, Carlos levou dezesseis mil saxões, sob o comando do rei Augusto, a uma batalha próxima a Klissow. Novecentos suecos foram feridos ou mortos – incluindo o cunhado de Carlos, Frederico de Holstein-Gottorp – em troca de duas mil baixas e dois mil prisioneiros saxões. Patkul, o representante do czar no quartel saxônico, foi forçado a fugir em uma carroça de camponeses. No entanto, a vitória de Carlos em Klissow foi incompleta: mais uma vez, o exército de Augusto havia se retirado para retomar a luta em outra ocasião. E, assim, a aventura polaca de Carlos – aventura essa que já se tornava uma obsessão – continuou, estendendo-se por outros seis anos. Apesar dos pedidos das Províncias Bálticas, dos apelos do Parlamento da Suécia e até mesmo do conselho de seus oficiais sêniores, o rei sueco se recusou a voltar-se contra a Rússia até que sua vingança contra Augusto estivesse completa. De acordo com um de seus generais: "Ele acredita ser um agente de Deus na Terra, enviado para punir todos os atos de impiedade".

DURANTE ESSE PERÍODO, ENQUANTO Carlos permaneceu com as costas viradas para Pedro para perseguir Augusto pelas florestas e pântanos da Polônia, a Rússia começou a desfrutar de alguns pequenos sucessos militares. O primeiro foi um empate na expedição naval sueca contra Arcangel; depois, três pequenas, porém significativas vitórias de Sheremetev na Livônia. Quando o rei sueco marchou para o sul, em sua campanha contra Augusto, Sheremetev deu início, de sua base em Pskov, a uma série de pequenas ofensivas contra o coronel sueco Anton von Schlippenbach, que havia assumido a defesa da Livônia com uma força de sete mil homens. Ao receber a tarefa, Schlippenbach também fora promovido a major general. Porém, ao avaliar sua missão, que consistia em conter toda a Rússia por um período indeterminado, ele melancolicamente falou ao rei que, em vez da promoção, preferiria outros sete mil homens. "Impossível", respondeu Carlos com arrogância.

Em janeiro de 1702, Sheremetev conquistou uma importante vitória contra o infeliz Schlippenbach perto de Tartu, em Erestfer, na Livônia. O exército sueco, composto por sete mil homens, já havia seguido para os alojamentos de inverno quando Sheremetev apareceu com oito mil membros da infantaria russa e da cavalaria com roupas de inverno, apoiados por quinze canhões instalados em trenós. Em uma batalha que se estendeu por quatro horas, os russos não apenas conseguiram expulsar os suecos dos alojamentos de inverno, mas infligiram mil baixas, de acordo com as estatísticas aceitas pelos suecos (os russos afirmaram ser três mil e admitiram também terem perdido mil de seus homens). Mais importante, em um sentido simbólico, os russos fizeram 350 prisioneiros suecos e os levaram a Moscou. Pedro mostrou-se extremamente feliz ao receber a notícia, e declarou: "Graças a Deus! Finalmente pudemos vencer os suecos". Ele promoveu Sheremetev a marechal de campo e lhe enviou a fita azul da Ordem de Santo André e seu próprio retrato emoldurado em diamantes. Os oficiais de Sheremetev foram promovidos, e cada um dos soldados comuns recebeu um rublo do dinheiro recentemente cunhado pelo czar. Em Moscou, os sinos das igrejas tocaram, canhões dispararam e um *Te Deum* foi cantado. Pedro ofereceu um enorme banquete na Praça Vermelha e encomendou uma apresentação de fogos de artifício. Quando os prisioneiros suecos chegaram, o czar fez uma entrada triunfal na capital com os cativos marchando em sua comitiva. O ânimo russo, deprimido desde Narva, começava a ganhar força.

No verão seguinte, em julho de 1702, Sheremetev voltou a atacar Schlippenbach na Livônia, agora em Hummelshof. E, nessa ocasião, a força sueca de cinco mil homens foi quase aniquilada. Dois mil e quinhentos deles foram mortos ou feridos, e trezentos capturados, em conjunto com toda a artilharia e os estandartes. As perdas russas somavam oitocentos.

Após Hummelshof, o exército móvel de Schlippenbach deixou de existir e a Livônia ficou indefesa, com a exceção das tropas estáticas em Riga, Pernau e Tartu. O exército de Sheremetev e especialmente seus cavaleiros selvagens, os calmucos e cossacos, puderam se mover à vontade pelas províncias, queimando fazendas, vilas e cidades, levando milhares de civis como prisioneiros. Assim, a guerra de Patkul pela libertação da Livônia causou devastação em sua terra natal. Tantos civis foram amontoados nos campos russos que eles passaram a ser comprados e vendidos como servos. Escrevendo a Pedro, Sheremetev pediu instruções:

> Enviei cossacos e calmucos a diferentes regiões para confundir o inimigo. Porém, o que devo fazer com os indivíduos que capturei? As prisões estão cheias deles, além de todos aqueles que estão com os oficiais. Além disso, a situação se torna perigosa, pois essas pessoas mostram-se taciturnas e furiosas... É necessário um dinheiro considerável para mantê-las, e um regimento apenas seria muito pouco para conduzi-las até Moscou. Selecionei cem famílias dos melhores nativos que são bons carpinteiros ou têm habilidade em algum outro ramo da indústria – cerca de quatrocentos indivíduos no total – para enviar a Azov.

Entre os prisioneiros estava uma jovem analfabeta de dezessete anos que Sheremetev não enviou a Azov, mas manteve em sua casa. Com o tempo, ela cresceria. Nascida Martha Skavronskaya, a jovem viria a se unir à família do grande príncipe Menchikov e se tornaria amante e esposa do czar. Por fim, soberana por direito próprio, viria a ser chamada de Catarina I, Imperatriz da Rússia.

EM CONJUNTO COM SUAS vitórias em terra, Pedro, cujos pensamentos nunca estiveram longe do mar, imaginava novos meios de atacar a potência sueca nas províncias do Báltico: com o uso de pequenos barcos nos lagos e rios. Se a Suécia tinha supremacia em navios maiores e convencionais de guerra, então o czar construiria conjuntos de embarcações menores que superariam em número as esquadras do inimigo. Começou construindo pequenas embarcações impulsionadas por remos ou por uma única vela no lago Ladoga, o maior lago europeu, onde a Suécia mantinha uma esquadra naval de bergantins e baleeiras. Em vinte de junho de 1702, na extremidade sul do lago, quatrocentos soldados russos em dezoito barcos menores atacaram uma esquadra sueca de três bergantins e quatro galeras. Os suecos foram pegos em desvantagem; seus navios estavam ancorados e a maioria dos marinheiros na costa, saqueando uma vila, quando os barcos russos chegaram. Na desordem que se instalou, o navio-almirante sueco, um bergantim de doze canhões, foi danificado, e os suecos tiveram de recuar. Em sete de setembro, o mesmo esquadrão foi novamente atacado próximo a Kexholm, dessa vez por trinta barcos russos. Com os russos saqueando os barcos como chacais, Nummers, o almirante nórdico, concluiu que sua posição era insustentável e decidiu desocupar todo o lago Ladoga. A retirada de sua frota Neva abaixo abriu o lago para movimentos russos incontestáveis e possibilitou uma importante vitória para o czar naquele outono em Nöteborg.

Enquanto isso, os homens de Pedro empregavam a mesma tática no lago Peipus, a sul de Narva. Em 31 de maio daquele ano, quatro grandes embarcações suecas foram atacadas por aproximadamente cem barcos russos. Os suecos revidaram e afundaram três dessas pequenas embarcações, mas tiveram de se retirar para a metade norte do lago. Em vinte de junho e 21 de julho, dois navios suecos que atravessavam o lago com suprimentos e munições foram atacados pelas flotilhas russas. Um deles encalhou e foi abandonado depois que o capitão deixou de lado suas armas. O outro foi abordado e explodido. Como resultado, os suecos retiraram-se completamente do lago Peipus em 1702. No ano seguinte, todavia, retornaram com toda a força, afundaram doze barcos russos e passaram a dominar novamente o lago. Porém, em 1704, os russos viraram a mesa de uma vez por todas. Ao encontrar a flotilha sueca ancorada no rio Emajõgi, em Tartu, criaram uma barragem pela foz do rio e colocaram a artilharia na encosta. Além da barragem, duzentos barcos russos aguardavam a passagem de qualquer navio sueco. Quando treze navios do país nórdico desceram pelo rio, a corrente os carregou irremediavelmente contra a barragem, e então os canhões russos na margem começaram a explodi-los. As tripulações suecas conseguiram chegar à terra firme e enfrentaram desesperadamente os tiros, até finalmente conseguir retornar a Tartu. Entretanto, um a um os navios foram destruídos e a presença naval sueca no lago Peipus foi aniquilada. Mais tarde naquele ano, tanto Narva quanto Tartu seriam capturadas pelo exército russo.

NA PRIMAVERA DE 1702, na Holanda, Andrei Matveiev recebeu a notícia de que os suecos estavam planejando um ataque maior contra Arcangel para o verão seguinte. Para se assegurar que o único porto do país permanecesse em mãos russas, Pedro decidiu ir pessoalmente até lá. No final de abril, partiu com o czarevich Aleixo, então com doze anos de idade, em uma viagem de trinta dias até o norte, acompanhado por cinco batalhões da guarda, somando um total de quatro mil homens. Quando o czar chegou, as defesas estavam preparadas e a espera começou. Quase três meses se passaram enquanto Pedro se ocupava construindo barcos, lançando o *Espírito Santo* e o *Courier*, e preparando a quilha de um navio de guerra de 26 canhões, o *Sto. Elias*.

Em agosto, a frota anual de navios mercantes holandeses e ingleses chegou – uma frota muito maior do que de costume, pois todas as embarcações que antes chegavam à Rússia pelos portos da Suécia no Báltico, agora tinham de desembarcar em Arcangel. Além das mercadorias, os 35 navios ingleses e 32 holandeses trouxeram a notícia de que os suecos haviam abandonado qualquer pensamento de atacar Arcangel naquele verão. Pedro partiu imediatamente para o sul. Ao chegar à margem norte do lago Ladoga, ordenou que Sheremetev (que tinha acabado de conquistar a vitória em Hummelshof, na Livônia) e Pedro Apraxin (que estava atacando os suecos na Ingria) se reunissem com ele e com as Guardas com o objetivo de conquistar o controle total do lago por meio da captura da fortaleza sueca de Nöteborg, na região onde o Ladoga deságua no rio Neva.

Nöteborg era uma poderosa fortaleza, construída originalmente pela cidade de Novgorod no século XIV. A pequena ilha na qual ficava situada, exatamente no ponto onde o Neva flui para fora do lago e dá início ao seu curso de pouco mais de setenta quilômetros até o mar, tinha a forma de uma avelã, daí tanto o nome russo, *Oreshka*, quanto o sueco, *Nöteborg*. Ao dominar a foz do rio nessa junção vital, a cidadela controlava todo o comércio que passava pelo Báltico e seguia pelo lago Ladoga e pela rede de rios russos a caminho do interior. Quem controlasse Oreshka controlava o comércio até o Oriente. Nas mãos russas, ela servia como uma barreira para proteger dos suecos o coração da Rússia. Quando os suecos a tomaram, em 1611, a ilha lhes serviu como uma barreira para manter os russos distantes do Báltico. Agora, suas pesadas muralhas e galerias de tijolo e pedra, suas seis torres enormes, redondas e brancas, eram pontilhadas por 142 canhões. A guarnição sueca era pequena (apenas 450 homens), mas a corrente rápida do rio dificultava uma aproximação inimiga de barco, mesmo que esse inimigo não estivesse sujeito a balas de canhões.

Pedro mostrava-se entusiasmado com a possibilidade de capturar a fortaleza. "Deus nos concede o tempo para não ser desperdiçado", ele escreveu a Sheremetev, instruindo-o a se apressar. Uma vez que os soldados russos e as armas de cerco estivessem prontos, a fortaleza isolada, que não tinha nenhuma esperança de receber ajuda de um exército de socorro, estaria fadada. O lago estava coberto com flotilhas de pequenos barcos russos prontos para levar soldados para uma investida. As margens do rio – a margem sul ficava a 275 metros de distância – estavam repletas de morteiros pesados para o cerco, instalados atrás de fossos. Um ataque russo prematuro, com barcos e escadas de cerco, foi malsucedido, no entanto os morteiros então deram início a um bombardeio regular e devastador, estraçalhando metodicamente as muralhas da fortaleza. No terceiro dia de bombardeio, a esposa do comandante sueco enviou uma carta ao campo russo pedindo para que ela e as esposas dos oficiais pudessem deixar o local. Foi Pedro mesmo quem respondeu, explicando em um tom ironicamente galante que ele não gostava da ideia de separar as damas suecas de seus maridos; é claro que elas poderiam partir, ele afirmou, com a condição de que levassem consigo seus esposos. Uma semana mais tarde, depois de dez dias de bombardeio, os sobreviventes na fortaleza se renderam.

Pedro estava extasiado com a captura da primeira importante fortaleza retirada dos suecos por seu novo exército e suas armas criadas com os sinos derretidos das igrejas do país. Escrevendo naquela noite a Vinius, ele declarou: "Na verdade, essa castanha era bem dura, mas, graças a Deus, felizmente a quebramos. Nossa artilharia fez seu trabalho de maneira magnífica". Como símbolo da importância do local como uma chave para Neva e, assim, para o Báltico, ele prendeu a chave do forte entregue a ele pelo comandante sueco ao bastião ocidental da fortaleza, e a renomeou para Schlüsselburg, do termo *Schlüssel* (chave, em alemão). O czar celebrou esse triunfo com outra entrada em Moscou, três novos arcos triunfais e uma coroa de louros colocada em sua cabeça. Enquanto isso, ordenou que os danos à cidadela fossem reparados e as defesas ampliadas e fortalecidas com muralhas e quartéis para até quatro mil homens. Alexander Menchikov foi apontado como governador da fortaleza rebatizada. Depois disso, Pedro sempre reservou um local especial em seu coração para Schlüsselburg. Quando que estava na região perto do dia 22 de outubro, aniversário da captura, levava visitantes ou, até mesmo, toda sua corte até o local para celebrações e um banquete.

A queda de Nöteborg-Schlüsselburg foi um golpe para a Suécia. Ela havia protegido o Neva e toda a Ingria contra avanços russos vindos do leste. Carlos, que na época estava longe, na Polônia, reconheceu a importância do local quando a notícia lhe foi entregue por um infeliz conde Piper. "Console-se, meu caro Piper", falou o rei calmamente. "O inimigo não será capaz de arrastar o local consigo". Mesmo assim, em outra ocasião, o rei falou sombriamente que os russos pagariam caro por Nöteborg.

NA PRIMAVERA DO ANO seguinte, 1703, com Carlos ainda na Polônia, Pedro decidiu "não perder o tempo oferecido por Deus" e atacar rapidamente, levando os russos à costa do Báltico. Um exército de vinte mil homens comandados por Sheremetev marchou de Schlüsselburg pela floresta na margem norte do rio em direção ao mar. Pedro seguiu por água, com sessenta barcos levados do lago Ladoga. O Neva tem pouco mais de setenta quilômetros de extensão e se parece menos com um rio do que com uma corredeira ampla e de águas rápidas de um lago do Golfo da Finlândia. Ao longo do caminho, não havia nenhuma defesa sueca considerável. Uma única vila, Nyenskans, estendia-se por várias milhas do golfo rio acima. Embora fosse próspera, com diversos moinhos em atividade, suas fortificações não tinham sido concluídas. As armas de cerco russas deram início ao bombardeio em 11 de maio de 1703 e, no dia seguinte, a pequena guarnição se rendeu.

Na noite em que Nyenskans se entregou, chegou ao campo russo a notícia de que uma frota sueca estava subindo pelo golfo. Nove embarcações comandadas pelo almirante Nummers apareceram na foz do Neva e anunciaram sua chegada a seus compatriotas em Nyenskans com dois tiros de canhão. Para ludibriar os marinheiros suecos, os tiros foram respondidos imediatamente. Em dúvida, Nummers enviou um barco para investigar. A pequena embarcação foi capturada. Três dias mais tarde, ainda mais confuso, Nummers ordenou que dois de seus menores navios, um bergantim de três mastros e uma galera, entrassem no rio e descobrissem o que estava acontecendo. As duas embarcações subiram pela corrente, atravessando as águas rápidas e traiçoeiras até chegarem à ilha Vasilevski, onde ancoraram para passar a noite. Enquanto isso, Pedro e Menchikov haviam colocado dois regimentos da Guarda em trinta embarcações grandes. Descendo pelo Neva, eles se esconderam nas águas pantanosas em meio às diversas ilhas. Na madrugada de dezoito de maio, eles apareceram subitamente, remando para atacar os navios suecos por todos os lados. A batalha foi feroz, com suecos disparando seus canhões para destruir os navios russos que se reuniam à sua volta, e os russos respondendo com granadas e mosquetes. Por fim, Pedro e seus homens venceram ao bombardear os dois navios e capturar os poucos suecos que ainda estavam vivos. Os navios e os prisioneiros foram levados até Nyenskans, então renomeada para Sloteburg. O czar estava eufórico com a primeira ação naval da qual havia participado pessoalmente e, como consequência, ele e Menchikov receberam a fita azul da Ordem de Santo André.

Com essa vitória, o czar conquistou – pelo menos temporariamente – o objeto pelo qual havia declarado guerra. Havia ocupado a extensão do rio Neva e conquistado novamente o acesso ao mar Báltico. A província de Ingria voltava a pertencer à Rússia. Em outra entrada triunfal em Moscou, uma das faixas na comitiva mostrava o mapa da Ingria com a inscrição: "Não tomamos as terras dos outros, mas a herança de nossos pais".

Pedro cuidou imediatamente de consolidar o que havia conquistado. Era seu sonho construir uma cidade no mar, um porto do qual os navios e o comércio russos partiriam para cruzar os oceanos do mundo. Assim, tão logo conquistou uma posição segura no Báltico, o czar deu início à construção de sua cidade. Para alguns, o gesto pareceu tolo, prematuro – um desperdício de energia. O czar, na verdade, apenas tinha um pequeno ponto no Báltico, e um ponto inseguro – Carlos estava distante, porém nunca havia sido vencido em uma batalha. Um dia ele certamente voltaria para reconquistar o que Pedro havia lhe tirado pelas costas. Então, essa cidade, construída com tanto trabalho, seria apenas mais uma cidade sueca no Báltico.

Pedro estava certo. Os suecos de fato retornaram – mas foram vencidos, vez após vez. Ao longo de séculos, nenhum dos conquistadores que subsequentemente invadiram a Rússia com grandes exércitos – Carlos XII, Napoleão, Hitler – foi capaz de capturar o porto de Pedro no Báltico, muito embora os exércitos nazistas tenham sitiado a cidade por novecentos dias durante a Segunda Guerra Mundial. Desde o dia em que Pedro, o Grande, colocou os pés na foz do Neva, a terra e a cidade que ali foi erguida pertenceram à sua pátria.

XXVII

A FUNDAÇÃO DE SÃO PETERSBURGO

Talvez fosse o acaso. Inicialmente, Pedro não pensava em construir uma cidade – e menos ainda uma nova capital – no Neva. Queria, primeiro, um forte para guardar a foz do rio e, depois, um porto para que os navios que fizessem negócios com a Rússia pudessem evitar a longa jornada até Arcangel. Se Pedro tivesse capturado Riga primeiro, talvez São Petersburgo jamais fosse construída – afinal, Riga era um porto próspero, já um grande centro de negócios russos, e passava seis semanas a mais descongelada se comparada à foz do Neva. Entretanto, essa próspera cidade somente caiu nas mãos do czar em 1710. O local onde ficaria São Petersburgo foi o primeiro ponto onde o czar colocou os pés na costa do Báltico. E ele não esperou; afinal, quem sabia o que o futuro traria? Aproveitando o momento, como sempre fazia, deu início à construção.

Muitas características de São Petersburgo são únicas. Outras nações, no rubor da juventude ou no frenesi da reforma, criaram novas capitais nacionais em espaços anteriormente vazios: Washington, Ancara e Brasília são exemplos. Porém, nenhum outro povo criou uma nova capital em tempos de guerra, numa terra que, tecnicamente, ainda pertencia a um inimigo poderoso e invicto. Além do mais, 1703 era um momento tardio na história da Europa para a fundação de uma grande cidade. Nessa época, grandes ambientes urbanos já haviam surgido até mesmo nas colônias europeias na América: Nova York já tinha 77 anos; Boston, 73; Filadélfia, sessenta. E São Petersburgo, por duzentos anos a capital do império russo, agora a segunda maior cidade da Rússia, é a mais setentrional de todas as grandes metrópoles do mundo. Se a transpusermos para a mesma latitude na América do Norte, seria como inserir uma cidade de 3,5 milhões de habitantes às margens norte da baía do Hudson.

Quando Pedro desceu atravessando as florestas e saiu onde o Neva encontra o mar, viu-se em um pântano selvagem, plano e vazio. Da foz, o rio corre para o norte na forma de um "S" ao contrário e então flui para o oeste, em direção ao mar. Nos últimos oito quilômetros, divide-se em quatro ramificações que atravessam numerosas correntes, fluindo através de terrenos pantanosos para criar mais de uma dúzia de ilhas cobertas de matas e florestas baixas. Em 1703, toda a área era um pântano encharcado. Na primavera, espessas brumas, fruto do derretimento da neve e do gelo, pairavam por ali. Quando o forte vento sudoeste soprava do Golfo da Finlândia, o rio transbordava e muitas das ilhas simplesmente desapareciam, submersas. Nem mesmo os comerciantes que por séculos vinham usando o Neva para chegar ao interior da Rússia haviam criado qualquer tipo de vilarejo por ali: o local era selvagem demais, úmido demais, insalubre demais; simplesmente não se tratava de um espaço para habitação humana. Em finlandês, a palavra *neva* significa "pântano".

O forte em Nyenskans ficava oito quilômetros rio acima. Mais perto do mar, na margem esquerda, um proprietário de terra finlandês tinha uma pequena fazenda com uma casa de campo. Na Ilha Hare, no centro do rio, existiam cabanas de barro bruto, as quais alguns pescadores finlandeses usavam nos meses de verão; sempre que a água subia, esses pescadores as abandonavam e se retiravam para pontos mais altos. No entanto, para os olhos de Pedro, o rio que passava por ali em uma corrente rápida e silenciosa, mais amplo do que o Tâmisa, em Londres, era magnífico. Foi lá que o czar decidiu construir uma fortificação nova e maior para defender a recém-capturada foz do rio. O início das escavações ocorreu em dezesseis de maio de 1703, data da fundação da cidade de São Petersburgo.[1]

A fortaleza, batizada em homenagem a São Pedro e São Paulo, seria enorme, cobrindo toda a ilha para que de todas as laterais fossem cercadas pelo Nava ou seus afluentes. O lado sul era protegido pelo rio de águas rápidas, ao passo que o norte, o leste e o oeste eram cercados por atoleiros e correntes entrecruzadas. Como a ilha era baixa e pantanosa e às vezes se via coberta por

---

[1] Conta a lenda que Pedro tomou emprestado o mosquete de um de seus soldados e, com a baioneta, cortou duas faixas de terra gramada da ilha Hare. Depois, arrumando-as no formato de uma cruz, falou: "Aqui vai haver uma cidade". Seus soldados cavaram uma trincheira na qual Pedro colocou uma caixa contendo relíquias do apóstolo André, santo padroeiro da Rússia. Naquele momento, dizem, uma águia deu um rasante sobre a cabeça de Pedro e pousou no topo de dois viveiros que haviam sido amarrados juntos, formando um arco. Esse arco se tornou a posição leste, ou o Portão de Pedro, do futuro forte. (N. A.)

enchentes, o primeiro estágio do trabalho consistia em elevar o terreno a um nível no qual a água não o deixaria submerso. Os trabalhadores russos não tinham ferramentas, exceto picaretas e pás grosseiras. Sem carriolas, arrancavam a terra e a colocavam em suas camisas ou em sacos improvisados e levavam na mão até o local onde as muralhas estavam sendo erguidas.

Apesar das dificuldades, em cinco meses a fortaleza começou a tomar forma. Tinha o formato de um hexágono oblongo com seis grandes bastiões, todos construídos sob supervisão de um dos amigos mais próximos do czar e carregando o nome de seu construtor: Menchikov, Golovin, Zotov, Trubetskoi e (Kyril) Naryshkin. O sexto bastião foi supervisionado pelo próprio Pedro e recebeu seu nome. A fortaleza foi construída com terra e madeira; posteriormente, o czar ordenou que as muralhas fossem reconstruídas, mais altas e grossas, usando pedra. Elas se erguiam sombrias, marrons, impecáveis, somando quase dez metros acima das águas do Neva, ostentando fileiras de canhões. Perto do final do reinado de Pedro, Friedrich Weber, o embaixador de Hanover, notou que "em um dos bastiões, eles hasteiam, todos os dias, ao modo holandês, uma enorme bandeira da fortaleza em um grande mastro. [...] Nos dias festivos, hasteiam outra enorme bandeira amarela, representando a águia russa segurando, com suas garras, os quatro mares que tocam as fronteiras russas: o Branco, o Negro, o Cáspio e o Báltico".

Logo nos arredores da fortaleza foi criada uma casa de madeira de um único piso, na qual Pedro vivia enquanto o trabalho progredia. Construída por carpinteiros do exército entre 24 e 26 de maio de 1703, tinha dezesseis metros de extensão por seis metros de largura, e era dividida em três cômodos: quarto, sala de jantar e escritório. Não havia fornalhas ou chaminés, pois Pedro pretendia ocupá-la somente nos meses de verão. A característica mais interessante ali era o esforço despendido pelo czar para esconder o fato de que a construção era um chalé de madeira: as janelas de mica eram amplas e gradeadas no estilo holandês; as telhas no teto alto foram instaladas e pintadas de modo a imitar azulejos; as paredes de madeira eram planas e pintadas com uma grade de linhas brancas para dar a impressão de ser de tijolos — a casa, a mais antiga construção da cidade, foi envolvida por uma série de camadas externas para preservação e continua existindo até os dias atuais.

O trabalho na fortaleza era intenso porque, naqueles primeiros anos, Pedro não sabia quando os suecos retornariam. Na verdade, eles voltavam em todos os verões. Em 1703, um mês após Pedro ocupar o delta, um exército sueco de quatro mil homens aproximou-se vindo do norte e acampou na margem norte do Neva. Em sete de julho, Pedro liderou pessoalmente seis regimentos russos, quatro de cavalaria e dois de infantaria contra os suecos – no total, uma força de sete mil membros. A investida derrotou o adversário e o forçou a recuar. O czar estava constantemente sob ataque, e Patkul, que estava presente, foi forçado a lembrar seu patrão que "ele também era um mortal, como todos os homens, e que a bala de um mosqueteiro era capaz de perturbar todo o exército e colocar o país em sérios perigos". Também ao longo daquele verão, o almirante sueco Nummers manteve nove embarcações ancoradas na foz no Neva, bloqueando o acesso russo ao golfo e esperando uma chance para se movimentar contra as crescentes trincheiras russas mais acima no rio. Enquanto isso, Pedro havia retornado aos estaleiros acima do lago Ladoga para impulsionar as construções, e finalmente uma série de embarcações, incluindo a fragata Standard, chegou à nova fortaleza no Neva. Incapazes de desafiar a força mais pesada de Nummers, os navios esperaram ali até a aproximação do tempo frio forçar o almirante a se retirar. Então, Pedro navegou a Standard até o Golfo da Finlândia.

Foi um momento histórico: era a primeira viagem de um czar russo em um navio russo no Mar Báltico. Embora o gelo fino já estivesse se formando sobre as ondas acinzentadas, Pedro mostrava-se ansioso por explorar aquelas águas. À direita, conforme navegava no sentido oeste para fora do Neva, pôde avistar os promontórios rochosos da costa de Carélia desaparecendo ao norte, na direção de Vyborg. À esquerda estavam as baixas colinas da Ingria, estendendo-se a oeste até Narva, além do horizonte. Bem à frente, a pouco mais de vinte quilômetros do delta do Neva, avistou a ilha que passou a ser chamada de Kotlin pelos russos, e que seria o local da fortaleza e base naval de Kronstadt. Navegando ao redor da ilha e medindo a profundidade da água com uma linha de chumbo na mão, o czar descobriu que o norte da ilha era raso demais para navegação. Entretanto, no sul existia um canal que levava até a foz do rio. Com o objetivo de proteger essa passagem e instalar uma fortificação para proteger a obra maior que estava construindo na Ilha de Kotlin, Pedro ordenou que um forte fosse construído no meio da água, no limite do canal. Era um trabalho complicado: caixas preenchidas com pedras tinham de ser arrastadas pelo gelo e então afundadas para formar a fundação. No entanto, na primavera, um pequeno forte com quatorze ganhões já estava erguido ali, saindo do mar.

Desde o início, Pedro planejava que sua posição no Báltico se transformasse em um porto comercial e também em uma base para operações navais. Sob suas instruções, Golovin escreveu a Matveiev, em Londres, para encorajar as embarcações comerciais a seguirem para o novo porto. A primeira delas, um navio mercante holandês, chegou em novembro de 1703, quando fazia apenas seis meses que o novo porto estava nas mãos da Rússia. Ao ouvir sobre a chegada do navio à foz do rio, Pedro foi recebê-lo e pilotá-lo pela corrente. A surpresa do capitão ao descobrir a identidade do timoneiro real foi equivalente à alegria de Pedro ao descobrir que a carga de vinho e sal pertencia a seu antigo amigo Cornelius Calf, de Zaandam. Menchikov ofereceu um banquete ao capitão, que também foi recompensado com quinhentos ducados em espécie. Para honrar ainda mais a ocasião, o navio foi renomeado para São Petersburgo e recebeu isenção de todas as taxas e impostos russos. Recompensas similares foram prometidas às duas próximas embarcações que chegassem ao novo porto, e não demorou muito para que um navio holandês e outro inglês ancorassem para receber seus prêmios. Depois disso, Pedro fez tudo o que era possível para encorajar o uso de São Petersburgo pelos navios mercadores estrangeiros. Reduziu os impostos a menos da metade do que os suecos aplicavam nos portos que controlavam no Báltico. Prometeu enviar produtos russos à Inglaterra a preços muito baixos, contanto que os ingleses os retirassem em São Petersburgo em vez de em Arcangel. Mais tarde, usou seu poder como czar para desviar grandes porções de todo o comércio russo do tradicional caminho até o Ártico, alterando a rota para os novos portos no Báltico.

Com o objetivo de fortalecer o controle de suas novas posses, Pedro também realizou grandes esforços para construir novas embarcações em estaleiros no lago Ladoga. Em 23 de setembro de 1704, escreveu a Menchikov: "Aqui, graças a Deus, tudo segue muito bem. Amanhã e no dia seguinte, três fragatas, quatro brigues, um paquebote e uma galeota serão lançados". No entanto, as águas do Ladoga eram turbulentas e traiçoeiras, e muitos desses navios afundavam ou encalhavam na margem sul, ao se aproximarem da fortaleza de Schlüsselburg, próximo ao rio Neva. Para remediar a situação, Pedro decidiu mudar o principal estaleiro para São Petersburgo, de modo que a viagem pelo Ladoga pudesse ser evitada. Em novembro de 1704, preparou as bases para a construção de um novo estaleiro na margem esquerda do Neva, do outro lado do rio, pouco abaixo da fortaleza Pedro e Paulo. Originalmente, o almirantado era composto por apenas um estaleiro simples. Um retângulo amplo e aberto foi criado ao lado do rio, com uma lateral para a água e as outras três formadas por fileiras de galpões de madeira que serviam como oficinas, forjas, alojamentos para os trabalhadores e espaço para armazenamento de cordas, velas, canhões e madeira. Da seção central, que era usada para os escritórios e que, por fim, transformou-se na sede da frota russa, erguia-se uma torre de madeira alta e fina, encimada por um cata-vento com o formato de um navio.[2] Abaixo dessa torre, no espaço aberto cercado pelos galpões, eram construídos os navios de Pedro. Os cascos de tamanho considerável tomavam forma ao lado do Neva, e então eram empurrados até o rio e rebocados para o cais para ali serem preparados e armados. Logo após a fundação, Pedro ficou preocupado com a possibilidade de o almirantado estar exposto demais a possíveis ataques suecos, e as três laterais foram fortificadas com altas muralhas de pedras, declives escorregadios e fossos, dando à cidade um segundo bastião quase tão poderoso quanto a Fortaleza de Pedro e Paulo.

No ano que se seguiu, as agressões e os ataques de sondagem suecos à nova cidade continuaram, tanto por terra quanto por mar. Em 1705, os russos instalaram estacas altas em meio às águas do canal nos arredores da Ilha de Kotlin e amarraram cordas entre elas para evitar que as embarcações suecas chegassem a São Petersburgo. Uma esquadra sueca que se aproximasse, ao ver de longe as altas estacas e as cordas, acabava confundindo-as com os mastros de uma frota russa considerável e se afastavam após um bombardeio de longo alcance ineficaz. Em 1706, o próprio Pedro, navegando distante do golfo, avistou uma esquadra sueca vindo em sua direção e retornou imediatamente para reportar a notícia conforme combinado – com sinais de canhão ao vice-almirante Cruys, oficial holandês no comando da frota russa. Cruys, todavia, recusou-se a acreditar na denúncia do czar e só se convenceu quando viu os navios suecos com os próprios olhos. Algum tempo depois, Pedro tocou no assunto com um humor ferino. Cruys, reportando questões navais, reclamou a Pedro da ignorância e insubordinação gerais dos oficiais de sua frota, dizendo: "Vossa Majestade, com toda a sua habilidade, conhece a importância da perfeita 'subordinação'". Pedro respondeu calorosamente: "O vice-almirante [Cruys] é culpado pela falta de habilidade dos oficiais navais, uma vez que ele mesmo treinou quase todos eles. [...] No que diz respeito à minha habilidade, esse cumprimento não

---

2   Quando o almirantado foi completamente reconstruído com alvenaria e pedra, no início do século XIX, seu formato retangular, seu pináculo central e seu cata-vento eram lembrados como características importantes. Hoje em dia, assim como nos primeiros dias de São Petersburgo, os pináculos gêmeos do almirantado e a fortaleza catedral, de frente um para o outro sobre o Neva, dominam a linha do horizonte da cidade. (N. A.)

tem muito fundamento. Não muito tempo atrás, quando fui até o mar e, de meu iate, avistei os navios do inimigo e sinalizei o número de navios conforme o costume, acreditou-se ser apenas diversão ou uma saudação para um brinde, e, até quando eu mesmo subi a bordo com o vice-almirante, ele só estava disposto a acreditar quando se deu conta de que seus marinheiros, de cima dos mastros, também avistavam o inimigo. Portanto, devo implorar que ele ou omita meu nome da lista daqueles a quem julga habilidosos, ou que no futuro deixe de lado tais brincadeiras".

Com o passar o tempo, a visão de Pedro acerca de São Petersburgo tornou-se mais abrangente. Ele passou a vê-la como mais do que uma fortaleza guardando a foz do Neva ou um desembarcadouro e estaleiro para a criação de embarcações no Báltico. Passou a vê-la como uma cidade. Um arquiteto italiano, Domenico Trezzini, que havia construído um belíssimo palácio para o rei Frederico IV da Dinamarca, chegou à Rússia exatamente nesse momento. Seu estilo, como a da maioria dos arquitetos em atividade na Europa Setentrional naquela época, era fortemente influenciado pela Holanda, e foi esse design holandês, protestante, barroco e setentrional que Trezzini levou para a Rússia. Em primeiro de abril de 1703, ele assinou um contrato para se tornar mestre de construções e fortificações do czar, e Pedro rapidamente o levou a Neva para supervisionar todas as construções no local. Durante nove anos, conforme as primeiras construções eram transformadas de estruturas simples de madeira para composições de tijolo e pedra, Trezzini deixou sua marca na cidade. Enquanto os trabalhadores ainda labutavam nas fundações de terra da fortaleza, Trezzini começou a construir uma igreja pequena e funcional dentro das muralhas. Carecendo de materiais elegantes para decorar o interior, Trezzini cobriu as paredes com estuque amarelo, de modo a imitar mármore. Em 1713, o arquiteto italiano deu início à construção da catedral barroca Pedro e Paulo que, com numerosas modificações, continua existindo hoje, com sua torre germânica dourada elevando-se a 120 metros no ar.

As INCESSANTES OPERAÇÕES DE construção requeriam uma quantidade espantosa de mão de obra. Transportar montes de terra até os pântanos, cortar e transportar madeira, arrastar pedras, derrubar florestas, nivelar ladeiras, criar ruas, construir docas e cais, erguer a fortaleza, as casas e os ancoradouros, e escavar canais, tudo isso demandava força humana. Para fornecer essa mão de obra, Pedro emitia decretos todo ano convocando carpinteiros, pedreiros e, acima de tudo, trabalhadores rurais crus e sem habilidade específica para trabalhar em São Petersburgo. De todas as partes de seu império, uma torrente de infelizes – cossacos, siberianos, tártaros, finlandeses – fluiu para São Petersburgo. Recebiam uma quantia para viajar e outra para a subsistência ao longo de seis meses. Depois disso, tinham a permissão, se sobrevivessem, de voltar para casa para que suas posições fossem tomadas por novos funcionários no ano seguinte. Oficiais e nobres locais nomeados por Pedro como responsáveis pelo recrutamento e envio desses impostos na forma de humanos protestaram para o czar, afirmando que centenas de vilas estavam sendo arruinadas pela perda de seus melhores homens, mas o czar simplesmente não os ouvia.

As dificuldades eram assustadoras. Os trabalhadores viviam no solo pantanoso, em cabanas toscas, sujas e superlotadas. Escorbuto, disenteria, malária e outras moléstias os ceifavam aos montes. Os salários não eram pagos com regularidade e a deserção era crônica. O número verdadeiro de mortos durante a construção da cidade jamais será conhecido; nos tempos de Pedro, a estimativa era de cem mil. Posteriormente, números muito menores surgiram, variando de 25 a trinta mil, mas ninguém discorda do dito sombrio que diz que São Petersburgo é "uma cidade construída sobre ossos".

Junto com a mão de obra, os materiais com os quais a cidade seria construída tinham de ser importados. As terras planas e pantanosas em volta do delta do Neva tinham poucas árvores para oferecer madeira e praticamente não apresentavam rochas. As primeiras pedras para a nova cidade vieram da demolição do forte sueco e da cidade de Nyenskans (que ficavam mais acima no rio), e transportadas pela água. Durante anos, toda carroça, carruagem e embarcação russa que viesse à cidade deveria trazer uma quota de pedras junto com a carga normal. Escritórios especiais foram criados nos cais e nos portões da cidade para receber essas pedras, sem as quais os veículos não recebiam autorização para entrar na cidade. Às vezes, quando a demanda era alta, tornava-se necessária a presença de um oficial sênior para decidir o destino de cada pedra. Para preservar a madeira para as construções, era proibido cortar árvores nas ilhas, e ninguém tinha o direito de ir aquecer sua casa de banho mais do que uma vez por semana. A madeira era trazida das florestas do lago Ladoga e de Novgorod, e as recém-construídas serralheiras, movidas pela água e pelo vento, cortavam os troncos em vigas e tábuas. Em 1714, quando soube que a construção de São Petersburgo estava atrasada por falta de pedreiros, Pedro declarou que, até ordem em contrário, nenhuma casa de pedra poderia ser construída em Moscou sob "pena de confisco de bens e exílio". Logo depois, ele estendeu esse decreto a todo o império. Inevitavelmente, os pedreiros que trabalhavam com pedra e com tijolos por toda a Rússia reuniram suas ferramentas e seguiram a caminho de São Petersburgo em busca de trabalho.

A cidade precisava de uma população. Poucos escolheram voluntariamente morar em São Petersburgo; portanto, também nessa ocasião Pedro usou a força. Em março de 1708, o czar "convidou" sua irmã Natália e suas duas meio-irmãs, as czarevnas Maria e Teodora Alexeievna, as duas czarinas viúvas, Marta e Praskovaia, além de centenas de nobres, altos oficiais e ricos comerciantes para se unirem a ele em São Petersburgo durante a primavera. E, de acordo com Whitworth, ninguém "tinha o direito de usar idade, profissão ou indisposição como desculpa". Eles foram, mesmo contrariados. Acostumados à vida fácil no interior de Moscou, onde tinham casas enormes e todo o abastecimento era trazido das propriedades vizinhas ou comprado a preços baixos nos mercados prósperos de Moscou, essas pessoas agora se viam obrigadas a construir novas casas em um pântano do Báltico, arcando com grandes despesas. Tinham de pagar preços exorbitantes por alimentos importados de centenas de quilômetros de distância. Muitos calculavam ter perdido dois terços de suas riquezas. Quanto aos divertimentos, eles detestavam a água que o czar tanto adorava, e ninguém colocava os pés em um barco, a não ser que fosse forçado. Mesmo assim, sem ter escolha, eles foram. Os comerciantes e lojistas os acompanharam, encontrando consolo no fato de que poderiam cobrar preços absurdos em troca de seus produtos. Muitos trabalhadores – russos, cossacos e camulcos –, após servirem durante o tempo requerido nas obras públicas, continuaram no local, fosse por não estarem dispostos ou por não terem condições de seguir o longo caminho de volta para casa, e foram contratados pelos nobres para construírem casas particulares encomendadas pelo czar. Por fim, milhares desses trabalhadores se instalaram ali, construindo suas próprias casas em São Petersburgo. Pedro encorajou esses esforços colocando, sempre que convidado, a primeira pedra de qualquer construção nova e bebendo uma taça para celebrar o sucesso do proprietário.

Nem a localização, nem o desenho das casas foi deixado para ser escolhido pela vontade ou pelo acaso. Famílias de nobres recebiam ordens para construírem casas com vigas, ripas e gesso "no estilo inglês" ao longo da margem esquerda do Neva. Nobres que possuíssem mais de quinhentos camponeses deveriam construir casas com dois andares. Mil comerciantes e negociantes receberam instruções para erguerem casas de madeira do outro lado do rio. Construídas com pressa por trabalhadores contrariados para proprietários infelizes, as novas casas com frequência apresentavam telhados com vazamento, paredes rachadas e piso irregular. Mesmo assim, para aumentar a grandiosidade da cidade, Pedro ordenou que todos os cidadãos com condições cujas casas tinham apenas um andar deveriam acrescentar um segundo piso. Para ajudá-los, ele instruiu Trezzini a disponibilizar plantas gratuitas de casas de diferentes tamanhos, usando um design adequado.

A maior parte da nova cidade foi construída com madeira, e incêndios surgiam quase todas as semanas. Numa tentativa de conter os danos, o czar organizou um sistema de vigilância constante. À noite, enquanto a cidade dormia, vigias permaneciam nas torres da igreja observando os telhados silenciosos. Ao primeiro sinal de fogo, o vigia tocava um sino, cujo som imediatamente era repassado por outros vigias pela cidade. As badaladas acordavam tocadores de tambor, que saíam da cama para transmitir o aviso com seus instrumentos. Logo as ruas estavam tomadas por homens empunhando suas machadinhas, correndo na direção do incêndio. Também esperava-se que os soldados que estivessem na cidade se apressassem até o local. Por fim, todos os oficiais civis ou militares em São Petersburgo receberam a tarefa especial de agir como bombeiros, e em troca recebiam uma quantia mensal extra. Não comparecer gerava punição quase imediata. O próprio Pedro tinha essa obrigação e recebia o salário com os outros homens. "É comum ver o czar junto com os demais trabalhadores, com a machadinha na mão, subindo no telhado das casas em chamas – um perigo tão grande que os espectadores tremem só de ver", relatou um observador estrangeiro. No inverno, quando a água congelava, machadinhas e machados eram as únicas ferramentas que podiam ser usadas para combater o fogo. Se as casas em chamas perto do rio pudessem ser destruídas e arrastadas para longe rapidamente, o fogo podia ser isolado. A presença de Pedro sempre gerava enorme impacto. De acordo com Just Juel, embaixador dinamarquês: "Como sua inteligência é de uma rapidez extraordinária, ele vê de imediato o que deve ser feito para apagar o fogo; vai até o telhado, vai até os piores e mais perigosos locais. Incita os nobres e também as pessoas comuns a ajudarem na luta, e não para até o fogo ser apagado. No entanto, quando o soberano está ausente, as coisas funcionam de forma bastante distinta. As pessoas assistem os incêndios com indiferença e não fazem nada para ajudar a apagá-los. É inútil ensiná-los ou até mesmo lhes oferecer dinheiro; eles simplesmente esperam até surgir a chance de poderem roubar algo".

O outro perigo natural que pairava em volta da cidade era as enchentes. Petersburgo foi construída no nível do mar e, sempre que o rio Neva subia mais do que alguns centímetros, a cidade se via inundada. Pedro escreveu a Menchikov em 1706:

> Antes de ontem, o vento oeste-sudoeste soprou contra as águas de forma que eles afirmam nunca terem visto antes. Em minha casa, a água atingiu cinquenta centímetros acima do chão e, no jardim e nas ruas em volta, as pessoas se deslocavam livremente em barcos. Todavia, a água não permaneceu alta por muito tempo – menos de três horas. Foi interessante observar como as pessoas – não apenas os camponeses, mas também suas esposas – subiram nos telhados e nas árvores durante a enchente. Embora a água tenha subido bastante, não causou grandes danos.

"No dia nove, à meia-noite, veio do mar, do sudoeste, um vento tão forte que a cidade ficou completamente debaixo d'água", escreveu um residente inglês em janeiro de 1711. "Muitas pessoas teriam se surpreendido e afogado se os sinos não tivessem tocado para acordá-las e fazê-las subir no telhado de suas casas. A maior parte das residências e do gado foi destruída". O Neva transbordava em quase todos os outonos, inundando os porões e destruindo os mantimentos. Eram tantas as tábuas e vigas de madeira que se soltavam que se tornou crime capital pegar esses objetos flutuando na água antes que o verdadeiro dono pudesse encontrá-los. Em novembro de 1721, outros dois fortes ventos sudoeste fizeram o rio transbordar, levando uma escuna de dois mastros pelas ruas e a deixando encalhada na lateral de uma casa. "Os danos são indescritíveis", reportou o embaixador francês a Paris. "Nem uma única casa sequer ficou como antes. As perdas são calculadas entre dois e três milhões de rublos. [Mas] o czar, como Filipe da Espanha [após a perda da Armada], tornou clara a grandeza de sua alma ao demonstrar tranquilidade".

MESMO QUINZE ANOS APÓS a fundação da cidade, enquanto palácios altos e repletos de janelas erguiam-se ao longo dos aterros do Neva e jardineiros franceses criavam canteiros de flores regulares e geométricos, a vida cotidiana em São Petersburgo permanecia, conforme a descrição de um estrangeiro, um "bivaque perigoso, que oferece apenas o essencial". Um problema estava no fato de a região não ser capaz de se sustentar. O delta do Neva, com suas grandes extensões de água, florestas e pântanos, raramente produzia boas colheitas e, às vezes, nos anos com maior pluviosidade, os produtos da agricultura apodreciam antes mesmo de amadurecerem. A natureza selvagem ajudava:

havia morangos, amoras e uma abundância de cogumelos, que os russos consumiam como uma iguaria, apenas com sal e vinagre. Também existiam pequenas lebres, cuja pelagem acinzentada tornava-se branca no inverno e que ofereciam uma carne seca e dura. Havia ainda gansos e patos selvagens. Os rios e lagos traziam abundância de peixes, mas os estrangeiros ficavam desapontados ao descobrir que não era possível comprar a mercadoria fresca. Os russos preferiam seus peixes salgados ou em conserva. Entretanto, apesar do que podia ser extraído do solo, das florestas e das águas, São Petersburgo teria passado fome sem o abastecimento vindo de fora. Milhares de carroças chegavam de Novgorod e até mesmo de Moscou durante os meses mais quentes, trazendo comida para a cidade; no inverno, esse contato era mantido com a ajuda de uma série de trenós. Se esses suprimentos atrasassem para chegar, mesmo que o atraso fosse muito breve, os preços imediatamente disparavam em São Petersburgo e nas cidades ao redor, porque, em uma reversão do processo normal, Petersburgo fornecia comida às cidades satélites.

Na floresta em volta de São Petersburgo, um horizonte infinito de bétulas selvagens, arbustos e pântanos, o viajante que se aventurasse a sair da estrada logo se perdia. As poucas fazendas na região ficavam em clareiras alcançadas por caminhos sem marcações. E nesses matagais e bosques vagavam ursos e lobos. Os ursos eram menos perigosos, pois no verão encontravam alimento suficiente e no inverno hibernavam. Os lobos, todavia, surgiam em grandes quantidades e em todas as estações, e no inverno apareciam em grandes alcateias de trinta ou quarenta membros. Isso acontecia quando a forme os levava a invadir as fazendas e caçar cachorros e atacar até mesmo cavalos e humanos. Em 1714, dois soldados de guarda na frente da fundição central de São Petersburgo foram atacados por lobos; um deles teve o corpo despedaçado e devorado ainda no local; o segundo conseguiu escapar, porém morreu logo depois. Em 1715, uma mulher foi devorada à luz do dia na ilha de Vasilevski, não distante do palácio do príncipe Menchikov.

Sem nenhuma surpresa, poucos russos escolhiam viver nessa região úmida, desolada e perigosa. Durante algum tempo, ela permaneceu vazia, quando as guerras e a praga assolaram os habitantes originais, falantes do finlandês. Pedro concedeu a terra a seus nobres e oficiais, e eles trouxeram suas famílias e, por vezes, vilas inteiras de camponeses do interior da Rússia para se instalarem ali. Essas pessoas simples, retiradas de suas colinas e campos agradáveis ao redor de Moscou, sofreram intensamente, mas não se rebelaram. "É surpreendente ver a resignação e a paciência com as quais esse povo, tanto de classes altas quanto de classes mais baixas, se submete a tais dificuldades", escreveu Weber. "Os mais comuns dizem que a vida não passa de um fardo para eles. Um ministro luterano me relatou que, na ocasião em que observou alguns camponeses russos mais simples, analisando sua crença, e lhes perguntou se eles sabiam o que deveriam fazer para alcançar a salvação eterna, eles responderam que era muito incerto se deveriam ou não ir para o paraíso, pois acreditavam que a felicidade eterna estava reservada para o czar e seus grandes boiardos".

Não eram apenas as pessoas comuns que detestavam São Petersburgo. Os nobres russos e embaixadores estrangeiros reclamavam e se perguntavam quanto tempo a cidade sobreviveria após a morte de seu fundador. A czarevna Maria declarou: "Petersburgo não vai sobreviver depois de nosso tempo. Que continue sendo um lugar deserto". Somente alguns viam a situação de forma mais positiva. Foi Menchikov quem afirmou que São Petersburgo viria a se tornar outra Veneza e que ainda viria o dia em que os estrangeiros viajariam para lá apenas por curiosidade e para desfrutar de sua beleza.

Os suecos nunca entenderam a ligação feroz de Pedro com aquele pântano. A determinação do czar em manter a nova cidade tornou-se o principal obstáculo para se alcançar a paz. Quando a sorte russa na guerra estava em baixa, Pedro mostrou-se disposto a desistir de tudo que havia conquistado na Livônia e na Estônia, mas jamais concordaria em entregar São Petersburgo e a foz do Neva. Poucos na Suécia entendiam que o czar havia dividido permanentemente o império sueco no Báltico, que essa divisão entre as províncias suecas bálticas em norte e sul, interrompendo as linhas de comunicação no delta do Neva, era um presságio da perda total. A maioria dos súditos de Carlos considerava essa perda como algo relativamente menor e apenas temporário, e acreditavam que Pedro não passava de um tolo. Cientes de que os ventos soprados do golfo faziam o delta do Neva transbordar e causavam enchentes em muitas das ilhas pantanosas, eles julgavam que o vento e a água logo destruiriam a jovem cidade. A nova colônia tornou-se alvo de piadas. A atitude dos suecos era como a de seu rei supremamente confiante: "Deixe o czar se cansar fundando novas cidades. Nós teremos a honra de tomá-las".

Pedro batizou a cidade de São Petersburgo em homenagem a seu santo padroeiro, e ela se tornou a glória de seu reinado, seu "paraíso", seu "éden", sua "querida". Em abril de 1706, escreveu a Menchikov: "Não tenho como não lhe escrever deste paraíso; a verdade é que, aqui, vivemos no céu". A cidade passou a representar, em tijolo e pedra, tudo o que era importante na vida de Pedro: sua fuga das intrigas obscuras, das janelas minúsculas e dos aposentos abobadados de Moscou; sua chegada ao mar; a abertura à tecnologia e à cultura da Europa Ocidental. Pedro adorava sua nova criação. Encontrava prazer infinito no grande rio fluindo para fora do golfo, nas ondas ricocheteando abaixo das muralhas da fortaleza, na brisa salgada que batia contra as velas de seus navios. A construção da cidade tornou-se sua paixão. Nenhum obstáculo era grande o bastante para evitar que o czar levasse a cabo seu plano. Em São Petersburgo, ele derramou sua energia, milhões de rublos e milhares de vidas. Inicialmente, a fortificação e a defesa foram suas maiores considerações, mas, menos de um ano depois, o czar já escrevia a Tikhon Streshnev, em Moscou, pedindo que flores fossem enviadas de Ismailovo, "especialmente as aromáticas. As peônias chegaram em ótimas condições, mas nada de bálsamo ou hortelã. Envie dessas". Em 1708, ele havia construído um aviário e pediu a Moscou "oito mil aves canoras, de várias espécies".

Depois de Pedro, uma sucessão de imperatrizes e imperadores transformaria a colônia inicial de madeira e barro em uma cidade deslumbrante, com uma arquitetura mais europeia do que russa, com cultura e forma de pensar mesclando a Rússia e o Ocidente. Uma longa fileira de palácios majestosos e prédios públicos amarelos, azul-claros, verde-claros e vermelhos surgiria ao longo do cais de granito de que fronteava a margem sul do Neva. Com a mistura de vento e água e nuvens, 150 pontes em arco ligando noventa ilhas, torres e cúpulas douradas, colunas de granito e obeliscos de mármore, São Petersburgo seria chamada de "Babilônia das Neves" e de "Veneza do Norte". Tornar-se-ia o manancial da literatura, da música e das arte russas, a casa de Pushkin, Gogol e Dostoievski, de Borodin, Mussorgski e Rimski-Korsakov, de Petipa, Diaghilev, Pavlova e Nijinski. Por dois séculos, a cidade também seria um palco no qual os destinos políticos da Rússia seriam decretados, enquanto os soberanos do país lutavam para governar o império da cidade que Pedro havia criado. E nessa cidade se passou o ato final do drama da derrubada da dinastia de Pedro. Até mesmo seu nome seria alterado pelo regime comunista, buscando honrar seu fundador, decidiu oferecer a Lênin "o que temos de melhor". O novo nome, todavia, fazia brotar um nó nas gargantas de muitos dos cidadãos da cidade. Para eles, ela continuava sendo apenas "Peter".

XXVIII

MENCHIKOV E CATARINA

Durante esses primeiros anos de guerra, surgiram duas pessoas que viriam a se tornar os companheiros mais próximos na vida de Pedro: Alexandre Menchikov e Marta Skavronskaia. Havia paralelos consideráveis entre eles: ambos saíram da obscuridade; conheceram-se antes de ela conhecer Pedro; ascenderam juntos – ele de cavalariço a príncipe poderoso; ela, de camponesa órfã a imperatriz, herdeira de Pedro e sucessora da soberania russa. Ambos sobreviveram ao gigante czar que os criara, mas não por muito tempo. Depois da morte de Pedro, a imperatriz Catarina logo se foi, e então o ambicioso cavalariço que havia subido ao topo caiu vertiginosamente de volta à terra.

O grande príncipe Menchikov era o mais poderoso sátrapa do império, *Herzenkind* ("filho do coração") de Pedro, a pessoa a quem ele mais amou, depois de Catarina, o único homem que realmente podia "falar pelo czar", que se tornou marechal de campo, primeiro senador, "Sua Alteza Sereníssima" e príncipe da Rússia, além de príncipe do Sacro Império Romano. O mais conhecido retrato de Menchikov mostra um homem com a testa alta, olhos verde azulados e astutos, nariz bem marcado e um bigode castanho, fino como se desenhado a lápis. Seu sorriso é tão enigmático quanto o da Mona Lisa. Num primeiro momento, parece ligeiramente receptivo e contente; num segundo olhar, mostra-se mais frio, mais distante. Ao se considerar a boca e os olhos, o sorriso e a feição geral o tornam decididamente calculista e antipático. Menchikov está vestido como um "potentado quase soberano" ocidentalizado, como Pushkin o chamava. Usa uma peruca de cabelos brancos e encaracolados, como um fidalgo de Luís XIV; a couraça blindada está coberta por um manto branco com toques de dourado que combinam com as franjas. Em volta de seu pescoço há um lenço de seda vermelha e, atravessada no peito, a enorme fita azul da Ordem de Santo André. A estrela da Ordem, junto com as estrelas da Ordem da Águia Branca polonesa e de outra ordem, está presa ao manto. Pode-se dizer, olhando para essa pintura, tratar-se de um homem extremamente sábio, enormemente poderoso e consideravelmente implacável.

O nome e a carreira de Alexandre Danilovich Menchikov estão intrinsecamente ligados à vida de Pedro, o Grande, embora as origens do famoso tenente do czar sejam cercadas de lendas. Alguns afirmam que seu pai foi um camponês lituano que enviara o filho a Moscou como aprendiz de confeiteiro, onde o jovem Alexashka vendia pequenos bolos e *pirojki*. Certo dia, nas ruas da cidade, segundo a história, os gritos animados do jovem esperto vendendo suas mercadorias atraíra a atenção de Lefort, que parara para conversar com ele, encantara-se e imediatamente o contratara para ajudar com seus serviços pessoais. Depois disso, embora Menchikov mal conseguisse assinar o próprio nome, sua sagacidade e inteligência brilharam tanto que ele foi logo percebido por Pedro. O czar também ficou intrigado pelo jovem inteligente e bem-humorado com aproximadamente a mesma idade dele, e então convenceu Lefort a se despedir de Menchikov e tornou Alexashka seu criado particular. A partir dessa posição – baixa, mas próxima do autocrata –, o jovem lançou mão de seu grande charme e de sua variedade de talentos úteis para se tornar um dos mais ricos e mais poderosos homens da Europa do século XVIII. Sua ousadia e seu atrevimento jamais o deixaram. Aliás, essas características o levaram a roubar exorbitantemente do Estado os fundos que lhe eram confiados e também o ajudaram a se escudar da raiva de um soberano furioso. Por fim, conta-se, Pedro ameaçou fazer o poderoso príncipe voltar a vender tortas nas ruas de Moscou. Naquela mesma noite, Menchikov apareceu diante de Pedro usando um avental e carregando uma bandeja de *pirojki* presa ao ombro, gritando: "Tortas quentes! Tortas quentes! Vendo *pirojki* recém-assados!". Pedro sacudiu a cabeça, descrente, explodiu em risos e mais uma vez perdoou seu favorito em erro.

Provavelmente a verdadeira história das origens de Alexandre Menchikov, todavia, seja apenas um pouco menos colorida. É quase certo que seu pai era um soldado que servia o czar Aleixo e que se tornou cabo em Preobrajenskoe. As origens da família eram provavelmente lituanas: o documento que fez de Menchikov um príncipe do Sacro Império Romano declarava que o novo príncipe era descendente de uma família lituana antiga e nobre. "Antiga" e "nobre" podem ter sido acrescentadas para facilitar a concessão do título pelo extremamente conservador imperador Habsburgo, mas há evidências de que familiares de Menchikov eram proprietários de terra na região de Minsk, à época parte da Lituânia.

Independentemente de seus antecedentes, Menchikov nasceu em novembro de 1673, um ano e meio depois de Pedro, e passou a infância como cavalariço na propriedade imperial de Proebrajenskoe. Desde o início da juventude, compreendeu o valor da proximidade com o czar. Foi um dos primeiros jovens a se inscrever como soldado nas brincadeiras militares de Pedro. Em 1693, foi listado como artilheiro – a parte favorita do exército de Pedro – nas Guardas Preobrajenski. Como sargento, ficava próximo ao czar sob as muralhas de Azov e, quando Pedro estava criando sua Grande Embaixada para a Europa Ocidental, Menchikov foi um dos primeiros voluntários a ser escolhido. Nessa época, havia sido apontado como *dentchik*, um dos jovens apontados como ajudantes pessoais do czar. A tarefa de um *dentchik* consistia em ajudar o soberano durante dia e noite, dormindo no quarto ao lado ou, quando o czar estava viajando, no chão, aos pés da cama real. Ao lado de Pedro, Menchikov trabalhou nos estaleiros de Amsterdã e Deptford. Estava em posição quase igual à do czar na carpintaria naval e era o único russo além do soberano a demonstrar uma verdadeira aptidão para a tarefa. Na companhia de Pedro, visitou oficinas e laboratórios ocidentais, aprendeu a falar um pouco de holandês e alemão e adquiriu uma polidez superficial da sociedade bem-educada. Adaptável e de rápida aprendizagem, continuou sendo um russo perfeito e, como tal, era quase o protótipo do tipo de homem que Pedro desejava criar na Rússia. Ali estava pelo menos um súdito que tentava absorver as novas ideias do czar, que estava disposto a deixar de lado os antigos costumes russos e que não apenas era inteligente e talentoso o bastante, mas também ansioso por ajudar.

Ao retornar da Europa, Menchikov foi incluído nas diversões da Companhia da Alegria de Pedro. Com 1,82 metro de altura, robusto, ágil e bom nos esportes que Pedro gostava, tornou-se uma figura proeminente em Preobrajenskoe, onde era conhecido por seu apelido, Alexashka, ou por seu patronímico, Danilovich. Apareceu na lista de "melhor companhia de cantores de cânticos de Natal na casa do general Gordon" e teve participação entusiasmada na execução dos Streltsi. Pedro deu-lhe uma casa e, em dois de fevereiro de 1699, na presença do czar, ela foi consagrada de acordo com os "ritos de Baco".

Inevitavelmente, a rápida ascensão do jovem gerou escárnio sussurrado por suas costas a respeito de suas origens obscuras e de sua falta de educação. "Por nascimento", declarou o príncipe Boris Kurakin, "Menchikov é mais baixo do que um polaco". Korb escreveu depreciativamente sobre "aquele Alexandre que é tão notável na corte por meio das graças do czar", e reportou que o jovem favorito já estava vendendo sua influência para comerciantes e outros homens que precisassem de ajuda com vários ramos do governo. Whitworth, o ministro inglês, reportou em 1706: "Fui informado por fontes fidedignas de que Menchikov não sabe ler ou escrever", uma alegação que era apenas parcialmente verdadeira. Menchikov tinha aprendido a ler, mas sempre escreveu com a ajuda de um secretário, assinando o próprio nome com uma mão árdua e trêmula.

De qualquer forma, apesar de seus depreciadores, Menchikov continuou sua ascensão. Seu tato, otimismo, forma misteriosa de compreender e quase prever todas as ordens e os humores de Pedro, sua aceitação e resistência à fúria e até mesmo aos golpes violentos do czar tornavam-no único. Quando Pedro, ao retornar da Europa, acusou o general Shein de vender comissões no exército e, durante um banquete, empunhou a espada para atingir o transgressor, foi Lefort quem desviou o golpe e salvou-lhe a vida, mas foi Menchikov quem enfrentou e acalmou o czar. Não muito tempo depois, durante a festa de batismo do filho do embaixador dinamarquês, Pedro viu Menchikov usando uma espada na pista de dança. Horrorizado com aquela falta de etiqueta cometida na presença de estrangeiros, Pedro atacou o transgressor com um soco no rosto, arrancando-lhe sangue do nariz. Na primavera seguinte, em Voronej, Menchikov inclinou-se para sussurrar algo ao ouvido de Pedro e foi recompensado com um surto de raiva e outro golpe no rosto, dessa vez tão forte a ponto de fazer a vítima se estatelar no chão. Menchikov aceitou esse abuso não apenas com resignação, mas com um bom humor infalível. Com o tempo, sua compreensão dos humores de Pedro e sua disposição em aceitar o que o czar oferecia, fosse um favor ou um golpe, tornaram-no indispensável ao czar. Ele deixava de ser um servo para se tornar um amigo.

Em 1700, com a eclosão da guerra, Menchikov continuava ligado à casa privada do czar – uma carta enviada a ele por Pedro naquele ano indica que ele cuidava especialmente do guarda-roupa de Pedro. No entanto, quando a guerra teve início, Menchikov nela mergulhou, demonstrando um talento para o comando militar tão grande quanto para tudo o mais. Ele estava com Pedro em Narva e partiu com o czar antes de a desastrosa batalha ter início. Durante as operações em Ingria, em 1701, conduzidas pessoalmente por Pedro, Menchikov se sobressaiu como tenente dele. Depois do cerco e da captura de Nöteborg (agora Schlüsselburg), ele foi nomeado governador da fortaleza. Participou do avanço pelo Neva, da tomada de Nyenskans e da emboscada e captura da flotilha sueca na foz do rio. Com a fundação de São Petersburgo em 1703 e a construção da Fortaleza de Pedro e Paulo, recebeu a responsabilidade da edificação de um dos seis grandes bastiões que seria depois batizado com seu nome.

Naquele mesmo ano, tornou-se Governador Geral da Carélia, Ingria e Estônia. Em 1703, para agradar o czar, Pedro Golitsyn, enviado à corte imperial em Viena, fez com que Menchikov fosse nomeado conde da Hungria. Em 1705, o imperador José tornou Alexashka príncipe do Sacro Império Romano. Dois anos mais tarde, após a vitória de Menchikov sobre os suecos em Kalisz, na Polônia, Pedro concedeu-lhe o título russo de príncipe de Ijora, além de grandes propriedades. Significativamente, apenas duas semanas após receber essas terras, o novo príncipe escreveu para descobrir o número de paróquias e pessoas que lá existiam, quais receitas podiam ser cobradas delas e para ordenar que, nas cerimônias religiosas nas igrejas do distrito, seu nome fosse mencionado com o do czar.

Muito mais importante do que os títulos ou a riqueza – pois tanto os títulos quanto a riqueza dependiam completamente desse fator – era a amizade de Pedro. A morte de Lefort em 1699 deixou o czar sem amigos próximos a quem pudesse revelar tanto sua grandeza quanto sua mesquinhez, suas visões, suas esperanças e seu desespero. Menchikov assumiu esse papel e, durante os primeiros anos de guerra, a amizade de Pedro se transformou em profunda afeição. Alexashka seguiria Pedro a qualquer lugar e apoiaria qualquer empreitada que o czar comandasse. Ele podia ser companheiro nas festas e bebedeiras, o confidente das aventuras amorosas, o comandante da cavalaria e um ministro do governo de Pedro – todos com igual devoção e habilidade. Conforme a relação pessoal entre eles se tornava mais íntima, a forma do czar se dirigir a Menchikov mudou. Em 1703, ainda o chamava de *Mein Herz* e *Mein Herzenchen*. Em 1704, tornou-se *Mein Liebster Kamerad* e *Mein Liebster Freund*. Depois disso, *Mein Bruder*. Pedro terminava suas cartas a Menchikov com as linhas: "Tudo está bem. Que Deus me permita vê-lo alegre novamente. Você sabe".[1]

---

[1] Havia algo mais? Whitworth escreveu que "alguns pensavam que a intimidade entre os dois se parecia mais com amor do que com amizade, uma vez que brigavam e se reconciliavam frequentemente". No entanto, de fato não há evidência de qualquer relação homossexual entre Pedro e Menchikov. (N. A.)

Conforme a vida de Menchikov progredia, ele continuava sendo banhado em honras e recompensas – e seus inimigos proliferavam. Para eles, aquele homem parecia adulador, ambicioso e, quando tinha poder, despótico. Sabia ser duro e cruel e nunca se esquecia de um desserviço prestado. Sua maior falha, e diversas vezes sua quase ruína, era a cobiça. Nascido sem nada e em seguida cercado por oportunidades de adquirir riqueza, agarrava tudo o que conseguia. Conforme Menchikov ficava mais velho, esse traço tornava-se mais pronunciado – ou, pelo menos, mais difícil de ser escondido. Pedro, ciente que seu velho amigo estava usando o cargo para acumular riqueza e frequentemente roubando diretamente do Estado, tentou várias vezes contê-lo. Menchikov foi arrastado diante dos tribunais de justiça, destituído de seus poderes, multado, até mesmo espancado pelo czar furioso. No entanto, a camaradagem de trinta anos sempre intervinha, a fúria de Pedro abrandava e Menchikov retornava a seu posto.

De fato, ele era muito mais do que um bajulador inteligente e ganancioso. Embora tivesse subido às alturas nas costas do czar, era indispensável a Pedro como amigo. Tornou-se, de certa forma, o alter ego do soberano; sabia tão bem como o czar reagiria a qualquer situação que seus comandos eram aceitos como se fossem os do próprio Pedro. "Ele faz o que quer sem pedir minha opinião", o czar declarou certa vez a respeito de Menchikov. "Mas eu, por minha vez, nunca decido nada sem consultar a opinião dele." Para o bem ou para o mal, Menchikov ajudou Pedro a criar a nova Rússia.

As origens de Marta Skavronskaia são ainda mais obscuras do que as de Menchikov. Sua vida antes do encontro com o czar, ocorrido em 1703, quando ela tinha dezenove anos, é apenas uma conjectura. A história mais provável é que ela tenha sido uma de quatro filhas de um camponês lituano, possivelmente católico, chamado Samuel Skavronski. Skavronski havia se mudado da Lituânia e se instalado na província sueca da Livônia, onde, em 1684, na vila de Ringen, perto de Dorpat, Marta nasceu. Quando ela ainda era criança, seu pai morreu em decorrência da peste, sendo logo seguido pela mãe. Os filhos carentes foram separados e Marta foi adotada pela família do pastor Ernst Gluck, ministro luterano de Marienburg. Embora não fosse exatamente uma serviçal, esperava-se que ela se mostrasse útil na casa, lavando roupas, costurando, assando pães e cuidando das outras crianças. Parece provável que a jovem não fosse considerada membro pleno da família, pois, nesta casa de pessoas relativamente bem-educadas, nenhum esforço foi feito para alfabetizá-la, e ela deixou a família Gluck sem saber ler ou escrever.

Na adolescência, Marta tornou-se uma jovem formosa e forte, cujos olhos escuros e cálidos e figura encorpada atraíam a atenção. Há uma história de que *Frau* Gluck passou a ficar desconfiada do efeito que a moça poderia causar em seus filhos e até mesmo no pastor. Marta, consequentemente, foi encorajada a aceitar a corte de um dragão sueco cujo regimento ficava na vizinhança. Ficou noiva dele e, de acordo com rumores, chegou a permanecer casada durante o breve período de oito dias no verão de 1702. A essa altura, os rápidos sucessos dos russos invasores subitamente obrigaram o regimento do noivo a evacuar Marienburg. Marta nunca voltou a vê-lo.

Com a retirada sueca, o distrito de Dorpat caiu nas mãos do exército russo de Sheremetev e, junto com toda a população, o pastor Gluck e sua família foram levados como prisioneiros. Sheremetev, um homem sofisticado, recebeu gentilmente o clérigo luterano e aceitou a oferta de Gluck para ir a Moscou e servir o czar como tradutor. A atraente jovem abandonada, Marta, entretanto, não seguiu para Moscou, mas permaneceu por seis meses realizando serviços domésticos para Sheremetev – uma história apresenta a vívida imagem da garota sendo levada ao acampamento do marechal de campo envolta apenas no manto de um soldado para cobrir sua nudez. Alguns afirmam que ela tornou-se sua amante, o que não seria impossível, embora nada indique que uma relação desse tipo realmente tenha existido entre a jovem analfabeta de dezessete anos e o culto marechal de campo de meia-idade. Posteriormente, como esposa de Pedro, ela não guardou mágoas de Sheremetev – por outro lado, tampouco o favoreceu. Em suma, nada, com exceção da proximidade, sugere qualquer intimidade entre os dois, e a probabilidade maior é a de que a futura imperatriz fosse uma trabalhadora na casa de Sheremetev, e nada além disso.

A relação de Marta com seu protetor seguinte, Menchikov, foi mais próxima e mais complexa. Ele já se sobressaía como o favorito do czar quando, ao visitar Sheremetev, avistou-a. A graciosidade de Marta havia aumentado; suas mãos, antes vermelhas por conta do trabalho, tinham se tornado mais claras e macias com seu novo papel, que envolvia um trabalho menos árduo. Ela havia aceitado a fé ortodoxa e adotado o nome russo de Ekaterina (Catarina). Ninguém sabe ao certo como Menchikov convenceu Sheremetev a transferir a jovem lituana para sua casa – alguns dizem que ele simplesmente a comprou. De qualquer forma, no outono de 1703, ele a levou a Moscou.

Existe a possibilidade de, durante esses meses, a mulher de dezoito anos ter dividido a cama com o favorito, então com 32 anos. Independentemente de isso ser ou não verdade, um laço se formou entre eles durante esse período, tornando-se inquebrável e durando toda a vida. Eles seriam as duas pessoas mais poderosas no império russo depois do czar, mas, por conta de suas origens humildes, ambos dependiam totalmente de Pedro. Além da proteção do soberano, a única força que a esposa ou o favorito possuíam era o apoio e a aliança um do outro.

De fato, não há provas de que Catarina tenha sido amante de Menchikov e, aliás, existem evidências circunstanciais de que ela não foi. Durante esses anos, ele estava fortemente ligado a um grupo de jovens que carregavam o título de Damas de Boiardos e cujas obrigações consistiam apenas em serem companheiras das senhoras reais. Em 1694, após a morte da mãe de Pedro, a animada irmã mais nova do czar, Natália, mudou-se para viver com ele naquele mundo masculino de Preobrajenskoe, trazendo consigo um pequeno grupo dessas damas, incluindo duas irmãs, Dária e Barbara Arseneieva, filhas de um oficial na Sibéria. Menchikov, como amigo de Pedro, era bem-vindo na corte feminina em volta de Natália, e lá logo desenvolveu uma ligação com a bela Dária Arseneieva. Por meio de seu secretário, ele escrevia regularmente a ela de onde quer que estivesse, além de lhe enviar anéis e joias. Ela escrevia de volta e lhe enviava roupões de banho, roupas de cama e camisas. Em 1703, quando Menchikov retornou a Moscou triunfante por suas vitórias militares na Ingria, as irmãs Arseneieva foram viver na casa que as duas irmãs dele haviam mantido. Foi para essa mesma casa que Menchikov levou Catarina. Embora fosse possível que, enquanto cortejando uma dama de berço mais elevado, ele tivesse se divertido com uma jovem serva lituana, Menchikov estava muito apaixonado por Dária, que posteriormente viria a se tornar sua esposa.

Quando Pedro conheceu Catarina, no outono de 1703, ela era um membro da casa de Menchikov com um *status* que, embora incerto para nós, devia ser muito claro para ele. Catarina era suficientemente importante para ter acesso ao czar e conversar com ele; embora ele tivesse 31 anos e ela apenas dezenove, Pedro a admirava. A relação de doze anos do soberano com Anna Mons estava entrando em colapso.[2] Ali, diante dele, estava uma jovem forte,

---

2   Anna, ao perceber que Pedro estava se afastando, tentou reestimular seu interesse flertando com Keyserling, um enviado da Prússia. O enviado respondeu exageradamente, apaixonando-se e propondo casamento. A reação de Pedro foi expulsar Anna da propriedade dela e despi-

saudável, atraente e com o frescor da juventude. Marta estava longe de ter uma beleza clássica, mas seus olhos negros e aveludados, seus cabelos loiros e pesados (que ela posteriormente tingiria de negros para disfarçar a aparência de sua pele bronzeada) e seus seios fartos já haviam atraído os olhares de um marechal de campo e de um futuro príncipe; o czar não era menos observador.

Independentemente de sua situação anterior, desse momento em diante Catarina passou a ser amante de Pedro. Por conveniência, ela continuou vivendo na casa de Menchikov em Moscou, uma habitação que, nessa época, estava repleta de mulheres. Inicialmente, a casa havia sido mantida para Menchikov por suas duas irmãs, Maria e Anna, mas, em dezembro de 1703, Anna melhorou muito a fortuna da família ao se casar com um aristocrata, Aleixo Golovin, o irmão mais novo de Teodoro Golovin, chefe do Ministério das Relações Exteriores. Agora também viviam na casa as duas irmãs Arseneieva, Barbara e Dária, sua tia, Anísia Tolstói, e Catarina.

Em outubro de 1703, Pedro foi a Moscou para passar cinco semanas com essa incomum "família" Menchikov; então ele foi embora, mas retornou em dezembro para ficar até março. Logo Dária e Catarina estavam viajando juntas para se unirem a Menchikov e Pedro em cidades próximas, onde o exército estava acampado. Durante vários anos, esse quarteto permaneceu tão próximo que, quando um dos homens estava afastado dos outros, ele se mostrava triste e solitário. Pedro e Menchikov com frequência estavam separados; Menchikov, como comandante cada vez mais bem-sucedido da cavalaria e dos dragões, visitava constantemente a Lituânia e a Polônia. As duas mulheres, sempre viajando juntas por questões de conveniência, não podiam estar com ambos os homens ao mesmo tempo; como consequência, Pedro ou Menchikov assiduamente se via reduzido a escrever cartas chorosas aos outros três. No inverno de 1704, Catarina teve um filho chamado Pedro e, em março de 1705, o czar escreveu a ela e a Dária: "Quase não me sinto contente aqui. Ah, mamães! Não abandonem meu pequeno Petrushka. Mandem-lhe fazer algumas roupas, façam o que for preciso, mas garantam que ele tenha suficiente para comer e beber. E mandem minhas saudações, damas, a

---

-la de seus privilégios, tomar de volta o retrato cravejado com diamantes e colocá-la junto com a irmã e a mãe em prisão domiciliar. Posteriormente, todavia, o czar cedeu, e o casamento com Keyserling aconteceu. Anna viveu como esposa (e depois viúva) do embaixador até 1715, quando morreu no Subúrbio Alemão. (N. A.)

Alexandre Danilovich. Vocês demonstraram grande indelicadeza para comigo ao não me escreverem sobre sua saúde". Em outubro de 1705, um segundo filho, Paulo, nasceu; em dezembro de 1706, veio ao mundo uma filha, a quem chamariam de Catarina.

Então, na primavera de 1706, um Menchikov solitário e distante no campo de batalhas enviou a Dária como presente cinco limões — tudo o que conseguiu reunir — sugerindo que ela os dividisse com o czar. Pedro escreveu para agradecer Menchikov pelas frutas, mas também para convocá-lo a ir a Kiev. "É muito necessário que você venha no Dia da Assunção para realizar o que já discutimos bastante antes de eu sair". A questão em que Pedro agora insistia fortemente era o casamento de Menchikov com Dária, algo que já povoava sua mente por algum tempo. De São Petersburgo, ele havia escrito a Menchikov, dando-lhe um empurrão. "Como você sabe, estamos vivendo no Paraíso, mas uma ideia em momento algum saiu de minha mente – uma ideia que você conhece bem, que coloco minha confiança não na vontade humana, mas na vontade e misericórdia divinas". Menchikov havia prometido repetidas vezes, e repetidas vezes o casamento fora adiado.

A insistência de Pedro nesse casamento vinha de seu desejo de regularizar a situação na qual os dois casais estavam vivendo. Isso acalmaria os boatos sobre o quarteto – incluindo duas mulheres solteiras – vagando desavergonhadamente pela Rússia. Não que isso faria as conversas cessarem por completo; somente um casamento com Catarina, que lhe dava filhos regularmente, acabaria com os boatos, mas, quanto a isso, ele hesitava enquanto Eudóxia continuava viva. Mesmo assim, o casamento de Menchikov seria um primeiro passo. Dária vira a se tornar uma matriarca respeitável, com quem Catarina poderia viajar. Finalmente, em agosto de 1706, Menchikov concordou, e Dária tornou-se a esposa com quem ele compartilhava seus pensamentos e seus fardos, que cuidava de seus confortos e o acompanhava sempre que possível nas viagens e campanhas.

Com Menchikov casado, Pedro pensou em dar ele mesmo o mesmo passo. De muitas formas, isso parecia trazer mais riscos do que vantagens. Os russos tradicionais achariam um ato de loucura o soberano se casar com uma camponesa estrangeira e analfabeta. Em tempos de crise nacional, quando Pedro forçava os russos a se sacrificarem pesadamente pelo Estado, poderia ele realizar tamanho ultraje sobre seus súditos sem causar sérios problemas? Por fim, esses argumentos, por mais fortes que fossem, acabaram deixados de lado pela necessidade que o czar sentia de ter essa mulher extraordinária ao seu lado. Então, quinze meses mais tarde, em novembro de 1707, ele seguiu o exemplo de Menchikov e também se casou. A cerimônia privada foi realizada em São Petersburgo, sem a fanfarra que envolvera o casamento do príncipe. Por algum tempo, muito embora Catarina tivesse lhe dado três, depois quatro, depois cinco filhos, Pedro continuou mantendo o casamento em segredo do povo e até mesmo de seus ministros e alguns membros da família.

Catarina estava contente com seu novo status (jamais, em nenhum momento de sua impressionante ascensão, ela imaginou que subiria tão alto), mas, conforme continuava tendo filhos e atraindo as afeições profundas de seu marido, Pedro começou a se preocupar com ela. Em março de 1711, antes de partir com Catarina na campanha no Prut contra os turcos, o czar chamou sua irmã Natália, sua cunhada, Praskovaia e duas das filhas de Praskovaia. Apresentando-as a Catarina, contou-lhes que ela era sua esposa e que deveria ser considerada a czarina russa. Planejava casar-se com ela em público assim que possível, mas, se ele morresse antes disso, elas deveriam aceitar Catarina como sua esposa legal.

Em fevereiro de 1712, o czar manteve a palavra e se casou novamente com Catarina – dessa vez ao som de tambores e trombetas, com o corpo de diplomatas presente, oferecendo um banquete magnífico e um show de fogos de artifício. Antes da cerimônia, Catarina havia sido recebida publicamente e batizada na Igreja Russa com seu enteado, o czarevich Aleixo, apresentado como seu padrinho. Depois disso, a publicamente proclamada czarina passou ser chamada de Catarina Alexeievna.

A nova esposa tinha qualidades que Pedro jamais havia encontrado em outra mulher. Era calorosa, contente, cheia de compaixão, bondosa, generosa, adaptável, reconfortante, robustamente saudável e detentora de grande vitalidade. Em meio a todos os seguidores do czar, ela e Menchikov eram os que mais se aproximavam da energia fenomenal de Pedro. Catarina tinha um bom senso capaz de perceber o que havia por trás da adulação e notar uma traição. Falava um linguajar simples, direto e sincero, como o de Pedro. Em particular, sabia usar seu bom humor e tratar Pedro como um garoto crescido; em público, tinha tato para permanecer em segundo plano. Contava com inteligência e compaixão suficientes para compreender as responsabilidades e o caráter de Pedro. Com sua boa natureza, não se sentia ofendida, independentemente do quanto ele estivesse mal humorado ou do quanto seu comportamento fosse ultrajante. Alexander Gordon, genro de Patrick Gordon, explicou que "o grande motivo que levava o czar a gostar tanto dela era o bom humor; ela nunca foi vista irritadiça ou rabugenta; era prestativa e educada com todos, sem jamais se esquecer de sua condição anterior".

Melhor do que qualquer outra pessoa, Catarina sabia lidar com os ataques de convulsão de Pedro. Quando os primeiros sintomas desses ataques apareciam, os ajudantes do czar corriam em busca de Catarina, que aparecia de imediato e firmemente o colocava deitado, ajeitava a cabeça do marido em seu colo e acariciava-lhe suavemente os cabelos e as têmporas até a crise passar e ele dormir. Enquanto Pedro repousava, ela permanecia em silêncio por horas, embalando-lhe a cabeça, fazendo carícias leves quando ele se mexia. Pedro sempre acordava revigorado. No entanto, a necessidade que sentia por ela ia muito além desse cuidado. As qualidades da mente e do coração de Catarina eram tais que ela era capaz de não apenas acalmá-lo, distraí-lo, amá-lo, mas também de participar de sua vida íntima, conversar sobre assuntos sérios, discutir as visões e os projetos do marido, encorajar suas esperanças e aspirações. Não apenas sua presença o confortava, como sua conversa o animava e lhe dava equilíbrio.

Pedro nunca se mostrou muito interessado nas mulheres por seu elixir feminino especial e misterioso. Não tinha tempo para se divertir com damas maravilhosas e inteligentes no contexto da vida na corte como fazia Luís XIV. Estava ocupado demais com a guerra e o governo para participar de campanhas épicas de conquistas físicas similares às realizadas por Augusto da Saxônia-Polônia. Depois de seu casamento com Catarina, teve amantes ocasionais, mas elas não invadiam seus pensamentos e, portanto, não contavam muito. Em sua vida, Pedro se importou muito com apenas quatro mulheres: sua mãe, sua irmã Natália, Anna Mons e Catarina. Dessas, sua mãe e Catarina ocupavam posições mais altas – e Catarina alcançou isso, em parte, tornando-se uma espécie de segunda mãe do czar. O amor total e indiscriminado que ela ofereceu a Pedro era similar ao de uma mãe, constante mesmo quando o filho se comporta de forma terrível. Por isso, ele confiava plenamente em Catarina. Ela, como Natália Naryshkin ou, em menor escala, Lefort, que também o amava indubitavelmente, podia abordá-lo mesmo nos momentos de raiva incontrolável para acalmá-lo. Nos braços de Catarina, Pedro conseguia passar noites em paz. Com frequência, especialmente nos primeiros anos, ela aparecia em suas cartas como *Moder* ou *Moeder*. Mais tarde, tornou-se sua Katerinushka. Assim, pouco a pouco Catarina tomava um espaço cada vez maior na vida e no coração de Pedro. Ele pode ter se envolvido em alguma infidelidade ocasional com alguma jovem bela, mas Catarina, quieta e segura por saber que era indispensável, apenas sorria.

Essa amizade e esse amor, além da força e da resistência de Catarina, foram manifestados no nascimento de doze filhos – seis homens e seis mulheres. Dez deles morreram ainda na primeira infância ou após poucos anos de vida. Existe *pathos* se lermos os nomes e as datas, pois Pedro e Catarina usaram os mesmos nomes várias vezes na esperança de que o novo Pedro ou Paulo ou a nova Natália teriam mais sorte do que a outra criança com o mesmo nome que havia sido enterrada.[3] As duas filhas que viveram até a idade adulta foram Ana, nascida em 1708, que se tornou duquesa de Holstein e mãe do imperador Pedro III, e Isabel, nascida em 1709, que governou como imperatriz de 1740 a 1762. Embora a morte de crianças fosse bastante normal na época, esse fato não diminuía a dor de uma mãe que tão frequentemente enfrentava a gravidez, o trabalho de parto, a esperança e, em seguida, o funeral.

Em todos os aspectos da vida, Catarina foi o oposto de uma princesa do *terem* ou do *bourdoir*. Combinando a força física de uma camponesa destemida com seu forte desejo de ficar próxima a seu homem, ela viajava constantemente com Pedro pela Rússia, Polônia, Alemanha, Copenhague e Amsterdã. Duas vezes – primeiro contra os turcos no Prot e depois conta os persas ao longo do Cáspio – ela acompanhou Pedro em campanhas militares, enfrentando sem reclamar as dificuldades da marcha e a violência barulhenta da batalha. Viajando por dois ou três dias no lombo de um cavalo, dormindo em tendas no chão, perto do trovão da artilharia, e até mesmo vendo uma bala atingir um dos homens que a auxiliava, Catarina saiu imperturbada.

Não era nem hipócrita, nem delicada, mas sim uma companheira que Pedro desejava ao seu lado inclusive durante as bebedeiras. Catarina amigavelmente obedecia, embora, quando podia fazer isso sem enfurecer seu marido, exercia uma influência em busca da moderação. Durante uma dessas orgias de bebida excessiva, Catarina bateu à porta do quarto no qual Pedro estava

---

[3] Aqui está a melancólica lista: Pedro (nascido em 1704, morto em 1707), Paulo (nascido em 1705, morto em 1707), Catarina (nascida em 1707, morta em 1708), Anna (nascida em 1708, morta em 1728), Isabel (nascida em 1709, morta em 1762), Natália (nascida em 1713, morta em 1715), Margarida (nascida em 1714, morta em 1715), Pedro (nascido em 1715, morto em 1719), Paulo (nascido e morto em 1717), Natália (nascida em 1718, morta em 1725), Pedro (nascido e morto em 1723), Paulo (nascido e morto em 1724). (N. A.)

trancafiado com alguns de seus amigos embriagados. "É hora de ir para casa", ela anunciou. A porta se abriu e o czar obediente a seguiu a caminho de casa.

No entanto, Catarina não era tão durona ou masculina no sentido de não ter interesses femininos. Aprendeu a dançar e realizava os mais complicados passos com precisão e graça, um talento que passou à filha Isabel. Adorava roupas e pompas ornamentais. Podia ser a esposa-soldado de Pedro e dormir em tendas, mas, quando a campanha chegava ao fim, gostava de usar joias e belos vestidos e de viver em palácios. Os interesses do czar eram simples: quanto menor sua casa e mais baixo o teto, mais feliz ele estava. No entanto, para Catarina ele construiu palácios e jardins em São Petersburgo, em Peterhof e em Reval. Ali, nessa corte, as túnicas adornada com tranças simples que serviam para Pedro eram insuficientes. Os cortesãos de Catarina usavam seda, veludo e brocados bordados com ouro e prata, com rufos de rendas delicados nas mangas e botões de diamante e pérola. A maioria dos retratos pintados depois de ela atingir os trinta anos e ser publicamente reconhecida como czarina mostra uma dama robusta, de seios brancos, com cabelos negros, olhos escuros amedoados, sobrancelhas pesadas e uma boca atraente e bem delineada. Em geral, ela aparece usando diadema de pérolas e rubis, vestido de brocado contornado por renda, e um manto refinado de arminho, geralmente deslizando causalmente por seu ombro direito, além da faixa vermelha da Ordem de Santa Catarina, que Pedro criou em sua homenagem.

De qualquer forma, apesar de seu amor pela pompa, Catarina nunca negou que suas origens eram humildes, e mesmo como esposa de Pedro e czarina, submetia-se sempre à realeza estrangeira. Um diplomata alemão, ao descrever Catarina em 1717, toca tanto em sua aparência quanto em suas maneiras:

> A czarina estava no auge da vida e não demonstrava sinais de ter possuído beleza. Era alta e forte, de pele excessivamente escura, que pareceria ainda mais escura não fosse o rouge e o pó branco que lhe cobria o rosto. Não havia nada desagradável em seus modos, e qualquer um que se lembrasse das origens da princesa as deixaria rapidamente de lado. [...] Ela demonstrava um grande desejo de agradar. [...] Seria justo dizer que, se essa princesa não tinha todos os charmes de seu sexo, tinha toda a gentileza feminina. [...] Durante sua visita a Berlim, demonstrou grande deferência à rainha, e que fique entendido que sua fortuna extraordinária não a fez esquecer a diferença existente entre aquela princesa e ela mesma.

A mais gráfica concretização da ligação entre Pedro e Catarina e da força que se tornava mais intensa ao longo dos anos apareceria nas cartas trocadas entre eles. Sempre que os dois estavam distantes, ele escrevia a cada três ou quatro dias descrevendo sua solidão, sua preocupação com a saúde da esposa e a reassegurando sobre a sua própria, dividindo sua ansiedade quando a notícia era ruim e seu júbilo quando era boa. A única reclamação de Pedro residia no fato de ela não responder com a frequência ou a rapidez que ele desejaria. As respostas de Catarina, que tinham de ser ditadas a um secretário e, portanto, não eram compostas de forma tão natural quando as dele, eram repletas de afeição, preocupação pela saúde do czar e notícias dos filhos. Ela em momento algum reclama nem oferece conselhos sobre as políticas ou a personalidade do marido. Em ambos os lados, o tom é positivo, preocupado e gentil, com brincadeiras internas, repreensão mútua sobre outros romances e promessas mútuas de amor. ("Se você estivesse aqui", escreve Catarina a seu marido, "logo haveria outro Shishenka [o apelido que eles deram a um de seus filhos pequenos].") Quase sempre, as cartas de ambos os lados eram acompanhadas por pequenos pacotes com frutas, peixe salgado, novas roupas ou roupões para Pedro, ou ostras para Catarina, algo que ela adorava.

Pedro escreveu de Lublin em 31 de agosto de 1709:

> Moeder: Desde que a deixei, não tenho notícias do que quero saber, especialmente de quando você estará em Vilna. Estou entediado sem você e acho que sente a mesma coisa. O Rei Augusto chegou. [...] Os poloneses estão constantemente em conferência sobre as questões de Ivashka Khmelnitski [ou seja, estão o tempo todo bebendo].

– Varsóvia, 24 de setembro de 1709

> [...] Obrigado pelo pacote. Envio-lhe alguns limões frescos. Você brinca sobre se divertir [com outras mulheres]; não temos isso, pois somos velhos e não esse tipo de pessoa. Mande minhas saudações a Titia [Dária]. O noivo dela [Menchikov] teve uma entrevista anteontem com Ivashka [ou seja, ficou bêbado] e sofreu uma queda feia no barco. Agora não pode fazer nada. Dê a notícia com cuidado a Titia, para que ela não tenha um colapso.

– Marienwerder, dezesseis de outubro de 1709

[...] Mande minhas lembranças a Titia. Já disse a seu noivo que ela se apaixonou por um monge, o que o deixou muito triste. E, por conta da dor, ele quer cometer algumas loucuras.

– Carlsbad, dezenove de setembro de 1711

Nós, graças a Deus, estamos bem; porém, nossas barrigas estão inchadas de água, pois bebemos como cavalos e não temos nada mais a fazer. [...] Você escreveu que, por conta da cura, não preciso me apressar para vê-la. Fica bastante evidente que encontrou alguém melhor do que eu. Por favor, escreva-me contando sobre isso. É um de nós, ou um homem saxão? Acho que se trata de um saxão e que você quer se vingar pelo que fiz dois anos atrás. É assim que as filhas de Eva agem conosco, os velhos.

– Greifswald, oito de agosto de 1712

Soube que você está chateada, e eu me sinto da mesma forma, mas deve saber que o trabalho não me deixa muito espaço para o tédio. Não acredito que eu vá conseguir sair daqui e voltar para você rapidamente, e, se os cavalos tiverem chegado, venha com os três batalhões que receberam ordens para seguir. Mas, pelo amor de Deus, tome cuidado para não se afastar cem metros dos batalhões, pois há muitos navios inimigos na laguna e os homens constantemente entram em grandes números nas florestas – florestas pelas quais você precisará passar.

– Berlim, dois de outubro de 1712

Cheguei aqui ontem e fui ver o rei. Ontem de manhã, ele veio até mim e, à noite, fui ver a rainha. Envio-lhe todas as ostras que consegui encontrar. Não consegui outras porque eles dizem que a peste se espalhou por Hamburgo e agora é proibido trazer qualquer coisa de lá.

– Leipzig, seis de outubro de 1712

Parto neste momento para Carlsbad e espero chegar amanhã. Suas roupas e outros itens chegaram, mas não consegui mais ostras. Com isso, entrego-a à guarda de Deus.

Em 1716, Pedro recebeu um óculos de Catarina. Ele respondeu:

Katerinushka, querida do meu coração, como você está? Obrigado pelo presente. Da mesma forma, envio-lhe algo daqui para retribuir. Os presentes são realmente adequados a quem os recebe: você me enviou um recurso para me ajudar nessa idade e eu lhe envio algo para adornar sua juventude.

– Pyrmont, cinco de junho de 1716

Recebi sua carta com o presente, e acho que você tem um espírito profético por ter enviado apenas uma garrafa, pois não posso beber mais do que uma taça por dia – portanto, essa quantidade é suficiente para mim. Você escreveu que não admite o fato de eu ser velho. Dessa forma, tenta encobertar seu primeiro presente [os óculos] para as pessoas não se darem conta. Porém, é fácil notar que pessoas jovens não usam óculos. Irei vê-la logo. A água está boa, mas as coisas andam cansativas por aqui.

– Altona, 23 de novembro de 1716

O quarto dente de Petrushka nasceu. Deus permita que todos os dentes nasçam tão bem e que nós o vejamos crescer, assim nos recompensando pelas antigas dores de termos perdido os irmãos dele.

Dois anos mais tarde, Catarina escreve a Pedro sobre esse mesmo filho:

– 24 de julho de 1718

Eu e as crianças, graças a Deus, estamos bem de saúde. Embora no meu caminho de volta a Petersburgo Petrushka estivesse um pouco fraco por conta de seu último dente, agora com a ajuda de Deus ele está bem, e três dentes nasceram na parte de trás. Eu lhe imploro, papaizinho, por proteção contra Petrushka, pois ele discute comigo sobre você, pois quando eu digo que o papai está longe, ele não gosta, mas prefere e fica contente quando eu digo que o papai está aqui.

– Reval, primeiro de agosto de 1718

Meus agradecimentos pelos figos, amiga, que chegaram em boas condições. Cortei os cabelos aqui e envio minhas mechas, embora eu saiba que não serão recebidas.

Em julho de 1723, apenas dezoito meses antes de morrer, Pedro voltou a escrever de Reval, onde havia construído para si uma pequena casa de estuque branco e, para Catarina, um palácio rosado repleto de ornamentos.

O jardim criado há apenas dois meses cresceu além do imaginável, pois os galhos das únicas árvores grandes que você viu em alguns pontos se esticaram pela rua. [...] As castanheiras todas têm belas copas. A casa está recebendo uma camada de gesso por fora, mas por dentro já se encontra pronta e, para dizer a verdade, não temos nenhuma outra casa tão bonita. Envio alguns morangos que amadureceram antes da nossa chegada, e também algumas cerejas. Estou bastante impressionado por as coisas estarem tão adiantadas por aqui, já que estamos na mesma latitude de Petersburgo.

É reconfortante ler essas cartas. Não muitas partes da vida de Pedro foram tão puras e felizes quanto sua relação com Catarina. Por meio dessas correspondências, temos a satisfação de saber que um homem cuja infância foi manchada pelo horror, cuja vida pública foi repleta de lutas, e cuja vida familiar passou pela apavorante tragédia do czarevich Aleixo teve ao menos alguns momentos de felicidade. Em Catarina, Pedro encontrou uma ilha em meio às tempestades.

XXIX

A MÃO DO AUTOCRATA

Nos primeiros anos de guerra – aliás, por todo o seu reinado –, Pedro esteve constantemente em movimento. Nove anos transcorreram entre as batalhas de Narva e Poltava; durante esse período, o czar jamais passou mais do que três meses em um único lugar. Primeiro em Moscou, então em São Petersburgo, depois em Voronej; em seguida Polônia, Lituânia e Livônia. Pedro viajava sem cessar, e em todos os lugares inspecionava, organizava, encorajava, criticava, comandava. Até mesmo em sua adorada Petersburgo, apressava-se de um lado para o outro, passando por casas em partes diferentes da cidade. Se ficasse sob um teto por mais de uma semana, tornava-se inquieto. Ordenava que suas carruagens estivessem prontas, ia averiguar como um navio estava sendo construído, como estava o andamento de um canal, o que estava sendo realizado no novo porto em Petersburgo ou Kronstadt. Viajando de um lado para o outro pelas imensas distâncias de seu império, o czar quebrou todos os precedentes diante dos olhos de seus súditos impressionados. A imagem criada pelo tempo de um soberano distante, coroado, entronado e imóvel entre as paredes brancas do Kremlin não carregava qualquer semelhança com o gigante de olhos escuros e sem barba, vestido com um casaco alemão verde, usando um chapéu preto de três pontas e botas altas e sujas de lama, descendo de sua carruagem para andar pelas ruas lamacentas de uma cidade russa, pedindo cerveja para matar sua sede, uma cama para passar a noite e cavalos revigorados para a manhã seguinte.

Viajar por terra neste período era um teste para o espírito e um tormento para o corpo. As estradas russas eram pouco mais do que faixas esburacadas atravessando campos ou florestas. Os rios eram cruzados por pontes dilapidadas, balsas toscas ou vaus. As pessoas encontradas pelo caminho eram pobres, assustadas e por vezes hostis. No inverno, os lobos uivavam nos arredores. Por causa da lama e dos buracos, as carruagens movimentavam-se lentamente e com frequência quebravam; via de regra, em um dia percorria-se pouco mais do que oito quilômetros. As pousadas eram raras e os viajantes buscavam camas em residências particulares. Cavalos – mesmo quando o cavaleiro levava uma ordem oficial de que os animais deveriam ser oferecidos – eram difíceis de encontrar, e, em geral, podiam ser usados em uma distância de não mais do que quinze quilômetros, e depois disso tinham de ser devolvidos a seu dono enquanto o viajante e seu cocheiro buscavam montarias descansadas. Sob essas condições, as jornadas eram frequentemente interrompidas por períodos longos e inesperados. Quando São Petersburgo estava sendo construída, Pedro encomendou uma nova estrada, de oitocentos quilômetros, entre a nova cidade e a antiga capital, Moscou. A viagem entre as duas cidades levava de quatro a cinco semanas. Posteriormente em seu reinado, o czar encomendou uma estrada mais retilínea, seguindo mais ou menos o que é a ferrovia nos dias de hoje – isso encurtaria a distância em aproximadamente 160 quilômetros. Cento e trinta quilômetros dessa nova estrada haviam sido construídos quando o projeto foi abandonado. Os lagos, pântanos e florestas na área de Novgorod formavam uma barreira impenetrável.

Na realidade, a péssima condição das estradas russas não era única no início do século XVIII. Em 1703, levava-se quatorze horas para viajar de Londres a Windsor, uma distância de quarenta quilômetros. Daniel Defoe, escrevendo em 1724, declarou sobre as rodovias de seu país: "Chamá-las de estrada é prostituir nossa linguagem". Uma delas era "terrível, uma picada estreita e entrecortada"; outras eram "execravelmente tomadas por buracos [...] suficientes para deslocar os ossos de uma pessoa". Embora as diligências estivessem sendo introduzidas na Europa Ocidental e as maiores cidades contassem com hospedarias famosas e confortáveis, como a Golden Bull, em Viena, as viagens por terra continuavam sendo complicadas. Para cruzar os Alpes no caminho de Viena a Veneza durante o inverno, os passageiros tinham de descer de suas carruagens e seguir a pé, pisando na neve, por uma parte do caminho.

A diferença entre a Rússia e a Europa ocidental estava menos na superfície esburacada e assustadora das estradas e mais na vastidão selvagem dos campos nos arredores. No início de abril de 1718, Friedrich Weber, ministro de Hanover na Rússia, partiu de Moscou para São Petersburgo: "Tivemos de passar por mais de vinte rios abertos, onde não havia nem pontes, nem balsas", escreveu. "Fomos obrigados a criar flutuadores, da melhor forma que podíamos.

O povo do interior não estava acostumado a ver viajantes daquela forma, e fugia com suas crianças e cavalos para dentro da floresta quando chegávamos. Em toda a minha vida, nunca enfrentei uma viagem mais problemática, e mesmo alguns de nossos companheiros que haviam viajado de outras partes do mundo reclamaram que nunca tinham passado por tamanha fadiga antes".

Por conta da dificuldade de viajar por terra, os russos aguardavam ansiosamente pelas alternativas de seguir pela água ou pela neve. Os grandes rios do país sempre foram as vias principais para os negócios internos. Navios e barcaças carregavam grãos, madeira e linho pelas amplas extensões do Volga, do Don, do Dnieper, do Duína e, posteriormente, do Neva. Os viajantes que iam ou vinham da Europa com frequência escolhiam viajar pelo mar. Antes de o Báltico estar aberto para eles, os embaixadores russos navegavam para a Europa ocidental partindo de Arcangel, preferindo os icebergs e as tempestades do oceano Ártico aos desconfortos da viagem por terra.

Todavia, na Rússia de Pedro, o meio mais popular de se viajar era de trenó no inverno. Primeiro, as geadas congelavam a lama do outono, tornando a superfície das estradas mais sólidas; depois, a neve cobria tudo com uma superfície lisa e escorregadia, sobre a qual um cavalo podia puxar um trenó duas vezes mais rápido do que puxaria uma carruagem no verão. Os rios e lagos, congelados e duros como aço, facilitavam as jornadas entre cidades e vilarejos. "Viajar de trenó é certamente a forma mais cômoda e rápida do mundo, seja para passageiros ou para cargas", escreveu John Perry. "Os trenós, leves, convenientemente construídos e gerando pouco trabalho para os cavalos, deslizam suavemente pela neve e pelo gelo". E transportar cargas por trenó também custava apenas um quarto do preço. Portanto, ao longo do outono, os negociantes russos preparavam suas cargas, esperando a chegada do inverno para transportarem-nas aos mercados. Uma vez que o tapete de neve havia caído, os trenós eram carregados e, todos os dias, vários milhares deles chegavam de Moscou, com cavalos e cocheiros soltando vapor com a respiração, misturando-se à população das cidades.

Pelo país, as principais estradas eram marcadas por postes altos pintados de vermelho e longas fileiras de árvores plantadas dos dois lados. "Esses postes e árvores são úteis", observou um viajante holandês, "porque, no inverno, quando tudo está coberto de neve, seria difícil encontrar o caminho sem eles". Foram construídas pousadas a cada vinte ou 25 quilômetros a mando de Pedro para oferecer abrigo aos viajantes.

Nobres e pessoas importantes viajavam em trenós fechados que, de fato, eram pequenas carruagens pintadas de vermelho, verde e dourado montadas sobre deslizadores em vez de rodas e puxadas por dois, quatro ou seis cavalos. Se a jornada fosse longa, a carruagem–trenó tornava-se um casulo ambulante do qual o viajante só saía ao final da jornada. Weber descreveu uma dessas viagens:

> Seria impossível para um viajante suportar o frio intenso da Rússia, não fosse pela invenção conveniente de seus trenós. A parte superior do veículo é muito bem fechada e coberta de modo que nem uma lufada de ar consegue entrar. Em ambos os lados existem pequenas janelas e duas prateleiras para guardar suprimentos e livros levados como passatempo. Acima, há uma lanterna com velas de cera para acender quando a noite chega. Na parte inferior do trenó ficam as roupas de cama, com as quais o viajante se cobre durante o dia e a noite, tendo aos seus pés pedras aquecidas ou uma caixa de estanho preenchida com água quente para manter o espaço aquecido e para preservar a caixa na qual vinho e conhaque são mantidos para proteger das geadas. Mesmo com todas as precauções, todavia, as mais fortes bebidas alcoólicas frequentemente congelam e estragam. Nesse apartamento móvel, as pessoas são levadas dias e noites sem sair, exceto em caso de necessidade.

Nesse tipo de trenó, o czar, trocando os cavalos com frequência, às vezes chegava a percorrer 160 quilômetros por dia.

Carruagem, lombos de cavalos, trenós, embarcações – esses eram os meios pelos quais Pedro atravessava a Rússia. "Ele viajou vinte vezes mais do que qualquer outro príncipe do mundo antes dele", escreveu Perry. Apesar de toda essa inquietação, o czar não viajava pelo amor à viagem; este era seu método de governar. Ele sempre queria ver o que estava acontecendo e se suas ordens estavam sendo cumpridas. Sendo assim, viajava, inspecionava, dava novas ordens e ia embora. Seguindo em carruagens, chacoalhando sobre molas inadequadas, por estradas repletas de buracos, o corpo de Pedro nunca estava relaxado. As costas constantemente batendo contra o assento, a cabeça contra as paredes de couro enquanto ele dormia, os braços e cotovelos contra seus companheiros, o barulho irritante das rodas, os gritos dos cocheiros: essa era a vida de Pedro, hora após hora, dia após dia, semana após semana. Não é de se espantar que viajasse pelos rios e mares sempre que possível. Que alívio devia ser deslizar pela água em uma barcaça ou iate, parado quietamente no deque, observando as vilas, os campos e as florestas passarem.

O MOVIMENTO CONSTANTE DE Pedro tornava a administração de seu governo confusa e dificultosa. O czar raramente estava na capital. Muitas das leis da Rússia eram decretos escritos por sua mão em papel pardo na carruagem, ou na hospedaria ou casa na qual passava a noite. Sempre que se colocava para trabalhar seriamente na administração civil, a guerra ou um desejo urgente de ver seus navios o afastavam da tarefa. Enquanto isso, em Moscou, sede nominal do governo até Poltava, a burocracia do governo central se arrastava, e gradualmente uma série de mudanças na estrutura governamental foram realizadas. A antiga hierarquia oficial de boiardos e nobres menores perdia a importância; os homens mais próximos de Pedro – Menchikov, por exemplo – não haviam sido nomeados boiardos. Menchikov era um príncipe do Sacro Império Romano e carregava esse título na Rússia. Os outros companheiros de Pedro receberam títulos ocidentais de condes ou barões; aliás, boiardos como Sheremetev e Golovin agora preferiam ser chamados de conde Sheremetev e conde Golovin. Oficiais do governo receberam novos títulos burocráticos, como chanceler, vice-chanceler e conselheiro privado.

Junto com os títulos, os homens que os recebiam estavam mudando. Quando Teodoro Golovin, que havia sucedido Lefort como general-almirante e também servido como chanceler (ministro das relações exteriores), morreu de febre em 1706, aos 55 anos, o czar dividiu seus títulos e obrigações entre três homens: Teodoro Apraxin, que se tornou general-almirante; Gavril Golovkin, que assumiu o ministério das relações exteriores e foi apontado chanceler após Poltava, e Pedro Shafirov, que se tornou vice-chanceler. Apraxin tinha boas ligações: descendia de uma antiga família de boiardos e era irmão da czarina Marta, esposa do czar Teodoro. Era um homem franco, saudável, de olhos azuis, com um orgulho enorme, que não aceitava insultos de ninguém, nem mesmo do czar. Apraxin serviu Pedro de muitas formas: como general, governador e senador, mas sua verdadeira paixão – rara entre os súditos de Pedro – era a marinha. Tornou-se o primeiro almirante russo e comandou a nova frota em sua grande primeira vitória, a Batalha de Hanko.

Golovkin era um homem mais prudente e calculista, mas também serviu Pedro fielmente durante toda a vida. Filho de um alto oficial do czar Aleixo, ele era um pajem na corte e, aos dezessete anos, tornou-se um dos cavaleiros que cuidavam dos aposentos do czar, então com cinco anos. Na Batalha de

Narva, Golovkin demonstrou grande bravura e recebeu a Ordem de Santo André. A maioria das correspondências de e para diplomatas russos no exterior eram endereçadas e assinadas por ele (embora Pedro frequentemente revisasse as instruções que seriam enviadas). O retrato de Golovkin mostra um rosto belo e arguto envolvido por uma peruca elegante, mas não é capaz de demonstrar a avareza pela qual ele se tornou amplamente conhecido.

O mais interessante desses três tenentes sêniores era Pedro Shafirov, um homem que havia ascendido da obscuridade para se tornar, em 1710, o primeiro barão da Rússia. Shafirov vinha de uma família judaica que vivia na região da fronteira com a Polônia, perto de Smolensk, mas seu pai havia se convertido à Ortodoxia e passou a trabalhar como tradutor no escritório de relações exteriores russo.[1] Pedro Shafirov seguiu o mesmo caminho, servindo com tradutor para Teodoro Golovin, a quem acompanhou na Grande Embaixada. Seus conhecimentos de línguas ocidentais, inclusive latim, e suas habilidades em redigir documentos diplomáticos lhe renderam uma promoção a secretário privado em 1704, a diretor do Ministério das Relações Exteriores sob o comando de Golovkin em 1706, vice-chanceler em 1709, e depois barão, até receber a Ordem de Santo André, em 1719. Shafirov era um homem grande, com queixo duplo e um sorriso feliz, olhos sábios e atentos. Com o passar dos anos, sua relação com Golovkin se degenerou a ponto de se tornar ódio mútuo; mesmo assim, Pedro, precisando de ambos os homens, forçou-os a permanecer em suas posições. Os diplomatas estrangeiros respeitavam Shafirov. "É verdade, ele tem um temperamento muito forte", declarou um deles, "mas pode-se confiar plenamente em sua palavra".

Ademais, os próprios nomes dos ministérios estavam mudando. Havia um novo Departamento da Marinha, um novo Departamento da Artilharia e um novo Departamento de Minas. Os comandantes desses departamentos, agora chamados ministros, lidavam com questões rotineiras do governo. A maioria das petições antigamente endereçadas ao czar agora eram enviadas ao departamento ou ministro designado. Pedro descobriu que, quando estava fora de Moscou, os membros do antigo conselho de boiardos, agora Conselho Privado, frequentemente deixavam de participar de reuniões. Se, posteriormente, o czar criticasse as decisões do conselho, esses homens evitavam a culpa dizendo que não estavam presentes. Sendo assim, o soberano demandou pre-

---

[1] Ivan, o Terrível, havia banido todos os judeus da Rússia. Todavia, os judeus que renunciaram sua religião estavam livres para ascenderem na sociedade e no governo da Rússia Imperial. (N. A.)

sença pontual em todas as reuniões e declarou que todas as decisões fossem assinadas por todos os membros presentes. Esses papéis, em conjunto com minutas de todos os encontros e outros documentos importantes, eram enviados por correspondência a Pedro, onde quer que ele estivesse.

Para lidar com esses documentos, o czar mantinha consigo, durante todo o tempo, uma equipe de chancelaria móvel liderada por seu Secretário de Gabinete, Aleixo Makarov. Talentoso e modesto, vindo do norte, Makarov havia subido por seu próprio mérito, passando de um posto menor no serviço civil provincial a uma posição-chave no governo de Pedro. Sua tarefa consistia não em oferecer conselhos, mas em garantir que todas as questões fossem levadas à atenção do czar na sequência adequada e no momento mais apropriado. Nesse papel, que requeria enorme tato e oferecia enorme poder, Makarov era auxiliado por um jovem alemão, Andrew Osterman. Filho de um pastor luterano, Osterman foi contratado para traduzir as correspondências entre o czar e as cortes estrangeiras. Com o passar do tempo, seu papel tornou-se muito mais importante.

A maioria dos negócios do governo de Pedro naqueles anos estava ligada à guerra e aos impostos. Os decretos do czar, como suas constantes viagens pelo país, quase invariavelmente lidavam com o alistamento de recrutas e a coleta de receita. Suas demandas por dinheiro eram insaciáveis. Em uma tentativa de encontrar novas formas de arrecadar receita, criou, em 1708, um corpo de oficiais cuja tarefa consistia em encontrar novas formas de tributar os cidadãos. Chamados pelo nome estrangeiro de *fiscals*, eles recebiam ordens para "sentar-se e gerar receita para o Senhor Soberano". O líder e mais bem sucedido era Aleixo Kurbatov, um ex-servo de Boris Sheremetev que já tinha atraído a atenção de Pedro com sua proposta de que papéis com o selo do governo fossem usados para todos os documentos legais. Sob Kurbatov e seus colegas engenhosos e fervorosamente odiados, novos impostos foram criados em toda uma gama de atividades humanas. Havia o imposto do nascimento, do casamento, do funeral e do registro de testamentos. Havia impostos sobre o trigo e o sebo. Cavalos custavam impostos, assim como couro de cavalo e rédeas. Havia o imposto do chapéu e o imposto para usar botas de couro. O imposto da barba foi sistematizado e aplicado, e um imposto dos bigodes foi acrescentado. Coletava-se dez por cento de todas as tarifas de locomoção. As casas em Moscou pagavam impostos, assim como as colméias em toda a Rússia. Havia o imposto do banho, o imposto da cama, o imposto da pousada, o imposto das chaminés de cozinha e da lenha que nelas ardia. Nozes, melões, pepinos passaram a ser tributados. Havia até mesmo um imposto sobre água potável.

O dinheiro também vinha de um número cada vez maior de monopólios estatais. Esse arranjo, por meio do qual o Estado controlava a produção e a venda de uma commodity, definindo o preço que desejasse, era aplicado a álcool, resina, piche, peixe, óleo, giz, potássio, ruibarbo, dados, peças de xadrez, baralhos e pele de lobos, arminhos e zibelinas siberianos. O monopólio do linho garantido aos mercadores ingleses foi tomado pelo governo russo. O monopólio do tabaco concedido por Pedro ao lorde Carmarthen na Inglaterra em 1698 foi abolido. Os caixões de carvalho sólido nos quais os moscovitas ricos elegantemente passavam a eternidade foram tomados pelo Estado e a partir de então vendidos por quatro vezes o valor original. De todos os monopólios, todavia, o mais rentável ao governo e mais opressivo à população era o do sal. Estabelecido por decreto em 1705, ele fixava o preço em duas vezes o valor pago pelo governo. Camponeses que não podiam arcar com o alto preço frequentemente adoeciam e morriam.

Para apertar o controle administrativo e aumentar a eficiência da coleta de impostos da enorme massa do império, em 1708 o czar dividiu a Rússia em oito gigantescos governos estaduais, entregando-os a seus amigos mais próximos. Assim, o governo de Moscou foi passado ao boiardo Tikhon Streshnev; São Petersburgo foi para Menchikov; Kiev ao príncipe Dmitri Golitsyn; Arcangel ao príncipe Pedro Golitsyn, Kazan ao boiardo Pedro Apraxin; Azov ao almirante Teodoro Apraxin, Smolensk ao boiardo Pedro Saltykov; e a Sibéria ao príncipe Mateus Gagarin. Cada governador tornou-se responsável por todas as questões civis e militares da região, e especialmente pela produção de receita. Infelizmente, como alguns dos "governadores" residiam na capital distante de suas províncias e outros tinham obrigações conflitantes (Menchikov costumava estar no exército), sua autoridade deixou muito a desejar.

Mesmo assim, o esforço continuou. Os governadores davam ordens, os fiscais faziam planos, os cobradores de impostos se desgastavam e a população trabalhava, mas apenas uma certa quantidade de dinheiro podia ser extraída da terra russa. Outra parte viria do comércio e da indústria. Pedro, observando as práticas bem-sucedidas das empresas comerciais inglesas e holandesas na Rússia, ordenou que os mercadores moscovitas formassem associações similares. Inicialmente, os holandeses se preocupavam com a possibilidade de sua rede de negócios se ver comprometida, mas logo perceberam que esse medo não fazia sentido. "Quanto à questão dos negócios", escreveu o ministro holandês reassegurando a Holanda, "ela cai por terra. Os russos não sabem nem como dar início a um negócio tão complexo e complicado".

Independentemente do quanto a população se esforçasse, os impostos e monopólios de Pedro ainda não criavam receita suficiente. O primeiro balancete do tesouro, publicado em 1710, mostrava uma receita de 3.026.128 rublos e gastos de 3.834.418, deixando um déficit de mais de 808 mil. Parte esmagadora desse dinheiro foi para a guerra. O exército ficou com 2.161.176 rublos; a frota, 444.288; artilharia e munição, 221.799; recrutas, 30 mil; armamentos, 84.104; embaixadas, 148.031; e corte, departamento médico, custos com prisioneiros e diversos, 745.020.

A extraordinária demanda por impostos era igualada pela extraordinária demanda por homens. Nos nove anos entre Narva e Poltava, Pedro atraiu mais de trezentos mil homens para o exército. Alguns foram mortos ou feridos, outros morreram de doenças, mas uma proporção esmagadora dessas perdas veio da deserção. Quantidades adicionais de trabalhadores rurais foram recrutadas para trabalharem nos ambiciosos projetos de construção do czar. Trinta mil operários por ano eram necessários para trabalhar nas fortificações de Azov e na construção da base naval em Tagonrog. Os estaleiros em Voronej e o trabalho nunca concluído em um canal entre o Don e o Volga requereram mais milhares de homens. E muito antes de Poltava, o esforço para construir São Petersburgo consumia mais homens do que qualquer outra atividade. No verão de 1707, Pedro ordenou que Steshnev enviasse trinta mil trabalhadores somente da região de Moscou para São Petersburgo.

Essa demanda sem precedentes por dinheiro e homens atraíram a insatisfação de todas as classes. Queixas e descontentamentos não eram novos na Rússia, mas o povo sempre havia culpado os boiardos, e não o czar, quando as coisas davam errado. Foi o próprio Pedro quem estilhaçou essa imagem. Agora o povo entendia que o czar *era* o governo, que aquele homem alto usando roupas estrangeiras estava dando as ordens que tanto dificultavam suas vidas. "Desde que Deus o enviou como czar, nós não temos dias felizes", resmungou um camponês. "A vila está repleta de rublos e charretes, e não há descanso para nós, camponeses." O filho de um nobre concordou: "Que tipo de czar é ele?", questionou. "Ele nos forçou todos a trabalhar, buscou em nosso povo e em nossos camponeses seus recrutas. É impossível escapar dele. Todos estão perdidos. E ele ainda trabalha com as próprias mãos e ninguém o mata. Se pelo menos o assassinassem, o serviço pararia e seria mais fácil para o povo".

Conversas desse tipo não chegavam longe, todavia. O novo Serviço Secreto de Preobrajenskoe tinha agentes por todos os cantos, observando e ouvindo em busca de "palavras violentas e impróprias". Essa polícia especial foi sucessora dos Streltsi, que haviam agido como conservadores da ordem pública até sua dissolução, e também dos soldados do Regimento Preobrajenski, que haviam substituído os Streltsi como gendarmes pelas esquinas. Quando os homens da Guarda foram chamados para a guerra, Pedro criou uma nova organização, o Serviço Secreto. Formalizado por ucasse[2] em 1702, ele recebeu jurisdição sobre todos os crimes e especialmente traição "por palavras ou atos". Sem nenhuma surpresa, o chefe dessa nova instituição era um camarada de Pedro, o falso czar das brincadeiras, Teodoro Romodanovski. Um homem selvagem, brutal e totalmente devoto a Pedro, Romodanovski lidava sem misericórdia com qualquer sugestão de traição ou rebelião. Por uma rede muito difusa de espionagem e denúncias, seguida por tortura e execução, Romodanovski e o Serviço Secreto realizavam bem seu trabalho sombrio. Mesmo sob extrema opressão dos coletores de impostos e trabalhadores recrutados, casos de traição "por palavras ou atos" jamais ameaçaram o trono.

Entretanto, os registros desses anos não são totalmente cruéis. De diversas formas, Pedro realizou sérios esforços para melhorar os costumes e as condições de vida na Rússia. Agiu para melhorar o *status* das mulheres, declarando que elas não deviam permanecer isoladas no *terem*, mas estar presente com os homens em jantares e outras ocasiões sociais. Acabou com o antigo sistema moscovita de casamentos arranjados, no qual noiva e noivo não tinham escolha e sequer se conheciam antes da cerimônia. Em abril de 1702, para a imensa alegria dos jovens, Pedro declarou que todas as decisões referentes ao matrimônio deveriam ser voluntárias, que os possíveis parceiros deveriam se conhecer pelo menos seis semanas antes do noivado, que cada um deveria se sentir completamente livre para rejeitar o outro e que o simbólico ato de segurar o chicote, realizado pelo noivo na cerimônia, fosse substituído por um beijo.

O czar também proibiu o assassinato de recém-nascidos deformados – o costume em Moscou era de sufocar discretamente essas crianças logo após o parto –, e ordenou que todos os nascimentos fossem registrados para que as autoridades pudessem verificar a continuidade da vida dessas crianças. Pedro proibiu o comércio irrestrito de ervas e drogas por vendedores de rua, orde-

---

2 Decreto do soberano russo. (N. E.)

nando que elas fossem vendidas apenas em boticas. Em 1706, criou o primeiro grande hospital público de Moscou, às margens do rio Yauza. Para tornar as ruas mais seguras, proibiu as pessoas de carregarem adagas ou facas pontiagudas, as quais transformavam as brigas de bêbados em massacres sangrentos. Os duelos, um costume estrangeiro, foram banidos. Para lidar com as hordas de pedintes profissionais que cercavam viajantes por todos os cantos, ele fez esses pedintes irem a abrigos. Posteriormente, atacou o problema por outro lado, declarando que todos aqueles que fossem pegos dando esmolas nas ruas seriam multados.

Para encorajar estrangeiros a servirem na Rússia, Pedro declarou que todas as leis anteriores restringindo os direitos de cidadãos estrangeiros a passarem pelas fronteiras como quisessem agora deixavam de existir. Todos os estrangeiros a serviço da Rússia foram colocados sob a proteção do czar, e qualquer disputa legal afetando-os deveria ser julgada não pela lei e a corte russas, mas por um tribunal especial composto por estrangeiros seguindo a lei civil romana. E ainda, todos os estrangeiros receberam promessa de liberdade religiosa total enquanto estivessem na Rússia. "Não devemos exercitar qualquer coação sobre as consciências dos homens, e sim permitir que todos os cristãos cuidem de sua própria salvação a seu próprio risco", anunciou o czar.

Apesar das distrações da guerra, Pedro manteve seu interesse em expandir os horizontes educacionais de seus súditos. A Escola de Matemática e Navegação, criada por Henry Farquharson e dois outros escoceses em Moscou em 1701, prosperou com duzentos estudantes russos. Esses valiosos investimentos no futuro tornaram-se objeto de disputa entre os sargentos recrutadores e Kurbatov, que agiu para evitar o recrutamento para o exército, alegando que era um desperdício de dinheiro educá-los para que, depois de treinados, fossem reunidos como soldados comuns. Uma Escola de Línguas Antigas e Modernas havia sido fundada pelo pastor Gluck, guardião luterano de Catarina, que chegara a Moscou com a família em 1703. Gluck ensinaria latim, línguas modernas, geografia, política, montaria e dança aos futuros diplomatas russos. O czar ordenou que as antigas crônicas da história russa, especialmente aquelas dos mosteiros de Kiev e Novgorod, fossem enviadas a Moscou, onde permaneceriam guardadas. Ordenou também que livros estrangeiros fossem traduzidos e impressos em russo pelos irmãos Tessing de Amsterdã, e que as traduções fossem fiéis, mesmo que partes dos textos não favorecessem a Rússia. O propósito, ele afirmava, "não é enaltecer meus súditos, mas educá-los, mostrando-lhes as opiniões que as nações estrangeiras têm sobre eles". Em

1707, quando um fundidor de tipo e duas impressoras chegaram a Moscou, Pedro aprovou a recém-revisada tipografia cirílica com a qual os novos livros impressos na Rússia começavam a aparecer. O primeiro deles era um manual de geometria; o segundo, um guia de como escrever cartas, com instruções sobre como elogiar, emitir convites e fazer uma proposta de casamento. A maioria dos volumes que se seguiram era de material técnico, mas Pedro também encomendou dois mil calendários e histórias da Guerra de Troia, da vida de Alexandre, o Grande, e da própria Rússia. O czar não apenas encomendou os livros, mas os editou e comentou. "Nós lemos o livro sobre fortificações que você traduziu", escreveu a um tradutor. "Os diálogos são bons e claramente apresentados, mas nas seções ensinando a construir as fortificações, a tradução está obscura e ininteligível".

Para manter seus súditos a par do mundo, Pedro declarou que um jornal, o Vedomosti, fosse publicado em Moscou. Todos os ministérios receberam ordens para contribuir com notícias e, assim, no início de 1703, o primeiro jornal russo apareceu sob o título de "Gazeta de questões militares e outras questões que merecem atenção e lembrança, acontecidas no estado moscovita e nos países nos arredores". Como outro meio de educar e civilizar seu povo, Pedro tentou criar um teatro aberto ao público, no qual seriam encenadas peças em um edifício de madeira na Praça Vermelha. Um diretor teatral alemão e sua esposa chegaram a Moscou com sete atores para apresentar peças e treinar atores russos. Várias comédias e tragédias foram produzidas, incluindo *Le Médecin Malgré Lui* (O médico apesar de si mesmo).

Ao longo daqueles anos, Pedro tentou transformar o conceito que os russos tinham da consideração dispensada a um czar. No final de 1701, declarou que os homens já não deveriam cair de joelhos ou se prostrarem ao chão na presença do soberano. Aboliu o requerimento de que os moscovitas tirassem o chapéu no inverno como sinal de respeito quando passassem pelo palácio, independentemente de o czar estar ou não ali dentro. "Que diferença há entre Deus e o czar quando o mesmo respeito é dispensado aos dois?", perguntou Pedro. "Menos servilismo, mais zelo no serviço e mais lealdade a mim e ao Estado – esse é o respeito que deve ser demonstrado ao czar".

PARA ALGUNS, A CARGA era excessiva e a única solução às exigências do coletor de impostos e dos grupos de trabalho era escapar. Talvez centenas de milhares de camponeses tenham simplesmente fugido. Alguns desapareceram nas florestas ou viajaram para o norte, onde já existiam assentamentos prósperos dos Velhos Crentes. A maioria foi para o sul, para as estepes da Ucrânia e do Volga, terra dos cossacos, refúgio tradicional dos fugitivos russos. Para trás, deixaram vilas desertas e governadores e proprietários de terras nervosos, tentando explicar por que não conseguiam cumprir com as demandas do czar por trabalhadores. Quando, para dar fim a esse perigoso fluxo de pessoas, o czar ordenou que os fugitivos retornassem, a resposta dos cossacos foi a hesitação, a evasão e, por fim, provocações.

Até este século, foi no sul que as grandes rebeliões populares da história russa tiveram início: Stenka Razin levantando-se contra o czar Aleixo e revolta de Pugachev contra Catarina, a Grande, passaram da história para a lenda. Nos tempos de Pedro, durante os anos mais perigosos da guerra com Carlos XII, três rebeliões estouraram, todas no sul: a revolta em Astracã, o levante dos basquírios e – mais ameaçadora ao governo de Pedro – a rebelião dos cossacos do Don sob Bulavin.

Astracã, na região onde as fortes águas do Volga fluem para o Mar Cáspio, fervilhava de desobediência e insubordinação. Foi um lugar de exílio dos Streltsi remanescentes, e memórias amargas da execução de 1698 ainda queimavam no coração das viúvas, filhos e irmãos dos Streltsi. Os comerciantes do Volga reclamavam dos novos impostos; os camponeses, dos pedágios nas pontes; os pescadores, das restrições à pesca; e ninguém gostava das inovações de Pedro. Nesse meio inflamável surgiram rumores incendiários: o czar estava morto, os estrangeiros o haviam pregado a um barril e o jogado no mar; um impostor, talvez até mesmo o Anticristo, estava agora sentado no trono da Rússia.

No verão de 1705, um rumor extraordinariamente extravagante horrorizou os cidadãos. O czar, segundo o boato, havia proibido os homens russos de se casarem por sete anos para que as mulheres do país se unissem com homens estrangeiros que estavam sendo importados às pencas e chegariam de barco. Para preservar suas jovens mulheres, os cidadãos de Astracã organizaram casamentos em massa antes de os estrangeiros chegarem e, em um único dia, trinta de julho de 1705, cem mulheres se casaram. Estimulados pelo vinho, muitos dos participantes e observadores apressaram-se a sair da celebração para atacar instalações locais do governo, condenando e decapitando o governador e renunciando à autoridade do czar ao elegerem uma nova liderança. A primeira proclamação do novo "governo" anunciava que "o governador e os demais oficiais praticaram todo tipo de idolatria e queriam nos forçar essa idolatria. Mas não permitimos que isso acontecesse. Tiramos os ídolos das casas dos oficiais". De fato, esses "ídolos" eram os manequins nos quais os oficiais ocidentalizados de Pedro guardavam suas perucas. Os rebeldes enviaram emissários a outras cidades do Volga, em especial aos cossacos, convidando todos os cristãos verdadeiros a se unirem a eles.

A notícia da rebelião causou espanto em Moscou. Pedro estava na Curlândia, no cerco a Mitau, quando recebeu a notícia. E, percebendo a necessidade de conter a revolta antes de ela se espalhar, despachou Sheremetev e vários regimentos de cavalaria, além de dragões, a Astracã. Como uma forma de se precaver ainda mais, ordenou que Streshnev escondesse o tesouro do Estado e temporariamente segurasse as correspondências que sairiam de Moscou para que a notícia da rebelião não chegasse a Carlos. Aos rebeldes, Pedro ofereceu clemência. Convidou o "governo" rebelde a enviar representantes a Moscou, onde Golovin ouviria suas queixas. Os representantes fizeram a viagem, e suas sinceras reclamações contra o governador assassinado deixaram Golovin realmente impressionado. "Conversei por algum tempo com eles, e me pareceram um povo fiel e honesto", escreveu Golovin a Pedro. "Digne-se, senhor, a forçar-se a mostrar-lhes misericórdia. Nós também temos canalhas". Pedro concordou, e os representantes retornaram a Astracã, cada homem com cinquenta rublos no bolso para cobrir os gastos, além da promessa de que, se a cidade se entregasse, todos os cidadãos receberiam anistia. Outra promessa foi a de que, no futuro, os oficiais coletariam os impostos de forma mais branda. Ordens foram enviadas aos regimentos de Sheremetev, que já avançavam, para evitar o derramamento de sangue na região.

Porém, nesses tempos, a clemência era com frequência vista como fraqueza, e o retorno dos representantes trazendo a oferta de paz de Pedro não acalmou a revolta; em vez disso, deu-lhe mais fôlego. Os cidadãos de Astracã se congratulavam: haviam desafiado o czar e vencido. Quando Sheremetev enviou um mensageiro à cidade dizendo que suas tropas estavam prestes a invadir e que ele se recusava a incluir os líderes da revolta na anistia geral, a rebelião tornou a estourar. O mensageiro do marechal de campo foi tratado com rudeza e enviado de volta a Pedro com insultos e a ameaça de que na primavera eles marchariam até Moscou e queimariam o Subúrbio Alemão.

No entanto, os rebeldes haviam superestimado sua própria força, e não havia ajuda a caminho. Os cossacos do Don responderam que não haviam sido oprimidos pelos czares e que ainda observavam todos os hábitos ortodoxos. Como poderiam usar roupas estrangeiras, eles perguntavam, quando não havia um alfaiate entre eles que conhecesse essa moda? Astracã estava sozinha. Mesmo assim, as tropas de Sheremetev foram atacadas quando chegaram. Os soldados regulares rapidamente derrotaram os rebeldes e invadiram a cidade. Enquanto cavaleiros russos andavam por ali, milhares de pessoas deitavam-se com o rosto virado para a rua, implorando misericórdia. Sheremetev interrogou os líderes. "Eu nunca vi uma ralé tão ensandecida", ele escreveu a Golovin. "Eles estão cheios de malícia e acreditam que nós deixamos a ortodoxia para trás". A anistia geral foi retirada, e centenas de rebeldes acabaram enviados a Moscou ou torturados na roda. Imensamente aliviado, Pedro recompensou Sheremetev com um aumento no salário e, como presente, grandes propriedades.

Naquele mesmo ano, 1705, perturbações tiveram início entre os basquírios – um povo islâmico semioriental que vivia na estepe entre o Volga e os Urais. Eram parcialmente nômades, criando gado, ovelhas, cabras e às vezes camelos enquanto cavalgavam em cavalos pequenos, porém fortes, e andavam com arco e flecha pendurados nas costas. Ao longo do século XVII, os colonizadores russos seguindo para o leste haviam criado cidades e áreas agrícolas nos campos dos basquírios. E, junto com a pressão da população russa, vieram as demandas dos arrecadadores de impostos do país. No início de 1708, os basquírios estavam em uma revolta aberta. Queimaram uma série de novas vilas russas ao longo dos rios Kama e Ufa e avançaram até estarem a trinta quilômetros da cidade de Cazã. Embora Carlos XII estivesse se aproximando da fronteira russa no oeste, Pedro enviou três regimentos para enfrentarem a ameaça. Os basquírios ocidentais se renderam pacificamente e, com exceção de seu líder, receberam anistia, ao passo que os basquírios orientais continuaram queimando e pilhando, especialmente quando o czar chamou suas tropas regulares de volta para encarar os suecos. No entanto, Pedro conseguiu reunir dez mil calmucos budistas para confrontar e finalmente vencer os basquírios.

A sorte e a presença dos dragões de Sheremetev haviam apagado a chama de Astracã. Os basquírios não tinham união e liderança e, por fim, também foram vencidos. Entretanto, a mais séria revolta do reinado de Pedro, surgida no momento em que ele e seu exército estavam completamente envolvidos com os suecos, foi a revolta dos cossacos do Don sob o comando de Kondrati Bulavin.

A causa imediata da revolta dos cossacos foi a tentativa de Pedro de procurar desertores do exército e servos que haviam fugido para se unirem a eles. Como o Velho Oeste americano, a pouco populosa – e, em muitos pontos, totalmente vazia – Ucrânia era um ímã para almas inquietas que desejavam escapar das restrições e opressões da sociedade convencional. Na Rússia, muitos desses pioneiros buscavam escapar da lei: eram servos legalmente ligados à terra pelas leis criadas nos tempos de Ivan, o Terrível, e reforçadas pelo czar Aleixo, ou soldados alistados à força no exército de Pedro para servir por 25 anos, ou trabalhadores reunidos para trabalhar nos estaleiros de Voronej ou nas fortificações de Azov e Tagonrog. No sul, os cassacos os recebiam bem e as exigências de que os fugitivos fossem entregues eram, em geral, ignoradas. Por fim, em setembro de 1707, o príncipe Yuri Dolgoruki chegou ao Don com 1.200 soldados para fazer cumprir os decretos do czar.

A aparição de Dolgoruki amedrontou o povo cossaco e seus anciões. Um *hetman*, Lukyan Maximov, recebeu-o respeitosamente e ofereceu-se para ajudá-lo a encontrar os fugitivos. Entretanto, Kondrati Bulavin, o feroz *hetman* de Bakhmut, reagiu de outra forma. Na noite de nove de outubro de 1707, seus cossacos atacaram o acampamento de Dolgoruki na margem do rio Aidar e mataram todos os russos. Como de costume com essas revoltas de camponeses, Bulavin não tinha um programa político positivo. Seu levante, ele afirmava, não era contra o czar, mas contra todos os "príncipes e magnatas, aproveitadores e estrangeiros". Ele convocou todos os cossacos a "defenderem a casa da Santa Mãe de Deus e a Igreja Cristã dos ensinamentos pagãos e helênicos que os boiardos e alemães desejavam introduzir". Invocando o nome de Stenka Razin, declarou que libertaria os recrutas de Azov e Tagonrog e que, na próxima primavera, marcharia até Voronej e Moscou.

Enquanto isso, todavia, o *hetman* Maximov, temendo uma retaliação de Pedro pelo massacre de Dolgoruki, reuniu uma força de cossacos leais e rebeldes e derrotou Bulavin. Escreveu a Pedro dizendo que buscara vingança cortando os narizes dos prisioneiros, pendurando-os pelos pés, açoitando-os e executando-os com pelotões de fuzilamento. Aliviado, Pedro respondeu em dezesseis de novembro de 1707, dizendo que "essa questão, com a graça de Deus, estava agora encerrada". No entanto, o czar relaxou rapidamente demais. O próprio Bulavin havia escapado de Maximov, reunido um novo bando e, na primavera de 1708, estava novamente vagando pela estepe do Don. Maximov mais uma vez marchou contra os rebeldes, reforçado por um destacamento das tropas russas regulares, mas, dessa vez, uma série de cossacos desertaram para o lado de Bulavin e o restante foi derrotado em uma batalha em nove de abril de 1708.

A disseminação da revolta de Bulavin agora representava uma grande ameaça. Vilas ao norte, até Tula, foram queimadas, e Voronej e toda a parte superior do Don estavam em perigo. Temendo que a revolta pudesse alcançar regiões ainda mais a norte, Pedro ordenou que seu filho, o czarevich Aleixo, instalasse mais canhões nas muralhas do Kremlin de Moscou. O czar também agiu ofensivamente. Uma força de dez mil membros regulares da infantaria e dos dragões foi colocada sob o comando do príncipe-major Vassili Dolgoruki, irmão do príncipe Yuri Dolgoruki, assassinado por Bulavin no outono anterior. A ordem de Dolgoruki era para "apagar esse fogo de uma vez por todas. Essa ralé não pode ser tratada de outra forma que não com crueldade". De fato, o perigo de Bulavin tomar Azov e Tagonrog preocupava tanto o czar que, em certo momento, ele se viu prestes a partir para o Don para assumir o comando ele mesmo. Para a sorte de Pedro, Carlos XII escolheu recolher seu exército em um campo próximo a Minsk precisamente durante os três meses em que Bulavin representou maior perigo.

Por algum tempo, Bulavin acabou com todos que apareceram à sua frente. Derrotou Maximov mais uma vez e o executou. Suas tropas atacaram Azov e capturaram um subúrbio antes de serem expulsas pelas tropas leais. Então, impulsionado pelo sucesso, Bulavin imprudentemente repartiu seu exército em três divisões. Em doze de maio, uma das divisões foi derrotada e, em primeiro de julho, uma segunda foi vencida pelo exército regular de Dolgoruki. Sentindo a mudança nos ventos, a maioria dos cossacos, até mesmo aqueles que haviam apoiado Bulavin, enviou uma petição ao czar prometendo aliança se ele os perdoasse. Depois de mais uma derrota da força reduzida de Bulavin, os anciões decidiram prender o líder e condená-lo à morte para agradar o czar. Bulavin resistiu, assassinando dois dos cossacos enviados para prendê-lo, mas então, ao ver que tudo estava perdido, cometeu suicídio. Pouco a pouco, as chamas na estepe enfraqueceram e se apagaram. Em novembro, a força restante de rebeldes foi encurralada por Dolgoruki, e três mil cossacos morreram na batalha. A rebelião havia chegado ao fim. Pedro ordenou que Dolgoruki "executasse os piores líderes rebeldes e enviasse os demais à servidão penal; devolvesse todos os cossacos remanescentes a seus lugares de origem e queimasse os novos assentamentos, conforme ordenado anteriormente". Duzentos rebeldes foram mortos em forcas criadas em jangadas, as quais então flutuaram Don abaixo. Todos os que as viram deslizar silenciosamente pelas cidades e vilas próximas ao rio ficavam avisados de que a mão de ferro do autocrata alcançava toda a extensão de seu reinado.

XXX

ATOLEIRO POLONÊS

CARLOS XII E A Grande Guerra do Norte foram as principais preocupações de Pedro durante aqueles anos. Tendo fundado sua nova cidade no delta do Neva no ano anterior, o czar entrou em movimento em 1704 para controlar as duas principais cidades da Estônia, Dorpat e Narva, as quais garantiriam o controle russo da Ingria e bloqueariam qualquer avanço sueco vindo do oeste contra São Petersburgo. Ambas as cidades eram fortemente protegidas (só os defensores de Narva somavam 4.500), mas, com Carlos e o principal exército sueco na Polônia, uma vez que elas estivessem sitiadas, nenhuma teria esperança de ser libertada.

Em maio de 1704, tropas russas apareceram diante de Narva, ocupando as mesmas linhas de circunvalação das quais haviam sido expulsas quatro anos antes. Pedro supervisionou pessoalmente o transporte da artilharia para o cerco russo em barcaças partindo de São Petersburgo; as embarcações fecharam a costa sul do golfo de modo que os navios de guerra escoceses não as alcançassem nas águas rasas. No acampamento russo em Narva, o czar encontrou o marechal de campo George Ogilvie, um escocês de sessenta anos que servira por quarenta deles no exército imperial de Habsburgo e que agora havia sido contratado por Patkul para servir na Rússia. Pedro ficou tão impressionado com as credenciais de Ogilvie que imediatamente o colocou no comando do exército russo diante de Narva. Quando o cerco começou, os russos sofreram perdas, padecendo tanto com os canhões da fortaleza quando com ataques suecos, mas os defensores reconheceram a nova determinação de seus adversários. "Eles parecem decididos a dar sequência aos trabalhos, independentemente do tamanho de suas perdas", afirmou um oficial das tropas.

Deixando Ogilvie para conduzir as questões em Narva, Pedro seguiu para o sul, rumo a Dorpat, cidade que Sheremetev sitiava desde junho com 23 mil homens e 46 canhões. O czar encontrou problemas nas disposições de Sheremetev – o canhão russo atirava contra os bastiões mais fortes da cidade, o que significava que toda a munição estava sendo desperdiçada. Pedro rapidamente apontou a artilharia para a muralha mais vulnerável, e logo uma lacuna foi aberta. As tropas russas entraram na cidade e, em treze de julho (cinco semanas após o início do cerco, mas apenas dez dias após o czar ter chegado para assumir o comando), as tropas suecas se renderam.

A queda de Dorpat selou a destruição de Narva. Pedro apressou-se de volta com as tropas de Sheremetev para criar uma força russa combinada de 45 mil homens e 150 canhões. Em trinta de julho, um forte bombardeio teve início, estendendo-se por dez dias e atacando a fortaleza com mais de 4.600 balas. Quando a muralha de um dos bastiões ruiu, Pedro ofereceu generosos termos de rendição a Arvid Horn, o comandante sueco, conforme prescrito no protocolo de guerra. Tolamente, Horn recusou, piorando a situação ao usar um linguajar ofensivo contra o czar. O assalto teve início em nove de agosto e, embora os suecos tenham lutado com ferocidade, em uma hora os soldados das Guardas Preobrajenski invadiram e tomaram um dos mais importantes bastiões. Imediatamente, ondas de infantaria russa passaram pelas muralhas e espalharam-se pela cidade. Agora, tarde demais, Horn percebia que resistir era inútil e tentou se render tocando um tambor para arriscar uma negociação. Ninguém ouviu. Os soldados russos tomavam as ruas, assassinando homens, mulheres e crianças em uma torrente irracional de violência. Duas horas mais tarde, quando Pedro entrou com Ogilvie em Narva, encontrou as ruas escorregadias com sangue e repletas de soldados suecos "massacrados em pilhas"; de uma tropa de 4.500, apenas 1.800 continuavam vivos. O czar ordenou que um trombeteiro andasse pela cidade tocando o cessar-fogo em todas as ruas, mas, mesmo assim, muitos russos simplesmente não pararam. Furioso, Pedro matou um soldado de seu país que se recusava a obedecer suas ordens. Entrando na prefeitura para amedrontar os conselheiros municipais, o czar jogou sua espada suja de sangue sobre a mesa diante deles e falou com desdém: "Não tenham medo. Esse sangue é russo, e não sueco". No entanto, o czar estava furioso com Horn. Quando o comandante inimigo, cuja esposa havia sido assassinada no assalto, foi trazido diante dele, Pedro exigiu saber o motivo de ele não ter se rendido de acordo com as regras quando o primeiro bastião ruiu e, assim, evitado todo o massacre desnecessário.

A vitória em Narva teve grande efeito psicológico, além de importância estratégica. Ela não apenas protegeu São Petersburgo do oeste, mas também vingou a vergonha russa naquele mesmo local quatro anos antes, provando que o exército de Pedro não era mais apenas uma massa de camponeses mal treinados. Ogilvie afirmou que considerava essa infantaria melhor do que qualquer infantaria alemã, e declarou a Charles Whitworth, ministro inglês, nunca ter visto "qualquer nação se sair melhor com canhões e morteiros". Contente, Pedro escreveu sobre a vitória a Augusto, Romodanovski e Apraxin. Quatro meses mais tarde, quando o czar retornou a Moscou, as ruas reverberaram mais um desfile russo. Pedro passou por baixo de sete arcos do triunfo à frente de sua tropa enquanto 54 bandeiras de batalha do inimigo e 160 prisioneiros (oficiais suecos) seguiam atrás.

As VITÓRIAS DE PEDRO no Báltico significavam pouco para Carlos. Ele esperava que, quando chegasse a hora, acabaria facilmente com o exército de Pedro e retomaria todo o antigo território sueco, agora em mãos russas. Muito mais perturbador para ele era o fato de que suas próprias vitórias na Polônia ainda não haviam se provado politicamente decisivas. Augusto continuava indisposto a admitir a derrota e deixar o trono, e a Dieta Polonesa ainda não estava preparada para forçá-lo a isso. Em vez de um fim, a vitória sobre Augusto em Klissow foi apenas o início de anos de guerra na Polônia, com a luta sueco-saxônica deslocando-se de um lado para o outro na imensidão da planície polaca. O enorme país, com seus oito milhões de habitantes, era simplesmente vasto demais para o exército sueco ou o saxão (nenhum dos dois somava mais do que vinte mil homens) exercer controle sobre mais do que aquela região onde essas tropas estavam no momento.

Apesar das frustrações políticas para Carlos, os anos na Polônia, de 1702 a 1706, foram uma era de glória militar, de explorações heroicas, de ampliação da lenda. No outono de 1702, por exemplo, seguindo a Batalha de Klissow, Carlos, com apenas trezentos suecos, foi até os portões da Cracóvia e, de seu cavalo, gritou: "Abram os portões!". O comandante da tropa abriu o portão apenas ligeiramente e colocou a cabeça para fora para ver quem estava gritando. No mesmo instante, Carlos o golpeou com o chicote no rosto, os suecos atrás dele forçaram a abertura do portão e os defensores amedrontados se renderam sem dar um único tiro.

Inevitavelmente, a guerra na Polônia afetou bastante o povo local. Ao entrar no país, Carlos havia prometido exigir apenas as contribuições absolutamente essenciais a seu exército, mas manteve essa promessa por apenas três meses. Depois que as tropas polonesas lutaram ao lado do rei Augusto em Klissow, Carlos resolveu se vingar garantindo que o exército sueco fosse totalmente sustentado pela terra do país. Da Cracóvia, os suecos extraíram 130 mil táleres, dez mil pares de sapato, cinco toneladas de tabaco, oitenta toneladas de carne e trinta toneladas de pão em três semanas. Conforme a guerra se arrastava, as ordens de Carlos a seus generais tornaram-se ainda mais implacáveis: "os poloneses devem ser aniquilados ou forçados a se unirem a nós".

Próximo à Cracóvia, Carlos sofreu um acidente que o deixaria coxo pelo resto da vida. Estava observando exercícios da cavalaria quando seu cavalo tropeçou em uma corda e caiu sobre ele, quebrando-lhe a perna acima do joelho. O osso da coxa não foi corrigido perfeitamente, e uma perna tornou-se um pouco mais curta do que a outra. Vários meses se passaram antes de o rei poder montar novamente, e, quando o exército moveu-se para o norte da Cracóvia, em outubro, Carlos precisou ser levado em uma maca.

Ano após ano, as batalhas e vitórias se acumulavam, embora o triunfo final nunca parecesse se aproximar. Enquanto isso, chegavam as notícias de outras vitórias — vitórias russas, ao longo do Báltico: o cerco e a queda de Schlüsselburg, a captura da extensão do rio Neva, a fundação de uma nova cidade e de um novo porto no Golfo da Finlândia, a destruição das flotilhas suecas nos lagos Ladoga e Peipus, a terrível devastação da província sueca da Livônia e a captura de populações inteiras de súditos suecos, a queda de Dorpat e Narva. Essa sequência sombria foi acompanhada por uma torrente de apelos urgentes dos súditos de Carlos: os gritos de desespero do povo nas províncias do Báltico, os conselhos e apelos do Parlamento Sueco, o pedido unânime dos generais do exército, até mesmo o apelo de sua irmã, Hedwig Sofia. Todos imploravam para que o monarca desistisse de sua campanha na Polônia e marchasse para o norte para resgatar as províncias do Báltico. "Para a Suécia, esses eventos têm uma importância muito mais significativa do que quem ocupa o trono polonês", disse Piper.

A reação de Carlos foi a mesma a todos: "Mesmo que eu tenha de ficar aqui cinquenta anos, jamais sairei do país antes de Augusto ser destronado". "Acreditem, eu daria a paz a Augusto imediatamente se pudesse confiar em sua palavra", confessou a Piper. "No entanto, assim que a paz fosse alcançada e começássemos a marchar em direção à Moscóvia, ele aceitaria o dinheiro russo e nos atacaria pela retaguarda. E então nossa tarefa ficaria ainda mais complicada do que já é agora."

Em 1704, os eventos na Polônia começaram a se desenrolar a favor de Carlos. Ele capturou a cidade-fortaleza de Torun, com cinco mil soldados saxões no interior. Com Augusto grandemente enfraquecido, a Dieta Polonesa aceitou a tese de Carlos de que a Polônia seria um campo de batalhas enquanto Augusto permanecesse no trono polaco e, em fevereiro de 1704, ele foi formalmente deposto. O candidato original de Carlos para o trono, Jaime Sobieski, filho do famoso rei polonês Ian Sobieski, havia convenientemente sido sequestrado pelos agentes de Augusto e aprisionado em um castelo na Saxônia; então, Carlos escolheu um nobre polonês de 27 anos, Estanislau Leszczynski, cujas qualificações incluíam inteligência modesta e uma forte aliança com o monarca sueco.

A eleição de Estanislau foi descaradamente fraudada. Uma sessão com poucos membros da Dieta Polonesa foi reunida por soldados suecos e convocada em dois de julho de 1704 em um campo próximo a Varsóvia. Durante os procedimentos, cem soldados suecos foram colocados à distância de um tiro de mosquete para "proteger" os eleitores e "ensiná-los a falar a língua certa". O candidato de Carlos foi proclamado rei Estanislau I da Polônia.

Agora que Augusto estava destronado – o único objetivo de Carlos ao invadir a Polônia –, suecos e poloneses esperavam que o rei finalmente voltasse suas atenções à Rússia. No entanto, Carlos não estava pronto para deixar o país. Como o papa havia se oposto a Estanislau (ameaçando excomungar qualquer um que participasse da eleição desse protegido de um monarca protestante) e pouquíssimos magnatas poloneses tinham estado presentes na eleição, o novo soberano, na melhor das hipóteses, segurava seu reino com uma mão trêmula. Carlos mostrou-se determinado a continuar ao lado de seu monarca-marionete até Estanislau estar propriamente coroado. Mais de um ano depois, em 24 de setembro de 1705, Estanislau recebeu a coroa de uma forma que, como a proclamação de sua eleição pela Dieta, dava argumentos àqueles que alegavam que sua soberania era ilegítima. O novo rei foi coroado não na Cracóvia, cidade onde tradicionalmente se davam as coroações de reis poloneses, mas em Varsóvia, pois era lá que Carlos e seu exército sueco estavam. A coroa colocada na cabeça de Estanislau não era a histórica coroa da Polônia – ainda nas mãos de Augusto, que não havia aceitado o fato de ter sido destronado –, mas uma nova que, junto com um novo cetro e nova regalia, havia sido paga por Carlos. O rei sueco apareceu incógnito na cerimônia, de modo a não desviar a atenção a ser prestada a seu novo aliado. Entretanto, a coroação de seu soberano-marionete não enganou ninguém. A esposa de Estanislau, agora rainha da Polônia, sentia-se tão insegura no reinado turbulento de seu marido que escolheu viver na Pomerânia Sueca.

Mesmo assim, com um novo rei amigável à Suécia no trono polonês, Carlos acreditava ter alcançado seu segundo objetivo. Logo após a coroação, ele e Estanislau formaram uma aliança anti-Rússia entre Suécia e Polônia. Então, como se para liberar seus sentimentos há muito reprimidos sobre a Rússia e aliviar o enorme peso da culpa que o invadira por não atender aos apelos de seus súditos, Carlos atacou de súbito. Em 29 de dezembro de 1705, deixou o acampamento nos campos abertos próximos a Varsóvia e marchou rapidamente em direção ao leste, passando por pântanos e rios congelados em direção a Hrodna, onde o principal exército de Pedro estava reunido atrás do rio Neman. Esse avanço a caminho de Hrodna, todavia, não era a tão esperada invasão à Rússia. Carlos não havia feito planos ou reunido equipamentos e provisões para realizar uma marcha épica até Moscou. E, com Augusto ainda em campo e indisposto a aceitar o fato de que havia sido destronado, a Polônia tampouco estava segura atrás de Carlos. Assim, ele não levou consigo todo o exército: Rehnskjold ficou para trás com dez mil homens para cuidar dos saxões. No entanto, com os vinte mil homens que marcharam atrás dele, Carlos queria realizar uma batalha de inverno. Finalmente o czar veria o brilho das baionetas suecas e seus soldados sentiriam os golpes do aço escandinavo.

Após a captura de Dorpat e Narva no verão de 1704, Pedro passou o inverno em Moscou e depois, em março, foi a Voronej para trabalhar nos estaleiros. Em maio de 1705, planejava juntar-se ao exército, mas foi acometido por uma doença e passou um mês se recuperando na casa de Teodoro Golovin. Em junho, encontrou o exército (um exército que se transformava em uma força formidável) em Polotsk, no Duína, de onde poderia seguir até a Livônia, Lituânia ou Polônia, conforme os eventos exigissem. Havia quarenta mil membros da infantaria propriamente uniformizados e bem equipados com mosquetes e granadas. A cavalaria e os dragões, uma força de vinte mil homens, estava plenamente equipada com mosquetes, pistolas e espadas. A artilharia era padronizada e numerosa. Como acontecera com os suecos, o exército russo havia desenvolvido canhões especiais altamente móveis com balas de quase 1,5 quilos que acompanharia a infantaria e a cavalaria para oferecer suporte imediato de artilharia.

O problema do exército agora residia no topo, na estrutura de comando, na qual havia tensões e ciúme entre os generais russos e os estrangeiros. O excelente treinamento e a disciplina geral do exército deviam-se a Ogilvie, que havia assumido o comando no segundo cerco a Narva e se tornado segundo marechal de campo (Sheremetev era o primeiro) do exército russo. A preocupação de Ogilvie com os soldados o havia tornado popular entre os homens, mas ele não era apreciado pelos oficiais russos. Não falava a língua do país e tinha de lidar com eles com a ajuda de um intérprete. Ele enfrentava problemas especialmente com Sheremetev, Menchikov e Repnin. Os últimos dois eram subordinados e serviam abaixo dele; Sheremetev, todavia, tecnicamente em posição igual, ofendia-se com frequência. Buscando uma solução, Pedro tentou colocar toda a cavalaria sob comando de Sheremetev e a infantaria sob comando de Ogilvie. Sheremetev sentiu-se humilhado e reclamou com o czar, que respondeu: "Recebi sua carta e, por ela, posso ver sua angústia, pela qual realmente sinto muito, pois ela é desnecessária; meu objetivo não era fazê-lo sentir-se humilhado, mas oferecer uma organização mais eficaz. [...] Todavia, por conta da sua angústia, dei fim a essa organização e ordenei que o sistema antigo volte a ser colocado em prática até minha chegada".

Em seguida, Pedro tentou resolver o problema dividindo o exército, enviando Sheremetev com oito regimentos de dragões e três de infantaria – dez mil homens no total – para operar na região do Báltico enquanto Ogilvie permanecia no comando do exército principal na Lituânia. Em dezesseis de julho, Sheremetev atacou Lewenhaupt, o comandante das forças suecas na Livônia, e os russos sofreram uma terrível derrota. Pedro escreveu furioso a Sheremetev, atribuindo a culpa pela derrota ao "treinamento inadequado dos dragões sobre o qual tantas vezes falei". Três dias mais tarde, sentindo remorso pelo tom duro da correspondência anterior, o czar voltou a escrever para Sheremetev, dessa vez tentando animá-lo: "Não fique triste pela pelo infortúnio ocorrido, pois o sucesso constante levou muitas pessoas à ruína. Esqueça o que aconteceu e tente encorajar seus homens".

Nesse momento do desenrolar dos fatos, chegou a notícia de problemas em Astracã, e Sheremetev e seus regimentos montados foram enviados para atravessar mil e seiscentos quilômetros em território russo com o objetivo de enfrentar a revolta. Com a força militar geral reduzida, Pedro cancelou as outras operações e ordenou que o exército principal fosse às instalações de inverno em Hrodna, na margem leste do rio Neman. Nada era esperado de Carlos XII até a primavera.

Infelizmente, mesmo com Sheremetev distante, a fricção entre os generais de Pedro prosseguiu. Em nome, Ogilvie, como marechal de campo, era comandante supremo, e Menchikov e Repnin permaneciam como seus subordinados. Embora Menchikov já contasse com uma crescente reputação militar por conta de seus sucessos no Neva, não era sua experiência militar, mas sua relação pessoal com o czar que o tornava turbulento e insubordinado. Como era o amigo mais próximo de Pedro, recusava-se a aceitar um papel militar menor. Com frequência invocava sua relação especial com Pedro para se sobrepor ao mais experiente Ogilvie, dizendo apenas: "Sua Majestade não gostaria disso. Ele preferiria que fosse feito assim. Sei disso". Além disso, Menchikov fez com que todas as cartas de Ogilvie ao czar tivessem de passar por suas mãos. Algumas delas ele simplesmente extraviou, explicando posteriormente a Pedro que o marechal de campo estava apenas reportando notícias que o czar já havia recebido do próprio Menchikov.

Essa já complicada estrutura de comando tornou-se ainda mais confusa em novembro de 1705, quando Augusto se uniu ao exército russo. A sorte do rei-eleitor passava por uma maré baixa. A Polônia agora se encontrava totalmente ocupada pelas tropas de Carlos e do recém-coroado Estanislau, e Augusto, deposto, teve de abrir caminho por uma rota longa e tortuosa, passando pela Hungria, usando nome falso e um disfarce. Mesmo assim, Pedro ainda o considerava rei da Polônia e, em respeito à sua posição, concedeu-lhe o comando geral do exército em Hrodna. Ogilvie manteve o comando militar sênior. Menchikov ficou com a cavalaria, e Repnin e Carl Evald Ronne (um experiente oficial de cavalaria alemão) estavam presentes como comandantes subordinados. A situação era própria para o desastre.

A MARCHA DE CARLOS para o leste ocorreu de forma rápida. A distância entre o Vístula e o Neman era de 290 quilômetros. O monarca percorreu esse caminho em apenas duas semanas, passando por estradas e rios congelados, e apareceu com sua vanguarda diante de Hrodna em quinze de janeiro de 1706. Cruzou o rio com seiscentos granadeiros, mas, ao notar que a fortaleza era forte demais para um ataque repentino, retornou e montou um acampamento temporário a sete quilômetros de distância. Quando o principal exército sueco, composto por vinte mil homens, chegou, Carlos moveu-se oitenta quilômetros acima de Hrodna, onde podia encontrar mais suprimentos e mais forragem. Lá, criou um acampamento permanente, esperando para ver o que os russos fariam. Na visão de Carlos, eles podiam sair para lutar, ou esperar dentro de sua fortaleza e, em algum momento, passariam fome.

Com o monarca sueco por perto, os comandantes russos realizaram um conselho de guerra presidido por Augusto. Simplesmente sair marchando para o ataque não era uma opção. Embora os soldados russos estivessem em número quase duas vezes maior do que os suecos, Pedro ainda estava longe de sentir-se pronto para arriscar seu exército, construído tão cuidadosamente, mesmo que as chances estivessem a seu favor. Então, o czar proibiu expressamente Ogilvie de iniciar uma batalha em campo aberto. Mesmo assim, Ogilvie achou que sua força era suficiente para permanecer e enfrentar um cerco, e esse foi o caminho que ele defendeu. Os outros discordavam: se os suecos cercassem a fortaleza de Hrodna, o exército sairia da Rússia e o país perderia a proteção de sua fronteira; e, embora as fortificações fossem consistentes e a artilharia numerosa, eles não tinham se abastecido para um longo período de sítio. Os opositores de Ogilvie defendiam uma retirada. Ele, por sua vez, mostrou-se consternado, destacando o tamanho do exército e a superioridade da artilharia. Se os russos recuassem, sacrificariam seus canhões, que não poderiam ser puxados pela neve sem cavalos. Além disso, deixariam as casas e os barracões de uma cidade e partiriam para o frio amargo das estradas abertas, onde muitos morreriam. Os suecos certamente perseguiriam, e a batalha que Pedro havia proibido aconteceria. Ainda pior para Ogilvie seria a desonra. Um soldado profissional comandando um exército duas vezes mais forte do que o do inimigo, ele estava prestes a abandonar uma fortaleza, mesmo com enorme superioridade de artilharia. O que a Europa iria dizer?

Augusto, em meio a esses dois pontos de vista opostos e relutante em aceitar a responsabilidade final, enviou um mensageiro com urgência a Pedro implorando "uma decisão imediata, categórica e definitiva" do czar. Antes que a resposta pudesse chegar, todavia, o próprio Augusto escapou de Hrodna. Com a saída de Carlos de Varsóvia, ele vislumbrou uma chance de reocupar a capital polonesa. Levando consigo quatro regimentos de dragões, partiu apressadamente, prometendo a Ogilvie que retornaria em três semanas trazendo todo o exército saxão. Então, com forças russas, polacas e saxãs combinadas, somando um total de sessenta mil homens, eles enfrentariam os vinte mil soldados de Carlos.

Pedro estava em Moscou quando recebeu a notícia de que Carlos estava avançando em direção a Hrodna. Cético com relação aos relatos, o czar escreveu a Menchikov: "De quem você recebeu essa notícia? É digna de fé? Quantos relatos desse tipo já recebemos no passado?" Todavia, ele estava inquieto e declarou que deixaria Moscou em 24 de janeiro. Reclamou do "frio inenarrável" e por sua "bochecha direita estar seriamente inchada". E seguiu resmungando:

> Sinto muitíssimo por deixar a cidade porque estou ocupado coletando impostos e outras coisas necessárias para as operações no Volga. Portanto, imploro, se houver alguma mudança, para que me envie alguém, de modo que eu não me arraste daqui sem um motivo (oras, eu mal posso fazer isso). E, se a situação não mudar, gostaria que me enviasse notícias todos os dias, para que eu consiga, se possível, apressar minha jornada.

A distância entre Moscou e Hrodna era de 720 quilômetros, e Pedro havia percorrido metade do caminho quando foi encontrado, próximo a Smolensk, por Menchikov, que trazia a notícia de que Carlos havia chegado e que o czar agora não poderia encontrar seu exército. Preocupado, Pedro escreveu uma nova lista de ordens a Ogilvie, dependendo da prometida chegada dos saxões experientes. Se eles estivessem mesmo a caminho, Pedro permitiria que Ogilvie continuasse em Hrodna; caso não estivessem, ou se Ogilvie estivesse incerto a respeito desse apoio, então a ordem era retirar-se para a fronteira russa pela rota mais curta e mais rápida. Pedro acrescentou:

> Porém, entrego tudo ao seu julgamento, pois é impossível dar uma ordem a essa distância. Enquanto escrevemos, seu tempo está passando. O que for melhor para a segurança e nosso ganho, faça com cuidado. Não se esqueça das palavras de meu camarada [Menchikov] que, ao partir, aconselhou-o a cuidar mais da segurança das tropas do que de qualquer outra coisa. Não se preocupe com as armas pesadas. Se por acaso elas dificultarem a retirada, exploda-as ou jogue-as no Neman.

Enquanto isso, dentro da fortaleza de Hrodna, a situação piorava. Alimento e forragem estavam acabando rapidamente. Então, os russos, ansiosamente esperando a chegada dos saxões, receberam a notícia de mais um golpe. Em três de fevereiro de 1706, em Fraustadt, na fronteira com a Silésia, um exército saxão com auxiliares russos e poloneses (totalizando trinta mil homens) foi derrotado pela força de oito mil suecos de Rehnskjold. Essa foi sua mais brilhante vitória, e Carlos, ao receber a notícia, imediatamente promoveu Rehnskjold a marechal de campo e lhe concedeu o título de conde. Pedro enviou a notícia a Golovin com raiva e desalento:

Herr Almirante: Todo o exército saxão foi derrotado por Rehnskjold e agora perdeu toda a sua artilharia. A traição e a covardia de 419 saxões agora são claras: trinta mil homens derrotados por oito mil! A cavalaria, sem atirar uma única vez, fugiu. Mais de metade da infantaria, jogando seus mosquetes no chão, desapareceu, deixando nossos homens sozinhos. Acho que nem metade deles está viva agora. Deus sabe quanta tristeza essa notícia nos trouxe. Ao dar dinheiro [a Augusto], só trouxemos infortúnio a nós mesmos. [...] Pode contar a todos sobre a calamidade mencionada acima e a traição do rei por seus próprios súditos (mas conte de forma muito mais branda), pois isso não pode permanecer em segredo. De qualquer forma, ofereça detalhes a pouquíssimas pessoas.

A notícia de Fraustadt, destacando ainda mais a superioridade do exército sueco, selou a decisão de Pedro de retirar suas tropas de Hrodna o mais rapidamente possível. Ele ordenou que Ogilvie se retirasse na primeira oportunidade, mas, com a aproximação da primavera, recomendou que o marechal de campo esperasse até o gelo se partir no rio para impedir um ataque sueco. Em quatro de abril, obedecendo às ordens do czar, o exército russo afundou cem canhões no Neman e deu início à sua retirada para o sudeste, em direção a Kiev, pela região de florestas e pântanos conhecida como Pântanos de Pinsk.

Carlos ficou eufórico ao descobrir que os russos estavam deixando a fortaleza de Hrodna e ordenou que seu exército atacasse imediatamente. Entretanto, assim que foi lançada no Neman, a ponte flutuante que ele havia criado foi levada por blocos de gelo que desciam com a corrente. Uma semana se passou antes que o rei conseguisse atravessar, e o exército russo já estava muito à frente. Carlos tentou um atalho através dos Pântanos de Pinsk. "É impossível descrever como homens e cavalos sofreram nessa marcha", registrou uma testemunha ocular. "O terreno era coberto por pântanos, a primavera havia descongelado o chão, a cavalaria mal conseguia se movimentar, as carroças atolaram tão profundamente na lama que foi impossível atravessar. A carruagem do rei ficou no atoleiro, enquanto o abastecimento, bem, a situação era tão ruim que a pessoa que pudesse puxar um pedaço de pão seco do bolso, naquele local desolado, já se dava por feliz".

Lutando para atravessar os pântanos, os suecos finalmente chegaram a Pinsk sem alcançar as tropas russas. Lá, Carlos subiu na mais alta torre de igreja da cidade e, olhando para o sul e para o oeste, viu que a extensão de terra aguada estendia-se até o horizonte. Resignando-se com o fato de que os russos haviam escapado, permaneceu na região por dois meses, destruindo cidades e vilas. Por fim, em meados do verão de 1706, incerto sobre sua retaguarda e despreparado para outra grande campanha no leste, o rei seguiu de volta para a Europa.

Pedro ficou bastante contente em saber que seu exército estava seguro. De São Petersburgo, escreveu a Menchikov em 29 de abril:

> É com alegria indescritível que recebi [a notícia] [...] quando eu estava em Kronstadt, no navio Elefante, do vice-almirante, e imediatamente, para dar graças a Deus, saudamos três vezes dos navios e do forte. Deus nos permitirá vê-lo e ver todo o exército novamente. E como ficamos felizes e fizemos barulho quando soubemos disso! [...] Pois, embora vivamos no paraíso, anda tínhamos dor em nossos corações. Aqui, graças a Deus, tudo está bem, e não há nada de novo. Devemos partir no próximo mês. Não duvide da minha ida. Se Deus não enviar obstáculos, certamente, devo ir no final deste mês. Mais cedo do que isso é impossível! Não por eu estar me divertindo, mas pelo fato de que os médicos me mandaram manter repouso e tomar remédios durantes duas semanas depois de me sangrarem, o que começaram a fazer ontem. Imediatamente depois disso irei, pois você viu em que estado eu estava quando nos separamos do exército.

A retirada de Hrodna foi o fim para Ogilvie. Suas disputas com Menchikov haviam aumentado durante essa retirada. "O general da cavalaria [Menchikov], sem meu conhecimento, em nome de Sua Majestade, ordenou que todo o exército fosse a Bykhov, e adotou a postura de comandante supremo", reclamou o exasperado Ogilvie. "Ele tem ao seu redor uma guarda da infantaria e da cavalaria, acenando estandartes, e não me leva em consideração. [...] Por todo o tempo em que estive na guerra, em qualquer lugar, as pessoas nunca me trataram tão mal quanto aqui". Alegando problemas de saúde, ele pediu para ser retirado do comando e permissão para deixar a Rússia. Pedro concordou, aceitando a demissão de Ogilvie e lhe pagando o salário completo. Ogilvie partiu para a Saxônia, onde passou a trabalhar para Augusto e o serviu como marechal de campo por quatro anos, até sua morte.

Quando Carlos marchou para o oeste (e não para leste) de Pinsk, Pedro sabia que a ameaça de invasão havia ficado para trás, pelo menos por algum tempo. No entanto, o ataque do rei sueco a Hrodna havia sido um aviso. Com o ocorrido, Pedro entendeu que seu exército, seus comandantes e seu país ainda não estavam prontos.

CARLOS SEGUIU SEU RÁPIDO avanço a Hrodna com o que seria a ação final de sua longa guerra contra Augusto. Em agosto de 1706, o monarca informou Rehnskjold que havia finalmente decidido invadir a Saxônia para acabar com Augusto em seu próprio domínio hereditário. Quatro anos ricocheteando em volta da Polônia em busca de seu inimigo haviam lhe mostrado que nenhuma decisão podia ser alcançada com Augusto em solo polonês. A Saxônia sempre fora um santuário no qual o desafiador Augusto podia se recolher para curar suas feridas, criar novos exércitos e esperar o momento oportuno para ressurgir na Polônia.

O principal obstáculo diplomático à invasão, a oposição das potências marítimas, agora havia sido afastado pelos eventos. As grandes vitórias de Marlborough em Blenheim, na Baviera, e Ramillies, na Holanda, haviam colocado Luís XIV na defensiva, e as potências marítimas já não se preocupavam com a possibilidade de que a entrada de tropas suecas no coração da Alemanha pudesse fazer alguma diferença na guerra contra a França. Carlos, por sua vez, havia oferecido desistir da invasão planejada à Saxônia se as potências marítimas convencessem Augusto a renunciar a seu desejo pelo trono polonês. Elas tentaram e falharam. Portanto, sem enxergar outra forma de compelir Augusto, Carlos decidiu seguir adiante. Em 22 de agosto de 1706, o exército sueco cruzou a fronteira da Silésia em Rawicz em sua marcha a caminho da Saxônia. O próprio Carlos nadou pelo rio Oder, que servia como fronteira, à frente de suas guardas da cavalaria.

Cinco dias mais tarde, após marchar pela Silésia com aplausos dos silesianos protestantes em seus ouvidos, os exércitos suecos se viram na fronteira do Eleitorado da Saxônia. Lá, a chegada dos suecos produziu uma sensação semelhante ao terror. Histórias de pilhagem e destruição realizadas pelos suecos durante a Guerra dos Trinta Anos eram vividamente recontadas. A família de Augusto fugiu em várias direções: sua esposa apressou-se para a proteção do pai, o marquês de Bayreuth; seu filho de dez anos seguiu para a Dinamarca; sua mãe idosa fugiu para Hamburgo. O tesouro e as joias do Estado foram escondidos em um castelo remoto. Mesmo assim, o Conselho de Governadores da Saxônia, com poderes para governar na ausência de Augusto, havia decidido não resistir à invasão sueca e confiar a segurança do eleitorado à misericórdia de Carlos. O conselho de fato estava cheio das ambições do Eleitor polonês; a Saxônia havia sacrificado 36 mil soldados, oitocentos canhões e oito milhões de vidas no esforço para manter o soberano no trono da

Polônia. A essa altura, eles estavam cansados do esforço e decididos a não sacrificar o próprio eleitorado por Augusto.

Dessa forma, os regimentos de Carlos marcharam sem oposição para dentro da Saxônia e ocuparam as maiores cidades: Leipzig e Dresden, a capital. Em quatorze de setembro, Carlos criou seu quartel-general no castelo de Altranstadt, próximo a Leipzig, e dali negociou os termos do tratado de paz com os ministros saxões. Exigiu que Augusto desistisse de uma vez por todas da coroa polonesa e reconhecesse Estanislau em seu lugar, além do fim da aliança com a Rússia e a devolução a Carlos de todos os súditos empregados por Augusto ou lutando no exército saxão. Em troca, Augusto poderia manter o título de cortesia de rei, embora não pudesse se denominar rei da Polônia. Por fim, o exército sueco passaria o próximo inverno na Saxônia, com todos os custos de provisões a serem pagos pelo governo saxão. Na ausência de Augusto, os emissários saxões aceitaram esses termos e, em treze de outubro de 1705, o Tratado de Altranstadt foi assinado.

Para Augusto, não apenas os termos, mas também o momento do tratado foram infelizes. No exato momento em que Carlos negociava a abdicação de Augusto com os ministros saxões, Augusto se movimentava pela Polônia com uma enorme força de cavalaria russa comandada por Menchikov, seguindo para atacar uma força sueca menor sob o comando do coronel Mardefelt. Augusto reclamou que estava tão pobre que não tinha o que comer, e Menchikov deu ao rei necessitado dez mil ducados do próprio bolso. O czar, que havia investido milhares de rublos e milhares de homens para sustentar o aliado saxão, ficou enojado ao receber a notícia. "Você sabe muito bem o que se ouve do rei: 'Dê, dê! Dinheiro, dinheiro!'. E também sabe quão pouco dinheiro temos", ele escreveu a Menchikov. "Porém", acrescentou Pedro com resignação, "se o rei está sempre nessa situação ruim, acho que seria melhor dar-lhe esperanças de ficar satisfeito com minha chegada, e devo tentar seguir pela rota mais rápida".

Enquanto ainda estava com o exército russo, logo que aceitou a generosidade de Menchikov, Augusto descobriu a assinatura do tratado na Saxônia. Conseguiu manter a notícia escondida do russo, mas estava em uma situação extremamente embaraçosa. Os termos do tratado o forçavam a quebrar a aliança com o czar e desistir da guerra. E, ainda assim, ali estava ele, na companhia de um exército russo, preparando-se para atacar uma força sueca. Tentando evitar uma batalha, Augusto enviou mensagens secretas a Mardefelt, o comandante sueco, informando-o do tratado e implorando para que recuasse e não atacasse. Aqui, a reputação de Augusto finalmente o atingiu. O rei era tão conhecido por sua duplicidade e seus sofismas que Mardefelt supôs que a mensagem fosse apenas mais um dos truques de Augusto e a ignorou. O resultado, em 29 de outubro de 1706, foi a Batalha de Kalisz, uma luta de três horas na qual os russos, ex-aliados de Augusto, derrotaram terrivelmente os suecos com quem seus ministros tinham acabado de assinar um tratado de paz. Para Pedro, aquela foi uma vitória significativa. Embora existisse um sueco para cada dois russos, os soldados escandinavos sempre haviam sido bem-sucedidos, mesmo em situações piores. E esse foi o primeiro grande sucesso de Menchikov como comandante independente. O czar estava muito feliz.

Constrangido por essa vitória russa, Augusto agiu desesperadamente para se ajustar a sua nova posição entre Pedro e Carlos. Escreveu ao sueco desculpando-se pela batalha e por sua incapacidade de evitá-la. Em um gesto mais tangível, convenceu Menchikov a lhe conceder o controle de todo o grupo de 1.800 prisioneiros suecos e prontamente enviá-los em liberdade condicional para a Pomerânia, onde estariam livres para lutar na primavera seguinte.

Enquanto isso, Augusto tentava não enfurecer Pedro. Participou de uma conversa privada com o príncipe Vassili Dolgoruki, representante do czar na Polônia, e explicou que não tinha escolha: não poderia deixar a Saxônia ser devastada pelas tropas de Carlos e não via outra forma de salvar sua terra natal, exceto deixando o trono da Polônia. Assegurou Dolgoruki, todavia, de que aquilo seria apenas um subterfúgio temporário e que, assim que o exército sueco deixasse a Saxônia, ele renunciaria o tratado, reuniria um novo exército e voltaria a se colocar do lado de Pedro.

Em trinta de novembro, Augusto chegou à Saxônia e visitou Carlos em Altranstadt. Desculpou-se pessoalmente pelo ocorrido em Kalisz, e Carlos aceitou sua explicação, mas insistiu que Augusto confirmasse sua abdicação escrevendo a Estanislau para parabenizá-lo pela ascensão ao trono da Polônia. Vendo-se completamente sob o poder de Carlos, Augusto engoliu até mesmo essa pílula amarga. Como o monarca sueco havia escrito discreta, mas severamente, em uma carta a Estocolmo: "No presente, eu sou o eleitor da Saxônia".

Os dois reis, primos de primeiro grau (suas mães eram irmãs, ambas princesas da Dinamarca), tinham boas relações – Carlos escreveu à irmã contando que seu primo era "alegre e divertido. Não é alto, mas atarracado; e também um pouco corpulento. Desfila seu próprio cabelo, bastante escuro, sem peruca". Todavia, tornou-se óbvio no inverno de 1706-1708 que Augusto não tinha pressa em fazer valer o tratado. Isso se aplicava em especial à cláusula 11, escrita especificamente para o agitador Johann Reinhold von Patkul.

O homem mais afetado pelo Tratado de Altranstadt não foi Augusto, mas Patkul. O nobre da Livônia – cujos dedicados esforços anti-Suécia haviam ajudado a criar a Grande Guerra do Norte – era objeto especial do ódio de Carlos XII. Assim, a cláusula 1 havia sido inserida no tratado para exigir que Augusto entregasse a Carlos todos os "traidores" da Suécia abrigados na Saxônia. O nome de Patkul encabeçava a lista. Nos eventos que se seguiriam, a perfídia de Augusto e a sede de vingança de Carlos deixariam a Europa horrorizada.

Patkul era um homem extravagante, talentoso e difícil. Quando a guerra teve início, serviu primeiro como general no exército de Augusto. Foi ferido e, enquanto se recuperava, decidiu deixar os serviços do rei ao desaprovar "a forma como o monarca vem tratando seus aliados". Pedro, admirando as qualidades de Patkul, imediatamente convidou o livônio sem teto para ir a Moscou e o convenceu a entrar para o serviço russo como conselheiro particular e tenente-general. Durante os cinco anos seguintes, Patkul mostrou-se infatigável a serviço de Pedro, mas seu jeito imperioso lhe rendeu muitos inimigos. Brigou com Matveiev em Haia e com Golitsyn em Viena. Em Varsóvia, Dolgoruki eventualmente se recusou a trocar cartas com ele, e escreveu a Teodoro Golovin: "Acho que você sabe sobre Patkul. Devemos examinar cuidadosamente não apenas suas palavras, mas as entrelinhas nelas existentes. Se ele escreve quando está de mau humor, não elogiará nem a Deus".

Ironicamente, a sequência de eventos que levou à queda de Patkul teve sua origem em um elemento mais gentil de sua natureza: sua solidariedade pela condição patética das tropas russas que Pedro havia enviado para apoiar o exército do rei Augusto. Onze regimentos russos, somando nove mil homens, e uma força de cavalaria cossaca com três mil membros sob o comando do príncipe Dmitri Golitsyn haviam partido de Kiev no verão de 1704 para se unirem a Augusto na Polônia. Quando chegaram, Patkul, como conselheiro russo e tenente-general, substituiu Golitsyn e assumiu o comando. Após uma breve campanha no outono de 1704, Patkul recebeu instruções de Augusto para recuar com suas tropas para a Saxônia. Lá, descobriu que ninguém se responsabilizava por seus homens. Os ministros do governo saxão não tinham utilidade para as tropas russas oferecidas a Augusto para suas guerras na Polônia e, portanto, recusavam-se a abrigá-las e alimentá-las. Os homens não recebiam seu soldo há meses; e, mesmo se recebessem, os comerciantes saxões recusavam o dinheiro russo. Com uniformes finos e esfarrapados e os pés descalços, os soldados russos formavam uma imagem tão terrível que as pessoas se aproximavam apenas para encará-los. Parecia provável que, durante o inverno que estava por vir, muitos passariam fome. No entanto, Patkul trabalhou incansavelmente em favor deles. Acusou os ministros saxões de agirem de forma contrária às ordens do rei-eleitor ao não oferecerem suprimentos e quartéis para o inverno. Escreveu a Pedro, a Golovin e a Menchikov comunicando que a condição dos soldados estava trazendo vergonha ao czar. Eles responderam ordenando que os homens voltassem à Rússia – o que era totalmente impossível, uma vez que o caminho pela Polônia estava bloqueado por tropas suecas. Por fim, para manter os homens vivos, Patkul levantou enormes somas em seu próprio crédito pessoal. Na primavera, mandou fazer novos uniformes para os soldados e, no verão, a aparência deles estava tão alterada que os saxões admitiram que os russos pareciam superiores aos soldados alemães. Todavia, nenhum dinheiro veio da Rússia, e o crédito de Patkul estava chegando ao fim.

Para assegurar a sobrevivência daqueles homens, ele finalmente propôs alugá-los por algum tempo para o governo austríaco, que passaria a ser responsável por arcar com seus salários e sustento. Golovin respondeu que o czar aprovaria se aquele fosse um caso de extrema necessidade. Em dezembro de 1705, com a aprovação dos oficiais russos, Patkul entregou as tropas ao serviço do governo imperial pelo período de um ano. A ação alarmou os ministros saxões, que temiam que tanto o rei quanto o czar ficassem furiosos pelo fato de sua recusa em ajudar os russos ter resultado nessa perda de soldados para a causa comum. Patkul era odiado há muito tempo em Dresden (ele nunca foi cuidadoso em suas cartas, e muitas de suas denúncias amarguradas da ineficiência e da corrupção dos ministros saxões acabaram chegando aos ouvidos dos acusados). Augusto mostrava-se cauteloso. "Conheço bem Patkul", reclamou a Dolgoruki, "e Sua Majestade, o Czar, logo descobrirá que ele abandonou o serviço de seu mestre [Carlos] buscando apenas seguir com seus planos e alcançar mais lucros".

Escandalosamente, o ato de misericórdia de Patkul ao entregar as tropas russas à Áustria lhe geraram uma acusação de traição. Embora os ministros saxões tivessem sido informados desde o início das negociações, eles de repente o acusaram de ferir os interesses de Augusto ao afastar milhares de soldados que estavam sob seu comando. Então, foi emitida a ordem para que Patkul fosse encarcerado. Com isso, cansado de se ver preso entre forças maiores e desesperando-se de suas ambições ligadas à Livônia, Patkul havia acabado de se comprometer e estava prestes a se casar com uma viúva rica. Tinha comprado uma propriedade na Suíça, onde pretendia viver sua aposentadoria, deixando a política de lado.

Ao retornar do noivado, Patkul foi capturado, levado ao castelo de Sonnenstein e colocado em uma cela sem cama ou comida pelos primeiros cinco dias. A notícia dessa detenção correu pela Europa. Um embaixador estrangeiro a serviço de um monarca soberano havia sido preso ao realizar suas funções. Em Dresden, os embaixadores da Dinamarca e do império protestaram veementemente e deixaram a capital alegando que já não estavam seguros. O embaixador imperial refutou a acusação de traição ao anunciar que havia visto com os próprios olhos a autorização de Patkul vinda de Moscou para que as tropas fossem transferidas. O príncipe Golitsyn, agora outra vez oficial sênior das tropas expedicionárias russas, embora pessoalmente antagonista de Patkul, protestou contra a prisão como se ela fosse uma afronta a seu soberano, o czar, e exigiu a soltura imediata do encarcerado.

Temendo terem ido longe demais, os ministros saxões comunicaram sua ação a Augusto na Polônia. Augusto escreveu de volta afirmando ter aprovado o que eles haviam feito e escreveu brevemente a Pedro dizendo que, para proteger os interesses conjuntos, seu conselho particular havia sido forçado a encarcerar Patkul. A tarefa de elaborar a acusação tinha sido entregue ao general adjunto do rei, Arnstedt, que a realizou com grande relutância e escreveu secretamente a Shafirov em Moscou: "Estou fazendo de tudo para salvá-lo. Você precisa trabalhar para este mesmo fim. Não devemos e não podemos permitir que um homem tão bom morra".

Pedro concordou com Augusto que Patkul deveria ter esperado uma ordem mais definitiva antes de entregar as tropas à Áustria, mas, mesmo assim, requereu que o prisioneiro lhe fosse enviado imediatamente, para que ele pudesse verificar as acusações. Patkul estava, afinal de contas, a serviço da Rússia, e os soldados em questão eram russos. De Augusto vieram desculpas e protelações. Em fevereiro de 1706, Pedro escreveu novamente exigindo o retorno de Patkul. Os suecos, entretanto, estavam acampados perto de Hrodna, e os ministros saxões de Augusto sabiam que o czar estava fisicamente impedido de intervir. Patkul continuou prisioneiro.

Então veio a rápida marcha de Carlos de volta de Hrodna, sua invasão à Saxônia, a capitulação de Augusto e o Tratado de Altranstadt. A entrega de Patkul e de outros "traidores" à Suécia era uma condição do tratado. Augusto ficou sem saída. Por não ter libertado Patkul antes, ele agora se via forçado a entregá-lo a Carlos. Desesperado, enviou o major-general Goltz para assegurar o czar de que Patkul jamais seria entregue ao rei da Suécia. Pedro, desconfiado dessas promessas e temendo muito pela vida de Patkul, apelou ao imperador, aos reis da Prússia e da Dinamarca e aos Estados Gerais dos Países Baixos. A cada um, disse essencialmente isso: "Precisamos confiar que o rei da Suécia irá, de boa vontade, ceder à intercessão de Vossa Majestade e que, ao fazer isso, ele ganhará diante de todo o mundo a reputação de um monarca bondoso e não fará parte de uma questão bárbara e ímpia".

Augusto hesitou e demorou para levar a cabo esse artigo do tratado, mas Carlos foi implacável. Por fim, na noite de 27 de março de 1707, Patkul foi entregue às mãos suecas. Mantiveram-no em uma cela em Altranstadt por três meses, preso a uma estaca com uma pesada corrente de ferro. Em outubro de 1707, viu-se diante de uma corte marcial sueca que havia recebido instruções de Carlos para julgá-lo com "severidade extrema". Obedientemente, a corte o condenou a ser torturado na roda, decapitado e esquartejado. A compostura de Patkul finalmente o abandonou quando ele se viu preso à roda. O executor, um camponês local, desferiu quinze golpes com uma marreta, quebrando-lhe os braços e as pernas, e então partiu para a região do peito. Patkul gritou e gemeu, e, quando já não conseguia mais berrar, implorou: "Corte a minha cabeça". O executor inexperiente lhe deu quatro golpes de machado antes de o pescoço finalmente ceder. O corpo foi esquartejado e exposto na roda, e a cabeça colocada em um poste ao lado da estrada.

XXXI

CARLOS NA SAXÔNIA

A APARIÇÃO DRAMÁTICA DO rei Carlos XII e seu exército sueco no coração da Alemanha fez fortes tremores sacudirem a Europa. Na Saxônia, o jovem monarca estava mais visível do que nunca ao continente, e a curiosidade a seu respeito não tinha limites. Cada movimento, humor e hábito era alvo de escrutínio; viajantes planejavam suas jornadas de modo a passar pelos quartéis suecos em Altranstadt na esperança de vislumbrar o jovem rei. Entre os monarcas e seus ministros e generais, a curiosidade misturava-se com preocupação. Era entendido que Carlos havia chegado para colocar o selo formal na remoção de Augusto da Saxônia do trono polonês, mas, agora que isso havia sido alcançado, o que estaria por vir? O exército sueco, veterano e invicto, estava acampado na Europa Central a pouco mais de trezentos quilômetros do Reno. Em qual direção o jovem monarca apontaria suas baionetas invencíveis? Ao longo do inverno e da primavera de 1707, embaixadores e outros emissários reuniram-se em volta do rei sueco em busca de respostas.

Alguns tinham apelos ou propostas específicas. O embaixador de Luís XIV sugeriu unir o exército sueco com o do marechal Villiers, da França. Isso penderia a balança na Alemanha. Depois, França e Suécia poderiam dividir os estados alemães entre si. Os protestantes da Silésia pediram para que Carlos permanecesse na Alemanha para protegê-los do imperador católico (com uma ameaça de marchar contra Viena, Carlos conquistou para o povo da Silésia o direito de reabrir as igrejas luteranas; de fato, o imperador José afirmou ter sorte pelo rei da Suécia não ter exigido que ele se tornasse luterano). No entanto, de todos os visitantes que foram até o castelo de Carlos na Saxônia, o mais famoso foi John Churchill, duque de Marlborough, figura fundamental tanto militar quanto politicamente na coalisão aliada contra o Rei Sol.

Logo que Carlos entrou na Saxônia, o duque ficou alarmado pelo fato de o impetuoso jovem monarca e seu antagonismo voltado ao Império Habsburgo poderem perturbar o delicado equilíbrio entre os poderes católico e protestante posicionados contra a tentativa de Luís XIV de conquistar a hegemonia europeia. O ministro inglês no acampamento de Carlos, John Robinson, havia enviado a Londres uma previsão sombria sobre o papel que um Carlos vitorioso poderia ter como árbitro da Europa. "Que ele favorecerá os aliados, isso é muito incerto", escreveu Robinson. "Que ele os forçará a uma paz desvantajosa não é improvável, que agirá contra eles é possível e, se fizer isso [...] nós sofreremos o ele quiser. Pois, supondo que a guerra na Polônia e na Moscóvia esteja terminando, nem o imperador, nem a Dinamarca, nem a Prússia, nem qualquer príncipe ou estado alemão se atreverá a parecer contrariá-lo. Todos se curvarão à sua vontade e Inglaterra e Holanda também terão de fazer isso, ou então estarão sozinhas".

Marlborough entendeu que era preciso lidar com o volátil Carlos com extremo cuidado. Imediatamente após a invasão do rei à Saxônia, o duque escreveu a seus aliados holandeses: "Sempre que os Estados [Gerais dos Países Baixos] ou a Inglaterra escrevem ao rei da Suécia, devem tomar cuidados para que não haja ameaças na carta, pois o monarca tem um humor muito particular". Lidar com Carlos requereria muito cuidado e discrição, além de tato para diplomacia e inteligência. Então Marlborough sugeriu que ele mesmo fosse ver o rei escandinavo. A oferta do inglês foi bem recebida e, em vinte de abril de 1707, ele seguiu de carruagem de Haia para atravessar a Alemanha e chegar a Altranstadt. Como Marlborough, apesar de sua imensa reputação, não era um monarca, seu primeiro contato em Altranstadt seria não com o rei, mas com o conde Piper, conselheiro civil sênior de Carlos e *de facto* primeiro-ministro. Quando o inglês chegou, Piper enviou a informação de que estava ocupado e manteve Marlborough esperando em sua carruagem por meia hora antes de descer as escadas para recebê-lo. Marlborough estava a altura daquele jogo. Conforme os suecos se aproximavam, o duque saiu de sua carruagem, colocou o chapéu e passou por Piper sem reconhecer sua presença. Alguns passos à frente, de costas para o conde, o duque tranquilamente urinou contra uma parede enquanto Piper era obrigado a esperar. Em seguida, ajustou as roupas e cumprimentou o outro homem com cortesia e, como iguais, eles entraram no prédio para uma conversa que se estenderia por uma hora.

Na manhã seguinte, pouco depois das dez horas, o duque chamou o rei. Ali estavam os dois maiores comandantes militares da época: Marlborough, com 57 anos, rosto rosado e formalmente vestido com a faixa azul e a estrela da Ordem da Jarreteira sobre o brilhante casaco escarlate; Carlos, com 25 anos, o rosto escurecido pelo sol e pelo vento, usando o casaco azul costumeiro, botas altas e a longa espada. Os dois homens conversaram por horas até "doze trombetas chamarem o rei para as Vésperas", com Marlborough falando francês, língua que Carlos entendia, mas não falava, e Robinson, que havia servido como ministro inglês na Suécia por trinta anos, interpretando o que fosse necessário. Marlborough entregou ao rei uma carta da rainha Ana, escrita, nas palavras dela, "não por sua chancelaria, mas por seu coração". Marlborough elaborou: "Se o sexo dela não a impedisse, ela teria cruzado o mar para visitar um príncipe admirado em todo o universo. Neste ponto, eu [o próprio Marlborough] sou mais afortunado do que a rainha, e gostaria de poder servir em alguma campanha sob um veterano de tamanha excelência para aprender o que ainda quero saber sobre a arte da guerra". Carlos não ficou tão feliz com o elogio, tanto que logo comentou ter achado Marlborough vestido com elegância excessiva para um soldado, além de adepto de um linguajar um tanto exagerado.

Durante a visita de dois dias ao campo sueco, Marlborough não fez propostas formais. Tentou simplesmente averiguar as intenções do rei e os sentimentos do exército. Conhecendo a preocupação de Carlos pelo bem-estar dos protestantes alemães, o duque declarou a mais calorosa solidariedade da Inglaterra pela causa, mas também expressou a preocupação inglesa de que não deveria haver pressão contra o imperador católico até a conclusão da guerra com o mais perigoso inimigo católico, Luís XIV da França. O visitante discretamente acompanhou o exército sueco, percebendo a quantidade mínima de artilharia e a falta de serviços hospitalares, serviços esses que suas forças consideravam normal. Ouviu conversas suficientes para concluir que uma campanha sueca contra a Rússia era certa e que os oficiais escandinavos esperavam que ela seria difícil e se estenderia por pelo menos dois anos. Marlborough deixou Altranstadt aliviado e contente com sua missão: "Espero que ela [a visita] tenha afastado totalmente as expectativas que a corte francesa mantinha pelo rei da Suécia".

EM 1707, ÀS VÉSPERAS de sua maior aventura, o triunfante monarca era um homem diferente daquele jovem de dezoito anos que mais de sete anos antes havia navegado pelo Báltico para confrontar seus inimigos. Apesar de seu rosto ter envelhecido consideravelmente, o corpo de Carlos ainda parecia jovial –

ele tinha 1,75 metro de altura, quadril estreito e ombros largos. Longa, ovalada e marcada pela varíola, sua face agora estava permanentemente bronzeada e vincada por pequenas linhas. Os olhos de um azul profundo mostravam-se mais calmos e mais questionadores; os lábios grossos formavam um sorriso constante e sagaz enquanto ele olhava o mundo à sua volta. Não usava nem barba, nem bigode, nem peruca; seus cabelos castanho-avermelhados e curtos eram penteados para trás, por sobre a calvície cada vez mais acentuada.

 Carlos preocupava-se tão pouco com suas roupas quanto com sua pessoa. Seu uniforme era simples: casaco azul-escuro liso com gola alta e botões de latão, colete e calças amarelos, em parte cobertas por botas de couro com salto, esporas e abas longas que subiam pelo joelho e cobriam metade da coxa. Além disso, usava uma gravata de tafetá preta dando várias voltas no pescoço, e também grandes e pesadas luvas de pele de veado com punhos largos e uma enorme espada sueca. Raramente colocava o grande chapéu de três pontas; no verão, os cabelos eram tingidos pelo sol; no outono e no inverno, a chuva e a neve caíam diretamente sobre a cabeça. Nos dias frios, Carlos jogava uma capa comum da cavalaria em volta dos ombros. Nunca, nem mesmo no calor da batalha, usava couraça para se proteger de balas, lanças ou espadas. Em campanha, costumava usar essas roupas por dias, dormindo em um colchão, um monte de palha ou em alguma tábua. Tirava as botas, deixava a espada por perto (em algum lugar onde pudesse alcançá-la no escuro) e envolvia o corpo em sua capa para dormir. Levava consigo uma Bíblia com detalhes de ouro em relevo que sempre carregava consigo até perdê-la em Poltava. E nunca dormia mais do que cinco ou seis horas.

 As refeições do rei eram simples: o café da manhã era composto por pão, e, quando possível, manteiga, a qual ele espalhava com o polegar. O jantar consistia em carne com gordura, legumes, pão e água. Comia em silêncio, usando os dedos. Suas refeições raramente demoravam mais do que quinze minutos e, durante as longas marchas, alimentava-se sobre a sela do cavalo.

 Mesmo quando o exército estava em campo, Carlos queria exercícios extenuantes. Mantinha um cavalo selado nos fundos do castelo de Altranstadt para que, quando sentisse necessidade, pudesse cavalgar por quilômetros, preferindo fazer isso nos dias preenchidos com temporais, vento e chuva. Quando fechado em uma sala, mostrava-se inquieto, andando de um lado para o outro. Seu estilo literário era grosseiro – as cartas eram compostas por garranchos e borrões de tinta por conta de suas tentativas de apagar o que havia escrito. Preferia ditar, andando de um lado para o outro, com as mãos enluvadas cruzadas nas costas, antes de segurar a caneta para assinar seu nome naquele garrancho ilegível.

Apesar de toda a sua inquietude, Carlos era um ouvinte paciente, que se sentava com um leve sorriso no rosto, descansando silenciosamente a mão no punho de sua longa espada. Se estivesse montado a cavalo quando alguém falava com ele, tirava o chapéu e o enfiava debaixo do braço pelo tempo que a conversa durasse. Ao tratar com subordinados (e, com raras exceções em sua vida, Carlos falava apenas com subordinados), era calmo, tranquilizador e amigável, mas nunca familiar; sempre havia uma distância entre o soberano e seus súditos. Quase nunca ficava nervoso e, nas questões cotidianas, encontrava dificuldades em recusar os pedidos de seus oficiais. Gostava de tê-los à sua volta para manter-se animado, e então relaxava, observando e ouvindo com seu sorriso discreto. Preferia subordinados que fossem fortes, diretos e otimistas, e concedia grande liberdade de expressão àqueles que dele discordavam.

Era na adversidade que Carlos mostrava-se mais animado. Os desafios traziam à tona sua personalidade de ferro, dura e cruel. Diante do combate, dava um passo à frente, projetando uma aura de poder e determinação. Era nesse momento que as discussões cessavam e as decisões do rei eram obedecidas. Carlos comandava não apenas por sua posição, mas também pelo exemplo. Seus oficiais e soldados reconheciam sua autodisciplina, coragem física e disposição não apenas para compartilhar, mas para exceder seus esforços físicos. Não apenas o respeitavam como rei, mas também o admiravam como homem e como soldado. Passaram a acreditar implicitamente em seu comando, e atacavam em qualquer direção para a qual ele apontasse a espada. Se o rei pedia algo, então esse algo era possível. Conforme uma vitória seguia a outra, uma confiança suprema e uma segurança absoluta eram inculcadas tanto nos homens quanto no líder. Isso, por sua vez, reforçava o controle soberbo e facilitava o comando, permitindo que ele relaxasse e desfrutasse de seus exércitos sem diminuir todas as barreiras que os separavam.

O ponto forte de Carlos – e ao mesmo tempo, sua fraqueza – era seu foco. O monarca buscava alcançar seus objetivos com obstinação, negligenciando todas as demais considerações. Fosse caçando uma lebre, atacando uma peça específica em um jogo de xadrez ou destronando um monarca hostil, ele fixava seus objetivos e não pensava em mais nada até alcançar seu propósito. Assim como o outro comandante de campo real da época, Guilherme III, Carlos estava convencido de que agia como instrumento de Deus para punir aqueles que haviam dado início a uma guerra "injusta". A oração era parte de sua vida e da vida de seu exército. No campo, seus soldados eram reunidos para orar duas vezes por dia. Mesmo durante as marchas, o exército era parado por uma trombeta às sete horas da manhã e às quatro horas da tarde. Então, todos os soldados tiravam o chapéu, ajoelhavam-se no meio da estrada e faziam suas preces.

Por conta de sua fé, Carlos era um fatalista. Aceitava calmamente que o destino permitiria sua existência pelo tempo necessário até ele cumprir o propósito de Deus. Embora inclinado a acidentes por conta de seu comportamento imprudente, ele seguia para a batalha desdenhando os perigos e a morte. "Não cairei por outra bala que não seja aquela que me é destinada e, quando isso acontecer, prudência nenhuma poderá me ajudar", dizia. No entanto, embora Carlos fosse calmo ao pensar em sua própria morte e assumisse rigidamente a responsabilidade pela morte de outras pessoas, quando ele ordenava que sua infantaria atacasse diante do fogo inimigo, era impulsionado pelo desejo de vitória, e não pelo amor à morte. De fato, sentia o luto pela perda de seus soldados e, certa vez, como alternativa à repetida carnificina no campo de batalhas, sugeriu a Piper que desafiasse o czar Pedro a um combate pessoal. Piper o dissuadiu.

Mesmo durante esse ano de relativa calma na Saxônia, enquanto seus soldados engordavam à sua volta, a vida de Carlos continuou simples e dedicada à guerra. Ele viveu em seu castelo em Altranstadt como se vivesse em uma tenda com uma batalha esperada para a manhã seguinte. Recusou-se a dar permissão para que suas duas irmãs o visitassem na Alemanha e ignorou o apelo de sua avó para que ele fosse à Suécia, pelo menos fazer uma visita, alegando que isso seria mau exemplo para seus soldados.

Sexualmente, Carlos mantinha-se casto. "Sou casado com o exército enquanto a guerra durar", declarava. Também tinha decidido permanecer afastado de experiências sexuais enquanto a guerra continuasse. Em seu modo de ver, esse código de ascetismo e autonegação era necessário a um comandante militar, mas acabou levantando a suspeita de que o rei da Suécia seria homossexual. Carlos teve pouco contato com mulheres durante sua vida. Aos seis anos, foi retirado de sua mãe e criado na companhia de homens. Gostava de olhar para jovens belas, e na adolescência chegou a flertar com a esposa de um concertino, mas não teve paixões. Em seus anos no campo de batalha, escreveu frequentemente para suas irmãs e sua avó, mas, durante dezessete anos, não viu nenhuma das mulheres de sua família e, quando retornou à Suécia, tanto a avó quanto a irmã mais velha estavam mortas. Quando o rei encontrava damas na sociedade, mostrava-se educado, mas não caloroso. Não buscava a companhia de mulheres e, quando possível, evitava-as. A presença feminina parecia constrangê-lo.

Até onde foi possível, Carlos espelhou seu exército em si mesmo. Queria um corpo de elite composto por homens solteiros, que pensassem apenas nos deveres e não em seus lares, que poupassem sua força para a batalha, e não na conquista de mulheres e nos cuidados do casamento. Homens casados e com filhos tinham menos chance de avançar destemidamente no campo de batalha, sob uma tempestade de balas e baionetas inimigas. Carlos admirava e fielmente procurava emular o exemplo de seu pai, Carlos XI, que havia consistentemente praticado a abstinência durante os anos em que a Suécia esteve em guerra.

Conforme os anos passavam, a falta de interesse do monarca por mulheres tornava-se mais pronunciada. Durante o ano de descanso do exército na Saxônia, muitos filhos foram concebidos de pais suecos, mas não houve nenhum rumor no quartel sobre o monarca de 25 anos. Posteriormente, quando Carlos passou cinco anos como prisioneiro-convidado na Turquia, com longas noites dedicadas a peças de Molière e concertos de música de câmara, nenhum rumor envolvendo mulheres surgiu. Talvez, tendo se negado tanto o amor quanto as mulheres por tanto tempo, ele simplesmente tivesse perdido a capacidade de se interessar por ambos.

E, se ele não se interessava por mulheres, será que se interessava por homens? Não há qualquer evidência disso. Nos primeiros anos de guerra, Carlos dormia sozinho. Posteriormente, um pajem passou a repousar em seu quarto, mas um enfermeiro também dormia no quarto de Pedro e, às vezes, o czar cochilava com a cabeça apoiada na barriga do jovem; isso não tornava nem Carlos nem Pedro homossexual.

Com Carlos, pode-se apenas dizer que os fogos que ardiam dentro dele haviam chegado ao ponto da obsessão, obliterando todo o resto. Ele era um guerreiro. Pela Suécia, por seu exército, ele escolheu a dureza. As mulheres eram suaves, uma distração. Ele não teve experiência sexual; talvez sentisse a enormidade da força de uma relação e tenha se mantido sob controle, sem se atrever a experimentar. Nesse sentido, Carlos XII foi atípico. No entanto, já sabemos que de muitas formas o rei da Suécia não era como os outros homens.

A REAÇÃO DE PEDRO ao destronamento de Augusto e à eleição e coroação de Estanislau foi imediatamente corar seu bobo da corte como rei da Suécia, mas ele sabia que os eventos na Polônia eram extremamente sérios para a Rússia. Ao longo dos anos, o czar veio a entender que estava lidando com um fanático; que Carlos estava decidido a tirar Augusto do trono e que a invasão do rei sueco à Rússia seria adiada até que a vitória na Polônia fosse conquistada. Portanto, percebendo seu papel em preservar o poder de Augusto, Pedro havia despejado dinheiro e soldados russos em um esforço para sustentar o Eleitor da Saxônia no trono polaco. Enquanto a guerra fosse lutada na Polônia, ela não seria levada à Rússia.

Quando Augusto foi forçado a deixar o trono de lado, Pedro procurou uma opção para lançar como seu rei da Polônia – não uma marionete, mas um governante forte e independente que pudesse tanto governar quanto comandar os exércitos no campo de batalha. Sua primeira opção foi o príncipe Eugênio de Saboia, então no ápice de sua reputação como um dos melhores comandantes da época. Eugênio agradeceu o czar pela honra, mas alegou que sua aceitação dependeria de seu soberano, o imperador; então, Eugênio escreveu ao imperador José dizendo que, de acordo com a obediência que havia oferecido a seu soberano por vinte anos, ele deixava a decisão estritamente nas mãos do imperador. José ficou dividido. Ele podia enxergar as vantagens de ter um subordinado tão leal e eficiente no trono polonês, mas não se atreveria a ofender Carlos, e sabia que apontar Eugênio levaria a uma guerra entre Eugênio e Estanislau, com Carlos apoiando Estanislau. Assim, ele adiou a decisão, escrevendo a Pedro que, como Eugênio estava prestes a embarcar em uma nova campanha, nada poderia ser decidido até o inverno seguinte.

Pedro não podia esperar. Com o exército de Carlos na Saxônia preparando-se para marchar, se ele quisesse ter um novo rei da Polônia favorável à Rússia, precisaria encontrá-lo de imediato. Procurou Jaime Sobieski, filho do antigo rei Ian Sobieski, que rapidamente declinou da espinhosa honra. Pedro negociou com Francis Rakoczy, o patriota húngaro que havia liderado a Hungria na revolta contra a coroa imperial, e Rakoczy concordou em aceitar o trono se Pedro convencesse a Dieta Polonesa a oferecer-lhe a coroa. No entanto, antes que algo mais pudesse acontecer, o projeto foi esquecido. Carlos havia marchado para fora da Saxônia e agora avançava em direção à Rússia.

A ABDICAÇÃO DE AUGUSTO tirou de cena o segundo dos três aliados de Pedro. Agora, conforme o czar declararia mais tarde, "essa guerra depende unicamente de nós". Deixado sozinho para enfrentar os suecos, Pedro intensificou seus esforços para oferecer a Carlos um acordo de paz ou, se fosse possível, encontrar aliados que pudessem ajudá-lo a impedir o que a maior parte da Europa via como uma derrota inevitável.

Na busca por um mediador ou aliado, Pedro abordou os dois lados na grande guerra que havia dividido a Europa. Em 1706, Andrei Matveiev propôs aos Estados Gerais que, se as potências marítimas conseguissem convencer a Suécia a aceitar a paz com a Rússia, o czar lhes ofereceria trinta mil de seus melhores soldados para serem usados contra a França. Quando os holandeses não responderam, Pedro abordou duas potências neutras, a Prússia e a Dinamarca, para ajudarem como mediadoras. Essas tentativas também falharam. Por fim, em março de 1707, o czar enviou propostas a Luís XIV, prometendo que, se o Rei Sol fizesse uma mediação bem-sucedida entre a Rússia e a Suécia, Pedro lhe oferecia tropas para serem usadas contra Inglaterra, Holanda e Áustria. Os termos que Pedro apresentou à Suécia envolviam ceder Dorpat completamente e pagar uma grande soma de dinheiro para que lhe fosse permitido manter Narva. Ele insistiu em conservar São Petersburgo e o rio Neva. Luís prometeu tentar.

Pedro também procurou a Inglaterra. Já em 1705, quando o novo embaixador da rainha Ana, Charles Whitworth, chegou a Moscou, o czar esperava que ele pudesse convencer sua soberana a agir como mediadora no Báltico. Whitworth mostrou-se favorável a Pedro, mas seus despachos foram incapazes de extrair de seu governo qualquer intercessão diplomática em nome do czar. Ao final de 1706, Pedro decidiu levar o apelo diretamente a Londres e instruiu Matveiev a ir de Haia até a capital inglesa e pedir à rainha para ameaçar uma guerra contra a Suécia caso Carlos não firmasse a paz com a Rússia. Pedro deixou os termos do tratado de paz totalmente abertos para a rainha, insistindo apenas que ele deveria ter o direito de manter as posses hereditárias da Rússia no Báltico – ou seja, Ingria e, obviamente, o rio Neva. Se as negociações formais falhassem, Matveiev deveria tentar influenciar Marlborough e Sydney Godolphin, os principais ministros ingleses, secretamente. Pedro foi realista, declarando: "Não acho que Marlborough possa ser comprado, uma vez que é extremamente rico. Porém, pode lhe prometer duzentos mil ou mais".

Antes de deixar a Holanda rumo à Inglaterra, Matveiev viu Marlborough em Haia. Depois do encontro, o duque escreveu a Godolphin em Londres:

> O embaixador da Moscóvia esteve comigo e expressou a grande estima de seu soberano por Sua Majestade [...] e, como forma de deixar isso claro, decidiu enviar seu único filho à Inglaterra [para ser educado]. [...] Espero que Sua Majesta-

de [permita que isso aconteça], pois é certo que você não será capaz de satisfazê--lo em nenhuma parte da negociação.

Assim, mesmo antes de ser iniciada, a missão de Matveiev tinha poucas chances de alcançar o sucesso, pois a voz de Marlborough era autoritária. Todavia, a essência da diplomacia é deixar que cada lado faça seu papel, e Marlborough não apenas não dissuadiu Matveiev de ir a Londres, como até mesmo emprestou seu iate pessoal, o Peregrine, ao embaixador para que ele pudesse atravessar o Canal.

Matveiev chegou à capital inglesa em maio de 1707 e foi amigavelmente recebido, mas não demorou para compreender que nada aconteceria de forma rápida. Ao escrever a Golovkin, que a essa altura havia sucedido Golovin como chanceler, ele avisou que o progresso seria lento: "Aqui não existe poder autocrata"; a rainha não podia fazer nada sem a aprovação do Parlamento. Por fim, em setembro, a rainha Ana concedeu uma audiência ao embaixador russo. Ela afirmou estar preparada para aliar a Inglaterra à Rússia, incluindo o país de Pedro na Grande Aliança, mas primeiro precisava da aquiescência de seus atuais aliados, a Holanda e o Império Habsburgo. Durante esse período de ainda mais demoras, as esperanças de Matveiev foram mantidas vivas por Marlborough, que escreveu da Holanda afirmando estar usando toda a sua influência para persuadir os Estados Gerais a concordarem com a aliança com a Rússia.

Esse jogo estava fugindo ao controle – Carlos havia marchado da Saxônia em agosto para dar início a sua tão temida invasão à Rússia –, e a exasperação de Matveiev crescia. "O Ministério aqui é mais sutil do que o francês, até mesmo em *finèsse* e em suas tramas", ele escreveu a Moscou. "Seus discursos discretos e inúteis não nos trazem nada além de perda de tempo". Em novembro, Marlborough chegou a Londres. Matveiev o visitou na noite após sua chegada e pediu ao duque para responder de forma direta, como um homem sincero e sem doces promessas, se o czar poderia ter esperança de algo vindo da Inglaterra. Mais uma vez, Marlborough se recusou a oferecer uma resposta definitiva.

Por meio de outra fonte – Huyssen, que trabalhava como agente diplomata russo no continente –, uma nova abordagem a Marlborough era cogitada. De acordo com Huyssen, o duque havia dito que estaria disposto a oferecer ajuda inglesa para a Rússia em troca de uma quantia substancial de dinheiro e terras russas, a serem oferecidos pessoalmente para ele. Quando Golovkin relatou isso a Pedro, o czar declarou: "Diga a Huyssen que, se Marlborough quiser um principado russo, pode prometer a ele um dos três, à escolha dele: Kiev, Vladimir ou Sibéria. E pode prometer também que, se ele convencer a rainha Ana a alcançar a paz com os suecos para nós, ele receberá a receita de cinquenta mil ducados por ano de seu principado durante o resto da vida, além da Ordem de Santo André e o maior rubi da Europa".

Nem a abordagem de Matveiev, nem a de Huyssen foram adiante. Em fevereiro de 1708, com Carlos XII já cruzando o Vístula em sua marcha rumo a Moscou, Matveiev emitiu um apelo final por uma aliança inglesa. O apelo não foi respondido. Em abril, Pedro escreveu a Golovkin: "Sobre Andrei Matveiev, muito tempo atrás dissemos que era hora de ele partir, pois tudo aí [em Londres] são mentiras e vergonha".

CARLOS RECUSOU-SE TERMINANTEMENTE A considerar qualquer negociação de paz com a Rússia. Rejeitou a oferta francesa de mediação, alegando que não confiava na palavra do czar; o fato de Pedro já ter concedido o título de príncipe da Ingria a Menchikov era evidência de que ele não tinha pretensão de devolver a província e, portanto, não estaria interessado em uma negociação de paz. Quando foi sugerido que Pedro poderia compensar a Suécia para manter uma pequena parte do território conquistado no Báltico, Carlos respondeu que não venderia seus súditos no Báltico pelo dinheiro russo. Quando Pedro ofereceu devolver toda a Livônia, Estônia e Ingria, com a exceção de São Petersburgo, Schlüsselburg-Nöteborg e o rio Neva que as ligava, Carlos declarou indignado: "Prefiro sacrificar até o último soldado sueco a entregar Nöteborg".

Nesse período de pré-invasão e de tentativas de ofertas de paz realizadas por Pedro e as rejeições de Carlos, um desacordo específico e irreconciliável entre os dois monarcas tornou-se claro para todos: São Petersburgo. Pedro entregaria qualquer coisa para manter o local que lhe dava acesso ao mar. Carlos não abriria mão de nada sem primeiro enfrentar o exército russo. Portanto, em nome de São Petersburgo – até então, pouco mais do que um conjunto de casas de madeira, uma fortaleza cercada por muralhas de terra e um estaleiro primitivo –, a guerra continuou.

De fato, a negociação não fazia qualquer sentido para Carlos. No ápice do sucesso, com a Europa em busca de sua atenção, com um exército soberbamente treinado, vitorioso e pronto para a ação, com uma grandiosa estratégia fielmente seguida e bem-sucedida até aquele momento, por que ele estaria disposto a ceder territórios suecos a um inimigo? Seria desonroso e humilhante para ele entregar as províncias ainda formalmente suecas após um tratado solene assinado entre seu avô, Carlos X e o czar Aleixo – territórios agora temporariamente ocupados à traição do rei e do exército suecos. Além disso, uma campanha russa oferecia a Carlos o tipo de operação militar com a qual ele sonhava. Ao longo de todos os seus anos na Polônia, ele estivera preso às marés flutuantes da política europeia. Agora, com um golpe claro de sua espada, Carlos decidiria tudo. E se os riscos de marchar com um exército por mais de 1.500 quilômetros até a Rússia eram enormes, as possíveis recompensas se um rei da Suécia chegasse ao Kremlin e ditasse a paz com a Rússia – uma paz que se estenderia por gerações – também seriam. E talvez os riscos nem fossem tão grandes. Entre os suecos e os europeus ocidentais em geral, a reputação dos russos como guerreiros permanecia ruim. O efeito de Narva havia se esvaído, e nenhum dos sucessos subsequentes de Pedro no Báltico apagara a impressão de que os russos eram uma ralé desgovernada, incapaz de enfrentar com sucesso um exército ocidental disciplinado.

Por fim, havia o lado messiânico da personalidade de Carlos. Em sua visão, Pedro deveria ser punido da mesma forma que Augusto havia sido punido: o czar precisava descer do trono russo. A Estanislau, que buscava desesperadamente a paz por conta do tormento do povo polonês, Carlos disse: "O czar ainda não foi humilhado o bastante para aceitar as condições de paz que eu pretendo impor". Mais tarde, ele repeliu Estanislau mais uma vez ao declarar: "A Polônia não terá paz enquanto tiver um vizinho tão injusto quanto o czar, que dá início a uma guerra sem uma causa justa. Primeiro, terei de marchar até lá e destroná-lo também". Carlos seguiu falando sobre restaurar o antigo regime em Moscou, cancelar as novas reformas e, acima de tudo, abolir o novo exército. "O poder de Moscóvia, que tanto se ergueu graças à introdução da disciplina militar estrangeira, precisa ser quebrado e destruído", declarou o monarca escandinavo. Carlos estava ansioso por essa mudança e, enquanto partia em sua marcha para Moscou, falou alegremente a Estanislau: "Espero que o príncipe Sobieski sempre permaneça fiel a nós. Vossa Majestade não acha que ele seria um excelente czar da Rússia?".

Desde o início, Carlos sabia que uma campanha contra a Rússia não seria tarefa fácil. Significava atravessar grandes extensões de planície, penetrar por quilômetros de florestas e cruzar uma série de rios vastos. De fato, Moscou e o coração da Rússia pareciam ser defendidos pela natureza. Um após o outro, era preciso cruzar grandes obstáculos na forma de rios correndo do norte para o sul: Vístula, Neman, Dnieper, Berezina. Trabalhando com mapas da Polônia e um novo mapa da Rússia que havia lhe sido dado de presente por Augusto, o monarca sueco e seus conselheiros planejaram a marcha, embora a rota verdadeira fosse tão secreta que nem mesmo Gyllenkrook, o intendente-geral de Carlos responsável pelos mapas, sabia ao certo qual havia sido escolhida.

A primeira possibilidade – aquela que a maioria dos oficiais no quartel na Saxônia acreditava que o rei adotaria – era marchar até o Báltico para regularizar a situação das antigas províncias suecas, tirando-as das mãos dos invasores russos. Uma campanha assim limparia o insulto da perda, capturaria a nova cidade e o novo porto que Pedro estava construindo e afastaria os russos do mar – um pesado golpe para o czar, cuja paixão pela água salgada e por São Petersburgo era bem conhecida. A vantagem militar de uma investida tão grande na costa do Báltico era que Carlos estaria avançando com o mar logo à sua esquerda, oferecendo a seu exército fácil acesso aos suprimentos e reforços trazidos pelo mar da própria Suécia. Ademais, o grande exército que ele estava reunindo seria aumentando por forças já instaladas nas regiões bálticas: quase doze mil homens sob o comando de Lewenhaupt, em Riga, e quatorze mil sob o comando de Lybecker, na Finlândia, já se preparavam para um ataque a São Petersburgo. Porém, existiam aspectos negativos em uma ofensiva no Báltico. Essas províncias suecas já haviam sofrido terrivelmente com os sete anos de guerra. As fazendas estavam queimadas, os campos em péssimas condições, as cidades quase despovoadas por conta da guerra e da doença. Se essas províncias exaustas voltassem a se transformar em um campo de batalha, nada sobraria. Para além de seus sentimentos de compaixão, Carlos percebeu que mesmo que uma campanha assim fosse totalmente bem-sucedida, mesmo que toda a costa voltasse a adotar a bandeira da Suécia, erguida também acima da Fortaleza de Pedro e Paulo, ele não teria alcançado uma vitória decisiva. Pedro ainda seria czar em Moscou. O poder russo seria reduzido, mas apenas temporariamente. Mais cedo ou mais tarde, esse vigoroso czar tentaria outra vez alcançar o mar.

Assim, a marcha no Báltico foi rejeitada em troca de algo mais ousado: um ataque direto a Moscou, o coração da Rússia. Carlos havia concluído que apenas por meio de um golpe profundo que o colocasse pessoalmente dentro do Kremlin ele alcançaria uma paz duradoura para a Suécia.

Os russos obviamente não podiam saber disso. Para levar o czar a acreditar que o objetivo era o Báltico, foram traçadas importantes operações subsidiárias nessa região. Quando Carlos começasse a marchar para o oeste, atravessando a Polônia, e os russos levassem suas tropas da costa do Báltico para a Polônia e a Lituânia, os exércitos suecos no Báltico dariam início à ofensiva. O exército finlandês, sob o comando de Lybecker, seguiria pelo Istmo da Carélia rumo a Schlüsselburg, ao Neva e a São Petersburgo. Então, quando o ataque do principal exército sueco afastasse as tropas russas da força de oposição a Lewenhaupt, próximo a Riga, Carlos usaria essas tropas como escolta para um enorme comboio de suprimento que seguiria para o sul, para se encontrar com e reabastecer o principal exército para a fase final da marcha em direção à capital russa.

ENQUANTO ISSO, EM TODAS aquelas cidades e vilarejos da Saxônia onde os regimentos suecos estavam instalados, as preparações militares prosseguiam. Esquadrões e pelotões eram convocados das casas e celeiros onde haviam passado meses parados. Milhares de novos recrutas chegavam para se unir a eles, muitos dos quais protestantes alemães. Os protestantes da Silésia, ansiosos por servir um monarca que apoiava sua causa contra a dominação católica, reuniram-se tão rapidamente nos pontos de recrutamento que os sargentos suecos só precisaram escolher os melhores soldados.

Inflado por esses voluntários, o exército que era formado por dezenove mil homens ao entrar na Saxônia agora contava com mais de 32 mil. Além desses, nove mil novos recrutas suecos reuniam-se na Pomerânia, preparando-se para se juntarem ao exército principal depois que ele entrasse na Polônia. Lá, a força total do exército de Carlos somaria 41.700 homens, incluindo 17.200 da infantaria, 8.500 da cavalaria e dezesseis mil dragões. Muitos dos dragões eram alemães recém-recrutados, mas não necessariamente inexperientes; como dragões, eram, de fato, infantaria montada, preparados para lutarem a pé ou a cavalo, conforme as circunstâncias exigissem. Finalmente, havia cirurgiões, capelães, ajudantes dos oficiais, oficiais civis. Sem ser parte oficial do exército, e, portanto, sem serem contados, havia centenas de condutores civis de carruagens, contratados localmente para transportar quantidades de suprimentos e munição por áreas específicas da estrada.

Acrescentando-se aos 26 mil homens servindo sob Lewenhaupt e Lybecker, que esperavam o comando de Carlos na Lituânia e na Finlândia, o total da força preparando-se para marchar a caminho da Rússia somava quase setenta mil homens. E eles estavam treinando, aperfeiçoando-se para formar uma máquina de guerra formidável. Recrutas estrangeiros aprendiam as manobras de batalha suecas, os sinais de seus tambores e o uso de armas suecas. Todo o exército foi rearmado. A chamada "espada Carlos XII", um modelo mais leve e mais pontiagudo, foi produzida para substituir a arma mais pesada e menos maleável que o monarca havia herdado do reinado de seu pai. A maioria dos batalhões já usava as modernas pederneiras, e agora a cavalaria sueca também estava equipada com pistolas que funcionavam com o mesmo princípio das pederneiras. Grandes suprimentos de pólvora foram adquiridos para a campanha, mas a ênfase continuava, como sempre no exército sueco, no ataque com armas brancas.

Os alfaiates da Saxônia agora estavam ocupados costurando os uniformes desses soldados orgulhosos e bem-nutridos. Os veteranos suecos, que haviam sido descritos como com aparência de ciganos quando marcharam até a Saxônia em uniformes rasgados e desgastados pelo tempo, agora recebiam novas botas e o uniforme azul e amarelo, com capa azul-escura ou cinza. Em alguns regimentos da cavalaria, as calças de tecido foram substituídas por pele de alce, melhor adaptada aos longos dias sobre a sela. Bíblias e hinários novos foram trazidos da Suécia, e os suprimentos médicos se acumulavam. Quantidades generosas de alimentos foram estocadas e distribuídas entre as carroças dos regimentos. Os soldados suecos estavam acostumados a porções consideráveis: quase um quilo de pão e um quilo de carne por dia, além de mais de dois litros de cerveja, um pouco de ervilha ou grãos, sal, manteiga e uma quantidade semanal de tabaco.

Em meados de agosto, tudo estava pronto. Carlos ordenou que todas as mulheres que tivessem conseguido entrar no campo sueco saíssem, e então participou de uma oração solene para o exército. E, às quatro horas da manhã de 27 de agosto de 1707, Carlos XII da Suécia deixou Altranstadt para dar início à sua maior aventura. Atrás dele, em uma torrente de homens contentes e cavalos energizados, marchava o melhor e maior exército já comandado por um monarca sueco. As longas colunas em azul e amarelo se movimentando pelas empoeiradas estradas da Saxônia naqueles dias de fim de agosto formavam uma imagem impressionante. "Aos olhos humanos, aqueles homens corajosos, fortes, bem-treinados e bem-equipados pareciam invencíveis", triunfou um observador sueco. "Eu não conseguiria descrever a bela imagem que aqueles suecos formavam: homens de corpo largo, fortes, vigorosos em uniformes azul e amarelo", reportou um saxão. "Todos os alemães devem reconhecer que são incomparáveis. E houve muito sofrimento entre as mulheres de Leipzig. Não contentes em chorar e gritar, algumas chegaram a desmaiar e cair na despedida. [...] É a mesma coisa em todas as outras cidadezinhas [...], pois a liberdade que nossos suecos usaram nesses assuntos é inacreditável. Alguns, ou melhor, todos são mimados. Se eles retornarem às suas casas, tenho pena das esposas que receberão homens tão mal-acostumados; nem que uma mulher fosse minha pior inimiga eu a aconselharia a aceitar um desses oficiais como marido – não, nem mesmo se ele fosse um coronel."

O primeiro estágio da marcha, atravessando a Silésia protestante, tornou-se mais um progresso triunfal do que a abertura de uma campanha árdua. A população, com suas igrejas protestantes reabertas graças a Carlos, via o rei como seu salvador. Multidões participavam das cerimônias religiosas diárias a céu aberto nos acampamentos do exército, esperando simplesmente vislumbrar seu herói. A imagem de Carlos ajoelhado em meio a seus soldados causava forte impressão, e muitos homens jovens sem qualquer treinamento militar buscavam acompanhar o exército como se fosse um grupo de cruzados passando pela região. Carlos recebia bem essa onda de sentimentos populares, quase que banhando-se nela, e instruiu seus capelães a escolherem apenas hinos que haviam sido traduzidos do alemão para que a população visitando o campo reconhecesse a música e pudesse acompanhar cantando.

A campanha na qual o rei embarcou seria o teste máximo para sua esplêndida máquina de guerra. Desde o início, estava claro que aquela seria uma marcha épica. Seguir com um exército das profundezas da Alemanha, no coração da Europa, por mais de 1.500 quilômetros a oeste, até Moscou, requeria uma audácia igual à de Aníbal ou Alexandre. Três anos antes, na famosa marcha de Marlborough pelo Reno, precedendo a Batalha de Blenheim, o inglês se deslocara por quatrocentos quilômetros desde a Holanda até a Baviera. No entanto, os homens de Marlborough tinham se deslocado por regiões populosas, permanecendo próximos ao rio no qual deslizavam barcaças com suprimentos e, caso a situação começasse a piorar, oferecia vias aquáticas pelas quais poderiam retornar à base original. Carlos estava dando início a uma jornada quatro vezes maior, passando por planícies, pântanos, florestas e rios, onde as estradas eram poucas e a população era escassa. Se um infortúnio ou um desastre acontecesse, não havia outra forma de recuar senão andando.

Mesmo assim, a atitude do rei era mais do que confiante – era despreocupada. Ainda enquanto as colunas suecas de infantaria, cavalaria e canhões e suprimentos passavam por estradas saxãs, Carlos, acompanhado apenas por sete oficiais suecos, foi até Dresden incógnito para passar uma tarde com seu antigo inimigo, o eleitor Augusto. A visita de Carlos foi tão repentina que ele encontrou seu primo ainda de roupão. Os dois monarcas se abraçaram, Augusto colocou um casaco e, juntos, eles passaram a tarde no Elba. Foi um encontro agradável entre dois primos de primeiro grau, e Carlos não guardava qualquer rancor do homem que o atacara seis anos antes e cujo destronamento ele havia buscado tão incansavelmente por tantos anos pelas planícies da Polônia. Agora que Augusto havia sido punido, a atitude de Carlos para com ele era positiva. Ao final do passeio, o sueco visitou a famosa coleção do Cofre Verde que tanto havia fascinado Pedro nove anos antes. Também visitou sua tia, a mãe de Augusto, a eleitora viúva da Saxônia. Aquela seria a última vez que o monarca os veria.[1]

Apesar das gentilezas, os suecos em torno de Carlos preocupavam-se com a decisão imprudente do rei de ir até a capital de um antigo inimigo acompanhado por apenas sete homens. Carlos posteriormente deixou os medos desses homens de lado, sorrindo e dizendo: "Não havia perigo. O exército estava marchando".

---

[1] De fato, durante os 36 anos de vida de Carlos, Augusto foi o único homem de posição real com quem ele se encontraria. (N. A.)

XXXII

A GRANDE ESTRADA PARA MOSCOU

O FATO DE CARLOS querer marchar através da Polônia e invadir a Rússia não era surpresa para Pedro. O monarca sueco havia acabado com a Dinamarca e a Polônia; a Rússia certamente seria a próxima. Já em janeiro de 1707, o czar havia emitido ordens para a criação de um cinturão de devastação, para que o exército, ao avançar, enfrentasse dificuldades para extrair seu sustento da terra. Para o oeste da Polônia, o primeiro local a testemunhar o avanço dos suecos, seguiram cossacos e calmucos com instruções para desolar a área. Cidades polonesas foram queimadas; pontes, destruídas. Rawicz, que havia sido o quartel de Carlos em 1705, foi devastada e seus poços envenenados pelos cadáveres de poloneses que ofereceram resistência.

Atrás desse escudo de terra queimada, Pedro trabalhava incansavelmente para expandir e melhorar seu exército. Novos agentes foram enviados para recrutar mais homens. Em certos momentos não era fácil encontrar soldados em potencial, e Pedro precisava de ajuda. Um nobre chamado Bezobrazov, por exemplo, reportou de seu distrito de Bryansk que nos últimos tempos havia ocorrido um considerável aumento no número de servos da igreja que poderiam tornar-se excelentes dragões. Pedro respondeu alistando todos que podiam marchar ou cavalgar. Uma atrocidade sueca foi usada para ajudar a motivá-los. Quarenta e seis soldados russos levados como prisioneiros pelos suecos tiveram os primeiros dois dedos de suas mãos cortados pelos captores antes de serem enviados de volta à Rússia. Pedro ficou abismado com a crueldade realizada por uma nação que "o via e via seu povo como bárbaros e anticristãos". Ademais, reportou Whitworth, ele queria virar esse ato contra os suecos: "Pois ele queria colocar um dos [soldados mutilados] em cada regimento, o que seria um lembrete vivo a seus companheiros do que eles poderiam esperar de inimigos sem misericórdia caso acabassem capturados".

Preparando-se para o pior, o czar ordenou que novas fortificações fossem construídas em Moscou. Em meados de junho, um engenheiro chamado Ivan Korchmin chegou à cidade com instruções para melhorar as defesas, especialmente as do Kremlin. Apesar desses esforços, a cidade estremecia com a possibilidade de uma ocupação sueca. "Ninguém falava sobre nada que não fosse fugir ou morrer", escreveu Pleyer, um enviado austríaco em Moscou. "Muitos dos comerciantes, sob o pretexto de irem à feira, levaram suas esposas e filhos para Arcangel, aonde costumavam ir sozinhos. Os grandes comerciantes e capitalistas estrangeiros apressaram-se a caminho de Hamburgo com suas famílias e posses, enquanto mecânicos e artesãos se alistavam. Os estrangeiros, não apenas em Moscou, mas também em todas as cidades vizinhas, procuraram seus ministros em busca de proteção, pois temiam não apenas a dureza e a rapacidade dos suecos, mas ainda mais um levante e um massacre em Moscou, onde o povo já estava amargurado devido ao aumento exorbitante dos impostos".

No início do verão de 1707, enquanto a fortificação de Moscou progredia e Carlos fazia suas preparações finais na Saxônia, Pedro estava em Varsóvia. Seus dois meses na capital polonesa não foram totalmente voluntários; durante a maior parte do tempo que passou na cidade, o czar estava outra vez de cama e com febre. Ao final de agosto, recebeu a notícia de que o rei sueco estava marchando para o leste afinal e, logo em seguida, o czar deixou Varsóvia, viajando lentamente pela Polônia e Lituânia, parando para inspecionar as fortificações e conversar com os comandantes das tropas pelo caminho.

Um conselho de comandantes russos se reuniu a Pedro e Menchikov e confirmou a estratégia defensiva do czar. Eles decidiram não arriscar uma batalha na Polônia, certamente não uma batalha grande e conduzida de forma clássica em campo aberto, pois Pedro achava que a infantaria russa ainda não estava pronta e, sendo assim, recusava-se veementemente a arriscar o exército, sem o qual seu país estaria desamparado. Assim, a maior parte da infantaria foi retirada da Polônia e colocada sob o comando de Sheremetev próximo a Minsk.

Em consonância com essa estratégia, o comando russo na Polônia foi entregue a Menchikov, o melhor comandante russo nativo da cavalaria de Pedro. Os regimentos de dragões de Menchikov tentariam atrasar os suecos quando eles cruzassem o rio: atrás do Vístula em Varsóvia, no Narew em Pultusk e no Neman em Hrodna.

Pedro chegou a São Petersburgo em 23 de outubro e começou a agir de imediato. Inspecionou as fortificações da cidade – nas proximidades do mar em Kronstadt e no flanco do Neva-Ladoga em Schlüsselburg. Estava constantemente no almirantado, e criou um programa completo de construção naval para o ano seguinte. Continuou emitindo ordens para a campanha que estava por vir e deu numerosas instruções para recrutamento e entrega de suprimentos e fardas às tropas. Paralelamente, encontrou tempo para enviar condolências ao pai do príncipe Ivan Troekurov, morto em uma batalha, e para escrever uma nota amigável a Dária Menchikova, implorando para que ela cuidasse bem do marido. "Engorde-o para que ele não pareça tão magro quanto estava em Meretch". Ordenou que livros em latim fossem enviados a Apraxin para serem traduzidos para o russo, e deu ordens para o adestramento dos filhotes de seus cachorros favoritos.

Mesmo com todo esse trabalho, Pedro mostrou-se quase esmagado pelos sentimentos de ansiedade e depressão durante o outono e o início do inverno. Tinha motivos suficientes para isso, pois, enquanto contemplava a invasão sueca, foi recebido em São Petersburgo com a notícia da revolta dos basquírios e cossacos do Don, além do relato do massacre de Dolgoruki e seus batalhões, realizado por Bulavin no rio Aidar. Esse desastre ameaçou encurtar sua estadia em Petersburgo, pois ele parecia precisar estar urgentemente em Moscou ou até mesmo na estepe ucraniana, mas, enquanto se preparava para deixar a cidade, recebeu a notícia de que o exército de Bulavin havia sido destruído.

Além dessas preocupações, Pedro nunca esteve completamente bem durante esses meses críticos. Passou semanas na cama com ataques de febre, frequentemente irritável e com flutuações de humor. Em certo momento, ficou furioso com Apraxin por não punir os governadores que enviaram exércitos com menos recrutas do que o número requerido: "O fato de você não ter feito nada com esses governadores que não enviaram a quantidade de homens ordenada, o fato de você jogar a culpa disso nos departamentos de Moscou que não são da sua alçada, isso se deve a apenas duas causas: ou à preguiça, ou ao fato de você não querer brigar com eles". Apraxin ficou profundamente ofendido. Pedro, reconhecendo ter sido injusto, respondeu: "Você se sente chateado por eu ter lhe escrito sobre os governadores. Mas, pelo amor de Deus, não se sinta ferido por eles, pois realmente não tenho qualquer maldade com relação a você. Porém, desde que cheguei aqui, a menor coisa que me causa frustração me deixa completamente passional".

Possivelmente por conta de seus sentimentos de depressão e solidão, Pedro percebeu sua necessidade e dependência da única pessoa que poderia ajudá-lo a relaxar em momentos de enorme ansiedade. Foi em novembro de 1707, assim que retornou a São Petersburgo, que ele finalmente se casou com Catarina.

No final de novembro, o czar partiu para Moscou para passar a temporada do Natal visitando sua capital, que ele não via há mais de dois anos. E estava ansioso para inspecionar as fortificações que Korchmin estava construindo com vinte mil homens trabalhando dia e noite. A terra estava congelada e, para degelar o solo com o objetivo de extrair terra para construir as muralhas, os trabalhadores de Korchmin tiveram de criar grandes fogueiras diretamente sobre a área a ser utilizada. Durante o mês que passou em Moscou, Pedro também regulamentou a cunhagem de moedas de prata e visitou a gráfica para ver o novo tipo que havia sido encomendado da Holanda e que acabara de chegar. Mostrou-se preocupado com a padronização dos salários de seus embaixadores e o envio de mais jovens russos ao exterior. Insistiu mais uma vez na educação do clero e em assegurar que as roupas e os chapéus produzidos em Moscou seguissem os modelos aprovados. Preocupado, mostrou sua irritação com o que via como questões mesquinhas levantadas por outras pessoas. Quando Whitworth imprudentemente trouxe à tona algumas ofensas menores sofridas por comerciantes ingleses na Rússia, Pedro respondeu bruscamente que veria o que poderia ser feito, mas para que eles não esperassem muito, pois "Deus concedeu ao czar vinte vezes mais negócios do que às outras pessoas, mas não vinte vezes mais força ou capacidade de resolvê-los".

Em seis de janeiro de 1708, Pedro deixou Moscou para se reunir ao exército. Na estrada para Minsk, soube por meio de Menchikov que Carlos estava avançando rapidamente através da Polônia, e então se apressou rumo a Hrodna. A capacidade do exército sueco de se movimentar com agilidade em pleno inverno e realizar ataques surpresa deixava Pedro ainda mais ansioso. Quatro dias mais tarde, ele escreveu a Apraxin para se "apressar até Vilna, [...] mas, se já estiver em Vilna, não saia daí, pois o inimigo já está perto de nós".

O EXÉRCITO SUECO, MARCHANDO em seis colunas paralelas, havia cruzado a fronteira da Silésia com a Polônia em Rawicz. Ali, dentro das fronteiras polonesas, monarca e exército tiveram uma amostra do que estava por vir. A cidade de Rawicz havia sido totalmente calcinada e cadáveres flutuavam nos poços e riachos; a cavalaria cossaca e calmuca de Menchikov já tinha começado a espalhar um tapete de destruição diante do exército sueco que avançava, marchando para o leste. Por toda a Polônia, o ar estava saturado com o cheiro acre de fogo e fumaça vindo das fazendas e vilas incendiadas pelos cavaleiros de Menchikov. A cavalaria russa evitou contato, permanecendo fora do alcance e retirando-se para o leste, rumo a Varsóvia, onde Menchikov trabalhava atrás do Vístula.

Resguardados por cavalaria e dragões próprios, os suecos avançavam diretamente para Varsóvia, seguindo em ritmo confortável. Então, a oeste da cidade, Carlos guinou para o norte. Em Posen, o exército parou e o monarca criou um acampamento semipermanente, onde permaneceu por dois meses à espera da chegada de reforços e da melhora do tempo. Ali, Carlos entregou cinco mil dragões e três mil membros da infantaria aos comandos do major general Krassow com o objetivo de ficar na Polônia e fortalecer o trono inseguro de Estanislau.

As semanas do outono passaram e o inverno se aproximava. Com o exército sueco ainda inerte e o monarca aparentemente envolvido com outro de seus longos períodos de lassitude, os russos em torno de Varsóvia começaram a se sentir mais confiantes. Certamente, com o inverno chegando, os suecos permaneceriam no acampamento até a primavera. Carlos, porém, não tinha essa intenção. Ele não havia deixado suas instalações confortáveis na Saxônia no final do verão apenas para passar o inverno em um local mais desolado, alguns quilômetros mais a leste. De fato, enquanto treinava suas novas tropas, ele esperava o fim das chuvas de outono que haviam transformado as estradas em lamaçais. Uma vez que as geadas começassem e as estradas estivessem solidificadas, o rei seguiria sua marcha.

Mas não em direção a Varsóvia. Nos estágios iniciais dessa campanha, Carlos abandonara deliberadamente o impetuoso ataque frontal que era parte de sua reputação. Estava ansioso por evitar um grande choque tão distante de seu objetivo, e a estratégia na Polônia era permitir que os russos criassem posições defensivas atrás de um rio; então, Carlos marcharia rumo ao norte, atravessaria a água, cercaria os defensores entrincheirados e os forçaria a recuar sem uma batalha.

Da primeira vez, isso foi fácil. Ao final de novembro, após dois meses de preparação, os suecos desfizeram o acampamento em Posen e marcharam oitenta quilômetros a nordeste até um ponto onde o Vístula fazia uma curva para o oeste. Ali, o riu fluía baixo e amplo; não se avistava nenhum soldado russo ou cavaleiro cossaco em ponto algum da paisagem coberta por neve e varrida pelos ventos. No entanto, os suecos precisaram lutar com a natureza. A neve era profunda, mas as águas do rio continuavam correndo. Por conta do gelo flutuando, era impossível criar uma ponte, e Carlos foi forçado a esperar impacientemente por mais um mês até o gelo se formar. No dia de Natal, a temperatura caiu e a superfície do rio congelou. No dia 28, esse gelo estava com oito centímetros de espessura. Usando palha e pranchas borrifadas de água para congelar, os suecos fortaleceram a superfície o suficiente para suportar o peso das carroças e da artilharia e, entre os dias 28 e 31, todo o exército cruzou o Vístula. "Eles executaram o plano sem perderem nada além de duas ou três carroças que foram parar no fundo do rio", escreveu o capitão James Jefferyes, um jovem inglês que acompanhava o exército.[1]

Assim, no dia de Ano Novo de 1708, o exército sueco estava a leste do Vístula. A linha de Varsóvia havia sido contornada e Menchikov evacuou a cidade e recuou para novas posições atrás do rio Narew, em Pultusk. Sabendo por seus sentinelas avançados que essa posição estava defendida, Carlos novamente aplicou a estratégia de seguir para o nordeste e contornar os defensores russos.

Na segunda vez, todavia, a tarefa não foi tão fácil. A norte da estrada principal estavam algumas das terras mais árduas da Europa Oriental. O distrito do lago Masurian era formado por brejos, pântanos e florestas densas, com uma povoação esparsa composta por camponeses hostis a quaisquer estrangeiros. As estradas eram pouco mais do que trilhas para animais e caminhos para carroças. Mesmo assim, o rei seguiu adiante. A marcha foi exaustiva. Todas as noites, Carlos ordenava que enormes fogueiras fossem criadas e que músicas militares fossem tocadas para manter os ânimos, mas, ainda assim, a floresta cobrou seu preço. Cavalos morreram, exaustos por puxar as carroças e a artilharia ao longo das trilhas esburacadas. Nos regimentos de dragões alemães, houve deserções; o dinheiro que eles recebiam não valia esse tipo de esforço de guerra. A forragem era escassa. Para forçar os camponeses a entregarem sua tão bem guardada forragem, os suecos os ameaçavam da forma

---

[1] Jefferyes era um soldado-diplomata com fortes laços com a Suécia. Nasceu em Estocolmo durante o longo período em que seu pai serviu sob Carlos XI; seu irmão mais velho havia sido morto com o exército sueco em Narva. Jefferyes servira como secretário do embaixador britânico na Suécia. Em 1707, entrou para o exército como "voluntário" em um arranjo dos ministros suecos de Carlos XII para contornar as objeções do monarca a ter diplomatas estrangeiros acompanhando seu exército. De fato, embora Jefferyes tivesse simpatia pelos suecos, sua verdadeira missão era observar e reportar objetivamente a Whitehall o progresso da invasão de Carlos à Rússia. Capturado em Poltava e tendo recebido o direito de retornar à Grã-Bretanha, Jefferyes reapareceu brevemente na Rússia em 1719 como embaixador do rei Jorge I em São Petersburgo. Seus últimos doze anos de vida foram passados no castelo de Blarney, no condado de Cork, na Irlanda – castelo que herdara do pai. (N. A.)

mais simples e mais cruel. Uma criança era capturada e, diante dos olhos de sua mãe, uma corda era presa a seu pescoço. Então, um oficial sueco perguntaria uma última vez se a mãe estava disposta a entregar o estoque de comida da família. Se ela se recusasse, a criança era enforcada. Em geral, os camponeses cediam e falavam, embora isso significasse que todos passariam fome.

Não surpreendentemente, alguns dos habitantes locais resistiam. A maioria dos camponeses era de caçadores que viviam em meio a ursos e lobos, gente treinada para usar armas de fogo. De trás das árvores e dos arbustos, disparavam contra as colunas marchando e emboscavam os retardatários. O esforço de guerrilha logo impõe suas próprias regras sombrias. Quando um grupo de soldados foi trancafiado em um celeiro onde estava dormindo e o local foi queimado, o rei enforcou dez reféns locais como represália. Depois que o último regimento passou, toda a vila foi queimada. Em outra ocasião, quando o general Kreutz capturou um grupo de cinquenta saqueadores, ele forçou os prisioneiros a enforcarem uns aos outros, e o último deles foi morto por soldados suecos.

Apesar das dificuldades da marcha, em 22 de janeiro Carlos emergiu da floresta em Kolno. A cavalaria russa, vindo do sul, encontrou os suecos já presentes com força total. Não havia nada que pudessem fazer além de recuar e levar a notícia a Menchikov.

Tendo alcançado muito com seu golpe ousado, Carlos decidiu tentar uma estratégia ainda mais impetuosa na linha do terceiro rio, o Neman. À sua frente estava a cidade fronteiriça lituana de Hrodna, centro e ponto essencial para a linha do rio Neman, onde um exército russo sob o comando de Ogilvie havia passado o inverno dois anos antes. Independentemente da rota de sua eventual campanha – para o Báltico ao norte ou para Moscou a leste –, tanto Carlos quanto Pedro entendiam que era imperativo passar por Hrodna. Carlos precisava da estrada: era impossível seguir o tempo todo por florestas e pântanos. Por causa dessa importância, as tropas russas avançavam rumo a Hrodna, e o monarca sueco decidiu atacar imediatamente na esperança de capturar a cidade antes que os russos a tomassem. Deixando o exército principal para trás, o rei seguiu adiante com seiscentos membros da Cavalaria das Guardas e Rehnskjold e Kreutz. Pelo caminho, somaram-se a eles cinquenta homens de uma tropa de reconhecimento que havia seguido na frente. Chegando a Hrodna durante a tarde, Carlos encontrou a ponte que atravessava o Neman ainda intacta e guardada por dois mil homens da cavalaria comandados pelo brigadeiro Mühlenfels, um dos oficiais alemães de Pedro. Sem hesitar, Carlos atacou na mesma hora para tomar a ponte. Alguns dos suecos atravessaram o gelo do rio para atacar os russos pela retaguarda; outros avançaram diretamente pela ponte. O que se seguiu foi uma briga confusa de suecos e russos atirando e golpeando uns aos outros com suas espadas. Na multidão barulhenta, Carlos matou dois russos, um com um tiro de sua pistola, o outro com um golpe de sua espada. O dia foi curto e, ao entardecer, os russos não sabiam quantos suecos ainda restavam; eles logo deixaram a ponte e recuaram para a cidade. Carlos seguiu adiante e, naquela noite, acampou ao lado do rio, sob as muralhas da cidade, enquanto enviava mensageiros de volta para ordenar ao restante do exército que se apressasse. O que ele não sabia era que, dentro das muralhas de Hrodna, a poucos metros de distância, estava o próprio czar, Pedro.

Pedro havia chegado a Hrodna para apoiar o ansioso Menchikov, que mostrava-se confuso e chateado pelas incertezas das manobras, desvios e pelas marchas repentinas, rápidas e nada ortodoxas de Carlos. Menchikov estava prestes a recuar suas tropas para que Carlos não o flanqueasse outra vez. Entretanto, o czar entendia a importância da linha no Neman e queria assegurar que a defesa do rio não seria ultrapassada de forma tão fácil como havia ocorrido no Vístula e no Narew. Nem ele, nem Menchikov tinham ideia de que Carlos estava tão próximo e que a qualquer momento galoparia pela ainda intacta ponte do Neman.

Quando o czar e seus oficiais dentro da cidade ouviram os tiros e viram a ação da cavalaria na ponte, foram incapazes de contar quantos inimigos estavam se aproximando. Supondo que todo o exército sueco havia chegado e que a ponte estava agora nas mãos deles, Pedro acreditava que não conseguiria defender Hrodna. Naquela noite, enquanto suas tropas evacuavam a cidade, ele manteve sua carruagem próxima ao portão oriental. Antes do amanhecer, subiu no veículo com Menchikov e seguiu na direção do Vilna e de São Petersburgo. Se o rei sueco soubesse da presença de Pedro, certamente teria feito um esforço frenético para capturar esse enorme prêmio e mudar a natureza da guerra com um único golpe. Da forma como as coisas se deram, todavia, os cavaleiros de Carlos abordaram as muralhas de Hrodna na manhã seguinte, encontraram-nas desertas e entraram na cidade. Entretanto, o drama não havia chegado ao fim. Ao meio-dia, na estrada rumo a Vilna, Pedro descobriu a verdadeira natureza do repentino ataque sueco: que ele havia sido lançado por apenas um punhado de homens, que esses mesmos homens haviam ocupado a cidade, mas ainda não tinham sido reforçados pelo exército sueco principal, e que, em meio àquele bando, estava o próprio Carlos. Pedro optou por um contra-ataque ousado: naquela noite, ele enviaria um ataque surpresa à cidade para capturá-la de volta e, com sorte, capturar também o rei da Suécia. O envergonhado Muhlenfels foi enviado de volta a caminho de Hrodna à frente de três mil membros da cavalaria, com ordens para atacar depois que escurecesse.

Carlos, com seu típico desdém por qualquer coisa que os russos fizessem, havia ordenado que naquela noite "toda a cavalaria deixasse as selas, tirasse as roupas e descansasse". Uma sentinela de cinquenta dragões foi colocada em estado de semialerta, com cavalos selados, para passar a noite nas casas ao longo da estrada pela qual os russos haviam evacuado Hrodna. Desses cinquenta indivíduos, um piquete de quinze homens permaneceu acordado na barreira do outro lado da estrada, mas treze haviam desmontado e se reunido em volta de uma fogueira para afastar o frio amargo da noite de janeiro. Apenas dois dragões montados realmente guardavam do rei da Suécia e seus homens exaustos, agora adormecidos.

Depois da meia-noite, centenas de cavaleiros russos aproximaram-se discretamente da cidade silenciosa. O som dos cavalos nos campos foi percebido pelos dois dragões fazendo a guarda; eles gritaram para seus camaradas em volta da fogueira, que montaram a tempo de encontrar os primeiros russos na barreira. Imediatamente, os outros 35 dragões saíram afobados das casas, montaram em seus cavalos selados e se dispararam para a briga. Embora os suecos estivessem em número muito menor, a noite "estava tão escura que ninguém podia ver a mão diante do rosto" e os russos acreditaram que a força guardando a cidade seria muito maior. Antes que muitos minutos se passassem, Carlos e Rehnskjold chegaram, o rei ainda de meia. Eles estavam ansiosos por se unirem à luta, mas, na escuridão, não conseguiam distinguir quem era inimigo e quem era aliado. Alguns minutos depois, mais suecos chegaram, alguns apenas parcialmente vestidos e cavalgando em pelo. Mesmo na escuridão, os russos sentiram o reforço crescente do inimigo e, indispostos a prolongar a ação confusa, deram meia-volta e recuaram pela estrada por onde tinham vindo. Dentro de uma hora, Hrodna estava novamente em paz. Aquela foi uma noite afortunada e emocionante para Carlos, que nunca parou para se perguntar o que teria acontecido se Mühlenfels tivesse adotado sua tática e guiado três mil homens a uma impetuosa invasão à cidade, simplesmente passando pelos dois homens fazendo a guarda e o pequeno grupo em volta da fogueira.

Carlos permaneceu em Hrodna por três dias, sozinho com sua pequena força de Guardas da Cavalaria, mas não houve outra tentativa russa de tomar a cidade. Mühlenfels, tendo falhado duas vezes, foi preso; a acusação oficial foi seu fracasso em destruir a ponte do Neman. Quando o principal exército sueco começou a chegar, o monarca se colocou à frente de vários regimentos de elite e partiu em busca de Pedro, mas logo se viu forçado a desistir da perseguição. Seus soldados eram muito poucos e estavam muito cansados. Além disso, a tática de terra arrasada dos russos havia reduzido o interior a um deserto gelado.

Nos dias que se seguiram, o exército russo recuou totalmente da linha do rio Neman, deixando para trás suas fortes posições de defesa e seus alojamentos preparados para o inverno e recuando em uma nova linha no rio Berezina. Carlos seguiu, mais uma vez à frente do exército principal, com suas guardas da cavalaria. No entanto, o exército sueco estava exausto e precisava descansar. Eles já tinham coberto oitocentos quilômetros e atravessado quase três meses de inverno em campanha. O fator decisivo foi a falta de forragem para os cavalos. Os russos haviam queimado os campos e os camponeses tinham escondido o que restara das colheitas; para os animais sobreviverem, estava claro que o avanço precisava cessar até que a primavera fizesse a grama voltar a crescer. Em oito de fevereiro, Carlos parou e, quando o exército principal se uniu a eles, o monarca permitiu que todos acampassem e descansassem. Em dezessete de março, ele voltou a se movimentar, levando o acampamento a Radoshkovichi, a noroeste de Minsk. Ali, finalmente, em um triângulo cercado por Vilna, Hrodna e Minsk, o rei instalou o exército em alojamentos de inverno.

A campanha na Polônia havia chegado ao fim. Ao cruzar o Neman em Hrodna, o exército sueco entrou na Lituânia, o enorme e politicamente amorfo território entre a Polônia, a Rússia e o Báltico. Três potenciais barreiras formidáveis formadas por rios e toda a Polônia haviam sido cruzados sem grandes enfrentamentos além da escaramuça na ponte de Hrodna. A campanha havia resultado em frutos diplomáticos e também militares. Na Inglaterra, o governo da rainha Ana havia se mostrado relutante em reconhecer o rei-marionete da Polônia, indicado por Carlos; contudo, quando chegou a Londres a notícia da facilidade com que Carlos havia avançado através da Polônia, Estanislau foi formalmente reconhecido como o sucessor de Augusto. Na Polônia, os importantes membros da nobreza que haviam evitado o apoio a Estanislau agora trabalhavam para remediar a situação. Por toda a Europa Ocidental, soberanos e estadistas acreditavam cada vez menos nas chances de Pedro. E, entre os soldados suecos, a autoconfiança e o desprezo pelos inimigos só cresciam. O que se poderia esperar de um exército russo comandado pelo próprio czar que havia fugido de uma linha de defesa em um rio e de uma cidade-fortaleza ao perceber a aproximação de apenas seiscentos membros da cavalaria sueca?

O confinamento nos alojamentos de inverno foi mais duro para o exército de Carlos do que qualquer campanha no campo aberto. Amontoados em quartos pequenos e mal aquecidos, sem alimentação adequada, muitos dos soldados, especialmente os novos recrutas, sofreram com disenteria e alguns morreram. O próprio Carlos foi acometido pela doença por várias semanas. Lá fora, além dos postos de sentinelas do acampamento, havia apenas o vento uivando, a neve, o frio amargo, as cinzas de vilas queimadas, a madeira chamuscada de pontes quebradas caída em rios congelados. Diariamente, grupos de pilhagem suecos percorriam a paisagem devastada em busca de alimento. Eles descobriram o hábito dos camponeses lituanos de esconder os suprimentos em um buraco no chão e como detectar esses esconderijos por meio de sinais como o derretimento mais rápido da neve no topo por conta do calor existente ali embaixo. Com frequência, essas patrulhas de pilhagem encontravam a cavalaria russa, e os conflitos eram constantes. Dez ou vinte cavaleiros estariam em uma clareira próxima à cabana de um camponês quando cossacos ou camulcos os encontravam. Então, ecoavam gritos repentinos impulsionando os cavalos pela neve, alguns tiros e golpes de espada antes de um dos grupos desaparecer. Era uma guerra sem quartel, e suecos e russos se odiavam. Se algum dos grupos capturasse o inimigo, prendia-o em uma cabana e a queimava.

Ao longo dos dias gelados, nas construções usadas como alojamento do exército, Carlos e sua equipe debruçavam-se sobre mapas. Certo dia, enquanto Gyllenkrook, seu intendente-geral, trabalhava com os mapas, "Sua Majestade veio até mim e olhou meu trabalho e, entre outros discursos, observou: 'Estamos na grande estrada para Moscou'. Respondi que ela ainda estava longe. Sua Majestade respondeu: 'Quando começarmos a marchar outra vez, chegaremos lá, não tema". Gyllenkrook obedientemente voltou a estudar seus mapas, preparando uma linha de marcha até Mogilev, no Dnieper, ao longo da estrada rumo a Smolensk e Moscou. Para apoiar essa marcha, Carlos chamou o conde Adam Lewenhaupt, comandante sueco em Riga, para que tomasse Radoshkovichi. Ordenou que Lewenhaupt pilhasse a Livônia e reunisse uma enorme quantidade de comida, pólvora e munição, além de cavalos e carroças para transportar esses itens. Também deu ordens para que ele preparasse os soldados para acompanhar essa imensa comitiva em meados do verão até um ponto de encontro com o exército principal.

A partir do começo de março, sinais de movimento iminente multiplicaram-se no acampamento sueco. O treinamento se intensificou e o exército ficou pronto. Foram reunidos alimentos suficientes para uma marcha de seis semanas. Com a chegada do céu azul e das brisas mais quentes, um tremendo espírito de otimismo tomou conta dos soldados de Carlos. O desprezo pelos russos florescia. O major general Lagercrona declarou que "o inimigo não se atreveria a se opor à marcha de Sua Majestade rumo a Moscou". E o major general Axel Sparre disse ao rei que "havia uma antiga profecia afirmando que um Sparre algum dia se tornaria governador de Moscou, o que fez o monarca rir muito".

Depois do combate em Hrodna, Pedro viajou em sua carruagem para o norte, até Vilna. Observando o avanço indomável de seu grande oponente pelos rios e planícies da Polônia, ele começou a se desesperar. Então, de forma repentina e aparentemente inexplicável, o rolo compressor sueco parou e permaneceu inerte por quase três meses. Em Vilna, Pedro esperou enquanto, junto com seus generais, tentava descobrir por qual direção Carlos seguiria. De Hrodna, os suecos poderiam marchar em várias direções. Se seguissem Pedro ao norte, rumo a Vilna, o czar saberia que seu inimigo estava acompanhando seu caminho para libertar as províncias do Báltico e invadir São Petersburgo. Se fossem para o leste, em direção a Minsk, era quase certo que Moscou fosse o objetivo. Ou então Carlos poderia adiar a decisão e até mesmo combinar dois alvos marchando a nordeste, passando pelo lago Peipus para tomar Pskov e Novgorod. Dali, ele estaria em posição para atacar tanto Petersburgo quanto Moscou.

O czar não podia negligenciar nenhuma dessas possibilidades. Ordenou que o exército principal se instalasse no Dnieper, embora o marechal de campo Goltz e oito mil dragões estivessem posicionados em Borisov, no Berezina, para enfrentar qualquer tentativa do inimigo de cruzar aquelas águas. Menchikov recebeu ordens para cortar as árvores e fazer barricadas nas estradas que saíam de Hrodna em todos os sentidos. Algumas semanas mais tarde, Pedro sombriamente aumentou sua aposta. Em um conselho de guerra, ordenou a criação de uma zona total de devastação para bloquear o sustento dos suecos, independentemente de qual direção eles tomassem quando saíssem dos alojamentos de inverno. Ao longo de todas as estradas que levavam a norte, leste ou sul a partir do acampamento sueco, seria criado um amplo cinturão com um alcance de noventa quilômetros de devastação, partindo de Pskov até Smolensk. Dentro dessa zona, todas as construções e qualquer migalha de comida e forragem deveriam ser queimadas assim que Carlos começasse a marchar. Sob pena de morte, os camponeses receberam ordens para remover todo o feno e todos os grãos de seus celeiros, enterrando-os ou escondendo-os na floresta. Eles deveriam preparar esconderijos para si mesmos e para seu gado nas profundezas das matas, longe das estradas. O inimigo teria de marchar por um deserto desolado.

O mais duro golpe caiu sobre a cidade de Dorpat, a qual Pedro havia capturado em 1704 e que ficava diretamente no caminho de Carlos se ele seguisse em direção ao Báltico. Pedro ordenou o despovoamento e a destruição total da cidade. A ironia é que toda essa tragédia foi em vão. Carlos não marchou para o norte, e a ruína de Dorpat não serviu para nada.

Quando o monarca sueco chegou aos quartéis de inverno em Radoshkovichi, Pedro decidiu usar a vantagem da calmaria e retornar a São Petersburgo para passar a Páscoa. Na véspera de sua partida para longe do exército, ele foi acometido mais uma vez por uma febre severa, mas ainda assim seguiu seu caminho. Quando chegou a São Petersburgo, no último dia de março, estava sem forças. Em seis de abril, escreveu a Golovkin:

> Sempre estive saudável aqui, como se estivesse no paraíso, mas não sei como trouxe comigo da Polônia essa febre, pois tomei muito cuidado no trenó e me mantive bem coberto e com roupas aquecidas. Mas fui torturado pela febre durante toda a Semana Santa e nem mesmo na Páscoa participei das cerimônias, exceto no início das Vésperas e do Evangelho por conta da doença. Agora, graças a Deus, estou melhorando, mas ainda não saio de casa. A febre veio acompanhada de dores na garganta e no peito e terminou com uma tosse que agora é bastante severa.

Dois dias depois, Pedro escreveu novamente:

> Peço que você faça tudo o que for possível sem mim. Quando eu estava bem, não deixei nada passar, mas agora Deus vê o que estou enfrentando com essa doença que esse lugar e a Polônia me causaram. E, se nas próximas semanas eu não tiver tempo para tomar os remédios e repousar, sabe Deus o que vai acontecer.

Quando Menchikov enviou a notícia de que os suecos estavam construindo pontes no que era uma clara preparação para continuar seu avanço, Pedro respondeu preocupado, em quatorze de abril, dizendo que entendia a gravidade da situação e que iria à guerra se isso fosse essencial. No entanto, implorou para que Menchikov não o convocasse antes de isso ser absolutamente necessário, uma vez que Pedro ainda precisava desesperadamente de mais descanso e tratamento. Ele acrescentou:

> Você sabe que não estou acostumado a escrever correspondências desse tipo, mas Deus sabe como estou fraco e, sem saúde e força, é impossível ser útil. Porém, se eu puder ficar mais cinco ou seis semanas aqui e tomar os remédios, então espero, com a ajuda de Deus, estar bem para encontrá-lo.

XXXIII

GOLOVCHIN E LESNAIA

O PALCO PARA UMA nova campanha estava montado. Os dois exércitos ficaram frente a frente em assentamentos bastante dispersos. O principal exército sueco permanecia no triângulo Hrodna-Vilna-Minsk com Carlos. Ali, o monarca tinha doze regimentos de infantaria e dezesseis de cavalaria e dragões, somando 35 mil homens; além desses, havia tropas suecas menores disponíveis no Báltico. Os doze mil homens de Lewenhaupt em Riga já tinham recebido ordens para se unirem ao exército principal, e uma força sueca extra de quatorze mil homens comandados por Lybecker havia sido convocada a marchar desde a Finlândia pelo Istmo da Carélia rumo a São Petersburgo. Se fosse totalmente bem-sucedida, essa força tomaria a nova capital de Pedro; se não, pelo menos ofereceria uma distração que desviaria as preocupações e os recursos do czar. Por fim, havia oito mil soldados suecos na Polônia sob o comando do general Krassow; se a Polônia permanecesse calma, eles poderiam marchar rumo a leste para oferecer reforço a Carlos. No total, em toda a frente de batalha, Carlos contava com setenta mil homens.

As forças de Pedro eram substancialmente maiores. O principal exército russo apontado pelo czar para proteger Pskov e Moscou, comandado por Sheremetev e Menchikov, estava disposto em um enorme arco em volta do campo sueco triangular, desde Polotsk e Vitebsk, ao norte, até Mogilev e Bykhov, no sul. A infantaria mantinha-se bem recuada, permanecendo entre o Duína e o Dnieper. Na parte frontal, grandes grupos de cavalaria sob o comando de Goltz cavalgavam pela principal estrada entre Minsk e Smolensk e faziam a patrulha pelo Berezina para absorver o primeiro choque do avanço sueco. Mais ao sul, outra força guardava o rio Berezina, cruzando a estrada entre Minsk e Mogilev. No total, nesse arco Pedro contava com 26 regimentos de infantaria e 33 de dragões, um total de aproximadamente 57.500 homens. Apraxin, cuja tarefa era defender São Petersburgo, comandava outros 24.500 soldados. Em Dorpat, entre o Báltico e as frentes centrais, uma terceira força russa de dezesseis mil homens estava posicionada sob o comando do general Bauer, com a missão de combater o exército sueco comandado por Lewenhaupt em Riga. Essas forças estavam preparadas para responder a uma variedade de movimentos suecos. Se Carlos marchasse em direção a Pskov e São Petersburgo, Menchikov e Sheremetev levariam o exército principal para o norte, de modo a fazer oposição; se o monarca seguisse diretamente para Moscou, os generais russos o combateriam no Berezina e no Dnieper. Os movimentos de Bauer dependiam de Lewenhaupt: se este último marchasse para o norte, rumo a São Petersburgo, então Bauer iria para o norte para oferecer reforço a Apraxin; todavia, se Lewenhaupt seguisse para o sul para se unir ao monarca, Bauer mudaria sua rota também para o sul, para apoiar Sheremetev. Uma força russa separada, composta por doze mil homens sob o comando do príncipe Miguel Golitsyn, foi colocada próxima a Kiev para cobrir aproximações pela Ucrânia. A essa altura, todavia, esse parecia ser o caminho menos provável para a marcha sueca.

A força russa era consideravelmente maior do que a do adversário: 110 mil contra setenta mil (ou, efetivamente, 62 mil, uma vez que a força de Krassow estava distante demais para poder ser útil). A disparidade nos números significava pouco além do fato de que, em uma campanha prolongada, os russos poderiam repor suas perdas com mais facilidade do que os suecos. Em Narva, a vantagem contra os suecos havia sido de quatro para um. Aqui, era de apenas cinco para três.

Em seis de junho, a grama fresca havia brotado e já se erguia vários centímetros acima da terra. Então, Carlos decidiu entrar em movimento. O acampamento de três meses em Radoshkovichi foi desfeito e os regimentos se reuniram em Minsk, o ponto de encontro na principal estrada entre Varsóvia, Smolensk e Moscou. De Minsk, a estrada seguia a leste até Borisov, no rio Berezina, um cruzamento que os russos estavam preparados para defender.

Em duas conferências militares (realizadas em 26 de abril e em treze de junho), Sheremetev e Menchikov haviam decidido criar seu primeiro ponto de defesa contra os suecos no Berezina. Pedro não estava presente em nenhuma dessas reuniões, mas havia endossado fortemente a decisão de manter a linha do rio. Em maio, o exército russo (com divisões comandadas por Menchikov,

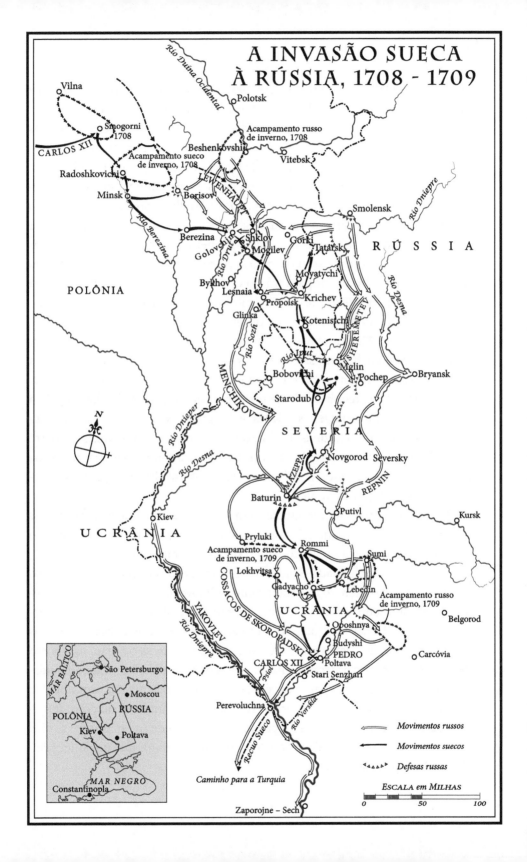

Sheremetev, Hallart, Repnin e Goltz) deixou seus alojamentos de inverno e passou a tomar posição ao longo da frente de 65 quilômetros a leste do rio. Sem saber exatamente onde o monarca sueco atacaria, as disposições russas foram mantidas esparsas, mas, no ponto mais óbvio (o cruzamento em Borisov), oito mil russos sob o comando de Goltz estavam bem preparados.

Ciente disso, Carlos escolheu novamente desviar da frente do inimigo, dessa vez pelo sul. Em dezesseis de junho, após nove dias marchando, o exército chegou ao rio Berezina, em Berezina-Sapejinskaia. Uma força composta por dragões cossacos e russos recuou, os engenheiros suecos construíram duas pontes e o exército atravessou o rio. O sucesso da manobra de Carlos deixou Minsk oitenta quilômetros para trás, o que significava que o monarca agora estava deixando para sempre a área da Polônia-Lituânia na qual havia vivido e mantido suas campanhas durante os oito anos anteriores.

Menchikov e Sheremetev estavam muito desgostosos com a relativa tranquilidade com que haviam sido superados, e já podiam imaginar qual seria a reação do czar. Em uma conferência militar em Mogilev, em 23 de junho, eles concordaram que precisavam fazer um sério esforço para defender a região a oeste do Dnieper e proteger as cidades de Mogilev e Shklov. Ordens foram enviadas para que todas as divisões do exército se reunissem na margem oeste do rio Babich, um afluente do Drut. Eles buscariam uma batalha; não uma batalha para arriscar tudo, de vida ou morte, mas uma batalha que faria os invasores pagarem por estar ali.

Carlos agora pensava em guinar para o norte, de modo a deixar para trás Goltz e sua força guardando Borisov, mas seus batedores relataram que todo o exército russo estava seguindo para o sul e se reunindo atrás do rio Babich, perto de uma vila chamada Golovchin. Dessa vez, o rei decidiu não evitar o inimigo, e então o exército marchou rumo a Golovchin. O tempo piorou. Chovia incessantemente e a terra era um mar de lama. A cada poucos quilômetros, os russos haviam cortado árvores para caírem atravessadas nas estradas e bloquear o avanço. Jefferyes escreveu a Londres: "Nessa ocasião, não posso deixar de dar crédito às tropas suecas, pois, considerando a grande dificuldade que eles enfrentaram para vencer as barreiras, forçando seu caminho por locais quase intransponíveis, e por vasculharem os pântanos, ou considerando a paciência desses homens ao passarem fome e sede (na maior parte têm sobrevivido a pão e água), devo concluir que são os súditos que qualquer príncipe na Europa gostaria de ter".

Em trinta de junho, o rei chegou pessoalmente a Golovchin, que ficava em frente ao raso e lamacento Babich. Ali, encontrou o exército russo reunido em fortes posições pelo rio, em uma linha que se estendia por dez quilômetros ao longo das margens pantanosas e inchadas pela chuva do Babich. Vários dias foram necessários para que uma parte substancial do exército sueco chegasse, ao passo que, do outro lado do rio, as forças russas também estavam sendo continuamente reforçadas por membros da infantaria e da cavalaria recém-chegados. Enquanto isso, Carlos examinava o terreno e desenvolvia um plano de batalha, e seus veteranos suecos mostravam-se inquietos. O rio era raso e facilmente transponível – por que, então, eles não simplesmente o cruzaram para dispersar a ralé russa? Carlos compreendia que a tarefa poderia não ser tão simples. Os russos haviam tomado posições atrás de trincheiras protegidas por cavalos de frisa. O exército estava separado em duas divisões centrais: ao norte, treze regimentos de infantaria e dez de cavalaria sob o comando de Sheremetev e Menchikov; ao sul, nove regimentos de infantaria e três regimentos de cavalaria comandados por Repnin. As duas divisões eram separadas no centro por uma área pantanosa e arborizada através da qual um afluente corria para o Babich. Mais adiante, de qualquer um dos lados, havia ainda mais tropas russas: ao norte de Sheremetev, além de um pântano mais profundo e mais extenso, havia mais cavalaria e mais infantaria, comandadas por Hallart; ao sul de Repnin estava Goltz com dez regimentos de dragões, somando dez mil homens, além da cavalaria formada por cossacos e calmucos.

De fato, os russos, após repetidas experiências sendo flanqueados, haviam se espalhado para evitar que isso acontecesse outra vez, e Carlos estava decidido a usar a hiperextensão da linha de seus oponentes em sua vantagem. Enquanto suas forças se reuniam, ordenou que destacamentos das tropas marchassem pela margem, simulando um ataque aqui e acolá, encorajando os russos a manterem suas forças nas alas mais externas. Dessa forma, os soldados russos de Hallart foram mantidos distantes ao norte e em momento algum entraram na batalha subsequente.

Dessa vez, contudo, não haveria um movimento sueco para contornar os russos. Carlos havia detectado o ponto mais vulnerável na linha de seu oponente: a parte central, entre as duas divisões comandadas por Sheremetev e Repnin, na área do afluente e do pântano. Se Carlos atacasse esse ponto, o pântano impediria que uma divisão russa auxiliasse a outra. O monarca decidiu que o golpe cairia sobre Repnin, ao sul do pântano. Na investida, ele lideraria pessoalmente sua infantaria contra a de Repnin. Rehnskjold coordenaria a cavalaria num enfrentamento contra os cavaleiros de Goltz.

Em três de julho, Carlos havia reunido vinte mil homens, mais de metade de sua força total, e, à meia-noite, seus regimentos foram alertados e receberam ordens para se prepararem para uma batalha. Naquela noite, o rio e sua margem oposta estavam escudados por uma espessa bruma que se erguia da água e, atrás dessa paisagem natural, Carlos discretamente preparou a artilharia, espalhando-a de forma eficiente por áreas previamente escolhidas. Às duas da madrugada, ele colocou oito de seus mais pesados canhões em posição para atirar a curta distância, diretamente através do rio. Ao amanhecer, quando os primeiros raios do sol atravessavam a bruma, a artilharia sueca subitamente avançou sobre os russos surpresos, e Carlos tomou o rio à frente de sete mil suecos.

A água atingia o peito dos soldados, por vezes os ombros, e o fogo russo era pesado; porém, mantendo suas armas erguidas, os suecos avançaram com calma e firmeza, como haviam sido treinados para fazer. Assim que chegaram à margem oposta, as tropas pararam para se reagrupar. Carlos seguiu com as linhas, calmamente falando com os soldados, e então guiou-os através do pântano. O caminho foi complicado, e os russos, para a surpresa de Carlos, não fugiram; pelo contrário, permaneceram para lutar, atirando contra os suecos de uma distância de trinta a quarenta passos, recuando de forma mais ou menos ordenada, recarregando as armas e correndo adiante para atirar outra vez contra a linha sueca. Todavia, eles não estavam dispostos a ficarem ali para lutar contra a infantaria sueca com golpes de arma branca e, embora os tiros tivessem feito seu papel, causaram pouco efeito contra o avanço constante dos veteranos de Carlos.

Os suecos, mantendo a ordem nas fileiras, reconheceram o modelo de agressão russo e então começaram a segui-lo. As linhas suecas pararam para carregar suas armas, e aqueles que já estavam preparados atiraram de volta contra os russos. Essa troca era algo único nas batalhas de Carlos XII. Jefferyes escreveu: "A batalha ficou tão renhida que, durante uma hora inteira, não se ouviu nada além dos tiros dos mosquetes constantes em ambos os lados".

Às sete da manhã, Repnin começou a se dar conta de que estava enfrentando toda a força do ataque sueco. Diante de seu apelo, 1.200 homens dos dragões russos de Goltz avançaram vindos do sul, tentando auxiliar a pressionada infantaria russa ao passar pela lateral da infantaria sueca. Carlos foi salvo por Rehnskjold, que, esperando na outra margem com a cavalaria sueca ainda não envolvida na batalha, viu o movimento da cavalaria russa. Com quatro esquadrões – seiscentos homens – das cavalarias das Guardas, ele atravessou o rio a galope e enfrentou a cavalaria russa antes que ela pudesse encontrar a infantaria sueca. O impacto entre as cavalarias inimigas foi sangrento, pois os suecos estavam combatendo uma força duas vezes maior do que a sua. Gradualmente, conforme esquadrões adicionais da cavalaria de Carlos cruzavam o rio e entravam no conflito, os russos se viam forçados a rever seu ataque e recuarem para a floresta.

Enquanto isso, o fracasso da cavalaria russa em atacar a infantaria sueca deixou sua própria infantaria sozinha para enfrentar a investida de Carlos. O avanço dos escandinavos seguia implacável conforme sua infantaria cruzava o rio e, como Carlos esperava, um conflito tão furioso, concentrando a pressão em uma única área da linha russa, acabaria forçando-a a se desfazer. As forças de Rapnin recuaram, reuniram-se, e finalmente a linha se desfez. A ala esquerda russa abandonou o campo; sua artilharia viu-se dispersada em unidades do tamanho das companhias. Então, recuaram pela floresta.

Agora eram oito horas da manhã. O ataque súbito e determinado de Carlos havia derrotado a divisão de Repnin, mas a divisão de Sheremetev, a norte, no lado oposto do pântano, permanecia intacta. De início, ao ouvir os tiros e ver os suecos atravessando o rio para atacarem Repnin, Sheremetev havia tentado enviar tropas para auxiliar seu colega, mas, como Carlos havia imaginado, o atoleiro dificultou esse movimento. E, quando o rei guinou para encontrar Sheremetev, descobriu que isso era desnecessário. O marechal de campo russo, ciente da advertência de Pedro para não arriscar tudo, já recuava rumo a Mogilev e ao Dnieper.

A Batalha de Golovchin foi o primeiro enfrentamento sério entre tropas russas e suecas desde que Carlos dera início à sua longa marcha da Saxônia, quase um ano antes. Pela definição clássica de vitória, os suecos saíram vencedores. Haviam atacado e conquistado uma posição forte. A cavalaria havia lutado brilhantemente e expulsado uma força russa muito maior. O rei estivera no meio da batalha, lutando com sua enorme coragem, e havia saído intocado. Os russos tinham mais uma vez recuado. As estradas para o Dnieper estavam abertas. Todas as lendas permaneciam intactas.

Todavia, havia fatores que não eram desagradáveis para Pedro, que chegou tarde e, em Gorki, foi informado por Menchikov da batalha. Embora preocupado por seu exército ter sido forçado a abandonar a linha de mais um rio, ele se consolou com o fato de que apenas um terço de suas forças presentes tinham de fato se envolvido com a batalha, e que esses regimentos haviam enfrentado todo o peso do famoso ataque sueco liderado pelo próprio monarca. Ao longo de quatro horas de luta pesada, eles não haviam entrado em colapso; pelo contrário, se retiraram ordenadamente, guerreando a cada passo. E, quando finalmente abandonaram o campo, não foi como uma ralé desordenada, mas em grupos que poderiam ser reunidos para voltarem a lutar. O saldo russo consistiu de 977 mortos e 675 feridos; os suecos tiveram 267 mortos e mais de mil feridos. Entretanto, havia uma importante diferença: as perdas de Pedro podiam ser repostas; quando um dos soldados de Carlos caía, seu exército perdia permanentemente um membro.

O czar ordenou investigações para saber quais regimentos haviam resistido e quais haviam se desfeito; ficou furioso com alguns oficiais e distribuiu algumas punições. Repnin foi submetido a uma corte marcial e ficou temporariamente afastado de seu comando. Quatro dias após a batalha, ocorreu uma conferência em Shklov, e ficou decidido não tentar defender Mogilev, no Dnieper, mas seguir rumo a Gork pela estrada que ia até Smolensk. Entretanto, isso só aconteceria depois que os cossacos e calmucos tivessem feito seu terrível trabalho. A região havia sido destruída por ordens do czar, e o exército vitorioso de Carlos avançaria por terras completamente estéreis.

Embora também estivesse contente e a notícia de a Suécia ter conquistado mais uma vitória tivesse chegado a Estocolmo e se espalhado pelo país, Carlos estava ciente de uma mudança nos adversários russos. A Batalha de Golovchin abriu seus olhos para o fato de que o exército de Pedro já não era a mesma ralé desordenada que havia fugido em Narva. Aqui, em uma batalha na qual o número de homens envolvidos era quase igual, os russos haviam lutado bem. Jefferyes admitiu: "Os moscovitas aprenderam muito bem a lição e realizaram grandes melhorias em suas questões militares. E, se seus soldados tivessem mostrado metade da coragem de seus oficiais (que, na maior parte, são estrangeiros), talvez tivessem sido fortes demais para nós na última batalha".

Ao longo da estrada para Mogilev, o exército sueco avançou entre casas e celeiros em chamas. Em nove de julho, o exército chegou à cidade no rio Dnieper, então à fronteira da Rússia. Sem disparar um só tiro, o rei enviou tropas para o outro lado, embora o corpo principal tivesse permanecido na margem oeste. Todos supunham que a parada seria apenas temporária, um breve descanso enquanto suprimentos eram reunidos para o estágio final da marcha. A campanha agora havia praticamente chegado ao fim. Todas as grandes barreiras em forma de rio haviam sido cruzadas. Smolesnk estava 160 quilômetros a nordeste e, 320 quilômetros depois de Smolensk, ficava Moscou.

EM MOGILEV, CARLOS ENVIOU grupos para o outro lado do Dnieper, preparou pontes para cruzar o rio, e, para a surpresa tanto do exército sueco quanto das patrulhas russas que observavam, não conseguiu atravessar. Durante todo o mês (de nove de julho a cinco de agosto), os 35 mil homens do exército sueco esperaram na margem oeste do Dnieper até a força de Lewenhaupt chegar de Riga para se unir a eles. O conde Adam Ludwig Lewenhaupt, general da infantaria cuja erudição pedante havia levado Carlos a apelidá-lo de "o coronelzinho latino", era um homem meticuloso e melancólico, muito sensível às opiniões daqueles a sua volta. Via rivais e conspirações por todos os lados; mas, mesmo assim, era um oficial corajoso e habilidoso, com uma devoção rara às ordens. Não importava o quanto fosse pequena a formação de infantaria sob seu comando, nem o quanto a força oposta fosse enorme ou bem entrincheirada; se Lewenhaupt tivesse ordens explícitas, prepararia os soldados e avançaria com serenidade absoluta em direção ao fogo assassino do inimigo. Sua tragédia – e o equívoco de Carlos – foi o fato de Lewenhaupt ter recebido uma posição que demandava uma grande quantidade de iniciativa pessoal e improvisação.

Lewenhaupt era governador militar da Curlândia e do que restava das províncias bálticas suecas. Na região e na cidade de Riga, comandava 12.500 homens. Em março, quando visitou Carlos em Radoshkovichi, o monarca havia lhe dado ordens simples: ele deveria usar as tropas em Riga para reunir suprimentos, encontrar uma grande quantidade de carroças, preenchê-las com comida e munição suficientes para abastecer seus próprios homens por três meses e todo um exército por seis semanas, e então acompanhar essas carroças pelo interior da Lituânia, para que elas encontrassem o exército principal. Essa carga abasteceria o exército para a fase final da marcha rumo a Moscou, enquanto os soldados de Lewenhaupt aumentariam substancialmente a força de combate do rei. Embora a rota escolhida de Riga a Mogilev tivesse 640 quilômetros, foi calculado que, se ele partisse no início de junho, completaria a jornada em dois meses.

Todavia, essas suposições estavam erradas. Lewenhaupt retornou a Riga no início de maio e começou a coletar suprimentos, mas a simples tarefa de reunir duas mil carroças e oito mil cavalos para transportá-los, além dos próprios suprimentos, fizeram com que se atrasasse. Em três de junho, enquanto o exército de Carlos se preparava para desmontar o acampamento em Radoshkovichi, Lewenhaupt recebeu ordens para deixar Riga rumo ao rio Berezina, mas avisou que não conseguiria partir antes do final do mês. E, de fato, somente nos últimos dias de junho a longa coluna de suprimento e os 7.500 membros de infantaria e cinco mil membros da cavalaria que a acompanhavam estavam na estrada. O próprio Lewenhaupt permaneceu em Riga por mais um mês e não se uniu ao seu comando até 29 de julho, quando, de acordo com o plano original, eles deveriam estar se aproximando do exército principal. De fato, seus homens haviam se arrastado por apenas 240 quilômetros e ainda estavam a norte de Vilna, enquanto o exército principal de Carlos havia se deslocado para Mogilev, a mais de quatrocentos quilômetros de distância.

Para Pedro, a notícia de que o exército de Lewenhaupt estava deixando a Livônia e a Curlândia e seguindo para o sul, distanciando-se do Báltico, foi um enorme alívio. Ela indicava com considerável certeza que o objetivo final do rei sueco não era São Petersburgo, que não haveria um ataque no Neva combinado por Lewenhaupt vindo do sul e Lybecker vindo da Finlândia. E, com Lewenhaupt fora de cena, Apraxin tinha homens suficientes para enfrentar o que quer que Lysbecker pudesse tentar. Sendo assim, a força russa de dezesseis mil homens e cavalos do general Bauer, cuja missão havia sido observar Lewenhaupt, agora recebia ordens para se deslocar rumo ao sul.

Os planos de Carlos agora dependiam de Lewenhaupt. Críticos culparam Lewenhaupt duramente por sua demora excessiva, mas ele não podia controlar o clima. Deslocar as pesadas carroças de suprimentos com as enormes rodas pela lama havia se provado quase impossível sob chuva, embora feixes de galhos e placas de madeira forrassem o chão. Lewenhaupt levava até mesmo uma ponte móvel presa com tiras de couro flexível, o orgulho de seu corpo de engenheiros. Todavia, essa ponte havia se tornado tão encharcada que 32 homens tinham de carregar cada parte, e só conseguiam carregá-la vinte passos antes de precisarem descansar. Em um mês, o exército percorreu apenas 230 quilômetros, uma média de menos de oito quilômetros por dia. Julho deu lugar a agosto; agosto, a setembro. E Lewenhaupt lentamente continuava seguindo adiante.

Dois preciosos meses, entre oito de junho e quinze de setembro, os melhores dias para campanha em meados do verão, passaram-se enquanto Carlos esperava. Não que os suprimentos já fossem urgentemente necessários, mas o monarca sentia que não podia se deslocar tão à frente de Lewenhaupt, para não se arriscar a que o exército russo invadisse a abertura entre os dois exércitos suecos e pegasse a força menor exposta e sem apoio. A princípio, o rei havia esperado que o encontro com Lewenhaupt em Mogilev, no Dnieper, ocorresse antes de o principal exército cruzar o rio, e, pelos relatos do progresso da coluna responsável pelo suprimento de madeira, Carlos, andando impaciente de um lado para o outro, acreditava que esse apoio chegaria em quinze de agosto. No entanto, a data chegou e passou e Lewenhaupt ainda não havia aparecido. Enquanto isso, o exército permanecia estagnado e inquieto. Os feridos de Golovchin estavam recuperados, mas os campos em volta de Mogilev encontravam-se expostos outra vez após milhares de cavalos pastarem por ali.

Carlos decidiu que as operações ofensivas deveriam ser reiniciadas – não o golpe pesado e profundo que ele havia planejado contra Moscou, mas algo mais próximo do Dnieper, algo que provocasse uma batalha com os russos e, de alguma forma, protegesse Lewenhaupt. Então, deu início a uma série de manobras, marchando distâncias curtas a cada dia, mudando de direção – primeiro para o sul, depois para o norte –, na esperança de confundir o czar e pegar parte de seu exército de surpresa.

Entre cinco e nove de agosto, o exército sueco finalmente cruzou o Dnieper e começou a se mover a sudeste, em direção ao flanco meridional da posição que Pedro havia adotado na estrada de Smolensk. Em 21 de agosto, o exército de Carlos chegou a Cherikov, no rio Soj, para encontrar a cavalaria de Menchikov já posicionada na outra margem e a massa da infantaria russa se aproximando. Com os dois exércitos oponentes agora próximos, suas patrulhas se viam em contato constante, e, portanto, havia escaramuças frequentes. Em trinta de agosto, uma espécie de batalha ocorreu. Não era a batalha que Carlos queria ou esperava. O rei havia acampado seu exército ao longo de uma ramificação de uma corrente de água chamada Chornyaia Natopa, que circundava um pântano. Roo, comandando a retaguarda, estava acampado no limite do pântano, a cinco quilômetros de distância. O lamaçal era difícil, mas não intransponível, e o czar e seus oficiais rapidamente aprenderam a lição de Golovchin: era possível cruzar um pântano. Ao amanhecer de trinta de agosto, nove mil membros da infantaria e quatro mil dragões russos comandados pelo príncipe Miguel Golitsyn cruzaram o pântano na densa bruma da manhã e atacaram o acampamento de Roo. Os suecos foram tomados de surpresa, nunca antes tendo sido sujeitos a um ataque da infantaria russa. Duas horas de feroz combate cara a cara ocorreram antes que chegassem reforços do principal acampamento sueco e os russos recuassem, desaparecendo ao atravessar o pântano. Quando Carlos ouviu os tiros, supôs que Pedro desejava uma batalha maior e, no dia seguinte, todo o exército sueco adotou formação de batalha. No entanto, nenhum ataque aconteceu e, quando a cavalaria de Rehnskjold fez reconhecimento das silenciosas posições russas, encontraram-nas vazias. Os últimos membros da retaguarda russa tinham acabado de recuar, ateando fogo nas vilas e nos campos pelo caminho.

Embora essa batalha perto de Molyatychi fosse uma ação menor e as baixas da Rússia fossem o dobro da dos suecos (setecentos mortos russos e duzentos feridos contra trezentos suecos mortos e quinhentos feridos), Pedro mostrou-se contente. Pela primeira vez, sua infantaria havia tomado a iniciativa e uma divisão sueca fora isolada e atacada. As tropas russas haviam lutado corajosamente e sido bem-sucedidas ao cessar a ação e recuar de forma ordenada. Golitsyn recebeu a Ordem de Santo André. A Apraxin, o czar escreveu com exuberância: "Eu lhe asseguro que, desde que comecei a servir, nunca vi tiros dão bons ou uma conduta tão ordenada por parte de nossos soldados. O próprio rei sueco não viu uma ação desse tipo no curso desta guerra. Ah, Deus, não afaste sua misericórdia de nós no futuro".

Carlos prosseguiu com sua lenta marcha para o norte e, em onze de setembro, seu exército chegou a Tatarsk, na fronteira russa, o ponto mais a nordeste do país ao qual chegaria. Dali, o caminho seguia para Smolensk, mas a imagem pela estrada era assombrosa: durante dia e noite, o horizonte brilhava com uma bruma vermelha. Carlos havia visto a devastação da Polônia e das províncias lituanas adjacentes à Rússia, mas não acreditara que o czar aplicaria a mesma política nas terras de seu próprio país. Essa visão fez o monarca parar. Independentemente de com quanta teimosia ele perseguisse o inimigo, jamais o encontraria. Seus soldados se reuniram em linha de batalha apenas para se encontrarem parados, encarando a paisagem deserta e vazia. E a cada dia a quantidade de suprimentos recolhidos em Mogilev tornava-se menor. Os alimentos estavam em estado lastimável e, embora o rei se recusasse a comer qualquer coisa melhor do que seus soldados comuns, os soldados alemães contratados (e até mesmo alguns veteranos suecos) já reclamavam. O tempo todo eles marchavam por chão calcinado. As nuvens de fumaça das vilas e dos campos em chamas, às vezes tão espessas a ponto de bloquear a luz do sol, sempre estampavam os horizontes. E o tempo todo, os esquadrões de calmucos e cossacos esperavam impiedosamente para matar os desgarrados. Em tom de lamento, Jefferyes reportou: "Agora somos forçados a viver com o que encontramos enterrado [por camponeses], mas, se um nevoeiro repentino nos privar desse recurso, em vez de um exército formidável, receio que Sua Majestade trará para a Rússia um grupo de pedintes famintos".

A salvação estava em Lewenhaupt. Se o principal exército sueco já contasse com os suprimentos que ele estava trazendo, talvez eles pudessem atravessar as regiões devastadas e chegar a uma área mais fértil perto de Moscou. No quartel sueco, enquanto o rei e seus oficiais olhavam para a fumaça das vilas em chamas a leste, eles também olhavam ansiosamente para trás. Onde estaria Lewenhaupt?

A cada dia que se passava, o problema diante de Carlos tornava-se mais agudo. O exército estava preparado, pronto para o golpe maior que colocaria um fim à guerra e, mesmo assim, não podia avançar sem Lewenhaupt, pois o czar havia queimado os campos na região à frente. E, por conta da falta de alimentos, o exército não podia apenas ficar onde estava. Isso deixava duas escolhas. A primeira seria recuar até o Dnieper e lá esperar Lewenhaupt. Carlos rejeitou essa ideia. Para ele, retornar era uma ideia repugnante, que confirmaria publicamente que toda a campanha do verão havia sido um fracasso. Embora incerto quanto à posição exata de Lewenhaupt, Carlos acreditava que ele estava se aproximando e que, apesar dos atrasos, o encontro logo aconteceria. A segunda alternativa era mais ousada e, portanto, mais agradável para Carlos: uma marcha para o sul, para longe de Smolensk e Moscou, rumo à província russa de Severia. Isso manteria a energia da ofensiva sueca e, ao mesmo tempo, acabaria levando a uma área rica, ainda intocada pela devastação de Pedro, onde os campos estavam passando por colheitas. Reabastecido em Severia e com o reforço de Lewenhaupt, Carlos então poderia marchar rumo a Moscou.

Depois de longas discussões com Rehnskjold e Piper em Tatarsk, Carlos decidiu seguir seu curso. Uma vez escolhido, era urgente que o movimento fosse realizado de forma rápida e discreta para assegurar que os suecos chegassem antes dos russos a Severia. E eles tinham uma vantagem: Carlos estava mais próximo e contava com uma rota mais direta. Se desse as costas aos russos agora e marchasse com rapidez rumo ao sul, ele os deixaria para trás e chegaria primeiro. Assim, em Tatarsk, novas ordens foram emitidas ao exército sueco. Uma vanguarda móvel especial com dois mil membros da infantaria e mil da cavalaria – os melhores homens das Guardas e dos outros regimentos de elite – recebeu provisões para duas semanas, de modo que pudesse se mover com velocidade e não precisasse perder tempo em busca de forragem. Colocada sob o comando do general Anders Lagercrona, essa vanguarda recebeu ordens para se apressar pelos pântanos e tomar as cidades e os cruzamentos dos rios que possibilitariam o acesso dos suecos a Severia, bloqueando o caminho para os russos. Lagercrona foi informado do plano geral e sabia que o objetivo da operação era a captura da capital da província, Starodub. A distância entre Tatarsk e Starodub pela rota mais curta era de duzentos quilômetros. Naquela mesma noite, três mensageiros separados foram enviados a Lewenhaupt, informando-o da mudança de planos e ordenando que mudasse de direção e seguisse rumo a Starodub. Os três mensageiros foram enviados com intervalos separando-os durante a noite, de modo a assegurar a chegada de pelo menos um deles.

No início da manhã de quinze de setembro, a marcha para o sul teve início, uma marcha fatídica na vida de Carlos XII e na história de Pedro e da Rússia. O avanço rumo a Moscou foi deixado de lado – da forma como as coisas se deram, para sempre. A decisão de Carlos em Tatarsk também marcou uma virada na sorte da Suécia. No outono e inverno anteriores, ele havia atravessado metade da Europa, ultrapassando brilhantemente seus inimigos ao longo de uma série de barreiras formidáveis em forma de rios. Todavia, no verão de 1708, o plano estratégico de Carlos deu totalmente errado: ele tinha se permitido uma dependência total da chegada de Lewenhaupt e dos suprimentos. Lewenhaupt ainda não havia chegado, e o verão e o avanço rumo a Moscou haviam ficado para trás. Todavia, em setembro de 1708, quando Carlos estava em Tatarsk e decidiu guinar para o sul, ele ainda estava em condições de manter a iniciativa. Seu exército encontrava-se intacto. O rei se deslocou a caminho da Severia com otimismo e esperança de que, se a campanha em Moscou havia falhado, o contratempo era apenas temporário.

De fato, Carlos estava à beira de uma série de desastres que, para ele, terminariam em ruína.

A PRIMEIRA CONSEQUÊNCIA DO movimento de Carlos recaiu sobre Lewenhaupt. Em quinze de setembro, dia em que o rei sueco desfez o acampamento em Tatarsk e marchou para o sul, Lewenhaupt ainda estava cinquenta quilômetros a oeste do Dnieper. A posição de Carlos naquele momento era cem quilômetros a leste do rio. Pedro imediatamente enxergou uma oportunidade: a abertura de 150 quilômetros deixava as carroças expostas. O czar despachou sua força principal para o sul com Sheremetev para seguir Carlos, mas manteve dez batalhões com sua melhor infantaria, incluindo as guardas de Preobrajenski e Semyonovski. Montando essa infantaria nos lombos de cavalos e os complementando com dez regimentos de dragões e cavalaria, ele criou um corpo novo, de extrema mobilidade (um "corpo voador") de 11.625 homens, os quais comandou pessoalmente. Com Menchikov a seu lado, Pedro seguiu diretamente para o oeste para interceptar Lewenhaupt. Embora o czar desconhecesse a força de Lewenhaupt, relatos que chegavam ao quartel-general russo estimavam cerca de oito mil homens. Na verdade, eram 12.500. Como precaução, Pedro convocou mais três mil dragões sob o comando de Bauer para seguirem a oeste e unirem-se a sua força. Assim, 14.625 russos estavam em movimento para interceptar 12.500 suecos.

Enquanto isso, a coluna desgastada de Lewenhaupt, ainda se arrastando depois de três meses na estrada, finalmente chegou ao Dnieper em dezoito de setembro. Ali, Lewenhaupt recebeu os três mensageiros do rei ordenando que ele cruzasse o rio e guinasse para o sul, rumo ao novo ponto de encontro, Starodub. Durante três dias, os soldados cansados atravessaram o rio com suas carroças. Enquanto as últimas companhias faziam o cruzamento, no dia 23, Lewenhaupt soube que uma força russa se movia contra ele; a cavalaria inimiga, com seus casacos vermelhos, começava a surgir no limite da floresta. Ele seguiu adiante, obstinado, rumo à cidade de Propoisk, no rio Soj. Uma vez do outro lado da corrente, teria boas chances de alcançar intacto o exército principal.

A situação transformou-se em uma corrida. Lewenhaupt tentava desesperadamente chegar a Propoisk, mas as estradas lamacentas atolavam suas pesadas carroças. Na manhã do dia 27, a principal cavalaria russa o acompanhou, e a luta com a retaguarda sueca teve início. Percebendo que uma ação maior era iminente, Lewenhaupt se viu diante de uma escolha: ele poderia deixar a retaguarda para conter seus perseguidores pelo máximo de tempo possível, sacrificando-a, se necessário, enquanto enviava sua força principal e suas carroças adiante em um esforço para chegar ao Soj; ou poderia cessar a fuga, parar e lutar com toda a força. Sendo Lewenhaupt, ele escolheu a segunda opção. Enviou as carroças na frente e trouxe a maior parte de sua infantaria e cavalaria de volta para a estrada, posicionou-a em formação de batalha e esperou um ataque russo. Ali eles ficaram durante toda a manhã e o início da tarde do dia 27. Ao final da tarde, quando ficou claro que nenhum ataque russo viria, Lewenhaupt desfez sua linha de batalha e retrocedeu alguns quilômetros pela estrada antes de posicionar novamente sua fila. Seus homens permaneceram em formação durante toda a noite.

Na manhã seguinte, dia 28, quando nenhum ataque tinha acontecido, os suecos recuaram outra vez, suas colunas enfrentando cavaleiros russos que as rodeavam. Eles chegaram à vila de Lesnaia, uma marcha de menos de um dia de Propoisk. Agora, a perda de tempo – quase todo o dia 27 – revelou sua importância. Se não fosse por esse dia perdido, o corpo principal teria chegado ao Soj e o cruzado, alcançando uma área segura.

Mesmo assim, com os russos reunidos pesadamente à sua volta, Lewenhaupt percebeu que não conseguiria chegar ao rio e teria de lutar. Enviou três mil membros da cavalaria à frente, rumo a Propoisk, para garantir que o rio fosse cruzado. E, com os 9.500 homens restantes, preparou-se para a batalha. Ordenou uma redução no número de carroças: os coronéis poderiam manter quatro delas; os majores, três; e assim por diante.

Do lado oposto, Pedro ordenou que suas tropas, dragões e infantaria desmontassem dos cavalos e os colocou nos limites da floresta, com Menchikov comandando a ala esquerda (com oito regimentos) e o próprio czar comandando pessoalmente as Guardas Preobrajenski e Semyonovski, além de três regimentos de dragões na ala direita. À uma da tarde do dia 28, a batalha teve início, perdurando durante toda a tarde. Nas palavras de Pedro: "durante todo o dia foi impossível saber de qual lado a vitória estaria". Em certo momento, quando as tropas de Menchikov começaram a vacilar, Pedro os reforçou com membros da Guarda Semyonovski, cujo contra-ataque desesperado restaurou a linha russa que se desfazia. Logo depois das quatro da tarde, Bauer chegou com seus três mil dragões para fortalecer os russos, mas esse movimento foi equilibrado do lado sueco com o retorno de três mil homens da cavalaria que haviam sido enviados na frente para assegurar o rio e depois chamados de volta. A batalha prosseguiu até o cair da noite, quando uma tempestade de neve repentina, incomum para o início do outono, obscureceu a vista dos combatentes e deu fim à luta. Embora suas linhas permanecessem intactas, Lewenhaupt ordenou que seus homens recuassem e que as carroças fossem queimadas. Como fogueiras com rodas, os suprimentos tão trabalhosamente coletados em Riga, que haviam viajado oitocentos quilômetros por lama e florestas encharcadas pela chuva, agora queimavam em meio à noite. Os canhões de latão e ferro foram retirados de suas carruagens e enterrados para evitar que os russos os encontrassem e capturassem. Na fantasmagórica luz gerada pelas carroças em chamas, a confusão se instalou e a disciplina sueca se desintegrou. Os soldados começaram a pilhar as carroças, subtraindo dali bens dos oficiais e bebidas alcoólicas. As unidades perderam a coesão e homens fugiram para a floresta. Parte da infantaria fugiu com os cavalos que soltaram das carroças até Propoisk para cruzar o rio e alcançar um território seguro. Ao amanhecer, quando os regimentos sobreviventes chegaram a Propoisk, encontraram as pontes queimadas. As poucas carroças restantes não conseguiram atravessar e também foram queimadas na margem do rio. A essa altura, um enxame de cossacos e calmucos encontrou parte da massa sueca desordenada na margem do rio e matou mais quinhentos homens.

O dia amanheceu, lançando luz sobre o desastre sueco. A batalha e o caos da noite haviam reduzido a força de Lewenhaupt à metade. Dos dois mil membros da cavalaria, restavam 1.393; dos 2.500 dragões, 1.749 ainda estavam presentes; mas, da infantaria de oito mil homens, restavam apenas 3.451. A perda total fora de 6.307 homens; desses, mais de três mil foram levados como prisioneiros. Outros fugiram pela floresta, sozinhos ou em pequenos grupos. Muitos morreram ou foram capturados em algum momento. Mil deles conseguiam voltar a Riga através da Lituânia. Todos os suprimentos – roupas, alimentos, munição, remédios – de que Carlos tão desesperadamente precisava foram perdidos. No lado russo, 1.111 homens morreram e 2.856 foram feridos. Cada lado tinha aproximadamente doze mil homens envolvidos. Os russos perderam um terço de seus homens, mas os suecos perderam metade.

Lewenhaupt guiou os enlameados sobreviventes suecos – seis mil no total, agora montados nos cavalos das carroças – pela estrada até Severia. Pedro, ocupado tomando o campo de batalha, não o perseguiu. Então, dez dias mais tarde, Lewenhaupt finalmente encontrou seu monarca. No entanto, havia uma disparidade enorme entre o que era esperado e o que havia chegado. Em vez de muitas carroças trazendo suprimentos para alimentar o exército e 12.500 homens como reforço, Lewenhaupt trouxe seis mil indivíduos exaustos, quase passando fome, sem artilharia ou suprimentos, arrastando-se pelo campo. As unidades de cavalaria foram mantidas, mas os regimentos da infantaria estava tão despedaçados que já não podiam ser mantidos. Eles foram debandados, e os homens usados como substitutos para preencher lacunas nos regimentos do exército principal.

Quando os suecos viram os recém-chegados, um pessimismo renovado varreu o acampamento. A Batalha de Lesnaia ofereceu mais uma evidência da nova qualidade do exército russo. Os dois lados eram quase iguais em número, e os suecos haviam perdido. Todavia, Carlos reagiu à derrota com serenidade. Não criticou Lewenhaupt pela lentidão de sua marcha ou pela derrota.

Aliás, o rei percebeu que parte da culpa era dele mesmo: tendo esperado tanto tempo por Lewenhaupt, no fim ele não havia esperado o suficiente.

Do LADO RUSSO, HOUVE júbilo. Eles acreditavam que a força sueca havia sido mais numerosa do que a russa – assim, não apenas haviam triunfado, mas fizeram-no mesmo com desvantagem numérica. Pedro, escrevendo posteriormente, viu a importância do evento em termos da autoconfiança de seus homens: "Essa pode ser chamada de nossa primeira vitória, pois nunca havíamos alcançado algo desse tipo contra tropas regulares, nem com números inferiores aos do inimigo. Realmente, ela foi a causa da boa sorte subsequente da Rússia e deu coragem aos nossos homens, além de ter sido a mãe da Batalha de Poltava".

Para o czar, todas essas ações eram estágios de seu esforço maior para criar um exército russo efetivo. Mesmo quando suas tropas eram derrotadas, ele se mostrava extremamente interessado em como eles haviam se comportado em meio ao fogo e se haviam recuado de forma ordenada. Do campo de batalha de Lesnaia, o czar escreveu a seus amigos e até mesmo a Augusto. Enviou descrições e diagramas da batalha ao czarevich em Moscou, com instruções para que fossem impressos em russo e em holandês. A notícia da vitória sobre os supostamente invencíveis suecos deveria circular não apenas pela Rússia, mas por toda a Europa. Depois da batalha, Pedro levou o "corpo voador" a Smolensk, onde realizou um desfile triunfal, marchando diante de tiros de saudações de canhões, com prisioneiros suecos e as cores do inimigo seguindo atrás.

Pedro ainda estava em Smolensk em meados de outubro quando mais boas notícias chegaram vindas do norte. Como parte de sua estratégia geral, Carlos havia planejado que a força de quatorze mil homens de Lybecker na Finlândia atacasse São Petersburgo. Embora a investida tivesse sido planejada para ser diversionista, atraindo a atenção do czar e o exército para longe do ataque sueco principal a Moscou, Carlos naturalmente esperava que Lybecker conseguisse capturar a nova cidade na foz do Neva.

Lybecker iniciou sua marcha pelo Istmo da Carélia e, em 29 de agosto, conseguiu alcançar e cruzar o rio Neva a norte de São Petersburgo. Ali, todavia, informações falsas plantadas por Apraxin o convenceram de que as fortificações da cidade eram sólidas demais e, em vez de atacar, Lybecker continuou sua marcha em um arco para o sul e o oeste da cidade, pelo interior da Ingria. Mais uma vez, a ordem sombria de Pedro para destruir a paisagem gerou frutos; os suecos logo acabaram com suas provisões e, incapazes de extrair qualquer sustento da terra, começaram a matar seus próprios cavalos para se alimentar. Sem canhões, Lybecker não conseguiria atacar cidades cercadas por muralhas, então vagou sem destino pela Ingria, finalmente alcançando a costa próxima a Narva, onde um esquadrão naval sueco colocou os soldados, mas não os cavalos, a bordo. Seis mil animais foram mortos ou tiveram seus tendões cortados para evitar que os russos os utilizassem, e o esquadrão sueco retornou a Vyborg, na Finlândia. Assim, a força de Lybecker havia circulado completamente a cidade de Pedro, conquistando nada além da perda de três mil soldados suecos. Mesmo como uma tática diversionista a expedição falhou: nem um único soldado russo no exército principal enfrentando Carlos foi enviado para o norte.

Pedro permaneceu em Smolensk por três semanas antes de partir para se reunir com Sheremetev e o exército. Encontrou otimismo nos quartéis russos, uma vez que as notícias da vitória em Lesnaia e do sucesso de Apraxin na Ingria haviam preenchido tanto os oficiais quanto os soldados com animação e uma confiança crescente.

Foi nesse momento que a sorte, que não havia favorecido muito a Rússia nos primeiros anos da guerra, mas que agora parecia avançar rapidamente na direção do czar, novamente se inverteu e desferiu sobre Pedro o que pareceu ser golpe impressionante. Em 27 de outubro, enquanto o exército de Carlos permanecia em Severia e marchava rapidamente em direção à Ucrânia, Pedro recebeu uma mensagem urgente de Menchikov: Mazeppa, *hetman* dos cossacos ucranianos, leal a Moscou há 21 anos, havia traído o czar e se aliado a Carlos.

XXXIV

MAZEPPA

A DESERÇÃO DE MAZEPPA é melhor compreendida à luz da decisão de Carlos de guinar para o sul em meados de setembro. A vanguarda do general Anders Lagercrona, composta por três mil homens e seis canhões, havia sido enviada à frente para cruzar os rios Soj e Iput e marchar rumo à cidade fortificada de Mglin e a passagem em Pochep. Essas duas posições eram vitais a Carlos: se seu exército quisesse capturar a Severia e sua capital, Starodub, intactas antes que os russos chegassem, era essencial ocupar esses dois locais – com efeito, os portões da província – e fechá-los para Pedro.

A força móvel de Lagercrona partiu com mapas preparados pela equipe do contramestre sueco. Antes de chegar a Iput, todavia, encontrou outras estradas que não estavam registradas e que pareciam melhores e mais diretas do que aquelas indicadas no mapa sueco; então, Lagercrona seguiu por elas. Entretanto, em vez de seguir para sudoeste, rumo a Mglin e Pochep, ele estava se dirigindo diretamente para Starodub. Assim, perderia os dois portões que deveria capturar, e, portanto, esses portões permaneceriam abertos.

Enquanto isso, Carlos seguia com o exército principal. Chegou a Krivchev, no Soj, em dezenove de setembro, e suas tropas cruzaram as pontes criadas pela equipe que avançara com Lagercrona, seguindo para o sul ao passar por uma área de floresta virgem entre o Soj e o Iput. Homens e cavalos, enfraquecidos por semanas de fome, cambaleavam, caíam e morriam. A disenteria assolava os suecos, e o preço a pagar era alto. "Acredita-se que perdemos mais durante esse caminho do que se tivéssemos entrado em batalha com o inimigo", escreveu Jefferyes. Após deixar para trás a floresta, o exército seguia em direção a Mglin quando Carlos descobriu que Lagercrona havia rumado diretamente para o sul, e que, portanto, Mglin e Pochep permaneciam presumidamente desocupadas. Percebendo o perigo, o rei apressou-se em escolher uma segunda guarda para avançar, apontando os melhores dos homens exaustos que cambaleavam para fora da floresta atrás dele. Guiando-os pessoalmente, ele partiu para capturar as duas posições. Após enormes esforços, chegou a Kotenistchi, uma vila a cerca de dez quilômetros da cidade de Mglin, onde descobriu que Mglin estava repleta de tropas russas. Pedro, ao criar uma posição defensiva na estrada de Smolensk, havia deixado um destacamento do exército sob o comando do general Nicolas Ifland para guardar a Severia, e essa força já havia ocupado tanto Mglin quanto Pochep. O pequeno destacamento de Carlos poderia ter atacado Mglin, mas, para expulsar um inimigo de uma cidade fortificada, ele precisaria de canhões, e seus canhões estavam distantes demais. A força de Lagercrona contava com seis canhões, mas não estava por perto. Assim, tendo perdido a corrida para barrar os portões, Carlos fez seus homens, que de qualquer forma estavam cansados demais para continuar em movimento, pararem. Ele agora percebia que o erro de Lagercrona poderia oferecer uma nova oportunidade para capturar Severia, pois, ao ter virado para o sul, Lagercrona estava seguindo diretamente rumo a Starodub, a capital e principal junção de estradas da província. Se o general sueco ocupasse Starodub, sua falha ao não tomar Mglin e Pochep seria mais do que recompensada. Mensageiros foram enviados apressadamente em busca de Lagercrona para instruí-lo a ocupar a cidade.

De fato, ele já havia chegado a Starodub, mas não a capturara. Ficou constrangido e irritado ao descobrir que tinha tomado a estrada errada e que estava sob as muralhas da cidade errada, porém recusou-se a aceitar os apelos urgentes de seus coronéis para ocupar a capital. Havia recebido ordens para tomar primeiro Mglin e Pochep e *depois* Starodub, e queria fazer as coisas nessa sequência exata. Embora estivesse agora acampado sob as muralhas da capital, negou permissão para que seus homens entrassem na cidade, mesmo para encontrar alimento e abrigo. E, no dia seguinte, as tropas russas de Ifland reforçaram a segurança da cidade. Quando Carlos soube do que tinha acontecido, explodiu: "Lagercrona deve estar louco!".

Carlos percebeu que agora encontrava-se em sérias dificuldades. Starodub, assim como Mglin e Pochep, estava nas mãos do inimigo. Enquanto os últimos destacamentos do exército deixavam a floresta e reuniam-se às tropas diante de Mglin, Carlos, movimentando-se junto a eles, percebeu que seus homens não estavam em condições de atacar Ifland. Eles estavam famintos, ingerindo raízes e frutas para suplementar suas rações. Lá, em sete de outubro, o rei soube da derrota de Lewenhaupt. A notícia chegou primeiramente aos russos em Mglin, e os suecos acampados nos arredores da cidade ouviram os tiros das armas inimigas celebrando a vitória do czar. Em onze de outubro, o restante da força de Lewenhaupt começou a chegar ao campo. As carroças obviamente haviam desaparecido. E, em vez de 12.500 rostos suecos energizados, Lewenhaupt trouxe metade desse número, e eram homens dominados pela fadiga, pela fome e pela derrota.

Severia estava perdida; o exército de Sheremetev agora se espalhava pela província, atravessando a passagem aberta em Pochep; os calmucos também se espalhavam pela província, pilhando e queimando. Carlos não tinha escolha: precisava continuar seu caminho para o sul. Em onze de outubro, o monarca desfez o acampamento e marchou rumo ao rio Desna, que forma uma fronteira entre a província russa da Severia e a Ucrânia.

A fértil Ucrânia, rica em gado e em grãos, oferecia a Carlos o que o exército sueco precisava: refúgio, descanso e possíveis reforços. Ali, se o monarca conseguisse convencer o *hetman* cossaco, Mazeppa, a apoiar sua causa, o exército sueco poderia passar o inverno em segurança. Ele poderia obter milhares de cavaleiros cossacos que compensariam as perdas daquele ano de campanha. E Baturin, a capital de Mazeppa, estava repleta de pólvora. Por todos esses motivos, no dia após a notícia da derrota de Lewenhaupt ser recebida, Carlos enviou um mensageiro expresso a Mazeppa para pedir alojamento para o inverno. Estava seguro de que a resposta seria positiva: Mazeppa havia passado muitos meses negociando ativa e secretamente uma aliança com a Suécia.

Para acelerar a travessia do Desna rumo à Ucrânia, Carlos despachou uma guarda avançada sob o comando de Kreutz, cujo objetivo era guardar a cidade de Novgorod-Severski e a ponte que atravessava o rio. Kreutz marchou dia e noite, chegando em 22 de outubro, mas estava atrasado: os russos haviam chegado primeiro e a ponte tinha sido destruída. Agora, pela primeira vez, os russos conquistavam uma posição de controle. Tinham excelentes batedores; pareciam saber por qual caminho os suecos seguiriam, e chegavam primeiro ao destino. Era preocupante, até mesmo ameaçador. Mesmo assim, os suecos marchavam com esperança e confiança em direção, nas palavras de Jefferyes, "a uma terra repleta de leite e mel", a terra do general Ivan Mazeppa, *hetman* dos cossacos ucranianos.

Durante a primavera e o verão de 1708, o *hetman* cossaco encontrava-se em um dilema desesperador. Súdito do czar Pedro, preso geograficamente entre forças maiores do que a sua – os russos ao norte, os poloneses a oeste, os tártaros ao sul –, Mazeppa ainda nutria o antigo sonho da independência do seu povo. Estava ansioso por assegurar essa política – mesmo com todos os riscos – e, ao mesmo tempo, mostrava-se aberto a todas as oportunidades. E agora o avanço do exército sueco e a derrota quase certa do czar Pedro faziam as oportunidades parecerem maiores do que os riscos. Para o chefe cossaco, famoso por sua ousadia no amor e na guerra e que havia sobrevivido por 21 anos como líder de seu agitado povo, este era um momento supremo de decisão. Agora aos 63 anos e acometido pela gota, Mazeppa era astuto, charmoso, calculista e cativante. Sua vida havia coberto uma era da história cossaca.

Ivan Stepanovich Mazeppa nasceu em 1645, filho de um nobre sem importância da Podólia, parte da vasta fronteira ucraniana a oeste do Dnieper, então dominada pelos poloneses. Os governantes poloneses da Podólia eram católicos; a família de Mazeppa, ortodoxa. Um de seus familiares, um desafiador, havia sido queimado vivo meio século antes do nascimento do *hetman*. Entretanto, o caminho do progresso naqueles anos estava nas escolas católicas e na corte polaca, e Mazeppa foi matriculado em uma academia jesuíta, onde aprendeu a falar latim com fluência, embora jamais tivesse deixado de lado sua religião ortodoxa. Um garoto bonito e inteligente, foi aceito como pajem na corte do rei João Casemiro da Polônia, onde tornou-se alvo de zombarias e provocações de seus colegas católicos por conta de sua religião e de seu local de nascimento. Certo dia, em um ataque de fúria, Mazeppa sacou a espada. Realizar esse ato dentro do palácio era uma ofensa capital, mas o rei reduziu a pena por conta das circunstâncias. Mazeppa foi exilado ao estado de sua mãe, a Volínia, onde, segundo a história, atraiu os olhares da esposa de um nobre local e subsequentemente apanhado em flagrante pelo marido injuriado. Com as roupas arrancadas e punido com piche e penas lançados sobre seu corpo, o intruso foi preso a seu cavalo, que então galopou pelas florestas e matagais com a vítima indefesa em suas costas. Quando o animal finalmente levou seu dono para casa, o jovem estava tão ferido que havia se tornado quase irreconhecível. Incapaz de retornar à sociedade polonesa após essa humilhação, Mazeppa buscou refúgio em meio aos cossacos de sua terra natal, o abrigo clássico dos excluídos da sociedade.

O *hetman* cossaco rapidamente reconheceu os talentos do jovem inteligente e corajoso, que falava fluentemente polonês, latim, russo e alemão. Então, Mazeppa tornou-se seu assistente e subiu até a posição de secretário geral dos cossacos. Ainda jovem, serviu como emissário dos cossacos que viviam do lado polonês do Dnieper, sendo enviado para o lado russo e também em uma missão diplomática a Constantinopla. No caminho para casa, foi capturado pelos cossacos de Zaporojski, leais ao czar Aleixo, e enviado a Moscou para ser interrogado. Seu interrogador foi ninguém menos do que Artemon Matveiev, ministro-chefe e amigo de Aleixo, que se impressionou com Mazeppa, especialmente quando o jovem se declarou favorável aos interesses russos. Solto e honrado com uma audiência com o czar, Mazeppa foi enviado de volta à Ucrânia. Durante o reinado de Sofia, conquistou a simpatia do príncipe Vassili Golitsyn, que se mostrou tão cativado pelo charme e educação de Mazeppa quanto Matveiev havia se mostrado. Em 1687, quando o *hetman* cossaco Samoyovich foi deposto como um dos bodes expiatórios da marcha fracassada de Golitsyn à Crimeia, Golitsyn escolheu Mazeppa como o sucessor.

De forma geral, seus anos de liderança foram bem sucedidos. Ele compreendeu e seguiu fielmente o mais importante preceito necessário para manter sua posição: sempre estar do lado do partido governante de Moscou. Dois anos após sua nomeação, durante o embate final de forças entre Sofia e Pedro, ele conseguiu se equilibrar sobre essa linha com *timing* e sorte impressionantes. Havia partido rumo a Moscou em junho de 1689 para declarar seu apoio à princesa e a Golitsyn, mas, tendo chegado no exato momento em que ficava claro que Pedro venceria, Mazeppa apressou-se até o Mosteiro de Troitski para declarar sua fidelidade ao jovem czar. Embora o chefe dos cossacos fosse uma das últimas figuras em termos de importância no reino a se colocar ao lado de Pedro, ele rapidamente conquistou a simpatia do czar. O charme de Mazeppa logo inspirou em Pedro confiança e afeição pelo jeito vivaz e divertido do *hetman*, e essa visão do czar permaneceu inalterada apesar dos rumores e das acusações existentes contra ele. Em Moscou, Mazeppa estava na mesma posição dos membros mais altos da corte do czar. Foi um dos primeiros a receber a cobiçada Ordem de Santo André, e Pedro fez Augusto presenteá-lo com a Ordem da Águia Branca polonesa.

Apesar da confiança que o soberano russo demonstrava por Mazeppa, a posição do *hetman* estava longe de ser simples. Divididos entre o ressentimento e a dependência de Moscou, os cossacos também se dividiam entre uma nova classe de proprietários de terras, que haviam tomado posições deixadas para trás pelos poloneses, e a classe trabalhadora, que desgostava da nova classe superior bem-sucedida. Estes últimos admiravam os bandos livres de cossacos como os Zaporoje, que levavam a vida antiga e verdadeira dos cossacos nas corredeiras do Dnieper e cujo exemplo era um estímulo constante à agitação. Os proprietários de terra e a população urbana da Ucrânia, todavia, mostravam-se desconfortáveis com esse persistente espírito de fronteira e queriam condições mais estáveis para poder fazer negócios e prosperar em paz. Assim como os cossacos mais simples queixavam-se de que o *hetman* agora era uma marionete de Moscou e se rebaixava demais diante do czar, os cossacos urbanos e as classes mais altas enxergavam nele e em Pedro uma oportunidade de controlar essa inquietação e alcançar a ordem e a estabilidade.

Com sua educação e seus modos poloneses, Mazeppa mostrava-se inclinado a favorecer a classe dos proprietários de terra, da qual ele mesmo fazia parte. E, ao longo dos anos, havia conseguido com sucesso equilibrar e mesclar esses interesses com os de Moscou e os seus próprios. Como *hetman*, havia reunido grande fortuna e autoridade – até sonhava em tornar a posição de *hetman* hereditária em vez de eletiva. Entretanto, no fundo, Mazeppa era ambivalente. A obediência ao czar e a manutenção da confiança e do apoio de Moscou eram a pedra fundamental de sua política, mas seu desejo secreto era o mesmo de seu povo: a independência da Ucrânia. A união com a Rússia havia trazido fardos pesados à Ucrânia, especialmente durante os longos anos de guerra. Os impostos subiram, novas fortificações foram construídas e enormes guarnições russas haviam se instalado em território cossaco. Alimentos e carroças eram requisitados arbitrariamente e moviam-se em comboios constantes pela estepe até as fortalezas russas. Os oficiais do czar retiravam recrutas, voluntários ou não, das vilas. Havia protestos constantes gerados pelo fato de os russos estarem pilhando casas de cossacos, roubando mantimentos, estuprando esposas e filhas. Mazeppa foi culpado por seu povo por esses ultrajes e pelas crescentes demandas e usurpações de Moscou. Ele detestava seu papel de marionete, sentia-se amargurado e enciumado dos homens em volta de Pedro, e temia Menchikov em especial, que o havia humilhado em mais de uma ocasião e que, segundo rumores, queria tornar-se *hetman*. Ademais, Mazeppa, que em questões culturais e religiosas era extremamente conservador e estritamente ortodoxo, temia e sentia-se consternado com a política ocidentalizadora de Pedro.

Entretanto, preso em meio a muitas correntes, cercado por inimigos reais, potenciais e imaginados, Mazeppa havia se agarrado ao poder apoiando Pedro. No longo prazo, se ele apoiasse o czar, este o apoiaria, e isso era o que criava ou derrubava um *hetman* cossaco. Durante seus longos anos na posição de *hetman*, Mazeppa havia dado muitas demonstrações de lealdade, mais recentemente ao manter os cossacos de Zaporojski quietos durante a revolta de

Bulavin. À luz de tais provas recentes de serviço, a confiança de Pedro em Mazeppa era firme e teimosamente mantida. Embora de tempos em tempos ele ouvisse que o *hetman* estaria tramando uma traição e trocando correspondências com Estanislau ou até mesmo com o próprio Carlos, Pedro firmemente se recusava a acreditar, descartando as acusações como trabalho dos inimigos de Mazeppa tentando causar problemas ao abalar a confiança que o czar nutria pelo *hetman* leal.

As acusações eram de fato verdadeiras. A única motivação de Mazeppa era estar do lado vencedor. Se Carlos marchasse rumo a Moscou e destronasse o czar, qual seria o futuro dos cossacos e de seu *hetman* se ele se mantivesse leal a Pedro por tempo demais? Quando Carlos colocasse um novo czar no trono russo, como havia colocado um novo monarca no trono polonês, será que também nomearia um novo *hetman* para os cossacos da Ucrânia? Por outro lado, se Mazeppa apoiasse Carlos no momento certo e o monarca sueco saísse vencedor, quais novas possibilidades esse movimento poderia abrir para um estado cossaco independente? E para um *hetman* hereditário?

Explorando essas possibilidades, Mazeppa manteve contato secreto com os inimigos de Pedro por quase três anos. Inicialmente, quando Estanislau fez suas propostas, Mazeppa as rejeitou. Em 1705, quando um enviado polonês foi até o líder dos cossacos, Mazeppa o enviou acorrentado a Pedro, escrevendo fervorosamente:

> Pois eu, *hetman* e fiel súdito de Vossa Majestade, o Czar, por minha obrigação e por meu juramento de lealdade confirmado pelos Santos Evangelhos, assim como servi a seu pai e a seu irmão, agora o sirvo verdadeiramente, e até o momento presente permaneci diante de todas as tentações como uma coluna, imóvel, e como um diamante, indestrutível; portanto, agora humildemente prostro meu serviço indigno a seus pés soberanos.

Enquanto Carlos estava distante, a lealdade de Mazeppa a Pedro permaneceu forte como um diamante. Entretanto, conforme o aparentemente invencível exército de Carlos se aproximava, Mazeppa tornava-se agitado e desconfortável. Em conjunto com a maior parte da Europa, ele dava como certo que o monarca sueco derrotaria o czar caso assim se decidisse. Todavia, se Mazeppa declarasse sua fidelidade a Carlos cedo demais, um exército russo poderia invadir a Ucrânia e aniquilá-lo.

Durante a primavera de 1708, ocorreu um episódio que, partindo do caráter pitoresco do *hetman*, quase abalou suas intrigas políticas. Mazeppa era encantador tanto para mulheres quanto para homens e, de fato, carregava a reputação de sedutor. Ardente e amoroso durante toda a vida, aos 63 anos ele havia se apaixonado por sua afilhada, Matrena Kochubey, uma bela jovem cossaca que retribuía esse amor com abandono. Mazeppa propôs casamento, o que escandalizou os pais da garota, e ela, desesperada, fugiu de casa e buscou refúgio com o *hetman*. Mazeppa a enviou de volta, dizendo-lhe que "embora eu não ame ninguém na terra tanto quanto a amo e me traria alegria e felicidade se você viesse viver comigo", a oposição da Igreja e a hostilidade de seus pais tornava a situação impossível. O pai de Matrena, juiz geral dos cossacos, ficou horrorizado e enfurecido. Acreditando que sua filha havia sido violada e desonrada, adotou como objetivo destruir o *hetman*. Ele havia ouvido que Mazeppa estava tramando com os poloneses e suecos contra o czar e tornou esses rumores públicos – rumores que, em março de 1708, chegaram aos ouvidos de Pedro. Ainda confiando em seu *hetman*, o czar mostrou-se furioso com as denúncias de Kochubey, considerando-as uma tentativa perigosa e maldosa de provocar distúrbios na Ucrânia em um momento de perigos externos. Pedro escreveu a Mazeppa assegurando-lhe que não acreditava nas acusações e que estava decidido a colocar um ponto final nelas. Kochubey foi preso, interrogado e, sem ser capaz de apresentar provas substanciais de suas alegações, enviado a Mazeppa. Com grande alívio – embora para o horror de Matrena –, o *hetman* decapitou o pai da jovem em quatorze de julho de 1708.

Nesse mesmo momento, Mazeppa chegava à decisão final de se aliar aos suecos. Carlos havia prometido permanecer fora da Ucrânia se assim fosse possível, e não transformar o território dos cossacos em um campo de batalha. Entretanto, ele não prometeu, como Mazeppa esperava que prometesse, a independência para a Ucrânia. Carlos queria manter uma posição intermediária entre os cossacos e os poloneses. A Polônia ainda tinha interesses na área ocidental da Ucrânia, e Carlos não queria alienar um aliado ao satisfazer prematuramente o outro.

Apesar da execução de Kochubey, os rumores desses contatos continuaram vazando, e Pedro ordenou que o *hetman* viesse diante dele para se explicar. Mazeppa não teve medo de ir – ele ainda acreditava em sua habilidade de, com seu charme, ludibriar o czar –, mas queria esperar até poder estimar melhor o resultado da guerra. Se o czar parecesse o provável vitorioso, o acordo com a Suécia poderia ser discretamente deixado de lado. Para ganhar tempo,

Mazeppa criou desculpas, fingindo estar gravemente doente, e, para acalmar as suspeitas dos mensageiros de Pedro que haviam sido enviados para buscá--lo, até mesmo se deitou no que chamou de "leito de morte" e pediu a um religioso para lhe dar a extrema unção. Enquanto isso, enviava correspondências de dois tipos: pedidos de aliança a Pedro com apelos por ajuda contra o invasor sueco, e afirmações de fé a Carlos, com apelos por ajuda contra o czar.

A decisão repentina de Carlos de entrar na Ucrânia, tomada em setembro, foi um golpe monumental contra Mazeppa. O *hetman* havia suposto – e Carlos havia prometido – que o czar seria deposto com uma marcha direta rumo a Moscou. Quando Mazeppa percebeu que o monarca sueco estava a caminho para a Ucrânia, que ele agora estava diante da necessidade de se comprometer de forma irrevogável com um ou outro lado e que, independentemente do que acontecesse, a guerra ocorreria no território de seu povo, Mazeppa se viu tomado por consternação. Dois poderosos monarcas, ambos com exércitos enormes, moviam-se em sua direção. Ele estava comprometido com ambos. Se, neste momento final da escolha, Mazeppa optasse pelo lado errado, estaria perdido.

No INÍCIO DO VERÃO, Pedro havia ordenado a Mazeppa para preparar seus cossacos para batalha e guiá-los pelo Dnieper para atacar o exército sueco pela retaguarda. Mazeppa respondera que estava doente demais para liderar pessoalmente as tropas e que não se atreveria a deixar a Ucrânia – precisava permanecer ali para manter a região firmemente ligada a Pedro. O czar aceitou as desculpas, mostrando-se também preocupado com o efeito perturbador do avanço sueco em direção aos implacáveis cossacos.

Em treze de outubro, Pedro convocou Mazeppa de novo à sua presença, dessa vez em Starodub. Mais uma vez, o *hetman* inventou justificativas, e o czar concordou que ele permanecesse em Baturin, a capital dos cossacos, pois, conforme Pedro escreveu a Menchikov, "seu grande valor está em manter seu povo sob controle, em vez de em guerra".

Entretanto, agora milhares de soldados com uniformes rasgados e manchados de lama – os russos em verde e vermelho, os suecos em azul e amarelo –, com mosquetes nos ombros ou afundando-se nas selas dos cavalos, moviam-se em colunas ao longo das estradas para o sul. Sheremetev e o principal exército russo moviam-se paralelamente a Carlos, preparados para bloquear qualquer movimento do inimigo para o leste; mais a oeste, uma força de cavalaria independente sob o comando de Menchikov deslocava-se na mesma direção. Como essa cavalaria passaria por perto de Baturin, Pedro, acreditando nas mentiras de Mazeppa sobre estar em seu "leito de morte" pediu a Menchikov para visitar o *hetman* e consultar os anciões cossacos sobre a eleição de um sucessor leal. Assim, Menchikov enviou uma mensagem a Mazeppa, avisando que estava a caminho para fazer uma visita. Quando o *hetman* descobriu que Menchikov, a quem ele odiava e temia, iria vê-lo, tornou-se cada vez mais convencido de que o czar conhecia seus planos e que o príncipe planejava prendê-lo ou matá-lo. Mazeppa foi tomado pelo pânico.

Em retrospecto, talvez a saída mais inteligente para ele, uma vez que havia se convencido a unir-se a Carlos, teria sido permanecer em Baturin até o exército sueco chegar à cidade. Mesmo quando Menchikov apareceu, havia pouco que ele e sua cavalaria sem apoio pudessem fazer contra uma fortaleza protegida por canhões. Entretanto, Mazeppa não sabia quantos russos estavam se aproximando. Conhecia e temia Menchikov, e temia ainda mais a reação de Pedro à notícia da traição. Concluindo que o jogo havia acabado, Mazeppa montou em seu cavalo, reuniu dois mil homens à sua volta, colocou outros três mil para guardar Baturin, ordenando que não deixassem o representante do czar entrar na cidade, e galopou rumo ao norte para apostar a sorte com o rei da Suécia. Para Pedro, a situação foi salva pelos movimentos rápidos e decisivos de Menchikov. O príncipe chegou a Baturin em 26 de outubro e descobriu que Mazeppa havia desaparecido e que os cossacos ainda dentro da cidade recusavam-se a permitir que seus homens entrassem. Surpreso e desconfiado, ele interrogou as pessoas da vizinhança e descobriu que Mazeppa havia partido com um grande número de cavaleiros com o objetivo de cruzar o Desna. As ameaçadoras implicações dessa notícia foram confirmadas quando um grupo de oficiais cossacos pediu proteção a Menchikov contra seu *hetman* que, segundo eles, havia fugido para se unir aos suecos e trair o czar.

Dando-se conta de que Pedro precisava saber imediatamente o que havia acontecido, Menchikov deixou o príncipe Golitsyn com uma força de cavalaria nos arredores de Baturin para analisar a cidade enquanto ele mesmo galopava para se encontrar com o czar, que acompanhava o exército de Sheremetev. Quando Pedro ouviu sobre a traição de Mazeppa, ficou impressionado, mas não perdeu a cabeça. O maior perigo – a ser evitado a todo custo – era a difusão da traição de Mazeppa.

O czar reagiu vigorosamente para evitar essa reação em cadeia. Na noite em que soube da traição do *hetman*, ordenou a Menchikov que enviasse regimentos de dragões para bloquear qualquer movimento dos bandos mais próximos de cossacos da Ucrânia e de Zaporojski que pudessem querer se unir a

Mazeppa no campo sueco. No dia seguinte, 28 de outubro, Pedro emitiu uma proclamação oficial ao povo da Ucrânia. Declarando a traição de Mazeppa, ele apelou à fé ortodoxa: Mazeppa havia desertado para se unir aos suecos, afirmava o czar, "para colocar a terra da Pequena Rússia [a Ucrânia] sob o domínio da Polônia e entregar todas as igrejas e mosteiros aos católicos". Fazendo a proclamação circular em todas as cidades e vilarejos da Ucrânia e da parte baixa do Volga, o czar convocava os cossacos a apoiarem um novo *hetman* em sua luta contra o invasor sueco, o qual era aliado de seus inimigos tradicionais, os poloneses. Em um nível menos elevado, apelou à bem conhecida cupidez dos piratas cossacos, oferecendo recompensas por prisioneiros suecos: dois mil rublos seriam pagos por um general capturado, mil por um coronel e cinco por um soldado comum. Um sueco morto valia três rublos.

Pedro rapidamente voltou-se à situação militar imediata. Parecia claro que Carlos seguiria para a capital fortificada de Mazeppa, Baturin, onde, como era de conhecimento geral, havia grandes quantidades de pólvora e alimento. Um conselho de guerra reunido às pressas concluiu que Menchikov precisava retornar a Baturin com uma força pesada, incluindo artilharia, e invadir a cidade antes que os suecos e Mazeppa pudessem chegar. Pedro, ciente de que o inimigo estava prestes a cruzar o Desna, estava nervoso. Repetidas vezes, enquanto Menchikov se preparava, o czar insistia para que ele se apressasse e fosse firme e impiedoso.

A corrida por Baturin estava lançada.

Durante os últimos dias de outubro, enquanto o exército de Carlos aproximava-se do Desna, os soldados suecos se alegraram com a chegada de Mazeppa e seus cossacos de aparência estranha. Eles esperavam que houvesse mais cossacos, mas esses homens extras foram prometidos para quando o exército chegasse a Baturin. E, tanto para oficiais quanto para soldados, a possibilidade iminente de se chegar a uma cidade amigável e fortificada, onde quartéis permanentes, bons alimentos e muita pólvora os esperavam era suficiente para enchê-los de energia. Assim, apesar do fato de os russos terem capturado o cruzamento em Novgorod-Severski e de que os suecos seriam forçados a atravessar o rio em campo aberto contra uma força russa comandada por Hallart, os homens de Carlos estavam animados. O cruzamento não foi fácil; o Desna era uma corrente de água ampla e de correnteza rápida, com margens altas, e os primeiros dias do inverno já tinham preenchido o rio com pedras de gelo flutuantes. Em três de novembro, com Mazeppa ao seu lado, Carlos empregou sua tática favorita: simulou um cruzamento rio acima para confundir os russos, então lançou um forte assalto diretamente do outro lado da corrente, no centro do inimigo. No fim da tarde, tendo ultrapassado a oposição determinada de uma força russa menor, o rei da Suécia entrou em território ucraniano. Seu objetivo agora era claro. Baturin estava ao sul e a estrada que dava acesso à capital cossaca estava aberta. Porém, o que Carlos não sabia era que, no mesmo dia em que ele havia cruzado o rio e colocado os pés na Ucrânia, Baturin deixara de existir.

MENCHIKOV HAVIA VENCIDO A corrida. Com uma força de cavalaria e infantaria montada, ele retornou a Baturin em dois de novembro para encontrar os cossacos divididos entre a lealdade a seu *hetman* e ao czar. A primeira resposta às demandas de Menchikov foi que os russos não podiam entrar até que um novo *hetman* fosse eleito e lhes desse ordens. Menchikov, ciente de que o inimigo estava avançando, insistiu em sua exigência por entrada imediata. Mais uma vez a tropa recusou, insistindo, todavia, que era fiel ao czar e que permitiria que as tropas de Menchikov entrassem após uma espera de três dias para que eles pudessem se retirar livremente. Ele se recusou a esperar, alegando que, se a tropa saísse de uma vez, nenhum mal lhes seria causado. Forçados a tomar uma decisão, os cossacos endureceram o tom e enviaram uma mensagem desafiadora como resposta: "Todos nós morreremos aqui, mas não permitiremos que as tropas do czar entrem".

No início da manhã seguinte, três de novembro, as tropas de Menchikov avançaram sobre Baturin e, após uma batalha de duas horas, a fortaleza estava rendida (alguns dizem que um portão foi aberto para os russos por um cossaco descontente). Pedro havia deixado que o príncipe julgasse o que fazer com a cidade. E, em seu modo de ver, Menchikov não encontrou outra escolha. O principal exército sueco e Mazeppa estavam se aproximando rapidamente; ele não tinha tempo e contava com pouquíssimos homens para preparar as defesas da cidade para um cerco; não podia permitir que Baturin e seus suprimentos de comida e munição fossem capturados por Carlos. Sendo assim, ordenou a demolição da cidade. Suas tropas assassinaram todos os sete mil habitantes – tanto militares quanto civis, exceto mil indivíduos que conseguiram abrir caminho para a liberdade lutando. Tudo o que podia ser carregado foi distribuído entre os soldados de Menchikov, os suprimentos tão necessários aos suecos foram destruídos e toda a cidade incendiada. Baturin, a antiga fortaleza dos cossacos, desapareceu.

O destino de Baturin, acreditava Pedro, serviria como exemplo aos demais que contemplassem uma traição. E, de fato, em seu ponto de vista, a destruição cruel da cidade gerou um efeito saudável. Foi um golpe brutal, uma punição sumária que os cossacos compreenderam, um castigo que deixava claro com quem residia o maior poder de punição. Para limitar ainda mais o efeito da traição de Mazeppa, Pedro imediatamente convocou os anciões e oficiais cossacos. O candidato do czar – o coronel cossaco de Starodub, Skoropadsky – foi eleito o sucessor de Mazeppa. No dia seguinte, o bispo de Kiev e arcebispos chegaram. Em uma cerimônia religiosa completa, eles publicamente excomungaram Mazeppa e pronunciaram a maldição do anátema sobre ele. Para gerar uma impressão ainda mais vívida, o retrato do antigo *hetman* foi arrastado pelas ruas e então pendurado em uma forca ao lado dos corpos dos líderes das tropas de Baturin. Uma cerimônia similar de excomunhão foi repetida em Moscou e em todas as igrejas da Rússia e da Ucrânia. Houve, ainda, a declaração de que um destino similar aguardava todos os que traíssem o czar.

Dessa forma, Pedro foi bem sucedido ao apagar a chama da revolta de Mazeppa antes que o fogo pudesse se espalhar. Em vez de Mazeppa liderar todo o povo ucraniano em direção ao campo sueco, houve uma divisão entre a minoria que o seguia e a maioria que permaneceu fiel a Pedro. A promessa de Carlos de proteger os cossacos surtiu pouco efeito. O povo ucraniano permaneceu ao lado do czar e de seu novo *hetman*, escondendo os cavalos e os mantimentos dos suecos e entregando errantes inimigos em troca da recompensa. Contente, Pedro escreveu a Apraxin: "O povo da Pequena Rússia mostrou-se, com a ajuda de Deus, mais fiel do que seria possível esperar. O rei envia proclamações atraentes, mas o povo permanece fiel e entrega as cartas dele."

A perda dos armazéns e depósitos de Baturin – e das carroças de Lewenhaupt – deixou as reservas de alimentos e pólvora dos suecos em nível perigosamente baixo. Já no interior da Rússia, Carlos agora não tinha como repor seu estoque cada vez menor de pólvora. Pior ainda era a perda da esperança de uma revolta em massa dos ucranianos. Longe de encontrar refúgio em uma região segura, o exército invasor estava mais uma vez cercado por bandos realizando pilhagem e queimando a cavalaria inimiga. E havia uma falta crescente de força humana.

O efeito desses eventos sobre Mazeppa foi catastrófico. Em vez se unir aos vitoriosos, ele havia escolhido a destruição. Tinha visto sua capital arrasada, seu título tomado, seus seguidores abandoná-lo. Inicialmente, disse a Carlos que a brutalidade de Menchikov só deixaria os cossacos furiosos, mas isso se mostrou uma ilusão e, da noite para o dia, o *hetman* cossaco foi reduzido a um homem derrotado, pouco mais do que um fugitivo protegido pelo exército sueco. Carlos agora se tornaria a única ajuda de Mazeppa, mas sua fortuna somente seria restaurada se o monarca sueco alcançasse uma vitória conclusiva e destronasse o czar. Até o fim da vida, Mazeppa permaneceu no acampamento de Carlos. Ele já não era um forte aliado, mas Carlos foi leal ao antigo *hetman* por conta de tudo o que aquele homem havia arriscado. O rei sueco também gostava da sagacidade e da vivacidade do homenzinho magro que, apesar da idade, ainda estava cheio de fogo e vida e falava latim tão fluentemente quanto o próprio rei. Durante o restante da campanha na Rússia, a sagacidade de Mazeppa e seu conhecimento profundo do país o transformaram em um conselheiro e guia valioso. E ele e seus milhares de cavaleiros permaneceram fiéis a Carlos, inspirados pelo conhecimento do que lhes aconteceria se caíssem em mãos russas. Entretanto, há evidências de que Mazeppa nunca deixou completamente de lado seu jeito ardiloso. Um oficial cossaco que havia passado com o *hetman* para o lado dos suecos procurou Pedro com uma mensagem oral supostamente enviada por Mazeppa, oferecendo entregar Carlos nas mãos de Pedro se o czar concordasse em perdoá-lo e devolvesse sua posição como *hetman*. Pedro respondeu a mensagem favoravelmente, mas nada mais foi ouvido a respeito disso.

XXXV

O PIOR INVERNO NA MEMÓRIA

Em onze de novembro, Carlos XII e os regimentos avançados de seu exército chegaram a Baturin. As ruínas ainda soltavam fumaça e o ar estava carregado com o fedor de cadáveres parcialmente queimados. Seguindo o conselho de um Mazeppa inconsolável, os suecos continuaram rumo ao sul, na direção de Romni, um distrito entre Kiev e Carcóvia, que tinha muitos gramados e campos de grãos e abrigava muitos rebanhos. Agora, com o inverno se aproximando, os galpões estavam repletos de milho, tabaco, ovelhas e gado, e havia abundância de pão, cerveja, mel, feno e aveia. Ali, finalmente, homens e animais podiam comer e beber com fartura. Agradecidos, os suecos assentaram-se em uma área extensa cercada pelas cidades de Romni, Pryluki, Lokhvitsa e Gradyach, dispersando os regimentos em companhias e pelotões e se alojando em casas e cabanas por toda essa área. Embora estivessem isolados nas profundezas da Ucrânia, tão longe da Suécia e da Europa "quanto se estivessem fora do mundo", ali eles acreditavam estar seguros e poder descansar.

Enquanto isso, paralelo aos suecos, mas algumas milhas a leste, Pedro e Sheremetev também seguiam com o principal exército russo para o sul, sempre seguindo os inimigos e afastando-os mais de 650 quilômetros a nordeste de Moscou. Quando os suecos assentaram-se para passar o inverno, o czar criou seu próprio quartel na cidade de Lebedin e distribuiu suas forças em um arco noroeste-sudeste, adotando posições nas cidades de Putivl, Sumi e Lebedin, bloqueando a estrada Kursk-Orel que seguia até Moscou. Para evitar um ataque sueco a leste da Carcóvia ou a oeste de Kiev, ele colocou tropas em outras cidades a leste, sul e oeste dos acampamentos suecos. Uma dessas cidades era Poltava.

As escaramuças prosseguiam, mas cada vez mais o padrão militar dos dois exércitos passava a se inverter. Carlos, que normalmente preferia campanhas agressivas de inverno, agora estava na defensiva, ao passo que as patrulhas russas com frequência saqueavam e faziam provocações no perímetro ao redor do acampamento inimigo. O propósito russo não era causar uma batalha geral, mas apenas manter a pressão, prejudicar os suecos isolados, exauri-los, cansá-los e desmoralizá-los antes da primavera. O tempo, Pedro sabia, estava ao seu favor.

Assim, o czar deu início a novas táticas, criadas para manter seus inimigos desequilibrados, negar-lhes o descanso e a chance de passarem o inverno na cama. A estação que se aproximava já era mais fria do que de costume, e a cavalaria irregular russa poderia cruzar tranquilamente os rios e riachos congelados a qualquer momento. Por conta dessa nova mobilidade, os regimentos suecos tiveram mais dificuldade para proteger as bordas de seus acampamentos. Os russos também mantinham os suecos desequilibrados com uma série de simulações e distrações. A tática de Pedro consistia em enviar uma força substancial aos arredores do campo sueco e provocar Carlos a reunir suas tropas para atacar; então, o exército de Pedro recuaria. Isso aconteceu em 24 de novembro em Smeloye, onde as tropas de Carlos, totalmente mobilizadas e preparadas para a batalha, viram os russos desaparecer diante de seus olhos. Enfurecido, o monarca sueco deu aos seus soldados frustrados permissão para pilhar a cidade – de forma sistemática, com cada regimento recebendo uma região – e depois queimá-la até os alicerces.

Conforme os russos persistiam, a fúria de Carlos crescia. E, na esperança de uma batalha geral para que pudesse desferir um golpe sobre o adversário e dar fim a esses assédios, o rei caiu na armadilha que Pedro havia preparado para ele. Três regimentos suecos estavam instalados com os cossacos de Mazeppa em Gadyach, cerca de cinquenta quilômetros a leste de Romni. Em sete de dezembro, Pedro deslocou parte substancial de seu exército para o sudeste, como se fosse atacar a cidade. Enquanto isso, enviou Hallart com outras tropas em direção à própria Romni, com instruções para atacar e ocupar a cidade se o exército principal sueco marchasse para fora de Gadyach. Seu objetivo consistia em forçar os adversários a abandonar as lareiras e marchar pelo interior congelante, e então Pedro tomaria Romni deles.

Quando Carlos recebeu a notícia de que os russos estavam se agrupando nos arredores de Gadyach, seus instintos de combate foram estimulados. Em vão, seus generais o aconselharam a permanecer onde estavam e deixar que as tropas em Gadyach combatessem qualquer agressão russa. Apesar dos conselhos e do frio assustador, em dezenove de dezembro Carlos ordenou que todo o exército começasse a marchar. Ele partiu pessoalmente à frente com as Guardas, esperando pegar os russos de surpresa, como havia acontecido em Narva. Ao saber que o exército de Carlos estava marchando, Pedro ordenou que suas tropas mantivessem as posições próximas a Gadyach até os suecos se aproximarem, e então recuassem. Os russos se mantiveram parados até a guarda sueca estar a apenas 1,5 quilômetro, e então simplesmente desapareceram, recuando para Lebedin, onde o czar mantinha seu quartel-general. Em seguida, quando os suecos se foram, os homens de Hallart invadiram Romni, ocupando a cidade sem grandes dificuldades, exatamente como Pedro havia previsto.

Agora, como o czar havia esperado, enquanto o exército sueco espalhava-se na estrada entre Gadyach e Romni, um inimigo pior do que a Rússia acabaria com Carlos e seus soldados. Por toda a Europa, o inverno daquele ano foi o pior da memória. Na Suécia e na Noruega, alces e cervos morreram congelados nas florestas. O Báltico estava cheio de gelo, às vezes totalmente sólido, e carroças muito pesadas cruzavam o estreito entre a Dinamarca e a Suécia. Os canais de Veneza, o estuário do Tejo em Portugal e até mesmo o Ródano tinham camadas de gelo. O Sena congelou em Paris, então os cavalos e as carroças puderam atravessá-lo. Até mesmo o oceano congelou nas baías e enseadas ao longo da costa do Atlântico. Coelhos congelavam em suas tocas, esquilos e aves caíam mortas das árvores, os animais nas fazendas morriam rígidos nos campos. Em Versalhes, o vinho congelava nas adegas e chegava às mesas cremoso com a formação de gelo. Os cortesões deixaram a moda de lado e se cobriram com tecidos pesados, unindo-se em volta das grandes lareiras onde a lenha queimava dia e noite numa tentativa de aquecer os cômodos gelados. "As pessoas estão morrendo de frio como se fossem moscas. As hélices dos moinhos de vento estão congeladas, o milho não pode ser moído e, assim, muitas pessoas estão morrendo de inanição", escreveu a cunhada de Luís XIV, a Princesa Paladina. Nas terras ucranianas – espaços vastos, vazios, varridos pelo vento e desprotegidos –, o frio era ainda mais intenso. Através desse inferno gelado, o exército sueco, esfarrapado e gelado, marchava para socorrer uma tropa que sequer estava mais em perigo.

A futilidade do esforço foi agravada pelo destino cruel que esperava o exército em Gadyach. Os suecos esforçaram-se adiante, chegando ao entardecer, esperando encontrar abrigo e calor. Entretanto, descobriram que a única entrada para a cidade era um único e estreito portão, que logo estaria congestionado e bloqueado por uma massa de homens, cavalos e carroças. A maior parte dos soldados teve de passar uma noite – alguns, até duas ou três – acampando do lado de fora, ao ar livre. O sofrimento foi extremo. Sentinelas morreram congelados em seus postos. As ulcerações produzidas pelo rio fizeram homens perderem nariz, orelhas, dedos das mãos e dos pés. Trenós com homens congelando e longas filas de carroças, algumas das quais com passageiros já mortos, arrastaram-se lentamente pelo estreito portão de entrada da cidade. "Seria impossível descrever o frio. Por conta dele, algumas centenas de homens dos regimentos perderam suas partes pudendas ou outras, como pés, mãos, nariz. Além disso, noventa homens morreram congelados", escreveu um oficial sueco que participou do episódio. "Com meus próprios olhos, vi dragões e membros da cavalaria montados a cavalo e mortos, com as rédeas nas mãos, apertando-as com tanta força que seria impossível soltá-las sem cortar fora os dedos".

Dentro da cidade, quase todas as casas se transformaram em hospitais. Os pacientes eram amontoados em bancos próximos a uma fogueira ou colocados lado a lado no chão coberto por uma camada de palha. Em meio ao fedor de gangrena, os cirurgiões trabalhavam, grosseiramente amputando membros, criando pilhas de dedos, mãos e outras partes, acumulando-as no chão. A carnificina infligida ao exército sueco pelas nevascas noturnas a céu aberto foi mais terrível do que qualquer resultado que pudesse surgir como fruto de alguma batalha provocada por Carlos. Mais de três mil suecos morreram congelados, e poucos escaparam de serem mutilados de alguma forma por conta das ulcerações causadas pelo frio. Por ignorância, a maioria recusava-se a esfregar neve em suas extremidades congeladas, como faziam os cossacos. O próprio Carlos foi acometido por uma dessas ulcerações no nariz e nas bochechas, e seu rosto começou a embranquecer, mas ele rapidamente seguiu o conselho de Mazeppa e, esfregando neve no rosto, conseguiu se restabelecer.

O frio alcançou seu ápice no Natal, normalmente a temporada mais festiva no calendário da igreja sueca. Durante esses dias, Carlos foi de um regimento ao outro inspecionando os homens reunidos em vinte ou trinta pequenos chalés. Todas as cerimônias religiosas e os sermões, incluindo um no próprio dia de Natal, foram cancelados para evitar que os homens permanecessem ao ar livre. Em vez disso, orações simples para cada grupo, realizadas durante a manhã e o entardecer, foram conduzidas por um soldado comum. Dois dias após o Natal, o frio chegou ao seu pior momento. No terceiro dia, o tempo estava um pouco menos severo e, em trinta de dezembro, os homens começaram a sair novamente. Carlos consolava-se acreditando que, se o inverno havia sido duro com seus homens, então certamente fora igualmente duro com os russos. Na realidade, embora as tropas de Pedro também tivessem sofrido, seus homens tinham, de modo geral, roupas mais quentes; e as perdas russas mostraram-se comparativamente menores.

Surpreendentemente, apesar do amplo sofrimento e da parcial destruição de seu exército, Carlos não conseguia suprimir o ímpeto de atacar, o mesmo impulso que havia permitido que seu exército fosse atraído a Gadyacha. "Embora Terra, Céu e Ar estivessem contra nós", exclamou o jovem príncipe Max de Württemberg, "os desígnios do rei precisavam ser conquistados". A perda de Romni para Hallart atingiu o monarca, e ele desejava reconquistar sua vantagem. No topo de uma colina a apenas doze quilômetros de Gadyach havia uma pequena vila cossaca fortificada chamada Veprik. Carlos não gostava da ideia de uma posição russa tão próxima e, portanto, decidiu tomá-la. Entretanto, Veprik havia sido fortemente guarnecida por Pedro, com 1.100 russos e várias centenas de cossacos leais, todos comandados por um oficial inglês do exército do czar. Ao assumir o comando, esse enérgico oficial havia erguido ainda mais as muralhas do vilarejo empilhando cestos cheios de terra sobre elas. Essas muralhas de terra tornaram-se mais difíceis de serem ultrapassadas quando os russos despejaram água sobre a superfície e a temperatura baixa as transformou em verdadeiras paliçadas de gelo. Os portões da vila foram bloqueados de maneira similar, com carroças de esterco cobertas com uma camada de água. Assim engenhosamente preparado, o oficial inglês sentiu-se inabalado quando Carlos chegou, em sete de janeiro, e exigiu a rendição imediata. Quando o monarca sueco ameaçou enforcar o inglês e toda a sua tropa nas muralhas, o comandante calmamente recusou-se a se render e preparou seus homens para combater uma investida. Ciente de que os oficiais suecos estariam na frente, liderando os homens para pularem as muralhas cobertas com gelo, ele ordenou que seus soldados mirassem especialmente na vanguarda inimiga.

A força de ataque de Carlos consistia em seis de seus mais esgotados batalhões de infantaria e dois regimentos de dragões, um total de três mil homens para o que parecia ser uma operação simples. Ele livraria as muralhas dos defensores usando a artilharia, e então três colunas de infantaria tomariam as muralhas e invadiriam a cidade. O ataque teve início com grande determinação dos veteranos suecos. Sob o rugir dos canhões, as três colunas de assalto se aproximaram das muralhas carregando escadas. Mas a artilharia falhou. As armas eram muito poucas e os tiros, muito esparsos. Os defensores foram capazes de manter suas posições nas muralhas e matar a tiros muitos dos homens carregando as escadas antes que eles sequer pudessem posicioná-las. Quando as escadas restantes foram ajeitadas e a infantaria começou a subir, descobriram que as muralhas estavam escorregadias demais e as escadas eram muito pequenas. Os atiradores cossacos e russos miraram por sobre o topo, apontando primeiro, conforme instruído, para os oficiais suecos. Outros russos lançavam toras de madeira, água fervendo e até mesmo mingau quente contra os invasores.

Embora os corpos suecos formassem pilhas nos pés das muralhas de gelo de Veprik, Carlos recusava-se a admitir que poderia ser vencido por aquela "vila miserável". Mais um ataque foi lançado, e mais uma vez foi vencido com fortes baixas. Rehnskjold, que participou da ação, foi atingido por estilhaços de uma granada e acabou ferido no peito – algo de que jamais se recuperou completamente. O forte continuava resistindo quando a escuridão forçou os suecos a abandonarem o ataque. Para a sorte de Carlos, o comandante da tropa não sabia quanto os suecos haviam sofrido e, temendo que seus homens não pudessem suportar uma terceira investida, esse comandante enviou um mensageiro depois do escurecer para providenciar uma rendição com termos honrados. Carlos concordou e as tropas deixaram o local, entregando 1.500 homens e quatro canhões. Entretanto, as perdas do monarca haviam sido severas. Em duas horas de uma breve tarde de inverno, quatrocentos suecos haviam morrido e oitocentos sido feridos – mais de um terço da força de ataque, uma forte perda para um exército já enfraquecido. A cidade tinha sido tomada, mas nenhuma outra vantagem fora conquistada.

DE MEADOS DE JANEIRO a meados de fevereiro, o exército sueco estava novamente em movimento. Carlos criava uma ofensiva limitada, deslocando-se, de modo geral, para o leste, atravessando os rios congelados e as neves inexploradas. Pedro observava com desconforto; Carcóvia, a maior cidade da Ucrânia oriental, estava a menos de 1.600 quilômetros da vanguarda sueca. Ainda pior, do ponto de vista do czar, era o fato de o monarca sueco estar caminhando na direção dos preciosos estaleiros no Don, em Voronej. Para proteger esse local no qual tanto esforço havia sido despendido, qualquer sacrifício, até mesmo uma grande batalha, valeira a pena. Sendo assim, conforme os suecos começavam a ultrapassar o flanco meridional russo, Sheremetev e o exército principal passaram a se movimentar para o sul. Seu curso permanecia paralelamente a oeste dos suecos, constantemente interpondo-se entre o invasor e os estaleiros. Enquanto isso, Menchikov e a maior parte dos cavaleiros russos (tanto da cavalaria quanto dos dragões) deslizavam para o sul acompanhando o avanço do inimigo, analisando os movimentos de Carlos a partir do Vorskla e permanecendo prontos para se opor à tentativa dos suecos de cruzar o rio.

Em 29 de janeiro, Carlos atacou Menchikov. Enquanto o príncipe terminava o jantar em Oposhnya, no rio Vorskla, houve um alarme repentino e Carlos lançou um ataque usando cinco regimentos de cavalaria. Era o tipo de ação que o monarca adorava, uma repetição da manobra arrojada na ponte de Hrodna, realizada um ano antes. Carlos, com a espada na mão, cavalgava com os Drabantes enquanto eles atacavam. Menchikov conseguiu escapar, mas vários de seus regimentos de dragões foram perseguidos para fora da cidade até os suecos serem finalmente contidos pela neve profunda. Quando Carlos deu ordem para recuar, eles haviam causado quatrocentas baixas ao custo de apenas dois homens mortos.

Ao longo dessa ofensiva, Carlos pilhou e destruiu. Estava aplicando táticas que Pedro havia lhe ensinado: escudar o exército criando um cinturão de devastação no qual a penetração do inimigo seria dolorosa e complicada. Em meados de fevereiro, o monarca sueco havia se voltado para o sudeste, rumo à Carcóvia, e, no dia treze, chegou a Kolomak, a um pequeno rio que levava o mesmo nome. Esse era o ponto mais oriental, o ponto mais profundo da invasão sueca à Rússia. Nesse momento, todavia, a ofensiva de um mês de Carlos foi contida por um novo fator: mais uma virada de tempo na Rússia. O frio intenso subitamente abriu espaço para um degelo arrebatador. Tempestades furiosas e chuvas torrenciais foram seguidas por um derretimento rápido de massas de neve. Rios e correntes de água transbordaram, os soldados suecos se viram afundando na lama, e água e neve derretida respingavam de seus sapatos. Outras operações militares foram paralisadas, e Carlos não teve escolha além de ordenar uma retirada. Com grande esforço, artilharia e carroças foram arrastadas pelo lamaçal. No dia dezenove, os suecos estavam de volta a Oposhnya, no Vorskla. Em meados de março, o degelo chegou ao fim e o chão estava novamente sólido e transitável. Usando a vantagem do momento, os suecos, com toda a sua bagagem e a maioria de seus aliados cossacos, moveram-se ainda mais a sul para adotar novas posições entre Pysol e o Vorskla, ambos afluentes do Dnieper. Lá, os regimentos foram colocados em uma linha de 65 quilômetros no sentido norte-sul, ao longo da margem oeste do Vorskla. Próxima à extremidade meridional desta linha estava a cidade de Poltava, ainda muito bem guardada por tropas russas. Nessa região ocupada há pouco tempo e relativamente intocada, o exército sueco esperou durante o resto de março e abril. Atrás deles, ao norte, a terra de leite e mel era agora uma área arruinada, composta por cidades pilhadas e vilas incendiadas.

Carlos foi capaz de inspecionar e avaliar os danos infligidos ao exército durante o inverno. A situação era alarmante. As baixas por ulcerações causadas pelo frio, febre e batalhas agora ficavam evidentes; sapatos e botas estavam desgastados; os uniformes mais pareciam trapos. Havia o suficiente para se alimentar, mas toda a artilharia consistia de apenas 34 canhões, e a pólvora estava úmida e deteriorada. "A campanha é tão complicada e nossa condição tão deplorável que tamanha miséria não pode ser descrita e está além do que se pode acreditar", escreveu o conde Piper a sua esposa. Um pouco mais tarde, reforçou: "O exército está em condições indescritivelmente lastimáveis".

Carlos, todavia, parecia decidido a não perceber isso. Em onze de abril, escreveu a Estanislau: "Eu e o exército estamos em condições muito boas. O inimigo foi derrotado e se viu forçado a fugir". Sua determinação de permanecer positivo, de aumentar a moral e encorajar o otimismo é ilustrada por um encontro com um jovem oficial ferido, o estandarte Gustav Piper, das Guardas. Piper havia resistido ao desejo de um cirurgião de amputar suas duas pernas, mas, mesmo assim, perdeu alguns dedos dos pés e ambos os calcanhares. Incapaz de andar, ele viajava em uma das carroças que transportavam as bagagens quando o monarca se aproximou.

> Vi Sua Majestade, o rei Carlos XII, a uma grande distância, com cerca de cinquenta cavaleiros, galopando ao longo de uma coluna de vagões; e, como eu estava despido, sem nada além de uma camisa branca, preso a uma carroça de munições com metade da cobertura aberta para me proteger do sol e permitir a entrada de ar fresco, pensei não ser decente encontrá-lo assim. Portanto, virei-me de costas e fingi estar dormindo. Entretanto, Sua Majestade veio diretamente para a frente ao longo da linha de carroças, finalmente chegando à minha e perguntando quem eu era. O coronel respondeu: "Este é o infeliz estandarte Piper das Guardas, cujos pés foram acometidos por ulcerações causadas pelo frio". Sua Majestade então se aproximou da carroça, perguntando ao cavalariço: "Ele está dormindo?". O homem respondeu: "Não sei. Estava acordado ainda há pouco". E, como o rei permaneceu ao lado da carroça, achei impróprio manter-me de costas para ele, portante me virei. Ele perguntou para mim: "Como estão as coisas?". Respondi: "Nada bem, Vossa Majestade, pois não consigo ficar de pé". Ele

então falou: "Você perdeu parte do pé?". Contei a ele que meus calcanhares e dedos dos pés haviam sido amputados, e ele respondeu: "Coisa pouca. Coisa pouca". E, descansando a perna no pomo da cela, apontou para a metade da sola, dizendo: "Vi homens que perderam esse tanto de seus pés e, quando colocaram enchimentos nas botas [para dar apoio à parte amputada], voltaram a andar tão bem quanto antes". Virando-se para o coronel, Sua Majestade perguntou: "O que o médico diz?". O coronel respondeu: "Ele acredita que poderá fazer algo pelos pés". Sua majestade falou: "Talvez ele volte a correr". O coronel respondeu: "Ele deve agradecer a Deus se chegar a conseguir voltar a andar; não deve nem pensar em correr". E então, enquanto Sua Majestade ia embora, disse ao coronel, que me contou posteriormente: "Devemos sentir pena dele, pois é tão jovem".

Na época, Carlos estava com 26 anos.

O ESTADO DE DECADÊNCIA do exército sueco e sua posição exposta na estepe levaram o conde Piper e os oficiais de Carlos a uma única conclusão urgente: o rei precisava deixar a Ucrânia, recuar atravessando o Dnieper em direção à Polônia, buscando como reforço os exércitos de Estanislau e Krassow, na Polônia. Com suas forças assim aumentadas, ele poderia reiniciar sua invasão à Rússia, embora muitos se perguntassem se continuar perseguindo o ardiloso e perigoso czar levaria ao triunfo decisivo e esmagador com o qual o monarca sueco tanto havia se comprometido.

Carlos claramente se recusava a desistir de sua campanha e recuar, dizendo que esse movimento pareceria uma fuga e apenas fortaleceria Pedro ainda mais. Em vez disso, ele disse a seus desanimados conselheiros sêniores que pretendia permanecer onde estava e continuar o duelo contra o czar. Admitiu que, por agora ser menor, seu exército sozinho – mesmo com os homens de Mazeppa – era pequeno demais para chegar a Moscou sem receber ajuda. Sendo assim, enquanto mantinha sua posição avançada, procuraria reforços. Já em dezembro, havia ordenado que Krassow, na Polônia, se unisse ao exército real polonês de Estanislau e marchasse da Polônia até Kiev, e então para o leste, para se unir ao exército principal. Ademais, esperava recrutar aliados adicionais em meio aos cossacos da Ucrânia. Mazeppa tinha lhe assegurado de que muitos dos cossacos se uniriam por vontade própria ao rei sueco quando seu exército se aproximasse o suficiente para lhes oferecer proteção contra as retaliações do czar. Por fim, o maior de todos os sonhos: Carlos esperava convencer os tártaros da Crimeia e talvez seus senhores, os turcos otomanos, a desfazerem o armistício firmado em 1700 e se unirem a ele em uma poderosa coalizão. Com o próprio Carlos como comandante e com os veteranos suecos formando um núcleo de aço, um enorme exército aliado marcharia sem resistências rumo a Moscou, vindo do sul. Então, com o rei sueco no Kremlin, a Rússia seria dividida e cada uma das partes invasoras – suecos, cossacos, tártaros e turcos – ficaria com a parte que mais desejasse. No entanto, nada disso seria possível, insistia Carlos, a menos que o exército permanecesse onde estava para criar um núcleo e um ponto de lançamento para sua próxima grande empreitada.

De acordo com Mazeppa, a fonte mais próxima e mais imediata de novos aliados para Carlos seria os cossacos de Zaporojski, um povo selvagem que vivia em um grupo de treze ilhas fortificadas abaixo das cachoeiras do rio Dnieper. Eles formavam um grupo de saqueadores do rio, sem aliança com ninguém além de seu *hetman*, Konstantin Gordeienko e, em meio aos cossacos, tinham a reputação de serem os mais ferozes guerreiros. Quando tártaros e turcos haviam invadido suas pastagens e construído fortalezas fluviais para bloquear a passagem de seus barcos, eles combateram esses invasores. Agora, eram os russos que se aproximavam, limitando a liberdade dos cossacos de Zaporojski; portanto, eles lutariam contra os russos. Mazeppa, que vinha negociando com Gordeienko, estava ciente de sua inclinação para combater a Rússia e um desvio do exército sueco para o sul, rumo à região de Poltava, foi em parte contemplado para encorajar os cossacos de Zaporojski a acreditarem que era seguro se declarar contra o czar.

Em 28 de março, Gordeienko e seis mil de seus homens uniram-se aos suecos, manifestando sua nova aliança ao atacarem uma pequena força de dragões russos que protegia a cidade de Perevoluchna, um cruzamento importante onde o Vorskla flui para o amplo Dnieper. Uma vez que Perevoluchna estava tomada, os cossacos de Zaporojski deslocaram toda a sua frota para o norte e ancoraram em filas ao longo da encosta. Esses barcos, capazes de carregar três mil homens em uma única viagem, eram mais importantes para Carlos do que os cavaleiros adicionais, pois o Dnieper era amplo e suas águas corriam rapidamente – não havia pontes e somente barcos daquele tipo seriam capazes de transportar os exércitos de Krassow e Estanislau quando eles chegassem para se unirem aos suecos.

Em trinta de março, Gordeienko chegou ao quartel de Carlos para formalizar sua barganha com o monarca. Um tratado – a ser assinado por Carlos, Mazeppa e Gordeienko – forçava o rei sueco a não chegar a um acordo de paz com

Pedro até a independência total dos cossacos ucranianos e de Zaporojski ser conquistada. Carlos também prometeu retirar seu exército da Ucrânia, deixando de usar as terras ucranianas como campo de batalha, assim que fosse militarmente possível. De sua parte, os líderes ucranianos concordaram em lutar ao lado do monarca e a persuadir outros povos cossacos e ucranianos a entrarem na guerra contra o czar. Eventualmente, os apelos de fato trouxeram outros quinze mil ucranianos sem armas para o campo sueco, mas nem Carlos, nem os *hetman* cossacos tinham mosquetes extras para armar esses camponeses, e, portanto, essa adição praticamente não afetou o potencial de combate sueco. A natureza puritana de Carlos também sofreu com a presença desses novos recrutas, que traziam consigo suas esposas, e logo os acampamentos dos batalhões estavam repletos das "vadias lascivas" dos cossacos de Zaporojski.

Muito pior para Carlos, todavia, foram os resultados de um ataque brilhante e repentino realizado por Pedro, que, dentro de duas semanas após o tratado de Carlos com os cossacos de Zaporojski, suprimiu as maiores vantagem do acordo. O czar havia estado bastante ciente dos perigos de uma traição de Gordeienko e nunca contara com sua lealdade. Portanto, ordenou que o coronel Yakovlev colocasse uma força de dois mil russos em barcaças em Kiev e seguisse rio abaixo rumo a Perevoluchna e Zaporoje Sech. Enquanto o *hetman* Gordeienko e seus seguidores ainda estavam negociando os termos com Carlos, a força de Yakovlev chegou e destruiu os cossacos em Perevoluchna. Algumas semanas mais tarde, a mesma força russa avançou pela encosta na ilha-base dos cossacos de Zaporojski. A cidade foi tomada e destruída, muitos cossacos acabaram mortos e outros capturados e executados como traidores. Essa vitória gerou efeitos significativos. A força do antes temido bando de cossacos estava diminuída. E, como no caso da destruição da capital de Mazeppa em Baturin, Pedro demonstrou o terrível custo de uma aliança com seu inimigo. Isso não apenas silenciou o restante dos cossacos, mas deu a todos os povos que viviam nas periferias do país algo sobre o que refletir. Por fim, a vitória russa teve efeito puramente militar para Pedro. Tendo tomado Perevoluchna e o Sech, os homens de Yakovlev colocaram todos os barcos dos cossacos no rio para incendiá-los. Com um golpe, a ponte flutuante de Carlos para atravessar o Dnieper foi destruída.

Nem mesmo a perda dos barcos e o prospecto de soldados cossacos adicionais teriam importado se Carlos tivesse alcançado um acordo com um aliado mais poderoso, o feroz cã "russofóbico" dos tártaros da Crimeia, Devlet Gerey. Durante nove anos, o incansável cã havia sido mantido sob controle pelo armistício assinado por Pedro em 1700 com o suserano do cã, o sultão. No entanto, o ódio que Devlet nutria pelos russos não havia diminuído e, quando o exército de Carlos parecia marchar rumo a Moscou, ele pediu ansiosamente que a Porta em Constantinopla aproveitasse a oportunidade. Na primavera de 1709, em resposta a um convite do conde Piper, o ansioso cã enviou dois coronéis tártaros ao campo sueco para abrir negociações – o acordo, obviamente, estaria sujeito à aprovação final de Constantinopla. Os termos de Devlet incluíam a demanda de que Carlos se comprometesse a não chegar a um acordo de paz com Pedro até todos os objetivos tártaros e suecos serem alcançados. Em condições normais, o rei sueco jamais teria considerado uma concessão desse tipo, mas, dividido entre a fraqueza de seu exército e sua obsessão por acabar com Pedro, ele deu início às negociações. No mesmo momento, chegou a notícia da destruição do Sech. Perturbados, os representantes do cã retiraram-se para consultar seu mestre.

Enquanto isso, tanto Carlos quanto Estanislau faziam apelos para uma aliança diretamente com o sultão em Constantinopla. Essencialmente, seu argumento era o mesmo de Devlet Gerey: "Não há momento melhor do que agora, com um exército sueco veterano já no interior russo, para reverter os resultados das campanhas de Pedro em Azov, reconquistar a cidade, destruir a base naval em Tagonrog, queimar a frota lá existente, empurrar o czar imprudente para o outro lado da estepe e reconquistar para o mar Negro de uma vez por todas a condição de 'uma virgem pura e imaculada'".

Pedro estava ciente de que essas tentações seriam colocadas diante do sultão, e se movimentou, por meios diplomáticos e militares, para se opor a elas. Em 1708, Golovkin havia instruído o embaixador do czar em Constantinopla, o astuto Pedro Tolstói, a fazer o que fosse necessário para manter os turcos quietos durante a invasão sueca. No início de 1709, Tolstói reportou que o grão-vizir havia prometido que os turcos manteriam o armistício e não permitiriam que os tártaros marchassem. Mesmo assim, em abril daquele ano, novos emissários tártaros chegaram a Constantinopla para forçar uma aliança sueca. Usando de todos os seus truques, Tolstói esforçou-se para impedir essa missão. Espalhou informações desanimadoras sobre o estado do exército sueco. Fez saber que a frota russa em Tagonrog estava sendo bastante reforçada. Ouro – sempre uma influência poderosa na corte otomana – foi largamente distribuído entre os cortesãos e estadistas turcos. Tolstói também espalhou falsos rumores de que Pedro e Carlos estavam prestes a concluir um acordo de paz. Estava quase tudo pronto, ele declarou, e seria anunciado com a notícia do casamento da irmã de Pedro, Natália, com Carlos, o que a transformaria em rainha da Suécia. Tolstói era extremamente esperto e suas campanhas geraram efeito. Em meados de maio, o sultão enviou ordens proibindo o cã de se unir aos suecos. Tolstói recebeu uma cópia da carta.

Apesar da estimativa de Tolstói de que os turcos respeitariam o armistício pelo menos por algum tempo, e apesar do enfraquecimento do exército sueco e de seu isolamento da estepe, Pedro sabia que Carlos ainda planejava uma ofensiva. Todavia, o czar também estava ciente de que, sem reforços, Carlos já não se encontrava em posição de desferir um golpe fatal contra a Rússia, e o maior objetivo de Pedro durante o inverno e a primavera de 1709 era evitar que esses reforços chegassem ao rei. Já em dezembro, o czar havia destacado uma grande força móvel do exército principal e a enviado sob o comando de Goltz para operar a oeste de Kiev, ao longo da fronteira com a Polônia. Seu propósito era interceptar e bloquear qualquer exército auxiliar comandado por Krassow e Estanislau. Muito mais perigosa, todavia, era a possibilidade de os turcos e tártaros unirem-se ao inimigo. A junção de um grande número de homens da cavalaria tártara e da infantaria turca com os batalhões veteranos de suecos criaria uma força irresistível. Evitar isso era uma questão de convencer o sultão e o grão-vizir de que uma guerra contra a Rússia não traria retornos compensatórios, e o ponto em que o sultão e seus ministros mostravam-se mais sensíveis era o espectro da frota russa. Portanto, para usá-la como instrumento de intimidação ou, se a guerra acontecesse, como uma arma, Pedro decidiu preparar sua frota e navegar no mar Negro naquele verão.

Ao longo do inverno, Pedro estava ansioso com seus navios. Em janeiro, quando Carlos iniciou sua ofensiva limitada a leste, o czar temia que o rei sueco quisesse marchar até Voronej para queimar os cais e os estaleiros como um serviço ao sultão e uma demonstração do que uma aliança com os suecos poderia trazer. Em fevereiro, escreveu ordenando que Apraxin fosse até Voronej para preparar os navios para a viagem pelo Don, para unir-se às frotas em Tagonrog. Em seguida, o czar apressou-se pessoalmente até Voronej, despachando, ao longo do caminho, uma série de correspondências e instruções. Ordenou que Apraxin enviasse um bom jardineiro a Tagonrog com muitas sementes e plantas. Descobrindo que haveria um eclipse solar em onze de março, pediu que professores ocidentais de matemática em Moscou calculassem a extensão e a duração do fenômeno em Voronej e que lhe enviassem um diagrama. Leu uma tradução para o russo de um manual ocidental de fortificações e o enviou de volta para ser reescrito. Em Belgorod, parou tempo suficiente para se tornar padrinho do filho recém-nascido de Menchikov.

Em Voronej, o czar descobriu que muitos dos navios mais antigos estavam apodrecidos e não poderiam ser salvos. Ordenou que fossem destruídos para que parte do material pudesse ser reaproveitada. Mais uma vez segurando um martelo com a própria mão, trabalhou pessoalmente nos navios. Os problemas da carpintaria e a fadiga do esforço físico eram um bálsamo após as ansiedades que haviam atingido o czar ao longo do ano de invasão que acabava de passar. Catarina, sua irmã Natália e seu filho Aleixo estavam lá para animá-lo. Menchikov deixou o exército duas vezes para visitá-lo. Em abril, quando o gelo no rio havia derretido, Pedro navegou pelo Don até Azov e Tagonrog, onde viu a preparação da frota para ser lançada ao mar. Foi impedido de participar das primeiras manobras por conta de uma febre que o manteve na cama do fim de abril até o fim de maio, e nessa época Tolstói já havia recebido a confirmação do sultão em Constantinopla de que os exércitos tártaro e turco não marchariam. A frota manteve-se preparada como uma garantia dessa promessa, mas Pedro estava ansioso por voltar ao exército. Em 27 de maio, ele por fim estava suficientemente bem e partiu de carruagem. O verão estava chegando à estepe e, com ele, o clímax com Carlos.

XXXVI

A UNIÃO DE FORÇAS

No início de abril, o inverno finalmente chegava ao fim na Ucrânia. A neve havia desaparecido, a lama já secava, a grama começava a crescer e açafrão, jacintos e tulipas brotavam nas pastagens e ao longo das margens dos rios. Nessa atmosfera de primavera, Carlos mostrava-se otimista. Estava negociando com os tártaros da Crimeia e com o sultão; ao mesmo tempo, esperava os novos regimentos de suecos e do exército real polonês. O monarca sentia-se tão confiante que rejeitou uma tentadora oferta de paz russa. Um oficial sueco capturado em Lesnaia havia chegado com a proposta de que o czar "estava muito inclinado a alcançar a paz, mas não abriria mão de Petersburgo". Carlos não respondeu a oferta de Pedro.

Enquanto esperava que suas negociações com os tártaros e com os turcos gerassem frutos, decidiu seguir mais para o sul, até uma posição mais próxima dos reforços esperados da Polônia e do sul. Poltava, apesar de pequena, era uma importante cidade comercial localizada 320 quilômetros a sudeste de Kiev, na estrada da Carcóvia. Ficava no topo de dois penhascos que davam vista para uma área ampla e pantanosa do rio Vorskla, um importante afluente do Dnieper. Poltava não era, na compreensão europeia do conceito, efetivamente uma fortaleza; suas muralhas de terra de três metros, cobertas com paliçadas de madeira, haviam sido construídas para resistir aos bandos de saqueadores tártaros e cossacos, e não a um exército europeu moderno equipado com artilharia e engenheiros de cerco profissionais. Se Carlos tivesse marchado rumo a Poltava no outono anterior, a cidade teria facilmente caído, mas, na época, o rei não gostava da ideia de criar um alojamento de inverno em um local tão grande. Desde então, os russos haviam melhorado as defesas, reforçando as muralhas com 91 canhões e aumentando as tropas para 4.182 soldados e 2.600 residentes armados da cidade, tudo sob o comando de um coronel O. S. Kelin cheio de energia.

Mesmo assim, Carlos agora decidia tomar a cidade. Os arranjos técnicos para o cerco foram confiados a Gyllenkrook, o intendente geral que era uma autoridade em minas e outros aspectos de cercos de guerra. "Você é nosso pequeno Vauban", o rei disse a Gyllenbrook, estimulando-o a usar todos os refinamentos do mestre francês. Gyllenkrook iniciou os trabalhos, embora tivesse avisado o monarca previamente de que o exército não tinha um pré-requisito essencial a qualquer cerco de sucesso: poder suficiente para conduzir um bombardeamento contínuo de artilharia. Em algum momento, ele acreditava, Carlos teria de ultrapassar as muralhas com soldados, e, nesse caso, afirmou: "A infantaria de Vossa Majestade será arruinada. Todos acreditarão que fui eu quem aconselhou Vossa Majestade a criar esse cerco. Se as coisas derem errado, eu humildemente imploro que não coloque a culpa em mim". Carlos respondeu alegremente: "Não, a culpa não será sua. Nós nos responsabilizamos".

As primeiras trincheiras foram cavadas e, em primeiro de maio, o bombardeamento teve início. Pouco a pouco, as trincheiras avançaram em direção às muralhas, e, ainda assim, para alguns suecos, especialmente para Gyllenkrook, parecia que eles estavam fazendo menos do que era possível. Os canhões atiravam em intervalos regulares durante todo o dia, derrubando tiros em brasa sobre Poltava, mas, às onze da noite, o rei subitamente ordenou que tudo cessasse. Gyllenkrook protestou, implorando que, se pudesse bombardear a cidade por mais seis horas, Poltava estaria à mercê do monarca. Porém, Carlos insistiu, e as armas foram silenciadas. Depois disso, o bombardeamento foi limitado a cinco tiros por dia, o que não significava nada além de uma provocação. A Suécia tinha pouca pólvora, mas não tão pouca assim.

Gyllenkrook e os outros homens não entenderam o comportamento estranho de Carlos nem, de fato, o propósito do cerco. Por que, pela primeira vez nessa campanha contra a Rússia, o monarca mestre das campanhas no campo havia adotado a estratégia de cerco? E por que, ao escolher o cerco, estava realizando-o de forma tão apática? Confuso e preocupado, Gyllenkrook perguntou a Rehnskjold o que estava acontecendo. "O rei quer se divertir um pouquinho até os poloneses chegarem", foi a resposta do marechal de campo. "É um passatempo caro, que custa uma boa quantidade de vidas humanas", observou Gyllenkrook. "Se a vontade de Sua Majestade é essa, precisamos nos contentar com esse fato", declarou Rehnskjold antes de dar fim à conversa e se distanciar no lombo de seu cavalo.

Muitos dos oficiais de Carlos, tão perplexos quanto Gyllenkrook, acreditavam que o cerco era apenas uma armadilha temporária para provocar Pedro e forçá-lo a engajar o principal exército russo em uma batalha. Se esse era o propósito de Carlos, as tropas russas facilitaram as coisas para ele. A cidade foi efetivamente defendida, repelindo assaltos, enviando tropas, destruindo as minas que Gyllenkrook empurrava para cada vez mais perto das muralhas. O próprio Carlos ficou impressionado com a vigorosa defesa. "O quê?! Realmente acredito que os russos estejam loucos e se defenderão de forma regular."

Durante seis semanas, o cerco se arrastou pelo calor do verão ucraniano. Carlos sempre esteve envolvido com a ação. Para encorajar seus homens, preparou um quartel em uma casa tão próxima à fortaleza que seus muros foram atingidos por balas. Pouco a pouco, as trincheiras suecas aproximavam-se das muralhas, embora tiros certeiros dos mosquetes russos atingissem sapadores e engenheiros suecos que supervisionavam o trabalho. Conforme o calor tornava-se mais opressivo, os feridos começaram a morrer, pois suas feridas gangrenaram. Os alimentos tornavam-se escassos conforme os grupos de forragem suecos percorriam repetidas vezes o distrito, explorando fazendas e vilas que já haviam sido exploradas na semana anterior. Logo não havia nada para comer além de carne de cavalo e pão preto. A pólvora era escassa e o que havia sobrado se deteriorava com a umidade da chuva e da neve derretendo. Os tiros de canhão soavam tão fracos quanto um bater de palmas. As balas atiradas dos mosquetes suecos caíam no chão a pouco mais de quinze metros de distância. E havia tão poucas que os eles foram colocados para fora das trincheiras em volta da fortaleza para recolher balas russas caídas e trazê-las para serem reutilizadas.

Enquanto isso, do outro lado do rio, na margem leste do Vorskla, as forças russas se reuniam. Menchikov, o mais agressivo dos generais de Pedro, comandou essas tropas de seu alojamento na vila de Krutoi Bereg enquanto Sheremetev, com o exército principal, aproximava-se vindo do nordeste. As ordens de Menchikov eram para observar os suecos do outro lado do rio e fazer o que fosse possível para auxiliar as tropas dentro de Poltava. Essa última missão não foi simples. Entre a rebaixada margem leste, onde estavam os russos, e a íngreme margem oeste, que se erguia a mais de sessenta metros até as muralhas da cidade, o rio deslizava através de um labirinto de pântanos que seria intransponível para um grande exército e complicado de atravessar mesmo para grupos pequenos. Os russos tentaram várias vezes enviar reforços diretamente para Poltava, chegando a tentar construir uma estrada com sacos de areia, mas esses esforços falharam. O problema de comunicação foi finalmente resolvido colocando mensagens dentro de balas de canhão vazias e as atirando de um lado para o outro do rio, entre Menchikov e o coronel Kelin.

A guerra prosseguia. Grupos de cavaleiros, russos e suecos, cavalgavam ao longo dos lados opostos do rio, patrulhando e observando em busca de qualquer sinal de movimento na outra margem, tentando capturar prisioneiros dos quais pudessem obter informações. Ao final de maio, Sheremetev chegou ao acampamento de Krutoi Bereg com seus grupos de infantaria russa; contudo, apesar da superioridade numérica, os generais russos estavam incertos quanto ao que fazer. Descobriram com o coronel Klein que a quantidade de pólvora agora era perigosamente baixa, que as minas suecas sob as muralhas estavam prestes a serem concluídas, que ele estimava não poder suportar além do final de junho. Menchikov e Sheremetev não queriam que a cidade caísse, mas não estavam preparados para provocar uma batalha geral. Certamente nada tão dramático e decisivo quanto uma tentativa em massa de cruzar o Vorskla diante das dificuldades criadas pela oposição sueca teria qualquer apelo. Mesmo assim, ciente de que o movimento decisivo estava se aproximando, Menchikov enviou uma mensagem a Pedro, que agora atravessava a estepe a caminho de Azov, pedindo para que ele se apressasse. O czar respondeu em 31 de maio, afirmando estar a caminho o mais rápido que podia, mas que, em vez de perder qualquer vantagem que pudesse surgir, o exército deveria, se necessário, lutar sem ele. Como Poltava ainda resistia, os generais russos decidiram esperar um pouco mais.

Pedro chegou em quatro de junho e, embora seu hábito fosse o de apontar um de seus generais para ser comandante supremo e ele mesmo adotar apenas uma posição subordinada, dessa vez assumiu o comando supremo. O czar levou consigo oito mil novos recrutas para somar às tropas que agora se preparavam para a batalha. Sua chegada trouxe nova energia aos soldados que se espalhavam vigorosamente por todos os pontos ao longo do rio. Em quinze de junho, um ataque-surpresa russo a Stari Senjari, dentro da região ocupada pelos suecos, libertou mil prisioneiros russos levados de Veprik no inverno anterior, e cavaleiros cossacos leais ao czar invadiram e pilharam parte da bagagem suecas.

Agora o combate se aproximava. Os dois exércitos estavam próximos, cada um comandado por seu monarca. Ambos perceberam que o clímax da batalha era iminente. Carlos, confinado em um espaço cada vez menor, em algum momento tentaria mudar essa situação. Pedro compreendia e aceitava isso. O czar, que no passado não se mostrara disposto a arriscar tudo em uma única batalha, preparava-se para enfrentar o teste final. Sua estratégia havia gerado frutos. O inimigo estava isolado. Na linha de retirada de Carlos até a Polônia estava o marechal de campo Goltz com uma força poderosa capaz de evitar o avanço de qualquer força de socorro, ou impedir a retirada do próprio Carlos. E o exército de Pedro no Vorskla agora era duas vezes mais forte do que o do monarca sueco. Portanto, foi com um otimismo sombrio que o czar escreveu a Apraxin em sete de junho, após unir-se ao exército: "Nós nos reunimos próximos de nosso vizinho e, com a ajuda de Deus, certamente esse mês colocaremos um ponto final em nossa questão com ele".

Alguns dias após sua chegada, Pedro reuniu todos os generais russos em sua tenda e, juntos, eles examinaram os fatos. A queda de Poltava era apenas uma questão de tempo. Nas mãos suecas, a cidade serviria como um ponto de encontro para os possíveis reforços que Carlos esperava – e Pedro temia – conseguir fazer se unir a ele e, mesmo em momento tão tardio, abrir caminho rumo a Moscou. Esses riscos eram suficientemente altos para forçarem Pedro e seus generais a tomarem uma decisão extrema: para aliviar a pressão sobre a tropa de Poltava e evitar a queda da cidade, o exército russo principal teria de entrar em cena. Uma grande e talvez decisiva batalha teria de ocorrer antes de 29 de junho para salvar Poltava. No dia 29, Pedro esperava ter todas as suas forças concentradas; não somente os cossacos de Skoropadski estariam presentes, mas também os cinco mil calmucos comandados por seu cã, Ayuk. Entretanto, o exército não poderia ser usado se permanecesse na margem leste do Vorskla; ele teria de atravessar e chegar à margem oeste. Quando eles estivessem do mesmo lado que os suecos, Pedro poderia lançar um ataque de flanco contra as linhas suecas que sitiavam a cidade. No mínimo, mesmo que uma batalha geral não ocorresse, a presença do exército russo compeliria os suecos a desviar grande parte das tropas de suas posições diante de Poltava e, assim, aliviariam a pressão sobre a cidade. Ademais, uma posição no flanco sueco permitiria que o czar desse destaque à considerável artilharia de campo russa. Seus canhões, agora silenciosos e inúteis do outro lado do rio, seriam capazes de atirar no campo sueco.

Agora, portanto, Pedro precisava decidir onde e quando cruzar. Era impossível pensar em tentar forçar uma passagem pelo rio amplo e pantanoso diante da forte oposição, como Carlos havia frequentemente feito. Em vez disso, Pedro decidiu preparar simulações para desviar as atenções por todo o rio, tanto a norte quanto a sul de Poltava, com o objetivo de distrair os suecos enquanto o exército principal chegasse a Petrovka, onze quilômetros a norte da cidade, onde havia pontos suficientemente rasos para os cavaleiros atravessarem. Ronne cruzaria primeiro com dez regimentos de cavalaria e dragões, seguido por dez regimentos de infantaria comandados por Hallart. Assim que essa força tivesse criado uma ponte e conseguido se entrincheirar em um campo em Semenovka, a três quilômetros da área rasa, Pedro atravessaria com o exército principal. Ronne e Hallart rapidamente moveram suas tropas para as posições e, na noite de quatorze de junho, fizeram uma tentativa de travessia – que não foi bem-sucedida. No entanto, o czar não aceitaria desculpas. De Poltava, o coronel Klein enviou a notícia de que não suportaria muito tempo mais e, então, Pedro decidiu tentar imediatamente atravessar outra vez.

Os suecos estavam totalmente cientes do cruzamento iminente em Petrovka. Nas noites de quinze e dezesseis de junho, o exército sueco permaneceu nos postos de combate. Rehnskjold estava no comando das forças (dez regimentos de cavalaria e dezesseis batalhões de infantaria) que encontrariam os russos quando eles cruzassem o rio. Sua tática seria permitir que parte do exército russo realizasse a travessia e então, enquanto os suecos ainda desfrutassem de vantagem numérica, atacar e levar a vanguarda russa de volta para o rio. Carlos permaneceu no comando das tropas diante de Poltava e ao longo do rio a sul da cidade. Sua intenção era esperar ali até a batalha começar, e ele havia chegado à conclusão de que nenhuma força russa estava realizando a travessia a sul da cidade; então, seguiria para o norte para se unir a Rehnskjold em Petrovka. Essa era uma fórmula lógica para a vitória. Entretanto, antes que esse plano sueco pudesse ser executado, um desastre aconteceu.

O dia dezessete de junho de 1709 foi o aniversário de 27 anos de Carlos XII. Em seus nove anos de campanha ativa, o monarca havia levado uma vida de sorte no que dizia respeito a ferimentos em batalha. Embora tivesse sido atingido de raspão por uma bala em Narva e quebrado a perna na Polônia, ele não havia se ferido seriamente. Agora, no momento mais crítico de sua carreira militar, sua sorte subitamente o abandonou.

Ao amanhecer daquele dia, o rei foi até a vila de Nijni Mlini, a sul de Poltava, para inspecionar as posições suecas e cossacas ao longo do Vorskla. Ele tinha um bom motivo para isso: a batalha esperada ao norte da cidade quando os russos cruzassem o rio atrairia a maior parte do exército sueco naquela direção. Antes de permitir essa manobra, Carlos queria se assegurar de que as defesas na parte sul do rio eram fortes o bastante para repelir qualquer cruzamento naquela região. Na margem oposta, como parte das táticas de Pedro para desviar a atenção, uma força de cavalaria fazia seu melhor para manter os suecos distraídos. Uma tentativa russa de atravessar já havia sido repelida.

Carlos chegou por volta de oito horas da manhã com um esquadrão de drabantes e passou a cavalgar ao longo da margem, no limite da água, para inspecionar os homens e suas posições. Alguns dos russos da força que havia sido rechaçada permaneciam em uma das numerosas ilhas no meio do rio, e começaram a atirar no grupo de oficiais suecos do outro lado da água. O alcance dos tiros de mosquete era curto, e um drabante acabou morto em sua sela. Carlos, sem o menor cuidado com sua própria segurança, continuou cavalgando lentamente pelo limite da água. Então, terminou sua inspeção e virou seu cavalo para subir pela margem. Ele estava de costas para o inimigo e, nesse momento, foi atingido no pé esquerdo por uma bala de mosquete russa.

O projétil atingiu seu calcanhar, perfurou a bota, atravessou a extensão do pé, quebrou um osso e finalmente saiu próximo ao dedão. O conde Estanislau Poniatowski, um nobre polonês apontado a Carlos XII pelo rei Estanislau, que mantinha-se cavalgando próximo ao monarca sueco, percebeu que ele estava ferido, mas Carlos ordenou que Poniatowski permanecesse quieto. Embora a ferida certamente causasse uma dor excruciante, o rei seguiu sua inspeção como se nada tivesse acontecido. Foi somente às onze da manhã, quase três horas após ser atingido, que ele retornou ao quartel e se preparou para descer de seu cavalo. A essa altura, oficiais e homens à sua volta haviam percebido sua extrema palidez e o sangue escorrendo de sua bota esquerda perfurada. Carlos tentou descer do cavalo, mas o movimento causou tamanha agonia que ele desmaiou.

Seu pé estava tão inchado que a bota precisou ser cortada. Os cirurgiões que o examinaram descobriram que a bala, que havia saído do pé, estava na meia do rei, próxima ao dedão. Vários ossos haviam sido esmagados e havia estilhaços na ferida. Os médicos hesitaram em fazer a incisão profunda necessária para remover os estilhaços, mas Carlos, acordando após o desmaio, foi inflexível. "Vamos! Vamos! Cortem! Cortem!", ordenou e, agarrando a própria perna, ergueu o pé na direção da faca. Ele observou ao longo de toda a cirurgia, teimosamente suprimindo todo e qualquer sinal de dor. De fato, quando o cirurgião se aproximou das bordas da ferida – inchadas, inflamadas e sensíveis – e evitou cortá-las, Carlos pegou a tesoura e friamente cortou a pele que precisava ser removida.

A notícia de que Carlos estava ferido rapidamente se espalhou pelo acampamento sueco, um pesado golpe sobre os soldados; a base do moral do exército era sua crença de que o rei era não apenas invencível, mas também invulnerável. Carlos mergulhara no calor de inúmeras batalhas e jamais havia sido atingido, como se Deus o protegesse com um escudo especial. Acreditando nisso, os soldados foram capazes de segui-lo a todos os lugares. O rei instantaneamente percebeu a ameaça ao moral de seu exército. Quando o conde Piper e os generais vieram a galope em um estado de enorme agitação, ele calmamente os assegurou de que a ferida havia sido leve, de que o rei se recuperaria com rapidez e logo estaria montando de novo.

Entretanto, o ferimento passou a infeccionar em vez de curar. Carlos foi acometido por uma febre alta e a inflamação começou a se espalhar, até atingir o joelho. Os cirurgiões pensavam que a amputação seria necessária, mas temiam em agir, sabendo os efeitos psicológicos que isso geraria em Carlos. Durante dois dias, entre dezenove e 21, parecia ser tarde demais, e o monarca ficou entre a vida e a morte; no dia 21, os cirurgiões chegaram a achar que ele morreria dentro de duas horas. Durante esses dias febris, o rei manteve seu servo pessoal sentado ao seu lado, contando-lhe contos de fadas infantis, antigas sagas do norte envolvendo príncipes que combatiam um inimigo malvado e conquistavam belas princesas para serem suas esposas.

A doença do rei imediatamente afetou a situação tática dos dois exércitos que manobravam nos arredores de Poltava. No dia dezessete, depois de Carlos ser ferido, mas antes de ser tomado pela febre, ele colocou a decisão sobre lutar ou não em Petrovka nas mãos de Rehnskjold. As tropas do marechal de campo estavam quase posicionadas, esperando a travessia em massa dos batalhões e esquadrões russos. Entretanto, ao ouvir que Carlos estava ferido, Rehnskjold imediatamente deixou a frente norte e retornou ao quartel para descobrir a gravidade do ferimento e se Carlos desejava aplicar alguma mudança ao plano geral de batalha, e quais seriam. Quando o rei o instruiu a tomar o comando, Rehnskjold conversou com seus colegas oficiais e decidiu não atacar no norte conforme havia sido planejado originalmente. Oficiais e homens ainda estavam muito afetados pelo fato de o rei estar ferido.

Ao anoitecer do dia dezessete, Pedro soube que o rei sueco havia sido ferido. Ele havia hesitado em sua decisão de cruzar o rio; tinha, aliás, planejado colocar apenas um pé do lado oriental para ver o que aconteceria. Agora, ao saber que Carlos estava ferido, o czar ordenou que todo o exército entrasse imediatamente em movimento. Em dezenove de junho, a cavalaria de Ronne e a infantaria de Hallart cruzaram o Vorskla sem problemas e rapidamente entrincheiraram-se em Semenovka. Naquele mesmo dia, o exército principal desfez o acampamento em Krutoi Bereg e marchou para o norte, rumo ao vau de Petrovka – a Brigada das Guardas mantinha-se na vanguarda, seguida pela divisão de Menchikov, a artilharia e as carroças com suprimentos; a divisão de Repnin ia na retaguarda. Durante dois dias, entre dezenove e 21 (os mesmos dias em que Carlos permanecia deitado, quase morto), o rio estava tomado por linhas de homens e cavalos, canhões e carroças, conforme regimentos de infantaria e cavalaria russas atravessavam da margem leste para a margem oeste. Quando alcançaram o lado oposto, uma batalha tornou-se inevitável. Confrontando-se tão de perto, cercados por barreiras formadas pelo rio, nenhum dos lados recuaria facilmente. De fato, recuar na presença de tamanha força inimiga com tanta proximidade seria extremamente perigoso. Na margem oeste, vendo-se sem grandes desafios, os russos continuaram entrincheirando-se de costas para o rio, preparando-se para o ataque sueco que eles acreditavam estar próximo. Entretanto, esse ataque não aconteceu.

No dia 22, os suecos haviam se restabelecido. Carlos continuava muito doente, porém a febre havia cessado e ele já não corria risco de morte. Rehnskjold reuniu seu exército em linha de batalha em um campo a noroeste de Poltava, oferecendo batalha aos russos, caso Pedro assim desejasse. Com o objetivo de animar as tropas, Carlos apareceu pessoalmente para animar as tropas, carregado em frente aos soldados em uma maca presa a dois cavalos. Todavia, Pedro, ainda ocupado cavando trincheiras, não tinha intenção de sair para lutar. Ao atrair o exército sueco para longe de Poltava, ele já havia alcançado seu propósito imediato: aliviar a pressão sobre a cidade. Quando percebeu que os russos não estavam atacando, Carlos ordenou a Rehnskjold que dispersasse seus homens. Foi nesse momento, enquanto o rei permanecia deitado em uma maca, cercado por suas tropas, que os aguardados mensageiros da Polônia e da Crimeia chegaram trazendo a notícia dos tão esperados reforços.

Da Polônia, Carlos recebeu a informação de que Estanislau e Krassow não viriam. Era a antiga e familiar história polaca de intrigas, inveja e hesitação. Estanislau sentiu-se inseguro em seu trono instável e não estava disposto a marchar para o leste e deixar para trás seu novo e inconstante reino. Ele e Krassow haviam brigado, e Krassow retirou-se com as tropas para a Pomerânia para treinar os novos recrutas chegando da Suécia antes de marchar para se unir a Carlos na Ucrânia. Agora, Krassow não conseguiria chegar antes do final do verão. A segunda mensagem era de Devlet Gerey. O cã confirmava que, como o sultão havia negado a permissão para que ele se unisse a Carlos contra Pedro, seria impossível enviar tropas; mas prometia amizade. Assim, Carlos, deitado na maca, descobriu que sua política de esperar reforços em Poltava havia falhado. Seu sonho de um grande golpe de aliados contra Moscou, partindo do sul, fora em vão.

O rei passou a notícia a seus conselheiros, que a receberam sombriamente. O prático Piper sugeriu que ele abandonasse toda a campanha russa de imediato, desfazendo o cerco em Poltava e retirando-se pelo Dnieper até a Polônia, para assim se salvar e poupar o exército para o futuro. Ademais, aconselhou mais empenho nas buscas de negociações diplomáticas com o czar. Apontou que Menchikov havia recentemente lhe escrito propondo uma visita ao acampamento sueco caso Carlos lhe concedesse um salvo-conduto. Mesmo se o rei assinasse um termo de paz com a Rússia, aconselhou Piper, sempre seria possível retomar a guerra posteriormente, quando as condições fossem mais favoráveis. No entanto, Carlos se recusava a recuar ou a negociar.

Enquanto isso, sua situação se deteriorava lenta e inexoravelmente. O exército estava sendo arrasado; homens insubstituíveis morriam e se feriam todos os dias em enfrentamentos menores. Os alimentos chegavam ao fim, pois a região havia sido despojada; a pólvora estava úmida e não havia balas suficientes para os mosquetes; os uniformes eram remendados e era possível ver os pés dos homens pelos buracos nas botas. A convicção de que os russos não apareceriam para lutar havia deprimido os homens, enquanto todo o exército era afetado pelo torpor e pela lassitude causados pelo calor intenso. O próprio Carlos, deitado dia após dia em seu leito, era acometido por uma estranha mistura de tédio e ansiedade. Ciente de que algo precisava ser feito, ele sofria a frustração de estar incapacitado de fazer qualquer coisa física. Conforme uma esperança após a outra se desfazia e a posição sueca diante de Poltava tornava-se cada vez mais insustentável, ele desejava desferir um golpe súbito que acabasse com todos os seus problemas. A única forma que ele conhecia de fazer isso seria envolver-se em uma batalha – uma batalha que salvaria a honra, independentemente do resultado. Se vencesse, essa vitória poderia revitalizar as esperanças que haviam entrado em colapso. Os turcos e tártaros talvez ficassem felizes em se unir a um exército sueco vitorioso em sua marcha final rumo a Moscou. E, se por conta das condições, uma vitória total não fosse alcançada, outro entrave como o de Golovchin abriria caminho para negociações realistas e permitiriam um retorno honrado à Polônia.

Assim, Carlos escolheu investir em uma batalha. Ele lançaria seu exército contra o inimigo com todas as forças que lhe restavam. Carlos atacaria – e, quanto mais cedo, melhor. E, se fosse possível, o ataque sueco seria de surpresa.

PARA PEDRO, OS ARGUMENTOS a favor de uma batalha eram menos persuasivos do que para Carlos. A situação do rei sueco seria salva somente se ele levasse o exército russo a uma batalha e conquistasse pelo menos uma vitória parcial. Pedro, por outro lado, já estava alcançando seu propósito ao aliviar a pressão sobre Poltava e isolar o exército sueco dos reforços. O czar não sentia a necessidade de uma batalha, a não ser que fosse oficializado que a superioridade do exército russo seria aumentada ao forçar os suecos a atacarem uma posição russa bem fortificada. E era essa situação que Pedro agora buscava promover.

Na noite de 26 de junho, o exército russo se deslocou rumo ao sul, partindo do acampamento em Semenovka, e criou um novo acampamento principal perto da vila de Yakovtsi, apenas seis quilômetros ao norte das muralhas de Poltava. Ali, os soldados russos, trabalhando fervorosamente ao longo da noite, criaram um grande quadrado de trincheiras. Pedro ainda sentia respeito por seu adversário sueco, mas, com esse movimento, embora não estivesse atacando, ele estava se aproximando – convidando, provocando, quase forçando um ataque contra suas novas muralhas de terra e seu exército entrincheirado. A retaguarda do novo acampamento russo ficava junto ao Vorskla em um ponto onde a margem era tão íngreme e o rio tão amplo e pantanoso que seria impossível um grande número de homens cruzar em qualquer direção. Assim, a única rota para um número tão grande de homens conseguir recuar seria pelo norte, de volta ao vau em Petrovka.

Entretanto, o local foi bem escolhido. Ao sul, o chão entre o acampamento e a cidade era muito arborizado e cortado por barrancos demais para ser adequado a manobras de um grande corpo de homens. Ao norte, a mata pesada impossibilitava a passagem de tropas e especialmente de um corpo de cavalaria. Somente pelo oeste, onde uma ampla planície era entrecortada por áreas de bosque, seria possível aproximar-se do acampamento, que era fortificado de todos os lados, mas, naturalmente, mais fortalecido na muralha a oeste. Ali, uma trincheira de 1,80 metro corria na frente de uma muralha que guardava setenta canhões russos. Atrás dessas muralhas, a infantaria russa, 58 batalhões, totalizando 32 mil homens, preparou suas tendas e esperou. Ali pró-

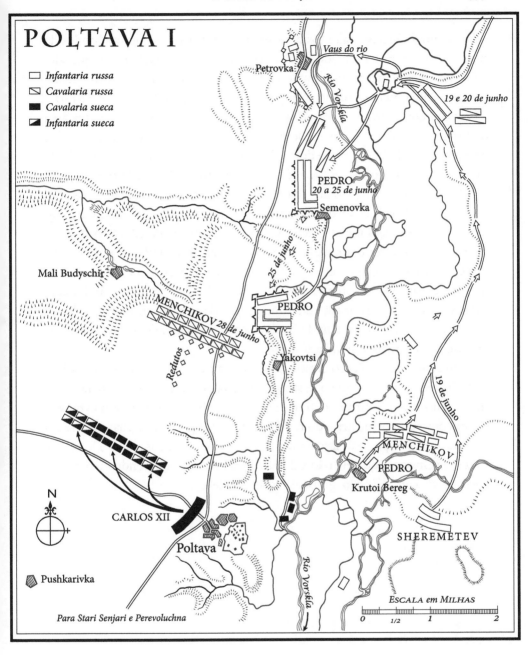

ximo, na planície além das muralhas, dezessete regimentos de cavalaria e dragões russos, totalizando dez mil homens, prepararam seus cavalos e esperaram.

Todavia, nem mesmo essas trincheiras profundas e essa superioridade numérica eram suficientes para Pedro. Tendo aprendido ao longo de nove anos sobre as preferências e talentos do exército sueco para ataques realizados de surpresa, o czar havia tomado ainda outras precauções. Qualquer ataque sueco ao acampamento russo teria de vir pela estrada de Poltava. Aproximadamente 1,5 quilômetro a sul do acampamento, a planície estreitava-se e a estrada passava entre uma área cortada por florestas e barrancos a leste e uma área de floresta pantanosa a oeste. De um lado ao outro dessa passagem, Pedro preparou uma linha de seis redutos de terra separados por uma distância de tiro de mosquete (aproximadamente noventa metros). Cada reduto tinha aproximadamente trinta metros de cada um de seus quatro lados e, quando os aterros foram protegidos por dois batalhões do regimento Belgorodsky e parte dos regimentos Nekludov e Nechaev, cada reduto se viu defendido por várias centenas de soldados e um ou dois canhões. Atrás dessa linha de redutos, Pedro posicionou dezessete regimentos de dragões com treze membros da artilharia montada sob o comando de Menchikov, Ronne e Bauer. Combinada, essa disposição de fortificação de campo e pesada concentração de cavaleiros daria o aviso e seria a primeira linha de oposição a qualquer avanço sueco em direção à parte mais ampla da planície.

Em 26 de junho, Pedro emitiu uma proclamação a seu exército: "Soldados: chegou a hora em que o destino de toda a nossa terra-mãe está em suas mãos. Ou a Rússia morrerá ou renascerá mais nobre. Os soldados não devem se ver como um grupo armado reunido para lutar por Pedro, mas pelo reino confiado a Pedro por seu nascimento e por seu povo". E concluía: "De Pedro, vocês devem saber que ele não valoriza a própria vida, querendo apenas que a Rússia viva em devoção, glória e prosperidade".

XXXVII

POLTAVA

Dia 27 de junho foi um domingo. No final daquela tarde, após as preces, Carlos convocou os generais e coronéis suecos para se colocarem ao lado de sua cama para lhes dizer que planejava forçar uma batalha no dia seguinte. Pedro tinha mais tropas, declarou o monarca sueco, mas a superioridade poderia ser vencida se táticas ousadas fossem colocadas em ação. Os suecos pareciam ter os russos no exato lugar onde queriam que estivessem. O exército de Pedro havia se fechado em uma posição na qual ficava com o rio e o penhasco íngreme atrás, além de ser o único vau em Petrovka aberto como possível linha de retirada. Se o exército de Carlos conseguisse cortar essa linha, os russos estariam presos. Por fim, havia uma chance de vitória contra o czar, a chance que Carlos sempre procurara. E, como o próprio Pedro era parte do exército, talvez os suecos saíssem bastante felizes após conquistar um prêmio ainda maior.

Em números reais, o exército sueco que se preparava para a batalha era pouco mais do que metade da força que havia marchado da Saxônia dois anos antes. Agora, havia 24 batalhões de infantaria e dezessete regimentos de cavalaria, um total de 25 mil homens, embora alguns deles estivessem muito debilitados por ferimentos e ulcerações causadas pelo frio do inverno anterior. Lewenhaupt, que comandaria a infantaria, queria lançar todos os suecos disponíveis contra os russos, mas Carlos se recusou a lançar mão desse movimento. Duzentos homens da infantaria foram deixados nos trabalhos de cerco diante de Poltava para agirem contra uma manobra das tropas. Outros suecos, em uma mistura de infantaria e cavalaria, foram deixados em vários pontos ao longo do Vorskla, a sul da cidade, para apoiar os cossacos que faziam patrulhas contra os russos que tentassem cruzar aquela região. Os seis mil cossacos comandados por Mazeppa e Gordeienko não apareciam nos planos de

Carlos e foram mantidos bem distantes do exército sueco principal durante a batalha. O rei sentia que o comportamento indisciplinado desses homens só confundiria e complicaria as manobras bem planejadas de seus veteranos suecos. No total, a força de Carlos entraria na batalha com dezenove mil homens contra 42 mil russos.

Embora o próprio Carlos estivesse no exército, seu papel era, em grande parte, simbólico e voltado à inspiração dos demais. O rei estaria com a infantaria, sendo levado em uma maca entre dois cavalos. Caso os animais se tornassem arredios ou se um deles acabasse atingido, um pelotão de 24 homens da guarda estava encarregado de acompanhar o monarca e, se necessário, carregar a maca. Assim, embora a presença física de Carlos no campo de batalhas fosse importante – os soldados enfrentando grandes adversidades saberiam que o rei estava com eles –, o monarca não poderia fazer nada de fato. Deitado, ele não conseguiria ver nada além do céu e da copa das árvores à sua volta. Para ele, era impossível seguir ou controlar os movimentos de um exército de campo em uma batalha tão grande.

Com Carlos impossibilitado, fisicamente incapaz de sentar-se na sela, a autoridade teve de ser delegada. O comando do exército foi, naturalmente, entregue a Rehnskjold, o oficial militar mais sênior da Suécia, após o rei. Ele era, na verdade, instrutor de Carlos, além de seu mais experiente e fiel subordinado. De fato, Rehnskjold era um comandante espetacular, vencedor de Fraustadt, o brilhante líder da cavalaria de Klissow e Golovchin. Entretanto, agora ele estava assumindo o comando do exército do próprio rei – com o monarca ainda presente. Era um papel ardiloso e que se tornava ainda mais complicado por conta do temperamento dos principais soldados no campo sueco.

A primeira dessas personalidades difíceis era o próprio Rehnskjold. Agora com 58 anos, mais de trinta anos mais velho do que Carlos, era um homem poderoso, de temperamento forte, fisicamente impressionante, com grande capacidade de trabalho e intensa lealdade e devoção a Carlos. Os subordinados às vezes reclamavam que o marechal de campo era arrogante e grosseiro. Rehnskjold podia chicotear com suas palavras, mas havia motivos para tal. Em uma idade na qual a maioria dos soldados se aposentava, ele estava trabalhando há dez anos sem descanso. Como o rei, havia permanecido na campanha durante todos os verões e outonos, e continuado no campo durante todos os invernos, sem sequer pensar em tirar licença. Enfrentava a insônia, a comida escassa, havia encarado o desgaste constante e mostrava-se compreensivelmente irritável e nervoso. Não tinha meias-palavras ou o sorriso com o qual

Carlos administrava as censuras, para que os delinquentes não o vencessem e agradassem diretamente o monarca.

A irritabilidade de Rehnskjold era especialmente agravada por dois homens que permaneciam ao seu lado. Ele guardava rancor de Piper, o oficial civil sênior da chancelaria de campo. A presença de Piper nas discussões militares e sua constante contribuição com considerações diplomáticas e de outros aspectos não militares irritavam Rehnskjold profundamente. Ademais, o marechal de campo sabia que, se algo viesse a acontecer ao rei, Piper, por direito, assumiria a liderança do governo no campo e passaria a superior de Rehnskjold.

Entretanto, particularmente Rehnskjold não gostava de Lewenhaupt. O comandante das fadadas carroças de bagagem era um homem rabugento, intratável, cuja irritabilidade era exacerbada quando Rehnskjold, sem paciência, gritava com ele. No campo de batalha, Lewenhaupt era um comandante firme, que em momento algum perdia a coragem. Depois de Carlos, era o melhor general da infantaria, assim como Rehnskjold era o melhor general da cavalaria da Suécia. Era natural, portanto, que Carlos apontasse esses dois homens para comandarem em Poltava. Entretanto, ele havia erroneamente ignorado as personalidades conflitantes de ambos. Carlos, enquanto preparava os planos para a batalha com Rehnskjold, acreditou que o marechal de campo transmitiria as informações a Lewenhaupt, o qual estaria tanto comandando a infantaria quanto agindo como vice-comandante e, portanto, precisaria conhecer o plano geral para poder segui-lo e adaptá-lo se as condições mudassem no calor da batalha. Entretanto, Rehnskjold decidiu não contar nada a Lewenhaupt, pois não gostava sequer de conversar com ele. O comandante da infantaria costumava receber ordens com um olhar arrogante e carregado de desdém, como se apenas a realeza de Carlos pudesse forçá-lo a ouvir ao tolo Rehnskjold. Isso enfurecia o marechal de campo. E foi por isso que, às vésperas de Poltava, ele simplesmente não disse a Lewenhaupt o que ele deveria fazer no dia seguinte.

A confusão resultante provou-se fatal no campo de batalha. E essa fatalidade foi resultado da ausência de uma figura de comando que estivesse acima desse ciúme e que fosse implicitamente obedecida. O próprio Lewenhaupt reconheceu isso após a batalha: "Se, por Deus, nosso gracioso rei não estivesse ferido, as coisas não teriam ocorrido como ocorreram", declarou.

O PLANO SUECO DESENVOLVIDO por Carlos e Rehnskjold era atacar com velocidade pouco antes do amanhecer, pegando os russos de surpresa, e então passar rapidamente pelos redutos, ignorando quaisquer tiros que pudessem ser disparados pelos defensores. Tendo passado pelos redutos, as colunas suecas deveriam se mover para a esquerda e chegar à ampla planície em frente ao principal acampamento russo. A infantaria marcharia pelo limite ocidental da planície até um ponto a noroeste do exército entrincheirado de Pedro, enquanto a cavalaria sueca deixaria o campo sem os cavaleiros do czar. Após alcançar a posição desejada entre os russos e o vau em Petrovka, todo o exército sueco seguiria para a direita com o objetivo de formar uma linha de batalha. Se a manobra funcionasse, os russos se veriam presos em seu acampamento contra a margem do rio, com o penhasco atrás e o exército sueco pronto para a batalha tomando a rota de fuga para Petrovka. Se eles não estivessem dispostos a aceitar o desafio de Carlos e lutar, seriam convidados a ficar, então, dentro das trincheiras até, afinal, morrerem de fome.

A infantaria de Lewenhaupt, cuja força total era de sete mil homens, estava dividida em quatro colunas: duas à esquerda, compostas por dez batalhões, e duas à direita, compostas por oito batalhões. O rei e sua maca estariam com a primeira coluna na ala esquerda, constituída totalmente pelas Guardas. A segunda coluna à esquerda seria comandada pelo major general Karl Gustav Roos, e as duas à direita, pelos generais Berndt Stackelberg e Axel Sparre. Os esquadrões da cavalaria foram divididos em seis colunas sob o comando geral de Kreutz. Dos trinta canhões ainda operáveis de artilharia suíça, a maioria foi deixada para trás, nos trabalhos de cerco ou cuidando das bagagens. Isso foi, em parte, decisão de Rehnskjold. Como membro da cavalaria, ele tinha certo desprezo pelos artilheiros e acreditava que carregar canhões pelos redutos diminuiria a velocidade de movimento exigida por ele. Ademais, não haveria tempo para posicionar as armas e dar início ao bombardeio; e a pólvora estava em grande parte estragada pelo tempo úmido do inverno anterior. Assim, os suecos levaram consigo apenas quatro canhões. A decisão final, Rehnskjold esperava, seria alcançada com o metal das espadas e das baionetas.

Às vinte e três horas naquela curta noite de verão, a escuridão caiu e a infantaria suíça discretamente desfez seu acampamento e começou a se mover em direção aos pontos de encontro. Carlos fez um curativo em seu pé ferido e se vestiu com o uniforme completo, usando uma bota alta e com espora na perna direita, que continuava intacta. Ao seu lado na maca estava a espada, fora da bainha. A maca foi carregada para a frente em meio a longas linhas de homens marchando, para ser posicionada onde os batalhões da Guarda se reuniam. Ali, o monarca encontrou Rehnskjold, Piper, Lewenhaupt e seus outros generais envoltos em seus mantos, conversando em voz baixa e esperando. Era uma noite de lua nova, relativamente escura para o verão ucraniano.

À meia-noite, quando o breve período de escuridão alcançou seu ponto máximo, os soldados sentados ou deitados no chão começaram a se posicionar. Houve um pouco de confusão no escuro enquanto os batalhões se separavam e formavam colunas. Os uniformes eram velhos, desbotados e remendados após dois anos de campanhas, alguns quase sequer identificáveis. Para se distinguir do inimigo, cada soldado sueco pegou um punhado de palha e prendeu ao chapéu. Além disso, uma senha circulou entre as tropas: "Com a ajuda de Deus" seria gritado em sueco em caso de confusão. Quando as quatro colunas estavam formadas, os homens receberam permissão para se sentarem outra vez e descansar enquanto esperavam a chegada da cavalaria. A demora foi maior do que o esperado. Normalmente, os esquadrões de cavalaria eram coordenados e guiados com maestria por Rehnskjold, mas ele agora não os acompanhava, pois havia recebido o comando de todo o exército, por isso a preparação da sela dos cavalos em Pushkarivka e a formação de seis colunas de cavaleiros acabou atrasando.

Enquanto esperavam, os generais suecos ouviram um novo barulho vindo das linhas russas, um som de "bater e cortar" que mostrava que os homens estavam trabalhando não distante dali; aliás, muito mais perto do que as linhas dos primeiros seis redutos russos. Ficou claro que os grupos russos estavam fazendo alguma coisa naquela terra de ninguém. Mas o quê? Para descobrir, Rehnskjold saiu e foi investigar pessoalmente.

Sob a leve luz da lua, o marechal de campo fez uma descoberta alarmante. Durante a noite, os russos escavavam furiosamente a terra para construir uma nova linha de quatro redutos perpendiculares aos seis anteriores. Esses novos redutos seguiam direto pela estrada de Poltava em direção ao acampamento dos homens de Carlos, e forçariam uma divisão de qualquer avanço sueco em duas alas distintas, que teriam de passar pelas laterais do reduto. Isso permitira aos russos atirarem contra as colunas inimigas em seu caminho. Enquanto Rehnskjold olhava para o que havia descoberto, percebeu que os últimos dois redutos, os mais próximos dele, ainda estavam apenas parcialmente concluídos. No mesmo momento, os homens que ali trabalhavam viram o marechal de campo e parte de seus cavaleiros. O que se seguiu foi um grito, um tiro de pistola, mais tiros e, então, dentro das linhas russas, um tambor de aviso começou a ser tocado. Rehnskjold apressou-se de volta à maca de Carlos e um conselho de guerra foi formado. A luz do sol brotava com rapidez.

A cavalaria agora havia chegado, mas o elemento surpresa desaparecia aceleradamente. O tempo era curto ao extremo. Rehnskjold queria aproveitar o momento e ordenar o ataque conforme planejado; caso contrário, teria de desistir da investida e todo o plano de batalha teria de ser cancelado.

Carlos, embora incapaz de participar em pessoa do ataque, sempre o defendeu. Ele concordou e as ordens foram dadas rapidamente. Os batalhões de infantaria se organizaram mais uma vez em colunas, com os comandantes das quatro instruídos a passar rapidamente pelos redutos, ignorando os tiros, e então formarem uma linha de batalha na planície, seguindo o plano original. A quinta coluna, composta por quatro batalhões, deveria cercar e atacar os quatro novos redutos. Assim, o avanço sueco se dividiria pela linha de redutos como um rio dividido por uma série de rochas enormes, e eles passariam enquanto a onda central se chocaria e, se possível, causaria uma enchente sobre os novos obstáculos.

Enquanto os generais suecos emitiam novos comandos com urgência, a escuridão começava a se desfazer. A infantaria sueca ainda adotava suas posições quando os canhões russos nos redutos à frente abriram fogo. Bolas de canhões mergulharam em meio às filas de suecos parados, decapitando um caudilho, dois granadeiros e quatro mosqueteiros. Mover-se era essencial. Às 4 horas da manhã, quando o sol começava a se posicionar acima das árvores a leste, a reunião sueca chegou ao fim e Rehnskjold deu ordens para que os homens avançassem. A Batalha de Poltava havia começado.

SETE MIL SOLDADOS DE Carlos, reunidos em blocos azuis triangulares, prepararam suas baionetas e marcharam pelo campo em direção aos redutos russos. Atrás das colunas à esquerda vinham as fileiras de cavalaria sueca, alguns com casacos azuis com detalhes amarelos, outros em casacos amarelos com detalhes azuis. Os cavaleiros puxaram as rédeas e diminuíram a velocidade para não ultrapassar a infantaria, mas os raios de sol já despontavam e se refletiam nas armas expostas do esquadrão à frente. A maioria do exército ignorou os redutos, mas, quando a coluna central da infantaria chegou ao primeiro deles, os granadeiros suecos avançaram por cima do trabalho inacabado, usando as baionetas contra os defensores em uma feroz luta corpo a corpo. O primeiro reduto rapidamente caiu. O segundo teve o mesmo destino quando a infantaria de Carlos subiu sobre a defesa, atirando e usando as baionetas. Algumas das companhias que haviam capturado os dois redutos então se posicionaram novamente em linhas e passaram pelos redutos à esquerda enquanto outros preparavam-se para uma investida no terceiro deles, que já estava sendo atacado por dois batalhões comandados por Roos.

Foi no ataque ao terceiro e quarto redutos que um grave problema começou. O terceiro reduto estava fortemente defendido, e a investida sueca foi combatida. Mais tropas se envolveram e, no final, seis batalhões de Carlos se reuniam diante do obstáculo. Era como se, ao se apressarem para passar pelos redutos, os suecos tivessem prendido parte da roupa em um espinheiro e, uma vez presos, tivessem tentado se livrar, sem sucesso, afastando-se o tempo todo de seu objetivo original.

O problema estava no sigilo do qual Rehnskjold havia lançado mão para manter seu plano de ataque escondido de seus subordinados. Roos nunca entendeu que o objetivo maior era simplesmente mascarar os redutos enquanto o restante do exército passava por ambos os lados. O que ele deveria ter feito quando repelido era se retirar e passar pelo ponto de reunião do outro lado. Em vez disso, ele refez as filas e tentou de novo. Repelido uma segunda vez, teimosamente acrescentou força até seis batalhões – 2.600 homens – da preciosa infantaria sueca encontrarem-se presos naquele obstáculo sem importância. Tomar o reduto tornou-se a única ambição de Roos; ele não tinha a menor ideia do que estava acontecendo com o restante do exército e sequer sabia onde os outros homens estavam. Então, no primeiro estágio do ataque sueco, um erro crucial ocorreu. Mais tarde, avaliando o que aconteceu, Lewenhaupt declarou que todo o exército, inclusive Roos, deveria ter evitado por completo os redutos centrais e apenas desviado deles. Posteriormente, Rehnskjold, como preso de guerra na Rússia, admitiu o mesmo erro, afirmando: "Um erro pode obscurecer toda a glória anterior". Até mesmo Carlos, que se recusou a criticar seus generais após a batalha, admitiu melancolicamente: "Ali o reconhecimento não foi bem-feito".

De repente, conforme a batalha assolava o entorno dos redutos, duas linhas dos dragões russos de Menchikov saíram de trás de um deles para atacar a infantaria sueca. Vendo-os se aproximarem, um grito de "avanço da cavalaria" brotou na infantaria inimiga; os cavaleiros suecos formaram cunhas, joelho com joelho, e avançaram trotando para encontrar os dragões russos que se aproximavam. Vinte mil espadas expostas brilharam sob a luz do sol quando as duas massas de cavalaria se enfrentaram em intervalos entre os redutos russos. Nuvens de poeira misturavam-se ao rugir dos canhões, tiros de pistolas e pancadas de metal contra metal. A confusão continuou durante quase uma hora, com russos e suecos recusando-se a recuar. Eufórico, Menchikov enviou quatorze estandartes suecos capturados e suas bandeiras para Pedro no acampamento, junto com o conselho urgente de que o czar avançasse imediatamente com todas as suas forças e lutasse nas linhas dos redutos. Pedro, ainda cauteloso em relação à proeza sueca e quase sem conseguir acreditar que os homens de Menchikov estavam conseguindo se sair tão bem, ordenou duas vezes que seu tenente obstinado desfizesse a ação e recuasse. Relutante, o príncipe finalmente obedeceu, guiando seus esquadrões para o norte, despachando a maior parte da força comandada por Bauer (Ronne havia se ferido com gravidade) para o flanco norte do acampamento russo e se retirando com um grupo menor para o flanco esquerdo do acampamento. De lá, os canhões russos ao longo das muralhas soltaram uma cortina de fumaça protetora, escudando os cavaleiros russos que se retiravam e desencorajando a cavalaria sueca a atacar seriamente.

Enquanto isso, a falha de Rehnskjold em informar da forma adequada seus comandantes subordinados levava confusão a todos os cantos do campo de batalhas. Os seis batalhões de infantaria sueca na ala direita, comandados por Lewenhaupt, cujo propósito era simplesmente marchar pelos redutos e unir-se ao exército sueco principal no campo à frente, viram-se diante de uma confusão causada pela fumaça e a poeira erguidas pela batalha da cavalaria e, ao mesmo tempo, começaram a receber tiros de mosquetes e canhões vindos dos redutos. Para salvar seus homens, Lewenhaupt moveu a linha de marcha ainda mais à direita, para longe da confusão e do alcance do fogo russo. Enquanto se afastava para o leste, seguindo cada vez mais para a direita, ele abriu uma enorme lacuna na linha de batalha sueca. De fato, Lewenhaupt, desinformado e despreocupado com o propósito geral de Rehnskjold, desejava apenas guiar sua coluna de infantaria mais adiante e atacar o exército principal do inimigo. Esquecendo ou ignorando a ordem básica de permanecer paralelos dada pelo marechal de campo, ele avançou ainda mais para a direita após passar por uma linha de redutos porque parecia mais fácil para eles seguirem em frente por aquela superfície. Com cada passo, ele e seus seis batalhões marchavam mais à frente do corpo principal das tropas. De fato, Lewenhaupt estava enormemente satisfeito por estar distante de Rehnskjold, que, ele resmungava, tratara-o "como um lacaio".

Agora a marcha de Lewenhaupt estava bem na direção do principal acampamento fortificado dos russos. O enorme campo estava, a essa altura, totalmente acordado e, conforme Lewenhaupt seguia adiante, a artilharia russa nas muralhas abria fogo contra seus homens. Entretanto, agora feliz e inde-

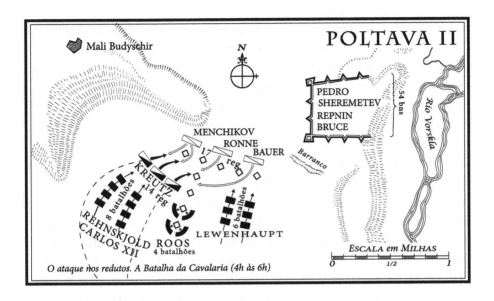

O ataque aos redutos. A Batalha da Cavalaria (4h às 6h)

pendente, ele não desanimou diante do prospecto de guiar seus seis batalhões contra todo o exército russo, e suas fileiras seguiram adiante. Dentro do alcance dos tiros de mosquetes da trincheira russa, Lewenhaupt descobriu que seu avanço seria bloqueado por uma ravina inesperada. Destemido, passou a mover seus soldados em volta desse obstáculo, ainda preparando-se alegremente para avançar sobre as muralhas russas à frente de 2.400 homens que enfrentariam outros trinta mil.

Enquanto isso, à esquerda dos redutos, do outro lado do campo de Lewenhaupt, a principal força sueca era a única das três divisões que havia seguido o plano original, certamente por ser comandada pelo próprio Rehnskjold. Uma vez que a cavalaria russa havia deixado o campo, as duas colunas de infantaria dessa força apressaram-se pelos redutos, conforme previsto, sofrendo baixas por conta dos tiros nas laterais, mas rapidamente penetrando no campo à frente. Era ali que toda a infantaria sueca de dezoito batalhões deveria se encontrar na preparação para atacar o acampamento russo. Naquele momento, os oficiais com Rehnskjold estavam jubilosos; tudo parecia estar correndo conforme planejado. Enquanto os seis batalhões da esquerda chegavam ao ponto de encontro e tomavam suas posições, os oficiais se aproximaram para dar os parabéns ao rei, que havia sido carregado em sua maca através dos redutos com a infantaria e agora bebia água enquanto seu pé ferido recebia os cuidados.

Infelizmente, enquanto olhava em volta buscando o resto de sua infantaria, Rehnskjold não viu nada. Doze batalhões – as forças entregues a Lewenhaupt e Roos – não tinham aparecido. Dentro de instantes, os seis batalhões de Lewenhaupt foram localizados: bem na frente e à direita, ecoavam os tiros lançados sobre eles enquanto os homens tentavam ultrapassar o barranco no canto sudoeste do acampamento russo. Rehnskjold despachou um mensageiro em tom de urgência, ordenando que Lewenhaupt abandonasse sua aproximação do campo naquela direção e imediatamente se unisse à força principal que o esperava no canto ocidental do campo. Quando recebeu a ordem, Lewenhaupt ficou furioso. Embora só tivesse a infantaria – sua força não contava com sequer um membro da artilharia – ele já tinha ultrapassado dois redutos russos que bloqueavam o caminho e estava prestes a se lançar com espadas e baionetas em direção à muralha a sul do campo russo. Essa muralha a sul encontrava-se pouco defendida, e Lewenhaupt, com seus 2.400 homens, estava à beira de alcançar o objetivo sueco clássico na batalha: ultrapassar com força um ponto fraco da linha inimiga, e então destruir o exército oponente, usando pânico e confusão como aliados. Se ele destruísse a muralha e invadisse o acampamento de Pedro, a possibilidade de sua força alastrar o pânico sobre a de Pedro era questionável. Aqueles russos não eram os recrutas despreparados de Narva, mas veteranos disciplinados. Ademais, Pedro já deslocava o exército para a frente do acampamento e o reunia para a batalha, e era por isso que Lewenhaupt havia encontrado o canto sudoeste pouco defendido. Se seus ferozes suecos realmente tivessem ultrapassado a muralha e se vistos confrontados por dez vezes mais homens russos preparados para a batalha, talvez alcançassem um sucesso inicial, mas, sem apoio, logo seriam engolidos. De qualquer forma, para desânimo de Lewenhaupt, eles receberam ordens para recuar, e de fato o fizeram.

Agora eram seis horas da manhã. Para a maior parte dos suecos, houve uma calmaria na luta. O corpo principal, com Rehnskjold, o rei, a cavalaria e um terço da infantaria, havia se deslocado para o noroeste, passando pela frente do acampamento russo rumo à posição anteriormente planejada, de onde poderiam atacar tanto o acampamento quando o cruzamento do rio Petrovka. Os seis batalhões de Lewenhaupt, afastando-se da muralha sul do acampamento, seguiam em direção a Rehnskjold; quando chegassem ao corpo principal e se posicionassem, Rehnskjold teria doze dos seus dezoito batalhões de infantaria. Mas onde estavam os outros seis?

Eles de fato permaneciam a sul da linha dos seis redutos, os quais, na maior parte, continuavam nas mãos dos russos, e ainda se esforçavam, sob o comando de Roos, para atacar o terceiro e o quarto redutos. O esforço era, ao mesmo tempo, nobre e pateticamente irrelevante. O único propósito em atacar os redutos havia sido mascarar a marcha do exército principal; feito isso, os batalhões de assalto deveriam abandonar o esforço e se apressar para unir-se ao corpo principal. Entretanto, ninguém havia transmitido essa informação ao major general Ross, e o bravo oficial ainda tentava fazer o que os oficiais suecos deveriam fazer: capturar o objetivo à sua frente.

A batalha nos redutos não durou muito tempo mais. Roos fez três investidas, e três vezes foi repelido. Por fim, com quarenta por cento de seus homens assassinados ou feridos, ele decidiu recuar. Sua intenção naquele momento era unir-se ao exército principal, mas Roos não tinha ideia de onde esse exército estava. Precisando de tempo para reestruturar sua força abatida em companhias e batalhões, ele começou a recuar para uma floresta a leste dos redutos. Muitos de seus homens feridos tentaram segui-lo, arrastando-se e engatinhando.

Enquanto isso, Pedro estava na muralha ocidental de seu acampamento, observando o campo. Viu que o exército sueco havia passado pelos redutos e agora se reunia à sua direita, a noroeste. Ao mesmo tempo, observando a retirada de Lewenhaupt, o czar viu que um caminho estava aberto de seu acampamento até os redutos que haviam resistido às investidas de Roos. No mesmo instante, Pedro ordenou que Menchikov e uma força poderosa – cinco batalhões de infantaria trazidos do acampamento principal e seis regimentos de seus próprios dragões, totalizando seis mil homens – encontrasse Roos na floresta, para atacá-lo e destruí-lo. Esses homens também estariam disponíveis para reforçar Poltava, já que a estrada para a cidade agora estava aberta. Quando os primeiros esquadrões de Menchikov os abordaram, os homens cercados de Roos acreditaram se tratar de reforços suecos. Quase antes de descobrirem seu erro, os russos já os estavam atacando. Sob o fogo da cavalaria e da infantaria russas que avançavam, as fileiras abatidas de Roos ruíram completamente. Em uma feroz batalha corpo a corpo, a maioria de seus homens foi morta ou capturada. Roos conseguiu escapar com quatrocentos homens, fugindo para o sul com os cavaleiros de Menchikov os seguindo de perto. Perto de Poltava, os suecos se lançaram em trincheiras abandonadas, mas mais uma vez os russos se aproximaram. Por fim, agredido, perseguido e em menor número, Roos não teve escolha que não fosse se render. Ainda enquanto ele era levado para longe, o som dos canhões a noroeste começou a ecoar. Os primeiros tiros da verdadeira batalha se espalhavam, mas Roos e seus homens não estariam lá. Antes de a principal Batalha de Poltava começar, seis batalhões, um terço da infantaria sueca, haviam sido aniquilados sem qualquer

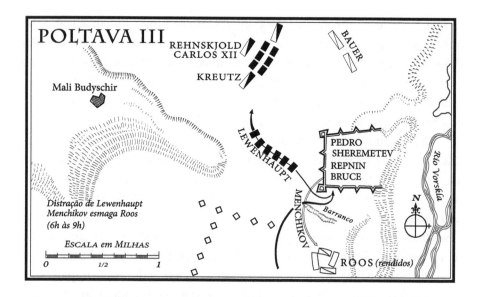

propósito. A culpa pelo desastre poderia recair sobre Roos por ter insistido durante tanto tempo, ou sobre Rehnskjold por não confiar em seus oficiais e não lhes ter dado mais informações antes de a batalha começar. No entanto, a verdadeira culpa residia no fato de o cérebro do exército sueco estar ausente. A mente clara, desapressada e incisiva que todos os suecos obedeciam sem questionar simplesmente não estava funcionando na Batalha de Poltava.

Assim que Rehnskjold, esperando com o rei e outros oficiais, descobriu a ausência da força de Roos, ele enviou um mensageiro de volta para descobrir o que tinha acontecido. O mensageiro retornou para reportar que Roos continuava atacando com dificuldade os primeiros redutos. Rehnskjold apressadamente despachou dois regimentos de cavalaria e dois batalhões adicionais de infantaria para ajudá-lo. Enquanto isso, o principal corpo do exército sueco só podia esperar. Eles estavam ao alcance das balas dos canhões, a cerca de 1,5 quilômetro do canto noroeste do acampamento russo, totalmente expostos ao inimigo. Como era inevitável, a artilharia russa lançou seus tiros contra eles. As balas de canhão começaram a atingir cabeças, braços, pernas; uma delas matou dois homens da guarda posicionados perto do rei. Outra atingiu a maca de Carlos. Para os oficiais nos arredores, essa era uma preocupação a mais; além das outras ansiedades e responsabilidades, eles se viram forçados a se preocuparem com a segurança do monarca. Diante desses tiros, parte da infantaria sueca deslocou-se para o sul, para a área arborizada de Mali Budyschi, em busca de refúgio das armas russas. Foi nesse momento que Lewenhaupt e os outros se arrependeram dolorosamente da decisão de deixar a maior parte da deficiente artilharia sueca para trás. Eles tinham apenas quatro armas simples, de batalha, para responderem aos setenta canhões que atiravam do campo russo.

Depois de uma hora, Sparre, que havia guiado os dois batalhões da infantaria sueca para socorrer Roos, retornou com seus homens para relatar que havia sido impossível avançar sobre a força russa que o cercava. Assim, Sparre havia seguido as ordens de Ross e retornado.

Rehnskjold agora encontrava-se em uma situação ainda mais perigosa. Havia avançado pelos redutos, conforme planejado. Em uma importante ação de cavalaria, seus esquadrões haviam triunfado e afastado a cavalaria russa do campo. No entanto, agora a maré começava a virar. O impulso de seu ataque inicial havia sido despendido, e o elemento surpresa fora perdido. Por duas horas, ele se viu forçado a esperar, sob fortes tiros do inimigo, por duas divisões errantes de cavalaria, a de Lewenhaupt e a de Roos, para poder se unir ao corpo principal. A divisão de Lewenhaupt logo chegou, mas os homens de Roos aparentemente estavam perdidos. Para preencher a lacuna, Rehnskjold enviou mensageiros de volta ao acampamento sueco principal diante de Poltava, ordenando que os batalhões-reserva guardando a bagagem se apressassem, trazendo artilharia. No entanto, esses mensageiros nunca chegaram a seu destino. Não havia reforços, nem para a exaurida infantaria sueca, nem para os quatro canhões suecos.

Já se aproximava das nove horas da manhã, e Rehnskjold tinha de tomar uma decisão. Ele havia esperado reforços por duas horas – reforços que, aparentemente, não chegariam. Não podia ficar onde estava; precisava se mover. E se viu diante de três opções. Poderia seguir para o norte, atacar mais uma vez a cavalaria russa, tentar vencê-la e capturar o vau de Petrovka, mantê-lo e fazer os russos passarem fome até deixarem o local. A falha nesse plano estava no fato de sua pequena força, já em número bem menor do que a inimiga, ter de se dividir entre Petrovka e Poltava sem a esperança de reforços mútuos; se Pedro decidisse partir para a ofensiva, poderia atacar uma dessas forças suecas sem a intervenção e provavelmente até mesmo sem o conhecimento da outra. A segunda opção consistia em seguir com o plano original e atacar o exército russo entrincheirado ainda à espera, intocado, atrás de cada muralha de seu acampamento. Mas isso significava que o reduzido exército sueco teria de atacar diretamente através da planície, na direção das bocas de dezenas de canhões russos que já se aproximavam das fileiras. Uma vez do outro lado da trincheira e em direção às muralhas, os suecos teriam de enfrentar os trinta mil membros da infantaria russa que esperavam lá dentro.

A terceira alternativa foi a escolhida por Rehnskjold: recuar. Sua força era pequena demais e as adversidades, grandes demais. Ele planejava retornar pelos redutos, socorrendo Roos e aumentando sua força conforme passava por esses locais. E, enquanto retornava ao ponto original de lançamento do ataque ao amanhecer, reuniria os batalhões que guardavam as bagagens, aqueles nas trincheiras diante de Poltava e os que patrulhavam o rio a sul da cidade. Então, com a infantaria sueca novamente composta por 24 batalhões (em vez dos doze que ele agora comandava), Rehnskjold decidiria onde enfrentaria depois o czar.

Todavia, ainda enquanto os homens de Rehnskjold passavam a executar essas ordens, abandonando sua longa linha de batalhas e formando colunas para marchar, algo impressionante começou a acontecer. Os oficiais suecos atentos ao acampamento russo observaram que todo o exército de Pedro parecia estar se movendo. As entradas do local estavam abertas, as pontes sobre a trincheira de defesa, abaixadas e, sobre essas pontes, a fortíssima infantaria russa saía das trincheiras e adotava suas formações de batalha diante do acampamento. Pela primeira vez nessa guerra, o principal exército russo preparava-se para enfrentar o principal exército sueco na presença de Pedro e de Carlos.

O movimento russo ocorreu com agilidade e sem problemas, evidência do treinamento e da disciplina que agora eram marcas do exército de Pedro. Quando o desdobramento estava completo, um crescente longo, raso e pesado contendo dezenas de milhares de homens e cavalos encarava os suecos a oeste. À direita russa, Bauer agora comandava a cavalaria de Pedro, dezoito regimentos de dragões usando uniformes vermelhos e verdes. No canto oposto do crescente estavam seis outros regimentos de dragões comandados por Menchikov, que tipicamente se destacava usando branco. No centro da linha encontrava-se a massa dos batalhões da infantaria russa, usando casacos verdes e comandados por Sheremetev e Repnin. O general Bruce, comandante da artilharia russa, havia dividido suas armas. Algumas permaneciam na muralha de terra do acampamento para atirar por sobre as cabeças do exército russo, ao passo que outros canhões eram carregados por homens da artilharia para a linha de frente russa, com o objetivo de enfrentar o ataque sueco com uma força de ataque próxima e devastadora.

Pedro estava montado com a infantaria do regimento Novgorod à esquerda russa. Cavalgava em seu cavalo favorito, um árabe castanho que lhe havia sido enviado pelo sultão. Sua sela naquele dia era de veludo verde sobre o couro, bordada com linhas prateadas; a rédea era de couro preto com acessórios dourados. O uniforme do czar era similar ao de muitos de seus oficiais: chapéu preto de três pontas, botas pretas altas e o casaco verde escuro do regimento Preobrajenski com mangas vermelhas e bom caimento. Somente a fita de seda azul da Ordem de Santo André distinguia o soberano. As tropas em volta de Pedro, três batalhões veteranos do regimento Novgorod, usavam casacos cinza e chapéus pretos. Essa era uma manobra para confundir o adversário – uma manobra proposta pelo próprio czar. Normalmente, os casacos cinzas eram usados apenas por tropas inexperientes, mas Pedro havia escolhido vestir vários dos seus melhores batalhões em cinza naquele dia, na esperança de ludibriar os suecos e fazê-los atacar aquela parte da linha russa.

A nova posição do exército russo, à frente do acampamento, criava um novo dilema para Rehnskjold. A infantaria sueca já tinha saído de sua linha de batalha e estava em formação de colunas, preparando-se para marchar de volta ao sul em busca de Roos. Se Rehnskjold começasse a se movimentar nessa formação e os russos atacassem, a situação deixaria de ser uma batalha para se tornar um massacre. Era impossível ignorar a possibilidade, e Rehnskjold rapidamente decidiu cessar sua retirada, dar meia-volta e lutar. Mais uma vez, a infantaria sueca se movimentou de modo a formar uma linha de batalha contra os russos.

Rehnskjold e Lewenhaupt então conversaram e buscaram reportar a Carlos que Pedro estava retirando sua infantaria do acampamento. "Não seria melhor se atacássemos primeiro com a cavalaria e a retirássemos?", perguntou Carlos. "Não, precisamos ir contra a infantaria", respondeu Rehnskjold. O rei estava deitado e não conseguia enxergar a cena. "Bem, vocês devem fazer como acharem melhor", ele falou.

Às dez da manhã, o exército sueco havia formado uma linha de batalha contra os russos. A cavalaria foi colocada atrás da infantaria, e não nas alas, onde a cavalaria de Pedro encontrava-se posicionada. A força de infantaria de Lewenhaupt agora somava apenas doze batalhões, algo em torno de cinco mil homens. À frente deles estavam duas linhas repletas de membros da infantaria russa, cada uma mais longa e mais forte do que a única linha de Lewenhaupt. A primeira linha russa consistia de 24 batalhões, quatorze mil homens; a segunda era composta por dezoito batalhões, dez mil homens. (Nove batalhões de infantaria permaneciam como reservas no acampamento russo.) A superioridade em números e em poder de fogo fazia o conflito parecer absurdo: cinco mil membros de infantaria exaustos por fome e fadiga, sem artilharia, prestes a atacar 24 mil homens apoiados por setenta canhões. A única esperança de Lewenhaupt residia na antiga tática de desferir um golpe pesado em uma única parte da linha russa na esperança de passar por ela, espalhar a confusão e, assim, vencer a força muito maior.

Nesse momento, a antiga rixa entre os dois principais comandantes suecos chegou ao fim. Rehnskjold foi até Lewenhaupt, que havia liderado um ataque diante de dificuldades quase inimagináveis. Segurando-o pela mão, o marechal de campo declarou: "Conde Lewenhaupt, você precisa atacar o inimigo. Realize com honra os serviços à Sua Majestade". Lewenhaupt perguntou se a ordem para atacar imediatamente era de Rehnskjold. "Sim, imediatamente", respondeu o comandante supremo. "Em nome de Deus, então, que Sua graça esteja conosco", falou Lewenhaupt. Ele deu o sinal para seguir adiante. Com tambores ecoando, a famosa infantaria sueca marchou rumo à sua última batalha. A força era deploravelmente menor: doze batalhões espalhados lado a lado em uma linha fina – e com lacunas entre eles, em uma tentativa de tornar a linha de avanço o maior possível.

Ignorando as dificuldades, a linha sueca, coberta com seus uniformes azuis, avançou rapidamente pelo campo. Enquanto ela se aproximava, a artilharia russa dobrou a quantidade de tiros, lançando balas de canhão para derramar sangue nas fileiras inimigas. Ainda assim, os homens de Carlos avançavam atrás de suas bandeiras azuis e amarelas. Conforme eles se aproximavam, a infantaria russa começou a lançar saraivadas de balas de mosquete na fileira sueca em farrapos; mesmo assim, os inabaláveis suecos continuaram avançando, sem disparar um tiro. Liderados pelas Guardas, os batalhões suecos à direita finalmente alcançaram a primeira fileira russa, atacando-a com violência. Com suas espadas e baionetas, os suecos romperam a linha, afastando os russos à sua frente, capturando o canhão que havia atirado contra eles enquanto atravessavam o campo. Dentro de alguns minutos, as armas estavam apontadas e já atiravam contra a primeira fileira russa confusa e hesitante – que agora recuava.

Nesse momento, tendo alcançado o seu primeiro objetivo e perfurado parte da linha inimiga, Lewenhaupt olhou em volta em busca da cavalaria sueca, que deveria ter se aproximado rapidamente para aproveitar a ruptura da linha russa. Entretanto, foi impossível avistá-la. Em vez disso, em meio à fumaça que cobria o campo de batalhas, Lewenhaupt conseguiu ver que os batalhões suecos à sua esquerda enfrentavam graves dificuldades. Lá, a artilharia russa, concentrada mais cedo nesse setor para atirar de modo a proteger a cavalaria

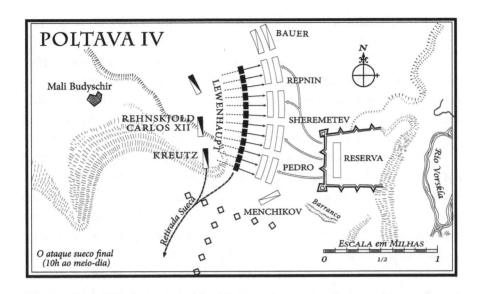

reunida em massa na parte norte, havia apontado a boca de seus canhões diretamente para os suecos que avançavam. O fogo foi tão intenso e mortal que as filas do exército escandinavo simplesmente foram feitas em pedaços; metade dos homens foi ceifada antes de sequer alcançar a infantaria inimiga. Entre essa ala esquerda hesitante e os batalhões à direita – que ainda seguiam adiante, preparando-se para atacar uma segunda linha russa de infantaria – uma lacuna se abriu. E quanto mais longe a ala direita sueca avançava, mergulhando em direção à segunda linha russa, maior esse espaço vazio se tornava.

Parado com o regimento Novgorod nesse exato ponto do campo, Pedro também viu o que estava acontecendo. Observou que o exército sueco havia se dividido em duas forças separadas: a ala esquerda, mantida distante, sofrendo terrivelmente com a artilharia do czar e sem condições de ameaçar a ala direita russa; e a direita sueca, ainda avançando, alcançado posições cada vez mais profundas em meio aos homens de Pedro, prestes a chegar a uma segunda linha da infantaria russa. Ainda enquanto ele observava, a lacuna se alargava. Para dentro desse espaço, o czar despachou um número esmagador de homens de sua infantaria.

Tudo aconteceu conforme o czar esperava e Lewenhaupt temia. Agora era a linha sueca que estava violada; seria a infantaria russa a avançar e atacar a linha falhada do inimigo em um contragolpe destruidor. Sem o obstáculo que seria a presença da cavalaria sueca, a infantaria russa começou a cercar a ala direita inimiga. Na verdade, o impulso do ataque dos homens de Carlos efetivamente ajudou a estratégia de Pedro: conforme o golpe do ataque sueco levava esse ataque a cabo, mergulhando mais profundamente no corpo russo, outros batalhões de Pedro ao atravessar a lacuna na linha sueca simplesmente corriam em volta e em direção à parte traseira. Quanto mais os suecos avançavam, mais perdidamente cercados tornavam-se por um mar de soldados inimigos. Por fim, o movimento do ataque sueco foi forçado a cessar, e seu choque foi absorvido pela massa impressionante de soldados russos.

A cavalaria sueca de Carlos finalmente chegou, mas não com todo o peso dos esquadrões disciplinados de Rehnskjold. Apenas cinquenta cavaleiros suecos apareceram, os soldados da Cavalaria Doméstica, que entraram com suas espadas expostas no meio da infantaria russa. Todos rapidamente foram atingidos por tiros ou lanças, ou então viram-se arrastados para fora de suas selas. Cercados e oprimidos, os suecos tentaram recuar primeiro com uma disciplina teimosa e, então, conforme o pânico se alastrava, com uma desordem selvagem. Com a maioria de seus oficias morta ou morrendo, Lewenhaupt andava de um lado para o outro de sua linha em ruínas, tentando fazer seus homens permanecerem firmes. "Eu implorei, ameacei, insultei e ataquei, mas tudo foi em vão", ele lembrou posteriormente. "Era como se eles não me vissem nem me ouvissem".

Durante toda essa parte da batalha, a figura alta de Pedro mostrou-se notável em meio às tropas russas. Embora sua altura o tornasse um alvo óbvio, ele ignorou o perigo e investiu suas energias para direcionar e encorajar seus homens. O fato de ele não ter se ferido é digno de destaque, pois fora atingido três vezes durante a batalha. Uma bala de mosquete chegou a arrancar seu chapéu, outra alojou-se em sua sela, e uma terceira chegou a atingi-lo no peito, mas foi defletida por um antigo ícone de prata que ele usava preso a uma corrente no pescoço.

Dentro de alguns minutos, o ataque sueco havia se dissolvido, embora unidades separadas continuassem lutando. As Guardas Suecas guerrearam com sua obstinação costumeira. Morreram onde estavam, e a torrente russa passou sobre elas. Companhias inteiras foram cercadas e caíram juntas quando os russos avançaram golpeando com lanças, espadas e baionetas e deixando os corpos para trás, empilhados.

Onde estava a cavalaria sueca? Mais uma vez, talvez ela tivesse carecido da atenção de seu mestre, Rehnskjold, que agora comandava todo o exército. À direita dos homens de Carlos, a cavalaria estava atrasada em tomar suas posições, e a infantaria de Lewenhaupt começou a avançar antes que a cavalaria estivesse pronta para seguir. Então, quando os esquadrões começaram a mover-se para a frente, seu movimento foi obstruído pelo terreno dificultoso. À esquerda, a cavalaria sueca encontrava-se distraída com sua tarefa de ocultar o campo de batalha da massa de cavalaria russa posicionada ao norte. Quando alguns dos regimentos de cavalaria suecos finalmente apareceram para socorrer a fortemente pressionada infantaria, eles descobriram que, em vez de oferecer ajuda, logo passaram a precisar de ajuda. Os regimentos atacando as linhas russas foram estraçalhados pelo mesmo volume enorme de tiros de canhão e mosquete que havia dizimado a infantaria.

E assim a batalha continuou por mais meia hora – gloriosa para Pedro, desastrosa para Carlos. A maior parte da infantaria sueca que havia cruzado o campo rumo às linhas russas foi simplesmente destruída. Rehnskjold, ao ver o que estava acontecendo, gritou para Piper: "Tudo está perdido!". Mergulhando na área mais pesada da luta, ele logo se tornou um prisioneiro.

Carlos estava no meio do desastre. Quando o colapso ocorreu, o rei fez seu melhor para reagrupar os suecos em pânico, mas seu fraco grito de "Suecos! Suecos!" não foi ouvido. Os tiros russos eram tão intensos que "homens, cavalos e ramos de árvores, todos caíram no chão". Vinte e um dos 24 homens que carregavam a maca do monarca foram assassinados, e esta chegou a ser atingida e despedaçada. Por um momento, enquanto estava sem ajudantes, o rei parecia prestes a ser capturado. Então, um oficial desmontou de seu cavalo e Carlos foi colocado na sela. O curativo em seu pé se soltou e o sangue escorreu pela ferida reaberta. O cavalo tomou um tiro vindo de baixo, e o monarca precisou ser colocado em outro animal. E assim o rei fez seu caminho de volta às linhas suecas, com seu pé ferido, sangrando em abundância, apoiado no pescoço de um cavalo. Dentro de pouco tempo, Carlos entrou em acordo com Lewenhaupt. "O que vamos fazer agora?", perguntou o monarca. "Não há nada a fazer além de reunir o restante do nosso povo", respondeu o general. Sob sua orientação, o restante da infantaria, com o apoio da cavalaria ainda relativamente intacta, recuou para o sul, passando pelos redutos até chegar à segurança temporária do acampamento em Pushkarivka. Enquanto o exército fragmentado recuava, os regimentos de reserva e a artilharia, além dos cossacos de Mazeppa e de Gordeienko, eram colocados em posições de defesa em volta do acampamento, em uma tentativa de afastar qualquer tentativa de ataque russo. Ao meio-dia, a maior parte do exército vencido havia chegado ao acampamento, e os homens exaustos puderam descansar. Lewenhaupt, com sede e faminto, comeu um pedaço de pão e bebeu dois copos de cerveja.

Ao norte, no campo de batalha, os últimos tiros foram dados e, então, a região foi absorvida pelo silêncio. Pedro, exuberante, fez seus agradecimentos em uma cerimônia no campo de batalha e, então, seguiu para seu jantar. A Batalha de Poltava havia terminado.

XXXVIII

RENDIÇÃO JUNTO AO RIO

O CAMPO DE BATALHAS era um local de carnificina. O exército sueco, que havia começado a batalha com dezenove mil homens, deixou dez mil deles no campo, incluindo 6.901 mortos e feridos e 2.760 prisioneiros. Em meio às perdas estavam 560 oficiais – trezentos mortos e 260 capturados, entre os últimos o marechal de campo Rehnskjold, o príncipe Max de Wurttemberg, quatro majores generais e cinco coronéis. O conde Piper, que passara o dia todo com o rei, separou-se dele no último confronto e vagou pelo campo de batalha com dois secretários até finalmente chegar aos portões de Poltava e se render.

As perdas russas foram relativamente menores – o que não era surpresa, pois haviam lutado a maior parte da batalha de posições defensivas dentro dos redutos e das trincheiras de seu campo enquanto os canhões causavam o caos entre os suecos que avançavam. Dos 42 mil envolvidos, Pedro terminou com 1.345 mortos e 3.290 feridos. Tanto no número de baixas quanto no resultado, dessa vez o total demonstrava uma inversão do ocorrido em todas as batalhas anteriores entre Pedro e Carlos.

Os russos não perseguiram os suecos enquanto eles recuavam rumo a Pushkarivka. O clímax da batalha havia sido o combate corpo a corpo e, ao final, a infantaria de Pedro encontrava-se tão desorganizada quanto a de Carlos. Sem estar convencida por completo de seu sucesso, ela avançou com cuidado. Mais importante, todavia, era o desejo esmagador do czar de comemorar. Após uma cerimônia de ação de graças, ele foi até sua tenda dentro do acampamento, onde ceou com seus generais. Os russos estavam cansados, famintos e exultantes. Após muitos brindes, os generais e coronéis suecos capturados foram trazidos e se sentaram ao redor do czar. Aquele era um momento supremo na vida de Pedro. O peso de nove anos de ansiedade havia se desfeito, e o desespero com o qual o czar assistia ao avanço irresistível de seu grande antagonista havia desaparecido. Todavia, mesmo com toda essa animação, Pedro não se mostrou arrogante. Foi ponderado – e até mesmo gentil – com seus prisioneiros, em especial com Rehnskjold. Quando, durante a longa tarde, o conde Piper foi trazido de Poltava, ele também se sentou próximo ao czar. Pedro manteve-se olhando em volta, esperando que, em algum momento, o rei sueco também fosse trazido. "Onde está meu irmão, Carlos?", questionou repetidas vezes. Quando ele perguntou com grande respeito a Rehnskjold como ele se atrevera a invadir um enorme império com um grupo de homens, o sueco respondeu que o rei havia dado ordens e que sua primeira obrigação como súdito leal consistia em obedecer ao soberano. "Você é um homem honesto", respondeu Pedro. "E, por essa lealdade, devolverei sua espada". Então, enquanto os canhões nas muralhas atiravam mais uma vez em saudação, Pedro levantou-se segurando uma taça e propondo um brinde a seus mestres da arte da guerra. "Quem são seus mestres?", perguntou Rehnskjold. "São vocês, cavalheiros", respondeu o czar. "Então os pupilos devem agradecer seus mestres", falou secamente o marechal de campo. Pedro continuou conversando animadamente com seus prisioneiros e celebrando durante a maior parte da tarde, e somente às cinco horas eles pensaram em buscar o exército derrotado. Então, o czar ordenou que o príncipe Michael Golitsyn, acompanhado pelas Guardas e pelo general Bauer com os dragões, procurasse Carlos ao sul. Na manhã seguinte, Menchikov enviou mais membros da cavalaria russa para se unirem à busca.

Naquela noite, quando as celebrações haviam chegado ao fim, Pedro separou algum tempo em sua tenda para recordar os eventos do dia. A Catarina, escreveu:

> Matushka [Mãezinha], bom dia. Comunico-lhe que o todo misericordioso Deus hoje nos concedeu uma vitória sem precedentes sobre o inimigo. De forma resumida, todo o exército inimigo parou de atacar, e de nós você ouvirá mais sobre isso.
> Pedro
> P.S.: Venha até aqui para nos dar os parabéns.

Cartas mais longas "do acampamento de Poltava", quatorze no total, foram enviadas a Romodanovski (agora, por conta dos eventos, elevado da posição de Falso Czar para a de Falso Imperador), Buturlin, Boris, Pedro e Dmitri Golitsyn, Apraxin, Pedro Tolstói, Alexandre Kikin, o líder da Igreja, Estevão Yavorski, sua irmã, a princesa Natália, o czarevich Aleixo, entre outros. O texto em todas elas era praticamente o mesmo.

> Esta é para informá-los que, pelas bênçãos de Deus e a coragem de minhas tropas, acabo de conquistar uma vitória completa e inesperada sem grande derramamento de sangue. Essas são as particularidades da ação.
> Nesta manhã, a cavalaria e a infantaria do inimigo atacaram minha cavalaria, que sofreu perdas consideráveis após resistir com coragem.
> O inimigo formou linhas de batalha diretamente à frente de nosso acampamento. De imediato tirei nossa infantaria das trincheiras para enfrentar os suecos e dividi nossa cavalaria em duas alas.
> O inimigo, ao ver isso, realizou um movimento rápido para nos atacar. Nossas tropas avançaram para enfrentá-los e recebê-los de modo que eles deixassem o campo de batalha após pouca ou nenhuma resistência, deixando conosco uma quantidade de canhões, bandeiras e estandartes. O marechal de campo, general Rehnskjold, e os generais Schlippenbach, Stackelberg, Hamilton e Roos estão entre os prisioneiros, assim como o conde Piper, o primeiro-ministro, os secretários Imerlin e Cederheilm e alguns milhares de oficiais e soldados.
> Em breve enviarei um relato mais circunstancial; por agora, estou ocupado demais para satisfazer plenamente sua curiosidade. Em poucas palavras, o exército inimigo encontrou o destino de Faetonte. Não posso lhes falar sobre o rei, pois não sei se ele está entre os vivos ou se agora dorme com seu pai. Enviei o príncipe Golitsyn e Bauer com parte da cavalaria em busca dos fugitivos. Eu os congratulo pela boa notícia e peço a todos os magistrados e oficiais do meu império que a considerem como um bom presságio.
> Pedro

Foi numa nota final de rodapé dessa carta a Apraxin que Pedro expressou da forma mais sucinta seu enorme júbilo e a grandiosidade do significado de Poltava: "Agora, com a ajuda de Deus, a última pedra da fundação de São Petersburgo foi colocada".

Assim, em uma única manhã, a Batalha de Poltava colocou um ponto final na invasão sueca à Rússia e transformou de forma permanente o eixo político da Europa. Até aquele dia, os estadistas de todos os países esperavam ansiosamente a notícia de que Carlos havia triunfado uma vez mais, seu famoso exército invadira Moscou, o czar tinha sido destronado e talvez morto no caos e insurreições gerais se ergueriam em meio à massa russa sem um líder. Um novo czar seria apontado, uma marionete, como Estanislau. A Suécia, que já era a Dama do Norte, tornar-se-ia a imperatriz do Ocidente, o árbitro de tudo que acontecesse entre o Elba e o Amur. A Rússia servil encolheria conforme suecos, poloneses, cossacos e talvez turcos, tártaros e chineses tomassem porções generosas de seu território. São Petersburgo desapareceria da paisagem russa, a costa do Báltico seria fechada, e o povo de Pedro, ao acordar, seria parado em seu caminho, forçado a dar meia-volta e marchar como prisioneiro de volta ao mundo escuro da antiga Moscóvia. Esse castelo de sonhos caiu ruidosamente por terra. Entre o amanhecer e o jantar, o conquistador havia se tornado um fugitivo.

Poltava foi o primeiro anúncio ressonante ao mundo de que uma nova Rússia estava nascendo. Nos anos que se seguiram, estadistas europeus que até então haviam prestado tão pouca atenção às questões do czar quanto prestavam ao xá da Pérsia ou ao Mogul da Índia aprenderam a reconhecer cuidadosamente o peso e a direção dos interesses da Rússia. O novo equilíbrio de poder criado naquela manhã pela infantaria de Sheremetev, cavalaria de Menchikov e artilharia de Bruce, sob os olhos de seu soberano de mais de dois metros de altura, continuou se desenvolvendo durante os séculos XVIII, XIX e XX.

O EXÉRCITO SUECO DE Carlos estava derrotado, mas não havia se rendido. No início da tarde, enquanto Pedro ceava com os convidados suecos, os sobreviventes do exército oponente conseguiram retornar ao acampamento em Pushkarivka. Somados às tropas nas trincheiras do cerco diante de Poltava e aos destacamentos guardando as bagagens e o cruzamento na parte de baixo do Vorskla, o total de homens era de mais de quinze mil suecos e seis mil cossacos ainda prontos para atacar, esperando o comando do rei e de seus generais. Alguns deles tinham se ferido recentemente, outros estavam inválidos por conta de batalhas anteriores ou pelas ulcerações causadas pelo inverno. Apenas alguns desses homens eram soldados; a maior parte era composta por membros sobreviventes da cavalaria.

Carlos estava entre os últimos a chegarem a Pushkarivka. Enquanto seu pé recebia os curativos mais uma vez, ele se alimentava com um pedaço de carne fria e perguntava por Rehnskjold e Piper. Então descobriu que os dois haviam desaparecido. Lewenhaupt era agora general sênior do exército sueco, e era no "coronelzinho latino" que o rei ferido teria de se apoiar.

Não havia dúvida quanto ao que deveria ser feito. Os suecos precisavam se retirar antes que os russos percebessem a extensão de seu sucesso e começassem a persegui-los. Tampouco havia dúvida sobre por qual caminho seguir. A norte, leste e oeste estavam divisões do exército vitorioso do czar. Apenas a estrada para o sul permanecia aberta. Esse era tanto o melhor caminho quanto o mais direto para as terras dos tártaros, onde eles talvez encontrassem um santuário sob a proteção de Devlet Gerey. Carlos era realista o bastante para compreender que sua chegada seria recebida de forma muito diferente, agora que o exército não passava de um grupo de homens abatidos, mas esperava que o cã oferecesse abrigo por tempo suficiente para que as tropas desgastadas pudessem descansar e reunir forças antes de dar início à longa marcha pelas fronteiras tártaras e turcas rumo à Polônia.

Assim, a decisão imediata foi marchar para o sul pela margem oeste do Vorskla, em direção a Perevoluchna, a treze quilômetros de distância, o ponto onde o Vorskla flui para o Dnieper. Pelo caminho, havia vários vaus conhecidos pelos cossacos e, se o exército cruzasse o rio e alcançasse a margem leste, eles então poderiam chegar à estrada que seguia da Carcóvia até a Crimeia. Essa estrada estava livre e passava por várias cidades cossacas que talvez pudessem alimentar e socorrer o exército.

A ordem para marchar foi dada naquela mesma tarde. A retirada de Pushkarivka ocorreu de forma ordenada, com a artilharia e as carroças com bagagens seguindo na frente. Kreutz, no comando da retaguarda, abandonou as carroças mais pesadas e nelas ateou fogo, passando os cavalos para a infantaria de modo a aumentar a mobilidade. As colunas apressadamente reorganizadas começavam a se deslocar, mas não se tratava de uma fuga precipitada; aquele era um exército disciplinado, derrotado em batalha, mas ainda conduzindo uma retirada propriamente estruturada. Restavam entre eles muitos milhares de soldados veteranos que, se convocados para lutar, poderiam promover uma batalha formidável.

Ainda assim, os suecos – tanto oficiais quanto soldados – encontravam-se fatigados. Não tinham dormido na noite anterior – apenas dezoito horas antes, o exército se reunira para a investida ao amanhecer contra os redutos. Ao anoitecer, os soldados cambaleavam, seguindo cegamente seus oficiais, impulsionados acima de tudo pelo desejo de fugir. A condição do próprio monarca havia piorado. Exausto pela falta de sono, enfraquecido pela reabertura de sua ferida, atingido pelo choque do desastre, as incertezas sombrias do futuro e o calor sufocante, o rei havia se deitado em uma das carroças e dormido. Quando acordou, com o exército em movimento, sua mente parecia confusa e ele não tinha ideia clara do que estava acontecendo. Perguntou novamente por Piper e Rehnskjold; quando lhe foi dito que eles não estavam ali, o rei deitou-se novamente e falou: "Sim, sim, façam o que for necessário".

No dia seguinte, 29 de junho, a marcha para o sul continuou sob o calor opressivo. Impulsionado pelo medo de uma caçada russa, o exército marchou pelo primeiro vau do Vorskla e, então, pelo segundo e pelo terceiro, sem pensar seriamente em realizar a travessia. Era mais fácil continuar rumo ao sul do que parar e atravessar o rio. Atrás deles, pairava o espectro dos russos, um espectro que se tornou real às quatro horas da manhã do dia trinta, quando Kreutz encontrou o exército principal e reportou que os russos haviam começado a caçar os suecos; não apenas os cossacos, mas as tropas regulares russas estavam os seguindo.

Durante dois dias, as colunas suecas vagaram pela ponta de terra na junção do Vorskla com o Dnieper. Na noite do dia 29, a artilharia, o restante das carroças e a massa de homens começaram a se espalhar em Pereveluchna, no ponto onde os dois rios se unem. Ali não havia vaus e, enquanto os soldados olhavam para o amplo Dnieper, uma sensação de pânico tomou conta deles. A cidade e as centenas de barcos reunidos ali pelos cossacos de Zaporojski haviam sido queimadas pelo ataque rápido de Pedro em abril. Obviamente, o exército era grande demais para cruzar usando as embarcações restantes; apenas alguns conseguiriam chegar ao outro lado antes de os russos os alcançarem. Uma alternativa concebível seria toda a força marchar de volta para o norte e tentar cruzar o Vorskla, mas os russos certamente estavam se aproximando. A sul, leste e oeste havia os dois rios. O exército sueco estava preso.

Era um momento de decisão: apenas alguns homens conseguiriam atravessar o Dnieper. Quem deveria ir? Lewenhaupt e Kreutz caíram de joelhos e imploraram para que o rei aproveitasse essa chance de escapar. De início, Carlos recusou, insistindo que ficaria com o exército e encararia o mesmo destino de seus homens. Entretanto, quando a fadiga e a dor tornaram-se esmagadoras, ele decidiu ir. Subsequentemente, surgiram homens afirmando que Carlos havia abandonado o exército para salvar a si mesmo, ciente de que a luta só poderia significar a morte ou o cativeiro para os homens que o tinham seguido com tanta coragem. Porém, a decisão do monarca tomou como base nada além de um raciocínio legítimo. Ele estava ferido. O exército havia enfrentado uma longa marcha para o sul, provavelmente sendo seguido de perto por uma força consistente e vitoriosa. A maioria dos homens agora encontrava-se montada e era capaz de galopar com rapidez, mas Carlos, deitado em uma carroça, não seria nada além de uma preocupação e um empecilho aos oficiais que exerciam o comando. Ele era o rei da Suécia e, caso fosse capturado, o czar poderia humilhá-lo, fazendo-o desfilar pelas ruas. Todavia, era mais provável que, uma vez em mãos russas, o rei sueco se transformasse em um forte coringa em qualquer negociação de paz com o inimigo. Para obter a liberdade de seu monarca, a Suécia teria de pagar caro em território sueco.

Havia outros motivos para Carlos escapar. Se ele fosse para a Crimeia com o exército, mesmo se a marcha fosse bem-sucedida, acabaria afastado de sua terra-natal, do outro lado da Europa, totalmente incapaz de influenciar os eventos. Ademais, ele sabia que o continente logo receberia a notícia do triunfo de Pedro. Carlos queria chegar a um local de onde pudesse rebater as celebrações do czar e promover o lado sueco da história. Por outro lado, se chegasse aos territórios otomanos, talvez conseguisse convencer os turcos a formarem uma aliança, oferecendo-lhe um novo exército e permitindo que ele prosseguisse com a guerra. Por fim, era preciso considerar os seguidores cossacos de Mazeppa e Gordeienko. Eles agora eram responsabilidade de Carlos. Se o rei ou seus suecos fossem capturados, os cossacos seriam tratados como traidores, torturados e enforcados. E permitir que esses aliados caíssem em mãos russas seria uma mancha na honra da Suécia.

Por todos esses motivos, ficou decidido que o rei, com o máximo de suecos feridos possível e também um grupo de soldados aptos a lutar, atravessaria a estepe com os cossacos até o rio Bug, fronteira do Império Otomano. Ali eles pediriam abrigo e esperariam as feridas se curarem e também que o restante do exército se unisse a eles – exército esse que seguiria para o norte até os vaus do Vorskla, cruzaria o rio e marcharia rumo ao sul ao longo do Dnieper, buscando chegar aos domínios do cã para se unir ao rei em Ochakov, no mar Negro. Reunida, toda a força voltaria à Polônia.

Naquela mesma noite, em sua maca, Carlos atravessou o Dnieper em uma embarcação. Sua carruagem veio logo atrás, com o peso distribuído entre duas pequenas embarcações seguindo lado a lado. Durante a noite, barcos de pesca remaram de um lado para o outro, transportando soldados e oficiais feridos. O rei levou consigo sobreviventes do Corpo Drabante, agora apenas oitenta homens, e também aproximadamente setecentos da cavalaria e duzentos da infantaria, além de membros da equipe que cuidava de seu bem-estar e da chancelaria. Muitos dos cossacos de Mazeppa, que sabiam nadar muito bem, cruzaram o rio a nado, agarrados à cauda de seus cavalos. Os barcos também atravessaram parte do tesouro do exército sueco e dois barris de ducados de ouro que Mazeppa havia levado consigo de Baturin. No total, novecentos suecos e duzentos cossacos cruzaram o rio. Ao amanhecer, antes de partir, Carlos olhou para trás e sentiu-se desconfortável ao não perceber sinais de movimento do exército ainda acampado perto da água. Alguns suecos viram nuvens no horizonte e pensaram ser a poeira levantada por um corpo de cavaleiros se aproximando.

Lewenhaupt assumiu o comando do exército. Isso era o que ele desejava; o general temperamental havia se voluntariado especificamente para ficar para trás e sofrer o mesmo destino das tropas. Ele e Kreutz discutiram com Carlos a rota que o exército tomaria e estabeleceram o ponto de encontro em Ochakov. Lewenhaupt prometeu ao rei que, se os russos o perseguissem, ele lutaria. Aqui, como os eventos subsequentes provariam, houve um grave mal-entendido. Carlos acreditou que Lewenhaupt havia feito uma promessa incondicional, mas, na visão de Lewenhaupt, ele havia apenas prometido lutar somente depois de afastar o exército de Perevoluchna. "Se, com a graça de Deus, formos poupados de um massacre da pesada força inimiga com a infantaria durante esta noite e o dia seguinte, acredito que ainda haja salvação para as tropas". De qualquer forma, somente os dois foram capazes de interpretar a discussão das ordens de Carlos e a promessa de Lewenhaupt; ninguém mais estava presente. Conforme o monarca admitiu posteriormente ao aceitar a responsabilidade parcial pelo ocorrido: "Eu fui culpado [...] Esqueci-me de dar ordens aos outros generais e coronéis que lá estavam, ordens que somente Lewenhaupt e Kreutz acabaram conhecendo". Era a história de Roos e dos redutos de Poltava se repetindo. O desconhecimento do plano geral deixou outros oficiais e o exército desamparado.

O principal objetivo de Lewenhaupt era sair de Perevoluchna. Isso significava retraçar seus passos marchando para o norte, até um dos vaus que atravessam o Vorskla. No entanto, como as tropas estavam exaustas (e muitos dos oficiais que haviam passado a noite carregando o rei e seu grupo pelo Dnieper encontravam-se ainda mais desgastados), Lewenhaupt deu ordens para que os homens descansassem e estivessem prontos ao amanhecer.

Durante a noite, foram realizados os preparativos para uma viagem rápida, levando somente o necessário. O dinheiro que restava nos baús dos regimentos foi distribuído entre as tropas, cada homem tornando-se responsável por sua quantia. Munição e alimentos foram divididos de forma similar e cada homem pegou somente o que conseguiria carregar nas costas de um cavalo; o restante seria abandonado. Qualquer bagagem ou carroça com suprimentos que pudesse impedir a marcha deveria ser deixada para trás. Eles tentariam levar a artilharia, mas, se ela se tornasse um empecilho, também seria abandonada.

O passar da noite causou ainda mais problemas para o exército sueco. A disciplina se desfez. Ficava óbvio que os soldados só alcançariam a segurança quando estivessem do outro lado do Dnieper. A notícia de que durante a manhã eles marchariam outra vez para o norte foi recebida com amargura. Lewenhaupt também estava exausto, condição tornada ainda pior por um caso severo de diarreia. Tomado pela fadiga, ele se deitou para dormir por algumas horas.

Ao amanhecer do dia seguinte, primeiro de julho, os dois generais se levantaram, o exército se espreguiçou e os homens começaram a colocar as selas em seus cavalos e a se preparar para a marcha. Então, às oito da manhã, enquanto as colunas se formavam e se preparavam para marchar, homens apareceram na área mais alta acima do rio. Havia mais e mais deles a cada minuto; logo a área estava repleta de cavaleiros. Era Menchikov, com seis mil dragões e dois mil cossacos leais. O príncipe enviou um trombeteiro e um ajudante de campo ao acampamento sueco para realizar negociações. Lewenhaupt ordenou que Kreutz retornasse para descobrir quais termos Menchikov havia oferecido. O russo havia apresentado termos normais de rendição, e Kreutz os relatou a Lewenhaupt. O comandante cansado decidiu consultar seus coronéis, que lhe perguntaram quais eram as últimas ordens do rei. Suprimindo os detalhes da marcha proposta em direção à Tartária e do encontro em Ochakov, Lewenhaupt relatou que Carlos havia pedido apenas para o exército "se defender pelo tempo que fosse possível". Os coronéis foram de volta até os soldados e perguntaram se eles lutariam. Esses soldados, também relutantes em aceitar a responsabilidade, responderam: "Lutaremos se os outros lutarem".

Uma vez que essas negociações e discussões foram iniciadas, a tentação de render-se tornou-se irresistível. Embora naquele momento suecos e cossacos estivessem em maior número do que os russos (eram quase três para um), os suecos eram homens derrotados e abatidos. Seu rei havia fugido e eles encontravam-se isolados, diante de uma longa marcha rumo a regiões desconhecidas. Para alguns, o prospecto de dar fim a uma guerra após nove longos anos parecia bem-vindo. Entre os oficiais, havia a esperança da rápida repatriação à Suécia em troca dos oficiais russos capturados. O clima de derrotismo pairava no ar, talvez auxiliado psicologicamente pelo fato de que os russos estavam em um nível superior, olhando das alturas acima do rio. Por fim, existia também o efeito de Poltava. A lenda da invencibilidade agora estava estilhaçada. O exército sueco havia se tornado um grupo de homens perdidos, cansados e assustados.

Às onze horas da manhã de primeiro de julho, Lewenhaupt capitulou sem lutar. O exército que ele rendeu incluía 14.299 homens, 34 canhões e 264 bandeiras de batalhas. Junto com os 2.871 suecos capturados no campo em Poltava, Pedro agora tinha mais de dezessete mil prisioneiros.

Os suecos tornaram-se prisioneiros de guerra, mas os cinco mil cossacos que permaneceram com Lewenhaupt não contaram com a mesma sorte. Menchikov não lhes ofereceu termos de rendição. Muitos simplesmente montaram em seus cavalos e fugiram, conseguindo escapar, mas alguns foram perseguidos e capturados. Seus corpos mutilados foram dependurados em forcas para proclamar o destino dos traidores.

ENQUANTO ISSO, DO OUTRO lado do Dnieper, Mazeppa assumia o comando da fuga. Antes do amanhecer de primeiro de julho, ele havia enviado Carlos na frente em uma carruagem acompanhada por setecentos suecos e guiada por cossacos. Mazeppa, confinado em uma carruagem por estar doente, dividiu o restante dos suecos e cossacos em grupos separados e os enviou a sudoeste por caminhos diferentes, esperando confundir os russos se eles tentassem segui-los. Ao anoitecer, todos os que haviam cruzado o rio já tinham deixado a margem ocidental e se deslocado para dentro da grama alta da estepe. Naquela mesma noite, Mazeppa alcançou Carlos e insistiu para que o monarca e seus acompanhantes viajassem com mais velocidade.

A estepe pela qual os fugitivos se apressavam era uma terra de ninguém, com grama alta entre os rios Dnieper e Bug, deliberadamente deixada desabitada para servir como um espaço separando os impérios do czar e do sultão. Não havia árvores, casas, plantações – nada além da grama mais alta do que um homem. Ali existia pouca comida, e a água vinha de correntes pequenas e lamacentas deslizando pela grama. O calor era tão intenso que o grupo se via forçado a parar por várias horas a partir do meio-dia.

Em sete de julho, os suecos haviam alcançado a margem oriental do Bug e conseguiram enxergar um santuário do outro lado do rio. Ali, mais um obstáculo surgiu. Durante dois dias, eles se viram forçados a esperar do lado errado do rio enquanto negociavam o preço de barcos e do asilo com os representantes do sultão naquele território, o paxá de Ochakov. O debate sobre os valores prosseguiu até o potentado receber um suborno suficiente, e então os barcos foram finalmente oferecidos. Os suecos começaram a atravessar, mas não havia barcos suficientes e, ao final do terceiro dia, quando os russos finalmente os alcançaram, trezentos suecos e trezentos cossacos continuavam presos do lado errado do rio.

Assim que a rendição de Lewenhaupt foi assinada em Perevoluchna, Menchikov despachou Volkonski com seis mil cavaleiros para atravessarem o Dnieper, encontrarem e capturarem o rei e Mazeppa. As fintas dos cossacos fizeram os russos desviarem, mas quando eles finalmente encontraram o caminho, seguiram rapidamente, alcançando os fugitivos no Bug. Ao chegar, descobriram que sua presa principal havia escapado, mas ainda restavam seiscentos homens na margem leste. Os russos atacaram, e os trezentos suecos rapidamente se renderam. Os cossacos sabiam que não receberiam nenhuma demonstração de misericórdia e, portanto, lutaram até o último homem. Desamparado do outro lado do rio, Carlos assistiu sem esperança à luta.

Esse massacre foi a batalha final da invasão sueca à Rússia. Nos 23 meses desde que Carlos deixara a Saxônia, um exército enorme havia sido destruído. Agora, o rei sueco estava com seiscentos sobreviventes no mar Negro, dentro das margens do Império Otomano, no limite do mundo europeu.

XXXIX

OS FRUTOS DE POLTAVA

Para Pedro, o triunfo de Poltava foi tão imenso que, muito tempo depois de seu jantar de vitória, ele continuou em clima de intensa animação e festividade. Parecia quase impossível que os perigos que por tanto tempo vinham assombrando a Rússia tinham subitamente desaparecido como se o chão da Ucrânia tivesse simplesmente se aberto e os engolido. Dois dias após a batalha, o czar entrou com seus generais em Poltava. Encontrou a cidade em condições sombrias após o sítio de dois meses, as muralhas estilhaçadas e quatro mil defensores exaustos e famintos. Com o valente coronel Klein, comandante da tropa, ao seu lado, Pedro agradeceu e celebrou o dia do seu nome na Igreja de Spasskaia.

Quando Menchikov retornou triunfante da rendição sueca em massa em Perevoluchna, o czar deu início à distribuição de recompensas e condecorações ao exército vitorioso. Menchikov foi promovido à posição de marechal de campo; Sheremetev, que já era marechal de campo, recebeu propriedades maiores. Todos os generais do exército russo ganharam promoções e novas propriedades, e cada um foi subsequentemente presenteado com um retrato de Pedro cravejado com diamantes. O czar, que até agora havia mantido a posição de coronel no exército e capitão na marinha, também se permitiu ser promovido, tornando-se tenente-general do exército e contra-almirante na marinha.

Enquanto Pedro concedia essas recompensas e promoções, a farsa com Romodanovski continuou. Ele agradeceu o novo Falso-Czar por sua promoção:

Senhor,
A graciosa carta de Vossa Majestade e o decreto de Sua Excelência, o Marechal de Campo e Cavaleiro [da Ordem de Santo André] Sheremetev, pela qual recebi

em seu nome a posição de almirante na frota e tenente-geral em terra, foi-me entregue. Eu não mereço tanto; trata-se de algo que me foi entregue puramente por sua bondade. Portanto, oro a Deus pedindo forças para ser capaz de servir com honra no futuro.

Pedro

Celebrações aconteceram por toda a Rússia; em Moscou, os cidadãos choravam de alegria. Poltava significava a rendição do invasor estrangeiro e, como era esperado, um fim aos impostos massacrantes cobrados por conta da guerra e às ausências prolongadas de maridos, pais, filhos e irmãos. Uma celebração formal na capital foi adiada até a chegada do czar com parte do exército, mas, enquanto isso, o czarevich Aleixo, agora com dezenove anos, agindo no lugar de seu pai, ofereceu um enorme banquete a todos os embaixadores estrangeiros em Preobrajenskoe. A irmã de Pedro, a princesa Natália, organizou um segundo banquete para as damas importantes da capital. Mesas repletas de cerveja, pães e carnes foram colocadas nas ruas para que todos pudessem celebrar. Por toda uma semana, os sinos das igrejas tocaram incessantemente desde a manhã até a noite, e os canhões nas muralhas do Kremlin ecoaram.

Em treze de julho, o exército em Poltava encerrou as celebrações. Os corpos dos russos e suecos mortos haviam sido recolhidos e enterrados em sepulturas em massa separadas no campo de batalha. O exército estava descansado e agora precisava se mover: a região em volta da cidade encontrava-se despida de provisões. (Oito dias após a batalha, doze mil cavaleiros calmucos haviam chegado para reforçar o exército russo. Estavam atrasados para a luta, mas, como o restante do exército, também tinham de ser alimentados.) Ademais, com o exército sueco aniquilado e o rei em fuga, esse era o momento para colher os frutos da vitória. Duas regiões que haviam teimosamente frustrado as ambições do czar, o Báltico e a Polônia, agora encontravam-se quase nuas diante dele. Em um conselho de guerra no acampamento de Poltava – conselho que se estendeu de quatorze a dezesseis de julho –, o exército foi dividido em dois. Sheremetev, com toda a infantaria e parte da cavalaria, marcharia para o Báltico, ao norte, e capturaria o grande porto e a fortaleza de Riga. Menchikov, com a maior parte da cavalaria, seguiria para o oeste, entrando na Polônia para agir com Goltz contra os suecos comandados por Krassow e os poloneses que apoiavam o rei Estanislau.

Pedro foi de Poltava a Kiev. Na capital ucraniana, participou de uma celebração de ação de graças na Catedral de Santa Sofia, uma obra-prima da arquitetura com cúpulas em camadas, arcos entrelaçados e mosaicos brilhantes no interior. O prefeito da catedral, Feofan Prokopovich, proferiu um extenso louvor a Pedro e à Rússia, e isso agradou tanto o czar que ele pediu ao religioso para realizar uma cerimônia maior; mais tarde, Prokopovich viria a se tornar o instrumento fundamental de Pedro na reforma da igreja russa.

O czar não tinha planejado passar tempo em Kiev, mas, em seis de agosto, escreveu a Menchikov informando que estava com febre:

> Por meus pecados, a doença me acometeu. É realmente uma doença maldita, pois embora dessa vez não seja acompanhada por calafrios e temperaturas altíssimas, ela tem me causado náusea e dor. Fui acometido de forma inesperada, e então, por conta da minha fraqueza, acredito que não conseguirei deixar a cidade antes do dia dez ou o sagrado Dia da Assunção.

Pedro queria que o mundo soubesse de seu triunfo. Do acampamento em Poltava mandou cartas a seus enviados nas capitais estrangeiras, dando-lhes detalhes da batalha para que passassem adiante. Sob comando do czar, Menchikov escreveu uma carta especial, enviada pelos mensageiros mais velozes ao duque de Marlborough. O Ocidente, acostumado a ouvir notícias de triunfos suecos em série, agora recebia um dilúvio de cartas e mensagens do leste, todas descrevendo a "completa vitória" do czar e a "completa derrota" de Carlos XII. De Flandres, onde havia recebido as primeiras notícias da batalha ainda antes da chegada da carta de Menchikov, Marlborough escreveu a Godolphin em Londres:

> Não temos confirmação alguma até agora sobre a batalha entre suecos e moscovitas, mas, se for verdade que os primeiros foram totalmente derrotados, como vem sendo reportado, então teremos um reflexo melancólico de que após dez anos de sucessos constantes, ele [Carlos XII], em duas horas de má administração e má sorte, arruinou a si mesmo e a seu país.

Em 26 de agosto, a carta de Menchikov chegou, e Marlborough escreveu a Sarah, sua duquesa:

> Esta tarde recebi uma carta do príncipe Menchikov, o favorito e general do czar, a respeito da vitória completa sobre os suecos. Se o infeliz monarca tivesse sido aconselhado a alcançar a paz antes do início do verão, talvez pudesse, em grande me-

dida, ter influenciado a paz entre a França e os Aliados, deixando, assim, seu reino feliz; agora, porém, ele está totalmente à mercê do poder de seus vizinhos.

Conforme a notícia da vitória se espalhava pelo continente, a opinião na Europa, anteriormente hostil e até mesmo desdenhosa de Pedro e da Rússia, começava a mudar. O filósofo Leibniz, que após Narva havia anunciado sua esperança de ver Carlos governar desde a Moscóvia até o Amur, agora proclamava que a destruição do exército sueco era um dos momentos gloriosos e decisivos da História:

> Quanto a mim, que torço pelo bem da espécie humana, estou muito contente por um império tão grande estar se colocando no caminho da razão e da ordem, e considero conversar com o czar sobre isso, como uma pessoa a quem Deus destinou grandes tarefas. Ele foi exitoso em ter boas tropas. Eu não duvido que [...] será também exitoso em manter boas relações com o exterior, e ficarei feliz se puder fazer a ciência florescer em seu país. E sei que ele pode fazer, nesse sentido, coisas melhores do que todos os outros príncipes fizeram.

Leibniz subitamente tornou-se uma fonte borbulhante de ideias e sugestões para seu possível novo patrão. Oferecendo seus serviços, ele enfatizava sua prontidão para criar planos de uma academia de ciência, museus e faculdades, e até mesmo para criar medalhas para comemorar Poltava.

Apressando-se para se ajustar à nova influência do czar, Leibniz fazia tudo o que a Europa estava prestes a fazer. As reviravoltas diplomáticas vieram rapidamente. Propostas para novos arranjos e novos tratados chegavam aos bandos para Pedro. Tanto o rei da Prússia quanto o eleitor de Hanover deram sinais de seu desejo de criar laços com o czar. O embaixador russo em Copenhague, príncipe Vassili Dolgoruki, foi informado de que Luís XIV ficaria contente em firmar uma aliança com Pedro: a França propôs garantir conquistas russas no Báltico para atrapalhar o comércio da Inglaterra e da Holanda. Com Carlos humilhado, os inimigos da Suécia apressaram-se de volta para o campo. O rei Frederico IV da Dinamarca propôs a Dolgoruki uma nova aliança entre os países contra a Suécia. O pedido foi bastante agradável e irônico para Dolgoruki, que já tinha passado muitos meses tentando, em vão, negociar exatamente essa aliança. Pedro concordou, e, naquele mês, tropas dinamarquesas cruzaram o estreito e invadiram o sul da Suécia enquanto o satisfeito Dolgoruki observava o desembarcar de um navio da frota de invasão.

O mais imediato impacto de Poltava foram os eventos na Polônia. Assim que a notícia da batalha chegou, Augusto da Saxônia emitiu uma proclamação repudiando o Tratado de Altranstadt, por meio do qual havia sido forçado a entregar a coroa polonesa — e, com um exército saxão de quatorze mil homens, entrou na Polônia e convocou seus súditos poloneses para uma aliança renovada. Os magnatas poloneses, sem o exército de Carlos ali para forçá-los a aceitar Estanislau, aceitaram o retorno de Augusto. Estanislau fugiu, primeiro para a Pomerânia Sueca, depois para a Suécia e, finalmente, para o acampamento de Carlos dentro do Império Otomano.

No final de setembro, Pedro, recuperando-se da doença em Kiev, deu início a uma longa e circular jornada que duraria três meses e o levaria da capital ucraniana até Varsóvia, Prússia Oriental, Riga, São Petersburgo e, por fim, Moscou. No início de outubro, após passar por Varsóvia, ele navegou pelo Vístula, encontrando Augusto a bordo na barcaça real do rei polonês próxima a Torun. Augusto estava nervoso; os dois monarcas não tinham se encontrado desde que ele quebrara seus juramentos a Pedro, assinando o tratado com Carlos, retirando-se da guerra e deixando a Rússia enfrentar sozinha a Suécia. No entanto, o czar foi gracioso e bem-humorado, dizendo a Augusto para esquecer o passado; Pedro entendia que o polonês havia sido forçado a fazer o que fez. Mesmo assim, durante o jantar, Pedro não conseguiu resistir e lançou um comentário irônico contra a infidelidade de Augusto: "Eu sempre uso o sabre que você me deu", falou o czar, "mas parece que você não gosta da espada que lhe dei, pois vejo que não a está usando". Augusto respondeu que valorizava o presente de Pedro, mas que, de alguma forma, na pressa de partir de Dresden, havia deixado a espada para trás. "Ah, então permita-me dar-lhe outra", falou Pedro. Então, ele passou para Augusto a mesma espada que havia lhe dado antes e que havia sido descoberta na bagagem de Carlos em Poltava.

Isso foi vingança suficiente. Em nove de outubro de 1709, Pedro e Augusto assinaram um novo tratado de aliança por meio do qual o czar mais uma vez prometia ajudar Augusto a conquistar e manter o trono da Polônia, ao passo que Augusto novamente se comprometia em lutar contra a Suécia e todos os inimigos da Rússia. Os dois concordaram que seu objetivo não era destruir a Suécia, mas simplesmente forçar Carlos a retornar ao território de sua terra natal e deixá-lo sem poder para atacar os países vizinhos. A parte de Pedro na barganha foi colocada em prática quase antes de o tratado ser assinado. Ao final de outubro, as tropas de Menchikov tinham assegurado a maior parte da Polônia sem se envolver em conflitos. Krassow, o general sueco, havia concluído que sua pequena força não conseguiria enfrentar o exército russo e, por isso, havia recuado para a costa do Báltico, refugiando-se nas cidades fortificadas de Estetino e Stralsund, na Pomerânia Sueca. Estanislau o acompanhou como refugiado e, depois disso, durante muitos anos, a história fictícia de que Estanislau era o rei da Polônia foi mantida apenas em sua presença.

De Torun, Pedro velejou pelo Vístula até Marienwerder para encontrar-se com o rei Frederico I da Prússia, que mostrava-se alarmado com o novo poder da Rússia na Europa Setentrional, mas ansioso por adquirir quaisquer territórios suecos que agora pudessem ser conquistados na Alemanha. Pedro entendeu que a intenção do rei era reunir despojos sem lutar e, portanto, agiu friamente. Todavia, o encontro foi bem-sucedido. Um tratado foi assinado, criando uma aliança defensiva entre Rússia e Prússia, e Menchikov, que estava presente, foi recompensado com a Ordem da Águia Negra da Prússia.

Em seu encontro com Frederico, Pedro também arranjou um casamento. Era o segundo matrimônio estrangeiro que o czar negociava para um membro da casa real russa, e ambos representavam uma mudança drástica na política de seu país. Tradicionalmente, os príncipes russos casavam-se apenas com mulheres russas, evitando a contaminação de levar crentes não ortodoxos para a linha real. Desde a Grande Embaixada, Pedro queria mudar isso, mas nenhum monarca estrangeiro via muitos benefícios em casar um familiar com um membro da dinastia moscovita, a qual era considerada uma força irrelevante nas questões europeias. Desde 1707, Pedro estava negociando com a pequena casa alemã de Wolfenbuttel, esperando persuadir o duque a permitir que sua filha Charlotte se casasse com o czarevich Aleixo. As negociações haviam se arrastado, uma vez que o duque não tinha pressa para unir uma filha com o filho de um czar prestes a ser derrubado do trono pelo rei da Suécia. Os obstáculos ao casamento desapareceram depois de Poltava, e as ligações da dinastia com Moscou agora pareciam bastante atraentes. Ainda antes do duque de Wolfenbuttel sinalizar que havia mudado de ideia, um mensageiro de Viena chegou com a oferta do imperador de sua irmã mais nova, a arquiduquesa Madalena, como possível noiva para o czarevich. Pedro continuou negociando com o duque, e um contrato de casamento foi esboçado.

O segundo casamento estrangeiro arranjado por Pedro foi entre sua sobrinha Ana, filha de seu meio-irmão Ivan, e o jovem duque Frederico Guilherme da Curlândia, sobrinho de Frederico da Prússia. Como parte do arranjo,

Pedro concordou que as tropas russas tentando ocupar o Ducado da Curlândia, um pequeno principado a sul de Riga, fossem retiradas do local e que a Curlândia tivesse o direito de permanecer neutra em guerras futuras. Frederico da Prússia ficou feliz com essa oferta, uma vez que ela criava uma separação entre ele e os russos em sua fronteira no Báltico. Para Pedro, o casamento de Ana era importante. Ela era a primeira princesa russa a se casar com um estrangeiro em mais de duzentos anos. Essa aceitação foi um sinal de que a Europa reconhecia o novo status da Rússia e um sinal de que Pedro e os czares que o sucederiam poderiam usar o casamento com princesas russas para intervir nas complicadas questões dinásticas dos estados alemães.[1]

Deixando a Prússia Oriental, Pedro viajou para o norte pela Curlândia para se unir a Sheremetev, cujas tropas haviam completado os trabalhos de cerco em volta de Riga, mas atrasado o bombardeio até o czar estar presente. Em nove de novembro, Pedro chegou; no dia treze, atirou com a própria mão três morteiros contra a cidade. Esse ato amenizou sua terrível sensação de mágoa pelo tratamento que havia recebido em Riga ao passar por ali treze anos atrás, antes do início da Grande Embaixada. Riga resistiu ferozmente, todavia, e antes de partir o czar instruiu Sheremetev a não deixar seus homens em trincheiras durante o rigoroso inverno do Báltico, mas para simplesmente invadir a cidade e colocar as tropas em quartéis de inverno.

De Riga, Pedro seguiu para o nordeste, rumo a São Petersburgo, seu "paraíso", que agora estava seguro. Não permaneceu muito tempo na cidade, dedicando-se apenas a dar ordens para a construção de uma nova igreja em homenagem a São Sansão (o santo em cujo dia a Batalha de Poltava havia ocorrido) e para prepararem a quilha de um novo navio de guerra a ser batizado de Poltava. Também deu instruções sobre o desenho e o embelezamento de jardins públicos. Em seguida, viajou para o sul de Moscou com o objetivo de celebrar seu triunfo. Chegou a Kolomenskoe em doze de dezembro, mas teve de esperar uma semana até os dois regimentos das Guardas que haviam participado dos desfiles chegarem e as decorações e os arranjos finais serem concluídos. Em dezoito de dezembro, tudo estava pronto e o grande desfile já começava quando Pedro descobriu que Catarina havia dado à luz uma

---

[1] O casamento de Ana foi celebrado um ano depois em São Petersburgo. Infelizmente, seu noivo, então com dezenove anos, bebeu demais e passou mal durante as celebrações, vindo a óbito no caminho de volta para casa. Ana continuou com o título de duquesa da Curlândia até 1730, quando foi chamada a São Petersburgo para tornar-se a imperatriz Ana da Rússia. (N. A.)

filha. No mesmo instante, ele adiou o evento e se apressou com seus amigos para ver a criança, chamada Isabel.

Dois dias depois, a celebração da vitória começou. Por debaixo de arcos romanos clássicos, esquadrões russos da cavalaria e da artilharia montada trotaram, seguidos pelos soldados das guardas a pé, o Regimento Preobrajenski com seus casacos verdes de batalha e o Regimento Semyonovski de azul. Em seguida vinha Pedro, com a espada na mão, em um cavalo inglês que lhe havia sido dado por Augusto. O czar vestia o mesmo uniforme de coronel que havia usado em Poltava. Enquanto ele passava, as mulheres jogavam flores. Atrás dos líderes russos estavam trezentas bandeiras de batalha suecas que haviam sido capturadas, de ponta cabeça e sendo arrastadas no chão. Então vinham os generais derrotados, andando em fila única, guiados pelo marechal de campo Rehnskjold e pelo conde Piper. E, por fim, longas colunas de soldados – mais de dezessete mil – marchando como prisioneiros pelas ruas de Moscou cobertas de neve. No dia seguinte, Pedro participou do *Te Deum* na Catedral da Assunção. A multidão era enorme, e o czar permaneceu no meio da igreja, cercado por pessoas de todos os lados.

O anúncio formal da vitória e a entrega dos prêmios aconteceram com Romodanovski no trono. Um de cada vez, os dois marechais de campo, Sheremetev e Menchikov, seguidos por Pedro (como coronel promovido a tenente-general), aproximaram-se do trono e reportaram suas vitórias ao Falso Czar. Sheremetev descreveu e recebeu créditos pela vitória em Poltava e Menchikov, pela captura dos suecos em Perevoluchna. Pedro descreveu e recebeu o crédito por sua única vitória em Lesnaia. Após ouvir os relatos, Romodanovski lhes agradeceu formalmente e confirmou as promoções e recompensas previamente anunciadas. Quando Rehnskjold, Piper e os outros generais suecos foram trazidos, ficaram impressionados ao ver no trono não o homem alto que havia sido seu anfitrião no jantar após a batalha e os guiara pelas ruas de Moscou, mas um sujeito mais velho, de ombros arredondados, que eles não reconheceram. Uma fileira de biombos altos em uma das laterais do salão foi removida, revelando mesas postas com pratos de prata e candelabros. Centenas de velas foram acesas para desfazer a escuridão do inverno, e a multidão se reuniu para tomar seus assentos, independentemente de suas posições. Romodanovski sentou-se em um dossel acompanhado por dois marechais de campo, o chanceler Golovkin e o czar. Os generais suecos tinham uma mesa separada. Toda vez que um brinde era proposto, o mestre de cerimônias, parado atrás da poltrona de Pedro, atirava com sua pistola pela janela como sinal para a artilharia e os mosqueteiros do lado de fora. Alguns minutos mais tarde, enquanto as taças eram erguidas, as paredes estremeceram com os tiros dos canhões. O dia terminou com um brilhante show de fogos de artifício que, de acordo com o embaixador dinamarquês, foi muito superior àquele testemunhado em Londres, que "havia custado setenta mil libras esterlinas".

Os prisioneiros suecos – aqueles capturados em Poltava e a quantidade muito maior pega em Perevoluchna – haviam finalmente chegado a seu destino, Moscou, não como conquistadores, mas como parte de um desfile triunfal guiado pelo czar. Os generais seniores foram tratados com cortesia; vários deles receberam autorização para retornar a Estocolmo levando os termos do tratado de paz propostos por Pedro e uma oferta de troca pelos prisioneiros de guerra. O jovem príncipe Max de Wurttemberg foi solto incondicionalmente, mas morreu de febre no caminho para casa; Pedro lhe concedeu um funeral militar e enviou o corpo para a mãe em Stuttgart. Os oficiais suecos que aceitaram passaram a fazer parte do exército do czar. Depois que eles fizeram o juramento de fidelidade, Pedro lhes concedeu a mesma posição que tinham no exército escocês e lhes entregou o comando de esquadrões, batalhões e regimentos russos. A ninguém foi pedido que servisse contra seu próprio rei ou compatriotas na Grande Guerra do Norte. Em vez disso, eles foram levados para guarnições ao sul e ao leste, onde patrulharam as fronteiras e evitaram incursões dos tártaros de Kurban, cazaques e outros povos asiáticos. Os outros oficiais foram dispersados como confinados em todos os cantos da Rússia. Inicialmente, eles tiveram o direito a uma considerável liberdade de movimento, mas alguns dos que haviam recebido permissão para retornar à Suécia em liberdade condicional nunca voltaram, e outros que haviam entrado para o serviço russo usaram suas posições para escapar. Depois desse abuso de confiança, os demais homens tiveram sua liberdade severamente restrita.

Conforme os anos transcorreram, esses oficiais suecos, espalhados por todas as províncias do império russo, frequentemente passavam necessidades, já que não tinham dinheiro. Os soldados suecos comuns recebiam uma pequena quantia de seu governo, mas nada era enviado aos oficiais. Dos dois mil oficiais, apenas duzentos recebiam dinheiro de suas famílias; os demais foram obrigados a aprender uma profissão para sobreviverem. Com o tempo, esses antigos guerreiros, que antes só conheciam a arte da guerra, desenvolveram um impressionante número de talentos. Só na Sibéria, mil oficiais suecos se transformaram em pintores, ourives, prateiros, torneiros, marceneiros, alfaiates, sapateiros, fabricantes de jogos de cartas, tabaqueiros e produtores de brocados dourados e prateados. Outros se tornaram músicos, hoteleiros e um deles um marionetista viajante. Alguns, incapazes de aprender outra profissão, tornaram-se lenhadores. Houve ainda aqueles que criaram escolas e passaram a dar aulas para os filhos de seus colegas prisioneiros (alguns chamaram suas mulheres na Suécia para se unirem a eles, outros se casaram com mulheres russas). Essas crianças acabaram mais bem-educadas do que a maioria dos filhos de russos, aprendendo matemática, latim, holandês e francês, além da língua sueca. Logo os russos da vizinhança começaram a enviar seus filhos para estudarem com professores estrangeiros. Alguns dos oficiais adotaram a religião ortodoxa, ao passo que outros mantiveram-se ligados à religião protestante e criaram suas próprias igrejas naquelas terras selvagens. Embora a Sibéria em geral fosse composta por uma paisagem sem vida e sem alegria, o governador russo, príncipe Mateus Gagarin, tinha a reputação de um homem generoso, e os oficiais suecos vivendo sob sua jurisdição elogiavam sua natureza calorosa e indulgente. Com o tempo, conforme a administração se tornava mais ocidentalizada, Pedro passou a precisar de administradores e burocratas habilidosos. A alguns antigos oficiais suecos foram oferecidas posições, e eles seguiram rumo a São Petersburgo para trabalhar nos recém-criados Colégios (Ministérios) da Guerra, do Almirantado, da Justiça, das Finanças e das Minas.

Os soldados suecos comuns, mais de quinze mil homens, foram tratados de forma mais severa. A eles também foi oferecida a oportunidade de entrar para o serviço de Pedro (um regimento inteiro de seiscentos dragões suecos serviu sob um coronel alemão contra os tártaros de Kuban). Entretanto, muitos se recusaram e foram enviados a trabalhos forçados. Alguns labutaram nas minas nos Urais e outros foram empregados nos estaleiros ou nas fortificações de São Petersburgo. Embora registros tenham sido mantidos sobre o paradeiro dos oficiais internados, nenhum deles foi mantido como soldado comum. Muitos estavam em cidades ou propriedades da nobreza russa, e acabaram se casando e vivendo a vida na igreja e na sociedade russas. Quando a paz finalmente chegou, em 1721, doze anos após Poltava, e os prisioneiros suecos receberam autorização para voltar para casa, apenas cerca de cinco mil dos orgulhosos granadeiros de Carlos, o que havia sobrado de um exército de quarenta mil, retornaram às cidades e vilas de sua Suécia natal.

NA PRIMAVERA DE 1710, Pedro colheu os frutos militares de Poltava. Exércitos russos, sem a oposição de qualquer força inimiga no campo, varreram as províncias suecas no Báltico. Enquanto Sheremetev, com trinta mil homens, sitiava Riga ao sul, Pedro enviou o general-almirante Teodoro Apraxin, que recentemente fora alçado a conde e conselheiro privado, com dezoito mil homens para cercar Vyborg ao norte. Essa cidade na cabeça do Istmo da Carélia, 120 quilômetros a noroeste de São Petersburgo, era uma importante fortaleza e um ponto de encontro para as ameaças de ofensiva suecas contra a cidade de Pedro. Uma tentativa de investida em Vyborg por terra em 1706 havia falhado, mas agora havia um novo elemento a favor de Pedro: sua crescente frota no Báltico, composta por fragatas e diversos galeotes – esses últimos criados para serem impulsionados por uma combinação de velas e remos e idealmente adequados a manobras nas águas cercadas por rochas da costa sueca –, estava disponível tanto para o transporte de homens e suprimentos quanto para manter distante a esquadra naval sueca. Em abril, assim que o gelo derreteu no Neva, os navios russos partiram de Kronstadt com o vice-almirante Cruys no comando e Pedro, em sua nova posição de contra-almirante, como adjunto de Cruys. Os navios seguiram pelos blocos de gelo no Golfo da Finlândia e chegaram a Vybord para encontrarem o exército de sítio de Apraxin com frio e com fome. A frota transportou suprimentos e reforços, aumentando a força de Apraxin para 23 mil membros. Pedro, após estudar os planos do cerco e instruir Apraxin a tomar a cidade a qualquer custo, retornou a São Petersburgo em uma pequena embarcação que por pouco não foi capturada por um navio de guerra sueco.

Durante o mês seguinte, o czar ficou mais uma vez doente em São Petersburgo. No início de junho, descobrindo que o cerco em Vyborg estava chegando ao fim, ele escreveu a Apraxin: "Soube que você está planejando fazer a investida hoje. Se já começou, que Deus o ajude. Mas, se a data não estiver fixada, então espere até domingo ou segunda-feira, quando poderei estar aí, pois hoje é o último dia em que tomarei o remédio e amanhã estarei liberado".

Em treze de junho de 1710, Vyborg, com sua tropa de 154 oficiais e 3.726 homens, caiu diante de Apraxin. Pedro chegou bem em tempo de testemunhar a rendição. A subsequente limpeza e ocupação permanente de Kexholm e de todo o Istmo da Carélia ofereceu uma proteção de 160 quilômetros a São Petersburgo, o que significou que o "sagrado paraíso" do czar já não estaria sujeito a ataques-surpresa de exércitos suecos vindos do norte. Aliviado e feliz, Pedro escreveu de Vyborg a Sheremetev: "E assim, pela tomada da cidade, a segurança final foi conquistada para São Petersburgo". A Catarina, ele escreveu: "Agora, com a ajuda de Deus, temos uma forte proteção para São Petersburgo".[2]

O Báltico se rendeu durante o verão de 1710. Em dez de julho, a grande cidade de Riga, com sua tropa de 4.500 homens, caiu diante de Sheremetev após um cerco de oito meses. A cidade havia sido atingida por oito mil projéteis de morteiros russos e a tropa foi dizimada por fome e doenças – o que Pedro chamou de "a ira de Deus". Embora o acordo com czar com Augusto tivesse entregado Livônia e Riga à Polônia, Pedro agora havia decidido que a cidade e as províncias haviam sido conquistadas com o sangue russo em Poltava, durante o período em que Augusto não era o rei da Polônia e um aliado da Rússia. Assim, o czar decidiu mantê-las. E se tornaria um soberano tolerante desses territórios. Embora tenha exigido um juramento de fidelidade da nobreza do Báltico e dos comerciantes de Riga, ele prometeu respeitar todos os antigos privilégios, direitos, costumes, posses e imunidades. As igrejas continuariam sendo luteranas, e o alemão permaneceria a língua da administração da província. Por muitos anos, o problema essencial dessas províncias foi apenas a sobrevivência. A guerra havia reduzido a terra e as cidades a um semideserto, mas a nobreza e a pequena nobreza não ficaram insatisfeitas de trocar um soberano sueco por um soberano russo.

Três meses após a queda de Riga, Reval – o último dos frutos de Poltava – rendeu-se. Pedro estava extremamente feliz. "A última cidade agora se rendeu e a Livônia e a Estônia estão totalmente livres do inimigo", ele escreveu. "De forma sucinta, o inimigo não possui mais nenhuma cidade do lado esquerdo do Báltico, nem um centímetro de terra sequer. Agora é nossa incumbência orar para o Senhor Deus nos conceder a paz."

---

2   Ao longo dos anos, os russos continuaram tentando proteger São Petersburgo, mais tarde Leningrado, de ameaças vindas daquela direção. Durante 109 anos, enquanto a Finlândia era um grão-ducado da Rússia Imperial, a ameaça deixou de existir, mas, em 1918, ela conquistou a independência e Vyborg e Carélia foram anexados ao novo Estado. O governo soviético sentiu a exposição de Leningrado, sua segunda maior cidade, agora a apenas trinta quilômetros da fronteira sueca, e desejou, como Pedro havia desejado, uma "área de amortecimento" maior. Em 1940, a União Soviética atacou a Finlândia a princípio para reconquistar esse território. Inicialmente, a Guerra Soviético-Finlandesa foi infeliz para os soviéticos. Os finlandeses lutaram corajosamente e atraíram a admiração do Ocidente. O exército soviético, com seu corpo de oficiais corroído pelos expurgos de Stálin, foi contido. Por fim, o peso esmagador dos números teve seu efeito e o Exército Vermelho passou pela Linha Mannerheim. A paz que se seguiu estabeleceu uma nova fronteira aproximadamente no mesmo local onde ela estava nos tempos de Pedro. Essa espaço de proteção extra ajudou a salvar Leningrado durante o cerco de novecentos dias à cidade, entre 1941 e 1943 pelos exércitos nazista e finlandês. (N. A.)

PARTE QUATRO

NO PALCO EUROPEU

XL

O MUNDO DO SULTÃO

PEDRO TEVE UMA SORTE extraordinária por, enquanto czar da Rússia, nunca ter precisado enfrentar dois inimigos simultaneamente. A Polônia, inimiga tradicional de Moscou, havia sido transformada em aliada por um tratado de 1686. A guerra com a Turquia, reacendida pelas duas campanhas de Pedro para capturar Azov, fora suspensa por um armistício de trinta anos assinado por Augusto em 1700, depois do qual o czar pôde se unir à Polônia e à Dinamarca em um ataque contra a Suécia. Ao longo dos perigosos anos que antecederam Poltava, quando Carlos XII parecia invencível e uma aliança turco-sueca teria selado o destino da Rússia, o sultão manteve a paz. Somente após Poltava, quando o exército sueco havia se desintegrado em uma coluna de prisioneiros, o Império Otomano decidiu ponderadamente declarar guerra ao czar. Mesmo assim, por conta do eterno otimismo por parte de Pedro e da traição de um de seus novos aliados cristãos dos Balcãs, essa campanha trouxe resultados quase catastróficos para a Rússia.

O IMPÉRIO OTOMANO, COM cada um de seus hectares conquistado pela espada, estendia-se por três continentes. O alcance do governo do sultão era maior do que o do imperador romano, abarcando todo o sudeste da Europa. Estendia-se a oeste por toda a costa da África até a fronteira com o Marrocos. Tocava as encostas do mar Cáspio, o mar Vermelho e o Golfo Pérsico. O mar Negro era um lago otomano. Grandes cidades, tão distantes e tão diferentes quanto Argel, Cairo, Bagdá, Jerusalém, Atenas e Belgrado eram governadas por Constantinopla. Vinte e uma nações modernas foram criadas em territórios que anteriormente pertenciam ao Império Otomano.[1]

Dentro dessa imensa área de montanhas, desertos, rios e vales férteis viviam cerca de 25 milhões de pessoas, um número alto para a época, quase o dobro da população de qualquer império ou reino europeu, com a exceção da França. O império era muçulmano; ele cercava, no calor da Arábia, as cidades sagradas de Meca e Medina, cujos santuários eram responsabilidade pessoal do sultão como califa para protegê-los. Entre os povos islâmicos, os turcos otomanos eram a minoria dominante, mas também havia árabes, curdos, tártaros da Crimeia, circassianos, bósnios e albaneses. O sultão também governava milhões de súditos cristãos: gregos, sérvios, húngaros, búlgaros, valáquios e moldávios.

Quase necessariamente, os laços políticos que ligavam esses povos poliglotas e as religiões eram flexíveis. O sultão governava a partir de Constantinopla, mas seu governo era administrado localmente por um grupo de paxás, príncipes, vice-reis, beis, cãs e emires, alguns autônomos em tudo, menos no nome. Os príncipes cristãos das ricas províncias de Valáquia e Moldávia, no Báltico, localizadas entre o Danúbio e os Cárpatos (atual Romênia), eram escolhidos pessoalmente pelo sultão, mas, uma vez tendo assumido o poder, sua aliança era manifestada unicamente pelo pagamento de tributos anuais. Todos os anos, carroças repletas de ouro e outras moedas como impostos chegavam do norte à Sublime Porta em Constantinopla. O cã tártaro da Crimeia governava sua península como senhor absoluto em sua capital, Bakhchysarai, apenas com a obrigação de entregar entre vinte e trinta mil cavaleiros quando solicitados para as guerras do sultão. Quase dois mil quilômetros a oeste, os estados bárbaros de Trípoli, Túnis e Argélia obedeciam seu senhor otomano nas guerras ao desviar seus ágeis navios corsários, normalmente envolvidos em pirataria lucrativa contra todas as nações durante os tempos de paz, para atacar as frotas das grandes potências navais cristãs, Veneza e Genova.

No século XVI, sob o governo do sultão Solimão, o Magnífico (1520-1566), o Império Otomano alcançou seu apogeu. Foi uma era de ouro para Constantinopla, quando enormes riquezas fervilhavam na cidade, uma dúzia de belas mesquitas foram construídas e reluzentes palácios do prazer se espalharam pelas encostas do Bósforo e do mar de Mármara. O próprio Solimão era pa-

---

[1] Turquia, Grécia, Bulgária, Romênia, Iugoslávia, Hungria, Albânia, Síria, Líbano, Jordânia, Israel, Áden, Kuwait, Egito, Sudão, Líbia, Iraque, Iémen, Tunísia, Argélia, Chipre, isso sem mencionar grandes áreas da Ucrânia Soviética, Crimeia, Cáucaso, Armênia e Geórgia. (N. A.)

trono da literatura, das artes e da ciência; adorava música, poesia e filosofia. No entanto, antes de qualquer coisa, era um guerreiro. Ao longo da grande estrada militar que levava ao norte até Belgrado, Buda e por fim Viena, os exércitos otomanos marcharam, deixando mesquitas e minaretes espalhados pelas colinas e vales dos Bálcãs. Enfuriado por esses sinais visíveis de ocupação muçulmana, os reinos cristãos do Ocidente viam os turcos como opressores dos gregos e de outros povos cristãos do leste. Entretanto, o Império Otomano, mais generoso nesse aspecto do que a maioria dos reinos ocidentais, tolerava outras religiões diferentes da sua. O sultão reconheceu formalmente a Igreja Grega e a jurisdição do patriarca e dos arcebispos, e mosteiros ortodoxos mantiveram suas propriedades. Os turcos preferiam governar por instituições políticas locais e, em troca dos tributos, as províncias cristãs tinham o direito de manter seus próprios sistemas de governo, posições e estruturas de classes.

De forma curiosa, os súditos cristãos eram os mais bem-vistos pelos turcos otomanos: eles os recrutavam para tomar posições na administração imperial central e para formar regimentos especiais da guarda do sultão, os janízaros. Nas províncias dos Bálcãs, a conversão à fé islâmica era a chave para o sucesso dos jovens garotos cristãos que eram enviados – inicialmente à força – às escolas islâmicas para receber uma educação rigorosa criada com o objetivo de apagar todas as memórias de mãe, pai, irmãos e irmãs e erradicar qualquer traço de cristandade. Sua única fidelidade era ao Alcorão e ao sultão, e esses jovens tornavam-se um corpo de seguidores destemidos e devotos, disponíveis para qualquer serviço. Os mais inteligentes poderiam chegar a servir como pajens no palácio ou aprendizes no serviço civil, ou talvez chegassem ao topo da administração imperial. Muitos homens distintos seguiram esse caminho, e o poderoso Império Otomano era, com frequência, administrado por homens que haviam nascido cristãos.

Todavia, a maioria desses rapazes entrava para os regimentos das guardas, os janízaros. Como garotos, e depois como soldados, viviam em barracas, proibidos de se casar ou de ter filhos para que sua total devoção fosse entregue ao sultão. Em termos de status, os janízaros eram escravos; as barracas eram sua casa; o Alcorão, sua religião; o sultão, seu mestre; a guerra, sua profissão. Nos primeiros séculos do império, eram como uma ordem de monges militares fanáticos, empenhados em combater os inimigos de Alá e do sultão. Formavam, nos exércitos otomanos, um corpo de aço de infantaria extremamente treinada e dedicada, superior a qualquer força da Europa até o advento do novo exército francês de Luís XIV.

Um grupo de janízaros formava uma imagem colorida. Usavam chapéus vermelhos bordados com ouro, blusas brancas, calças largas e botas amarelas. Os janízaros da guarda pessoal do sultão eram distinguidos por suas botas vermelhas. Nos tempos de paz, carregavam apenas uma cimitarra, mas, em batalha, cada um podia usar a arma que preferisse: lança, espada, arcabuz ou, posteriormente, mosquete.

No século XIV, havia doze mil janízaros; em 1653, a estimativa era de 51.647. Conforme os séculos transcorreram, os mais velhos passaram a poder se aposentar, casar-se e constituir família. Famílias islâmicas e também cristãs imploravam por ter seus filhos aceitos no exército e, com o tempo, o privilégio foi limitado aos filhos ou familiares de antigos janízaros, que acabaram se tornando uma classe privilegiada e hereditária. Nos tempos de paz, envolviam-se com o comércio, assim como aconteceu com os Streltsi. Por fim, como os regimentos das guardas imperiais de muitos países, tornaram-se um perigo maior para seus próprios senhores do que para os inimigos. Grão-vizires e até mesmo sultões ascendiam e caíam de acordo com a vontade dos janízaros até que, em 1826, eles foram finalmente abolidos.

VISTA DO MAR, a cidade histórica de Constantinopla parecia um jardim imenso e florido. Erguendo-se das águas azuis do Bósforo e do Mar de Mármara, suas cúpulas e minaretes brotando em meio aos ciprestes verde-escuros e às árvores frutíferas formavam uma das mais belas cidades do mundo. Hoje em dia, como Istambul, ela permanece viva, mas deixou de ser a capital; o governo republicando da Turquia, para se purgar dos pecados da cidade, descolou-se para a austera e puritanamente moderna Ancara, no centro do planalto da Anatólia. Todavia, no século XVII, Constantinopla era a capital do mundo islâmico, o centro militar, administrativo, comercial e cultural do poderoso Império Otomano. Com uma população de setecentos mil habitantes, maior do que qualquer cidade da Europa, mesclando muitas raças e religiões, a cidade era pontilhada por enormes mesquitas, colégios, bibliotecas, hospitais e banhos públicos. Seus empórios e cais eram repletos de produtos vindos de todos os cantos do mundo. Os parques e jardins encontravam-se repletos de flores e árvores frutíferas. Na primavera, rosas selvagens brotavam e rouxinóis cantavam nas cercas vivas.

Olhando a cidade de um ponto alto onde o Corno de Ouro separa o Bósforo do Mar de Mármara estava o Palácio de Topkapi, o serralho do sultão. Ali, atrás das muralhas altas, havia dezenas de construções: galpões, cozinhas, mesquitas, jardins com fontes borbulhantes e longas fileiras de ciprestes cercadas com camas de rosas e tulipas. Uma cidade dentro da cidade, existindo apenas para o prazer de um único homem, o serralho fazia enormes exigências ao mundo lá fora. Todos os anos, de todas as províncias do império, vinham navios e carroças repletos de arroz, açúcar, ervilhas, lentilhas, pimentas, café, macaroons, tâmaras, açafrão, mel, sal, ameixas em suco de limão, vinagre, melancias e, em apenas um ano, 780 carroças de neve. Dentro dessa cidade, cinco mil servos atendiam às necessidades do sultão. Sua mesa era responsabilidade do diretor assistente do guardanapo, auxiliado pelo auxiliar de bandejas sênior, o auxiliar das frutas, o auxiliar do picles e o criador de sherbets, o diretor dos preparadores de café e o servidor de água (como islâmicos, os sultões eram abstêmios). Também havia o dobrador de turbantes e os assistentes do dobrador de turbantes, o zelador dos roupões do sultão, os chefes de lavanderia e banho. O chefe dos barbeiros tinha sua equipe e um manicure que cuidava das unhas do sultão todas as quintas-feiras. Além desses funcionários, havia acendedores de cachimbos, abridores de portas, músicos, jardineiros, cavalariços e até mesmo um grupo de anões e mudos que o sultão usava com mensageiros – os últimos sendo especialmente úteis para atender o sultão em momentos confidenciais.

Por mais que estivesse escondido dos olhos dos súditos, o serralho de fato não passava de uma camada exterior de um mundo interno ainda mais protegido: o harém. O termo árabe *harim* significa "proibido", e o harém do sultão era proibido a todos que não fossem o próprio sultão, seus convidados, as mulheres que ali viviam e os eunucos que as guardavam. Só podia ser acessado pelo serralho ao percorrer uma única passagem com quatro portas trancadas, sendo duas de ferro e duas de bronze. Cada porta era guardada durante dia e noite por eunucos que mantinham as únicas chaves. Ao final dessa passagem havia um intrincado labirinto de aposentos luxuosos, corredores, escadas, portas secretas, pátios, jardins e piscinas. Como muitos dos cômodos eram cercados por outros cômodos de todos os lados, a luz passava por vitrais nas claraboias e janelas. Nos aposentos reais, paredes e tetos eram cobertos por estampas intricadas compostas por azulejos de Niceia. O chão era coberto com tapetes turcos brilhantes e divãs baixos, nos quais os habitantes podiam se sentar com as pernas cruzadas enquanto bebiam café turco e comiam frutas frescas. Nos cômodos onde o sultão poderia querer falar confidencialmente com um conselheiro, existiam fontes para que o som da água corrente evitasse que as palavras caíssem nos ouvidos errados.

O harém era um mundo fechado de disfarces, fofocas, intrigas e – no momento em que o sultão escolhesse – sexo. Entretanto, também era um mundo rigidamente governado por protocolos e hierarquia. Até os tempos de Solimão, o Magnífico, os sultões se casavam. A religião islâmica lhes permitia ter quatro esposas. Entretanto, a esposa de Solimão, uma ruiva russa chamada Roxelana, havia interferido tanto nas questões de Estado que, depois disso, os sultões otomanos passaram a não se casar. A mãe do sultão, portanto, tornou-se a governante do harém. Os turcos acreditavam que "o paraíso estava aos pés da mãe" e que, independentemente de quantas esposas ou concubinas um homem pudesse ter, havia apenas uma mãe, e ela tinha um lugar único em sua vida. Às vezes, quando o sultão era jovem ou fraco, sua mãe emitia ordens em seu nome diretamente ao grão-vizir. Abaixo da mãe do sultão estava a mãe do herdeiro aparente, se houvesse um e, então, as outras mulheres que haviam tido filhos homens do sultão. Por fim, vinham as odaliscas ou concubinas. Todas essas mulheres, pelo menos tecnicamente, eram escravas e, como as mulheres islâmicas não podiam ser escravizadas, todas as mulheres do harém acabavam sendo estrangeiras: russas, circassianas, venezianas, gregas. A partir do fim do século XVI, a maioria veio do Cáucaso, porque as mulheres de olhos azuis dessa região eram famosas por sua beleza. Uma vez que passasse pelas portas do harém, a mulher permanecia ali para sempre. Não havia exceções.

Ao entrar no harém, em geral com dez ou onze anos, a jovem era rigorosamente treinada em charmes femininos por mulheres mais velhas e experientes. Uma vez totalmente educada, a garota esperava o momento de aprovação preliminar, quando o sultão jogava um lenço aos seus pés e ela se tornava *gozde* ("a favorita"). Nem todas as gozdes chegavam ao momento supremo no qual eram convocadas a se tornar *ikbal* ("levada para a cama"), mas as que alcançavam essa posição recebiam seus próprios aposentos, servos, joias, vestidos e uma pensão. Como todas as mulheres do harém eram totalmente dependentes do quanto agradavam ao sultão, elas se mostravam ansiosas pela oportunidade de chegar à cama dele e, uma vez lá, desesperadas para agradar. Tanto que vários sultões, fartos com dias e noites infinitos das paixões oferecidas por pelotões de mulheres ansiosas e adoradoras, simplesmente ficavam loucos.[2]

Nesse mundo particular de mulheres, nenhum homem, exceto o sultão, tinha o direito de penetrar. O harém era tão exclusivo que, de acordo com um ditado popular turco, se o sol não fosse uma dama, nem mesmo ele teria o direito de entrar. Assegurar essa exclusividade era a tarefa dos eunucos do harém. Originalmente, eles eram brancos, a maioria trazida, assim como as mulheres, do Cáucaso. No entanto, já no início do século XVII, os duzentos eunucos que guardavam o harém eram negros, sendo a maior parte trazida com as caravanas anuais de escravos vindos da parte superior do Nilo e castrados perto de Assuão, conforme desciam paralelamente ao rio. Ironicamente, como a religião islâmica proibia a castração, a tarefa era realizada pelos coptas, uma seita cristã que vivia na região. Essas crianças mutiladas eram entregues pelos governadores e vice-reis da parte baixa do Egito como presentes ao sultão.

Em teoria, os eunucos eram escravos e servos das mulheres do harém, que também eram escravas. Todavia, eles com frequência ganhavam grande poder por conta de sua proximidade com o sultão. Nas incessantes intrigas da corte, a aliança de mulheres e eunucos era capaz de influenciar fortemente a entrega de favores e de posições públicas. Por fim, o chefe dos Eunucos Negros, conhecido como "Agá das Mulheres" ou "Agá da Casa da Felicidade", frequentemente exercia um grande papel nas questões de Estado, tornando-se tirano de todo o serralho e por vezes chegando à terceira posição em termos de poder no império (depois do sultão e do grão-vizir). O agá dos Eunucos Negros sempre vivia com fartura, tendo muitos privilégios e uma grande equipe que incluía um grupo de jovens escravas cujas tarefas, devemos dizer, seriam difíceis de imaginar.

Dentro do harém, como em todos os outros lugares do império, o sultão era tratado como um semideus. Nenhuma mulher tinha o direito de encontrar-se com ele se não fosse convocada. Quando ele se aproximava, aqueles em seu caminho tinham de esconder-se rapidamente. Para avisar que estava se aproximando, um dos sultões usava chinelos com solas de prata que faziam barulho ao bater contra o chão de pedra. Quando queria se banhar, ele ia pri-

---

[2] Alguns sultões otomanos mantinham, além de mulheres, jovens garotos em seus haréns. Entretanto, embora seja verdade que certos sultões turcos tivessem preferências homossexuais, assim como alguns reis cristãos, a maioria deles preferia as mulheres. O harém era uma reserva impressionante de mulheres. (N. A.)

meiro à sua sala de despir, onde suas roupas eram tiradas por jovens escravas; em seguida, seguia até a sala de massagem, onde seu corpo era ungido e massageado; depois, deslocava-se até a sala de banho composta por uma banheira de mármore, fontes de água quente e fria e torneiras de ouro. Ali, se ele assim desejasse, seu corpo era lavado, uma tarefa em geral entregue a mulheres mais velhas. Por fim, o sultão era vestido e perfumado, novamente por garotas mais jovens. Quando queria festejar, ele recorria à sala de audiências, um cômodo amplo, com paredes cobertas por azulejos azuis e o chão, por tapetes vermelhos. Ali, sentava-se em seu trono enquanto sua mãe, suas irmãs e filhas ficavam nos sofás, e as *ikbal* e *grodze* ajeitavam-se em almofadas no chão à sua frente. Se houvesse dançarinas e música, os músicos da corte poderiam ser convidados a participar, mas, nessas ocasiões, eles tinham os olhos cuidadosamente vendados para proteger as mulheres do harém. Mais tarde, uma galeria foi construída para os músicos na parte de cima da sala de audiências, com as paredes tão altas que somente a música passava por elas.

Era nessa sala de audiências que o sultão ocasionalmente recebia embaixadores estrangeiros. Nesses momentos, ele se sentava no trono de mármore, usando um longo manto de tecido dourado enfeitado com zibelina e um turbante branco com penachos pretos e brancos, além de uma esmeralda gigante. Sentava-se sempre com o rosto de perfil para que nenhum infiel pudesse ver o rosto inteiro da Sombra de Deus na Terra.

Ao LONGO DE SUA história, o Império Otomano foi um Estado guerreiro. Todos os poderes estavam nas mãos do sultão. Quando ele era forte e talentoso, o império prosperava. Quando era fraco, o império decaía. Não surpreendentemente, a vida no harém, cercada por mulheres adoradoras e eunucos aduladores, tomou muita da força de um povo que havia começado com guerreiros conquistadores. Uma segunda circunstância tendeu, conforme a história do império se desenrolava, a diminuir a qualidade dos sultões governantes. Ironicamente, isso começou com um ato de misericórdia. Até o século XVI, era tradição otomana que, dos muitos filhos do sultão, aquele que sucedesse o trono imediatamente estrangularia todos os irmãos, de modo a remover qualquer ameaça ao seu posto. O sultão Murad III, que governou de 1574 a 1595, teve mais de cem filhos e deixou vinte deles vivos. O mais velho, sucessor ao trono como Mehmed III, estrangulou seus dezenove irmãos e também, para ter certeza de que estava liquidando qualquer possível competição, assassinou sete das concubinas de seu pai que estavam grávidas. Em 1603, todavia, o novo sultão, Ahmed I, deu fim a esse terrível ritual recusando-se a estrangular seus irmãos. Em vez disso, para mantê-los inócuos, prendeu-os em um pavilhão especial chamado de "A Gaiola", onde eles viveram sem qualquer comunicação com o mundo exterior. Depois disso, todos os príncipes muçulmanos passaram o tempo que lhes restava de vida nesse lugar, na companhia de eunucos e concubinas — as quais, para evitar o nascimento de filhos, deviam já não ter idade para engravidar. Se, por acidente, uma criança fosse concebida, ela não tinha o direito de confundir a árvore genealógica real sobrevivendo. Assim, quando um sultão morria ou era eliminado sem deixar um filho, um irmão seria convocado do isolamento e proclamado como a nova Sombra de Deus na Terra. Em meio a esses homens reais ignorantes e não agressivos, nem os janízaros, nem os grão-vizires costumavam encontrar alguém com a capacidade intelectual ou os conhecimentos políticos adequados para governar o império.

Durante todo o tempo, mas especialmente quando o sultão era fraco, o Império Otomano era efetivamente governado pelo grão-vizir. De uma enorme construção erguida em 1654 próxima ao serralho e conhecida pelos europeus como a Sublime Porta, o grão-vizir controlava a administração e as forças armadas do império – de fato, controlava tudo, menos o serralho. Em teoria, o grão-vizir era servo do sultão. Sua nomeação era simbolizada pela aceitação de um anel de sinete entregue pelo próprio sultão; sua demissão era representada pela tomada desse selo imperial. Na prática, todavia, o grão-vizir governava o império. Nos tempos de paz, ele era o principal executivo e magistrado. Na guerra, comandava o exército otomano no campo, assistido pelo agá dos janízaros e o capitão paxá da marinha. Presidia seu conselho, o Divã, em uma sala de audiências ampla e abobadada, cujas paredes eram adornadas com mosaicos, arabescos e enfeites azuis e dourados dependurados. Ali, em um banco circulando o perímetro do salão, sentavam-se os grandes oficiais da Porta; as cores de seus mantos de mangas largas e forrados de pele (verde, violeta, prateado, azul, amarelo) denotava a posição social de cada um. No centro sentava-se o grão-vizir, usando um manto de seda branca e um turbante preso com ouro.

O gabinete do grão-vizir reunia um poder enorme – em algumas ocasiões, eles foram capazes de tramar a queda dos sultões –, mas também guardava riscos enormes e oferecia pouca perspectiva de uma morte tranquila. A derrota na guerra era culpa do grão-vizir e era inevitavelmente seguida por demissão, exílio e, não raro, estrangulação. Somente um mestre da intriga era capaz de permanecer nessa posição. Entre 1683 e 1702, doze grão-vizires entraram e saíram pela Sublime Porta.

Mesmo assim, no início do século XVII, foram os grão-vizires que salvaram o império enquanto os sultões permaneciam nos haréns entregando-se a seus desejos e fantasias.[3] Do lado de fora, o poder otomano havia decaído tanto que os navios venezianos cruzavam o Dardanelos enquanto "gaivotas" corsárias dos cossacos do Dnieper saqueavam a entrada ocidental do Bósforo. O império, borbulhando em corrupção e dissolvendo-se em anarquia, foi resgatado pela habilidade do que correspondeu a uma dinastia de grão-vizires: pai, filho e cunhado.

Em 1656, com o império à beira do colapso, a hierarquia do harém relutantemente apontou como grão-vizir um albanês severo de 71 anos chamado Korpulo, que resolvia problemas de forma implacável: algo entre cinquenta e sessenta mil execuções expurgaram as fraudes e a corrupção da administração otomana. Cinco anos depois, quando ele morreu, o declínio das fortunas do império havia cessado. Sob a administração de seu filho, Ahmed Korpulu, e posteriormente de seu cunhado, Kara Mustafá, ocorreu uma breve restauração do poder otomano. As frotas e os exércitos dos impérios cristãos (Áustria, Veneza e Polônia) foram afastados. Em 1683, respondendo a um apelo da Hungria por ajuda contra o imperador Leopoldo, Kara Mustafá decidiu tomar Viena. Um exército de mais de duzentos mil homens sob um estandarte com fios de crina de cavalo, comandado pelo próprio Kara Mustafá, marchou pelo Danúbio, conquistou a Hungria e, pela segunda vez na história dos otomanos, parou diante das muralhas de Viena. Ao longo do verão de 1683, a Europa observou ansiosamente. Regimentos de soldados dos estados alemães foram alistados sob o estandarte do imperador Habsburgo para lutar contra os turcos. Até mesmo Luís XIV, normalmente inimigo dos habsburgos e aliado secreto dos turcos, não conseguiu ajudar a salvar a grande cidade cristã. Em doze de setembro de 1683, um exército de socorro aliado atacou as linhas

---

3 Um sultão, Ibrahim, o Louco, revestiu sua barba em uma rede de diamantes e passava seus dias jogando moedas de ouro para os peixes no Bósforo. Ele não queria ver ou sentir nada além de peles, e criou um imposto especial para a importação de zibelina da Rússia para que pudesse cobrir as paredes de seus aposentos com essas peles preciosas. Concluindo que, quanto maior uma mulher, mais desfrutável ela seria, ele e seus agentes buscaram no império a mulher mais gorda que conseguiram encontrar. Trouxeram a ele uma armênia enorme, que o fascinou tanto a ponto de ele distribuir riquezas e honras para ela e finalmente transformá-la em governadora geral de Damasco. (N. A.)

de cerco turcas pela retaguarda, forçando-as a fugir pelo Danúbio. Por ordem do sultão, Kara Mustafá foi estrangulado.

Os anos que se seguiram à expulsão de Viena foram desastrosos para os turcos. Buda e depois Belgrado caíram, e os exércitos austríacos encontravam-se cada vez mais próximos de Adrianópolis. O grande almirante veneziano Francesco Morosini capturou o Peloponeso, avançou pelo Istmo de Corinto e preparou o cerco de Atenas. Infelizmente, durante esse bombardeio, uma das balas atingiu o Partenon, que os turcos estavam usando como depósito de pólvora. Em 26 de setembro de 1687, a construção, ainda largamente intacta, explodiu e foi reduzida a seu estado atual.

Em 1703, o sultão Mustafá III foi deposto pelos janízaros em favor de seu irmão de 33 anos, Ahmed III, que chegou ao trono após sair do isolamento da "Gaiola" e governou por 27 anos. Esteta, instável, rabugento, grandemente influenciado por sua mãe, ele gostava de mulheres, poesia e de pintar flores. Tinha paixão por arquitetura e construiu belas mesquitas para agradar seu povo e belos jardins para agradar a si mesmo. Ao longo do Corno de Ouro, ergueu uma série de luxuosos pavilhões de prazeres, alguns com design chinês, outros com design francês, onde se sentava à sombra de uma árvore e, na companhia de suas concubinas, ouvia declamações de poesia. Ahmed amava o teatro; no inverno, sofisticadas peças chinesas de teatro de sombras eram encenadas, seguidas pela distribuição de joias, doces e vestes de honra. No verão, elaboradas simulações de batalhas navais e espetáculos de fogos de artifício aconteciam. A mania pelas tulipas tomou conta de sua corte. Nas noites de primavera, em jardins iluminados por lampiões ou banhados pela luz da lua, o sultão e sua corte, acompanhados por músicos, andavam pisando cuidadosamente sobre centenas de tartarugas que se arrastavam com velas acesas sobre seus cascos em meio às tulipas e pela grama.

Nesse ambiente afastado e perfumado, Ahmed III viveu durante os anos em que observou o império ativo e turbulento de Pedro da Rússia. Embora o reinado de Ahmed tenha durado mais do que o do czar, seu fim teve um tempero distintamente otomano. Em 1730, com o império mais uma vez em desordem, Ahmed pensou em agradar seus inimigos ordenando que o grão-vizir da época, que por acaso também era seu cunhado, fosse estrangulado e seu corpo entregue ao povo. Essa atitude só fez adiar temporariamente o destino do próprio Ahmed. Logo depois, ele foi deposto e sucedido por seu sobrinho, que o envenenou.

XLI

O LIBERTADOR DOS CRISTÃOS NOS BÁLCÃS

Na segunda metade do século XVII, um novo e bastante inesperado perigo surgiu ao norte para ameaçar o Império Otomano. A Rússia moscovita crescia em poder e pressagiava a ameaça ao trono da Sombra de Deus. Tradicionalmente, os turcos olhavam com desdém para os moscovitas; não eram eles, mas seus vassalos, os tártaros da Crimeia, que lidavam com o povo de Pedro. De fato, a ordem de ascendência era tal que os tártaros da Crimeia, tributários do sultão, recebiam tributos do czar. Para os cãs da Crimeia, a Moscóvia era um campo de fornecimento de escravos e gado, tomados nos grandes ataques tártaros anuais contra a Ucrânia e a Rússia meridional.

O fato de o Império Otomano ter sido capaz de demonstrar essa indiferença com relação ao reino russo devia-se ao envolvimento de Moscou com outros inimigos. Os dois mais numerosos povos cristãos na Europa Oriental, os russos ortodoxos e os católicos poloneses, enfrentavam-se há gerações. Entretanto, em 1667, ocorreu uma mudança que desagradou o sultão: russos e poloneses resolveram suas diferenças, pelo menos temporariamente, para se unirem contra os turcos. E foi em 1686 que o rei Ian Sobieski da Polônia, ansioso por enfrentar o Império Otomano, entregou temporariamente (e a transferência viria a se tornar permanente) a cidade de Kiev à regente Sofia em troca da aderência russa a uma aliança entre Polônia, Áustria e Veneza contra a Turquia.

Incitada por seus aliados, a Rússia finalmente deu início à ação militar nesta guerra. As ofensivas lançadas contra os tártaros da Crimeia em 1677 e 1689, ambas comandadas pelo favorito de Sofia, Vassili Golitsyn, acabaram falhando. Em Constantinopla, a insignificância do poder militar russo pareceu ser mais uma vez confirmada, ao passo que, em Moscou, as falhas de Golitsyn precipitaram uma mudança de poder. A revelação da fraqueza de Sofia levou à queda da regente e à chegada do partido Naryshkin (em nome de Pedro) ao poder. Depois disso, enquanto o jovem czar reunia soldados, construía embarcações e visitava Arcangel, as relações entre Rússia e Turquia permaneceram quietas. Tecnicamente, os países ainda estavam em guerra, mas, na verdade, não se enfrentavam.

Quando Pedro tornou-se maior de idade, descobriu na aliança anti-Turquia e na guerra infinita a oportunidade de realizar um sonho pessoal: invadir o sul e colocar uma frota para velejar pelo Mar Negro. As duas campanhas de verão (de 1695 e 1696) contra Azov foram as primeiras investidas russas não contra os tártaros, mas contra fortalezas turcas protegidas por soldados turcos. O sucesso de Pedro em sua segunda tentativa deixou o governo do sultão alarmado: os navios de guerra russos pareciam mais perigosos do que os soldados russos. Agora, o czar havia limpado a foz do Don e estava reunindo uma frota em Tagonrog e Azov, mas – felizmente, do ponto de vista turco – as fortalezas otomanas ainda comandavam o Estreito de Kerch e evitavam que esses navios velejassem no Mar Negro.

Oficialmente, é obvio, foi para reacender a guerra, para revigorar os aliados e talvez encontrar novos parceiros que Pedro deu início à sua Grande Embaixada em 1697. Como já vimos, ele falhou nesse propósito e, uma vez que seus aliados assinaram um tratado de paz em Carlowitz, a Rússia, um combatente menor, foi deixada para alcançar a paz com os turcos da melhor forma que conseguisse. Tendo negado os frutos que almejava alcançar, o czar nunca perdoou os austríacos por o haverem desertado em Carlotwitz. "Eles dão tanta atenção à minha presença quanto dariam à de um cachorro", reclamou amargamente. "Nunca vou me esquecer do que fizeram comigo. Senti isso e saí de mãos vazias."

Apesar da incompletude das conquistas de Pedro, Azov alcançaria vastas consequências. Sendo a primeira vitória russa sobre os turcos, ela demonstrou pelo menos uma superioridade local e temporária sobre um poder que os moscovitas sempre haviam tratado com circunspecção. Felizmente para a Rússia, nenhum grande sultão ou grão-vizir como aqueles do passado otomano assumiu o poder durante os tempos de Pedro. O grande poder a sul da Rússia estava sonolento, mas permanecia sendo de tamanho colossal, ainda possuidor de enormes recursos e, quando provocado, capaz de empurrar um peso esmagador contra seus vizinhos.

Foi esse gigante letárgico, mas ainda formidável, que desafiou Pedro em 1711 com sua marcha rumo aos Bálcãs.

EM 1710, A TRÉGUA de trinta anos com a Turquia, assinada às vésperas da Grande Guerra do Norte, já se estendia por dez anos; mesmo quando Pedro parecia mais vulnerável, essa trégua fora mantida. Pedro Tolstói, o embaixador permanente de Pedro – e da Rússia – em Constantinopla, era o homem mais responsável por essa sorte. Um retrato de Tolstói mostra um homem com olhos azuis sagazes, sobrancelhas grossas e negras, testa avantajada e uma peruca ocidental grisalha. Seu rosto limpo é sereno. Tudo naquele homem irradia vigor, tenacidade, autoconfiança e sucesso.

Tolstói precisou dessas qualidades e também de uma boa quantidade de sorte para desviar das armadilhas encontradas em uma carreira longa e de destaque. Nascido em 1645 em uma família da pequena aristocracia, de início permaneceu ao lado dos Miloslavski, apoiando ardentemente a regente Sofia em seu confronto com o jovem czar Pedro em 1689, mas passou para o lado vencedor pouco antes de o conflito chegar ao fim. Pedro, sem confiar totalmente em seu novo partidário, enviou-o para governar a distante província de Ustiug, ao norte. Ali, como governador, tornou-se obrigação de Tolstói entreter o czar durante os verões de 1693 e 1694, enquanto ele viajava para Arcangel e de lá voltava. Tolstói causou uma boa impressão, que reforçou ao servir competentemente na segunda campanha contra Azov. Por fim, em 1696, ganhou as graças de Pedro quando, embora estivesse com 52 anos e fosse pai de família, voluntariou-se para viajar a Veneza com o objetivo de estudar construção naval e navegação. Aprendeu algumas lições e cruzou o Mediterrâneo, mas uma consequência mais importante foi o fato de ele ter aprendido a falar italiano e passado a compreender um pouco da vida e da cultura ocidentais, conhecimentos úteis em sua carreira subsequente de diplomata. Astuto, calmo, oportunista, um homem que, para os padrões russos, era culto e sofisticado, Tolstói tornou-se imensamente útil ao czar. Reconhecendo essas qualidades, Pedro lhe entregou uma das tarefas mais complicadas de seu reinado: a longa missão a Constantinopla e, mais tarde, a sedução para o retorno à Rússia do czarevich Aleixo. Valorizando esse talento e esse servo útil, Pedro concedeu a Tolstói o título hereditário de conde, mas nunca se esqueceu completamente da oposição inicial daquele homem. Certa vez, quando esse pensamento sombrio cruzou sua mente, o czar segurou a cabeça de Tolstói entre suas duas mãos fortes e falou: "Ó, cabeça, cabeça! Você não estaria nesse pescoço agora se não fosse tão sábia".

O caráter e a experiência de Tolstói o tornavam admiravelmente preparado para sua tarefa como primeiro embaixador da Rússia residindo na corte do sultão. Quando lá chegou, no final de 1701, suas instruções eram aquelas dos diplomatas russos desde o início dos tempos: preservar a trégua entre Turquia e Rússia, fazer o que fosse necessário para espalhar problemas entre Turquia e Áustria, reunir e enviar a Moscou informações sobre as relações exteriores e as políticas internas do Império Otomano, passar adiante suas opiniões tanto sobre os homens no poder quanto sobre aqueles que tinham chance de nele chegar e aprender o que fosse possível sobre as táticas militares e navais turcas e sobre a resistência dos fortes turcos no Mar Negro. Era uma tarefa desafiadora, ainda mais complicada pelo fato de os turcos não quererem um embaixador russo em Constantinopla. Outros embaixadores estrangeiros estavam instalados na capital otomana para facilitar o comércio, mas não havia comércio entre Rússia e Turquia – portanto, os turcos mostraram-se desconfiados com a presença de Tolstói.

Inicialmente, ele foi instalado em algo que se parecia com uma prisão domiciliar. Conforme escreveu a Pedro:

> Minha residência não é agradável para eles por conta dos inimigos domésticos [dos turcos], os gregos, nossos correligionários. Os turcos são da opinião de que, ao viver entre eles, eu poderia estimular os gregos a promoverem um levante contra os islâmicos, e, portanto, os gregos estão proibidos de conversar comigo. Os cristãos andam tão amedrontados que nenhum se atreve a passar diante da casa onde eu vivo. [...] Nada os aterroriza tanto quanto a sua [do czar] frota. Circulou um rumor de que setenta grandes navios foram construídos em Arcangel, e eles acham que, quando for necessário, esses navios virão pelo Oceano Atlântico e entrarão no Mar Mediterrâneo para seguirem até Constantinopla.

Apesar dessas dificuldades, Tolstói alcançou sucesso considerável. Conseguiu construir uma rede de inteligência com base, em parte, na organização da Igreja Ortodoxa dentro do Império Romano (Dositeu, o patriarca de Jerusalém, foi especialmente útil) e, em parte, na ajuda dos holandeses, que tinham muita experiência no labirinto da corte política turca.

Durante os anos de Tolstói, esse labirinto era particularmente complexo. Grão-vizir seguiu grão-vizir. Alguns eram mais tolerantes com o embaixador russo do que outros, mas ele nunca esteve em posição confortável. Em 1702, o grão-vizir Daltaban Mustafá chegou ao poder decidido a apoiar o cã tártaro em seu desejo de renovar a guerra com a Rússia. Com um suborno generoso, Tolstói conseguiu levar o esquema do vizir a um conhecido da mãe do sultão, e Daltaban foi deposto e decapitado. O próximo vizir foi mais cuidadoso com Tolstói, mas dois janízaros ainda guardavam sua porta e observavam seus movimentos.

Em 1703, quando o sultão Mustafá II foi substituído por seu irmão, Ahmed III, Tolstói inicialmente pôde ir aonde quisesse; então, veio um novo grão-vizir e o diplomata voltou restringir os movimentos de Tolstói. Entrando em desespero, escreveu a Moscou: "O novo vizir é muito hostil comigo, e minha maldita situação, meus problemas e medos são piores do que antes. Mais uma vez, ninguém se atreve a se aproximar de mim e não posso ir a lugar algum. Terei muitos problemas para conseguir enviar esta carta. Esse é o sexto vizir desde que cheguei aqui, e é o pior de todos". O sexto vizir foi logo substituído pelo sétimo, mas a situação de Tolstói permaneceu desoladora.

Em parte, o mau tratamento despendido a Tolstói devia-se às reclamações de um enviado turco a Moscou sobre o tratamento que ele recebera dos russos. O embaixador turco enviado para anunciar a ascensão de Ahmed III havia sido recebido com polidez, mas teve de esperar muito antes de ver o czar. A demora era deliberada: Pedro queria ganhar tempo e impressionar o enviado com o poder do czar da Rússia. Ademais, ele manteve o turco afastado do que mais queria ver: a base da frota russa em Azov e o estaleiro em Voronej. Pedro escreveu ao governador de Azov: "Não se aproxime de Voronej. Seja o mais lento possível na estrada; quanto mais demorar, melhor. Não permita, de forma alguma, que ele veja Azov".

Tudo isso repercutiu em Tolstói quando o enviado mandou uma carta para a Turquia descrevendo o tratamento dispensado a ele na Rússia. "O que ele [o embaixador turco na Rússia] escreveu, isso eu não sei", declarou Tolstói, "mas eles me maltratam de uma forma assustadora, e fecham todos nós em casa, sem permitir que ninguém saia e ninguém entre. Passamos alguns dias quase sem comida porque não deixaram ninguém sair para comprar pão, e foi com dificuldade que consegui, mediante entrega de bons presentes, permissão para que um homem saísse para comprar mantimentos".

Tolstói também se preocupava com a possibilidade de algum membro de sua equipe converter-se ao islamismo e trair o serviço de inteligência. Em certo momento, um caso desse tipo aconteceu, e o embaixador o enfrentou sumariamente. Ele escreveu a Moscou:

> Tenho muito medo dos meus acompanhantes. Como vivo aqui há três anos, eles conheceram os turcos e se familiarizaram com a língua. Já que agora estamos em grande desconforto, receio que se tornarão impacientes por conta da prisão e vão oscilar na direção da fé dos islâmicos, que é muito atraente às pessoas que não pensam. Se algum Judas se declarar, ele causará grandes problemas, pois meu pessoal viu de quais cristãos sou íntimo e quem serve o czar. [...] E, se algum deles se transformar em renegado e disser aos turcos que está trabalhando para o czar, não apenas nossos amigos vão sofrer, mas haverá danos a todos os cristãos. Acompanho isso com grande atenção e não sei que destino Deus trará. Já tive uma questão assim. Um jovem secretário, Timothy, tendo se familiarizado com os turcos, pensou em se converter ao islamismo. Deus me ajudou a descobrir isso. Eu o chamei com discrição e começamos a conversar. Ele declarou que, francamente, queria se tornar islâmico. Então, tranquei-o no quarto por toda a noite, e foi quando ele bebeu uma taça de vinho e morreu rapidamente. Assim Deus nos manteve distantes de tamanha maldade.

Com o passar do tempo, Tolstói enfrentou outros problemas. Seu salário deixou de chegar e, para fazer face às despesas, ele se viu forçado a vender algumas das peles de zibelina que havia recebido como presente. Escreveu ao czar implorando por sua remuneração e também pela permissão de renunciar e voltar para casa. Pedro respondeu com uma recusa, dizendo ao embaixador que seus serviços eram essenciais. Tolstói continuou brigando, subornando, maquinando, fazendo seu melhor. Em 1706, reportou que "dois dos mais prudentes paxás foram estrangulados sob instigação do grão-vizir, que não gosta de pessoas capazes. Que Deus faça todos os demais morrerem da mesma forma".

Durante a rebelião cossaca de Bulavin no Don e a invasão sueca à Rússia, Pedro temia que o sultão pudesse sentir-se estimulado a tentar tomar Azov de volta. Seu instinto foi o de apaziguar os ânimos, e ele deu ordens para que garantissem que nenhum prisioneiro turco ou tártaro permanecesse nas prisões russas. Tolstói discordou dessa abordagem. Ele sentia que a melhor política era ser enérgico, até mesmo ameaçador, com os turcos para mantê-los quietos. Os eventos pareceram provar que ele estava certo. Em 1709, na primavera e verão de Poltava, os turcos não apenas deixaram de intervir do lado da Suécia, mas os boatos de guerra com a Rússia e os rumores da aparição de uma frota russa na foz do Bósforo causaram pânico nas ruas de Constantinopla.

Assim, durante oito complicados anos, Tolstói foi bem-sucedido em promover os interesses do czar e manter a paz entre Rússia e Turquia. Então, em 1709, Carlos XII, fugindo de Poltava, chegou aos domínios do sultão. Depois disso, o sultão declarou guerra à Rússia quatro vezes em um período de três anos.

QUANDO CARLOS XII CRUZOU o rio Bug e entrou no território do Império Otomano, tornou-se convidado do sultão. O rei e o *hetman* cossaco Mazeppa haviam buscado refúgio dentro dos domínios muçulmanos; isso, de acordo com a religião islâmica, impunha a Ahmed III a tarefa de recebê-los e protegê-los. E essa obrigação era sentida tão fortemente que, quando chegou a Constantinopla a notícia de que as táticas atrasadas do paxá local tinham resultado no massacre dos cassacos abandonados do outro lado do rio, o sultão contemplou enviar ao paxá uma corda para o enforcamento.

Quando soube que o rei da Suécia estava em seu império, o sultão agiu rapidamente para fazer as pazes. Dentro de alguns dias, o Seraskier de Bender, Yusuf Paxá, chegou com as boas-vindas formais e uma carroça de mantimentos especiais. Logo os famintos soldados suecos estavam se fartando com melões, carne de carneiro e o excelente café turco. Yusuf Paxá também levou a sugestão do sultão, acompanhada do peso da ordem, de que seus convidados seguissem rumo a Bender, no rio Dniestre, 240 mais a sudoeste. Nesse novo espaço, Carlos montou o acampamento com uma fileira de belas tendas turcas instaladas em um pasto cercado de árvores frutíferas ao longo da margem do Dniestre. O implacável rei da Suécia passaria três anos nesse país agradável, agora chamado de Bessarábia.

Quando se mudou para lá, Carlos não tinha ideia do que o futuro guardava. A intenção do rei havia sido retornar à Polônia e assumir o comando dos exércitos de Krassow e Estanislau assim que seu pé estivesse curado. Na Polônia, também esperava encontrar-se com as tropas comandadas por Lewenhaupt, que ele havia deixado para trás em Perevoluchna. Ademais, tinha enviado ordens ao conselho que governava em Estocolmo para criar novos regimentos e enviá-los ao outro lado do Báltico. A natureza e a política conspiraram contra ele. O ferimento curou-se lentamente, e seis semanas se passaram antes de o rei ser capaz de montar a cavalo. Durante a recuperação, ele descobriu que sua irmã mais velha, a viúva duquesa de Holstein, Hedwig Sofia, havia morrido em Estocolmo durante uma epidemia de sarampo. Ao longo de dias, o rei solteiro não conseguiu parar de chorar. Fechando-se em sua tenda, negou-se a ver até mesmo seus amigos mais próximos; por algum tempo, recusou-se a acreditar na notícia, embora ela lhe tivesse sido transmitida em uma carta oficial de condolências enviada pelo Conselho Sueco. À sua irmã mais nova, Ulrika, ele escreveu dizendo esperar que "o rumor terrível e muito inesperado que me abalou completamente" fosse desmentido. Mais tarde, escreveu novamente à irmã afirmando que ficaria feliz se ele tivesse sido o primeiro dos três a morrer e orava agora para que pelo menos fosse o segundo.

Mais um acontecimento triste logo ocorreu. Mazeppa, o *hetman* idoso que, a custo de sua ruína, havia se aliado a Carlos antes de Poltava, foi levado do acampamento do rei sueco para uma casa na cidade de Bender, onde, durante os dias quentes de verão, sua situação piorou. Carlos permaneceu fiel. Quando uma oferta de Pedro chegou, sugerindo que o czar libertaria o conde Piper se Carlos lhe entregasse Mazeppa, o monarca recusou. Em 22 de setembro de 1709, Mazeppa morreu. Carlos foi ao funeral apoiando-se em muletas.

Um golpe seguiu o outro. Em uma sucessão rápida, o rei descobriu que Lewenhaupt tinha se rendido em Perevoluchna, que as tropas russas comandadas por Menchikov estavam invadindo a Polônia, que Estanislau e Krassow haviam recuado, que Augusto quebrara o Tratado de Altranstadt e invadira a Polônia para reconquistar a coroa, que a Dinamarca tinha entrado novamente em guerra contra a Suécia e que esta havia sido invadida pelo exército dinamarquês. Enquanto isso, as tropas russas de Pedro marchavam pelas províncias do Báltico, ocupando Riga, Pernau, Reval e Vyborg. Por que Carlos não retornou à Suécia para assumir o comando? A jornada não teria sido fácil. Bender estava quase dois mil quilômetros a sul de Estocolmo. A rota pela Polônia encontrava-se fechada pelos soldados de Pedro e Augusto. Uma recorrência da praga havia levado os austríacos a fechar suas fronteiras. Luís XIV ofereceu repetidas vezes navios para levarem Carlos para casa – o Rei Sol estava ansioso para ver o meteoro sueco tramar outra vez na Europa Oriental pelas costas dos oponentes ingleses, holandeses e austríacos –, mas Carlos se preocupava com a possibilidade de ser capturado por piratas. E, se ele aceitasse ajuda dos franceses – ou mesmo de ingleses ou holandeses –, qual seria o preço dessa ajuda? Um gesto assim significaria quase certamente escolher um lado na Guerra da Sucessão Espanhola.

De fato, uma vez que a decepção de ser incapaz de partir imediatamente rumo à Polônia passou, Carlos preferiu permanecer na Turquia. Do seu ponto de vista, sua presença dentro do Império Otomano lhe oferecia uma impressionante nova oportunidade. Se ele conseguisse incitar o sultão a declarar guerra contra o czar e unir-se ao rei sueco em uma ofensiva bem-sucedida no sul, Pedro ainda poderia ser derrotado e tudo o que a Suécia havia perdido seria recuperado. Iniciando no outono de 1709, os agentes de Carlos, Poniatowski e Neugebauer, mergulharam nas políticas sombrias de Constantinopla, esforçando-se para desfazer o trabalho de Tolstói.

Não era uma tarefa simples. Os turcos não queriam lutar. Essa sensação geral foi reforçada pela notícia de Poltava, que causara uma impressão enorme em Constantinopla: quanto tempo se passaria até a frota do czar aparecer na foz do Bósforo? Diante desses perigos, muitos dos conselheiros do sultão ficariam felizes de fazer o que Pedro demandava e expulsar o criador de problemas sueco do império. "O rei da Suécia", aparece em um documento turco contemporâneo, "caiu como um forte peso nos ombros da Sublime Porta". Por outro lado, havia, dentro do Império Otomano, grupos ansiosos por dar início a uma guerra contra a Rússia. O mais proeminente era o violento e "russofóbico" cã da Crimeia, Devlet Gerey, de quem, por um tratado assinado em 1700, havia sido retirado o direito de receber um tributo do país de Pedro. Ele e seus cavaleiros estavam sedentos por uma chance de renovar os grandes ataques à Ucrânia – ataques esses que haviam sido muito lucrativos, tanto em termos de saques quanto de prisioneiros. Ademais, Neugebauer era sortudo a ponto de ser ouvido pela mãe do sultão Ahmed. A imaginação dessa senhora havia sido nutrida pelas lendas heroicas de Carlos XII; agora, Neugebauer a fazia ver como seu filho podia fazer o "leão [Carlos] devorar o czar".

Outro elemento era necessário ao plano de Carlos. Simplesmente induzir o sultão a entrar em guerra não era suficiente; a campanha precisava ser levada a cabo com sucesso e os objetivos certos deveriam ser alcançados. Carlos entendia que, para ter voz nessas questões, precisava comandar um novo exército sueco no continente. Ainda enquanto a força otomana se mobilizava, o monarca escrevia com urgência a Estocolmo "para assegurar o transporte seguro à Pomerânia dos regimentos mencionados no tempo certo, de modo que nossa parte na campanha iminente não caia por terra".

Em Estocolmo, o Conselho ficou impressionado, até mesmo horrorizado, com esse pedido. Já em novembro de 1709, após Poltava, uma Dinamarca mais ousada havia quebrado a Paz de Travendal e entrado novamente na guerra contra a Suécia. Tropas dinamarquesas haviam invadido o sul do país. Para o Conselho Sueco, confrontando ameaças imediatas ao território em conjunto com o forte peso de arcar com os custos de uma guerra que eles haviam perdido, a ordem do rei de que outra força expedicionária fosse enviada à Polônia parecia uma loucura. Uma mensagem de que nenhuma tropa poderia ser dispensada foi enviada a Carlos.

No fim, ironicamente, Neugebauer e Poniatowski foram bem-sucedidos em Constantinopla, ao passo que Carlos XII falhou em Estocolmo. O Império Otomano estava convencido a ir para a guerra, mas nenhum dos orgulhosos regimentos suecos que poderiam ter fortalecido as filas do exército turco e dado peso à voz do rei estava presente. Embora ele fosse incontestavelmente o maior comandante dentro do império, e embora o exército turco em geral e os janízaros em particular o idolatrassem como um rei guerreiro, Carlos não era um aliado formal dos turcos e não teve papel ativo na campanha militar iminente. Por conta disso, sua última e talvez maior oportunidade de derrotar Pedro caiu por terra.

Não eram apenas os turcos que se mostravam preocupados com a presença de Carlos XII no Império Otomano. Desde a chegada do rei, Pedro havia pressionado, por meio de Tolstói, pela rendição e expulsão de Carlos. Conforme os meses se passavam, o tom das mensagens tornava-se cada vez mais autoritário, e isso teve um papel direto nas mãos das expedições de guerra em Constantinopla e Adrianópolis. A demanda categórica do czar de que o sultão respondesse até dez de outubro de 1710 a seu pedido de expulsão de Carlos da Turquia foi considerada um insulto à dignidade da Sombra de Deus. Esse episódio – seguido pela persuasão do cã, dos suecos, dos franceses e da mãe do sultão – acabou por virar a balança. Em 21 de novembro, em uma sessão solene do Divã, o Império Otomano declarou guerra contra a Rússia. Tolstói foi o primeiro a sofrer. De acordo com a lei turca, embaixadores não tinham imunidade em tempos de guerra, e ele foi capturado, despido de metade de suas roupas, colocado sobre um cavalo velho e transformado no objeto de um desfile pelas ruas até o confinamento nas Sete Torres.

Com a declaração de guerra, surgiu um novo grão-vizir, Mehemet Baltadji, apontado com o propósito expresso de promover o conflito contra a Rússia. Essa foi uma escolha curiosa: Baltadji foi descrito por um contemporâneo como um velho pederasta tolo e desajeitado que nunca havia sido um soldado sério. Ainda assim, ele decidiu adotar uma campanha ofensiva. Naquele inverno, assim que os cavaleiros do cã conseguissem se aprontar, um exército tártaro móvel seguiria pela Crimeia para atacar o norte, chegar à Ucrânia, saquear os cossacos e pilhar as recompensas na forma de prisioneiros e gado – recompensas que dez anos de paz haviam lhe negado. Na primavera, o principal corpo do exército otomano marcharia a nordeste de Adrianópolis. A artilharia e os suprimentos seguiriam por mar até a cidade de Isaccea, no Danúbio, para lá encontrar o exército. Então a cavalaria tártara se uniria a eles para formar uma força total de quase duzentos mil homens.

Os tártaros atacaram em janeiro, devastando a região entre o meio do Dnieper e a área superior do Don. Encontraram forte resistência do novo *hetman* cossaco de Pedro, Skoropadski, e foram forçados a recuar sem terem criado a distração maior que o grão-vizir esperava. Ao final de fevereiro, as caudas de cavalo estilizadas, usadas como emblema do paxá e que significavam guerra, foram erguidas na corte dos janízaros, e o corpo de elite de vinte mil homens, com seus mosquetes polidos e arcos ornamentais nos ombros, marchou para o norte. O exército principal movia-se lentamente, chegando ao Danúbio no início de junho. Ali, os canhões foram descarregados dos navios e colocados em carruagens especiais para armas, as carroças de suprimento foram organizadas e todo o exército transferido para a margem leste do rio.

Enquanto os turcos se reuniam no Danúbio, o grão-vizir enviou Poniatowski, representante de Carlos na corte do sultão, a Bender para convidar o rei para se unir à campanha, mas apenas como convidado do grão-vizir. Inicialmente, o monarca sentiu-se fortemente tentado, mas decidiu não aceitar. Como soberano, não podia unir-se a um exército que não comandava, especialmente um exército chefiado por alguém de posição mais baixa do que a sua. Analisando em retrospecto, isso parece ter sido um erro fatal.

A GUERRA DE 1711, que liderou a campanha no Prut, não era o que Pedro queria; foi Carlos quem instigou esse conflito entre a Rússia e o Império Otomano. Mesmo assim, uma vez que a guerra teve início, o czar, ainda animado com seu sucesso em Poltava, aceitou o desafio com confiança e deu passos rápidos para se preparar. Dez regimentos de dragões russos foram enviados da Polônia para cuidar da fronteira com o Império Otomano. Sheremetev, com 22 regimentos de infantaria, recebeu ordens para marchar desde o Báltico até a Ucrânia. Um imposto novo, extremamente alto, passou a ser cobrado para apoiar as operações militares iminentes.

Em 25 de fevereiro de 1711, uma grande cerimônia aconteceu no Kremlin. Os regimentos das guardas Preobrajenski e Semyonovski enfileiraram-se na Praça das Catedrais, diante da Catedral da Assunção, com suas bandeiras vermelhas carregando uma cruz inscrita com o antigo lema do imperador Constantino: "Por este sinal vocês devem conquistar". Dentro da catedral, Pedro solenemente proclamou uma guerra sagrada "contra os inimigos de Cristo". O czar queria guiar a campanha turca pessoalmente e, em seis de março, deixou Moscou com Catarina ao seu lado. Ficou doente, e suas correspondências levavam um tom de resignação e desespero. "Temos diante de nós esse caminho incerto que é somente conhecido por Deus", escreveu a Menchikov. A Apraxin, que havia recebido o comando de toda a parte baixa do Don (incluindo Azov e Tagonrog) e que havia escrito pedindo instruções sobre onde criar seu quartel, o czar respondeu: "Faça o que lhe for mais conveniente, pois todo o país confia em você. Para mim, é impossível decidir, já que estou tão distante e desesperado, quase morto por conta da doença. E as questões mudam de um dia para o outro".

A doença de Pedro foi severa. A Menchikov ele escreveu que havia sofrido uma convulsão que durara um dia e meio e que nunca tinha se sentido tão doente na vida. Após várias semanas, começou a se sentir melhor e seguiu para Yavorov, onde ficou feliz em saber que Catarina havia sido recebida com dignidade e chamada de "Sua Majestade" pelos nobres poloneses locais. A própria Catarina também mostrou-se jubilosa. "Aqui, participamos com frequência de banquetes e *soirées*", ela escreveu em nove de maio a Menchikov, que havia ficado para trás para defender São Petersburgo. "Três dias atrás, visitamos o *hetman* Sieniawski e ontem fomos à casa do príncipe Radziwill, onde dançamos bastante". Então, voltando-se a algum deslize imaginado, ela acalmou o príncipe preocupado: "Imploro a Sua Alteza para não se incomodar acreditando em fofocas vindas aqui, pois o contra-almirante [Pedro] o mantém em sua graça e em sua mais amável lembrança, como sempre".

Pedro viajou a Yavorov para assinar o tratado de casamento que ligaria seu filho Aleixo à princesa Charlotte de Wolfenbüttel. Schleinitz, o embaixador do duque de Wolfenbüttel, escreveu a seu soberano descrevendo o casal real russo naquele momento:

> No dia seguinte, por volta das quatro horas da tarde, o czar me procurou outra vez. Eu sabia que devia encontrá-lo nos aposentos da czarina e que o faria feliz se parabenizasse a czarina pelo reconhecimento de seu casamento. Depois da declaração feita sobre esse assunto pelo rei da Polônia e pelo príncipe hereditário, não considerei isso fora de lugar e, ademais, eu sabia que o ministro polonês havia dado à czarina o título de Majestade. Quando entrei na sala, virei-me, apesar da presença do czar, congratulei-a em seu nome e pelo anúncio do casamento, e confiei a princesa [Charlotte] à amizade e proteção da czarina.

Catarina ficou feliz e pediu a Schleinitz para agradecer ao duque por seus bons votos. Ela disse estar ansiosa para ver e abraçar a princesa que viria a se tornar sua enteada e perguntou se o czarevich parecia tão apaixonado por Charlotte quanto as pessoas diziam. Enquanto Catarina conversava com o embaixador, Pedro examinava alguns instrumentos matemáticos do outro lado da sala. Quando ele ouviu Catarina falar de Aleixo, deixou os instrumentos na mesa e se aproximou, mas não interrompeu a conversa.

Em sua carta ao duque, Schleinitz continuou:

Fui avisado de que, como o czar me conhece muito pouco, caberia a mim dirigir-me primeiro a ele. Portanto, eu lhe disse que Sua Majestade, a czarina, tinha me perguntando se o czarevich estava muito apaixonado pela princesa. Declarei que eu tinha certeza de que o jovem esperava impacientemente o consentimento de seu pai para ser plenamente feliz. O czar respondeu com a ajuda de um intérprete: "Eu não quero atrapalhar a felicidade do meu filho, mas, ao mesmo tempo, não quero me privar totalmente da minha própria felicidade. Ele é meu filho e eu desejo ter o prazer de, ao final da campanha, estar pessoalmente presente em seu casamento. E a cerimônia acontecerá em Brunswick." Ele explicou que não tinha liberdade total para agir, pois tinha de lidar com um inimigo forte e de movimentos rápidos, mas que tentaria e cuidaria de beber as águas em Carlsbad no outono e então seguir para Wolfenbüttel.

Três dias mais tarde, o contrato de casamento chegou, assinado sem alterações pelo duque de Wolfenbüttel. Pedro chamou o embaixador Schleinitz e o cumprimentou em alemão com a declaração: "Tenho excelentes novidades para lhe contar". Em seguida, puxou um contrato e, quando Schleinitz o congratulou e beijou sua mão, Pedro o beijou três vezes na testa e nas bochechas e ordenou que uma garrafa de seu vinho húngaro favorito fosse trazida. Eles brincaram e o czar falou animadamente durante duas horas sobre seu filho, o exército e a campanha iminente contra os turcos. Em seguida, um Schleinitz contente escreveu ao duque: "Não tenho palavras para expressar a Sua Alteza a clareza de julgamento e a modéstia com a qual o czar fala sobre tudo".

A confiança de Pedro de que a campanha contra a Turquia seria concluída rapidamente para que ele pudesse beber as águas Carlsbad e então participar do casamento de seu filho ficou ainda mais clara em uma conversa entre ele e Augusto durante esse período. O Eleitor da Saxônia havia novamente tomado Varsóvia e a coroa da Polônia, ao passo que seu rival, Estanislau, fugira com os suecos vencidos para a Pomerânia Sueca. Augusto pretendia caçar esses inimigos e cercar o porto báltico de Stralsund, que estava nas mãos dos suecos. Para apoiar esse esforço, Pedro prometeu doar cem mil rublos e colocar doze mil sodados russos sob o comando de Augusto.

O plano de Pedro contra os turcos – um plano ousado a ponto de se aproximar da imprudência – era marchar pela parte baixa do Danúbio, cruzar o rio logo acima do local onde as águas fluem para o Mar Negro e seguir a sudoeste pela Bulgária até um ponto onde ele pudesse ameaçar a segunda capital do sultão, Adrianópolis, e até mesmo a lendária cidade de Constantinopla. O exército russo que ele levaria consigo não seria grande – quarenta mil membros da infantaria e quatorze mil da cavalaria – se comparado à enorme força que o sultão poderia levar ao campo. Entretanto, Pedro esperava que assim que entrasse nas províncias cristãs do Império Otomano que faziam fronteira com a Rússia, seria recebido como um libertador e reforçado por trinta mil valáquios e dez mil moldavos. Então, seu exército somaria um total de 94 mil homens.

O plano de ofensiva havia sido concebido parcialmente como uma forma de manter a guerra longe da Ucrânia, devastada pela invasão sueca e pela deserção de Mazeppa, e que estava quieta, pelo menos por enquanto. Se o exército otomano invadisse as estepes ucranianas, quem saberia por qual caminho os cossacos voláteis seguiriam? Ao avançar sobre o Império Otomano, Pedro poderia pelo menos deixar de lado essas preocupações. Era melhor para ele causar problemas em meio aos vassalos incansáveis do sultão do que o contrário.

A expectativa do czar de receber ajuda quando seu exército chegasse às províncias cristãs não era infundada. Ao longo de seu reinado, Pedro tinha recebido apelos constantes de representantes dos povos ortodoxos nos Bálcãs: sérvios, montenegrinos, búlgaros, valáquios e moldavos. A vitória parcial sobre o sultão em 1698 e a captura de Azov alimentaram o sonho de libertação desses povos. Uma vez que o exército russo aparecesse diante deles, eles garantiram que tropas nativas se unissem a esse exército, que os suprimentos fossem fartamente disponibilizados e que povos inteiros se levantassem. Entre 1704 e 1710, quatro líderes sérvios chegaram a Moscou para estimular os russos a agir. "Não temos outro czar senão o Mais Ortodoxo Czar Pedro", disseram eles.

Antes de Poltava, Pedro, cuidadoso com qualquer comportamento que pudesse levar o sultão a quebrar a trégua de 1700, respondeu discretamente a esses apelos. Depois de Poltava, entretanto, Tolstói e outros agentes russos dentro do Império Otomano começaram a preparar as bases para um levante. Agora, na primavera de 1711, a hora havia chegado. Na cerimônia no Kremlin antes de deixar Moscou, o czar emitiu uma proclamação, apresentando-se abertamente como libertador dos cristãos dos Bálcãs. Ele convocou todos, católicos e ortodoxos, a se levantar contra os senhores otomanos e garantir que "os descendentes do bárbaro Maomé fossem devolvidos à sua antiga terra natal, as areias e estepes da Arábia".

XLII

CINQUENTA GOLPES NO PRUT

A CHAVE PARA A campanha de Pedro residia nos dois principados cristãos, Valáquia e Moldávia. Localizadas no sul dos Cárpatos e norte do Danúbio, essas regiões hoje compõem parte da área sudeste da União Soviética e parte considerável do que atualmente é a Romênia. Nos séculos XV e XVI, buscando segurança, elas se colocaram sob a suserania da Sublime Porta, mantendo sua autonomia interna, mas concordando em pagar ao sultão um tributo anual em troca de proteção.

Com o passar do tempo, todavia, a Porta passou a se sentir no direito de nomear e derrubar os príncipes nativos da região. Ansiosos por tornar seus postos hereditários, os príncipes secretamente começaram a buscar proteção em outros lugares. Durante o reinado do czar Aleixo, ocorreram discussões preliminares com Moscou sobre a Rússia tornar-se essa suserania, mas o czar ainda encontrava-se pesadamente envolvido com a Polônia.

Em 1711, a Valáquia, o mais forte e mais poderoso dos dois principados, era governada por um príncipe (o título local era "hospodar") astuto e flexível, Constantino Brancovo, que havia chegado ao posto envenenando seu antecessor e usado seus talentos não apenas para agarrar o título por vinte anos, mas também para criar um exército poderoso e uma grande riqueza pessoal. Do ponto de vista do sultão, Brancovo era rico e poderoso demais para ser um príncipe satélite, e o hospodar foi marcado para uma substituição assim que a oportunidade surgisse. Inevitavelmente, Brancovo percebeu isso e, convencido após Poltava de que a estrela de Pedro estava em ascensão, fez um tratado secreto com o czar. No caso da guerra russa contra a Turquia, a Valáquia permaneceria ao lado do czar, colocando trinta mil tropas no campo e oferecendo suprimentos para as tropas russas que alcançassem a Valáquia – suprimentos que, todavia, seriam pagos por Pedro. Em troca, o czar prometeu garantir a independência da Valáquia e os direitos hereditários de Brancovo, e o transformou em Cavaleiro da Ordem de Santo André.

A Moldávia era mais fraca e mais pobre do que a Valáquia, e seus governantes tinham mudado com rapidez. Em 1711, o último deles, Demétrio Cantemir, ficou no posto por menos de um ano, apontado pelo sultão com o objetivo de ajudar a Porta a capturar e derrubar seu vizinho, Brancovo – e, por esse serviço, ele se tornaria o hospodar tanto da Valáquia quanto da Moldávia. Chegando à sua nova capital, Jassy, todavia, Cantemir também percebeu uma mudança no destino e começou a negociar secretamente com Pedro. Em abril de 1711, assinou um tratado com o czar, concordando em auxiliar a invasão russa e oferecer dez mil tropas. Em troca, a Moldávia seria declarada um Estado independente sob proteção russa. Nenhum tributo seria pago, e a família Cantemir governaria como dinastia hereditária.

Dessa forma, com a premissa de ajuda desses dois príncipes ambiciosos, que se odiavam mutuamente, Pedro lançou sua campanha contra os turcos.

A DECISÃO DE CANTEMIR foi popular na Moldávia. "Você fez bem em convidar os russos a nos libertar do jugo turco", seus nobres lhe diziam. "Se tivéssemos descoberto que pretendia se unir aos turcos, tínhamos decidido abandoná-lo e nos entregarmos ao czar Pedro". Entretanto, Cantemir também sabia que o exército otomano estava em marcha e que, conforme o grão-vizir se aproximava, ficaria óbvio que ele e sua província haviam desertado o czar. Dessa forma, enviou mensagens a Sheremetev, que comandava o principal exército russo, estimulando o marechal de campo a se apressar. Se o corpo principal não conseguisse mover-se mais rapidamente, Cantermir pedia pelo menos um avanço de uma guarda de quatro mil homens para escudar seu povo da vingança otomana. Sheremetev também recebia ordens vindas de Pedro para se apressar, que queria alcançar e atravessar o Dniester por volta de quinze de maio para proteger os principados e encorajar um levante dos sérvios e dos búlgaros.

Para assegurar que os moldavos veriam essa chegada de tropas estrangeiras como uma bênção, Sheremetev havia sido equipado com mensagens impressas do czar a todos os cristãos dos Bálcãs:

> Vocês sabem que os turcos pisotearam em nossa fé, capturaram por deslealdade todos os Locais Sagrados, pilharam e destruíram muitas igrejas e mosteiros, praticaram muitas traições e causaram muita miséria, e de quantas esposas e órfãos

se aproveitaram como lobos se aproveitam de ovelhas. Agora eu venho em sua ajuda. Se seu coração desejar, não fujam de meu grande império, pois ele é justo. Não deixem os turcos enganá-los, e não fujam da minha palavra. Afastem seus medos e lutem pela fé, pela igreja, pelas quais devemos derrubar até nossa última gota de sangue.

Pedro também deu a seu marechal de campo ordens estritas sobre o comportamento das tropas russas durante a marcha pela Moldávia: elas deveriam observar o decoro e pagar por tudo que tomassem dos cristãos; qualquer pilhagem seria punida com morte. Uma vez que Cantemir decidiu apoiar os russos e as primeiras tropas de Pedro começaram a chegar, os moldavos lançaram-se sobre os turcos primeiro em Jassy, e depois por todo o principado. Muitos foram mortos; outros perderam gado, ovelhas, tecidos, prata e joias.

O plano original do czar era de que Sheremetev marchasse para o sul, seguindo pela margem leste do rio Prut até a união com o Danúbio para lá negar a passagem dos turcos. Todavia, em trinta de maio, quando Sheremetev chegou afinal ao Dniester perto de Soroca (duas semanas atrasado em comparação ao planejamento de Pedro), Cantemir implorou para que ele marchasse diretamente para Jassy, a capital da Moldávia. Sheremetev cedeu e, em cinco de junho, seu exército acampou próximo a Jassy, na margem oeste do Prut. A desculpa do marechal de campo para ignorar a ordem de Pedro foi que o exército havia sofrido muito para cruzar a estepe sob o sol escaldante e precisava ser reabastecido. Os animais vinham contando com o mínimo de forragem, pois a grama havia sido queimada pelos cavaleiros tártaros que seguiam pelos flancos. Ademais, Sheremetev percebeu que provavelmente já estava atrasado demais para evitar que os turcos cruzassem o Danúbio e deduziu que, se cruzasse o Prut, estaria em posição melhor para proteger a Moldávia e o grão-vizir.

Ao chegar a Soroca pouco depois de Sheremetev, Pedro ficou furioso com o marechal de campo e escreveu que o velho general havia permitido que os turcos fossem mais rápidos do que ele. Mesmo assim, como Sheremetev tinha alterado o plano original, o czar, seguindo-o, não teve outra escolha além de aceitar a nova rota; qualquer outra opção teria dividido o exército. A força de Pedro também havia sofrido enormemente durante a marcha, e os homens estavam exaustos quando chegaram ao Prut em 24 de junho. Deixando-os ali, o czar seguiu adiante, cruzando o rio e entrando em Jassy para uma conferência com Cantemir. Foi recebido com pompa real e um enorme banquete. O hospodar causou uma boa primeira impressão: "um homem muito sensato e útil no conselho", foram os elogios de Pedro. Enquanto em Jassy, o czar recebeu dois emissários trazendo uma oferta de paz do grão-vizir. A oferta era indireta, mas refletia a relutância do vizir – e do sultão atrás dele – de enfrentar uma batalha e provocar os russos a enviarem uma frota ao mar Negro. Pedro rejeitou a oferta. Cercado por seu exército, com a segurança dos apoios da Moldávia e da Valáquia e ouvindo relatos de que o grão-vizir mostrava-se relutante em lutar, o czar sentiu-se confiante com relação à vitória. Nesse clima promissor, levou Cantemir para visitar o exército russo acampado no Prut. Ali, com Catarina e seus convidados ao seu lado, ele celebrou o segundo aniversário de Poltava, a grande vitória que havia tornado tudo aquilo possível.

Enquanto o czar celebrava, sua situação militar se deteriorava. O grão-vizir tinha completado a travessia do Danúbio em Isaccea e, informado da rejeição de paz de Pedro, marchava rumo ao norte com um exército de duzentos mil homens. Ademais, havia uma ausência nada auspiciosa de notícias da Valáquia, que, no longo prazo, era muito mais importante para a campanha de Pedro do que a Moldávia. Tudo na Valáquia dependia do hospodar Brancovo. Até ele demonstrar seu apoio ao czar em público, seria impossível esperar que a nobreza e as pessoas comuns seguissem o chamado de Pedro para se levantar contra os turcos. Todavia, Brancovo temia e, portanto, era cuidadoso. Ciente de que um enorme exército turco estava em campo e também do que aconteceria se os turcos vencessem e ele estivesse do lado perdedor, evitou demonstrar apoio público aos russos. Seus boiardos concordaram: "É perigoso declarar apoio à Rússia até o exército do czar atravessar o Danúbio", aconselhavam. Quando o exército turco foi o primeiro a cruzar o Danúbio, Broncovo fez sua escolha. Ainda enquanto o grão-vizir, informado da traição do hospodar, ordenava sua prisão, Broncovo mudou mais uma vez de lado. Usando como pretexto uma carta de Pedro, a qual, segundo ele, tinha tom ofensivo, anunciou que já não se considerava preso ao czar por seu tratado secreto, e entregou aos turcos os suprimentos que havia reunido com o dinheiro de Pedro para o exército russo. Essa traição teve um efeito imediato e devastador para a campanha russa. As provisões haviam desaparecido, e os moldavos não conseguiriam compensar esse déficit.

Mesmo assim, Pedro não desistiu da campanha. O czar recebeu a informação de que uma grande quantidade de suprimento havia sido coletada para os turcos e que estava desprotegida na parte baixa do Prut, próximo de onde as águas se uniam às do Danúbio. Como o principal exército turco havia cruzado o Danúbio e marchava no sentido norte pela margem leste do Prut para

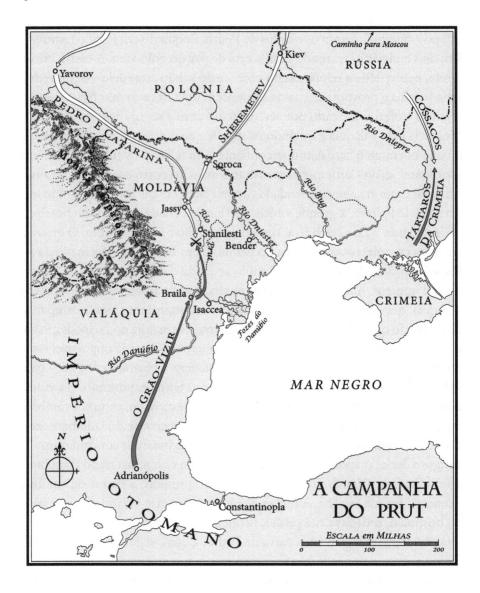

encontrá-lo, o czar decidiu cruzar para a margem oeste e rumar para o sul. Se tivesse sucesso, ele flanquearia o grão-vizir, capturaria os suprimentos turcos e separaria o exército otomano de sua base. Para aumentar a chance de sucesso, Pedro separou Ronne com toda a cavalaria russa, doze mil homens, para seguir adiante pela margem oeste do Prut até a retaguarda dos otomanos, capturando ou queimando os armazéns de Braila no Danúbio. Em 27 de junho, a cavalaria partiu; três dias mais tarde, a infantaria cruzou o Prut e, em três divisões, seguiu para o sul pela margem oeste. A primeira era guiada pelo general Janus; a segunda, pelo czar; a terceira, por Repnin.

Janus foi o primeiro a fazer contato com os turcos. Enquanto os russos seguiam para o sul pela margem oeste do Prut e os inimigos avançavam rumo ao norte pela margem oposta, em oito de julho as guardas avançadas dos dois exércitos viram umas às outras do lado oposto do rio. Ambos os lados ficaram assustados ao se verem tão próximos. Quando a notícia chegou ao grão-vizir, ele se amedrontou e seu primeiro pensamento foi o de recuar. "Como ele nunca tinha visto as tropas inimigas e era, por natureza, um grande covarde, logo se viu perdido", escreveu Poniatowski, que viajava com o exército otomano. Juntos, o cã tártaro Devlet Gerey, Poniatowski e o agá dos janízaros fizeram o grão-vizir recuperar sua coragem e, no dia seguinte, o exército turco marchou para o norte. Engenheiros turcos rapidamente criaram pontes para que o exército pudesse cruzar de novo para a margem ocidental com o objetivo de encontrar o inimigo. Pedro, ao saber que os turcos estavam cruzando para o seu lado do rio, imediatamente ordenou que Janus retornasse e se reunisse ao exército principal.

O czar agora mantinha uma posição atrás de um pântano a sul de Stanilesti, e os homens abatidos de Janus aderiram a essas trincheiras e conseguiram descansar pouco. No dia seguinte, um domingo, os turcos, que haviam se aproximado rapidamente por trás, atacaram repetidas vezes. Os moldavos de Cantemir, apesar de sua inexperiência, resistiram bem, e os russos como um todo mantiveram sua posição. Entretanto, as mensagens urgentes do czar a Repnin, ordenando que ele levasse a terceira divisão adiante para socorrer as outras duas, não renderam frutos. Os homens de Repnin ficaram presos pela cavalaria tártara em Stanilesti e não puderam avançar.

Naquela noite, após um longo dia de investidas turcas cada vez mais fortes, e com o czar alarmado pela ausência dos homens de Repnin e pela falta de provisões, um conselho de guerra russo aconteceu. Eles tinham poucas opções: recuar era imperativo. A retirada iniciou-se durante a noite e continuou por toda a manhã em direção à divisão de Repnin, em Stanilesti. O recuo foi um pesadelo. Os turcos os seguiam de perto, lançando ataques contínuos contra a retaguarda. Esquadrões tártaros galopavam de um lado para o outro em meio às carroças russas, e a maior parte das bagagens com o que restava de provisões foi perdida. Companhias e batalhões adotaram a forma de quadrado e marcharam nessa formação até a margem do rio, onde, por seções, alguns bebiam água enquanto outros atacavam os cavaleiros tártaros. Somente no final da tarde de segunda-feira, nove de julho, a infantaria russa se reuniu em Stanilesti, onde, em um promontório, começou a cavar trincheiras rasas para tomar posição contra os cavaleiros que se reuniam à sua volta.

Antes de escurecer, longas filas de infantaria turca, incluindo os janízaros, começaram a chegar e, na presença do grão-vizir, as guardas otomanas de elite lançaram um grande ataque contra o campo russo construído às pressas. A disciplina foi mantida enquanto os homens de Pedro atacavam pesadamente as filas de janízaros que avançava. Com seu primeiro ataque desfeito, a infantaria turca recuou e passou a formar uma linha de trincheiras cercando completamente o acampamento russo. A artilharia russa chegou e as armas foram colocadas em seus lugares, criando um grande crescente; ao cair da noite, trezentos canhões tinham suas bocas apontadas para o acampamento russo. Milhares de cavaleiros tártaros, junto com poloneses e cossacos oferecidos por Carlos, patrulhavam a margem oposta do rio. Não havia como escapar: o czar e seu exército estavam cercados.

A força dos turcos era impressionante: 120 mil membros de infantaria e oitenta mil de cavalaria. A força de Pedro era composta por apenas 38 mil homens da infantaria; sua cavalaria estava distante, no sul, com Ronne. Ele estava preso contra um rio e cercado por trezentos canhões que poderiam acabar com seu acampamento. Mais importante, seus soldados estavam tão exaustos pela fome e pelo calor que alguns deles já não podiam lutar. Era difícil até mesmo puxar água do rio; os homens enviados com esse propósito se viram diante de tiroteio intenso dos cavaleiros tártaros reunidos na margem oposta. Os trabalhos de terraplanagem eram insuficientes e toda uma seção encontrava-se coberta pelos corpos de cavalos mortos e cavalos de frisas improvisados. No centro do acampamento, um fosso raso havia sido escavado para proteger Catarina e as mulheres que a acompanhavam. Cercado por carroças e escudado do sol por uma tenda, esse fosso formava uma frágil barreira contra as balas de canhões turcas. Lá dentro, Catarina esperava calmamente enquanto, à sua volta, as outras mulheres choravam.

A situação de Pedro era complicadíssima. Naquela noite, ele só conseguia olhar em volta e ver enormes fogueiras do gigantesco exército otomano na parte mais baixa das colinas em ambos os lados do rio, até onde os olhos conseguiam alcançar. De manhã, quando os turcos indubitavelmente atacariam, ele estaria condenado. Ele, o czar da Rússia, o vencedor de Poltava, seria esmagado e talvez arrastado pelas ruas de Constantinopla em uma gaiola. Os frutos de vinte anos de um trabalho árduo e colossal estavam prestes a evaporar em um único dia. A situação poderia chegar a isso? Por que não? A mesmíssima coisa não tinha acontecido com seu inimigo Carlos? E por uma razão idêntica: orgulhoso demais, seguro demais de seu destino, ele havia se aventurado em excesso no interior das terras do inimigo.

Na verdade, a situação era muito pior do que a de Carlos em Perevoluchna. Lá, o exército sueco não havia sido cercado por forças superiores, e o próprio monarca encontrara uma forma de escapar. Aqui, todavia, os turcos seguravam todas as cartas: eles podiam levar o exército russo, a nova czarina e, mais importante, o homem em quem tudo o mais repousava, o próprio czar. O que ele entregaria, quais sacrifícios faria em termos de território e tesouro da Rússia para pagar por sua liberdade?

Conta-se que, neste momento, o czar perguntou se Neculce, o comandante das tropas moldavas, poderia de alguma forma acompanhar a ele e Catarina até a fronteira da Hungria. Neculce recusou o pedido, ciente de que, mesmo se de alguma forma ele fosse capaz de passar pelas linhas que os cercavam, toda a Moldávia estava agora tomada por cavaleiros tártaros. Alguns dizem que esse pedido demonstrou covardia por parte de Pedro. Mas, quando a batalha estava perdida e o exército encontrava-se à beira de se render, o chefe de Estado tinha de pensar em salvar a nação. Pedro sabia que, nesse momento, ele era a Rússia. Sabia que golpe seria para a Rússia se ele, junto com o exército russo que havia criado com tanto cuidado, fosse levado como prisioneiro. Com o tempo, as forças perdidas poderiam ser substituídas – se o czar estivesse livre para trabalhar nisso. Entretanto, a perda do soberano seria algo irreparável.

Na manhã seguinte, terça-feira, dia dez, o conflito deveria ter chegado ao fim. A artilharia turca abriu fogo e os russos se prepararam para uma resistência final, mas os janízaros não atacaram. Como uma medida desesperada, Pedro ordenou um ataque, e milhares de russos cansados saíram de suas trincheiras e se lançaram contra as primeiras filas de otomanos, infligindo pesadas perdas antes de serem forçados a recuar. Durante a incursão, os russos fizeram prisioneiros e, de um desses homens, Pedro descobriu que os janízaros haviam sofrido pesadamente na luta do dia anterior e não estavam inclinados a realizar outro ataque em escala total contra as linhas russas. No mínimo, isso dava ao czar um pouco de espaço de manobra ao negociar os termos de rendição.

Durante a calmaria, Pedro propôs a Sheremetev e seu vice-chanceler, Shafirov, que um enviado fosse até o grão-vizir para verificar quais termos os turcos estavam inclinados a oferecer. Sheremetev, avaliando claramente a situação militar, falou com franqueza a seu soberano que a proposta era ridícula.

Por que os turcos considerariam qualquer alternativa que não uma rendição? O gato não negocia com o rato. Catarina, entretanto, estava presente nesse conselho e encorajou seu marido a dar continuidade ao plano. Sheremetev recebeu ordens para esboçar a proposta em seu próprio nome, como comandante do exército russo.

Ao preparar a oferta, Pedro via seus prospectos com um realismo sombrio. Ciente de que Carlos era um convidado e agora também aliado do sultão, ele supôs que qualquer paz teria de incluir uma resolução de suas disputas com a Suécia e também com a Turquia. Supunha que suas concessões teriam de ser drásticas. No final das contas, embora isso não estivesse contido em sua primeira proposta, ele estava preparado para entregar Azov, desguarnecer Tagonrog e desistir de tudo que tivesse conquistado dos turcos ao longo de vinte anos. Para os suecos, isso traria de volta a Livônia, a Estônia e Carélia – tudo que o czar havia tomado em guerras, exceto São Petersburgo, seu "adorado paraíso". Se isso não fosse suficiente, Pedro negociaria a antiga cidade russa de Pskov e outros territórios. Ademais, estava preparado para permitir que Carlos retornasse à Suécia, reconhecer Stanislaw como rei da Polônia e prometer deixar de lado suas intervenções nas questões polonesas. Para tentar o grão-vizir e outros oficiais turcos, o czar ofereceria grandes subornos: 150 mil rublos era o presente sugerido ao grão-vizir. À tarde, as propostas encontravam-se esboçadas e Shafirov foi enviado com um trombeteiro sob uma bandeira branca para apresentá-las ao grão-vizir.

Desconhecida pelos russos, a chegada de Shafirov ao acampamento do grão-vizir gerou um enorme alívio ao guerreiro hesitante. Em sua tenda de seda com múltiplas divisões, o velho Baltadji mostrava-se bastante perplexo e nada à vontade. Suas melhores tropas, os janízaros, resmungavam sobre fazer uma nova investida. Um novo ataque contra até mesmo um acampamento russo enfraquecido poderia reduzir severamente a quantidade de homens em um momento quando havia rumores de que a Áustria dos Habsburgo estava se mobilizando para mais uma guerra. Ademais, o grão-vizir contava com uma notícia que ainda não havia chegado aos ouvidos de Pedro: a cavalaria russa de Ronne havia capturado Braila, tomado grande parte dos suprimentos do exército turco e queimado alguns dos armazéns de pólvora. Ao seu lado, Poniatowski e o cã tártaro o incentivavam a realizar um ataque final e, com um único golpe, dar fim à batalha, à guerra e ao czar. Com relutância, Baltadji estava prestes a concordar e dar ordens para que ocorresse uma grande investida quando Shafirov foi levado à sua tenda. O vice-chanceler russo lhe passou uma carta de Sheremetev sugerindo que a guerra não favorecia os interesses de nenhuma das partes e que ela havia ocorrido por interesses de outros. Assim, os dois generais deveriam colocar um ponto final no derramamento de sangue e analisar os possíveis termos de paz.

O grão-vizir viu a mão de Alá. Ele poderia ser um vencedor e um herói sem arriscar mais uma batalha. Sobrepondo-se aos apelos angustiados de Poniatowski e do cã, Baltadji ordenou que o bombardeio cessasse e sentou-se animadamente com o enviado russo. As negociações seguiram noite adentro. Na manhã seguinte, Shafirov enviou a notícia de que, embora o grão-vizir estivesse ansioso pela paz, as discussões continuavam se arrastando. Impaciente, Pedro instruiu que seu enviado aceitasse quaisquer termos que fossem oferecidos, "exceto a escravidão", mas que insistisse em um acordo imediato. As tropas russas encontravam-se famintas e se a paz não fosse alcançada com rapidez, Pedro queria usar as últimas forças de seus homens em um ataque desesperado contra as trincheiras turcas.

Estimulado por essa ameaça de renovar os ataques, Baltadji detalhou suas propostas. Em relação aos turcos, elas eram o que Pedro esperava: o czar deixaria para trás todos os frutos de sua campanha de 1696 e do tratado de 1700. Azov e Tagonrog seriam devolvidas, a frota do mar Negro abandonada e os fortes na parte baixa do Dnieper, destruídos. Ademais, as tropas russas deveriam evacuar a Polônia, e o direito do czar de manter um embaixador permanente em Constantinopla seria cancelado. Quanto à Suécia, o rei Carlos XII deveria ter acesso a um caminho livre para casa e o czar deveria, "se quisesse chegar a um acordo, concluir com ele a paz". Em troca dessas concessões, o exército otomano ficaria de lado e permitiria que o exército russo cercado retornasse pacificamente para casa.

Ao ouvir esses termos, Pedro ficou impressionado. Eles não eram baratos – o czar perderia tudo o que tinha no sul –, mas eram muito mais modestos do que ele esperava. Nada havia sido dito sobre a Suécia e o Báltico, exceto que Carlos iria para casa e Pedro tentaria chegar a um acordo de paz. Considerando as circunstâncias, aquilo era uma libertação. Os turcos acrescentaram mais uma demanda: Shafirov e o coronel Michael Sheremetev, filho do marechal de campo, deveriam permanecer na Turquia como reféns até os russos realizarem sua promessa de devolver Azov e os outros territórios.

Pedro estava ansioso por assinar o acordo antes que o grão-vizir mudasse de ideia. Shafirov pegou o jovem Sheremetev e retornou imediatamente ao acampamento turco, onde o tratado foi assinado em doze de julho. No dia treze, o exército russo, ainda mantendo suas armas, formou colunas e passou a marchar para fora do malfadado acampamento no Prut. Antes que Pedro e o exército pudessem sair, todavia, eles passaram inadvertidamente por uma crise final e potencialmente desastrosa.

Ao longo das negociações de Baltadji com Shafirov, Poniatowski havia feito seu melhor para provocar demoras. O agente de Carlos XII havia percebido que Pedro estava preso e teria de aceitar quaisquer termos ditados pelo grão-vizir. Se as necessidades de seu soberano não fossem ignoradas, a Suécia poderia reconquistar tudo o que havia perdido, e talvez conquistar até mais. Assim, logo que Shafirov chegou à tenda do grão-vizir, Poniatowski apresou-se em escrever uma carta a Carlos, entregou-a ao mensageiro e o fez galopar rumo a Bender.

Poniatowski escreveu a nota ao meio-dia de onze de julho. O cavaleiro chegou a Bender na noite do dia doze. Carlos reagiu instantaneamente. Seu cavalo estava selado e, às onze da noite, o monarca já galopava pela escuridão a caminho do Prut, que ficava a oitenta quilômetros de distância. Às três da tarde do dia treze, após uma cavalgada de dezessete horas contínuas, Carlos subitamente apareceu no perímetro do acampamento do grão-vizir. Passou pelas linhas para analisar as fortificações improvisadas de Pedro. À sua frente, as últimas colunas russas marchavam sem obstáculos para fora, acompanhadas por esquadrões de cavaleiros tártaros. O rei viu tudo: a posição dominadora dos canhões turcos, a facilidade com a qual, sem que fosse necessário sequer uma investida, a espera de alguns dias faria os russos passarem fome e serem entregues como prisioneiros.

Ninguém sabe quais sentimentos de arrependimento Carlos, ao estudar o panorama à sua frente, pode ter tido sobre sua decisão de não acompanhar o exército turco. Se ele estivesse lá para somar sua voz forte à do cã tártaro (que havia chorado de frustração quando o grão-vizir assinou o tratado de paz), uma decisão diferente poderia ter sido tomada. O rei cavalgou em silêncio em meio aos soldados turcos que observavam a cena e foi até a tenda do grão-vizir. Com Poniatowski e um intérprete ao seu lado, ele entrou rudemente, ainda usando esporas e botas sujas, e, exausto, afundou-se no sofá perto da bandeira verde sagrada de Maomé. Quando o grão-vizir chegou, acompanhado pelo cã e uma multidão de oficiais, Carlos pediu para eles se retirarem, de modo que ele pudesse falar com Baltadji em particular. Os dois beberam uma xícara de café cerimonial em silêncio e então, Carlos, fazendo um enorme esforço para controlar seus sentimentos, perguntou por que o grão-vizir havia deixado o exército russo escapar. "Eu conquistei o suficiente para a Porta", respondeu Baltadji calmamente. "É contra a lei de Maomé negar a paz a um inimigo que por ela implora." Carlos perguntou se o sultão estava satisfeito com uma vitória tão limitada. "Eu tenho o comando do exército e faço a paz quando quiser", respondeu Baltadji.

Nesse momento, incapaz de conter sua frustração, Carlos levantou-se de seu assento e fez um apelo final. Como ele não havia sido uma das partes do tratado, estaria o grão-vizir disposto a lhe emprestar uma fração do exército turco e alguns canhões para que ele pudesse perseguir os russos, atacar e conquistar muito mais? Baltadji recusou, declarando que os Fiéis não deveriam ser liderados por um cristão.

O jogo havia chegado ao fim e Carlos estava derrotado. Daquele momento em diante, ele e Baltadji tornaram-se inimigos mortais e cada um trabalhou com diligência para se livrar do outro. O grão-vizir parou de pagar a quantia que entregava diariamente aos suecos, proibiu os comerciantes de venderem provisões aos suecos e passou a interceptar as correspondências do rei. Carlos retaliou, reclamando amargamente ao sultão sobre o comportamento de Baltadji. Também colocou seus agentes em Constantinopla para espalharem rumores de que o verdadeiro motivo que havia levado ao grão-vizir a libertar o czar e seu exército era o fato de ele ter sido fortemente subornado.

Essa história também começou a gerar um efeito na Rússia. Uma versão era a de que Catarina – alguns diziam que sem o consentimento de seu marido, outros afirmavam que Pedro havia concordado em segredo – ordenara que Shafirov prometesse ao grão-vizir uma grande soma, incluindo as joias dela, para assegurar a liberdade do czar.

Em retrospecto, a história parece exagerada. Foram prometidos a Baltadji 150 mil rubros, o que é uma grande soma, mas parece improvável o fato de ele ter chegado à paz com termos tão humildes. Ele tinha outros motivos: não era, prioritariamente, um guerreiro, suas tropas mostravam-se relutantes em lutar, ele temia uma nova guerra com a Áustria e sentia-se contente em colocar um ponto final à situação com a Rússia, desgostava da "russofobia" fanática do cã Devlet Gerey e queria que Gerey fosse controlado. Ademais, sem dúvida tinha recebido a informação de que mensagens haviam sido enviadas a Carlos XII e de que, a qualquer minuto, o monarca sueco poderia invadir o acampamento, exigindo uma batalha de aniquilação. De fato, se Carlos chegasse e Pedro fosse capturado, ele estaria na complicada posição de ter dois dos maiores soberanos da Europa, ambos sem seus exércitos e sem poderes, como seus "convidados". As implicações diplomáticas de um acontecimento desse tipo eram inimagináveis. E, do ponto de vista otomano, Baltadji alcançara seus objetivos. O território que a Rússia havia tomado do sultão agora tinha sido totalmente devolvido. O que mais se poderia pedir de um tratado de paz?

Nada disso servia de consolo para Carlos. Uma oportunidade única, um momento em que o poder esmagador poderia ser aplicado contra um inimigo quase desamparado, havia sido perdido – e não apenas perdido, mas deliberadamente jogado fora. Depois disso, embora Carlos viesse a trabalhar duro e ajudar a incitar três outras guerras breves entre o czar e o Império Otomano, uma oportunidade assim nunca voltaria a surgir. Poltava permaneceu decisiva na guerra de Pedro contra Carlos; o evento no Prut não afetava essa realidade. Tanto o czar quanto o rei perceberam esse fato: "Eles tinham a faca e o queijo na mão ali", declarou Pedro posteriormente. "Mas não vai acontecer outra vez".

O GRÃO-VIZIR HAVIA VENCIDO a Batalha do Prut, mas ninguém, em especial o sultão, viria a agradecê-lo. Tanto Pedro quanto Carlos haviam perdido: o primeiro, menos do que poderia ter perdido; o último, porque não ganhou nada, quando poderia ter ganhado tudo. Os aliados do czar, os hospodares da Moldávia e da Valáquia, quase perderam: um suas terras, o outro, a cabeça.

A entrega de Cantemir, príncipe da Moldávia, foi uma das condições originais do grão-vizir para o acordo de paz. O hospodar havia se escondido debaixo das bagagens da czarina Catarina em uma das carroças, e apenas três de seus homens sabiam onde ele estava. Dessa forma, Shafirov foi capaz de contar ao grão-vizir que era impossível entregar Cantemir, pois, no dia que antecedeu a batalha, ninguém o tinha visto. O grão-vizir deixou o problema de lado, declarando desdenhosamente: "Bem, não vamos falar mais sobre isso. Dois grandes impérios não deveriam prolongar uma guerra por conta de um covarde. Ele logo pagará por seus feitos".

Cantemir escapou com os russos, pegou sua esposa e seus filhos em Jassy, e, junto com os 24 principais boiardos moldavos, retornou à Rússia com o exército do czar. Lá, Pedro o favoreceu, entregando-lhe o título de príncipe russo e lhe concedendo uma grande propriedade próxima de Carcóvia. Seu filho entrou para o serviço diplomático e tornou-se embaixador russo na Inglaterra e na França. O principado de Cantemir, a Moldávia, não teve tanta sorte. Baltadji deu aos tártaros a permissão de destruir as cidades e vilas com fogo e espada.

O destino de Brancovo, o hospodar da Valáquia que primeiro traíra o sultão e depois o czar, teve um toque apropriado: os turcos nunca mais voltaram a confiar nele. Embora tivesse sido avisado de uma maré de desagrado correndo contra ele em Constantinopla, e embora tivesse começado a enviar grandes somas de dinheiro à Europa Ocidental para receber um exílio confortável, Brancovo retardou sua partida. Na primavera de 1714, foi preso e enviado a Constantinopla. Ali, em seu sexagésimo aniversário, foi decapitado junto com seus dois filhos.

O TRATADO ASSINADO NO Prut deu fim à guerra, mas não trouxe a paz. Injuriado por ter de entregar Azov e Tagonrog, Pedro procrastinou até Carlos XII ser enviado para fora da Turquia. Shafirov, agora superando Tolstói como diplomata russo sênior em Constantinopla, pressionou urgentemente o grão-vizir para expulsar o rei sueco. Baltadji tentou. "Eu gostaria que o diabo o levasse porque agora vejo que ele só é real no nome, que não tem bom senso e é como uma fera", o grão-vizir declarou a Shafirov. "Tentarei me livrar dele de uma forma ou de outra." Baltadji falhou, uma vez que Carlos se recusava com veemência a ir embora. Enquanto isso, os agentes do rei em Constantinopla trabalhavam ativamente para enfraquecer Baltadji. Pedro continuava procrastinando, enviando ordens a Apraxin para não destruir ainda as fortificações de Azov, mas esperar novas instruções. Quando, sob pressão, Shafirov prometeu aos turcos que Azov seria entregue dentro de dois meses, Pedro escreveu outra vez a Apraxin, dizendo-lhe para acabar com as muralhas da fortaleza, mas para não danificar as fundações, e para manter os planos exatos com o objetivo de que, se alguma mudança ocorresse, o forte pudesse ser reconstruído rapidamente.

Em novembro, cinco meses após a assinatura de Prut, Azov e Tagonrog ainda não haviam sido entregues. Os agentes de Carlos usaram esse fato, habilidosamente combinado com rumores de que o grão-vizir havia deixado o czar escapar enquanto as carroças cheias de ouro russo chegavam à sua tenda no Prut, para causar a queda de Baltadji. Ele foi substituído por Yusuf Paxá, o agá dos janízaros que, para a satisfação de Carlos, usou a não rendição de Azov e Tagonrog como pretexto para declarar uma nova guerra à Rússia. Shafirov, Tolstói e o jovem Sheremetev foram enviados de volta para as Sete Torres. Tolstói, a essa altura, escreveu a Pedro implorando uma autorização para voltar à Rússia. Ele havia estado na Turquia sob péssimas condições por dez anos, e as negociações que conduzia agora haviam sido passadas a Shafirov, seu superior. Pedro concordou, mas os turcos, não, informando ao diplomata idoso que ele deveria permanecer no país até um tratado final ser assinado e só então poderia retornar com Shafirov.

Não houve uma batalha nessa nova guerra, e ela se encerrou rapidamente quando, em abril de 1712, Pedro afinal entregou Azov e Tagonrog. De fato, Apraxin estava em condições tão boas com o paxá turco que veio a ocupar os fortes que conseguiu vender todas as armas, pólvora, suprimentos e quatro navios russos que continuavam ali, tudo por um bom preço, muito embora um capitão russo posteriormente viesse a assegurar Whitworth de que as embarcações vendidas estavam tão apodrecidas que "desfariam-se em pedaços na primeira tempestade". Esse acordo de paz rapidamente transformou-se em nada quando Yusuf Paxá foi derrubado e sucedido por Suleiman Paxá, que ouviu as reclamações contínuas de Carlos de que o czar ainda não havia retirado suas tropas da Polônia. Em dez de dezembro de 1712, os turcos declararam guerra uma terceira vez com o objetivo de fazer cumprir esse artigo do tratado. Mais uma vez, Shafirov, apoiado por enviados britânicos e holandeses, conseguiu resolver o problema antes de uma batalha efetivamente começar. "Essa guerra", escreveu Shafirov a Golovkin, "é desagradável para todo o povo turco e começou puramente por vontade do sultão, que desde o início não estava satisfeito com a Paz do Prut e revoltou-se contra o grão-vizir por não ter lucrado tanto quanto deveria em virtude das circunstâncias favoráveis".

Em abril de 1713, Ahmed III reuniu seu exército, declarou guerra uma quarta vez e, com Poniatowski ao seu lado, rascunhou novos e ainda mais devastadores termos de paz a serem impostos sobre a Rússia: toda a Ucrânia deveria ser cedida à Turquia; todas as conquistas de Pedro, incluindo São Petersburgo, deveriam ser devolvidas à Suécia. O czar reagiu a esse tratado simplesmente recusando-se a mandar um novo enviado para discutir as questões. Com o tempo, o ardor do sultão pela guerra passou. Ele começou a duvidar da sabedoria por trás da ideia de invadir a Rússia, e passou a ver Carlos como a fonte de muitas de suas dificuldades. O paxá de Bender foi instruído a aumentar a pressão sobre o rei da Suécia para deixar o Império Otomano e ir para casa. As negociações com a Rússia continuaram; grão-vizires entravam e saíam do posto – Suleiman Paxá foi sucedido por Ibrahim Paxá e, então, por Damad Ali Paxá, o genro favorito do sultão. Por fim, em dezoito de outubro de 1712, essa quarta guerra em três anos chegou ao fim quando o sultão ratificou o Tratado de Adrianópolis. Shafirov, Tolstói e Michael Sheremetev foram mantidos na prisão, todavia, até a conclusão final sobre a fronteira entre Rússia e Turquia. Em dezembro de 1714, os enviados pelo menos estavam soltos e autorizados a voltar para casa. Os meses de cárcere e suspense haviam sobrepujado o jovem Miguel Sheremetev, que ficou louco nas Sete Torres e morreu no caminho para casa. Shafirov e Tolstói continuaram desempenhando papéis importantes no reinado de Pedro, o Grande.

Olhando em retrospecto para o desastre no Prut, não foi difícil para Pedro compreender seus erros. Ele havia abandonado suas táticas normalmente cuidadosas, o jogo da espera que se mostrara um sucesso contra Carlos XII, passando a agir como o monarca sueco e mergulhando impetuosamente no Império Otomano, confiando no apoio e nas provisões de um aliado que se provou infiel. O czar havia sido mal informado sobre a força do exército turco, e calculou de forma errada a velocidade com a qual o grão-vizir era capaz de se deslocar. Continuou seu avanço mesmo depois de descobrir que o exército turco estava do outro lado do Danúbio e marchando rumo ao norte. Mais tarde, ele explicou que se sentira obrigado a continuar "para não desesperar os cristãos que imploraram por [minha] ajuda". Na verdade, os cristãos mais importantes à sua campanha, os valáquios, tinham-no traído.

Mesmo assim, embora tenha falhado, a marcha de Pedro ao Prut anunciou um novo rumo na história russa. Um czar havia invadido os Bálcãs; a infantaria russa havia marchado por quase setenta quilômetros do Danúbio. Os cavalos da cavalaria russa tinham bebido a água do Danúbio oitocentos quilômetros a sudoeste de Kiev. Outro presságio foi a convocação de Pedro aos cristãos dos Bálcãs para se levantarem contra um infiel e receberem os russos como libertadores. Esse apelo dramático plantou uma semente, e a ideia de que a Rússia atuaria como defensora ortodoxa dos eslavos dos Bálcãs criou raízes e cresceu.

A derrota no Prut e o tratado final com o sultão deram um fim definitivo às ambições de Pedro no sul. Com a retirada da bandeira russa e a destruição dos fortes em Azov e Tagonrog, o sonho da juventude e o trabalho de dezesseis anos do czar chegaram ao fim. "O Senhor Deus me tirou de seu lugar como tirou Adão do paraíso", falou Pedro sobre Azov. Durante sua vida, não existiria uma frota no mar Negro. A foz do Don permaneceu fechada e todas as embarcações russas continuariam proibidas de navegar no mar, que permaneceria como um lago particular do sultão. Somente nos tempos de Catarina, a Grande, a Rússia conquistaria a Crimeia, abriria o Don, forçaria o Estreito de Kerch e finalmente alcançaria os objetivos que Pedro havia começado a desenhar.

A Rússia simplesmente não era forte o bastante para realizar a um só tempo tudo o que Pedro queria. O czar ainda estava em guerra com a Suécia, construindo São Petersburgo e tentando, por meio de reformas e reorganizações extensas, dar nova forma a Moscóvia, transformando-a em um Estado europeu novo e tecnologicamente moderno. Para esse último e imperial propósito, o Báltico e São Petersburgo eram mais importantes do que o mar Negro e Azov. Se o czar tivesse escolhido de forma diferente, parado a construção no Neva, despendido essa energia, esse trabalho e dinheiro na colonização da Ucrânia, retirado seus soldados e marinheiros da Polônia e do Báltico e os enviado contra os turcos, então a frota russa com a bandeira de Pedro talvez tivesse navegado pelo mar Negro enquanto o czar ainda estava vivo. Ele escolheu outro caminho. O sul foi abandonado em troca do Ocidente, o Báltico tornou-se uma prioridade maior do que o mar Negro. A direção da Rússia de Pedro, o Grande, seria a caminho da Europa, e não do Império Otomano.

O próprio Pedro foi franco com relação à sua perda e direto acerca das implicações. Ele escreveu a Apraxin:

> Embora não seja sem sofrimento que nos encontramos privados daqueles locais onde tanto trabalho e dinheiro foram investidos, espero que essa privação nos fortaleça muito do outro lado [o Báltico], que é um ganho incomparavelmente maior para nós.

Posteriormente, Pedro fez uma avaliação ainda mais sucinta do que havia lhe acontecido no Prut: "Minha 'boa sorte' consistiu em ter recebido apenas cinquenta golpes quando fui condenado a receber cem".

XLIII

A CAMPANHA ALEMÃ E FREDERICO GUILHERME II

Deixando o Prut para trás, Pedro e Catarina viajaram para o norte, rumo à Polônia. Lá e na Alemanha, o objetivo do czar era aproveitar o impulso de Poltava e reiniciar a guerra contra a Suécia. O primeiro passo consistia em reassegurar a seus aliados, Augusto da Polônia e Frederico IV da Dinamarca, que o desastre no Prut não havia abalado sua decisão de forçar Carlos XII a uma paz aceitável. Mais imediatamente, Pedro queria visitar a Alemanha para fazer um tratamento em Carlsbad e testemunhar o casamento de seu filho Aleixo com a princesa Charlotte de Wofenbüttel. Todos esses projetos e até mesmo sua rota de viagem haviam se tornado possíveis por causa de Poltava; antes da destruição do exército sueco, Carlos XII havia dominado a Polônia e tornado fisicamente impossível para o czar atravessar o país e chegar à Alemanha. Agora, todavia, os suecos estavam fora de cena e Carlos permanecia distante, na Turquia. Durante o resto de sua vida, Pedro viajou pelos estados alemães quase com as mesmas frequência e segurança com as quais viajava pela Rússia.

O czar precisava descansar e se recuperar da exaustão, depressão e doença que haviam acompanhado seu verão desastroso nos Bálcãs. Mesmo enquanto viajava por água pelo Vístula rumo a Varsóvia, onde passou dois dias, e então para Torun, onde deixou Catarina, o czar ainda estava doente. Em Posen, teve uma cólica violenta e passou vários dias na cama antes de seguir para Dresden e Carlsbad, onde deveria tomar as águas. Esse tratamento consistia em um processo cansativo de beber água mineral para supostamente limpar o organismo; com frequência o resultado era muito desagradável, e Whitworth, que acompanhava Pedro, fielmente informou seu mestre em Londres que o czar estava sofrendo com "uma violenta diarreia". Pedro ficou entediado desde o início e reclamou a Catarina:

Katerinushka, minha amiga, como está? Chegamos aqui bem, graças a Deus, e amanhã começa nossa cura. O local é tão agradável que poderia ser chamado de um calabouço honrável, pois fica entre montanhas tão altas que raramente é possível ver o sol. O pior de tudo é que não há boa cerveja. Todavia, espero que Deus nos conceda a saúde das águas. Envio-lhe aqui um presente, um relógio da última moda, colocado sob vidro para evitar o acúmulo de poeira. Não consegui comprar mais nada [por conta da] minha pressa, pois estive em Dresden apenas um dia.

De Carlsbad, Pedro retornou a Dresden, onde permaneceu por uma semana. Ficou no Golden Ring Inn, e não no palácio real, e na hospedaria escolheu um quarto de teto rebaixado e não uma das suítes principais. Foi à quadra de tênis, pegou uma raquete e começou a jogar. Visitou duas vezes uma fábrica de papel e produziu folhas de papel com as próprias mãos. Entrou em contato com Johann Melchior Dinglinger, o joalheiro da corte, cujas belas obras com joias, metais preciosos e esmalte eram famosas por toda a Europa. (Um ano mais tarde, em uma visita a Dresden, Pedro insistiu em passar uma semana vivendo na casa de Dinglinger.) Passou três horas com Andrew Gartner, matemático e mecânico da corte, famoso por suas invenções. Mostrou-se especialmente interessado em um aparelho que o cientista havia criado para carregar pessoas ou objetos de um piso da casa para o outro: em suma, um elevador. Para expressar sua gratidão pela visita, o czar entregou a Gartner algumas peles de zibelina, sugerindo que ele fizesse um casaco bem quente para o inverno.

Em treze de outubro, Pedro chegou a Torgau, o castelo da rainha da Polônia, onde aconteceria o casamento de seu filho. Este local havia sido escolhido em vez de Dresden para que a cerimônia fosse privada, sem a necessidade de convidar o rei da Prússia, o eleitor de Hanover e os demais príncipes alemães, evitando, assim, problemas de protocolo e economizando o tempo do czar e o dinheiro do pai da noiva, o duque de Wolfenbüttel. A cerimônia aconteceu em um domingo, quatorze de outubro de 1711, no grande salão do palácio. Para aumentar o brilho exigido pela ocasião, as janelas foram cobertas e as paredes forradas com espelhos que refletiam a luz de milhares de velas. A cerimônia ortodoxa foi realizada na Rússia, mas a noiva, que havia se convertido do luteranismo para se tornar esposa do futuro czar, foi ritualmente questionada em latim. Um jantar de casamento nos aposentos da rainha foi seguido por um baile, depois do qual, reportou um cronista contemporâneo,

"Sua Majestade, o Czar, ofereceu suas bênçãos paternais da forma mais tocante ao novo casal e ele mesmo os conduziu aos aposentos". Naquela mesma noite, antes de se recolher, Pedro conseguiu escrever a Menchikov:

> Responderei sua carta mais tarde. Agora não tenho tempo por conta do casamento do meu filho, que foi celebrado hoje, graças a Deus, com sucesso, com muitas pessoas notáveis presentes. O casamento aconteceu na casa da rainha da Polônia, e a melancia por você enviada foi colocada à mesa, fruta que é muito impressionante por aqui.

Em Torgau, Pedro finalmente conheceu Gottfried von Leibniz. Desde a primeira visita do czar à Alemanha, durante a Grande Embaixada, o famoso filósofo e matemático esperava uma chance de conversar com o russo e estimulá-lo a criar novas instituições de aprendizado e pesquisa. Quando finalmente conheceu Pedro, Leibniz alcançou pelo menos um sucesso parcial. O czar não entregou ao filósofo o futuro da cultura e da educação russas, mas, no ano seguinte, apontou Leibniz como Conselheiro da Justiça, concedendo-lhe um salário (nunca pago) e lhe pedindo para esboçar uma lista de propostas para reformas na educação, nas leis e na administração. Conforme Leibniz descreveu no próximo encontro dos dois, em 1712, em Carlsbad, à eleitora Sofia:

> Encontrei Sua Majestade prestes a terminar sua cura. Mesmo assim, ele desejava esperar alguns dias antes de partir, tendo em vista que no último ano não passou bem quando começou a viajar imediatamente após a cura. [...] Sua Alteza Eleitoral achará extraordinário que, em certo sentido, serei o Sólon da Rússia, embora à distância. Isso quer dizer que o czar me informou, por meio de Golovkin, seu grande conselheiro, que devo reformar as leis e esboçar alguns regulamentos para a administração da justiça. Como defendo que as melhores leis são as mais curtas, como os Dez Mandamentos ou a Lei das Doze Tábuas da Roma Antiga, e como esse assunto foi tema de um dos meus primeiros estudos, dificilmente esse papel me deterá por muito tempo.

O duque de Wolfenbüttel, um correspondente regular de Leibniz, em tom de brincadeira avisou ao "novo Sólon" que ele certamente receberia por seus esforços pouco mais do que a Cruz de Santo André. Leibniz respondeu, depreciando sua nova tarefa:

Fico muito contente por ter feito Sua Alteza rir um pouco de meu Sólon russo. Mas um Sólon russo não precisa da sabedoria dos gregos e pode se dar bem com menos. Quanto à Cruz de Santo André, eu gostaria muito dela se fosse cravejada com diamantes; porém, essas não são entregues em Hanover, mas apenas pelo czar. De qualquer forma, os quinhentos ducados que me foram prometidos são bastante aceitáveis.

Ao final de dezembro de 1711, Pedro retornou a São Petersburgo após uma ausência de quase um ano. Lá, mergulhou na administração de questões domésticas que haviam definhado enquanto ele estava no Prut e na Alemanha. Deu instruções para a expansão dos negócios com a Pérsia, formou um grupo de comerciantes para negociar com a China e, em abril de 1712, ordenou que seu recém-criado Senado Russo se mudasse de Moscou para São Petersburgo. Sua presença estimulou muitas novas construções ao longo do Neva e, em maio, ele lançou a pedra fundamental para a nova Catedral de Pedro e Paulo, que Trezinni deveria erguer dentro da fortaleza.

Aquela primavera foi um tempo de preocupação para Pedro – ele ainda não evacuara as tropas de Azov e Tagonrog e os turcos haviam declarado guerra uma segunda vez –, mas o czar sentiu-se reconfortado por uma visão incomum que ele descreveu a Whitworth e que o embaixador fielmente reportou a Londres:

> O czar teve um sonho algumas noites atrás: viu todos os tipos de criaturas selvagens lutando juntas, em meio às quais havia um tigre feroz que avançou com o maxilar aberto contra ele e o deixou tão confuso a ponto de não conseguir nem se defender, nem recuar. Porém, uma voz (que ele não conseguia dizer de onde vinha) gritou várias vezes dizendo-lhe para não temer, e o tigre parou, de repente, sem mais nenhuma investida [para feri-lo]. Em seguida, quatro pessoas apareceram de branco e, avançando em meio às feras selvagens, fizeram que toda a fúria cessasse e todos seguissem seus caminhos em paz. Esse sonho impressionou tanto [o czar] que ele o anotou em seu livro de mesa com o dia do mês. Acredito que esse evento tenha realmente aumentado sua confiança.

Em dezenove de fevereiro de 1712, Pedro formalizou e proclamou publicamente seu casamento com Catarina. A cerimônia, que ocorreu às sete horas da manhã na capela privada do príncipe Menchikov, teve como objetivo esclarecer a posição de Catarina como esposa e cônjuge oficial àqueles que diziam que o casamento privado em novembro de 1707 não era suficiente para um czar e uma czarina. Também foi uma marca da gratidão de Pedro a sua esposa calma e devota, cuja forte coragem durante a campanha no Prut o ajudara a enfrentar o episódio desastroso. Pedro casou-se com o uniforme de contra-almirante, com o vice-almirante Cruys como padrinho e outros oficiais navais como testemunhas. Retornando a seu palácio com trenós entre filas de trombeteiros e percussionistas, Pedro parou seu trenó antes de chegar à porta principal para que pudesse entrar e pendurar sobre a mesa do jantar seu presente a Catarina. Era um candelabro com seis braços feito de marfim e ébano, que ele havia produzido com as próprias mãos durante duas semanas de trabalho. Naquela noite, escreveu Whitworth: "a companhia foi esplêndida, o jantar magnífico e o vinho, de qualidade, importado da Hungria, foi o maior prazer, e não forçado aos convidados em quantidades grandes demais. A noite foi encerrada com um baile e fogos de artifício". Pedro estava contente; em certo momento da celebração, confessou a Whitworth e ao embaixador dinamarquês que aquele era "um casamento fértil, pois eles já tinham tido cinco filhos".

Dois anos mais tarde, Pedro voltou a honrar Catarina criando uma nova condecoração, a Ordem de Santa Catarina, santa padroeira de sua esposa. A condecoração consistia em uma cruz presa a uma fita branca com o lema: "Pelo Amor e Fidelidade ao Meu País". A nova ordem, declarou Pedro, comemorava o papel de sua esposa na campanha do Prut, ocasião em que ela havia se comportado "não como uma mulher, mas como um homem".

No INÍCIO DE 1711, antes da malfadada campanha no Prut, o interesse de Pedro era o de conquistar a paz com a Suécia. Ele havia alcançado grande parte dos objetivos de sua guerra. São Petersburgo havia recebido sua "área de proteção" ao norte pela captura de Vyborg e da província da Carélia, e estava assegurada ao sul pela ocupação da Ingria e da Livônia. Dois novos portos marítimos, Riga e Reval, em conjunto com São Petersburgo, haviam aberto as "janelas para o Ocidente" do Báltico o mais amplamente que seria concebível para a Rússia. Não havia nada mais que Pedro quisesse, e ele sinceramente desejava a paz.

O conselho do governo e o povo da Suécia também queriam paz. O país de Carlos encontrava-se derrotado, a guerra os havia arruinado e o único prospecto realista, caso ela continuasse, seria as coisas piorarem. No verão de Poltava, 1709, a colheita na Suécia fora um fracasso. Naquele outono, fortalecida pela vitória russa, a Dinamarca entrou novamente na guerra. Em 1710 e 1711, a praga varreu o país de Carlos; Estocolmo perdeu um terço de sua população. Agora, ao final de 1711, enquanto o czar vagava livremente pela Alemanha conhecendo reis e príncipes e tomando as águas, a Suécia estava exausta. Sem aliados, via-se contra uma coalizão extraordinária formada por Rússia, Dinamarca, Saxônia e Polônia. Não demorou muito para Hanover e Prússia também entrarem na aliança anti-Suécia.

Se a razão ditava a paz, por que a paz não vinha? Em primeiro lugar, porque o rei da Suécia não a aceitava. Para Carlos, Poltava não passava de um contratempo temporário. Novos exércitos suecos seriam reunidos para substituir aquele perdido na Ucrânia. Sua fuga e seu exílio na Turquia poderiam ser transformados em uma oportunidade brilhante se ele conseguisse convencer o sultão e o vasto exército otomano a se unirem a ele em uma marcha rumo a Moscou. Chegar a um acordo de paz no qual a Suécia teria de entregar de uma vez por todas um centímetro de seus territórios que agora estavam nas mãos russas não era sequer uma opção, certamente. Tudo, incluindo a nova capital do czar no Neva, deveria ser devolvido. Como o czar não se renderia de nenhuma outra forma, tudo teria de ser conquistado com o uso da espada. Aceitando a teimosia de seu oponente, Pedro estava igualmente decidido a não entregar São Petersburgo. Portanto, a guerra continuou.

Em 1711 e 1712, as novas ofensivas russas e dos aliados contra o claudicante império sueco foram direcionadas contra as posses suecas no norte da Alemanha. Esses territórios – a Pomerânia com seus portos marítimos de Stralsund, Estetino e Wismar; Bremen e Verden no Weser – eram os pontos de entrada da Suécia no continente e os pontos de partida usados por seus exércitos. Naturalmente, a disposição desses territórios tornou-se uma questão de enorme interesse para todos os Estados que os cercavam – Dinamarca, Prússia e Hanover. E, por fim, todos os três tornaram-se aliados de Pedro.

O ataque à Pomerânia Sueca teve início no verão de 1711. Ainda enquanto Pedro, Catarina, Sheremetev e o corpo principal do exército russo marchavam para o sul, rumo a Prath, outro exército russo de doze mil homens seguia para o oeste, atravessando a Polônia para atacar o território sueco a norte de Berlim. Esse seria um esforço dos aliados e, em meados de agosto, doze mil russos, seis mil saxões e seis mil soldados suecos passaram pela Prússia, a alguns quilômetros de Berlim. Um contingente dinamarquês uniu-se a eles e então o exército multinacional sitiou Stralsund e Wismar. Infelizmente, por conta dos desentendimentos entre comandantes e da falta de artilharia de cerco, nada foi conquistado. O outono chegou, o cerco foi erguido e as tropas permaneceram na Pomerânia para passar o inverno. Na primavera de

1712, moveram-se para sitiar Estetino. Mais uma vez, a confusão dos propósitos dos aliados e a falta de artilharia levaram a um fracasso. O exército russo, agora comandado por Menchikov, investiu na fortaleza do porto, mas não conseguiu preparar um cerco eficiente. O rei Frederico IV da Dinamarca havia prometido oferecer a artilharia, mas, na verdade, estava usando as armas em uma tentativa de capturar o que para ele eram os frutos mais doces da Suécia do lado oposto da península dinamarquesa, Bremen e Verden. Os dinamarqueses protestaram com Menchikov, alegando que era tarefa dos poloneses fornecer a artilharia.

Essa foi a situação que Pedro encontrou quando chegou com Catarina diante de Estetino, em junho de 1712. O czar ficou exasperado: "Eu me considero muito infeliz por ter vindo aqui", escreveu a Menchikov. "Deus vê minhas boas intenções e a maldade dos outros. Não consigo dormir à noite por conta da forma como sou tratado". Pedro também escreveu a Frederico da Dinamarca reclamando do desperdício de mais um verão. Por mais que estivesse furioso, o czar não podia fazer nada além de reclamar. A frota dinamarquesa era um ingrediente essencial no esforço dos aliados; nenhuma outra potência do Báltico contava com uma força naval capaz de enfrentar a frota sueca e isolar o exército inimigo no continente, longe de sua base. Mesmo assim, o tom de Pedro foi ácido:

> Acho que Vossa Majestade sabe que não apenas ofereci o número de tropas acordado no último ano [...] com o rei da Polônia, mas que forneci três vezes mais homens e, além disso, pelo interesse comum, vim pessoalmente até aqui, sem poupar minha saúde da fadiga constante e da longa jornada. Porém, ao chegar, encontrei o exército indolente, porque a artilharia prometida pelo senhor não havia chegado, e quando perguntei a seu vice-almirante Segestet sobre o assunto, ele respondeu que ela não poderia ser entregue sem ordens suas. Estou muito confuso, sem entender por que essas mudanças são feitas e por que o momento favorável é, assim, desperdiçado. Com isso, além da perda de dinheiro, não ganharemos nada além de zombaria dos inimigos com relação a nossos interesses comuns. Sempre estive, e estou, pronto para ajudar meus aliados em tudo que o interesse comum demandar. Se você não pode cumprir esse pedido [de enviar a artilharia], posso provar a você e a todo o mundo que essa campanha não foi perdida por mim e, portanto, não devo ser culpado por estar inativo aqui. Sou obrigado a retirar minhas tropas, já que, por conta do custo das coisas aqui, tudo é um desperdício de dinheiro, e não posso suportar ser desonrado pelo inimigo.

A carta de Pedro não gerou resultados. A artilharia dinamarquesa continuou atacando Bremen, e não Estetino. Nesse clima de frustração, o czar deixou o exército ao final de setembro de 1712 para passar o terceiro outono seguido tomando as águas em Carlsbad. No caminho, ao passar por Wittenberg, visitou o túmulo de Martinho Lutero e a casa na qual este vivera. Nela, o curador lhe mostrou uma mancha de tinta na parede que supostamente datava do momento em que Lutero havia visto o demônio e lançado seu tinteiro na direção dele. Pedro riu e perguntou: "Um homem tão sábio realmente acreditava que o demônio podia ser visto?". Quando lhe foi pedido que assinasse a parede, Pedro desdenhosamente escreveu: "A mancha de tinta é muito fresca, portanto, a história obviamente não é verdadeira".

Na viagem rumo a Carlsbad, Pedro também passou por Berlim e visitou o idoso rei Frederico I da Prússia e seu filho, Frederico Guilherme, o príncipe real. "O czar chegou aqui na última terça-feira, às dezenove horas", escreveu um membro da corte da Prússia.

> Estávamos na *tabiage* [sala para fumantes] quando o marechal de campo veio anunciar o rei, que me perguntou como o czar havia sido recebido em Dresden. Falei que, embora o rei [Augusto] estivesse ausente, toda uma sorte de honras havia sido oferecida a ele, mas ele não aceitou nada e se alojou em uma casa particular. Sua Majestade respondeu que ele igualmente lhe ofereceria tudo. [...]
>
> O czar foi ao palácio e, ao subir as escadas, surpreendeu o rei jogando xadrez em seu quarto com o príncipe real. As duas majestades passaram meia-hora juntas. Então, o czar visitou os aposentos nos quais o rei da Dinamarca havia se hospedado, admirando-os, mas recusou-se a ocupá-los. Um jantar foi oferecido pelo príncipe real, com oito convidados à mesa, além do czar, que não permitiu brindes, comeu apesar de já ter ceado, e não bebeu. [...]
>
> Ontem, o czar procurou o rei na *tabiage*, colocou um belo casaco vermelho bordado com ouro, em vez de sua pelica, considerada quente demais, e foi cear. Agiu de forma gentil o bastante ao oferecer sua mão à rainha, depois de ter colocado uma luva consideravelmente suja. O rei e toda a família real cearam com ele. [...] O czar se superou durante esse momento. Não arrotou, não expeliu gases, não usou palito de dente – pelo menos eu não o vi ou ouvi fazer nada disso – e conversou com a rainha e as princesas sem demonstrar qualquer constrangimento. A multidão de expectadores foi ótima. Ele abraçou o rei para se despedir

e, depois de fazer uma reverência geral para todos os presentes, partiu com passos tão longos que foi impossível para o rei acompanhá-lo.

Cinco meses depois, em seu caminho de volta para a Rússia, Pedro passou mais uma vez por Berlim. O rei Frederico I havia morrido recentemente e o príncipe real, com 25 anos de idade, agora ocupava o trono como rei Frederico Guilherme I. "Achei o novo rei muito agradável", escreveu Pedro a Menchikov, "mas não posso influenciá-lo em nenhuma ação – a meu ver, por dois motivos: primeiro, ele não tem dinheiro; segundo, ainda há muitos cães com coração sueco por aqui. O próprio rei não tem habilidades em questões políticas e, quando pedi conselhos a seus ministros, eles favoreceram os suecos de todas as formas. [...] A corte aqui não é tão grandiosa quanto já foi no passado". Quanto a unir-se em uma aliança ativa contra a Suécia, o novo rei da Prússia afirmou que precisava de pelo menos um ano para organizar seu exército e suas finanças.

O TEMPO DE VIDA de Pedro, o Grande, e a ascensão da Rússia também veriam a emergência de um novo Estado militar altamente disciplinado no norte da Alemanha, o reino da Prússia, que se espalhava desde o eleitorado de Brandemburgo, cuja família governante, a Casa de Hohenzollern, descendia da Ordem Teutônica. Nos tempos de Pedro, a capital, Berlim, ainda era apenas uma pequena cidade, que em 1700 contava com uma população de 25 mil habitantes. Seu povo era protestante, frugal e eficiente, com capacidade de organização e disposição ao sacrifício e uma crença de que o dever era o mais importante chamado. Outros alemães – renanos, bávaros, hanoverianos e saxões –viam o povo de Brandemburgo como semifeudal, menos civilizado e mais agressivo do que eles próprios.

A fraqueza do Estado era geográfica. Produto de casamentos dinásticos e heranças, o território se espalhava em fragmentos desconectados por toda a planície da Europa Setentrional. Seu território mais ocidental, o ducado de Cleves, ficava no Reno, perto do ponto onde o grande rio flui para dentro da Holanda; seu feudo mais oriental, o ducado da Prússia Oriental, ficava no Neman, a mais de oitocentos quilômetros de Cleves. Em 1648, o tratado de Vestfália, que havia encerrado a Guerra dos Trinta Anos, deixou o Estado de Brandemburgo com perspectivas assustadoras: sem acesso ao mar, e com recursos naturais reduzidos. Por conta de seu solo pobre, era chamado de "a caixa de areia do Sacro Império Romano". O interior havia sido pilhado e despovoado pelas passagens constantes de protestantes estrangeiros e exércitos católicos. Em 1640, todavia, a antiga Casa de Hohenzollern, que governava Brandemburgo desde 1417, produziu um chefe de governo de destaque, o eleitor Frederico Guilherme. Embora seus territórios estivessem espalhados e empobrecidos, ele sonhava com um novo Estado Hohenzollern independente, unido e poderoso. Frederico Guilherme, que veio a ser chamado de Grande Eleitor, criou o mecanismo que transformaria a Prússia em um Estado europeu de primeira categoria. Organizou um governo eficiente e centralizado, com um serviço civil disciplinado, um sistema postal, um imposto de renda graduado. E, em 1668, após 48 anos como governante, o Grande Eleitor havia dado a Brandemburgo, que contava com uma população de apenas nove milhões de habitantes, um exército permanente moderno de trinta mil homens.

Os descendentes do Grande Eleitor seguiram fielmente as diretrizes por ele deixadas. Em 1701, o poder do Estado da Prússia havia crescido e alcançado um ponto em que o filho do Grande Eleitor, Frederico, já não estava contente com o título de eleitor. Ele queria ser rei. O imperador em Viena, que concedia esses títulos, mostrou-se relutante. Se ele transformasse Frederico em rei, então os eleitores de Hanover, Bavária e Saxônia também desejariam se tornar monarcas. Mas, nesse caso, o imperador não tinha escolha. Prestes a entrar no que ele sabia que seria uma longa e complicada guerra com a França (a Guerra da Sucessão Espanhola), ele precisava muito dos regimentos da Prússia, os quais Frederico só lhe alugaria com a condição de que se tornasse rei. O imperador curvou-se e, em dezoito de janeiro de 1701, em Königsberg, Frederico colocou uma coroa em sua própria cabeça para se tornar o Rei Frederico I da Prússia.

Foi sucedido em 1713 pelo rei Frederico Guilherme I, então com 25 anos, que viria a se tornar amigo e aliado de Pedro da Rússia. Ainda mais obstinado que seu pai ou seu avô, Frederico Guilherme I definiu como único objetivo para a Prússia adquirir o máximo possível de poder militar. Tudo estava inclinado a esse propósito: uma economia forte que pudesse sustentar um exército enorme; uma burocracia eficiente que facilitasse a arrecadação de impostos para contratar mais soldados; um excelente sistema de educação pública para criar soldados mais inteligentes. Em contraste com a França, onde a riqueza nacional era entregue à grandiosidade arquitetônica, os prédios da Prússia eram construídos exclusivamente com propósitos militares: fábricas de pólvora, canhões, arsenal, barracas. O objetivo do rei era criar um exército profissional de oitenta mil homens. Todavia, apesar desse aumento gradual do poder militar, a política diplomática da Prússia era cautelosa. Como seu pai, Frederico Guilherme I cobiçava novos territórios e novos portos marítimos, mas não se apressou em conquistá-los. As tropas de seu Estado lutaram em exércitos imperiais dos Habsburgo em Flandres e na Itália, mas sempre sob contrato; a própria Prússia nunca estava em guerra. Em suas relações com os participantes da Grande Guerra do Norte, que assolava suas fronteiras, a Prússia foi especialmente cuidadosa. Durante todos os anos em que Carlos esteve marchando de um lado para o outro da Polônia, ela permaneceu neutra. Somente após Poltava, quando a Suécia havia caído de joelhos, a Prússia uniu-se a Hanover para declarar guerra e dividir o que havia sido pilhado.

Em sua vida pessoal, Frederico Guilherme I era um homem curioso e infeliz. Excêntrico, caseiro, apoplético, tirano, detestava tudo o que seu pai adorara, especialmente tudo relacionado à França. Frederico Guilherme I desprezava o povo, a língua, a cultura e até mesmo a comida do país do Rei Sol. Quando criminosos eram enforcados, o rei primeiro os fazia colocar roupas francesas. Superficialmente, Frederico Guilherme era um simples monarca protestante, um marido fiel, um pai enfadonho e burguês. Fez sua corte deixar de lado as afetações, vendendo a maior parte dos móveis e das joias de seu pai e dispensando a maioria dos cortesões. Apaixonou-se por e casou-se com sua prima de primeiro grau de Hanover, Sofia Doroteia, filha do futuro rei Jorge I da Grã-Bretanha. Referia-se a ela como "minha esposa" em vez de "a rainha" e a seu filho como "Fritz" em vez de "o herdeiro do trono". Todas as noites, ceava com a família.

O que estragava essa bela cena doméstica eram os ataques violentos de raiva de Frederico Guilherme. De forma totalmente repentina, ele atacava brutalmente seus filhos ou qualquer pessoa que estivesse por perto. Furioso por comentários pequenos e inofensivos, ou até mesmo por olhares, ele começava a agitar sua bengala de madeira, atingindo os rostos das pessoas, por vezes quebrando-lhes o nariz ou os dentes. Quando ele agia dessa forma nas ruas de Berlim, a vítima não podia fazer nada; se resistisse ou contra-atacasse, seria punida com a morte. A explicação aparente para esses ataques era a porfiria, doença que supostamente vinha com a descendência de Maria da Escócia e que posteriormente afligiu o rei Jorge III. Um desarranjo do metabolismo cujos sintomas são gota, enxaquecas, abscessos, furúnculos, hemorroidas e dores terríveis no estômago, a doença fazia o rei mergulhar em agonia e passar por momentos de insanidade. Frederico Guilherme se tornou muito gordo, seus olhos ficaram arregalados e sua pele brilhava como marfim polido. Buscando distração desses sofrimentos, aprendeu a pintar e passou a assinar suas telas como *FW in tormentis pinxit1*. Todas as noites após o jantar, convocava seus ministros e generais para beberem jarros de cerveja e fumarem longos cachimbos. Nessas grosseiras reuniões masculinas, os líderes da Prússia se divertiam provocando e atormentando um pedante historiador da corte, em quem certa vez atearam fogo.

A mais famosa obsessão do monarca era sua coleção de gigantes, pela qual ele era famoso em toda a Europa. Conhecidos como os Prussianos Azuis ou os Gigantes de Potsdam, somavam mais de 1.200, organizados em dois batalhões de seiscentos homens cada. Nenhum tinha menos de 1,83 metros de altura, e alguns, na especial Unidade Vermelha do Primeiro Batalhão, mediam quase 2,10 metros de altura. O rei os vestia com jaquetas azuis com costuras douradas e lapelas escarlates, calças escarlates, meias brancas, sapatos pretos e chapéus vermelhos e altos. Entregava-lhes mosquetes, com bandoleiras e pequenas adagas, e brincava com eles como uma criança faria com enormes brinquedos vivos. Nenhuma despesa era alta demais para esse hobby, e Frederico Guilherme gastava milhões para recrutar e equipar seus granadeiros gigantes, que eram contratados ou comprados por toda a Europa. Os exemplares especialmente desejados que recusavam a oferta de recrutamento dos agentes do rei eram simplesmente sequestrados. Por fim, o recrutamento dessa forma tornou-se caro demais – um irlandês de 2,15 metros custava mais de seis mil libras – e Frederico Guilherme passou a tentar criar gigantes. Todos os homens altos de seu reino foram forçados a se casar com mulheres altas. O problema era que o rei precisava esperar quinze ou vinte anos até os produtos dessas uniões crescerem, e frequentemente o resultado era um garoto ou garota de altura normal. O método mais simples para se obter gigantes era recebê-los como presentes. Embaixadores estrangeiros aconselharam seus mestres sobre a forma de conseguir favores do Rei da Prússia: presenteá-lo com gigantes. Pedro apreciava especialmente o interesse de seu colega soberano nas raridades da natureza, e a Rússia oferecia ao rei cinquenta novos gigantes todos os anos. (Em certa ocasião, Pedro deixou de enviar alguns gigantes russos a Frederico Guilherme e os substituiu por homens um pouquinho mais baixos. O rei ficou tão chateado que não conseguia discutir negócios com o embaixador russo; a ferida em seu coração, declarou, ainda estava aberta.)

---

1   Em tradução livre, pintado sob tortura, em dor. (N. E.)

É desnecessário dizer que o rei nunca arriscou seus queridos colossos diante de inimigos durante conflitos. Em troca, os gigantes ofereciam grande deleite ao monarca. Quando ele estava doente ou deprimido, os dois batalhões inteiros, precedidos por mouros com turbante e címbalos e trombetas, e o mascote dos granadeiros, um enorme urso, marchavam em uma longa fila pelos aposentos do rei para animá-lo.

Sem nenhuma surpresa, a rainha de Frederico Guilherme, Sofia Doroteia, sentia-se infeliz com esse homem estranho. Ela queria mais grandeza, mais cortesãos, mais joias, mais bailes. Especialmente depois que seu pai tornou-se rei da Inglaterra e de um potentado no mesmo nível do imperador de Viena, ela olhava com desdém para a Casa de Hohenzollern e essa frugal corte de Berlim. Mesmo assim, Sofia Doroteia deu ao marido quatorze filhos e os protegia, escondendo-os em quartos privados quando o marido enfurecido os procurava com sua bengala pelo palácio. Os dois primeiros a nascer foram homens, ambos chamados Frederico, e ambos morreram rapidamente. O terceiro, também chamado Frederico, sobreviveu e conviveu com nove irmãos e irmãs mais jovens. Era um garoto educado e delicado que adorava tudo relacionado à França – a língua, as roupas e até mesmo os estilos de cabelo – e cuja língua era tão rápida que o tornava capaz de vencer o pai nas discussões. Apesar de sua natureza sensível, foi criado como um príncipe guerreiro, o herdeiro de um Estado militar. Seu pai lhe deu um regimento de brinquedo, os Cadetes do Príncipe Coroado, composto por 131 garotinhos que o príncipe poderia comandar e brincar como quisesse. Aos quatorze anos, o jovem (que nunca ultrapassou 1,69 metros de altura) foi transformado em major dos gigantes Granadeiros de Potsdam e comandava esses titãs muito mais altos do que ele.

As relações entre pai e filho pioraram. O rei, que frequentemente encontrava-se em uma cadeira de rodas tomado pela agonia, tratava seu herdeiro com desdém. Ao mesmo tempo, quando percebia o que estava fazendo, dizia a Frederico: "Se meu pai tivesse me tratado como eu o trato, eu não aturaria. Teria me matado ou fugido".

Em 1730, aos dezoito anos, Frederico de fato fugiu. Todavia, foi rapidamente recapturado e o rei o tratou, assim como a seu companheiro (o esteta Hans Hermann von Katte, um francófilo e filho de um general), como desertor do exército. Eles foram presos e, certa manhã, o príncipe acordou para ver Von Katte ser guiado até o pátio da prisão e acabar decapitado por um golpe de espada.

Em 1740, o abatido rei Frederico Guilherme morreu, e o príncipe Frederico, aos 28 anos de idade, tomou o trono da Prússia. Dentro de alguns meses, ele havia colocado a máquina de guerra prussiana tão cuidadosamente criada por seu pai e por seu avô em movimento. Para espanto da Europa, Frederico invadiu a Silésia, provocando uma guerra com o Império Habsburgo. Era a primeira das brilhantes campanhas militares que proclamariam o gênio militar do jovem monarca e lhe renderiam o título de Frederico, o Grande.

No OUTONO DE 1712, enquanto o exército de Pedro encontrava-se atolado diante de Estetino e o czar viajava entre Dresden, Carlsbad e Berlim, a Suécia preparava uma incrível ofensiva final no continente. Carlos XII havia ordenado que mais um exército fosse reunido e enviado ao norte da Alemanha. A missão dessa força consistia em marchar rumo ao sul, atravessando a Polônia para encontrar-se com o monarca e o exército otomano. Assim, Carlos perseguiria seu sonho de invadir a Rússia. Os suecos, afligidos pela pobreza, ouviram essa ordem com desespero. "Diga ao rei", escreveu um dos oficiais, "que a Suécia não pode enviar mais tropas à Alemanha, que ela precisa se defender contra a Dinamarca e em especial contra o czar, que já conquistou as províncias do Báltico e parte da Finlândia e agora ameaça invadir o país e deixar apenas cinzas em Estocolmo. A paciência da Suécia é grande, mas não tão grande a ponto de desejar se tornar russa". Todavia, a ordem do rei foi finalmente obedecida e, com grande dificuldade, um novo exército acabou reunido. Magnus Stenbock chegou à Pomerânia sueca com um exército de campo móvel composto por dezoito mil homens. Sua missão foi bastante atrapalhada desde o início, quando a frota dinamarquesa interceptou um comboio de navios de carga que transportava provisões, munição e a pólvora necessária para as tropas, afundando trinta embarcações suecas. Mesmo assim, a chegada de Stenbock causou grande preocupação entre os aliados, e a destruição de sua força tornou-se prioridade urgente para os exércitos combinados. De Dresden, onde descansava após sua cura, Pedro incitou Frederico da Dinamarca a liderar suas tropas de Holstein contra o inimigo: "Espero que Sua Majestade reconheça a necessidade de tal ação. Eu lhe suplico da forma mais amigável e fraternal e, ao mesmo tempo, declaro que, embora minha saúde demande repouso após a cura, agora, vendo a necessidade urgente, não negligenciarei essa questão rentável e me unirei ao exército". Pedro foi ainda mais insistente com Menchikov: "Pelo amor de Deus, se houver uma boa oportunidade, mesmo que eu não consiga alcançá-lo, não perca tempo – em nome do Senhor, ataque o inimigo".

Deparando-se com a convergência de forças dinamarquesas, saxônicas e russas, Stenbock decidiu atacar os dinamarqueses separadamente, antes que o czar pudesse chegar com os principais exércitos russos e saxões. Marchando em meio a uma tempestade de neve em vinte de dezembro de 1712, ele encontrou quinze mil dinamarqueses em seu acampamento em Gadebusch e os agrediu severamente, quase capturando o rei Frederico IV. No entanto, sua vitória trouxe resultados limitados; sua força foi reduzida a doze mil homens e ele logo se viu perseguido por 36 mil saxões, russos e dinamarqueses. Ainda esperando suprimentos e reforços da Suécia, Stenbock viu o gelo se formar nos portos do Báltico e se deu conta de que nenhuma ajuda viria de seu país naquele inverno. Buscando refúgio, marchou para o oeste, rumo a Hamburgo e Bremen. De Altona, cidade próxima a Hamburgo, exigiu uma soma de cem mil táleres para suas despesas. E, quando a cidade só conseguiu reunir 42 mil táleres, os homens de Stenboch a incendiaram, deixando para trás apenas trinta casas. Dois dias mais tarde, um destacamento sueco retornou e queimou 25 das trinta construções que haviam sobrado. Pedro, ao chegar a Altona com seu exército oito dias mais tarde, ficou impressionado com a imagem dos refugiados sem abrigo algum em meio às ruínas e distribuiu mil rublos entre eles. A retirada de Stenbock finalmente chegou ao fim na fortaleza de Tönning, na costa do Mar do Norte, onde ele foi cercado por tropas aliadas durante o inverno.

Em 25 de janeiro de 1713, como qualquer outra ação militar era possível até a primavera, Pedro deixou o exército, entregando o comando das tropas russas a Menchikov e a força aliada ao comando do rei da Dinamarca. De Tönning, o czar viajou a Hanover para encontrar-se com o eleitor Jorge Luís, que logo depois, com a morte da rainha Ana, viria a se tornar o rei Jorge I da Inglaterra. Pedro queria não apenas persuadir Hanover a entrar na guerra contra a Suécia, mas, por meio do eleitor, influenciar a atitude da Inglaterra. Após a visita, o czar escreveu a Catarina: "O eleitor pareceu inclinado muito favoravelmente e me deu muitos conselhos, mas não quer participar ativamente de nada".

O czar então retornou a São Petersburgo e, quatro meses mais tarde, em maio de 1713, Stenbock rendeu-se em Tönning. Menchikov guiou o exército russo de volta à Pomerânia, ameaçando Hamburgo pelo caminho e extraindo uma "contribuição" de cem mil táleres da cidade livre como punição por seu comércio bastante rentável com a Suécia. O czar ficou extasiado com essa ação e escreveu a Menchikov: "Obrigado pelo dinheiro que foi tomado de Hamburgo de forma boa e rápida. Envie a maior parte dele a Kurakin [na Holanda]. É muito necessário para a compra de navios". De Hamburgo, Menchikov marchou para o leste e sitiou Estetino. Dessa vez, estava equipado com a artilharia de cerco da Saxônia e, em dezenove de setembro de 1713, Estetino caiu. Conforme acordado, a cidade foi entregue a Frederico Guilherme da Prússia, que até o momento não havia precisado dar sequer um único tiro.

Agora, de todo o anteriormente grandioso império de Carlos a sul do Mar Báltico, somente os portos de Stralsund e Wismar permaneciam sob a bandeira azul e amarela da Suécia.

XLIV

A COSTA DA FINLÂNDIA

PEDRO RETORNOU A São Petersburgo em 22 de março de 1713, mas passou apenas um mês em sua adorada cidade. Em abril, ouviu de Shafirov, que estava na Turquia, que, apesar dos danosos ataques tártaros na Ucrânia, os turcos otomanos não tinham intenção de promover uma guerra séria no sul. Assim, o czar foi capaz de dedicar toda a sua atenção a preparar a frota e o exército para conquistar a costa norte da parte de cima do Báltico.

Uma vez que a rendição de Stenbock, redigida na fortaleza de Tönning, parecia inevitável, Pedro retornou à extremidade oposta do Báltico, decidindo expulsar os suecos da Finlândia. Ele não planejava manter a província, mas qualquer território que conquistasse além da Carélia na Finlândia seria útil para uma barganha quando as negociações de paz começassem. Essas conquistas poderiam, por exemplo, ser usadas para equilibrar os territórios suecos como a Ingria e a Carélia, os quais Pedro pretendia manter. Havia outra vantagem em uma campanha contra a Finlândia: o czar estaria sozinho, sem aliados em desarmonia para atrapalhar suas operações. Depois de atrasos agonizantes na Pomerânia relacionados à entrega de artilharia e à necessidade de implorar a outros monarcas para que cumprissem suas promessas, seria um alívio conduzir uma campanha exatamente como e onde ele quisesse.

De fato, Pedro não havia esperado até aquela primavera para decidir-se a respeito dessa campanha. Já no mês de novembro anterior, tinha escrito de Carlsbad ordenando que Apraxin intensificasse a preparação de tropas e frotas para um avanço rumo à Finlândia. "Essa província", escreveu Pedro, "é a mãe da Suécia, como vocês bem sabem. Não apenas carne, mas também madeira é trazida de lá, e se Deus nos permitir chegar a Turku [uma cidade na costa leste do Golfo de Bótnia, então capital da Finlândia] no próximo verão, será mais fácil abaixar a cabeça da Suécia."

A campanha na Finlândia naquele verão e no seguinte foi rápida, eficiente e ocorreu com pouco derramamento de sangue. A nova frota russa no Báltico foi quase totalmente responsável por esse brilhante sucesso.

DURANTE O REINADO DE Pedro, houve uma mudança radical no desenho dos navios de guerra e das táticas navais. Nos anos 1690, o termo "navio de linha" foi cunhado quando a confusão dos duelos navio a navio foi substituída pela tática de "linha" – duas fileiras de navios seguindo cursos paralelos e se atacando com pesada artilharia. A "linha" impunha padrões de desenho; um navio líder tinha de ser suficientemente forte para estar na linha de batalha, em especial quando comparado às fragatas e corvetas menores e mais rápidas usadas para o reconhecimento e na ação dos corsários. As qualidades necessárias eram muitas: construção forte, cinquenta ou mais canhões pesados e uma equipe treinada, com expertise marítima e precisão de artilharia. Em todos esses aspectos, os ingleses eram excelentes.

Um navio de linha comum carregava 68 ou mais pesados canhões instalados em filas de dois ou três deques e divididos a bombordo e estibordo, de modo que, mesmo de todo um costado, apenas metade das armas a bordo podia atirar contra o inimigo. Alguns navios de guerra eram ainda maiores, verdadeiros Golias de noventa ou cem armas, cujas equipes, incluindo atiradores marinhos de elite posicionados no cordame para avistar oficiais e atiradores nos deques do inimigo, eram compostas por mais de oitocentos homens.

Além de ser afetada pelos danos infligidos na batalha, a eficácia dos navios de guerra era limitada pelas avarias causadas pelo tempo. Cascos com vazamentos, mastros soltos, cordames esfarrapados e junções entreabertas eram comuns em navios no mar. Para reparos mais sérios, as embarcações tinham de ser levadas ao porto, e as bases para apoiá-las eram um elemento oficial do poder marítimo.

No inverno – em especial no Báltico, onde o gelo impossibilitava as operações navais –, as frotas entravam em período de hibernação. As embarcações eram levadas a um cais, onde velas, cordames, mastaréus, mastros, canhões e balas de canhão eram trazidos e colocados em filas ou empilhados em pirâmides. Nas bases navais do Báltico – Karlskrona, Copenhague, Kronstadt e Reval –, os grandes cascos eram alinhados lado a lado como elefantes dormindo congelados em meio ao gelo do inverno. Na primavera, um a um, os cascos eram carenados – ou seja, virados de lado para que as placas apodrecidas ou danificadas no fundo pudessem ser substituídas, as cracas, raspadas e as junções, vedadas e cobertas de piche. Feito isso, os navios retornavam ao cais e o processo do outono anterior era revertido: canhões, mastros, cordame, tudo retornava a bordo e o casco se tornava mais uma vez um navio de guerra.

Em comparação com a Marinha Real da Inglaterra, com seus cem navios de linha, as potências do Báltico contavam com frotas menores, cujo objetivo principal era serem usadas umas contra as outras dentro daquele mar delimitado. A Dinamarca era quase um reino insular cuja capital, Copenhague, encontrava-se totalmente exposta ao mar. Quando Carlos XII chegou ao trono, o império sueco também era uma entidade marítima, com sua integridade repousando nas comunicações seguras e na liberdade de mover tropas e provisões entre Suécia, Finlândia, Estônia, Livônia e norte da Alemanha. De sua nova e estrategicamente posicionada base naval construída em Karlskrona em 1658 para refrear os dinamarqueses e proteger a comunicação por mar com as províncias alemãs, a Suécia era capaz de controlar toda a parte média e alta do Báltico. Mesmo depois que Poltava humilhara o até então invencível exército de Carlos, a marinha sueca continuou formidável. Em 1710, o ano após Poltava, a Suécia contava com 41 navios de linha; a Dinamarca, 41; a Rússia, nenhum. O almirante sueco sênior, Wachtmeister, estava primordialmente ocupado contra os dinamarqueses, mas poderosos esquadrões suecos ainda navegavam pelo Golfo da Finlândia e pela costa da Livônia.

A frota sueca pouco podia fazer contra os russos. Podia assegurar a chegada de suprimentos e reforços, mas, uma vez que um exército estivesse comprometido com ações em terra, ela não tinha grande utilidade. Na época em que os russos estavam sitiando Riga, toda a frota sueca se reuniu na foz do Duína, mas não pôde contribuir com nada para a defesa da cidade e, por fim, Riga capitulou. Na fase final da Grande Guerra do Norte, todavia, o poder marítimo tornou-se cada vez mais importante. A única forma de forçar uma Suécia inflexível a chegar à paz, percebeu Pedro, era atravessar o Mar Báltico para ameaçar seu território. Um caminho para a invasão consistia em atravessar diretamente a Dinamarca e chegar à Suécia, uma empreitada por uma enorme extensão de terra, a ser apoiada e coberta pela frota dinamarquesa; esse projeto de investida ocupou o czar durante o verão e o outono de 1716. A outra abordagem consistia em seguir pela costa da Finlândia e então atravessar o Golfo da Bótnia rumo às Ilhas Åland e depois deslocar-se em direção a Estocolmo. Foi essa abordagem que o czar tentou primeiro, nos verões de 1713 e 1714.

Pedro teria preferido despender esse esforço diante de uma poderosa frota de cinquenta navios de linha partindo para uma batalha naval. Porém, colocar as grandes quilhas no lugar, então adicionar reforços e tábuas, preparar os canhões, os cordames, os recrutas e treinar as equipes para velejar e lutar de modo que causassem mais danos ao inimigo do que a si mesmas consistiam em era uma tarefa gigantesca. Apesar da contratação de construtores navais, almirantes, oficiais e marinheiros estrangeiros, o projeto seguia lentamente. O esforço hercúleo despendido em Voronej, Azov e Tagonrog era agora infrutífero; a construção de uma nova frota no Báltico tinha de começar do zero.

Pouco a pouco, ao longo de 1710 e 1711, os navios começaram a se acumular, mas Pedro ainda possuía poucos deles para desafiar a marinha sueca em uma batalha naval clássica pelo controle da parte superior do Báltico. Ademais, uma vez que o czar tivesse investido o tempo e o dinheiro necessários para construir e equipar os navios, ele iria querer preservá-los. Sendo assim, Pedro emitiu uma ordem proibindo expressamente seus almirantes de arriscarem os navios de linha e as fragatas em uma batalha, a não ser que a possibilidade de vitória fosse esmagadoramente favorável. Dessa forma, em grande parte, os novos grandes navios da frota de Pedro no Báltico permaneceram no porto.

Embora o czar continuasse construindo navios de linha em seu país e encomendando-os de estaleiros holandeses e ingleses, o brilhante sucesso de suas campanhas navais em 1713 e 1714 no Golfo da Finlândia deveu-se a seu emprego de um tipo de navios nunca visto antes no Báltico, as galeras. Galeras são embarcações híbridas. Geralmente com entre 25 e 30 metros de extensão, um exemplar típico apresenta um único mastro e uma única vela, mas numerosos assentos para remadores. Equipada dessa forma, ela combina as qualidades dos navios a vela com as dos barcos a remo, podendo mover-se com ou sem vento. Durante séculos, galeras haviam sido usadas nas águas fechadas do Mediterrâneo, onde o vento era estranho e nada confiável. Ainda no século XVIII, nas baías e golfos banhados pelo sol, a tradição naval dos imperadores persas e da república romana sobrevivia. Alguns pequenos canhões foram acrescentados, mas as galeras eram pequenas e instáveis demais para carregarem as pesadas armas navais dos navios maiores. Assim, os exemplares do século XVII guerreavam usando táticas desenvolvidas nos tempos de Xerxes e

Pompeu: eram remadas em direção ao inimigo para enfrentá-lo, e a questão era decidida com uma batalha de infantaria corpo a corpo, conduzida em deques lotados, violentos e escorregadios.

Nos tempos de Pedro, a marinha otomana era composta, em sua maior parte, por galeras. Comandadas por gregos e manobradas por escravos, elas eram verdadeiros gigantes, a maior capaz de transportar até dois mil homens divididos entre dois deques de remadores e dez companhias de soldados. Para lutar contra os turcos nas águas confinadas do Egeu e do Adriático, os venezianos também construíram galeras, e foi para Veneza que Pedro enviou vários jovens russos para aprender a arte de construir esse tipo de embarcação. A França mantinha cerca de quarenta galeras no Mediterrâneo, remadas por criminosos poupados da execução. Cercada por mares tempestuosos, a Grã-Bretanha não via utilidade para galeras.

Pedro sempre demonstrou interesse por esse tipo de embarcação. Elas podiam ser construídas rapidamente e com baixo custo, com madeira de pinho em vez de madeira de lei. Podiam ser manobradas por marinheiros inexperientes ou soldados que se desdobrassem como parte da infantaria naval para atacar o inimigo. As maiores eram capazes de transportar trezentos homens e cinco canhões; as menores, 150 homens e três canhões.[1] Pedro havia construído galeras primeiro em Voronej, depois em Tagonrog, e aquelas construídas no lago Peipus foram usadas nas campanhas de 1702, 1703 e 1704 para afastar a flotilha sueca do lago. As galeras seriam perfeitas para limitar a vantagem da Suécia, que contava com grandes navios de guerra no Báltico. Considerando a natureza da costa finlandesa, pontuada com muitas ilhas rochosas e fiordes orlados com granito vermelho e pinheiros, Pedro poderia neutralizar a frota inimiga simplesmente entregando-lhe as águas abertas enquanto suas galeras mais rasas e mais manobráveis se movessem nas águas costeiras, onde os navios maiores da Suécia não se atreveriam a entrar. Navegando pela costa, as galeras russas podiam transportar suprimentos e tropas enquanto permaneciam quase invulneráveis aos grandes navios suecos presentes nas águas abertas. E, se os inimigos decidissem se aproximar, seus grandes navios po-

---

[1] Um modelo de galera russa, a *Duína*, construída em 1721, está no Museu da Marinha Russa, em Leningrado. O modelo é o de uma embarcação de quarenta metros de extensão e seis metros de largura, e cada um de seus cinquenta assentos era capaz de acomodar quatro ou cinco homens com um remo de mais de treze metros de extensão. (N. A.)

diam facilmente naufragar nas rochas; ou, caso os ventos deixassem de soprar, os suecos estariam indefesos diante das galeras russas remando ao ataque.

Para a Suécia, o surpreendente surgimento da Rússia como uma potência naval do Báltico e o fato de Pedro apoiar-se pesadamente em galeras criavam um doloroso dilema. Por tradição, os almirantes suecos estavam acostumados a manter uma frota regular de navios de linha modernos e fortes prontos para confrontar seu adversário tradicional, os dinamarqueses. Quando as galeras de Pedro começaram a surgir dos estaleiros, a Suécia se viu diante de uma espécie totalmente nova de equipamento de guerra naval. Já financeiramente abatido, o país de Carlos não tinha os meios para manter sua frota contra os dinamarqueses e, ao mesmo tempo, construir uma enorme frota de galeras para combater a Rússia. Dessa forma, os almirantes e capitães suecos só podiam observar impotentes de seus grandes navios no mar enquanto as galeras rasas e movidas a remo de Pedro aproximavam-se da linha do litoral e conquistavam a costa da Finlândia de forma rápida e eficaz.

O comandante geral nessas campanhas navais de sucesso foi o almirante-geral Teodoro Apraxin, que, costumeiramente, também assumia em pessoa o comando da frota de galeras. O vice-almirante Cornelius Cruys, oficial holandês que ajudou Pedro a construir sua frota e treinar seus marinheiros, costumava estender sua bandeira em um dos navios de linha enquanto o czar, sempre insistindo em ser chamado de "contra-almirante Pedro Alexeievich" quando navegando, alternava entre comandar esquadrões de navios maiores e das flotilhas de galeras. Apraxin impressionou seus oficiais estrangeiros com seus modos e habilidade. Um de seus capitães ingleses o descreveu como "um homem de altura moderada, frágil, que se inclinava para comer, cuidadoso com os cabelos muito longos e agora grisalhos, em geral usando-os presos em um rabo de cabalo. Um viúvo de longa dada, sem filhos, embora se possa observar uma economia, ordem e decência incomparáveis em sua casa, jardins, criados e roupas. Todos unanimemente declaram que possui excelente temperamento; mas ele adora que os homens se comportem de acordo com suas classes". A relação de Apraxin com Pedro, em terra e no mar, era conduzida com uma mistura delicada de dignidade e circunspecção. Na corte, tendo dado sua palavra e estando convencido do mérito de sua causa, Apraxin insistia "mesmo enfrentando a oposição da vontade absoluta do soberano, buscando sustentar o mérito de sua demanda até que o czar, apaixonadamente e por meio de ameaças, forçasse o silêncio". No mar, todavia, Apraxin não cedia a Pedro. O almirante-geral nunca havia estado no exterior e não havia sido treinado em marinharia e táticas navais até já ter uma idade bem avançada. Mesmo assim, ele se recusava a ceder

> mesmo quando o czar, como contra-almirante júnior, diferindo em opinião, esforçava-se para invalidar a opinião do almirante-geral, alegando sua inexperiência por nunca ter visto marinhas estrangeiras. No mesmo instante, o conde Apraxin anulava a acusação injusta, irritando o czar; todavia, depois ele cedia com a seguinte declaração: "Enquanto eu, como almirante, discutir com Sua Majestade, na qualidade de contra-almirante, jamais poderei ceder; porém, se a sua posição de czar for assumida, então sei qual é minha obrigação."

NA PRIMAVERA DE 1713, a frota de galeras estava pronta. Ao final de abril, apenas um mês após seu retorno da Pomerânia, Pedro velejou de Kronstadt com uma frota de 93 galeras e 110 grandes embarcações transportando mais de dezesseis mil soldados. Apraxin comandou a frota inteira e o czar comandou a vanguarda. A campanha foi um sucesso esmagador. Usando as galeras para deslocar as tropas de um ponto da costa a outro, o exército russo seguiu continuamente a oeste ao longo da costa finlandesa. Era um exemplo clássico de guerra anfíbia: sempre que o general sueco Lybecker colocava sua força em uma posição defensiva consistente, as galeras russas, abraçando a costa, deslizavam por trás dele, remavam até um porto e desembarcavam centenas ou milhares de homens que não se encontravam cansados após uma marcha, munidos de canhões e suprimentos. Não havia nada que os suecos pudessem fazer para contê-los; e não havia nada que Lybecker pudesse fazer, exceto recuar.

No início de maio, dezenas de navios russos repletos de soldados surgiram em Helsingfors [atual Helsinque], uma cidade próspera e com um excelente porto de águas profundas. Diante de milhares de russos chegando subitamente do mar, os defensores só conseguiram queimar seus armazéns e abandonar a cidade. Pedro seguiu imediatamente rumo ao porto mais próximo, Borga, e Lybecker também abandonou o local. O general sueco nunca fora popular em Estocolmo e sempre havia se mostrado alvo de reclamações constantes. Todavia, o Conselho não se atrevia a afastá-lo das atividades, pois ele havia sido apontado pessoalmente pelo rei. Agora, entretanto, o argumento que se espalhava era outro: "É uma questão de se devemos perder Lybecker ou a Finlândia".

Em setembro de 1713, o avanço anfíbio russo havia chegado a Turku. Lybecker foi substituído pelo general Karl Armfelt, um finlandês nativo. Em cinco de outubro, as tropas de Armfelt tomaram posição em uma estreita passagem próxima a Tampere. Os russos atacaram e, com grande vantagem, derrotaram o inimigo, expulsando-o da passagem. Depois disso, um pequeno exército sueco permaneceu na Finlândia, a norte de Turku, mas todos os oficiais civis do país e todos os documentos oficiais do governo provincial foram removidos para Estocolmo. Grande parte da população finlandesa fugiu pelo Golfo de Bótnia e buscou refúgio nas Ilhas Åland. Assim, em um único verão, sem a ajuda ou a incumbência de qualquer aliado estrangeiro, Pedro havia conquistado todo o sul da Finlândia.

No mar, entretanto, a frota sueca permanecia suprema. Em águas abertas, os navios de linha suecos eram capazes de permanecer distantes e de destruir galeras russas com suas pesadas armas. A única chance das galeras estava em provocar os navios maiores próximos da encosta e então atacá-los quando o vento cessasse. E essa foi exatamente a situação fortuita que se apresentou a Pedro na Batalha de Hanko, em agosto de 1714.

Ao se preparar para a campanha naval de 1714, o czar havia quase dobrado o tamanho de sua frota no Báltico. Somente durante o mês de março, sessenta novas galeras foram concluídas. Três navios de linha comprados da Inglaterra chegaram a Riga, e outro, construído em São Petersburgo, ancorou em Kronstadt. Em maio, vinte navios de linha e quase duzentas galeras encontravam-se prontos para a ação.

Em 22 de junho, cem galeras, a maioria delas comandada por venezianos e gregos com experiência no Mediterrâneo, navegaram rumo à Finlândia com Apraxin novamente no comando geral e Pedro na posição de contra-almirante, servindo como seu substituto. Ao longo das semanas do meio do verão, os navios russos navegaram pela costa do sul da Finlândia, mas não se atreveram a ir além do promontório rochoso do Cabo de Hanko, na extremidade ocidental do golfo, para que não encontrassem uma formidável frota sueca que os esperava no horizonte. Tratava-se de um enorme esquadrão incluindo dezesseis navios de linha, cinco fragatas e uma série de galeras e embarcações menores sob o comandante geral sueco, o almirante Wattrang, cuja missão era barrar a passagem rumo ao oeste, na direção das Ilhas Åland e da costa sueca.

Por várias semanas, esse impasse se estendeu. Wattrang não tinha a intenção de realizar uma batalha na costa, e as galeras russas, relutantes em se submeterem às grandes armas de Wattrang em águas abertas, permaneceram ancoradas em Tvermine, dez quilômetros a leste do Cabo de Hanko. Por fim, em quatro de agosto, os navios de Wattrang moveram-se na direção dos russos e então, vendo o grande número de velas russas, retornaram ao mar aberto. As galeras de Pedro os perseguiram rapidamente, numa tentativa de vencer pelo menos alguns dos navios inimigos se o vento diminuísse. Na manobra que se seguiu, a maioria das embarcações suecas conseguiu se retirar até se colocar fora de alcance.

Entretanto, o que Pedro esperava finalmente aconteceu na manhã seguinte. O vento cessou, o mar estava calmo e, na superfície cristalina, havia uma divisão da frota sueca comandada pelo almirante Ehrenskjold. Os russos agiram rapidamente para aproveitar a vantagem. Ao amanhecer, vinte galeras russas deixaram as águas protegidas da costa e remaram em direção ao mar, rumo às embarcações suecas paradas. Percebendo o que acontecia, os navios de Ehrenskjold desceram pequenos barcos que, sendo remados, tentaram rebocar os navios para longe. Todavia, o poder de alguns remadores em pequenos barcos não podia competir com os movimentos coordenados dos remadores nas galeras russas. Naquela noite, a força principal de Apraxin, mais de sessenta galeras, deslizou entre os suecos e a costa, movendo-se rumo ao mar por entre os esquadrões de Wattrang e Ehrenskjold. Em busca de refúgio, Ehrenskjold recuou por um fiorde estreito e alinhou seus navios, da proa à popa, de um lado do fiorde ao outro. No dia seguinte, com o esquadrão sueco isolado, Apraxin viu-se pronto para atacar. Primeiro, enviou um oficial a bordo do navio almirante sueco para oferecer termos honráveis a Ehrenskjold caso ele se rendesse. A oferta foi recusada e a batalha começou.

Foi uma disputa estranha e extraordinária entre navios de guerra de dois tipos diferentes, um antigo e outro moderno. Os suecos tinham superioridade com seus pesados canhões e marinheiros habilidosos, mas os russos contavam com uma vantagem esmagadora em números de navios e homens. Suas galeras menores e mais facilmente manobráveis, com deques repletos de infantaria, simplesmente atacaram em massa os navios suecos, aceitando as perdas necessárias em virtude dos tiros de canhão suecos, aproximando-se e abordando as embarcações suecas imóveis. De fato, Apraxin avançou com seus navios menos como um almirante, e mais como um general enviando ondas de infantaria ou de cavalaria. Às quatorze horas de seis de agosto, ele lançou a primeira leva de 35 galeras. Os suecos continuaram atirando até as embarcações russas encontrarem-se próximas, e em seguida enfileiraram os canhões em seus deques para que as galeras recuassem. Um segundo ataque de oitenta galeras também foi repelido. Então, a frota combinada de Apraxin, 95 galeras no total, atacou, concentrando-se no lado esquerdo da linha que seguia da proa à popa. Os grupos russos a bordo venceram as embarcações suecas; um dos navios da Suécia emborcou por conta do impressionante peso dos homens empenhados em seu deque. Uma vez que a linha sueca havia sido quebrada, os russos remaram pela abertura, reunindo-se pelo restante da linha, atacando ambas as laterais de uma só vez e apreendendo navio após navio da linha imóvel sueca. A batalha se estendeu por três horas com pesadas baixas de ambos os lados. Ao final, os suecos estavam destruídos: 361 homens haviam morrido e mais de novecentos tornaram-se prisioneiros. O próprio Ehrenskjold foi capturado junto com seu navio almirante, a fragata *Elephant*, e nove navios suecos menores.

Existem divergências sobre o paradeiro de Pedro durante esse conflito. Alguns afirmam que ele comandou a primeira divisão das galeras de Apraxin; outros, que ele assistiu à vitória da costa. Hanko não foi uma batalha naval clássica, mas foi a primeira vitória dos russos no mar, e Pedro sempre a considerou um reconhecimento pessoal por seus anos de esforços com o objetivo de construir uma marinha; também a considerou uma vitória de importância similar a Poltava.

Exultante, ele queria celebrar em grande estilo. Enviando a maior parte da frota de galeras ao oeste para ocupar as agora desprotegidas Ilhas Åland, o czar retornou com seus prêmios suecos a Kronstadt. Permaneceu ali por muitos dias enquanto Catarina dava à luz Margarida, filha do casal. Então, em vinte de setembro, ele desfilou seu triunfo, guiando a fragata capturada e seis outros navios suecos até o rio Neva enquanto canhões estouravam com 150 tiros de saudação. As embarcações ancoradas próximas à Fortaleza de Pedro e Paulo e as equipes russa e sueca foram à encosta para o desfile da vitória. O evento foi liderado pelas Guardas Preobrajenski e incluiu duzentos oficiais e marinheiros suecos, a bandeira do almirante capturado e o próprio almirante Ehrenskjold, usando um novo terno ornamentado com prata, dado como presente pelo czar. Pedro apareceu com o uniforme verde de contra-almirante russo decorado com ouro. Um novo arco do triunfo foi criado para a ocasião, adornado com a águia russa capturando um elefante (uma alusão à captura da fragata sueca) e a inscrição: "A Águia Russa não caça moscas". Do arco, vitoriosos e derrotados marcharam até a fortaleza, onde foram recebidos por Romodanovski, sentado em um trono e fazendo seu papel de Falso-Czar, cercado pelo Senado. Romodanovski chamou o contra-almirante diante de si e aceitou das mãos de Pedro um relato escrito da batalha no mar. O relato foi lido em voz alta e, depois disso, o Falso-Czar e os senadores questionaram Pedro em vários pontos. Após uma breve deliberação, eles unanimemente proclamaram que, em consideração a seu fiel serviço, o contra-almirante havia sido promovido a vice-almirante, e a multidão passou a gritar "Saúde ao Vice-Almirante!". O discurso de agradecimento de Pedro chamou a atenção de seus camaradas às transformações realizadas em apenas duas décadas. "Amigos e companheiros, há alguém entre vocês que, vinte anos atrás, poderia se atrever a imaginar que tomaríamos o Báltico com embarcações construídas com nossas próprias mãos? Ou que viveríamos nesta cidade construída em solo conquistado de nossos inimigos?"

Quando a cerimônia chegou ao fim, Pedro subiu a bordo de sua corveta e com as próprias mãos hasteou a bandeira de vice-almirante. Naquela noite, o palácio de Menchikov foi palco de um enorme banquete para russos e suecos. Pedro, levantando-se e virando-se para seus seguidores russos, elogiou o almirante Ehrenskjold. "Aqui vocês veem um servo corajoso e fiel a seu soberano, que se tornou digno da mais alta recompensa em suas mãos e que terá meus favores enquanto estiver ao meu lado, muito embora tenha eliminado muitos russos corajosos. Eu o perdoo", disse diretamente a Ehrenskjold, "e você pode contar com minha boa-vontade".

Ehrenskjold agradeceu o czar e respondeu: "Independentemente de quão honrável eu possa ter sido com relação a meu soberano, só cumpri com minha obrigação. Busquei a morte, mas não a encontrei, e é grande conforto para mim, em minha desgraça, ser prisioneiro de Vossa Majestade e ser usado tão favoravelmente e com tanta distinção por um oficial naval tão grandioso e agora digno da posição de vice-almirante". Mais tarde, conversando com enviados estrangeiros presentes, Ehrenskjold declarou que os russos de fato haviam lutado habilidosamente, e que nada além de sua experiência poderia tê-lo convencido de que o czar era capaz de transformar seus súditos em bons soldados e marinheiros.

A vitória em Hanko afastou os navios suecos não apenas do Golfo da Finlândia, mas também do lado oriental do Golfo de Bótnia. O almirante Wattrang agora havia deixado toda a parte superior do Báltico, indisposto a arriscar seus grandes navios contra as flotilhas russas, que continuariam avançando rumo ao oeste. Em setembro, uma frota de sessenta galeras deixou dezesseis mil homens nas Ilhas Åland. Logo depois, os maiores navios russos retornaram a Kronstadt, mas as galeras de Apraxin seguiram pelo Golfo de Bótnia. Em vinte de setembro, ele chegou a Vasa, e de lá enviou nove galeras para o outro lado do golfo com o objetivo de atacar a costa da Suécia, ateando fogo na cidade de Umeå. Como algumas galeras foram perdidas e o gelo do inverno começava a se formar, Apraxin colocou sua frota em quartéis de inverno em Turku, na costa finlandesa, e em Reval, do outro lado do Golfo da Finlândia.

O sucesso das campanhas finlandesas estimulou Pedro a aumentar seu programa de construção naval. Mais tarde, próximo ao fim do reinado do czar, a frota do Báltico era composta por 34 navios de linha (muitos deles embarcações para sessenta ou oitenta canhões), quinze fragatas e oitocentas galeras e navios menores, comandados por um total de 28 mil marinheiros russos. Isso era uma conquista gigante; apontar que a frota de Pedro ainda era menor do que a britânica seria negligenciar o fato de que o czar começou sem nenhum navio sequer, sem tradição, construtores navais, oficiais, navegadores e marinheiros. Antes do fim da vida de Pedro, alguns navios russos eram similares aos melhores da Marinha Britânica, além de, conforme comentou um observador, "mais bem aparelhados". O único ponto fraco que o czar nunca conseguiu vencer foi a falta de interesse de seus compatriotas pelo mar. Oficiais estrangeiros – gregos, venezianos, dinamarqueses e holandeses – continuaram comandando os navios; a aristocracia russa ainda detestava o mar e ressentia a imposição do serviço naval quase tanto quanto detestava qualquer outra imposição. Em seu amor pelas ondas azuis e pela maresia, Pedro permaneceu único em meio aos russos.

XLV

O KALABALIK

Amargamente frustrado por seu fracasso em evitar a paz no Prut, Carlos XII trabalhou com obstinação para desfazê-la. Até certo ponto, as três "guerras" curtas, separadas por um ou dois anos, entre a Rússia e o Império Otomano haviam sido obra sua, embora a indisposição de Pedro de entregar Azov e retirar suas tropas da Polônia também tivessem sido responsáveis. Uma oportunidade promissora havia ocorrido com a terceira dessas guerras, declarada pelos turcos em outubro de 1712. Então, um enorme exército otomano se reunira em Adrianópolis sob comando pessoal do Sultão. Como parte de um plano de guerra conjunto, Ahmed III havia concordado em enviar Carlos XII para o norte da Polônia com um forte acompanhamento turco para que o rei pudesse se encontrar com uma nova força expedicionária sueca comandada por Stenbock. Entretanto, ao chegar à Alemanha, Stenbock seguiu para o oeste, e não para o sul, e finalmente foi capturado na fortaleza de Tönning. Carlos continuava sendo um rei sem exército, e o sultão, refletindo sobre as incertezas de invadir sozinho a Rússia, decidiu chegar à paz e retornar a seu harém.

Sendo assim, no inverno de 1713, Carlos havia passado três anos e meio na Turquia. Apesar da hospitalidade turca, os oficiais locais já se mostravam cansados do visitante. Carlos de fato era um "forte peso para a Sublime Porta". O sultão queria alcançar a paz permanente com a Rússia, mas as constantes intrigas do monarca sueco impossibilitavam esse propósito. Ficou decidido que, de uma forma ou de outra, Carlos seria enviado para casa.

Com essa decisão veio uma conspiração. Devlet Gerey, o cã tártaro, havia sido originalmente um admirador de Carlos, mas seus sentimentos mudaram quando o rei recusou-se a se unir ao exército turco marchando rumo ao Prut. Agora, o cã fez contato com Augusto da Polônia e definiu um plano por meio do qual o rei da Suécia receberia a oferta de uma grande proteção da cavalaria tártara para cruzar a Polônia e retornar à sua terra natal. Uma vez no caminho, essa proteção seria progressivamente enfraquecida, já que partes da força seriam destacadas sob vários pretextos. Ao passar pela fronteira polonesa, o grupo seria confrontado por uma pesada força polaca, e a escolta diminuída, fraca demais para resistir, acabaria se rendendo e entregando o rei sueco. Dessa forma, ambos os lados sairiam ganhando: os turcos conseguiriam se livrar de Carlos e Augusto teria o monarca em suas mãos.

Dessa vez, todavia, a sorte estava com Carlos. Um corpo formado por seus homens, disfarçados de tártaros, interceptou os mensageiros e levou as correspondências trocadas entre Augusto e o cã ao rei em Bender. Carlos descobriu que tanto o cã quanto o Seraskier de Bender estavam envolvidos na conspiração; pelo que ele conseguiu entender, o sultão não era parte do plano. O rei havia passado anos tentando deixar a Turquia, mas agora estava convencido a não fazer isso. Tentou contato com Ahmed III para lhe contar sobre a conspiração, mas descobriu que toda a comunicação entre Bender e o sul havia sido cortada. Nenhuma das mensagens que ele enviou foi entregue – nem mesmo aquelas que seguiram por caminhos alternativos.

De fato, o sultão estava ansioso para ver Carlos pelas costas, mas havia trabalhado em uma solução diferente. Em dezoito de janeiro de 1713, deu ordens para que o rei fosse sequestrado, se necessário com o uso da força, mas sem que saísse ferido, e levado a Tessalônica, onde seria colocado a bordo de um navio francês que o levaria de volta à Suécia. Ahmed acreditou que não seria necessário o uso de força. Desconhecia a conspiração do cã, e é claro que não sabia que Carlos já a conhecia. Desse emaranhado de conspirações, informações parciais e mal-entendidos surgiu o extraordinário episódio conhecido pelo nome turco de Kalabalik (tumulto).

O ACAMPAMENTO SUECO EM Bender, ao longo de três anos e meio, tinha se transformado bastante. As tendas haviam sido substituídas por barracões permanentes construídos em filas, como em um campo militar, com janelas de vidro para os oficias e janelas cobertas em couro para os soldados comuns. O rei vivia em uma casa de alvenaria espaçosa, nova, bem mobiliada que, com uma área para chancelaria, quartéis dos oficiais e um estábulo, formava uma praça semifortificada no centro do complexo. Das sacadas no andar superior, ele tinha uma excelente vista de todo o acampamento e dos cafés e pequenas lojas nos arredores – estabelecimentos nos quais os comerciantes vendiam figo, conhaque, pão e tabaco aos suecos. O assentamento, agora batizado de Nova Bender, era uma pequena ilha sueca perdida no oceano turco. No entanto, não se tratava de um oceano hostil. O regimento dos janízaros fazia a guarda do rei, observando-o com olhos cheios de admiração. Ali estava um herói na forma de rei, algo de que os turcos precisavam desesperadamente. "Se tivéssemos um rei assim para nos guiar, o que não poderíamos fazer?", eles se perguntavam.

Apesar dos sentimentos amigáveis, quando as ordens do sultão chegaram, em janeiro de 1713, o ar envolvendo o acampamento sueco começou a se tornar saturado com a tensão. Das sacadas, os oficiais de Carlos observavam enquanto milhares de cavaleiros tártaros cavalgavam para se unirem aos janízaros. Para confrontar essa força, o monarca contava com menos de mil suecos e nenhum aliado; vendo as forças turcas se reunirem, os poloneses e cossacos, nominalmente sob comando de Carlos, haviam discretamente se afastado, colocando-se sob a proteção turca. Implacável, o rei deu início às preparações para resistir; seus homens começaram a reunir mantimentos para seis semanas. Com o objetivo de aumentar a moral sueca, Carlos certo dia cavalgou sozinho e sem ser molestado pelas fileiras de exércitos tártaros à espera, paradas consistentemente "como tubos de um órgão, tão próximos uns dos outros de todos os lados".

Em 29 de janeiro, o rei foi avisado que um ataque ocorreria no dia seguinte. Ele e seus homens passaram a noite tentando construir uma muralha em volta do acampamento, mas a terra congelada tornava o escavar impossível. Em vez disso, eles criaram uma barricada de carriolas de madeira, carroças, mesas e bancos, e colocaram pás de esterco entre as carroças. O que aconteceu no dia seguinte foi um dos episódios marciais mais bizarros da história europeia. Conforme o relato dramático ressoava pela Europa, as pessoas balançavam a cabeça, mas, obviamente, naquela época ninguém que ouviu a história sabia que Carlos planejava simplesmente adotar uma posição simbólica para frustrar o plano de levá-lo para longe e enganá-lo na Polônia. Incapaz de informar o sultão dessa conspiração, ele esperava resistir à força do cã e do Seraskier para conseguir se afastar, esperar e pedir novas instruções de seu soberano, Ahmed III.

O "TUMULTO" TEVE INÍCIO em uma manhã de sábado, 31 de janeiro, quando a artilharia turca abriu fogo com uma saraivada de balas de canhão contra a fortaleza sueca improvisada. Vinte e sete dessas balas atingiram a casa de alvenaria do rei, mas o golpe foi leve e o bombardeio causou poucos danos. Milhares de turcos e tártaros se reuniram para atacar. "Toda a tropa tártara avançou em direção a nossas trincheiras e parou a três ou quatro passos, o que foi muito assustador de observar", escreveu um participante sueco. "Às dez horas, milhares de cavalos turcos apareceram, e depois milhares de janízaros vindos a pé de Bender. Eles se prepararam como se fossem nos atacar".

O ataque estava pronto, mas, por algum motivo, nunca aconteceu. De acordo com um relato, os soldados turcos mostraram-se relutantes em atacar o rei sueco, a quem admiravam, e exigiram ver uma ordem escrita do sultão forçando-os a agir. Outra versão é a de que cinquenta ou sessenta janízaros, carregando apenas bastões, marcharam até o acampamento sueco e suplicaram para que Carlos se colocasse nas mãos deles, jurando que não tocariam nem mesmo em um fio de cabelo seu. Carlos teria supostamente recusado, avisando: "Se eles não forem embora, atearei fogo em suas barbas". E então os janízaros deixaram suas armas, declarando que não atacariam. Por fim, há uma versão afirmando que, pouco antes da investida, três arco-íris, um sobre o outro, apareceram sobre a casa de Carlos. Os turcos impressionados recusaram-se a atacar, alegando que Alá estava protegendo o rei sueco. A razão mais provável, todavia, é a de que o Seraskier e o cã simplesmente encenaram o bombardeio e a reunião de tropas para intimidar Carlos com o objetivo de fazê-lo se entregar sem violência. De qualquer forma, o exército turco permaneceu silencioso e paralisado, os tiros de canhões cessaram e as fileiras por fim se desfizeram.

Na manhã do dia seguinte, domingo, primeiro de fevereiro, a imagem do acampamento sueco era deprimente: "Eram tantos infiéis que, quando estávamos no topo da Casa Real, não conseguíamos enxergar por sobre eles". Pequenas bandeiras vermelhas, azuis e amarelas voavam em meio às linhas turcas paradas e, em uma colina logo atrás, era possível avistar um enorme estandarte vermelho "plantado para mostrar que eles forçariam os suecos até a última gota de sangue". Impressionados com a imagem, alguns soldados suecos e oficiais júnior, sem compreender que tudo aquilo era um jogo e vendo-se como possíveis vítimas de um massacre, começaram a deixar as barricadas para se colocarem sob a proteção dos turcos. Para aumentar a coragem desses homens, Carlos ordenou que seus trompetes soassem e que seus percussionistas tocassem os tambores sobre sua casa. Para conter as deserções, enviou uma promessa e uma ameaça a todos os seus homens: "Sua Majestade assegurou que todos aqueles, desde as posições mais altas até as mais baixas, que permanecerem com ele por mais duas horas e não desertarem serão recompensados da forma mais generosa. Porém, aqueles que desertarem com os infiéis, ele nunca mais verá".

Como era domingo, o rei compareceu à cerimônia religiosa em sua casa, e estava ouvindo o sermão quando, de repente, o ar se encheu com o estourar de canhões e o assobio das balas voando. Os oficiais suecos, apressando-se rumo às janelas no andar superior da casa, avistaram uma massa de turcos e tártaros empunhando espadas e correndo em direção ao acampamento enquanto gritavam: "Alá! Alá!". Vendo isso, os oficiais suecos na barricada gritaram para seus homens: "Não atirem! Não atirem!" Poucos homens usaram seus mosquetes, mas a maioria daqueles nas barricadas se rendeu rapidamente. Esse ato, mesmo contra as minúsculas chances de gerar qualquer resultado, era tão atípico dos soldados suecos que fortemente sugere uma ordem real para evitar um derramamento de sangue.

Da mesma forma, do outro lado, o cã e o Seraskier aparentemente deram instruções similares. Embora "uma chuva de flechas" tenha caído no complexo, poucas atingiram qualquer alvo. As balas de canhão direcionadas à casa do rei ou "voaram por sobre a construção e não feriram ninguém", ou, atiradas com uma quantidade mínima de pólvora, ricochetearam contra as paredes, mas sem causar grandes danos.

Todavia, embora a intenção original de ambos os lados pudesse ter sido encenar, e não realmente disputar, uma batalha, um drama envolvendo balas de canhão, tiros de mosquete e espadas é difícil de ser mantido totalmente pacífico. Muito em breve os temperamentos começaram a se inflamar e o sangue passou a escorrer. Com a maioria dos suecos quase nem conseguindo resistir, os turcos invadiram a casa de Carlos e começaram a saquear. Os grandes corredores da casa foram tomados por turcos carregando tudo o que viam diante de seus olhos. O insulto era mais do que Carlos podia suportar. Em um surto de fúria, com uma espada na mão direita e uma pistola na esquerda, o rei abriu as portas e apressou-se em direção ao corredor, seguido por um bando de suecos. Houve saraivadas de tiros de pistolas de ambos os lados, e os cômodos foram tomados pela densa fumaça da pólvora. Em meio a essa névoa, suecos e turcos, sufocando e tossindo, atacavam e se esquivavam em um combate corpo a corpo. Assim como acontecia tão frequentemente no campo de batalhas, o ímpeto dos ataques suecos gerou seu efeito; ademais, dentro da casa, o número de suecos e de turcos estava mais equilibrado. O corredor e a casa logo estavam limpos e os últimos inimigos pularam pelas janelas.

A essa altura, um dos drabantes de Carlos, Axel Roos, olhou em volta e não viu o monarca. Ele vasculhou pela casa e encontrou Carlos nos aposentos do chefe dos camareiros, "parado entre três turcos, todos com armas levantadas ao ar, espada na mão direita. [...] Atirei contra o turco que estava de costas para a porta. [...] Sua Majestade abaixou o braço com a espada e atravessou todo o corpo do segundo turco, e não demorei a matar o terceiro com outro tiro". "Roos", gritou o rei em meio à fumaça, "foi você quem me salvou?" Quando Carlos e Roos saíram pisando pelos corpos, o nariz, a bochecha e o lóbulo do rei sangravam onde as balas haviam passado de raspão. Sua mão esquerda estava bastante ferida entre o polegar e o indicador, áreas que ele usara para desviar a espada de um turco, agarrando a lâmina com a mão exposta. O rei e Roos uniram-se aos demais homens, que haviam levado os inimigos para fora da casa e agora atiravam contra eles das janelas.

Os turcos aproximaram um canhão e começaram a atirar de perto. As balas despedaçaram a alvenaria, mas as paredes espessas resistiram. Carlos encheu seu chapéu com balas de mosquete e andou pela casa, dividindo reservas de pólvora e munição entre os homens parados próximos às janelas.

A essa altura, começava a anoitecer. Os turcos entenderam quão absurdo era tentar invadir uma casa contendo menos de cem homens com um exército de doze mil, particularmente quando havia ordens para não matá-los. Então, decidiram tentar outra tática para forçar os suecos a sair. Arqueiros tártaros prenderam palha em chama a suas flechas e as atiraram contra o telhado de madeira da casa do rei. Ao mesmo tempo, um grupo de janízaros se apressou até um canto da casa levando fardos de feno e palha, os quais usaram para formar pilhas e atirar fogo. Quando os suecos tentaram afastar os montes em chamas com barras de ferro, os arqueiros tártaros, mirando perfeitamente, forçaram-nos a se afastar. Em minutos, o telhado estava queimando. Carlos e seus camaradas apressaram-se em direção ao sótão para combater as chamas. Usando espadas, atacaram o telhado, desmanchando-o o máximo que podiam, mas o fogo se espalhava rapidamente. As vigas em chamas forçaram o rei e seus seguidores a descerem pelas escadas com casacos sobre as cabeças para se protegerem do calor escaldante. No térreo, os homens exaustos beberam conhaque, e até mesmo o rei, igualmente queimado, foi persuadido a tomar uma taça de vinho. Era a primeira vez desde que deixara Estocolmo, treze anos antes, que Carlos tocava em álcool.

Enquanto isso, as telhas queimando caíam do telhado sobre o piso superior, espalhando as chamas. De repente, o que havia sobrado do telhado cedeu, e toda a parte superior da casa transformou-se em uma fornalha. Nesse momento, alguns suecos, percebendo que não ganhariam nada se fossem queimados vivos, propuseram uma rendição. O rei, todavia, bastante animado, possivelmente inspirado por seus nada costumeiros goles de vinho, recusou-se a ceder "até nossas roupas começarem a queimar".

De qualquer forma, eles obviamente não podiam continuar ali. Carlos concordou com a proposta de que corressem para a área da chancelaria, que ficava a cinquenta passos dali e permanecia intocada, e reiniciassem os esforços de lá. Observando e se perguntando se o rei ainda estaria vivo, os turcos, impressionados com o fato de alguém sobreviver à fornalha bem diante de seus olhos, subitamente viram o rei Carlos, com espada e pistola na mão, sair à frente de seu pequeno bando e correr pela noite, silhueta contra a construção em chamas. Os turcos avançaram, e a cena se transformou em uma corrida. Infelizmente, enquanto Carlos fazia a curva em um canto da construção, acabou tropeçando em uma das esporas que sempre usava e caindo de cabeça.

Antes que o rei pudesse se levantar, os turcos já estavam em cima dele. Um de seus seguidores, o tenente Aberg, lançou-se sobre seu soberano para protegê-lo das armas inimigas. Aberg recebeu um golpe de espada na cabeça e, sangrando, foi arrastado para longe. Dois turcos então avançaram sobre o rei para arrancar a espada de sua mão. O peso desses homens infligiu em Carlos o ferimento mais sério do dia: dois ossos de seu pé direito foram fraturados. Sem se darem conta disso, os oponentes começaram a estraçalhar o casaco do monarca; ao homem que conseguisse entregar o rei sueco vivo tinham sido prometidos seis ducados, e o casaco seria a prova de quem o havia capturado.

Mesmo com dor no pé, Carlos se levantou. Fora isso, não tinha outros ferimentos, e os suecos atrás dele, vendo que o monarca havia desistido, renderam-se imediatamente. No mesmo instante, tiveram seus relógios, dinheiro e os botões de prata dos casacos arrancados. Carlos sangrava no nariz, na bochecha, no ombro e na mão; suas sobrancelhas estavam chamuscadas; seu rosto e roupas escurecidos de pólvora e fedendo a fumaça; o casaco estava em frangalhos. Mesmo assim, ele mantinha seu ar costumeiro de calma e despreocupação de alguém que estava quase se divertindo. Carlos havia feito o que definira fazer e tinha resistido não por duas, mas por oito horas. Satisfeito, permitiu-se ser levado até a casa do Seraskier de Bender. Entrou maltrapilho, sujo de sangue, o rosto coberto de sangue e poeira, mas com uma serenidade imperturbável. O Seraskier o recebeu polidamente, pedindo desculpas pelo mal-entendido que havia levado ao conflito. O monarca sentou-se no sofá, pediu um copo de água e um pouco de sorvete, recusou o jantar que lhe foi oferecido e rapidamente caiu no sono.

No dia seguinte, Carlos e todos aqueles que haviam lutado com ele foram escoltados até Adrianópolis. Alguns que o viram partir ficaram angustiados com a imagem. Jefferyes escreveu a Londres: "Não posso expressar a Sua Excelência quão melancólico esse espetáculo foi para mim, que vi este monarca em sua maior glória e terror, e agora o vejo tão baixo a ponto de se tornar motivo de desprezo e escárnio dos turcos e infiéis". Entretanto, outros acharam que Carlos parecia alegre, "de bom humor como nos dias de sua sorte e liberdade", relatou um observador; e, para outro, o rei parecia bastante contente consigo mesmo, "como se tivesse todos os turcos e tártaros em seu poder". Ele certamente havia alcançado seu objetivo: depois de uma batalha dessa escala, o cã e o Seraskier não o levariam para a Polônia.

Ironicamente, no dia que se seguiu ao Kalabalik, novas ordens do sultão chegaram a Bender, revogando a permissão que ele havia concedido para usar a força com o objetivo de sequestrar Carlos. Um emissário do sultão encontrou o rei e garantiu que "seu Grande Soberano não sabia de nada sobre essas conspirações infernais".

Em Adrianópolis, Carlos foi recebido com honra e se instalou no imponente castelo de Timurtash, onde permaneceu por semanas esperando seu pé se curar. Como punição pelo Kalabalik, tanto o cã quanto o Seraskier foram depostos. Três meses mais tarde, o Império Otomano deu início a uma quarta breve guerra contra a Rússia. A ação de Carlos havia sido um sucesso temporário de todas as formas.

Por toda a Europa, o Kalabalik causou uma sensação. Alguns viram o evento como heroísmo: como um herói lendário, o rei sueco havia lutado em um combate pessoal contra desvantagens esmagadoras. No entanto, muitos enxergavam a situação como nada além de pura insanidade. Como um rei era capaz de ofender tanto assim a hospitalidade do sultão? Essa foi a atitude de Pedro ao receber a notícia: "Agora percebo que Deus abandonou meu irmão Carlos, uma vez que ele decidiu atacar e irritar seu único amigo e aliado".

E, de fato, essa foi uma história assim tão heroica? Superficialmente, cem suecos com mosquetes, pistolas e espadas se defenderam contra doze mil turcos armados com canhões. As histórias circulando pela Europa contavam que os turcos caíam aos montes, que os corpos formavam pilhas na frente da casa do rei. Na verdade, quarenta homens foram mortos do lado turco, ao passo que os suecos perderam apenas doze soldados. Mesmo essa perda foi desnecessária, pois os janízaros haviam usado de grande paciência. Se os turcos não tivessem invadido a casa de Carlos e começado a saquear, a maior parte daqueles que morreram teria sobrevivido. A verdade era que o Kalabik foi uma farsa que se tornara sangrenta, realizada por motivos políticos, para evitar a deportação e a captura do rei. Entretanto, também foi um jogo do qual Carlos desfrutara grandemente e permitiu que continuasse. Ele não participava de um conflito há mais de três anos e havia sofrido a humilhação do Prut; aqui, pelo menos o monarca podia empunhar sua espada. O Kalabalik aconteceu porque Carlos XII adorava a agitação inebriante da batalha.

Durante vinte meses após o Kalabalik, o monarca permaneceu na Turquia, instalado como convidado do sultão no castelo de Timurtash, com seu belo parque e seus exuberantes jardins. Muitas semanas foram necessárias para os ossos do pé estarem completamente curados, e dez meses se passaram antes que ele pudesse andar ou cavalgar. Enquanto isso, na Europa, os eventos ocorriam rapidamente. Em abril de 1713, a assinatura do Tratado de Utrecht finalmente deu fim aos vinte anos da Guerra da Sucessão Espanhola. Ninguém havia vencido. O neto do Rei Sol, Felipe de Bourbon, conquistou o trono espanhol conforme Luís XIV havia desejado, mas os reinados da França e da Espanha foram cuidadosamente separados pelos termos do tratado de paz. Aos 71 anos de idade, Luís estava a dois anos de sua morte e a França encontrava-se empobrecida pela guerra. O outro reclamante à coroa espanhola, Carlos da Áustria, agora ocupava um trono diferente, após se tornar o Sacro Imperador Romano com a morte de seu irmão em 1711.

Durante esses anos, Rússia e Turquia finalmente alcançaram uma paz permanente. Depois de Prut e das três guerras sem derramamento de sangue que se seguiram, Pedro finalmente desistiu de Azov e retirou suas tropas da Polônia. Os turcos estavam ansiosos pela paz; o fim da guerra na Europa Ocidental havia libertado o exército austríaco para uma possível ação contra a Turquia nos Bálcãs, e o Sultão desejava estar preparado. Em quinze de junho de 1713, o Tratado de Adrianópolis foi assinado, prometendo paz por 25 anos.

Foi esse tratado que tornou impossível para Carlos XII permanecer mais tempo no Império Otomano. Os turcos, que haviam abrigado o rei por quatro anos, agora estavam em paz com seu inimigo. De alguma forma, Carlos precisava se retirar. Com o continente em paz, o caminho pela Europa permanecia aberto. O rei não poderia passar pela Polônia, como havia planejado originalmente, porque seu inimigo Augusto estava no trono. Todavia, poderia viajar pela Áustria e pelos estados alemães. De fato, o novo imperador, Carlos VI, estava ansioso por ver o rei da Suécia retornar ao norte da Alemanha. Os reis e príncipes daquela região preparavam-se para absorver todos os territórios suecos no Sacro Império Romano; o imperador preferia que o *status quo* fosse mantido e um equilíbrio preservado. Sendo assim, não apenas concordou que Carlos passaria pelo império, mas estimulou o rei a visitar Viena e ser recebido oficialmente. O monarca recusou o segundo pedido, insistindo que lhe fosse permitido transitar sem qualquer tipo de formalidade ou reconhecimento. Se isso lhe fosse negado, ele declarou que aceitaria o convite de Luís XIV para viajar para casa em um navio francês. O imperador concordou.

Carlos decidiu viajar no anonimato. Deslocando-se o mais rapidamente que os cavalos conseguiam galopar, talvez ele fosse mais rápido do que os mensageiros levando a notícia e chegasse à costa do Báltico antes que a Europa descobrisse que ele havia deixado a Turquia. Ao final do verão de 1714, o rei sueco começou a se preparar para a viagem, treinando a si mesmo e a seus cavalos, aprontando-se para passar dias sobre a sela. Em vinte de setembro, estava pronto para partir. O sultão enviou presentes de despedida: tendas e cavalos esplêndidos, uma sela cravejada com joias. Escoltado pela guarda de honra da cavalaria turca, o monarca e 130 suecos que haviam estado com ele desde o Kalabalik seguiram para o norte através da Bulgária, Valáquia e Cárpatos. Em Pitesti, na fronteira dos impérios otomano e austríaco, Carlos e seu pequeno grupo encontraram uma grande quantidade de suecos que haviam ficado para trás em Bender após o Kalabalik. Acompanhando-os e planejando fazer toda a viagem estavam dezenas de credores que haviam decidido acompanhar os suecos pela Europa na esperança de que, uma vez que o rei chegasse ao solo sueco, ele seria capaz de lhes pagar o que devia. Enquanto esse grupo se reunia, Carlos exercitava ainda mais seus cavalos, galopando em volta de colunas, por sobre barras transversais, deixando a galope a sela para pegar uma luva no chão.

Quando todos os exilados suecos se reuniram, havia doze mil homens e quase dois mil cavalos com dezenas de carroças. Um comboio dessa proporção acabaria tendo de se deslocar lentamente e atrairia a atenção de todos por onde passasse. Carlos mostrava-se ansioso por viajar com rapidez, não apenas para evitar a captura por agentes saxões, poloneses ou russos, mas também para impedir demonstrações constrangedoras por parte dos protestantes do império que ainda viam o rei da Suécia como um vitorioso. Sendo assim, decidiu seguir sozinho.

Além da velocidade, Carlos também se apoiaria em disfarces. Como seus hábitos pessoais ascéticos eram conhecidos por toda a Europa, um dos membros de seu partido fazia piadas de que o rei seria capaz de criar uma imagem impenetrável se usasse uma peruca cacheada de tribunal, ficasse nas hospedarias mais luxuosas, bebesse pesadamente, flertasse com todas as mulheres, usasse chinelo na maior parte do tempo e dormisse até meio-dia. Carlos não chegaria tão longe, mas de fato adotou um bigode, passou a usar uma peruca mais escura, um uniforme marrom e um chapéu forrado de dourado, além de andar com um passaporte que o identificava como Capitão Peter Frisk. Ele e seus dois companheiros deveriam seguir na frente do comboio, dando a impressão de que eram um grupo enviado com o objetivo de providenciar cavalos e acomodações para o comboio real que os seguia. Entre os homens do corpo principal estava um oficial vestido com as roupas de Carlos e usando luva e espada – seu papel consistia em representar o rei. Pelo caminho, um dos dois homens que escoltavam Carlos foi deixado para trás, de modo que o rei da Suécia de fato atravessasse a Europa com apenas um companheiro.

Quanto mais longe chegava, mais impaciente Carlos ficava. Fez algumas paradas – Debrecen, na Hungria; Buda, no Danúbio –, mas nenhuma durou mais do que uma hora. Em poucas ocasiões dormiu em uma pousada, preferindo passar a noite como viajante em uma carruagem expressa, curvando-se para dormir sobre a palha no chão em movimento. A galope, passou de Ratisbona a Nuremberg a Kassel e seguiu para o norte. Na noite de dez de novembro, o portal da cidade de Stralsund, no Báltico, na Pomerânia Sueca, foi aberto para alguém que batia insistentemente. Do lado de fora, o guarda de plantão encontrou um homem com um enorme chapéu curvado por sobre uma peruca escura. Pouco a pouco, mais oficiais sêniores foram chamados até que, às quatro horas, o governador de Stralsund levantou-se resmungando da cama e confirmou o relato impressionante: depois de quinze anos, o rei da Suécia pisava outra vez em seu território.

A viagem criou outra história surpreendente: em menos de quatorze dias, o rei havia viajado de Pitesti, na Valáquia, até Stralsund, no Báltico, uma distância de mais de dois mil quilômetros. Desses, novecentos haviam sido percorridos em carruagens de mensageiros; o restante, a galope. Sua média de velocidade era de mais de 160 quilômetros por dia e, durante os últimos seis dias e noites, de Viena a Stralsund, quando a lua crescente o ajudou iluminando as estradas, a velocidade era ainda maior, e Carlos se deslocou por mais de 1.200 quilômetros em seis dias e noites. Fez todo o percurso sem trocar as roupas ou botas; quando chegou a Stralsund, os sapatos tiveram de ser cortados para saírem de seus pés.

A famosa viagem alimentou a imaginação da Europa. Mais uma vez, Carlos havia alcançado algo drástico e imprevisível. Em seu país, a notícia foi recebida com "alegria indescritível". Depois de quinze anos, um milagre havia acontecido: o rei tinha retornado. Talvez, apesar de todos os desastres nos cinco anos desde Poltava, de alguma forma o monarca agora fizesse tudo mudar. Nas igrejas da Suécia ocorreram cerimônias de ação de graças. Entretanto, por todos os outros lugares a viagem de Carlos a Stralsung criou ansiedade em vez de um clima de ação de graças. Agora que o monarca guerreiro havia retornado ao solo sueco, quais novos dramas estavam prestes a ter início? Para aqueles que o haviam combatido por tanto tempo – Pedro da Rússia, Augusto da Saxônia, Frederico da Dinamarca – e aqueles que haviam se unido para colher os frutos – Jorge Luís de Hanover e Frederico Guilherme da Prússia – esse evento repentino deixava todos em dúvida. Todavia, uma única proeza dramática seria incapaz de derrubar a vasta reunião de forças que, prevendo sua vulnerabilidade, havia se mobilizado contra ele.

Embora após essa viagem todos na Suécia e na Europa esperassem que Carlos imediatamente entrasse em um navio e retornasse à sua terra natal, o rei mais uma vez frustrou todas as expectativas. Ele descansou, chamou um alfaiate que tirou suas medidas para criar um novo uniforme azul liso, com colete branco, calção de camurça e botas novas, e então anunciou que pretendia permanecer em Stralsund, o último posto avançado do território sueco no continente. Havia uma lógica por trás disso. Stralsund, o mais forte bastião da Suécia na Pomerânia, certamente seria atacado pelo crescente número de inimigos se aproximando do país. Para se defender, o rei precisava distrair seus inimigos, evitando que eles cruzassem o Báltico para atacar a Suécia. Ademais, isso lhe daria outra chance de sentir o cheiro de pólvora.

Carlos encomendou novas tropas e artilharia da Suécia. O Conselho, incapaz de resistir à ordem agora que o rei estava em território sueco e tão perto de casa, reuniu quatorze mil homens para guarnecer a cidade. Exatamente como Carlos esperava, no verão de 1715, um exército da Prússia, Dinamarca e Saxônia apareceu diante da cidade – um exército composto por 55 mil homens.

A corda salva-vidas da cidade sitiada era a rota marítima para a Suécia. Enquanto a frota sueca pudesse transportar suprimentos e munição, Carlos tinha a chance de evitar a queda. Então, em 28 de julho de 1715, a frota dinamarquesa apareceu e dois esquadrões se envolveram em seis intensas horas de trocas de tiros de canhão. Ao final, ambas as frotas encontravam-se bastante danificadas e tiveram de se arrastar para casa para receberem reparos. Todavia, seis semanas mais tarde, a frota dinamarquesa reapareceu, dessa vez reforçada por oito enormes navios de guerra britânicos. O almirante sueco, reclamando dos ventos desfavoráveis, permaneceu no porto.

Com a rota marítima fechada, a queda de Stralsund tornou-se inevitável. Tropas dinamarquesas tomaram primeiro a ilha de Rügen, na direção do mar de Stralsund. Carlos estava presente e, com uma força de 2.800 homens, atacou e tentou desalojar quatorze mil dinamarqueses e prussianos entrincheirados. O ataque foi repelido; o rei foi atingido no peito por uma bala de mosquete, mas não saiu muito ferido; as tropas suecas abandonaram a ilha. O cerco continuou ao longo do outono, com Carlos constantemente se expondo a perigos tanto em terra quanto no mar.[1] Por fim, em 22 de dezembro de 1715, as defesas foram rompidas e a cidade caiu.

Pouco antes de a guarnição se render, o monarca deixou Stralsund em um pequeno barco aberto. Durante doze horas, seus marinheiros lutaram contra os mares do inverno e as pedras de gelo flutuantes para chegarem ao navio sueco que esperava em alto-mar com o objetivo de transportar o rei da Suécia. Ele conseguiu fazer o caminho com segurança e, dois dias mais tarde, às quatro horas de 24 de dezembro de 1715, quinze anos e três meses após ter deixado seu país, Carlos encontrava-se na escuridão e sob a chuva gelada, mas no solo de sua terra natal.

---

[1] Em certo momento, decidindo reconhecer uma posição inimiga de barco, Carlos pegou um pequeno bote a remo cujo remador era um mestre carpinteiro naval chamado Schmidt. Uma vez ao alcance dos prussianos, o bote foi envolvido por uma nuvem de balas de mosquete. Schmidt se agachou o máximo que podia. Ao vê-lo, Carlos se levantou, expondo-se totalmente, e acenou com a mão direita para o inimigo. Ele não foi atingido e, quando já tinha visto suficiente, ordenou que Schmidt manobrasse rumo à segurança. Sem orgulhar-se de sua conduta, o carpinteiro naval desculpou-se dizendo: "Vossa Majestade, não sou um remador, e sim seu construtor naval, cujo trabalho consiste em produzir navios durante o dia e fazer filhos durante a noite". Bem-humorado, Carlos respondeu que o trabalho do homem ao remo naquele dia não o desqualificava para nenhuma das ocupações. (N. A.)

XLVI

VENEZA DO NORTE

HÁ UMA LENDA DE que a cidade de São Petersburgo foi completamente construída no paraíso e então desceu em uma única peça aos pântanos do Neva. Somente assim, explica a lenda, a presença de uma cidade tão bela em um local tão desprovido de vida poderia ser justificada. A verdade, todavia, é ligeiramente menos milagrosa: a vontade de ferro de um único homem, as habilidades de centenas de arquitetos e artesãos estrangeiros e o trabalho de centenas de milhares de trabalhadores russos criou a cidade que admiradores mais tarde descreveram como a "Veneza do Norte" e a "Babilônia das Neves".

A criação de São Petersburgo se acelerou nos anos após a vitória em Poltava, em 1709, evento que, nas palavras do fundador, "assentou a pedra fundamental" da cidade. E a construção ganhou força no ano seguinte, com a captura russa de Riga e Vyborg, "as duas áreas de proteção que agora permitem que São Petersburgo descanse em completa tranquilidade". Depois disso, embora Pedro passasse meses (e por vezes um ano ou mais) distante de seu "paraíso", o trabalho de construção nunca cessou. Independentemente de onde estava, ou do que demandasse sua atenção, Pedro sempre escrevia cartas repletas de perguntas e ordens relacionadas à construção de aterros, palácios e outras obras, a escavação de canais e ao desenho e criação de jardins. Em 1712, embora nenhum decreto sobre o assunto tivesse sido emitido, São Petersburgo tornou-se capital da Rússia. O governo autocrático era centrado no czar, e o czar preferia São Petersburgo. Dessa forma, gabinetes governamentais foram transferidos de Moscou, novos ministérios se espalharam e muito em breve a simples presença de Pedro transformaria a cidade crua no Neva em sede do governo.

Na primeira década de sua existência, São Petersburgo cresceu rapidamente. Em abril de 1714, reportou Weber, Pedro realizou um censo e contou 34.500

construções na cidade. Esse número devia incluir todos os domicílios com quatro paredes e um telhado, e, mesmo assim, certamente foi exagerado. Todavia, não apenas a quantidade, mas também a qualidade das novas construções de São Petersburgo eram impressionantes. Arquitetos de muitos países haviam sido levados para trabalhar na cidade. Trezzini, o primeiro arquiteto geral, havia estado na Rússia por quase dez anos; foi sucedido em 1713 (embora tenha permanecido trabalhando em construções) por um alemão, Andreas Schlüter, que levou consigo um grupo de seus conterrâneos e colegas também arquitetos.

Em 1714, o núcleo da nova cidade ainda concentrava-se nas Ilhas de Petrogrado, alguns metros a leste de Fortaleza de Pedro e Paulo. O centro era a Praça da Trindade, de frente para o aterro do rio e perto da choupana de madeira de três cômodos onde Pedro vivia. Em volta da praça, uma série de estruturas maiores havia sido criada. Uma delas era a Igreja da Sagrada Trindade, feita de madeira em 1710, onde Pedro frequentava as cerimônias, celebrava seus triunfos e lamentava pelos mortos. A principal construção da Chancelaria do Estado, o Escritório de Imprensa do Governo (onde bíblias e livros técnicos e científicos eram impressos no tipo e em prensas importadas do Ocidente) e o primeiro hospital da cidade estavam na praça, somando-se às novas casas de pedra do chanceler Golovkin, vice-chanceler Shafirov, príncipe Ivan Buturlin, Nikita Zotov (agora transformado em conde) e príncipe Mateus Gagarin (governador da Sibéria). Nos arredores, a famosa Taverna Quatro Fragatas continuava a oferecer um espaço confortável onde oficiais do governo (incluindo o próprio czar), embaixadores estrangeiros, comerciantes e pessoas comuns decentemente vestidas podiam passar para descansar com tabaco, cerveja, vodca, vinho e conhaque.

Não muito longe da Praça da Trindade estava o único mercado da cidade: uma grande construção de madeira, de dois andares, encerrando três laterais de um enorme pátio. Ali, em centenas de lojas e barracas, mercadores e comerciantes de várias nações expunham seus produtos. Todos eles pagavam aluguel ao czar, que preservava o monopólio do comércio proibindo a venda de bens em qualquer outro ponto da cidade. Ali perto, em outra grande construção de madeira, ficava o mercado de alimentos e utilidades domésticas, onde ervilhas, lentilhas, repolho, feijão, farinha de aveia, farinha de trigo, bacon, utensílios de madeira e potes de argila eram vendidos. Nas ruas logo atrás, o mercado de pulgas tártaro, uma confusão de barracas diminutas, oferecia sapatos usados, peças de ferro velho, cordas velhas, bancos de segunda mão, selas de madeira usadas e centenas de outros itens. Na massa congestionada de humanos acotovelando-se e empurrando-se em meio a essas barracas, os ladrões encontravam boas oportunidades. "A multidão é tão densa que as pessoas precisam tomar muito cuidado com suas bolsas, espadas e lenços", escreveu Weber. "É realmente sábio levar tudo em uma única mão. Em certo momento, testemunhei um oficial alemão, um granadeiro, retornar sem sua peruca e uma mulher refinada sem seu gorro". Os cavaleiros tártaros tinham galopado por ali, arrancado a peruca e o casaco e, então, em meio aos risos da multidão, passado a vender os objetos roubados ainda diante dos olhos das vítimas com as cabeças expostas.

Uma vez que Poltava havia dissipado a ameaça sueca, a cidade passou a se espalhar de seu centro original, a leste da fortaleza, rumo às outras ilhas e ao continente. Na parte baixa do rio, no lado norte do principal afluente do Neva, estava a maior ilha do delta do rio, Vasilevski, cujo principal habitante era o príncipe Menchikov, governador-geral da cidade, a quem Pedro havia dado a maior parte da ilha como um presente. Em 1713, no aterro diante do rio, Menchikov tinha dado início à construção de um gigantesco palácio de pedra de três andares, com telhado de placas de ferro pintadas em vermelho forte. Esse palácio, desenhado pelo arquiteto alemão Gottfried Schädel, permaneceu sendo a maior casa particular de São Petersburgo durante toda a vida de Pedro, e era opulentamente decorado com móveis elegantes, placas de prata ornamentadas e muitos itens que, conforme o embaixador dinamarquês comentou friamente, pareciam "ter sido subtraídos de castelos poloneses". O espaçoso salão era o principal ponto para os maiores eventos de entretenimento, casamentos e bailes da cidade. Pedro usava o palácio de Menchikov da mesma forma como havia usado a grande casa construída anteriormente em Moscou para Francis Lefort, preferindo ele mesmo viver em habitações simples sem aposentos grandes o bastante para entreter as massas. Às vezes, quando Menchikov recebia alguém para o czar, Pedro, em sua casa menor, olhava para o outro lado do rio, via as janelas do enorme palácio acesas, e dizia a si mesmo gargalhando: "Danil'ich está se divertindo".

Atrás da casa de Menchikov estavam a igreja privada do príncipe, com uma torre do sino que titilava apenas suavemente, e um jardim grande e formal com cercas de treliça, cercas vivas e um bosque, além de casas para seus jardineiros e uma fazenda com galinhas e outros animais. Repousando no lado norte do rio, o jardim se beneficiava com a exposição ao sul e, escudado do vento por árvores e cercas vivas, produzia frutas (chegando até mesmo a produzir melões). O restante da ilha continha algumas casas de madeira e campos de pastagens para cavalo e gado, mas a maior parte da ilha de Vasilevski ainda era coberta por florestas e arbustos.

O coração da cidade sempre foi o grande rio, uma profunda corrente de água fria deslizando silenciosa e rapidamente do lago Ladoga, passando pela fortaleza, pela grande mansão de telhado vermelho de Menchikov e deslizando pelas ilhas, fluindo tão vigorosamente para dentro do Golfo da Finlândia a ponto de ser visível a mais de 1,5 quilômetro da costa. Nos tempos de Pedro, o enorme poder de afluência da corrente, a pressão do gelo do inverno e as pedras de gelo na primavera dificultavam a construção de uma ponte; no entanto, esses fatores não eram o motivo pelo qual uma ponte não foi construída. O czar queria que seus súditos aprendessem náutica e navegação, então insistia que eles cruzassem o Neva com barcos sem remos. Para aqueles que não tivessem condições de ter um barco particular, vinte balsas foram concedidas pelo governo, mas os barqueiros, em sua maioria camponeses ignorantes, eram com frequência frustrados pela corrente rápida e os fortes golpes de vento. Somente depois que o embaixador polonês, um major general e um dos médicos pessoais do czar afundaram em sucessivos acidentes de navegação foi que Pedro cedeu e permitiu aos navegadores o uso de remos. Para a população em geral, a travessia continuou sendo arriscada. Se uma tempestade ocorresse, as pessoas poderiam ficar presas do outro lado do rio durante dias. No inverno, os cidadãos podiam facilmente atravessar as águas andando sobre o gelo, mas, no verão, época de tempestades, e no outono ou inverno, estações quando o gelo estava se formando ou derretendo, as pessoas nas ilhas e no Neva ficavam praticamente isoladas da Rússia. (Em abril de 1712, Pedro criou uma forma de atravessar o rio sem correr grandes riscos de cair através do gelo fino: um barco com quatro remos ligado a um trenó; o trenó e os cavalos poderiam cair na água, mas o czar flutuaria.)

Por conta desse isolamento, construções do governo e mansões particulares começaram a se espalhar pela margem sul do rio, no continente. A maior delas era o palácio de trinta cômodos do general-almirante Apraxin, que ficava próximo ao almirantado, em um canto do espaço agora ocupado pelo Palácio de Inverno de 1.100 cômodos criado por Rastrelli para a imperatriz Isabel. Mais acima no rio, ao longo do aterro ao sul, estavam as casas do procurador geral Yagujinski, do vice-almirante Cruys e o Palácio de Inverno do próprio Pedro, na área hoje em dia ocupada pelo pequeno eremitério de Catarina, a Grande. O palácio de Pedro era feito de madeira, com dois andares, uma construção central e duas alas, mas, com exceção da coroa naval na porta, não era distinto das demais mansões ao longo do rio. O czar sentia-se pouco à vontade nesses aposentos espaçosos e preferia cômodos menores, com teto rebaixado, mas, para manter a linha simétrica das fachadas dos palácios ao longo do rio, viu-se forçado a fazer os andares de sua casa mais altos do que gostaria. Sua solução foi instalar um falso teto rebaixado sob o teto superior em todos os cômodos que ele frequentava. O primeiro Palácio de Inverno foi derrubado em 1721 para ser substituído por uma estrutura de pedras maior.[1]

Em 1710, pouco mais de 1,5 quilômetros acima do almirantado, no ponto onde o rio Fontanka flui para o Neva, Trezzini começou a construir um belo Palácio de Verão, com amplas janelas gradeadas dando vista para as águas de ambos os lados, duas sólidas chaminés holandesas e um telhado empenado coroado por um cata-vento de ouro no formato de São Jorge montado em seu cavalo. Pedro e Catarina viveram juntos ali, e os quatorze aposentos bem iluminados e arejados eram divididos igualmente entre marido e mulher, com Pedro ocupando os sete cômodos no piso térreo e os do piso superior ficando com Catarina. Os aposentos do czar refletiam seu gosto modesto e seus interesses práticos; os dela, por sua vez, ilustravam seu desejo de se cercar do luxo e da grandeza reais. As paredes do escritório e da sala de recepção do czar, por exemplo, eram cobertas até o nível da janela com centenas de azulejos holandeses azuis, cada um retratando uma imagem de navios ou de itens náuticos ou uma cena pastoral; os tetos de sua sala de recepção e de seu pequeno quarto eram decorados com pinturas de querubins alados celebrando "O Triunfo da Rússia". Na mesa de trabalho de Pedro havia um relógio em formato de navio e uma bússola de bronze gravada em prata, que lhe havia sido dada de presente pelo rei Jorge I da Inglaterra. A cama de dossel do czar, coberta com veludo vermelho, era grande, mas não suficientemente grande para Pedro conseguir se esticar; no século XVIII, as pessoas dormiam apoiando-se em travesseiros. O mais interessante cômodo no andar de Pedro era o Quarto dos Tornos, onde ele mantinha os tornos mecânicos para usar em seu tempo livre. Em uma das paredes desse cômodo havia uma moldura entalhada de madeira, com quase quatro metros de altura, de um instrumento especial criado para Pedro por Dinglinger em Dresden, em 1714. Três enormes mostradores, cada um com um metro de diâmetro, revelavam as horas e, por meio de

---

[1] O segundo Palácio de Inverno também desapareceu; hoje em dia é o quinto Palácio de Inverno que ocupa sua área e, transformado no Museu do Hermitage, tornou-se o centro da cidade. (N. A.)

hastes ligadas ao cata-vento no teto, a direção e a força do vento. A sala de jantar de Pedro era apenas grande o suficiente para abrigar sua família e alguns convidados; todos os banquetes públicos aconteciam no palácio de Menchikov. As paredes da cozinha eram cobertas com azulejos azuis com diferentes temas florais. A água era levada até a pia de mármore preto pelo primeiro sistema de encanamento de São Petersburgo. Mais importante, uma janela da cozinha se abria diretamente para a sala de jantar. Pedro gostava da comida quente e detestava aqueles enormes palácios nos quais os alimentos esfriavam no caminho entre o fogão e a mesa.

No andar de cima, Catarina tinha uma sala para recepções, uma sala do trono e um salão de dança, além do quarto, berçário com um presépio esculpido e sua própria cozinha. Seus cômodos ostentavam tetos pintados, piso de taco, paredes decoradas com tapeçaria flamenga e alemã ou papel de parede de seda chinesa decorada costurada com linhas de ouro e prata, cortinas, carpetes, móveis feitos de marfim e madrepérola e espelhos venezianos e ingleses. Hoje em dia, esse pequeno palácio, incrivelmente restaurado e repleto de objetos originais ou do período, decorado com numerosos retratos da família e dos tenentes de Pedro, é – em conjunto com o pequeno pavilhão Mon Plaisir, em Peterhof – o local onde se pode sentir mais intimamente a presença duradoura do próprio Pedro.

EM 1716, OUTRO ARQUITETO estrangeiro chegou a São Petersburgo para deixar sua marca permanente no "paraíso" de Pedro. Era o francês Alexandre Jean Baptiste LeBlond. Parisiense e pupilo do grande Le Notre, que havia criado os jardins de Versalhes, LeBlond tinha apenas 37 anos, mas já era reconhecido na França por suas construções em Paris e pelos livros que havia escrito sobre arquitetura e jardins formais. Em abril de 1716, LeBlond assinou um contrato sem precedentes para passar cinco anos na Rússia como arquiteto geral com um salário garantido de cinco mil rublos anuais. Também receberia um apartamento do Estado e a permissão para deixar a Rússia ao final dos cinco anos sem ter de pagar impostos sobre suas posses. Em troca, prometeu fazer seu melhor para passar seus conhecimentos aos russos que com ele trabalhariam.

No caminho para seu novo compromisso, ele passou por Pyrmot, onde Pedro estava tomando as águas, e os dois conversaram sobre os planos e as esperanças do czar para sua nova cidade. Pedro mostrou-se em deleite com seu novo contratado. Quando LeBlond partiu, o czar escreveu com entusiasmo para Menchikov em São Petersburgo:

Dê as boas-vindas a LeBlond de maneira amigável e respeite seu contrato, pois ele é melhor do que os melhores e um verdadeiro prodígio, como pude perceber rapidamente. Ademais, trata-se de um homem inteligente e cheio de energia, além de muito respeitado em seus ateliês na França; assim poderemos, por meio dele, envolver quem quisermos. Portanto, todos os nossos arquitetos devem receber ordens de que, de agora em diante, deverão submeter todos os seus planos de novas construções à aprovação de LeBlond e, se ainda houver tempo, colocar em prática as instruções dele para corrigir construções antigas.

Armado com o título de Arquiteto Geral, seu contrato principesco e a brilhante recomendação do czar, LeBlond chegou à Rússia planejando assumir o controle. Consigo, trouxe não apenas a esposa e o filho de seis anos, mas várias dezenas de desenhistas, engenheiros, marceneiros, escultores, pedreiros, carpinteiros, serralheiros, ourives e jardineiros. Criou imediatamente uma nova Chancelaria de Construção, um escritório administrativo pelo qual todos os planos de construção teriam de passar para que ele os aprovasse. Então, com base em suas conversas com Pedro, começou a rascunhar um plano geral que ditaria os grandes desenvolvimentos da cidade nos anos seguintes.

A parte mais ambiciosa de seu esquema seria a criação de uma cidade de canais, inspirada em Amsterdã, na metade oriental das Ilhas Vasilevski. Seria uma rede retangular de ruas paralelas e intersecção de canais passando pelo terreno pantanoso. Os dois principais canais correriam por toda a ilha e os doze menores a atravessariam, e até mesmo os menores canais seriam suficientemente amplos para que dois barcos passassem. Todas as casas deveriam ter quintal, jardim e uma doca para o barco do proprietário. No centro desse enorme tabuleiro de xadrez repleto de água, o czar teria um novo palácio com um enorme jardim formal.

LeBlond começou a trabalhar assim que chegou, em agosto de 1716, instalando estacas no chão pantanoso para demarcar os contornos de sua nova cidade. Naquele outono e na primavera seguinte, a escavação dos canais teve início, e os primeiros novos proprietários de casas, apontados por ordens de Pedro, deram início à construção de suas residências. Entretanto, nem tudo correu bem. Ao empunhar seu novo poder, LeBlond colidiu com a prerrogativa e as posses de um dos homens mais poderosos de São Petersburgo, Menchikov, que também era governador geral da cidade e proprietário de grande parte da Ilha de Vasilevski, que seria usada para a nova cidade de canais de Le-

Blond. Menchikov não se atreveu a se opor diretamente a um plano aprovado por Pedro, mas o czar passaria muitos meses longe e, enquanto isso, o governador
estaria no comando geral de todas as atividades da cidade – incluindo as novas construções. A retaliação de Menchikov veio de forma típica. Os canais foram construídos, mas eram mais estreitos e mais rasos do que LeBlond planejava; dois barcos não conseguiam passar lado a lado, e logo as águas rasas começaram a se transformar em lama. Quando Pedro retornou e foi analisar a nova construção, ficou contente em ver novas casas sendo erguidas ao longo dos canais, mas, ao perceber as dimensões das hidrovias, mostrou-se assustado e enfurecido. LeBlond, que a essa altura sabia que o melhor a fazer era não desafiar Menchikov diretamente, permaneceu em silêncio. Com o arquiteto ao seu lado, Pedro atravessou a ilha e, então, virando-se para LeBlond, perguntou-lhe: "O que pode ser feito para executar meu plano?"

O francês encolheu os ombros: "Demolir, majestade, demolir. Não há outro remédio além de demolir tudo o que foi feito e escavar novamente os canais". Todavia, isso era demais até mesmo para Pedro, e o projeto foi abandonado, embora de tempos em tempos o czar fosse até a Ilha de Vasilevski para olhar os canais e voltasse para casa entristecido e sem murmurar uma única palavra. Na margem sul, todavia, LeBlond construiu a principal avenida da cidade, a grande Nevski Prospekt, atravessando quatro quilômetros de campos e florestas, desde o Almirantado até o Mosteiro de Alexander Nevski. A Nevski foi construída e pavimentada por grupos de prisioneiros suecos (que também tinham ordens para limpá-la todos os sábados) e logo se tornou a mais famosa via da Rússia.

LeBlond quase teve outra contribuição de destaque em outro marco de São Petersburgo, o Jardim de Verão. Já antes de Poltava, Pedro havia dado início à construção do jardim, que se espalhava por 37 acres atrás de seu Palácio de Verão, na junção do Neva com o Fontanka. No ápice de sua preocupação com os suecos, o czar constantemente emitia ordens relacionadas ao jardim. Moscou recebeu ordens de enviar "sementes e mudas, além de treze rapazes jovens para serem treinados como jardineiros". Livros sobre os jardins da França e da Holanda foram procurados. Árvores deveriam contornar as avenidas: pés de lima e elmos vindos de Kiev e Novgorod, castanheiras de Hamburgo, carvalho e árvores frutíferas de Moscou e do Volga, ciprestes do sul. Flores chegaram de todos os cantos: bulbos de tulipas de Amsterdã, arbustos de lilás de Lübeck, lírios, rosas e cravos de outras partes da Rússia.

A contribuição de LeBlond ao Jardim de Verão foi composta de água. "Fontes e água são a alma de um jardim e compõem seu principal ornamento", ele escreveu. Bombeou água do Fontanka (o nome é derivado de "Fonte") para uma nova torre de água, a partir da qual o aumento da pressão faria as novas fontes soltarem jatos. Havia cinquenta fontes espalhadas por todo o jardim: grutas artificiais, cascatas, plumas de água brotando da boca de golfinhos e cavalos. Nas bacias na parte de baixo dessas fontes, criaturas reais e míticas — gárgulas feitas de pedra, peixes verdadeiros e até mesmo uma foca nadavam ou espirravam água. Nos arredores, pássaros raros cantavam em gaiolas com formato de pagodes, um macaco de pelagem preto-azulada tagarelava e um porco-espinho e zibelinas encaravam morosamente os humanos que os observavam.

Usando a lição que havia aprendido de Le Notre, LeBlond criou para Pedro um verdadeiro jardim formal francês. Combinou canteiros de flor, arbustos e cascalhos em curvas intrincadas. Podou as copas das árvores e dos arbustos em esferas, cubos e cones. Construiu uma estufa de vidro e plantou laranjeiras, limoeiros, loureiros e até mesmo um pequeno pé de cravo. Esculturas italianas foram instaladas nas intercessões de todas as passagens e ao longo das vias; por fim, sessenta estátuas de mármore branco representando cenas das fábulas de Esopo foram instaladas com outras esculturas intituladas "Paz e Abundância", "Navegação", "Arquitetura", "Verdade" e "Sinceridade".

Quando estava em São Petersburgo, Pedro visitava com frequência o Jardim de Verão. Lá, sentava-se em um banco e bebia cerveja ou jogava damas com os amigos enquanto Catarina e suas damas andavam pelas vias. O jardim era aberto ao público, e a sociedade ia passear durante as tardes, ou então se sentava perto das fontes durante as longas noites claras de junho e julho. Em 1777, uma terrível enchente causou sérios danos ao Jardim de Verão, arrancando árvores e estilhaçando as fontes e, depois disso, Catarina, a Grande, reformou o jardim com outro projeto, preferindo os menos formais jardins ingleses ao estilo francês; ela não reconstruiu as fontes, todavia, e as árvores e arbustos puderam crescer normalmente. Ainda assim, o Jardim de Verão manteve seu charme e apelo. Pushkin viveu ali perto e costumava caminhar no local; Glinka e Gogol foram visitantes constantes do Jardim de Verão de Pedro. Tão antigo quanto a própria cidade, o Jardim ainda se renova a cada primavera e permanece tão jovem quanto a mais nova folha e o mais tenro botão.

Menchikov sentia-se cada vez mais enciumado do favorecimento de LeBlond por parte do czar, e usou o Jardim de Verão como outro meio de atingir o francês. Em 1717, escreveu a Pedro que LeBlond estava cortando as árvores do Jardim, aquelas das quais ele sabia que o czar sentia-se extremamente orgulhoso – a verdade era que LeBlond havia apenas podado alguns galhos para melhorar a paisagem e ajustado o formato das árvores de acordo com conceitos franceses. Quando Pedro retornou e encontrou LeBlond, teve um ataque de fúria, pensando que suas árvores estavam perdidas. Antes que se desse conta do que estava fazendo, o czar atingiu o arquiteto com sua bengala, deixando LeBlond de cama por conta do choque e da febre. Pedro então foi ver o jardim e, percebendo que as árvores haviam sido apenas aparadas, apressou-se em enviar seus pedidos de desculpas a LeBlond e instruções para que o arquiteto recebesse cuidados especiais. Logo depois, o czar encontrou Menchikov na escadaria. Puxando-o pelo colarinho e empurrando-o contra a parede, o czar gritou: "Você, e só você, seu tratante, é a causa da doença de LeBlond!".

O arquiteto francês se recuperou, mas, um ano e meio depois, contraiu varíola. Em fevereiro de 1719, aos 39 anos, morreu, tendo passado apenas trinta meses na Rússia. Se tivesse vivido e continuado a reunir o poder de ser favorecido pelo czar, a aparência de São Petersburgo teria se tornado muito mais afrancesada. Um glorioso exemplo do que essa arquitetura teria sido existe: antes de sua morte, LeBlond escolheu o local, criou os desenhos e projetou o jardim da lendária propriedade de verão e palácio próximo ao mar conhecido como Peterhof.

PETERHOF FOI CONCEBIDO MUITO antes de LeBlond ir à Rússia; suas origens estavam ligadas a Kronstadt. Em 1703, alguns meses após a conquista do delta do Neva, Pedro navegou pelo Golfo da Finlândia e viu a ilha de Kotlin pela primeira vez. Logo depois, decidiu construir ali uma fortaleza para proteger São Petersburgo do mar. Quando o trabalho começou a ser executado, o czar passou a visitar a ilha com frequência para observar o progresso. Em certos momentos, e em especial no outono, quando os temporais eram frequentes, ele não conseguia navegar diretamente da cidade. Nessas ocasiões, seguia por terra até um ponto na costa logo a sul da ilha e fazia o caminho mais curto de barco, e ali construiu um pequeno cais e um chalé de dois cômodos na encosta onde, se necessário, poderia esperar o tempo melhorar. Esse chalé foi a gênese de Peterhof.

Quando a vitória de Poltava assegurou a posse da Ingria, Pedro dividiu o território ao longo da costa sul do Golfo da Finlândia fora de São Petersburgo em extensões, as quais distribuiu entre seus principais tenentes. Muitos construíram palácios e mansões ao longo da serrania de cerca de quinze a vinte metros de altura, a uma distância de aproximadamente oitocentos metros da encosta. A maior e melhor propriedade dessa fileira semicircular de grandes casas de campo com vista para o golfo pertencia a Menchikov, para quem Schädel ergueu um palácio oval de três andares, o qual Menchikov batizou de Oranienbaum.

A primeira casa de verão de Pedro próxima ao golfo, construída em um local chamado Strelna, não era rival para o magnífico palácio do Sereníssimo Príncipe. Strelna não passava de uma grande casa de madeira cuja característica mais distintiva era uma casa na árvore, à qual o czar conseguia subir com a ajuda de uma escada portátil. Ao anoitecer, o czar fumava seu cachimbo e observava alegremente os navios na baía. Por fim, passou a desejar algo maior, e foi LeBlond quem recebeu a tarefa de criar um palácio que pudesse competir com Oranienbaum, um "Versalhes à beira-mar": Peterhof.

O grandioso palácio de LeBlond, uma estrutura enorme de dois andares, lindamente decorada e mobiliada, abria-se para um amplo e formal jardim francês atrás do palácio. No entanto, era muito menor e muito menos ornamentado do que Versalhes ou o ampliado e remodelado palácio que Rastrelli criaria para a imperatriz Isabel no mesmo local uma geração mais tarde. A glória de Peterhof – e trata-se da obra-prima de LeBlond – está no uso da água. Ali, ela voa pelos ares; cai em plumas e jatos de dezenas de fontes cheias de imaginação; espalha-se sobre estátuas de homens e deuses, cavalos e peixes e criaturas não identificáveis que nem homens, nem deuses jamais viram; desliza em espelhos como lâminas no limite de degraus de mármore; corre profunda e escura em recipientes, piscinas e canais. A grande cascata diante do palácio flui por duas escadarias gigantes de mármore que flanqueiam uma gruta profunda, abrindo-se em uma ampla piscina central. Pelas escadas, estátuas douradas brilham à luz do sol; no centro dessa piscina, banhada por uma miríade de jatos, está um Sansão dourado abrindo a mandíbula de um leão também dourado. Da piscina, a água flui em direção ao mar através de um longo canal suficientemente amplo para levar pequenos navios até os pés do palácio. Atravessando o centro do jardim mais baixo, o grande canal é flanqueado por mais fontes, estátuas e fileiras de árvores. O suprimento de água dessas fontes vinha não do golfo, mas por canos de madeira de um manancial mais alto, a vinte quilômetros de distância.

Nesse jardim mais baixo, entre o palácio e o mar, entrecruzado por avenidas e vias, pontilhado por fontes e estátuas de mármore branco, LeBlond criou também três impressionantes pavilhões de verão que resistem até hoje – Hermitage, Marly e Mon Plaisir. O Hermitage é uma pequena e elegante estrutura cercada por um pequeno fosso sobre o qual há uma ponte levadiça levando a uma única porta. Tem dois andares, sendo o térreo ocupado por uma cozinha e um escritório, e o superior, por um único cômodo arejado, contendo portas altas que se abrem para sacadas. Esse espaço era usado unicamente para jantares particulares. No centro do salão, uma enorme mesa oval, com espaço para doze pessoas, incorporava uma espetacular surpresa mecânica francesa: quando o convidado tocava um sino entre a oferta dos pratos, a parte central da mesa era rebaixada até o primeiro andar, onde as louças eram removidas e o próximo prato era servido, e então a mesa voltava à sua posição original. Dessa forma, os presentes no jantar nunca eram constrangidos pela presença dos servos.

Marly recebeu esse nome em homenagem ao retiro privado de Luís XIV, mas "de forma alguma lembra a propriedade de Vossa Majestade", reportou um embaixador francês a Paris. A Marly de Pedro era uma casa holandesa simples, com cômodos revestidos por painéis de carvalho e azulejos holandeses, construída no limite de um lago tranquilo.

O mais importante desses pavilhões era Mon Plaisir, o preferido do czar. Trata-se de uma casa de tijolos vermelhos e de um único piso, em estilo holandês, perfeitamente proporcional, construída junto ao mar, e que, à sua maneira, é uma segunda joia à altura do pequeno Palácio de Verão do czar no Jardim de Verão. Portas francesas altas possibilitavam sair de qualquer cômodo e entrar em uma varanda de tijolos poucos metros acima da água. No interior, um corredor central e uma sala de recepção eram forrados com carvalho escuro à forma holandesa, com pinturas da Holanda, com destaque para os navios holandeses, instaladas em painéis. O teto é pintado com arabescos franceses, ao passo que o chão é formado por grandes placas brancas e pretas de modo a formar um painel de xadrez em tamanho humano.

Hoje em dia, Mon Plaisir continua quase como era nos tempos em que Pedro lá viveu. Os móveis, a decoração e os artigos domésticos são do período, quando não as verdadeiras posses do czar. Em um lado do corredor central está o escritório de Pedro, com vistas para o golfo, sua mesa coberta com instrumentos náuticos, as paredes forradas até o nível da janela com azulejos azuis holandeses ostentando navios e, acima disso, com painéis de madeira. O próximo pequeno cômodo é o quarto de Pedro – de sua cama, o czar podia ver o mar. Do outro lado do corredor está a cozinha, também coberta com azulejos azuis, a um passo da mesa de jantar. Uma curiosidade é o elegante quarto chinês, completamente decorado com laca vermelha e preta. Cada lado da casa é flanqueado por uma bela galeria com janelas altas e amplas, sendo que as da frente se abrem para o mar e as da parte traseira para um jardim repleto de tulipas e fontes; entre as janelas, mais pinturas holandesas, sendo a maioria de paisagens marinhas. Pedro adorava essa pequena casa e gostava de viver ali mesmo enquanto Catarina residia no Grande Palácio, na colina. De Mon Plaisir, ele podia ver a água ou deitar-se na cama, com a janela aberta, e ouvir as ondas do mar. No final de sua vida, o incansável monarca encontrava tranquilidade em Mon Plaisir mais do que em qualquer outro lugar.

XLVII

RELATOS DE UM EMBAIXADOR

Quando Pedro mudou a corte, o governo e os nobres de Moscou para São Petersburgo, os embaixadores estrangeiros creditados ao czar também foram forçados a se instalarem ao longo do Neva. Muitos desses diplomatas deixaram relatos de seus serviços – entre eles, Whitworth da Inglaterra, Campredon da França, Juel da Dinamarca e Bergholz de Holstein. Todavia, a imagem mais rica de uma testemunha ocular dos últimos anos da corte de Pedro vem de Friedrich Christian Weber, embaixador de Hanover, cuja descrição da vida na corte de São Petersburgo complementa a descrição da vida na corte em Moscou apresentada pelo austríaco Johann Korb, vinte anos antes. Weber chegou à Rússia em 1714 e passou sete anos em São Petersburgo antes de retornar à sua terra natal e publicar suas longas memórias. Era um homem digno, de mente relativamente aberta, que admirava Pedro e mostrava-se interessado por tudo que via, embora não aprovasse algumas coisas que percebia.

Em sua primeiríssima função pública, o impassível enviado de Hanover recebeu uma indicação dos talentos necessários a um embaixador na corte do czar. "Eu mal tinha chegado", começa Weber, "quando o almirante Apraxin ofereceu um evento de entretenimento magnificente para toda a corte e, por ordens de Sua Majestade, o czar, fui convidado". À porta, todavia, o novo embaixador enfrentou problemas com os guardas: "Eles usaram linguagem de baixo calão direcionada a mim, apontaram com as alabardas através da porta e então, com uma grosseria ainda maior, fizeram-me descer as escadas". Por fim, com a intervenção de um amigo, Weber recebeu autorização para entrar. Weber tinha acabado de aprender sua primeira lição sobre a vida na Rússia, a saber:

que corro grande perigo de me expor a esse tipo de tratamento no futuro se não trocar minhas roupas discretas, porém limpas, e aparecer todo enfeitado com ouro e prata, e com dois lacaios à minha frente gritando "Abram caminho!" logo me tornei mais sensato no sentido de que tinha muito mais a aprender. Após ter engolido durante o jantar uma dúzia de taças de vinho húngaro, recebi das mãos do vice-czar Romodanovski uma dose de conhaque, e, sendo forçado a esvaziar a taça em dois goles, perdi os sentidos, embora tivesse o conforto de observar que o restante dos convidados estava dormindo no chão, sem condições de refletir sobre minha pouca habilidade em beber.

Nos primeiros dias de Weber, sua dignidade viu-se sujeita a outras tensões:

De acordo com o costume de todos os países polidos, fui demonstrar meu respeito à principal nobreza da corte russa com o objetivo de me inteirar com eles. Como não havia o costume de comunicar a visita com antecedência [...] fui obrigado a esperar no frio até seu senhorio sair. Após eu tê-lo cumprimentado, ele perguntou se eu tinha algo mais a dizer; quando respondi na negativa, ele me dispensou dizendo: "Também não tenho nada a lhe dizer". Fui até lá uma segunda vez para visitar outro russo. Porém, assim que ele me ouviu mencionar o nome de meu país, cortou minhas palavras e me disse de forma totalmente direta: "Não sei nada sobre esse país. Você pode procurar aqueles com quem deseja falar". Isso colocou um ponto final em meu desejo de fazer visitas, e firmemente resolvi nunca mais procurar russos sem que fosse convidado, com a exceção dos ministros com quem tenho de tratar de negócios, que de fato me demonstraram toda a civilidade imaginável. Uma semana depois, encontrei aqueles mensageiros mal-educados na corte, e eles haviam observado Sua Majestade, o czar, conversando comigo por algum tempo e me tratando com muitos favores, além de ter ordenado que o almirante Apraxin me mantivesse bem entretido. E eles então se aproximaram de mim de uma forma bastante maldosa e abjeta para pedir perdão por seu erro, quase se prostrando à minha frente, e livremente oferecendo todo o conhaque possível para me agradar.

Durante o período em que Pedro esteve ausente para cuidar da frota, sua irmã, a princesa Natália, ofereceu um banquete que gerou outra oportunidade para Weber observar os costumes russos:

Os brindes começam logo no início da refeição, com taças grandes e copos com formato de sino. Durante os entretenimentos das pessoas de distinção, nenhum vinho além do húngaro é servido. [...] Todas as belezas de Petersburgo apareceram nesse evento, e, na época, já usavam vestido francês, mas eles pareciam não servir muito bem, particularmente as anáguas; e os dentes enegrecidos eram prova suficiente de que ainda não haviam se afastado da noção tão rapidamente cravada na mente dos velhos russos, de que dentes brancos são coisas de estátuas de africanos e macacos.

O costume de escurecer os dentes desapareceu rapidamente e, em 1721, enquanto escrevia seu relato, Weber assegurou seus leitores de que esse e outros hábitos primitivos "já desapareceram tão profundamente que um estranho que for a uma reunião polida em Petersburgo não vai acreditar que está na Rússia; em vez disso, contanto que não entre na conversa, pensará estar em Londres ou em Paris".

Entre seus colegas embaixadores em São Petersburgo, Weber mostrava-se especialmente interessado nos representantes dos cãs calmuco e uzbeki. "Certa manhã", recordou Weber,

> eu tive a honra de conhecer um embaixador do cã dos calmucos no Gabinete das Relações Exteriores. Era um homem de aspecto assustador e feroz. Tinha a cabeça inteira raspada, exceto por uma mecha de cabelo que se dependurava da coroa até o pescoço, um costume de sua nação. Entregou, em nome de seu soberano, que era vassalo do czar, um rolo de papel. Então, jogou-se no chão, murmurando alguma coisa entredentes durante um bom período de tempo. Para esses cumprimentos, que eram interpretados ao grande chanceler Golovkin, o homem recebeu a resposta de que tudo estava muito bem. Quando a cerimônia terminou, o embaixador adotou novamente seu ar feroz.

Mais tarde naquele ano, outro embaixador do cã calmuco chegou, trazendo consigo uma estranha comissão. Algum tempo antes, escreveu Weber, o príncipe Menchikov havia "dado como presente ao cã uma bela carruagem de desenho inglês. Agora, com uma das rodas dessa carruagem estragada, o embaixador foi enviado para pedir outra roda ao príncipe. O embaixador nos disse que seu soberano havia promovido uma audiência aos enviados de países vizinhos nessa carruagem e que, nos dias solenes, ele havia jantado dentro dela".

Em dezessete de maio de 1714, um embaixador do cã de Uzbek chegou a São Petersburgo. Entre as comissões do embaixador estava uma oferta de seu soberano a Pedro

> de uma passagem por seus domínios para as caravanas anuais do czar rumo à China, uma vantagem incrível, considerando que as caravanas naqueles tempos eram forçadas a fazer a jornada até Pequim com grandes inconvenientes e levando todo um ano, passando por toda a extensão da Sibéria, seguindo pelas sinuosidades e voltas dos rios, sem estradas de terra batida, ao passo que eles poderiam viajar mais rapidamente pelos domínios de seu soberano, uma jornada de quatro meses ao longo de uma boa estrada.
>
> Em seguida, ele colocou muitas sedas e outros bens chineses e persas, além de peles raras, aos pés do czar como um presente de seu soberano, acrescentando que havia deixado alguns cavalos e animais persas para trás antes de chegar a Moscou, e expressando sua preocupação por um belo leopardo e um macaco terem morrido na estrada. Em seu discurso, jamais se referiu ao czar de outra forma que não "Sábio Imperador", o que, entre eles, é o mais alto título de honra. O embaixador tinha [...] aproximadamente cinquenta anos de idade, e uma aparência cheia de vida e venerável. Usava uma barba longa e, no turbante, uma pena de avestruz. Reportou que, em seu país, apenas príncipes e senhorios de primeira categoria estavam autorizados a usar aquela pena.

Weber também descreveu a Páscoa, a maior festa religiosa da Rússia.

> O festival da Páscoa era celebrado com particular pompa, quando uma grande reparação ocorria após a longa e severa abstinência à qual os russos eram mantidos durante a Quaresma que a precede. A alegria, ou melhor, a loucura do povo nesses dias é inexpressável. Na opinião deles, aquele que não ficasse bêbado pelo menos uma dúzia de vezes demonstrava pouca devoção à Páscoa. Os cantores na igreja são tão extravagantes quanto qualquer outro homem, e não me surpreendi ao ver dois grupos deles, que brigavam entre si em uma casa pública, passarem a se golpear tão furiosamente com grandes varas a ponto de vários terem de ser carregados mortos. A cerimônia mais marcante da temporada é aquela em que russos de ambos os sexos se presenteiam com ovos pintados, oferecendo o Beijo da Paz, com um dizendo *Christos voskres*, ou "Cristo ressuscitou" e ou outro respondendo *Voistino voskres*, ou "Em verdade, Ele ressuscitou", antes de trocarem os ovos e se despedirem. Por esse motivo, muitas pessoas, particularmen-

te os estrangeiros que gostam de beijar mulheres, são vistos vagando o dia todo com os ovos na mão.

Nos TEMPOS DE PEDRO, anões e gigantes eram muito valiosos em toda a Europa como decoração exótica nas casas de nobres e reis. O rei Frederico Guilherme da Prússia tinha coletado a maioria dos gigantes do continente, mas Pedro tinha Nicholas Bourgeois, o gigante de 2,18 metros que encontrara em Calais. Durante anos, Nicholas permaneceu atrás da mesa do czar e, em 1720, Pedro o casou com uma gigante finlandesa na esperança de produzir uma prole de altura diferenciada. Todavia, o czar ficou desapontado; o casal não teve filhos.

Os anões eram mais igualmente distribuídos. Toda infanta da Espanha era acompanhada por um anão da corte para destacar qualquer beleza que ela possuísse. Em Viena, o imperador Carlos VI mantinha um famoso anão judeu, Jacob Ris, como uma espécie de conselheiro ex-officio na corte imperial. Com mais frequência, os anões eram mantidos como animais domésticos cujas palhaçadas e aparências eram ainda mais divertidas do que papagaios falantes ou cachorros capazes de permanecer em pé apoiados nas patas traseiras. Na Rússia, os anões eram especialmente valorizados. Todo grande nobre queria um deles ou como símbolo de status, ou pra agradar sua esposa, e a competição entre esses nobres por essa posse tornou-se intensa. O nascimento de um anão era considerado sinal de boa sorte, e aqueles nascidos na posição de servos com frequência recebiam liberdade. Para estimular a maior população possível de anões, os russos cuidavam especialmente de casá-los, na esperança de que teriam filhos também anões.

Um anão ou um par de anões compunha um rico presente. Em 1708, o príncipe Menchikov, um colecionador particularmente assíduo de anões, escreveu à esposa: "Enviei-lhe como presente duas garotas, uma das quais é muito pequena e pode lhe servir como papagaio. Ela fala mais do que os anões comuns e pode fazê-la mais feliz do que se fosse um papagaio de verdade". Em 1716, Menchikov implorou a Pedro: "Como uma das minhas filhas possui uma anã e a outra não, imploro gentilmente para que Sua Majestade, a czarina, me permita levar um dos que ficaram para trás após a morte da czarina Marta".

Pedro adorava os anões. Eles estiveram à sua volta durante toda a vida. Ainda criança, ele ia à igreja andando em meio a duas filas de anões carregando cortinas vermelhas de seda; como czar, mantinha na corte uma grande população de anões para diverti-lo e fazer papéis proeminentes em ocasiões especiais. Nos banquetes, eles eram colocados dentro de enormes tortas; quando

Pedro cortava a massa, um anão saía dela. O czar gostava de combinar suas estaturas anormais com as cerimônias de zombaria que o levava ao deleite. Casamentos de anões e até mesmo funerais de anões, imitando de perto as cerimônias que sua própria corte realizava, faziam Pedro rir tanto a ponto de lágrimas escorrerem de seus olhos.

Em 1710, dois dias após o casamento de Ana, sobrinha de Pedro, com o duque Frederico Guilherme da Curlândia, um casamento de anões foi celebrado com exatamente a mesma cerimônia e pompa do matrimônio real. Com base em relatos de outras pessoas, Weber descreveu a festividade, na qual estiveram presentes 72 anões.

> Um anão muito pequeno marchou à frente da procissão, como marechal [...], condutor e mestre de cerimônia. Foi seguido pela noiva e pelo noivo perfeitamente vestidos; então veio o czar, acompanhado por seus ministros, príncipes, boiardos, oficiais e demais homens; depois deles, vieram todos os anões, de ambos os sexos, em casais. No total, eram 72, alguns a serviço do czar, da czarina viúva, do príncipe e da princesa Menchikov e de outras pessoas distintas, mas outros ainda haviam sido enviados de outras partes da Rússia, até mesmo das regiões mais remotas. Na igreja, o padre perguntou em voz alta ao noivo se ele aceitaria a noiva como sua esposa. Ele respondeu, também em voz alta, direcionando-se à sua amada: "Você e só você". A noiva, ao ser questionada sobre se não havia prometido casar-se com outro noivo, respondeu: "Isso seria, de fato, lindo". Todavia, quando chegou a hora de a grande pergunta ser feita, se ela aceitaria o noivo como seu legítimo esposo, ela murmurou seu "sim" com uma voz tão baixa que quase não pôde ser ouvida, o que causou um grande surto de riso entre os presentes. O czar, em sinal de seu favor, ficou feliz em segurar a guirlanda sobre a cabeça da noiva, como ditavam os costumes russos. Com o fim da cerimônia, o grupo seguiu por água até o palácio do príncipe Menchikov. O jantar estava preparado em um grandioso salão, onde dias antes o czar havia entretido os convidados do casamento do duque. Várias pequenas mesas estavam instaladas no meio do corredor para o novo casal e o restante dos anões, todos esplendidamente vestidos seguindo a norma alemã. [...] Depois do jantar, os anões começaram a dançar do jeito russo, e assim seguiram até as 23 horas. É fácil imaginar quanto o czar e o resto do grupo estavam se divertindo com as travessuras cômicas, as caretas esquisitas e posturas estranhas daquele bando de pigmeus, a maioria dos quais com uma aparência que já era suficiente para causar riso. Um deles era corcunda e tinha pernas muito curtas; outro tinha uma barriga monstruosa; um terceiro rebolava com pernas tortas como as de um

texugo; um quarto tinha uma cabeça enorme; alguns tinham bocas tortas e orelhas longas, olhos pequenos como os de um porco e bochechas rechonchudas; muitos tinham uma aparência ainda mais cômica. Quando as diversões terminaram, os recém-casados foram levados à casa do czar e passaram a noite de núpcias no quarto do próprio Pedro.

Talvez a altura anormal de Pedro alimentasse seu gosto por se divertir com pessoas fisicamente diferentes; de qualquer forma, essa diversão não incluía apenas gigantes e anões, mas todos os deficientes ou afligidos pela idade ou por doenças. Em 27 e 28 de janeiro de 1715, por exemplo, toda a corte se reuniu em um baile de máscaras de dois dias – um baile cujos preparativos se estenderam por três meses. A ocasião era o casamento de Nikita Zotov, que quarenta anos antes fora tutor de Pedro e que agora, como Falso Papa, estava com 84 anos. A noiva era uma viúva roliça de 34 anos.

"As núpcias desse casal extraordinário foram solenizadas pela corte mascarada", reportou Weber.

As quatro pessoas apontadas para convidar os presentes foram os maiores gagos que se podia encontrar em toda a Rússia. Homens velhos e decrépitos, incapazes de andar ou ficar de pé, foram escolhidos para servirem como padrinhos, mordomos e garçons. Havia quatro lacaios correndo, a maioria deles obesos e que haviam enfrentado problemas com a gota durante a maior parte da vida; e eram tão gordos e corpulentos que precisavam que outras pessoas os ajudassem. O Falso-Czar de Moscou, que representava o rei Davi com sua fantasia, em vez de uma harpa carregava uma lira coberta com pele de urso. Ele foi levado em uma espécie de cortejo [flutuante] colocado em um trenó, com os quatro cantos amarrados a muitos ursos que, sendo picados com aguilhões por homens apontados exclusivamente para isso, rugiam de forma bastante assustadora, e esses rugidos somavam-se ao som horrível e confuso criado pelos instrumentos dissonantes do restante da companhia. O próprio czar estava vestido como um Ogro da Frizelândia e habilidosamente tocava um tambor na companhia de três generais. Dessa maneira, enquanto sinos tocavam por todos os cantos, o casal mal combinado era acompanhado por mascarados até o altar da grande igreja, onde seriam unidos no matrimônio por um padre de cem anos que havia perdido a visão e a memória e, para completar, usava óculos defeituosos sobre o nariz, tinha duas velas dependuradas diante dos olhos e as palavras eram sussurradas em seu ouvido para que ele pudesse pronunciá-las. Da igreja, a procissão seguiu até o palácio do czar, onde as comemorações e diversões se estenderam por alguns dias.

A memória de Weber obviamente ultrapassa suas descrições das pessoas e atividades da corte de Pedro. Ele era fascinado pela Rússia e pelo povo russo. Admirava a resistência calma dos homens e mulheres comuns ao mesmo tempo em que, com frequência, impressionava-se com o que chamava de "costumes bárbaros". Na descrição dos banhos russos a seguir, por exemplo, o assombro se mistura a um toque de admiração. (Weber se esquece de mencionar, todavia, que o costume russo de tomar um banho por semana fazia deles muito mais limpos do que a maioria dos europeus, que às vezes passavam semanas ou até meses sem se banhar uma única vez.)

O modo russo de se banhar, que eles usam como um remédio universal contra qualquer indisposição, inclui quatro tipos diferentes de banhos, dos quais eles escolhem aquele que acreditam ser o melhor contra sua enfermidade particular.

Alguns ficam nus em um barco e, suados de tanto remar violentamente, subitamente jogam-se no rio; então, depois de terem nadado por algum tempo, saem e se secam ou com o sol, ou com suas camisas. Outros pulam diretamente na água gelada do rio e depois deitam-se próximos a uma fogueira que fazem na encosta, esfregando todo o corpo com óleo ou gordura; depois, viram-se por tanto tempo perto do fogo até causarem ferimentos – o que, para eles, deixam seus membros mais flexíveis e ágeis.

O terceiro tipo é o mais comum: ao longo de um pequeno rio, são construídos mais de trinta banhos, metade para homens e a outra metade para mulheres. Aqueles que querem se banhar, desnudam-se a céu aberto e correm até o banho; depois de terem suado o suficiente e derramado água fria sobre o corpo, eles se aquecem e se secam no ar, e correm pelos arbustos exercitando-se uns com os outros. É impressionante observar não apenas homens, mas também mulheres, casados e não casados, [...] correndo em grupos de quarenta ou cinquenta ou até mais, totalmente nus, sem qualquer sentimento de vergonha ou decência, tão distantes de quererem se afastar dos estranhos que andam nos arredores a ponto de até rirem para eles. Os russos em geral, homens e mulheres, usam esse tipo de banho tanto no inverno quanto no verão, pelo menos duas vezes por semana; pagam um copeque por cabeça, já que as construções pertencem ao czar. Aqueles que têm banheiros em suas casas pagam uma tarifa anual por eles; portanto, os banhos universais por toda a Rússia geram receita considerável aos cofres do czar.

Há um quarto tipo de banho, o mais poderoso remédio para as maiores doenças. Eles aquecem normalmente um forno e, quando o calor já se dissipou um pouco (embora ainda estivesse tão quente que não consegui manter minha mão no fundo por um quarto de minuto), cerca de cinco ou seis russos se arrastam para dentro dele e esticam o corpo; o companheiro que espera do lado de fora fecha a entrada tão rapidamente a ponto de quem está no interior quase não conseguir respirar. Quando se torna impossível suportar, a pessoa grita, e então aquele que está observando deixa a pessoa sair novamente. Assim, após respirar um pouco de ar puro, ele se arrasta novamente para dentro do forno e repete essa operação até sua pele estar quase assada. Ao terminar, com o corpo corado como um tecido vermelho, o indivíduo se joga na água no verão ou, no inverno – que eles preferem – na neve, cobrindo todo o corpo, deixando apenas nariz e olhos abertos, e ficam ali enterrados por duas ou três horas, de acordo com o estado da doença; eles relatam que esse é um excelente método para recuperar a saúde.

Weber também testemunhou os russos em esportes e recreações. Em um campo grande e gramado a sul do Neva, camponeses, trabalhadores e pessoas comuns de todos os tipos se reuniam nas tardes de domingo, após beberem nas tavernas. Homens e garotos se dividiam em grupos para lutar por diversão, em meio a gritos. Os estrangeiros, estarrecidos com aqueles homens bêbados e sujos, reportaram que, quando o combate chegava ao fim, "o chão estava cheio de sangue e fios de cabelo, e muitos dos participantes precisavam ser carregados".

No auge do verão, o calor em São Petersburgo era quase intolerável; nem mesmo durante as poucas horas da noite quando o sol desaparecia no horizonte o ar se tornava realmente fresco. Para alguns russos, a cerveja era a solução. Porém, uma visita a um bar russo para ver como a bebida era servida era o suficiente para afastar a maioria dos estrangeiros da cerveja russa para sempre. Conforme Weber descreveu a cena:

> A bebida fica em um balde aberto ou em um refrigerador no qual pessoas comuns, puxando-a com uma concha de madeira, bebem-na, mantendo as bocas sobre o balde para que nada seja derramado, de modo que, se por algum motivo alguém errar a boca, o líquido escorre pela barba e cai de volta ao recipiente. Se um cliente por acaso não tiver dinheiro, ele deixa seu antigo casaco de pele, uma camisa, um par de meias ou alguma outra peça de sua vestimenta como penhora até o dia em que receber seu salário. Enquanto isso, a garantia suja [a rou-

pa] fica dependurada na borda do balde, e não importa se ela cair e passar algum tempo flutuando sobre a bebida.

Enquanto seu povo lutava nos campos e se refrescava com a cerveja, Pedro relaxava durante o verão navegando no Golfo da Finlândia, sua forma favorita de descanso. Às vezes, quando velejava até Kronstadt ou Peterhof, convidava embaixadores estrangeiros para acompanhá-lo. O relato de Weber de uma dessas excursões oferece uma imagem gráfica do que era passar um fim de semana no interior como convidado de Pedro, o Grande:

> Em nove de junho de 1715, o czar foi a Kronstadt, onde o seguimos em um galeão, mas, em consequência de um grande temporal, fomos obrigados a permanecer ancorados nessa embarcação aberta por dois dias e duas noites sem luz, sem camas, sem comida ou bebida. Quando finalmente chegamos a Kronstadt, o czar nos convidou para ir até sua casa de veraneiro, em Peterhof. Seguimos na direção do vento e, durante o jantar, acabamos nos embriagando tanto com vinho húngaro – embora Sua Majestade tenha se poupado –, que, ao levantarmos da mesa, mal conseguíamos ficar em pé, e quando nos vimos forçados a esvaziar uma tigela de um litro segurada pelas mãos da czarina, perdemos os sentidos e, nessas condições, eles nos levaram a locais diferentes – alguns para o jardim, alguns para o bosque, enquanto outros permaneceram caídos no chão aqui e acolá.
>
> Às dezesseis horas, eles nos acordaram e mais uma vez fomos convidados a ir à residência de verão, onde o czar passou um machado a cada um e ordenou que o seguíssemos. Ele nos levou até um bosque recém-criado, onde apontou as árvores que deveriam cair para que um *allée* (caminho) fosse criado em direção ao mar, a cem passos de distância, e nos disse para cortá-las. Ele começou a trabalhar no mesmo instante (havia sete de nós além do czar) e, embora esse trabalho inusitado, especialmente quando não tínhamos recuperado metade de nossos sentidos, não fosse nossa atividade preferida, cortamos diligentemente, então em aproximadamente três horas o caminho estava pronto e o cheiro do vinho havia evaporado completamente. Nenhum de nós se feriu, exceto um certo embaixador que atingiu uma árvore com tanta fúria que, com a queda, foi atingido, desmaiou e se machucou severamente. Depois de agradecimentos verbais, recebemos nossa verdadeira recompensa – uma segunda bebida após a ceia, suficientemente forte a ponto de nos fazer ser levados inconscientes para a cama.
>
> Mal tínhamos conseguido dormir uma hora e meia antes de o favorito do czar aparecer, à meia-noite, para nos tirar da cama e nos arrastar, com ou sem

vontade, até o quarto de um príncipe circassiano, dormindo ali com sua esposa; então eles nos deram tanto vinho e vodca que, no dia seguinte, nenhum de nós conseguia se lembrar de como havíamos chegado em casa.

Às oito horas da manhã, fomos convidados a ir ao palácio para tomar o café da manhã, que, em vez de café ou chá, como esperávamos, consistia de um bom copo de vodca. Depois, fomos levados à base de uma pequena colina e forçados a montar sem sela ou estribo em oito pangarés miseráveis e cavalgar observando a área por aproximadamente uma hora, diante de Suas Majestades, que olhavam pela janela. Um certo russo distinto liderava a vanguarda e, com a ajuda de varas, fizemos nossos pangarés subir a colina da melhor forma que conseguimos. Depois de darmos uma volta de uma hora na floresta e de termos nos refrescado com bons goles de água, tivemos uma quarta rodada de bebidas perto do jantar.

Como o vento soprava forte, fomos colocados no barco coberto do czar, no qual a czarina com sua dama de honra haviam ocupado a cabine enquanto o czar permanecia conosco no deque aberto, assegurando-nos de que, apesar dos ventos fortes, chegaríamos a Kronstadt às dezesseis horas. Entretanto, depois de sermos levados de um lado para o outro durante duas horas, fomos pegos por um temporal tão assustador que o czar, deixando de lado todas as suas piadas, assumiu pessoalmente o controle do leme e, com esse perigo, demonstrou não apenas sua enorme habilidade em manobrar um navio, como também uma força corporal incomum e uma coragem mental impressionante. A czarina foi colocada em bancos altos na cabine, que agora se encontrava tomada pela água, enquanto as ondas atingiam o deque e a chuva violenta continuava caindo. Nessas condições perigosas, a czarina também demonstrou uma enorme quantidade de coragem e determinação.

Todos nos entregamos plenamente à vontade de Deus, e nos consolamos com o pensamento de que afundaríamos em companhia tão nobre. Todos os efeitos do álcool desapareceram com rapidez, e fomos tomados por pensamentos de arrependimento. Quatro embarcações menores, nas quais estavam a corte da czarina e nossos servos, foram atingidas pelas ondas e levadas para a encosta. Nosso navio, construído de forma reforçada e tripulado por marinheiros experientes, após sete perigosas horas chegou ao porto de Kronstadt, onde o czar nos deixou, dizendo: "Boa noite, cavalheiros. Esta brincadeira foi longe demais".

Na manhã seguinte, o czar foi acometido por uma febre. Nós, por nossa parte, estando totalmente ensopados, tendo permanecido tantas horas com a água cobrindo até metade do corpo, apressamo-nos por chegar à encosta da ilha. No entanto, sem sermos capaz de conseguir roupas ou camas, com nossa bagagem em outro lugar por ter seguido por outro caminho, fizemos uma fogueira, ficamos nus e cobrimos nossos corpos outra vez com as capas grossas dos trenós que havíamos tomado emprestados dos camponeses. Passamos a noite assim, aquecendo-nos diante do fogo, interpretando a situação e fazendo severas reflexões sobre os mistérios e as incertezas da vida humana.

No dia dezesseis de julho, o czar foi para o mar com sua frota, a qual não tivemos a boa sorte de ver, pois estávamos todos doentes com febre ou outras indisposições.

XLVIII

SEGUNDA JORNADA AO OCIDENTE

A SEGUNDA JORNADA HISTÓRICA de Pedro ao Ocidente, entre 1716 e 1717, veio dezenove anos após a Grande Embaixada de 1697-1698. O curioso e entusiasmado jovem gigante moscovita que insistia no anonimato enquanto aprendia a construir navios e que era visto na Europa como algo entre um caipira e um bárbaro agora tinha se tornado um monarca poderoso e vitorioso, de 44 anos, cujas explorações eram conhecidas e cuja influência era percebida aonde quer que viajasse. Dessa vez, obviamente, o czar era uma figura conhecida em muitos dos lugares pelos quais passou. Em 1711, 1712 e 1713, Pedro havia visitado cidades e principados da Alemanha do Norte, e as estranhas histórias sobre sua aparência e comportamento já desapareciam. Ainda assim, o czar nunca tinha visitado Paris; Luís XIV era parceiro da Suécia, e foi somente depois que o Rei Sol morreu, em setembro de 1715, que o czar sentiu-se livre para visitar a França. Ironicamente, a visita de Pedro a Paris, o evento mais memorável dessa segunda jornada, não estava em seu itinerário quando ele deixou São Petersburgo. A excursão tinha três propósitos: tentar melhorar sua saúde, participar de um casamento real e tentar desferir um golpe final contra Carlos XII e dar fim à guerra contra a Suécia.

Os médicos de Pedro há tempos insistiam para que ele fizesse essa viagem. Durante vários anos, a saúde do czar vinha lhes preocupando. Não eram as convulsões epiléticas que os incomodavam – elas eram breves e, depois de algumas horas, Pedro parecia estar normal. Entretanto, as febres – às vezes como resultado do excesso de bebidas, às vezes por conta da fadiga da viagem e das preocupações, outras vezes uma combinação desses fatores – mantinham-no na cama durante semanas. Em novembro de 1715, após uma bebedeira na casa de Apraxin em São Petersburgo, o czar passou tão mal que chegou a receber a Extrema Unção. Durante dois dias, seus ministros e senadores permaneceram em um cômodo adjacente, temendo o pior. Entretanto, dentro de três semanas, Pedro já estava em pé e conseguia ir à igreja, embora seu rosto se mostrasse pálido e contraído. Durante essa doença, um dos médicos de Pedro foi à Alemanha e à Holanda para pesquisar e voltou com a opinião de que o paciente deveria viajar o mais cedo possível a Pyrmont, próximo a Hanover, onde acreditava-se que as águas minerais saindo da terra eram mais suaves do que aquelas de Carlsbad, onde o czar havia estado anteriormente.

Pedro também supervisionaria o casamento de sua sobrinha Catarina, filha de seu meio-irmão Ivan. A esposa de Ivan, a czarina Praskovaia, era devota a Pedro e havia permitido que suas filhas, Ana e Catarina, fossem usadas como parceiras de casamento para promover as alianças que o czar buscava com a Alemanha. Ana tinha se casado com o duque da Curlândia em 1709, mas se tornara viúva dois meses mais tarde. Agora, Catarina, a mais velha das duas, com 24 anos, estava prestes a se casar com o duque de Mecklenburg, cujo pequeno ducado ficava na costa do Báltico entre Pomerânia, Brandemburgo e Holstein.

O terceiro propósito de Pedro ao viajar para o Ocidente era encontrar-se com seus aliados, Frederico IV da Dinamarca, Frederico Guilherme da Prússia e Jorge Luís de Hanover, que desde setembro de 1714 também era o rei Jorge I da Inglaterra. O embaixador de Pedro em Copenhague, o príncipe Vassili Dolgoruki, andava estimulando o rei Frederico IV a se unir a Pedro em uma invasão aliada à Escânia, província sueca a três milhas da costa dinamarquesa pelo estreito de Oresund. Frederico hesitou, e Pedro acreditou que somente por meio de uma visita seria capaz de convencer os dinamarqueses a dar o que agora parecia ser o único passo capaz de forçar Carlos a colocar um fim à guerra.

Em 24 de janeiro de 1716, o partido real deixou São Petersburgo. Com Pedro estavam os oficiais sêniores do Ministério das Relações Exteriores, Golovkin, Shafirov e Tolstói, e os homens de segundo nível em ascensão, Osterman e Yagujinski. Catarina cuidaria da saúde de Pedro, deixando seu filho, Pedro Petrovich, de apenas três meses de idade, e as filhas Ana, agora com oito anos e Isabel, com sete, aos cuidados da czarina Praskovaia, que todos os dias escrevia breves, porém afetuosos relatos sobre a saúde e o progresso das crianças. Praskovaia, em troca, confiava sua filha "Katusha" (Catarina, a suposta noiva) aos cuidados de Pedro.

O czar chegou a Gdánsk em dezoito de fevereiro, um domingo, em tempo de participar de uma cerimônia religiosa acompanhado pelo burgomestre.

Durante o sermão, sentindo uma onda de frio, Pedro estendeu a mão, tirou a peruca do burgomestre e a colocou em sua própria cabeça. Ao final da cerimônia, o czar devolveu a peça, agradecendo. Mais tarde, foi explicado ao oficial assustado que aquilo era um hábito de Pedro, que, quando sentia frio na cabeça, tomava em prestada uma peruca de algum russo que estava por perto; naquela ocasião, o burgomestre fora a opção mais acessível.

Embora todos os grupos estivessem prontos para celebrar o casamento em Gdánsk, os termos do acordo ainda não estavam definidos. O duque Carlos Leopoldo de Mecklenburg havia sido descrito como "um tirano grosseiro e um dos mais notórios déspotas que apenas a decadência da constituição alemã da época havia permitido crescer". Meckleburg era pequeno e fraco e precisava de um poderoso protetor; o casamento com uma princesa russa traria o apoio do czar. Ciente de que duas filhas do czar Ivan V estavam disponíveis, sem se importar com qual delas receberia, ele enviou um anel de noivado a São Petersburgo com uma carta de proposta na qual o nome da destinatária estava em branco. Catarina havia sido escolhida.

O casamento aconteceu em oito de abril, na presença tanto de Pedro quanto do rei Augusto. O noivo usava um uniforme em estilo sueco, com uma longa espada sueca, mas havia se esquecido de colocar os punhos. Às quatorze horas, a carruagem do czar chegou, levando Carlos Leopoldo e seu primeiro-ministro, o barão Eichholtz, à casa de Pedro. Diante da multidão preenchendo a praça à frente da casa, o duque saiu da carruagem, e sua peruca ficou presa a um prego. Com a cabeça exposta, ele se viu diante da multidão enquanto o fiel Eichholtz desprendia a peruca do prego. Então, com a noiva, que usava a coroa da grã-duquesa russa, o grupo caminhou pelas ruas até uma pequena capela ortodoxa que Pedro havia construído especialmente para a ocasião. A cerimônia ortodoxa, realizada por um bispo russo, estendeu-se por duas horas, durante as quais o czar se movimentou livremente pela congregação e pelo coral, indo até o Saltério e ajudando com os cânticos. Após a cerimônia, o grupo do casamento andou novamente pelas ruas, enquanto as pessoas na multidão gritavam: "Veja! O duque está sem os punhos!".

À noite, ocorreu uma exibição de fogos de artifício na quadra diante da casa onde o duque estava. Pedro guiou Augusto e o noivo pela multidão, acendendo pessoalmente os foguetes. A exibição durou tanto tempo que, à uma hora da madrugada, Eichholtz teve de lembrar seu soberano de que a noiva tinha ido para a cama três horas mais cedo. Carlos Leopoldo partiu, mas, mesmo assim, Eichholtz tinha com que se preocupar. O leito nupcial tinha sido decorado com muitos objetos lacados, incluindo uma cama lacada. O duque detestava o odor acentuado e Eichholtz temia que ele fosse incapaz de dormir naquele espaço, mas o duque não teve problemas e, no dia seguinte, os recém-casados e todos os convidados cearam com um Pedro satisfeito e feliz. Todavia, a festividade terminou mal quando oficiais de ambos os grupos envolveram-se em disputas relacionadas à troca de presentes comemorativos. O duque havia providenciado belos regalos aos ministros russos, mas os Mecklenburg não receberam nada, "nem sequer um pino torto". Pior ainda, Tolstói, que estava acostumado com as trocas de pedras fabulosas em Constantinopla, reclamou que o anel por ele recebido era menos valioso do que aqueles entregues como presente a Golovkin e Shafirov. Osterman, um diplomata júnior no grupo russo, tentou acalmar a fúria de Tolstói entregando-lhe o pequeno anel que lhe havia sido dado, mas o homem seguiu reclamando por ter sido insultado.

Para desgosto de Pedro, o casamento causou graves complicações com seus aliados da Alemanha do Norte, especialmente com Hanover que, com a Prússia, havia se unido a Rússia, Dinamarca e Polônia contra a Suécia. O motivo comum dessa aliança era expulsar Carlos XII do continente e distribuir entre os participantes os territórios que pertenciam à Suécia no Sacro Império Romano. Cada vez mais, todavia, eles começavam a perceber que a destruição e o desaparecimento do poder sueco estavam sendo acompanhados pelo surgimento de um poder novo e maior, o poder do czar da Rússia. Até o casamento com Meckleburg, as suspeitas dos príncipes da Alemanha do Norte permaneciam escondidas. Em julho de 1715, as tropas dinamarquesas e prussianas cercando Stralsund tinham pedido ajuda russa. O exército de Sheremetev estava no oeste da Polônia e poderia ter facilmente marchado, mas o príncipe Gregori Dolgoruki, o experiente embaixador russo em Varsóvia, temia que a situação na Polônia ainda fosse volátil demais e insistia que Sheremetev ficasse onde estava. Sendo assim, Stralsund caiu sem a participação de um único soldado russo. Quando ouviu a notícia, Pedro ficou furioso com Dolgoruki: "Realmente estou impressionado por você ter ficado louco com essa idade e ter se deixado levar por esses trapaceiros constantes e, assim, mantido essas tropas na Polônia".

Conforme Pedro temia, alguns meses mais tarde, quando chegou a vez de Wismar, o último porto sueco no continente a ser sitiado, as tropas russas se viram deliberadamente excluídas. Wismar, uma cidade costeira da Pomerânia – prometida ao duque Carlos Leopoldo de Mecklenburg por Pedro como parte do dote da princesa Catarina – foi sitiada por tropas dinamarquesas e prussianas. Quando o príncipe Repnin chegou com quatro regimentos de infantaria e cinco regimentos de dragões russos, recebeu ordens para afastá-los. Uma discussão teve início e os comandantes da Rússia e da Prússia quase se enfrentaram, mas os russos se retiraram. Quando Pedro recebeu a notícia, mesmo enfurecido, manteve seu temperamento, pois precisava de ajuda aliada para sua invasão à Suécia pelo mar.

A situação piorou logo depois. Um destacamento prussiano passando por Mecklenburg foi interceptado por uma força russa maior e conduzido contra sua vontade até a fronteira. Frederico Guilherme da Prússia ficou revoltado, declarando que seus homens haviam sido tratados "como se fossem inimigos". Ele cancelou um encontro com o czar e ameaçou se retirar completamente da aliança. "O czar deve me reparar completamente", resmungou, "ou então recolherei agora mesmo meu exército, o qual se encontra em boas condições". A um de seus ministros, ele seguiu reclamando: "Graças a Deus que não passo por necessidades [como o rei da Dinamarca], que se permitiu ser enganado pelos moscovitas. O czar deve saber que não está ligado ao rei da Polônia ou da Dinamarca, mas a um prussiano que vai lhe quebrar o pescoço". A raiva de Frederico Guilherme passou rapidamente, assim como acontecia com a maioria de seus surtos de fúria. Abaixo da superfície, sua irritação e suspeita de Hanover eram maiores do que seu medo da Rússia, e ele logo concordou em se encontrar com Pedro em Estetino, onde entregou o porto de Wismar ao duque de Mecklenburg. Primeiro, insistiu que as fortificações da cidade fossem destruídas, pois, disse ele, entregá-la a Carlos Leopoldo com as muralhas intactas "seria como colocar uma faca afiada nas mãos de uma criança".

Um dos motivos de Frederico Guilherme para entregar Wismar ao duque de Mecklenburg era o fato de que ele acreditava que isso irritaria Hanover – e estava certo. Em Hanover, havia um antagonismo mais profundo e com mais desconfiança de Pedro e da presença russa no Norte da Alemanha. Em parte, a situação era pessoal: Bernstorff, o principal ministro do rei Jorge I em Hanover, era um nativo de Mecklenburg e membro do partido aristocrata que se mostrava hostil ao duque Carlos Leopoldo. De sua posição ao lado do rei Jorge, ele conseguiu insinuar suas ideias pré-concebidas no ouvido do rei. Por que o czar estava criando relações dinásticas tão próximas com um pequeno ducado bem no coração da Alemanha do Norte? Por que existiam dez regimentos russos que se instalariam permanentemente ali? Não seria a exigência do czar de que Wismar fosse entregue a Mecklenburg como parte do dote de sua sobrinha simplesmente uma forma sábia de criar uma base russa no oeste do Báltico? Se mais tropas russas estavam a caminho, supostamente para participar de uma invasão à Suécia, quem poderia dizer como elas seriam usadas uma vez que chegassem à Alemanha do Norte? Jorge I ouviu muito bem todas essas ideias pré-concebidas e suspeitas, pois também estava preocupado com a crescente influência russa e a possibilidade de um grande número de tropas ser instalado tão próximo de Hanover. Se Pedro tivesse sido informado e aconselhado adequadamente com relação a essas suspeitas de Hanover, talvez pudesse ter agido de forma diferente com relação a Mecklenburg. No entanto, o czar já estava em Gdánsk, o contrato do casamento já se encontrava esboçado e, embora estivesse ansioso por manter uma aliança com Hanover e conquistar uma aliança com a Inglaterra, Pedro recusou-se a voltar atrás em sua palavra.

Após três semanas em Pyrmont, tomando as águas e procurando a cura, o czar retornou a Mecklenburg, onde havia deixado a czarina Catarina com o duque Carlos Leopoldo e sua noiva. Agora era meados do verão e, durante a visita, Pedro preferiu jantar no jardim do palácio do duque, com vistas para um lago. Carlos Leopoldo insistiu que, para oferecer a formalidade adequada, um grupo de seus guardas altos, todos os quais ostentavam bigodes gigantes, deveriam permanecer em posição de sentido em volta da mesa, com as espadas fora das bainhas. Pedro, que gostava de relaxar durante as refeições, achou aquilo ridículo e pediu repetidas vezes para que os guardas fossem dispensados. Por fim, certa noite, sugeriu a seu anfitrião que todos se sentiriam mais confortáveis se os guardas deixassem as espadas e usassem seus enormes bigodes para afastar os mosquitos que formavam enxames sobre a mesa.

DIANTE DE UM PANO de fundo composto por suspeitas e divergências entre os aliados, Pedro seguiu em frente com seu plano de uma invasão conjunta à Suécia no verão de 1716. O obstinado "Irmão Carlos" não demonstrou sinais de que promoveria a paz. Pelo contrário: o Carlos que retornou à Suécia após a queda de Stralsund estava ocupado criando um novo exército e se preparando mais uma vez para atacar. Em vez de deixar a iniciativa para seus inimigos, ele já tinha, em fevereiro, atacado seu adversário mais próximo, a Dinamarca. Se o gelo tivesse se formado no Oresund naquele inverno, Carlos teria marchado para dentro da Zelândia e invadido a cidade de Copenhague com um exército de doze mil homens. O gelo se formou, mas se desfez em um temporal, e o rei sueco então levou seu exército para o sul da Noruega, que na época ainda era uma província da Dinamarca. Avançou pelas montanhas, derrubando rapidamente as fortalezas rochosas e ocupando a cidade de Cristiania (atual Oslo) antes de ser forçado a se retirar por conta da falta de suprimentos.

Para Pedro, a ofensiva de Carlos demonstrava que a única forma de dar fim à guerra consistia em invadir a Suécia e derrotar Carlos XII em sua terra natal. Para conseguir isso, a Rússia precisava de aliados. Mesmo com sua posição de comando na parte superior do Báltico, Pedro não se arriscou a lançar uma invasão em grande escala por água à Suécia com apenas a frota russa para proteger seus navios; a marinha inimiga ainda era forte demais. Assim, na primavera de 1716, enquanto o czar testemunhava o casamento em Mecklenburg e tomava as águas em Pyrmont, a frota de galeras russas começou a se mover rumo ao oeste pela costa do Báltico, primeiro chegando a Gdánsk, depois a Rostock. Parando em Hamburgo antes de tomar as águas, Pedro encontrou-se com o rei Frederico IV da Dinamarca e esboçou um plano geral de invasão. Esse plano requeria um desembarque combinado de russos e dinamarqueses na Escânia, a província mais meridional da Suécia, enquanto, simultaneamente, toda uma força russa desembarcaria na costa leste sueca, forçando Carlos a lutar em duas frentes. Ambas as forças de invasão seriam protegidas pelas frotas russa e dinamarquesa, agindo como uma unidade sob os comandos do almirante dinamarquês Gyldenløve. A Inglaterra também contribuiria com um poderoso esquadrão, embora nem Pedro, nem Frederico estivessem certos de que os ingleses realmente lutariam caso uma batalha naval ocorresse de fato. O czar concordou em oferecer quarenta mil soldados russos, incluindo infantaria e cavalaria, além de toda a sua frota russa, tanto as galeras quanto os navios de guerra. Os dinamarqueses contribuiriam com trinta mil homens (sendo a maioria dele artilheiros), com munição para todo o exército e com toda a marinha de seu país. Para transportar o enorme número de homens e cavalos e os equipamentos através do Oresund, Frederico IV também concordou em recrutar a frota mercante dinamarquesa por todo o verão. Frederico Guilherme I da Prússia recusou-se a participar da invasão, mas concordou em oferecer vinte navios de transporte para serem usados com o objetivo de escoltar a infantaria russa reunida em Rostock até Copenhague, um ponto de partida para a invasão à Escânia. Pelo menos no papel, essa parecia uma agregação formidável, especialmente contra uma Suécia supostamente indefesa. Uma parte do plano, criada para satisfazer os egos de Frederico e de Pedro, parecia nada sábia: o comando supremo da expedição seria dividido, com os dois monarcas assumindo o controle em semanas alternadas.

Após três semanas em Pyrmont, Pedro seguiu rumo a Rostock, onde suas tropas foram concentradas, e, deixando Catarina, ele enviou uma flotilha de 48 galeras rumo a Copenhague, chegando ao porto em seis de julho. Pedro fora recebido com muitas honras e escreveu à esposa: "Avise-me de quando você estará aqui, para que eu possa encontrá-la, pois as formalidades neste lugar são indescritíveis. Ontem, estive em uma cerimônia que não via igual há vinte anos".

Apesar dessas boas-vindas, o tempo estava passando. Julho terminou e Pedro escreveu a Catarina: "Estamos apenas tagarelando em vão". O principal problema era que a frota dinamarquesa, necessária para proteger a força de invasão, continuava seu cruzeiro pela costa da Noruega, observando a retirada da força sueca que havia capturado Cristiania. Essa frota não retornou a Copenhague antes de sete de agosto, e mesmo então os transportes não estavam prontos para as tropas embarcarem. Enquanto isso, com a chegada do Almirante Norris e de um esquadrão inglês de dezenove navios de linha, uma frota combinada gigante havia se reunido em Copenhague. Nesse interim, até os exércitos conseguirem embarcar, o almirante Norris propôs um cruzeiro de frotas reunidas pelo Báltico. Pedro, cansado de não ter nada para fazer, consentiu. Como nem Norris, nem o almirante dinamarquês Gyldenløve consentiriam em servir abaixo do outro, o czar foi nomeado comandante supremo. Em dezesseis de agosto, Pedro hasteou a bandeira no Ingria, navio de linha russo, e sinalizou para que a frota subisse a âncora. Era a mais nobre frota que já havia aparecido no Báltico: 69 navios de guerra – sendo dezenove ingleses, seis holandeses, 23 dinamarqueses e 21 russos, além de quatrocentos navios mercantes, todos sob o comando de um marinheiro autodidata cujo país não possuía um único navio no oceano vinte anos antes.

Todavia, apesar de tamanha majestade e enorme força, a frota pouco conquistou. Os suecos, com seus vinte navios de linha, estavam em número maior – três para um – e permaneceram em Karlskrona. Norris queria enfrentar os canhões da fortaleza, entrar no porto e tentar afundar a frota nos ancoradouros, mas o almirante dinamarquês, em parte por ciúme, em parte porque seu governo havia secretamente o instruído para proteger a frota de ações arriscadas, recusou. Pedro sentiu-se frustrado e, após retornar a Copenhague, seguiu novamente para a costa sueca com duas pequenas fragatas e duas galeras para fazer um reconhecimento. Descobriu que Carlos XII não havia desperdiçado o tempo resultante dos atrasos dos aliados; conforme os navios de Pedro se aproximavam da encosta para ver melhor, balas de canhões atingiram a embarcação na qual o czar se encontrava. Outro navio russo sofreu danos mais sérios. Uma tropa de cossacos deixou as galeras e capturou alguns prisioneiros que declararam que o rei da Suécia tinha um exército de vinte mil homens.

De fato, Carlos havia realizado milagres. Tinha guarnecido e provisionado todas as fortalezas ao longo da costa da Escânia. Nas cidades do interior, reservas de infantaria e de cavalaria foram reunidas, prontas para contra-atacar as cabeças de ponte inimigas. Uma grande reserva de artilharia foi mantida em Karlskrona, esperando o comando do monarca. Carlos contava com apenas 22 mil homens – doze mil deles na cavalaria e dez mil na infantaria –, mas sabia que nem todos os invasores poderiam atravessar de uma só vez, e sua esperança estava em atacar e derrotar as vanguardas antes que elas pudessem ser reforçadas. Se ele próprio fosse forçado a recuar, estava preparado para seguir o exemplo de Pedro e atear fogo em todas as vilas e cidades do sul de seu país, confrontando os invasores com um coração frio. (Quando ele criou seu plano, o fato de que a Escânia havia sido território dinamarquês até meados do século XVII ajudava.)

Na Zelândia, ao longo dos primeiros dias de setembro, a preparação seguiu adiante. Dezessete regimentos de infantaria e nove regimentos de dragões russos, somando um total de 29 mil homens, haviam sido trazidos de Rostock. Somados aos doze mil membros da infantaria e aos dez mil da cavalaria dinamarquesa, a força aliada contava com um total de 51 mil homens. A data do desembarque havia sido definida: 21 de setembro. Em dezessete de setembro, pouco antes de os regimentos seguirem para seus pontos de embarque, o czar subitamente anunciou que a invasão estava cancelada. Já era tarde demais naquele ano, ele declarou; o assalto teria de esperar até a próxima primavera. Tanto Jorge I da Inglaterra quanto Frederico IV da Dinamarca, assim como seus ministros, almirantes e generais, ficaram impressionados com essa decisão unilateral. Frederico protestou, afirmando que adiar significava cancelar, pois ele não poderia comandar a frota comercial da Dinamarca por dois anos seguidos.

Mesmo assim, Pedro mostrou-se inflexível. Seus aliados haviam perdido o verão por terem procrastinado, ele afirmava, e agora a chegada do outono tornava a expedição perigosa. Ele entendia que Carlos encontraria os primeiros invasores na encosta com um forte contragolpe e explicou que, para repelir esse golpe e conquistar um ponto de apoio seguro que pudesse ser mantido ao longo do inverno, um grande número de tropas teria de desembarcar de forma muito rápida, uma batalha bem-sucedida teria de ocorrer e pelo menos duas cidades, Malmö e Landskrona, deveriam ser cercadas e tomadas. Se essa operação falhasse, ele perguntava, onde suas tropas passariam o inverno congelante? Os dinamarqueses responderam que os soldados poderiam se abrigar em poços cavados na terra. Pedro respondeu que algo desse tipo mataria mais homens do que uma batalha. E como esses homens encontrariam alimento e forragem na nada amigável província de Escânia? "Trinta mil tropas suecas estão à mesa", falava Pedro, "e não vão desistir facilmente de seu lugar para dar espaço a hóspedes não convidados".

Os dinamarqueses argumentaram que as provisões poderiam ser levadas pelas ilhas de seu território. "As barrigas dos soldados", rebateu Pedro, "não se satisfazem com promessas e esperanças vazias, mas demandam armazéns prontos e verdadeiros". Ademais, ele perguntava, como os aliados poderiam evitar que Carlos queimasse e pilhasse o país enquanto se retirasse para o norte? Como poderiam forçá-lo a ficar e lutar? Os exércitos aliados não acabariam se encontrando em um território hostil no meio do pesado inverno, como o exército de Carlos havia se encontrado no inverno russo? Em vez de dar o golpe de graça à Suécia, não estariam eles buscando o desastre para si mesmos? Pedro entendia e tinha um grande respeito por Carlos. "Eu conheço sua forma de fazer guerra. Ele não nos daria descanso, e nossos exércitos estariam enfraquecidos". Não, ele repetiu decidido, considerando que a estação estava chegando ao fim e que o exército era forte, a invasão teria de ser adiada para a próxima primavera.

A decisão do czar causou uma tempestade diplomática. O abandono da expedição parecia confirmar as piores suspeitas de seus aliados. Pedro havia, de maneira inteligente, levado 29 mil soldados russos a Copenhague não para invadir a Suécia, mas para ocupar a Dinamarca, capturar Wismar e ditar as políticas da Alemanha do Norte. Frederico IV da Dinamarca mostrava-se apreensivo com o número de regimentos russos acampados nos subúrbios de sua capital; também estava furioso pelo fato de a decisão repentina de Pedro ter-lhe roubado uma vitória certa sobre a Suécia. Os ingleses estavam preocupados com o efeito que um poderoso exército e uma poderosa frota russa parados na entrada do Báltico poderiam ter sobre seu comércio marítimo. Entretanto, foi Hanover quem se mostrou mais violentamente angustiado por essa "armação" russa. Bernstorff, o primeiro-ministro, encontrou-se com o general inglês Stanhope, que à época estava em Hanover com o rei Jorge I, e histericamente propôs que os ingleses "acabassem imediatamente com o czar, prendendo seus navios e até mesmo o caçando pessoalmente" como uma forma de assegurar que todas as tropas russas evacuassem a Dinamarca e a Alemanha. Stanhope recusou, e então Bernstorff enviou uma ordem direta ao Almirante Norris, em Copenhague, para capturar o czar e os navios russos. Norris também prudentemente recusou, afirmando que recebia ordens do governo da Inglaterra, e não de Hanover.

Enquanto todas essas acusações ocorriam por suas costas, Pedro permanecia em Copenhague, onde continuava sendo honrado pelos dinamarqueses. O czar ficou especialmente contente com o tratamento despendido a Catarina. Ela foi aceita como sua esposa e czarina e, em reconhecimento por sua posição, a rainha da Dinamarca realizou um chamado formal para dar-lhe as boas-vindas à capital. O almirante Norris foi respeitoso e amigável com seu colega almirante, o czar. No aniversário da Batalha de Lesnaya, a vitória pela qual Pedro havia tomado crédito pessoal, todos os navios do esquadrão inglês deram tiros como saudações.

De fato, as suspeitas dos aliados do czar não tinham fundamento. A intenção de Pedro era invadir a Suécia para dar fim à guerra. Quando a tentativa de invasão pareceu arriscada demais, ele a cancelou, mas imediatamente passou a buscar outra forma de alcançar seu objetivo. Já em treze de outubro, havia escrito ao Senado em São Petersburgo para explicar o que havia feito e expondo que a única possibilidade existente seria atacar o território sueco por uma direção diferente: atravessando o Golfo de Bótnia, das Ilhas Åland. Ele ordenou que esse ataque fosse preparado. Quanto à ameaça à Dinamarca e a Hanover, ela desapareceu ainda enquanto Bernstorff proclamava o infortúnio. Os batalhões russos discretamente retornaram a Mecklenburg e, depois, com a exceção da pequena força de infantaria e de um regimento da cavalaria, à Polônia. A frota russa navegou ao norte para seus portos de inverno, Riga, Reval e Kronstadt. Em quinze de outubro, Pedro e Catarina também deixaram a capital dinamarquesa, viajando lentamente por Holstein para se encontrarem com o rei Frederico Guilherme da Prússia em Havelsberg.

Frederico Guilherme não gostava de Hanover, muito embora tanto sua esposa quanto sua mãe fossem princesas locais. Quando Bernstorff acusou os russos de quererem ocupar Lubeck, Hamburgo e Wismar, Frederico Guilherme apoiou Pedro. "O czar deu sua palavra de que não tomará para si nada do império", apontou o monarca prussiano. "Ademais, parte de sua cavalaria está marchando rumo à Polônia, e seria impossível para ele tomar essas três cidades sem artilharia, algo que não possui". Sobre um relato de seu ministro Ilgen, a respeito das insinuações de Hanover, o rei respondeu: "Tolice! Eu as recuso e apoio o irmão Pedro". Não surpreendentemente, tendo em vista a atitude de Frederico Guilherme, a reunião do monarca com o czar ocorreu bem. Como símbolo de amizade, os dois monarcas trocaram presentes: Pedro prometeu mais gigantes russos para os Granadeiros de Potsdam, ao passo que Frederico Guilherme presenteou o czar com um iate e um inestimável armário de âmbar.

Era inverno na Europa Setentrional. A escuridão chegava cedo, o ar estava frio, as estradas endurecendo e formando sulcos. Logo a neve cobriria tudo. Catarina estava em estágio avançado de gravidez e a longa jornada de volta a São Petersburgo não seria fácil. Sendo assim, Pedro decidiu não retornar à Rússia para o inverno, mas viajar mais a oeste e passar os meses mais frios em Amsterdã, cidade que ele não via há dezoito anos. Deixando Catarina para que ela seguisse em um ritmo mais lento, ele viajou por Hamburgo, Bremen, Amersfoort e Utrecht, chegando a Amsterdã em seis de dezembro. Mesmo nessas estradas relativamente boas, as condições eram primitivas. Pedro escreveu para avisar Catarina:

> Confirmo agora o que escrevi antes, para que não venha pelo caminho que eu segui, pois é indescritivelmente ruim. Não traga muitas pessoas, pois a vida na Holanda tornou-se muito cara. Quanto aos cantores da igreja, se eles já não partiram, metade deles será suficiente. Deixe os demais em Mecklenburg. Todos os que estão aqui comigo se solidarizam com a sua jornada. Se puder, é melhor ficar onde está, já que as estradas ruins podem ser perigosas para você. Porém, faça como preferir, e pelo amor de Deus não ache que não quero que venha, pois sabe o quanto desejo, e é melhor para você vir do que ficar sozinha e entristecida. De qualquer forma, não consegui deixar de escrever e sei que você não vai suportar ficar sozinha.

Catarina deu início à viagem, mas, após uma jornada complicada, viu-se forçada a parar em Wesel, perto da fronteira com a Holanda. Ali, em dois de janeiro de 1717, deu à luz um filho, que eles haviam concordado em batizar de Paulo. O czar, que mais uma vez encontrava-se de cama em um surto de febre que duraria seis semanas, escreveu entusiasmado à esposa:

Recebi ontem sua maravilhosa carta na qual comunica que o Senhor Deus nos abençoou com mais um recruta, [...] e a Ele ofereço meu louvor e gratidão, que não será esquecida. A notícia me deixou duplamente contente: primeiro com a notícia da criança recém-nascida, e também por saber que o Senhor Deus a libertou de suas dores – dores das quais eu também melhorei. Desde o Natal não conseguia ficar tanto tempo sentado quanto consegui ontem. Assim que for possível, seguirei imediatamente para vê-la.

No dia seguinte, Pedro entrou em choque: seu filho havia morrido e sua esposa encontrava-se muito fraca. O czar, que já havia enviado mensageiros à Rússia para anunciar o nascimento, tentou demonstrar apoio a Catarina:

Recebi sua carta sobre o que eu soube antes, a ocorrência inesperada que transformou minha alegria em dor. Que resposta posso lhe dar além daquela de Jó, que há tanto tempo sofria? O Senhor entregou e o Senhor tirou. Louvado seja o nome de Deus. Imploro para que você pense assim; eu o faço da melhor forma que consigo. Minha doença, graças a Deus, melhora a cada hora, e espero em breve sair desta casa. Agora não há nada além de irritações. Ademais, agradeço a Deus por eu estar bem, e há muito tempo teria ido vê-la se pudesse ir pela água, mas temo pelos movimentos da viagem em terra. Também estou esperando uma resposta do rei da Inglaterra, que deve chegar aqui nos próximos dias.

Embora Pedro tentasse esconder sua infelicidade pela perda do filho e tivesse acreditado por um momento estar melhorando, a morte do pequeno Paulo pareceu agravar sua febre, forçando-o a guardar leito por mais um mês. Catarina o encontrou quando ela chegou a Amsterdã. Por conta da doença, Pedro não esteve com o homem impassível de Hanover que havia se tornado rei da Inglaterra. Quando Jorge I passou pela Holanda para embarcar em seu navio rumo à Inglaterra, Pedro enviou Tolstói e Kuralin para procurá-lo, mas os enviados russos não foram recebidos. Mais tarde, Jorge I se desculpou, afirmando que já estava a bordo de sua embarcação e que tinha navegado com a maré.

Quando começou a se sentir melhor, Pedro desfrutou de seu tempo na Holanda. Catarina estava com ele, e o czar se dedicou a revisitar e mostrar a ela os lugares onde ele fora um jovem feliz. Pedro retornou a Zaandam com a esposa e viu novamente o cais da Companhia das Índias Orientais, onde no passado havia construído uma fragata. Viajou a Utrecht, Haia, Leyden e Roterdã. E, na primavera, se seus planos funcionassem, ele finalmente visitaria

Paris e veria a cidade mundialmente renomada por sua cultura, por sua sociedade elegante e por seu esplendor arquitetônico.

XLIX

"O REI É UM HOMEM PODEROSO..."

A França que Pedro se propôs a visitar em 1717 era um vasto e intrincado sistema de esferas em órbita cujo sol, certa vez a fonte de calor, da vida e do significado de tudo, agora estava extinto. Em primeiro de setembro de 1715, Luís XIV, o Rei Sol, morreu aos 76 anos, após um governo que havia se estendido por 72 anos. Durante 35 deles, o reinado de Luís havia corrido paralelamente com o de Pedro, o outro grande monarca daquela era. Entretanto, Luís e Pedro eram de gerações diferentes, e a influência do czar e da Rússia haviam crescido, ao passo que a glória do Rei Sol havia começado a se esvair.

Os últimos anos de Luís foram arruinados por tragédias domésticas; seu único filho sobrevivente, seu herdeiro, o Grande Delfim, que temia o pai, morreu em 1711. O novo delfim, filho do homem falecido e neto do rei, era o duque de Bourgongne, um jovem belo, charmoso e inteligente que incorporava as esperanças da França para o futuro. Sua bela esposa, Maria Adelaide de Saboia, era quase mais brilhante do que ele. Levada ainda criança a Versalhes, ela cresceu na presença do rei idoso, que a adorava. Havia um boato de que, de todas as mulheres que o rei amara, jamais havia amado tanto uma dama quanto a noiva de seu neto. De forma repentina, em 1712, tanto o novo delfim quanto sua feliz esposa morreram de sarampo em um intervalo de apenas poucas semanas – ele com trinta anos, ela com 27. Seu filho mais velho, bisneto de Luís, tornou-se o próximo delfim. Dentro de alguns dias, ele morreu da mesma doença.

Restava ao monarca de 75 anos apenas um bisneto, uma criança de dois anos, de bochechas rosadas, o último sobrevivente na linha direta. Ele também teve sarampo, mas sobreviveu à doença porque sua governanta trancou as portas e não permitiu que os médicos o tocassem com sangramentos e eméticos.

Esse pequeno e novo delfim milagrosamente continuou vivo para governar a França por 59 anos como Luís XV. Em seu leito de morte, Luís XIV chamou seu bisneto e herdeiro, então com cinco anos. Cara a cara, esses dois Bourbons que, entre si, governaram a França por 131 anos, olharam um para o outro. Então o Rei Sol falou: "Meu filho, um dia você será um grande rei. Não me imite em meu gosto pela guerra. Sempre relacione suas ações a Deus e faça seus súditos honrarem-No. Fico de coração partido por deixá-los nesse estado".

COM A MORTE DO Rei Sol, Versalhes tornou-se rapidamente deserta. A mobília foi retirada dos enormes cômodos, a magnificente corte foi dissolvida. O novo monarca viveu no Palácio das Tulherias, em Paris, e às vezes os pedestres no jardim podiam vê-lo, um garoto rechonchudo, de bochechas rosadas, cabelos ondulados, cílios longos e o nariz alongado dos Bourbon.

O poder governante na França havia sido passado para as mãos de um regente – o sobrinho de Luís XIV, Filipe, duque D'Orleans, o Primeiro Príncipe de sangue e herdeiro direto do trono depois do jovem rei. Em 1717, Filipe tinha 42 anos, era baixo, robusto, um conquistador heroico de mulheres da nobreza, da ópera e das ruas. Gostava particularmente de prostitutas e de seduzir todas as jovens assim que elas chegassem a Paris. Não se importava se a mulher era bonita ou feia. Sua mãe admitiu: "Ele é bastante louco por mulheres. Contanto que elas tenham bom temperamento, que não sejam delicadas, que comam e bebam muito, ele não se importa com a aparência". Certa vez, quando ela comentou algo sobre a última relação de Filipe, ele rebateu amigavelmente: "Ora, mamãe, à noite todos os gatos são pardos".

Os jantares privados do regente no Palais Royal eram o assunto da França. A portas fechadas, ele e os amigos deitavam-se nos sofás e ceavam com mulheres do balé da ópera, as quais usavam vestidos transparentes e finos e depois dançavam nuas. O regente não se importava nem um pouco com as convenções; de fato, adorava quebrá-las. Seu linguajar à mesa era tão grosseiro que sua esposa se recusava a convidar qualquer pessoa para jantar. Desprezava a religião e certa vez levou um livro de Rabelais à missa e o leu ostensivamente durante a cerimônia. Sua esposa, filha de Luís XIV e da Madame de Montespan, deu-lhe oito filhos e passava a maior parte do tempo fechada em seus aposentos, sofrendo de enxaqueca.

Sob essas circunstâncias, muitos franceses temiam pela vida do jovem rei Luís XV. Afinal, se alguma coisa acontecesse ao garoto, o regente acabaria se tornando rei. De fato, esses medos não tinham qualquer fundamento. Apesar de sua grosseria, Filipe d'Orleans tinha muitas qualidades. Era humano e cheio de compaixão, e também sensual, e seus pecados não incluíam inveja ou ambição. Carregava um grande charme na voz e no sorriso e, quando queria, seus modos e gestos eram graciosos e eloquentes. Era fascinado pela ciência e pelas artes. Sua suíte no Palais Royal era estampada com Ticianos e Van Dycks, e ele escrevia músicas de câmara que são tocadas ainda hoje. Era completamente dedicado ao garotinho colocado sob seus cuidados e desejava apenas proteger o trono até o rei alcançar a maioridade. Começava a trabalhar às seis horas da manhã, independentemente de quanto tivesse se divertido na noite anterior. Nenhum de seus co-hedonistas, homens ou mulheres, exerciam a menor influência em suas decisões ou políticas. Ele via claramente o estado desesperador de pobreza no qual as aventuras marciais gloriosas de seu tio havia reduzido o país. Durante os oito anos da regência de Filipe, com a exceção do problema com a Espanha, os soldados franceses permaneceram em seus galpões. A política externa de Filipe era baseada na paz. Ainda mais incrível para toda a Europa era o fato de a pedra angular dessa nova política francesa ser a amizade com a Inglaterra.

Pouco antes de Pedro visitar Paris, o padrão que perdurara durante muitos anos na Europa Ocidental havia sido quebrado por uma série de eventos dramáticos. A queda do Ministério Whig, na Inglaterra, havia destituído Marlborough de seus poderes, e a invasão anglo-holandesa ao norte da França havia sofrido uma parada inconclusiva. O novo Ministério Tory estava ansioso pela paz, e o exausto e idoso Rei Sol mostrava-se feliz em concordar. A paz foi assinada em 1713, com o Tratado de Utrecht, e a grande Guerra da Sucessão Espanhola, que havia engolfado todos os reinos e impérios da Europa Ocidental, chegou ao fim. Logo depois, o Rei Sol morreu. Uma morte real também aconteceu na Inglaterra. A rainha Ana faleceu sem deixar um herdeiro Stuart protestante, já que todos os seus dezesseis filhos haviam morrido pouco depois de nascer ou durante a infância. Para assegurar a sucessão protestante, conforme concordado anteriormente pelo parlamento, o eleitor de Hanover, Jorge Luís, chegou ao trono da Inglaterra como rei Jorge I enquanto mantinha o governo de Hanover.

Vistos como um todo, esses eventos criaram uma nova paisagem diplomática na Europa. Com a paz reinando, as nações do Ocidente puderam dedicar mais atenção ao que, para elas, havia sido um evento secundário: a Guerra do Norte. A Inglaterra, que havia saído da Guerra da Sucessão Espanhola praticamente incontestável em sua supremacia no mar, mostrava-se preocupada com a possibilidade de o crescente poder da Rússia no Báltico afetar os negócios britânicos na região, e poderosos esquadrões navais ingleses começaram a aparecer naquele mar setentrional. Hanover também era hostil a Pedro, temendo a nova presença do czar na Alemanha do Norte. O rei-eleitor recusou três vezes os convites de Pedro para um encontro, exigindo que primeiro todas as tropas russas fossem evacuadas da Alemanha.

Enquanto isso, a política externa francesa havia dado uma volta revolucionária. Em vez de hostilidade para com a Inglaterra e do apoio aos católicos jacobitas, a França, sob a regência de Filipe, buscou uma amizade com a Inglaterra e garantiu os direitos da dinastia protestante de Hanover. O longo apoio da França à Suécia também parecia próximo da mudança. Durante anos, o Rei Sol havia subsidiado os suecos e agora os usava como um contrapeso para manter o imperador austríaco distraído na Alemanha. Agora, com os suecos derrotados e completamente afastados da Alemanha, e com o poder do imperador habsburgo grandemente aumentado, a França precisava de um novo aliado no Leste. A Rússia de Pedro, que havia alcançado a proeminência ao longo da última década, era uma possibilidade natural. Por meio de canais diplomáticos, vários sinais de abertura passaram a surgir. E Pedro estava ansioso por ouvir. Embora ao longo de seu reinado a França tenha se oposto a ele na Polônia e em Constantinopla, o czar sabia que a estrutura da Europa estava em transformação. Uma aliança ou uma aproximação com a França seria um equilíbrio às suas relações cada vez mais complicadas com Hanover e a Inglaterra. Ainda mais, ele via a ajuda da França como uma forma possível de dar fim à Guerra do Norte. A França ainda pagava subsídios mensais à Suécia; se esses subsídios pudessem ser cortados e o apoio diplomático da França à Suécia, desfeito, Pedro acreditava que talvez conseguisse convencer um Carlos XII isolado de que a Suécia precisava aceitar a paz.

A proposta de Pedro à França, quando ela surgiu, era audaz: que a França aceitasse a Rússia, em vez da Suécia, como sua aliada no Leste. Ademais, Pedro sugeriu que ele incluísse Prússia e Polônia no arranjo. Ciente de que os tratados da França com a Inglaterra e a Holanda seriam um obstáculo, o czar argumentou que a nova aliança não ameaçaria a antiga. Especificamente, ele propôs que, em troca das garantias russas do Tratado de Utrecht, a França cortasse os subsídios à Suécia e, em vez disso, pagasse à Rússia 25 mil coroas por mês pela duração da Guerra do Norte – guerra que, com a França por trás, Pedro esperava ser curta. Por fim, o czar propunha uma ligação pessoal entre as duas nações. Para selar a aliança e marcar a emergência da Rússia como grande potência, ele casaria sua filha de oito anos, Isabel, com Luís XV, rei francês, então com sete anos.

Essas propostas não eram desinteressantes para o regente da França, mas, para o poder decisivo da política estrangeira francesa, o abade Guilherme Dubois, elas não eram bem-vindas. A nova aliança com a Inglaterra era seu trabalho, e ele temia que qualquer arranjo com a Rússia pudesse desequilibrar tudo. Em uma carta ao regente, aconselhando contra a proposta da Rússia, Dubois declarou: "Se, ao ligar-se ao czar, você perseguir os ingleses e os holandeses no Mar Báltico, será eternamente odiado por essas duas nações". Ademais, avisou Dubois, o regente poderia estar sacrificando Inglaterra e Holanda em troca de uma relação de curto prazo com a Rússia. "O czar tem doenças crônicas", apontou, "e seu filho não suportaria nada".

Pedro, animado por sua própria proposta e decidindo que poderia ter mais sucesso se encontrasse pessoalmente com o regente, decidiu ir a Paris. Ademais, ele havia visitado Amsterdã, Londres, Berlim e Viena, mas nunca Paris. Por meio de Kurakin, seu embaixador na Holanda, ele informou o regente que gostaria de fazer uma visita.

Recusar não era uma opção, embora o regente e seus conselheiros tivessem dúvidas. Seguindo o costume diplomático, o país anfitrião arcava com as despesas do convidado e, para o czar e sua equipe, essa quantia seria enorme. Ademais, Pedro tinha a reputação de ser um monarca impetuoso, sensível a insultos e facilmente irritável, e dizia-se que os homens de sua equipe apresentavam temperamento similar. Mesmo assim, o regente se preparou; o czar seria recebido como um grande monarca europeu. Uma comitiva de carruagens, cavalos, carroças e servos reais sob o comando do Monsieur de Liboy, um cavalheiro que vivia na casa do rei, foi enviada a Calais para acompanhar os convidados russos até Paris. Liboy deveria honrar Pedro, esperá-lo e pagar todas as suas despesas. Enquanto isso, em Paris, os aposentos da mãe do Rei Sol, Ana da Áustria, no Louvre, eram preparados para o convidado. Ao mesmo tempo, Kurakin, conhecendo os gostos de Pedro, sugeriu que seu soberano ficaria mais contente em um local particular e menor. Assim, uma bela mansão privada, o Hôtel Lesdiguieres, também foi preparado. Na possibilidade de o czar escolhê-la, a propriedade foi bem mobiliada com peças da coleção real. Poltronas magnificentes, mesas polidas e mesas embutidas foram levadas do Louvre para lá. Cozinheiros, servos e cinquenta soldados foram apontados para cuidar das refeições, do conforto e da segurança do czar.

Enquanto isso, Pedro e sua comitiva de 61 pessoas, incluindo Golovkin, Shafirov, Pedro Tolstói, Vassili Dolgoruki, Buturlin, Osterman e Yagujinski viajavam lentamente pelos Países Baixos. Como era seu costume, o czar parava com frequência para visitar cidades, examinar curiosidades e estudar as pessoas e seu modo de vida. Embora ele tivesse mais uma vez adotado parcialmente a fachada de viajar no anonimato para minimizar o tempo desperdiçado em cerimônias oficiais, ficou feliz em ouvir os sinos das igrejas sendo tocados e os disparos de canhões em sua homenagem enquanto passava. Catarina o acompanhou até Roterdã. Para simplificar a jornada, ela esperaria em Haia enquanto ele visitava a França. Pedro sentiu que a presença da esposa demandaria mais cerimônias que consumiriam seu tempo – algo que, sozinho, ele poderia evitar.

De Roterdã, ele viajou de barco até Breda e seguiu pelo rio Escalda até a Antuérpia, onde subiu na torre da catedral para observar a cidade. Em Bruxelas, escreveu a Catarina: "Eu queria lhe enviar rendas para *fontange* e *engageants* [isto é, fitas de renda para serem colocadas no cabelo e pelo corpete, a última moda em Paris], pois a melhor renda da Europa é produzida aqui, mas eles só fazem sob encomenda. Portanto, envie o modelo e qual nome você quer que seja gravado". De Bruxelas, o czar seguiu para Ghent, Bruges, Ostend e Dunquerque, finalmente chegando à fronteira com a França em Calais, onde descansou por nove dias para guardar a última semana da Quaresma e celebrar a Páscoa russa.

Em Calais, os viajantes russos encontraram Liboy e a equipe francesa que lhes deu as boas-vindas. Para Liboy, essa primeira exposição às características russas foi traumática. Os convidados reclamaram das carruagens que lhes haviam sido enviadas, além de gastarem livremente, com todos os écus tendo de ser pagos por Liboy. No desespero, ele implorou a Paris para que o czar e sua equipe passassem a receber uma quantia fixa diária que não pudesse ser excedida, permitindo que eles discutissem entre eles como essa quantia seria gasta.

Liboy havia recebido ordens para reportar a Paris os hábitos dos visitantes e para deixar claro o propósito da visita. Ele achou impossível entender Pedro, que, em vez de fazer qualquer coisa séria, parecia apenas se divertir e andar por todos os cantos enquanto examinava coisas que, aos olhos de Liboy, eram irrelevantes. "Essa pequena corte", escreveu sobre o grupo de 22 russos de posição elevada e dos 39 servos, "é bastante mutável e irresoluta e, do trono ao estábulo, bastante sujeita a ataques de fúria". O czar, ele reportou, "é de estatura muito alta, um pouco curvado, com o hábito de manter a cabeça baixa. É obscuro e traz um ar feroz na expressão. Parece ter uma mente ativa e capaz de compreender rapidamente. Esbanja certa grandiosidade em seus movimentos, mas com pouca restrição". Elaborando um pouco mais suas observações, em um relato subsequente, Liboy continuou:

> No czar, é realmente possível encontrar a semente da virtude, mas é uma semente selvagem e bastante misturada a falhas. Acredito que ele careça da maior parte da uniformidade e constância de propósitos e que não alcançou aquele ponto em que se pode confiar no que será concluído com ele. Admito que o príncipe Kurakin tem bons modos; parece ser inteligente e desejar providenciar tudo para que cheguemos à satisfação mútua. Não sei isso se dá por conta de seu temperamento ou por medo do czar, que parece, como eu disse, muito difícil de agradar e de temperamento instável. O príncipe Dolgoruki parece ser um cavalheiro e bastante estimado pelo czar; a única inconveniência é que ele não entende nenhuma outra língua além do russo. Quanto a isso, permita-me destacar que o termo "Moscovita" ou até mesmo "Moscóvia" é muito ofensivo a toda a corte.
>
> O czar se levanta cedo, almoça por volta das dez da manhã, ceia por volta das dezenove horas e se recolhe antes das 21. Bebe álcool antes das refeições, cerveja e vinho à tarde, ceia pouco e, às vezes, simplesmente não come. Não consegui perceber a ocorrência de qualquer conselho ou conferência para discussão de questões mais sérias, a não ser que eles discutam esses assuntos enquanto bebem, com o czar decidindo sozinho e prontamente sobre o que é apresentado. O soberano sempre varia suas diversões e caminhadas e é extraordinariamente rápido, impaciente e muito difícil de ser agradado. [...] Em especial, gosta de ver a água. Vive em grandes aposentos e dorme em quartos "fora do caminho", se houver algum.

Para aconselhar os *maîtres d'hôtel* e *chefs* franceses que preparariam os pratos para o visitante russo, Liboy enviou recomendações específicas:

> O czar tem um cozinheiro principal que prepara para ele dois ou três pratos diariamente e que usa, para esse propósito, vinho e carne suficientes para servir uma mesa com oito pessoas.
>
> Ele é servido com carne e uma pequena porção de outros alimentos no jantar às sextas-feiras e aos sábados.
>
> Gosta de molhos fortes, pão de centeio duro e ervilhas. Come muitas laranjas e maçãs e peras. Em geral, bebe cerveja leve e *vin de nuits* escuro, sem álcool.

De manhã, bebe água de alcarávia [Kümmel], licores antes das refeições, cerveja e vinho durante a tarde – tudo consideravelmente frio.

Não come doces e não consome bebidas adocicadas durante as refeições.

Em quatro de maio, Pedro deixou Calais e seguiu para Paris, caracteristicamente recusando-se a seguir a rota esperada. Uma recepção formal lhe havia sido preparada em Amiens; ele contornou a cidade. Em Beauvais, onde viu a nave da maior catedral da França não concluída desde o século XIII, tratou com desdém um banquete que lhe foi oferecido. "Sou um soldado", disse ao bispo de Beauvais, "e fico contente quando encontro pão e água". Pedro estava exagerando. Ele ainda gostava de vinhos, embora preferisse o Tokaji húngaro às variedades francesas. "Graças a Deus existe o vinho húngaro, que aqui é uma raridade", ele escreveu de Calais a Catarina. "Mas resta apenas uma garrafa de vodca. Não sei o que fazer".

Ao meio-dia de sete de maio, em Beaumont-sur-Oise, quarenta quilômetros a nordeste de Paris, o czar finalmente encontrou o marechal de Tessé à sua espera com uma comitiva de carruagens reais e uma escolta de cavalaria vestida de vermelho, da *Maison du Roi*. Tessé, parado ao lado da carruagem do czar, fez uma grande reverência, tirando o chapéu enquanto Pedro saía. O czar admirou a carruagem do marechal e escolheu seguir nela para entrar na capital através da Porte St. Denis. Entretanto, Pedro não queria Tessé consigo na carruagem, preferindo seguir com três de seus compatriotas. Tessé, cuja tarefa era agradar, seguiu em outro veículo.

A comitiva chegou ao Louvre às 21 horas. Pedro entrou no palácio e caminhou pelos aposentos da falecida Rainha Mãe, que haviam sido preparados para ele. Como Kurakin havia previsto, o czar os achou grandiosos e iluminados demais. Enquanto estava lá, Pedro olhou para a mesa do jantar, que havia sido soberbamente preparada para ele e mais sessenta pessoas, mas apenas mordiscou um pouco de pão e rabanete, degustou seis tipos de vinho e bebeu dois copos de cerveja. Então, retornou à sua carruagem e, com a comitiva o seguindo, foi ao Hôtel Lesdiguieres. Pedro gostou mais dessa propriedade, embora ali também achasse os quartos a ele designados grandes e luxuosos demais, ordenando que uma cama dobrável fosse colocada em um pequeno quarto de vestir.

Na manhã seguinte, o regente da França, Filipe d'Orleans, foi dar as boas-vindas oficialmente. Enquanto a carruagem do regente entrava no pátio do Hôtel Lesdiguières, ela foi recebida por quatro nobres da comitiva do czar, que conduziram o regente ao salão de recepção. Pedro saiu de seus aposentos privados, abraçou o regente e então virou-se e seguiu para os aposentos privados à frente de Filipe, deixando-o junto com Kurakin, que estava ali como intérprete, para segui-lo. Os franceses, percebendo cada nuance do protocolo, foram afrontados pelo abraço de Pedro e pelo fato do convidado ter seguido à sua frente; essas atitudes, dizia-se, demonstravam "um altivo ar de superioridade" e "não traziam o menor traço de civilidade".

No quarto de Pedro, duas poltronas haviam sido colocadas uma de frente para a outra, e os dois homens se sentaram com Kurakin por perto. Eles conversaram por quase uma hora, dedicando-se totalmente à troca de gentilezas. Então o czar saiu do quarto, mais uma vez com o regente atrás dele. No salão de recepção, Pedro fez uma enorme reverência (de modo medíocre, aponta Saint-Simon), e deixou seu convidado no mesmo local onde o havia encontrado quando ele entrara. Essa formalidade precisa não era natural para Pedro, mas ele tinha ido a Paris em uma missão e achava importante seguir as exigências de seus anfitriões, que davam muita importância à etiqueta.

Durante o restante daquele dia e o dia seguinte (um domingo), Pedro permaneceu enclausurado no Hôtel Lesdiguières. Por mais que estivesse ansioso para sair e ver Paris, ele se forçou a observar o protocolo e permanecer isolado até receber a visita formal do rei. Conforme escreveu a Catarina durante esse fim de semana:

> Por dois ou três dias, devo ficar nessa casa esperando visitas e outras cerimônias, por isso, ainda não consegui ver nada. Amanhã, todavia, ou no dia seguinte, devo começar a andar pela cidade. Pelo que pude ver na estrada, a miséria da população comum é muito grande.
>
> P.S.: Acabei de receber sua carta repleta de brincadeiras. Você diz que vou procurar uma dama, mas isso realmente não é verdade, especialmente considerando minha idade avançada.

Na manhã de segunda-feira, o rei Luís XV da França chegou para receber seu convidado real. O czar encontrou o rei enquanto ele descia da carruagem e, para espanto do grupo francês, Pedro pegou o garotinho nos braços, erguendo-o no ar até que os rostos estivessem no mesmo nível, e então o abraçou e beijou várias vezes. Luís, embora despreparado para aquela cena, aceitou-a bem e não demonstrou medo. Os franceses, depois de terem se recuperado do choque, ficaram impressionados com a graça de Pedro e com a ternura que ele demonstrou para com o garoto, de certa forma deixando claro que tinham posições iguais ao mesmo tempo em que reconhecia a diferença de idade entre eles. Após abraçar Luís mais uma vez, Pedro o colocou de volta no chão e o acompanhou até a área de recepção. Ali, Luís fez um breve discurso de boas-vindas, preenchido com cumprimentos memorizados. O restante da conversa foi preenchido pelo duque du Maine e pelo marechal de Villeroy, com Kurakin mais uma vez fazendo o trabalho de intérprete. Depois de quinze minutos, Pedro voltou a se levantar e, segurando o jovem monarca mais uma vez em seus braços, acompanhou-o até a carruagem.

Às dezesseis horas do dia seguinte, Pedro foi ao Palácio das Tulherias para retribuir a visita do rei. O pátio estava repleto das companhias vestidas de vermelho da *Maison du Roi* e, enquanto a carruagem do czar se aproximava, uma fileira de percursionistas militares começou a tocar. Vendo que o pequeno Luís esperava para receber a carruagem, Pedro pulou para fora do veículo, pegou o rei nos braços e o levou até a escadaria do palácio para um encontro que durou apenas quinze minutos. Descrevendo esses eventos a Catarina, escreveu: "Na última segunda-feira, o pequeno rei me visitou. Ele é apenas um ou dois dedos mais alto do que nosso Luke [um de seus anões preferidos]. É uma criança com rosto bonito e corpo forte, e também muito inteligente para sua idade, que é de apenas sete anos". A Menchikov, Pedro escreveu: "O rei é um homem poderoso e de muita idade, sete anos".

A visita formal do czar ao rei no Tulherias atendeu os requisitos do protocolo. Finalmente Pedro estava livre para sair e ver a grande cidade de Paris.

L

UM VISITANTE EM PARIS

EM 1717, ASSIM COMO hoje, Paris era a capital e o centro de tudo que importa na França. Entretanto, com seus quinhentos mil cidadãos, a cidade era apenas a terceira maior da Europa – tanto Londres (750 mil) quanto Amsterdam (seiscentos mil) eram maiores. Em relação às populações nacionais totais, Paris era ainda menor. Na Grã-Bretanha, um em cada dez homens vivia em Londres; na Holanda, um em cada cinco era de Amsterdã. Na França, apenas um em cada quarenta franceses vivia em Paris.

Àqueles que a conhecem agora, a Paris de 1717 pareceria pequena. Os grandes palácios e praças que hoje tomam o coração da cidade – Tulherias, Luxemburgo, Place Vendôme, Hôtel des Invalides – ficavam, na época, nos limites da cidade. Além de Montparnasse estavam campos e pastos. O Tulherias, com seus esplêndidos jardins, dava vista para uma parte mais ampla da Champs-Élysées erguendo-se até uma colina coberta de árvores onde hoje fica o Arco do Triunfo. A norte, uma única estrada atravessava os campos até o cume de Montmartre.

O Sena era o coração da cidade. O rio não era confinado pelas atuais bordas de granito e, ao longo de suas margens, as mulheres lavavam roupas, alheias aos odores desagradáveis dos resíduos de matadouros e curtumes lançados diretamente na corrente. Passando pela cidade, o rio fluía por baixo de cinco pontes. As duas mais recentes, as magníficas Pont Royal e a Pont Neuf, tinham as laterais abertas; as demais eram cercadas por construções de quatro ou cinco andares. A Paris dos *boulevards* amplos e arborizados não existia; em 1717, a cidade era um labirinto de ruas estreitas e prédios de quatro e cinco andares com telhados pontudos. As grandes torres gêmeas de Notre Dame erguiam-se acima da cidade, mas a imagem mundialmente famosa da fachada da catedral não podia ser vista, uma vez que a cidade era um emaranhado de ruas lotadas de construções. Luís XIV tinha começado a mudar a cara da cidade medieval. No início de seu reinado, ordenou que as muralhas fortificadas da cidade fossem destruídas e que *boulevards* arborizados tomassem o lugar desses paredões. Somente uma grande praça, a elegante Place Royale (agora Place des Vosges) existia quando o Rei Sol chegou ao trono. Durante seu reinado, Luís criou a Place des Victoires, a Place Vendôme e a imensa igreja e esplanada dos Invalides.

Cada área da cidade tinha um sabor especial. O Marais atraía a aristocracia e a alta burguesia. Financistas abastados construíam suas casas no outro extremo da cidade, perto da nova Place Vendôme. Estrangeiros e embaixadas estrangeiras preferiam a região em volta de Saint Germain des Prés, onde as ruas eram mais amplas e dizia-se que o ar era mais puro. Os viajantes também eram avisados de que os melhores hotéis estavam disponíveis próximos a Saint Germain des Prés, mas o turista podia encontrar um quarto em muitas mansões privadas; até mesmo os mais altos membros da aristocracia alugavam o piso superior de suas casas para hóspedes. O Quartier Latin, na época, assim como hoje, era para estudantes.

Durante o dia, o povo de Paris se aglomerava nas ruas. Os pedestres encontravam-se em perigo constante, já que cavalos, carruagens e carroças lançavam-se adiante em uma tentativa de avançar por passagens estreitas e lotadas de pessoas. O barulho das rodas de ferro e dos homens gritando era ensurdecedor; o cheiro de excremento humano jogado das janelas, de pilhas de esterco e dos pátios onde os açougueiros matavam seus animais era horrendo. Para reduzir o barulho e oferecer tração às rodas, e também para manter um mínimo de higiene, palha fresca era oferecida diariamente – e a palha suja era varrida e jogada no rio. Para evitar o perigo e a inconveniência de andar nessas ruas, aqueles que podiam arcar com os custos usavam as carruagens privadas que possuíam ou alugavam diária ou mensalmente. Outros usavam liteiras fechadas, carregadas por dois homens.

A Pont Neuf e a Place Dauphine, na ponta da Île de la Cité, viviam repletas de vendedores itinerantes, médicos charlatões, shows de marionete, pessoas andando em pernas de pau, cantores de rua e pedintes. Os batedores de carteira esperavam do lado de fora das portas de hotéis da moda para roubarem estrangeiros desatentos. Era fácil encontrar mulheres. As mais desejadas, as jovens da Opéra e da Comédie, eram, em geral, reservadas à aristocracia francesa, mas as ruas viviam repletas de prostitutas desfilando. Os visitantes recebiam avisos, todavia, de que estavam arriscando a saúde, se não suas vidas.

À noite, as ruas eram relativamente seguras até por volta de meia-noite. A Paris de 1717 era a cidade mais bem iluminada da Europa, com 6.500 lamparinas suspensas sobre as ruas. Com as velas substituídas todos os dias e acesas ao escurecer, elas lançavam um brilho lúgubre pelos arredores. Mas, à meia-noite, quando as velas se apagavam uma a uma e a cidade mergulhava na escuridão, todos os que queriam ver o amanhecer encontravam-se atrás de portas fechadas.

A ópera e as comédias estavam sempre lotadas. Molière ainda era o favorito, mas o povo também queria ver Racine, Corneille e o recém-vangloriado Marivaux. Depois do teatro, cafés e cabarés permaneciam abertos até às 22 ou 23 horas. A sociedade se reunia nos trezentos novos cafés amontoados próximos a St. Germain des Près ou a Faubourg St. Honore para beber chá, café ou chocolate. Para muitos, a melhor recreação era uma caminhada em um parque ou jardim. Os mais elegantes desfrutavam do longo Cours la Reine, uma caminhada ao longo da margem do Sena, que se estendia desde as Tulherias até o que hoje é a Place de l'Alma. Esse passeio por vias floridas era tão popular que costumava se estender pela noite com tochas e lampiões pelo caminho. Outros jardins abertos ao público eram os do Palais Royal, o Jardim de Luxemburgo e o Jardin du Roi, agora conhecido como Jardin des Plantes.

Na época, assim como hoje, o mais famoso jardim de Paris era o Jardin des Tuileries. Ali, durante a tarde e o anoitecer, era possível encontrar os maiores personagens do reino, até mesmo o próprio regente, caminhando. Além das Tulherias ficava a Champs-Élysées, flanqueada por fileiras simétricas de árvores, onde as pessoas se exercitavam nas costas de cavalos e abriam as janelas de suas carruagens para desfrutar o ar fresco. Ainda mais a oeste, além do vilarejo de Passy, ficava uma floresta posteriormente transformada no parque de Bois de Boulogne. A floresta era repleta de cervos, os quais eram caçados por homens e cães em atividades esportivas, mas também era um local onde, nos domingos de calor e nas tardes dos feriados, os parisienses se espalhavam pela grama para fazer piquenique e descansar. A floresta também era um local para encontros amorosos, os quais aconteciam dentro de carruagens com cortinas fechadas enquanto o cocheiro permanecia impassível no topo do veículo, as rédeas soltas, os cavalos pastando tranquilamente.

Quando o rei, ainda garoto, deixou Versalhes e se mudou de volta para Paris, a maior parte da aristocracia o seguiu, construindo ou reformando mansões *(hôtels particuliers)* na região mais elegante de Marais,[1] no limite oriental da cidade, ou do outro lado do rio, em Faubourg St. Germain. O Hôtel Lesdiguières, no qual Pedro passou suas seis semanas em Paris, era uma das maiores mansões de Marais, com jardins se espalhando por todo um enorme bloco. Suas muralhas, repletas de galpões e estábulos, tocavam a Rue St. Antoine; e atrás estava a Cerisaie, o pomar de cerejas do rei, com fileiras de belas e pequenas árvores.

A Bastilha ficava diretamente adjacente ao hotel, e suas oito finas torres de pedra acinzentada erguiam-se diretamente acima da muralha do jardim. Enquanto caminhava, o czar só precisava erguer os olhos para avistar a lendária fortaleza. De fato, o forte do século XIV foi o mais injustamente difamado de todos os castelos da França. Descrito como um símbolo gigante e sombrio da opressão da monarquia francesa, ele na verdade era bastante pequeno: 65 metros de extensão e 27 metros de largura (embora um fosso seco com pontes levadiças e um pátio externo cercado por construções de guarda fizessem o espaço ocupado por ele parecer maior). A furiosa multidão de Paris, que derrubou a Bastilha em quatorze de julho de 1789, assim como as animadas multidões de franceses que ainda celebram o Dia da Bastilha todos os anos, imaginou-a como uma cova fúnebre onde um tirano fazia valer sua vontade sobre o sofredor povo da França. Nada poderia estar mais longe da verdade. A Bastilha foi a mais luxuosa prisão que já existiu. Ali, os encarcerados não enfrentavam desonras. Com raras exceções, seus ocupantes eram aristocratas ou cavalheiros recebidos e tratados de acordo com suas posições. O rei podia ordenar que nobres problemáticos fossem levados para lá até ele ou eles mudarem de opinião. Pais podiam enviar seus filhos rebeldes à Bastilha por vários meses até eles se acalmarem. Os quartos eram mobiliados, aquecidos e iluminados de acordo com as condições e o gosto dos prisioneiros, que podiam ter um servo e receber visitantes para jantares – em certa ocasião, o cardeal de Rohan ofereceu um banquete para vinte convidados. Havia competição pelos quar-

---

[1] Muitas das esplêndidas mansões do Marais ainda existem, mas o Hôtel Lesdiguières desapareceu. Em 1866, suas bases foram perfuradas quando o engenheiro Barão Georges Haussmann, então espalhando seus amplos *boulevards* por Paris a mando do imperador Napoleão III, criou a Boulevard Henri IV pelo jardim do hotel. Depois, a mansão sobreviveu apenas alguns anos e foi destruída em 1877. Hoje em dia, resta no local apenas uma placa homenageando a visita de Pedro – placa que está acima do Rue de la Cerisaie, número dez. Do outro lado da rua, no número onze, em uma casa que já existia ali durante a visita de Pedro, o autor deste livro viveu durante três dos anos em que escrevia este livro. (N. A.)

tos mais agradáveis; aqueles no topo das torres eram os menos desejáveis, pois eram os mais frios no inverno e mais quentes no verão. Nada era exigido dos presos, que podiam tocar violão, ler poesia, exercitar-se no jardim e planejar menus para agradar seus convidados.

Muitos homens famosos passaram tempo na Bastilha. O mais misterioso deles foi o Homem da Máscara de Ferro, cuja identidade foi adornada por Alexandre Dumas como irmão gêmeo de Luís XIV. Como a maioria das histórias sobre a Bastilha, grande parte dessa não passava de imaginação; a famosa máscara não era de ferro, mas de veludo negro, embora até mesmo o diretor da Bastilha não estivesse autorizado a erguê-la. O prisioneiro morreu, ainda desconhecido, em 1703. Durante as semanas que Pedro passou na cidade, outro francês famoso encontrava-se preso na Bastilha, e é possível que ele olhasse de uma das altas torres para os jardins do Hôtel Lesdiguieres para ver o czar andando entre as árvores. Era François-Marie Arouet, então com 23 anos, um jovem e petulante epigramista cujos versos sugestivos sobre a relação entre o regente e sua filha, a duquesa de Berri, inspiraram o dirigente a prendê-lo. Quarenta anos mais tarde, usando o nome Voltaire, o prisioneiro escreveria uma obra sobre a História do Império Russo durante o período de Pedro, o Grande.

ANTES DE IR A Paris, Pedro fez uma lista de tudo que queria ver, e essa lista era longa. Uma vez que as cerimônias de boas-vindas chegaram ao fim, ele pediu ao regente que dispensasse todos os demais protocolos; queria estar livre para visitar o que desejava. Quando o czar cedeu à insistência de que sempre fosse acompanhado pelo marechal de Tessé ou algum outro membro da corte, e que se permitisse ser acompanhado por um corpo de oito soldados da guarda real aonde quer que fosse, o regente concordou.

Pedro começou seus passeios acordando às quatro horas da manhã em doze de maio e andando ao amanhecer pela Rue St. Antoine para visitar a Place Royale e ver o sol refletir nas grandes janelas que davam vista para a pista de desfiles real. Naquele mesmo dia, visitou a Place des Victoires e a Place Vendôme. No dia seguinte, cruzou o rio, chegando à margem esquerda, e visitou o Observatório, a fábrica dos Gobelins, famosa por suas tapeçarias, e o Jardin des Plantes, que contava com mais de 2.500 espécies. Nos dias que se seguiram, visitou lojas de artesãos de todos os tipos, examinando tudo e fazendo perguntas. Certa manhã, às cinco horas, estava na Grande Galeria do Louvre, onde o marechal de Villaras lhe mostrou as enormes maquetes das grandes fortalezas de Vauban, as quais guardavam as fronteiras da França.[2] Então, ao deixar o Louvre, o czar caminhou pelo Jardim das Tulherias, onde foi pedido à costumeira multidão de pedestres que saísse.

Alguns dias mais tarde, Pedro visitou o grande hospital e os galpões dos Invalides, onde quatro mil soldados inválidos eram abrigados e recebiam os cuidados necessários. Saboreou a sopa e o vinho desses soldados, brindou sua saúde, deu-lhes tapinhas nas costas e os chamou de "camaradas". Na Invalides, admirou a famosa cúpula da igreja, cuja construção havia terminado recentemente, erguendo-se a 105 metros do chão. Considerou-a a maravilha de Paris. Pedro buscou pessoas interessantes. Encontrou-se com o príncipe Rakoczy, líder húngaro refugiado que havia se rebelado contra o imperador habsburgo e a quem Pedro havia proposto tornar-se rei da Polônia. Jantou com o marechal d'Estrées, que o procurou às oito horas certa manhã e com ele conversou o dia todo sobre a marinha francesa. Visitou a casa do diretor dos correios, que era um colecionador de todo tipo de curiosidades e invenções. Passou toda uma manhã na Casa da Moeda, e viu novas peças de ouro tomarem forma. Quando uma delas foi colocada, ainda aquecida, na mão do czar, ele se surpreendeu ao ver que na moeda havia seu rosto e a inscrição: "Petrus Alexievitz, Czar, Mag. Russ. Imperat". Foi solenemente recebido na Sorbonne, onde um grupo de teólogos católicos lhe deu um plano para a reunião das igrejas oriental e ocidental (Pedro levou esse plano de volta para a Rússia, onde ordenou que seus bispos o estudassem e lhe dessem uma opinião). Visitou a Academia de Ciências e, em 22 de dezembro de 1717, seis meses depois de deixar Paris, foi formalmente eleito como um de seus membros.

Conforme Paris começava a ver o czar frequentemente, relatos e impressões a seu respeito passavam a circular com certa rapidez. Saint-Simon escreveu:

> Era um homem muito alto, de boas proporções, consideravelmente magro, com rosto arredondado, testa avantajada e sobrancelhas bonitas e bem definidas; um nariz pequeno, mas não pequeno demais, de ponta alongada. Os lábios eram bastante grossos, o rosto de um moreno grosseiro, olhos negros grandes, vivos e

---

[2] Essas impressionantes maquetes de escala exata, criadas por ordem de Luís XIV, incluíam montanhas, rios e detalhes das cidades e das fortificações. Eram gigantes, algumas atingindo quase 85 m². Consideradas segredo de guerra, elas foram mantidas sob guarda na Grande Galeria do Louvre até 1777, quando foram transportadas para o piso superior do Invalides. Ali, permanecem há mais de duzentos anos e podem hoje ser vistas por qualquer um que esteja disposto a subir as escadas. (N. A.)

perfurantes, bastante separados. Quando ele queria, sabia fazê-los parecer majestosos e graciosos; em outros momentos, eram ferozes e severos. Tinha um sorriso nervoso e estremecido que não brotava com frequência, mas que contorcia o rosto e toda a expressão, inspirando medo. Durava apenas um momento e vinha acompanhado de um olhar selvagem e terrível, que também desaparecia rapidamente. Toda a sua aura mostrava seu intelecto, suas reflexões e sua grandeza, e não carecia de certa graça. Usava apenas um colarinho de linho, uma peruca castanha e arredondada não empoada, que não chegava a tocar os ombros, um casaco castanho bem ajustado ao corpo, liso e com botões dourados, um colete, calções, meias altas e nada de luvas ou punhos. Carregava a estrela de sua ordem no casaco e a fita logo abaixo dela. E o casaco encontrava-se bastante frequentemente desabotoado; o chapéu estava sempre sobre a mesa e nunca na cabeça, nem mesmo em ambientes abertos. Com toda essa simplicidade e independentemente de quão ruim fosse a carruagem ou a companhia, ainda era possível perceber o ar de grandeza que lhe era tão natural.

A visita de Pedro foi conduzida em um ritmo impetuoso. Somente quando teve um ataque de febre e se viu forçado a cancelar um jantar com o regente, o czar diminuiu o passo brevemente. O pobre marechal de Tessé e os oito guarda-costas franceses fizeram seu melhor para acompanhar o ritmo de Pedro, mas frequentemente não conseguiram. A combinação que o czar ostentava de curiosidade e impetuosidade, em conjunto por seu desdém pela majestade, impressionou os franceses. Toda ação era precipitada. Ele queria estar livre para ir sem cerimônia de um canto a outro da cidade; assim, com frequência usava uma carruagem alugada em vez de esperar a carruagem real a ele designada. Mais de uma vez, um visitante francês que procurou um membro do grupo russo no Hôtel Lesdiguières foi à porta e percebeu que a carruagem já havia partido. O czar, ao sair de seu local de hospedagem, pulava no primeiro veículo que encontrava e calmamente se distanciava. Com frequência, dessa forma, conseguia escapar do marechal de Tessé e de seus soldados.

Dentro do Hôtel Lesdiguières, Verton, um dos *maîtres d'hotel* reais designados para cuidar da cozinha e da mesa do czar, fazia seu melhor para alimentar Pedro e os demais russos. Verton era um homem espirituoso, bem-humorado e sereno, e não demorou para Pedro e toda sua comitiva passarem a adorá-lo. Por meio de Vernon e de outras pessoas, vazaram histórias sobre o que acontecia à mesa russa na capital francesa. Saint-Simon escreveu:

O que ele [Pedro] bebe e come em duas refeições regulares é incrível, sem falar no que consome de cerveja, limonada e outras bebidas entre as refeições. Quanto à sua comitiva, eles bebem ainda mais: no mínimo uma ou duas garrafas de cerveja, e às vezes mais vinho, além de licores ao final da refeição. Isso era normal todas as vezes. Ele se alimentava às onze horas da manhã e às vinte horas.

As relações de Pedro com o regente eram excelentes, em parte porque Filipe gostava de se fazer agradável. Certa noite, os dois homens foram juntos à Opéra, onde sentaram-se sozinhos na primeira fila do camarote real, podendo ver todo o público. Durante a performance, o czar ficou com sede e pediu uma caneca de cerveja. Um enorme cálice foi trazido em um pires, e o regente levantou-se, segurou-o e o ofereceu ao czar. Pedro aceitou a caneca com um sorriso e acenando com a cabeça, bebeu a cerveja e colocou a caneca de volta no pires. Então, Filipe, ainda de pé, colocou um guardanapo em um prato e o entregou ao czar. Pedro, ainda sem se levantar, usou-o para secar a boca e o bigode e o colocou de volta no lugar. Durante toda a apresentação, enquanto o regente da França agia como um servo, o público observava fascinado. Durante o quarto ato, Pedro se cansou e deixou o camarote para cear, recusando a oferta de Filipe de acompanhá-lo e insistindo que seu anfitrião permanecesse ali até o fim da ópera.

O czar foi recebido com respeito em todos os lugares. A maioria dos membros da família real e da aristocracia mostrava-se animada com sua presença e decidida a conhecê-lo, inclusive a atual primeira dama da França à época, *"Madame"*, a mãe do regente, uma alemã fofoqueira e de seios fartos, com 65 anos de idade. O regente levou o czar até ela depois de mostrar a seu convidado o palácio e os jardins de St. Cloud. *"Madame"* recebeu o visitante no Palais Royal, onde vivia com o filho, e ficou encantada. "Estive com uma visita incrível hoje, a do meu herói, o czar", ela escreveu. "Percebi que ele tem muito boas maneiras [...] e que não é nem um pouco afetado. Tem um bom senso incrível. Fala um alemão pobre, mas ainda assim se faz entender sem problemas, e conversa muito livremente. É educado com todos e muito querido."

Para não ser superada por sua avó, a escandalosa filha do regente e duquesa de Berri enviou seus cumprimentos a Pedro e perguntou se ele gostaria de visitá-la. O czar concordou e foi ao Palácio de Luxemburgo e, depois, caminhou pelos Jardins de Luxemburgo. Todavia, as disputas por etiqueta evitaram que ele visse algumas das belas damas de Paris. Vários Príncipes de Sangue recusaram-se a visitar Pedro, exceto se ele prometesse retribuir o convite e conhecer suas esposas. O czar achou essa postura mesquinha e absurda, e simplesmente recusou-se a aceitá-la. De qualquer forma, ele preferia visitar pessoas de mérito em vez de pessoas de sangue.

Em 24 de maio, duas semanas após sua visita ao Palácio das Tulherias, Pedro voltou para visitar o rei. Chegou cedo, antes de o garoto acordar, então o marechal de Villeroy o levou para ver as joias da coroa francesa. O czar as achou mais numerosas e belas do que esperava, embora tenha declarado que não sabia muito sobre joias. De fato, ele disse a Villeroy que não se interessava muito por objetos, independentemente de quão belos ou valiosos pudessem ser, se não tivessem utilidade prática. Dali, foi ver o rei, que estava chegando para encontrá-lo nos aposentos do marechal Villeroy. A ocasião foi organizada dessa forma de propósito, para que não fosse uma visita formal, mas acidental. Encontrando Pedro em um escritório, o rei estendeu a mão com um rolo de papel, o qual entregou ao czar, dizendo ser um mapa de seus domínios. A educação de Luís encantou Pedro, que tratou o garoto com uma perfeita mistura de afeição e respeito real.

Villeroy, ao escrever a *Madame* de Maintenon, declarou ter tido a mesma impressão: "Não posso lhe expressar a dignidade, a graça e a polidez com a qual o rei recebeu a visita do czar. Mas devo lhe dizer que esse príncipe, o qual dizem ser bárbaro, realmente não o é. Ele demonstrou sentimentos de grandeza e generosidade que jamais esperávamos".

Naquela noite, Pedro seguiu para Versalhes, onde os aposentos reais haviam sido preparados para ele. Seus companheiros russos, que receberam quartos nos arredores, haviam trazido de Paris um grupo de jovens mulheres, que foram instaladas nos antigos aposentos da puritana *Madame* de Maintenon. Saint-Simon reportou: "Blouin, governador de Versalhes, ficou extremamente escandalizado ao testemunhar tamanha profanidade em seu templo de puritanismo".

De manhã, o czar levantou-se cedo. Seu acompanhante em Versalhes, o duque d'Antin, ao ir encontrá-lo, descobriu que Pedro já havia caminhado pelas cercas vivas e camas de flores estilizadas dos jardins do palácio e que, naquele momento, remava em um barco pelo Grande Canal. Naquele dia, o czar analisou todo o Versalhes, incluindo as grandes fontes que haviam sido o orgulho especial do Rei Sol, e o Trianon de mármore rosado. Com relação ao palácio, com seu pequeno castelo central de Luís XIII e as alas monumentais acrescentadas por Luís XIV, Pedro declarou que lhe parecia "um pombo com asas de água". Ao deixar Versalhes, retornou a Paris em tempo de ver a procissão de Pentecostes, que aconteceria na manhã seguinte. Tessé o levou a Notre Dame onde, abaixo das grandes janelas rosadas da catedral, Pedro participou de uma missa celebrada pelo cardeal de Noailles.

Uma visita a Fontainebleau, outro majestoso castelo real nos arredores de Paris, foi menos exitosa. O anfitrião do czar, o conde de Toulouse, um dos bastardos de Luís XIV reconhecidos pela *Madame* de Montespan, insistiu para que ele fosse caçar cervos, e Pedro concordou. Para os franceses de sangue, a caça era o mais nobre dos esportes ao ar livre. Eles vagavam pelas florestas com uma espada ou uma lança na mão, os cavalos saltando por sobre árvores caídas e riachos, galopando furiosamente, seguindo o som dos latidos dos cães e buscando chifres, até que o cervo ou lobo ou javali fosse cercado e atacado em uma briga sangrenta em meio ao lodo e às pteridófitas da floresta virgem. Pedro não tinha estômago para esse tipo de atividade e, não acostumado ao ritmo impressionante dos cavaleiros, quase caiu. Voltou ao castelo sentindo-se furioso e humilhado, jurando que não entendia o esporte, que não gostava daquilo, que achava violento demais. Recusou-se a jantar com o conde, preferindo cear com apenas três membros da comitiva russa. Logo depois, deixou Fontainebleau.

Retornando a Paris de barco pelo Sena, passou pelo adorável castelo de Choisy e pediu para visitá-lo. Por acaso, conheceu sua dona, a princesa de Conti, uma das princesas de sangue cuja etiqueta o havia impedido de visitar antes. Ao chegar a Paris, Pedro ficou tão feliz de estar novamente na água que, em vez de desembarcar no limite oriental da cidade e retornar diretamente ao Hôtel Lesdiguières, ordenou que o barqueiro seguisse com a corrente, de modo que ele pudesse passar por debaixo de todas as cinco pontes da cidade.

Em três de junho, Pedro retornou a Versalhes para dormir no Trianon e passar várias semanas em Marly, um pavilhão que Luís XIV havia construído para escapar da pesada etiqueta de Versalhes. Durante esse período, Pedro foi a St. Cyr visitar a viúva de Luís XIV, *Madame* de Maintenon, no convento que ela havia criado e no qual se recolheu após a morte do monarca. Todos se surpreenderam quando o czar declarou que queria vê-la. "Ela tem muito mérito", ele explicou. "Prestou um grande serviço ao rei e à nação".

Não surpreendentemente, a idosa *Madame* de Maintenon mostrou-se muito lisonjeada com o prospecto da visita do homem sobre o qual toda Paris estava falando. "O czar [...] me parece um homem muito bom, já que perguntou sobre mim", ela escreveu antes da visita. Para esconder a idade e adotar sua melhor aparência, *Madame* de Maintenon o recebeu ao crepúsculo, sentada em sua cama e com todas as cortinas fechadas – com a exceção de uma delas, para permitir a passagem de um único raio de luz. Ao entrar, Pedro foi direto para as janelas e abriu as cortinas de forma dramática, permitindo que a luz penetrasse. Então, o czar puxou as cortinas que cercavam a cama de dossel, sentou-se no canto da cama e silenciosamente a encarou. De acordo com Saint-Simon (que não estava presente), o silêncio perdurou. Nenhum deles disse uma palavra sequer até o czar levantar-se e sair. "Sei que ela deve ter se sentido muito impressionada e até mesmo humilhada, mas o Rei Sol não existe mais", escreveu Saint-Simon. De uma irmã do convento vem uma versão mais gentil. Segundo ela, Pedro perguntou à *Madame* qual era sua doença. "A idade", ela respondeu. Em seguida, a mulher perguntou por que Pedro tinha ido visitá-la. "Vim ver tudo o que há de destaque na França", foi a resposta. Com isso, conforme o relato, um raio da antiga beleza de *Madame* de Maintenon iluminou seu rosto.

Foi somente no final da visita de Pedro a Paris que Saint-Simon o conheceu pessoalmente:

> Fui ao jardim onde o czar estava andando. O marechal de Tessé, que me avistou à distância, veio até mim, esperando me apresentar ao czar. Implorei para que não fizesse isso e para que não me notasse à sua presença porque eu queria observá-lo livremente [...] e com atenção, o que eu não poderia fazer se fôssemos apresentados. [...] Mediante essa precaução, satisfiz minha curiosidade completamente com calma. Achei-o bastante afável, mas sempre se comportando como se sempre fosse o mestre. Ele entrou em um escritório onde D'Antin lhe mostrou diferentes mapas e vários documentos sobre os quais o czar fez muitas perguntas. E foi lá que vi o tique do qual falei. Perguntei a Tessé se aquilo acontecia com frequência; ele respondeu que várias vezes ao dia, especialmente quando ele não tomava o cuidado de controlar.

Após seis semanas em Paris, a visita agora chegava ao fim. Pedro foi novamente ao Observatório, subiu na torre de Notre Dame e foi ao hospital assistir a uma cirurgia de catarata. Na Champs-Elysées, sentou-se nas costas de um cavalo e viu novamente dois regimentos de elite da Maison du Roi, ambos compostos por cavalaria e mosqueteiros, mas o calor, o ar seco e a enorme multidão eram tão grandes que Pedro, que adorava soldados, mal conseguiu vê-los e saiu antecipadamente.

Houve uma série de despedidas. Na sexta-feira, dezoito de junho, o regente foi mais cedo ao Hôtel Lesdiguières para dizer adeus ao czar. Mais uma vez, conversou em particular com Pedro, com apenas Kurakin presente para interpretar. O czar fez uma terceira visita ao Tulherias para se despedir de Luís XV. A visita ocorreu de modo informal, conforme Pedro insistira que fosse. Mais uma vez, Saint-Simon ficou encantado. "Seria impossível alguém demonstrar mais energia, mais graça e mais ternura ao rei do que o czar demonstrou em todas essas ocasiões. E, no dia seguinte, quando o rei foi ao Hôtel Lesdiguières desejar uma boa viagem ao czar, mais uma vez tudo ocorreu com grande elegância e gentileza".

Por todos os ângulos, a visita agora era aclamada como um triunfo. Saint-Simon, que tinha visto o Rei Sol em seu trono, descreveu a impressão duradoura que o czar deixou:

> Esse foi um monarca que atraiu admiração por sua curiosidade extrema a respeito de tudo que envolve suas impressões sobre governo, comércio, educação, métodos da polícia etc. Seus interesses abarcavam cada detalhe que pudesse ter aplicação prática, sem desdenhar nada. Sua inteligência era o mais marcante; em sua apreciação pelo mérito, demonstrou uma grande percepção e uma compreensão vívida, evidenciando, em todos os lugares, muitos conhecimentos e um fluxo vigoroso de ideias. Em suas características, trazia uma combinação extraordinária: assumia a majestade em seu estado mais real, mais orgulhoso, mais inflexível; ainda assim, uma vez que sua supremacia havia sido reconhecida, sua conduta demonstrava-se infinitamente graciosa e repleta de uma cortesia penetrante. Em todos os lugares e em todos os momentos, ele era o mestre, mas com graus de familiaridade de acordo com a posição das pessoas. Tinha uma abordagem amigável que poderia ser associada à liberdade, mas não estava isento de uma forte marca do passado de seu país. Assim, seus modos eram abruptos, até mesmo violentos; seus desejos, imprevisíveis; não tolerava demoras e oposições. À mesa, suas maneiras eram brutas, e os membros de sua equipe eram ainda menos elegantes. Ele estava decidido a ser livre e independente em tudo que desejava fazer ou ver. [...]
>
> Seria possível descrever eternamente esse homem realmente grandioso, com sua personalidade notável e sua variedade rara de talentos extraordinários. Elas o farão um monarca digno de profunda admiração por incontáveis anos, apesar das grandes falhas em sua educação e da falta de interesse de seu país por cultu-

ra ou civilização. Ganhou enorme reputação na França, onde foi considerado um verdadeiro prodígio.

Na tarde de domingo, vinte de junho, Pedro deixou Paris discretamente e sem escolta. Viajando rumo ao leste através do país, parou em Reims, onde visitou a catedral e viu o missal diante do qual por séculos os reis da França haviam feito seus juramentos ao serem coroados. Para o espanto dos padres franceses presentes, Pedro conseguiu ler para eles os caracteres misteriosos escritos no missal. A língua era o eslavo religioso antigo; muito provavelmente o missal havia sido levado à França no século XI pela princesa Ana Yaroslavna, de Kiev, que se casou com o rei Luís I e se tornou rainha da França.[3]

Embora Pedro tenha deixado Shafirov, Dolgoruki e Tolstói em Paris para negociarem com os franceses, a visita não gerou frutos diplomáticos além de um insignificante tratado de amizade. O regente estava interessado na proposta do czar de uma aliança entre França e Rússia, mas o abade Dubois mostrou-se ativamente hostil à ideia. Agora, o antagonismo entre o rei Jorge I da Inglaterra e o czar Pedro era grande demais para permitir um tratado com ambos. Dubois escolheu a Inglaterra em detrimento da Rússia. De fato, a impossibilidade do caso de Pedro foi posteriormente confirmada por Tessé, o qual revelou que, ao longo das negociações com os russos, Dubois havia secretamente entregado tudo aos ingleses. "O governo", admitiu posteriormente Tessé, "não tinha outra intenção que não fosse divertir o czar enquanto ele continuasse sem concluir nada". Com a ideia de aliança descartada, o casamento que seria seu selo também foi deixado de lado. Isabel, filha de Pedro, permaneceu na Rússia para governar como imperatriz por vinte anos, e Luís XV finalmente casou-se com a filha de Estanislau Leszezynski, o rei-marionete de Carlos XII na Polônia.

Enquanto viajava outra vez pelo interior da França, Pedro se atentou, assim como havia feito no caminho de ida a Paris, à pobreza dos camponeses do país. A comparação entre o luxo que ele encontrara na capital e o que ele via no interior o surpreendeu, levando-o a perguntar a seus amigos quanto tempo aquele sistema conseguiria durar.

---

3 Foi necessário algum sacrifício para uma princesa de Kiev deixar sua cidade-natal, à época no ápice de sua civilização, para casar-se e passar a viver na cultura mais grosseira da França. Os níveis relativos de suas culturas são sugeridos pelo fato de que Ana sabia ler e escrever e assinou seu nome no documento do matrimônio, ao passo que Luís X só conseguiu rabiscar um "X". (N. A.)

DE REIMS, PEDRO DESCEU lentamente o rio Mosa de barco, primeiro até Namur e Liège, e então até o balneário de Spa. Essa região, agora parte da Bélgica, na época era dividida entre a Holanda e o Império Habsburgo e, ao longo do caminho, oficiais holandeses e imperiais nas cidades à beira do rio competiam por lhe fazerem as honras. O czar permaneceu em Spa por cinco semanas, tomando as águas e procurando uma cura. Catarina ainda o esperava em Amsterdã, e as cartas enviadas a ela por Pedro sugeriam sua impaciência e fadiga:

> Recebi ontem a sua carta do dia onze, na qual escreve sobre a doença de nossas filhas [tanto Ana quanto Isabel haviam contraído varíola] e que a primeira, graças a Deus, está melhorando, ao passo que a outra encontra-se acamada. Alexandre Danilovich também me escreveu a esse respeito. Todavia, o seu estilo alterado me deixou muito triste, conforme o portador desta carta lhe contará. Sua mensagem foi escrita de forma muito diferente da costumeira. Que Deus nos permita ouvir sobre Anushka a mesma coisa que ouvimos sobre Lisenka. Quando você diz para eu me apressar porque se sente muito sozinho, eu acredito. O portador desta carta lhe dirá como me sinto solitário sem você, e posso afirmar que, exceto por aquele tempo que passei em Versalhes e Marly, doze dias atrás, não tive grandes alegrias. Mas devo permanecer aqui por alguns dias e, quando terminar de beber a água, partirei no mesmo dia, pois estamos a apenas sete horas por terra e cinco dias por água. Que Deus me permita vê-la na alegria que desejo de todo o meu coração.
>
> P.S.: Nesta manhã, recebi a boa notícia de que Anushka está melhor e, portanto, comecei a beber a água com mais alegria.

Logo depois, ele voltou a escrever:

> Eu a congratulo neste dia de triunfo da ressurreição russa [era aniversário de Poltava]. Só sinto por celebrarmos separados, assim como o dia de amanhã, do Santo Apóstolo e dia do nome do seu velho homem [o próprio Pedro] e do garoto [o filho do casal, Pedro Petrovich]. Que Deus permita que esses dias passem rapidamente e que eu possa estar logo com você. A água, graças a Deus, funciona bem, e espero terminar a cura uma semana antes do dia de São Pedro. Hoje coloquei sua camisa pela primeira vez e brindei a sua saúde, mas bebi apenas um pouquinho, porque é proibido.

P.S.: [Após agradecer uma carta e duas garrafas de vodca] Você escreveu que enviou pouco porque bebi pouco aqui, o que é verdade. No total, não bebo mais do que cinco vezes por dia, e aguardente apenas uma ou duas vezes, e nem sempre, em parte porque é forte, em parte porque é escasso. Acho que é muito cansativo o fato de estarmos tão próximos e não podermos nos ver. Que Deus permita que isso aconteça logo. Para terminar, brindo mais uma vez a sua saúde.

Enquanto esteve em Spa, Pedro posou para o pintor holandês Karl Moor, e esse retrato e aquele que Kneller havia feito quase duas décadas antes tornaram-se seus favoritos.

Em 25 de julho, ele deu início a uma viagem de barco de oito dias pelo Mosa (que na Holanda era chamado de Maas) e, por fim, em dois de agosto, encontrou Catarina em Amsterdã. Permaneceu no país por um mês e, em dois de setembro, deixou a cidade e a Holanda pela última vez, seguindo pelo Reno, passando por Nimegue, Cleves e Wesel até chegar a Berlim. Deixou Catarina pelo caminho para segui-lo. Frequentemente se separavam na estrada, porque era difícil encontrar cavalos suficientes para servir a comitiva dos dois, e também porque Catarina não queria viajar tão rapidamente quanto o marido.

Dois dias após a chegada de Pedro, ela o encontrou em Berlim. Aquela era sua primeira visita à capital da Prússia e, embora a essa altura ele estivesse familiarizado com as recepções, sua esposa foi objeto de grande curiosidade. Entretanto, Catarina foi bem recebida, e jantares e bailes foram organizados em sua homenagem, de modo que ela e Pedro partiram para a Rússia de bom humor. Em outubro, o czar estava novamente em São Petersburgo. Lá, teve de encarar o clímax de uma tragédia pessoal e política, uma tragédia mais profunda do que qualquer outra em seu reinado.

LI

A EDUCAÇÃO DE UM HERDEIRO

EM ONZE DE OUTUBRO de 1717, Pedro retornou a São Petersburgo. "As duas princesas, suas filhas [Ana e Isabel, na época com nove e oito anos] esperavam-no usando roupas espanholas na frente do palácio", reportou a Paris o *Monsieur* de La Vie, enviado francês. "E seu filho, o jovem príncipe Pedro Petrovich, recebeu-o em seus aposentos, onde cavalgava em um pequeno pônei islandês". No entanto, a alegria de Pedro ao ver seus filhos rapidamente desapareceu. Enquanto o czar estivera fora, o governo da Rússia havia funcionado de forma ineficiente. Má administração, ciúme e corrupção por todos os cantos haviam quase destruído o sistema governamental que Pedro havia tentado criar; os homens que deveriam ser líderes de Estado brigavam como crianças, freneticamente se acusando de maus feitos políticos e financeiros. Pedro mergulhou nessa confusão e tentou corrigi-la. Todos os dias, às seis horas da manhã, ele reunia o senado e pessoalmente ouvia as acusações e defesas das partes em conflito. Por fim, percebendo que essas queixas eram difundidas demais e que a corrupção também ia além da conta, criou uma corte de justiça especial com comissões de investigação separadas, cada uma composta por um major, um capitão e um tenente das Guardas, os quais deveriam examinar os casos e realizar os julgamentos de acordo com "o bom senso e a equidade". "E então ocorreu na Rússia que os membros do venerável senado, composto pelas cabeças das maiores famílias no domínio do czar, viram-se obrigados a aparecer diante de um tenente como seu juiz e chamados a prestar contas por sua conduta", escreveu Weber.

Entretanto, esses julgamentos eram apenas as preliminares de algo muito mais sério, algo que ameaçava todo o futuro da Rússia de Pedro. Agora chegava a hora de o czar tomar uma decisão final sobre o caso de seu filho, o czarevich Aleixo.

Aleixo nasceu em fevereiro de 1690, não muito tempo depois do casamento do czar, então com dezoito anos, com a dócil, triste e reclusa Eudóxia. Quando o filho nasceu, Pedro sentiu-se enormemente orgulhoso, oferecendo à corte banquetes e shows de fogos de artifício para honrar o novo príncipe. Todavia, com o passar dos anos, o czar viu pouco seu filho. Absorvido pela construção de navios, pela companhia de Lefort e Anna Mons, pelas campanhas de Azov e pela Grande Embaixada, Pedro deixou Aleixo na companhia de Eudóxia. Visitar o filho significava ver a mãe do garoto, a quem Pedro abertamente desprezava. Então, o czar preferia evitar os dois. Aleixo naturalmente sentiu a separação de seus pais e entendeu que, na mente de seu pai, ele estava associado à mãe. Assim, em seus primeiros anos de formação, Aleixo via Pedro como alguém que o desaprovava, talvez até mesmo como uma ameaça, um inimigo. Crescendo sob os cuidados da mãe, ele acabou tomando seu lado e adotando suas maneiras.

Então, de repente, quando Aleixo era um garoto magro de oito anos com uma testa avantajada e olhos negros e sérios, Pedro fez o mundo do filho cair por terra. Em 1698, quando o czar retornou do Ocidente para reprimir os Streltsy, ele enviou Eudóxia a um convento. Aleixo foi instalado em sua própria casa em Preobrajenskoe e confiado à supervisão geral da tia, a irmã de Pedro, Natália. Sua educação, que até então havia sido composta principalmente de leituras da Bíblia e outras lições religiosas, foi colocada nas mãos de Martin Neugebauer de Danzig, que havia sido recomendado por Augusto da Saxônia. Neugebauer tinha uma personalidade alemã – era ordeiro e rápido – e logo entrou em conflito com o temperamento russo. Há uma história de uma refeição que o czarevich, com doze anos, fez com Neugebauer, seu primeiro professor Nikifor Viazemski e Aleixo Naryshkin. Eles estavam almoçando frango e o czarevich, após terminar de comer seu pedaço, pegou outro. Naryshkin o instruiu a primeiro limpar o prato, colocando os ossos de volta na travessa. Em choque, Neugebauer declarou que aquilo era falta de educação. Aleixo olhou para Neugebauer e cochichou com Naryshkin; Neugebauer declarou que cochichar também era falta de educação. Os dois homens começaram a discutir, e Neugebauer explodiu: "Nenhum de vocês entende nada! Quando eu levar o czarevich para o exterior, então saberei o que fazer!". Os russos, ele gritava, eram todos bárbaros, cachorros e porcos, e ele exigiria a demissão de todos os que viviam na casa de Aleixo. Jogando o garfo e a faca no chão, Neugebauer avançou para fora do cômodo. Todavia, foi ele quem acabou sendo demitido. Incapaz de encontrar trabalho na Rússia, retornou à Alemanha, tornou-se secretário do rei Carlos XII da Suécia e trabalhou por muitos anos como conselheiro do monarca e especialista em questões russas.

Enquanto isso, para substituir Neugebauer, Pedro havia seguido o conselho de Patkul e escolhido um alemão especialista em leis, Heinrich von Huyssen, que enviou um plano para a educação de um futuro czar – plano esse que Pedro aprovou. Aleixo estudaria francês, alemão, latim, matemática, história e geografia. Leria jornais estrangeiros e continuaria com os estudos intensivos da Bíblia. Em seu tempo livre, analisaria atlas e globos terrestres, treinaria com instrumentos matemáticos e se exercitaria, praticando esgrima, dança e montaria, além de jogar bola. Aleixo era inteligente e obteve um bom progresso. Em uma carta a Leibniz, Huyssen reportou:

> O príncipe não carece de capacidade ou de agilidade mental. Sua ambição é moderada pela razão, por um bom julgamento, e por um grande desejo de se distinguir e conquistar tudo o que é adequado a um grande príncipe. Tem uma natureza estudiosa e flexível, e deseja, pela assiduidade, compensar o que foi negligenciado em sua educação. Percebo nele uma grande inclinação à piedade, justiça, retidão e pureza de moral. Adora matemática e línguas estrangeiras e demonstra um grande desejo de visitar outros países. Quer dominar completamente as línguas francesa e alemã, e já começou a receber instruções de dança e de exercícios militares, atividades que lhe dão grande prazer. O czar permitiu que ele não seja estrito ao observar os jejuns, pois teme atrapalhar a saúde e o desenvolvimento do corpo do filho, mas, por piedade, ele recusa qualquer indulgência nesse aspecto.

Durante a adolescência, Aleixo também foi influenciado por Menchikov, apontado como mestre oficial do czarevich em 1705. As tarefas de Menchikov abrangiam a supervisão geral da educação, das finanças e o treinamento geral do herdeiro do trono. Para muitos, o confidente imensamente iliterato dos amores e guerras de Pedro parecia um confiado estranho para guiar e preparar o herdeiro. Entretanto, foi precisamente por causa dessa intimidade que o czar escolheu seu amigo. Ele não gostava dos resultados gerados pelos anos que seu filho havia passado com a mãe, e desconfiava dos tutores estrangeiros que ainda cercavam o garoto. Queria um de seus homens, seu camarada mais próximo, alguém que pensasse como ele e em quem ele confiasse completamente, para cuidar do treinamento do jovem que seria czar. Entretanto, Menchikov, como Pedro, passou grande parte dos anos da juventude de Aleixo fora do país, e, em grande parte, realizou suas obrigações à distância. Há histórias de um tratamento áspero quando docente e discente se encontravam; Pleyer, o ministro austríaco, reporta um episódio (que ele não testemunhou) no qual Menchikov arrastou Aleixo pelo chão, puxando-o pelos cabelos, enquanto Pedro olhava sem protestar. Whitworth recordou uma cena mais digna, com Menchikov oferecendo o jantar ao herdeiro que, informou o embaixador a Londres, era "um príncipe alto e belo, de aproximadamente dezesseis anos, e que fala muito bem o holandês das elites".

Em grande parte, pelo que sabemos das cartas de Aleixo a Menchikov, era com uma mistura de espanto e desgosto que o garoto via a figura grosseira que seu pai havia escolhido como seu mentor, e posteriormente Aleixo culparia Menchikov por muitas de suas falhas. Em sua última crise com Pedro, quando buscou asilo em Viena, o czarevich afirmou que Menchikov o havia transformado em alcoólatra e que até mesmo estava tentando envenená-lo.

A raiz do problema, obviamente, não era Menchikov, mas Pedro; como sempre, Menchikov estava apenas refletindo a atitude e a vontade de seu soberano. E a atitude de Pedro era estranhamente inconsistente. Um momento de orgulho pelo czarevich logo se seguia por um longo período de indiferença. Então vinha uma demanda repentina de que seu filho o acompanhasse imediatamente para participar de algum evento importante para um futuro czar. Em 1702, quando Pedro partiu para Arcangel com cinco batalhões das Guardas para defender o porto de um suposto ataque sueco, ele levou Aleixo consigo, então com doze anos. O jovem atuou como um bombardeiro aos treze anos no regimento da artilharia no cerco a Nyenskans, que forçou os suecos a perderem o delta do Neva. Um ano mais tarde, aos catorze, Aleixo estava presente no assalto a Narva.

Como muitos pais de destaque – cujas força e qualidades o tornavam respeitado, bem-sucedido e admirado pelo mundo –, Pedro tentava forçar o filho a seguir seus passos. Infelizmente, um pai como Pedro, com um forte senso de tarefa ou missão, desejando inculcar o mesmo senso de propósito em seu filho, pode acabar se tornando um peso sobre uma personalidade incipiente.

A presença de Aleixo em Arcangel, Nyenskans e Narvas sugere a que extensão a educação do garoto foi interrompida pela guerra. Então, em 1705, seu tutor Huyssen foi enviado para o exterior em missões diplomáticas que o mantiveram fora da Rússia por três anos. Durante esse período, quando pai, governador e tutor estavam todos distantes, ninguém dava muita atenção ao czarevich.

O fato de o herdeiro ao trono de Pedro ser criado dessa forma era extraordinário. O czar estava bastante ciente das falhas em sua educação, e havia lutado durante toda a vida para recompensá-las; portanto, era esperado que ele dedicasse atenção extra ao treinamento de seu filho, visando criar um sucessor bem preparado para completar seus trabalhos. De fato, ao longo da juventude e início da idade adulta de Aleixo, Pedro mostrava-se interessado principalmente em educar seu filho para a guerra. Após levar o jovem Aleixo para participar de campanhas e cercos, ele passou ao filho tarefas militares independentes para serem cumpridas como herdeiro do trono. Aos dezesseis anos, em 1706, Aleixo foi enviado para passar cinco meses em Smolensk, com ordens para reunir provisões e recrutas para o exército. Logo que retornou a Moscou, recebeu ordens de cuidar das defesas da cidade. O czarevich, então com dezessete anos, mostrou-se lento e derrotista ao obedecer essa ordem. A seu confessor, o religioso Ignatiev, expressou sua dúvida quanto ao valor de fortificar Moscou. "Se o exército do czar não consegue conter os suecos, Moscou não irá contê-los", lamuriou-se. Pedro soube do comentário e ficou furioso. Porém, quando descobriu que as defesas de fato haviam sido substancialmente reforçadas, sua raiva diminuiu.

Infelizmente, por mais que tentasse, Pedro nunca conseguiu fazer o filho se interessar pela guerra. Ao receber tarefas militares, Aleixo costumava se mostrar indisposto ou incapaz. Por fim, desencorajado e enojado, além de preso no tempo cada vez mais acelerado da guerra, Pedro afastou suas atenções do filho, deixando o jovem sozinho em Moscou e Preobrajenskoe. Essa trégua animou o czarevich. Ele adorava Moscou. Era um jovem quieto e apaixonado por sua religião, e a velha cidade, com suas inúmeras catedrais, igrejas e mosteiros, adornada com ouro e joias e repleta de história e lendas combinava perfeitamente com ele. Na antiga capital, agora cada vez mais abandonada em favor de São Petersburgo, Aleixo se viu lançado na companhia daqueles que preferiam a ordem antiga e temiam as reformas e inovações do czar. Havia os Miloslavski, que ainda simpatizavam com sua irmã, Sofia, que morrera na cela em 1704, e com sua irmã, Marta, que morrera em um convento em 1707. Havia os Lopukhin, os irmãos e a família da mãe de Aleixo, a repudiada Eudóxia, que via o filho como um veículo para que eles retornassem ao poder. Havia as antigas famílias da aristocracia, indignadas por terem ficado para trás em favor dos ocidentais e dos arrivistas russos. Acima de tudo, havia os membros do antigo clérigo ortodoxo, que viam no trabalho de Pedro a obra do anticristo, e que enxergavam em Aleixo, o herdeiro, a última chance para salvar a verdadeira religião da Rússia.

O líder desse círculo clerical íntimo ao redor do czarevich era o confessor de Aleixo, Jacob Ignatiev. Ignatiev vinha de Suzdal, onde a czarina Eudóxia estava encarcerada em um convento. O padre estava em contato com a antiga czarina e, em 1706, quando Aleixo tinha dezesseis anos, levou o garoto para ver a mãe. Pedro, ao saber por sua irmã Natália da visita, ficou furioso com Aleixo e o avisou para nunca mais voltar àquele local.

Embora Ignatiev encorajasse o interesse de Aleixo pela religião ortodoxa, ele também o encorajava em muitas cerimônias diferentes. Afinal, apesar de Aleixo ser diferente de Pedro em muitos aspectos, ele lembrava o pai em um deles: gostava de beber. Junto com Ignatiev e alguns monges e padres e outras pessoas, o czarevich formou uma "companhia" como o círculo íntimo de Pedro na juventude, com ideias políticas distintas, mas com o mesmo gosto pela bebida e pelas orgias. Como o grupo de Pedro, o de Aleixo era uma sociedade especial: cada membro tinha um nome como Inferno, Benfeitor, Satã, Moloque, a Vaca, Judas ou a Pomba. O grupo até mesmo tinha um código secreto para trocar correspondências privadas.

Conforme o clímax da guerra se aproximava, o czarevich se viu mais uma vez chamado a servir no exército. No outono de 1708, Pedro ordenou que o filho recrutasse cinco regimentos na região de Moscou e os levasse à Ucrânia o mais rapidamente possível. Aleixo obedeceu e entregou as tropas ao pai e a Sheremetev em meados de janeiro de 1709. Isso aconteceu durante os dias de inverno mais ferozes da memória e, após completar sua missão, Aleixo ficou doente. A enfermidade era séria e Pedro, que planejava ir a Voronej, ficou dez dias ao lado do filho, até que o jovem estivesse fora de perigo. Quando estava melhor, Aleixo encontrou o pai em Voronej e, então, retornou a Moscou. O czarevich não participou da Batalha de Poltava, mas, quando a notícia da grande vitória foi recebida, preparou a cerimônia do triunfo e fez o papel de anfitrião nas celebrações.

DEPOIS DE POLTAVA, PEDRO tomou duas decisões com relação ao filho: o czarevich deveria ter uma educação e uma esposa ocidentais. Isso ajudaria afastá-lo da órbita da Moscóvia antiga na qual ele andava caindo. Anteriormente, a antiga imperatriz habsburga, que lembrava Pedro favoravelmente de sua visita a Viena, havia pedido para que Aleixo lhe fosse enviado para ser educado;

o czarevich, ela prometia, seria tratado pelo imperador e por ela como um de seus filhos. Esse projeto nunca se materializou, mas outra promessa antiga gerou frutos. Doze anos antes, no primeiro encontro do czar com Augusto da Saxônia, o eleitor havia prometido cuidar da educação do herdeiro de Pedro. Agora que Aleixo estava com dezenove anos, o czar lembrou-se disso e enviou seu filho a Dresden, a bela capital saxônica, para estudar sob a proteção da família de Augusto.

O casamento do czarevich também teria uma ligação com a Saxônia. Muito antes, Pedro havia decidido se aliar com uma poderosa família alemã ao casar seu filho com uma princesa alemã, e a escolhida para Aleixo, após longas negociações, foi Charlotte de Wolfenbuttel. A família tinha ligações excelentes, sendo parte da Casa de Hanover. Ademais, a irmã de Charlotte, Isabel, era casada com o arquiduque Carlos da Áustria, naquele momento um dos que possivelmente tomaria o trono da Espanha, mas que subsequentemente tornou-se o imperador Carlos. Como Charlotte estava vivendo na corte saxônica sob os olhos atenciosos de sua tia, a rainha da Polônia, ambos os projetos – a educação e o casamento de Aleixo – estariam centrados em Dresden. Charlotte tinha dezesseis anos, era alta e simples, mas com um charme viçoso e doce, criada de acordo com os modos e costumes de uma corte ocidental. Era o que Pedro buscava para seu filho. Ele esperava que, ao colocar Aleixo em um relacionamento íntimo com uma princesa refinada, conseguisse afastar os modos primitivos das companhias do czarevich.

Aleixo estava ciente de que essas negociações aconteciam e de que seu pai queria casá-lo com uma estrangeira. No inverno de 1710, sob ordens de Pedro, o czarevich foi a Dresden, e então seguiu até o spa em Carlsbad. Em uma vila nos arredores, encontrou-se primeira vez com a noiva a ele reservada, a princesa Charlotte. O encontro correu bem. Tanto Aleixo quanto Charlotte compreendiam o propósito de estarem ali e, considerando as circunstâncias da época, ou seja, o fato de os casamentos serem arranjados, nenhum mostrou-se desesperadamente infeliz com o outro. Aleixo, em uma carta a seu confessor Ignatiev, enviada logo após o encontro, escreveu que Pedro havia perguntado sua reação ao conhecer Charlotte.

> Agora sei que ele quer me casar não com uma russa, mas com uma mulher de algum desses povos, de acordo com minha escolha. Escrevi-lhe que, se sua vontade é que eu me case com uma estrangeira, então me unirei a essa princesa com quem me encontrei, que me agrada e que é uma boa pessoa – melhor do que isso

eu não poderia encontrar. Peço que ore por mim, para que a vontade de Deus seja realizada; senão, que essa união de alguma forma não se concretize, pois tenho esperanças no Senhor. O que Ele escolher acontecerá. Escreva-me sobre como se sente a respeito disso.

Charlotte, por sua vez, gostava do czarevich, e disse à sua mãe que ele parecia inteligente e cortês e que se sentia honrada por o czar tê-la escolhido para casar-se com seu filho. No fim, o namoro rendeu frutos quando Aleixo foi duas vezes a Torgau e, na segunda vez, formalmente pediu a mão de Charlotte à rainha da Polônia.

O casamento foi adiado até Pedro poder estar presente. Enquanto isso, Aleixo passava tempo com seus estudos em Dresden, onde sua educação era tão ocidentalizada quanto seu pai poderia desejar. Participou de aulas de dança e esgrima, desenvolveu um talento por desenhos e aprimorou suas noções de alemão e francês. Comprou livros em antigas livrarias, além de gravuras e medalhões para levar de volta à Rússia. O czar ficaria menos feliz, todavia, em saber que seu filho estava passando boa parte do tempo lendo obras sobre a história da Igreja, estudando as relações entre os poderes temporal e espiritual e a história das disputas entre Igreja e Estado. De fato, ao longo de todo esse período de educação ocidental, apesar dos passos de dança do oeste e dos trabalhos com a esgrima, Aleixo sentia-se profundamente preocupado com o fato de não ter contato com qualquer padre ortodoxo. Ao escrever a Ignatiev, pediu ao confessor para lhe enviar um padre

> capaz de manter segredo. Deve ser jovem, solteiro e desconhecido por todos. Diga-lhe para me encontrar em total sigilo, para deixar de lado todas as marcas de sua condição, para raspar a barba e o cabelo e usar uma peruca e roupas alemãs. Ele deve vir como mensageiro e, portanto, dever saber escrever. Não permita que traga nada que seja típico de um padre, ou um missal, mas apenas alguns pedaços do pão da comunhão. Tenho comigo todos os livros necessários. Tenha misericórdia de minha alma e não me deixe morrer sem me confessar. Não contarei a ninguém que se trata de um padre. Ele parecerá ser um de meus servos. Não o deixe ter qualquer dúvida quanto a raspar a barba. É melhor cometer um pequeno pecado do que arruinar minha alma sem a penitência.

Ignatiev encontrou e enviou um padre que ofereceria ao czarevich não apenas uma chance de se confessar, mas que também se uniria ao estudante real e a seu pequeno círculo russo nas noites de bebedeira. Durante o curso de uma dessas noites, Aleixo rascunhou outra carta a Ignatiev:

> Meu mais honrável religioso, minhas saudações. Desejo-lhe uma vida longa e que possamos nos encontrar na alegria muito em breve. O vinho foi derramado nesta carta, portanto, após recebê-la, que você viva bem e beba muito para se lembrar de nós. Que Deus conceda nossos desejos de nos encontrarmos logo. Todos os cristãos ortodoxos aqui assinam – Aleixo, o pecador, o padre Ivan Slonski – e ratificam com copos e taças. Mantemos esse festival pela sua saúde, não com a sabedoria alemã, mas com o estilo russo.

Ao final dessa carta, Aleixo acrescentou o mais indecifrável pós-escrito, implorando o perdão de Ignatiev caso a carta estivesse ilegível, explicando que, enquanto escrevia, todos, incluindo ele, estavam alcoolizados.

ALEIXO PERMANECEU EM DRESDEN enquanto seu pai sofria o desastre de Prut, mas Pedro rapidamente se recuperou do golpe e seguiu adiante com seus planos, incluindo o casamento do filho, em quatorzede outubro de 1711, com a princesa Charlotte. O avô de Charlotte, o duque de Wolfenbüttel, que estava no poder, perguntou a Pedro se os recém-casados poderiam passar o inverno juntos em seu ducado, mas o czar respondeu que agora precisava dos serviços de seu filho na guerra contra a Suécia. Assim, apenas quatro dias após seu casamento, Aleixo recebeu ordens para deixar Charlotte e seguir rumo a Torun para cuidar do envio de suprimentos de comida às tropas russas que passariam o inverno na Pomerânia. Pedro atrasou alguns dias e então Aleixo obedientemente partiu, deixando sua noiva sozinha. Seis semanas mais tarde, ela o encontrou em Torun, mas o local era bastante desanimador para uma lua de mel. Charlotte escreveu infeliz à sua mãe sobre a desolação criada pela guerra e pelo inverno. "As casas do outro lado estão parcialmente queimadas e vazias. Eu estou vivendo em um mosteiro". Ela reclamou também da falta de uma sociedade, o que era causado pelo hábito da nobreza local de permanecer próxima à terra e de se recusar a se reunir em cidades maiores: "Por esse motivo, é impossível, mesmo nas maiores cidades, encontrar uma única pessoa distinta".

Durante os seis primeiros meses de casamento, Aleixo dedicou-se à sua jovem esposa, e Charlotte contou a todos que estava feliz. Entretanto, as questões da casa real eram desordenadas, até mesmo caóticas. Quando Menchikov fez uma visita, em abril, ficou impressionado com a penúria de Aleixo e Charlotte. Escreveu com urgência ao czar dizendo que havia encontrado Charlotte aos prantos por falta de dinheiro e que, para aliviar a situação, ele tinha emprestado à jovem cinco mil rublos dos fundos do exército. Pedro enviou dinheiro, e ele e Catarina visitaram a pequena corte após Aleixo partir para unir-se ao exército na Pomerânia. Como a maioria das esposas jovens, Charlotte era extremamente sensível sobre a relação entre seu marido e a família dele, e escreveu para a mãe sobre sua preocupação com a forma como Pedro tratava o filho e falava sobre ele. Em certo momento, na esperança de ajudar, ela pediu a Catarina para agir como uma defensora de Aleixo perante o czar.

Em outubro de 1712, ao final de um ano de casamento – um ano cuja maior parte seu marido havia passado longe com o exército –, Charlotte recebeu ordens repentinas de Pedro para ir a São Petersburgo, para lá se instalar e esperar o marido. A jovem de dezessete anos ficou aterrorizada – ela tinha ouvido coisas terríveis sobre os russos e sentia medo de ir à Rússia sem o marido para apresentá-la e protegê-la. Então, desobedecendo a ordem de Pedro, fugiu para sua casa em Wolfenbüttel.

O czarevich não reagiu, mas seu pai, sim. Pedro escreveu a Charlotte criticando seu comportamento, mas acrescentou gentilmente: "Nós jamais teríamos frustrado seu desejo de ver sua família se nos tivesse informado antecipadamente". Charlotte pediu desculpas. Pedro foi vê-la, deu-lhe sua bênção e uma soma em dinheiro, e ela concordou em partir em breve rumo a São Petersburgo. Conforme o velho duque escreveu a Leibniz: "O czar passou essa semana conosco. [...] Foi muito gentil com a czarina, deu-lhe grandes presentes e implorou para que ela apressasse sua viagem. Na próxima semana, ela deve partir e, pelo que tudo indica, deixar a Europa para sempre".

Quando Charlotte chegou a São Petersburgo, naquela primavera de 1713, Aleixo havia deixado a capital para se unir a seu pai na expedição das galeras pela costa da Finlândia. No final do verão, retornou à pequena casa na qual ela estava vivendo à margem do Neva. Ao se encontrar após uma separação de um ano, o casal inicialmente mostrou-se afetuoso, mas logo as coisas deram errado. Aleixo outra vez começou a beber substancialmente com os amigos e passou a voltar para casa e tratar sua esposa de forma abusiva diante dos servos. Certa vez, alcoolizado, ele jurou se vingar do chanceler Golovkin, que havia negociado seu casamento, cortando as cabeças dos filhos do chanceler e colocando-as em estacas.

Algumas vezes, nas manhãs seguintes às bebedeiras, Aleixo lembrava-se das cenas horríveis e tentava recompensá-las com uma ternura renovada. Charlotte o perdoava, mas cada recorrência aprofundava a ferida. Então, após um inverno de fortes bebedeiras, o czarevich ficou doente. Seus médicos diagnosticaram uma tuberculose e prescreveram uma cura em Carlsbad. Charlotte, grávida de oito meses, foi a última a saber que o marido partiria; ela descobriu enquanto ele saía pela porta para sentar-se na carruagem, dizendo: "Adeus, vou viajar a Carlsbad". Durante os seis meses de ausência, Charlotte não recebeu notícias do marido – nem uma única carta sequer. Em doze de julho de 1714, cinco semanas após ele ter partido, ela deu à luz uma filha, Natália, mas Aleixo não respondeu ao receber a notícia. Em novembro, a mãe desesperada de dezenove anos escreveu a seus pais: "O czarevich ainda não retornou. Ninguém sabe onde ele está, ou mesmo se está vivo. Sinto um medo desconfortante. Todas as cartas que escrevi a ele nas últimas seis ou oito semanas me foram devolvidas por Dresden ou Berlim porque ninguém sabe onde ele está".

Em meados de dezembro de 1714, Aleixo voltou da Alemanha a São Petersburgo. Num primeiro momento, comportou-se decentemente com Charlotte, e ficou feliz ao ver a filha. Mais tarde, todavia, Charlotte escreveu a seus pais que o marido havia adotado novamente a conduta antiga, com a diferença de que agora ela raramente o via. O motivo era Afrosina, uma jovem finlandesa capturada durante a guerra e que havia sido levada à casa do professor de Aleixo, Viazemski. Cegamente apaixonado, ele a levou para uma ala da casa, onde viveram como amantes.

A forma de Aleixo tratar Charlotte tornava-se cada vez pior. Ele não se interessava pela esposa. Em público, nunca conversava com ela, esforçava-se para evitá-la, deslocando-se para o lado oposto do cômodo. Embora eles dividissem a casa, ele tinha seus aposentos na ala direita, onde vivia com Afrosina. Charlotte e a filha viviam na ala esquerda. Ele a via uma vez por semana, no escuro, aparecendo para fazer sexo com a esposa somente pela esperança de ter um filho varão para assegurar sua sucessão ao trono. Durante o restante do tempo, Aleixo era invisível para ela. Deixou-a sem dinheiro. Importava-se tão pouco com o bem-estar de Charlotte que a casa precisava desesperadamente de reparos e havia até mesmo goteiras no quarto da esposa. Quando recebeu a notícia, o czar, furioso e enojado, repreendeu o filho por negligenciar a esposa. Embora não tivesse sido Charlotte quem contara a Pedro, Aleixo acreditou que havia sido, e então furiosamente acusou a esposa de difamá-lo perante seu pai. Durante todos esses episódios, durante rodadas cada vez mais horríveis de bebedeiras e flertes com Afrosina, Charlotte viveu em silêncio e resignação, chorando em seu quarto, sem nenhum amigo além de uma única dama de companhia alemã que havia levado consigo para a Rússia.

Com o passar do tempo, a saúde de Aleixo foi se deteriorando. Ele se encontrava quase constantemente bêbado. Em abril de 1715, foi carregado inconsciente para fora de uma igreja; estava tão mal que ninguém se atreveu a fazê-lo atravessar o Neva para ir para casa, e ele teve de passar a noite na casa de um estrangeiro. Charlotte foi vê-lo e, mais tarde, escreveu pesarosamente: "Eu atribuo a doença ao jejum e à enorme quantidade de álcool que ele bebe todos os dias, pois está quase sempre embriagado".

Apesar de tudo isso, existiam momentos ocasionais de felicidade. Aleixo gostava de sua filha, e cada sinal de amor que ele demonstrava à garota aquecia o coração da mãe. Em doze de outubro de 1715, o encontro "amoroso" semanal do casal alcançou seu propósito: uma segunda criança nasceu, dessa vez um filho, o qual Charlotte batizou de Pedro para cumprir uma promessa feita ao sogro. Todavia, esse nascimento, que aparentemente asseguraria o direito de seu marido ao trono, foi o último serviço realizado por essa infeliz princesa alemã à Rússia e a seu marido. Enfraquecida pela gravidez e pelo sofrimento, ela tropeçou e caiu antes do parto. Quatro dias após o nascimento do filho, Charlotte começou a ter febre. Percebeu que estava morrendo e pediu para ver o czar. Catarina não pôde ir, mas Pedro, embora doente e em uma cadeira de rodas, visitou-a.

Weber descreve a morte de Charlotte:

> Quando o czar chegou, a princesa despediu-se da forma mais comovente, entregando seus dois filhos e seus servos aos cuidados e proteção dele. Depois disso, abraçou as duas crianças da forma mais amável que se pode imaginar, quase derretendo em lágrimas, e os entregou ao czarevich, que os levou nos braços, levando-os a seus aposentos. Ele não retornou. Então ela chamou seus servos, que estavam prostrados no chão da antessala, orando e pedindo aos céus para que ajudassem sua senhora nos últimos minutos de vida. Ela os confortou, deu-lhes diversos avisos e, em sua última bênção, pediu para ser deixada sozinha com o ministro. Os médicos tentavam convencê-la a tomar algum remédio, mas ela jogava os frascos atrás da cama, dizendo com certa emoção: "Não me atormentem mais. Deixem-me morrer em silêncio, pois não viverei mais". Por fim, em 21 de outubro, tendo passado todo o dia, até às 23 horas, em fervente devoção, Charlotte deixou sua vida infeliz após ter enfrentado durante cinco dias as mais agudas dores. Tinha 21 anos, e havia passado quatro anos e seis dias casada. O corpo

foi, conforme seu desejo, enterrado sem ser embalsamado na grande igreja da fortaleza, para onde foi levado com a mesma pompa real de seu nascimento.

O luto por Charlotte não durou muito. No dia após seu funeral, a czarina Catarina deu à luz um filho. Assim, dentro de uma semana, o czar havia adquirido dois herdeiros em potencial, ambos chamados Pedro – um neto, Pedro Alexeievich, e seu próprio filho, Pedro Petrovich. Com o nascimento desse segundo pequeno Pedro, a alegria e o orgulho do czar imediatamente afastaram qualquer dor decorrente da perda da esposa de seu herdeiro. Ele escreveu com exuberância a Sheremetev: "Deus me enviou um novo recruta", e deu início a uma série de celebrações que se estenderam por oito dias. Em seis de novembro, o novo príncipe foi batizado e teve como padrinhos os reis da Dinamarca e da Prússia. As celebrações, de acordo com Weber, incluíram um jantar no qual "uma torta foi servida à mesa dos cavalheiros e, após ser cortada, uma anã em boa forma saiu totalmente nua, exceto por uma touca e alguns ornamentos de fita vermelha. Ela fez um discurso bem ensaiado ao grupo, encheu algumas taças com o vinho que trouxera consigo na torta e propôs vários brindes". Na mesa das mulheres, um anão apareceu de maneira similar. No crepúsculo, o grupo se dividiu e seguiu para as ilhas, onde fogos de artifício magníficentes haviam sido preparados para honrar o jovem príncipe.

Com toda essa alegria, a morte da Princesa Charlotte e o nascimento do neto do czar foram em grande parte ignorados. Em longo prazo, todavia, a discreta princesa alemã teve uma espécie de recompensa. O muito homenageado e adorado Pedro Petrovich, filho de Pedro e Catarina, viveu apenas três anos e meio, ao passo que Pedro Alexeievich, filho de Charlotte, viria a se tornar Pedro II, imperador da Rússia.

LII

O ULTIMATO PATERNO

No outono de 1715, quando seu filho nasceu e sua esposa morreu, o czrevich Aleixo não era mais um adolescente. Tinha 25 anos e, fisicamente, era menor do que o pai. O príncipe tinha 1,82 metros, uma altura incomum para a época, mas Pedro, com seus mais de dois metros, era mais alto do que o filho e do que todos os demais. Peter Bruce, um oficial estrangeiro a serviço da Rússia, descreveu Aleixo como sendo "muito desleixado em suas vestimentas, alto, de corpo bem formado, tez morena, cabelos e olhos negros, semblante severo e voz forte". Seus olhos, mais próximos do que os de Pedro, frequentemente piscavam com ansiedade e medo.

Os dois homens eram completamente opostos. Aleixo cresceu com considerável formação e capacitação intelectual. Era inteligente, gostava de ler, mostrava-se curioso com relação a questões tecnológicas e tinha facilidade com línguas estrangeiras. Fisicamente preguiçoso, gostava de levar uma vida discreta e contemplativa, e tinha pouca inclinação a sair pelo mundo e usar sua educação de forma prática. Tudo isso era diretamente contrário ao estilo e treinamento de Pedro. O czar tinha recebido pouca educação formal. Na idade em que Aleixo já lia e refletia sobre obras como *O Maná Divino*, *As Maravilhas de Deus* e *Imitação de Cristo*, de Tomás de Kempis, Pedro se exercitava com soldados, construía navios e acendia foguetes. Acima de tudo, Aleixo não tinha nada da energia titânica, da curiosidade ardente, do impulso forte que eram fontes da grandeza de Pedro. Era mais ligado a livros do que a aventuras, cuidadoso em vez de atrevido, preferia o antigo ao novo. Chegava a parecer que o filho era de uma geração mais antiga que o pai. Se fosse filho de outro czar – por exemplo, de seu próprio avô, o czar Aleixo, ou até mesmo de seu tio, o czar Teodoro –, Aleixo talvez se encaixasse melhor e a história de sua vida poderia ter sido diferente. De qualquer forma, todavia, era espetacularmente inadequado ser filho – e herdeiro – de Pedro, o Grande.

Embora as diferenças entre pai e filho fossem sempre tácitas (o czarevich jamais levantou publicamente a voz para se opor ao czar), elas sempre existiram, e ambos as sentiam ferozmente. Nos primeiros anos, Aleixo tentou desesperadamente agradar Pedro, mas uma sensação de inferioridade enfraqueceu seus esforços. Quanto mais Pedro o censurava, mais incompetente ele se tornava, e mais ele passava a detestar e temer seu pai, os amigos de seu pai, os modos de seu pai. Aleixo recuava e desaparecia e, quanto mais Pedro se mostrava furioso com isso, mais reticente e assustado seu filho se tornava. Parecia não haver solução.

Para superar seus medos e fraquezas, Aleixo bebia ainda mais. Para evitar as responsabilidades que não conseguia enfrentar, fingia estar doente. Quando Aleixo retornou da Alemanha, em 1713, após seu ano de estudos em Dresden, Pedro lhe perguntou o que ele tinha aprendido sobre geometria e fortificações. A pergunta o assustou; ele temia que seu pai lhe pedisse para executar um desenho diante de seus olhos e que ele fosse incapaz de cumprir a tarefa. Ao retornar à sua casa, o czarevich sacou uma pistola e tentou se mutilar com uma bala na mão direita. Suas mãos tremeram e ele errou o alvo, mas, de qualquer forma, a pólvora queimou-lhe terrivelmente a mão. Quando Pedro lhe perguntou o que tinha acontecido, Aleixo falou que havia sofrido um acidente.

Esse não foi um episódio isolado. Sem interesse por soldados ou navios, novas construções, docas, canais ou qualquer uma das reformas e projetos de Pedro, Aleixo às vezes tomava remédios para se sentir mal e evitar aparições e obrigações públicas. Certa vez, quando lhe foi pedido para estar presente no lançamento de um navio, ele falou a um amigo: "Eu preferiria ser um escravo da cozinha ou ter uma forte febre a ser obrigado a ir até lá". A outro, declarou: "Não sou nenhum tolo, mas não posso trabalhar". Conforme sua sogra, a princesa de Wolfenbüttel, colocou: "É totalmente inútil o pai forçá-lo a participar de questões militares, já que ele prefere ter nas mãos um rosário em vez de uma arma".

Conforme o medo que Aleixo sentia por seu pai crescia, ele percebia que cada vez se tornava menos capaz de enfrentar o czar. Em certa ocasião, admitiu a seu confessor que vinha frequentemente desejando a morte do pai. Ignatiev respondeu: "Deus irá perdoá-lo. Todos nós desejamos sua morte porque as pessoas estão carregando fardos pesadíssimos".

Involuntária, mas também inevitavelmente, o czarevich tornou-se o foco de séria oposição ao czar. Todos os que se opunham a Pedro viam em Aleixo uma esperança para o futuro. O clérigo orava para que o garoto, na posição de czar, fosse capaz de devolver à Igreja seu antigo poder e majestade. O povo acreditava que ele diminuiria as taxas ligadas a trabalho, serviços e também os impostos. A antiga nobreza esperava que, quando chegasse ao trono, Aleixo restauraria os antigos privilégios dessa classe e se livraria dos arrivistas como Menchikov e Shafirov. Até mesmo muitos dos nobres em quem Pedro confiava – entre eles os Golitsyn, os Dolgoruki, o príncipe Boris Kurakin e até o marechal de campo Boris Sheremetev – demonstravam, longe dos olhos do povo, certa simpatia pelo czarevich. O senador-príncipe Jacob Dolgoruki avisou Aleixo: "Não diga mais nada, eles estão nos observando". O príncipe Vassili Dolgoruki declarou ao jovem: "Você é mais sábio do que seu pai. Seu pai é sábio, mas não conhece os homens. Você conhecerá mais sobre os homens".

Apesar desses sentimentos e de uma corrente de descontentamento geral com relação ao governo de Pedro, não havia conspirações. A única política dos apoiadores de Aleixo consistia em esperar até o filho suceder o pai, o que, considerando o estado precário da saúde do czar, parecia que não demoraria muito a acontecer. Um dos conselheiros mais próximos de Aleixo, Alexandre Kikin – um dos novos homens de Pedro, que acompanhara o czar na Grande Embaixada e havia sido promovido para coordenar o Almirantado – secretamente aconselhou o czarevich a pensar na ideia de deixar a Rússia, ou, se já estivesse em um país estrangeiro, ficar lá. "Depois da sua recuperação [em Carlsbad]", falou Kikin a Aleixo antes de o jovem deixar o país, "escreva para o seu pai dizendo que será obrigado a tomar os remédios outra vez na primavera e, enquanto isso, você pode ir para a Holanda e depois para a Itália, após a cura na primavera. Desse jeito, conseguirá fazer sua ausência durar dois ou três anos".

Quanto a Pedro, seus sentimentos pelo filho eram uma mistura de frustração e raiva. Anos antes, quando ignorara o recém-nascido, fora porque Aleixo era filho de Eudóxia, e porque o próprio Pedro não passava de um adolescente. Então, conforme o garoto se tornava mais velho e as falhas em sua personalidade se tornavam mais evidentes, Pedro tentava fortalecê-lo tratando-o de forma áspera, com uma dureza quase espartana, em vez de lançar mão de calor e compreensão. Várias vezes, por meio da posição de Menchikov, por meio de suas próprias cartas e conversas com o filho, e o empregando em vários compromissos públicos e missões governamentais, o czar tentou introduzir em Aleixo um senso de obrigação para com o Estado e um senso de participação nas reformas que ele estava realizando na Rússia. Ao enviar o filho ao Ocidente para estudar, ao casá-lo com uma princesa alemã, Pedro esperava causar uma transformação no jovem. Com o retorno de Aleixo a São Petersburgo, em 1713, o pai esperava ver os resultados dos estudos e das viagens do czarevich. No entanto, quando pediu a Aleixo uma demonstração de seus novos conhecimentos, a recompensa veio com o czarevich tentando atirar na própria mão.

Cada vez mais, Pedro percebia que seu filho rejeitava todas as responsabilidades ligadas a ser o herdeiro do trono, preferindo afastar-se de todos os desafios. Em vez de adotar seu papel em meio ao trabalho do pai, Aleixo se cercava de pessoas que se opunham a tudo que Pedro representava. O czar não se opunha a algumas partes da vida pessoal de seu filho: não se importava com o fato de Aleixo beber, tampouco com suas brincadeiras na "Companhia Exótica", ou com ter uma serva finlandesa como amante – todos esses traços tinham paralelos com a vida de Pedro. O que o czar não conseguia aceitar era a contínua rejeição do que via como sendo a obrigação do czarevich. Pedro estava disposto a ser tolerante com todos aqueles que tentavam seguir suas ordens, mas ficava furioso ao se deparar com resistência. De que outra forma ele poderia reagir quando seu próprio filho, que aos 25 anos deveria ser o principal exemplo dos conceitos de obrigação e serviço do czar, recusava-se a participar do trabalho do pai, exceto quando era forçado? No inverno de 1715-1716, Pedro decidiu que precisava acertar as coisas; o homem indiferente, preguiçoso e medroso que não tinha qualquer interesse em questões militares ou em navios no mar, nenhuma simpatia por reformas e nenhum desejo de seguir com os planos de seu pai precisava ser transformado de uma vez por todas. O que Pedro estava exigindo era uma completa recriação da personalidade. Infelizmente, a hora para isso já tinha passado; o filho, tal como o pai, agora já havia adotado um temperamento para a vida.

No DIA DO FUNERAL de Charlotte, o czarevich recebeu uma carta que Pedro havia escrito há dezesseis dias, antes da morte da princesa e do nascimento das duas crianças chamadas de Pedro. Esta carta revelava as esperanças que o czar tinha em Aleixo, quão desesperadamente ele desejava que o czarevich se preparasse e desse continuidade a seus trabalhos, além de seu crescente desânimo por Aleixo mostrar-se incapaz ou indisposto a fazer isso:

Uma declaração a meu filho:

Você não pode ignorar o que é conhecido por todo o mundo, a que extensão nosso povo sofreu sob a opressão dos suecos antes do início da guerra atual.

Pela usurpação de muitos territórios marítimos tão necessários a nosso Estado, eles nos afastaram de todo o comércio com o resto do mundo. [...] Você sabe o que nos custou no início do conflito (no qual apenas Deus nos guiou e ainda nos guia pela mão) a experiência na arte da guerra e dar fim às vantagens que nossos inimigos implacáveis obtiveram sobre nós.

Entramos na guerra com resignação à vontade de Deus, sem qualquer dúvida de que foi Ele quem nos colocou esse julgamento até poder nos guiar pelo caminho certo, para que nos tornássemos dignos de descobrir que o mesmo inimigo que antes fazia os outros tremerem agora treme diante de nós, talvez com uma intensidade muito maior. Esses são os frutos que, junto à assistência de Deus, devemos ao nosso trabalho e ao esforço de nossos filhos fiéis e apaixonados, nossos súditos russos.

Porém, ao mesmo tempo em que vejo a prosperidade que Deus lançou sobre nossa terra natal, se lanço um olhar para a posteridade que me sucederá, meu coração se sente muito mais penetrado por dor pelo que vai acontecer, vendo você, meu filho, rejeitando de todas as formas a chance de se tornar capaz de governar bem depois de mim. Digo que sua incapacidade é voluntária, pois você não pode usar como desculpa questões naturais ou a força de seu corpo, como se Deus não tivesse lhe dado o suficiente de ambas; e, embora você não tenha a mais forte das estruturas, tampouco se pode dizer que é a mais fraca.

Todavia, você se recusa até mesmo a ouvir sobre os exercícios de guerra, embora seja por eles que tenhamos quebrado a escuridão que nos envolvia e também por causa deles nos tornamos conhecidos pelas nações cuja estima recebemos no presente.

Eu não o estimulo a promover guerras sem motivos justos; só desejo que se dedique a aprender essa arte, pois é impossível governar bem sem conhecer as guerras e as disciplinas aplicadas a nenhum outro fim que não seja a defesa do país.

Eu poderia colocar diante de seus olhos muitos exemplos do que estou lhe propondo. Somente mencionarei os gregos [o Império Bizantino, cuja capital, Constantinopla, caiu diante dos turcos em 1453], com quem somos unidos pela mesma profissão de fé. O que ocasionou a decadência deles se não o fato de terem negligenciado os exércitos? Ociosidade e hesitação os enfraqueceram, forçando-os a se submeterem a tiranos e levando-os à escravidão à qual há tanto tempo estão reduzidos. Você erra se pensa que é suficiente para um príncipe ter bons generais para agirem sob suas ordens. Todos olham para a cabeça; estudam suas inclinações e se adequam a elas. Todo mundo sabe disso. Meu irmão [Teodoro], durante seu reinado, adorava a magnificência presente nas roupas e nos excelentes equipamentos de cavalos. A nação não estava muito inclinada nesse sentido, mas o deleite do príncipe logo se tornou aquele de seus súditos, pois eles estão inclinados a imitá-lo quando gosta ou desgosta de uma coisa.

Se as pessoas tão facilmente se afastam de coisas que só estão ligadas ao prazer, será que não se esquecerão, com o tempo, ou será que não se entregarão mais facilmente à prática dos exércitos, um exercício que se torna mais doloroso para elas conforme passam mais tempos distante dele?

Você não tem inclinação para aprender a guerrear, não é aplicado nesse sentido e, consequentemente, jamais aprenderá. E então, como será capaz de comandar outras pessoas e julgar a recompensa merecida por aqueles que cumprem com suas tarefas e a punição daqueles que não as cumprem? Você não fará nem julgará nada sem os olhos e o auxílio de outros, como um filhote de pássaro que espera para ser alimentado.

Você diz que o estado delicado da sua saúde não lhe permite passar pelas fadigas da guerra. Essa é uma desculpa não melhor do que as outras. Eu não desejo fadigas, mas apenas inclinação, o que nem mesmo a doença pode atrapalhar. Pergunte àqueles que se lembram dos tempos do meu irmão. Ele tinha um corpo muito mais frágil do que o seu. Não conseguia dominar um cavalo dos mais mansos, tampouco conseguia montá-lo. Ainda assim, amava cavalos – tanto que nunca houve, nem há hoje em dia na nação, um estábulo melhor do que foi o dele.

Com isso você pode ver que o sucesso nem sempre depende das dores, mas da vontade.

Se você acredita que há alguns [monarcas] cujos negócios são bem-sucedidos mesmo sem eles irem pessoalmente à guerra, sim, isso é verdade. Porém, embora não compareçam, eles têm uma inclinação pela guerra e a compreendem.

Por exemplo, o falecido rei da França [Luís XIV] nem sempre esteve presente no campo, mas sabe-se o quanto ele adorava a guerra e quais proezas foi capaz de realizar, o que levou suas campanhas a serem chamadas de "teatro" e "escola" do mundo. Suas inclinações não se limitavam a questões militares; ele também adorava mecânicas, fábricas e outros estabelecimentos, o que tornou seu reino mais próspero do que qualquer outro.

Depois de lhe apresentar todos esses exemplos, retorno a meu assunto relacionado a você.

Sou um homem e, consequentemente, devo morrer. A quem depois de mim deixaria a responsabilidade de terminar o que, em parte, recuperei? A um homem que, como um servo preguiçoso, esconde seus talentos sob a terra – ou seja, que negligencia e não faz o melhor com aquilo que Deus lhe confiou?

Lembre-se da sua obstinação e má vontade – quantas vezes eu o repreendi por isso e por quantos anos quase não falei com você? Mas tudo isso não gerou fruto algum, não o afetou em nada. Eu só estava perdendo meu tempo, dando golpes no ar. Você não se empenha nem minimamente e todo o seu prazer parece estar ligado a ficar em casa sem fazer nada. Coisas que deveriam deixá-lo envergonhado (tendo em vista que elas só o tornam infeliz) parecem deixá-lo em deleite, e você tampouco parece antever as perigosas consequências delas tanto para si quanto para todo o Estado. São Paulo nos deixou uma grande verdade quando escreveu: "Se um homem não sabe governar a própria casa, como ele cuidará da igreja de Deus?".

Depois de ter considerado todas essas grandes inconveniências e refletido sobre elas, e vendo que não posso trazê-lo para o lado do bem com nenhum estímulo, achei adequado entregá-lo por escrito esse ato de minha última vontade e essa resolução: esperar um pouco mais antes de agir para consertá-lo. Se isso não acontecer, devo deixá-lo ciente de que o privarei da sucessão, como as pessoas fazem para se livrar de um membro inútil.

Não pense que, pelo fato de eu não ter outro filho, escrevo apenas para aterrorizá-lo. Certamente executarei isso se for a vontade de Deus; pois, se arrisco minha vida por meu país e pelo bem-estar do meu povo, por que não arriscaria a sua, que não se mostra digno de nada disso? Eu preferiria passar o trono a um estranho digno a entregá-lo a meu próprio filho indigno.

Pedro

A reação de Aleixo a essa carta foi o oposto do que seu pai esperava. Aterrorizado pelas declarações de Pedro, ele se apressou em encontrar seus confidentes mais íntimos e implorou por conselhos. Kikin recomendou que ele renunciasse seu direito ao trono justificando estar doente. "Você pelo menos conseguirá descansar caso se afaste de tudo. Sei que, caso contrário, com sua fraqueza, não será capaz de suportar. Mas é uma pena que não tenha se mantido longe quando foi para o exterior [para a Alemanha]". Viazemski, seu primeiro professor, concordou que ele deveria se declarar inadequado para suportar o peso da coroa. Aleixo também conversou com o príncipe Iuri Trubetskoi, que lhe disse: "Você faz bem em não desejar a sucessão. Não é adequado para ela". O czarevich então implorou ao príncipe Vassili Dolgoruki para convencer o czar a permitir que ele renunciasse a sucessão pacificamente e passasse o resto da vida em uma propriedade no interior. Dolgoruki prometeu conversar com Pedro.

Enquanto isso, três dias após receber a declaração de seu pai, Aleixo escreveu uma resposta:

> Mais clemente Senhor e Pai:
> Li o documento que Sua Majestade me entregou no dia dezesseis de outubro de 1715, após o funeral de minha falecida esposa.
> Não tenho palavras para responder, mas, se Vossa Majestade me privar da sucessão da coroa da Rússia por motivo de minha incapacidade, sua vontade será feita. Até mesmo imploro isso em tom de urgência, pois não me acho capaz de governar. Minha memória anda muito enfraquecida e ela é necessária aos negócios. A força de minha mente e de meu corpo decaiu muito por conta das doenças que me acometeram e me tornaram incapaz de governar tantas nações. Essa atividade requer um homem mais vigoroso do que eu.
> Portanto, não tenho aspirações de substituí-lo (e Deus há de preservá-lo no trono por muitos anos) na sucessão à coroa russa, mesmo se eu não tivesse um irmão, como de fato tenho, a quem oro para que Deus proteja. Tampouco desejarei o futuro dessa sucessão, o qual confio que Deus testemunhará e marcará em minha alma, em testemunho do que escrevo e assino este documento com meu próprio punho.
> Coloco meus filhos em suas mãos. Quanto a mim, não desejo nada além de simplesmente seguir minha vida, deixando tudo à sua consideração e vontade.
> Seu mais humilde servo e filho, Aleixo.

Depois de receber a carta do czarevich, Pedro procurou o príncipe Vassili Dolgoruki, que relatou ao czar sua conversa com Aleixo. Pedro pareceu disposto e Dolgoruki disse ao czarevich: "Conversei com seu pai a seu respeito. Acredito que ele o privará da sucessão, e pareceu contente por ter recebido a sua carta. Eu o poupei do peso de ter de conversar com ele". Se Aleixo sentiu-se reconfortado com essa mensagem, não conseguiu ficar feliz em ouvir que havia conversas de cadafalso.

De fato, Pedro estava longe de sentir-se contente. Seu aviso ao czarevich havia provocado a reação errada, e a carta de submissão e renúncia de Aleixo parecia imediata demais. Como um homem sério poderia deixar o trono de lado tão facilmente? Seria a renúncia sincera? E, mesmo se fosse, como o herdeiro de um grande trono poderia simplesmente se retirar e viver no campo? Como fazendeiro ou latifundiário, ele não permaneceria sendo – talvez até mesmo involuntariamente – um símbolo para a oposição a seu pai?

Durante um mês, Pedro ponderou sobre essas perguntas e simplesmente não agiu. Então, o destino interviu e quase resolveu a questão. Ao participar de uma festa regada a bebidas na casa do almirante Apraxin, o czar sofreu uma convulsão violenta e ficou perigosamente doente. Durante dois dias e duas noites, os principais ministros e membros do senado permaneceram em uma sala logo na saída de seu quarto e, em dois de dezembro, a condição do czar tornou-se tão crítica que ele chegou a receber a Extrema Unção. Depois disso, começou a se recuperar muito lentamente. Durante três semanas, permaneceu na cama ou em casa e por fim foi capaz de ir à igreja no Dia de Natal, onde as pessoas perceberam que estava muito magro e pálido. Ao longo da doença, Aleixo permaneceu em silêncio e visitou o pai somente uma vez. Talvez isso fosse porque Kikin havia avisado Aleixo para esperar uma manobra: Pedro, ele sugeriu, poderia estar apenas fingindo a doença, ou pelo menos exagerando ao receber a Extrema Unção, para ver como todos ao seu redor – e em especial Aleixo – reagiriam à sua morte iminente.

Enquanto se recuperava, o czar refletia sobre qual seria seu próximo passo. Aleixo tinha jurado perante Deus e "marcado em sua alma" que jamais buscaria a sucessão, mas Pedro temia a influência que os homens "de barbas compridas" – ou seja, os padres – poderiam exercer sobre seu filho após sua morte. Ademais, o czar realmente desejava a ajuda ativa de um filho no papel de herdeiro ao trono. Então, decidiu: Aleixo deveria unir-se a ele ou então renunciar ao mundo completamente e entrar para um mosteiro. Em dezenove de janeiro de 1716, o czarevich recebeu uma segunda carta de seu pai, dessa vez com a exigência de uma resposta imediata:

Meu filho:
    Minha última doença me impediu até agora de me explicar sobre a decisão que tomei acerca da carta que você escreveu como resposta à minha primeira. Agora respondo que observei que você não fala de nada além da sucessão, como se eu precisasse de seu consentimento para fazer, nesse sentido, o que depende exclusivamente da minha vontade. Mas é por isso que, na sua carta, não menciona nada sobre a incapacidade na qual voluntariamente se coloca e sobre a aver-

são que sente pelas questões de Estado, assuntos que abordei em minha correspondência, e, em vez disso, salienta apenas o estado precário de sua saúde? Também protestei, mostrando a insatisfação que sua conduta tem me gerado por tantos anos, e você passa por tudo isso em silêncio, embora eu tenha abordado insistentemente o assunto. Por consequência, julgo que essas exortações paternais não importam a você. Sendo assim, tomei a decisão de lhe escrever mais uma vez, por meio desta carta, que será a última. Se você rejeita o conselho que lhe dou em vida, como irá valorizá-lo após a minha morte?

Pode-se acreditar em seus julgamentos quando é possível ver que você tem um coração endurecido? O rei Davi falou: "Todos os homens são mentirosos". Mas, supondo que você neste momento tenha a intenção de manter-se fiel às suas promessas, aqueles barbudos poderão transformá-lo como quiserem para chegarem ao poder.

Como no presente a preguiça e a corrupção os mantêm longe de postos de honra, eles têm esperanças de que algum dia sua condição melhorará por intermédio seu, meu filho, que já demonstrou grande inclinação para os propósitos deles.

Vejo que não é sensato nas obrigações que tem com seu pai, a quem deve a vida. Desde que alcançou a maturidade, você o ajuda nos cuidados e nas dores? É certo que não ajuda em nada; todo mundo sabe disso. Pelo contrário, você culpa e abomina todo o bem que faço a custo de minha saúde para meu povo e seu bem-estar. E eu tenho todos os motivos do mundo para acreditar que você destruirá minhas conquistas se viver mais do que eu. Portanto, não posso deixá-lo viver de acordo com sua vontade, como uma criatura anfíbia, nem peixe, nem carne. Sendo assim, mude sua conduta e se esforce para se mostrar digno da sucessão, ou então vire um monge. Não posso ser flexível com você, especialmente agora que minha saúde começa a decair. Portanto, ao receber esta carta, responda-a, seja por palavras escritas ou faladas. Se você não fizer isso, eu o tratarei como um criminoso.

Pedro

Este ultimato caiu como um raio sobre o czarevich: transformar-se no filho que Pedro exigia ou tornar-se um monge! Aleixo não podia seguir pelo primeiro caminho; tinha tentado por 25 anos e falhado. Mas tornar-se monge? Isso incluía deixar de lado tudo o que havia no mundo, inclusive Afrosina. Neste momento, Kikin surgiu com um conselho cínico: "Torne-se um monge, como seu pai ordena. Lembre-se de que eles não pregam o capuz de um monge à cabeça de um homem. Sempre é possível tirá-lo e deixá-lo de lado". Aleixo aceitou com ansiedade essa solução. "Mais clemente Senhor e Pai", escreveu a Pedro, "recebi esta manhã a carta que escreveu no dia dezenove. Minha indisposição me impede de escrever mais. Aceitarei a condição no mosteiro e desejo seu benevolente consentimento. Seu servo e filho indigno, Aleixo".

Mais uma vez, Pedro ficou espantado com a rapidez e total submissão de Aleixo. Ademais, estava prestes a deixar a Rússia em uma longa jornada rumo ao Ocidente e o tempo antes de sua partida era curto demais para resolver uma questão dessa importância e complexidade. Dois dias antes de partir, Pedro visitou Aleixo na casa do czarevich, onde encontrou seu filho tremendo na cama. Perguntou novamente a Aleixo o que ele havia escolhido fazer. O jovem jurou por Deus que desejava tornar-se monge. Mas, com isso, Pedro retrocedeu, concluindo que talvez seu ultimato tivesse sido duro demais e que talvez devesse dar ao filho mais tempo para pensar. "Tornar-se monge não é fácil para um homem jovem", ele falou docemente. "Pense um pouco mais a respeito do assunto. Não se apresse. Então, escreva para me comunicar sua decisão. Seria melhor seguir o caminho certo e não se transformar em monge. De qualquer forma, esperarei outros seis meses". Assim que Pedro saiu da casa, um Aleixo feliz deixou de lado as roupas de cama, levantou-se e foi a uma festa.

Quando Pedro deixou São Petersburgo rumo a Gdánsk e ao Ocidente, Aleixo sentiu-se enormemente aliviado – seu pai estava viajando e a grande sombra sobre sua vida tinha ficado para trás. Ele continuava sendo o herdeiro ao trono e, por seis meses, não precisava pensar em nenhuma outra escolha. Seis meses pareciam uma eternidade. Considerando que seu pai era um homem tão inconstante e sujeito a doenças, nesse período tudo poderia mudar. Enquanto isso, o czarevich podia se divertir.

SEIS MESES PODEM VOAR quando se está procrastinando uma escolha desagradável. E assim foi com Aleixo durante a primavera e o verão de 1716. Com a aproximação do outono, o prazo de seis meses dado por Pedro havia passado e o czarevich continuava procrastinando. Ele tinha escrito ao pai, mas as cartas falavam apenas de sua saúde e rotina diária. Então, no início de outubro, chegou a carta que Aleixo tanto temia. Havia sido escrita em 26 de agosto, em Copenhague, onde os preparativos para a invasão aliada na Escânia alcançavam seu ápice. A carta era o ultimato de um pai ao filho; o czarevich deveria enviar sua resposta pelo mesmo mensageiro.

Meu filho:

   Recebi sua carta do dia 29 de junho e outra do dia trinta de julho. Percebendo que você não fala nada além do estado de sua saúde, escrevo-lhe para dizer que exijo sua resposta com relação à sucessão, aquela que deixei ao me despedir. Na ocasião, você me respondeu como de costume, dizendo que não se julgava capaz por razão de sua enfermidade e que preferiria se retirar em um mosteiro. Eu lhe disse para pensar mais seriamente sobre o assunto, e para depois me escrever comunicando sua decisão. Esperei durante os últimos sete meses e você não me enviou nada a respeito; portanto, após receber minha carta, escolha uma das opções. Caso decida pela primeira, que é se aplicar para ser capaz de manter a sucessão, não demore mais de uma semana para vir para cá, e assim poderá chegar a tempo para presenciar as operações da campanha. No entanto, se escolher a segunda, avise-me onde, que horas e que dia ela será executada, para que minha mente possa estar tranquila e para que eu saiba o que esperar de você. Envie-me sua resposta final pelo mesmo mensageiro que lhe entregar esta carta.

   Caso escolha a primeira opção, marque para mim o dia em que pretende partir de Petersburgo e, caso seja a segunda opção, diga-me quando ela será executada. Repito que você deve se decidir, pois, caso contrário, julgarei que está apenas esperando para ganhar mais tempo em sua ociosidade de sempre.

   Pedro

Segurando a carta na mão, Aleixo se decidiu. E sua escolha consistia em não tomar nenhum dos dois caminhos oferecido por Pedro, mas fugir e encontrar algum lugar onde a longa sombra de seu pai não pudesse alcançá-lo. Apenas dois meses antes, quando Kikin partiu para acompanhar a tia de Aleixo, a czarevna Maria, a Carlsbad, ele havia sussurrado ao czarevich: "Vou procurar um esconderijo para você". Kikin não havia retornado, e Aleixo não sabia aonde ir, mas em sua mente ardia uma única e implacável ideia: escapar da mão de ferro que agora havia se estendido em sua direção.

Aleixo agiu rapidamente e com subterfúgio. Procurou imediatamente Menchikov em São Petersburgo, declarou que estava partindo rumo a Copenhague para unir-se a seu pai e que precisava de mil ducados para arcar com os custos da viagem. Visitou o senado, pediu para que seus amigos continuassem fiéis a seus interesses e recebeu mais dois mil rublos para suas despesas. Em Riga, tomou emprestado cinco mil rublos em ouro e dois mil em outras moedas. Quando Menchikov lhe perguntou o que fazer com Afrosina enquanto ele estivesse longe, Aleixo respondeu que a levaria até Riga e depois a enviaria de volta a Petersburgo. "Seria melhor levá-la com você por todo o caminho", sugeriu Menchikov.

Antes de deixar São Petersburgo, Aleixo confessou suas verdadeiras intenções somente a seu mordomo, Afanasiev. Entretanto, pelo caminho, a poucas milhas de Libau, ele encontrou a carruagem de sua tia, a czarevna Maria Alexeievna, retornando da cura em Carlsbad. Embora complacente com Aleixo e com os modos antigos, ela tinha muito medo de Pedro e, portanto, não ofereceu qualquer oposição verbalizada. Aleixo sentou-se na carruagem da tia, dizendo que estava obedecendo as ordens do pai e que seguia para se unir ao czar. "Muito bem", respondeu a czarevna. "É preciso obedecê-lo. Isso deixa Deus feliz". Mas então Aleixo explodiu em lágrimas e contou à tia que queria encontrar um lugar para se esconder de Pedro. "Aonde você vai?" perguntou a czarevna horrorizada. "Seu pai vai encontrá-lo em qualquer lugar". O conselho de Maria era suportar e esperar que Deus resolvesse os problemas. Ela também falou que Kikin estava em Limbau e talvez pudesse oferecer conselhos melhores.

Em Libau, Kikin aconselhou que Viena talvez fosse um lugar seguro, uma vez que o imperador era cunhado de Aleixo. O czarevich seguiu a sugestão e continuou em sua carruagem até chegar a Gdánsk. Ali, vestiu-se como oficial russo e, adotando o nome de Kokhanski, acompanhado por Afrosina disfarçada de pajem e com três servos russos, seguiu por Breslávia e Praga até chegar a Viena. Antes de Aleixo partir, Kikin lhe deu um conselho urgente: "Lembre-se: se seu pai enviar alguém para convencê-lo a voltar, não volte. Ele o decapitará em público".

LIII

A FUGA DO CZAREVICH

NA NOITE DE DEZ de novembro de 1716, o conde Schönborn, vice-chanceler da corte imperial em Viena, já estava na cama quando um servo entrou em seus aposentos para anunciar que o herdeiro do trono russo, o filho do czar Pedro da Rússia, encontrava-se na antessala pedindo para vê-lo. Assustado, Schönborn começou imediatamente a se vestir, mas, antes que ele pudesse estar pronto, o czarevich invadiu o quarto. Em estado de quase histeria, andando rapidamente de um lado para o outro do cômodo, Aleixo fez seu apelo ao austríaco impressionado. Ele viera, afirmava, para implorar ao imperador que salvasse sua vida. O czar, Menchikov e Catarina queriam privar-lhe o trono, enviá-lo a um mosteiro e talvez até mesmo assassiná-lo. "Eu sou fraco", afirmou, "mas tenho senso suficiente para governar". Então acrescentou: "Ademais, é Deus, e não os homens, quem concede os reinos e aponta os herdeiros do trono".

Schönborn encarou o jovem frenético, que olhava da esquerda para a direita quase como se esperasse que seus algozes estivessem à espreita. Erguendo a mão para pedir calma, o vice-chanceler ofereceu uma cadeira. Aleixo engoliu em seco, afundou-se em seu assento e pediu cerveja. Schönborn não tinha cerveja, mas ofereceu ao visitante uma taça de vinho Moselle e, em um tom amigável e reconfortante, começou a lançar perguntas para se convencer de que aquele realmente era o czarevich.

Quando isso foi feito, Schönborn explicou ao príncipe, que se encontrava aos prantos, que o imperador não poderia ser acordado naquela noite, mas que seria informado na manhã seguinte. Enquanto isso, seria melhor para o czarevich retornar à sua pensão e permanecer escondido até que fosse decidido o que fazer. Aleixo concordou e, após expressar sua gratidão com mais um ataque de lágrimas, saiu.

A chegada de Aleixo deixou o imperador Carlos VI em uma posição delicada. Colocar-se entre pai e filho era arriscado. Se houvesse uma rebelião ou uma guerra civil na Rússia, seria impossível prever quem venceria, e se a Áustria apoiasse o perdedor, então era impossível imaginar como poderia ser a vingança do vencedor. No final, ficou decidido que seria prudente não receber Aleixo oficialmente ou anunciar publicamente sua presença em território imperial. Por outro lado, o apelo de Aleixo a seu cunhado não seria totalmente rejeitado. Mantendo-se no anonimato, o czarevich ficaria escondido dentro do império até que se reconciliasse com o pai ou até que algum outro progresso ocorresse.

Dois dias mais tarde, em segredo, Aleixo e seu pequeno grupo (incluindo Afrosina, cujo disfarce como garoto não havia sido descoberto) foram acompanhados até o castelo de Ehrenberg, no remoto vale tirolês do rio Lech, onde viveram sob condições de mais alta segurança. Não foi dito ao comandante qual era a identidade de seu hóspede, então ele passou a acreditar que se tratava de algum importante nobre polaco ou húngaro. Os soldados da guarda ficaram restritos ao castelo por toda a estada do czarevich; ninguém poderia sair ou ser substituído. O visitante deveria ser tratado como um convidado da corte imperial, servido com respeito, e sua mesa preenchida com um generoso subsídio de trezentos florins por mês. Todas as correspondências chegando ao convidado ou sendo enviadas por ele deveriam ser interceptadas e enviadas à Chancelaria Imperial em Viena. Mais importante: nenhum estranho estava autorizado a sequer chegar perto do castelo. Qualquer um que se aproximasse do portão ou tentasse conversar com os guardas deveria ser imediatamente preso.

Cercado por pesadas muralhas, perdido nas altas montanhas e neves profundas dos Alpes, Aleixo finalmente se sentiu seguro. Afrosina estava com ele, além de quatro servos russos e muitos livros. Só lhe faltava um padre ortodoxo – cuja presença seria impossível enquanto o czarevich permanecesse no anonimato, mas ele implorou a Schönborn para enviar um caso ficasse doente ou estivesse próximo da morte. Durante esses cinco meses, seu contato com o mundo exterior se deu por meio do conde Schönborn e da Chancelaria Imperial em Viena. De tempos em tempos, o conde lhe enviava notícias. "As pessoas estão começando a dizer que o czarevich morreu", declara uma comunicação de Schönborn. "De acordo com alguns, ele fugiu das severidades de seu pai; para outros, foi condenado à morte por ordens do pai. Outros ainda dizem que, enquanto viajava, ele foi assassinado por assaltantes. Ninguém sabe exatamente onde está. Por questão de curiosidade, anexo o que chegou escrito de São Petersburgo. Aconselha-se que o czarevich mantenha-se bem escondido, pois uma busca ativa será realizada assim que o czar retornar de Amsterdã".

Do lado russo, a informação sobre o desaparecimento do czarevich se espalhou mais gradualmente do que se poderia esperar. A família do czar estava dispersa: Pedro encontrava-se em Amsterdã, Catarina, em Mecklemburgo, e as viagens nesse período eram lentas e incertas. Aleixo estava supostamente no caminho, passando pelas estradas congeladas entre São Petersburgo e o Báltico para encontrar o exército nos quartéis de inverno de Mecklemburgo; as condições de viagem sozinhas poderiam explicar um atraso de semanas. Mesmo assim, com o tempo, as pessoas começaram a se preocupar. Catarina escreveu duas vezes a Menchikov perguntando sobre Aleixo. Um dos servos do czarevich, enviado por Kikin para segui-lo, perdeu o rastro na Alemanha do Norte e procurou Catarina em Mecklemburgo para reportar que havia seguido Aleixo até Gdánsk, onde ele aparentemente sumiu. Foi durante essas primeiras semanas que o conde Schönborn enviou ao fugitivo escondido em Tirol uma carta escrita em janeiro em São Petersburgo por Pleyer, um representante austríaco:

> Como até agora ninguém demonstrou atenção especial ao príncipe, ninguém pensou muito sobre sua partida. Porém, quando a princesa Maria [a quem Aleixo havia admitido seu desejo de fugir] retornou do balneário [Carlsbad] e visitou a casa do príncipe e começou a gritar "Pobres órfãos que estão sem pai e sem mãe, como sinto por vocês!" e foi recebida a notícia de que o czrevich não havia ido além de Gdánsk, todos começaram imediatamente a se perguntar sobre ele. Muitos personagens de alto escalão secretamente vieram até mim e outros estrangeiros para perguntar se tínhamos recebido em nossas correspondências alguma notícia dele. Dois de seus servos também me procuraram com perguntas. Choravam amargamente e diziam que o czarevich havia pegado mil ducados para sua viagem e, em Gdánsk, outros dois mil, além de ter lhes dado uma ordem para secretamente vender os móveis e pagar o empréstimo. Desde então, eles não tiveram mais notícias. Enquanto isso, sussurram que ele foi capturado perto de Gdánsk por funcionários do czar e levado a um mosteiro distante, mas não se sabe se está vivo ou morto. De acordo com outros, ele seguiu para a Hungria ou algum outro território do imperador.

Então Pleyer, que detestava Pedro, passou a exagerar. "Tudo aqui está pronto para uma rebelião", relatou a Viena. Escreveu sobre uma conspiração que, de acordo com rumores, estaria sendo preparada para assassinar Pedro, aprisionar Catarina, libertar Eudoxia e entregar o trono a Aleixo. Ele seguiu apontando as queixas da nobreza, com quem obviamente andava conversando. "A alta e a baixa [nobrezas] não falam de nada que não seja o desprezo demonstrado por eles e seus filhos, que são forçados a se transformar em navegadores e construtores navais, embora tenham ido ao exterior para aprender línguas e tenham gastado tanto dinheiro; falam também sobre a ruína de suas propriedades por conta dos impostos e de seus servos serem levados para construir fortalezas e portos". A carta de Pleyer, que Aleixo entregou a Afrosina para que ela mantivesse com seus pertences e que posteriormente foi parar nas mãos dos inquisidores em Moscou, causaria grandes danos ao czrevich.

Para Pedro, que passava o inverno em Amsterdã antes de visitar Paris, os rumores do desaparecimento de seu filho eram alarmantes. E, quando eles se tornaram fato, o czar foi tomado por raiva e vergonha. A fuga por si só era suficientemente ruim para o orgulho de Pedro; ainda pior era o fato de que o desafio de seu herdeiro estimularia e encorajaria todos os dissidentes que esperavam um dia derrubar as reformas do czar. Portanto, era imperativo encontrar o czrevich. Em dezembro, o general Weide, comandando o exército russo em Mecklemburgo, recebeu ordens para fazer buscas pela Alemanha do Norte. Com a possibilidade de o fugitivo estar nos domínios do imperador habsburgo, o residente do czar em Viena, Abraham Veselovski, foi convocado para encontrar-se com Pedro em Amsterdã, onde Pedro ordenou que ele desse início a uma busca discreta dentro dos territórios imperiais e lhe passou uma carta endereçada a Carlos VI, solicitando que, se o czarevich aparecesse em sigilo ou abertamente nas terras do imperador, que Carlos o enviasse escoltado de volta ao pai. Humilhado por ter de escrever essa carta, Pedro ordenou a Veselovski para não entregá-la ao imperador até surgirem evidências de que Aleixo estivesse realmente em território imperial.

Sombriamente aceitando o papel de detetive, Veselovski foi de Amsterdã até Gdánsk para seguir os rastros do czarevich. De Gdánsk, seguiu a estrada até Viena e descobriu que um homem chamado Kokhanski, cuja descrição era muito parecida com a do czarevich, havia passado por ali, seguindo de uma estação dos correios à outra, vários meses antes. Em Viena, os rastros sumiram e, em conversas com o conde Schönborn, com o príncipe Eugênio e até mesmo com o próprio imperador, o detetive não conseguiu descobrir nada.

O reforço chegou de Rumyantsov, o capitão das Guardas, um homem gigante, quase tão alto quanto o próprio Pedro e que era assessor pessoal do czar. Rumyantsov havia recebido ordens para ajudar Veselovski a capturar Aleixo com uso da força, se assim fosse necessário, e levá-lo para casa.

Ao final de março de 1717, os esforços de Veselovski e Rumyantsov começaram a produzir resultados. Um religioso subornado na Chancelaria Imperial indicou que uma busca em Tirol poderia gerar frutos. Rumyantsov viajou para lá e descobriu rumores de que um estranho misterioso estaria escondido no castelo de Ehrenberg. Ele rondou o mais próximo que conseguia do castelo, retornou repetidas vezes e, por fim, vislumbrou um homem que teve certeza de ser o czarevich. Armado com essa informação, Veselovski retornou a Viena e entregou ao imperador a carta que Pedro lhe passara em Amsterdã. Aleixo havia sido identificado em Ehrenberg, declarou Veselovski, e estava claro que vivia ali com o conhecimento do governo imperial. Sua Majestade Imperial recebeu um pedido respeitoso para cumprir o pedido do czar. Carlos VI hesitou, ainda incerto acerca de como lidar com esse problema indesejado. Disse a Veselovski que duvidava da exatidão dessa informação sobre Tirol, mas que investigaria. Então, enviou um secretário imperial diretamente ao czarevich para lhe contar o que havia acontecido, mostrar a carta de Pedro e perguntar se ele estava agora preparado para reencontrar seu pai. A resposta de Aleixo foi um ataque de histeria. Correndo de um cômodo ao outro, chorando, sacudindo as mãos, lamuriando-se em russo, ele deixou claro para o secretário que preferiria fazer qualquer coisa a retornar. O secretário então anunciou a decisão do imperador: que, como o esconderijo atual havia sido descoberto e a exigência do czar não poderia ser sumariamente rejeitada, o czarevich seria transferido a outro refúgio dentro do império, a cidade de Nápoles, que havia sido entregue à coroa imperial quatro anos antes por meio do Tratado de Utrecht.

Agradecido, Aleixo concordou. Em grande sigilo, foi conduzido por Innsbruck e Florença até o sul da Itália, levando seu "pajem" Afrosina e seus servos, que atraíram atenções por beberem demais. Escrevendo ao conde Schönborn, o secretário imperial apontou que "pessoas desconfiadas nos seguiram até Trento; porém, tudo correu bem. Usei todos os meios possíveis para evitar as bebedeiras frequentes e excessivas em nosso grupo, mas foi em vão". No início de maio, o grupo fugitivo chegou a Nápoles e, depois de um jantar na Trattoria dos Três Reis, a carruagem do czar entrou no pátio do castelo Sant'Elmo. As enormes muralhas marrons e as torres dessa fortaleza com vistas para o azul da Baía de Nápoles, em direção ao Vesúvio, seriam a casa de Aleixo pelos próximos cinco meses. Ele se instalou na terra ensolarada e começou a escrever cartas para a Rússia, contando ao clero e ao senado que ainda estava vivo e explicando as razões que o levaram a fugir. Com o passar do tempo, o corpo inchado de Afrosina deixava claro o sexo do "pajem". Conforme o conde Schönborn declarou em uma carta ao príncipe Eugênio: "Nosso pequeno pajem finalmente foi reconhecido como sendo uma mulher. Diz-se que ela é uma amante e que é indispensavelmente necessária".

Infelizmente para os amantes, sua crença de que o esconderijo permanecia secreto era falsa. As "pessoas suspeitas" avistadas pelo secretário enquanto eles viajavam para o sul eram ninguém menos do que Rumyantsov e seus homens, que seguiram o czarevich pela Itália e chegaram a Nápoles. Assim que tiveram certeza de que os fugitivos estavam se instalando em Sant'Elmo para uma estada longa, um mensageiro se apressou rumo ao norte para informar Pedro. Esse mensageiro o encontrou em Spa, onde o czar descansava e tomava as águas após sua visita a Paris.

Quando Pedro ouviu a notícia, ficou extremamente furioso. Nove meses tinham se passado desde a fuga do czarevich e, por todo esse tempo, o czar tinha percorrido territórios estrangeiros e visitado cortes ocidentais, carregando consigo a humilhação da deserção do próprio filho. Agora, além disso, ele sabia que, não bastando o imperador ter mentido sobre a presença de Aleixo em seus domínios, a Áustria, conforme indicado pela mudança para o novo asilo em Nápoles, não pretendia entregar o czarevich. Pedro escreveu sombriamente ao imperador mais uma vez, agora exigindo que seu filho renegado fosse entregue.

Para levar esse ultimato a Viena, Pedro havia selecionado o diplomata mais habilidoso de sua equipe, Pedro Tolstói. A velha e sábia raposa, com suas sobrancelhas negras e grossas e seu rosto frio e marcante, agora estava com 72 anos. Tinha sobrevivido ao apoio original à czarevna Sofia na luta entre irmão e irmã anos antes. Tinha resistido a doze anos como embaixador russo em Constantinopla e a diversas prisões nas Sete Torres. Agora, retornando com Pedro de Paris, Tolstói foi escolhido para uma missão final: ele iria a Viena para questionar o imperador sobre por que um filho desobediente havia recebido refúgio. Deveria sinalizar a Carlos VI as possíveis consequências dessa ação nada amigável. Ademais, se conseguisse acesso ao czarevich, entregaria a Aleixo uma carta escrita por Pedro, prometendo ao filho o perdão de seu pai caso ele retornasse. Enquanto isso, junto ao peito, Tolstói carregava as ordens reais de Pedro: o czarevich deveria ser levado de volta à Rússia, independentemente dos meios usados para fazer isso acontecer.

Tolstói chegou em Viena e imediatamente participou, com Veselovski e Rumyantosov, de uma audiência com o imperador. Na ocasião, apresentou a carta do czar, na qual ele declarava saber exatamente onde Aleixo estava e que, tanto como pai quanto como soberano autocrata, tinha o direito à entrega de seu filho. Carlos ouviu e falou pouco, mas prometeu responder rapidamente. Tolstói então procurou a princesa de Wolfenbüttel, a sogra de Aleixo, que por acaso estava em Viena visitando sua filha, a imperatriz. Implorou para que ela, no interesse de seus netos, o filho e a filha do czarevich, exercesse sua influência visando o retorno do refugiado. A princesa concordou, pois estava ciente de que, se o czarevich não fosse entregue ao czar, o pequeno Pedro Alexeievich poderia ser afastado da linha de sucessão.

Em dezoito de agosto, o Conselho Imperial se reuniu para refletir sobre o dilema. Aleixo não poderia ser sumariamente despachado de volta para Pedro; se as alegações de misericórdia do czar posteriormente se provassem falsas, a Áustria seria acusada de ter contribuído para a morte do czarevich. Por outro lado, existia um enorme exército russo instalado na Polônia e na Alemanha do Norte. Acreditava-se que, com a personalidade de Pedro, se ele se sentisse frustrado, poderia fazer suas tropas que estavam em guerra contra Carlos XII marcharem pela Silésia e pela Boêmia. Por fim, a solução estava em responder a carta de Pedro, afirmando que o imperador estava a serviço do czar e tentando preservar a afeição entre pai e filho, evitando que Aleixo caísse nas mãos de uma nação hostil. O imperador insistiu a Tolstói que Aleixo não era um prisioneiro em Nápoles – ele sempre estivera livre para ir aonde quisesse. Enquanto isso, instruía o vice-rei em Nápoles para que o czarevich não fosse forçado a nada e para que precauções fossem tomadas visando assegurar que a Rússia não assassinasse o fugitivo.

Em 26 de setembro de 1717, Aleixo foi convidado a comparecer no palácio do vice-rei em Nápoles. Levado até uma sala, ele viu, para seu horror, Tolstói e Rumyantsov posicionados ao lado do vice-rei. O czarevich estremeceu. O vice-rei, conde Daun, não havia lhe contado sobre a presença dos homens, pois suspeitava que, se Aleixo soubesse, não apareceria. O czarevich, ciente de que o gigante Rumyantsov era íntimo de seu pai, esperou um golpe repentino de espada. Pouco a pouco, Tolstói, falando em um tom extremamente reconfortante, convenceu o jovem de que eles estavam ali apenas para entregar uma carta de Pedro, ouvir o que Aleixo tinha a dizer e esperar uma resposta. Ainda tremendo, o czarevich segurou a carta e a leu.

Meu filho:
A desobediência e a teimosia que você demonstrou por minhas ordens são do conhecimento de todos. Nem minhas palavras, nem minhas correções foram capazes de fazê-lo seguir minhas instruções, e, depois de tudo, tendo me traído quando lhe dei adeus e desafiado os juramentos que fez, você levou a desobediência ao mais alto nível ao fugir e se entregar como um traidor à proteção estrangeira. Trata-se de algo até agora desconhecido não apenas por nossa família, mas entre os súditos de qualquer posição. Quanta dor, quanto descontentamento causou ao seu pai e que vergonha gerou a nosso país!

Escrevo-lhe pela última vez para lhe dizer que faça o que os senhores Tolstói e Rumyantsov ordenarem e declararem ser minha vontade. Se estiver com medo de mim, eu lhe asseguro e prometo a Deus e a Seu julgamento que não o punirei. Se passar a me obedecer e retornar, eu o amarei mais do que nunca. Porém, se recusar, então, como seu pai, em virtude do poder que recebi de Deus, vou amaldiçoá-lo para sempre; e, como seu soberano, declaro-o traidor e lhe asseguro de que encontrarei formas de tratá-lo assim, na esperança de que Deus me ajudará e tomará minha causa em Suas mãos.

E quanto ao que resta, lembre-se de que não o forcei a fazer nada. Qual necessidade eu tinha de lhe conceder o direito de escolha? Se eu quisesse forçá-lo a algo, não teria eu poder para isso? Eu só precisaria ordenar e você obedeceria.

Pedro

Ao terminar de ler a carta, Aleixo disse aos dois enviados que havia se colocado sob a proteção do imperador porque seu pai decidira privá-lo da coroa e colocá-lo em um mosteiro. Agora que Pedro prometia o perdão, ele disse, era hora de refletir e reconsiderar – ele não poderia responder imediatamente. Dois dias depois, quando Tolstói e Rumyantsov retornaram, o czarevich lhes disse que ainda tinha medo de voltar para seu pai e que continuaria pedindo a hospitalidade do imperador. Ao ouvir isso, Tolstói adotou uma expressão diferente. Rugindo de raiva e avançando pelo cômodo, lançou a ameaça de que Pedro daria início a uma guerra contra o império, que o czar por fim faria seu filho retornar, vivo ou morto, como um traidor, e que não adiantaria tentar escapar, uma vez que Tolstói e Rumyantsov tinham ordens para permanecer por perto até levarem-no.

Com os olhos tomados pelo medo, Aleixo segurou a mão do vice-rei, levou-o até um cômodo adjacente, e implorou ao conde Daun para que garantisse a proteção do imperador. Daun, que havia recebido ordens para facilitar as conversas e ao mesmo tempo evitar a violência, suspeitou do dilema de seu soberano. Acreditando que se fosse capaz de ajudar a convencer o czarevich a retornar voluntariamente estaria fazendo um serviço a ambas as partes, ele acalmou Aleixo. Entretanto, começou a trabalhar com Tolstói.

Enquanto isso, Tolstói voltou sua mente fértil a outras intrigas dignas de seus anos em Constantinopla. Com 160 ducados, subornou o secretário do vice-rei a sussurrar no ouvido do czarevich que ele havia ouvido que o imperador estava decidido a devolver o filho ao pai furioso. Em seguida, falando novamente com Aleixo, Tolstói mentiu e afirmou que tinha recebido uma nova carta de Pedro anunciando que o czar estava a caminho para levar seu filho à força e que o exército russo logo daria início a uma marcha rumo à Silésia. O czar planejava ir pessoalmente à Itália, continuou Tolstói. "E, quando estiver aqui, quem poderá impedi-lo de ver o filho?", perguntou. Ao pensar sobre aquilo, Aleixo ficou pálido.

Por fim, a mente implacável de Tolstói encontrou o segredo para forçar o czarevich a tomar uma decisão: Afrosina. Observando a necessidade quase desesperada de Aleixo pela serva, ele disse ao vice-rei que ela era a grande causa do conflito entre pai e filho. Ademais, ele sugeriu, Afrosina continuava encorajando Aleixo a não voltar para casa porque lá o status dela seria questionado. Impulsionado por Tolstói, o conde Daun emitiu ordens para que a jovem fosse retirada do castelo de Sant'Elmo. Quando Aleixo ouviu isso, suas defesas desmoronaram. Ele escreveu a Tolstói, implorando para que ele fosse sozinho ao castelo, de modo que pudessem pensar em um acordo. Com a batalha quase vencida, Tolstói então persuadiu Afrosina, com promessas e presentes, a estimular seu amante a voltar para casa. Ela fez o que lhe foi pedido, implorando aos prantos para que o czarevich desistisse de sua última ideia desesperada: uma fuga para os Estados Papais com o objetivo de pedir a proteção do Papa.

Aleixo agora se encontrava tão emocional e psicologicamente abatido a ponto de aceitar a submissão. Sua escolha estava entre retornar à Rússia na companhia de sua amante para receber o perdão de seu pai ou o afastamento de Afrosina e o fim da proteção do imperador, deixando-o à mercê de Tolstói e Rumyantsov ou, pior, do próprio Pedro. A escolha era óbvia e, quando Tolstói chegou, Aleixo rapidamente se entregou. Embora hesitante e tomado por medo e apreensão, ele disse ao embaixador: "Procurarei meu pai com duas condições: que eu possa viver tranquilamente em uma casa no interior e que Afrosina não seja tirada de mim". Tolstói, ciente da ordem de Pedro de fazer o czarevich retornar à Rússia de qualquer maneira, concordou no mesmo instante; de fato, prometeu a Aleixo que escreveria pessoalmente ao czar pedindo permissão para que o czarevich pudesse se casar imediatamente com Afrosina. Cinicamente, Tolstói explicou em sua carta a Pedro que o casamento demonstraria que Aleixo havia fugido não por motivos políticos sérios, mas apenas pelo amor leviano de uma jovem camponesa. Esse movimento, acrescentava Tolstói, afastaria qualquer compaixão restante que o imperador pudesse ter por seu outrora cunhado.

Aleixo escreveu implorando o perdão do czar e suplicando as duas condições com as quais Tolstói havia concordado. Em dezessete de novembro, Pedro respondeu: "Você pede perdão. Já lhe foi prometido tanto oralmente quanto por escrita pelos senhores Tolstói e Rumyantsov, e agora eu reafirmo. Tenha certeza plena do perdão. Quanto a outros desejos por você expressados [o casamento com Afrosina], eles lhe serão concedidos aqui". A Tolstói, Pedro explicou que permitiria o casamento se Aleixo assim quisesse ao retornar, mas que ele aconteceria ou em solo russo, ou em algum dos territórios recém-conquistados no Báltico. O czar também prometeu realizar o desejo de Aleixo de viver em paz em uma propriedade no interior. "Talvez ele ainda carregue dúvidas sobre se terá autorização para fazer isso", escreveu o czar a Tolstói, "mas faça-o pensar assim: se eu já perdoei um crime tão grande, por que me importaria com algo tão pequeno?".

Quando Aleixo concordou em retornar e anunciou isso por escrito ao imperador em Viena, não poderia haver questões de detenção pelas autoridades imperiais. O czarevich deixou o castelo de Sant'Elmo com Tolstói e Rumyantsov e, viajando lentamente e se sentindo mais à vontade, peregrinou até Bari para visitar o santuário de São Nicolau, o realizador de milagres. De lá, seguiu para Roma, onde visitou os santuários sagrados em uma carruagem do Vaticano e foi recebido pelo papa. De bom humor, chegou a Veneza, onde foi convencido a deixar Afrosina para trás para que, em seu estado delicado, ela não precisasse cruzar os Alpes durante o inverno.

Para os acompanhantes atentos do czarevich, Tolstói e Rumyantsov, e para Veselovski, que os esperava próximo a Viena, a passagem pela capital imperial era uma espécie de desafio a ser ultrapassado rapidamente. Aleixo pediu para que o grupo parasse em Viena para que ele pudesse procurar o imperador para agradecer pela hospitalidade. Entretanto, Tolstói temia que um deles ou ambos pudessem mudar de ideia, o que atrapalharia o sucesso da missão dos russos. Assim, ele providenciou que Veselovski passasse com o pequeno grupo por Viena em apenas uma única noite. Quando o imperador ficou sabendo da presença dos russos, o czarevich e sua escolta já estavam a norte da cidade, em Brünn, na província imperial da Morávia.

Carlos ficou alarmado e indignado. Ele havia se arrependido pelo que permitira acontecer em Nápoles. Para se reassegurar, resolvera conversar com o cunhado em Viena, para ter certeza de que o czarevich estava realmente voltando à Rússia voluntariamente. O imperador esperava, é claro, que esse fosse o caso; a repatriação de um convidado tão constrangedor removeria um grande peso de suas costas. Entretanto, a honra requeria que Aleixo consentisse; a dignidade imperial não poderia permitir que o czarevich fosse arrastado à força. Assim, uma reunião do conselho foi organizada às pressas e um mensageiro foi enviado para se encontrar com o conde Colloredo, o governador da Morávia, ordenando que ele detivesse o grupo russo até Aleixo lhe assegurar pessoalmente de que estava viajando por vontade própria.

Ao ver sua hospedaria cercada de soldados, Tolstói negou que o czarevich estivesse com ele. Ameaçou usar a espada para evitar que qualquer pessoa entrasse no quarto de Aleixo e garantiu que o episódio provocaria uma vingança do czar Pedro. O governador, pego de surpresa, pediu novas instruções a Viena, e mais uma vez recebeu ordens para não permitir que o grupo de Tolstói deixasse Brünn até ele ter visto e conversado com o czarevich; se necessário, deveria usar a força para conseguir o que queria. Dessa vez, Tolstói recuou. A conversa foi autorizada, embora o pedido do governador de conversar em particular com Aleixo tivesse sido ignorado. Tolstói e Rumyantsov permaneceram na sala durante o encontro. Sob as circunstâncias, Aleixo mostrou-se monossilábico, garantindo que se sentia ansioso para retornar a seu pai e que não tinha parado para conversar com o imperador porque lhe faltavam roupas da corte e carruagens adequadas. O jogo havia chegado ao fim. Os protocolos de propriedade e de diplomacia haviam sido observados. O governador (e, por meio dele, o imperador) havia cumprido com suas obrigações; a permissão para partir foi concedida. Dentro de algumas horas, Tolstói havia providenciado novos cavalos e o grupo russo partiu. Eles chegaram a Riga, no território ocupado pelos russos, em 21 de janeiro de 1718, De lá, Aleixo foi levado a Tver, perto de Moscou, para aguardar a convocação de seu pai.

Afrosina permaneceu em Veneza, pretendendo viajar com um tempo melhor e em um ritmo mais tranquilo. Conforme se distanciava de sua amante, Aleixo escrevia constantemente para ela, expressando seu amor e sua apreensão. "Não se preocupe. Cuide-se na estrada. Siga lentamente porque o caminho em Tirol é rochoso, como você sabe. Pare onde quiser e passe quantos dias desejar. Não se preocupe com os custos. Mesmo se você gastar muito, sua saúde é mais importante para mim do que qualquer outra coisa". Ele a aconselhou sobre locais onde comprar remédios em Veneza e em Bolonha. De Innsbruck, escreveu: "Compre ou aqui, ou em algum outro lugar, uma carruagem confortável". A um dos servos de sua amante, pediu: "Faça tudo o que puder para distrair Afrosina, de modo que ela não se sinta infeliz". Quando Aleixo chegou à Rússia, sua primeira preocupação foi enviar a ela algumas servas e um padre ortodoxo. Sua última carta, escrita de Tver, onde ele esperava o chamado do pai, era otimista: "Graças a Deus, estou bem. Espero me livrar de tudo para que possa viver com você, se Deus permitir, no interior, onde não teremos de nos preocupar com nada".

Enquanto Aleixo abria seu coração, sua amada Afrosina desfrutava do novo status de favorita tanto do filho quanto – por meio de sua ajuda a Tolstói – do pai. Ela se divertiu em Veneza, fazendo passeios de gôndola e comprando tecidos com ouro por 167 ducados, uma cruz, brincos e um anel de rubi. A maioria de suas cartas não trazia a urgência e a paixão demonstradas por seu amante; aliás, elas eram escritas por uma secretária, com a dama ignorante em geral acrescentando algumas linhas com seu garrancho enorme, implorando a Aleixo para lhe mandar mais caviar, peixe defumado ou *kasha* com o próximo mensageiro.

Na Rússia, a notícia do retorno do czarevich gerou sentimentos mistos. Ninguém sabia exatamente como recebê-lo: ele era o herdeiro do trono ou um traidor que agora esperava nos arredores de Moscou para ver seu pai? De la Vie, o agente comercial francês, expressou a sensação estranha de desconforto: "A chegada do czarevich causou tanto alegria para alguns quanto sofrimento para outros. Aqueles que o apoiaram mostraram-se contentes antes do seu retorno, na esperança de que alguma revolução aconteceria. Agora tudo mudou. A política tomou o lugar do descontentamento e tudo está em silêncio enquanto se espera o resultado da questão. Seu retorno é, de forma geral, desaprovado, pois acredita-se que ele terá o mesmo destino de sua mãe". Alguns observadores, em especial aqueles que tinham esperanças de que o herdeiro sucederia seu pai, sentiam-se furiosos e desgostosos. Ivan Naryshkin declarou: "Aquele Judas de Pedro, Tolstói, entregou o czarevich". O príncipe Vassili Dolgoruki comentou com o príncipe Gagarin: "Você soube que aquele czarevich tolo está voltando porque seu pai permitiu que ele se casasse com Afrosina? Ele vai receber um caixão em vez de um casamento!".

LIV

O FUTURO EM JULGAMENTO

Nas manhãs de inverno de Moscou, um sol fraco nasce para lançar uma luz embaçada nos telhados cobertos pela neve. Às nove horas de uma dessas manhãs, três de fevereiro de 1718, os homens da Rússia encontravam-se reunidos em um conclave solene no Grande Salão de Audiências do Kremlin. Ministros e outros oficiais do governo, as mais altas personalidades do clérigo e os principais membros da nobreza haviam se reunido para testemunhar um ato histórico: a deserdação de um czarevich e a proclamação de um novo herdeiro do trono da Rússia. Para aumentar o drama e os possíveis perigos, três batalhões do Regimento Preobrajenski haviam sido levados até o Kremlin, permanecendo em volta do palácio com mosquetes carregados.

Pedro chegou primeiro e tomou seu lugar ao trono. Em seguida, Aleixo apareceu escoltado por Tolstói. O status do czarevich estava claro para todos: como não trazia uma espada, tratava-se de um prisioneiro. Aleixo confirmou essa impressão ao ir diretamente até seu pai, cair de joelhos, reconhecer sua culpa e implorar perdão por seus crimes. Pedro ordenou que seu filho se levantasse enquanto uma confissão escrita era lida em voz alta:

> Mais Clemente Senhor e Pai: confesso mais uma vez, aqui, que me desviei das tarefas de um filho e de um súdito ao evadir e me colocar sob a proteção do imperador, e ao pedir ajuda a ele. Imploro seu benevolente perdão e sua clemência. Seu mais humilde e incapaz servo, indigno de chamar-se de seu filho, Aleixo.

O czar então denunciou formalmente seu filho, condenando-o por ignorar as ordens do pai repetidas vezes, por negligenciar a esposa, por seu relacionamento com Afrosina, por ter desertado o exército e, finalmente, por sua desonrosa fuga a um país estrangeiro. Falando em voz alta, Pedro anunciou que o czarevich implorava apenas por sua vida e estava pronto para renunciar a herança. Por misericórdia, continuou Pedro, ele havia garantido o perdão a Aleixo, mas apenas sob a condição de que toda a verdade de sua conduta passada e os nomes de todos os que tinham sido cúmplices fossem revelados. Aleixo concordou e acompanhou Pedro até uma saleta ali perto, onde jurou que apenas Alexander Kikin e Ivan Afanasiev, o criado particular do czarevich, sabiam que ele havia planejado fugir. Pai e filho então retornaram ao Salão de Audiências, onde o vice-chanceler Shafirov leu um manifesto impresso listando as ofensas do czarevich, declarando que ele havia sido tanto perdoado quanto deserdado, e proclamando que o filho de Catarina, o czarevich Pedro Petrovich, de dois anos de idade, agora era o herdeiro ao trono. Do palácio, todo o grupo atravessou o pátio do Kremlin rumo à Catedral da Assunção, onde Aleixo, beijando o Evangelho e uma cruz, jurou diante das sagradas relíquias que, quando seu pai morresse, ele seria um fiel aliado de seu meio-irmão e jamais tentaria reconquistar a sucessão para si. Todos os presentes fizeram o mesmo juramento. Naquela noite, o manifesto foi publicado e, ao longo dos próximos três dias, todos os cidadãos de Moscou foram convidados a visitar a catedral e fazer novo juramento de aliança. No mesmo instante, mensageiros foram despachados a Menchikov e ao Senado de São Petersburgo exigindo que eles administrassem o juramento de aliança a Pedro Petrovich como herdeiro do trono do exército, da nobreza, dos citadinos e dos camponeses.

As duas cerimônias públicas em Moscou e São Petersburgo pareciam colocar um ponto final na questão. Aleixo renunciara o trono; um novo herdeiro havia sido proclamado. O que mais era necessário? Muito mais, no fim das contas. Afinal, o terrível drama estava apenas começando.

O DECRETO DE PEDRO na cerimônia no Kremlin, declarando que o perdão dependia de Aleixo revelar os nomes de todos os seus conselheiros e confidentes, trouxe um novo elemento à questão entre pai e filho. Esse elemento, de fato, era uma traição por parte do czar da promessa feita ao czarevich por Tolstói no castelo de Sant'Elmo. Ali, Aleixo havia recebido a promessa de perdão incondicional se retornasse à Rússia. Agora, estavam exigindo que ele apontasse todos os seus "cúmplices" e não escondesse sequer pequenos detalhes da "conspiração".

O motivo, obviamente, era a forte curiosidade de Pedro para saber até onde chegava a ameaça ao trono e talvez à sua própria vida, e sua crescente determinação em saber quem entre seus súditos – e talvez até mesmo entre seus conselheiros e íntimos – havia secretamente se unido a seu filho. O czar não podia acreditar que Aleixo tinha fugido sem ajuda e sem algum motivo que não fosse parte de uma conspiração. Assim, na óptica de Pedro, a situação não era apenas um drama familiar, mas um confronto político envolvendo a conservação das conquistas de seu reinado. Ele havia depositado a sucessão em outro filho, mas Aleixo permanecia vivo e livre. Como Pedro poderia ter certeza de que, após sua morte, os mesmos nobres que haviam rapidamente feito o juramento a Pedro Petrovich não se apressariam em desfazer esses juramentos para apoiar Aleixo? Acima de tudo, como ele poderia continuar se cercando com rostos familiares agora, sem saber quais deles haviam sido falsos?

Atormentado por essas perguntas, o czar decidiu buscar a raiz do que tinha acontecido. A primeira investigação teve início imediato em Preobrajenskoe. Usando a promessa de Aleixo de revelar tudo, Pedro criou de próprio punho uma lista de sete perguntas, as quais Tolstói apresentou ao czarevich, em conjunto com o aviso do czar de que uma única omissão ou evasão nas respostas poderia lhe custar o perdão. Em resposta, Aleixo escreveu uma longa e desconexa narrativa dos eventos ocorridos em sua vida durante os últimos quatro anos. Embora insistisse que somente Kikin e Afanasiev tivessem sabido antecipadamente de sua fuga, ele também mencionou uma série de outras pessoas com quem havia conversado sobre si e sobre sua relação com o pai. Entre esses nomes estava o da meia-irmã de Pedro, a czrevna Maria Alexeievna. Também constavam Abraham Lopukhin, irmão da primeira esposa de Pedro, Eudóxia e, portanto, também o tio de Aleixo; o senador Pedro Apraxin, irmão do almirante-geral; o senador Samarin; Semyon Naryshkin; o príncipe Vassili Dolgoruki, o príncipe Iuri Trubetskoi; o príncipe da Sibéria; Viazemski, tutor do czarevich, e seu confessor, Ignatiev.

A única pessoa que Aleixo tentou isentar de toda a culpa foi Afrosina. "Ela transportou [minhas] cartas em uma caixa, mas não sabia nada sobre elas", ele declarou. Quanto ao conhecimento antecipado de sua fuga, Aleixo explicou: "Eu a levei comigo como um estratagema quando decidi fugir. Disse que somente a levaria até Riga, e de lá segui adiante com ela, fazendo-a acreditar, assim como os demais de meu séquito, que eu tinha ordens para ir a Viena e formar uma aliança contra a Porta Otomana, e que eu era obrigado a viajar em segredo para que os turcos não soubessem de nada. Isso é tudo que [ela e] meus servos sabem a respeito".

Com os nomes apresentados por Aleixo, Pedro enviou ordens urgentes a Menchikov em São Petersburgo, onde a maioria dos acusados vivia. Assim que os mensageiros chegaram, os portões da cidade foram fechados e ninguém estava autorizado a sair, independentemente dos motivos. Os camponeses que transportavam alimentos para o mercado eram revistados ao deixar a cidade para evitar que qualquer um escapasse escondido em um trenó simples. Os boticários foram proibidos de vender arsênico ou outros venenos, para que nenhum dos acusados tentasse tirar a própria vida.

Uma vez que a cidade encontrava-se fechada, os agentes de Pedro entraram em ação. À meia-noite, a casa de Kikin foi silenciosamente cercada por cinquenta soldados das Guardas. Um oficial entrou, encontrou-o na cama, levou-o de pijama e chinelos, prendeu-o a correntes e a um colar de ferro e o retirou antes que ele pudesse dizer sequer uma palavra a sua bela esposa. Aliás, Kikin quase escapou. Ao perceber que estava em perigo, subornou um dos funcionários oficiais do czar para lhe avisarem caso o soberano pudesse estar preparando algo contra ele. Enquanto Pedro escrevia suas ordens a Menchikov, o funcionário permaneceu atrás do czar, lendo a mensagem por sobre o seu ombro. Então, deixou a casa imediatamente e enviou um mensageiro a Kikin, em São Petersburgo. Sua mensagem chegou poucos minutos depois que Kikin havia sido preso.

Menchikov também recebeu ordens para prender o príncipe Vassili Dolgoruki, tenente geral, cavaleiro da Ordem do Elefante dinamarquesa e diretor geral da comissão criada por Pedro para cuidar dos problemas na administração das receitas estatais. Ele supostamente ainda era um dos preferidos de Pedro, pois havia acabado de retornar com o czar de uma jornada de dezoito meses a Copenhague, Amsterdã e Paris. Menchikov cercou a casa de Dolgoruki com soldados, então entrou e anunciou as ordens ao príncipe. Dolgoruki entregou sua espada, declarando: "Tenho uma consciência limpa, mas uma cabeça a perder". Ele foi acorrentado e levado à Fortaleza de Pedro e Paulo. Naquela mesma noite, Menchikov visitou e prendeu o senador Pedro Apraxin, Abraham Lopukhin, o senador Michael Samarin e o príncipe da Sibéria. Ademais, todos os servos de Aleixo e nove outras pessoas foram acorrentadas e preparadas para viajar como prisioneiras rumo a Moscou.

Durante o mês de fevereiro, a rede continuou se expandindo. Tanto em Moscou quanto em São Petersburgo, cada vez mais pessoas eram presas diariamente. Dositeu, o bispo de Rostov, um dos mais famosos e poderosos religiosos da Rússia, foi preso e acusado de ter orado publicamente em sua igreja por Eudóxia e de ter profetizado a morte de Pedro. A própria Eudóxia e a única meia-irmã viva do czar, Maria, foram presas e levadas a Moscou para serem questionadas. Pedro suspeitava profundamente de sua ex-esposa. Ela andava se comunicando com Aleixo e tinha muito a ganhar se seu filho tomasse o trono. No dia em que o czarevich foi afastado da sucessão, Pedro enviou o capitão das Guardas Gregori Pisarev ao convento de Suzdal, onde Eudóxia vivia há dezenove anos. Ao chegar lá, Pisarev descobriu que ela há muito tempo deixara de lado o véu de freira para usar o manto de uma dama real. Encontrou no altar do convento uma tabuleta que continha "Uma Oração ao Czar e à Czarina", citando os nomes de Pedro e de Eudóxia como se eles não estivessem divorciados. Por fim, Pisarev descobriu que a ex-esposa e ex-freira tinha um amante: o major Estevão Glebov, capitão dos seus guardas.

Agora com 44 anos, Eudóxia estremeceu ao imaginar como o homem gigante que no passado fora seu marido reagiria a tudo aquilo. Enquanto ela era levada a Moscou, escreveu uma carta e a enviou na frente, para que Pedro recebesse a correspondência antes que ela mesma chegasse. "Mais benevolente Soberano", ela implorava,

> Muitos anos atrás, em qual ano não me lembro, fui ao convento de Suzdal seguindo os juramentos que havia feito, e recebi o nome de Helena. Depois de me tornar freira, eu usei as roupas monásticas por meio ano. Porém, sem desejar ser freira, abandonei as vestimentas, ficando quieta no convento como uma leiga disfarçada. Meu segredo foi descoberto por Gregório Pisarev. Agora dependo da generosidade humana de Vossa Majestade. Prostrando-me a seus pés, imploro misericórdia por meu crime, e também perdão, para que eu não sofra uma morte inútil. E prometo voltar a viver como uma freira e assim permanecer até minha morte, e também orar por você, Soberano. Sua mais humilde escrava e antiga esposa, Eudóxia.

Embora a acusação contra Eudóxia parecesse ter pouco peso – as comunicações entre Aleixo e sua mãe eram raras e inofensivas –, Pedro agora se encontrava irritado pelo comportamento de sua antiga esposa e decidido a extrair detalhes da situação em Suzdal. Glebov foi preso junto com o padre André, principal religioso do convento, e um grupo de freiras. Era difícil acreditar que o estilo de vida de Eudóxia havia passado completamente despercebido e não reportado a Moscou durante vinte anos, ou que a fúria de Pedro estivesse agora direcionada exclusivamente à ofensa contra sua honra. Em vez disso, o que estimulou sua raiva foi sua crença de que uma conspiração existia, e que havia a possibilidade de ela estar ligada ao convento de Suzdal.

Conforme os prisioneiros deixavam Moscou rumo a São Petersburgo, Suzdal e outras partes do país, enormes multidões permaneciam diante dos portões do Kremlin buscando enxergar o que conseguissem e ter acesso aos mais recentes rumores. Grandes cabeças do clero, membros da corte de Pedro, seus generais e oficiais administrativos e a maioria da nobreza russa haviam sido convocados e, diariamente, comitivas de carruagens transportando grandes nobres e religiosos acompanhados por seus servos formavam um grandioso espetáculo.

Os membros do clero estavam lá para presenciar o julgamento de seu colega, Dositeu, bispo de Rostov. Considerado culpado, ele foi despido dos mantos eclesiásticos e entregue a autoridades seculares para ser interrogado sob tortura. Enquanto seus mantos eram arrancados, ele se virou e gritou aos bispos que o haviam julgado: "Então eu sou o único culpado nessa questão? Olhem para os seus corações, todos vocês. O que encontram aí? Vão até o povo, ouça-os. O que eles dizem? Quais nomes vocês ouvem?" Sob tortura, Dositeu não admitiu nada exceto uma simpatia geral por Aleixo e Eudóxia; nenhum ato de desafio ou palavra de rebeldia pôde ser extraído ou provado. E, ainda assim, exatamente como ocorrera com os Streltsi duas décadas antes, a exata imprecisão dessas respostas tendia a enfurecer Pedro e aprofundar ainda mais sua determinação.

A figura dominante na inquisição era o próprio Pedro, que deixava o palácio e percorria a cidade acompanhado por apenas dois ou três servos. Contrário ao costume de todos os czares moscovitas anteriores, ele aparecia não apenas como juiz, usando joias e mantos tradicionais, sentado na posição de honra e sabedoria que significava seu trono, mas também como principal promotor, com roupas ocidentais – calção, sobretudo, meias altas e sapatos de fivela –, exigindo o julgamento de todos os grandes representantes (temporais e espirituais) do reino. Parado no grande salão do Kremlin, erguendo a voz quando nervoso, ele discutia os perigos aos quais seu governo havia estado exposto e os horrores dos crimes e das traições contra o Estado. Foi Pedro quem apresentou o caso contra Dositeu e, quando o czar terminou, o bispo de Rostov estava arruinado.

No final de março, a fase moscovita da inquisição chegou ao fim quando o Conselho dos Ministros, representando o Superior Tribunal de Justiça temporal, entregou seu veredito. Kikin, Glebov e o bispo de Rostov estavam condenados a enfrentar uma morte lenta e dolorosa; outros foram condenados a morrer de forma mais simples. Muitos outros foram publicamente açoitados com o *cnute* e enviados para o exílio. As mulheres menos importantes, incluindo algumas freiras do convento de Suzdal, foram publicamente chicoteadas e enviadas para conventos no Mar Branco. A czarina Eudóxia não foi fisicamente tocada, mas enviada a um convento remoto no lago Ladoga, onde permaneceu sob forte supervisão durante dez anos, até a ascensão de seu neto, Pedro II. Ela então retornou à corte, onde viveu até 1731, quando morreu nos tempos da imperatriz Ana. A czarevna Maria, meia-irmã de Pedro, foi julgada por ter estimulado a oposição ao czar e permaneceu presa durante três anos na fortaleza de Schlüsselburg. Em 1721, foi solta e retornou a São Petersburgo, onde morreu em 1723.

Vários acusados foram completamente exonerados ou receberam penas brandas. O príncipe da Sibéria foi exilado em Arcangel; o senador Samarin foi absolvido. A acusação contra o senador Pedro Apraxin sustentava-se sobre o fato de ele ter adiantado três mil rublos ao czarevich quando o jovem deixou São Petersburgo rumo à Alemanha. Quando as investigações apontaram que Apraxin havia entendido que Aleixo viajaria para se encontrar com o czar e não teve meios de prever que o czarevich pretendia fugir, Apraxin foi completamente absolvido.

O príncipe Vassili Dolgoruki, que admitiu ter uma simpatia pelo czarevich, foi poupado da execução por apelos de seus parentes, especialmente de seu irmão mais velho, o príncipe Jacob, que lembrou o czar dos muitos serviços fiéis prestados pela família Dolgoruki. Mesmo assim, Vassili perdeu sua posição de general, sua Ordem do Elefante dinamarquesa foi enviada de volta a Copenhague, e ele foi exilado em Cazã. Ao deixar São Petersburgo com uma barba comprida e um casaco preto surrado, ele obteve permissão para se despedir da czarina Catarina. Assim que se encontrou na presença dela, fez um longo discurso justificando seu comportamento e, ao mesmo tempo, reclamando que não possuía nada no mundo além das roupas do corpo. Catarina, com o coração amolecido de sempre, deu-lhe de presente duzentos ducados.

As execuções dos condenados a mortes cruéis ocorreram em 26 de março na Praça Vermelha, sob as muralhas do Kremlin e diante de uma enorme multidão de expectadores cujos estrangeiros estimaram ser de duzentas a trezentas mil pessoas. O bispo de Rostov e três outros tiveram seus corpos estilhaçados com martelos e foram deixados para morrer lentamente na roda. Um destino pior estava reservado a Glebov, amante de Eudóxia. Primeiro, ele foi açoitado e queimado com ferros quentes e carvão em brasa. Então, teve o corpo estirado em uma prancha com pregos perfurando sua carne e foi deixado ali por três dias. E, ainda assim, recusou-se a confessar a traição. Por fim, foi empalado. Há uma história de que, enquanto Glebov sofria as agonias excruciantes finais com a estaca de madeira em seu reto lentamente o levando à morte, Pedro se aproximou. Se Glebov confessasse, o czar se ofereceu a libertá-lo da tortura e matá-lo rapidamente. De acordo com essa história, Glebov cuspiu no rosto de Pedro, que friamente se distanciou.

Similarmente, Kirkin, que havia admitido ter aconselhado o czarevich a buscar refúgio com o imperador, foi lentamente torturado até a morte, sendo poupado durante intervalos para que pudesse sofrer mais. No segundo dia de agonia, Pedro também o procurou. Kikin, ainda vivo na roda, implorou a czar para perdoá-lo e permitir que ele se tornasse monge. Pedro recusou, mas, para demonstrar um pouco de misericórdia, ordenou que ele fosse decapitado de uma vez por todas.

Nove meses mais tarde, a segunda fase dessa vingança sombria aconteceu na Praça Vermelha. O príncipe Shcherbatov, que havia sido amigável ao czarevich, foi publicamente açoitado com o *cnute* e teve a língua e o nariz arrancados. Três outros receberam golpes de açoite, incluindo um polonês que havia trabalhado como intérprete de Aleixo. Diferentemente dos russos, que aceitavam seu destino com resignação, o polonês passou pelas punições com grande relutância, recusando-se a tirar as roupas e ser golpeado; as peças foram arrancadas à força. Todos esses homens saíram vivos, mas os outros cinco morreram: Abraham Lopukhin, irmão de Eudóxia; Ignatiev, confessor de Aleixo; Afanasiev, seu criado; e dois homens que trabalhavam na casa do czarevich. Todos foram condenados a ter seus corpos quebrados na roda, mas, no último minuto, a sentença foi alterada para uma decapitação simples. O padre morreu primeiro, depois Lopukhin, depois os outros, com os últimos sendo obrigados a encostar as cabeças sobre o sangue daqueles que já haviam sido decapitados antes.

Enquanto todo esse sangue escorria, Pedro esperava, ainda sem se convencer de que toda a oposição havia sido identificada, mas confiante de que o que tinha feito até agora era certo e necessário. Congratulado por um diplomata estrangeiro por ter descoberto uma conspiração e acabado com os inimigos, o czar assentiu e concordou. "Se o fogo encontra a palha e outras coisas leves, ele logo se alastra", comentou. "Porém, se encontra ferro e pedras pelo caminho, acaba se apagando sozinho."

Após os julgamentos e as execuções sangrentas em Moscou, a esperança geral era que a questão do czarevich tivesse chegado ao fim. Os maiores expoentes da conspiração, se ela tivesse acontecido, agora haviam sido identificados e destruídos. Quando Pedro deixou Moscou rumo a São Petersburgo, em março de 1718, levou Aleixo consigo. Viajando juntos, pai e filho fizeram os observadores acreditar que a separação entre eles havia sido resolvida. Todavia, a mente de Pedro ainda borbulhava com suspeitas e receios, e o país sentia sua irresolução. "Quanto mais reflito sobre o estado confuso das questões na Rússia", de la Vie escreveu a Paris, "menos compreendo como essas desordens chegarão ao fim". A maioria das pessoas, ele continuou, "ainda espera somente o fim de sua vida [de Pedro] para mergulhar novamente no lamaçal da indolência e da ignorância". O dilema imediato do czar estava no fato de nenhuma conspiração real ter sido encontrada, mas o czarevich tampouco tinha se provado um filho fiel, assim como todos os próximos ao trono não haviam revelado-se súditos fiéis. Acima de tudo, nada havia sido feito para solucionar o problema que mais incomodava Pedro. Um despacho de Weber delongava-se sobre esse dilema:

> Agora vem a pergunta: o que mais deve ser feito com o czarevich? Diz-se que ele será enviado a um mosteiro muito distante. Isso me parece pouco provável, pois quanto mais longe o czar deixá-lo, maior será a oportunidade de a multidão incansável libertá-lo. Acho que ele será trazido novamente para cá e mantido nos arredores de São Petersburgo. Não concluirei aqui sobre se o czar está certo ou errado em excluí-lo da sucessão ou em lhe dar sua maldição paternal. Isto é certo: o clérigo, a nobreza e as pessoas comuns respeitam o czarevich como se ele fosse um deus.

A hipótese de Weber mostrou-se correta. Embora nominalmente livre, Aleixo deveria viver em uma casa próxima ao palácio de Catarina e jamais manter-se fora da vista de Pedro. O czarevich, quanto a isso, mostrava-se intimidado e aparentemente indiferente. Sem protestar, ele viu a mãe, o tutor, o confessor e todos os amigos e partidários serem presos. Enquanto eles eram interrogados, torturados, exilados, açoitados e executados, ele permanecia quieto, sentindo-se grato por não ser também punido. Seu único pensamento parecia ser casar-se com Afrosina. Na cerimônia da Páscoa, Aleixo formalmente cumprimentou Catarina da maneira tradicional, então caiu de joelhos diante dela e implorou para que ela influenciasse o czar no sentido de que ele pudesse se casar logo com Afrosina.

A jovem chegou a São Petersburgo em quinze de abril, mas, em vez de ser recebida nos braços ansiosos de seu amante impaciente, foi imediatamente presa e levada à Fortaleza de Pedro e Paulo.[1] Entre os pertences de Afrosina, foram encontrados esboços de duas cartas de Nápoles, escritas pela mão de Aleixo, uma para o Senado russo, outra para os arcebispos da Igreja Ortodoxa russa. Ao Senado, ele havia declarado:

> Excelentíssimos Senhores Senadores:
> Acredito que não ficarão menos surpresos do que o restante do mundo por eu ter saído do país e por meu local de residência ser desconhecido até agora. A desordem contínua me obrigou a deixar meu tão adorado país. Eles decidiram me trancafiar em um mosteiro no início do ano de 1716, embora eu não tenha feito nada para merecer isso. Nenhum de vocês pode ignorar esse fato. Mas Deus, sempre cheio de misericórdia, salvou-me ao trazer, no último outono, a oportunidade de me abster de meu querido país e de vocês, a quem eu jamais deixaria se não estivesse na situação em que me encontro.
> No momento, estou bem e com boa saúde, sob a proteção de uma pessoa de alto escalão [o imperador], até chegar a hora que Deus, o qual me preserva, venha me chamar para retornar ao meu querido país natal.
> Desejo que não me abandonem então e, quanto ao presente, que não deem crédito às notícias que podem se espalhar sobre a minha morte ou que sejam fruto do desejo que eles têm de me apagar da memória da humanidade, pois Deus me mantém em Sua guarda e meus benfeitores não me abandonarão. Eles prometeram não me deixar, nem mesmo no futuro, em caso de necessidade. Estou vivo e sempre estarei cheio de desejos positivos para Vossas Excelências e para todo o país.

A carta aos arcebispos era bastante similar, exceto que Aleixo acrescentou a ideia de trancafiá-lo em um convento "sendo das mesmas pessoas que usaram minha mãe de maneira similar".

---

[1] O destino do filho de Afrosina com o czarevich é desconhecido. De acordo com alguns relatos, a criança nasceu em Riga enquanto sua mãe voltava para casa. Outras histórias afirmam que a sueca deu à luz na fortaleza. De qualquer forma, a criança desapareceu da história. (N. A.)

Quatro semanas se passaram antes de o próximo ato de drama ocorrer. Em meados de maio, Pedro decidiu questionar os dois amantes separadamente e então confrontá-los um com o outro. Levou Aleixo consigo a Peterhof e, dois dias mais tarde, Afrosina atravessou o golfo em um navio fechado. Em Mon Plaisir, o czar questionou ambos – primeiro a jovem, depois seu filho.

E ali, em Peterhof, Afrosina traiu e amaldiçoou Aleixo. Sem ser torturada, ela confessou, respondendo sobre a paixão que o amante real sentia por ela, sua tentativa de protegê-la, sua disposição a deixar de lado o trono para se casar e viver uma vida tranquila com ela, incriminando-o por fatalidade. Ela descreveu os detalhes íntimos da vida dos dois durante o tempo que passaram no exterior. Pela boca de Afrosina, todos os medos e as amarguras que o czarevich sentia por seu pai foram expostos. Aleixo, admitiu Afrosina, havia escrito várias vezes ao imperador reclamando sobre seu pai. Quando o czarevich leu na carta de Pleyer os rumores sobre a revolta entre as tropas em Mecklemburgo e que havia ocorrido uma rebelião nas cidades próximas a Moscou, ele disse contente a ela: "Agora você vê como Deus tem Sua maneira de agir". Quando ele leu em um jornal que o czarevich Pedro Petrovich estava doente, regozijou-se. Falava constantemente com ela sobre a sucessão ao trono. Quando se tornasse czar, ele comentara, abandonaria São Petersburgo e todas as conquistas estrangeiras de Pedro e faria de Moscou a capital. Dispensaria os cortesãos de Pedro e apontaria os seus próprios. Ignoraria a marinha e deixaria os navios apodrecerem. Reduziria o exército a alguns poucos regimentos. Não haveria mais guerra com ninguém, e ele se contentaria com as antigas fronteiras do país. Os antigos direitos da Igreja seriam restaurados e respeitados.

Afrosina também reviu seu papel; somente por conta de seus estímulos constantes, ela afirmou, Aleixo havia concordado em retornar à Rússia. Ademais, ela declarou que o havia acompanhado em sua fuga somente porque ele havia segurado uma faca e ameaçado matá-la caso ela não aceitasse. Afrosina também declarou que só dormia com ele porque era forçada e ameaçada.

O testemunho da jovem reforçou muitas das suspeitas de Pedro. Escrevendo posteriormente ao regente da França, o czar declarou que seu filho não tinha "admitido nada que havia feito" até ser confrontado com as cartas encontradas nas mãos de sua amante. "Com essas cartas, descobrimos claramente os sinais rebeldes de uma conspiração contra nós, sendo todas as circunstâncias confessadas por sua amante publicamente, voluntariamente, sem muitos exames".

A próxima ação de Pedro foi chamar Aleixo e confrontá-lo com as acusações de Afrosina. A cena em Mon Plaisir é retratada no famoso quadro do século XIX pintado por Nikolai Ge: o czar, usando botas que ainda encontram-se no Kremlin, está sentado a uma mesa sobre o chão de ladrilhos pretos e brancos do salão principal, seu rosto severo, embora uma sobrancelha esteja erguida; ele fez uma pergunta e aguarda uma resposta. Aleixo está diante dele, alto, com o rosto fino, usando roupas pretas como as de seu pai. Parece preocupado, taciturno e ressentido. Olha não para o pai, mas para o chão enquanto sua mão, apoiada sobre a mesa, oferece-lhe apoio. É um momento de decisão.

Diante do olhar de seu pai, Aleixo luta para se libertar daquilo que lentamente o oprime: ele admitiu ter escrito ao imperador reclamando de seu pai, mas não chegou a enviar a carta. Também admitiu ter escrito ao Senado e aos arcebispos, mas declarou que havia sido forçado a fazer isso pelas autoridades austríacas, sob ameaça de perder sua proteção. Pedro então trouxe Afrosina e, diante do czarevich, ela repetiu as acusações.[2] Conforme o mundo de Aleixo caía por terra à sua volta, suas explicações se tornaram mais débeis. Era verdade, ele admitiu, que a carta ao imperador havia sido enviada. Ele havia falado mal de seu pai, mas estava bêbado. Tinha elaborado sobre a sucessão e sobre retornar à Rússia, mas somente faria isso após a morte natural de seu pai. E explicou mais demoradamente: "Eu acreditava que a morte de meu pai estava próxima quando me chegou a notícia de que ele tinha passado por uma espécie de epilepsia. Como dizem que as pessoas que sofrem desse mal dificilmente vivem muito, acreditei que ele morreria em no máximo dois anos. Pensei que, após sua morte, eu poderia deixar os domínios do imperador e seguir rumo à Polônia, e da Polônia para a Ucrânia, onde não perguntei, mas todos me apoiariam. E acreditei que, em Moscou, a czarina Maria e a maior parte dos arcebispos fariam o mesmo. Quanto ao povo, ouvi muitas pessoas dizerem que me amavam. Já sobre o que resta, resolvi não retornar durante o tempo de vida de meu pai, exceto no caso em que decidi voltar, ou seja, quando ele me chamasse."

Pedro não estava satisfeito. Lembrou que Afrosina tinha lhe dito que Aleixo havia se regozijado quando ouviu rumores de uma revolta do exército russo em Mecklemburgo. Isso sugeria, prosseguiu o czar, que, se as tropas em

---

2 Afrosina foi solta e perdoada e Pedro lhe permitiu manter uma parte das posses de Aleixo. Ela viveu mais trinta anos em São Petersburgo, onde se casou com um oficial das Guardas. (N. A.)

Mecklemburgo realmente tivessem promovido um levante, "você teria declarado apoio aos rebeldes ainda durante o meu tempo de vida".

A resposta de Aleixo a essa pergunta foi desconexa, mas sincera, e causou enormes danos: "Se a notícia fosse verdadeira e eles me chamassem, eu teria me unido aos descontentes, mas não tinha qualquer plano de me unir a eles ou de não me unir a eles até ser convocado. Pelo contrário, se não me procurassem, eu teria medo de ir até lá. Mas, se tivessem me chamado, eu teria ido. Acreditei que eles não me convocariam enquanto você ainda estivesse vivo, porque planejavam tirar a sua vida e eu não acreditei que o destronariam e o deixariam viver. Mas, se eles tivessem me chamado, mesmo enquanto você estivesse vivo, eu provavelmente teria ido se fossem fortes o bastante".

Alguns dias mais tarde, mais uma evidência condenatória surgiu diante do czar. Pedro havia escrito a Veselovski, seu embaixador em Viena, para perguntar ao imperador por que seu filho havia sido forçado a escrever ao Senado e aos arcebispos. Em 28 de maio, a resposta de Veselovski chegou. Havia ocorrido um grande tumulto na corte austríaca. O vice-chanceler, conde Schönborn, fora questionado sobre o assunto na presença de todo o ministério, e depois disso o príncipe Eugênio de Saboia reportou a Veselovski que nem o imperador, nem o conde Schönborn tinham dado ordens ao czarevich para escrever as cartas. A verdade era que Aleixo as tinha escrito sozinho e as remetido ao conde Schönborn para que fossem enviadas à Rússia. Schönborn, mantendo a discrição, não encaminhou as cartas, e elas permaneceram em Viena. Em suma, o czarevich havia mentido e, nessa mentira, envolvido a Corte Imperial.

Pedro não precisava ouvir mais nada. O czarevich foi preso e levado ao Bastião Trubetskoi da Fortaleza de Pedro e Paulo. Dois tribunais superiores de justiça, um eclesiástico e outro secular, foram convocados para refletir sobre o que deveria ser feito com o prisioneiro. A corte eclesiástica seria composta por todos os líderes da igreja russa; a secular, por todos os ministros, senadores, governadores, generais e muitos oficiais das Guardas. Antes de as duas cortes darem início às suas sessões, conta Weber, Pedro passou várias horas por dia, durante um período de oito dias, de joelhos, orando para Deus instruí-lo sobre o que sua honra e o bem-estar da nação requeriam. Então, em quatorze de junho, os procedimentos tiveram início na sala do Senado em São Petersburgo. Pedro chegou acompanhado pelos juízes eclesiástico e secular, e uma solene cerimônia religiosa aconteceu, pedindo direcionamento divino. Todos os envolvidos tomaram seus lugares em uma fileira de mesas, e as portas e janelas foram abertas. O público foi convidado a entrar; Pedro queria que o debate fosse ouvido por todos. O czarevich foi levado sob a guarda de quatro jovens oficiais, e os processos contra ele tiveram início.

Pedro lembrou seus ouvintes que, ao longo dos anos, jamais havia buscado negar a sucessão a seu filho; pelo contrário, ele tentara, "por fortes exortações, forçá-lo [Aleixo] a aceitar seu direito ao trono esforçando-se para se fazer digno". Entretanto, o czarevich, virando as costas para os esforços de seu pai, havia "escapado e fugido, buscando refúgio com o imperador, clamando por ajuda e proteção na forma de socorro e assistência mesmo com força armada [...] [para conquistar] a coroa da Rússia". Aleixo, relatou Pedro, havia admitido que, se as tropas rebeldes em Mecklemburgo o tivessem convocado para ser seu líder, ele as teria ajudado mesmo enquanto seu pai estivesse vivo. "Assim, pode-se julgar, por todas essas circunstâncias, que ele tinha interesse na sucessão, não da maneira que seu pai lhe a teria deixado, mas de sua própria maneira, com ajuda estrangeira ou com a força dos rebeldes, mesmo durante a vida de seu pai". Ademais, durante as investigações, Aleixo havia continuamente mentido e se esquivado de contar toda a verdade. Como o perdão prometido pelo pai dependia da confissão total e sincera, esse perdão agora era inválido. Ao final da denúncia de Pedro, Aleixo "confessou a seu pai e soberano, na presença de todos, eclesiásticos e seculares, que era culpado de tudo o que havia sido descrito".

O czar pediu à corte eclesiástica – três arcebispos, cinco bispos, quatro arquimandritas e outros homens de alta posição na igreja – para aconselhá-lo sobre o que um pai real deveria fazer com aquele Absalão contemporâneo. Os religiosos tentaram desesperadamente não oferecer uma resposta direta. O caso, eles argumentavam, era inapropriado para uma corte eclesiástica. Pressionados por Pedro para apresentarem respostas mais substanciais, eles procuraram mostrar que, se o czar quisesse punir seu filho, ele tinha a autoridade do Antigo Testamento para fazer isso (Levítico 20: "Se alguém amaldiçoar seu pai ou sua mãe, terá de ser executado. Por ter amaldiçoado o seu pai ou a sua mãe, merece a morte" ; e Deuteronômio 21: "Quando alguém tiver um filho contumaz e rebelde que não obedecer à voz de seu pai [...] então seu pai [...] o pegará e o levará aos anciãos da sua cidade [...] e todos os homens da sua cidade o apedrejarão até que morra"). Por outro lado, alegaram os religiosos, se o czar desejasse ser misericordioso, havia muitos exemplos nos ensinamentos de Cristo, mais precisamente na Parábola do Filho Pródigo.

Ainda insatisfeito com esse veredito fraco, Pedro voltou-se aos 127 membros da corte secular. Ordenou que eles julgassem seu filho de forma justa e objetiva, "sem nos lisonjear e sem se sentirem apreensivos. Não se sintam comovidos por estarem julgando o filho do soberano, pois juramos, pelo Grande Deus e Seus julgamentos, que vocês não têm nada a temer". Em dezesseis de junho, Pedro concedeu especificamente à corte o poder de julgar Aleixo da mesma forma que julgaria qualquer outro súdito acusado de traição, "na forma requerida e com o exame necessário" – ou seja, por tortura.

Ao receber essas ordens e garantias, a corte convocou o czarevich ao Salão do Senado e anunciou que, "embora tivessem sofrido muito por sua conduta passada", eles se viam obrigados a obedecer às ordens e, sem privilégios por sua pessoa e por ser o filho do mais clemente soberano, interrogá-lo". Primeiro veio o exame sob tortura. Em dezenove de junho, Aleixo recebeu 25 golpes de *cnute*. Nenhuma nova confissão foi arrancada por essa dor e, em 24 de junho, a tortura foi novamente aplicada. Com quinze outros golpes de açoite rasgando a pele de suas costas, o czarevich admitiu que havia dito a seu confessor: "Eu quero que meu pai morra!". Naquele estado lastimável, pronto para admitir qualquer coisa, ele disse a seu interrogador, Tolstói, que estava até mesmo disposto a pagar ao imperador para lhe oferecer tropas estrangeiras para o ajudarem a arrancar o trono de seu pai.

Aquilo era suficiente. Naquela mesma noite, 24 de junho, a suprema corte, unanimemente e sem discutir, "com corações aflitos e olhos tomados por lágrimas", pronunciou a sentença. Aleixo deveria morrer por "criar rebelião, algo que poucas vezes havia se visto no mundo, combinado com um horrível parricídio duplo, primeiro contra o Pai de sua nação e o segundo contra seu Pai por natureza". As assinaturas que se seguiram constituíram uma lista quase completa dos tenentes de Pedro: primeiro veio o nome de Menchikov, seguido pelo almirante-geral Teodoro Aproxin, o chanceler Golovkin, os conselheiros privados Jacob Dolgoruki, Ivan Musin-Pushkin e Tikhon Streshnev, senador Pedro Apraxin, vice-chanceler Shafirov, Pedro Tolstói, senador Dimitri Golitsyn, os generais Adão Weide e Ivan Buturlin, senador Michael Samarin, Ivan Romodanovski, Aleixo Saltykov, príncipe Mateus Gagarin, governador da Siberia, e Kyril Naryshkin, governador de Moscou.

A sentença estava agora nas mãos de Pedro; ela não poderia ser executada sem sua aprovação e assinatura. O czar hesitou em assinar, mas logo os eventos fugiram de seu controle. Um relato do dia final é oferecido por Weber:

Na manhã do dia seguinte, quinta-feira, 26 de junho, o czar recebeu a notícia de que paixões violentas geradas pela possibilidade e pelo terror da morte haviam causado no czarevich um ataque apoplético. Por volta do meio-dia, outro mensageiro trouxe a notícia de que o príncipe estava correndo risco de morte, e então o czar procurou os principais homens de sua corte e os fez ficar com ele até ser informado por um terceiro mensageiro de que o príncipe, já sem esperanças, provavelmente não sobreviveria à noite e desejava ver seu pai.

Então o czar, acompanhado pelo grupo supracitado, foi ver seu filho que estava prestes a morrer. Ao ver o pai, Aleixo explodiu em lágrimas e, com as mãos fechadas, falou com ele algo no sentido de que ele havia grave e horrivelmente ofendido a Majestade de Deus Todo-Poderoso e do Czar, que esperava morrer daquela doença, e que, mesmo se vivesse, não era digno da vida e, portanto, implorava a seu pai para apenas retirar a maldição que havia lançado sobre ele em Moscou, que o perdoasse por seus pesados crimes, que lhe desse as bênçãos paternais e que fizesse uma prece por sua alma.

Durante essas palavras comoventes, o czar e todo o grupo quase se desfez em lágrimas; Sua Majestade retribuiu com uma resposta patética e repetiu ao filho em algumas palavras todas as ofensas que ele havia causado. Então o perdoou e abençoou, e depois saiu, deixando ambos os lados com muitas lágrimas e lamentações.

Às cinco horas da tarde veio um quarto mensageiro, um major das Guardas, comunicar ao czar que o czarevich encontrava-se extremamente desejoso de ver o pai mais uma vez. Inicialmente, o czar sentiu-se indisposto a atender ao pedido do filho, mas finalmente foi persuadido pelo grupo, que convenceu Sua Majestade de como seria complicado negar o conforto a um filho que, estando prestes a morrer, provavelmente se sentia torturado por golpes de sua consciência pesada. No entanto, quando Sua Majestade havia colocado os pés em sua corveta para ir até a Fortaleza, um quinto mensageiro trouxe a notícia de que o príncipe já havia falecido.

Como, de fato, Aleixo morreu? Ninguém soube e até hoje ninguém sabe. A morte do czarevich provocou rumores e controvérsias primeiro em São Petersburgo, depois pela Rússia e toda a Europa. Pedro, atormentado com a impressão desfavorável que esse falecimento criaria no exterior, ordenou que uma longa explicação oficial fosse enviada a todas as cortes do continente. Especialmente preocupado com a corte da França, que ele havia visitado ainda recentemente, enviou um mensageiro a Paris com uma correspondência endereçada a seu embaixador, o barão de Schleinitz, para que fosse entregue ao rei e ao regente. Após apresentar um relato do ocorrido e do julgamento, ele concluía:

> A corte secular, de acordo com todas as leis divinas e humanas, viu-se obrigada a condená-lo [Aleixo] à morte, com a restrição de que isso dependia do poder de nosso soberano e da clemência paternal para perdoar os crimes ou executar a sentença. E disso notificamos o príncipe, nosso filho.
>
> Todavia, ainda não tínhamos chegado a uma conclusão, e não sabíamos como decidir uma questão de tamanha importância. De um lado, a ternura paterna nos inclinava mais a perdoá-lo; de outro, consideramos os males nos quais nosso Estado mergulharia novamente e os infortúnios que poderiam ocorrer se concedêssemos a graça a nosso filho.
>
> Em meio a essa agitação incerta e angustiante, agradava a Deus Todo Poderoso, cujos Sagrados Julgamentos são sempre justos, afastar, por Sua divina graça, nosso povo e nosso império de todo o medo e perigo e dar fim aos dias de nosso filho Aleixo, que faleceu ontem. Assim que ele se convenceu dos grandes crimes cometidos contra nós e contra todo o nosso império e recebeu a pena de morte, foi afetado com uma espécie de apoplexia. Quando se recuperou do ataque, ainda com seu espírito e capaz de falar, ele nos implorou para ir vê-lo, e assim fizemos, acompanhados de nossos ministros e senadores, apesar de todo o mal que ele havia nos causado. Nós o encontramos com os olhos banhados em lágrimas e demonstrando sincero arrependimento. Ele nos disse que sabia que a mão de Deus estava sobre ele e que agora era no momento de se responsabilizar por suas ações em vida. Também afirmou não acreditar que seria capaz de se reconciliar com Deus se não se reconciliasse com seu Senhor Soberano e pai. Depois disso, entrou em detalhes de tudo o que havia ocorrido, sentindo-se culpado, confessou, recebeu a Extrema Unção, pediu nossa bênção e nos implorou para perdoar todos os seus crimes. Nós o perdoamos como nossa obrigação paternal e cristã nos obrigou a fazer.
>
> Essa morte inesperada e repentina nos causou grande tristeza. Todavia, encontramos conforto em acreditar que a Providência Divina desejou nos afastar de todas as ansiedades e acalmar nosso império. Assim, vimo-nos obrigados a dar Graças a Deus e a passar com toda a humildade divina por essa triste circunstância.
>
> Julgamos sábio deixá-los cientes, por nosso mensageiro expresso, de tudo que aconteceu, para que estejam bem informados e comuniquem a informação a Sua

Mais Cristã Majestade [o rei Luís XV] e a sua Alteza Real, o duque de Orleans, regente do reino.

Caso alguém deseje publicar esse evento de forma odiosa, vocês terão em mãos o que é necessário para destruir e solidamente refutar quaisquer rumores injustos e infundados.

Weber e de la Vie aceitaram a explicação oficial e reportaram a seus superiores que o czarevich havia morrido de um ataque de apoplexia. Entretanto, outros estrangeiros mostraram-se desconfiados e uma série de relatos lúgubres começou a circular. Pleyer primeiro reportou que Aleixo havia morrido de apoplexia, mas três dias mais tarde informou seu governo de que o czarevich havia sido decapitado com uma espada ou um machado (um relato, muitos anos depois, descrevia o próprio Pedro decapitando seu filho); dizia-se que uma mulher de Narva havia sido levada à fortaleza para costurar a cabeça de volta no corpo, de modo que ele pudesse ser colocado no caixão. De Bie, um residente holandês, reportou que Aleixo havia sangrado até a morte depois que suas veias foram abertas com uma lanceta. Posteriormente correram rumores de que o czarevich havia sido sufocado com travesseiros por quatro oficiais das Guardas, incluindo Rumyantsov.

O registro diário da guarda de São Petersburgo declara que, por volta das oito horas da manhã de 26 de junho, o czar, Menchikov e outras oito pessoas se reuniram na fortaleza para participar de um novo interrogatório envolvendo tortura – embora o alvo não tenha sido especificado. "Às onze horas da manhã, eles partiram", continua o registro. "No mesmo dia, às dezoito horas, o czarevich Aleixo Petrovich, que estava sob guarda no Bastião Trubetskoi, veio a óbito". O diário de Menchikov conta que, naquela manhã, ele foi até a fortaleza, onde encontrou o czar, e então procurou o czarevich Aleixo, que estava muito doente. Menchikov passou meia hora no local. "O dia estava claro e iluminado, com uma leve brisa. Naquele dia, o czarevich Aleixo Petrovich passou deste mundo para a vida eterna".

A verdade é que nenhuma das causas sugeridas – decapitação, sangramento, sufocamento ou mesmo apoplexia – é necessária para explicar a morte de Aleixo. A explicação mais simples é a mais provável: quarenta golpes de *cnute* eram suficientes para matar um homem robusto e saudável. Aleixo não era robusto, e o choque e as feridas causadas por quarenta golpes desferidos contra suas costas frágeis podem facilmente tê-lo matado.

Independentemente de como tenha sido de fato a morte do czarevich, os contemporâneos de Pedro consideraram o czar responsável. E, embora muitos estivessem em choque, havia também uma crença bastante difundida de que a morte de Aleixo foi a solução mais satisfatória para o problema de Pedro. Conforme de la Vie reportou a Versalhes: "A morte do príncipe não deixa mais motivos para duvidar de que todas as sementes de rebelião e conspiração estão totalmente extintas. Nunca uma morte ocorreu de forma mais oportuna para a restituição da tranquilidade pública e a dissipação de nosso medo dos eventos que nos ameaçavam". Alguns dias mais tarde, o francês acrescentou: "É impossível elogiar demais a conduta do czar".

Pedro não se esquivou da acusação contra ele. Embora dissesse que fora Deus quem havia tirado a vida de Aleixo, ele nunca negou que foi ele quem levou o filho a um julgamento que resultou em sentença de morte. Ele não havia assinado a aprovação da sentença, mas estava totalmente de acordo com o veredito dos juízes. Tampouco se importou em demonstrar, mesmo que falsamente, qualquer sofrimento. O dia após a morte do czarevich foi aniversário da Batalha de Poltava, e nada foi adiado ou alterado por conta da tragédia. Pedro celebrou um *Te Deum* pela vitória e participou de um banquete e um baile durante a noite. Dois dias mais tarde, no dia 29, um navio de 94 canhões, o Lesnaia, criado de acordo com o desenho do próprio czar, foi lançado no Almirantado. Pedro estava presente com todos os seus ministros e, depois, conta um relato, "houve uma grande festança".

Todavia, as cerimônias envolvendo o corpo do czarevich refletiram as emoções conflitantes de Pedro. Embora Aleixo tivesse morrido como um criminoso condenado, as cerimônias do velório foram conduzidas de acordo com sua posição social. Era quase como se, agora que o filho não estava mais ali para ameaçar seu pai, Pedro quisesse que ele fosse tratado com os benefícios de um czarevich. Na manhã após a morte de Aleixo, o corpo foi levado da cela na qual ele falecera até a casa do governador da fortaleza, onde foi colocado no caixão e coberto com veludo negro e uma mortalha de tecido dourado. Acompanhado por Golovkin e outros oficiais de alto escalão, foi levado até a Igreja da Santíssima Trindade, onde permaneceu com o rosto e as mãos cobertos da forma ortodoxa normal para quem quisesse beijar-lhe a mão ou a testa em um gesto de despedida. Em trinta de junho, ocorreram o funeral e o enterro. De acordo com instruções de Pedro, nenhum dos cavalheiros presentes usava roupas de velório, embora algumas mulheres trajassem preto. Embaixadores estrangeiros não foram convidados para esse estranho funeral real, e foram aconselhados a não usarem preto, pois o filho do soberano havia morrido como criminoso. Mesmo assim, o padre escolheu para seu texto as palavras de Davi "Ó, Absalão, meu filho, meu filho!" e alguns dos presentes afirmaram que Pedro chorou. Depois, o caixão foi carregado da Santíssima Trindade de volta à fortaleza, com Pedro e Catarina e todos os oficiais de alto escalão (a maioria dos quais havia votado pela condenação de Aleixo) seguindo em procissão e levando velas acesas. Na catedral da fortaleza, o caixão foi colocado em um novo jazigo da família do czar, permanecendo ao lado do túmulo da esposa do czarevich, Charlotte.

No final do ano, Pedro mandou cunhar uma medalha, quase como se estivesse comemorando uma vitória. Na medalha, nuvens se dividiam e o topo de uma montanha aparecia banhado em raios da luz do sol. Abaixo da imagem, a inscrição: "O horizonte está limpo".

Por fim, o que se pode dizer sobre essa tragédia? Foi apenas uma questão familiar, um choque de personalidades, o pai terrível e feroz atormentando e finalmente matando o pobre e indefeso filho?

A relação de Pedro com seu filho era uma mistura inseparável de sentimentos pessoais e realidades políticas. A personalidade de Aleixo ajudou a estimular o antagonismo entre pai e filho, mas na raiz do problema repousava a questão do poder soberano. Havia dois soberanos – aquele no trono e aquele à espera – com sonhos e objetivos distintos para o Estado. Ao realizar esses sonhos, todavia, cada um se viu diante de uma frustração atormentadora. Enquanto o monarca em atividade estivesse no trono, o filho teria de esperar; e, mesmo assim, o soberano sabia que, uma vez que ele partisse, seus sonhos e objetivos poderiam ser desfeitos. O poder repousava na coroa.

Existe, obviamente, uma longa história de discórdia em famílias reais, envolvendo temperamentos conflitantes, suspeitas e manobras de poder entre gerações, impaciência dos jovens para que a geração mais velha morresse e entregasse o poder. Também há muitas histórias de reis e príncipes condenando seus próprios familiares por se oporem à coroa ou, do lado perdedor, fugas de suas pátrias em busca de refúgio em cortes estrangeiras. Nos tempos de Pedro, a princesa Maria, filha do rei Jaime II da Inglaterra, ajudou a afastar seu pai do trono. Jaime fugiu para a França buscando esperar tempos melhores; quando ele morreu, seu filho foi duas vezes para a Grã-Bretanha tentando tomar o trono de seu pai. Quem aí era o traidor? Invariavelmente, a história faz esse título cair sobre o perdedor.

Em tempos antigos, o caminho para os tronos reais era intensamente manchado pelo sangue familiar. Os Plantageneta, Tudor, Stuart, Capeto, Valois e Bourbon, todos mataram familiares reais por motivos de Estado. A lendária Gloriana, Isabel I da Inglaterra, manteve sua prima, Maria da Escócia, na prisão por 27 anos enquanto a vida e a beleza ficavam no passado e então, ainda incapaz de aceitar o fato de que Maria a sucederia no trono, decapitou a prisioneira. Em meio a tudo isso, o filho de Maria, rei Jaime VI da Escócia, contentemente aceitou a morte de sua mãe, evento que abriu seu caminho como herdeiro escolhido de Isabel.

Matar o próprio filho real é um crime mais raro. Teríamos de voltar aos Gregos, cujas tragédias envolvem figuras sombrias, parte mitos, parte deuses, ou à Roma imperial, onde as ambições pessoais cruas e a depravação da corte tornavam tudo aceitável. Na Rússia, Ivan, o Terrível, matou seu filho com um bastão de ferro, mas Ivan estava furioso e quase louco. Para nós, o mais inquietante sobre a morte de Aleixo é o fato de ela ter ocorrido como resultado de um precedente judicial frio e supostamente objetivo. O fato de um pai ficar parado e permitir que seu filho fosse torturado nos parece algo inacreditável, o mais brutal de todos os episódios violentos da vida de Pedro.

Para ele, todavia, o processo judicial era o passo legal final necessário em sua legítima defesa do Estado e do trabalho realizado durante sua vida. O fato de ele ser impulsionado por uma necessidade política e não por um rancor pessoal era óbvio. Aos olhos de Pedro, ele havia mimado o filho. Nenhum outro súdito teria recebido cartas e mais cartas, apelos e mais apelos, pedindo para que aceitasse suas responsabilidades e a vontade do soberano. Essa foi sua concessão à relação pessoal existente entre eles.

O julgamento havia revelado palavras de traição e uma esperança amplamente difundida da morte de Pedro. Muitos haviam sido punidos; seria possível condenar essas figuras periféricas e deixar a figura central intocada? Essa foi a escolha com a qual Pedro se deparou e que ele levou ao tribunal. Dividido entre sentimentos paternais e a preservação do trabalho de sua vida, ele escolheu a segunda opção. Aleixo foi condenado por motivos de Estado. Como com Isabel I da Inglaterra, era uma decisão sombria tomada por um monarca decidido a preservar a nação que ele ou ela haviam dedicado a vida para construir.

Aleixo realmente representava uma ameaça a Pedro enquanto seu pai estava vivo? Considerando a personalidade dos dois homens, qualquer perigo verdadeiro pareceria remoto. O czarevich não tinha nem energia, nem desejo de se colocar à frente de uma revolta. É verdade que ele queria chegar ao trono e que desejava a morte de Pedro, mas seu plano consistia em esperar, acreditando que era amplamente popular na Rússia – "e, das pessoas simples, ouvi que muitos me amam". Se Aleixo tivesse sucedido o pai, tudo o que Pedro temia teria acontecido? Isso também parece pouco provável. Aleixo não teria levado adiante todas as reformas de seu pai, e algumas coisas teriam andado para trás. Entretanto, no geral, não ocorreriam muitas mudanças. No mínimo porque Aleixo não era um príncipe moscovita medieval. Ele havia sido criado com tutores ocidentais, estudado e viajado com frequência ao Ocidente, se casado com uma princesa ocidental, seu cunhado era o imperador do Sacro Império Romano. A Rússia não teria voltado a usar cafetãs, barbas e o *terem*. A história pode caminhar em um ritmo mais lento, mas ela nunca anda para trás.

Por fim, parece que, no final, Aleixo aceitou o julgamento da corte e o de seu pai. Confessou e pediu perdão. Seu desafio débil, quase involuntário, contra o enorme czar havia falhado, sua amada Afrosina o traíra e desertara, ele havia sido enfraquecido pela tortura. Talvez Aleixo tenha simplesmente se afastado da vida como gostaria de se abster do governo de seu país, desgastado demais para continuar, incapaz de seguir adiante com uma existência dominada por um homem opressivo como seu pai.

LV

A ÚLTIMA OFENSIVA DE CARLOS

QUANDO PEDRO CANCELOU A invasão dos aliados à Suécia em setembro de 1716, Carlos XII não teria como saber se o desembarque havia sido permanentemente cancelado ou apenas adiado até a primavera. Portanto, ele permaneceu durante o inverno no ponto mais meridional da Suécia, em Lund, perto de Malmö, atravessando o estreito de Copenhague. A casa na qual permaneceu instalado pertencia a um professor; para agradar o rei, alguns dos cômodos foram expandidos e pintados de azul e amarelo, as cores da Suécia. Na primavera, um novo poço foi escavado, legumes foram plantados e dois tanques criados para serem preenchidos com peixes que serviriam a mesa de Carlos.

Nesta casa, ele viveria e trabalharia por quase dois anos. No verão, seu dia começava às três horas da manhã, quando o sol já despontava e o céu se enchia de luz. Até às sete horas, trabalhava com seus secretários e recebia visitantes. Então, independentemente do tempo, o rei montava em seu cavalo e cavalgava até às quatorze horas, visitando e inspecionando os numerosos regimentos instalados ao longo da costa sul. O jantar, no meio da tarde, era breve e simples. Geleia caseira era o único doce que Carlos apreciava, e em geral era oferecida por sua irmã mais jovem, Ulrika, que preparava a maior parte dela com as próprias mãos. Os aparatos à mesa eram de peltre, pois a prataria havia há muito tempo sido vendida para levantar fundos para a guerra. Às 21 horas, o rei se deitava para dormir em um colchão de palha.

Durante esses meses tranquilos, Carlos teve tempo para se dedicar a seus interesses e curiosidades pacíficos. Participou de palestras e de discussões com professores de matemática e teologia da Universidade de Lund. Com Tessin, o arquiteto da corte, planejou novos espaços e prédios públicos a serem construídos na capital assim que a paz voltasse a reinar. Desenhou novas bandeiras e uniformes para alguns de seus regimentos, proibindo a cor verde – talvez por ser essa a cor usada pelos soldados de Pedro. O povo achou o rei bastante diferente do jovem teimoso e impetuoso que havia escandalizado a Suécia com suas leviandades adolescentes; agora se viam diante de um homem mais gentil, mais sereno, que, aos 34 anos, mostrava uma enorme tolerância para com as falhas e fraquezas humanas. E, ainda assim, em um ponto extremamente importante, o monarca não havia mudado: Carlos XII permanecia decidido a continuar a guerra.

Por conta disso, muitos suecos acharam o retorno do rei uma bênção infeliz. Quando Stralsund e Wismar caíram, eles se sentiram quase aliviados, acreditando que a perda desses últimos fragmentos do império significava que pelo menos a guerra chegaria ao fim. Seu desejo por glória e até mesmo por lucro comercial havia há muito tempo aberto caminho para um esmagador desejo de paz. O rei, ciente desses sentimentos, explicou seus planos a Ulrika, que também estava dividida entre um desejo por paz e a lealdade a seu irmão. "Isso não significa que eu seja contra a paz. Sou a favor de uma paz defensável aos olhos da posteridade. A maioria dos Estados quer ver a Suécia mais fraca do que ela era. Devemos nos apoiar, acima de tudo, em nós mesmos". Mais guerra significava mais homens e mais dinheiro, embora o país se encontrasse devastado. Metade das fazendas não era cultivada porque não havia trabalhadores. A pesca estava abandonada. O comércio com o exterior via-se arruinado pelo bloqueio das frotas aliadas; o número de navios mercantes suecos caiu de 775 em 1697 para 209 em 1718.

Nessas circunstâncias, os planos de Carlos XII para uma nova ofensiva militar fez homens fugirem para a floresta para evitar o serviço militar. Eles eram arrastados das igrejas no meio das cerimônias, trazidos das minas, carregados para fora das tavernas públicas. Estudantes universitários e até mesmo garotos frequentando colégios foram recrutados. Alguns cortavam um dedo ou davam um tiro no próprio pé para evitar o serviço, mas um novo decreto afirmou que eles deveriam receber trinta chicotadas e serem forçados a servir de qualquer forma. (Se conseguissem se tornar inválidos a ponto de não poderem ser usados como soldados, então recebiam sessenta chicotadas e eram enviados como condenados a realizar trabalho compulsório.) Como resultado, um viajante holandês na Suécia em 1719 encontrou-se cercado apenas por homens grisalhos, mulheres e garotos com menos de doze anos. "Em toda a Suécia, não vi um único homem cuja idade fosse entre vinte e quarenta anos", declarou. O valor dos antigos impostos foi aumentado e novos tributos foram criados. O imposto sobre a terra duplicou e triplicou, o do correio aumentou e o de todos os luxos (chá, café, chocolate, renda, seda, ornamentos de ouro e prata, roupas de peles, chapéus elegantes e carruagens) tornava os itens quase inexistentes.

PARECIA IMPOSSÍVEL QUE ATÉ mesmo um rei como Carlos conseguisse extrair as novas reservas de dinheiro e pessoal que demandava de seu país cansado e deprimido. O fato de ele conseguir deve-se ao surgimento de um homem ao seu lado – um homem que serviu tanto como administrador em sua terra natal quanto como diplomata no exterior, o brilhante, inescrupuloso, muito infame e malfadado barão Georg Heinrich von Goertz, um audacioso aventureiro internacional sem quaisquer laços de nacionalidade, mas com gosto pelo poder e paixão por intrigas. Goertz contava com um intelecto complexo e versátil, que lhe permitia trabalhar simultaneamente em vários esquemas divergentes e até mesmo contraditórios. Já foi dito que "ele conquistou vinte vezes mais do que Talleyrand ou Metternich enquanto trabalhava com menos de um vigésimo de recursos".

Durante quatro anos – entre 1714 e 1718 – Goertz, armado com o poder do rei, pairou sobre a Suécia. Pessoalmente, era um homem dramático, alto, belo (apesar de um olho artificial, feito de esmalte, substituindo aquele perdido em um duelo de estudantes), charmoso e um brilhante conversador. Nascido no sul da Alemanha, em uma nobre família franconiana, estudou na Universidade de Jena e então, buscando uma situação na qual seu espírito aventureiro pudesse florescer, ligou-se à corte do jovem duque Frederico IV de Holstein-Gottorp, que havia sido um companheiro excêntrico de Carlos e se casado com a irmã do rei sueco, Hedwig Sofia. Pouco depois que o duque partiu para uma guerra ao lado de Carlos, Hedwig teve um filho, Carlos Frederico. Em 1702, na Batalha de Klissow, ainda ao lado de Carlos, o duque foi morto, deixando seu filho de dois anos como sucessor e Georg Heinrich von Goertz como verdadeiro governante de Holstein-Gottorp. Mais importante, até Carlos XII casar-se e ter um filho, o jovem Carlos Frederico era o herdeiro ao trono da Suécia.

Goertz conduziu todas as questões do ducado. Viajou pela Europa, fazendo contato com o czar, a rainha Ana, o rei da Prússia e o Eleitor de Hanover. Em 1713, propôs o fortalecimento da posição do ducado por meio de uma aliança russa, com o selo sendo o casamento entre o duque de doze anos e a filha mais velha de Pedro, Ana, então com cinco anos. Goertz em certo momento propôs a Menchikov a ideia de criar um canal através de Holstein, na base da península dinamarquesa, o que daria às embarcações russas uma saída do Báltico para o Mar do Norte sem ter de passar pelo estreito e estar sujeitas a pagar impostos ou sofrer ataques dinamarqueses.[1] Foi Goertz quem providenciou para que o exército sueco de Magnus Stenbock, vitorioso em Gadebusch, porém perseguido por forças maiores compostas por saxões, dinamarqueses e russos, fosse admitido na fortaleza Holstein em Tönning. E também foi Goertz que, cinco meses mais tarde, quando o exército cercado já não conseguia suportar, cuidou dos termos de paz durante a rendição.

Por mais que fosse bem-sucedido, com o tempo Goertz passou a sentir que o pequeno ducado de Holstein-Gottorp era uma arena estreita demais para suas habilidades. Há muito tempo admirava Carlos XII, o lendário tio de seu próprio soberano, e, quando Carlos apareceu em Stralsund, em novembro de 1714, após sua viagem pela Europa, Goertz se apressou para encontrá-lo. Em uma única e longa conversa, conquistou a simpatia de Carlos e se tornou um conselheiro não oficial. Antes que muito tempo tivesse se passado, o monarca sueco passou a apoiar-se totalmente nele. Carlos admirava a energia de Goertz, sua visão ampla, capacidade analítica e disposição a perseguir, como ele mesmo, objetivos vastos e de grande escala e soluções radicais até mesmo com recursos limitados. Para o rei sueco, Goertz aplicava à administração e à diplomacia a mesma bravura descuidada que o monarca aplicava à guerra.

Depois disso, até a morte de Carlos, Goertz lhe foi indispensável. Ele tomou o controle absoluto das finanças suecas e de todos os grandes departamentos domésticos de Estado. Tornou-se a voz, se não o cérebro, do rei na diplomacia. Em fevereiro de 1716, já se descrevia como Diretor de Finanças e Comércio da Suécia. Com efeito, tornou-se o primeiro-ministro de Carlos, embora não tivesse essa posição ou título na Suécia e ainda fosse, nominalmente, servo do sobrinho do rei, o duque de Holstein-Gottorp.

Goertz sabia lidar com o monarca. Como condição para aceitar o serviço, havia conquistado a promessa de Carlos de que todas as comunicações deveriam ocorrer entre eles, e não por meio de intermediários. Sabia que era melhor não importunar o rei com detalhes em áreas pelas quais Carlos não tivesse interesse. Percebeu que, se o monarca não concordasse com ele quando diante de um argumento oral, ele poderia colocar suas visões de forma clara e incisiva em um documento escrito e que assim, em geral, conseguiria o que desejava.

---

1   Em 1887, 174 anos mais tarde, o Canal de Kiel foi construído. (N. A.)

Conforme a Suécia sentia a mão engenhosa e implacável do barão von Goertz, o ódio pelo conselheiro estrangeiro do rei passava a se espalhar por todas as classes. Os burocratas o odiavam porque ele exercia o poder fora dos canais normais de administração. O partido Hessian, formado em volta de Ulrika, irmã de Carlos, e seu marido, Frederico de Hesse, odiava Goertz porque imaginava que ele estivesse trabalhando para garantir a sucessão de seu jovem soberano Holstein e, portanto, excluindo o partido. E os suecos por todos os cantos o odiavam pelo entusiasmo e ingenuidade com os quais ele trabalhava para extorquir mais homens e dinheiro da nação exausta, tudo com o objetivo de continuar a guerra. Ele emitiu papel-moeda. Aumentou os impostos, e depois os aumentou ainda mais. Foi acusado de encher o próprio bolso, mas essas acusações não eram verdadeiras – nas questões financeiras, Goertz foi totalmente honesto. Chegou até mesmo a gastar seu pequeno orçamento em um esforço para mobilizar de forma mais eficiente recursos suecos para o novo esforço de guerra. Em seu papel de comando, Goertz era chamado de "grão-vizir" pelos suecos furiosos. Embora fosse conhecido como apenas uma criatura do rei, estava envolvido pelo poder do monarca. Enquanto Carlos estivesse por trás, Goertz seria invencível.

EMBORA FOSSEM AS POLÍTICAS domésticas de Goertz que revoltassem os suecos comuns, ele era ainda mais útil ao rei como diplomata. Era um mestre nessa arte sutil, e Carlos lhe deu carta branca para realizar truques por toda a Europa. Esta era a análise de Goertz acerca da situação da Suécia: como o país não poderia derrotar todos os inimigos, ele precisava alcançar a paz, e talvez até mesmo formar uma aliança para conseguir combater outros exércitos. Ou Carlos teria de conquistar a paz com a Rússia e concentrar seus esforços contra Dinamarca, Prússia e Hanover, ou teria de alcançar a paz com Dinamarca, Prússia e Hanover e renovar seu ataque contra o czar na parte superior do Báltico. Goertz preferia a primeira alternativa: paz com a Rússia. Isso significava sacrificar as províncias de Ingria, Carélia, Estônia, Livônia e possivelmente Finlândia, além de admitir uma maior presença naval e comercial da Rússia no Báltico, mas, por outro lado, libertaria Carlos para reconquistar as províncias alemãs perdidas (Pomerânia, Bremen e Verden) e lhe permitiria talvez capturar Mecklemburgo e também a Noruega. A preferência de Goertz talvez se desse em parte pelo fato de que a reafirmação do poder sueco no Norte da Alemanha seria útil a seu jovem monarca em Holstein-Gottorp, mas ele também agora avaliava o poder e a decisão de Pedro como muito maiores do que aqueles dos aliados da Rússia. O czar havia demonstrado sua tenaz determinação em manter e expandir suas áreas no Báltico. O crescimento da frota de Pedro, as operações distantes de seu exército e sua vontade implacável sugeriam que nem mesmo um enorme esforço sueco seria capaz de afastar com facilidade os russos de suas posições nas trincheiras pela costa do Báltico.

A maioria dos suecos de renome, todavia, discordava de Goertz. Eles não se mostravam infelizes por perder as antigas posses alemãs; tinham sempre acreditado que a posição da Suécia no império era uma fonte de fraqueza. Se fosse necessário continuar a guerra, eles preferiam alcançar a paz com a Alemanha e reconquistar as províncias do Báltico. As ricas terras agrícolas da Livônia, chamadas de "o celeiro de milho da Suécia", e o grande porto de Riga com suas grandes arrecadações alfandegárias provenientes do comércio russo poderiam ser usados diretamente para repor a grande perda de riqueza que a Suécia havia sofrido na guerra.

Independentemente de qual direção a ofensiva sueca tomasse, o importante era que, ao simplesmente levantar a ideia de tratados separados de paz e novas alianças, Goertz havia colocado o equilíbrio de poder no Báltico de volta nas mãos de Carlos. Conforme os meses se passavam, Goertz habilidosamente explorava essa nova situação, deixando claro que, dali em diante, qualquer coisa poderia ser esperada da Suécia no sentido de novos alinhamentos e combinações. Ele negociou com todos os inimigos, com exceção da Dinamarca, pois os Holsteiner queriam fazer a Dinamarca pagar a conta. Foi uma performance virtuosa. Do dia para a noite, sua diplomacia transformou a Suécia de vítima, prestes a ser vencida por uma grande coalisão de poderes, em iniciadora dos eventos, capaz de escolher quais aliados apoiaria com a paz e quais tornar-se-iam alvos de uma nova ofensiva. Desde Poltava, a Suécia não tinha tamanho poder na Europa.

Goertz já havia testado os laços da aliança anti-Suécia e descoberto que eram extremamente fracos. Todos os aliados de Pedro estavam apreensivos com a força crescente da Rússia, mas o ponto mais delicado na coalisão residia no antagonismo pessoal entre Pedro e o rei Jorge I da Inglaterra, que também era eleitor de Hanover. Ciente disso, Goertz começou a negociar com ambos ao mesmo tempo, compreendendo que, quando um monarca soubesse que ele estava tratando com o outro, isso automaticamente favoreceria Goertz com os dois. Ele procurou Pedro primeiro, em um encontro ocorrido em junho de 1716 na Holanda. Pedro o respeitou, mas, quando Goertz lhe apresentava apenas questões ligadas ao pequeno Holstein, seu sonho de ter o controle sobre reinos e impérios fez o czar dar risada; a Bassewitz, enviado de Holstein, Pedro certa vez disse: "Sua corte, dirigida pelos vastos esquemas de Goertz, parece-me um pequeno barco a remo carregando o mastro de um navio de guerra – o menor vento lateral será capaz de derrubá-lo". Entretanto, o mesmo homem lidando com a diplomacia da Suécia era algo diferente. No encontro, Pedro e Goertz discutiram a ideia de um novo equilíbrio na Europa Setentrional com base em uma aliança entre Suécia e Rússia, a ser garantida pela França. Durante a paz, a Rússia devolveria a Finlândia à Suécia, mas manteria todas as outras conquistas, ao passo que a Suécia estaria livre para reconquistar o que pudesse da Dinamarca e de Hanover. Goertz sabia que Carlos jamais cederia todos os territórios que Pedro exigisse; mesmo assim, ele se mostrou satisfeito com a disposição do czar em negociar e, antes de o encontro chegar ao fim, os dois concordaram que uma conferência formal de paz deveria ocorrer o mais rapidamente possível nas Ilhas Åland, no Golfo de Bótnia – ilhas que acreditava-se ser o ponto mais inacessível a espiões.

A notícia dessa reunião foi diligentemente espalhada pelos agentes de Goertz por toda a Europa. Tanto Jorge I da Inglaterra quanto Frederico IV da Dinamarca mostraram-se alarmados, embora Jorge alegasse que Pedro jamais alcançaria a paz sem manter Riga e acreditasse na impossibilidade de Carlos XII concordar em desistir desse território. Mesmo assim, conforme Goertz havia previsto, todos os inimigos da Suécia agora estavam ansiosos por chegar a um acordo. Jorge I despachou um enviado a Carlos, em Lund, declarando que, se a Suécia cedesse Bremen e Verden a Hanover, ele ajudaria o sueco a afastar os russos do Báltico. Carlos recusou.

A invasão proposta à Escânia suspendeu a ideia de negociações diretas entre Rússia e Suécia, mas, uma vez que a invasão havia sido suspensa, Goertz seguiu adiante com seu plano. Discutiu-o com o príncipe Kurakin na Holanda no verão de 1717, e os russos confirmaram a disposição do czar de seguir em frente. Aliás, Pedro queria que as negociações começassem o mais rapidamente possível, embora durante o inverno e a primavera de 1718 o mais perigoso e importante problema diante de Pedro não fossem as negociações com a Suécia, mas sua relação com seu filho, um drama que ofuscou profundamente o esforço de dar fim à guerra. Em parte por esse motivo, foi somente em maio que os dois lados se viram frente a frente a uma mesa.

As Ilhas Åland, um grupo de 6.500 ilhotas de granito vermelho no meio do Golfo de Bótnia, são cobertas por florestas de pinheiros e campos gramados. Em Lofo, dois grandes galpões foram construídos para abrigar as delegações.

Pedro havia originalmente sugerido que as negociações fossem conduzidas de maneira informal, sem cerimônias e com acomodações modestas. Chegou a sugerir que os dois lados ficassem em uma única casa, cada um com seus cômodos, mas sem parede entre eles para que pudessem trabalhar de forma eficiente. Isso não era, de forma alguma, o que os suecos tinham em mente, e Goertz chegou a Lofo com uma comitiva de cavalheiros, secretários, servos e soldados e um serviço de mesa e prataria emprestados do duque de Holstein.

A delegação sueca foi liderada por Goertz e pelo conde Gyllenborg, embaixador sueco em Londres. Do outro lado da mesa, os russos eram guiados pelo general James Bruce, um escocês que havia se provado eficiente na campanha contra a Finlândia, e pelo Conselheiro das Relações Exteriores, André Osterman. Osterman, um vestifaliano levado à Rússia pelo vice-almirante Cruys, era um dos mais capacitados de todos os estrangeiros que fizeram carreira no país durante o reinado de Pedro. Falava alemão, holandês, francês, italiano e latim, além de russo; havia acompanhado Shafirov e Pedro na expedição no Prut e auxiliado nas negociações com o grão-vizir; em 1714, foi a Berlim para ajudar a persuadir os russos a se unirem em uma aliança contra a Suécia.

Agora, estar diante de Goertz era um grande teste às suas habilidades (embora Bruce fosse nominalmente o líder da delegação russa, Osterman oferecia as verdadeiras habilidades diplomáticas). Em certo sentido, a situação era irônica: ali estavam dois alemães – Osterman nascido em Vestfália e Goertz, na Francônia – sentados cada um de um lado da mesa para barganhar em nome da Rússia e da Suécia. Goertz, aos 51 anos, era mais velho e mais experiente, mas representava o poder minguante da Suécia, ao passo que Osterman, aos 32 anos, mas não menos habilidoso, representava o poder crescente da Rússia.

A base da negociação, conforme entendido por ambos os lados, era que Goertz buscaria a paz com a Rússia, o que permitiria à Suécia reconquistar alguns dos territórios perdidos para Pedro, ao mesmo tempo em que o país se libertava para agir contra seus adversários na Alemanha do Norte. De forma geral, Pedro concordava com a ideia; ele havia conquistado mais territórios suecos do que precisava ou desejava, e estava disposto a devolver alguns deles em troca de um tratado de paz que confirmaria seu direito a manter os demais territórios. Apesar do acordo geral, as propostas específicas e as instruções dos monarcas que as duas equipes de negociação levavam no bolso eram tão diferentes que, exceto se um milagre diplomático acontecesse, um tratado não seria alcançado. Assim, como condição preliminar para as negociações,

Bruce e Osterman pediram que a Suécia cedesse Carélia, Estônia, Ingria e Livônia; somente a Finlândia a oeste de Vyborg era negociável. Goertz havia ouvido essas condições de Kukarin, na Holanda, no verão anterior, mas, ciente de qual seria a reação de Carlos, jamais se atreveu a apresentá-las ao monarca. Em vez disso, sua tática seria persuadir Carlos primeiro a concordar com as negociações e depois o conduziriam gradualmente às concessões que se fizessem necessárias. De fato, quando chegou a Lofo, Goertz levava consigo instruções assinadas por Carlos XII que, se colocadas sobre a mesa, acabariam imediatamente com a conferência de paz. Carlos exigia que a Rússia não apenas devolvesse todas as províncias conquistadas da Suécia no exato mesmo estado em que se encontravam antes de a guerra começar, mas também que pagasse uma indenização por ter iniciado uma "guerra injusta".

Nessas sessões iniciais, Goertz realizou brilhantemente seu pequeno papel. Com a pompa principesca de que havia se cercado, com a indiferença que usava para ouvir as propostas russas, como se Carlos, e não Pedro, fosse o vencedor, ele criou uma forte base psicológica para apresentar suas propostas. Ademais, explorou com habilidade o fato de que a Suécia agora era o ponto crucial de toda a diplomacia do norte. Bruce e Osterman sabiam que, concomitantemente com as negociações nas Ilhas Åland, Carlos também estava negociando com Jorge I. Goertz insinuou que essas negociações, que só poderiam gerar um resultado anti-Rússia, estavam rapidamente alcançando um desfecho favorável. Sob esse tipo de pressão, os negociadores russos se afastaram de suas próprias pré-condições e Osterman ofereceu um acordo modificado, no qual a Rússia devolveria toda a Livônia e a Finlândia, e poderia ficar apenas com Ingria, Carélia e Estônia. Ao final dessa primeira rodada de conversas, a disputa havia se estreitado à questão do porto de Reval (Talin). Os suecos insistiam que ele fosse devolvido, pois era necessário para controlar a Finlândia; os russos firmemente se recusavam a devolvê-lo, alegando que, sem esse porto que comandava a entrada do Golfo da Finlândia, a frota do czar e as frotas comerciais estariam à mercê da Suécia.

Em meados de junho, enquanto Goertz retornava à Suécia para consultar Carlos, Osterman, sob instruções de Pedro, prometeu em segredo a Goertz que, se o tratado fosse esboçado de uma forma que o czar pudesse assiná-lo, a gratidão de Pedro viria na forma do mais refinado tecido de zibelina já visto, além de cem mil táleres. Goertz reportou os termos a Carlos, que, como ele esperava, rejeitou-os, alegando que eram favoráveis demais à Rússia. O monarca então o enviou de volta a Lofo para reabrir as negociações.

Goertz retornou em meados de julho trazendo um conjunto de novas e impressionantes propostas que, no fim das contas, vinham apenas dele, e não de Carlos. Conforme ele explicou em particular a Osterman, a Suécia cederia a Ingria e a Livônia à Rússia; a situação da Carélia e da Estônia seria discutida mais tarde. O outro ingrediente do plano era uma nova aliança militar entre Suécia e Rússia, na qual o czar ajudaria o rei a conquistar Noruega, Mecklemburgo, Bremen, Verden e parte de Hanover. Para Pedro, isso significaria uma guerra contra Dinamarca e Hanover. A reação inicial de Osterman foi que o czar não lutaria abertamente como aliado da Suécia; todavia, em troca pelas concessões territoriais suecas, ele poderia oferecer vinte mil homens e oito navios de guerra como "auxiliares" a Carlos. De maneira interessante, Osterman acrescentou que, se eles concordassem em um plano desse tipo, Pedro iria querer que uma cláusula especial fosse inserida no tratado, por meio da qual Carlos se comprometeria a não expor sua pessoa ao perigo das campanhas militares, já que o sucesso do plano obviamente dependia de o rei sueco ser capaz de se manter no comando.

Goertz retornou jubiloso para conversar com Carlos, enquanto Osterman voltava a São Petersburgo para consultar o czar. Todavia, o triunfo de Goertz foi breve. Carlos rejeitou com serenidade tudo o que Goertz e Osterman haviam concordado provisoriamente, alegando que as províncias no Báltico não poderiam ser cedidas em troca de ganhos incertos e ilusórios na Alemanha. Por fim, fazendo uma ligeira concessão a Goertz, o rei declarou que, enquanto ele poderia permitir que o czar mantivesse Carélia e Ingria, que no passado tinham pertencido à Rússia, Pedro deveria "naturalmente ceder Livônia, Estônia e Finlândia, que haviam sido conquistadas em uma guerra injusta". "Está bem", falou Goertz em um tom amargurado a outro ministro sueco, "mas há uma pequena dificuldade: o czar nunca entregará esses territórios". Mais uma vez, o rei sueco enviou Goertz de volta às negociações, com quase nada a oferecer. "Minha missão", ele declarou enquanto partia, "é ludibriar os russos se eles forem suficientemente tolos para serem ludibriados".

A posição de Goertz tornava-se cada vez mais vulnerável. Seu plano havia tomado forma com base na suposição de uma paz rápida e aceitável com Rússia ou Hanover ou ambos, algo que a maioria dos suecos aceitaria; caso contrário, como ele bem sabia, seria pessoalmente culpado pelo recomeço da guerra. Retornando a Lofo, Goertz ouviu a resposta de Pedro à sua oferta anterior: o czar não alteraria nenhuma das suas demandas territoriais anteriores e se recusava a unir-se à Suécia em uma aliança contra Frederico IV da Dinamarca ou contra Frederico Guilherme da Prússia. Ele estaria disposto a oferecer vinte mil soldados russos e oito navios de guerra a Carlos, para servirem sob a bandeira sueca na campanha contra Hanover. Por fim, Osterman disse a Goertz que o czar estava cansado da procrastinação sueca e declarou que, se um tratado não fosse alcançado no mês de dezembro, a conferência de paz chegaria ao fim. Goertz, dando sua palavra de honra de que retornaria dentro de quatro semanas, foi fazer nova consulta a Carlos, que, dessa vez, estava com seu exército na Noruega.

Quatro semanas se passaram, mas Goertz não reapareceu. Nos dias finais de dezembro, um mensageiro chegou de Estocolmo com a notícia que afundou a delegação sueca em confusão e desânimo: Goertz havia sido preso; todos os navios no porto de Estocolmo estavam proibidos de partir, e todas as correspondências no exterior estavam sendo confiscadas. Dez dias se passaram sem mais notícias. Então, em três de janeiro, um capitão sueco chegou e, na manhã seguinte, os delegados informaram Osterman e Bruce que, enquanto sitiava uma cidade na Noruega, o rei Carlos XII havia sido morto.

DE LOFO, OSTERMAN ESCREVEU a Pedro, apontando o dedo para uma grande falha em potencial nas negociações: a possibilidade de Carlos não estar lá para assinar qualquer tratado. O rei, temia Osterman, "por meio de suas ações imprudentes, em algum momento ou será morto, ou quebrará o pescoço galopando". As preocupações de Osterman tinham fundamento. A verdade era que, durante o verão de 1718, ainda enquanto Goertz ia e voltava das Ilhas Åland levando ofertas e contraofertas aos russos, alcançar a paz com Pedro estava longe dos planos de Carlos. Como sempre, o rei apoiava-se muito mais em sua espada do que nas intrigas diplomáticas de Goertz para acabar com o impasse no qual se encontrava. Para o monarca sueco, portanto, as discussões em Åland funcionavam primordialmente como uma estratégia para ganhar tempo; ao conduzir as negociações, Carlos garantiu que os russos não atacassem a costa de seu país naquele verão, nem que sugassem a força de seu novo exército em esforços para repelir esses ataques.

Ao planejar sua estratégia, o rei aceitou o fato de que, por um momento, a Rússia era forte demais – nenhum ataque frontal contra o país de Pedro no Báltico seria capaz de afastá-lo daqueles territórios conquistados. O primeiro oponente seria a Dinamarca. Ele começaria com uma campanha para capturar o sul da Noruega, e então seguiria rumo à Zelândia e à Jutlândia para afastar a Dinamarca da guerra. Depois, seu exército rumaria ao sul para reconquistar Bremen e Verden, e seus cinquenta mil suecos encontrariam dezesseis mil hessianos, fornecidos por seu cunhado, Frederico de Hesse. À frente dessa força, ele iria impor uma paz sobre Hanover, Prússia e Saxônia ou invadiria esses territórios, de acordo com a preferência de seus governantes. Por fim, com a posição sueca na Alemanha novamente assegurada, Carlos poderia marchar outra vez rumo à Rússia – a não ser, obviamente, que o czar desejasse devolver as terras que havia tomado de forma injusta. Tudo isso, dizia Carlos, poderia levar "quarenta anos de guerra", mas "seria muito mais danoso à Suécia concordar com uma paz dura e insegura do que aceitar uma longa guerra conduzida fora de suas fronteiras".

O primeiro objetivo era a Noruega e 43 mil soldados foram destacados para essa campanha. Uma força de invasão foi lançada rumo a Trondheim em agosto de 1718, e o rei marchou a caminho de Kristiania (Oslo) em outubro. Movendo-se pelo interior acidentado e esparsamente povoado a oeste da fronteira sueca, o exército avançava ou se reunia nos rios e atravessava apressadamente defesas erguidas pelos noruegueses nas passagens nas montanhas. Em cinco de novembro, o exército principal havia chegado diante de Frederiksten, uma fortaleza consistente no caminho para Kristiania. Carlos preparou seus pesados canhões e um cerco clássico teve início.

Desde o início da campanha, o monarca estava ciente de que esse era seu último exército, e não poupou nada, menos ainda seu próprio conforto ou segurança pessoal, para inspirar em seus homens um fatalismo corajoso e uma disposição a obedecer qualquer ordem que fosse dada. Carlos decidiu não demandar de seus oficiais e de seus homens nada que ele mesmo não faria; se o rei fosse visto aceitando riscos terríveis, todos seguiriam o exemplo. Assim, em 27 de novembro, o próprio monarca guiou duzentos granadeiros para avançarem sobre muralhas e capturarem Gyldenløve, um reduto da fortaleza de Frederiksten. Depois disso, ele permaneceu com as tropas da linha de frente. Embora os quartéis principais do exército sueco estivessem em Tistedal, Carlos se alimentava e dormia em uma pequena cabana de madeira próxima a Gyldenløve, logo atrás da primeira trincheira.

Na tarde de trinta de novembro, o monarca cavalgou até o quartel do exército. Oficiais de sua equipe em Tistedal perceberam que ele parecia preocupado e entristecido, e que queimou alguns dos papéis que organizou. Colocou roupas limpas, o uniforme, botas e luvas e, às dezesseis horas, montou novamente, acenou com o chapéu em um gesto de adeus e retornou ao fronte. Hultman, seu servo, levou seu jantar, e Carlos parecia tranquilo. "Sua comida é muito boa, vou lhe promover a cozinheiro-chefe", zombou. A boa relação entre os dois permitiu ao cozinheiro dizer: "Vou escrever isso, Majestade".

Depois do jantar, Carlos retornou à trincheira na linha de frente para observar a escavação de outras trincheiras, que ocorria todas as noites, enquanto seus homens usavam a escuridão para se escudar do inimigo. Um grupo de quatrocentos soldados havia dado início aos trabalhos ao anoitecer, esforçando-se com pás e picaretas e carregando galhos para se protegerem. Os noruegueses penduraram rodas de piche em brasa nas muralhas da fortaleza e atiraram balas de seus canhões para iluminar a paisagem ao redor. Com essa iluminação, atiradores especiais nas muralhas da fortaleza atacavam continuamente os soldados suecos trabalhando à frente das trincheiras – que, por sinal, encontravam-se ao alcance de tiros de mosquete. Os tiros foram certeiros; entre seis e dez horas da manhã, eles mataram sete e feriram quinze soldados suecos.

Por volta das nove e meia da noite, Carlos, que estava na trincheira profunda da linha de frente com alguns de seus oficiais, decidiu espreitar para ver o que estava acontecendo. Deu dois chutes na terra da lateral da trincheira e subiu até seus braços descansarem no nível do solo. A cabeça e os ombros estavam acima da terra, expostos às balas de mosquete que passavam à sua volta. Seus ajudantes, na parte de baixo da trincheira, com as cabeças no nível dos joelhos do monarca, mostravam-se preocupados. "Não é um local adequado para Vossa Majestade", disse um deles, insistindo para que o rei voltasse a se abaixar. No entanto, aqueles que o conheciam cochicharam com os outros, dizendo: "Deixe-o quieto. Quanto mais vocês o avisarem, mais ele vai se expor".

Era uma noite nublada e escura, mas as chamas queimando na muralha da fortaleza e as frequentes bombas norueguesas geravam certa luminosidade. Carlos, apoiado no topo da trincheira, com os ombros protegidos por seu manto, a cabeça apoiada na mão esquerda, encontrava-se claramente visível para o grupo de suecos trabalhando à frente. Ele permaneceu nessa posição por muito tempo enquanto seus oficiais debatiam sobre como fazê-lo descer. Todavia, o rei estava de bom humor. "Não tenham medo", falou, permanecendo onde estava e olhando por sobre o topo da trincheira.

De repente, os homens abaixo ouviram um som diferente, como se "uma pedra tivesse sido lançada com grande força na lama" ou "o som que se ouve quando se bate dois dedos com força contra a palma da mão". Depois disso, não houve nenhum movimento de Carlos, exceto que sua mão escorregou do lado esquerdo do rosto. Ele permaneceu acima deles, apoiado pelo parapeito. Então, um oficial abaixo percebeu que algo havia acontecido. "Santo Deus", gritou, "atiraram no rei!". Carlos foi levado para a parte baixa da trincheira, onde os oficiais horrorizados descobriram que uma bala de mosquete havia perfurado sua têmpora esquerda, atravessado o crânio e saído do outro lado da cabeça. Ele havia morrido na mesma hora.

Para terem tempo de pensar, os oficiais colocaram guardas nas entradas da trincheira. Uma maca foi levada e o corpo colocado sobre ela, coberto por dois mantos, para esconder a identidade. Doze homens da guarda, sem saberem da importância do que estavam levando, carregaram o rei para fora da trincheira e por uma estrada até a parte traseira, mas um deles tropeçou, a maca tombou e o manto sobre a parte superior do corpo caiu. Naquele exato momento, as nuvens se separaram no céu e a lua brilhou sobre o rosto do falecido. Horrorizados, os soldados instantaneamente reconheceram seu rei.

A morte de Carlos gerou um efeito imediato e decisivo não apenas sobre o cerco, mas sobre todo o plano de guerra do qual a campanha na Noruega deveria ser apenas um prólogo. Até mesmo os defensores noruegueses de Frederiksten perceberam que algo havia acontecido. "Tudo se tornou imediatamente tão silencioso não apenas durante a noite, mas também durante o dia seguinte", relatou um deles. De fato, quando os comandantes suecos impressionados se encontraram no quartel em Tistedal, mais tarde naquela noite, parecia não haver nada a ser feito. Sem Carlos, sua liderança e sua inspiração, até mesmo a guerra parecia perder o sentido. Dois dias mais tarde, os generais solenemente abandonaram a campanha na Noruega. Os soldados foram retirados das trincheiras, e as carroças de suprimento, uma delas carregando o corpo do monarca, atravessaram novamente as colinas rumo à Suécia. Depois da ausência de dezoito anos, Carlos XII havia finalmente retornado a Estocolmo. O corpo foi embalsamado e colocado no Palácio de Carlberg.

O monarca havia passado tanto tempo fora e sido responsável por tantos fardos causados por suas guerras que a população em geral não sentiu o luto. Entretanto, aqueles que o conheciam ficaram de coração partido. Seu sobrinho, o duque Carlos Frederico de Holstein, escreveu ao Conselho em Estocolmo: "Essa dor quase insuportável toca meu coração [tão profundamente que] não consigo mais escrever". O tutor do rei e seu camarada no exército, o marechal de campo Rehnskjold, que havia recentemente retornado à Suécia em uma troca de oficiais, descreveu Carlos como "um rei inimitável" repleto de sabedoria, coragem, graça e gentileza, que morreu muito jovem. "Sentiremos sua falta quando o sucesso vier", complementou Rehnskjold. "Vê-lo morto diante de nossos olhos causa uma enorme dor".

O funeral aconteceu na Catedral de São Nicolau de Estocolmo, onde Carlos havia sido coroado, e então o corpo foi transferido para a Igreja Riddarhom, local onde acontecia o enterro dos reis e rainhas suecos. Ele agora está em um sarcófago de mármore negro coberto com uma pele de leão de bronze e encimado por uma coroa e um cetro. Do outro lado da igreja está um sarcófago de mármore italiano de outro lendário herói militar da Suécia, Gustavo Adolfo. Sobre suas cabeças, a igreja se ergue com centenas de estandartes e bandeiras militares capturados em guerras, agora desbotados e lentamente se desintegrando.

LVI

O REI JORGE ENTRA NO BÁLTICO

PEDRO ESTAVA EM PÉ com um grupo de oficiais quando ouviu a notícia da morte de seu grande antagonista. Seus olhos se encheram de lágrimas; secando-as, ele anunciou: "Meu prezado Carlos, como eu o lastimo", e ordenou que a corte russa declarasse estado de luto por uma semana. Na Suécia, a sucessão foi rapidamente decidida. Se estivesse viva, a irmã mais velha do monarca, Hedwig, duquesa de Holstein, o teria sucedido, mas ela morrera em 1708 e seu direito ao trono havia sido passado a seu filho, o jovem duque Carlos Frederico, que tinha dezoito anos quando seu tio morreu. O outro possível nome a ocupar o trono era o da irmã mais nova de Carlos, Ulrika Eleonora, agora com trinta anos e casada com Frederico, duque de Hesse. Durante vários anos, enquanto o jovem Carlos Frederico crescia, os dois grupos posicionavam-se de forma antagônica, com cada um tentando alcançar uma posição favorável para se caso alguma coisa acontecesse ao rei.

Enquanto viveu, o monarca recusou-se categoricamente a escolher entre o sobrinho e a irmã e apontar um herdeiro. Ele devia acreditar, é claro, que um dia se casaria e teria um herdeiro. Enquanto isso, desejava o apoio e a afeição tanto de Ulrika quanto de Carlos Frederico. Manteve o jovem duque ao seu lado e teve o cuidado de treiná-lo nas artes militares. Escrevia regularmente a Ulrika e apontou seu marido como um dos principais conselheiros e comandantes. Haveria tempo suficiente no futuro para ele fazer uma escolha que, de maneira dolorosa para ele, afastaria do trono um de seus adorados familiares.

Frederico de Hesse, marido de Ulrika, mostrava-se mais realista. Antes da campanha na Noruega, entregou à esposa uma lista de ações a serem tomadas caso o rei morresse de forma repentina: Ulrika deveria proclamar-se rainha, coroar a si mesma e encarcerar sem pena todos os que se opusessem a ela. E assim foi. Carlos Frederico, como Frederico de Hesse, estava com o rei na Noruega quando a bala fatal foi disparada, e Ulrika subiu ao trono sem enfrentar oposições. No início, o jovem Carlos Frederico sentiu-se abatido demais para resistir ou até mesmo para se importar, e, quando acordou para considerar a situação, os eventos já haviam passado por ele. Depois disso, o mais velho e mais experiente Frederico de Hesse facilmente o convenceu de que sua tarefa residia em criar uma aliança com sua tia Ulrika, agora rainha da Suécia.

A figura mais abrupta e drasticamente afetada pela morte do rei foi Goertz. Na manhã que se seguiu à morte de Carlos, Frederico de Hesse despachou dois oficiais para prenderem Goertz "em nome do rei". Goertz, que naquele mesmo dia havia retornado das ilhas Åland com a notícia de suas últimas negociações com os russos, mostrou-se impressionado, perguntando: "O rei ainda está vivo?". Seus documentos e dinheiro foram confiscados e, por medo de que ele pudesse tentar suicídio, não lhe foi permitido manter uma faca ou um garfo. Ele passou a noite lendo e escreveu uma breve carta a seus familiares, declarando sua inocência.

Durante seis semanas, com Goertz preso, artigos de impeachment foram cuidadosamente esboçados para garantir que não haveria qualquer possibilidade de escapatória. Seus captores temiam que, se ele fosse julgado por traição pelo superior tribunal de justiça comum, talvez conseguisse uma absolvição ao argumentar que a corte não tinha jurisdição, uma vez que ele não era um súdito sueco. Ademais, Goertz poderia argumentar que, como servo do rei, e não do Estado, ele havia agido de acordo com a autoridade absoluta do próprio Carlos. Também poderia argumentar que nada que ele fizera havia sido em seu nome; ele não tinha se tornado nem um centavo mais rico.

Todavia, a Suécia estava decidida a destruí-lo. Uma comissão extrajudicial especial foi apontada para julgá-lo. Goertz foi acusado de um crime novo na lei do país: "ter alienado do povo a afeição do falecido rei". Foi acusado de usar de forma errada a confiança do rei ao sugerir a Carlos medidas prejudiciais à Suécia, como dar continuidade à guerra. Desde o início, Goertz estava condenado; sem resultados, protestou contra a falta de jurisdição da comissão especial. Sua alegação de ser estrangeiro e intocável foi rejeitada. Seu pedido de assessoria jurídica foi recusado, pois fora julgado desnecessário. Ele não teve o direito de chamar suas testemunhas ou de confrontar testemunhas hostis. Não lhe foi permitido desenvolver sua defesa por escrito ou levar notas para a sala de julgamento. Recebeu apenas um dia e meio para preparar sua resposta, o que lhe deu tempo de ler apenas um quinto das evidências contra ele apresentadas. Inevitavelmente, foi considerado culpado e, por unanimidade, condenado a ser decapitado, e o corpo enterrado sob o cadafalso, um gesto de extremo desprezo. Recebeu a sentença com compostura, mas pediu que seu corpo fosse poupado dessa vergonha final. Ulrika sombriamente ordenou que a sentença completa fosse aplicada. Goertz subiu com coragem e dignidade no cadafalso e declarou: "Vocês, suecos sedentos por sangue, levem a cabeça que há tanto tempo desejam". Enquanto colocava a cabeça sobre o bloco, suas últimas palavras foram: "Senhor, entrego meu espírito em Tuas mãos". Sua cabeça se entregou ao golpe, e seu corpo foi enterrado no local.[1]

Com a repentina e violenta eliminação tanto de Carlos XII quanto de Goertz do governo sueco, muitos no país e em outros lugares naturalmente passaram a esperar uma mudança radical. Era verdade que a morte do rei havia dado um rápido fim à campanha na Noruega, e presumidamente às vastas empreitadas continentais com as quais Carlos XII havia sonhado. Todavia, estranhamente, conforme os meses e as semanas se passavam, o fim da Grande Guerra do Norte parecia não se aproximar. Ao subir ao trono, a nova rainha, Ulrika Eleonora, escreveu a Pedro afirmando que desejava a paz. O czar respondeu que, embora ele não estivesse disposto a deixar de lado sua exigência de manter a Livônia, estava agora preparado a pagar à Suécia um milhão de rublos em troca da cessão da província. Ulrika rejeitou essa oferta e apresentou novas demandas. Com isso, as negociações fracassaram, e Bruce e Osterman retiraram-se da conferência nas Ilhas Åland.

Por trás dessa contínua reticência da monarquia sueca em alcançar a paz havia uma crescente esperança de que o país pudesse reconquistar pela diplomacia parte daquilo que havia perdido na guerra. Nas sombras, apenas vagamente percebidas em São Petersburgo (que era deliberadamente mantida desinformada), toda uma nova estrutura de alianças tomava forma no Báltico. Goertz havia participado dessas negociações e Carlos XII as havia aprovado. Agora, tanto o guerreiro quanto o diplomata estavam mortos, mas o jogo militar continuava. E o principal ator era um alemão teimoso e obstinado, o rei Jorge I da Inglaterra – corajoso, tímido, considerado tolo por alguns, mas um homem que, quando ti-

---

[1] Em vida, Goertz dividiu muitas qualidades com o outro grande aventureiro internacional da época, Patkul. Ambos vieram de origens obscuras, contavam com enormes talentos e estavam dispostos a aceitar grandes riscos. Como resultado, ambos tiveram papéis de destaque na história de seu tempo. Suas alianças eram diferentes: Patkul era um ágil e odiado inimigo de Carlos XII; Goertz era ministro dedicado e servo do monarca. Todavia, ambos tiveram o mesmo fim: morreram sem qualquer dignidade, sob o machado sueco. (N. A.)

nha um objetivo fixo, fazia tudo para alcançá-lo. Pedro o havia encontrado vinte anos antes, durante a Grande Embaixada, e várias vezes nos anos que se seguiram, e não gostava muito dele, mas era impossível ignorá-lo. Afinal, durante os últimos anos da Grande Guerra do Norte, a chave para dar fim ao conflito estava – ou pelo menos parecia estar – nas mãos rechonchudas de Jorge.

A NEBLINA DO TÂMISA era tão espessa na manhã de 29 de setembro de 1714 ao ponto de impedir que o novo rei da Inglaterra conseguisse navegar pelo rio e pisar nas terras de sua nova capital. Em vez disso, sua embarcação, flanqueada por navios de guerra ingleses e holandeses, ancorou abaixo de Greenwich, e Jorge foi levado a remo em meio à bruma ofuscante e úmida. Ali, parados diante da coluna do magnificente Hospital Real Naval de Wren, os personagens nobres da Inglaterra, tanto Whigs quanto Tories, esperavam-no usando os melhores veludos e cetins. O rei deixou a embarcação e cumprimentou seus novos súditos, uma cerimônia complicada pelo fato de que o novo monarca não falava inglês e poucos de seus súditos conseguiam se expressar em alemão. O rei fez um esforço especial para ser gentil com o duque de Marlborough, humilhado pela rainha Ana e seus ministros Tories. "Meu querido duque", disse em francês, língua que Marlborough também dominava, "espero que agora veja o fim dos seus problemas".

A chegada de um príncipe estrangeiro para subir ao trono tornava-se quase uma rotina na Inglaterra. Isso havia acontecido três vezes em pouco mais de um século com Jaime I, Guilherme III e agora Jorge I, que haviam sido trazidos do exterior para preservar a religião protestante.[2] O direito de Jorge Luís ao trono inglês remontava a sua mãe, neta de Jaime I, mas a verdade era que ele havia se mostrado relutante. Como eleitor de Hanover, governava um dos principais estados alemães do Sacro Império Romano, rico em agricultura e pequenas indústrias. Hanover tinha apenas um décimo do tamanho da Grã-Bretanha, tanto em área quanto em população. Seu exército havia se fortalecido em onze anos de guerra contra a França, e o eleitor fora servido por Marlborough e pelo príncipe Eugênio como um dos principais comandantes aliados. Na balança de poder europeia, Hanover tinha o mesmo peso da Dinamarca, da Prússia ou da Saxônia. Era um estado próspero, agradável e orgulhoso.

---

2   "A Inglaterra", dizia o visconde Bolingbroke, "logo teria como rei um turco atuando como católico romano". (N. A.)

Jorge Luís aceitou o trono inglês basicamente pelo mesmo motivo que o príncipe d'Orange o havia aceitado 26 anos antes: assegurar o apoio inglês em suas ambições continentais. Como eleitor de Hanover, Jorge Luís era um personagem significativo na Europa, mas, como rei da Inglaterra, seria um dos suseranos do continente, mais poderoso do que seu monarca nominal, o imperador Habsburgo.

Dois dias após chegar a Greenwich, quando Jorge I fez sua entrada pública em Londres, o povo inglês pôde ver seu novo monarca. Era um homem de baixa estatura, com 54 anos, pele clara e os olhos azuis grandes, os quais marcariam muitos de seus descendentes reais ao longo dos próximos dois séculos. Criado como soldado, um comandante corajoso e competente, se não brilhante, tinha os hábitos do exército, gostos simples e caseiros. Não apreciava seus novos súditos. Diferentemente dos dóceis alemães, os ingleses eram orgulhosos, desconfiados, críticos e teimosamente presos à crença de que seu monarca devia dividir o poder com o parlamento. Sempre que possível, Jorge deixava a Inglaterra rumo a Hanover e, uma vez lá, para o desgosto dos ministros ingleses, permanecia durante meses. Demonstrava deliberadamente seu desdém por seus novos súditos ao não se preocupar em aprender a língua deles. Os ingleses, em sua maior parte, desgostavam de Jorge, reclamavam de sua apatia, de sua frieza, de seus ministros alemães e de suas amantes feias. Somente a religião de Jorge lhes interessava e, ainda assim, ele era luterano, e não anglicano.

Em Londres, o rei evitava as cerimônias sempre que possível. Vivia em dois cômodos, onde recebia os cuidados de dois servos turcos que havia capturado em suas campanhas como general imperial. Suas companheiras favoritas eram duas amantes alemãs, uma alta, magra e de ossos salientes, a outra tão corpulenta que o povo de Londres as chamava de "O elefante e o castelo". Jorge gostava de jogar cartas e com frequência ia à casa de um amigo onde podia jogar em particular com seus poucos amigos mais íntimos. Adorava música e era um admirador entusiasta de Georg Friedrich Händel, que migrou da Alemanha para a Inglaterra em grande parte por insistência de seu patrão real.

Jorge odiava o filho. Os olhos do rei brilhavam enfurecidos e seu rosto ficava roxo sempre que o príncipe de Gales aparecia. De todas as formas possíveis, afrontava seu herdeiro. Esse tratamento reduzia o príncipe a acessos de raiva, mas tudo que ele podia fazer era esperar. Enquanto isso, o monarca assombrava os filhos de seu filho e os proibia de aparecer na corte. A mediadora entre esses dois homens irreconciliáveis era a nora do monarca, Caroline de Ansbach, princesa de Gales, uma bela mulher de olhos azuis e cabelos da cor de linho com um corpo amplo e esplêndido, enorme inteligência e forte sagacidade. Ela era o tipo de mulher que o rei admirava, e o fato de ser casada com seu filho detestado só levava Jorge a nutrir uma antipatia ainda maior pelo jovem.

Ao chegar ao trono inglês, Jorge I tinha todas as intenções de usar o enorme poder da Inglaterra para servir os propósitos de Hanover. Ele há muito tempo olhava com inveja para os duques suecos de Bremen e Verden, que comandavam estuários nos rios Elba e Weser, cortando o contato dos domínios de Hanover com o mar do Norte. Agora, com o império sueco aparentemente próximo do colapso, Jorge queria estar presente quando os despojos fossem divididos. Dessa forma, em 1715, Hanover – mas não a Inglaterra – entrou na aliança anti-Suécia. Vassili Dolgoruki, o embaixador de Pedro em Copenhague, explicou essa situação confusa ao czar: "Embora o rei da Inglaterra tenha declarado guerra à Suécia, essa declaração se dá apenas pelo eleitor de Hanover, e a frota inglesa seguiu [até o Báltico] apenas para proteger seus mercadores. Se a frota sueca atacar a frota russa de Vossa Majestade, não deve pensar que os ingleses enfrentarão os suecos".

Apesar desse esclarecimento, Pedro, cujas políticas ao longo de anos haviam sido levar tanto Hanover quanto a Inglaterra a guerrear contra a Suécia, mostrou-se bastante animado. E, quando ouviu que o almirante britânico, Sir John Norris, havia chegado ao Báltico exigindo dezoito navios de linha escoltando 106 navios mercantes, o czar ficou muito feliz. Quando Norris chegou a Reval, o czar estava em Kronstadt, mas, ao saber da visita britânica e que Norris voltaria, Pedro apressou-se rumo a Reval com um esquadrão russo. Quando o almirante britânico retornou, encontrou Pedro com dezenove navios de linha. Norris permaneceu por três semanas enquanto almirantes e oficiais das duas frotas se divertiam com festividades de gala. Catarina e a maior parte da corte de Pedro também estavam presentes e jantaram com Norris a bordo de seu navio. Durante a visita, Pedro examinou as embarcações britânicas da quilha ao mastaréu, e Norris recebeu autorização para inspecionar livremente as embarcações russas. Viu três novos navios de guerra construídos em São Petersburgo, os quais ele descreveu como "de todas as formas, iguais aos melhores de nosso país e com melhor acabamento". Ao final da visita, Pedro entusiasticamente ofereceu a Norris o comando da marinha russa e, embora o almirante tenha declinado, o czar lhe deu seu retrato real cravejado com diamantes.

Depois disso, durante todos os verões até a morte de Carlos XII (no total, os verões de 1715, 1716, 1717 e 1718), Norris retornava ao Báltico com um esquadrão britânico e as mesmas ordens: não enfrentar os suecos, a não ser que os navios britânicos fossem atacados. Em 1716, o esquadrão de Norris era parte de uma frota aliada combinada, reunida para dar cobertura à invasão da Escânia e, caso a frota sueca aparecesse, os canhões britânicos abririam fogo. Entretanto, a frota de Carlos permaneceu no porto e, em setembro, Pedro adiou a invasão.

Vista de Londres, a morte de Carlos em novembro de 1718 criou toda uma nova situação no Báltico. Até então, o interesse de Jorge I havia sido a posse permanente por Hanover de Bremen e Verden, e o gabinete britânico mostrava-se preocupado com a proteção do comércio britânico e com assegurar o fluxo de suprimentos navais vindos do Báltico. Ambas as partes também haviam se preocupado com a possibilidade de Carlos II oferecer apoio a um levante jacobino na Inglaterra contra o rei hanoveriano. Entretanto, a morte de Carlos eliminou esses receios e permitiu ao rei e a seus ministros reavaliarem a mudança subjacente que tomava forma no norte: o declínio do império sueco e sua substituição no Báltico pelo crescente poder da Rússia.

O rei Jorge I elaborou um plano que, se bem-sucedido, traria lucros à Inglaterra e a Hanover; o Báltico estaria seguro para o comércio britânico e o fluxo contínuo de cargas navais – bem como a posse de Bremen e Verden – estaria garantido a Hanover não pelo direito de conquista, mas por uma cessão formal da coroa sueca. O objetivo de Jorge era a preservação de suficiente poder sueco "para que o czar não se tornasse poderoso demais no Báltico". Seu meio de ação consistiria em uma completa inversão do sistema de aliança no Báltico. Em 1718, a Suécia estava sozinha contra uma forte união de Estados: Rússia, Polônia, Dinamarca, Hanover e Prússia. Esse alinhamento agora se inverteria. Primeiro, a Suécia seria induzida a alcançar a paz com todos os inimigos na parte baixa do Báltico, então uma liga geral de potências germânicas marcharia junta rumo às terras do czar e os afastaria do mar do Norte. A paz inicialmente custaria caro à Suécia: todas as suas posses germânicas seriam divididas entre Hanover, Prússia, Dinamarca e Polônia. Em troca, todavia, esses Estados tornar-se-iam aliados da Suécia, ajudando-a a recuperar tudo o que havia perdido para o czar. O país receberia de volta Livônia, Estônia e Finlândia, deixando de lado apenas São Petersburgo, Narva e Kronstadt. Se Pedro recusasse esses termos, outros ainda mais duros seriam impostos: ele perderia todas as suas conquistas e, além disso, seria forçado a ceder Smolensk e Kiev à Polônia. Em suma, a Rússia, até então aparentemente vitoriosa na guerra, tendo conquistado a maior parte dos territórios, passaria a ser a perdedora e pagaria pela paz. Hanover e Prússia, que haviam entrado tarde na guerra e quase não tinham participado dos conflitos, tornar-se-iam os verdadeiros vencedores.

Nos estágios iniciais, o plano de Jorge I foi brilhantemente exitoso. Um a um, por meio de habilidosos diplomatas, os aliados de Pedro foram despojados, subornados ou pressionados a alcançarem uma paz separada com a Suécia. Como era de se esperar, Hanover encabeçou desse desfile. Em vinte de novembro de 1719, Jorge I, como eleitor de Hanover, assinou um tratado formal de paz com a Suécia. Pelo documento, Hanover obtinha a cessão permanente de Bremen e Verden mediante pagamento de um milhão de táleres. Dois meses mais tarde, como rei da Inglaterra, o mesmo Jorge I assinou uma aliança com a Suécia, por meio da qual a Inglaterra deveria pagar um subsídio de trezentos mil táleres por ano pelo tempo que a guerra com a Rússia durasse, ajudar a Suécia com uma frota britânica na batalha e auxiliar a Suécia a alcançar uma paz favorável com a Rússia.

O rei Frederico Guilherme da Prússia mostrou-se extremamente desconfortável com a proposição inglesa, pois se considerava amigo do czar e tinha ainda recentemente (em agosto de 1718) assinado uma nova aliança com Pedro. Mas ele estava firme, e no final, decisivamente, tentado pela promessa de uma cessão permanente do porto de Estetino, que daria a seu reino acesso ao mar, além de uma parte da Pomerânia Sueca. Como um bálsamo para sua consciência, Frederico Guilherme manteve as negociações completamente honestas. Informou aos russos cada detalhe de suas discussões com os ingleses e se esforçou para convencer Golovkin e depois Tolstói, enviados por Pedro especialmente a Berlim, de que o novo tratado não seria prejudicial à Rússia. Mesmo depois de um tratado de paz estar finalmente assinado entre Prússia e Suécia, em 21 de janeiro de 1720, o rei assinou uma declaração de que jamais agiria contra os interesses ou o território de seu amigo Pedro.[3]

---

3   A angústia de Frederico Guilherme no papel em que se pegou fazendo é demonstrada em um memorando emotivo que escreveu antes de o tratado ser assinado: "Quisera Deus que eu não tivesse prometido concluir o tratado. Foi um espírito ruim que me moveu. Agora seremos arruinados, e isso é o que meus falsos amigos desejam. Que Deus me leve para longe desse mal antes de eu assinar, pois aqui na Terra não há nada além de falsidade e traição. Explicarei a Golovkin que preciso usar o manto em ambos os ombros. Ter o czar em minha mão é meu interesse e, se eu lhe der dinheiro, terei quantas tropas desejar. O czar fará esse tratado comigo. Com os ingleses, tudo é traição, assim como me traíram da forma mais miserável em 1715. Oro para que Deus fique ao meu lado se eu tiver de fazer algum papel ímpar, mas eu o faço com relutância, pois não é o papel de um homem honesto". O rei concluiu que esse predicamento deveria "ensinar meus sucessores a tomarem cuidado ao aceitarem esse tipo de amigos, e não seguirem meu rancor. Os ímpios prosperam neste tratado, mas permaneçam próximos aos amigos do passado e se afastem dos falsos amigos. Portanto, estimulo os que me seguirem a manter um exército ainda mais forte do que eu mantive; sustentarei isso em minha vida e em minha morte". (N. A.)

A Dinamarca foi persuadida a chegar a um acordo de paz com a Suécia pela influência combinada de dinheiro inglês e a Marinha Real. Um armistício foi assinado em dezenove de outubro de 1719, e um tratado de paz sueco-dinamarquês, em três de julho de 1720. A Suécia concordou, doravante, a pagar tarifas para seus navios passarem pelo estreito e a deixar de lado todo o apoio oferecido ao duque de Holstein-Gottorp. Então, o rei Augusto, que havia ajudado a instigar a Grande Guerra do Norte e cuja persuasão havia voltado o czar contra a Suécia, assinou um tratado de paz com os suecos em 27 de dezembro de 1719. Nenhum território mudou de mãos, mas, por esses termos, o título de rei da Polônia foi confirmado a Augusto, ao passo que Estanislau, o outro candidato ao título, recebia o direito de vagar pela Europa chamando-se a si mesmo de rei Estanislau.

À Rússia, o rei Jorge I e seus ministros ingleses explicaram todas essas mudanças como meros resultados de um esforço britânico para mediar a paz no norte. Os russos não se deixaram levar. No verão de 1719, Teodoro Veselovski, embaixador do czar em Londres, chamou o general lorde James Stanhope, que conduzia a política externa do governo britânico. Falando de forma enfática, Veselovski avisou Stanhope que qualquer aliança, mesmo de natureza defensiva, entre Inglaterra e Suécia, seria vista como uma declaração de guerra inglesa contra a Rússia. Stanhope protestou que a Rússia deveria demonstrar maior apreço pelos importantes serviços que a Inglaterra havia oferecido ao czar durante a guerra.

"Quais serviços a Inglaterra prestou à Rússia na presente guerra?", rebateu Veselovski.

"A Inglaterra", veio a resposta de Stanhope, "permitiu que o czar realizasse grandes conquistas e se estabelecesse no Báltico; ademais, enviou sua frota e auxiliou nas empreitadas".

"A Inglaterra", rebateu Veselovski, "permitiu que Sua Majestade realizasse conquistas porque não tinha meios de evitar que isso acontecesse, embora não desejasse auxiliá-lo e, pelas circunstâncias, foi forçada a permanecer neutra. Enviou sua frota ao Báltico para proteger seu próprio comércio e defender o rei da Dinamarca em consequência de obrigações que tinha para com ele por conta de tratados".

O principal meio de execução da nova política inglesa anti-Rússia seria a presença de uma frota consistente no Báltico. O comandante seria o mesmo almirante Sir John Norris que, por quatro anos, havia comandado o esquadrão britânico naquelas águas. Agora, as ordens de Norris mudariam de curso e trocariam de aliados. As instruções secretas do almirante a Stanhope consistiam em oferecer a mediação da Grã-Bretanha entre as partes em conflito, Rússia e Suécia.

Em julho de 1719, os grandes navios de Norris navegaram pelo estreito rumo ao Báltico, guinando a nordeste a caminho de Estocolmo, adentrando o arquipélago e ancorando perto da capital sueca. O almirante foi até a costa com cartas para a rainha e, em quatorze de julho, Ulrika jantou a bordo da embarcação de Norris. Nessa ocasião, ela o informou de que os suecos aceitavam a oferta britânica.

Os russos, naturalmente, viram a chegada da frota britânica com desconfiança e apreensão. Quando ela apareceu no Báltico, Pedro perguntou com que propósito os navios estavam ali e ordenou que Norris lhe assegurasse de que não existiam intenções de hostilidade, caso contrário as embarcações britânicas não teriam autorização para se aproximarem do litoral russo. O propósito inglês tornou-se mais claro quando cartas de Norris e do lorde Carteret, o embaixador inglês em Estocolmo, enviadas ao czar, foram entregues. Essas correspondências inglesas praticamente ordenavam que o czar fizesse as pazes com a Suécia, anunciando que a frota britânica estava no Báltico não apenas para proteger as relações comerciais, mas também para "apoiar uma mediação". Bruce e Osterman, achando a linguagem do ministro e almirante inglês "incomum e insolente", recusou-se a encaminhar as correspondências ao czar, sugerindo que, em se tratando de algo de tamanha importância, o rei Jorge deveria escrever pessoalmente a Pedro. Ele não tinha a intenção de aceitar a mediação de um monarca que, como Eleitor de Hanover, agora era um aliado ativo da Suécia. Para manifestar sua desaprovação, o czar ordenou que tanto James Jefferyes, agora embaixador inglês na Rússia, quanto Weber, o representante de Hanover, deixassem São Petersburgo.

ENQUANTO AS COMPLICADAS MANOBRAS diplomáticas de Jorge I e seus ministros ingleses aconteciam por suas costas, Pedro agia firmemente para tentar vencer os suecos no campo de batalhas. Carlos XII estava morto e as negociações nas Ilhas Åland não haviam gerado frutos; a Suécia, portanto, precisava ser lembrada de que a guerra ainda não terminara. O principal esforço da campanha de 1719 deveria ser um forte ataque anfíbio contra a costa da Suécia, ao longo do Golfo de Bótnia. As armas seriam as mesmas tão eficazmente usadas na conquista da Finlândia: frotas de galeras transportando milhares de soldados nas águas rasas que não podiam ser navegadas por navios maiores. Em maio, cinquenta mil tropas russas marcharam dos quartéis de inverno até pontos de encontro em São Petersburgo e Reval, para serem levadas pelo mar rumo ao oeste da Finlândia, de onde os ataques seriam lançados. Apraxin assumiria o comando geral da frota russa de 180 galeras e trezentos barcos de fundo plano, escoltados por 28 navios de linha. Em dois de junho, o próprio Pedro deixou São Petersburgo rumo a Peterhof e Kronstadt, comandando uma flotilha de trinta galeras transportando cinco mil homens.

Naquele verão, a frota de Pedro já havia alcançado um êxito. Em quatro de junho, um esquadrão de sete navios de guerra russos navegando de Reval havia interceptado três navios suecos menores no mar aberto. Em número menor e com muito menos armas, as embarcações suecas tentaram fugir para o Arquipélago de Estocolmo, o conjunto de ilhas que protege a capital do mar. Os navios russos os ultrapassaram, todavia, e após um conflito de oito horas, todas as três embarcações suecas, incluindo o Wachtmeister, de 52 armas, foram capturadas. O retorno da esquadra russa com seus prêmios a Reval foi algo profundamente satisfatório para Pedro – afinal, era uma vitória em águas profundas, diferentemente da ação das galeras em Hanko.

Em trinta de junho, Pedro e o esquadrão Kronstadt chegaram a Reval com os maiores navios de guerra russos, incluindo o Gangut de noventa armas, St. Alexander, Neptunus e Reval, de setenta armas, e Moscou, de 64 armas. Enquanto isso, o almirante Norris havia entrado no Báltico com um esquadrão de dezesseis navios de linha. Apesar da potencialmente ameaçadora presença da frota inglesa, os navios de guerra de Pedro seguiram rumo à Suécia em treze de julho, seguidos alguns dias depois por 130 galeras repletas de soldados. No dia dezoito, toda a força naval russa ancorou em Lemland, nas Ilhas Åland, e, na noite do dia 21, seguiu pelo mar. A bruma e as águas calmas forçaram os grandes navios a ancorar, mas as galeras seguiram viagem com remos e, com Aproxin no comando, chegaram às primeiras ilhas do Arquipélago de Estocolmo na tarde do dia 22.

Durante as cinco semanas seguintes, as embarcações de Apraxin e os trinta mil homens que elas transportavam levaram o caos à costa oriental da Suécia. Encontrando-se sem oposição no mar, Apraxin dividiu sua força, enviando o major general Lacy com 21 galeras e doze corvetas para o norte pela costa, enquanto guiava o corpo principal para o sul. Ele desembarcou uma força de cossacos para atacar Estocolmo, mas o ataque foi repelido – o arquipélago era complicado, seus canais estreitos, bem defendidos, e uma força de quatro navios de guerra e nove fragatas no porto de Estocolmo mantiveram as galeras russas distantes. Seguindo para o sul, Apraxin novamente dividiu seus navios em esquadrões menores para trabalharem ao longo das costas, queimando pequenas cidades, indústrias e siderúrgicas e capturando os navios da costa. Em quatro de agosto, as embarcações russas mais ao sul chegaram a Nyköping, e, no dia dez, estavam em Norrköping, onde uma série de navios mercantes suecos foram capturados, alguns deles carregados com minério de cobre extraído das minas nos arredores. Essas embarcações foram enviadas de volta à Rússia. Em uma fundição de canhões, trezentas armas ainda não entregues ao exército sueco foram capturadas e levadas. Em quatorze de agosto, a frota de Apraxin voltou-se para o norte, parando para receber outros destacamentos que desembarcavam ao longo da costa. Ao chegar ao Arquipélago de Estocolmo, ele tentou outra investida contra a capital, mas mais uma vez foi repelido. Em 21 de agosto, 21 corvetas e 21 galeras russas forçaram um canal diante de um forte ataque vindo dos fortes e navios suecos, mas logo recuaram.

Enquanto isso, ao norte, a força de Lacy movia-se com efeitos similarmente devastadores ao longo da costa superior. Ele havia destruído fábricas e siderurgias, armazéns e usinas, além de queimar três cidades. As tropas haviam enfrentado três pequenas batalhas, vencendo duas delas e sendo repelidas na terceira – e, nesse ponto, Lacy recuou. Uma grande quantidade de ferro, forragem e provisões foi capturada, algumas levadas a bordo, e o que não podia ser transportado foi ou lançado no mar, ou queimado. Em 29 de agosto, Lacy e Apraxin estavam ambos nas Ilhas Åland e, no dia 31, partiram para casa, com a frota de galeras seguindo rumo a Kronstadt e os navios de guerra, para Reval.

Naquele outono, esperando que as lições dos ataques de verão tivessem sido aprendidas, Pedro enviou Osterman a Estocolmo sob uma bandeira de trégua para verificar se os suecos agora estavam mais preparados para a paz: Osterman retornou ao czar com uma carta na qual a rainha Ulrika oferecia ceder Narva, Reval e Estônia, mas ainda exigia a devolução de toda a Finlândia e da Livônia. Em Estocolmo, reportou Osterman, os suecos estavam amargurados com os ataques russos, indispostos a falar de paz enquanto os cossacos estivessem a poucas milhas de sua capital. Mesmo assim, uma extraordinária alteração de poderes havia ficado clara naquele verão. Dez anos antes, Carlos XII estava lutando a mais de 1.500 quilômetros de distância, no calor e na poeira da Ucrânia. Agora, os cavaleiros cossacos de Pedro cavalgavam tão próximos da capital sueca a ponto de poderem ser vistos dos campanários.

LVII

VITÓRIA

PELO MENOS EXTERIORMENTE, A primavera de 1720 pareceu trazer uma deterioração mais grave na posição de Pedro em relação à Suécia. Todos os aliados da Rússia haviam sido despojados pelos esforços do rei Jorge I. Esquadrões formidáveis da marinha britânica entravam no Báltico para intimidar e se opor ao czar. Em março daquele ano, após um reinado de apenas dezessete meses, a rainha Ulrika Eleonora da Suécia abdicou a coroa em favor de seu marido, Frederico de Hesse, que tinha uma forte posição contra a Rússia e estava decidido a dar continuidade à guerra.

Em maio de 1720, Sir John Norris apareceu no Báltico com uma frota mais poderosa do que antes: 21 navios de linha e dez fragatas. Naquele ano, suas ordens eram claramente hostis. Em seis de abril, em Londres, Stanhope havia mais uma vez oferecido a Veselovski os serviços da Inglaterra como uma "mediadora" entre Rússia e Suécia, e Veselovski rejeitou secamente. De qualquer forma, Stanhope deu continuidade de modo magistral; quando Norris chegasse ao Báltico, dependeria dos russos a decisão de como o tratariam: poderiam reconhecê-lo como amigo, se buscassem a paz com a Suécia, ou como inimigo, se dessem continuidade à guerra.

Norris chegou a Estocolmo em 23 de maio e foi à costa para receber outras ordens escritas do jovem lorde Carteret, então em missão especial em Copenhague e na capital sueca. As instruções de Carteret eram fervorosas:

> Sir John Norris: agora está em seu poder, pela ajuda de Deus, realizar o mais notável serviço ao seu país, mais notável do que qualquer outro realizado por qualquer homem nesta era. A balança de poder do norte está em suas mãos. [...] Se o czar recusar a mediação do rei, como provavelmente fará, e continuar com suas

hostilidades contra a Suécia, espero que você, pela força dos exércitos, leve-o à razão e destrua aquela frota que perturbará o mundo. [...] Que Deus o abençoe, Sir John Norris. Todos os homens bons e honestos o aplaudirão. Muitas pessoas o invejarão e ninguém se atreverá a dizer uma palavra contra você. Todos os ingleses o admirarão se você destruir a frota do czar, o que não duvido que faça.

Enquanto Norris estava em Estocolmo, também expressou seu respeito ao novo rei, Frederico I, que pediu ao almirante para fazer um cruzeiro na área marítima entre a península de Hanko e as Ilhas Åland com o objetivo de evitar a passagem de galeras russas até o Golfo de Bótnia e a repetição dos devastadores ataques do verão anterior contra a Costa da Suécia. Entretanto, Norris, assim como os almirantes suecos, não tinha qualquer desejo de enfrentar as galeras de Pedro naquelas águas perigosas. Havia uma quantidade inumerável de problemas: rochas, escarpas, brumas, ventos inconstantes, mapas ruins e nenhum piloto. Um almirante que levasse seus grandes navios a um labirinto daqueles teria metade de seus cascos raspados por granito e perderia o restante de suas embarcações quando o vento cessasse e, na calmaria, seus gigantes se deparassem com uma legião de galeras russas remando para atacar. Assim, Norris sugeriu com firmeza que ele levasse seus navios em uma direção diferente para verificar se um ataque poderia ser realizado em Reval, que agora, assim como Kronstadt, constituía uma base principal da frota russa no Báltico. Com uma esquadra combinada de vinte navios de guerra ingleses e onze suecos, Norris cruzou até Reval, realizando uma demonstração náutica impressionante, e enviou uma carta endereçada ao czar até a encosta, mais uma vez oferecendo a mediação da Inglaterra. A carta foi devolvida sem ser aberta. Pedro, entendendo que a Grã-Bretanha agora se posicionava de forma clara ao lado de seu inimigo, havia deixado instruções de que não aceitaria quaisquer outras correspondências vindas de Norris ou Carteret. Apraxin também avisou o almirante britânico para manter seus navios fora do alcance de tiros das armas das fortalezas costeiras russas. Deparando-se com esse mau acolhimento e concluindo que as defesas de Reval eram fortes demais, Norris desapareceu no horizonte.

Enquanto isso, conforme Norris se afastava de Reval, as galeras de Apraxin já haviam começado a ultrapassá-lo e desciam novamente pela costa sueca. Oito mil homens, incluindo cossacos, seguiram sem oposição pelo litoral e chegaram a penetrar cinquenta quilômetros em terra, deixando para trás a fumaça das cidades, vilas e fazendas em chamas. Convocado por um apelo desesperado de Frederico I, Norris apressou-se de Reval para interceptar as galeras russas, mas elas já haviam desaparecido, deslizando pelas ilhas rochosas e ao longo das águas costeiras da Finlândia, locais onde Norris não se atreveria a segui-las. A única exceção gerou exatamente o resultado que ele havia temido: uma flotilha sueca composta por dois navios de linha e quatro fragatas confrontada por uma força de 61 galeras russas. Perseguindo as galeras, tentando trazê-las para dentro de seu alcance antes que as embarcações menores pudessem chegar à segurança da costa, todas as quatro fragatas suecas encalharam e foram capturadas. O czar estava feliz com essa vitória no mar e regozijou com a impotência da frota britânica. Escrevendo a Yagujinski, declarou: "Nossa força sob o comando do brigadeiro von Mengden invadiu a Suécia e retornou com segurança à nossa encosta. É verdade que nenhuma grande perda foi infligida ao inimigo; ainda assim, graças a Deus, isso foi feito sob os olhos de seus aliados, que não puderam fazer nada para evitar".

Em retrospecto, aparentemente havia algo estranho a respeito das operações da frota de Norris. Embora seus navios no Báltico estivessem em estado de hostilidade armada, nenhuma embarcação britânica chegou a atirar contra os russos. Se o poderoso navio de guerra de Norris tivesse encontrado as flotilhas de galeras de Pedro em mar aberto, os navios britânicos, com sua maior velocidade e esmagador poder de fogo, teriam massacrado os inimigos. Entretanto, os ingleses, apesar das ordens de Norris, mostravam-se contentes em apoiar a Suécia apenas com sua presença, mostrando a bandeira nos portos suecos e fazendo cruzeiros na região central do Báltico. É difícil acreditar que um almirante britânico agressivo guiando os melhores navegadores do mundo não derrubaria sangue se assim desejasse. Isso deixa a suspeita de que Norris possa ter preferido não enfrentar os navios do czar, cuja admiração e generosidade ele havia pessoalmente apreciado quando os dois se conheceram, cinco anos antes. Para Jorge I, a falha de Norris era um enorme constrangimento. Apesar de suas manobras para isolar a Rússia e afastar seus aliados, apesar do emprego da marinha britânica no Báltico, nem sua diplomacia, nem sua frota havia conseguido ajudar a Suécia ou causar problemas à Rússia. Enquanto os navios de linha britânicos cruzavam o Báltico ou permaneciam nos portos suecos, as flotilhas de galeras russas remavam para cima e para baixo pela costa do país inimigo, apoiando grupos em terra que ateavam fogo e saqueavam os locais que escolhessem. Na Inglaterra, os oponentes do rei riam da frota que havia sido enviada para defender a Suécia e que, de alguma forma, nunca conseguiu se fazer presente no momento e no lugar certo.

Em meados do verão de 1720, a política anti-Rússia de Jorge I estava prestes a falhar. A maioria dos ingleses percebia que Pedro e a Rússia não podiam ser derrotados sem um esforço muito maior do que eles estavam dispostos a fazer. Veselovski reportou de Londres que oito de cada dez membros do Parlamento, tanto Whigs quanto Tories, acreditavam que guerrear contra a Rússia seria contrário aos maiores interesses da Inglaterra. Pedro, sabiamente, sempre havia deixado muito claro que sua guerra não era contra o povo ou os navios mercantes ingleses, mas apenas contra o rei. Assim, embora o czar tivesse quebrado as relações diplomáticas e expulsado tanto os ministros ingleses quanto os de Hanover de São Petersburgo, ele em momento algum permitiu qualquer quebra nas relações comerciais. Antes de partir, Jefferyes havia tentando enviar para casa construtores e oficiais navais ingleses a serviço do czar, mas muitos deles eram favoritos de Pedro e desfrutavam de muitos privilégios na Rússia, e poucos atenderam a demanda de Jefferyes. De forma similar, o czar disse pessoalmente a comerciantes ingleses na Rússia que eles eram bem-vindos se quisessem aceitar sua proteção. Veselovski transmitiu a mesma mensagem às empresas em Londres que realizavam negócios com a Rússia. Logo depois, Pedro criou o bloqueio aos portos suecos no Báltico, permitindo a passagem livre de navios comerciais holandeses e ingleses. De todas as formas, o czar enfatizou que sua guerra não era contra a Inglaterra, mas contra a política do rei de usar o país para favorecer os interesses de Hanover.

Por fim, em setembro de 1720, a probabilidade de qualquer envolvimento militar britânico sério no Báltico se encerrou com um evento que acabou por atrair todas as atenções: a Quebra dos Mares do Sul. Os títulos da Companhia dos Mares do Sul, privilegiada no comércio com a América do Sul e o Pacífico e desfrutando do governo do rei, estavam em 128,5 em janeiro de 1720, subiram para 330 em março, 550 em abril, 890 em junho e mil em julho. Em setembro, a bolha estourou e os títulos caíram para 175. Especuladores de todos os níveis da sociedade estavam arruinados, houve uma onda de suicídios e um feroz grito de indignação se ergueu contra a empresa, o governo e o monarca.

Nessa crise, Sir Robert Walpole surgiu para salvar o rei e assegurar sua própria posição ao longo dos próximos vinte anos. Walpole era a personificação do fidalgo bem-educado da Inglaterra do século XVIII; sua linguagem privada era aquela dos celeiros, e sua retórica na Câmara dos Comuns era esplêndida. Baixo, pesando 127 quilos, com uma cabeça pesada, queixo duplo e sobrancelhas negras bem marcadas, tinha o hábito de comer maçãs vermelhas de Norfolk durante os debates. Walpole investira na companhia e sofrera perdas, mas havia se retirado tanto da empresa quanto do governo antes que fosse tarde demais. Convocado de volta, esboçou um esquema para restaurar a confiança pela transferência de grandes blocos de títulos da Companhia dos Mares do Sul para o Banco da Inglaterra e a Companhia Britânica das Índias Orientais. No Parlamento, defendeu vigorosamente o governo e a coroa das acusações de escândalo. Ao fazer isso, conquistou a gratidão não apenas de Jorge I, mas também de Jorge II, os quais colocaram em suas mãos mais responsabilidades da administração do reino do que qualquer outro rei havia entregado a um de seus ministros. É por esse motivo que Walpole é frequentemente chamado de "o primeiro-ministro original".

Tendo guiado o rei à segurança, Walpole assumiu o comando da política britânica. Apoiando Whig até os ossos, ele acreditava em evitar a guerra e encorajar o comércio. Aquele provocador e perigoso estado de quase guerra com a Rússia não teve papel em sua visão da futura prosperidade da Inglaterra. Os subsídios pagos à Suécia e o custo de enviar a frota poderiam ser mais bem empregados em outro lugar. Com Walpole ao leme, a política britânica concentrou-se em encerrar a guerra o mais rápido possível. O rei estava desgostoso, mas até mesmo ele podia enxergar que seu plano de afastar Pedro da costa do Báltico não estava funcionando.

Frederico da Suécia não precisou de muito tempo para perceber o tamanho dos problemas. Desiludido pela impotência do apoio de Jorge I e ciente de que a continuação do conflito significava outros ataques russos ao longo de suas encostas, ele decidiu encarar o fato de que a guerra estava perdida. Essa decisão foi impulsionada pela chegada a São Petersburgo do duque Carlos Frederico de Holstein-Gottorp, que buscava asilo. Chegaram a Estocolmo relatos de que o duque havia sido muito bem recebido pelo czar, e que Pedro propôs casá-lo com uma de suas filhas. Essa atenção a Carlos Frederico, implicando o apoio russo à facção Holstein na luta pelo trono sueco, foi um golpe bem mirado por Pedro. Esse movimento claramente implicava que Frederico I somente estaria confortável com seu novo título se assinasse um tratado de paz com o czar e se recebesse uma declaração da Rússia reconhecendo sua posse do trono sueco.

Frederico informou a Pedro que estava pronto para reabrir as negociações, e uma segunda conferência de paz aconteceu em 28 de abril de 1721, na cidade de Nystad, na costa finlandesa do Golfo de Bótnia. Mais uma vez, os representantes russos eram Bruce, agora conde, e Osterman, agora barão. Nas sessões de abertura, os russos ficaram impressionados ao descobrir que os suecos esperavam termos mais leves do que aqueles oferecidos em Åland. Os suecos, por sua vez, mostraram-se consternados ao descobrirem que Pedro agora exigia a cessão permanente da Livônia, ao passo que, anteriormente, ele teria ficado contente com uma ocupação "temporária" de quarenta anos. "Conheço meus interesses", o czar agora declarava. "Se eu deixasse a Suécia na Livônia, estaria criando uma serpente em minha própria casa".

O novo desejo da Grã-Bretanha por paz no norte não ocasionou um abandono total de seus aliados suecos. Em abril de 1721, o rei Jorge I escreveu ao rei Frederico I dizendo que, de acordo com obrigações acordadas, uma frota britânica entraria no Báltico naquele verão. Entretanto, Jorge implorou por uma tentativa sueca de concluir uma paz com a Rússia. O custo de enviar uma frota todos os verões era alto demais, explicou Jorge. A soma despendida no esquadrão atual chegava a seiscentas mil libras. Algumas semanas mais tarde, os 22 navios de linha de Norris chegaram, mas, durante todo o verão, o esquadrão britânico permaneceu ancorado no Arquipélago de Estocolmo, completamente parado.

Enquanto isso, com as negociações em Nystad em um impasse, uma vez que nada estava definido com relação à Livônia, e sem nenhuma trégua militar acordada, Pedro mais uma vez lançou sua frota de galeras contra a costa sueca. Cinco mil soldados sob o comando do major general Lacy pousaram 160 quilômetros a norte de Estocolmo e atacaram a cidade fortificada de Gefle, mas a cidade era forte demais para Lacy, e as tropas russas moveram-se para o sul, deixando para trás uma onda de destruição. Sundeval e duas outras cidades foram queimadas, assim como dezenove paróquias e 506 vilas. Enquanto suas galeras destruíam seis galeras suecas, Lacy derrotou a força enviada contra ele. Em 24 de junho, tendo pilhado quase 650 quilômetros da costa sueca, ele recebeu ordens para se retirar.

O ataque de Lacy, embora em menor escala se comparado àqueles ocorridos nos verões anteriores, pareceu ser a gota-d'água para a Suécia. Frederico I finalmente entregou a Livônia. Os principais artigos no tratado de paz concediam a Pedro os territórios que ele há tanto tempo desejava. Livônia, Ingria e Estônia foram cedidas "em perpetuidade" à Rússia, assim como a área desde a Carélia até Vyborg. O restante da Finlândia seria entregue de volta à Suécia. Como compensação pela Livônia, a Rússia concordou em pagar dois mil táleres ao longo de quatro anos, e a Suécia teria o direito de comprar grãos da Livônia sem impostos. Todos os prisioneiros de guerra de ambos os lados seriam libertados. O czar garantiu que não interferiria nas políticas domésticas suecas, confirmando, assim, o direito de Frederico I ao trono.

Foi em quatorze de setembro de 1721, quando Pedro deixou São Petersburgo rumo a Vyborg para inspecionar o nova fronteira a ser desenhada de acordo com o tratado, que um mensageiro chegou de Nystad com a notícia de que o tratado havia realmente sido assinado em dez de setembro. O czar estava jubiloso. Quando uma cópia do documento foi colocada em suas mãos, ele escreveu alegremente: "Todos os acadêmicos das artes costumam terminar seu curso em sete anos. Nossa escola durou três vezes esse período. Todavia, graças a Deus, nós a terminamos com tanto êxito que teria sido impossível fazer melhor".

A notícia de que a paz havia chegado após 21 anos de guerra foi recebida com júbilo na Rússia. Pedro não cabia em si de tanta felicidade, e as celebrações foram demoradas e extraordinárias. São Petersburgo percebeu pela primeira vez que algo extraordinário havia acontecido quando, em quinze de setembro, o iate do czar foi visto inesperadamente navegando pelo Neva, retornando da visita a Vyborg muito antes do esperado. O fato de a notícia ser boa foi sinalizado com repetidos tiros de saudações de três pequenos canhões a bordo e, conforme a embarcação se aproximava, com som dos trompetes e tambores no deque. Uma multidão rapidamente se reuniu no cais na Praça da Santíssima Trindade, aumentado a cada minuto pela chegada de mais oficiais do governo, pois só podia haver um motivo para a embarcação que se aproximava adotar aquele tipo de comportamento. Quando o czar pisou em terra firme e confirmou a notícia, o povo na multidão chorou e vibrou. Pedro deixou o cais rumo à Igreja da Santíssima Trindade para orar e agradecer. Depois da cerimônia, o almirante geral Apraxin e outros oficiais seniores e ministros presentes, cientes de qual recompensa agradaria mais seu soberano, pediram-lhe para aceitar a promoção a almirante.

Enquanto isso, barris de cerveja e vinho eram colocados no meio das ruas ocupadas por pessoas animadas. Pedro subiu em uma pequena plataforma artesanal na praça à frente da igreja e gritou para a multidão: "Celebrem e agradeçam a Deus, povo ortodoxo, pois o Senhor Todo Poderoso colocou um ponto final nessa longa guerra que perdurou por 21 anos e nos concedeu uma paz venturosa e eterna com a Suécia". Segurando uma taça de vinho, o czar brindou à nação russa enquanto grupos de soldados atiravam com seus mosquetes no ar e canhões da Fortaleza de Pedro e Paulo estouravam em comemoração.

Um mês mais tarde, Pedro ofereceu um baile de máscaras que se estendeu ao longo de dias. Esquecendo sua idade e suas várias doenças, dançou sobre as mesas e cantou com todo o ar que cabia em seus pulmões. Ao cansar-se subitamente no meio de um banquete, ele se levantou da mesa, ordenou que seus convidados não partissem pra casa e foi dormir em seu iate ancorado no Neva. Quando ele retornou, as celebrações continuaram com rios de vinho e muito barulho. Durante toda uma semana, milhares de pessoas permaneceram com máscaras e roupas refinadas, jantando, dançando, andando pelas ruas, remando no Neva, indo dormir e levantando-se para começar tudo outra vez.

A celebração alcançou seu ponto alto em 31 de outubro, quando o czar apareceu no senado para declarar que, em gratidão à misericórdia de Deus, concedera a vitória à Rússia, ele perdoaria todos os criminosos presos, com a exceção dos assassinos, e anularia todas as dívidas com o governo e os impostos atrasados acumulados durante dezoito anos, desde o início da guerra até 1718. Nessa mesma sessão, o Senado resolveu oferecer a Pedro os títulos de Pedro, o Grande, Imperador e Pai de Seu País. Essa resolução, da qual o Santo Sínodo participou, tomou a forma de uma petição escrita e foi levada ao czar por Menchikov e uma delegação de dois senadores e os arcebispos de Pskov e Novgorod. Pedro prometeu considerar a petição.

Alguns dias antes, Campredon, o embaixador francês que estimulara os suecos em direção à paz, havia chegado a Kronstadt a bordo de uma fragata sueca. Quebrando todas as regras do protocolo, o czar feliz subiu pessoalmente a bordo da fragata, abraçou o enviado no deque e o levou para visitar seis grandes navios de guerra russos então ancorados no porto. Quando retornou à capital e passou a andar pelas ruas, manteve o impressionado Campredon consigo durante a semana de festividades. Na Igreja da Santa Trindade, Pedro colocou-o em posição de honra, abruptamente empurrando para o lado um homem que atrapalhava a visão do francês. Durante a cerimônia, dirigiu pessoalmente a liturgia, cantou com os padres e ajudou a marcar o tempo da música. Ao final, os termos do tratado e sua ratificação foram lidos para a congregação. O religioso favorito do czar, o arcebispo Teófanes Prokopovich, fez uma oração enaltecendo o czar e foi seguido pelo chanceler Golovkin, que se dirigiu diretamente a Pedro:

"Somente por seus incansáveis trabalhos e liderança, nós, seus súditos leais, saímos da escuridão da ignorância e entramos no teatro da fama de todo o mundo e, por assim dizer, saímos da não existência para a existência, entrando para a sociedade dos povos políticos. Por isso e por conquistar uma paz tão renomada e tão recompensadora, como podemos oferecer nossa gratidão adequada? E para que possamos não sentir vergonha diante de todo o mundo, assumimos humildemente, em nome da nação russa e de súditos de Vossa Majestade de todas as posições, a obrigação de orar para que tenha graça para conosco e concorde, como pequeno registro de nosso agradecimento das grandes bênçãos que trouxe a nós e a todas as nações, em aceitar o título de Pai da Pátria, Pedro, o Grande, Imperador de Toda a Rússia."

Acenando brevemente com a cabeça, o czar indicou que aceitaria os títulos.[1] "Vivat! Vivat! Vivat!", gritaram os senadores. Dentro e fora da igreja, a multidão bramiu, trompetes e tambores soaram, ecoados pelo badalar de todos os sinos e os tiros de todos os canhões de São Petersburgo. Quando o tumulto diminuiu, Pedro respondeu: "Por nossos feitos na guerra, saímos da escuridão e entramos na luz do mundo, e aqueles que antes não nos conheciam agora nos respeitam. Desejo que toda a nação reconheça a mão direta de Deus em nosso favor durante a última guerra e na conclusão desse tratado de paz. É nossa obrigação agradecer a Deus com todo o nosso fervor, mas, enquanto esperamos a paz, não devemos nos enfraquecer em termos militares, para que não tenhamos de enfrentar o destino da monarquia grega [o império oriental de Constantinopla]. Devemos nos esforçar pelo bem e pelo

---

[1] A ideia de conceder o título de imperador ao czar não foi, é claro, algo totalmente espontâneo por parte do Senado. Quatro anos antes, em 1717, quando Shafirov, irmão do vice-chanceler, vasculhava registros e documentos antigos nos arquivos, ele encontrou uma carta escrita em 1514 pelo Sacro Imperador Romano, Maximiliano, impulsionando o czar Basílio Ivanovich (pai de Ivan, o Terrível). Na carta, Maximiliano, estimulando Basílio a se unir a ele em uma aliança contra o rei da Polônia e o grão-príncipe da Lituânia, referia-se ao czar como "Grande Senhor, Basílio, Imperador e Dominador de Todos os Russos". Quando Shafirov mostrou a carta a Pedro, escrita em alemão, o czar imediatamente ordenou que fosse traduzida para diversas línguas e entregou cópias aos embaixadores em São Petersburgo. Simultaneamente, por meio de diplomatas e agentes russos, ele publicou a carta em jornais por toda a Europa Ocidental com o seguinte texto: "Esta carta servirá para manter, sem contestação, tal título aos monarcas de toda a Rússia, a quem o alto título foi concedido muitos anos atrás e deve ser valorizado ainda mais por ter sido apontado por um imperador que, por sua posição, foi um dos primeiros monarcas do mundo".
Na Europa, a aceitação do título russo veio apenas em fases. Holanda e Prússia imediatamente reconheceram Pedro como imperador da Rússia. Outros Estados demoraram, principalmente porque não estavam dispostos a se colocarem contra o Sacro Imperador Romano, que sentia ciúme da exclusividade desse antigo título. A Suécia, todavia, reconheceu Pedro como imperador em 1723, e o Império Otomano reconheceu a imperatriz Ana em 1739. O rei Jorge I sempre se recusou a atribuir o título imperial a seu antigo inimigo Pedro, e o reconhecimento inglês só se deu em 1742, quinze anos após a morte do rei. Nesse mesmo ano, o imperador habsburgo reconheceu seu equivalente russo como igual. França e Espanha aceitaram o título imperial em 1745; a Polônia, em 1764.
O título permaneceu em uso desde a proclamação de Pedro, em 1721, até a abdicação do imperador Nicolau II, em 1917. (N. A.)

benefício que Deus há de nos conceder em nosso território e no exterior, por meio dos quais a nação receberá vantagens".

Quando deixou a igreja, Pedro guiou uma procissão até o palácio do Senado, onde mesas para milhares de convidados encontravam-se preparadas em um enorme salão. Ali, o czar foi congratulado pelo duque Carlos Frederico de Holstein-Gottorp e por embaixadores estrangeiros. Um banquete foi seguido por outro baile e por uma exibição de fogos de artifícios criada pelo próprio Pedro. Os canhões estouraram mais uma vez e os navios no rio foram iluminados. No corredor, um enorme recipiente de vinho – "uma verdadeira taça de sofrimento", como foi chamado por um participante – foi passado entre os convidados, carregado nos ombros de dois soldados. Do lado de fora, fontes de vinho borbulhavam nas esquinas e bois inteiros eram assados em uma plataforma. Pedro saiu e cortou pessoalmente as primeiras fatias, e então as distribuiu entre a multidão. Ele também comeu um pouco e em seguida ergueu a taça para brindar a saúde do povo russo.

PARTE CINCO

A NOVA RÚSSIA

LVIII

A SERVIÇO DO ESTADO

CERTA NOITE EM 1717, Pedro encontrava-se em um jantar, cercado por amigos e tenentes, quando a conversa voltou-se ao czar Aleixo e às conquistas e decepções de seu reinado. Pedro havia mencionado as guerras de seu pai contra a Polônia e sua luta com o patriarca Nikon quando o conde Ivan Musin-Pushkin repentinamente declarou que nenhuma das realizações do czar Aleixo chegavam aos pés das de Pedro e que a maioria dos sucessos de Aleixo deviam-se aos trabalhos de seus ministros. A reação de Pedro foi fria. "Suas depreciações das conquistas de meu pai e seus elogios às minhas conquistas são mais do que consigo ouvir", declarou. Então, levantou-se e foi até o príncipe Jacob Dolgoruki, de 78 anos, por vezes chamado de Catão Russo. "Você me critica mais do que qualquer outra pessoa e me persegue com seus argumentos a ponto de quase me fazer perder a paciência", declarou. "Mas sei que é sinceramente devoto a mim e ao Estado e sempre diz a verdade, o que me deixa profundamente agradecido. Agora me diga como avalia as conquistas de meu pai e o que pensa das minhas".

Dolgoruki olhou para cima e disse: "Por favor, sente-se, Majestade, enquanto reflito por um instante". Pedro se sentou e Dolgoruki permaneceu em silêncio por algum tempo, mexendo em seu longo bigode. Em seguida, respondeu: "Para mim, é impossível lhe oferecer uma resposta curta a essa pergunta, já que você e seu pai se ocuparam com questões diferentes. Um czar tem três principais atividades a desempenhar. A mais importante delas é a administração do país e a realização da justiça. Seu pai teve tempo suficiente para cuidar disso, ao passo que você não teve, e é por isso que ele realizou mais do que você. É possível que, quando você pensar mais sobre o assunto – e já é hora de fazê-lo –, consiga fazer além do que fizera seu pai".

"A segunda obrigação de um czar é a organização do exército. Aqui, mais uma vez, seu pai pode ser elogiado porque criou as bases de um exército regular, mostrando-lhe, assim, o caminho. Infelizmente, alguns homens mal orientados desfizeram todo o trabalho, e então você teve de começar tudo outra vez, e devo admitir que fez esse trabalho muito bem. Mesmo assim, ainda não sei qual de vocês se saiu melhor; só saberemos quando a guerra chegar ao fim."

"E, por fim, chegamos à terceira tarefa de um czar, que é construir uma frota, concluir tratados e deliberar sobre nossas relações com países estrangeiros. Aqui, espero que concorde comigo, você serviu bem o país e conquistou mais do que seu pai. Por isso, merece muitos elogios. Esta noite, alguém disse que o trabalho de um czar depende de seus ministros. Eu discordo e penso o oposto, já que um monarca sábio escolherá conselheiros também sábios que conheçam seu valor. Portanto, um monarca inteligente não poderá tolerar conselheiros tolos, pois ele conhecerá suas qualidades e será capaz de distinguir os bons e os maus conselhos."

Quando Dolgoruki terminou, Pedro se levantou, disse: "Amigo sincero e fiel" e o abraçou.

A "administração do país e a realização da justiça" vinham ocupando um grande espaço na mente de Pedro durante os últimos anos. A vitória em Poltava havia lhe dado mais tempo e liberdade para refletir sobre questões domésticas; suas ações já não eram improvisos apressados realizados sob a ameaça de uma invasão iminente. Nos anos após Poltava, Pedro desviou sua atenção da organização de exércitos e da construção de frotas e concentrou-se em uma remodelagem básica da estrutura da administração civil e da igreja, modernizando e transformando os modelos econômicos e sociais da nação e até mesmo reestruturando as antiquíssimas rotas de comércio na Rússia, as quais ele havia herdado. Foi nessa segunda metade do reinado, nos anos entre 1711 e 1725, que as reformas petrinas fundamentais tomaram forma. Alexandre Pushkin, o maior poeta da Rússia, comparou essas reformas fundamentais com os primeiros decretos dos tempos de guerra: "As leis permanentes foram criadas por uma mente aberta, cheia de sabedoria e bondade; os decretos iniciais eram, em sua maioria, cruéis e obstinados, e parecem ter sido escritos com um *cnute*".

A natureza e a sequência das primeiras reformas de Pedro foram ditadas tanto pela guerra quanto pela necessidade de capital para cobrir esses custos. Por algum tempo, conforme Pushkin escreveu, o Estado foi governado primordialmente com base nos decretos de Pedro, esboçados às pressas em pedaços de papel. Tradicionalmente na Rússia, os czares governavam com o direcionamento de um antigo conselho consultivo de boiardos e, abaixo deles, a administração das leis era realizada por uma série de repartições governamentais, ou prikazi. Durante as primeiras duas décadas do reinado de Pedro, de 1689 a 1708, não houve mudança nessa estrutura. O jovem czar participava das reuniões quando estava em Moscou e delegava poderes quando ausente – assim, quando Pedro viajou para o exterior, entre 1697 e 1698, transformou o príncipe Teodoro Romodanovski em presidente do conselho e ordenou que outros membros aceitassem sua liderança. Conforme ficava mais velho e segurava as rédeas do governo com mais firmeza, Pedro passou a usar menos o conselho, e sua opinião sobre ele tornou-se abertamente desdenhosa. Em 1707, o czar ordenou que o conselho registrasse minutas de seus encontros, as quais deveriam ser assinadas por todos os membros. "Nenhuma decisão deverá ser tomada sem isso", instruiu, "para que as tolices de cada um fiquem evidentes".

Em 1708, quando Carlos XII marchava rumo à Rússia, o governo central parecia incapaz de lidar com a crise. Para levantar capital e encontrar recrutas, ambos desesperadamente necessários, Pedro ordenou uma completa descentralização da administração governamental. A nação foi dividida em oito enormes províncias ou governos – Moscou, Ingermanland (mais tarde chamada de São Petersburgo), Kiev, Smolensk, Arcangel, Cazã, Azov e Sibéria – dotados de amplos poderes, especialmente nas áreas de coleta de receitas e recrutamento de exércitos. Para destacar a importância desses novos governos regionais, Pedro apontou seus tenentes mais experientes como governantes. Porém, esse novo sistema não funcionou. A maioria dos governadores vivia em São Petersburgo, distantes demais das regiões que supostamente governavam para poderem controlá-las de forma eficaz. Alguns deles, como Menchikov e Apraxin, tinham responsabilidades mais urgentes com o exército ou a frota. Em fevereiro de 1711, Pedro estava pronto para admitir a derrota. Escreveu a Menchikov: "Até agora, Deus conhece meu sofrimento, pois os governadores seguem o exemplo de caranguejos ao realizarem suas tarefas. Portanto, não lidarei com eles usando palavras, mas usando as mãos". O próprio Menchikov foi criticado. "Informe-me sobre quais produtos você tem, quais foram vendidos, quando e para onde o dinheiro foi", ordenou o czar angustiado, "pois sabemos tanto do seu governo quanto sabemos de um país estrangeiro".

A falha dos governos provincianos deixou apenas Pedro no centro da administração em conjunto com o decadente conselho de boiardos e as repartições administrativas ineficazes e que se sobrepunham umas às outras. Embora Pedro tentasse vencer a ineficiência e a inércia usando de sua enorme energia, com frequência não conseguia. Em frustração e desespero, escreveu a Catarina: "Não consigo com minha mão esquerda, então tenho de segurar apenas com minha mão direita tanto a espada quanto a caneta. E você sabe muito bem quantos existem para me ajudar".

Com o tempo, Pedro percebeu que ele próprio era parte do problema. Todo o poder estava concentrado em sua pessoa, o que, considerando suas constantes viagens, dificultava a administração. Ademais, encontrava-se completamente absorvido pelas questões militares e de política externa e não tinha tempo para assuntos domésticos. Para descobrir quais leis eram necessárias, formular a legislação, administrar as leis e o governo e julgar violações, o czar precisava de uma nova instituição, mais poderosa e eficiente do que o conselho de boiardos.

O Senado foi criado em fevereiro de 1711, às vésperas da partida de Pedro para a desastrosa campanha no Prut, e tinha como objetivo ser uma instituição temporária para governar durante os meses em que ele estivesse fora. O breve decreto estabelecendo o Senado era específico neste ponto: "Apontamos o Senado governante para administrar em nossa ausência". Como o novo corpo de nove senadores assumiria o comando no lugar do czar, eles receberam amplos poderes: deveriam vigiar os governos provincianos, atuar como mais alta corte de justiça, cuidar de todos os gastos do Estado e, acima de tudo, "coletar fundos, o máximo possível, para serem usados na arte da guerra". Outro decreto proclamava que todos os oficiais, civis e clericais, e todas as instituições, sob pena de morte, deveriam obedecer ao Senado como obedeceriam ao czar.

Quando Pedro retornou do Prut, o Senado não desapareceu; em vez disso, pouco a pouco se tornou o principal órgão executivo e legislativo do governo central da Rússia. Nada podia ser feito sem ordem ou consentimento do Senado; na ausência do czar, ele era o governo da Rússia. Todavia, apesar de todos os esforços de Pedro para aumentar o poder dessa instituição, ninguém acreditava nisso. O poder do Senado era, em grande parte, vazio; sua grandeza, pura fachada. De fato, ele permaneceu como um corpo para transmitir e administrar a vontade do autocrata, sem força independente. Era um instrumento: seus poderes permaneciam sendo os de um agente, sua jurisdição tocava apenas em assuntos domésticos – todas as questões de política externa ou guerra e paz permaneciam reservadas ao czar. O Senado ajudava Pedro interpretando e esclarecendo suas instruções escritas de forma apressada e enigmática e transformando-as em leis. Entretanto, aos olhos do povo e em sua própria mente, o Senado sabia que era uma criatura e um servo de um mestre "indesafiável".

O status de subordinado ficava claro pelo fato de nenhum dos principais tenentes de Pedro – Menchikov, Apraxin, Golovkin, Sheremetev – estar incluso no Senado. Esses Supremos Lordes ou Diretores, como eram chamados, podiam enviar à instituição instruções "por ordem de Sua Majestade". E, ainda assim, ao mesmo tempo, Pedro instruiu Menchikov que ele e os demais deveriam obedecer ao Senado. De fato, Pedro queria tanto a assistência de seus tenentes poderosos e leais quanto a ajuda de um corpo administrativo central e forte. Ele não escolheria um em detrimento do outro de forma definitiva e, portanto, tornou a situação confusa, com métodos e sistemas de governo conflitantes funcionando em contradição entre si. Inevitavelmente, os Supremos Lordes e Diretores se rebelaram, recusando-se a aceitar a autoridade desse corpo incipiente.

O próprio Pedro tampouco se mostrava sempre satisfeito com o comportamento do Senado. Ele escrevia regularmente aos senadores, repreendendo-os como se fossem crianças incapazes de pensar, dizendo-lhes que haviam se transformado em motivo de chacota, o que o czar afirmava ser duplamente infame, "pois o Senado representa a pessoa de Sua Majestade". Pedro ordenou que eles não desperdiçassem tempo em reuniões discutindo temas sem ligação com os negócios, e para não tagarelar e fazer piadas porque "a perda de tempo é como a morte, tão difícil de reverter quanto a vida que já se foi". Ordenou também que não fizessem negócios em casa ou em ambientes particulares, e deixou claro que todas as discussões deveriam ser registradas de forma escrita. Ainda assim, o Senado continuava agindo de forma lenta demais para Pedro. Em certa ocasião, ele os reuniu para que lhe dissessem "o que foi feito e o que não foi feito e os motivos para isso". Ameaçou repetidas vezes os senadores com punições. "Vocês não têm nada mais a fazer, exceto governar", declarou, "e, se não fizerem isso com diligência, responderão a Deus e também não escaparão da justiça aqui embaixo". "Vocês agiram de forma desprezível, aceitando subornos de acordo com costumes antigos e idiotas", esbravejou em outra ocasião. "Quando estiverem diante de mim, terão de prestar contas de outra forma".

Em novembro de 1715, tentando disciplinar o Senado e torná-lo mais eficaz, Pedro criou o posto de supervisão de Inspetor Geral de Decretos, para estar "no mesmo lugar do Senado, tomar nota dos decretos do Senado, verificar o que ele realiza e denunciar e multar os senadores negligentes". Vassili Zotov, o filho educado no exterior de seu antigo tutor, foi o primeiro Inspetor Geral, mas obteve pouco êxito e logo era ele quem reclamava a Pedro porque a instituição não prestava atenção ao que ele queria, não realizava as três sessões requeridas semanalmente e por terem deixado de recolher 1,5 milhão de rublos em receitas para o Estado.

Em 1720, foram promulgadas novas regras detalhadas dos procedimentos do Senado. As reuniões deveriam ser conduzidas "sem gritos ou outras manifestações. [...] As questões devem ser expostas e sobre elas deve-se refletir e discutir por meia hora. Se, todavia, o assunto for complicado e exigir mais tempo, então deve ser adiado para o dia seguinte. Se a pauta for urgente, um período extra de até três horas será concedido para deliberações, mas assim que a ampulheta mostrar que o tempo acabou, papel e tinta devem ser passados e todos os senadores devem anotar suas opiniões e assinar. Se algum membro não fizer isso, a sessão será interrompida enquanto alguém se apressa para comunicar o czar, onde quer que ele esteja".

Por fim, quando se tornou claro que nem mesmo o Inspetor Geral era capaz de manter a ordem no Senado, oficiais da Guarda foram convocados por um mês de cada vez para policiar os senadores. Se um senador se comportasse mal, deveria ser preso e confinado na Fortaleza de Pedro e Paulo até o fato poder ser reportado ao czar.

Da forma como as coisas se deram, os pontos positivos do funcionamento do senado deviam-se ao príncipe Jacob Dolgoruki, o primeiro senador, que havia servido em muitas posições ao longo de várias décadas. Ele foi o primeiro embaixador na corte de Luís XIV, e nessa missão, em 1687, comprou o astrolábio para trazer a Pedro, então com quinze anos. Aos 62, esteve presente na Batalha de Narva, foi capturado e passou sete anos em uma prisão sueca. Em 1712, aos 73 anos, escapou e retornou à Rússia, onde foi apontado como Primeiro Senador. Um retrato de Dolgoruki mostra um homem forte, com queixo duplo e bigode desajeitado, um homem que parece desleixado, astuto e feroz. Também era corajoso, obstinado, teimoso e gostava que as coisas acontecessem a seu modo; quando não era capaz de impor seus desejos pela força da lógica ou do caráter, simplesmente gritava a plenos pulmões contra seus oponentes. Apenas Menchikov, investido dos favores do czar em caráter permanente, era capaz de enfrentá-lo.

Dolgoruki sempre se atrevia a contar a verdade a Pedro. Certa vez, mais para o final do reinado, chegou a rasgar um decreto por acreditar que o Imperador não havia refletido antes de assiná-lo. O documento ordenava que todos os proprietários de terra nos governos de São Petersburgo e Novgorod enviassem servos para escavar o Canal do Ladoga. Dolgoruki não estava presente no dia em que o decreto foi assinado e, na manhã seguinte, quando o leu, protestou escandalosamente. Os demais senadores pareceram desconfortáveis, mas avisaram que era tarde para fazer oposição, uma vez que o imperador já havia assinado o documento. Com isso, em espasmos de desgosto, Dolgoruki rasgou o decreto. Impressionados, os demais senadores se levantaram, ordenando saber se ele se dava conta do que havia feito. "Sim", respondeu Dolgoruki apaixonadamente, "e responderei a isso diante de Deus, do Imperador e de meu país".

Nesse momento, Pedro entrou na sala. Surpreso ao ver todo o Senado de pé, perguntou o que havia acontecido. Com uma voz trêmula, um membro lhe contou. Com uma expressão sombria, o czar voltou-se para Dolgoruki, então com 83 anos, e exigiu uma explicação. "É meu zelo por sua honra e pelo bem de seus súditos", respondeu. "Não fique furioso, Pedro Alexeievich, por eu ter confiança demais em sua sabedoria para pensar que deseja, assim como Carlos XII, desolar nosso país. Você não refletiu sobre a situação dos dois governos relacionados a seu decreto. Não sabe que eles sofreram mais na guerra do que todas as demais províncias de seu império somadas? Não sabe que muitos dos habitantes morreram? Desconhece a miséria em que esses povos vivem atualmente? O que lhe impede de encontrar um pequeno número de homens de cada província para escavar esse canal, que certamente é necessário? As outras províncias são mais populosas do que as duas em questão e podem facilmente lhe oferecer trabalhadores. Ademais, você não tem suficientes prisioneiros suecos para empregar sem oprimir seus súditos com trabalhos desse tipo?"

Pedro ouviu o apelo de Dolgoruki e então se virou calmamente para os outros senadores. "Suspendam o decreto", declarou. "Refletirei mais sobre esse assunto e lhes comunicarei minhas intenções". Logo depois, vários milhares de prisioneiros suecos foram transferidos para trabalhar no Canal Ladoga.

Todavia, apesar da presença de Dolgoruki, de Zotov e dos oficiais das guardas, o Senado não conseguiu alcançar o desempenho desejado por Pedro. Com o tempo, o czar percebeu que a força ou as ameaças vindas de cima eram insuficientes e, com frequência, contraproducentes. O Senado não podia ser disciplinado forçosa e peremptoriamente, como o czar estava acostumado a fazer, e ainda manter sua dignidade e sua autoridade aos olhos do público. Ademais, a instituição estava sobrecarregada de trabalho. Ineficiência, brigas entre os membros e indisposição para aceitar responsabilidades geraram um enorme e crescente acúmulo de trabalho que, em certo ponto, alcançou dezesseis mil casos e decisões não resolvidos.

Dessa forma, em 1722, Pedro resolveu criar uma nova posição de gerenciamento, a do Procurador Geral, que deveria ser o representante pessoal do Imperador no Senado. "Aqui está o olho por meio do qual verei tudo", declarou Pedro ao apresentar seu Procurador Geral aos senadores. "Ele conhece minhas intenções e aspirações. O que ele considerar como sendo para o bem geral, vocês devem executar. Embora possa lhes parecer que o que ele faz é contrário à conquista de vantagens para mim e para o Estado, devem, mesmo assim, realizar e, tendo me notificado, aguardar minhas ordens". A tarefa do Procurador Geral consistia em direcionar o Senado e fiscalizar seu trabalho. Embora ele não fosse um membro do corpo e não pudesse votar, era, de fato, Presidente do Senado, responsável por manter a ordem durante as sessões, por iniciar a legislação e levá-la a voto (usando uma ampulheta para limitar discussões) e garantir que, uma vez aprovada, a nova legislação fosse enviada para ser sancionada pelo Imperador. Quando os gabinetes administrativos fossem incapazes de entender a linguagem ou o significado de um decreto do Senado ou encontrassem dificuldades em administrar um deles, deveriam notificar o Procurador Geral, que pediria ao Senado para reescrever o decreto usando uma linguagem mais clara.

A escolha de Pedro para esse importante papel foi Pavel Yagujinski, um de seus "novatos" vindos das classes mais baixas. Yagujinski era onze anos mais jovem do que o imperador, nascido em Moscou de pais lituanos, cidade onde o pai tocava órgão em uma igreja luterana. Pedro gostou dele desde o primeiro momento, inscreveu-o nas Guardas e, encantado pelo bom humor e pela inteligência daquele jovem robusto, trouxe-o para perto de si como seu atendente pessoal durante as guerras. Yagujinski foi rapidamente promovido. Pedro o usou em missões diplomáticas e o levou consigo a Paris, onde os franceses o descreveram como o "preferido" do czar. Yagujinski era emotivo, gostava de beber, e fazia novos inimigos com a mesma facilidade com que os esquecia, todas as semanas. Entretanto, era sem dúvida leal, quase completamente honesto e bastante decidido, qualidades que Pedro acreditava faltar em muitos dos senadores.

Mesmo antes da nomeação de Yagujinski, o czar já havia alterado o papel do Senado. De 1711 a 1718, esse corpo havia sido responsável pela administração e também pela legislação, mas Pedro percebeu que o Estado precisava de um novo maquinário executivo, separado do Senado, que permitisse a esta instituição se concentrar nas questões legislativas. Foi essa percepção que o levou a começar a experimentar uma nova instituição governamental importada da Europa, o sistema de colegiados ou ministérios.

Com suas próprias viagens e com os relatos de embaixadores estrangeiros e agentes, o czar aprendera que os colegiados eram as instituições básicas no funcionamento de governos da Dinamarca, Prússia, Áustria e Suécia. Até mesmo na Inglaterra, o Conselho do Almirantado semiautônomo e similar a um colégio era responsável por administrar todas as questões da Marinha Real. Leibniz, a quem Pedro consultara, reportou: "Não pode haver boa administração senão com colegiados. Seu mecanismo é como o dos relógios cujas engrenagens se mantêm mutuamente em movimento". O sistema de colegiados na Suécia tinha a mais alta reputação na Europa; funcionava tão bem que o governo continuou administrando o país tranquilamente mesmo com a ausência do soberano durante quinze anos, a perda de exércitos, a conquista de seu império e um surto devastador da peste. Pedro, admirando a eficiência tanto de Carlos quanto dos suecos e sem qualquer escrúpulo em se espelhar no inimigo, decidiu usar os colegiados suecos como modelo para seu país.

Em 1718, seu novo sistema estava pronto. Os antiquados *prikazi*, ou repartições governamentais, agora somando 35, foram substituídos por nove novos colegiados: Relações Exteriores, Coleta de Receita, Justiça, Despesas, Controle Financeiro, Guerra, Almirantado, Comércio e Minas e Manufaturas. Os presidentes desses colegiados deveriam ser russos (de fato, todos eram amigos próximos e principais tenentes de Pedro) e os vice-presidentes, estrangeiros. Duas exceções eram o Colegiado de Minas e Manufaturas, para o qual o general Bruce, um escocês, foi apontado presidente, e o Colegiado das Relações Exteriores, cujo presidente, Golovkin, e o vice-presidente, Shafirov, eram ambos russos. Todos os nove presidentes dos colégios tornaram-se simultaneamente membros do Senado, o que teve o efeito de transformar esse corpo em um conselho de ministros.

Para ajudar a fazer essas instituições estrangeiras funcionarem, Pedro importou especialistas internacionais. Agentes russos circularam pela Europa convidando estrangeiros a participarem dos novos colegiados russos. Até mesmo prisioneiros de guerra suecos que haviam aprendido russo foram também convidados. (Weber pensou que alguns não aceitariam, "considerando que estavam apreensivos com um questionamento problemático em seu país natal por conta de seu comportamento"). No final, estrangeiros suficientes foram encontrados, e Weber viria a descrever a crescente atividade no Colegiado das

Relações Exteriores usando termos engrandecedores: "Quase nenhum gabinete de relações exteriores do mundo emite despachos em tantos idiomas. Eles contam com dezesseis intérpretes e secretários: russo, latim, polonês, holandês alto, holandês baixo, inglês, dinamarquês, francês, italiano, espanhol, grego, turco, chinês, tártaro, calmuco e mongol".

Todavia, mesmo com estrangeiros trabalhando em vários níveis do novo maquinário, o sistema de colegiados teve início aos solavancos. Os advogados, administradores e demais especialistas estrangeiros enfrentavam dificuldades para explicar o novo sistema a seus colegas russos, e os tradutores levados para ajudar ficavam limitados por desconhecerem a terminologia e as questões administrativas da Suécia. Explicações do novo sistema e dos novos procedimentos a oficiais locais nas províncias eram ainda mais complicadas, e os secretários locais, sem entender, enviavam relatos à capital – relatos que acabavam não sendo categorizados, compreendidos ou até mesmo lidos nos novos escritórios em São Petersburgo.

Ademais, vários dos presidentes dos colegiados tratavam suas novas tarefas de forma desinteressada, e Pedro foi novamente forçado a dar sermões como se aqueles homens fossem crianças. Eles deviam aparecer nos colégios todas as terças e quintas-feiras, ele ordenou, e, enquanto estivessem lá, o Senado deveria agir com decoro. "Não deve haver conversas ou tagarelices desnecessárias, mas apenas debates acerca da questão apresentada. Ademais, se alguém começar a falar, outro não deve interromper, mas permitir que quem está com a palavra conclua, comportando-se, assim, como pessoas ordeiras, e não como as mulheres nas feiras livres".

Pedro havia esperado que, ao incluir os novos presidentes dos colégios como membros do Senado, conseguiria aumentar a eficiência desse corpo. Entretanto, havia tantos antagonismos e tanto ciúme entre esses potentados que colocar todos na mesma sala sem o czar para forçar a ordem levava a violentas discussões e até mesmo brigas. Os senadores aristocráticos Dolgoruki e Golitsyn desdenhavam daqueles vindos das classes mais baixas (Menchikov, Shafirov e Yagujinski). Golovkin, presidente do Colegiado das Relações Exteriores, e Shafirov, o vice-presidente, detestavam um ao outro. As brigas se tornaram mais estridentes, com os senadores abertamente acusando uns aos outros de ladrões e, enquanto Pedro estava distante, no Mar Cáspio, uma decisão foi passada denunciando Shafirov ao Imperador por comportamento ultrajante e ilegal no Senado. Com o retorno de Pedro, uma suprema corte especial, composta por senadores e generais, foi convocada em Preobrajenskoe, e, ao ouvir as evidências, condenou Shafirov à morte. Em dezesseis de fevereiro de 1723, ele foi levado ao Kremlin em um trenó comum. A sentença lhe foi lida, sua peruca e seu casaco esfarrapado de pele de carneiro lhe foram arrancados e ele subiu no cadafalso. Fazendo repetidas vezes o sinal da cruz, ajoelhou-se e colocou a cabeça no bloco. O algoz ergueu o machado e, nesse momento, o secretário de gabinete de Pedro, Makarov, apareceu e anunciou que, em consideração ao longo registro de serviços de Shafirov, o imperador lhe concedia o direito à vida e transformava a sentença em um exílio na Sibéria. Shafirov colocou-se de pé e desceu do cadafalso, os olhos tomados por lágrimas. Ele foi levado ao Senado, onde seus antigos colegas, impressionados com a experiência, congratularam-no pelo indulto. Para acalmar-lhe os nervos, os médicos o sangraram, e Shafirov, contemplando seu futuro desanimador, disse a eles: "É melhor abrirem minha maior veia e, assim, aliviar-me de meus tormentos". Seu exílio na Sibéria foi posteriormente transformado em confinamento com a família em Novgorod. Dois anos mais tarde, com a morte de Pedro, Catarina perdoou Shafirov e, sob o comando da Imperatriz Ana, ele voltou a fazer parte do Senado.

As esperanças de Pedro para sua nova máquina administrativa com frequência não se tornavam realidade. As instituições eram desconhecidas da prática russa, os novos administradores eram insuficientemente treinados e motivados e a forte e ameaçadora presença do próprio czar não contribuía para a iniciativa ou a decisão por parte de seus subordinados. Por um lado, Pedro ordenava que eles assumissem responsabilidades e agissem com coragem; por outro, punia-os se o movimento realizado fosse errado. Naturalmente, isso os deixava com excesso de cuidado, "como se um servo, ao ver seu soberano se afogando, não o salvasse até ter certeza absoluta de que estava escrito em seu contrato que deveria retirá-lo da água".

Conforme envelhecia, Pedro pareceu compreender esse problema. Passou a entender a importância do governo por leis e instituições e não pelo poder arbitrário dos indivíduos, incluindo ele mesmo. Em vez de receber ordens vindas de cima, o povo precisava ser ensinado, guiado e persuadido. "É necessário explicar exatamente quais são os interesses do Estado e torná-los compreensíveis para o povo", declarou. Depois de 1716, seus mais importantes decretos passaram a trazer um prefácio com explicações pedagógicas explicitando as necessidades da legislação, citando paralelos históricos, apelos lógicos e promessas de utilidade.

De modo geral, o novo sistema de governo do czar trouxe melhorias. A Rússia estava mudando, e o Senado e os colegiados administravam esse novo Estado e essa nova sociedade de forma mais eficiente do que teria sido possível sob o antigo conselho de boiardos e os prikazi. Tanto o Senado quanto os colegiados sobreviveram até o final da dinastia, embora os colégios tenham se transformado em ministérios e o Senado tenha sido renomeado para Conselho do Império. Em 1720, o arquiteto Trezzini começou a trabalhar em uma longa construção de tijolos vermelhos no represamento do Neva, na ilha Vasilevski, para abrigar os colegiados e o Senado. Esse prédio, que agora abriga a Universidade de Leningrado, é o maior edifício sobrevivente da São Petersburgo de Pedro.

As REFORMAS DE PEDRO afetaram os indivíduos da mesma forma que afetaram as instituições. A sociedade russa, como aquela da Europa medieval, tinha suas bases nas obrigações de serviço. O servo devia serviços ao dono da terra, o dono da terra devia serviços ao czar. Longe de quebrar ou até mesmo afrouxar esses laços de serviço, Pedro os apertou, sugando até a última gota dos trabalhos de todos os níveis da sociedade. Não havia exceções ou mitigações. O serviço era a força motora da vida de Pedro, e o czar despendia sua energia e poder para assegurar que todos os russos servissem da forma mais eficaz possível. Nobres servindo como oficiais no novo exército ou na nova marinha russa deviam saber lutar com armas e táticas modernas; aqueles que entravam na administração cada vez mais ocidentalizada deveriam ter treinamento e habilidades necessários para realizar suas tarefas. O conceito de serviço foi ampliado de modo a incluir a tarefa de tornar-se educado.

Pedro deu início a esse programa pragmaticamente com seu primeiro despacho impulsivo de jovens russos ao Ocidente em 1696, às vésperas da Grande Embaixada. Depois de Poltava, o esforço tornou-se mais sério, mais inclusivo e mais institucionalmente estruturado. Em 1712, um decreto ordenava que todos os filhos de proprietários de terras se reportassem ao Senado. Eles foram divididos por grupos de idade; os mais novos foram enviados a Talim para estudar náutica; o grupo do meio seguiu para a Holanda para receber treinamento naval; os mais velhos foram diretamente para o exército. Em 1714, o arrasto tornou-se mais extenso: todos os jovens nobres entre dez e trinta anos que já não estivessem registrados ou em serviço receberam ordens de procurar o Senado com o objetivo de trabalhar durante o inverno.

Pedro pretendia que o exército fosse totalmente chefiado por nobres russos profissionalmente treinados que tivessem começado seus 25 anos de serviço aos quinze anos de idade, quando entravam para as guardas ou para um regimento de linha como soldados particulares. Dessa posição mais baixa, cada nobre deveria conquistar sua ascensão com base no mérito. Em fevereiro de 1714, o czar proibiu categoricamente a nomeação de qualquer oficial, independentemente de seu título, que não tivesse galgado de posição em posição. Em certo momento, trezentos príncipes das mais nobres famílias da Rússia encontravam-se servindo como soldados, recebendo pagamento, alimentos e confortos mínimos. De acordo com o príncipe Kurakin, não era incomum para os cidadãos de Petersburgo ver o príncipe Golitsyn ou o príncipe Gagarin com um mosquete no ombro e atuando como sentinela à frente dos quartéis.

As instruções para esses jovens, todavia, iam muito além de como lidar com armas de força e conduzir ações militares. Conforme mais e mais deles passavam por esses anos de treinamento, os regimentos tornavam-se não apenas incubadoras de oficiais, mas academias para o serviço ao Estado em vários campos. Alguns jovens aprendiam artilharia, outros, engenharia, alguns navegação, outros, idiomas – um foi enviado a Astracã para aprender sobre minas de sal. Com o tempo, os oficiais das Guardas de Pedro tornaram-se um pool do qual o czar podia extrair praticamente qualquer serviço. Os cães de guarda que Pedro instalou no Senado eram oficiais das Guardas; esses mesmos oficiais compuseram a maioria do tribunal civil que condenou o czarevich Aleixo.

Embora a maioria dos jovens nobres fosse para o exército, essa não era a via preferida para os serviços ao estado; o serviço civil crescia rapidamente, e suas portas de entrada estavam sempre lotadas, uma vez que os trabalhos nos escritórios do governo eram menos perigosos, menos árduos e potencialmente muito mais lucrativos. Para limitar a quantidade de candidatos seguindo nessa direção, Pedro decretou que não mais do que um terço dos membros de uma família podia servir no governo civil; dois terços deveriam ir para o exército ou a marinha.

A marinha, um corpo totalmente alheio e repugnante para a maioria dos russos, era ainda mais intensa e universalmente indesejada do que o exército. Quando um filho tinha de seguir para o serviço militar, o pai lutava para colocá-lo em qualquer posto que não fosse na marinha. Todavia, em 1715, quando a Escola de Matemática e Navegação foi transferida de Moscou para São Petersburgo, suas salas de aula encontravam-se cheias. "Neste verão, a Academia Naval foi aberta", escreveu Weber em 1715. "Eu me atrevo a dizer que não houve uma família nobre dentro das fronteiras do vasto império russo que não fosse obrigada a enviar para longe um ou mais filhos entre dez e dezoito anos de idade. Vimos multidões desses jovens chegando de todas as partes da Rússia a São Petersburgo. Portanto, essa academia atualmente abriga a fina flor da nobreza russa, que, pelos quatro últimos anos, vem sendo instruída em todas as ciências relacionadas à navegação, além de aprender línguas, esgrimas e outros exercícios de educação física".

Os nobres russos não se inclinavam facilmente à disposição de Pedro, tanto quando o assunto era seus filhos quanto quando eram eles mesmos. Embora seu primeiro decreto, em 1712, fosse simplesmente um esforço para criar as listas dos nobres existentes e registrá-los para futuros serviços, Pedro sabia que não poderia facilmente arrancar esses jovens de suas vidas confortáveis nas províncias. Sendo assim, emitiu junto com a ordem a ameaça de que a não apresentação seria punida com multas, torturas corporais e confisco de propriedade. Acrescentou que qualquer um que identificasse um nobre que não houvesse se apresentado receberia todas as riquezas desse nobre, mesmo se o informante fosse um "servo fugitivo".

Essa ameaça com frequência falhava. Os membros da nobreza engendravam diversas enganações e explicações, viagens e negócios, visitas ao exterior e a mosteiros, tudo para evitar registrar-se para o serviço. Alguns simplesmente desapareciam no vasto vazio das terras russas. Um membro do governo ou soldado chegava para investigar e encontrava uma casa vazia; estranhamente, ninguém na vila sabia para onde o proprietário havia ido. Alguns escapavam do serviço fingindo doenças ou problemas mentais. "Ele pulou no lago e ficou ali, com a água batendo na barba". Quando um grupo de jovens nobres entrou para um seminário teológico em Moscou para escapar dos serviços, Pedro rapidamente colocou todos os novos monges na marinha, levando-os para a Academia Naval de São Petersburgo e, como punição extra, fez que eles instalassem estacas ao longo do Canal do Moika. O almirante-general Apraxin, ofendido por essa humilhação à honra das antigas famílias russas, foi até o Moika, tirou seu uniforme de almirante com a fita azul da Ordem de Santo André e o dependurou em um poste, e então começou a instalar estacas junto com os jovens. Pedro foi até ele e, impressionado, perguntou: "Como, Teodoro Matveievich, você, um almirante-general, está instalando estacas?" Sem rodeios, Apraxin respondeu: "Majestade, esses trabalhadores são meus sobrinhos e netos. Quem sou eu, então, e por que direito deveria ser privilegiado?".

Com o tempo, Pedro se viu forçado a decretar que todos os nobres que não se apresentassem para os serviços seriam considerados criminosos. Isso significava que eles podiam ser roubados ou assassinados com impunidade, e que todos que entregassem um criminoso receberiam metade das propriedades desse indivíduo. Por fim, em 1721, também para limitar as evasões, Pedro criou o posto de heraldo, cuja tarefa consistia em manter listas atualizadas da nobreza, registrando os nomes de todos os homens nascidos e o local e a posição em que esses filhos cumpriam com suas obrigações de serviço ao Estado.

A educação, na mente de Pedro, era simplesmente o primeiro degrau na escada do serviço ao Estado, e ele tentou colocar todas as crianças nessa escada em tenra idade. Em 1714, em conjunto com seu plano de registro compulsório de todos os nobres no exército aos quinze anos, ele decretou que os irmãos mais novos deveriam ser matriculados em escolas seculares aos dez anos. Durante cinco anos, até estarem prontos para o exército, eles deveriam aprender a ler e a escrever e adquirir noções básicas de aritmética e geometria; antes de o jovem receber um certificado atestando que havia concluído esse curso, ele era proibido de se casar. Proprietários de terra ressentiram essa interrupção de suas tradições e, dois anos mais tarde, em 1715, Pedro admitiu a derrota e revogou o decreto. Seus esforços de insistir na educação compulsória de crianças da classe média também encontraram tamanha resistência e evasão que o czar se viu forçado a desistir.

Uma vez que os nobres ou outros homens encontravam-se registrados nos serviços ao Estado (fosse na administração militar, naval ou civil) sua promoção supostamente ocorria com base no mérito. Uma reforma diferente e possivelmente mais abrangente, incorporando o princípio da meritocracia, foi a derrubada por parte do czar da honrada lei de herança dos moscovitas. Tradicionalmente, quando um pai morria, suas terras e outras propriedades imóveis eram divididas igualmente entre os filhos. O resultado dessa subdivisão contínua em propriedades cada vez menores era o empobrecimento do povo e o prejuízo na coleta de impostos. O decreto de Pedro de quatorze de março de 1714 declarava que os pais deveria passar sua propriedade sem divisões a apenas um filho – e esse filho não necessariamente teria de ser o mais velho. (Se ele não tivesse filhos homens, as mesmas regras deveriam ser praticadas com as filhas.) Na Inglaterra, Pedro ficou impressionado com o sistema no qual o filho mais velho herdava o título e a terra, deixando os mais novos para seguirem para o exército, a marinha ou alguma forma de comércio. Entretanto, Pedro rejeitou a primogenitura e escolheu a herança por mérito, o que acreditava ser mais produtivo do que o sistema inglês. O filho mais capaz receberia a herança, a terra seria mantida inteira, preservando, assim, a riqueza e a distinção da família (e facilitando a coleta de impostos), os servos receberiam melhores cuidados, e os filhos sem herança estariam livres para encontrar alguma ocupação útil no serviço ao Estado. Infelizmente, nenhum decreto de Pedro, o Grande, provou-se menos popular; esse movimento gerou brigas em família e conflitos violentos; e, em 1730, cinco anos após a morte do czar, esse decreto foi anulado.

Durante toda a vida de Pedro, mérito, lealdade e dedicação ao serviço foram os únicos critérios usados por ele para escolher, julgar e promover homens. Nobres ou "vendedores de tortas", russos, suíços, escoceses ou alemães, ortodoxos, católicos, protestantes ou judeus – o czar despejava títulos, riquezas, afeição e responsabilidades a qualquer um que se mostrasse disposto e competente para servir. Sheremetev, Dolgoruki, Golitsyn e Kurakin foram nomes ilustres muito antes de seus portadores se dedicarem ao serviço de Pedro, todavia, eles deviam seu sucesso não ao sangue, mas ao mérito. O pai de Menchikov, por outro lado, era funcionário de um escritório; o de Yagujinski, organista luterano; o de Shafirov, um judeu convertido; o de Kurbatov, servo. Osterman e Makarov começaram como secretários; Anthony Devier, o primeiro comissário de polícia de São Petersburgo, começou como um camaroteiro judeu português que Pedro encontrou na Holanda e levou para a Rússia. Nikita Demidov era um metalúrgico analfabeto em Tula até Pedro, admirando sua energia e seu sucesso, entregar-lhe grandes terras para o desenvolvimento de minas nos Urais. Abraão (ou Ibrahim) Aníbal era um príncipe abissínio negro levado como escravo a Constantinopla, onde foi comprado e enviado como presente a Pedro. O czar o libertou e o tornou seu afilhado, enviou-o a Paris para ser educado e, por fim, promoveu-o a general da artilharia.[1] Esses homens – águias e filhotes de águia de Pedro, para citar Pushkin – começaram sem nada, mas, quando morreram, eram príncipes, condes e barões, e seus nomes encontram-se entrelaçados ao de Pedro na história da Rússia.

Não há melhor exemplo da promoção por mérito de Pedro do que a carreira de Ivan Neplyuev, um dos mais famosos "novatos" do czar. Neplyuev, filho de um pequeno proprietário de terra na região de Novgorod, foi chamado para o serviço em 1715, quando já tinha 22 anos de idade e era pai de dois filhos. Foi enviado para uma escola em Novgorod para aprender matemática, depois para a escola de navegação em Narva, e por fim à Academia Naval de São Petersburgo.

---

[1] Após sua morte, Aníbal ganhou a imortalidade ao se tornar avô materno de Alexandre Pushkin e figura central no romance de Pushkin (não terminado, mas com um fragmento de quarenta páginas completas), *O Negro de Pedro, o Grande*. (N. A.)

Em 1715, era um dos trinta cadetes da marinha servindo a esquadra russa em Copenhague. De lá, Neplyuev seguiu o czar até Amsterdã, de onde Pedro o enviou a Veneza para receber treinamento a bordo das galeras venezianas. Depois de dois anos combatendo os turcos nos mares Adriático e Egeu, Neplyuev foi para Gênova, Toulon, Marselha e Cadiz, onde serviu por seis meses na marinha espanhola. Quando retornou a São Petersburgo, em junho de 1720, foi chamado para comparecer no Almirantado para ser sabatinado pelo czar. "Não sei como meus camaradas receberam essa novidade", escreveu Neplyuev em suas memórias, "mas eu não dormi a noite toda e me preparei para o Dia do Julgamento".

Quando chegou a vez de Neplyuev, Pedro foi gentil e, estendendo a mão para ser beijada, anunciou: "Entenda, irmão, que sou seu czar, mas há pontos calejados em minhas mãos, pois eu quis dar o exemplo". Enquanto Neplyuev se ajoelhava, Pedro continuou: "Fique de pé, irmão, e responda as perguntas. Não tenha medo. Se souber, diga. Se não souber, diga também". Neplyuev sobreviveu ao exame e recebeu o comando de uma galera.

Quase imediatamente, entretanto, foi transferido e colocado no comando da construções de navios em São Petersburgo. Ao aceitar a tarefa, haviam lhe aconselhado: "sempre fale a verdade e jamais diga mentiras. Muito embora as coisas possam ser ruins para você, o czar ficará muito mais furioso se você mentir". Não demorou muito para o jovem construtor naval ter uma oportunidade de testar esse conselho. Certa manhã, ao chegar atrasado no trabalho, encontrou Pedro já no local. Considerou apressar-se de volta para casa e mandar dizer que estava doente, mas então se lembrou do conselho e foi diretamente até Pedro. "Você percebe, meu amigo, que cheguei aqui antes de você", falou o czar, olhando para cima. "É culpa minha, Majestade", respondeu Neplyuev. "Ontem à noite, saí e fiquei acordado até tarde, e acabei acordando atrasado". Pedro o segurou no ombro e apertou com força. Neplyuev ficou convencido de que estava acabado. "Obrigado, meu jovem, por dizer a verdade", falou o czar. "Deus irá perdoá-lo. Todos nós somos humanos".

Todavia, Neplyuev permaneceu pouco tempo nessa ocupação. Por sua habilidade com línguas, era frequentemente usado como tradutor e, em janeiro de 1721, com apenas 28 anos, foi enviado como embaixador russo a Constantinopla, retornando em 1734 para desfrutar das propriedades que Pedro lhe havia concedido durante a ausência. Por fim, tornou-se senador. Em 1744, durante o reinado de Catarina, a Grande, morreu com oitenta anos.

Próximo do final de seu reinado, em 1722, Pedro incorporou sua crença apaixonada na meritocracia em uma estrutura institucional permanente, a famosa Tabela de Graduações do Império Russo, que colocava diante dos olhos de todos os jovens entrando para o serviço três progressões paralelas de posições oficiais nos três ramos do serviço estatal – militar, civil e corte. Cada progressão era composta por quatorze posições, e cada posição tinha um espaço correspondente nos outros dois ramos. Todos deveriam começar seus serviços em colocações baixas, e a promoção dependia não do nascimento ou do status social, mas unicamente do mérito e do tempo de serviço. Depois disso, pelo menos em teoria, a nobreza tornou-se irrelevante na Rússia, e as honras e os cargos estavam abertos a todos. Os títulos de nobreza da Antiga Rússia não foram abolidos, mas deixaram de carregar privilégios e distinções especiais. Pessoas comuns e estrangeiras eram estimuladas a se candidatar aos cargos mais altos, e soldados, marinheiros, secretários e escriturários que conquistassem o mérito recebiam posições apropriadas na Tabela de Gradações, na qual, uma vez inclusos, eles competiam, supostamente em condições iguais, com nobres russos. Os cidadãos comuns que alcançassem as posições mais baixas – por exemplo, a de número quatorze na gradação militar ou a de número oito na civil ou na corte – recebiam o status de "nobres hereditários", com o direito de ter servos e passar a seus filhos o direito de entrar para o serviço ao Estado na posição mais baixa.

Assim, Pedro, que sempre havia dado mais peso às habilidades do que ao nascimento e que pessoalmente trabalhara para galgar posições no exército e na marinha, passou sua convicção às gerações que o sucederam. Essa reforma sobreviveu e, apesar de subsequentes alterações e inevitáveis corrosões por favores e promoções especiais conquistados por meio do suborno, permaneceu sendo a base da estrutura de classes no império russo. Posições na Tabela de Graduações em grande parte deixaram de lado o nascimento como medida do valor de um homem, e novo sangue era constantemente acrescentado ao exército e à burocracia. Assim, um homem cujo pai havia sido um pobre proprietário de terra ou até mesmo um servo e soldado no distante Volga poderia se encontrar em posição igual à dos homens que carregavam os mais tradicionais nomes da história russa.[2]

---

2   Ironicamente, sob a Tabela de Graduações, Lênin, nascido Vladimir Ilych Ulyanov, era um nobre hereditário russo. Esse título foi herdado de seu pai, Ilya, filho de um servo, que havia frequentado a Universidade de Cazã e se tornado educador. Assumindo a responsabilidade pela educação primária na província de Simbirsk, no Volga, em 1874, ele aumentou o número de escolas primárias na província de vinte para 734 em quatorze anos. Por essa conquista, foi promovido à posição de Real Conselheiro de Estado no serviço civil, a quarta posição do ranking de

No PAPEL, CONFORME ESCRITO nos decretos assinados pela caneta de Pedro, as reformas na administração poderiam concebivelmente ter feito o governo russo funcionar como as engrenagens de um relógio. O fato de elas não funcionarem dessa forma deve-se não apenas à lentidão em entender ou à indisposição para mudar, mas também às muitas camadas de corrupção no governo. A corrupção afetava não apenas as finanças do Estado, mas também sua eficiência básica, e tornava os sistemas administrativos importados, que já eram de difícil compreensão, quase impossíveis de operar.

Subornos e fraudes eram tradicionais na vida pública russa, e o serviço público era rotineiramente visto como um meio de se conquistar ganhos privados. Essa prática era tão aceita que oficiais do país recebiam um pequeno ou nenhum salário; entendia-se que eles ganhariam a vida aceitando subornos. Nos tempos de Pedro, apenas alguns homens no governo tinham fama de serem honestos e imbuídos com a ideia de serviço consciente ao Estado – Sheremetev, Repnin, Rumyantsov, Makarov, Osterman e Yagujinski. Os outros eram pessoalmente leais a Pedro, mas viam o Estado como uma vaca da qual podiam extrair leite.

Como resultado, a maioria dos administradores era motivada menos por um senso de serviço ao Estado e mais pelo desejo de ganhos privados misturado com um esforço para escapar de detenções e punições. Assim, duas poderosas motivações negativas, ganância e medo, tornaram-se características predominantes dos burocratas de Pedro. Havia oportunidades de se adquirir grandes riquezas – a vasta fortuna de Menchikov era um exemplo. Existia também uma grande chance de tortura ou de ir parar no cadafalso ou na roda. Todavia, independentemente do que Pedro tentasse – estimular, persuadir, adular, ameaçar, punir –, seus gestos pareciam fazer pouca diferença. Ele percebeu que a força não era suficiente. "Posso mudar algumas direções com meu cinzel", declarou entristecido, "mas não posso controlar mulas com meu cassetete".

As decepções se repetiam, e não apenas nos níveis mais altos. Certa vez, o czar elevou um advogado honesto à posição de juiz. Nessa nova posição, na qual a decisão poderia se tornar objeto de suborno, o novo juiz tornou-se corrupto. Quando Pedro descobriu, ele não apenas absolveu o homem, mas também do-

---

cima para baixo e o equivalente à posição de major general no exército. Quando o irmão mais velho de Lenin, Alexandre Ulyanov, foi executado, em 1887, por tentar assassinar o czar Alexandre III, o título foi automaticamente passado para o futuro fundador do Estado Soviético. Em 1892, quando Lenin, aos 21 anos, registrou-se em São Petersburgo em busca da permissão para passar nos exames de Direito, ele assinou como "Nobre Vladimir Ulyanov". (N. A.)

brou seu salário em uma tentativa de evitar futuras tentações. Ao mesmo tempo, todavia, o czar garantiu que, se aquele juiz voltasse a trair sua confiança, certamente seria enforcado. O homem garantiu fervorosamente que a confiança de Pedro seria justificada... e logo depois aceitou outro suborno. Pedro o enforcou.

O czar aceitou que não conseguiria forçar a honestidade plena em todos os níveis do governo, mas estava decidido a suprimir todas as formas de corrupção que sugassem o Tesouro Nacional. Em 1713, um decreto ordenou que todos os cidadãos se reportassem pessoalmente ao czar em qualquer caso de corrupção no governo. A recompensa para o informante seriam as propriedades do acusado, caso a alegação se provasse verdadeira. Isso parecia perigoso demais para a maioria das pessoas, e o resultado foi uma torrente de cartas anônimas, muitas delas maliciosamente inspiradas por um desejo de acertar contas pessoais. Pedro promulgou outro decreto, condenando cartas anônimas enviadas por aqueles que "menos do que demonstrar virtude, colocam para fora seus venenos". Prometeu sua proteção aos informantes que relatassem casos verdadeiros, garantindo: "Qualquer sujeito que seja um verdadeiro cristão e um servo honrado de seu soberano e de sua terra pátria pode, sem qualquer receio, reportar-se de forma oral ou por carta pessoalmente ao czar". Por fim, uma carta anônima foi recebida, acusando alguns dos mais altos oficiais do governo de corrupção em grande escala. O autor foi convencido a aparecer, e um julgamento dramático teve início.

Ao longo dos anos, o sistema pelo qual as vilas deveriam reunir provisões para o exército e entregá-las a São Petersburgo e outras cidades por meio dos territórios recém-conquistados criou um pesado fardo por conta de dificuldades de transporte. Para lidar com esses problemas, intermediários entraram em cena, concordando em realizar as entregas requeridas em troca do direito de cobrar preços mais altos. Essa prática tornou-se fonte de inúmeras fraudes. Uma série de figurões do governo estava envolvida, conspirando com os entregadores e às vezes, usando nomes falsos, fazendo pessoalmente as entregas de provisões. Embora o escândalo fosse amplamente conhecido, ninguém se atrevia a desafiar os nobres e altos oficiais envolvidos levando a questão a Pedro. Por fim, a miséria do povo que pagava impostos duplos pelas provisões roubadas tornou-se tão grande que um homem chegou à conclusão de que deveria informar ao czar. Ao mesmo tempo, ele tentou salvar a si próprio permanecendo anônimo e deixando cartas anônimas de acusação nos locais frequentados por Pedro. O czar leu uma delas e ofereceu ao autor não apenas sua proteção, mas uma grande recompensa se ele se fizesse conhecido e pudesse provar sua alegação. O informante apareceu e entregou ao czar evidências inquestionáveis de que um dos seus principais tenentes estava envolvido com a fraude.

Uma grande investigação teve início no começo de 1715. Os envolvidos incluíam o príncipe Menchikov; o almirante-general Apraxin; o príncipe Mateus Gagarin; o Mestre de Artilharia general Bruce; o vice-governador de São Petersburgo, Korsakov; o primeiro lorde do Almirantado, Kikin; o primeiro comissário da artilharia, Sinavin; os senadores Opukhtin e Volkonski; e um grande número de servos civis em posições mais baixas. A investigação foi minuciosa e gerou muitas evidências. Apraxin e Bruce, levados diante da comissão, defenderam-se alegando que raramente haviam estado em São Petersburgo, permanecendo a maior parte do tempo no mar ou com o exército no campo de batalhas; sendo assim, desconheciam as ações que seus servos tomavam por suas costas. Menchikov, que também estivera fora por muitos meses comandando o exército na Pomerânia, foi acusado de desonestidade financeira em sua administração, de gerar lucros ilegais em contratos do governo e de desperdiçar milhões de rublos em dinheiro e propriedades do governo.

Como Menchikov era bastante odiado e a comissão de inquérito era comandada por seu grande inimigo, o príncipe Jacob Dolgoruki, as acusações contra ele tomaram uma forma exagerada e vingativa, o que facilitou para Menchikov moderá-las e prová-las parcialmente falsas. Sob escrutínio, o que foi descoberto não foi pura avareza; uma porção considerável de má administração e confusão acabou se misturando, e existiam muitos exemplos de irregularidades nos quais não houvera intenção de trapaças. Por conta das várias propriedades de Menchikov, sua renda lícita era muito grande. Com frequência, seus lucros haviam sido usados pelo governo e, também com frequência, ele havia usado dinheiro público para cobrir suas próprias necessidades. Muitas das irregularidades consistiam de desvio de fundos de um propósito para outro sem manter os registros adequados. Menchikov, por exemplo, havia sido Governador de São Petersburgo desde sua fundação, ou seja, por um período de mais de dez anos. Durante todo esse tempo, não recebeu salário e várias vezes usou seu próprio dinheiro para cobrir gastos do governo. Como Pedro desgostava de grandes palácios e enormes recepções, Menchikov havia construído seu grande palácio e agia como anfitrião em inúmeras funções públicas e diplomáticas, as quais custavam enormes somas. Com frequência esses gastos não lhe eram reembolsados, embora Pedro esperasse que ele continuasse realizando esse papel. Ademais, ele havia algumas vezes usado dinheiro do próprio bolso para arcar com emergências do Estado. Em julho de 1714, o almirante Apraxin escreveu com urgência da Finlândia, dizendo que suas tropas estavam passando fome. Como Pedro estava fora, Menchikov exigiu uma ação do Senado, mas os senadores se recusaram a aceitar qualquer responsabilidade; então, ele corajosamente providenciou, usando seu próprio dinheiro, o equivalente a duzentos mil rublos de suprimentos, colocou-os a bordo de um navio, e os despachou para socorrer as forças de Apraxin.

Mesmo assim, havia irregularidades que não podiam ser explicadas. Apontou-se que ele devia 144.788 rublos em uma conta e 202.283 em outra. Essas somas lhe foram repassadas na forma de multas. Menchikov pagou uma parte delas, mas, mediante uma petição ao czar, parte da dívida foi perdoada.

Apraxin e Bruce também escaparam com pesadas multas em reconhecimento aos serviços por eles prestados à nação. Entretanto, para os outros envolvidos, as punições foram pesadas. Os dois senadores considerados culpados, Volkonski e Opukhtin, que haviam incriminado não apenas a si próprios, mas maculado a reputação do recém-formado Senado, receberam publicamente golpes de açoite e tiveram suas línguas marcadas com ferro quente por quebrarem seus juramentos. Korsakov, o vice-governador de São Petersburgo, foi publicamente açoitado com o cnute. Três outros tiveram seus narizes cortados após receberem golpes da mesma arma, depois foram para a forca. Outros oito, culpados por ofensas menores, foram estirados no chão e apanharam de soldados armados com batogs. Quando Pedro ordenou que eles parassem, os soldados gritaram: "Pai, deixe-nos espancá-los um pouco mais, pois são ladrões e roubaram nosso pão!". Alguns foram exilados na Sibéria. Kikin, que fora um dos favoritos de Pedro, viu-se condenado ao exílio e teve as propriedades confiscadas, mas Catarina intercedeu em seu favor, e tanto seu posto quanto suas propriedades lhe foram restituídas. Quatro anos mais tarde, Kikin foi julgado outra vez, agora por seu papel na questão do czarevich Aleixo; e, nessa ocasião, perdeu a cabeça.

CARTAS ANÔNIMAS E DENÚNCIAS públicas compunham meios fortuitos de eliminar a corrupção e, em março de 1711, Pedro criou o escritório de informantes oficiais, chamados fiscais. Eles deveriam ser coordenados por um chefe, o *Ober--Fiscal*, cuja responsabilidade era perseguir e denunciar ao Senado todos os transgressores, independentemente de suas posições. Essa espécie de delação sistemática e oficial era nova na Rússia. Anteriormente, a lei do país permitia a prisão e o julgamento com base em acusações privadas, mas essas acusações consistiam em uma faca de dois gumes. O acusador tinha de se apresentar e provar suas alegações e, se elas se provassem falsas, era ele, e não o acusado, que acabava torturado e punido. Agora, todavia, os acusadores passavam a ser oficiais permanentes da justiça, distantes de desejos de vingança. Naturalmente, as acusações se multiplicaram, e logo os quinhentos fiscais já eram os homens mais odiados da Rússia. Até mesmo os membros do Senado, seus patrões nominais, temiam esses espiões diligentes. Em abril de 1712, três fiscais sêniores reclamaram para Pedro que os senadores deliberadamente ignoravam os relatos enviados por eles, que os senadores Jacob Dolgoruki e Gregori Plemyannikov os tinham descrito como "anticristos e tratantes", e que eles sequer se atreviam a se aproximar fisicamente da maioria dos senadores. Mais tarde, em 1712, o arcebispo Estevão Yavorski denunciou os fiscais em um sermão, declarando que eles mantinham todos à sua mercê enquanto se colocavam acima da lei. Todavia, Pedro não intercedeu, e os fiscais deram continuidade ao odiado trabalho.

O mais dedicado desses fiscais era Aleixo Nesterov, que por fim tornou-se *Ober-Fiscal*. Esse zelote trabalhava com furor, cutucando todos os aspectos do governo, denunciando suas vítimas com malícia fanática e, em certo ponto, chegando a levar seu próprio filho a julgamento. A presa mais proeminente de Nesterov foi o príncipe Mateus Gagarin, que, desde 1708, atuava como Governador da Sibéria. Por conta da enorme distância entre sua província e a capital, Gagarin governava quase como um monarca além dos Urais. Entre suas responsabilidades estava a supervisão do comércio com a China, que passava por Nerchinsk e era agora um monopólio do governo. Nesterov, por meio de sua rede de espiões, descobriu que Gagarin estava enganando financeiramente o governo ao permitir que comerciantes particulares promovessem negócios ilegais, e também realizando ele mesmo comércio ilegal. Assim, ele havia reunido uma enorme fortuna; sua mesa era colocada todos os dias para dúzias de convidados, e perto de sua cama havia uma estátua da Virgem decorada com o equivalente a 130 mil rublos em diamantes. Os registros contra ele não eram totalmente negativos. Pelo contrário: Gagarin havia realizado uma contribuição substancial para o desenvolvimento da Sibéria ao promover a indústria e o comércio e ao encontrar fontes de minérios na vasta região. Ademais, ele era extremamente popular por toda a província por conta da brandura de seu governo. Quando Gagarin foi preso, sete mil prisioneiros suecos trabalhando na Sibéria fizeram uma petição para que o czar o perdoasse.

O primeiro boletim de Nesterov denunciando a desonestidade de Gagarin foi enviado a Pedro em 1714, mas o czar se recusou a dar continuidade no processo. Em 1717, Nesterov apresentou um dossiê mais incriminador, e Pedro designou uma comissão de oficiais das Guardas para investigar. Gagarin foi preso e confessou as irregularidades e até mesmo ilegalidades, implorando perdão e a permissão para terminar seus dias pagando penitências em um mosteiro. Todos acreditaram que Pedro perdoaria o governador como reconhecimento por sua influência e seus serviços. Todavia, o czar, furioso com o fato de repetidos decretos sobre honestidade terem sido desrespeitados, decidiu fazer do caso um exemplo. Gagarin foi condenado e publicamente enforcado em setembro de 1718, em São Petersburgo.

Nesterov manteve seu poder por quase dez anos. Então, o próprio *Ober-Fiscal* foi pego recebendo presentes que, embora quase sem importância em termos de tamanho, atraíram os olhares de muitos que eram contrários a ele. Rapidamente, o peso acumulado das inimizades o esmagou. Ele foi julgado e condenado a ter o corpo quebrado vivo na roda. A sentença foi levada a cabo em uma praça de frente para a nova construção que Trezzini havia criado para os colegiados na ilha Vasilevski. A essa altura, Nesterov era um homem idoso e de cabelos brancos. Enquanto ele estava na roda, ainda vivo, Pedro, que por acaso estava visitando os colegiados, foi até a janela e olhou. Vendo Nesterov e sentindo pena daquele homem, o czar ordenou que a cabeça do *Ober-Fiscal* fosse cortada imediatamente para que ele não sofresse mais.

O pior ofensor, a quem nem mesmo Nesterov tivera coragem de acusar, era Menchikov. Várias e várias vezes, o príncipe apostava na indulgência de seu tão sofrido monarca. Menchikov saiba que Pedro precisava dele — afinal, para qualquer homem que ocupa sozinho o maior posto de poder, um amigo como ele era essencial. Foi confidente de Pedro, intérprete de seus pensamentos e executor de suas decisões, seu companheiro mais próximo nas bebedeiras, o mestre de seu filho, seu camarada na cavalaria, seu braço direito. Em público, Menchikov era cuidadoso e tratava o czar com respeito exagerado; em particular, sabia exatamente até que ponto podia chegar. Se ultrapassasse involuntariamente essa linha, recebia um golpe do punho ou do cassetete de Pedro. Aceitava esses golpes com bom humor e jamais ficava zangado, o que o tornava ainda mais querido. Todavia, pelas costas do czar, Menchikov mostrava sua outra cara. Com os inferiores ele era dominante; com os rivais, insolente. Tinha ambições sem limites, era grosseiro, um inimigo implacável, amargamente odiado e muito temido.

Conforme o reinado de Pedro progredia, o poder de seus favoritos também crescia, e, depois de Poltava, esse poder passou a conhecer poucos limites. Menchikov era o governador-geral de São Petersburgo, primeiro-senador, cavaleiro da Ordem de Santo André, príncipe do Sacro Império Romano e mantinha títulos recebidos dos reis da Polônia, Dinamarca e Prússia. Dizia-se que ele podia atravessar o Império indo de Riga, no Báltico, até Derbent, no Cáspio, e sempre dormir em uma de suas propriedades. Seu palácio no Neva abrigava uma resplandecente corte de cavalheiros, camareiros, pajens e cozinheiros parisienses que preparavam jantares de duzentos pratos servidos em bandejas de ouro. Passando pelas ruas em uma carruagem, a porta decorada com um brasão em ouro e uma coroa dourada no topo, puxada por seis cavalos cobertos de vermelho e dourado, ele estava sempre acompanhado por servos uniformizados, músicos e uma escolta de dragões para abrir caminho em meio às multidões. Todavia, embora a afeição e a gratidão de Pedro tivessem gerado uma enorme riqueza a Menchikov, essa riqueza nunca era suficiente. Como muitos outros homens que saíram do nada e alcançaram enormes poderes, ele se importava muito em arrumar formas de demonstrar esse poder. Quando não recebia dinheiro suficiente por meio de subornos e presentes, roubava vorazmente. Apesar das enormes multas que o czar lhe aplicou, ele sempre foi rico e, após um breve período de tempos ruins, sempre voltava a ser um favorito. Para os embaixadores estrangeiros, os quais esperavam que cada escândalo sucessivo de Menchikov fosse o último, apenas para vê-lo se levantar novamente, belo e radiante, o príncipe parecia uma fênix.

Com frequência, Pedro simplesmente fazia vistas grossas para o comportamento de Menchikov. Em certo ponto, o Senado encontrou evidências de irregularidades na compra de munições – a qual fora realizada por Menchikov. Foi solicitada explicação ao príncipe, mas ele arrogantemente os ignorou, recusando-se a responder por escrito ou a assinar seu nome em qualquer documento. Em vez disso, enviou um oficial júnior com uma resposta oral. Os senadores então fizeram uma lista das principais acusações e evidências contra ele e colocaram o documento em uma mesa diante da cadeira do czar. Quando Pedro entrou, segurou o papel, correu rapidamente os olhos pelas palavras e o colocou de volta sobre a mesa, sem dizer uma só palavra. Por fim, Tolstói se atreveu a perguntar qual havia sido a reação. "Nenhuma", respondeu Pedro. "Menchikov sempre será Menchikov."

Ainda assim, a indulgência de Pedro tinha limites. Certa vez, quando o czar privou Menchikov temporariamente de suas propriedades na Ucrânia e o forçou a pagar uma multa de duzentos mil rublos, o príncipe retaliou retirando todo o brocado e os cetins e removendo toda a elegante mobília de seu palácio no Neva. Alguns dias mais tarde, quando Pedro foi fazer uma visita, ficou surpreso ao encontrar o ambiente quase vazio. "O que significa isso?", ele perguntou. "Ora, Majestade, fui obrigado a vender tudo para acertar minhas contas com o Tesouro", foi a resposta. Pedro o encarou por um minuto. "Eu conheço a verdade", rugiu. "Pare de fazer esses joguinhos comigo. Se quando eu retornar, em 24 horas, sua casa não estiver mobiliada à altura do príncipe sereno e governador de São Petersburgo, a multa será dobrada!". Quando Pedro retornou, o palácio estava decorado com luxo maior do que antes.

O primeiro aviso de Pedro a Menchikov veio em 1711, depois de o príncipe ser acusado de extorsão enquanto comandava o exército na Polônia. (Menchikov justificou-se argumentando que havia roubado apenas dos poloneses.) "Corrija os seus modos, ou então terá de me responder com a sua cabeça", ameaçou Pedro e, durante algum tempo, o príncipe obedeceu. Em 1715, ele foi novamente acusado, e mais uma vez escapou pagando uma multa. Todavia, depois do julgamento de 1715, Pedro demonstrou sua frieza para com o velho amigo. Ele continuou frequentando a casa de Menchikov e escrevendo cartas amigáveis, mas nunca voltou a ter plena confiança naquele homem. O príncipe prudentemente se adequou a essa nova relação. Em suas cartas, deixou de lado o tom familiar que sempre usara com Pedro e passou a adotar um estilo mais formal e respeitoso, como um súdito endereçando-se a seu autocrata. Pedia desculpas de forma abjeta, invocando a antiga amizade com Pedro e seus antigos serviços sempre que o czar ficava de mau humor. Contava com a poderosa proteção de Catarina, que estava sempre pronta para interceder em seu nome. Em uma dessas ocasiões, Pedro cedeu aos apelos de sua esposa, mas a avisou com relação ao futuro: "Menchikov foi concebido em iniquidade, trazido ao mundo em pecado e terminará sua vida na traição. A não ser que mude, certamente perderá a cabeça".

Menchikov não ficou muito tempo longe de problemas. No início de janeiro de 1719, novas acusações surgiram contra ele. Foi chamado diante de uma corte marcial militar, junto com o general almirante Apraxin e o senador Jacob Dolgoruki, e acusado de má administração da Ingria e de um desfalque de 21 mil rublos enviados para a compra de cavalos para a cavalaria. Admitiu ter pegado o dinheiro, mas, em sua defesa, explicou que o governo ainda lhe devia 29 mil rublos que ele jamais havia conseguido reaver; portanto, quando esse dinheiro veio parar em suas mãos, ele o embolsou, em parte, como pagamento. A corte aceitou as circunstâncias extenuantes, mas, mesmo assim, condenou-o por violar leis militares. Tanto ele quanto Apraxin foram sentenciados à perda de suas propriedades e honras, e receberam ordens para entregarem suas espadas e se confinarem em suas casas até o czar confirmar suas sentenças. Então, um dia depois, para a surpresa de todos, a sentença foi cancelada em reconhecimento pelos trabalhos por eles prestados ao país. Ambos os homens receberam suas posições de volta. Pagaram severas multas, mas nada mais aconteceu. Pedro simplesmente não podia perdê-los.

Pela primeira vez, aparentemente, Menchikov foi subjugado. Pouco tempo depois, o ministro prussiano escreveu: "O bom príncipe Menchikov foi bastante depenado. O czar lhe perguntou quantos camponeses ele possuía na Ingria. Menchikov confessou o número de sete mil, mas Sua Majestade, que estava muito mais bem informado, disse que ele poderia manter esses sete mil, mas que deveria abrir mão de todos os demais – em outras palavras, de outros oito mil. Menchikov, ansioso e perguntando-se o que lhe aconteceria em seguida, ficou bastante doente e magro como um cachorro, mas salvou seu pescoço mais uma vez e foi perdoado até que Satanás o tentasse novamente".

Todavia, fiel à previsão de Pedro de que "Menchikov sempre será Menchikov", o príncipe continuou burlando seu soberano. Em 1723, foi pego novamente e levado diante de uma comissão de investigação. Havia recebido as propriedades de Mazeppa próximas a Baturin e, em 1724, foi acusado de ter ocultado ali mais de trinta mil servos que haviam ou fugido das obrigações com o serviço militar, ou escapado de outros proprietários de terras. Menchikov apoiou-se mais uma vez na intercessão da bondosa czarina e apresentou a ela uma petição, em sua coroação, na qual ele culpava Mazeppa, alegando que os servos haviam sido escondidos ali antes de ele herdar as propriedades. Menchikov foi mais uma vez em grande parte perdoado, mas as investigações ainda estavam em curso quando Pedro morreu, e depois disso foram revogadas por Catarina.

Pedro, um homem de gostos simples, sentia-se angustiado e desgostoso com a ganância desavergonhada de seus tenentes, que agarravam qualquer oportunidade de roubar o Estado. Por todos os lados, o czar via subornos, roubos e extorsões, e o dinheiro do Tesouro "fluindo para dentro das mangas de todos". Certa vez, após ouvir um relato do Senado listando ainda mais corrupções, ele convocou Yagujinski em um acesso de raiva e ordenou a imediata execução de qualquer oficial que subtraísse do Estado, mesmo que em uma quantia tão pequena a ponto de ser suficiente apenas para comprar um pedaço de corda. Yagujinski, ao anotar a ordem de Pedro, ergueu a caneta e perguntou: "Vossa Majestade já refletiu sobre as consequências desse decreto?". "Vá em frente, escreva", respondeu Pedro furiosamente. "Vossa Majestade quer viver sozinho, sem súditos no império?", insistiu Yagujinski. "Pois todos nós roubamos. Alguns levam pouco, outros levam muito, mas todos nós levamos alguma coisa", continuou. Pedro deu risada, sacudiu tristemente a cabeça e não seguiu adiante.

Todavia, ele insistiu até o fim. De vez em quando, assim como fizera com Gagarin, transformava um delinquente proeminente em exemplo, esperando desencorajar criminosos menores. Certa vez, Nesterov perguntou: "Devemos apenas podar os galhos, ou arrancar as raízes?". Pedro respondeu: "Destrua tudo, tanto galhos quanto raízes". Era uma tarefa impossível; o czar era incapaz de forçar a honestidade. Nesse sentido, seu admirador contemporâneo, Ivan Pososhkov, estava certo quando escreveu: "O grande monarca trabalha duro e não realiza nada. O czar sozinho empurra colina acima com a força de dez, mas milhões o puxam para baixo".

LIX

COMÉRCIO POR DECRETO

Na Rússia, antes dos tempos de Pedro, existam poucas instalações que poderiam ser chamadas de indústrias. Espalhadas pelas cidades estavam pequenas fábricas e oficinas criadoras de utensílios domésticos, artesanato e ferramentas que atendessem as necessidades do czar, dos boiardos e dos comerciantes. Nas vilas, os camponeses produziam tudo de que precisavam.

Após seu retorno do Ocidente, em 1698, Pedro decidiu transformar essa realidade e, pelo resto de sua vida, trabalhou para tornar a Rússia mais rica e sua economia mais eficiente e produtiva. Inicialmente, com o país envolvido em uma grande guerra, o czar tentou construir uma indústria totalmente relacionada com as necessidades bélicas. Desenvolveu fundições para canhões, moinhos de pólvora, fábricas para a produção de mosquetes, de couro para selas e arreios, moinhos têxteis para tecer a lã usada nos uniformes e produzir as velas da frota. Em 1705, as fábricas de tecido (de posse do Estado) em Moscou e Voronej demonstravam um resultado tão bom que Pedro escreveu a Menchikov: "Elas estão produzindo tecidos e Deus nos traz excelentes resultados, tanto é que fiz um cafetã para usar durante o feriado".

Depois de Poltava, a ênfase mudou. Conforme as demandas da guerra diminuíam, Pedro passava se interessar mais por outros tipos de manufatura, aquelas cujo foco era elevar a vida russa ao nível do Ocidente e, ao mesmo tempo, tornar o país menos dependente de itens importados. Ciente de que grandes somas estavam sendo levadas para fora do país com o objetivo de pagar importações de seda, veludo, porcelana e cristais, ele criou fábricas para manufaturar esses produtos na Rússia. Para proteger essas indústrias incipientes, o czar estabeleceu altos impostos de importação sobre seda e tecidos, o que dobrou o preço deles para os compradores russos. Basicamente, sua política era similar à de outros Estados europeus da época, e pode ser, de modo geral, descrita como mercantilismo: aumentar as exportações com o objetivo de ampliar o aporte de dinheiro estrangeiro e diminuir as importações visando reduzir o fluxo de riquezas russas para o exterior.

A política de industrialização de Pedro tinha um segundo propósito, igualmente importante. Seus cobradores de impostos já estavam praticamente sugando a vida do povo russo para financiar a guerra. A única alternativa de longo prazo para extrair mais fundos do povo, percebeu o czar, consistia em ampliar a produção da riqueza nacional e, assim, aumentar a base de impostos. Para alcançar esse objetivo, Pedro empenhou-se, colocando o poder do Estado em todos os aspectos do desenvolvimento da economia nacional. Via-se como pessoalmente responsável pelo fortalecimento da economia do país, mas, ao mesmo tempo, entendia que a iniciativa e as empresas privadas eram a verdadeira fonte de riqueza nacional. Seu objetivo era criar uma classe de empreendedores russos que ajudariam e por fim substituiriam o soberano e o Estado como produtores dessa riqueza. Não era uma tarefa simples. Por tradição, os nobres russos viam com desdém qualquer envolvimento com o comércio e a indústria, e estavam decididos a não investir seu capital em empresas comerciais. Pedro empregou uma mistura de persuasão e força, exaltando a dignidade e a utilidade do comércio e transformando o comércio e a indústria em uma forma honrada de serviço ao Estado – assim como eram os serviços no exército, na marinha ou ainda a burocracia civil. O governo, por meio do Colegiado de Minas e Manufaturas, oferecia o capital inicial na forma de empréstimos e subsídios, concedia monopólios e isenções fiscais, e às vezes chegava a criar fábrica, usando dinheiro do Tesouro, e arredá-la a indivíduos ou empresas privadas. Esses arranjos eram, com frequência, compulsórios. Em 1712, o Estado construiu um grupo de fábricas de tecidos para serem administradas por comerciantes privados. "Se eles não quiserem fazer isso por vontade própria, então devem ser forçados", declarava a ordem. "Conceda-lhes instalações para custear os gastos com a fábrica, para que possam sentir prazer em negociar."

Nem todas as novas empresas floresceram. Uma companhia de seda formada por Menchikov, Shafirov e Pedro Tolstói recebeu generosos privilégios e subsídios e, ainda assim, conseguiu fracassar. Menchikov brigou com seus parceiros e se retirou, sendo substituído pelo almirante Apraxin. Por fim, tendo engolido todo o capital original, a empresa foi vendida a comerciantes privados por vinte mil rublos. Menchikov teve mais sorte com uma companhia formada para caçar morsas e bacalhau no Mar Branco.

A parceria mais produtiva entre o Estado e a indústria privada ocorreu na indústria pesada e de mineração. Quando Pedro chegou ao trono, a Rússia contava com cerca de vinte pequenas fundições de ferro, entre particulares e estatais, nos arredores de Moscou, em Tula e em Olonets, no lago Onega. Declarando que "nosso Estado russo tem abundância de riquezas, mais do que qualquer outra terra, e é abençoado com metais e minerais", o czar começou, já no início de seu reinado, a desenvolver esses recursos naturais. Entre os estrangeiros empregados pela Grande Embaixada para trabalhar na Rússia estavam numerosos engenheiros de minas. Uma vez que a guerra começou, as siderúrgicas em Tula, fundadas pelo pai holandês de Andrew Vinius e que pertenciam em parte à coroa, em parte ao siderúrgico Nikita Demidov, foram expandidas para criar mosquetes e canhões para todo o exército. A cidade de Tula transformou-se em um imenso arsenal, com seus vários bairros habitados por diferentes categorias de armeiros e ferreiros. Depois de Poltava, Pedro espalhou garimpeiros por toda a região dos Urais em busca de novas jazidas. Em 1718, criou o Colegiado de Minas e Manufatura com o objetivo de encorajar a busca e o desenvolvimento de novos locais ricos em minérios. Em dezembro de 1719, um decreto ameaçava açoitar com o cnute qualquer proprietário de terras que escondesse jazidas de minérios em suas propriedades ou que atrapalhasse o trabalho de prospecção. As montanhas dos Urais, em especial na província de Perm, revelaram-se impressionantemente ricas em minérios de alta qualidade: o minério extraído do chão produzia quase metade de seu peso de puro ferro. Para ajudar a desenvolver esses ricos filões, o czar procurou novamente Nikita Demidov. Ao final do reinado de Pedro um vasto complexo de indústrias e mineração, constituído por 21 fundições de ferro e cobre, havia sido erguido nos Urais, centrando-se na cidade de Ecaterimburgo, que recebeu esse nome em homenagem à esposa do czar.[1] Nove dessas fundições eram de propriedade do Estado, e doze pertenciam a indivíduos particulares, incluindo Demidov, dono de cinco delas. A produção aumentava constantemente e, ao final do reinado, mais de quarenta por cento do ferro russo vinha dos Urais. Ainda durante o tempo de vida de Pedro, a produção russa de gusa era igual à da Inglaterra, e, no rei-

---

[1] Em 1918, Ecaterimburgo foi o local do assassinato da família do último imperador russo, Nicolau II. Hoje a cidade é chamada de Sverdlovsk. (N. A.)

nado de Catarina, a Grande, a Rússia ultrapassou a Suécia como maior produtora de ferro da Europa. Essas minas e fundições prósperas fortaleceram o Estado (havia dezesseis mil canhões nos arsenais quando Pedro morreu) e deixaram Demidov imensamente rico. No nascimento do czarevich Pedro Petrovich, Demidov presenteou a criança com cem mil rublos como "dinheiro para começar a vida". Em 1720, o pai orgulhoso de Pedro Petrovich transformou Demidov em conde, título mantido até o fim da dinastia.

Para facilitar o comércio, a Rússia precisava de mais dinheiro circulando. Novas moedas russas haviam sido cunhadas desde o retorno de Pedro do Ocidente com a Grande Embaixada, mas elas ainda eram tão escassas que os comerciantes em Petersburgo, Moscou e Arcangel as tomavam emprestadas com juros de quinze por cento simplesmente para manter a atividade de suas lojas. Um motivo para essa escassez estava no hábito de todos os russos, de camponeses a nobres, de esconder rapidamente qualquer dinheiro que caísse em suas mãos. Conforme um visitante estrangeiro explicou: "No meio dos camponeses, se, por acaso, algum deles receber uma pequena soma, ele a esconderá sob um monturo, onde o dinheiro ficará morto para ele e para a nação. A nobreza, temendo ser notada e importunada pela corte ao demonstrar sua riqueza, comumente tranca o dinheiro em cofres, e lá o deixa apodrecer; ou, quando mais sofisticados, enviam-no a bancos em Londres, Veneza ou Amsterdã. Consequentemente, com todo o dinheiro assim retido pela nobreza e pelos camponeses, ele não circula, e o país não colhe qualquer benefício gerado por seu uso". No início da guerra, um decreto declarava que "acumular dinheiro é proibido. Informantes que descobrirem dinheiro escondido serão recompensados com um terço da quantia, e o restante irá para o Estado".

Outro motivo para a escassez de moeda era uma insuficiência de metais preciosos. Os ourives e prateiros que iam para a Rússia acabavam desestimulados e voltavam para casa, e muitas moedas recém-cunhadas de rublos eram defeituosas tanto na qualidade da liga quanto no peso do metal. Pedro sabia disso, e se preocupava, mas as minas simplesmente não produziam ouro e prata suficientes, e ele se viu forçado a aceitar esses defeitos para seguir em frente. Em 1714, para preservar a economia nacional, o czar proibiu a exportação de prata. Em 1718, os comerciantes que deixavam a Rússia passavam por revistas, e qualquer moeda de ouro, prata e cobre encontrada era confiscada. À menor das suspeitas, oficiais da alfândega desmontavam as carroças ou os trenós nos quais os comerciantes viajavam. Em 1723, esse regulamento foi fortalecido pelo acréscimo de pena de morte a qualquer um exportando prata. Por outro lado, a importação de ouro e prata era fortemente encorajada, pois não havia impostos sobre esses metais. E quando os russos vendiam seus bens a estrangeiros, não tinham permissão de aceitar dinheiro russo como pagamento, mas sempre deviam receber em moeda estrangeira.

As ordens de Pedro, emitidas impacientemente de cima, eram com frequência recebidas sem a menor compreensão do que se queria ou por que motivo eram dadas. Isso forçava o czar a não apenas supervisionar tudo de perto, mas também a empregar a força para que as coisas fossem feitas. Tradicionalmente conservadores, os russos recusavam inovações, e Pedro dizia a seus ministros: "Vocês mesmos sabem que qualquer novidade, mesmo que boa e necessária, não será seguida por nosso povo sem ser forçada". Ele jamais se desculpou pelo uso da força. Em um decreto de 1723, explicou que "nosso povo é como as crianças que nunca querem começar a aprender o alfabeto, a não ser que sejam forçadas pelo professor. No início, tudo lhes parece muito difícil, mas, uma vez que aprenderam, acabam gratos. Portanto, na questão das manufaturas, não devemos nos satisfazer em apenas propor a ideia, mas temos de agir e até mesmo forçar a sua implantação".

O comércio é um mecanismo delicado, e decretos de Estado, em geral, não são a melhor forma de fazê-lo funcionar. No caso de Pedro, não era simplesmente o elemento da compulsão que prejudicava o sucesso de seus esforços – ele mesmo nem sempre estava certo do que queria. Quando sua atenção não se focava ou ele estava distraído, aqueles abaixo dele, incertos quanto a seus desejos, não faziam nada e todas as atividades paravam. Os métodos de Pedro eram estritamente empíricos. Ele tentava isso ou aquilo, ordenava e contraordenava em busca de um sistema que funcionasse, às vezes sem entender completamente o que era necessário ou a natureza dos obstáculos à sua frente. Suas mudanças constantes de direção e seus regulamentos minuciosos que não deixavam escopo para ajustes locais confundiam e destruíam as iniciativas dos comerciantes e produtores russos. Certa vez, quando o embaixador holandês pressionava em busca da aprovação russa de um novo tratado de comércio e foi frustrado por repetidos atrasos, Osterman lhe disse: "Cá entre nós, eu lhe contarei a verdade: não temos um único homem que entende algo de questões comerciais".

Houve ocasiões em que empreendimentos naufragaram simplesmente porque Pedro não estava presente para dar instruções. Seu temperamento podia ser tão feroz e imprevisível que, na falta de ordens específicas, as pessoas se viam indispostas a tomar a iniciativa e simplesmente não faziam nada. Em

Novgorod, por exemplo, um grande número de selas e arreios de couro havia sido armazenado para o exército. As autoridades locais sabiam que esses itens estavam lá, mas, como nenhuma ordem para distribui-los tinha vindo de cima, elas acabaram com "produtos mofados e estragados, que tiveram de ser desenterrados com pás". Similarmente, em 1717, muitos troncos de carvalho trazidos do centro da Rússia pelos canais do lago Ladoga para serem usados na construção da frota do Báltico foram deixados encostados nas margens e acabaram também enterrados na lama – simplesmente porque Pedro estava fora, na Alemanha e na França, e não havia deixado instruções específicas para o uso da madeira.

Para diminuir a lacuna que separava o czar inovador (que, apesar de seu grande interesse, encontrava-se frequentemente ocupado com outras questões) e a nação confusa e indisposta, havia os estrangeiros. Nada do trabalho de Pedro no sentido de desenvolver a economia nacional teria sido possível sem os especialistas e artesãos estrangeiros que seguiram em grandes números para a Rússia entre o retorno de Pedro do Ocidente, em 1698, e sua morte, em 1725. O czar trouxe mais de mil estrangeiros durante sua visita a Amsterdã e Londres e, depois disso, enviados e agentes russos em cortes estrangeiras foram urgentemente empregados a buscar e persuadir trabalhadores e técnicos locais a entrar para o serviço russo.

Trabalhadores estrangeiros, ideias estrangeiras e maquinário e materiais estrangeiros estavam presentes em todas as esferas das atividades industrial, comercial e da agricultura. Parreiras trazidas da França foram plantadas próximas a Astracã para produzir um vinho que os viajantes holandeses pronunciaram ser "tinto e suficientemente agradável". Vinte pastores vindos da Silésia foram enviados a Cazã para cuidar de ovelhas e ensinar aos russos da região a produzir lã de modo que não fosse mais necessária a compra de lã inglesa para as roupas do exército. Pedro viu cavalos melhores na Prússia e na Silésia e ordenou ao Senado que criassem coudelarias e importassem reprodutores e éguas. Observou os camponeses ocidentais colhendo grãos com foices de cabo longo, em vez das de cabos curtos que os camponeses russos haviam sempre usado, e decretou que seu povo deveria adotar a ferramenta ocidental. Perto de São Petersburgo havia uma fábrica que transformava o linho russo tão fino, em todos os aspectos, quanto o tecido holandês. O linho era processado em um galpão onde uma senhora holandesa ensinava oitenta mulheres russas a fiar nas rodas, que eram pouco conhecidas no país. Não longe dali havia uma fábrica de papel administrada por um especialista alemão. Por todo o país, estrangeiros ensinavam russos a construir e operar fábricas de vidro, olarias, moinhos de pólvora, construções, siderúrgicas e fábricas de papel. Na Rússia, os trabalhadores estrangeiros desfrutavam de diversos privilégios especiais, incluindo moradia gratuita e isenção fiscal por dez anos. Cercados pelos russos desconfiados e xenófobos, eles viviam sob a proteção do czar, e Pedro avisou severamente seu povo para não prejudicar ou tirar vantagem desses trabalhadores. Mesmo quando um estrangeiro fracassava, o czar costumava tratá-lo com gentileza e enviá-lo para casa com uma soma em dinheiro.

Por trás dessa política não estava um amor frívolo a tudo que era estrangeiro. Em vez disso, o czar tinha um único e firme propósito: usar técnicos estrangeiros para ajudar a construir uma Rússia moderna. Estrangeiros foram convidados e privilégios lhes foram concedidos com uma única condição que era parte de todos os contratos: "que eles instruam nosso povo russo da forma adequada, sem esconder nada". Ocasionalmente, especialistas estrangeiros de fato tentavam esconder segredos de comércio. Em um desses casos, curadores ingleses de tabaco, ao deixar a Rússia, usaram meios violentos para evitar que sua tecnologia especial caísse nas mãos russas. De maneira impressionante, Charles Whitworth, o embaixador inglês, não apenas encorajou essa violência, mas também a cometeu pessoalmente:

> O grande segredo que os moscovitas querem conhecer é o licor para preparar e colorir o tabaco. [...] Os trabalhadores russos foram dispensados e, naquela mesma noite, fui até o local de trabalho junto com o sr. Parsons, meu secretário, e quatro de meus servos. Passamos a maior parte da noite destruindo vários instrumentos e materiais, alguns dos quais eram tão fortes que nos obrigaram a fazer um enorme barulho para quebrá-los. Havia barris abertos com aproximadamente um quarto de licor de tabaco que eu deixei aberto. [...] Da mesma forma, quebrei grandes rodas de fiar e três bobinas; depois, destruí três motores já preparados para cortar o tabaco e tirei as placas e outras peças de mais dois; várias máquinas de prensar o tabaco foram quebradas em pedaços, seus parafusos rachados, as peças de madeira destruídas, o cobre levado embora, e aproximadamente vinte bons crivos quebrados em pedaços. [...] No dia seguinte, meus servos retornaram e queimaram tudo o que havia restado da madeira.

Se Pedro tivesse descoberto o papel do embaixador nesse episódio noturno violento, a estadia de Whitworth na Rússia certamente teria sido encurtada.

Em outra ocasião, todavia, um russo foi mais esperto do que um estrangeiro que guardava segredos. Pedro havia criado uma fábrica de fitas próxima a São Petersburgo, equipando-a com aprendizes russos; o chefe era um estrangeiro. Ao final do ano, Pedro descobriu que um jovem, o mais habilidoso dos jovens russos, era capaz de produzir qualquer tipo de fita uma vez que os materiais estivessem preparados no tear; todavia, nem ele, nem seus companheiros eram capazes de começar o trabalho sozinhos porque seu chefe sempre se encarregava de colocar o trabalho no tear e proibia qualquer um de observá-lo durante essa operação. Pedro instruiu os aprendizes russos a descobrirem esse segredo e prometeu uma recompensa a quem conseguisse. Assim, o aprendiz fez um pequeno buraco no teto da oficina e ficou ali, quieto, observando o mestre preparar os teares. Tendo aprendido a técnica, ele informou o czar, que havia preparado um tear no palácio. Quando o aprendiz se mostrou exitoso, Pedro o beijou, deu-lhe dinheiro e o transformou no novo chefe.

TENDO CONSTRUÍDO UMA NOVA capital no Neva, Pedro estava decidido de que a cidade deveria ser mais do que uma sede administrativa para seus burocratas e um local para o desfile dos regimentos das Guardas; ele queria que São Petersburgo fosse um grande porto e um centro comercial. Para dotá-la de importância e transformá-la em um importante centro comercial, ele agiu de modo a desviar o comércio de outros portos para o Neva, em particular da longa e sinuosa rota de Arcangel. Essa transformação comercial arbitrária foi conquistada apenas passando por cima dos apelos e das lágrimas de muitos – russos e estrangeiros – que haviam investido em peso naquela rota. Mesmo assim, Pedro começou a gradualmente aumentar a pressão. O esforço continuou até 1722, quando o czar finalmente proibiu o transporte, a partir de Arcangel, de qualquer bem que não fosse produzido na província ou ao longo das margens do Duína. Naquele ano, São Petersburgo finalmente superou Arcangel e se tornou o principal porto em solo russo, embora o volume de comércio ali ainda não fosse tão grande quanto o de Riga. Ao final do reinado de Pedro, o volume de comércio estrangeiro na Rússia ultrapassou até mesmo seus maiores sonhos. No total, o comércio marítimo havia quadruplicado em valor. Em 1724, 240 navios mercantes ocidentais chegaram a São Petersburgo, ao passo que 303 visitaram Riga. Em 1725, 917 navios estrangeiros atracaram nos portos russos no Báltico.

Pedro, todavia, falhou em outro objetivo: a criação de uma marinha mercante russa. Ele esperava que os bens do país pudessem ser transportados para o Ocidente em navios mercantes russos, mas seu esforço esbarrou em um antigo preconceito, infligido pelas nações marítimas ocidentais. Nos tempos de Novgorod, quando os comerciantes russos quiseram exportar seus produtos em seus próprios navios, os comerciantes da Liga Hanseática se uniram contra eles, insistindo que comprariam bens russos apenas em Novgorod e se responsabilizariam pelo transporte. Mais tarde, um comerciante empreendedor de Yaroslavl levou uma carga de peles para vender em Amsterdã, mas, por conta de um arranjo combinado entre compradores holandeses, foi incapaz de vender uma única peça e teve de levá-las de volta a Arcangel. Lá, elas foram imediatamente compradas por um bom preço pelo comerciante holandês dono do navio que carregara as peles de volta para a Rússia.

No início de seu reinado, Pedro resolveu mudar seu modelo de atuação e instruiu Apraxin, como governador de Arcangel, a construir duas pequenas embarcações russas que navegariam para o Ocidente transportando cargas russas sob a bandeira do país. Ciente de que a chegada desses navios provocaria oposições, ele refletiu sobre para onde enviá-los. Comerciantes holandeses e ingleses se oporiam vigorosamente, ao passo que, na França, imaginou o czar, a bandeira russa poderia não ser respeitada. Finalmente, os navios foram enviados à França, mas Pedro já havia recuado: eles seguiram sob a bandeira holandesa, e não a russa. Um dos navios foi confiscado pelos franceses e seu retorno tornou-se assunto de uma demorada discussão. De modo geral, Pedro nunca foi bem-sucedido nesse esforço, e no transporte – até mesmo na administração do comércio estrangeiro nos portos russos – os comerciantes holandeses e ingleses mantiveram praticamente um monopólio.

Apesar desse fracasso, o czar não guardou rancor contra capitães ou navegadores estrangeiros. Pelo contrário: ficava jubiloso quando navios comerciais estrangeiros chegavam aos portos russos, recebendo-os com pompa e tratando os capitães como marinheiros irmãos. Assim que uma embarcação estrangeira aparecia nos portos de Kronstadt ou São Petersburgo, Pedro subia a bordo para andar pelos deques, examinar a estrutura e os aprestos e buscar novas táticas aplicadas à construção. Suas visitas eram tão comuns, especialmente entre os capitães russos que iam todos os anos a São Petersburgo, que eles já se mostravam ansiosos por se sentar com o czar em suas cabines, consumindo conhaque, vinho, queijo e biscoitos enquanto respondiam as perguntas do soberano a respeito de suas viagens. Em troca, Pedro os convidava, já em terra firme, para visitar sua corte e participar de todas as celebrações; esses homens raramente retornavam sóbrios a seus navios. Conforme notou um observador:

"É fácil entender o quanto essa recepção agradava às pessoas dessa profissão e quanto prazer elas sentiam ao seguir rumo a São Petersburgo".

Nada podia estragar essa relação. Em 1719, quando novos regulamentos de alfândega foram criados para o porto de São Petersburgo, os primeiros esboços apresentados a Pedro para aprovação declaravam que os navios carregando contrabandos ou bens tributáveis escondidos deveriam ser confiscados. Pedro removeu esse artigo, explicando que ainda era cedo demais na vida do porto para que uma ação tão drástica fosse tomada; ele não tinha qualquer desejo de assustar os capitães e comerciantes e afastá-los da cidade.

O imperador permitia que os capitães visitantes falassem com ele em tons de familiaridade, o que chocava seus favoritos russos. Quando um capitão holandês afirmou que ainda preferia Arcangel a São Petersburgo e o czar perguntou o motivo, o homem descaradamente respondeu que era porque não havia panquecas em São Petersburgo. "Vá à corte amanhã e você terá as suas panquecas", garantiu-lhe Pedro.

Quando navegadores estrangeiros se envolviam em disputas com russos, o czar se apressava para defender os primeiros. Certa vez, um navio mercante holandês manobrando no movimentado porto de Kronstadt acidentalmente bateu em uma fragata russa, quebrando a escada de embarque. O capitão russo ficou furioso, embora o capitão holandês, sentindo muito, tivesse se oferecido para pagar os danos. Insatisfeito, o russo enviou uma guarda de soldados e marinheiros a bordo do navio mercante e ordenou que lhe fosse pago dez vezes o valor adequado. Pedro estava em Kronstadt e, ao receber a notícia do ocorrido, remou até a fragata para inspecionar os danos. Vendo que nada havia acontecido além do problema com a escada, que poderia ser reparado em poucas horas, ele ficou furioso com o capitão da fragata. "Em três horas", declarou, "retornarei e espero que a escada da sua embarcação esteja consertada". Três horas depois, o czar retornou e encontrou a escada reparada, porém, ainda sem pintura. "Pinte a escada de vermelho", ele ordenou, "e, no futuro, que os estrangeiros não recebam nada de você além de sinais de polidez e amizade".

ERA TÍPICO DA PERSONALIDADE de Pedro que, no meio de uma guerra, com um novo exército, uma nova marinha, novo capital e uma nova economia nacional, tudo isso ainda em construção, também começasse a escavar um novo sistema de canais em pontos diferentes da Rússia. Não que eles fossem desnecessários. As distâncias no país eram tão grandes e as estradas tão pobres que os bens comerciais, assim como os viajantes individuais, encaravam obstáculos quase intransponíveis para se deslocar de um lugar a outro. Este problema sempre atrapalhara os esforços de levar produtos do interior da gigantesca nação até os portos para serem exportados; agora, esse empecilho se mostrava ainda mais agudo, com o transporte de enormes quantidades de grãos e outros alimentos necessários para alimentar São Petersburgo. A solução havia sido oferecida, em grande parte, pela natureza, que equipara a Rússia com uma magnífica rede de rios – Dnieper, Don, Volga e Duína. Embora esses rios, com a exceção do Duína, fluíssem para o sul, ainda era possível transportar bens para o norte, corrente acima, usando a força bruta do trabalho de humanos ou animais. O que faltava era conectar esses caminhos distantes de rotas naturais de água com um sistema de canais que ligasse os rios em pontos vitais.

O primeiro esforço hercúleo de Pedro foi tentar ligar o Volga com o Don e, assim, com sua posse de Azov, na foz do Don, oferecer à maior parte das terras russas acesso ao mar Negro. Por mais de dez anos, milhares de homens trabalharam para escavar um canal e construir eclusas de pedra, mas o projeto foi abandonado quando o czar se viu obrigado a devolver Azov aos turcos. O crescimento de São Petersburgo inspirou uma segunda visão: ligar toda a Rússia ao Báltico por meio da conexão do Volga com o Neva. Após longas pesquisas, Pedro localizou na região de Tver e Novgorod um afluente do Volga que corria a menos de uma milha de outra corrente que fluía, através de muitos lagos e rios, para o lago Ladoga, o qual lançava suas águas no Neva. O segredo era um pequeno canal em Vyshni-Volochok. Foram necessários vinte mil homens, durante quatro anos, para escavar o canal com as eclusas necessárias, mas, quando o trabalho foi concluído, o mar Cáspio encontrava-se ligado por água a São Petersburgo, ao Báltico e ao oceano Atlântico. Depois disso, uma corrente de barcaças de fundo achatado carregadas com grãos, madeira de carvalho e outros produtos do sul e do centro da Rússia, além de bens vindos da Pérsia e do Oriente, seguia de forma lenta, porém constante, através do país.

Naturalmente, surgiram dificuldades e oposições. O príncipe Bóris Golitsyn, que recebeu a tarefa de inspecionar o primeiro desses projetos, reclamou que "Deus fez os rios correrem para um caminho e é presunçoso dos homens pensar em guiná-los em outro sentido". O fluxo do tráfego no rio às vezes era impedido, quando os diques de pedra do canal de Vyshni-Volochok assoreavam e precisavam passar por um processo de dragagem. Entretanto, isso era um obstáculo pequeno comparado aos perigos enfrentados no lago Ladoga. A superfície desse impressionante lago no interior, o maior da Europa, por conta do vento às vezes adotava a força violenta de um oceano e, com frequência, as ondas eram mais fortes do que as pesadas barcaças de fundo achatado, que tinham de ser excepcionalmente rasas para passar pelo canal de Vyshni-Volochok. Quando os ventos de uma tempestade vindos do norte encontravam essas embarcações desajeitadas no lago aberto, ou os barcos viravam, ou eram levados à margem sul do lago e despedaçados. Todos os anos, vendavais afundavam ou empurravam para a margem centenas de barcaças, levando à perda das cargas. Pedro ordenou a construção de uma frota especial de barcos específicos para o lago, com cascos e quilhas mais profundos do que as barcaças rasas, a serem usados na passagem através do lago Ladoga. Entretanto, isso requeria descarregar e recarregar produtos como grãos, feno e madeira, o que era caro e demorado demais. Seu próximo movimento foi buscar uma forma de evitar a passagem pelo lago. Em 1718, decidiu criar um canal através da terra pantanosa ao longo da margem sul do lago, seguindo do rio Volkhov até a foz no Neva em Schlüsselburg. A distância total seria de pouco mais de cem quilômetros.

O projeto foi inicialmente confiado a Menchikov, que não conhecia nada de engenharia, mas estava ansioso em aceitar uma tarefa que poderia lhe conceder as graças de Pedro. Menchikov gastou mais de dois milhões de rublos e desperdiçou as vidas de sete mil trabalhadores, que morreram de fome e doenças devido à má administração. Uma grande quantidade de trabalho inútil foi realizada antes de ser tomada a decisão básica sobre se seria melhor escavar o canal na terra atrás da linha da costa ou tentar isolar parte do lago com diques. O czar estava a ponto de abandonar o trabalho quando encontrou um engenheiro alemão, Burkhard Christopher von Munnich, que tinha grande experiência com construções de diques e canais na Alemanha do Norte e na Dinamarca. Quando Munnich assumiu o controle, o trabalho prosseguiu de forma mais eficiente e, em 1720, Weber escreveu: "Fui informado por fontes confiáveis de que esse trabalho encontra-se em um estado tão avançado que deverá estar pronto no próximo verão e, consequentemente, o comércio entre o Báltico e o mar Cáspio, ou entre toda a Rússia e a Pérsia, estará garantido, embora ainda com o inconveniente de que os navios vindos de Cazã talvez tenham de viajar por dois anos". Weber estava terrivelmente mal informado e, em 1725, quando Pedro morreu, o imperador havia visto apenas trinta quilômetros do grande canal (que tinha 21 metros de extensão e três de profundidade) realmente escavados. Após a morte de Pedro, Menchikov passou a "olhar torto" para o engenheiro, e foi somente em 1732, no reinado da Imperatriz Ana, que as obras foram terminadas e Munnich triunfantemente acompanhou a imperatriz em uma comitiva de barcaças estatais ao longo de todo o prodigioso caminho de águas.

Hoje em dia, o grande sistema de canais da Rússia, iniciado por Pedro, forma uma gigante artéria de comércio na ex-União Soviética. Os canais permitem que grandes navios passem em um sentido ou no outro, subindo e descendo os rios da Rússia, desde o mar Negro e o Cáspio até o mar Branco e o Báltico. Durante as Noites Brancas em Leningrado, é possível sentar-se no dique do Neva e, depois da meia-noite, quando as pontes da cidade já subiram, assistir a uma longa procissão de navios de carga do tamanho de navios de oceano passar como mamutes silenciosos rio acima, seguindo para o interior da Rússia, a milhares de quilômetros de distância.

TUDO TINHA UM CUSTO. Implacavelmente e sem remorsos, a guerra e os grandes projetos de construção sugavam a força vital e o tesouro da Rússia. Embora Pedro enfatizasse repetidas vezes a seus oficiais que os impostos deveriam ser cobrados "sem prejudicar o povo", suas próprias demandas constantes por fundos eram mais fortes do que esse sentimento. Os impostos esmagavam cada atividade da vida cotidiana, embora o Estado nunca recolhesse dinheiro suficiente para arcar com suas despesas cada vez mais altas. Em 1701, o exército e a marinha gastaram três quartos das receitas; em 1710, quatro quintos; e, em 1724, muito embora a guerra já tivesse chegado ao fim, dois terços. Quando o dinheiro era pouco, Pedro realizava cortes nos salários de todos os oficiais, temporais e espirituais, com a exceção daqueles mais necessários ao reino: "trabalhadores estrangeiros, soldados e marinheiros". Em 1723, havia tão pouco dinheiro que alguns oficiais do governo recebiam seus salários em peles.

A única solução, até que a crescente atividade comercial e industrial pudesse expandir a base tributária, era aplicar impostos ainda mais pesados sobre a nação já sobrecarregada. Até agora, o imposto básico havia sido formulado com base na antiga renda familiar, determinada por um censo realizado em 1678, durante o reinado do czar Teodoro. Esse imposto era recolhido em todas as vilas e de todos os proprietários de terra, de acordo com o número de casas e fazendas que ele possuísse (e gerava casas lotadas porque, para evitar impostos, o máximo de pessoas e famílias possível se reunia debaixo de um teto). Em 1710, acreditando que a população havia crescido, Pedro encomendou um novo censo. Para sua surpresa, a nova pesquisa demonstrou que, em trinta anos, o número de casas havia decrescido de um quinto para um quarto. Havia uma justificativa real para isso: o czar havia sugado centenas de milhares de homens para o exército, o estaleiro naval em Voronej, o trabalho nos canais e a construção de São Petersburgo, ao passo que milhares de outros haviam fugido para as florestas ou para as fronteiras. Entretanto, os novos números baixos também representavam a impotência do governo em ultrapassar os estratagemas da nobreza e dos camponeses que estavam decididos a fugir dos impostos. Subornar os encarregados que contavam as casas era uma artimanha preliminar. Se isso falhasse, os camponeses simplesmente removiam suas casas do horizonte dos enviados. As casas de camponeses russos eram, em grande parte, feitas de madeira ou tábuas presas nos quatro cantos. Assim, essas tábuas poderiam ser desprendidas em algumas horas e levadas para a floresta, ou espalhadas em alguma área. Os recenseadores e coletores de impostos conheciam o truque, mas pouco podiam fazer em relação a isso.

Ao retornar da França, Pedro decidiu abordar o problema de outra forma, substituindo o antigo imposto sobre as famílias por uma versão de imposto per capita que ele havia observado na França. A unidade desse novo imposto de votação seria a "alma": ou seja, todos os homens, fossem bebês ou avôs, em todas as vilas, cidades ou comunidades de camponeses. Entretanto, antes de o novo imposto poder ser aplicado, um novo censo fazia-se necessário. Em 26 de novembro de 1718, um decreto ordenou que todos os homens russos, com a exceção dos nobres, dos eclesiásticos e de alguns comerciantes privilegiados (todos os quais pagariam impostos de forma diferenciada) fossem registrados. Mais uma vez, a oposição foi intensa, mas, em 1722, um censo havia sido compilado, listando 5.794.928 "almas" masculinas e, em 1724, o imposto por alma foi coletado pela primeira vez. Os camponeses foram avaliados em 74 ou 114 copeques por ano, variando se trabalhassem em terras privadas ou do Estado. Em termos de receita, o imposto foi um enorme sucesso, produzindo metade da arrecadação estatal naquele ano e continuando em uso durante a maior parte do século XIX, até 1887, quando foi abolido por Alexandre III.

O imposto por alma resolveu o problema de arrecadação de Pedro, mas, em troca, colocou um fardo ainda mais pesado sobre os camponeses e fortaleceu os laços de servidão que os prendiam à terra. Em tempos antigos, camponeses russos viviam livres para se deslocar aonde quisessem, um direito que dificultava e às vezes impossibilitava aos proprietários de terras cobrirem suas necessidades de trabalho. Essa crise se intensificou em meados do século XVI, quando Ivan, o Terrível, conquistou Cazã e Astracã, abrindo para a colonização russa vastas regiões de terras virgens anteriormente habitadas por nômades. Às centenas de milhares, camponeses russos abandonaram a floresta e seguiram rumo ao norte, espalhando-se por essa terra plana e rica. Fazendas e vilas na Rússia central foram deixadas desabitadas; províncias inteiras tornaram-se semidesertas. Proprietários de terras, ameaçados pela ruína, apelaram ao Estado; e o Estado, incapaz de coletar impostos de vilas vazias, reagiu. Tendo início nos anos 1550, decretos proibindo camponeses de deixarem a terra passaram a ser emitidos. Camponeses fugitivos eram perseguidos e, em 1649, foi declarado que qualquer pessoa que os abrigasse teria de repor as perdas aos donos de terra. No tempo de Pedro, mais de 95% da população era composta por servos; alguns eram camponeses do Estado e outros pertenciam a proprietários de terra privados, mas todos estavam ligados por toda a vida à terra em que trabalhavam.

O novo imposto da alma, arrecadado pelo czar, colocou os camponeses ainda mais firmemente nas mãos dos proprietários de terra. Uma vez que a população de um distrito havia sido contada pelo censo, os proprietários de terra e as autoridades locais ficavam responsabilizados pelo Estado para coletar os impostos com base naquela população; a coleta efetiva do dinheiro foi deixada nas mãos deles. Para ajudá-los a manter o controle de seus camponeses e a extrair esses impostos, Pedro decretou, em 1722, que os servos não poderiam deixar a propriedade de seu senhor sem uma permissão escrita. Essa foi a origem do sistema de passaporte interno que continuou em uso em alguns países da antiga União Soviética, como a própria Rússia. Por fim, o poder colocado nas mãos dos proprietários de terra – de coletar impostos, controlar o movimento, ditar o trabalho e punir infrações – tornou cada um desses senhores um pequeno governo próprio. Quando sua capacidade de fazer cumprir era ameaçada, ele era apoiado pela intervenção de regimentos do exército permanentemente alojados por todo o interior. Com o tempo, para aumentar o controle sobre o movimento dos camponeses, qualquer servo que quisesse deixar a terra precisaria não apenas da permissão escrita do dono da terra, mas também de uma permissão escrita do exército. O resultado foi um sistema hereditário e abrangente de servidão permanente.

A maioria dos servos russos estava presa à terra, mas não todos. Um grande obstáculo para persuadir os nobres e comerciantes do país a abrirem novas fábricas era a dificuldade de encontrar mão de obra. Para vencer esse problema, Pedro decretou, em janeiro de 1721, que os proprietários de fábricas e minas poderiam ter "servos de fábrica" – ou seja, trabalhadores permanentemente ligados à fábrica ou à mina onde trabalhassem. Destacando a fundamental importância de criar uma nova indústria, o czar também deixou de lado as regras estritas sobre devolver servos fugitivos. Ele declarou que os servos que haviam fugido de seus proprietários de terra para encontrar trabalho nas fábricas não deveriam ser devolvidos, mas permanecer onde estavam como servos industriais permanentes.

No fim das contas, a política de impostos de Pedro foi um sucesso para o Estado e um enorme fardo para a população. Quando o imperador morreu, o Estado não devia um copeque sequer. Pedro havia enfrentado uma guerra de 21 anos, construído uma frota, uma nova capital, novos portos e canais sem a ajuda de um único empréstimo ou subsídio estrangeiro (de fato, era ele quem pagava subsídios a aliados, especialmente a Augusto da Polônia). Cada copeque foi levantado com o trabalho e o sacrifício do povo russo no espaço de uma única geração. Ele não usou empréstimos internos para que as gerações futuras arcassem com parte dos custos de seus projetos; tampouco desvalorizou a moeda emitindo dinheiro em papel, como Goertz fizera em nome de Carlos XII da Suécia. Em vez disso, lançou todo o peso sobre seus contemporâneos. Eles se fatigaram, eles lutaram, eles se opuseram, eles praguejaram. Mas obedeceram.

LX

SUPREMO ABAIXO DE DEUS

Em questões de religião, Pedro era um homem do século XVIII, e não do século XVII: secular e racionalista, em vez de devoto e místico. Importava-se mais com os negócios e com a prosperidade da nação do que com dogmas ou interpretações da Escritura; nenhuma de suas guerras aconteceu por motivos religiosos. Todavia, pessoalmente, Pedro acreditava em Deus. Aceitava a onipotência de Deus e via Sua mão em tudo: na vida e na morte, na vitória e na derrota. As cartas do czar são pontuadas com a frase "Graças a Deus"; todas as vitórias eram prontamente celebradas com um *Te Deum*. Ele acreditava que os czares eram mais responsáveis perante Deus do que as pessoas comuns, uma vez que a eles era confiada a tarefa de reinar; todavia, não atribuía o papel de monarca a nada tão teórico ou filosófico quanto o Direito Divino dos Reis. Pedro simplesmente abordava a religião como abordava tudo mais: que parece racional? O que é prático? O que funciona melhor? A melhor forma de servir a Deus, ele acreditava, era trabalhar pela força e prosperidade da Rússia.

Pedro gostava de ir à igreja. Quando criança, mostrava-se completamente interessado pela Bíblia e a liturgia e, como czar, despendeu esforços para espalhar escritos bíblicos corretos por todo o seu reino. Adorava o canto dos corais, a única música da Igreja Ortodoxa, e sempre teve o hábito de entrar na frente da multidão de pé e arrumar um lugar para cantar com o coral. Congregações ortodoxas são menos disciplinadas do que aquelas de outras fés: durante as cerimônias, as pessoas ficam de pé e se movimentam, vão e vêm, fazem gestos, sussurram e sorriem umas para as outras. Pedro aceitava isso, mas não tolerava indivíduos conversando abertamente durante as cerimônias. Quando ouvia esse tipo de ofensa, na mesma hora recolhia uma multa de um rublo. Posteriormente, ergueu um pelourinho na frente da igreja de São Petersburgo para aqueles que conversassem durante a cerimônia.

Para ele, o respeito à cerimônia era mais importante do que a forma da cerimônia. Para o desespero de muitos de seus conterrâneos – em especial os líderes da igreja russa –, a tolerância do czar a outras seitas cristãs era maior do que aquela experimentada antes na Sagrada Rússia Ortodoxa. Pedro entendeu cedo que, se quisesse recrutar estrangeiros em números suficientes, teria de permitir que eles adorassem de acordo com suas próprias tradições. Essa visão foi reforçada em 1697, durante sua primeira visita a Amsterdã, cidade que permitia que pessoas de todas as nações praticassem qualquer forma de religião, contanto que não perturbassem a igreja estabelecida ou as igrejas de outros estrangeiros. "É nossa crença que as cerimônias religiosas daqueles que vieram residir entre nós seja de pouca consequência ao Estado, contanto que elas não contenham nada contrário à lei", explicara Witsen. Essa tolerância, apontou Pedro posteriormente, "contribuiu muito para a vinda de estrangeiros e consequentemente para o aumento das receitas públicas". E acrescentou: "Pretendo imitar Amsterdã em minha cidade de São Petersburgo".

E o fez, sempre que possível. Os estrangeiros na Rússia estavam autorizados a ter seus conselhos para reger casamentos e outras questões eclesiásticas sem se sujeitarem às leis ou ao controle da igreja local. Mais tarde em seu reinado, Pedro emitiu decretos reconhecendo a validade dos batismos protestante e católico e permitindo casamentos entre seguidores da ortodoxia russa e membros de outras fés, contanto que as crianças fossem criadas como ortodoxas. Essas leis facilitaram a vida de prisioneiros suecos que agora haviam se instalado na Rússia e desejavam casar-se com mulheres russas. A tolerância também era a política do Estado com relação a membros de outras religiões, cristãs ou não, em outras partes do império russo. Nas províncias do Báltico conquistadas da Suécia, Pedro concordou que a religião luterana deveria ser preservada como igreja do Estado, e essa garantia tornou-se um artigo do Tratado de Nystad. No vasto canato de Cazã e outras regiões onde a maioria do povo era islâmico, Pedro não fez qualquer esforço para convertê-los ao cristianismo; ele sabia que um esforço assim provavelmente fracassaria e talvez até provocasse uma rebelião.

Até um grau considerável, Pedro mostrou-se tolerante para com os Velhos Crentes, os quais a igreja condenou e perseguiu ferozmente. Para o czar, o ponto crucial estava em se as crenças religiosas desse povo ajudavam ou atrapalhavam o Estado; o desejo que eles sentiam de fazer o sinal da cruz com dois – em vez de três – dedos, pouco interessava a Pedro. Milhares de Velhos Crentes, fugindo de perseguições, haviam formado novas comunidades nas florestas ao norte do país. Em 1702, quando o czar estava viajando a sul de Arcangel com cinco batalhões da Guarda, ele teve de passar por essa região; os Velhos Crentes, acreditando que estavam prestes a ser atacados, reuniram-se em suas igrejas de madeira, trancafiaram as portas e se prepararam para queimar até a morte em vez de se retratarem. Todavia, Pedro não tinha essa intenção. "Deixe-os viver como quiserem", declarou, e seguiu para o sul para enfrentar os suecos. Subsequentemente, quando minério de ferro foi descoberto próximo de Olonets, vários Velhos Crentes foram trabalhar nas minas e oficinas metalúrgicas e mostraram ser bons trabalhadores. Isso agradou muito a Pedro; era um fruto útil da tolerância. "Deixe-os acreditarem no que quiserem, pois se a razão não é capaz de afastá-los de suas superstições, nem o fogo, nem a espada serão capazes disso. É bobagem transformá-los em mártires. Eles não são dignos dessa honra e não seriam, dessa forma, úteis ao Estado".

Recebendo essa liberdade, os Velhos Crentes continuaram a viver quietamente em regiões remotas, recusando-se a se submeter à autoridade da igreja, mas pagando impostos e levando vidas irrepreensíveis. Com o tempo, todavia, a guerra passou a gerar enormes exigências de trabalho russo, e Pedro começou a ver essa fuga para as florestas não apenas como um gesto de conservadorismo religioso, mas também como oposição política. Em fevereiro de 1716, ele decretou a realização de um censo de Velhos Crentes, a sujeição destes a pagar o dobro de impostos e, para encorajar vergonha e escárnio público, de modo a empurrá-los de volta para os braços da igreja estabelecida, eles deveriam passar a usar um pedaço de tecido amarelo nas costas. Inevitavelmente, como resultado, os Velhos Crentes passaram a exibir esse tecido com orgulho, seu número aumentou e, para se livrar dos impostos, eles fugiram para ainda mais longe com o objetivo de escapar do controle do governo. Mais para o final da vida de Pedro, sua tolerância para com esses fiéis havia, em grande parte, desaparecido. Em um esforço exasperado para diminuir seu número, ele começou a enviá-los para a Sibéria e depois anulou essa ordem porque "já existem muitos deles por lá". Em 1724, todos os Velhos Crentes, exceto os camponeses que queriam manter suas barbas, tiveram de usar um medalhão de cobre com a figura de uma barba – e, por esse medalhão, tinham de pagar uma boa quantia.

Embora Pedro tolerasse uma grande variedade de religiões na Rússia, havia uma ordem cristã da qual ele desgostava: os jesuítas. (Outras irmandades de padres e monges católicos eram bem-vindas no país; os franciscanos e os capuchinhos até mesmo tinham pequenos mosteiros.) A princípio, os jesuítas também eram livres para realizar suas cerimônias em Moscou e viajar livremente pela Rússia em seu caminho para a corte do grande imperador Manchu da China, K'ang-hsi. Com o tempo, todavia, Pedro começou a suspeitar que o zelo religioso desses indivíduos era uma grande fachada por trás da qual eles buscavam poder político. A confirmação do mundanismo dos jesuítas, na visão de Pedro, vinha da relação próxima entre a ordem e o governo imperial em Viena, e, por fim, ele decretou que "todos os jesuítas estão seriamente ordenados, pela virtude dessas Cartas-patente, a deixar os domínios russos dentro de quatro dias após receberem a intimação, pois o mundo já conhece muito bem suas perigosas maquinações e o quanto é comum para eles se misturarem com questões políticas". Todavia, o czar não exigiu o fechamento da escola católica de São Petersburgo, permitindo que a paróquia procurasse padres substitutos e insistindo apenas que não fossem jesuítas e não buscassem a proteção da corte da Áustria.

Em outros países, a bem conhecida tolerância de Pedro inspirou nos chefes de outras igrejas a esperança de que, por meio do czar, sua fé pudesse ganhar espaço ou até mesmo predominância na Rússia. Contudo, isso era impossível. O interesse de Pedro por outras fés cristãs era uma questão de curiosidade acerca das cerimônias e das instituições administrativas. Ele jamais considerou qualquer tipo de conversão religiosa. Mesmo assim, em 1717, enquanto o czar estava em Paris, um grupo da Faculdade de Teologia da Sorbonne propôs unir as igrejas de Roma e Moscou "pela observação de certa moderação das doutrinas de ambos os lados". O projeto preocupou alguns enviados protestantes em São Petersburgo por conta das implicações políticas de tal união. Assim, foi com satisfação que Weber reportou que a proposta tinha pouca chance de se tornar realidade. "É improvável que o czar, após ter suprimido a autoridade patriarcal na Rússia, sujeite a si mesmo e a seus domínios a uma dependência tão grande do papa. [...] Faz-se desnecessário mencionar a dificuldade relacionada ao casamento dos padres, que é vista na Rússia como sagrada, e outros pontos controversos, sobre os quais as igrejas muito provavelmente não chegarão a um acordo."

Ao preservar a predominância da Ortodoxia na Rússia, Pedro exigiu que a igreja se tornasse útil à sociedade. Na visão do czar, a atividade mais útil que os padres podiam realizar, além de salvar almas, era ensinar. Não existiam escolas, e os religiosos eram o único caminho pelo qual o esclarecimento poderia chegar ao povo russo espalhado pelo imenso país. Todavia, para esse propósito, o clero parecia um instrumento lamentavelmente inadequado. Muitos padres eram extremamente ignorantes e preguiçosos. Alguns eram tão supersticiosos quanto seus paroquianos. Poucos tinham qualquer conhecimento de como pregar e, portanto, a educação e a moral que eles possuíam não podiam ser transmitidas. Tentando superar essa deficiência, Pedro enviou uma série de padres do interior a Kiev e a outras escolas teológicas não apenas para aprender teologia, mas também a falar em público.

Além do que poderia ser chamado de ignorância inocente do clero russo, havia outra falha que enfurecia o czar: a muito difundida superstição do povo russo e o uso desse traço por certas pessoas inescrupulosas, incluindo membros do clero. Os indivíduos comuns acreditavam em milagres cotidianos – acreditavam que, pela intercessão de um ícone específico de Cristo, da Virgem Maria ou de algum dos santos russos, uma vantagem pessoal milagrosa poderia ser alcançada. Essa crença sem questionamentos abria um espaço fértil para a proliferação de charlatães. Quando Pedro se deparava com esse tipo de religioso sem escrúpulos, sua fúria fervia. Um padre de São Petersburgo, por exemplo, convenceu o povo de que uma imagem da Virgem Maria que era mantida em sua casa era capaz de realizar milagres, mas apenas àqueles que pagassem para ter acesso a ela. "Embora ele realizasse esse negócio com grande circunspecção durante a noite e tomasse todos os cuidados imagináveis ao pedir segredo a seus clientes, o czar ficou sabendo do que acontecia", relatou Weber. "A casa do padre foi vasculhada e a imagem milagrosa levada, o que fez o czar verificar se a imagem realmente era capaz de realizar milagres na presença de Sua Majestade. Todavia, o padre, ao ver aquilo, lançou-se aos pés do soberano e confessou sua impostura, motivo que o levou a ser carregado até a fortaleza e sofrer pesadas punições corporais; em seguida, foi afastado de sua posição para se tornar um exemplo a seus irmãos."

Sem surpresa, as imposturas que mais enfureciam Pedro eram aquelas que desafiavam ou ameaçavam sua própria vontade. Em certa ocasião, um camponês que não gostava de ser forçado a viver em São Petersburgo profetizou que, no setembro seguinte, o Neva sofreria uma enchente tão alta a ponto de cobrir o enorme e sublime freixo próximo à igreja. As pessoas imediatamente começaram a se mudar, levando seus pertences para terras mais altas. Pedro, furioso com essa interrupção de seus planos para a cidade, ordenou que a árvore fosse cortada e o homem preso até setembro. Ao final do mês, quando nenhum sinal de uma inundação ameaçadora havia surgido, a população foi convocada a aparecer no local onde agora havia o toco da árvore, no qual um cadafalso havia sido construído. O vidente rústico foi levado ao local, colocado no cadafalso e golpeado cinquenta vezes com o cnute enquanto a multidão ouvia um discurso sobre a imprudência de se ouvir falsos profetas.

Um embuste religioso mais sofisticado simultaneamente provocou a ira do czar e estimulou sua curiosidade. Em 1720, alegou-se que um ícone da Virgem Maria em uma igreja de São Petersburgo estava derramando lágrimas por ser obrigada a viver em uma parte tão desoladora do mundo. O chanceler Golovkin ouviu o relato e foi até a igreja, forçando sua passagem em meio a uma densa multidão que havia se reunido para observar maravilhada o fenômeno. Golovkin imediatamente chamou Pedro, que estava a um dia de viagem da cidade, inspecionando o canal do Ladoga. O czar se apressou, viajando durante toda a noite, e seguiu diretamente para a igreja. O padre lhe mostrou o ícone milagroso, que naquele momento encontrava-se com os olhos secos, embora numerosos espectadores assegurassem ter visto as lágrimas. Pedro encarou a imagem, que estava coberta com tinta e uma espessa camada de verniz, e concluiu que alguma coisa ali parecia suspeita. Ordenou que o ícone fosse retirado de sua posição e levado até o palácio, onde, na presença do chanceler, de muitos nobres, de líderes do clero e de padres que haviam estado presentes quando a imagem fora retirada, ele prosseguiu examinando-a. Logo encontrou vários pequenos buracos nos cantos dos olhos, que eram invisíveis se olhados de baixo devido às sombras criadas pela curva dos olhos. Virando a imagem, ele retirou os tecidos que cobriam a parte de trás. Uma pequena cavidade tinha sido feita na prancha de madeira, e nela havia um leve resíduo de óleo solidificado. "Aqui está a fonte das lágrimas milagrosas", declarou Pedro, chamando todos os presentes a se aproximarem e analisarem com os próprios olhos. O óleo congelado permanecia em estado sólido enquanto a imagem estivesse em um local frio, ele explicou, mas, durante uma cerimônia, quando o ar em volta encontrava-se aquecido pelas velas diante do ícone, o óleo se tornava fluido e a Virgem "chorava". Pedro ficou deliciado com a engenhosidade do mecanismo e manteve a imagem em seu Gabinete de Curiosidades. Entretanto, também ficou extremamente furioso com o charlatão que havia invocado a superstição para ameaçar sua nova cidade. O criminoso foi encontrado e "tão severamente castigado que ninguém depois dele pensou em tentar nada de natureza similar".

Enquanto reforçava a disciplina entre os padres e afastava o charlatanismo e as superstições, Pedro se propôs a atribuir piedade e utilidade aos mosteiros russos. O czar pessoalmente não se opunha ao ideal monástico de pobreza, erudição e devoção a Deus. Ainda jovem, havia feito uma visita respeitosa ao grande Mosteiro de Solovetski, no Mar Branco e, em 1712, fundado o Mosteiro Alexander Nevski em São Petersburgo. O que o angustiava era a que ponto eles haviam desviado de seu ideal. Existiam mais de 557 mosteiros e conventos no país nos tempos de Pedro, abrigando mais de quatorze mil monges e dez mil freiras, e algumas dessas instituições possuíam grande riqueza. Em 1723, os 151 mosteiros nos arredores de Moscou contavam com 242.198 servos homens – Troitskaia Sergeieva, o mais rico deles, tinha 20.394 casas de camponeses – e o número continuava a crescer, uma vez que nobres e comerciantes ricos da Rússia competiam para doar dinheiro e terras aos mosteiros na busca de sua própria salvação.

Apesar de toda a riqueza, poucas das coisas que o czar considerava úteis vinham desses retiros. Nenhum conhecimento notável estava sendo produzido nos mosteiros dos tempos de Pedro, e a caridade dispensada sob suas paredes simplesmente atraía multidões de desertores do exército, servos fugitivos, "pedintes fortes e preguiçosos, inimigos de Deus e mãos inúteis", nas palavras desdenhosas de Pedro. O czar considerava muitos dos monges parasitas, afundados em preguiça e superstições, cujo número crescente e a queda na santidade ameaçavam o Estado.

Pedro começou a restringir o papel dos mosteiros russos logo depois da morte do Patriarca Adriano, em 1700. A administração dessas instituições foi passada para um novo gabinete estatal, a Secretaria dos Mosteiros, dirigido por um leigo, o boiardo Ivan Musin-Pushkin. Todo o dinheiro e as propriedades pertencentes aos mosteiros deveriam ser administrados por essa secretaria "para permitir que os monges e as freiras cumprissem de forma mais eficaz suas tarefas religiosas". O número de novos monges foi drasticamente limitado com a proibição de fazer os votos sagrados imposta a nobres, oficiais do governo, menores e qualquer um que não soubesse ler ou escrever.

Com o tempo, qualquer pessoa que desejasse fazer esses votos teria de receber permissão do czar. Simultaneamente, todos os mosteiros que abrigassem menos de trinta monges foram fechados e transformados em igrejas ou escolas. Os religiosos dessas pequenas instituições foram transferidos para casas maiores.

Como governante do Estado, Pedro estava basicamente preocupado com a estrutura e o papel da Igreja como uma instituição e a relação dessa instituição com o Estado. Apesar do golpe à independência da igreja lançado pelo czar Aleixo ao afastar o patriarca Nikon, o Patriarcado ainda mantinha um considerável poder autônomo quando Pedro chegou ao trono, possuindo seus próprios escritórios administrativo, judicial e fiscal. Cobrava impostos dos habitantes de seus enormes latifúndios. Julgava todas as questões relacionadas a casamento, adultério, divórcio, testamento e herança, bem como disputas entre maridos e esposas, pais e filhos, leigos e clérigos. O patriarca Adriano, que assumiu o poder quando Pedro tinha dezoito anos, não tinha uma personalidade tão forte quanto Nikon, porém, sendo extremamente conservador, sempre interferia na vida pessoal do czar: protestava contra o tempo que o jovem passava com estrangeiros, exigia que ele deixasse de lado as roupas ocidentais que preferia, insistia que passasse mais tempo com Eudoxia. Sem surpresa, o jovem czar queria, de alguma forma, poder livrar-se da irritação pessoal e das políticas conservadoras que o patriarca incorporava.

Por um acaso, Adriano morreu subitamente em outubro de 1700, enquanto Pedro estava sitiando Narva com o exército. O czar não havia pensado na escolha de um sucessor; só sabia que queria um homem que não fosse capaz de desafiar seu poder supremo e apoiasse as mudanças que ele pudesse querer realizar na estrutura e na autoridade da igreja. Nenhum candidato com essas características parecia disponível, e Pedro não tinha tempo de fazer uma busca. Em vez de apontar o homem errado e não disposto a arriscar a confusão e a divisão do país ao acabar com o posto, ele se ajustou à situação. Manteve o posto do patriarca, mas declarou que o trono estava "temporariamente vago". Para oferecer uma liderança interina à igreja, apontou um guardião "temporário", cujo *status* indefinido não lhe permitiria tornar-se um verdadeiro foco de poder. Então, satisfeito com esse arranjo, simplesmente deixou a questão à deriva. Sempre que o clero pressionava, como fazia de maneira forte e repetida, para que um novo patriarca fosse apontado, Pedro respondia que estava ocupado demais com a guerra para pensar com mais afinco na questão.

O czar havia escolhido como Guardião Exarco temporário o arcebispo de Ryazan, Estêvão Yavorski, um monge ucraniano de 42 anos educado na academia ortodoxa inspirada por jesuítas de Kiev, onde o nível de educação religiosa e de cultura geral era muito mais alto do que o existente entre o clérigo puramente ortodoxo moscovita. Como professor de teologia na academia e um frequente orador na grande Catedral de Santa Sofia da cidade, Yavorski era uma figura impressionante. Sua voz profunda e sonora, seus gestos dramáticos, sua mistura habilidosa de educação e anedotas moviam grandes multidões rapidamente do riso às lagrimas. Pedro nunca tinha ouvido uma oratória daquele tipo em uma igreja russa, e, sempre que possível – em cerimônias da igreja, em dedicações públicas ou em triunfos militares – ele pedia a Yavorski para pregar. Entretanto, ao entregar o posto ao ucraniano, Pedro não lhe passou, nem mesmo temporariamente, toda a autoridade antes mantida pelo patriarca. A verdadeira administração de propriedades da igreja, assim como o recolhimento de impostos de todos os habitantes das terras eclesiásticas, foi entregue à nova Secretaria dos Mosteiros, comandada por Musin-Pushkin. Depois disso, a maior parte da receita da igreja ia diretamente para o Tesouro do Estado, que, por sua vez, pagava os salários dos funcionários religiosos.

Yavorski nunca se sentiu plenamente satisfeito nesse posto. Não era ambicioso, e logo passou a olhar com saudosismo para a vida mais calma e reclusa que levava em Kiev. Em 1712, implorou a Pedro para liberá-lo da tarefa. "Como me distanciarei de teu espírito e como fugirei da tua face?", ele escreveu em desespero ao czar. "Não irei a um reino estrangeiro, pois teu poder te foi concedido por Deus. Em Moscou ou em Ryazan – em todos os cantos –, teu poder soberano reina sobre mim. É impossível me esconder dele." Pedro, sem ter ninguém para substituí-lo, sempre recusou os apelos de Yavorski, até que, com o passar do tempo, o religioso começou a ganhar força em seu posto e passou a protestar contra o quanto as receitas da igreja estavam sendo desviadas de propósitos religiosos para apoiar o exército e a guerra. Até mesmo seus sermões começaram a seguir por um caminho que não agradava o czar: ele pregava contra os maridos que haviam convencido suas esposas a entrar para o convento para que eles pudessem se casar novamente – um golpe cujo alvo mais proeminente era claro para todos. Em 1712, Yavorski usou a ocasião da Festa de Santo Aleixo para falar do czarevich Aleixo como "nossa única esperança". Pedro não estava presente, mas uma cópia do sermão lhe foi enviada. Ele leu cuidadosamente, fazendo anotações a caneta. Sem querer transformar Yavorski em um mártir, o czar não retaliou, mas enviou uma nota ao religioso dizendo que ele não deveria admoestar em público antes de fazer isso entre quatro paredes. Yavorski se desculpou, "escrevendo com lágrimas em vez de tinta", e permaneceu em seu posto, embora, durante algum tempo, Pedro o tenha proibido de pregar.

Depois disso, o czar encontrou um novo instrumento para reformar a igreja. Era outro monge ucraniano de Kiev, muito mais jovem do que Yavorski, mais sofisticado, mais prático e infinitamente mais enérgico. Feofan Prokopovich era um homem moderno do século XVIII que, por acaso, também era um religioso. Era um administrador, um reformista, um polemista, até mesmo um propagandista, e concordava plenamente com o desejo de Pedro de modernizar e secularizar a igreja russa. Para um religioso daquele país, Prokopovich era um homem de erudição extraordinária – tinha lido Erasmo, Lutero, Descartes, Galileu, Kepler, Bacon, Maquiavel, Hobbes e Locke. Órfão desde a infância, fora educado pelo tio, um monge instruído e reitor da academia em Kiev, e seguiu os estudos em colégios jesuítas na Polônia antes de entrar para uma escola especial em Roma, onde estudou teologia, aceitou as ordens católicas e, em 1700, aos 22 anos de idade, testemunhou a coroação do Papa Clemente XI. O efeito dos três anos em Roma, todavia, faria brotar em Prokopovich um desgosto permanente pelo papado e pela igreja romana. Retornando à academia em Kiev, ensinou filosofia, retórica, poesia e literatura, dando aulas em latim. Foi pioneiro na introdução de aritmética, geometria e física no currículo. Antes dos trinta anos, escreveu uma peça de cinco atos em versos, dramatizando o tema da chegada do cristianismo à Rússia no século X, levado por Vladimir, príncipe de Kiev. Em 1705, Pedro visitou Kiev e ouviu Prokopovich pregar na Santa Sofia. Na crise de 1708, quando Mazeppa traiu o czar em favor de Carlos XII, Prokopovich rapidamente defendeu o lado de Pedro. O príncipe Golitsyn, governador de Kiev, respondeu a pergunta de Pedro acerca da lealdade do alto clero da cidade dizendo: "Todos os monges nos evitam. Em toda Kiev, encontrei apenas um homem, o chefe da academia [Prokopovich], que mostrou estar do nosso lado". Em 1709, seguindo a vitória russa em Poltava, o czar retornou a Kiev, onde Prokopovich o recebeu como "Sua Mais Sagrada Majestade, o Czar de Todas as Rússias" e fez um sermão repleto de superlativos. Em 1711, Prokopovich acompanhou Pedro na desastrosa campanha no Prut e, mais tarde naquele ano, aos 31 anos de idade, foi apontado reitor da academia de Kiev. Em 1716, o czar o chamou a São Petersburgo, e Prokopovich deixou Kiev para nunca mais retornar.

Ao contrário de Yavorski, Prokopovich apoiava firmemente as tentativas de Pedro de subordinar a Igreja ao Estado. Vockerodt, secretário do ministro prussiano Mardefelt, comentou perceber no religioso, além do grande aprendizado, "uma preocupação ardente pelo bem do país, mesmo a custo dos interesses do clero". O antagonismo de Prokopovich em relação às "barbas da igreja" foi ainda mais estimulado pelo apoio que aqueles religiosos demonstravam ao czarevich Aleixo, e, no Domingo de Ramos, seis de abril de 1718, enquanto era pedido aos líderes da igreja para que julgassem Aleixo, Prokopovich falou, do púlpito, sobre o poder e a glória do czar, e sobre a tarefa sagrada de todos os súditos: obedecer ao poder temporal. "A autoridade suprema está estabelecida e armada com a espada de Deus, e opor-se a ela é um pecado contra o próprio Deus", gritou. Ele lidou bruscamente com a ideia de que o clero estava isento da lealdade e do serviço ao soberano: "O clero, como o exército, a administração civil, os médicos e os artesãos, está sujeito ao Estado". Naturalmente, como era de se esperar, o restante do clero acusou Prokopovich de sicofantismo, oportunismo, hipocrisia e ambição. Quando Pedro o nomeou Arcebispo de Pskov e Narva, o clero moscovita o acusou de exibir inclinações protestantes e hereges. Yavorski uniu-se a esse ataque até Pedro pedir evidências; incapaz de documentar sua acusação, o Exarco foi obrigado a retirar o que havia dito.

Com a guerra com a Suécia próxima do fim, os pensamentos de Pedro voltaram-se para uma estrutura permanente para governar a igreja. Repetidas vezes e em tom de urgência, os bispos imploraram ao czar para que nomeasse um novo patriarca. Pedro finalmente respondeu, mas de forma muito diferente daquela que eles esperavam. Nos anos desde que o último patriarca morrera, o czar havia viajado ao exterior e observado muitas outras religiões em países protestantes e católicos. A Igreja Romana era, obviamente, administrada por um único homem, mas, nas terras protestantes, as igrejas eram administradas por um sínodo, uma assembleia ou um grupo de diretores, e essa ideia agradou Pedro. Já tendo reformado sua administração civil ao colocar o governo nas mãos de ministros e colegiados, ele estava pronto para impor uma estrutura comparável à igreja. No final de 1718, Pedro confiou a Prokopovich o esboço de uma carta da igreja chamada de Regulamento Eclesiástico, que deveria promulgar uma nova estrutura administrava para a Igreja Ortodoxa. Prokopovich trabalhou durante muitos meses, e o documento tornou-se sua mais importante conquista, mas todas as seções foram lidas, revisadas e, em alguns casos, reescritas pelo próprio Pedro.

Em 1721, o Regulamento Eclesiástico foi promulgado por decreto. Foi um golpe pesado contra os traços da antiga igreja moscovita que tanto enfurecia Pedro. Ignorância e superstição deveriam ser cortadas pela raiz, não apenas entre os paroquianos, mas entre o clero. "Quando a luz do aprendizado está ausente", dizia o Regulamento, "é impossível que a igreja esteja bem". Os bispos receberam ordens para criar escolas de treinamento para os padres; 46 dessas escolas abriram suas portas dentro de quatro anos. Os padres deveriam aprender teologia; "aquele que vai ensinar teologia deve ser educado nas Sagradas Escrituras e ser capaz de corroborar todos os dogmas com evidências extraídas da Bíblia", declarava o Regulamento Eclesiástico. Por insistência de Prokopovich, os padres também tiveram de estudar história, política, geografia, aritmética, geometria e física. Paroquianos deveriam frequentar a igreja, e aqueles que não apareciam ou que conversavam na igreja pagavam multa.

A característica mais notável do novo Regulamento era a abolição do Patriarcado como corpo governante da igreja e sua substituição por uma instituição burocrática chamada de Santíssimo Sínodo Governante. O Sínodo era organizado no mesmo modelo dos colegiados do governo civil; tinha um presidente, um vice-presidente e oito membros. De fato, Pedro desejava que ele fosse separado e superior aos demais colegiados, igual ao Senado. Como acontecia com esta última instituição, o Sínodo tinha um oficial administrativo fiscalizador, o Procurador-chefe do Santo Sínodo, cujo trabalho consistia em inspecionar a administração da igreja, resolver conflitos e enfrentar as negligências e o absenteísmo. Com efeito, o Santo Sínodo, que era responsável por todas as questões espirituais e também temporais da igreja, tornou-se o Ministério das Questões Religiosas; e o Procurador-chefe, o Ministro da Religião.

Em um longo preâmbulo, Prokopovich (e, por meio dele, Pedro) explicou a decisão de abolir o governo de um homem do Patriarcado e substituí-lo pela administração coletiva:

> Com o governo colegiado na igreja há muito menos perigo ao país de sedição e desordem do que pode ocorrer com o governo de um único líder espiritual, pois as pessoas comuns não compreendem a diferença entre o poder espiritual e aquele de um autocrata. Em vez disso, ofuscadas pelo esplendor e a glória do mais alto homem do clero, elas pensam que ele é um segundo soberano, igual ou até mesmo maior do que o autocrata, e que o poder espiritual pertence a outra e melhor esfera. Então, se houver qualquer disputa entre o patriarca e o czar, esses indivíduos podem defender o patriarca por acreditarem que estão lutando pela causa de Deus.

Durante os dois séculos seguintes, até 1918, a Igreja Ortodoxa Russa foi governada pelos princípios estabelecidos pelo Regulamento Eclesiástico. Ela deixou de ser uma instituição independente do governo; sua administração, por meio das secretarias do Santo Sínodo, tornou-se uma função do Estado. O governo do autocrata em todas as questões, exceto a doutrina, era supremo e absoluto; os sacerdotes ordenados deveriam realizar um julgamento prometendo "defender implacavelmente todos os poderes, direitos e prerrogativas da Alta Autocracia de Sua Majestade". Em troca, o Estado garantiria à Ortodoxia o papel de religião estatal dentro do Império Russo.

Embora Yavorski se opusesse fortemente à nova instituição, Pedro o instalou no posto principal, como presidente do Santo Sínodo, concluindo que ele seria muito menos perigoso enredado nessa nova máquina do que em oposição a ela. Yavorski tentou declinar, pedindo o direito de terminar seus dias em um mosteiro, mas, mesmo com suas objeções, foi nomeado e permaneceu no posto durante um ano, até sua morte, em 1722.

Prokopovich, apesar de ser relativamente jovem (tinha 41 anos em 1721) e encontrar-se em uma posição menor na hierarquia da igreja, foi apontado para a terceira maior posição do Santo Sínodo, a de segundo vice-presidente. Desse posto, efetivamente administrou a igreja com base nos princípios que ele mesmo havia esboçado, tendo vivido ainda dez anos após a morte de Pedro e continuado no domínio do Santo Sínodo sob os imperadores que sucederam o czar, até finalmente ser designado ao prestigiado posto de arcebispo de Novgorod.

Ao abolir o Patriarcado e transformar a administração da igreja em um braço do governo secular, Pedro havia alcançado seu objetivo. Não existia mais perigo de um segundo foco competindo pelo poder do país; e como poderia haver quando a burocracia da igreja era, na verdade, administrada pelos próprios tenentes do czar? Algumas melhoras na educação e na disciplina dos religiosos geraram resultados, embora os padres das vilas russas dos séculos XVIII e XIX nunca tivessem se tornado modelos de homens instruídos. A característica mais impressionante do Regulamento Eclesiástico foi o fato de ele não ter encontrado oposição, nem dentro da igreja, nem em meio ao povo. Em grande parte, isso ocorreu porque Pedro não interferiu nos elementos que mais importavam à igreja russa: o ritual sagrado e os dogmas. Quem administrava a igreja era de importância primordial ao czar; o formato da liturgia e dos sacramentos não era de seu interesse, portanto, ele não tocou nesses assuntos.

Com o tempo, todavia, o fato de o Estado controlar a Igreja gerou um efeito prejudicial sobre a Rússia. Paroquianos podiam buscar salvação e encontrar consolo dos fardos da vida individualmente na glória do serviço ortodoxo e em seu coral de liturgias, e no caloroso comunalismo dos sofrimentos humanos encontrados em uma comunidade religiosa. Entretanto, uma igreja domada, que se ocupava com questões espirituais privadas e não conseguia enfrentar sucessivos governos em nome dos valores cristãos em questões de justiça social logo perdeu a aliança dos elementos mais dinâmicos da sociedade russa. Os mais fervorosos camponeses e as pessoas comuns buscando uma verdadeira religião gravitaram para perto dos Velhos Crentes e outras seitas. Estudantes, pessoas instruídas e as classes médias desdenhavam a igreja por seu anti-intelectualismo conservador e por seu apoio servil ao regime. A igreja, que poderia liderar, simplesmente seguia e, por fim, toda a burocracia religiosa estabelecida por Pedro seguiu o governo imperial para o fundo do precipício; o Santo Sínodo foi abolido em 1918, em conjunto com todas as instituições de governo do regime imperial. Lênin restabeleceu o Patriarcado, mas era um Patriarcado marionete, mais controlado pelo Estado do que o Santo Sínodo chegou a ser. Durante sua existência, em nenhum momento sequer esse novo Patriarcado murmurou uma palavra de crítica contra o regime que ele servia. Era dessa passividade e servidão contínua da igreja russa que Alexander Soljenítsin se ressentia quando declarou que a história da Rússia teria sido "incomparavelmente mais humana e harmoniosa nos últimos séculos se a igreja não tivesse entregado sua independência, mas sim feito sua voz ser ouvida entre o povo, como ela faz, por exemplo, na Polônia".

LXI

O IMPERADOR EM SÃO PETERSBURGO

O Imperador, apontou um estrangeiro, "era capaz de despachar mais documentos em uma manhã do que todo um grupo de senadores poderia fazer em um mês". Até mesmo no inverno, quando o sol em São Petersburgo não aparece antes das nove horas da manhã, Pedro acordava às quatro horas e, imediatamente, ainda usando sua touca de dormir e um antigo roupão chinês, recebia relatos ou participava de conferências com seus ministros. Após um leve café da manhã, ia até o Almirantado às seis horas, trabalhava ali por pelo menos uma hora – às vezes duas – e então seguia para o Senado. Retornava para casa às dez horas para trabalhar por uma hora em seu torno mecânico antes da refeição, às onze. Depois, deitava-se para dormir por duas horas, algo que fazia onde quer que estivesse. Às três horas, dava uma volta pela cidade ou trabalhava em seu escritório com Makarov, seu secretário particular. Levava no bolso uma prancha ou um caderno para anotar ideias ou sugestões que aparecessem durante o dia e, se não tivesse uma prancha, fazia anotações nas margens da primeira folha de papel que encontrasse. Ao anoitecer, visitava amigos em suas casas ou participava de uma das reuniões públicas que havia instituído após seu retorno da França.

A agenda variava, obviamente. Havia épocas em que ele raramente se encontrava em ambientes internos e outras em que raramente saía – no inverno de 1720, por exemplo, quando trabalhou sozinho em seu escritório durante quatorze horas por dia, durante cinco meses, escrevendo e revisando os esboços de seus Regulamentos Marítimos. Em momentos assim, o Imperador permanecia em uma mesa de nogueira criada especificamente para ele na Inglaterra. A superfície dessa mesa ficava a quase 1,70 metro acima do chão.

Quando se sentava para jantar, Pedro tinha o apetite de um marinheiro. Preferia pratos simples e fartos. Seus favoritos eram sopa de repolho, ensopado, carne de porco com iogurte, carne assada fria com picles ou limão em conserva, lampreias, presunto e legumes. Na sobremesa, evitava doces e comia frutas e queijo, apreciando em especial queijo Limburger. Jamais consumia peixe, pois acreditava que esse tipo de carne não lhe caía bem. Nos dias de jejum, passava a pão integral e frutas. Antes das refeições, bebia um pouco de água com anis e, depois de comer, *kvas* ou vinho húngaro. Sempre que saía em sua carruagem, levava consigo alguns alimentos frios, pois poderia ter fome a qualquer momento, o que sempre acontecia. Quando comia fora, um criado sempre levava sua colher de madeira revestida de marfim e seu garfo e faca com pegadores de ossos verdes, pois Pedro jamais usava talheres que não fossem os seus.

Não havia cerimônias nas refeições particulares do czar. Ele e Catarina costumavam jantar sozinhos, com Pedro usando apenas camisas e só um jovem pajem e a dama de honra favorita atendendo-os. Quando tinha vários ministros ou generais à sua mesa, ele era servido por seu *chef* e *maître d'hotel*, um funcionário e dois pajens, e eles recebiam ordens estritas para saírem assim que a sobremesa era servida e uma garrafa de vinho fosse colocada diante de cada convidado. "Não quero que me observem quando estou falando livremente", explicou Pedro ao embaixador da Prússia. "Eles não apenas me espreitam, mas entendem tudo da forma errada". Nunca havia mais de dezesseis lugares à mesa de Pedro, os quais eram tomados aleatoriamente por aqueles que se sentassem primeiro. Quando Imperador e Imperatriz tomavam seus lugares, ele dizia: "Cavalheiros, por favor, tomem seus lugares de acordo com o que a mesa comporta. Os demais vão para casa e jantem com suas esposas".

Em público, o Imperador gostava de ouvir música enquanto comia. Quando fazia suas refeições no Almirantado, alimentando-se das rações navais compostas por carne defumada e uma pequena cerveja, uma banda com pífano e tambores tocava na torre central. Quando fazia suas refeições no palácio, com seus ministros e generais, músicos do exército executavam canções militares com trompetes, oboés, trompas francesas, fagotes e tambores.

O cozinheiro de Pedro era um saxão chamado Johann Velten, que havia ido para a Rússia para servir o embaixador dinamarquês. O czar experimentou seus pratos em 1704 e o convenceu a ficar com ele, primeiro como um dos cozinheiros, depois como cozinheiro principal e, por fim, como maître d'hotel. Velten era alegre e contente, e Pedro gostava muito dele, embora o cozinheiro fosse sempre criticado. ("A chibata dele", contou Velten posteriormente, "frequentemente dançava nas minhas costas".) Um episódio desse tipo ocorreu quando Velten serviu a Pedro um queijo Limburger que o czar achou especialmente saboroso. Ele experimentou um pedaço e então pegou seu compasso e cuidadosamente mediu a quantidade restante antes de anotar as dimensões em seu bloco de papel. Então, chamou Velten e falou: "Esconda esse queijo e não permita que ninguém mais o experimente, pois eu mesmo quero comê-lo até o fim". No dia seguinte, quando o queijo lhe foi levado novamente, ele parecia muito menor. Para verificar sua impressão, Pedro pegou o compasso e o mediu, comparando com as marcações no papel em seu bolso. O queijo realmente estava menor. Pedro mandou chamar Velten, mostrou suas notas, apontou as discrepâncias, atingiu o cozinheiro com a bengala e sentou-se para comer o resto do queijo com uma garrafa de vinho.

Pedro tinha aversão à pompa e vivia de forma simples e frugal. Preferia roupas antigas, sapatos e botas gastos e meias que tivessem sido remendadas em vários pontos por sua esposa e suas filhas. Até o fim da vida, poucas vezes usou peruca; quando raspou a cabeça para se refrescar no verão, mandou fazer uma peruca com seus próprios cabelos. No verão, nunca usava chapéu. Nos meses mais frios, vestia o chapéu preto de três pontas do Regimento Preobrajenski e um antigo sobretudo, em geral carregando nos bolsos enormes papéis do Estado e outros documentos. Tinha casacos ocidentais elegantes, com mangas e lapelas amplas – verde com costuras prateadas, azul-claro com costuras prateadas, veludo marrom com fios dourados, cinza com linhas vermelhas, vermelho com detalhes dourados –, mas raramente os usava. Para agradar Catarina em sua coroação, Pedro usou um casaco que ela havia bordado com as próprias mãos, usando ouro e prata, embora ele tivesse protestado que os gastos com a peça poderiam ser mais bem empregados alimentando vários soldados.

A preferência de Pedro por simplicidade ficava evidente também no tamanho e na manutenção de sua corte pessoal. Ele não tinha camareiros ou lacaios; seus ajudantes eram apenas dois manobristas e seis acompanhantes que o atendiam, aos pares, em turnos. Os acompanhantes eram homens jovens, em geral da pequena nobreza ou das classes de comerciantes, que atendiam o imperador de incontáveis formas, agindo como mensageiros, servindo à mesa, seguindo atrás da carruagem e guardando o czar enquanto ele dormia. Quando Pedro estava viajando, ele tirava sua soneca do meio-dia deitado sobre feno, usando a barriga de um dos acompanhantes como travesseiro. O acompanhante, de acordo com um rapaz que serviu nessa posição, era "obrigado a esperar pacientemente nessa posição e não fazer o menor dos movimentos por medo de acordá-lo [Pedro], pois o czar ficava de bom humor quando tinha dormido bem e mal-humorado quando seu sono era perturbado". Tornar-se um acompanhante poderia ser o primeiro degrau na escada do sucesso; tanto Menchikov quanto Yagujinski haviam sido acompanhantes. Em geral, Pedro mantinha um auxiliar ao seu lado durante dez anos e depois o colocava em uma posição na administração civil ou na militar. Alguns tinham ambições maiores. Um jovem acompanhante, Vassili Pospelov, era "um jovem pobre no coral do czar e, como o próprio czar é um cantor e todos os dias festivos se coloca na mesma fila dos coristas comuns e canta com eles na igreja, ele [Pedro] passou a gostar tanto [de Pospelov] que mal consegue passar um minuto sem o jovem. Ele o puxa pela cabeça talvez cem vezes por dia e o beija, e até mesmo deixa os mais altos ministros esperando enquanto vai conversar com o jovem".

Pedro tinha a convicção de que a magnificência dos ornamentos e a ostentação não estavam relacionados com grandeza. Sempre se lembrava da simplicidade dos palácios reais da Inglaterra e da Holanda, e da limitação e da modéstia demonstradas por Guilherme III, que governava duas das mais ricas nações da Europa. O czar tampouco se importava com bajulações bombásticas. Quando dois holandeses o brindaram com exagero, Pedro deu risada. "Bravo, meus amigos, obrigado", falou, balançando a cabeça. Em seus relacionamentos com pessoas de todas as posições, mantinha um jeito livre e à vontade. Raramente observava o protocolo. Detestava os longos banquetes cerimoniais; tais ocasiões, ele dizia, haviam sido inventadas para "punir os grandes e ricos por seus pecados". Em banquetes oficiais, sempre entregava a posição de honra a Romodanovski ou Menchikov e se sentava próximo ao fim da mesa para ser capaz de escapar. Quando se deslocava pelas ruas, era em uma carruagem pequena, aberta, de duas rodas, como uma namoradeira vitoriana sobre rodas, com espaço apenas para ele e mais um passageiro (um estrangeiro declarou com desdém que nenhum comerciante respeitável de Moscou colocaria os pés em um veículo tão minúsculo). No inverno, Pedro usava um trenó simples, puxado por apenas um cavalo e com um único auxiliar, que se sentava ao seu lado. O czar ainda preferia andar a pé a usar veículos – a pé, conseguia ver mais e parar para observar com mais atenção. E conversava com todos que encontrava.

O hábito de Pedro de andar livremente em meio a seu povo carregava certo perigo. Havia motivos suficientes para um assassino atacar; aliás, muitos acreditavam que ele era o anticristo. Certo verão, quando Pedro participava de um encontro em seu Palácio de Verão no Fontanka, um estranho discretamente invadiu a antecâmara do palácio. Na mão, levava uma pequena bolsa colorida, similar àquelas nas quais secretários e escreventes transportavam documentos para o czar assinar. O homem esperou em silêncio, sem atrair atenção, até Pedro entrar no cômodo, acompanhando seus ministros até a porta. Nesse momento, o estranho se levantou, tirou alguma coisa da bolsa, dobrou-a para esconder o objeto e se moveu na direção do czar. Os acompanhantes de Pedro não detiveram o intruso, imaginando se tratar de algum ajudante ou servo de um dos ministros. No último minuto, todavia, um dos acompanhantes de Pedro adiantou-se e segurou o braço do estranho. Um tumulto se seguiu e, enquanto Pedro dava meia-volta, uma faca com uma lâmina de quinze centímetros caiu no chão. O czar perguntou ao homem o que ele planejava fazer. "Assassiná-lo", respondeu o estranho. "Mas por quê? Eu lhe fiz algum mal?", questionou Pedro. "Não, mas prejudicou meus irmãos e minha religião", respondeu o homem, declarando ser um Velho Crente.

Os assassinos não assustavam Pedro; todavia, existiam criaturas que o faziam tremer: baratas. Quando viajava, ele nunca entrava em uma casa até receber a confirmação de que não havia baratas presentes e que seu quarto havia sido cuidadosamente limpo por seus próprios servos. Isso seguiu um episódio no qual Pedro, como convidado no jantar de uma casa de campo, perguntou ao anfitrião se ele já tinha visto baratas no local. "Não muitas", respondeu o homem. "E, para afastá-las, preguei uma viva na parede". Ele apontou para o local onde o inseto estava pendurado, ainda se retorcendo, não distante do czar. Com um berro, Pedro pulou na mesa, deu um enorme golpe no anfitrião, e correu para fora da casa.

O temperamento espontâneo de Pedro e seu hábito de disciplinar os subordinados com um cassetete ou seu próprio punho nunca o deixaram. Ninguém próximo ao czar estava imune, embora, em geral, uma vez que os golpes haviam sido desferidos, a calma rapidamente voltava a reinar. Um incidente típico ocorreu certo dia em São Petersburgo, quando Pedro andava em sua pequena carruagem com o tenente general Anthony Devier, o comissário de polícia da cidade, posição que o tornava responsável pela condição das estradas e pontes da capital. Nesse dia, a carruagem de Pedro cruzava uma pequena ponte sobre o Canal do Moika quando o czar notou que várias tábuas estavam faltando e outras se encontravam soltas. Parando a carruagem, Pedro saltou e ordenou que seu ajudante consertasse a ponte naquele mesmo instante. Enquanto as placas estavam sendo presas no lugar, ele bateu com a bengala nas costas de Devier. "Esta é uma punição por sua negligência", avisou. "isso vai ensiná-lo a fazer a ronda e ter certeza de que tudo está seguro e em boas condições". Uma vez que a ponte estava consertada, o czar virou-se para Devier e falou em um tom agradável: "Entre, irmão. Sente-se". E os dois seguiram pelo caminho como se nada tivesse acontecido.

Os golpes de Pedro recaíam igualmente sobre os grandes e os pequenos. Certa vez, quando seu iate ficou preso por falta de vento durante todo um dia entre Kronstadt e São Petersburgo, o czar foi até sua cabine para dormir após a refeição do meio-dia. Antes de as duas horas de sono terem transcorrido, ele foi acordado por barulhos no deque. Furioso, caminhou até a parte superior e encontrou o deque deserto, com a exceção de um pequeno pajem negro sentado em silêncio em um degrau da escada. Pedro agarrou o garoto e o atingiu com a bengala, dizendo: "Aprenda a ficar mais quieto e a não me acordar quando durmo". Entretanto, o garoto não fora o culpado; o barulho havia sido feito pelo médico do czar, um engenheiro e dois oficiais navais que fugiram e se esconderam ao ouvir Pedro subir as escadas. Depois da surra, eles voltaram lentamente e ameaçaram o menino para que não dissesse a verdade, sob pena de levar outra sova. Uma hora mais tarde, Pedro reapareceu no deque, agora alegre após seu descanso. Impressionado ao ver o garoto ainda chorando, ele perguntou o motivo. "Porque o senhor me castigou de modo cruel e injusto", respondeu o jovem, apontando aqueles que efetivamente haviam sido responsáveis pelo barulho. "Bem", falou Pedro, "como eu já o puni imerecidamente dessa vez, sua próxima insensatez será perdoada". Alguns dias mais tarde, quando Pedro estava prestes a atingir o garoto novamente, o pajem o lembrou da declaração. "É verdade", concordou o czar. "Eu lembro e o perdoo dessa vez, pois já foi punido por antecipação."

Suas crises de raiva podiam ser aterrorizantes. Certo dia, Pedro estava trabalhando no Palácio de Verão, fazendo um grande candelabro de marfim na companhia de seu torneiro-chefe, Andrei Nartov, e de um jovem aprendiz de quem gostava por sua alegria e franqueza. O aprendiz tinha recebido ordens para retirar o chapéu do imperador em silêncio sempre que Pedro se sentasse sem tirá-lo. Dessa vez, ao pegar o chapéu apressadamente, o aprendiz puxou uma mecha de cabelo. Rugindo de raiva, Pedro se colocou de pé em um pulo e perseguiu o jovem, ameaçando matá-lo. O aprendiz escapou e se escondeu. No dia seguinte, com a raiva deixada para trás, o czar voltou ao torno. "Aquele maldito garoto não teve misericórdia de mim", comentou rindo, "mas ele me feriu mais do que queria, e fico muito contente por ele ter fugido rápido a ponto de eu não alcançá-lo". Vários outros dias se passaram e Pedro percebeu que o aprendiz ainda não havia retornado ao trabalho. Ele pediu a Nartov para procurar o jovem e lhe assegurar de que poderia retornar sem medo, mas ainda assim o aprendiz não foi encontrado, nem mesmo pela polícia. Na verdade, ele havia fugido de São Petersburgo, primeiro para um vilarejo no lago Ladoga e depois para Vologda, no rio Duína, onde fingiu ser um órfão e foi adotado por um vidraceiro que lhe ensinou o ofício. Dez anos mais tarde, com a morte de Pedro, o jovem atreveu-se a revelar seu verdadeiro nome e a retornar a São Petersburgo. Nartov lhe contou sobre o perdão do czar e o recontratou, e ele trabalhou na corte durante os reinados das imperatrizes Ana e Isabel.

Com o passar do tempo, Pedro tentou corrigir seu temperamento e, embora nunca tenha realmente conseguido, passou a vê-lo como uma defeito. "Sei que tenho minhas falhas", dizia, "e que perco a cabeça facilmente. Por esse motivo, não me ofendo com os que são próximos a mim quando eles me dizem isso e protestam comigo, como faz minha Catarina".

De fato, era Catarina quem lidava melhor – e por vezes era a única capaz disso – com o temperamento de Pedro. Ela não tinha medo do marido, e ele sabia disso. Em certa ocasião, quando ela insistiu em falar sobre um assunto que o irritava, Pedro teve um ataque de raiva e estilhaçou um belo espelho veneziano, gritando ameaçadoramente: "Assim, eu destruo o mais belo objeto de meu palácio!". Catarina entendeu a ameaça, mas o olhou nos olhos e respondeu calmamente: "E você deixou o palácio mais bonito fazendo isso?" Sabiamente, ela nunca se opunha de modo direto ao marido, buscando em vez disso uma forma de fazê-lo ver os problemas por um novo ângulo. Em uma ocasião, ela usou a cachorra favorita de Pedro, Lisette, para diminuir a fúria do marido. Sempre que ele ia para casa, essa pequena galga italiana acastanhada o seguia e, durante o sono da tarde do czar, ela sempre se deitava a seus pés. Em certa ocasião, Pedro ficou furioso com um membro da corte que ele acreditava ser culpado de corrupção e que corria sérios riscos de ser golpeado com o cnute. Todos na corte, inclusive Catarina, estavam convencidos da inocência do infeliz cortesão, mas todos os apelos ao czar só o deixaram mais furioso. Por fim, para obter paz a sua volta, Pedro proibiu todos, incluindo a czarina, de apresentar qualquer petição ou conversar sobre o assunto com ele. Catarina não desistiu. Em vez disso, criou uma petição curta e patética em nome de Lisette, apresentando fortes evidências da inocência do acusado, e implorando perdão, com base na total fidelidade da cachorra a seu dono. Então, Catarina prendeu a petição à coleira de Lisette. Quando Pedro retornou do Senado, a fiel mascote pulou alegremente ao seu redor, como de costume. O czar viu a petição, leu as palavras, sorriu fatigado e declarou: "Bem, Lisette, como essa foi a primeira vez que você pediu, vou atender sua prece".

Embora Pedro detestasse formalidades, havia algumas cerimônias que ele apreciava bastante e outras que aceitava como obrigações de um governante de Estado. Acima de tudo, adorava o lançamento de um novo navio; geralmente frugal, não se importava em gastar grandes somas para celebrar esse tipo de evento, e multidões se reuniam no Almirantado para compartilhar de sua generosidade. A cerimônia sempre exigia um enorme banquete nos deques da nova embarcação, e o czar, com o rosto vibrante e a voz animada, podia ser encontrado no centro de toda essa atividade, acompanhado por seus familiares, incluindo suas filhas e até mesmo a idosa czarina Praskovaia, que nunca perdia um lançamento e os rios de álcool. Essas festas inevitavelmente terminavam com o almirante-general Apraxin entregando-se às lágrimas e resmungando que era um homem velho e solitário, e com o poderoso príncipe Menchikov bêbado e inerte debaixo da mesa, quando seus servos iam buscar sua esposa, a princesa Dária, e sua irmã, que apareciam para despertá-lo com sais aromáticos, massagens e água fria, "e então recebiam permissão do czar para levá-lo para casa".

A vida em São Petersburgo girava em torno de casamentos, batismos e funerais. Pedro e os membros de sua família estavam sempre dispostos a aparecer como testemunhas em casamentos, e ele com frequência era padrinho, habitualmente comparecendo diante da pia batismal dos filhos de seus soldados comuns, artesãos e oficiais de posições mais baixas. Pedro fazia isso com alegria, mas a família não podia esperar um presente requintado; tudo o que recebiam era um beijo para a mãe e um rublo colocado sob o travesseiro batismal, à antiga maneira russa. Depois da cerimônia, se o tempo estivesse quente, Pedro retirava seu cafetã e se sentava na primeira cadeira vazia. Quando fazia o papel de Mestre de Cerimônias em um casamento, realizava sua tarefa rigorosamente; então deixava de lado seu bastão, ia até a mesa, pegava um pedaço de carne assada e quente nas mãos e começava a comer.

O inverno quase não diminuía a atividade incessante de Pedro. Nos dias em que Jefferyes escrevia a Londres que "ninguém consegue colocar o nariz para fora da porta sem correr o risco de perdê-lo no frio", Pedro, Catarina e os membros da corte deslocavam-se por mais de sessenta quilômetros até a vila de Dudderoff, onde, reportou o embaixador espantado, desfrutavam "da diversão do que chamavam de *catat*, ou andar de trenó a toda velocidade, descendo uma montanha íngreme". Outro esporte de inverno, a navegação no gelo, atraía ainda mais o czar. "No inverno, quando tanto o rio Neva quanto [...] [o Golfo] estão totalmente congelados, ele faz seus barcos serem [...] engenhosamente preparados para velejar no gelo", escreveu Perry. "Todos os dias em que há vento, ele veleja e segue sobre o gelo na direção dos ventos, com Jack-Ensign e Pennant voando da mesma maneira como se estivesse sobre a água."

Durante os meses de verão, Pedro adorava abrir o Jardim de Verão para recepções e celebrações. O aniversário da Batalha de Poltava, em 28 de junho, sempre era memorável: as Guardas Preobrajenski, com seus uniformes verde-escuro, e as Guardas Semyonovsky, usando azul-escuro, reuniam-se em fileiras no campo adjacente, e Pedro pessoalmente passava canecas de vinho e cerveja a seus soldados, para celebrarem a vitória. Catarina e as filhas do casal, Ana e Isabel, usando vestidos elegantes, com joias e pérolas nos cabelos, ficavam no centro do jardim, recebendo os convidados, cercadas pela corte e pelas fontes e cascatas borbulhantes de LeBlond. Ali perto, como dois pequenos bonecos de cera, estavam os dois netos de Pedro, Pedro e Natália, os filhos órfãos do czarevich Aleixo. Tendo prestado suas homenagens, os convidados se sentavam em volta de mesas de madeira colocadas ao redor dos arvoredos. Ninguém se sentia mais feliz do que os bispos de barba e outros clérigos devotamente bebendo sua parte.

Em uma dessas ocasiões, a alegria transformou-se em alarme, especialmente entre os estrangeiros e algumas das mulheres, quando eles observaram seis musculosos homens da guarda avançando em sua direção com enormes baldes de aguardente de milho a ser consumido em brindes. Com guardas instalados em todos os portões para evitar a saída, uma debandada teve início na direção do rio, onde várias galeras encontravam-se ancoradas. Os bispos, todavia, não tentaram fugir; sentaram-se às suas mesas, cheirando a rabanete e cebola, sorriso estampado no rosto, fazendo brinde após brinde. Mais tarde, a czarina e as princesas levaram o grupo para dançar nos deques das galeras, e fogos de artifícios iluminaram o céu acima do rio. Alguns continuaram dançando e bebendo até o amanhecer, mas muitos simplesmente caíram onde estavam no jardim e dormiram ali mesmo.

Membros da família imperial, assim como aqueles que haviam fielmente servido ao imperador, eram enterrados com pompa. Vários dos antigos tenentes de Pedro haviam morrido. Romodanovski faleceu em 1717, e o posto passou para seu filho. Sheremetev foi o próximo, em 1719, aos 67, alguns anos depois de se casar com uma viúva jovem e culta que havia vivido na Inglaterra. Jacob Dolgoruki morreu em 1720, aos 81 anos. Aos velhos e leais estrangeiros que haviam passado muitos anos – em alguns casos, a maior parte da vida adulta – a serviço de Pedro, ele respondia com generosidade especial. Enquanto ainda em serviço, eles recebiam propriedades; quando se aposentavam, tinham direito a pensões, que se estendiam a suas esposas e filhos órfãos. Pedro tampouco permitia a redução da renda de um oficial quando ele se aposentava. Quando um estrangeiro idoso se aposentou após trinta anos de serviço, o Colegiado de Controle Financeiro propôs uma pensão equivalente a metade de seu salário. Pedro ficou angustiado com isso. "O quê?", questionou. "Um homem que dedicou sua juventude ao meu serviço deve ser exposto à pobreza agora que está velho? Não. Paguem-lhe o salário integral enquanto estiver vivo, sem requerer nada dele, já é agora é incapaz de servir. Em vez disso, aceitem os conselhos desse homem em qualquer aspecto relacionado à sua profissão e se beneficiem com sua experiência. Quem sacrificaria os anos mais valiosos de sua vida se soubesse que estaria fadado à pobreza quando envelhecesse e que aquele a quem sua juventude foi dedicada o negligenciaria quando ele estivesse cansado?"

PARA UM HOMEM TÃO impaciente e cheio de energia como Pedro, relaxar era difícil. "O que vocês fazem em casa?", ele certa vez perguntou àqueles a sua volta. "Não sei ficar em casa sem nada para fazer". Ele rejeitava o esporte favorito de muitos monarcas, recusando-se a caçar. Embora seu pai passasse todos o tempo livre caçando com falcões e a realeza da França adorasse procurar cervos nas florestas, Pedro desgostava desses esportes. "Cacem, cavalheiros", ele falou em cerca ocasião ao responder a um convite para se unir a um grupo de caçadores perto de Moscou, "cacem o quanto quiserem e façam uma guerra contra os animais selvagens. De minha parte, não posso me divertir assim enquanto tiver inimigos a encontrar no exterior e súditos constantes e teimosos com os quais lidar em minha terra". O jogo favorito de Pedro era o xadrez e, para poder jogar a qualquer momento e em qualquer lugar com qualquer pessoa, ele carregava consigo um tabuleiro de couro dobrável, com quadrados brancos e pretos. Não se objetava a apostas e jogava baralho a dinheiro, mas, acima de tudo, desfrutava da camaradagem e das conversas com os capitães do mar e construtores navais que o acompanhavam nos passatempos. Entre seus soldados ou marinheiros da frota, Pedro deixava clara uma regra: nenhum homem poderia perder mais do que um rublo. Em sua forma de ver, apostadores sérios não tinham gosto por nada realmente útil e não pensavam em nada além de desenvolver formas de espoliar uns aos outros.

O imperador relaxava mais quando trabalhava com as mãos: segurando um machado no estaleiro do Almirantado, inclinando-se sobre um torno e transformando objetos de madeira ou marfim ou martelando barras de ferro próximo a uma forja. Gostava de visitar fundições de ferro – adorava trabalhar com o fole, o brilho do metal no fogo, o bater dos martelos em bigornas – e havia aprendido as habilidades básicas da atividade dos ferreiros. Certa vez, passou um mês trabalhando nas forjas de um mestre ferreiro chamado Werner Muller. Pedro trabalhou duro, forjando 320 quilos de barras de ferro em um único dia e, quando pediu seu pagamento, Muller lhe pagou uma quantidade acima do normal. O czar recusou o excesso, aceitando apenas o valor pago a um trabalhador comum, e então levou a soma a uma loja onde comprou um par de sapatos. Depois, mostrou os novos sapatos a todos, declarando orgulhosamente: "Eu os conquistei com o suor do meu rosto, um martelo e uma bigorna".

Como sempre, o maior prazer de Pedro era estar perto da água. Mesmo quando estava em terra firme, tinha um acordo de que, ao ouvir três tiros de canhão da Fortaleza de Pedro e Paulo, todos os navios no rio entre a fortaleza e o Palácio de Inverno eram obrigados a exercitar suas equipes erguendo as velas, içando as âncoras e movendo-se de um lado para o outro. O czar, parado em uma janela do Palácio de Inverno, observava toda a atividade com olhos atentos e muito prazer. No verão, passava todo o tempo possível a bordo de um barco ou navio. Apreciava as excursões de navio no Neva, as quais ele anunciava usando bandeiras especiais dependuradas nas esquinas das ruas por toda a cidade. No dia marcado, todos os cidadãos que possuíssem barcos se reuniam no rio diante da fortaleza. Ao sinal de Pedro, a flotilha se deslocava descendo o rio, com o czar à frente, ao leme de seu próprio navio. Muitos dos nobres levavam músicos, e o som dos trompetes e oboés ecoava por sobre a água. Próximo da foz do rio, os barcos em geral entravam em um pequeno canal que levava ao pequeno palácio de Catarina, Ekaterinhof. Ali, os convidados se acomodavam às mesas colocadas sob as árvores do pomar e saciavam sua sede bebendo taças de vinho Tokaji.

A alegria de Pedro estava em navegar pelo Golfo da Finlândia entre São Petersburgo e Kronstadt. Nos dias de tempo bom, na água, com o azul profundo do céu, o sol brilhando, o suave murmurar das ondas batendo contra a lateral do barco e sua própria mão no leme, o czar encontrava a paz. Navegando sozinho, ele tinha uma boa visão da costa, das colinas arborizadas erguendo-se para fora da água e, no topo, dos palácios de verão começando a se erguer. Retornando pelo golfo a Petersburgo, ele via primeiro a foz do rio e as florestas nos arredores; então, erguendo-se acima do topo das árvores, as torres e os campanários das igrejas, cobertos de lata e bronze e, ocasionalmente, ouro; depois os palácios e as construções ao longo dos diques. Depois de um dia assim, Pedro sempre pisava em terra firme e retornava à vida cotidiana com um suspiro relutante.

Tanto quanto Pedro adorava a simplicidade, Catarina amava o luxo. Em seus últimos anos, Pedro criou para a esposa uma corte brilhante que oferecia um contraste impressionante com seu próprio estilo de vida. A czarina gostava de vestidos e joias, talvez para afundar nos brilhos as memórias de sua origem humilde. A casa de Catarina incluía pajens em uniformes verdes decorados com toques em vermelho e renda dourada, além de uma orquestra particular que também usava uniformes verdes. A companheira preferida da imperatriz era, surpreendentemente, Matrena Balk, uma irmã de Anna Mons, a amante alemã de Pedro nos anos antes de ele conhecer Catarina. A corte também incluía uma filha do pastor Gluck, que abrigara Catarina como jovem órfã; Bárbara Arseneieva, irmã de Dária Arseneieva, que era esposa de Menchikov e antiga amiga de Catarina; Anísia Tolstóia, que conhecia Catarina desde que ela conhecera Pedro; a princesa Cantemir da Moldávia; a condessa Osterman, esposa do vice-chanceler; a condessa Anna Golovkina, filha do chanceler, que se tornou a segunda esposa de Yagujinski; a filha de Anthony Devier, o comissário da polícia de São Petersburgo; e Marie Hamilton, parente da esposa escocesa de Andrei Matveiev.

A mais franca dessas damas era a amiga inseparável de Catarina, a antiga princesa Anastasia Golitsyna, que acompanhou a czarina a Copenhague e Amsterdã, envolveu-se na questão do czarevich Aleixo, foi publicamente chicoteada e logo reconquistou sua posição na corte. Uma de suas cartas ao czar, enviada de Talim em 1714, oferece um vislumbre da corte de Catarina:

> Senhor: desejo sua presença aqui rapidamente. Se Vossa Majestade demorar, minha vida ficará complicada, de verdade. A czarina nunca vai dormir antes das três horas da manhã e eu tenho de constantemente ficar sentada ao seu lado enquan-

to Kyrilovna cochila de pé, perto da cama. A senhora czarina se digna a dizer: "Tia, a senhora está cochilando?"; e ela responde: "Não, não estou cochilando, estou olhando para minhas pantufas", enquanto Marie Hamilton anda pelo quarto com um colchão que ela larga no meio do chão, e Matrena Balk anda pelos cômodos, dando bronca em todo mundo. Com sua presença, poderei me libertar do serviço de quarto.

Em abril de 1719, o destino fez um golpe devastador recair sobre Pedro e Catarina. A morte do czarevich Aleixo havia resolvido, embora de forma bastante sombria, o problema da sucessão. Restavam dois jovens na linha de Pedro: Pedro Petrovich, seu filho com Catarina, e Pedro Alexeievich, seu neto, filho de Aleixo com a princesa Charlotte. Entretanto, o tio, Pedro Petrovich, nunca foi tão saudável quanto seu sobrinho, que era quatro semanas mais velho. A criança era a menina dos olhos dos pais, e esforços cuidadosos foram despendidos em sua saúde e educação. De tempos em tempos, ele aparecia nas celebrações da corte montado em um pequeno pônei, mas era acanhado e com frequência ficava doente. Em todos os aspectos do desenvolvimento da infância, ele ficava cada vez mais para trás de seu sobrinho ativo e agressivo, o pequeno grão-duque Pedro Alexeievich.

Em fevereiro de 1718, quando Pedro Petrovich tinha dois anos, Aleixo foi afastado da sucessão, e a nobreza e o clero da Rússia juraram aliança ao jovem filho de Pedro e Catarina como herdeiro ao trono. Quatorze meses mais tarde, esse pequeno garoto, com apenas três anos e meio, seguiu seu meio-irmão Aleixo à sepultura.

A morte de seu filho favorito, no qual Pedro havia depositado as esperanças para o futuro da dinastia, foi um golpe pesado sobre o czar. Ele bateu a cabeça contra a parede com tanta força que chegou a ter uma convulsão; depois, por três dias e noites, ficou trancado em seu quarto e se recusou a sair ou até mesmo a conversar com qualquer pessoa através da porta. Durante esses dias, permaneceu deitado em um sofá e sem se alimentar. O governo parou, a guerra contra a Suécia foi ignorada, mensagens e cartas não foram respondidas. Catarina, vencendo sua própria dor, ficou alarmada com o desânimo obsessivo de seu marido e bateu à porta e o chamou, mas não obteve resposta; então se afastou, chorando, para implorar a ajuda do príncipe Jacob Dolgoruki. O idoso Primeiro Senador acalmou a czarina amedrontada e convocou todo o Senado para se reunir na frente da porta de Pedro. Dolgoruki bateu. Nenhuma resposta. Batendo mais uma vez, gritou para Pedro que ele estava ali com todo o Senado, que o país precisava do czar e que, se Pedro não abrisse imediatamente, ele seria obrigado a arrombar e levar o soberano com o uso da força, como única forma de salvar a coroa.

A porta se abriu e um Pedro pálido e magro apareceu diante deles. "Qual é o problema?", perguntou. "Por que vieram perturbar meu repouso?"

"Porque seu afastamento e sua dor excessiva e inútil são a causa da desordem que prevalece no país", respondeu Dolgoruki.

Pedro abaixou a cabeça. "Você está certo", concordou, e foi com eles até Catarina. Abraçou-a gentilmente e falou: "Nós nos afligimos por tempo demais. Não vamos voltar a nos lamentar contra a vontade de Deus".

A morte do pequeno Pedro Petrovich deixou Pedro e Catarina com três filhas vivas. Em 1721, Ana e Isabel estavam com treze e doze anos respectivamente; Natália tinha três. As duas filhas mais velhas já atraíam comentários favoráveis de diplomatas estrangeiros, sempre em busca de uma companheira útil. "A princesa Ana", declarou Bergholz, cujo chefe, o duque de Holstein, viria a se casar com essa filha, "é morena e tão bela quanto um anjo, com uma compleição charmosa, e com braços e um corpo bastante parecidos com o do pai, sendo bastante alta para uma jovem, até ligeiramente inclinada à magreza e não tão cheia de vida quanto sua irmã mais nova, Isabel, que se vestia como ela. Os vestidos das duas princesas não tinham ouro ou prata, mas um tecido bonito de duas cores. Suas cabeças estavam ornadas com pérolas e pedras preciosas, seguindo a última moda francesa, de uma forma que honraria o melhor cabeleireiro francês".

Três anos mais tarde, quando Ana estava com dezesseis anos, seus charmes foram elogiados pelo barão Mardefelt, o ministro prussiano e um habilidoso pintor de miniaturas que havia feito retratos em marfim de todos os membros da família imperial russa. Sobre Ana, ele escreveu: "Eu não acredito que exista hoje na Europa uma princesa que possa disputar com sua majestosa beleza. É mais alta do que qualquer dama da corte, mas sua cintura é tão fina, tão graciosa, seus traços tão perfeitos que os antigos escultores não teriam nada mais a desejar. Seu comportamento é sem afetações, uniforme, sereno. De todas as diversões, sua preferida é ler obras de história e filosofia".

Quanto a Isabel, com quinze anos: "Ela é uma beleza do tipo que nunca vi igual", falou o embaixador espanhol, o duque de Liria. "Uma compleição incrível, olhos brilhantes, boca perfeita, pescoço e colo de rara alvura. Tem estatura alta e um temperamento bastante cheio de vida. É possível perceber nela inteligência e afabilidade enormes, mas também certa ambição".

Tanto Ana quanto Isabel receberam a educação das princesas europeias, que consistia primordialmente de línguas, etiqueta e dança. Elas já falavam o alto holandês e agora estavam se tornando fluentes em francês. Quando Pedro perguntou aos tutores por que o francês era necessário, se o alemão não era uma língua rica o bastante para permitir que alguém se expressasse plenamente, eles responderam que sim, mas que todos os homens civilizados, incluindo os alemães, queriam aprender francês. Ana, a aluna mais competente, aparentemente também aprendeu um pouco de italiano e sueco. Para demonstrar seu progresso, ela escrevia em alemão aos pais enquanto eles estavam no exterior. A uma dessas cartas, Catarina respondeu em 1721:

> Como eu soube pelas cartas de seu tutor, e também pelas de M. Devier, você, meu coração, está estudando com diligência. Fico muito contente e lhe envio um presente para estimular o seu progresso: um anel de diamante.
> Escolha aquele que mais lhe agradar e dê o outro à sua querida irmã, Isabel, e beije-a por mim. Também envio uma caixa de laranjas e limões frescos que acabaram de chegar com os navios. Separe algumas dúzias e as envie sob seu nome ao Sereno Príncipe [Menchikov] e ao Almirante [Apraxin].

Muitos anos mais tarde, a Imperatriz Isabel se lembrou do profundo interesse que seu pai havia demonstrado pela educação das filhas. Ele ia com frequência ao quarto delas, contou Isabel, para ver como passavam o tempo e "frequentemente pedia um relato do que haviam aprendido ao longo do dia. Quando estava satisfeito, ele me fazia elogios que vinham acompanhados de um beijo e, às vezes, de um presente". Isabel também se lembrou de quanto Pedro sentia por ter negligenciado sua própria educação formal. "Meu pai repetidamente tocava nesse assunto", ela declarou, "dizendo que daria um dedo por sua educação não ter sido negligenciada. Nem um dia se passava sem ele sentir essa deficiência".

A terceira filha, a pequena princesa Natália Petrovna, nascida em 1718, não viveu para começar a ser seriamente educada. Na aparência, ela era uma mistura do pai e da mãe, com um rosto largo, cabelos negros e ondulados caídos sobre a testa, imitando os de sua mãe, olhos negros e uma boca pequena. Entretanto, ela morreu em 1725. Dos doze filhos de Catarina e Pedro, seis meninos e seis meninas, apenas Ana e Isabel ultrapassaram os sete anos de idade.

Uma das grandes personalidades da sociedade russa dessa época foi a idosa czarina Praskovaia, que sofria de gota e era viúva do meio-irmão e co-czar de Pedro, Ivan V. Viúva desde 1696, Praskovaia sempre foi ferozmente leal a Pedro e entregou a ele duas de suas três filhas, Ana e Catarina, para que se casassem com príncipes europeus e colaborassem com a política externa do czar. Embora preferisse de longe sua villa no interior, o Palácio Ismailovski, nos campos nos arredores de Moscou, Praskovaia cumpriu com sua obrigação de se mudar para São Petersburgo. Levada aos banquetes e bailes em sua cadeira, estava sempre sentada do lado da czarina Catarina, de onde observava e lançava comentários ácidos sobre o que estivesse acontecendo. Seu desejo de agradar o czar se estendeu a ponto de ela até mesmo viajar com ele para Olonets para tomar as águas com ferro, embora a maioria das pessoas à sua volta achassem que ela tivesse terminado esse tratamento com uma saúde pior do que quando o iniciara. Conforme Praskovaia envelhecia, tornava-se irritadiça e passou a discutir frequentemente com suas filhas mais velhas, as quais haviam retornado à Rússia. Catarina, a feliz e animada duquesa de Mecklemburgo, voltou para ficar em 1722, e Ana, duquesa da Curlândia, viajava com frequência para visitar sua terra natal até seu retorno permanente, em 1730, quando foi coroada como Imperatriz Ana. Depois de uma discussão fervorosa, Praskovaia amaldiçoou formalmente Ana e só retirou a maldição momentos antes de sua morte.

Durante o verão e o outono de 1722, enquanto Pedro e Catarina encontravam-se no Mar Cáspio, a corte foi transferida para Moscou. Catarina de Mecklemburgo estava vivendo com a mãe no Palácio Ismailovski e frequentemente convidava pessoas para virem de Moscou em busca de entretenimento. Elas passavam pelas estradas cheias de lama para receber copos de vodca pelas mãos da própria duquesa, ser alimentadas com um jantar mal feito e dançar até a meia-noite. Quando o calor dos corpos e das velas no pequeno cômodo se tornava intenso demais, os dançarinos iam para o quarto onde a enfraquecida czarina Praskovaia estava deitada, ou para o quarto da duquesa. A casa era mal planejada, com quartos espalhados entre escritórios e salas para refeições, mas, afinal, Praskovaia importava-se pouco com as aparências. Quando Pedro retornou do Cáspio, Bergholz apressou-se no meio da noite para ser o primeiro a levar a notícia à czarina. Ele encontrou todos na cama, mas Catarina de Mecklemburgo ficou encantada e levou Bergholz para anunciar a notícia à mãe, às irmãs e suas damas de companhia, que estavam todas sem roupa. Holsteiner ficou surpreso com o tamanho diminuto e as más condições da residência da czarina. "De modo geral, essa visita noturna não me causou uma boa impressão", ele escreveu em seu diário, "embora eu tenha tido a sorte de ver muitos pescoços e seios nus".

Em 1718, Pedro instituiu as novas *assemblées*, ou festas noturnas, que aconteciam duas ou três vezes por semana durante o longo inverno. Elas eram a parte mais importante do esforço do czar para reunir pessoas de ambos os sexos e dar a Petersburgo um gosto das agradáveis interações sociais que ele havia testemunhado nos salões de Paris. Como essa ideia era uma novidade na Rússia, Pedro emitiu regulamentos explicando a seus súditos exatamente o que deveriam ser essas novas reuniões e como elas deveriam acontecer. Sua explicação, como de costume, traz o tom de um professor ensinando seus alunos:

> Regulamentos para a realização de *assemblées* em Petersburgo
> "*Assemblée*" é um termo francês que não pode ser traduzido por uma única palavra russa. Significa um grupo de pessoas se reunindo, seja para se divertir ou para falar sobre seus problemas. Nesses eventos, amigos podem ver uns aos outros e conversar sobre negócios e outros assuntos, debater sobre notícias domésticas e estrangeiras e passar o tempo juntos. A forma como realizaremos essas reuniões pode ser aprendida com as instruções a seguir:
> 1. A pessoa em cuja casa a reunião acontecerá durante a noite deve entregar uma nota ou outro sinal para convidar todas as pessoas de ambos os sexos.
> 2. A reunião não deve ter início antes das quatro ou cinco horas da tarde, nem se estender até depois das dez da noite.
> 3. O proprietário da casa não é obrigado a participar e se encontrar com seus convidados, conduzi-los ou entretê-los; porém, embora esteja isento de esperá-los, ele deve providenciar cadeiras, velas, bebidas e tudo mais que lhe for pedido, e também oferecer todos os tipos de passatempo.
> 4. Nenhuma hora específica foi fixada para a chegada ou a partida das pessoas; é suficiente apenas aparecer na reunião.
> 5. Todos têm a liberdade de se sentar, andar ou jogar, como preferir, e ninguém deve impedir o que ele ou ela quiser fazer. Se alguém tentar impedir ou atrapalhar outra pessoa, como punição, terá de esvaziar a Grande Águia [uma travessa preenchida com vinho ou aguardente], engolindo todo o líquido. Quanto ao resto, é suficiente saudar os demais convidados na chegada e na saída.
> 6. Pessoas de alta posição, por exemplo, os nobres e oficiais superiores, assim como os comerciantes de destaque e os diretores (pelos quais se entende, acima

de tudo, os construtores navais), pessoas empregadas na Chancelaria e suas esposas e filhos devem ter a liberdade de frequentar essas reuniões.

7. Um local particular deve ser atribuído aos lacaios (com exceção daqueles da casa) para que haja espaço suficiente no cômodo designado à reunião [ou seja, para que os cômodos não fiquem lotados de lacaios andando e se misturando aos convidados].

Embora não fosse requisitado ao anfitrião que oferecesse algo além de chá ou água fresca para os convidados, nada impedia que ele preparasse um grande jantar e muita bebida. Todavia, ninguém era forçado a beber e, em contraste com o que acontecia nos famosos banquetes regados a álcool de Pedro, as pessoas olhavam torto para aqueles que bebessem demais nas reuniões. O próprio czar mantinha uma lista de anfitriões e apontava de quem era a vez de oferecer a casa. E, embora Pedro ainda se recusasse a dar festas formais em seu palácio, ele prontamente concordou em ser o anfitrião de uma das reuniões quando chegou a vez de ser apontado na lista.

Não demorou para a sociedade de São Petersburgo aderir a essas recepções. Em um cômodo, havia um baile; em outro, pessoas jogando cartas; em um terceiro, um grupo de homens solenemente fumando seus cachimbos longos de barro e bebendo em canecas de argila; e, em um quarto ambiente, homens e mulheres dando risada, tagarelando e desfrutando da companhia uns dos outros de uma forma até então desconhecida na Rússia. Pedro sempre estava lá, contente e conversando, movendo-se de um ambiente a outro ou sentado a uma mesa e fumando um longo cachimbo holandês, bebendo vinho húngaro e estudando seu próximo movimento no jogo de damas ou xadrez. Essas reuniões nem sempre transcorriam sem problemas. O príncipe Gregori Dolgoruki e o mais jovem príncipe Romodanovski, antigos inimigos por conta de um processo de divórcio, chegaram a trocar socos à mesa do jantar; em outra ocasião, um convidado subiu na mesa e, andando sobre ela, tropeçou em uma torta. Porém, de modo geral, o comportamento das pessoas era agradável aos olhos atentos do mentor imperial que havia realizado esse milagre de combinar a sociedade da Antiga Rússia com a sociedade europeia.

A maioria das damas da sociedade de São Petersburgo, uma vez exposta às reuniões mistas de Pedro, rapidamente abraçou a mudança. Em vez de permanecerem no mundo recluso de seus aposentos, elas agora participavam de uma vida nova e mais estimulante. Jovens solteiras agora tinham um lugar para conhecer vários homens também solteiros. Era delicioso ser capaz de se vestir, de dançar, de demonstrar seus charmes em público. Novos vestidos extravagantes, gloriosos em suas cores e estilos, apareceram e, reportou Bergholz, "todas as damas aqui usam tanto rouge quanto na França". Entretanto, elas ainda não se mostravam dispostas a gastar horas preparando os belos penteados das mulheres das cortes ocidentais. "Ainda é duro demais para elas fazer um esforço para se afastar do conforto com o qual estão acostumadas", declarou Bergholz. "As russas pensam demais no próprio conforto e se penteiam com muita má vontade."

Com as maneiras ocidentais em voga, as mães russas se apressaram para adequar suas filhas ao estilo alemão ou francês. "É preciso fazer justiça aos pais daqui", declarou Bergholz, "e dizer que eles não poupam nada para ter filhos bem-educados; portanto, é impressionante que ninguém veja as grandes mudanças que foram realizadas nesta nação em um período tão curto de tempo. Não há mais os traços de comportamentos grosseiros e desagradáveis que eles demonstravam pouco tempo atrás". Algumas dessas jovens tinham uma vantagem especial conquistada de uma forma um tanto quanto irônica. O general Trubetskoi, que havia sido mantido preso em Estocolmo com a esposa e as filhas, foi substituído em 1718 pelo marechal de campo Rehnksjold. Quando a família retornou da Suécia, suas três filhas, que haviam estado em Estocolmo "com seu pai em tenra idade, tinham melhorado tanto por uma boa educação que, ao retornarem à Rússia, distinguiam-se das outras damas de seu próprio país".

Além das mulheres, os homens de São Petersburgo também apressaram-se para se adornar. Em vez do manto único tradicional e refinado usado nas ocasiões de Estado e passados de pai para filho, os homens russos agora encomendavam numerosos belos casacos bordados a ouro. Um estrangeiro, observando um grupo de russos cobertos com peles entrando em uma casa numa noite fria de inverno, declarou: "Quando esses homens entram em qualquer casa, alguns dos servos imediatamente desamarram os sapatos de pele e retiram sua pelica; tampouco é incomum ver cavalheiros refinados adornados com prata e ouro e púrpura e pedras preciosas, deixando para trás sua aparência externa grosseira, como muitas borboletas espalhafatosas se livrando de repente de suas incrustações de inverno".

A extravagância nas roupas vinha acompanhada pela extravagância em outros aspectos da vida. Os russos mantinham regimentos de servos e os vestiam com uniformes esplêndidos. Encomendavam móveis grandiosos, carruagens elegantes e vinhos estrangeiros raros. Em banquetes, bailes e outras cerimônias de entretenimento, ostentavam sua riqueza, embora fosse comum essa riqueza desaparecer conforme os gastos consumiam as fortunas. Dívidas e ruína eram frequentes, e oficiais empobrecidos e implorando por uma nova posição com um bom salário eram regularmente vistos em escritórios do governo.

Outro resultado da repentina emancipação das mulheres russas após séculos de isolamento foi um relaxamento geral da moralidade, ou o que o príncipe Mikhail Shcherbatov posteriormente descreveria como "uma depravação da moral". O comportamento pessoal de Pedro nessa área continuava obscuro. Anna Mons e Catarina foram suas amantes em momentos distintos. Havia rumores de que Marie Hamilton e Marie Cantemir, damas de honra de Catarina, teriam recebido seus favores, e vários escritores do século XVIII expuseram relatos pitorescos da viagem de Catarina à Europa acompanhada por uma comitiva de mulheres, cada uma carregando seu filho de Pedro nos braços. Podemos presumir que o czar não era casto e que as histórias da ligação com uma atriz em Londres ou com uma dama em Paris podem ser verdadeiras. Está claro, todavia, que essas relações, se elas existiram, foram episódios aos quais Pedro deu pouca importância. Catarina os entendia e frequentemente provocava o marido em suas cartas. As afirmações de Pedro de que nenhuma outra mulher estaria interessada "em um homem velho como eu" eram bem-humoradas e por vezes envergonhadas.

Catarina podia provocá-lo, mas outras pessoas não tinham essa liberdade. Em Copenhague, em 1716, o rei Frederico IV virou-se para ele sorrindo e com uma sobrancelha arqueada. "Ah, meu irmão", falou, "ouvi dizer que você também tem uma amante". No mesmo instante, Pedro fechou uma carranca. "Meu irmão", esbravejou o czar, "minhas meretrizes não me custam muito, mas as suas lhe custam milhares de libras que poderiam ser melhor gastas".

Essencialmente, a atitude de Pedro ligada à moralidade nos relacionamentos entre homens e mulheres tinha como base uma ética social utilitária. Ele era indulgente com relação a comportamentos e indiscrições que não fizessem mal à sociedade. As prostitutas desfrutavam de "perfeita liberdade na Rússia", reportou Weber, exceto no caso de uma que havia "contaminado algum membro das Guardas Preobrajenski, o qual, incapaz de marchar e cumprir com suas obrigações, precisasse ficar em Petersburgo para ser curado"; essa mulher recebeu golpes de cnute por ter atrapalhado os interesses do Estado.

Em geral, o czar se recusava a defender a castidade ou punir adultérios. Quando ouviu que o Imperador Carlos V havia proibido o adultério sob pena de morte, ele perguntou: "Isso é possível? Pensei que um príncipe tão grandioso tivesse mais bom senso. Sem dúvida ele acreditava que seu povo era numeroso demais. É necessário punir desordens e crimes, mas devemos poupar as vidas de nosso povo sempre que possível". Mulheres solteiras, quando grávidas, eram encorajadas a ter os filhos. Certa vez, quando Pedro encontrou uma bela jovem afastada da companhia de outras damas por ter tido um filho ilegítimo, ele declarou: "Eu proíbo que ela seja excluída da companhia de outras mulheres e garotas". O filho da jovem foi colocado sob a proteção do czar.

A corte de Pedro estava repleta de exemplos que homens e mulheres que haviam se beneficiado ou sido salvos pela leniência do czar para com essas questões. Ele encorajou Yagujinski a se divorciar de sua primeira esposa, que estava tornando sua vida miserável, e a se casar com a condessa Golovkin, "uma das mais agradáveis e bem-educadas damas da Rússia", de acordo com Bergholz. Embora seu rosto fosse marcado pela varíola, ela tinha uma aparência esplêndida, falava francês e alemão fluentemente, dançava muito bem e estava sempre alegre. Ele negou ao príncipe Repnin a permissão de tomar sua amante finlandesa como sua quarta esposa (a igreja ortodoxa permitia apenas três em sequência), mas legitimou seus filhos sob o nome de Repninski. Quando seu ajudante favorito, Vassili Pospelov, casou-se com uma flautista, Pedro não apenas participou do casamento, mas esteve presente no batismo do filho na manhã seguinte. Ele apoiou o general Anthony Devier em sua corte pela mão da irmã de Menchikov. Tendo sido recusado pelo príncipe, que esperava alguém melhor, Devier e a jovem mesmo assim conceberam um filho. Devier apelou mais uma vez a Menchikov, afirmando que a criança deveria nascer como um filho legítimo, mas Menchikov respondeu chutando Devier escada abaixo. Pedro interveio a pedido de Devier e o casamento foi celebrado; contudo, depois da morte do Imperador, Menchikov exilou seu cunhado na Sibéria.

Todavia, por mais que Pedro tolerasse indiscrições, ele era implacável com criminosos. Abortos ou o assassinato de um filho indesejado após o nascimento eram punidos com a morte. O exemplo mais dramático da posição inabalável do czar nesse assunto veio com o caso de Marie Hamilton. Essa jovem, uma das damas de honra favoritas da czarina Catarina, era, na linguagem da época, "muito viciada em galantaria". Como consequência, teve três filhos ilegítimos. Os primeiros dois foram assassinados em tamanho segredo que ninguém na corte sequer suspeitou, mas o terceiro bebê morto foi descoberto e a mãe, presa. No cárcere, ela confessou que aquela era a terceira vez que aquele tipo de evento pesaroso havia acontecido. Para sua surpresa, pois ela acreditava que sua amizade e o favor do czar e da czarina lhe renderiam o perdão, Hamilton foi sentenciada à morte. No dia da execução, a prisioneira apareceu no cadafalso usando um vestido de seda branca com detalhes de fitas negras. Pedro subiu na estrutura para ficar ao lado dela e sussurrou em seu ouvido. A mulher condenada e a maioria dos expectadores acreditaram que aquele seria seu indulto no último instante. Em vez disso, todavia, o czar a beijou e falou em um tom triste: "Não posso violar as leis para salvar a sua vida. Suporte sua punição com coragem e, na esperança de que Deus perdoe seus pecados, faça a Ele suas orações com um coração cheio de fé e arrependimento". Hamilton ajoelhou-se e orou; o czar deu meia-volta e o carrasco desferiu o golpe.

DURANTE OS ANOS FINAIS de seu reinado, Pedro voltou sua atenção a levar a São Petersburgo alguns dos refinamentos institucionais da sociedade civilizada: museus, uma galeria de arte, uma biblioteca e até mesmo um zoológico. Como quase tudo novo na Rússia criado pelos esforços do czar, essas instituições refletiam fortemente seu próprio gosto. Pedro tinha pouca inclinação para o teatro (ele preferia a zombaria rude de seu Falso Sínodo) e nenhum gosto por música instrumental. As únicas performances teatrais às quais a sociedade russa tinha acesso eram aquelas organizadas pela irmã do imperador, a princesa Natália, que criou um pequeno teatro próprio usando uma grande casa vazia e adaptando-a com um palco, uma plateia e camarotes. Weber, que assistiu a uma performance, não se mostrou entusiasmado: "Os atores e atrizes, dez no total, eram todos nativos da Rússia que nunca haviam viajado ao exterior, portanto, fica fácil imaginar suas habilidades", ele escreveu. A peça por ele assistida, uma tragédia escrita pela própria princesa e encenada em russo, era uma história moralista de rebelião na Rússia e os horrores que se sucederam ao infeliz evento. E, se Weber achou os atores ruins, ele considerou a orquestra ainda pior. "A orquestra era composta por dezesseis músicos", relatou. "Eles aprendem música do mesmo modo que as outras ciências, com a ajuda de batogs. Se um general insiste que algum rapaz de um regimento deve aprender música, mesmo que o soldado não tenha a menor noção ou o menor talento para isso, ele é enviado a um instrutor que define um certo período para que a tarefa seja aprendida; primeiro o indivíduo aprende a manusear o instrumento, então a tocar alguns hinos luteranos ou algum minueto e assim por diante. Se o estudante não aprendeu sua lição durante o período preestabelecido, o batog é usado repetidas vezes até ele finalmente dominar a obra".

Até mesmo esse pequeno teatro desapareceu em 1716, quando a princesa Natália morreu. Mais tarde, em Moscou, a duquesa de Mecklemburgo criou um pequeno teatro em Ismailovo, no qual ela mesma era a diretora, as damas de sua corte, as atrizes e os papéis masculinos eram, em grande parte, representados por servos. Apesar da distância de Moscou, muitas pessoas iam assistir a essas exibições, embora alguns no público estivessem lá por outros motivos. Bergholz resmungou que, em sua primeira visita, sua caixa de rapé foi roubada e que, em outra ocasião, os lenços de seda nos bolsos de muitos cavalheiros Holstein foram subtraídos. Com o tempo, Pedro providenciou para que uma companhia profissional de teatro viesse de Hamburgo, mas ela nunca chegou. Durante dois ou três anos, um teatro pequeno e em péssimas condições existiu em São Petersburgo, às margens do Canal do Moika, realizando más imitações de peças francesas e traduções duvidosas de farsas alemãs. Entretanto, com o czar desinteressado, seus súditos também demonstraram pouco gosto. Como o próprio Pedro, eles preferiam espetáculos mais populares, como malabarismo e dança da corda. Um favorito especial do czar era um alemão forte e celebrado chamado Samson, que chegou à Rússia em 1719. Irritado com aqueles, em especial os membros do clero, que afirmavam que Samson realizava seus feitos usando magia, bruxaria ou truques em vez de força, o czar ficou ao lado de Samson e chamou alguns dos principais religiosos no palco para testemunhar a exibição de perto. Samson deitou-se sobre duas cadeiras apoiado apenas pela cabeça e pelos pés; Pedro colocou uma bigorna no peito do alemão e então quebrou vários pedaços de ferro sobre a bigorna, usando uma marreta. Em seguida, Samson colocou um bastão entre os dentes, e o czar tentou arrancar a peça com ambas as mãos; ele falou não apenas em retirar o bastão, mas sequer tirou Samson de seu lugar. O poder do fortão, anunciou triunfantemente Pedro a todos os presentes, estava unicamente em sua impressionante força física.

EM SUA SEGUNDA VISITA ao Ocidente, entre 1716 e 1777, Pedro visitou regularmente coleções científicas e coleções públicas e particulares de quadros, e levou muitas obras consigo para a Rússia. Esperando que um dia nem todas as pinturas da Rússia fossem trabalho de estrangeiros, enviou uma série de artesãos russos para a Holanda e a Itália para estudar. O czar estava ainda mais orgulhoso de suas novas coleções científicas. Em 1717, havia comprado uma coleção do celebrado anatomista holandês, professor Ruysch, cuja sala de aula e cujo laboratório de dissecação foram visitados com frequência pelo czar em sua viagem realizada vinte anos antes. A coleção, que havia sido reunida durante quarenta anos, veio com um catálogo ilustrado intitulado *Thesaurus Anatomicus*. O czar também comprou a coleção de Seba, boticário holandês, composta por todos os animais conhecidos da terra e do mar, aves, répteis e insetos das Índias Orientais. Essas duas celebradas coleções foram a fundação do Museu da Academia de Ciências, que Pedro criou em uma grande construção de pedra na ilha Vasilevski, na frente do Almirantado. Era seu costume ir ao museu duas ou três vezes por semana ao anoitecer para estudar as exposições antes de seguir para o Almirantado. Ele gostava tanto de lá que, em certa ocasião, decidiu realizar uma audiência com o embaixador austríaco no museu. O chanceler perguntou se o Palácio de Verão não seria um local mais apropriado. "O embaixador deve dar crédito a mim, e não a um dos meus palácios", respondeu Pedro, que recebeu o visitante no museu às cinco horas da manhã seguinte.

Por insistência do czar, o museu foi aberto ao público e guias foram providenciados para explicar as exibições. Quando Yagujinski sugeriu que ele cobrasse um rublo por visita para arcar com as despesas, Pedro se mostrou contrário, afirmando que isso afastaria as pessoas. Declarou que o museu deveria não apenas ser gratuito, mas que as pessoas deveriam ser estimuladas a visitá-lo, e que a elas deveria ser oferecida uma xícara de café ou uma taça de vinho em nome do czar. Essas despesas saíram do bolso de Pedro.

Às coleções compradas, foram acrescentadas curiosidades como os dentes de elefantes encontrados próximos a Voronej, que Pedro especulava serem relíquias da passagem de Alexandre, o Grande, e antiguidades encontradas em meio às ruínas de um templo pagão próximo ao mar Cáspio – imagens, embarcações e vários pergaminhos em uma língua desconhecida. De forma similar, enquanto escavavam em busca de ouro próximo a Samarcanda, os garimpeiros encontraram uma série de figuras antigas gravadas em bronze, as quais foram enviadas ao príncipe Gagarin, governador da Sibéria, e por ele ao czar. Elas incluíam ídolos, minotauros, gado, gansos, homens velhos e deformados e mulheres jovens – tudo em bronze. As bocas dos ídolos tinham dobradiças, as quais tornavam possível fazê-las mexer; Pedro, sempre ciente das superstições religiosas, especulou que "é provável que os padres usem esses itens para convencer o povo falando através deles".

O czar também tentou ampliar os conhecimentos de seus súditos por meio do uso de livros e bibliotecas. Ele mesmo havia colecionado livros durante toda a vida, especialmente em suas visitas a Alemanha, França, Holanda e demais países do Ocidente. Sua biblioteca pessoal incluía obras sobre toda gama de assuntos, incluindo questões militares e navais, ciências, história, medicina, lei e religião. Os livros de Pedro foram inicialmente mantidos no Palácio de Verão; depois, conforme o número de obras aumentava, elas foram levadas para o Palácio de Inverno, Peterhof e outros locais. Após a morte do czar, sua coleção de livros tornou-se o núcleo da biblioteca da Academia de Ciências Russa. Em 1722, Pedro enviou ordens aos principais e mais antigos mosteiros da Rússia para que buscassem antigos manuscritos, crônicas e livros, e que enviassem as obras encontradas a Moscou, de onde elas seguiriam para seu escritório particular em São Petersburgo. Com a morte do imperador, a maioria desses documentos valiosos também foi transferida para a biblioteca da Academia de Ciências.

Pedro ficou admirado com o zoológico de Paris e, ao retornar da França, imediatamente criou um zoológico em São Petersburgo. Macacos e gorilas, leões e leopardos, e até mesmo um elefante da Índia foram instalados, mas todos tiveram dificuldades de sobreviver aos meses gelados do inverno. Embora o czar tivesse uma instalação especial criada para o elefante, com fogueiras acesas dia e noite para aquecer o animal, ele viveu apenas alguns anos. Um tipo diferente de exposição era a colônia de samoiedas, uma tribo de lapões da costa do Ártico que vinha todos os invernos, trazendo suas renas e cachorros, para acampar no gelo do Neva. Ali, dentro de um recinto, eles viviam como um modelo de suas vilas nativas, aceitando as esmolas de uma multidão curiosa. Todavia, os russos não se aproximavam demais, pois os samoiedas tinham fama de "morder o rosto e as orelhas de estranhos".

As novas coleções e os prédios que as abrigavam eram frutos da curiosidade insaciável de Pedro e do interesse em ensinar a seus súditos tudo que ele havia aprendido. Toda viagem pela Rússia e, ainda mais, toda viagem ao exterior resultavam na aquisição de mais curiosidades, instrumentos, livros, maquetes, quadros e animais. Ao chegar até mesmo a uma cidade pequena enquanto viajava, Pedro sempre pedia para ver o que fosse de destaque ou diferente e típico do local. Quando lhe diziam que não havia nada incomum, ele respondia: "Tem certeza? Pode não ser para você, mas talvez seja para mim. Deixe-me ver tudo".

Uma das mais extraordinárias dessas aquisições foi o Grande Globo de Gottorp. Enquanto viajava a Schleswig, no ducado de Gottorp, em 1713, Pedro descobriu esse notável aparelho científico e mecânico. Era um globo enorme e oco, de mais de três metros de diâmetro, criado em 1664 para o então duque de Holstein. A superfície exterior tinha o mapa da terra, ao passo que, no interior, estava um mapa dos céus. Era possível entrar subindo alguns degraus e então sentar-se a uma mesa redonda cercada com banquinhos para dez ou doze pessoas. Girando-se uma manivela, o céu dava voltas em torno do público. Naturalmente, Pedro ficou intrigado e encantado com o globo e, quando o administrador do jovem duque Carlos Frederico ofereceu o item como um presente em nome do Estado, o czar o aceitou com alegria, declarando que o povo de Holstein não poderia ter lhe dado um presente mais impressionante. Menchikov, comandando o exército russo na Alemanha, recebeu ordens para cuidar pessoalmente do empacotamento e envio do globo. Foi recebida uma permissão especial dos suecos para que a peça passasse de navio pelo Báltico, até chegar a Talim. No inverno de 1715, a enorme esfera foi transportada em trenós e roldanas sobre a neve de São Petersburgo. Como o globo era enorme e Pedro não quis arriscar desmanchá-lo, em muitos pontos a estrada teve de ser alargada, arbustos cortados ou mesmo enormes árvores derrubadas para que a peça pudesse passar. Quando ela chegou, o czar a colocou na casa que havia construído para o agora falecido elefante, e passava horas todos os dias contemplando-a.

A mais importante e duradoura contribuição de Pedro à atividade intelectual na Rússia foi a fundação da Academia de Ciências.[1] O projeto havia sido sugerido por Leibniz, que já tinha fundado a Academia de Ciências da Prússia em Berlim, mas que morreu em 1716, antes de Pedro estar pronto para agir. O interesse do czar foi ainda mais estimulado por sua própria eleição à Academia da França após a visita a Paris. Sua carta aceitando essa honra pulsa com um deleite quase infantil: "Ficamos muito felizes por vocês nos terem honrado dessa forma, e gostaríamos de lhes assegurar de que aceitamos a posição a nós concedida com grande prazer, e é nosso fervente desejo nos dedicarmos assiduamente para contribuir o máximo possível com as ciências e, assim, de-

---

[1] A qual, após 250 anos, permanece sendo a instituição intelectual proeminente da nação. (N. A.)

monstrar que somos um membro digno de sua associação". Como contribuição inicial, o novo membro enviou um mapa recente do mar Cáspio. Ele assinou a carta como "Com afeto, Pedro I".

Em 28 de janeiro de 1724, um ano antes de sua morte, o czar emitiu um decreto fundando a Academia Russa. Como de costume, o documento trazia uma explicação para que os russos pudessem entender o que estava sendo fundado:

> Em geral, dois tipos de instituições são usados para organizar as artes e as ciências. Uma delas é conhecida como Universidade; a outra, como Academia de Artes e Ciências. Uma universidade é uma associação de indivíduos instruídos que ensinam pessoas jovens. [...] Uma academia, por outro lado, é uma associação de indivíduos instruídos e habilidosos que realizam pesquisas e invenções.

Nesse caso, todavia – continuava o decreto –, como homens instruídos eram raros na Rússia, os acadêmicos ensinariam e também fariam pesquisas. Uma quantia anual de 25 mil rublos, extraídos dos impostos arrecadados nos portos do Báltico, seria destinada a apoiar a instituição.

Pedro morreu antes de a academia começar a funcionar, mas, em dezembro de 1725, as portas da instituição foram abertas pela primeira vez. Dezessete acadêmicos haviam sido trazidos da França, Alemanha e Suíça, incluindo filósofos, matemáticos, historiadores, um astrônomo e doutores nas áreas de anatomia, direito e química, muitos deles acadêmicos de primeira linha. Infelizmente, não havia estudantes russos qualificados para aulas universitárias, então oito alunos alemães também tiveram de ser importados. Mesmo assim, o público das aulas era menor do que o requerido pelo documento emitido pelo soberano, de modo que os acadêmicos ocasionalmente tinham de assistir às aulas de outros acadêmicos.

A ironia de uma academia de homens cultos funcionando em um país que não contava com qualquer número significativo de escolas de primeiro ou segundo grau não passou despercebida pelos contemporâneos. Mas Pedro, olhando para o futuro, deixou todas as objeções de lado. Usando uma metáfora, ele explicou:

> Tenho de colher grandes estoques de grãos, mas não tenho um moinho; e não há quantidade suficiente de água por perto para construir um moinho de água; porém, há água suficiente um pouco distante. Todavia, não tenho tempo de criar

um canal, pois a duração da minha vida é incerta. E, portanto, estou construindo primeiro o moinho e dei ordens para que o trabalho no canal tenha início, o que forçará meus sucessores a trazerem água para um moinho pronto.

LXII

AO LONGO DO CÁSPIO

Com a assinatura do Tratado de Nystad, a Rússia finalmente estava em paz. Agora, parecia, as energias colossais que haviam sido despendidas em campanhas militares de Azov a Copenhague poderiam finalmente se voltar à própria Rússia. Pedro não queria ser lembrado na história como um conquistador ou guerreiro; ele se via como um reformador. Todavia, as celebrações em São Petersburgo saudando a Paz de Nystad ainda estavam acontecendo quando o czar ordenou que seu exército se preparasse para uma nova campanha. Na primavera seguinte, eles marchariam pelo Cáucaso contra a Pérsia. E, mais uma vez, o exército seria guiado pelo próprio Imperador.

Embora o anúncio tenha chegado de surpresa, essa marcha rumo ao sul não era um capricho momentâneo. Durante a maior parte de sua vida, Pedro havia ouvido histórias do Oriente, do império de Catai, da riqueza do Grande Mogul da Índia, da abastança do comércio que passava em caravanas atravessando a Sibéria rumo à China e da Índia ao Ocidente, passando pela Pérsia. Esses relatos vinham de viajantes que passavam pela Rússia e paravam no Subúrbio Alemão por tempo suficiente para estimular a imaginação do jovem czar. Eles vinham de Nicholas Witsen, burgomestre de Amsterdã e especialista em geografia do Oriente, que passava muitas horas conversando com Pedro durante o primeiro inverno do czar na Holanda. Agora, finalmente, Pedro pretendia colocar em prática esses sonhos juvenis.

Ele já tinha tentado alcançar a China ao estender o comércio existente de chá, peles e seda, estabelecendo uma missão russa permanente em Pequim. Todavia, os chineses eram orgulhosos e desconfiados. A agressiva dinastia Manchu estava no ápice do poder em Pequim. O grande imperador K'ang-hsi, que havia chegado ao trono com sete anos de idade em 1661 e governou até sua morte em 1722, havia conquistado a paz com todos os vizinhos e embarcado em um reinado famoso por conta de seu patrocínio à pintura, poesia, porcelana e aprendizado; enciclopédias e dicionários publicados com seu encorajamento permaneceram sendo usados por gerações. K'ang-hsi tolerava estrangeiros em sua corte, mas os esforços de Pedro para melhorar as relações com a China produziram progressos lentos. Em 1715, um padre russo, o arquimandrita Hilarion, foi recebido em Pequim e a ele foi concedida a ordem de Mandarim, quinta classe. Por fim, em 1719, Pedro designou o capitão Lev Ismailov, das Guardas Preobrajenski, como seu enviado extraordinário a Pequim, e o enviou com presentes para o imperador: quatro telescópios de marfim que o czar havia produzido com as próprias mãos. Ismailov foi recebido com um tom amigável e digno na corte chinesa, mas ele mesmo exagerou. Pediu que todas as restrições ao comércio entre Rússia e China fossem deixadas para trás, que fosse dada permissão para a construção de uma igreja russa em Pequim e que fossem criados consulados russos em cidades importantes do país para facilitar as trocas. A isso, o chinês respondeu com arrogância: "Nosso imperador não faz comércio e não mantém bazares. Vocês valorizam demais seus comerciantes. Nós desdenhamos o comércio. Entre nós, somente pessoas pobres ou os servos têm essa ocupação, e não obtemos lucro algum com seu comércio. Temos o suficiente de bens russos, mesmo que seu povo não os traga". Ismailov foi embora e, depois disso, as caravanas russas foram tratadas com mais severidade. K'ang-hsi morreu em 1722 e seu filho, Yung Cheng, mostrou-se ainda mais hostil aos cristãos em geral; assim, a via de comércio com a China tornou-se mais estreita, e não mais larga, nos anos finais de Pedro.

Longe, ao norte, ao longo da desolada costa do mar de Okhotsk e do norte do Pacífico, não havia ninguém para barrar o avanço russo. Foi sob o governo de Pedro que a imensa península de Kamchatka e as ilhas Curilas passaram a fazer parte da Rússia. Em 1724, pouco antes de morrer, o czar convocou um capitão nascido na Dinamarca, Vitus Bering, para sua frota e lhe entregou a tarefa de liderar uma expedição à periferia da Eurásia, 1.600 quilômetros além de Kamchatka, para determinar se a Eurásia e a América do Norte eram ligadas por terra. Bering encontrou o estreito de 85 quilômetros e profundidade de apenas 43 metros que subsequentemente recebeu seu nome.[1]

---

[1] Nos anos que se seguiram, exploradores e colonizadores russos cruzaram o estreito, e uma série de fortes e postos comerciais russos se espalhou pela costa do Alasca. Por fim, essas colônias russas chegaram até São Francisco, onde, em 1806, pouco mais de oitenta anos após a

Um ano antes de Bering partir, Pedro havia despachado duas fragatas para o extremo oposto do planeta, para levarem suas saudações fraternais "ao ilustre Rei e Proprietário da gloriosa ilha de Madagascar". Os habitantes dessa ilha gigantesca tinham fama de não serem hospitaleiros com visitantes ocidentais: comerciantes e colonizadores franceses foram massacrados em 1674 e, durante a maior parte do século XVIII, os únicos ocidentais que colocaram os pés na ilha foram piratas como o Capitão Kidd. O motivo que levou Pedro a enviar essa expedição não era o desejo de criar uma colônia em Madagascar. Seus navios tinham ordens de parar ali e, se possível, concluírem um tratado, e então navegarem rumo a seu verdadeiro destino, a Índia. Pedro sonhava com um acordo de comércio com o Grande Mogul e também queria um pouco de madeira de teca para exercitar seus talentos de carpintaria. No fim das contas, os navios não chegaram nem à Índia, nem a Madagascar; eles nunca deixaram o Báltico. Uma das fragatas teve um vazamento alguns dias depois de partir, e ambos os navios retornaram a Talim. O czar ficou decepcionado, mas morreu antes que o projeto pudesse ser reiniciado.

Todavia, não era a rota marítima para a Índia, mas as rotas por terra através da Pérsia e da Ásia Central que atraíam Pedro. As caravanas da Ásia Central atravessavam o Passo Khyber da Índia, passavam por Cabul, cruzavam os picos irregulares do Hindu Kush e seguiam por mil e seiscentos quilômetros de deserto habitados por cazaques e calmucos antes de chegarem a Astracã e à parte baixa do Volga. Nos tempos de Pedro, havia mais turbulência do que o habitual entre esses povos do deserto. Dois cãs islâmicos rivais às vezes procuravam os russos em busca de ajuda.[2] Pedro, por conta de sua guerra contra a Suécia, fora incapaz de responder a esses apelos, mas seus interesses pelo deserto acabaram ganhando força.

---

morte de Pedro, um centro russo de comércio de peles foi criado. Durante mais de um século, o Alasca – na época conhecido como "América Russa" – foi controlado pela estatal Russian-American Company. Em 1867, a vasta área que se tornou o 49º estado americano foi vendida pelo czar Alexandre II por US$ 7.000.000. Hoje em dia, o único ponto do mundo onde as fronteiras dos Estados Unidos e da União Soviética se encontram é nos 85 quilômetros do Estreito de Bering. (N. A.)

[2] Weber descreve um tipo incomum de ajuda que o cã de Bokhara pediu a Pedro. O embaixador do cã em São Petersburgo, relata Weber, "implorou ao czar um grupo de garotas suecas para segui-lo, ou o direito de comprar algumas, pois seu soberano tinha ouvido que a Suécia era uma nação bastante voltada à guerra, o que o fez desejar ter alguns membros da nação em seus domínios". Esse pedido despertou repulsa. Todavia, o embaixador encontrou meios de conseguir duas jovens suecas, e as levou consigo. (N. A.)

O interesse de Pedro em todas as regiões do leste e do sul também foi estimulado por relatos da existência de ouro. Havia pepitas de ouro em rios da Sibéria, veios de ouro ao longo das encostas do Cáspio, areias de ouro nos desertos da Ásia Central – essas histórias circulavam livremente em São Petersburgo. Em 1714, 1716 e 1719, Pedro enviou expedições à Sibéria e à Ásia Central em busca do metal precioso. Elas terminaram sem encontrar nada, embora as primeiras, ao se retirarem, tivessem construído um forte na junção dos rios Irtich e Om, que acabou se transformando na cidade de Omsk.

A expedição de 1716 terminou em uma tragédia espetacular. Ao ouvir histórias sobre ouro nos arredores do rio Amu Dária, que corria pelas terras do cã de Khiva, Pedro resolveu enviar os parabéns ao novo cã por sua sucessão ao trono e uma oferta de proteção russa se ele aceitasse a suserania do czar. Pelo caminho, a expedição também deveria construir um forte na foz do Amu Darya, explorar a extensão do rio e enviar comerciantes e engenheiros à nascente, pelas montanhas, até a Índia. Uma vez que seus relatos estivessem prontos e os cãs de Bokharia e Khiva feito suas alianças, Pedro poderia dar início à criação de uma rota permanente de comércio, seu grande objetivo.

Infelizmente, Pedro escolheu o homem errado para liderar essa expedição. O príncipe Alexander Bekovich Cherkasski havia nascido muçulmano circassiano chamado Devlet Kisden Mirza. As terras de seu pai no Cáucaso ficavam dentro do império do xá da Pérsia. Certo dia, o xá por acaso viu a bela esposa do pai de Cherkasski e ordenou que seu vassalo lhe enviasse aquela bela propriedade. O pai se recusou a acatar a ordem e fugiu com a família para Moscou em busca de proteção. Lá, seu filho converteu-se ao cristianismo, tornou-se capitão da Guarda e serviu como oficial em Astracã e ao longo da fronteira do Cáucaso. Pedro, pensando que a formação de Cherkasski era ideal para lidar com os cãs islâmicos, chamou-o a Riga para dar as instruções finais e enviá-lo a essa missão.

No verão de 1716, Cherkasski deixou Astracã com quatro mil soldados regulares e destacamentos de cossacos, engenheiros e inspetores. Construiu dois fortes no lado oriental do mar Cáspio, há muito tempo considerado território do cã de Khiva. Na primavera de 1717, apesar dos relatos da fúria do cã por essa ação, Cherkasski deu início à sua marcha rumo a Khiva, atravessando quase quinhentos quilômetros do deserto vazio e sem água. A 160 quilômetros de Khiva, o exército do cã apareceu e uma batalha de três dias teve início. Cherkasski saiu vitorioso e o cã pediu paz, fazendo um juramento, com seus homens mais velhos, diante do Corão. Então, convidou o vencedor a entrar em Khiva, sugerindo que, para maior conveniência e facilidade no oferecimento de provisões, a força russa se dividisse em cinco grupos e cada um fosse instalado em uma cidade separada. Cherkasski tolamente concordou, e logo depois o exército do cã marchou de uma cidade a outra, forçando a rendição dos destacamentos russos um por um. Todos os oficiais foram massacrados e seus soldados vendidos como escravos. O próprio Cherkasski foi levado a uma tenda do cã, onde um pedaço de tecido vermelho, símbolo de sangue e morte, estava estendido no chão. Cherkasski recusou-se a se ajoelhar sobre o tecido diante do cã, e então os guardas lhe cortaram a panturrilha com cimitarras, jogando-o involuntariamente no chão diante de seu mestre. Depois, o infeliz russo-circassiano foi decapitado, sua pele empalhada e, assim transformado, ele foi exibido no palácio do cã.

Frustrado em sua esperança de chegar à Índia através da Ásia Central, Pedro prosseguiu com seus esforços para abrir a rota por terra através da Pérsia. Também estava ansioso por persuadir o xá a desviar o lucrativo comércio da seda para que as cargas passassem da Pérsia ao Cáucaso para Astracã e, dali, pelos rios da Rússia até São Petersburgo, em vez de seguir a rota tradicional a oeste da Pérsia através da Turquia até o Mediterrâneo. O czar não achava que isso seria difícil; sua relação com o xá incumbente sempre fora amigável. Esse monarca era, de acordo com Weber, que escreveu em 1715, "um príncipe de quarenta anos de idade, de temperamento bastante indolente, que se entregava totalmente aos prazeres, que resolvia suas diferenças com turcos, indianos e demais vizinhos pela interposição de seus governantes e pela força do dinheiro; que, embora se chamasse de Xá dos Xás ou Imperador dos Imperadores, ainda temia os turcos [...] e, não obstante, os turcos tinham, num período de oitenta anos, conquistado muitos reinos dos persas – isto é, Média, Assíria, Babilônia e Arábia – embora eles [os persas] sempre tivessem evitado promover uma guerra contra a Porta".

Para buscar esse acordo, Pedro apontou um de seus mais agressivos "novatos", Artemius Volynski, um jovem nobre que havia servido como dragão no exército e como assistente diplomático de Shafirov nas negociações com os turcos. A tarefa de Volynski, escrita pela mão do próprio Pedro, consistia em estudar "o verdadeiro estado do império persa, suas forças, fortalezas e limites". Ele deveria especialmente tentar descobrir "se há algum rio que flui da Índia até o mar Cáspio".

Volynski chegou a Isfahan, a antiga capital da Pérsia, em março de 1717 e logo se viu em prisão domiciliar. O fato não teve nada a ver com seu comportamento; em vez disso, o xá e seu vizir haviam descoberto que Cherkasski construíra fortes no lado oriental do Cáspio e sua campanha desastrosa contra o cã de Khiva. Eles viram acuradamente em Volynski a primeira tentativa de sondagem contra a Pérsia por parte do gigantesco Império Russo. Dessa forma, para evitar que observasse as fraquezas e vulnerabilidades gerais da Pérsia, Volynski foi confinado à sua casa. Entretanto, eles não puderam evitar que o enviado fizesse uma avaliação pessoal quando foi recebido na corte. "Aqui", relatou Volynski, "há agora um chefe que não está acima de seus súditos, mas é súdito de seus súditos, e tenho certeza de que é raro encontrar um tolo assim, mesmo em meio aos homens comuns, para não mencionar entre as cabeças coroadas. Por esse motivo, [o xá] nunca realiza nenhum negócio pessoalmente, mas entrega tudo a seu vizir, que é mais idiota do que qualquer gado, mas ainda assim um favorito. E o xá presta atenção a tudo que sai da boca desse vizir e faz tudo o que ele [o vizir] manda".

Apesar das restrições impostas a seus movimentos, Volynski conseguiu concluir um tratado comercial concedendo aos comerciantes russos o direito de fazer negócios e comprar seda crua por toda a Pérsia. Ele também viu o suficiente para reportar a Pedro que o estado de decadência na Pérsia era tão avançado que as províncias do xá no Cáspio deviam estar prontas para serem despojadas. Enquanto Volynski seguia para casa, um emissário do príncipe da Geórgia o visitou em segredo, pedindo para que o czar marchasse rumo ao sul para ajudar os cristãos que viviam do lado meridional dos picos nevados do Cáucaso.[3]

Ao retornar, Volynski foi recompensado, sendo apontado como Governador de Astracã e General Adjunto do czar. De Astracã, ele insistiu incansavelmente para que Pedro aproveitasse a oportunidade oferecida pelo caos no império persa. Além de descrever as possíveis conquistas disponíveis até mesmo para um pequeno exército, ele avisava constantemente que os turcos estavam avançando, e que, se o czar não tomasse o Cáucaso logo, o sultão certamente o faria. Pedro adiou qualquer ação até o fim da guerra com a Suécia. Então, quase no momento em que o Tratado de Nystad foi assinado, um incidente ocorreu, oferecendo um motivo para intervenção. Uma tribo de mon-

---

3   As enormes montanhas vulcânicas do Cáucaso são mais altas do que os Alpes. O Monte Elbrus chega a alcançar 5.600 metros de altitude, o Dykh-Yau, 5.200 metros, e uma série de outras montanhas mais de 4.800 metros. Foi em um desses poderosos picos que Prometeu teria sido acorrentado. (N. A.)

tanheses caucasianos que já havia se declarado aliada da Rússia contra os persas decidiu não esperar e atacar o centro de comércio persa em Shemaha. Num primeiro momento, os comerciantes russos na cidade mostraram-se despreocupados, tendo recebido a promessa de que eles, suas lojas e seus armazéns não seriam afetados. Entretanto, os homens da tribo montanhesa passaram a saquear indiscriminadamente, matando vários russos e levando o equivalente a meio milhão de rublos em bens. Volynski escreveu imediatamente a Pedro anunciando que ali havia uma perfeita oportunidade para começar a agir com o objetivo de proteger o comércio russo e oferecer ajuda ao xá para restaurar a ordem em seus domínios. A reposta de Pedro atendia as preces de Volynski:

> Recebi a carta na qual você escreve sobre a questão de Daud Bek e que agora temos a exata ocasião para a qual você recebeu ordens de estar preparado. A essa sua opinião, respondo que ficou bastante evidente que não devemos deixar essa oportunidade passar. Ordenei que parte considerável de nossas forças no Volga marche para os quartéis de inverno, de onde seguirão para Astracã na primavera.

Volynski também insistiu que agora era a hora de estimular os príncipes cristãos na Geórgia e em todos os demais pontos do Cáucaso a agir contra seu suserano persa. Entretanto, nesse ponto Pedro se mostrou mais cauteloso. Ele não queria repetir a experiência que tivera dez anos antes com os príncipes cristãos das províncias otomanas de Valáquia e Moldávia. Seu objetivo aqui era o comércio da seda, a rota por terra à Índia e o controle pacífico da costa ocidental do mar Cáspio para facilitar a concretização de seu projeto. Assim, recusou-se a emitir qualquer proclamação religiosa ou posar como libertador antes de embarcar nessa nova campanha. Em vez disso, escreveu a Volynski: "Com relação ao que você escreve sobre o príncipe da Geórgia e os demais cristãos, se algum deles for desejável nessa questão, ofereça-lhe esperanças, mas, por conta da inconstância habitual desse povo, não dê início a nada até a chegada de nossas tropas, quando agiremos de acordo com o que for melhor".

Enquanto Pedro esperava a chegada da primavera em Moscou, outros relatos vindos da Pérsia estimulavam sua ansiedade. O xá havia sido deposto face à revolta afegã; o novo governante era seu terceiro filho, Tahmasp Mirza, que se esforçava contra o líder afegão, Mahmud, para manter o trono. O perigo era que os turcos, que tinham desígnios evidentes no oeste do Cáucaso, poderiam ver um colapso da autoridade na Pérsia como uma oportunidade para capturar também o Cáucaso oriental – e essas províncias ao longo do Cáspio eram precisamente aquelas que o czar planejava espoliar.

Pedro despachou os regimentos das Guardas de Moscou em três de maio de 1722 e, dez dias mais tarde, seguiu com Catarina, o almirante Apraxin, Tolstói e outros homens. Em Kolomna, no rio Oka, eles embarcaram em galeras, navegando pelo Oka e o Volga até Astracã. A jornada, mesmo viajando no sentido da corrente e com os rios com alto volume de água por conta do derretimento da neve, levou um mês em virtude da curiosidade insaciável de Pedro. Ele parava em todas as cidades para inspecionar, examinar objetos de interesse, receber petições e fazer perguntas sobre a administração e as receitas locais. Nada escapava de seu olhar e, todos os dias, decretos fluíam de sua caneta, envolvendo assuntos que iam desde melhorias nas casas dos camponeses até a mudança do desenho das barcaças ao longo do Volga. Pedro foi o primeiro czar desde Ivan, o Terrível a visitar Cazã, antiga capital do reino tártaro conquistada por Ivan, e estava ansioso por ver não apenas os estaleiros navais, as igrejas e os mosteiros, mas também áreas da cidade ainda habitadas por tártaros. Inspecionando uma fábrica têxtil pertencente ao governo, ele observou que o local languidamente produzia material de baixa qualidade enquanto, não distante dali, uma fábrica privada prosperava. No mesmo instante, simplesmente entregou a fábrica do governo ao proprietário privado. Em Saratov, encontrou-se com Ayuk Khan, o chefe dos calmucos, então com setenta anos. A bordo da galera imperial, Catarina presenteou a esposa do cã com um relógio de ouro cravejado com diamantes. O cã respondeu imediatamente ordenando que cinco mil cavaleiros calmucos se unissem à campanha do imperador.

Em Astracã, Pedro passou um mês envolvido com os preparativos finais para a campanha. Um exército de 61 mil homens foi reunido: 22 membros da infantaria, nove mil da cavalaria e cinco mil da marinha russa, além de foças auxiliares compostas por vinte mil cossacos e cinco mil calmucos. Enquanto isso, o czar assistia à pesca de uma enorme baleia branca de cinco metros e meio, cujo delicioso caviar cinza os russos mantinham para si, e de um esturjão igualmente grande, cujo caviar preto menos saboroso eles exportavam em enormes quantidades para a Europa.

Em dezoito de julho, ele embarcou com a infantaria russa em Astracã e viajou 320 quilômetros pela costa oeste do mar Cáspio enquanto a enorme massa de cavalaria era enviada por terra para cruzar a semidesértica estepe de Terek. O mar estava feroz e a viagem levou uma semana, mas, por fim, o desembarque foi realizado em uma pequena baía a norte da cidade de Derbent.

Pedro foi o primeiro a descer na praia rasa, embora tivesse chegado sentado em uma prancha carregada por quatro marinheiros. Imediatamente, decidiu que cada um de seus oficiais que não havia anteriormente se banhado no Cáspio deveria ir nadar. Alguns dos oficiais mais velhos, incapazes de nadar, obedeceram com relutância. Pedro foi contente para a água, porém, em vez de nadar, ele fez com que baixassem a prancha até a água.

Quando a cavalaria russa chegou, embora tanto os homens quanto os cavalos tivessem sofrido por "falta de água e pastagens ruins" durante a marcha, o avanço sobre Derbent começou. A rota seguia ao longo da costa, passando por uma estreita faixa de terra entre as montanhas e o mar, mas houve apenas uma resistência armada. Nessa ocasião, um chefe local assassinou horrivelmente três cossacos ("abrindo seus peitos enquanto eles ainda estavam vivos e arrancando-lhes o coração") que Pedro lhe enviara com uma carta. A retaliação foi rápida e as vilas atacadas foram queimadas até as fundações. O czar ficou surpreso com a coragem daqueles povos das montanhas. "Quando eles estão juntos, não suportam nada, mas fogem", contou. "Separados, cada homem resiste tão desesperadamente que, quando joga o mosquete no chão, como se fosse se render, começa a lutar com a adaga".

Em outros lugares, o imperador e a imperatriz russos foram recebidos como convidados de honra. Em Tarku, o príncipe islâmico local levou suas esposas e concubinas para visitar o acampamento russo. As mulheres islâmicas sentaram-se com as pernas cruzadas, "em almofadas de veludo carmesim, colocadas sobre tapetes persas" na tenda da imperatriz, onde, reportou o capital Peter Bruce, Catarina convidou todos os oficiais russos para irem em turnos "satisfazer sua curiosidade" quanto a "essas incomparavelmente belas e extremamente adoráveis criaturas". Pedro e Catarina participaram de uma missa em uma capela construída pelas Guardas Preobrajenski. Depois da cerimônia, cada um deles colocou uma pedra no local, e então todos os soldados do exército também deixaram uma pedra, de modo que uma pirâmide fosse erguida para comemorar a missa realizada no local em honra ao Imperador da Rússia.

O primeiro objetivo importante de Pedro era Derbent, uma cidade supostamente fundada por Alexandre, o Grande. Derbent era relevante tanto comercial quanto militarmente: constituía um importante centro de negócios e também ocupava uma posição estratégica na estrada norte-sul que percorria a costa do Cáspio. Era ali que as montanhas se aproximavam do mar; assim, a cidade situada nessa estreita passagem controlava todos os movimentos, militares ou comerciais, vindos do norte ou do sul, e era chamada de Portão de Ferro Oriental. Derbent se rendeu sem uma batalha; de fato, quando Pedro chegou, encontrou o governador esperando para presenteá-lo "com as chaves douradas da cidade e da cidadela colocadas sobre uma almofada de rico brocado persa".

O plano do czar, agora que Derbent estava tomada, era tipicamente de grande escala. Ele queria continuar descendo a costa e tomar Baku, 240 quilômetros ao sul. Então, pretendia fundar uma nova cidade comercial ainda mais ao sul, na foz do rio Kura, a qual viria a se tornar um importante centro em sua nova rota de comércio entre Índia, Pérsia e Rússia. Feito isso, Pedro seguiria a norte do Kura até a capital da Geórgia, Tbilisi, para cimentar a aliança proposta com o príncipe cristão Vakhtang. Finalmente, de Tbilisi, ele cruzaria novamente a grande Cordilheira do Cáucaso rumo ao norte, retornando a Astracã pelas terras dos cossacos de Terek. "Assim, nessas regiões, teremos conquistado uma posição segura", escreveu ao Senado.

Infelizmente, os eventos se moviam contra ele. O governador persa de Baku recusou-se a aceitar uma guarnição russa, o que significava que a cidade só poderia ser tomada por um grandioso esforço militar. Embora o exército de Pedro parecesse suficientemente grande para vencer qualquer oposição militar, o czar estava preocupado com relação aos suprimentos. Uma frota trazendo provisões de Astracã se deparou com um temporal desastroso no Cáspio e nunca chegou a Derbent; os suprimentos disponíveis localmente desapareciam com rapidez conforme o exército permanecia na cidade. Ademais, o calor daquele mês de agosto no litoral prejudicava homens e cavalos. Os soldados andavam se alimentando com frutas e melões pelos quais o Cáucaso sempre fora famoso, mas em quantidades que os deixavam doentes, e muitos dos regimentos foram dizimados. Para enfrentar o calor sufocante, Pedro raspou os cabelos e, durante o dia, usava um chapéu de abas largas sobre a cabeça exposta. No ar mais fresco da noite, ele se cobria com uma peruca feita com seus próprios cabelos raspados. A imperatriz copiou o marido, raspando seus próprios cabelos, e à noite cobria a cabeça com o quepe de um granadeiro. Mais preocupada do que Pedro com o sofrimento das tropas naquele calor infernal, Catarina se atreveu, em uma ocasião, a revogar as ordens militares do marido. O imperador havia ordenado que o exército marchasse e então se retirou para dormir em sua tenda. Quando acordou, encontrou os soldados parados no acampamento. Qual general, perguntou furiosamente, havia se atrevido a se sobrepor a suas ordens? "Fui eu", declarou Catarina, "porque seus homens teriam morrido de calor e sede".

Enquanto refletia sobre a situação de seu exército, Pedro ficava cada vez mais inquieto. Ele estava muito distante da base russa mais próxima, em Astracã, sua linha de abastecimento por via marítima não funcionava, uma série de homens de tribos potencialmente hostis habitava as montanhas ao longo do flanco setentrional e havia o perigo de que os turcos – que, ao contrário dos persas, constituíam um sério oponente militar – pudessem marchar para proteger seus próprios interesses no Cáucaso. O czar não queria repetir a experiência do Prut. Assim, em um conselho de guerra, tomou a decisão de recuar. Uma tropa foi deixada para trás em Derbent e o corpo principal do exército se retirou para o norte, por terra e água, até Astracã.

Pedro chegou à foz do Volga e a Astracã em quatro de outubro. Permaneceu ali por um mês, cuidando do bem-estar de suas tropas, providenciando cuidados para os doentes e quartéis de inverno para os demais. Passou parte desse tempo severamente doente, acometido por um ataque de estrangúria e cálculo, uma doença do trato urinário. Antes de deixar Astracã, o czar deixou claro que, apesar do abandono da campanha de verão, ele não estava abandonando as ambições russas no mar Cáspio. Em novembro, enviou uma expedição naval e militar combinada para capturar o porto de Resht, oitocentos quilômetros a sul da costa do Cáspio. Em julho do verão seguinte, uma força russa capturou Baku, assegurando, assim, toda a costa ocidental do grande mar interior. Negociações com o agora impotente xá resultaram na Pérsia cedendo Derbent à Rússia, além de três províncias litorâneas do Cáucaso oriental. Conforme Pedro explicou ao embaixador persa, se o xá não entregasse essas províncias à Rússia, que era sua aliada, ele certamente as perderia para a Turquia, que era sua inimiga. O xá não estava em posição de rebater a lógica russa.

A DESINTEGRAÇÃO DO IMPÉRIO persa e a campanha militar de Pedro no mar Cáspio ameaçaram mais uma vez levar a Rússia a um conflito com o Império Otomano. A Porta havia sempre se mostrado particularmente interessada na Transcaucásia – ou seja, nas províncias persas da Geórgia e Armênia, ao sul da imponente cordilheira do Cáucaso. Os turcos cobiçavam essas províncias não pelo fato de elas serem cristãs, mas porque se encontravam na fronteira turca e no mar Negro. O sultão não se opunha a Pedro tomar as províncias persas do lado do Cáspio, mas o czar não deveria se aproximar do mar Negro, o qual, desde que Azov fora devolvida à Turquia, havia voltado a ser o lago particular do sultão. Por fim, Pedro e o sultão resolveram o problema de maneira amigável, dividindo as províncias da Pérsia no Cáucaso. Inconvenientemente, os persas não aceitaram esse acordo, e continuaram lutando de tempos em tempos com seus dois poderosos vizinhos. Em 1732, a imperatriz Ana cansou-se dos gastos constantes de seus recursos por essas províncias no Cáspio (até quinze mil soldados russos morriam todos os anos, vítimas de doenças no clima pouco familiar) e as devolveu à Pérsia. Foi somente no reinado de Catarina, a Grande, que o norte do Cáucaso foi apontado como província russa e somente em 1813, nos tempos do avô de Catarina, Alexandre I, que a Pérsia cedeu permanentemente à Rússia os territórios costeiros ao longo do Cáspio pelos quais Pedro, o Grande, havia marchado em sua última campanha.

LXIII

O CREPÚSCULO

A neve começou a cair antes de Pedro e Catarina partirem de Astracã rumo a Moscou, no final de novembro de 1722. Pelo caminho, o frio tornou-se mais intenso. Cento e sessenta quilômetros ao sul de Volgogrado, o Volga encontrava-se coberto de gelo, impedindo as embarcações de Pedro de seguir adiante. Foi difícil encontrar trenós adequados para a comitiva imperial e, como resultado, a viagem demorou um mês.

Uma vez de volta a Moscou, Pedro mergulhou na atmosfera da estação. Durante a semana do carnaval, a procissão foi maior do que as de todos os anos anteriores. O embaixador saxão relatou:

> A procissão era composta por sessenta trenós, todos construídos de forma que parecessem navios. No primeiro desses trenós-navios, ia Baco – apropriadamente retratado, pois o indivíduo que o encenava vinha se mantendo bêbado por três dias e três noites. Em seguida veio um trenó puxado por seis filhotes de urso, outro puxado por quatro porcos e mais um puxado por dez cachorros. O Colegiado dos Cardeais veio primeiro, perfeitamente vestido, mas montado em bois. Depois deles, seguiram os grandes trenós do Falso Papa, cercado por seus arcebispos, fazendo sinais de bênçãos para a direita e para a esquerda. Depois, o Falso Czar, acompanhado por dois ursos. O ponto alto da procissão foi uma miniatura de fragata com dois deques e três mastros com uma vela perfeita, com quase dez metros, ostentando 32 armas; parado no deque, manobrando, estava o imperador, vestido de capitão da marinha. Essa impressionante imagem era seguida por uma serpente do mar de trinta metros, com a cauda suportada por 24 pequenos trenós unidos para fazê-la ondular pela neve. Depois da serpente, veio uma enorme barcaça dourada, na qual estava Catarina vestida como uma camponesa

frísia, acompanhada por sua corte, caracterizada de negros. Então, na sequência, veio Menchikov, vestido de abade, o general-almirante Apraxin, vestido de burgomestre de Hamburgo, e outros notáveis fantasiados de alemães, polacos, chineses, persas, circassianos e siberianos. Os enviados estrangeiros apareceram juntos usando ternos azuis e brancos, ao passo que o príncipe da Moldávia desfilou fantasiado de turco.

Antes de deixar Moscou rumo a São Petersburgo, no início de março de 1723, Pedro convidou seus amigos para outro espetáculo impressionante: a queima de uma casa de madeira em Preobrajenskoe, na qual ele havia planejado secretamente pela primeira vez a guerra contra a Suécia. Com a própria mão, o imperador preencheu prateleiras e armários com compostos químicos inflamáveis e coloridos e fogos de artifício, e então ateou fogo na construção. Muitas pequenas explosões e flamas de cores brilhantes saíram da estrutura em chamas e, por algum tempo, antes de a casa desabar, a pesada armação de madeira apareceu como uma silhueta contra o arco-íris incandescente. Mais tarde, quando só haviam restado carvões escuros e esfumaçados, Pedro virou-se para o duque de Holstein, sobrinho de Carlos XII, e declarou: "Essa é a imagem da guerra: vitórias brilhantes seguidas por destruição. Mas que, com essa casa, na qual dei início a meus planos contra a Suécia, desapareçam todos os pensamentos que possam me colocar contra aquele reino, e que ele seja sempre o mais fiel aliado de meu império".

Nos meses mais quentes, Pedro passou grande parte de seu tempo em Peterhof. Por recomendação médica, bebeu água mineral e fez exercícios, incluindo cortar grama e fazer caminhadas com uma mochila nas costas. Estar na água ainda era seu maior prazer, e o ministro prussiano reportou que nem mesmo os ministros de Pedro eram capazes de alcançá-lo. "O imperador está tão ocupado com suas *villas* e navegando no golfo que ninguém teve coragem de interrompê-lo", reportou.

Em junho de 1723, toda a corte – incluindo até mesmo a czarina Praskovaia, agora sofrendo intensamente da gota – mudou-se com Pedro para Reval, onde ele havia construído um elegante palácio cor de rosa para Catarina e uma pequena casa de três cômodos para si mesmo nos arredores. O palácio de Catarina era cercado por um enorme jardim com fontes, lagoas e estátuas, mas, quando o imperador foi andar pelos caminhos largos, surpreendeu-se ao se ver sozinho. O motivo, como ele rapidamente descobriu, era um portão principal trancado e guardado por um sentinela que havia recebido ordens para manter o público do lado de fora. Pedro imediatamente revogou essa ordem, explicando que jamais teria construído um jardim tão grande e dispendioso apenas para si mesmo e para sua esposa. No dia seguinte, homens tocando tambores foram enviados pela cidade para anunciar que o jardim estava aberto a todos.

Em julho, Pedro viajou com sua frota para realizar manobras no Báltico. Em agosto, retornou com a frota a Kronstadt, onde uma cerimônia havia sido organizada para honrar o pequeno navio que ele havia encontrado com Karsten Brandt apodrecendo em Ismailovo e no qual havia tomado sua primeira aula de navegação, no rio Yauza. Agora conhecido como o "Avô da Marinha Russa", a embarcação havia sido levada a Kronstadt. Ali, o imperador subiu a bordo do pequeno navio, o qual agora ostentava o estandarte imperial, e, com Pedro ao leme e quatro almirantes sêniores aos remos, passou diante de 22 navios de linha e duzentas galeras russas ancoradas em colunas. A um sinal de Pedro, os canhões a bordo do navio estouraram suas saudações; logo havia uma pesada fumaça sobre a água, e somente os mais altos mastros dos maiores navios podiam ser vistos. Um banquete de dez horas se seguiu, e Pedro declarou que os convidados que não ficassem bêbados naquele dia não teriam direito à sua amizade. As mulheres participaram, e as jovens princesas Ana e Isabel distribuíram taças de vinho húngaro. A duquesa de Mecklemburgo ficou alcoolizada, e outros convidados distintos também acabaram embriagados, chorando, abraçando e beijando uns aos outros e depois discutindo e brigando entre si. Até mesmo Pedro, que agora bebia muito menos do que em sua juventude, aceitou muitas taças.

No outono, outro baile público de máscaras celebrou o segundo aniversário da Paz de Nystad. O czar usou primeiro a fantasia de um cardeal católico; depois, de um ministro luterano, tendo tomado o colarinho emprestado de um pastor de São Petersburgo. Por fim, vestiu-se de percussionista do exército, tocando seu tambor quase tão bem quanto um profissional. Essa foi a última grande festa da czarina Praskovaia, que morreu pouco tempo depois.

Para desintoxicar o organismo depois desses bacanais, Pedro agora realizava suas curas bebendo a recém-descoberta "água com ferro" de Olonets. O imperador ia ao local com frequência no inverno, quando podia viajar de trenó pelo lago, às vezes acompanhado por Catarina. Ele argumentava que essas águas minerais russas eram superiores a qualquer outra que havia bebido na Alemanha. Nem todos concordavam, todavia, e alguns se preocupavam com a possibilidade de a contínua ingestão dessas águas ricas em ferro poder prejudicar, em vez de ajudar, sua saúde. A recusa de Pedro em obedecer as prescrições de seu médico era outro problema. Às vezes, ele chegava a beber até 21 copos de água mineral em uma única manhã. Estava proibido de consumir frutas cruas, pepinos, limão em conserva e queijo Limburger durante o tratamento. Entretanto, certo dia, imediatamente após beber a água, ele comeu uma dúzia de figos e vários quilos de cereja. Para fugir da monotonia de beber as águas, o czar trabalhava em seu torno por horas a fio, produzindo objetos de madeira e ébano. Quando se sentia fortalecido, visitava forjas na vizinhança e martelava barras e placas de ferro.

As DUAS FILHAS MAIS velhas de Pedro agora chegavam à idade de se casar (em 1722, Ana estava com quatorze anos e Isabel, treze) e, como qualquer monarca sensato, ele buscava maridos que pudessem contribuir com a diplomacia do país. Desde sua visita à França, o czar tinha esperanças de casar uma de suas filhas, presumidamente Isabel, com o jovem rei, Luís XV. Essa ligação com a Casa de Bourbon não apenas traria um imenso prestígio à Rússia, mas a França seria um aliado útil na Europa ocidental para contrabalançar a hostilidade da Inglaterra. Se o casamento com o rei fosse impossível, Pedro esperava pelo menos casar Isabel com um príncipe francês da casa real e transformar o casal em rei e rainha da Polônia. Imediatamente após a assinatura da Paz de Nystad e sua própria proclamação como imperador, ele havia levado o assunto a Paris. O ministro francês em São Petersburgo, Campredon, acrescentou seu próprio aval entusiasmado: "Para aliar totalmente a czarina a nosso interesse, seria desejável garantir um casamento entre a filha mais nova do czar, que é muito simpática e uma bela dama, e algum príncipe francês que possa fácil e seguramente, por meio do poder do czar, ser transformado em rei da Polônia".

Filipe, duque d'Orleans, regente da França, ficou tentado. A Polônia seria um aliado útil para a França na retaguarda da Áustria. Se o imperador de fato fosse usar seu poder para colocar um príncipe francês no trono da Polônia, então valeira a pena casar esse príncipe com a filha do czar. Filipe tinha certas hesitações: as origens obscuras da imperatriz Catarina e o mistério envolvendo a data de seu casamento com Pedro levantavam questionamentos acerca da legitimidade de Isabel. No entanto, ele superou essas dúvidas e até mesmo propôs que o príncipe francês mais adequado para se tornar o noivo – e, assim, rei da Polônia – era seu próprio filho, o jovem duque de Chartres. Quando Pedro retornou da Pérsia e ouviu que Chartres estava sendo oferecido pela

França, um sorriso estampou seu rosto. "Eu o conheço e o considero muito", disse o czar a Campredon.

Infelizmente para as partes negociantes, havia um importante obstáculo sobre o qual eles não tinham controle: Augusto da Saxônia, agora com 53 anos e doente, ainda ocupava o trono polonês. Embora ele e Pedro a essa altura não fossem nem amigos, nem aliados, o imperador não tinha intenção de empurrar Augusto para fora do trono. Sua proposta era que o duque de Chartres se casasse imediatamente com sua filha e então esperasse a morte de Augusto, quando o trono polaco ficaria vazio. Os franceses preferiam esperar até o duque ser eleito rei da Polônia antes de realizarem o casamento, mas Pedro recusava-se a esperar. O que aconteceria, ele perguntava, se Augusto vivesse mais quinze anos? Campredon insistiu que isso não poderia acontecer. "O rei da Polônia só precisa de uma amante nova, esperta e vivaz para que o evento se aproxime", ele dizia.1

Por fim, Campredon aceitou a visão de Pedro e tentou convencer seu governo a prosseguir imediatamente com o casamento. Ele escreveu a Paris elogiando as qualidades de Isabel: "Não há nada além de características agradáveis na pessoa da princesa Isabel", declarou. "Pode-se dizer, aliás, que ela tem um belo corpo, um belo rosto, assim como os olhos e as mãos. Seus defeitos, se ela tiver algum, estão relacionados a sua educação e seus modos, mas tenho certeza de que é inteligente e de que será fácil corrigir o que está faltando com a atenção de alguma pessoa habilidosa e experiente que será colocada ao lado dela caso o arranjo seja concluído."

No final, a questão foi evitada pelas objeções do antigo inimigo de Pedro, Jorge I da Inglaterra. O regente da França e seu principal ministro, o abade Dubois, haviam tornado a amizade com a Inglaterra o centro da nova política estrangeira da França. Os dois antigos inimigos agora estavam tão próximos que, como a Inglaterra não tinha representação diplomática na Rússia, Dubois enviou os despachos de Campredon de São Petersburgo na versão original para o rei Jorge, que os devolveu a Paris com comentários nas margens escritos com sua própria letra. Jorge I não tinha interesse em ver o poder russo crescer. Dubois aceitou seu ponto de vista e recusou-se, por algum tempo, a até mesmo responder as mensagens de Campredon. Quando finalmente respondeu, foi para dizer que a Inglaterra havia criado objeções e que seu enviado deveria esperar instruções. Antes do final de 1723, tanto Dubois quanto o regente estavam mortos, e Luís havia alcançado a maioridade como rei da França. O duque de Chartres por fim casou-se com uma princesa alemã.

A filha de Pedro, Isabel, nunca se casou oficialmente (embora seja possível que tenha desposado em segredo seu adorado amante, Aleixo Rajumovski, que por ela foi elevado de plebeu a conde); e, em vez de tornar-se rainha da Polônia, Isabel permaneceu em seu país para governar como imperatriz da Rússia durante 21 anos.

Os planos de Pedro para sua filha mais velha, a princesa Ana, geraram frutos mais imediatos. Anos antes, a mente fértil de Goertz teve a ideia de casar seu jovem senhor, o duque Carlos Frederico, com Ana. Goertz havia mencionado o plano a Pedro, que desenvolveu a ideia. Nos anos seguintes, a sorte do jovem duque havia crescido e afundado. Ele era o único sobrinho do rei Carlos XII, que não tinha filhos e mantinha o jovem próximo de si, e muitos na Suécia ainda acreditavam que Carlos Frederico deveria ter sido o sucessor ao trono, e não sua tia Ulrika Eleonora e o marido, Frederico de Hesse. Em 1721, Carlos Frederico viajou secretamente à Rússia na esperança de ganhar o apoio de Pedro para conquistar a sucessão sueca e talvez selar o projeto casando-se com uma das filhas do imperador. Uma vez na Rússia, ele serviu bem aos propósitos de Pedro. Ulrika Eleonora e Frederico viram a presença do jovem em São Petersburgo como uma ameaça implícita, e esse incentivo à paz ajudou a gerar no Tratado de Nystad, em 1721, uma cláusula na qual havia uma garantia russa de não apoiar as reivindicações do duque de tomar o trono sueco. Apesar dessa decepção, Carlos Frederico permaneceu na Rússia. Catarina gostava dele, ele tinha um lugar em todas as celebrações públicas, e sua pequena corte refugiada tornou-se um ponto de encontro para uma série de oficiais suecos que haviam se casado com esposas russas, as quais eles estavam proibidos de levar de volta a seu país natal. Não muito tempo depois, conforme essas almas sem uma casa passaram a se encontrar todos os dias para expandir e refinar seu gosto por vodca, o único sobrinho de Carlos XII, que havia lutado ao lado do tio e chorado sua morte, corria o perigo de ser reduzido a nada além de um poodle domado na corte russa.

Mesmo assim, Carlos Frederico persistiu em sua esperança de casar-se com a princesa Ana, que era alta, de cabelos escuros e bela como a mãe. Também era inteligente, exuberante e tinha boas maneiras e, quando aparecia em vestidos da corte e com o cabelo ao estilo europeu e decorado com pérolas, impressionava os enviados estrangeiros. As chances de Carlos Frederico aumentaram imensamente quando uma aliança defensiva russo-sueca foi assinada em 1724. Ele recebeu o título de Alteza Real e uma pensão sueca, e Rússia e Suécia concordaram em tentar persuadir a Dinamarca a devolver o território perdido a Holstein. A posição do duque agora estava totalmente regularizada, e, em dezembro de 1724, ele ficou contente ao receber uma mensagem de Osterman pedindo-lhe para esboçar um contrato de casamento com a princesa Ana. A nomeação de Carlos Frederico como governador geral de Riga fazia parte do arranjo, como ficou entendido.

A cerimônia de noivado foi celebrada de forma grandiosa. Na noite anterior, a orquestra particular do duque fez uma serenata para a imperatriz abaixo das janelas do Palácio de Inverno. No dia seguinte, após uma cerimônia na Igreja da Trindade e um jantar com a família imperial, o duque tornou-se noivo de Ana quando Pedro pessoalmente pegou as alianças de cada parceiro e as trocou. O imperador gritou "Vivat!" e a festa de noivado prosseguiu com uma ceia, um baile e uma exibição de fogos de artifício. No baile, Pedro, sentindo-se mal, recusou-se a dançar; Catarina, todavia, convidada pelo jovem Carlos Frederico, dançou com ele uma polonesa.

Ana viveu apenas quatro anos após seu casamento e morreu aos vinte anos de idade. Entretanto, o destino usufruiu de seu matrimônio para dar continuidade à linha de Pedro no trono russo. Eles retornaram a Holstein, onde, em Kiel, pouco antes de sua morte, Ana deu à luz um filho cujo nome veio a ser Carlos Pedro Ulrico. Em 1741, quando esse jovem estava com treze anos, sua tia Isabel tornou-se imperatriz. Solteira e precisando nomear um herdeiro, ela levou o sobrinho de volta à Rússia e trocou seu nome para Pedro Fedorovich. Em 1762, com a morte de Isabel, ele subiu ao trono como imperador Pedro III. Seis meses mais tarde, foi deposto e assassinado por apoiadores de sua esposa alemã. Essa mulher vigorosa então tomou o trono, foi coroada como imperatriz Catarina II e tornou-se conhecida pelo mundo como Catarina, a Grande. O filho, os netos e os demais descendentes de Pedro III e Catarina, a Grande, ocuparam o trono russo até 1917, com todos tendo sua genealogia ligada – por meio da princesa Ana e de Carlos Frederico de Holstein, sobrinho de Carlos XII – a Pedro, o Grande.

Os esforços de Pedro para casar suas duas filhas com príncipes estrangeiros sugerem que ele não as via como suas sucessoras ao trono russo. De fato, até então, nenhuma mulher havia se sentado naquele trono. Todavia, a morte de Pedro Petrovich em 1719 deixou apenas um homem restante na Casa dos Romanov: Pedro Alexeievich, filho do czrevich Aleixo. Muitos russos o viam como legítimo herdeiro, e Pedro estava bastante ciente de que os tradicionalistas olhavam para o jovem grão-duque como sua futura esperança. Porém, estava decidido a frustrar essa expectativa.

Mas, se não Pedro Alexeievich, quem deveria ser o sucessor? Cada vez mais, conforme o imperador refletia sobre o problema, seus pensamentos voltavam-se para a pessoa mais próxima a ele: Catarina. Ao longo dos anos, a paixão que havia inicialmente atraído Pedro por essa mulher simples e robusta amadureceu e se transformou em amor, confiança e contentamento mútuo. Catarina era uma parceira de enorme energia e adaptabilidade marcante; embora amasse o luxo, ficava igualmente bem-humorada em circunstâncias rústicas. Viajou de maneira devota com Pedro, mesmo enquanto estava grávida, e ele com frequência comentava que a resistência da esposa era maior do que sua própria. O casal tinha laços de alegria em suas filhas e compartilhou as dores dos muitos filhos que perderam. Sentiam prazer na companhia um do outro e ficavam melancólicos quando separados. "Graças a Deus, tudo está bem aqui", escreveu Pedro de Erevan em 1719, "porém, quando chego a uma casa de campo e você não está lá, sinto-me tão triste". Em outra ocasião, ele escreveu: "Mas quando você declara que andar sozinha é uma tristeza, embora o jardim seja agradável, eu acredito, pois o mesmo acontece comigo. Apenas reze a Deus para que esse seja o último verão que passaremos separados, e para que sempre estejamos juntos no futuro".

Foi durante uma das grandes ausências de Pedro em tempos de guerra que Catarina preparou uma surpresa que agradou de forma especial seu marido. Ciente de quanto ele apreciava as novas construções, ela secretamente construiu um palácio no campo, cerca de 25 quilômetros a sudoeste de São Petersburgo. A mansão, criada com pedras, de dois andares e cercada por jardins e pomares, ficava situada em uma colina com vistas para a planície imensa que se estendia até o Neva e a cidade. Quando Pedro retornou, Catarina comentou que havia encontrado um ponto deserto e charmoso "onde Vossa Majestade iria gostar de construir uma casa de campo, se não se incomodar em vê-lo". Pedro prometeu imediatamente que iria e, "se o local realmente corresponder à sua descrição", construiria qualquer casa que a esposa desejasse. Na manhã seguinte, um grande grupo partiu acompanhado por uma carroça, levando uma tenda sob a qual Pedro sugeriu que eles poderiam se alimentar. No pé da colina, a estrada tornou-se mais íngreme e, de repente, ao final de uma via cercada de tílias, Pedro avistou a casa. Ele ainda estava impressionado quando chegou à porta e Catarina lhe disse: "Esta é a casa de campo que construí para meu soberano". Pedro ficou extremamente feliz e a abraçou docemente, declarando: "Vejo que você quer me mostrar que existem locais bonitos nos arredores de Petersburgo, muito embora eles não estejam próximos à água". Ela o guiou pela casa, finalmente levando-o a uma enorme sala de jantar, onde uma bela mesa havia sido preparada. Pedro brindou o gosto da esposa por arquitetura e, então, Catarina levantou a taça para brindar o dono da nova casa. Para surpresa e encanto ainda maiores do czar, assim que a taça tocou os lábios de Catarina, onze canhões escondidos no jardim atiraram em saudações. Ao cair da noite, o czar declarou que não se lembrava de ter tido um dia tão feliz quanto aquele. Com o tempo, a propriedade passou a ser conhecida como Tsarskoe Selo, a "Vila do Czar", e a imperatriz Isabel ordenou que Rastrelli começasse a construir um novo e gigantesco palácio no local. O magnífico Palácio de Catarina, existente até hoje, recebeu esse nome em homenagem à mãe de Isabel, a imperatriz Catarina I.

O respeito e a gratidão de Pedro por Catarina tornaram-se mais profundos quando ela participou das campanhas militares no Prut e na Pérsia. Ele reconheceu publicamente esses sentimentos casando-se novamente com ela e criando a Ordem de Santa Catarina em sua homenagem. Ela já levava o título de imperatriz por ser esposa do imperador, mas, agora, quando Pedro encarava o futuro sem um filho, ele decidiu ir além. Seu primeiro passo, dado em fevereiro de 1722, antes de partir com Catarina para o Cáucaso, foi emitir um decreto geral abordando a sucessão. O documento declarava que a regra antiga e consagrada pelo tempo, de acordo com a qual o trono dos grão-duques da Moscóvia e posteriormente dos czares russos era passado de pai para filho (ou ocasionalmente de um irmão mais velho para um irmão mais novo) já não era válida. De agora em diante, decretava Pedro, todo soberano teria poder absoluto para apontar seu sucessor ou sua sucessora. "Assim", ele concluía, "filhos ou filhos dos filhos não se sentirão tentados a cair no pecado de Absalão". O novo decreto também exigia que todos os oficiais e súditos fizessem um juramento aceitando a escolha do imperador.

Por mais revolucionário que fosse, o ucasse de 1722 era apenas um passo preliminar de um ato mais sensacional: a declaração de Pedro de que ele havia decidido formalmente coroar Catarina como imperatriz. Um decreto de quinze de novembro de 1723 declarava: considerando que

> nossa adorada esposa, cônjuge e imperatriz, Catarina, tem oferecido grande apoio a nós, e não apenas nisso, mas também em operações militares, deixando de lado as fraquezas femininas, por vontade própria ela esteve presente conosco e ajudou

de todas as formas possíveis, [...] por esse trabalho de nossa Esposa, decidimos que, em virtude do poder supremo que nos foi concedido por Deus, ela deve ser coroada, o que, com a vontade de Deus, acontecerá formalmente em Moscou no presente inverno.

PEDRO PISAVA EM TERRITÓRIO perigoso. Catarina fora uma serva lituana que viera para a Rússia como cativa. E ela agora usaria a coroa imperial e se sentaria no trono dos czares russos? Embora o manifesto proclamando a coroação não nomeasse especificamente Catarina como herdeira, uma noite antes da coroação Pedro mencionou a vários senadores e a uma série de importantes membros da igreja na casa de um comerciante inglês que Catarina seria coroada para que ela recebesse o direito de governar o Estado. Ele esperou as objeções, mas elas não vieram.

A cerimônia de coroação seria grandiosa. Pedro, que sempre se mostrara cuidadoso com despesas pessoais, ordenou que nenhum gasto fosse poupado. Um manto de coroação imperial foi encomendado de Paris, e um joalheiro de São Petersburgo foi contratado para criar uma nova coroa imperial mais magnífica do que qualquer outra já usada por um soberano russo. A cerimônia aconteceria não na cidade de Pedro, a nova capital São Petersburgo, mas na Sagrada Moscou, dentro do Kremlin, de acordo com a tradição dos antigos czares. Estevão Yavorski, presidente do Santo Sínodo, e seu incansável Pedro Tolstói foram enviados a Moscou com seis meses de antecedência, levando ordens para promover uma cerimônia gloriosa. O Senado, o Santo Sínodo e todos os oficiais e nobres de altas posições tiveram sua presença exigida.

Pedro foi atrasado por um golpe de estrangúria no início de março de 1724 e viajou a Olonets para beber as águas e tentar melhorar a saúde. Em 22 de março, estava suficientemente recuperado, e seguiu com Catarina rumo a Moscou. Ao amanhecer de sete de maio, um tiro de canhão estourou no Kremlin. O cortejo do lado de fora incluía dez mil soldados da Guarda Imperial e um esquadrão da cavalaria cuja passagem foi observada de forma um tanto quanto amargurada por alguns comerciantes moscovitas cujos mais nobres corcéis haviam sido tomados por Tolstói para a cerimônia. Às dez horas, enquanto todos os sinos de Moscou badalavam e todos os canhões da cidade davam tiros, Pedro e Catarina apareceram no topo da Escada Vermelha, acompanhados por todos os oficiais do reino, membros do Senado, generais do exército e grandes oficiais de Estado. A imperatriz usava um vestido púrpura bordado a ouro e precisou de cinco damas de companhia para levar sua comitiva. Pedro usava uma túnica azul celeste bordada com prata e meias de seda vermelha. Juntos, o casal olhou para a multidão na Praça da Catedral exatamente do mesmo lugar onde – 42 anos antes – Pedro, com dez anos de idade, e sua mãe haviam visto os Streltsi revoltosos e suas cintilantes alabardas. Então, eles desceram a Escada Vermelha, atravessaram a Praça da Catedral e entraram na Catedral da Assunção. No centro, uma plataforma havia sido construída e, sobre ela, abaixo de um dossel de veludo e ouro, duas cadeiras incrustadas com pedras preciosas esperavam por Pedro e Catarina.

Na porta da catedral, Yavorski, Téofanes Prokopovich e os demais membros do alto clero, usando seus mantos clericais, encontraram o casal imperial. Yavorski entregou a cruz para que eles a beijassem e depois os conduziu até os tronos. A cerimônia teve início enquanto Pedro e Catarina se sentavam lado a lado, em silêncio. No clímax da cerimônia, o czar se levantou e Yavorski lhe entregou a nova coroa imperial. Pedro a recebeu e, virando-se para o público, declarou em voz alta: "É nossa intenção coroar nossa adorada cônjuge". Em seguida, colocou pessoalmente a coroa na cabeça de Catarina e lhe passou o orbe, mas, significativamente, manteve o cetro, o emblema do poder maior, em sua mão. A coroa era pontilhada com 2.564 diamantes, pérolas e outras pedras preciosas, e havia um enorme rubi, tão grande quanto um ovo de pomba, colocado logo abaixo da cruz de diamantes no ápice da coroa.

Enquanto Pedro colocava a coroa em sua cabeça, Catarina, tomada pela emoção, com lágrimas escorrendo pelo rosto, ajoelhou-se diante do marido e tentou beijar-lhe a mão. Ele afastou o braço, e ela tentou abraçá-lo na altura dos joelhos, mas Pedro a levantou. Em seguida, as orações foram solenemente cantadas, canhões estouraram e os sinos de Moscou badalaram.

Depois da cerimônia, Pedro retornou ao palácio para descansar, mas Catarina, usando sua coroa, seguiu sozinha à frente da procissão desde a Catedral da Assunção até a Catedral de Miguel Arcanjo para orar diante dos túmulos dos czares, conforme mandava o costume. O manto imperial, produzido na França e encrustado com centenas de águias de duas cabeças feitas de ouro, agora estava em seus ombros, e o enorme peso, mesmo carregado em parte por ajudantes, forçou-a a parar e descansar diversas vezes. Enquanto Catarina andava, Menchikov a seguia logo atrás, jogando punhados de ouro e prata para a multidão que assistia. Ao pé da Escada Vermelha, o duque de Holstein esperou para conduzi-la até o Palácio do *Terem*, onde um grandioso banquete havia sido preparado. Durante esse banquete, Menchikov distribuiu medalhas estampadas com um retrato de Pedro e Catarina de um lado e, do outro, uma imagem do czar colocando a coroa na cabeça da esposa, com as palavras: "Coroada em Moscou em 1724". O banquete e a celebração continuaram na cidade durante dias. Na Praça Vermelha, dois enormes bois foram recheados e assados com carne de caça e ave, e duas fontes, uma preenchida com vinho tinto e a outra com vinho branco, respingavam ali perto.

Os poderes de Catarina e as intenções de longo prazo do imperador não foram especificados. Como sinal de que ela exercia alguns aspectos da soberania, Pedro permitiu que sua esposa transformasse o velho Pedro Tolstói em conde, um título que todos os seus descendentes, incluindo o grande escritor Liev Tolstói, viriam a usar. Por ordem de Catarina, Yagujinski foi elevado a Cavaleiro da Ordem de Santo André, e o príncipe Vassili Dolgoruki, desonrado e exilado durante a questão do czarevich Aleixo, recebeu o direito de retornar à corte. Entretanto, os poderes de Catarina, mesmo nesse âmbito, eram limitados. Ela implorou em vão pelo perdão a Shafirov, antigo vice-chanceler exilado. Ninguém sabia ao certo o que Pedro realmente planejava. É possível que ele não tivesse uma ideia formada mesmo em seu leito de morte. Entretanto, é certo que queria assegurar a importância de Catarina – talvez para agir como regente para uma de suas filhas, se ela não fosse realmente usar a coroa. Pedro sabia que o trono da Rússia não poderia ser outorgado simplesmente como uma recompensa por fidelidade e amor. O indivíduo que usasse a coroa teria de ser alguém cheio de energia, sabedoria e experiência. As qualidades de Catarina eram, de certa forma, diferentes. Todavia, ela havia sido ungida, e Campredon, o enviado francês, concluiu que Pedro queria que ela assim fosse "reconhecida como regente e soberana após a morte de seu esposo".

Após a coroação de Catarina, mais do que nunca o caminho dos favores seguia até ela. Todavia, poucas semanas após esse triunfo, a imperatriz se viu abalada e à margem de um desastre pessoal, divisando a possibilidade da plena ruína. Entre seus ajudantes havia um belo jovem chamado Guilherme Mons, o irmão mais novo de Anna Mons, a qual fora amante de Pedro 25 anos antes. Mons era um estrangeiro elegante, um alemão nascido na Rússia com um pé bem fixo em cada mundo. Gracioso, alegre, inteligente, ambicioso e oportunista, escolhera astutamente seus patrões, trabalhava duro e chegou à posição de camareiro e ao posto de secretário e confidente de Catarina. A imperatriz gostava da companhia, pois ele era, nas palavras de um observador francês, "um dos mais bem-educados e mais belos homens que já vi". A irmã de Mons, Matrena, havia conquistado igual sucesso. Era casada com um nobre do Báltico chamado Teodoro Balk, um major-general que também era governador de Riga, enquanto ela era uma dama de companhia e a confidente mais próxima da imperatriz Catarina.

Gradualmente, entre eles, com o pretexto de auxiliar a imperatriz e cuidar de seus interesses, irmão e irmã conspiravam para ganhar o controle do acesso a Catarina. Por meio de Mons e Matrena Balk, mensagens, petições e apelos passaram a ter maior probabilidade de ser apresentados favoravelmente a Catarina; aliás, sem a ajuda deles, essas mensagens dificilmente chegavam a ela. E, como não era segredo que a influência de Catarina sobre seu esposo era grande, o canal dos Mons tornou-se muito valioso. Ministros do governo, embaixadores de outros países e até mesmo príncipes estrangeiros e membros da família do imperador abordavam o belo e zeloso alemão com uma petição em uma mão e um suborno na outra. Ninguém era augusto demais (a czarina Praskovaia e suas filhas, o duque de Holstein, o príncipe Menchikov, o príncipe Repnin e o conde Tolstói) ou humilde demais (um camponês que deveria retornar à sua vila subornou Mons para conseguir permissão para permanecer em São Petersburgo). Mons definia as "tarifas" de acordo com a importância do serviço e a riqueza de quem o encomendava. Além da abundância reunida com essas atividades, ele e a irmã receberam propriedades, servos e dinheiro diretamente da imperatriz. Odiado pelos mais altos nomes da Rússia, com Menchikov chamando-o de "irmão", Mons concluiu que "Guilherme Mons" era um nome simples demais para alguém tão magnífico, e mudou-o para Moens de la Croix. Por gentileza, todos o chamavam pelo novo nome – exceto Pedro, que não sabia nem da transformação, nem do motivo por trás da nova importância do antigo Guilherme Mons.

Rumores afirmavam que havia outras informações que Pedro desconhecia a respeito de Guilherme Mons. Sussurrava-se em Petersburgo e logo depois pela Europa que a imperatriz havia tomado o jovem e belo camareiro como amante. Histórias escandalizadoras circulavam, incluindo a de que Pedro havia encontrado sua esposa com Mons sob a luz da lua em uma situação comprometedora no jardim. Nenhuma evidência, de nenhum tipo, era citada. A história do jardim é descartada pelo fato de que Pedro havia descoberto os crimes fiscais de Mons em novembro, quando o jardim estava tomado pela neve. Mais importante, a natureza do caráter de Catarina ia contra tamanho adultério. A imperatriz era generosa, bondosa e vivaz, mas também era inteligente. Conhecia Pedro. Mesmo que sua afeição por ele tivesse esfriado (o que é improvável, especialmente quando ele havia acabado de coroá-la como imperatriz), ela certamente sabia que seria impossível manter uma relação com Mons em segredo, e conhecia as terríveis consequências que viriam quando essa relação fosse descoberta. É possível que Mons, seguindo uma antiga tradição de aventuras atrevidas e bem-sucedidas, tivesse desejado selar seu sucesso tirando vantagem dos direitos matrimoniais do imperador; todavia, é impossível imaginar que Catarina se envolveria em uma insensatez desse tipo.

Mesmo sem esse enorme insulto, parece estranho que Pedro tenha permanecido tanto tempo sem saber da corrupção de Mons. O fato de o czar desconhecer um segredo partilhado por todos em São Petersburgo é um sinal de sua crescente fraqueza, agravada pela doença. Quando o imperador descobriu a verdade, a retaliação foi rápida e mortal. Não se sabe quem exatamente contou a Pedro. Alguns acreditam ter sido Yagujinski, que fora atingido pelas pretensões de Mons. Outros dizem que o informante foi um dos subordinados de Mons. Assim que o czar descobriu, sua primeira atitude foi proibir qualquer pessoa de pedir-lhe perdão em nome de criminosos. Então, enquanto o suspense e o alarme estimulados por esse decreto começavam a crescer, ele esperou. Na noite de oito de novembro, Pedro voltou ao palácio sem qualquer sinal de raiva, ceou com a imperatriz e com suas filhas, e teve uma conversa trivial com Guilherme Mons. Em seguida, afirmando estar cansado, perguntou a Catarina que horas eram. Ela olhou para o relógio de Dresden que lhe havia sido dado por ele e respondeu: "Nove horas". Pedro assentiu e falou: "É hora de todos irmos para a cama". Todos se levantaram e seguiram para seus quartos. Mons foi para casa, trocou de roupas e estava fumando seu cachimbo antes de se deitar quando o general Ushakov entrou no aposento e o prendeu com a acusação de receber subornos. Os documentos de Mons foram recolhidos, seu quarto foi fechado e ele foi levado acorrentado.

No dia seguinte, Mons se viu diante de Pedro. De acordo com as atas oficiais da investigação, ele estava tão amedrontado que chegou a desmaiar; uma vez desperto, confessou tudo de que era acusado. Admitiu receber subornos, admitiu ter tomado receitas das propriedades da imperatriz para seu próprio uso e que sua irmã, Matrena Balk, também estava envolvida. Não confessou qualquer relacionamento inapropriado com Catarina porque ninguém lhe questionou sobre esse assunto – mais uma evidência, aparentemente, da improcedência dos rumores. Pedro tampouco buscou conduzir o inquérito em particular. Pelo contrário: emitiu uma proclamação ordenando que todos que tivessem pagado subornos a Mons ou soubessem desses subornos deveriam se manifestar. Durante dois dias, um pregoeiro percorreu as ruas de São Petersburgo anunciando a proclamação e ameaçando com severas punições aqueles que escondessem informações.

Mons estava arruinado – qualquer uma das acusações contra ele seria suficiente para condená-lo – e, em quatorze de novembro, recebeu sentença de morte. Catarina, todavia, não acreditou que ele morreria. Confiando em seu poder de influenciar o marido, ela primeiro enviou uma mensagem a Matrena Balk para que não se preocupasse com seu irmão, e então procurou Pedro para pedir perdão pelo belo camareiro. Aqui, ela julgou mal o marido. A fúria da vingança que havia atingido um Gagarin e um Nesterov e humilhado um Menchikov e um Shafirov não pouparia Guilherme. Mons não recebeu qualquer indulto; porém, na noite antes da aplicação da pena, Pedro foi até sua cela para dizer que sentia muito por perder um homem tão talentoso, mas que o crime exigia punição.

Em dezesseis de novembro de 1724, Guilherme Mons e Matrena Balk foram levados de trenó até o local da execução. Mons demonstrou coragem, acenando e curvando-se para os amigos que via na multidão. Ao subir no cadafalso, calmamente tirou seu pesado casaco de pele, ouviu a leitura da sentença e apoiou a cabeça no bloco. Após sua morte, a irmã recebeu onze golpes de cnute, muito levemente aplicados para que pouco dano fosse provocado, e foi exilada pelo resto da vida em Tobolsk, Sibéria. Seu marido, o general Balk, recebeu permissão para casar-se novamente, se assim desejasse.

Não surpreendentemente, essa provação desgastou o relacionamento entre Pedro e Catarina. Embora o nome dela jamais tivesse sido mencionado por Mons ou seus delatores e ninguém se atrevesse a acusá-la de aceitar os subornos, suspeitava-se amplamente que Catarina sabia das ações de Mons e as havia ignorado. O próprio Pedro pareceu associá-la a Mons ao emitir, no dia da execução, um decreto endereçado a todos os oficiais do Estado. Escrito de próprio punho, o documento declarava que, por conta de abusos realizados na casa da imperatriz sem seus conhecimentos, eles estavam proibidos de obedecer qualquer ordem ou recomendação futura que ela pudesse vir a dar. Simultaneamente, a condução das questões financeiras de Catarina foi retirada de seu controle.

Ela aceitou esses golpes com coragem. No dia da execução de Mons, a czarina chamou seu professor de dança e, com as duas filhas mais velhas, praticou o minueto. Agora ciente de que qualquer expressão de interesse por Mons poderia afetá-la perigosamente, ela escondeu as emoções. Entretanto, Catarina não perdoou Pedro facilmente e, um mês após a execução, um observador relatou: "Eles mal conversam um com o outro; tampouco fazem as refeições ou dormem juntos". Em meados de janeiro, todavia, a tensão se esvaía. "A imperatriz fez uma longa e ampla genuflexão diante do czar para receber remissão por seus erros", escreveu o mesmo observador. "A conversa durou três horas e eles até cearam juntos".

Se essa reconciliação teria sido permanente, isso jamais saberemos. Durante todo o julgamento de Guilherme Mons, o imperador esteve doente, e sua saúde, cada vez mais frágil. Menos de um mês após a genuflexão de Catarina, Pedro morreu.

DEPOIS DA PAZ DE Nystad e da coroação de Catarina, Pedro, aos olhos do mundo, estava no ápice de seu poder. Todavia, para aqueles dentro da Rússia, e em especial aqueles próximos ao imperador, havia sinais perturbadores. As colheitas haviam sido baixas por dois anos consecutivos e grãos eram trazidos do exterior, mas não em quantidades suficientes para compensar o déficit. Novas acusações de corrupção haviam surgido contra os mais altos nomes do país. Shafirov fora condenado, suspenso e exilado, e agora Menchikov era afastado de sua posição como presidente do Colegiado da Guerra. Nada parecia funcionar, a não ser que Pedro estivesse pessoalmente lá para assegurar o andamento. No palácio em Preobrajenskoe, os servos negligenciavam até mesmo o estoque de madeira para acender as lareiras no inverno enquanto o imperador não ordenasse que fizessem isso.

Esse declínio gradual na condição geral do Estado era acompanhado pela deterioração da saúde e do estado de espírito de Pedro. Às vezes, ele trabalhava com a energia e o entusiasmo costumeiros. Um de seus últimos empreendimentos foi o planejamento de uma nova construção enorme para abrigar o projeto de sua Academia de Ciências, e ele também vinha pensando em criar uma nova universidade na capital. Todavia, era mais frequente o czar encontrar-se apático e mal-humorado. Nesses períodos de depressão, deixava as coisas acontecerem, observando e recusando-se a agir até o último minuto. Quando o imperador estava assim retraído e distante, poucos daqueles à sua volta se atreviam a conversar com ele, mesmo quando as questões se agravavam. Refletindo esse aspecto, Mardefelt, o ministro prussiano, escreveu a seu soberano, o rei Frederico Guilherme: "Não há palavras suficientemente fortes para dar a Vossa Majestade uma ideia justa das insuportáveis negligências e confusões com as quais as questões mais importantes são tratadas aqui, de tal modo que nem os enviados estrangeiros nem os ministros russos sabem para onde se dirigir. Dos ministros russos, recebemos apenas suspiros; eles admitem que estão em desespero com as dificuldades que encontram relacionadas a todas as proposições. Não é fingimento, mas a mais pura verdade. Aqui, nada é considerado importante até se encontrar à beira do precipício".

O que havia por trás de tudo isso – um fator apenas pouco a pouco percebido, mesmo por aqueles que eram próximos a ele – era o fato de que Pedro estava seriamente doente. Seu problema de saúde anterior ainda o afetava, e as convulsões continuavam fazendo seu corpo gigante, porém enfraquecido, estremecer. Somente Catarina, colocando a cabeça do marido sobre o colo, era capaz de trazer-lhe paz. Durante seus últimos anos, ele vinha padecendo de uma doença nova e complicada. Conforme Jefferyes descreve a Londres:

> Sua Majestade há algum tempo vem sofrendo com uma fraqueza em seu braço esquerdo, a qual foi ocasionada inicialmente após a coleta de sangue por um médico inexperiente que, ao errar a veia, fez uma incisão no nervo local. Esse acidente obrigou [Pedro] a usar, desde então, uma luva felpuda na mão esquerda, na qual, assim como no braço, ele frequentemente sofre dores, e às vezes perde as sensações.

E a idade cobrava seu preço. Em 1724, Pedro tinha apenas 52 anos, mas seus enormes esforços, seus movimentos incessantes, seus excessos violentos de bebidas durante a juventude haviam prejudicado de modo severo seu corpo antes magnífico. Aos 52, o imperador era um homem idoso.

Além dessas aflições, ele tinha uma nova doença, aquela que por fim o mataria. Durante alguns anos, sofreu com uma infecção no trato urinário e, em 1722, durante o calor do verão na campanha da Pérsia, os sintomas reapareceram. Os médicos o diagnosticaram com estrangúria e cálculo, um bloqueio na uretra e na bexiga causados por espasmos musculares ou infecções. Durante o inverno de 1722-1723, a dor na uretra retornou. Num primeiro momento, Pedro não mencionou isso a ninguém além de seu criado, e continuou bebendo e festejando normalmente. Todavia, logo a dor se tornou mais forte e ele precisou consultar seus médicos. Durante os dois anos seguintes, o czar alternou entre momentos com dor e momentos sem dor. Seguiu o conselho dos médicos, ingerindo os remédios recomendados e limitando suas bebidas a uma pequena quantidade de *kvas* e muito ocasionalmente uma taça de conhaque. Alguns dias, sofria tanto a ponto de mal conseguir trabalhar; então, passava algum tempo bem, quando podia retomar suas atividades regulares.

Perto do fim do verão de 1724, a doença reapareceu, e dessa vez os sintomas vieram muito piores. Incapaz de urinar, Pedro ficou agoniado. Seu médico pessoal, o doutor Bumentröst, chamou outro médico, o doutor Horn, um cirurgião inglês. Para facilitar a passagem da urina, Horn inseriu um cateter, tentando repetidas vezes penetrar a bexiga, mas obtendo apenas sangue e pus. Por fim, com grande dificuldade, conseguiu extrair aproximadamente meio copo de urina. Durante a passagem da sonda, sem anestesia, Pedro ficou deitado sobre a mesa, segurando a mão de um médico de cada lado. Ele tentava ficar parado, mas a dor era tão grande que esteve perto de esmagar as duas mãos que segurava. Finalmente, uma pedra gigante passou e a dor diminuiu. Dentro de uma semana, a urina voltou a passar quase normalmente. Ele permaneceu acamado por muitas outras semanas, todavia, e foi somente no final de setembro que começou a andar pelo quarto, aguardando impaciente o momento em que poderia retomar sua vida normal.

No início de outubro, o céu visto pela janela de Pedro era azul e o ar, fresco. Então, ele ordenou que seu iate fosse ancorado no Neva, onde poderia vê-lo. Alguns dias mais tarde, apesar do aviso dos médicos para o czar não realizar esforços, ele saiu ao ar livre. Primeiro, seguiu até Peterhof para ver as novas fontes que haviam sido instaladas no parque. Em seguida, enquanto os médicos protestavam com mais veemência, Pedro deu início a uma longa e árdua excursão de inspeções. Começou em Schülusselburg para celebrar o aniversário da queda da fortaleza-chave, 22 anos antes. Então, foi até as siderúrgicas de Olonets, onde se sentiu suficientemente forte para martelar com a própria mão uma chapa de ferro pesando mais de 45 quilos. De lá, seguiu para observar o trabalho no Canal do Ladoga, que agora era realizado rapidamente sob a coordenação do alemão Munnich.

A excursão se estendeu por quase todo o mês de outubro, enquanto Pedro sentia golpes de dor e outros sintomas da doença, mas isso não deteve seu progresso. Em cinco de novembro, retornou a São Petersburgo, mas decidiu quase imediatamente viajar de navio para visitar outra siderúrgica e fábrica de armamentos em Systerbeck, no Golfo da Finlândia. O tempo era típico do início de inverno no norte: céu cinza, ventos rigorosos e mares tempestuosos e congelantes. Além da foz do Neva, o iate de Pedro aproximava-se da vila de pescadores Lakhta quando, à distância, ele avistou um navio carregando vinte soldados totalmente descontrolado por conta do vento e das ondas. Enquanto Pedro observava, o navio acabou encalhando em um banco de areia. Ali, com a quilha atingida pela areia e as ondas batendo na lateral, a pequena embarcação começou a ir para a frente e para trás, ameaçando virar. Os indivíduos a bordo, obviamente incapazes de nadar, pareciam não conseguir fazer nada para se salvar. Pedro enviou um esquife de seu próprio iate para ajudar, mas seus marinheiros não conseguiram desencalhar o navio; os homens no interior, enquanto isso, pouco fizeram para ajudar, permanecendo quase paralisados pelo medo de se afogar. Observando impacientemente, o imperador ordenou que seu esquife o levasse até a lateral do navio encalhado. Incapaz de se aproximar por causa das ondas, Pedro subitamente pulou no mar, mergulhando na água congelada e rasa que batia em sua cintura e caminhando com dificuldade até a embarcação encalhada. Sua chegada e presença reanimou os homens desesperados. Respondendo aos gritos de Pedro, eles seguraram as cordas jogadas pelo outro barco e, com a ajuda de outros marinheiros agora na água ao lado do imperador, o navio encalhado foi puxado e arrastado para fora do banco de areia. Orando por terem sido salvos, os sobreviventes foram levados até a encosta para se recuperar nas casas dos pescadores locais.

Pedro retornou a seu iate para tirar as roupas molhadas e vestir algo mais pesado antes de ancorar em Lakhta. Em um primeiro momento, embora ele tivesse permanecido imerso na água gelada por um período considerável, essa exposição não pareceu afetá-lo. Imensamente contente com seu desempenho em salvar vidas e em colocar a embarcação encalhada para navegar novamente, ele foi dormir em Lakhta. Durante a noite, todavia, passou a ter calafrios e febre e, dentro de algumas horas, a dor em seu intestino ressurgiu. Ele cancelou a viagem a Systerbeck e navegou de volta a São Petersburgo, onde foi para a cama. Desse momento em diante, a doença jamais renunciou seu golpe fatal.

Durante algum tempo, teve-se a impressão de que Pedro estava mais uma vez se recuperando. No Natal, encontrava-se suficientemente bem para fazer seu passeio tradicional pelas principais casas de São Petersburgo na companhia de seu grupo de cantores e músicos. No Dia de Ano-Novo, esteve presente na costumeira queima de fogos e, na Epifania do Senhor, seguiu até o gelo do rio Neva para a tradicional Bênção das Águas, contraindo mais um resfriado durante a cerimônia. Durante essas semanas, também participou uma última vez da celebração do Sínodo dos Bêbados, que se reuniu para eleger um sucessor do recém-falecido "Falso Papa", Buturlin. A eleição de um novo "Papa" exigia a reunião de um conclave de "cardeais" em um encontro presidido por Baco, sentado sobre um barril. O próprio Pedro trancou os "cardeais" em um cômodo separado, proibindo-os de sair até terem escolhido um novo

"Papa". Para ajudar nas deliberações, cada "cardeal" deveria engolir uma enorme colher de uísque a cada quinze minutos. O processo se estendeu por toda a noite e, quando o conclave deixou a sala, na manhã seguinte, um oficial obscuro havia sido escolhido. Naquela noite, o recém-elevado dignitário celebrou em um banquete no qual os convidados foram servidos com carnes de urso, lobo, raposa, gato e rato.

Em meados de janeiro, a frieza que havia se desenvolvido entre Pedro e Catarina por conta da questão de Mons parecia ter se desfeito. O imperador e sua esposa foram juntos ao casamento de um servo de um dos assistentes do czar. Mais tarde naquele mesmo mês, Pedro participou de reuniões nas casas de Pedro Tolstói e do almirante Cruys. Todavia, em dezesseis de janeiro, a doença retornou, forçando-o a permanecer acamado. O dr. Blumenträst chamou mais uma vez outros médicos, incluindo o dr. Horn. Sondando cuidadosamente, eles descobriram que Pedro tinha uma inflamação tão severa na bexiga e no intestino que acreditavam haver uma gangrena. Cientes de que nenhum tratamento poderia conter uma inflamação em estágio tão avançado, Blumenträst e seus colegas enviaram mensageiros com urgência a dois famosos especialistas europeus, o dr. Boerhaave, em Leiden e dr. Stahl, em Berlim, descrevendo os sintomas do imperador e pedindo desesperadamente direcionamentos.

Inicialmente, descansando no leito, Pedro pareceu se recuperar. Continuou trabalhando, chamando Osterman e outros ministros para virem ao lado de sua cama, onde discutiam durante noites inteiras. Em 22 de janeiro, ele conversou com o duque de Holstein e prometeu acompanhá-lo até Riga assim que estivesse bem. No dia seguinte, sofreu uma recaída e chamou um padre para receber a extrema unção. Tolstói, Apraxin e Golovkin puderam ficar ao lado de sua cama e, na presença deles, Pedro ordenou o perdão e a libertação de todos os prisioneiros de Estado, com a exceção dos assassinos, e concedeu anistia aos jovens nobres que estavam sendo punidos por não se apresentarem para os serviços do Estado. Também ordenou que Apraxin, que estava em prantos, e os demais ministros protegessem todos os estrangeiros em São Petersburgo caso ele morresse. Por fim, ainda tipicamente atento aos detalhes, assinou decretos regulando a pesca e a venda de cola.

Na noite do dia 26, o imperador parecia um pouco mais forte e os médicos começaram a debater sobre deixá-lo levantar-se e andar pelo cômodo. Encorajado, Pedro sentou-se para se alimentar com uma pequena porção de mingau de aveia. Foi imediatamente atingido por convulsões tão violentas que aqueles no quarto acreditavam que o fim estava por vir. Os ministros, os membros do Senado, os oficiais sêniores da Guarda e os demais oficiais foram apressadamente convocados ao palácio para dar início a uma vigília. Logo os golpes de dor pelo corpo de Pedro se tornaram tão fortes que Osterman implorou-lhe que pensasse apenas em si mesmo e se esquecesse de todas as questões de negócios. Em agonia, gritando por conta da intensidade da dor, Pedro expressou repetidamente contrição por seus pecados. Recebeu mais duas vezes a Extrema Unção e implorou por absolvição. No dia 27, o padre era Téofanes Prokopovich, em cuja presença Pedro falou fervorosamente: "Senhor, eu acredito. Eu tenho esperança". Logo depois, disse, como se falasse consigo mesmo: "Eu espero que Deus perdoe meus muitos pecados por conta do bem que tentei fazer por meu povo".

Durante essa provação, Catarina em momento algum saiu do lado da cama do marido, dia e noite. Em certo ponto, dizendo-lhe que seria bom para ele fazer as pazes com Deus, ela implorou a Pedro para perdoar Menchikov, que continuava desonrado. O czar consentiu, e o príncipe entrou no quarto para ser perdoado pela última vez por seu soberano moribundo. Às duas horas da tarde do dia 27, talvez pensando na sucessão, o imperador pediu uma prancha para escrever. Ao recebê-la, anotou: "Entreguem tudo a...". Foi quando o bico de pena caiu de sua mão. Incapaz de continuar, planejando ditar, mandou buscar sua filha Ana, mas, antes que a princesa conseguisse chegar, Pedro já estava tendo delírios.

Ele jamais recobrou a consciência, mas afundou-se no coma, movimentando-se apenas para gemer. Catarina ficou o tempo todo ajoelhada ao lado dele, orando incessantemente para que a morte o libertasse daquele tormento. Por fim, às seis horas da manhã de 28 de janeiro de 1725, enquanto ela implorava, "Ó, Senhor, eu Vos peço, abra Vosso paraíso para receber esta grande alma", Pedro, o Grande, no 53º ano de sua vida e 43º ano de seu reinado, entrou para a eternidade.

EPÍLOGO

A CAUSA DA MORTE de Pedro nunca foi totalmente descrita em termos médicos. O professor Hermann Boerhaave, célebre médico em Leiden, recebeu a comunicação urgente com os sintomas do imperador, enviada por Horn e Blumentröst, mas, antes que pudesse enviar sua prescrição, um segundo mensageiro chegou com a notícia de que o paciente estava morto. Boerhaave ficou impressionado. "Meu Deus, isso é possível?", exclamou. "É uma pena que um homem tão grandioso tenha morrido quando uma pequena quantidade de remédio poderia ter salvado sua vida!" Posteriormente, conversando com outros médicos, Boerhaave expressou sua convicção de que, se a doença não tivesse sido escondida por tanto tempo e se ele tivesse sido consultado mais cedo, talvez conseguisse ter curado a doença de Pedro e permitido que o imperador vivesse por muitos anos ainda. Entretanto, Boerhaav nunca contou a seu sobrinho – que posteriormente tornou-se médico da filha de Pedro, a imperatriz Isabel, e que poderia ter repassado a informação – quais remédios ele teria prescrito e qual doença estaria tratando. Alguma dúvida pode ser lançada sobre o otimismo do professor pelos fatos de que ele nunca viu o paciente e que, na autópsia, a área ao redor da bexiga de Pedro já estava com gangrenas e seu músculo do esfíncter tão inchado e endurecido que somente com dificuldade poderia sofrer uma incisão.

A sucessão foi rapidamente definida a favor de Catarina. Enquanto o czar ainda dava os últimos suspiros, um grupo do círculo interno de favoritos do imperador, entre os quais Menchikov, Yagujinski e Tolstói – todos "novatos" criados por Pedro e todos com muito a perder se a antiga nobreza retornasse ao poder –, haviam se posicionado decisivamente a favor de Catarina. Corretamente acreditando que o regimento das Guardas tomaria a decisão final acerca da sucessão, eles reuniram essas tropas na capital e as levaram para perto do palácio. Ali, os soldados foram lembrados que Catarina os havia acompanhado, junto com o marido, em campanhas militares. Todas as dívidas militares foram rapidamente pagas em nome da imperatriz. Os regimentos das Guardas eram devotos ao imperador, e Catarina já era popular tanto entre os oficiais quanto entre os soldados; com esses novos incentivos, eles prontamente declararam seu apoio.

Mesmo com essas precauções, a sucessão da camponesa lituana, amante e por fim esposa do autocrata estava longe de garantida. O outro sério candidato era o grão-duque Pedro, de nove anos, filho do czarevich Aleixo. De acordo com a tradição russa, como neto do imperador falecido, ele era o herdeiro varão direto e a vasta maioria da aristocracia, do clero e da nação o via como o sucessor por direito. Através do jovem grão-duque, antigas famílias nobres, como os Dolgoruki e os Golitsyn, esperavam retomar o poder e reverter as reformas de Pedro.

O confronto veio na noite de 27 de janeiro, algumas horas antes da morte do imperador, quando o Senado e os principais homens de Estado se reuniram para decidir sobre a sucessão. O príncipe Dimitri Golitsyn, membro da antiga nobreza, que havia passado muitos anos no exterior e defendia a divisão do poder monárquico com a aristocracia, propôs um acordo: o jovem Pedro Alexeievich tornar-se-ia imperador, mas Catarina seria a regente, assistida pelo Senado. Pedro Tolstói, cujo nome estava proeminentemente ligado ao julgamento e morte do czarevich Aleixo e que, portanto, temia fortemente a ascensão do filho de Aleixo, opôs-se, afirmando que o governo de um menor era perigoso; o Estado precisava de um governante forte e experiente, ele insistiu, e era por esse motivo que o imperador havia treinado e coroado sua esposa. Quando Tolstói falou, uma série de oficiais das Guardas Preobrajenski e Semyonovski que haviam entrado na sala gritou em apoio. Ao mesmo tempo, os tambores no pátio abaixo levaram os homens de Estado à janela. Olhando para a escuridão, viram grandes fileiras da Guarda reunidas em volta do palácio. O príncipe Repnin, comandante da tropa de Petersburgo e membro do partido aristocrático, teve um ataque de raiva e exigiu saber por que os soldados encontravam-se ali sem ordens. "O que eu fiz, Vossa Excelência", respondeu friamente o comandante da Guarda, "foi pelo comando expresso de nossa soberana, a imperatriz Catarina, de quem Vossa Alteza e eu somos súditos fiéis e a quem devemos obedecer imediata e incondicionalmente". Os soldados, muitos deles com lágrimas nos olhos, gritaram: "Nosso pai está morto, mas nossa mãe ainda vive!". Sob as circunstâncias, a proposta de Apraxin "de que Sua Majestade fosse proclamada autocrata com todas as prerrogativas de seu falecido esposo" foi rapidamente aceita.

Na manhã seguinte, a viúva de 42 anos foi até o salão chorando e se apoiando no braço do duque de Holstein. Ela tinha acabado de se queixar aos prantos afirmando que era agora "uma viúva e uma órfã" quando Apraxin ajoelhou-se diante dela e declarou a decisão do Senado. Aqueles presentes no local comemoraram, e a aclamação foi realizada pelos homens das Guardas do lado de fora. Um manifesto emitido naquele dia anunciou ao império e ao mundo que a nova autocrata russa era uma mulher, a imperatriz Catarina I.

O corpo de Pedro foi embalsamado e colocado em um esquife em uma sala decorada com tapeçarias francesas, presente que o imperador recebera durante sua visita a Paris. Por mais de um mês, o público pôde passar em volta e prestar suas homenagens. Então, em oito de março, no meio de uma tempestade de neve, o caixão foi levado à catedral da Fortaleza de Pedro e Paulo. Catarina seguiu à frente do cortejo, seguida por 150 damas da corte e uma enorme procissão de cortesãos, oficiais do governo, enviados estrangeiros e oficiais militares, todos com a cabeça descoberta sob a neve. Na catedral, Teófanes Prokopovich realizou o sermão do funeral. Comparando Pedro a Moisés, Salomão, Sansão, Davi e Constantino, ele articulou a descrença geral de que a enorme e familiar figura havia partido para sempre. "Ó, homens da Rússia, o que vemos?", perguntou. "O que fazemos? Este é Pedro, o Grande, que estamos confiando à terra!".

O REINADO DE CATARINA foi breve. Ao assumir o trono, ela declarou que aderiria fielmente às políticas e reformas de Pedro. Sempre prática, rapidamente consolidou seu domínio na camada em que sua soberania contava mais, abolindo o trabalho do exército no Canal do Ladoga, mantendo o salário dos soldados em dia, encomendando novos uniformes e realizando diversas revisões militares. Continuou amigável, aberta e generosa, tanto que os gastos da corte rapidamente triplicaram. Não ostentou superioridade devido a sua repentina elevação ao ápice do poder. Falava frequentemente sobre sua origem humilde e estendeu sua fortuna a todos os membros da família. Encontrou seu irmão, Carlos Skavronski, trabalhando como criado em uma estação de correio na Curlândia, levou-o a São Petersburgo, educou-o e o transformou em conde Skavronski. Suas duas irmãs e suas famílias também foram levadas à capital. A mais velha havia se casado com um camponês lituano chamado Simon Heinrich; a mais nova, com um camponês polaco chamado Miguel Yefim. As famílias passaram a viver em São Petersburgo e tiveram seus nomes mudados para Hendrikov e Yefimovski. A generosa filha de Catarina, a imperatriz Isabel, transformou os antigos camponeses, seus tios, em conde Hendrikov e conde Yefimovski.

O verdadeiro governante do Estado durante o reinado de Catarina foi Menchikov. Em oito de fevereiro de 1726, um ano após a ascensão da imperatriz, um novo corpo governante, o Supremo Conselho Privado, foi criado para "diminuir o pesado fardo do governo sobre Sua Majestade". Coletivamente, os seis membros originais – Menchikov, Apraxin, Golovkin, Osterman, Tolstói e príncipe Dmitri Golitsyn – exerceram um poder quase soberano, que incluía a emissão de decretos. Menchikov dominou esse corpo assim como dominou o Senado, que agora se encontrava com funções reduzidas. Não encontrou oposição em nenhuma das instâncias simplesmente por declarar que suas visões eram aquelas da imperatriz.

Suas políticas continham elementos de prudência. Ele entendia que o peso dos impostos estava esmagando os camponeses, e disse à imperatriz: "Os camponeses e o exército são como alma e corpo; é impossível ter um sem o outro". Assim, Catarina concordou em reduzir o imposto da alma por um terço, concomitantemente reduzindo em um terço o tamanho do exército. Além disso, todas as dívidas de impostos foram canceladas. Todavia, Menchikov não tinha poder total e irrestrito. O favorito de Catarina, Carlos Frederico de Holstein, casou-se com a filha da imperatriz, Ana, em 21 de maio de 1725 e, em fevereiro do ano seguinte, mesmo com a oposição de Menchikov, ele foi apontado para o Supremo Conselho Privado.

A morte de Catarina, ocorrida após uma série de calafrios e febres, veio apenas dois anos e três meses após sua ascensão. Em novembro de 1726, um temporal fez o Neva transbordar, forçando a imperatriz a fugir do palácio em sua camisola "com água até os joelhos". Em 21 de janeiro de 1727, ela participou da cerimônia da Benção das Águas no gelo do Neva. Depois, com uma pluma branca nos cabelos e segurando o bastão de um marechal, permaneceu exposta ao ar do inverno por muitas horas para reavaliar vinte mil soldados. Essa exposição a deixou acamada por dois meses, com febre e sangramento prolongado no nariz. Ela melhorava e recaía. Perto do fim, nomeou o jovem grão-duque Alexeievich como seu sucessor, com todo o Supremo Conselho Privado agindo como regentes. Suas duas filhas, Ana, com dezessete anos, agora duquesa de Holstein, e Isabel, com dezesseis, foram nomeadas como regentes ao conselho.

Ironicamente, a ascensão de Pedro II, a esperança da antiga nobreza e dos tradicionalistas, foi maquinada por Menchikov, o exemplo supremo do homem comum elevado para classes mais altas. Seus motivos, obviamente, eram a autopreservação e avançar ainda mais. Enquanto Catarina estava viva, ele calculou as chances das duas filhas do casal real, Ana e Isabel, contra as de Pedro, e concluiu que o jovem grão-duque era o candidato mais forte. Sendo assim, mudou de lado e usou seus formidáveis poderes para encorajar a imperatriz a seguir o rumo que ela finalmente percorreria: isto é, nomear Pedro como herdeiro, com as filhas de Catarina se unindo ao conselho da regência. Menchikov tampouco se esqueceu de sua família. Antes de convencer Catarina a transformar Pedro em imperador, ele obteve seu consentimento para casar o garoto de onze anos com sua filha, Maria, de dezesseis.

A reviravolta repentina da lealdade de Menchikov assustou e amedrontou outros membros do antigo círculo de favoritos, em especial Tolstói. A raposa grisalha, agora com 82 anos, entendia claramente que o novo imperador, Pedro II, inevitavelmente acertaria as contas com o homem que havia enganado seu pai, fazendo-o retornar da Itália para morrer. Tolstói apelou para outros membros do círculo, mas encontrou apoio limitado. Osterman havia se unido a Menchikov, Yagujinski estava na Polônia, os outros membros resolveram esperar para ver. Somente Anthony Devier, cunhado de Menchikov, e o general Ivan Buturlin das Guardas resistiram. Era tarde demais. Catarina estava morrendo e Menchikov havia tomado os cuidados para cercá-la com seu próprio bando, impossibilitando a aproximação de outros. Invulnerável a ataques, ele então cometeu suas agressões. Devier, contra quem Menchikov havia jurado vingança por casar a irmã do Príncipe Sereno, foi preso, recebeu golpes de cnute e acabou enviado para a Sibéria. Tolstói foi banido para uma terra de pescadores de baleias no Mar Branco, onde morreu em 1729, aos 84 anos.

Quando Catarina morreu e Pedro II foi proclamado imperador, Menchikov agiu rapidamente para colher suas recompensas. Dentro de uma semana após sua ascensão, o jovem imperador foi transferido do Palácio de Inverno para o palácio de Menchikov, na ilha Vasilevski. Duas semanas mais tarde, o noivado de Pedro com Maria Menchikova foi celebrado. O Supremo Conselho Privado estava repleto de novos aliados aristocratas de Menchikov, os Dolgoruki e os Golitsyn. Como mais um gesto, ele fez a idosa czarina Eudóxia, primeira esposa de Pedro, o Grande, e avó do novo imperador, ser transferida da solitária fortaleza de Schlüsselburg para o convento de Novodevichi, próximo a Moscou, onde ela ficaria mais confortável.

O duque de Holstein, que Catarina havia colocado no Supremo Conselho Privado contra a vontade de Menchikov, viu o que provavelmente se sucederia e pediu permissão para deixar a Rússia com sua esposa, a princesa Ana. Contente, Menchikov os viu retornar a Kiel, sede do ducado, e adoçou sua partida com uma generosa pensão russa. Foi em Kiel, em 28 de maio de 1728, que a princesa Ana morreu pouco depois de dar à luz um filho, o futuro imperador Pedro III. Um baile oferecido em sua honra para celebrar o nascimento fora seguido por fogos de artifício. Embora o tempo no Báltico fosse frio e úmido, a mãe jovem e feliz insistiu em ficar em uma sacada aberta para conseguir ver melhor. Quando suas ajudantes se mostraram preocupadas, ela deu risada e falou: "Lembrem-se de que sou russa e estou acostumada a um clima muito pior do que esse". Dentro de dez dias, a filha mais velha de Pedro, o Grande, estava morta. Agora restava apenas uma filha de Pedro e Catarina, a princesa Isabel.

O novo imperador era belo, fisicamente robusto e alto para sua idade. Osterman, que havia tomado conta praticamente sozinho da política estrangeira russa, agora assumia tarefas adicionais como tutor do jovem Pedro. Seu aluno ousado não se mostrava muito interessado em livros; preferia andar a cavalo e caçar. E, quando Osterman o censurou por sua falta de dedicação, o soberano de onze anos respondeu: "Meu caro Andrei Ivanovich, gosto de você e, como meu ministro das Relações Exteriores, você é indispensável, mas devo lhe pedir para não voltar a interferir nos meus passatempos". As companhias mais próximas de Pedro eram sua irmã, Natália, apenas um ano mais velha do que ele, sua tia de dezoito anos e cabelos loiros, a princesa Isabel, que não se interessava pelo governo, mas apenas por andar a cavalo, caçar e dançar, e o príncipe Ivan Dolgoruki, de dezenove anos.

Durante aqueles poucos meses no verão de 1727, Menchikov ficou sozinho no ápice do poder. "Nem mesmo Pedro, o Grande era tão temido ou tão obedecido", declarou um embaixador saxão. Menchikov era o governante incontestável da Rússia e o possível sogro do imperador; todos os futuros monarcas russos teriam seu sangue nas veias. Seguro de sua proeminência, suas maneiras tornaram-se insuportáveis; ele emitia ordens de forma altiva até mesmo ao imperador. Interceptou uma soma de dinheiro que Pedro havia recebido e castigou o imperador por aceitá-la, então tomou o prato de prata que

Pedro havia dado de presente à irmã, Natália. Incomodado, o garoto falou em tom ameaçador a Menchikov: "Veremos quem é o imperador, você ou eu".

Em julho de 1727, Menchikov teve a má sorte de ficar doente. Enquanto seu comando sobre as rédeas do poder relaxava brevemente, Pedro, Natália e Isabel mudaram-se para Peterhof. As pessoas na corte comentavam que as questões de Estado começavam a progredir de forma satisfatória, mesmo sem a presença do príncipe Menchikov. Quando ele se recuperou, apareceu em Peterhof, mas, para sua surpresa, Pedro lhe deu as costas. A seus companheiros igualmente impressionados, o imperador falou: "Veja, pelo menos estou aprendendo a mantê-lo sob controle". A queda de Menchikov veio um mês depois, em setembro de 1727. Preso, desprovido de seus títulos e condecorações, ele e a família, incluindo a filha, Maria, foram exilados em uma propriedade na Ucrânia. Essa fase da queda foi amortecida: ele deixou São Petersburgo com quatro carruagens de seis cavalos e sessenta carroças de bagagens.

Pedro II agora passava para as mãos dos Dolgoruki. O príncipe Aleixo Dolgoruki, pai de Ivan, amigo do imperador, e o príncipe Vassili Dolgoruki foram nomeados para o Supremo Conselho Privado e, no final de 1729, o noivado do imperador com Catarina, filha de dezessete anos do príncipe Aleixo, foi anunciado. Os Dolgoruki completaram a destruição de Menchikov. Em abril de 1728, o grande príncipe foi acusado de manter contato com traidores na Suécia, sua enorme fortuna foi confiscada e ele foi exilado com a família em Berezov, um vilarejo acima da área de tundra no norte da Sibéria. Neste local, em novembro de 1729, morreu aos 56 anos; poucas semanas mais tarde, sua filha Maria também veio a falecer.

Cada vez mais, sob o comando de Pedro II, Moscou voltava a adotar seu antigo papel como centro da vida russa. Depois da coroação, em janeiro de 1728, Pedro recusou-se a retornar a São Petersburgo, reclamando: "O que eu posso fazer em um local onde não há nada além de água salgada?". Naturalmente, a corte permaneceu com ele e, conforme os meses se passavam, uma série de gabinetes do governo começou a se mudar de volta para a antiga cidade. Entretanto, o reinado de Pedro II estava destinado a durar poucos meses mais do que o reinado de Catarina I. No início de janeiro de 1730, o imperador de quatorze anos adoeceu. Foi diagnosticado com varíola, sua condição se deteriorou rapidamente e, em onze de janeiro de 1730, o dia marcado para seu casamento, ele morreu.

A morte veio de forma rápida e inesperada demais para Pedro II seguir o procedimento criado por seu avô e nomear um sucessor. Assim, ficou a cargo do Supremo Conselho Privado, agora dominado pelo príncipe Dimitri Golitsyn, escolher um soberano. A princesa Isabel, amante dos prazeres e última filha de Pedro, o Grande, era considerada frívola demais, e Catarina de Mecklemburgo, filha mais velha do czar Ivan V (o irmão adoecido e co-czar de Pedro, o Grande) e da czarina Praskovaia, era vista como influenciada demais por seu marido, o duque de Mecklemburgo. Portanto, a escolha recaiu sobre a segunda filha de Ivan V, Ana, duquesa da Curlândia, que se tornara viúva alguns meses após seu casamento, em 1711. A oferta feita a Ana levava muitas restrições. Ela não deveria se casar, nem apontar um sucessor. O conselho reteria a aprovação sobre a guerra e a paz, o aumento dos impostos e o gasto do dinheiro, a concessão de propriedades e a nomeação de todos os oficiais com posições acima da de coronel. Ana aceitou as condições, chegou à Rússia e, com o apoio dos regimentos das Guardas e da pequena nobreza, imediatamente acabou com as condições, aboliu o Supremo Conselho Privado e restabeleceu o poder da autocracia. Tendo vivido na Curlândia por dezoito anos, a nova imperatriz tinha inclinações ocidentais, e a corte mudou-se de volta a São Petersburgo. Seu governo foi dominado por um trio de alemães: Ernst Biron, seu primeiro ministro na Curlândia, agora transformado em conde russo; Osterman, que continuou trabalhando com a política externa; e Munnich, o criador do Canal do Ladoga, que assumiu o comando do exército e tornou-se marechal de campo.

A imperatriz Ana morreu em 1740, deixando o trono para o neto de sua irmã mais velha, Catarina de Mecklemburgo. Essa criança, Ivan IV, mal soube que foi imperador; herdou o trono aos dois meses de idade e foi destronado com quinze meses para tornar-se prisioneiro secreto do Estado, posição na qual permaneceu por 22 anos de sua vida. Sua sucessora foi Isabel, agora com 31 anos, ainda vivaz e adorada pelo Regimento das Guardas, que a ajudou a tomar o trono, primordialmente porque ela temia ser enviada a um convento por apoiadores de Ivan VI. O reinado de Isabel durou 21 anos (de 1741 a 1762), sendo seguido por um breve reinado de Pedro III e o reinado de 34 anos de Catarina, a Grande.

Assim, a reviravolta nas leis da sucessão, realizada por Pedro, o Grande e sua proclamação de que todos os soberanos deveriam ter o direito para apontar seu herdeiro levaram a uma anomalia na história russa: desde os dias distantes do Principado de Kiev, nenhuma mulher havia reinado na Rússia; após a morte de Pedro, em 1725, quatro imperatrizes governaram de forma quase contínua durante os próximos 71 anos. Elas foram a esposa de Pedro (Catarina I), sua sobrinha (Ana), sua filha (Isabel) e a esposa de seu neto (Catarina, a Grande). Os reinados de três lastimáveis homens (Pedro II e Pedro III, netos de Pedro, o Grande, e o bisneto de seu irmão, Ivan VI) foram intercalados entre essas mulheres, mas os três reinados se estenderam por apenas quarenta meses. Após a morte de Catarina, a Grande, seu filho, Paulo, que detestava a mãe, tornou-se imperador. No dia de sua coroação, ele contrariou o decreto de Pedro, o Grande, acerca da sucessão e estabeleceu a primogenitura hereditária na linha masculina. Depois disso, os soberanos da Rússia voltaram a ser todos homens: os filhos de Paulo, Alexandre I e Nicolau I, seu neto Alexandre II, seu bisneto Alexandre III e seu tataraneto Nicolau II.

O CORPO DE PEDRO, o Grande, foi entregue à terra, mas seu espírito continuou vagando pelo país. Imediatamente após a morte do czar, os russos diligentemente começaram a reunir todos os objetos ligados a sua vida e a colocá-los à mostra: os casacos formais de corte, o uniforme azul e verde do Regimento Preobrajenski (que ele usara em Poltava), o chapéu, as enormes botas pretas, os pares de sapatos desgastados, mas com solas novas, a espada, a bengala com a cabeça de marfim, sua touca de dormir, as meias remendadas em vários pontos, a mesa de trabalho, os instrumentos cirúrgicos, dentais e de navegação, o torno mecânico, a sela e seus estribos. Sua cachorrinha, Lisete, e o cavalo no qual ele cavalgara em Poltava foram empalhados e expostos. Uma estátua de cera de Pedro sentado foi moldada em tamanho real pelo velho Rastrelli – o corpo estava vestido com as roupas que o imperador usara na coroação de Catarina e a peruca foi feita com os cabelos verdadeiros de Pedro, que ele havia cortado durante a campanha no Mar Cáspio. Todas essas recordações foram cuidadosamente preservadas e ainda podem ser vistas no Hermitage ou em outros museus russos.

Àqueles próximos a Pedro, sua perda parecia irreparável. Andrei Nartov, o jovem torneiro com quem Pedro trabalhara quase diariamente em seus últimos anos, declarou: "Embora Pedro, o Grande, não esteja mais conosco, seu espírito vive em nossas almas e nós, que tivemos a honra de estar próximos a um monarca, morreremos fiéis a ele, e nosso afetuoso amor por ele será enterrado conosco". Neplyuev, o jovem oficial naval que Pedro havia enviado como embaixador a Constantinopla, escreveu: "Esse monarca nivelou nosso país com os outros. Ele nos ensinou a reconhecer que somos um povo. Em suma, tudo aquilo que admiramos na Rússia tem suas origens nele, e tudo que for feito no futuro será derivado dessa fonte".

Conforme o século passava, a veneração a Pedro tornou-se quase um culto. Mikhail Lomonosov, primeiro cientista notável da Rússia, delineou Pedro como "um homem como Deus", e escreveu: "Eu o verei em todos os cantos, ora envolto em uma nuvem de poeira, de fumaça, de chamas, ora banhado em suor ao final de um trabalho extenuante. Recuso-me a acreditar que haja apenas um Pedro, e não vários". Gavril Derzhavin, o poeta russo mais refinado do século XVIII, perguntou: "Não seria Deus quem veio à terra nesta pessoa?". A inteligente imperatriz alemã Catarina, a Grande, desejando se identificar mais com seu predecessor russo, encomendou uma heroica estátua de bronze do escultor francês Falconet. Uma mini colina com 1.600 toneladas de granito foi extraída para a margem do Neva para formar um pedestal. O imperador, usando uma capa e coroado com louro, está firmemente posicionado sobre um feroz cavalo pisoteando uma serpente; o braço direito de Pedro está estendido, apontando imperiosamente em direção ao outro lado do rio, para a Fortaleza de Pedro e Paulo e para o futuro. A imagem, que captura a exuberância, a vitalidade e a autoridade absoluta de Pedro, tornou-se imediatamente a mais famosa estátua da Rússia. Quando Alexandre Pushkin escreveu seu imortal poema, "O Cavaleiro de Bronze", a estátua encontrou seu espaço permanente na literatura.

Existiram, obviamente, pontos de vista divergentes. A esperança da população de que a morte de Pedro significasse uma diminuição dos pesados fardos na forma de serviços e impostos se expressou em uma popular litografia intitulada "Os Ratos Enterram o Gato". Esse astuto trabalho retrata um enorme gato com um rosto reconhecível, agora amarrado a um trenó com as patas para o ar, sendo arrastado por um grupo de ratos em celebração. No século XIX, os tradicionalistas que acreditavam nos valores inerentes da cultura moscovita culpavam Pedro por ter inicialmente aberto as portas a ideias e inovações do Ocidente. "Nós começamos [no reinado de Pedro] a ser cidadãos do mundo", declarou o historiador conservador Nikolai Karamzin, "mas deixamos, em certa medida, de ser cidadãos da Rússia". Um debate histórico e filosófico de grande escala se desenvolveu entre duas escolas: os "eslavófilos", que deploravam a contaminação e destruição das antigas cultura e instituições russas, e os "ocidentalizadores", que admiravam e elogiavam Pedro por suprimir o passado e forçar a Rússia no caminho do progresso e do esclarecimento. As discussões frequentemente tornavam-se acaloradas, como quando o influente crítico literário Vassarion Belinski descreveu Pedro como "o mais extraordinário fenômeno não apenas em nossa história, mas na história da humanidade [...], uma deidade que nos transformou em seres e que embalou o sopro da vida no corpo da antiga Rússia, colossal, mas prostrada no sono da morte".

Historiadores soviéticos não encontraram facilidade para lidar com a figura de Pedro, o Grande. Buscando escrever a história dentro dos conceitos não apenas da teoria e terminologia marxistas gerais, mas també n do ar de reforma que se seguiu, eles oscilam entre retratar Pedro como irrelevante (os indivíduos não têm papel na evolução histórica), e como um autocrata explorador construindo "um estado nacional de proprietários de terras e comerciantes" e como um herói nacional defendendo a Rússia contra inimigos externos. Um exemplo pequeno, porém ilustrativo, dessa ambivalência é o tratamento de Pedro no Museu da Batalha de Poltava. Há uma grande estátua do imperador em frente ao museu e todas as exposições no interior enfatizam a presença e o papel de Pedro. Todavia, o material escrito nos livretos e nas legendas obedientemente atribui a vitória aos esforços dos "fraternais povos russo e ucraniano".

Pessoalmente, Pedro era realista e filosófico quanto à forma como era visto e poderia ser lembrado. Osterman recordou uma conversa com um embaixador estrangeiro na qual Pedro perguntou qual era a opinião que as pessoas tinham a seu respeito no exterior.

"Majestade", respondeu o embaixador, "todos têm a melhor e mais elevada opinião a respeito de Vossa Majestade. O mundo está impressionado com toda a sabedoria e a genialidade que Vossa Majestade demonstra na execução dos vastos desígnios que concebeu e que espalharam a glória de seu nome nas regiões mais distantes".

"Está bem, está bem, pode ser", rebateu Pedro impacientemente, "mas a lisonja é sempre despejada sobre o rei quando ele está presente. Meu objetivo não é ver o lado justo das coisas, mas saber quais julgamentos são formados a meu respeito pelo lado oposto da questão. Eu lhe imploro para me contar, seja o que for".

O embaixador fez uma reverência. "Majestade", falou, "como me ordenou, vou lhe contar todos os males que ouvi. Vossa Majestade se passa por um soberano imperioso e severo, que trata suas questões rigorosamente, que está sempre pronto para punir e é incapaz de perdoar uma falta".

"Não, meu amigo", respondeu Pedro, sorrindo e sacudindo a cabeça, "isso não é tudo. Sou representado como um tirano cruel; essa é a opinião que as nações estrangeiras formaram sobre mim. Mas como eles podem julgar? Não conhecem as circunstâncias em que eu me encontrava no início de meu reinado, quantas pessoas se opuseram a meus desígnios, combateram meus mais úteis projetos e me obrigaram a ser severo. Porém, jamais tratei ninguém com crueldade ou ofereci demonstrações de tirania. Pelo contrário, sempre pedi a ajuda de meus súditos que demonstram marcas de inteligência e patriotismo e que, fazendo justiça à retidão de minhas intenções, mostraram-se dispostos a concordar com elas. Tampouco deixei de atestar minha gratidão por meio da concessão de incontáveis favores a eles".

As discussões sobre Pedro e as controvérsias acerca de suas reformas jamais cessaram. Ele já foi idolatrado, condenado e analisado repetidas vezes e, ainda assim, como as questões mais amplas na natureza e no futuro da própria Rússia, permanece essencialmente misterioso. Uma qualidade que ninguém contesta é sua fenomenal energia. "Um eterno trabalhador no trono da Rússia", foram as palavras usadas por Pushkin para descrevê-lo. "Vivemos em uma era de ouro", escreveu Pedro a Menchikov. "Sem perder um único instante, dedicamos todas as nossas energias ao trabalho". Ele era uma força da natureza – e talvez por esse motivo jamais se chegue a um julgamento final. Como alguém poderia julgar o movimento eterno do oceano ou o enorme poder do furacão?

GENEALOGIA, BIBLIOGRAFIA, NOTAS E ÍNDICE REMISSIVO

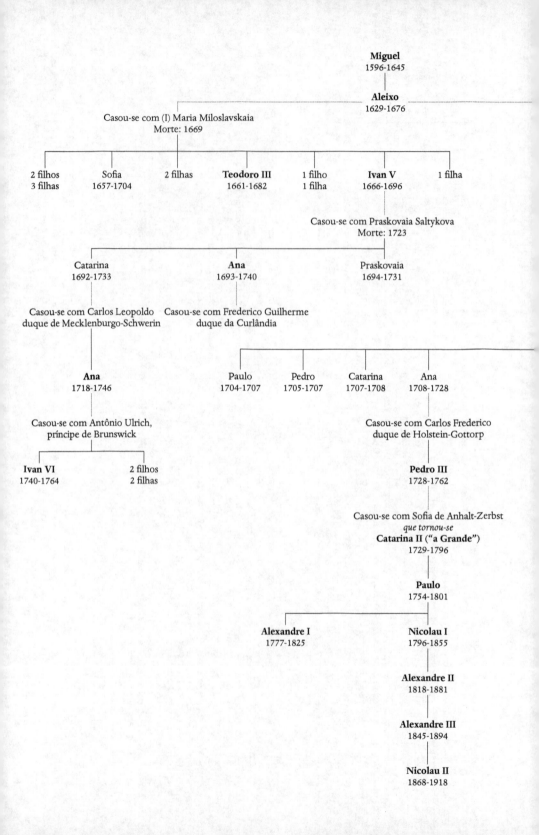

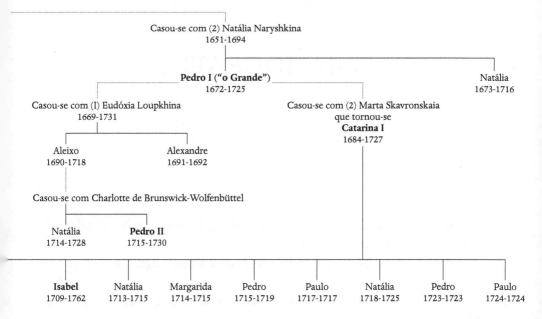

GENEALOGIA DA DINASTIA ROMANOV
1613--1917

em negrito: czares, imperadores e imperatrizes

BIBLIOGRAFIA

ADLERFELD, M. GUSTAVUS, The Military History of Charles XII, 3 vols. Londres, J. and P. Knapton, 1740.

ALLEN, W. E. D., The Ukraine: A History. Cambridge, Cambridge University Press, 1940.

ANDERSON, M. S., Britain's Discovery of Russia, 1553-1815. Londres, Macmillan, 1958.

_____, Peter the Great. Londres, Thames and Hudson, 1978.

ANDERSON, R. C., Naval Wars in the Baltic During the Sailing Ship Epoch, 1522-1850. Londres, C. Gilbert-Wood, 1910.

ANDREEV, A. I., editor, Peter the Great: A Collection of Essays (Petr Veliky: Sbornik statei). Moscou-Leningrado, 1947.

AVVAKUM, The Life of the Archpriest Avvakum by Himself, tradução de Jane Harrison e Hope Mirrlees. Londres, Publicado por Leonard e Virginia Woolf pela The Hogarth Press, 1924.

BAIN, R. NISBET, Charles XII and the Collapse of the Swedish Empire. Nova York, G. P. Putnam, 1895.

_____, The Pupils of Peter the Great. Londres, Constable, 1897.

BELL, JOHN, Travels from St. Petersburg in Russia to Various Parts of Asia. Edimburgo, 1806.

BENGTSSON, FRANS G., The Life of Charles XII, tradução de Naomi Walford. Londres, Macmillan, 1960.

BILLINGTON, JAMES J., The Icon and the Axe. Nova York, Alfred A. Knopf, 1966.

BLACK, CYRIL E., Rewriting Russian History. Nova York, Vintage Books, 1962.

BOGOSLOVSKY (Bogoslovskii), M. M., Pedro I: Material para uma biografia (Petr I: Materialy dlya biografii), 5 vols. Moscou, 1940-1948.

BOWEN, MARJORIE, William Prince of Orange. Nova York, Dodd, Mead, 1928.

BRIDGE, VICE ADMIRAL CYPRIAN A. G., editor, History of the Russian Fleet During the Reign of Peter the Great by a Contemporary Englishman. Londres, The Navy Records Society, 1899.

BROWNING, OSCAR, Charles XII of Sweden. Londres, Hurst and Blackett, 1899.

BRUCE, PETER HENRY, Mémoires. Londres, 1782.

BURNET, GILBERT (Bishop of Salisbury), History of His Own Time, 6 vols. Edimburgo, Hamilton, Balfour and Neill, 1753.

The New Cambridge Modern History, Volume VI: The Rise of Great Britain and Russia, 1688-1725, editado por J. S. Bromley. Cambridge, Cambridge University Press, 1970.

CARR, FRANK G. G., Maritime Greenwich. Londres, Pitkin, 1969.

CARR, JOHN LAURENCE, Life in France Under Louis XIV. Nova York, G. P. Putnam's Sons, 1966.

CASSELS, LAVENDER, The Struggle for the Ottoman Empire, 1717-1740. Londres, John Murray, 1966.

CHANCE, JAMES FREDERICK, George I and the Northern War. Londres, Smith, Elder & Co., 1909.

CHURCHILL, WINSTON S., Marlborough: His Life and Times, 6 vols. Nova York, Charles Scribner's Sons, 1933-1938.

CLARK, G. N., The Later Stuarts, 1660-1714. Oxford, Oxford University Press, 1934.

Coleção da Sociedade Histórica Imperial Russa (Sbornik Imperatorskago Russkago Istoricheskago Obshchestva), 148 vols. São Petersburgo, 1867-1916.

COLLINS, SAMUEL, The Present State of Russia. Londres, Impresso por John Winter para D. Newman, 1671.

CRACRAFT, JAMES, The Church Reform of Peter the Great. Londres, Macmillan, 1971.

_____, "Feofan Prokopovich," em The Eighteenth Century in Russia, editado por J. G. Garrard. Oxford, The Clarendon Press, 1973.

CRULL, JODOCUS, The Ancient and Present State of Muscovy. Londres, A. Roper, 1698.

DE GRUNWALD, CONSTANTIN, Peter the Great, traduzido do francês por Viola Garvin. Londres, Saunders, MacGibbon & Kee, 1956.

DE JONG, ALEX, Fire and Water: A Life of Peter the Great. Londres, Collins, 1979.

DMYTRYSHYN, BASIL, editor, Modernization of Russia Under Peter I and Catherine II. Nova York, John Wiley & Sons, 1974.

DURUKAN, ZEYNEP M., The Harem of the Topkapi Palace. Istambul, Hilal Matbaacilik Koll., 1973.

EVELYN, JOHN, The Diary of John Evelyn, com Introdução e Notas de Austin Dobson, 3 vols. Londres, Macmillan, 1906.

FEDOTOV, G. P., The Russian Religious Mind. Cambridge, Massachussets, Harvard University Press, 1966.

FISCHER, LOUIS, The Life of Lenin. Nova York, Harper and Row, 1964.

FISHER, H. A. L., A History of Europe, Vol I. Londres, Fontana Library, 1960.

FLORINSKY, MICHAEL T., Russia: A History and an Interpretation, 2 vols. Nova York, Macmillan, 1953.

GASIOROWSKA, XENIA, The Image of Peter the Great in Russian Fiction. Madison, University of Wisconsin Press, 1979.

GEYL, PIETER, History of the Low Countries: Episodes and Problems. The Trevelyan Lectures, 1963. Londres, Macmillan, 1964.

GIBB, HAMILTON e HAROLD BOWEN, Islamic Society and the West. Londres e Nova York, Oxford University Press, 1950.

GOOCH, G. P., Louis XV: The Monarchy in Decline. Londres, Longmans, 1956.

GORDON, ALEXANDER, History of Peter the Great, 2 vols. Aberdeen, F. Douglass e W. Murray, 1755.

GORDON OF AUCHLEUCHRIES, GENERAL PATRICK, Passages from the Diary of, 1635-1699. Aberdeen, impresso para The Spalding Club, 1859.

GRAHAM, STEPHEN, Peter the Great. Nova York, Simon and Schuster, 1929.

GREY, IAN, Peter the Great. Filadélfia, Lippincott, 1960.

HATTON, RAGNILD M., Charles XII of Sweden. Londres, Weidenfeld and Nicolson, 1968.

_____, Europe in the Age of Louis XIV. Londres, Thames and Hudson, 1969.

HINGLEY, RONALD, The Tsars: Russian Autocrats, 1533-1917. Londres, Weidenfeld and Nicolson, 1968.

JEFFERYES, JAMES, Captain James Jefferyes's Letters from the Swedish Army, 1707-1709, editado por Ragnild Hatton. Estocolmo, Kungl. Boktryckeriet, P. A. Norstedt & Söner, 1954.

JOLLIFFE, JOHN, "Lord Carlisle's Embassy to Moscow," em The Cornhill, Outono/1967.

KAFENGAUZ, B. B., Russia Under Peter the First (Rossiya pri Petre Pervom). Moscou, 1955.

KLUCHEVSKY, VASILY O., Peter the Great, tradução de Liliana Archibald. Nova York, Vintage Books, 1958.

KORB, JOHANN GEORG, Diary of an Austrian Secretary of Legation at the Court of Tsar Peter the Great, tradução e edição de Count Mac-Donnel, 2 volumes em um. Londres, Frank Cass & Co., 1968.

KUNSTLER, CHARLES, La Vie quotidienne sous la Régence. Paris, Hachette, 1960.

MALAND, DAVID, Europe in the Seventeenth Century. Londres, Macmillan, 1968.

MANSTEIN, C. H., Memoirs of Russia, 1727-1744. Londres, 1773.

MARSDEN, CHRISTOPHER, Palmyra of the North: The First Days of St. Petersburg. Londres, Faber & Faber, 1942.

MAVOR, JAMES, An Economic History of Russia, 2 vols. Nova York, E. P. Dutton, 1914.

MAZOUR, ANATOLE G., Modern Russian Historiography. Princeton, Van Nostrand, 1958 ed.

MILUKOV, PAUL, et al., History of Russia, Vol. 1. Nova York, Funk & Wagnalls, 1968.

MITCHELL, R. J. e M. D. R. LEYS, A History of London Life. Londres, Penguin Books, 1968.

MITFORD, NANCY, Frederick the Great. Nova York, Harper and Row, 1964.

O'BRIEN, C. BICKFORD, Russia Under Two Tsars, 1682-1689: The Regency of Sophia. Berkeley, University of California Press, 1952.

OGG, DAVID, Europe of the Ancien Regime, 1715-1783. Londres, Collins, 1967.

OKENFUSS, MAX J., "The Jesuit Origins of Petrine Education," em The Eighteenth Century in Russia, editado por J. G. Garrard. Oxford, The Clarendon Press, 1973.

_____, "Russian Students in Europe in the Age of Peter the Great," em The Eighteenth Century in Russia, editado por J. G. Garrard. Oxford, The Clarendon Press, 1963.

OLEARIUS, J. ALBERT DE M., The Voyages and Travels of the Ambassadors Sent by Frederick Duke of Holstein to the Great Duke of Muscovy and the King of Persia, tradução de John Davies. Londres, 1669.

OLIVA, L. JAY, Peter the Great. Englewood Cliffs, Prentice-Hall, 1970.

PARES, BERNARD, A History of Russia. Nova York, Alfred A. Knopf, 1960.

PAUL OF ALEPPO, The Travels of Macarius: Extracts from the Diary of the Travels of Macarius, Patriarch of Antioch, written by his son, Paul, Archdeacon of Aleppo, 1652-1660, tradução de F. C. Balfour. Londres, Oxford University Press, 1936.

PAVLENKO, N. I., NIKIFOROV, L. A. e VOLKOV, M. I., Rússia no período das reformas de Pedro I (Rossiia v period reform Petra I). Moscou, "Nauka," 1973.

PENZER, N. M., The Harem. Londres, Spring Books, 1965.

PEPYS, SAMUEL, The Diary of Samuel Pepys, 3 vols., edição de Robert Latham e William Matthews. Berkeley, University of California Press, 1970.

PERRY, JOHN, The State of Russia Under the Present Tsar. Impresso para Benjamin Tooke em Middle Temple Gate, Fleet Street, 1716.

PETER THE GREAT, Cartas e Papéis (Pisma i Bumagi Imperatora Petra Velikogo). São Petesburgo-Moscou, 1887- . (Doze volumes foram publicados até agora. O mais recente, Vol. 12, leva o trabalho até 1712.)

PIPES, RICHARD, Russia Under the Old Regime. Nova York, Charles Scribner's Sons, 1974.

PLATONOV, SERGEI F., History of Russia. Nova York, Macmillan, 1929.

PLUMB, J. H., The First Four Georges. Londres, Collins-Fontana Library, 1968.

POKROVSKY, MICHAEL N., History of Russia: From the Earliest Times to the Rise of Commercial Capitalism, tradução e edição de J. D. Clarkson and M. R. M. Griffiths. Nova York, International Publishers, 1931.

Poltava: Uma coleção de artigos no aniversário de 250 anos da batalha (Poltava: k 250 letiyu Poltavskogo srazheniya, Sbornik statei). Moscou, 1959.

Retratos da época de Pedro: o catálogo da exposição (Portret Petrovskogo vremeni: katalog vystavki). Leningrado, 1973.

PREDTECHENSKY, A. B., editor, A Petersburgo da era de Pedro: estudos (Petersburg Petrovskogo vremeni: ocherki). Leningrado, 1948.

PUTNAM, PETER, Seven Britons in Imperial Russia, 1698-1812. Princeton, Princeton University Press, 1952.

RAEFF, MARC, Origins of the Russian Intelligentsia: The Eighteenth Century Nobility. Nova York, Harcourt, Brace, 1966.

_____, editor, Peter the Great: Reformer or Revolutionary? Boston, D. C. Heath, 1966.

Relation fidèle de ce qui s'est passé au sujet du Jugement rendu contre le Prince Alexei, et des circonstances de sa mort. Da biblioteca do Palazzo de San Donato, Florença, Itália.

RIASONOVSKY, NICHOLAS V., A History of Russia. Nova York, Oxford University Press, 1963.

RUNCIMAN, STEVEN, The Fall of Constantinople, 1453. Cambridge, Cambridge University Press, 1969.

The Russian Primary Chronicle, tradução e edição de Samuel H. Cross e Olgerd P. Sherbowitz-Wetzor. Cambridge, Mass., The Medieval Academy of America, 1953.

SAINT-SIMON, LE DUC DE, Mémoires, 6 vols. Paris, Bibliothèque de la Pléiade, Editions Gallimard, 1965.

SCHELTEMA, M. J., Anecdotes historiques sur Pierre le Grand et sur ses voyages en Hollande et à Zaandam. Lausanne, Marc Ducloux, 1842.

SCHUYLER, EUGENE, Peter the Great, 2 vols. Nova York, Charles Scribner's Sons, 1884.

SHAFIROV, P. P., A Discourse Concerning the Just Causes of the War Between Sweden and Russia: 1700-1721. Dobbs Ferry, N.Y., Oceana Publications, 1973.

SHCHERBATOV, M. M., editor, Journal de Pierre le Grand depuis l'année 1698 jusqu' à la conclusion de la paix de Neustadt. Berlin, 1773.

SOLOVEV, S. M., History of Russia from Earliest Times (Istoriya Rossii s drevneishikh vremen), 15 vols. Moscou, 1960-1966.

STAEHLIN VON STORCKSBURG, Original Anecdotes of Peter the Great. Londres, J. Murray, 1787.

STOYE, JOHN, Europe Unfolding, 1648-1688. Londres, Collins-Fontana Library, 1969.

SUMNER, B. H., Peter the Great and the Emergence of Russia. Nova York, Collier Books, 1965.

_____, Peter the Great and the Ottoman Empire. Hamden, Conn., Archer Books, 1965.

TARLE, E. V., The Russian Fleet and the Foreign Policy of Peter I (Russkii flot i vneshnyaya politika Petra I). Moscou, 1949.

_____, The Northern War (Severnaya Voina). Moscou, 1958.

TREASURE, G. R. R., Seventeenth Century France. Londres, Rivingtons, 1966.

TREVELYAN, G. M., The English Revolution, 1688-89. Oxford, Oxford University Press, 1938.

USTRYALOV, N. G., History of the Reign of Peter the Great (Istoriya tsarstvovaniya Petra Velikago), 6 vols. São Petersburgo, 1858-1863.

VOYCE, ARTHUR, Moscow and the Roots of Russian Culture. Norman, University of Oklahoma Press, 1964.

WALISZEWSKi, KASIMIERZ, Peter the Great. Nova York, Appleton, 1897.

WEBER, FRIEDRICH CHRISTIAN, The Present State of Russia, 2 vols. Londres, W. Taylor, 1723.

WHITWORTH, CHARLES, An Account of Russia as It Was in 1710. Strawberry Hill, 1758.

WILLIAMS, BASIL, The Whig Supremacy: 1714-1760. Oxford, Oxford University Press, 1962.

WILLIAMS, NEVILLE, Chronology of the Expanding World, 1492-1762. Londres, Cresset Press, 1969.

WILSON, FRANCESCA, Muscovy: Russia Through Foreign Eyes, 1553-1900. Londres, Allen & Unwin, 1970.

WITTRAM, R., Peter I, Tzar und Kaiser, 2 vols. Göttingen, 1964.

WOLF, JOHN B., Louis XIV. Londres, Victor Gollancz, 1968.

WOODWARD, DAVID, The Russians at Sea: A History of the Russian Navy. Nova York, Frederick A. Praeger, 1966.

ZIEGLER, GILETTE, At the Court of Versailles: Eye-Witness Reports from the Reign of Louis XIV. Nova York, E. P. Dutton, 1966.

NOTAS

Abreviações usadas nas notas

P&B: Cartas e documentos do Imperador Pedro, o Grande, São Petersburgo – Leningrado, 1887-1975.

Sbornik, I.R.I.O.: Coleção da Sociedade Histórica da Rússia Imperial, São Petersburgo, 1867-1916.

Manifesto: Manifesto do Processo Criminal do Czarevich Alexei Petrowitz, Haia, 1718. (Impresso no Volume II de "The Present State of Russia", de Friedrich Christian Weber).

CAPÍTULO I: MOSCÓVIA ANTIGA

2   MAIS RICA E BELA: Perry, 263.
4   OUTROS SERVIÇOS: Olearius, 43.
4   ESSES VILÕES: Weber, I, 128.
5   AS CHUVAS OUTONAIS: Paulo de Alepo, 63.
8   A TERRA TREMER: Ibid., 26.
10 COMO UM SOL BRILHANTE: Jolliffe, 217.
11 NÓS HUMILDEMENTE IMPLORAMOS: O'Brien, 6.
11 (PENA DE) MORTE: Collins, 117.
11 TUFOS DE DIAMANTE: Paulo de Alepo, 88.
11 SUA MAJESTADE IMPERIAL: Collins, 44.
11 SEVERO NOS CASTIGOS: Ibid., 110.

12   OS BRILHANTES OLHOS DO CZAR: Crull, 170.
12   SE ELE ESTIVER BEM: Collins, 122.
13   MAIS DO QUE TRÊS REFEIÇÕES POR SEMANA: Ibid.
13   N. A DESCONSOLADA VIÚVA: Wilson, 66.
17   CABELOS SÃO CORTADOS: Weber, I, 120.

Capítulo 2: A INFÂNCIA DE PEDRO

22   OS JOVENS APARECEM: Staehlin, 15.
25   OS TRANSGRESSORES CULPADOS PELA PRIMEIRA: Voyce, 93.
25   UMA GUERRA DE CORUJAS: Collins, 33.
26   UMA MULHER BOA E LIMPA: Schuyler, I, 16.
28   A PORTA SE ABRIU: Ibid., 17.
28   PUXADO POR QUATRO PÔNEIS ANÃOS: Bogoslovski, I, 30.
30   SENHORA, CHEGOU A HORA: Kluchevski, 2.
31   O SENHOR É UM HOMEM BOM: Ibid., 4.
34   QUAL DOS DOIS: Schuyler, I, 37.

Capítulo 3: "UMA DAMA DE ENORME INTELIGÊNCIA"

37   MINHA FILHA: Korb, II, 213.
37   COM ESTE CHICOTE: De Grunwald, 21.
38   ALGUNS DESSES BÁRBAROS: Collins, 9.
42   UMA DAMA DE ENORME INTELIGÊNCIA: O' Brien, 49.
42   É UMA ELEIÇÃO INJUSTA: Ibid., 21.
43   OS MORTOS DEVERIAM ENTERRAR OS MORTOS: Schuyler, I, 38.
43   VOCÊS VEEM COMO NOSSO IRMÃO: Ibid.

Capítulo 4: A REVOLTA DOS STRELTSI

46   IRMÃOS, POR QUE ME ENTREGARAM?: Schuyler, I, 44
46   BATAM MAIS FORTE: Ustryalov, I, 24.
48   TODOS O CHAMAM DE TOLO: Schuyler, I, 35.
49   OS NARISHKIN ASSASSINARAM: Ibid., 49.
50   ESTAMOS A CAMINHO DO KREMLIN: Ibid.
51   QUEREMOS PUNIR: Ibid., 50.
51   AQUI ESTÁ O LORDE CZAR: Ibid.

54   AQUI VEM O BOIARDO: Ibid., 54.
55   SE A SENHORA TRANCAR A PORTA: Ibid., 60.
55   SEU IRMÃO NÃO VAI ESCAPAR: Bogoslovski, I, 44.
56   SEJA RÁPIDO: Schuyler, I, 61.
56   QUE UTILIDADE TERÁ: Ibid., 62.
56   AGORA ESTAMOS SATISFEITOS: Ibid.

Capítulo 5: O GRANDE CISMA

65   COMO PRIMEIRO PASTOR: Billington, 133.
66   N. TODAS AS IGREJAS DELES: Paulo de Alepo, 19, 20, 26, 29, 64, 68, 70.
66   UM MANTO DE VELUDO VERDE: Ibid., 30.
67   O HÁBITO DE IR A PÉ: Ibid., 32.
67   O IMPERADOR SEGUROU: Ibid., 74.
68   OS JANÍZAROS DE NIKON: Ibid., 36.
69   OBSERVAMOS QUE, QUANDO O CONSELHO SE REÚNE: Ibid., 35.
69   PALHAÇO IDIOTA: Ibid., 85.
70   ABANDONADO O MAIS EXALTADO TRONO: Ibid., 118.
70   PARA REVISAR E CONFIRMAR: Ibid., 119.
70   NÃO APRENDESTE: Pipes, 235.
71   NÃO CONHEÇO NEM A ANTIGA, NEM A NOVA FÉ: Billington, 145.
72   EU SOU RUSSO: Paulo de Alepo, 37.
72   TU, SIMPLES, IGNORANTE E HUMILDE RÚSSIA: Billington, 141.
72   SEREMOS QUEIMADOS NA FOGUEIRA: De Grunwald, 63.
73   UMA MULHER VEIO: Avvakum, 44.
73   ELES PINTAM A IMAGEM: Ibid., 23.
74   AO QUEIMAR O CORPO: Ibid., 22.
74   HÁ TERROR: Ibid., 21.

Capítulo 6: AS BRINCADEIRAS DE PEDRO

76   AMBOS OS REIS SE SENTARAM: Bogoslovski, I, 53-5.
77   ENTÃO BEIJEI A MÃO DIREITA: Schuyler, I, 106.
77   O JOVEM CZAR: Ibid.
78   O AMOR NATURAL E A INTELIGÊNCIA: Ibid., 103.
85   QUE TIPO DE BARCO É ESSE?: Ustryalov, II, App. i, 399.
86   E QUE ENORME PRAZER FOI: Schuyler, I, 112.

86 N. TRAGAM O BARCO ATÉ SCHLÜSSELBURG: Museu da Marinha, Leningrado.
87 SIM, PODEMOS CONSTRUIR BARCOS AQUI: Schuyler, I, 113.
90 À MINHA QUERIDA: P&B, I, No. 6.
91 SEGUNDA CARTA: Ibid., I, No. 7.
91 EU GOSTARIA DE SABER SOBRE A SUA SAÚDE: Ibid., No. 9.
92 EU SAÚDO MEU SENHOR: Museu, Pereslavl-Zalesski.

Capítulo 7: A REGÊNCIA DE SOFIA

93   SUA MENTE E SUA ENORME CAPACIDADE: Schuyler, I, 170.
95   POVOAR OS DESERTOS: De Grunwald, 64.
105 OH, MINHA ALEGRIA: Ustryalov, I, 238.
105 VINTE MIL MORTOS: Schuyler, I, 166.
106 TODOS PERCEBERAM CLARAMENTE: Ibid., 168.
107 MAÇÃS PODRES E CAÍDAS: Ibid., 173.
107 SEMPRE TEMOS ANGÚSTIAS: Ibid., 158.
108 MAIS ALTO DO QUE SEUS CORTESÃOS: De Grunwald, 71.
111 O CALOR E A AMARGURA: Bogoslovski, I, 80.
111 RUMORES PERIGOSOS: Ibid.

Capítulo 8: SOFIA DEPOSTA

115 NÃO FOSSE A MINHA PRECAUÇÃO: Schuyler, I, 175.
115 DEIXE-O FUGIR: Ibid., 176.
118 EU CERTAMENTE CHEGAREI: Ibid., 179.
118 ELES QUASE ATIRARAM EM MIM: Ibid.
119 COMO SE ATREVE: Ustryalov, II, 70.
119 INDIVÍDUOS DE MÁ-ÍNDOLE: Schuyler, I, 180.
120 FOI UM BELO E LONGO DISCURSO: Ibid., 181.
121 É MELHOR COLOCAR UM PONTO FINAL: Ibid., 182.
124 DESSA VERGONHOSA TERCEIRA PESSOA: P&B, I, No. 10.
125 NUNCA HOUVE UM GOVERNO TÃO INTELIGENTE: O'Brien, ix.
126 UMA PRINCESA DOTADA: Weber, I, 138.

Capítulo 9: GORDON, LEFORT E A COMPANHIA DA ALEGRIA

131 IGNORÂNCIA E SIMPLICIDADE: Schuyler, I, 197.

131 O CZAR NOS CONTOU: Ibid.
138 MEU CORAÇÃO ESTÁ TOTALMENTE VOLTADO PARA MOSCOU: De Grunwald, 77.
138 IMPRESSIONANTEMENTE BELA: Grey, 199.
140 A ALEGRIA DOS RUSSOS: *Primary Chronicle*, 97.
140 GENEROSAMENTE EMBRIAGADOS: Collins, 63.
141 AS MULHERES SÃO, COM FREQUÊNCIA, AS PRIMEIRAS: Korb, I, 100.
141 NUNCA O DERROTA: Schuyler, I, 281.
143 A COMITIVA FOI: Ibid., 219.

Capítulo 10: ARCANGEL

147 DURANTE ALGUNS ANOS: Schuyler, I, 227.
150 A SENHORA ESCREVEU: P&B, I, No. 14.
150 SE VOCÊS ESTÃO SOFRENDO: Ibid., Nos. 15, 16.
152 TOLAMENTE RELATO MEU SOFRIMENTO: Ibid., No. 21.
156 O QUE EU POR TANTO TEMPO: Ibid., No. 29.
158 ACREDITO: Schuyler, I, 240.

Capítulo 11: AZOV

162 HAVIA RUMORES SOBRE UMA JORNADA: Schuyler, I, 240.
163 OS TÁRTAROS DA CRIMEIA NÃO SÃO MUITOS: Sumner, *Ottoman*, 17.
164 EM KOJUKHOVO NOS DIVERTIMOS: Ustryalov, II, 228.
164 REPLETA DE FLORES E ERVAS: Schuyler, I, 245.
165 ACIMA DE TUDO, A DEMORA: P&B, I, No. 38.
165 ÀS VEZES AGÍAMOS: Schuyler, I, 245.
167 O RESULTADO DESSA AGRESSÃO: Gordon, 184.
168 ENORMES QUANTIDADES DE SUPRIMENTOS: Schuyler, I, 248.
171 DE ACORDO COM O DECRETO DIVINO: P&B, I, No. 72.
172 AGORA ESTAMOS COMPLETAMENTE FORA DO PERIGO: Schuyler, I, 256.
173 NÃO SOU EU QUEM SE APROXIMA: P&B, I, No. 99.
173 UM MÍNIMO DE BOM SENSO: Ibid., No. 108.
174 CORTEM MINHA CABEÇA: Schuyler, I, 258.
175 QUANDO SUA CARTA CHEGOU: Ibid., 261.
175 SE "O TRABALHADOR É DIGNO DE CONTRATAÇÃO": P&B, I, No. 122.
179 EM VIRTUDE DE SEUS GRANDES ASSUNTOS DE ESTADO: Bogoslovski, I, 367.

Capítulo 12: A GRANDE EMBAIXADA RUMO À EUROPA OCIDENTAL

182 MERAMENTE UM DISFARCE: Ustryalov, II, App. xi, 640.
184 ELE VOLTOU TODA A SUA MENTE: Schuyler, I, 265.
185 SEU MAIS LEVE GESTO: Gooch, 2.
185 JAMAIS ESTREMECI: Ibid., 3.
189 COM FREQUÊNCIA JÁ VI O REI: Ziegler, 163.
189 NUNCA EM MINHA VIDA: Ibid., 150.
189 OS REIS QUE TÊM DESEJO: Ibid., 163.
192 DETERMINOU O CURSO DO PENSAMENTO: Basil Williams, 378.
196 SUA DIGNIDADE COMO EMBAIXADORES: Sbornik, I.R.I.O., XXXIV, 17.

Capítulo 13: "É IMPOSSÍVEL DESCREVÊ-LO"

199 UMA NOITE FELIZ FOI MACULADA: Schuyler, I, 277.
203 ASSIM, O SENHOR DEUS: Solovev, VIII, 285.
203 MESAS ERAM MANTIDAS ABERTAS: Grey, 101.
204 URSOS BATIZADOS: Ibid.
206 O ELEITOR É MUITO BOM: Bogoslovski, II, 101.
208 NÃO SEI: Ibid., 115-16.
208 ESSAS MULHERES ALEMÃS: Schuyler, I, 286.
208 ELE TEM UM AR NATURAL E SEM CONSTRANGIMENTOS: Ibid., 285.
209 O CZAR É MUITO ALTO: Ibid.

Capítulo 14: PEDRO NA HOLANDA

214 GERRIT . . . PARE DE MENTIR: Scheltema, 89.
214 CERTAMENTE É O CZAR: Ibid., 91.
215 BRAVO! MARSJE: Schuyler, I, 289.
215 PESSOAS DEMAIS: Ibid.
220 CARPINTEIRO PEDRO: Scheltema, 112.
220 ÀS VEZES PELO CANSAÇO: P&B, I, No. 191.

Capítulo 15: O PRÍNCIPE DE ORANGE

227 EU AGORA POSSUO: Bowen, 166.
227 MORRER NA ÚLTIMA TRINCHEIRA: Churchill, I, 86.

232 QUE DEUS ME AJUDE!: Ibid., 257.
232 TENHO CERTEZA QUE ESSAS PESSOAS: Geyl, 133.
232 EU GOSTARIA DE SER UM PÁSSARO: Ibid., 132.
235 EU O LEVAREI EM MEU COLO: Scheltema, 159.
236 RÁPIDO, RÁPIDO: Ibid., 141.
236 ELES ESTÃO ATRASADOS: Ibid., 142.
238 O CZAR ENCONTRAVA-SE EM UM ESTADO: Ibid., 110.

Capítulo 16: PEDRO NA INGLATERRA

242 SAUDAVAM UM AO OUTRO: Mitchell & Leys, 163.
248 BASTANTE DESAGRADÁVEIS: Evelyn, III, 334-5.
248 COMO SE UM REGIMENTO: Kluchevski, 29.
249 OFERECER-LHE AS INFORMAÇÕES: Burnet, IV, 322.
250 EU O ESPERAVA COM FREQUÊNCIA: Ibid.
251 QUEM QUER QUE VIVESSE: Schuyler, I, 305.
252 POR ORDENS SUAS: Grey, 120.
252 UMA DAS VISTAS MAIS SUBLIMES: Carr, 18.
253 SE EU PUDESSE ACONSELHAR: Staehlin, 40.
253 ELE PUDESSE JOGAR: Grey, 458.
254 HOJE VI A COISA MAIS RARA DO MUNDO: Schuyler, I, 304.
255 É BOM OUVIR: Kluchevski, 28.
255 A CORTE AQUI: Ibid.
256 ERA MAIS DO QUE MERECIAM: Grey, 459.
256 COLOCADO NO TOPO DA COROA IMPERIAL: Ibid.
257 SE NÃO TIVESSE IDO À INGLATERRA: Perry, 165.
257 SUA MAJESTADE DECLAROU COM FREQUÊNCIA: Ibid., 164.
257 AS ILHAS BRITÂNICAS: AndreIev, 88.

Capítulo 17: LEOPOLDO E AUGUSTO

259 COM UMA PERFEIÇÃO: Schuyler, I, 311.
260 AGRADEÇO A DEUS: Ibid., 312.
266 AQUI ELE PARECE: Bogoslovski, II, 475
266 QUE AS CHAVES SERIAM OUTORGADAS: Waliszewski, 98.
267 O CZAR É UM JOVEM ALTO: Schuyler, I, 315.
267 ACREDITO QUE VOCÊS CONHEÇAM O CZAR: De Grunwald, 93.

269 POIS OS TURCOS NÃO ESTÃO ACOSTUMADOS: Schuyler, I, 316.
270 A SEMENTE DE IVAN MIKHAILOVICH: P&B, I, No. 252.
272 ESTA NAÇÃO DESORGANIZADA: Sbornik, I.R.I.O., XXXIX, 222.
274 NÃO POSSO SEQUER COMEÇAR A DESCREVER: Bogoslovski, II, 558-9.
274 EU O ESTIMO MAIS DO QUE A TODOS VOCÊS: Korb, I, 156.

Capítulo 18: "ESSAS COISAS ATRAPALHAM"

278 PELA PRONTIDÃO DE SUA SUBSERVIÊNCIA: Korb, I, 155.
279 FAZER A BARBA É UM PECADO: Maland, 435.
279 DEUS NÃO CRIOU O HOMEM SEM BARBA: Ustryalov, II, 193-4.
280 BRINCANDO: Perry, 196.
280 O CZAR FOI ATÉ: Ibid.
281 VENDO COMO: Korb, I, 157.
282 A GENGIVA INCHADA: Ibid., 170.
283 UM ASNO ACÉFALO: Ibid., 196.
283 ESSAS COISAS ATRAPALHAM: Ibid., 257.
283 MUITAS CENTENAS DE CASACOS: Perry, 198.
284 EM TODA ESTA GRANDE CIDADE: Sbornik, I.R.I.O., XXXIX, 60.
287 PARA VER O MAPA: Perry, 235.
287 DEMONSTRAR SUA FELICIDADE: Dmitrishin, 10.

Capítulo 19: FOGUEIRA E AÇOITE

292 HOJE, PELA PRIMEIRA VEZ: Korb, I, 121.
293 ELES HAVIAM RECEBIDO ORDENS: Schuyler, I, 324.
294 USEI TODA A RETÓRICA: Gordon, 190.
297 MANTENDO O RITMO: Perry, 217.
297 TANTOS GOLPES NAS COSTAS NUAS: Ibid., 218.
298 OS PÉS E AS MÃOS ERAM AMARRADOS: Ibid.
299 SE UMA É REALIZADA: Lebrun, in Weber, II, 403.
299 A MAIS AGUDA DAS DORES: Korb, I, 204.
299 NÃO É SEGREDO PARA MIM: Ibid., 202.
300 VEMOS TANTA CARNE: Wolf, 173.
300 FUI ATÉ CHARING CROSS: Pepys, I, 265.
302 ENQUANTO UM CÚMPLICE: Korb, I, 243.

304 QUE ESTÁ FAZENDO COM ESSA IMAGEM: Ibid., 180.
304 AI! VAI SABER?: Ibid., 136.
308 FOI REPORTADO: Ibid., 187.
308 UMA DESCONFIANÇA TÃO GRANDE: Ibid., 178.
309 POR QUANTO TEMPO: Burnet, IV, 324.

Capítulo 20: ENTRE AMIGOS

313 VÁRIOS ILUSTRES: Korb, I, 161.
314 UMA LEI BÁRBARA E DESUMANA: Ibid., II, 158.
314 O CZAR QUER COMER!: Ibid., 157.
314 O CZAR ORDENOU: Ibid., I, 200.
315 O BAILE TEVE INÍCIO IMEDIATAMENTE: Ibid., 201.
315 AMBOS: Ibid., 163, 171-2.
316 SE FOSSES MEU SÚDITO: Ibid., 198.
316 PARA DESCOBRIR: Ibid., 164.
317 UM INEXPLICÁVEL FURACÃO: Ibid., 188.
317 ACABAR COM A DISCUSSÃO: Ibid., 216.
318 PERGUNTOU AO PRÍNCIPE ROMODANOVSKI: Ibid., 236.
318 O CHÃO ESTAVA COBERTO: Ibid., 217.
318 O FALSO PATRIARCA: Ibid., 223.
319 O MAIS RICO COMERCIANTE DA MOSCÓVIA: Ibid.
319 O CORTEJO ATÉ O RIO: Ibid., 224-8.
320 AQUELE QUE CARREGA AS HONRAS ASSUMIDAS: Ibid., 255.
321 A CRUZ: Ibid., 256.
321 O CZAR ORDENOU QUE ELE FICASSE: Ibid., 264.
321 O SILÊNCIO E A MODÉSTIA: Ibid., 265.
322 FOI UM ESPETÁCULO HORRÍVEL: Ibid., 267.
322 UM MENSAGEIRO ENVIADO: Ibid., 208.
323 VOCÊS, CACHORROS ALEMÃES: Ibid., 248.
323 URBAN, PERDENDO A PACIÊNCIA: Ibid., 172.
324 OS SOLDADOS EM MOSCOU: Ibid., 297.
324 A RARA PROFUSÃO: Ibid., II, 36.
325 UM URSO BRANCO COLOSSAL: Ibid., I, 210.
325 VIMOS AS ENORMES PAREDES: Ibid., II, 16.
325 MUITO AGRADÁVEL: Ibid., 25.

Capítulo 21: VORONEJ E A FROTA DO SUL

326 A VOCÊ CONFIO TUDO: Korb, II, 3.
327 GRAÇAS A DEUS ENCONTRAMOS NOSSA FROTA: P&B, I, No. 255.
327 AQUI, COM A AJUDA DE DEUS: Ibid., No. 256.
329 SUPONDO QUE SEU MARIDO: Korb, I, 272.
329 QUANDO O PASTOR FOI AUTORIZADO: Ibid., 268.
330 AGORA ESTOU SOZINHO: Ibid., 272.
330 AS MESAS ESTAVAM PREPARADAS: Ibid., 274-9.
332 FOI A PRIMEIRA VEZ: P&B, VI, No. 2081.
333 NESTE ANO, SENTI: Gordon, 193.
333 FIQUE ONDE ESTÁ, PADRE: Korb, II, 232-5.
333 O ESTADO PERDEU UM SERVIDOR: De Grunwald, 98.
338 NÃO RECEBO NENHUMA ASSISTÊNCIA: Ibid., 93.
338 O CZAR ESTÁ DESTRUINDO: Ibid.
338 DESDE TEMPOS IMEMORIAIS: Ustryalov, III, 551-2.

Capítulo 22: SENHORA DO NORTE

349 VOCÊ FALOU COMO UM HOMEM HONESTO: Adlerfeld, II, 367.
350 UMA CORRENTE DE ÁGUA QUE ATRAVESSA OS DOMÍNIOS: Hatton, *Europa*, 109.
351 A INFANTARIA RUSSA: Schuyler, I, 369.
351 TAMBÉM SERIA: Ibid.
354 DIVERTINDO-SE COM MULHERES: Bogoslovski, IV, 366.
354 É UMA PENA: Schuyler, I, 376.
355 QUASE NÃO CONSEGUI ACALMAR SUA FILHA: Bogoslovski, IV, 405-6.
355 O CZAR ENVIOU SEUS MINISTROS: Schuyler, I, 376.
356 O GRANDIOSO CZAR: Grey, 171.
356 NADA ALÉM DE CONQUISTAS: P&B, I, No. 325.

Capítulo 23: DEIXEM O CANHÃO DECIDIR

357 NÃO HÁ JUIZ MAIS IMPARCIAL: Wolf, 211.
361 N. *MONSIEUR* DE VAUBAN APRESENTOU: Churchill, I, 94.
367 DEUS NÃO PERMITIRÁ QUE NINGUÉM MORRA: Hatton, *Charles*, 116.

Capítulo 24: CARLOS XII

375 CONTANTO QUE VOCÊ NÃO TENHA MEDO: Hatton, Charles, 101.
377 AI DE TI: Schuyler, I, 386.
378 FAREMOS O REI AUGUSTO VOLTAR: Hatton, *Charles*, 118.
378 RESOLVI: Bain, Charles, 55.
378 É CURIOSO: Hatton, Charles, 118.
378 ARRASTADO PARA A GUERRA: Ibid., 100.
379 PRETENDO ACABAR: Ibid., 128.
380 FAZENDEIROS EM ÁGUA SALGADA: Ibid., 129.

Capítulo 25: NARVA

384 FIZ TUDO O QUE ERA POSSÍVEL: Ustryalov, IV, ii, App. ii, No. 1.
387 O REI ESTÁ DECIDIDO: Schuyler, I, 396.
389 SE O REI FOR BEM-SUCEDIDO: Hatton, Charles, 151.
395 A NEVE ESTÁ BATENDO EM NOSSAS COSTAS: Bain, Charles, 75.
396 CAÍRAM COMO ÁRVORES: Bengtsson, 87.
396 AVANÇAMOS DIRETAMENTE: Ibid.
396 ELES RETRIBUÍRAM COM FOGO PESADO: Ibid.
397 OS ALEMÃES NOS TRAÍRAM: Schuyler, I, 397.
397 ELES CORRIAM DE UM LADO PARA O OUTRO COMO UM REBANHO DE GADO: Ibid., 398.
397 NEM O DIABO PODERIA LUTAR: Ibid., 397.
398 POSSO VER QUE O INIMIGO: Adlerfeld, I, 57.
399 SE WEIDE TIVESSE TIDO CORAGEM: Schuyler, I, 398.
400 N. SINTO REALMENTE MUITO: Ustryalov, IV, i, 59.
401 É SIMPLESMENTE O PLANO DE DEUS: Bain, *Charles*, 77.
401 O JOVEM MONARCA REINE: Schuyler, I, 402.
401 NO ENTANTO, NÃO HÁ PRAZER: Ibid., 403.

Capítulo 26: "NÃO DEVEMOS PERDER A CABEÇA"

403 NÃO DEVEMOS PERDER A CABEÇA: De Grunwald, 108.
404 NOSSO EXÉRCITO FOI VENCIDO: Shcherbatov, 30.
405 O HOMEM MAIS POLIDO: Whitworth, 72.
406 UM GRANDE NÚMERO: Kluchevski, 87.

407 LUTAM ESGRIMA COM SEUS MOSQUETES: Sumner, *Emergence*, 58.
407 NOS INTERESSES DE SUA MAJESTADE, O CZAR: Ibid.
407 ACELERE A ARTILHARIA: P&B, I, No. 369.
407 DE TODO O REINO DO CZAR: Ustryalov, IV, i, 70.
408 FALE COM OS BURGOMESTRES: P&B, I, No. 374.
408 É UM BOM TRABALHO: Ibid., No. 370.
408 EXTREMAMENTE BEM SERVIDA: Sumner, *Emergence*, 57.
408 TODOS ME EVITAM: Ustryalov, IV, ii, App. ii, No. 94, 207.
409 É NECESSÁRIO TENTAR DE TODAS AS FORMAS: Ibid., No. 83, 201.
410 OS SOBERANOS SOMENTE TÊM DIREITOS: Grey, 191.
410 O REI AGORA NÃO PENSA EM NADA: Schuyler, I, 403.
410 APESAR DO FRIO: Ibid.
412 INSULTANTE A MIM MESMO: Schuyler, II, 13.
414 ELE ACREDITA SER: Sumner, *Emergence*, 61.
415 GRAÇAS A DEUS!: Ustryalov, IV, i, 106-7.
415 ENVIEI COSSACOS: Schuyler, I, 420.
418 DEUS NOS CONCEDE O TEMPO: P&B, II, No. 452.
418 NA VERDADE, ESSA CASTANHA ERA REALMENTE DURA: Ibid., No. 462.
419 CONSOLE-SE: Schuyler, I, 424.

Capítulo 27: A FUNDAÇÃO DE SÃO PETERSBURGO

424 NOS DIAS FESTIVOS: Weber, I, 304.
426 AQUI, GRAÇAS A DEUS: P&B, III, No. 723.
427 VOSSA MAJESTADE, COM TODA A SUA HABILIDADE: Schuyler, II, 5.
430 TINHA O DIREITO DE USAR IDADE, PROFISSÃO OU INDISPOSIÇÃO COMO DESCULPA: Sbornik, I.R.I.O., L, 2.
431 COMO SUA INTELIGÊNCIA: De Grunwald, 170.
432 ANTES DE ONTEM: P&B, IV, i, No. 1349.
432 NO DIA NOVE, À MEIA-NOITE: Sbomik, I.R.I.O., L, 401.
432 OS DANOS SÃO INDESCRITÍVEIS: Ibid., LX, 348-9.
433 É SURPREENDENTE: Weber, I, 191.
434 PETERSBURGO NÃO VAI SOBREVIVER: Ustryalov, IV, i, 274.
434 DEIXE O CZAR: Schuyler, II, 6.
434 NÃO TENHO COMO NÃO LHE ESCREVER: Grey, 227.
435 ESPECIALMENTE AS AROMÁTICAS: Sumner, *Emergence*, 59.
435 OITO MIL AVES CANORAS: Sbornik, I.R.I.O., L, 6.

Capítulo 28: MENCHIKOV E CATARINA

437 TORTAS QUENTES!: Ustryalov, IV, i, 208.
439 MENCHIKOV É MAIS BAIXO DO QUE UM POLACO: Kluchevski, 11.
439 AQUELE ALEXANDRE: Korb, II, 6.
439 FUI INFORMADO POR FONTES: Sbomik, I.R.I.O., XXXIX, 125.
440 N. ALGUNS PENSAVAM QUE: Whitworth, 64.
441 ELE FAZ O QUE QUER: De Grunwald, 196.
444 QUASE NÃO ME SINTO CONTENTE AQUI: Schuyler, 1,437.
445 É MUITO NECESSÁRIO: Ibid., 439.
445 ESTAMOS VIVENDO NUM PARAÍSO: Ibid.
446 O GRANDE MOTIVO POR QUE: Alexander Gordon, II, 258.
449 A CZARINA ESTAVA NO AUGE: Waliszewski, 271.
450 SE VOCÊ ESTIVESSE AQUI: Ibid., 277.
450 CARTA DE PEDRO DE 31 DE AGOSTO DE 1709: P&B, IX, i, No. 3397 (Schuyler, I, 441).
450 CARTA DE 24 DE SETEMBRO DE 1709: Ibid., No. 3429; (ibid.).
450 CARTA DE DEZESSEIS DE OUTUBRO DE 1709: Ibid., No. 3464 (ibid., 442).
450 CARTA DE DEZENOVE DE SETEMBRO DE 1711: Ibid., No. 4763 (ibid.).
451 CARTA DE OITO DE AGOSTO DE 1712: Schuyler, I, 442.
451 CARTA DE DOIS DE OUTUBRO DE 1712: Ibid., 443.
451 CARTA DE SEIS DE OUTUBRO DE 1712: Ibid.
451 KATERINUSHKA: Ibid.
452 CARTA DE CINCO DE JUNHO DE 1716: Ibid.
452 CARTA DE 23 DE NOVEMBRO DE 1716: Ibid., 444.
452 CARTA DE CATARINA DE 24 DE JULHO DE 1718: Ibid.
452 CARTA DE PRIMEIRO DE AGOSTO DE 1718: Ibid.
453 CARTA DE JULHO DE 1723: Ibid.

Capítulo 29: A MÃO DO AUTOCRATA

455 CHAMÁ-LAS DE ESTRADA SERIA: Basil Williams, 103.
455 TIVEMOS DE PASSAR POR MAIS DE VINTE: Weber, I, 224.
456 VIAJAR DE TRENÓ: Perry, 244.
456 ESSES POSTES E ÁRVORES SÃO ÚTEIS: Lebrun, em *Weber*, II, 408.
457 SERIA IMPOSSÍVEL PARA UM VIAJANTE: Weber, I, 114.
457 ELE VIAJOU: Perry, 279.

461 QUANTO À QUESTÃO DOS NEGÓCIOS: Schuyler, II, 139.
462 DESDE QUE DEUS O ENVIOU: Solovev, VIII, 98.
462 QUE TIPO DE CZAR É ELE?: Ibid.
464 NÃO DEVEMOS EXERCITAR: Ibid., 76.
464 NÃO É ENALTECER MEUS SÚDITOS: Staehlin, 219.
465 NÓS LEMOS O LIVRO: Solovev, VIII, 334.
465 QUE DIFERENÇA HÁ?: Ibid., 88.
466 O GOVERNADOR E OS DEMAIS OFICIAIS: Schuyler, II, 157.
467 CONVERSEI POR ALGUM TEMPO COM ELES: Ibid., 158.
468 EU NUNCA VI UMA RALÉ TÃO ENSANDECIDA: Ibid., 159.
469 DEFENDEREM A CASA: Ibid., 161.
469 ESSA QUESTÃO, COM A GRAÇA DE DEUS: P&B, VI, No. 2068.
470 APAGAR ESSE FOGO: Solovev, VIII, 183.
470 EXECUTASSE OS PIORES: P&B, VII, i, No. 2553.

Capítulo 30: ATOLEIRO POLONÊS

471 ELES PARECEM DECIDIDOS: Adlerfeld, II, 13.
472 NÃO TENHAM MEDO. ESSE SANGUE É RUSSO: Staehlin, 49; Weber, I, 96.
473 NUNCA VI QUALQUER NAÇÃO SE SAIR MELHOR: Sbornik, I.R.I.O., XXXIX, 56.
473 "ABRAM OS PORTÕES": Adlerfeld, I, 168.
474 OS POLONESES DEVEM SER ANIQUILADOS: Schuyler, II, 18.
474 PARA A SUÉCIA: Ibid., 19.
474 MESMO QUE EU TENHA DE FICAR: Ibid., 17.
474 ACREDITEM, EU DARIA A PAZ A AUGUSTO: Hatton, Charles, 187.
475 ENSINÁ-LOS A FALAR A LÍNGUA CERTA: Ibid., 199.
477 RECEBI SUA CARTA. P&B, III, No. 788.
477 TREINAMENTO INADEQUADO: Ibid., No. 862.
477 NÃO FIQUE TRISTE: Ibid., No. 864.
479 DE QUEM VOCÊ RECEBEU: Ibid., No. 1005.
480 ENTREGO TUDO AO SEU JULGAMENTO: Ibid., IV, i, Nos. 1064, 1067.
481 TODO O EXÉRCITO SAXÃO FOI DERROTADO: Ibid., No. 1117.
481 É IMPOSSÍVEL DESCREVER: Adlerfeld, II, 218.
482 É COM ALEGRIA INDESCRITÍVEL: P&B, IV, i, NO. 1212.
482 O GENERAL DA CAVALARIA: Schuyler, II, 44.
484 VOCÊ SABE MUITO BEM: Ibid., 50.

485 NO PRESENTE, SOU EU: Bengtsson, 232.
485 ALEGRE E DIVERTIDO: Hatton, Charles, 215.
486 ACHO QUE VOCÊ SABE SOBRE PATKUL: Schuyler, II, 55.
487 CONHEÇO BEM PATKUL: Ibid.
488 ESTOU FAZENDO DE TUDO PARA SALVÁ-LO: Ustryalov, IV, i, 424.
489 PRECISAMOS CONFIAR QUE O REI DA SUÉCIA: P&B, V, Nos. 1690-3.
489 CORTE A MINHA CABEÇA: Schuyler, II, 60.

Capítulo 31: CARLOS NA SAXÔNIA

491 QUE ELE FAVORECERÁ OS ALIADOS: Hatton, Charles, 225.
491 SEMPRE QUE OS ESTADOS OU A INGLATERRA: Churchill, V, 252.
492 DOZE TROMBETAS: Adlerfeld, II, 329.
492 SE O SEXO DELA NÃO IMPEDISSE: Churchill, V, 252.
492 ESPERO QUE ELA TENHA AFASTADO TOTALMENTE: Hatton, Charles, 226.
495 NÃO CAIREI POR OUTRA BALA: Browning, 357.
495 SOU CASADO COM O EXÉRCITO: Hatton, Charles, 210.
497 ESSA GUERRA DEPENDE UNICAMENTE DE NÓS: P&B, V, No. 1490.
498 NÃO ACHO QUE MARLBOROUGH POSSA SER COMPRADO: Ibid., IV, i, No. 1401.
498 O EMBAIXADOR DA MOSCÓVIA ESTEVE: Grey, 271.
499 AQUI NÃO EXISTE PODER AUTOCRATA: Ibid.
499 O MINISTÉRIO AQUI É MAIS SUTIL: Schuyler, II, 68.
499 DIGA A HUYSSEN: P&B, V, No. 1551.
500 SOBRE ANDREI MATVEIEV: Solovev, VIII, 256.
500 PREFIRO SACRIFICAR ATÉ O ÚLTIMO SOLDADO: Schuyler, II, 66.
501 O CZAR AINDA NÃO FOI HUMILHADO O BASTANTE: Ibid.
501 A POLÔNIA NÃO TERÁ PAZ: Sumner, *Emergence*, 61.
501 O PODER DE MOSCÓVIA: Ibid.
501 ESPERO QUE O PRÍNCIPE SOBIESKI: Schuyler, II, 66.
504 AOS OLHOS HUMANOS: Bengtsson, 242.
504 EU NÃO CONSEGUIRIA DESCREVER: Ibid.
506 NÃO HAVIA PERIGO: Ibid., 247.

Capítulo 32: A GRANDE ESTRADA PARA MOSCOU

507 BÁRBAROS E ANTICRISTÃOS: Sbornik, I.R.I.O., XXXIX, 80.

508 NINGUÉM FALAVA SOBRE NADA: Schuyler, II, 76.
509 ENGORDE-O: P&B, VI, No. 2050.
509 O FATO DE VOCÊ NÃO TER FEITO NADA: Ibid., No. 1885.
509 VOCÊ SE SENTE CHATEADO: Ibid., No. 1977.
510 DEUS CONCEDEU AO CZAR: Sbornik, I.R.I.O., XXXIX, 448-9.
510 APRESSAR ATÉ VILNA: Solovev, VIII, 199.
512 ELES EXECUTARAM O PLANO: Jefferyes, 35.
515 TODA A CAVALARIA DEIXASSE AS SELAS: Bengtsson, 253.
515 ESTAVA TÃO ESCURA: Ibid.
517 SUA MAJESTADE VEIO ATÉ MIM: Ibid., 256.
518 O INIMIGO NÃO SE ATREVERIA: Hatton, *Charles*, 255.
518 HAVIA UMA ANTIGA PROFECIA: Ibid.
519 SEMPRE ESTIVE SAUDÁVEL AQUI: Solovev, VIII, 200.
519 PEÇO QUE VOCÊ FAÇA TUDO: Ibid., 201.
520 VOCÊ SABE: Schuyler, II, 84.

Capítulo 33: GOLOVCHIN E LESNAIA

524 NESSA OCASIÃO, NÃO POSSO: Jefferyes, 47.
526 A BATALHA FICOU TÃO RENHIDA: Ibid., 51.
528 OS MOSCOVITAS APRENDERAM: Ibid., 53.
532 EU LHE ASSEGURO: P&B, VIII, i, Nos. 2616, 2619.
532 AGORA SOMOS FORÇADOS: Jefferyes, 61.
536 DURANTE TODO O DIA FOI IMPOSSÍVEL SABER: P&B, VIII, i, No. 2681.
538 ESSA PODE SER CHAMADA DE NOSSA PRIMEIRA VITÓRIA: Poltava, 39.

Capítulo 34: MAZEPPA

540 ACREDITA-SE QUE PERDEMOS: Jefferyes, 63.
541 LAGERCRONA DEVE ESTAR LOUCO: Hatton, *Charles*, 271.
542 A UMA TERRA REPLETA DE LEITE E MEL: Jefferyes, 63.
546 POIS EU, *HETMAN*: Solovev, VIII, 213.
547 EMBORA EU NÃO AME NINGUÉM NA TERRA: Schuyler, II, 101.
548 SEU GRANDE VALOR: Solovev, VIII, 241.
550 PARA COLOCAR A TERRA: Ibid., 245.
551 TODOS NÓS MORREREMOS AQUI: Schuyler, II, 107.
552 O POVO DA PEQUENA RÚSSIA: Solovev, VIII, 252.

Capítulo 35: O PIOR INVERNO DA MEMÓRIA

554 QUANTO SE ESTIVESSEM FORA DO MUNDO: Bengtsson, 317.
557 SERIA IMPOSSÍVEL DESCREVER O FRIO: Ibid., 319.
558 EMBORA TERRA, CÉU E AR ESTEJAM CONTRA NÓS: Bain, *Charles*, 178.
561 A CAMPANHA É TÃO COMPLICADA: Schuyler, II, 113.
561 EU E O EXÉRCITO ESTAMOS EM CONDIÇÕES MUITO BOAS: Ibid.
561 VI SUA MAJESTADE, O REI CARLOS XII: Bengtsson, 329.

Capítulo 36: A UNIÃO DE FORÇAS

568 ESTAVA MUITO INCLINADO A ALCANÇAR A PAZ: Hatton, *Charles*, 285.
569 VOCÊ É NOSSO PEQUENO VAUBAN: Schuyler, II, 114.
569 O REI QUER SE DIVERTIR UM POUQUINHO: Ibid., 116.
570 REALMENTE ACREDITO: Ibid.
572 NÓS NOS REUNIMOS: Solovev, VIII, 270.
574 VAMOS! VAMOS! CORTEM! CORTEM!: Adlerfeld, II, 118.
580 SOLDADOS: CHEGOU A HORA: P&B, IX, i, No. 3251.

Capítulo 37: POLTAVA

583 SE, POR DEUS: Bengtsson, 353.
587 UM ERRO: Hatton, *Charles*, 297.
587 ALI O RECONHECIMENTO: Ibid.
595 NÃO SERIA MELHOR: Ibid., 299.
596 CONDE LEWENHAUPT, VOCÊ PRECISA ATACAR O INIMIGO: Bengtsson, 366.
598 EU IMPLOREI, AMEACEI, INSULTEI: Hatton, *Charles*, 299.
599 TUDO ESTÁ PERDIDO!: Bengtsson, 370.
599 O QUE VAMOS FAZER AGORA?: Bain, *Charles*, 189.

Capítulo 38: RENDIÇÃO À MARGEM DO RIO

602 ONDE ESTÁ MEU IRMÃO, CARLOS?: Bain, *Charles*, 189.
602 VOCÊ É UM HOMEM HONESTO: Bain, *Charles*, 190.
602 QUEM SÃO SEUS MESTRES?: Solovev, VIII, 274.
602 MATUSHKA, BOM DIA. P&B, IX, i, No. 3266.
603 ESTA É PARA INFORMÁ-LOS QUE: Ibid., No. 3252.

603 AGORA, COM A AJUDA DE DEUS, A ÚLTIMA PEDRA: Ibid., No. 3259.
606 FAÇAM O QUE FOR NECESSÁRIO: Bengtsson, 375.
608 SE, COM A GRAÇA DE DEUS: Ibid., 382.
608 EU FUI CULPADO: Hatton, Charles, 305.
609 LUTAREMOS SE OS OUTROS LUTAREM: Ibid.

Capítulo 39: OS FRUTOS DE POLTAVA

612 SENHOR, A GRACIOSA CARTA: P&B, IX, i, No. 3318.
614 POR MEUS PECADOS: Solovev, VIII, 280.
614 NÃO TEMOS CONFIRMAÇÃO ALGUMA: Churchill, VI, 119.
614 ESTA TARDE: Ibid., 120.
615 QUANTO A MIM, QUE TORÇO PELO BEM DA ESPÉCIE HUMANA: Schuyler, II, 127.
616 EU SEMPRE USO O SABRE: Ibid., 126.
620 HAVIA CUSTADO SETENTA MIL LIBRAS ESTERLINAS: De Grunwald, 113.
622 SOUBE QUE VOCÊ ESTÁ PLANEJANDO: P&B, X, No. 3793.
622 E ASSIM, PELA TOMADA DA CIDADE: Ibid., No. 3818.
623 AGORA, COM A AJUDA DE DEUS, TEMOS UMA FORTE PROTEÇÃO: Ibid., No. 3814.
623 A ÚLTIMA CIDADE AGORA SE RENDEU: Ibid., No. 4059.

Capítulo 41: LIBERTADOR DOS CRISTÃOS DOS BÁLCÃS

638 ELES DÃO TANTA ATENÇÃO À MINHA PRESENÇA: Sbornik, I.R.I.O., LXI, 2, 35.
640 Ó, CABEÇA, CABEÇA!: Schuyler, II, 173.
640 MINHA RESIDÊNCIA NÃO É AGRADÁVEL: Ibid.
641 O NOVO VIZIR É MUITO HOSTIL COMIGO: Ibid., 176.
641 NÃO SE APROXIME DE VORONEJ: Ibid.
641 O QUE ELE ESCREVEU: Ibid., 177.
642 TENHO MUITO MEDO: Ibid.
642 DOIS DOS MAIS PRUDENTES PAXÁS FORAM ESTRANGULADOS: Ibid., 179.
644 O RUMOR TERRÍVEL E MUITO INESPERADO: Hatton, *Charles*, 313.
645 O REI DA SUÉCIA: Sumner, *Emergence*, 37.
645 SEU "LEÃO": Ibid., 38.
645 PARA ASSEGURAR O TRANSPORTE SEGURO: Bengtsson, 411.
648 TEMOS DIANTE DE NÓS ESSE CAMINHO INCERTO: Schuyler, II, 187.
648 FAÇA O QUE LHE FOR MAIS CONVENIENTE: Ibid.
648 AQUI, PARTICIPAMOS FREQUENTEMENTE DE BANQUETES: Solovev, VIII, 374-5.

648 NO DIA SEGUINTE, POR VOLTA DE QUATRO HORAS: Schuyler, II, 189.
649 NÃO TENHO PALAVRAS PARA EXPRESSAR: Ibid., 190.
650 NÃO TEMOS OUTRO CZAR: Sumner, *Ottoman*, 45.
651 OS DESCENDENTES DO BÁRBARO: Ibid., 46.

Capítulo 42: CINQUENTA GOLPES NO PRUT

653 VOCÊS SABEM QUE OS TURCOS: Schuyler, II, 192.
654 UM HOMEM MUITO SENSATO E ÚTIL: Ibid., 193.
655 É PERIGOSO DECLARAR: Sumner, *Ottoman*, 44.
657 UM GRANDE COVARDE: Bengtsson, 414.
663 EU CONQUISTEI O SUFICIENTE PARA A PORTA: Ibid., 418.
664 ELES TINHAM A FACA E O QUEIJO NA MÃO ALI: Ibid., 419.
665 EU GOSTARIA QUE O DIABO O LEVASSE: Schuyler, II, 202.
666 DESFARIAM-SE EM PEDAÇOS: Sbornik, I.R.I.O., LXI, 74.
666 ESSA GUERRA É DESAGRADÁVEL: Schuyler, II, 204.
667 PARA NÃO DESESPERAR: Sumner, *Ottoman*, 42.
668 EMBORA NÃO SEJA SEM SOFRIMENTO: Solovev, VIII, 389-90.
668 MINHA "BOA SORTE": Schuyler, II, 212.

Capítulo 43: A CAMPANHA ALEMÃ E FREDERICO GUILHERME

669 UMA VIOLENTA DIARREIA: Sbornik, I.R.I.O., LXI, 12.
670 KATERINUSHKA, MINHA AMIGA: Schuyler, I, 442.
671 SUA MAJESTADE, O CZAR: Ibid., 216.
671 RESPONDEREI SUA CARTA: Ibid.
671 ENCONTREI SUA MAJESTADE: Ibid., 230.
672 FICO MUITO CONTENTE: Ibid.
672 O CZAR TEVE UM SONHO: Sbornik, I.R.I.O., LXI, 167.
673 A COMPANHIA FOI ESPLÊNDIDA: Ibid., 143-6.
675 EU ME CONSIDERO MUITO INFELIZ: Schuyler, II, 226.
675 ACHO QUE VOSSA MAJESTADE SABE: Ibid.
676 UM HOMEM TÃO SÁBIO: Staehlin, 143.
676 O CZAR CHEGOU: Schuyler, II, 231.
677 ACHEI O NOVO REI: Ibid., 237.
681 SE MEU PAI TIVESSE ME TRATADO: Mitford, 47.

682 DIGA AO REI: Schuyler, II, 235 n.
682 ESPERO QUE SUA MAJESTADE: Ibid., 229.
682 PELO AMOR DE DEUS: Ibid.
683 O ELEITOR PARECEU BASTANTE FAVORAVELMENTE INCLINADO: Ibid., 236.
684 OBRIGADO PELO DINHEIRO: Ibid., 241.

Capítulo 44: A COSTA DA FINLÂNDIA

685 É A MÃE DA SUÉCIA: Schuyler, II, 245.
690 UM HOMEM DE ALTURA MODERADA: Bridge, 77.
690 MESMO ENFRENTANDO A OPOSIÇÃO: Ibid., 79.
691 PERDER LYBECKER: Schuyler, II, 245.
695 AMIGOS E COMPANHEIROS: Staehlin, 349.
695 AQUI VOCÊS VEEM UM SERVO CORAJOSO E FIEL: Weber, I, 37.

Capítulo 45: O KALABALIK

699 SE TIVÉSSEMOS UM REI ASSIM: Bain, *Charles*, 198.
699 COMO TUBOS DE UM ÓRGÃO: Hatton, *Charles*, 356.
700 TODA A TROPA TÁRTARA: Ibid., 357.
700 ERAM TANTOS INFIÉIS: Ibid., 358.
700 SUA MAJESTADE ASSEGUROU QUE TODOS: Ibid.
702 PARADO ENTRE TRÊS TURCOS: Bengtsson, 428.
704 NÃO POSSO EXPRESSAR A SUA EXCELÊNCIA: Hatton, *Charles*, 363.
704 DE BOM HUMOR: Ibid., 364.
704 SEU GRANDE SOBERANO NÃO SABIA DE NADA: Ibid.
704 AGORA PERCEBO QUE DEUS ABANDONOU MEU IRMÃO CARLOS: Bain, *Charles*, 218.
709 N. VOSSA MAJESTADE, NÃO SOU UM REMADOR: Bengtsson, 454.

Capítulo 46: VENEZA DO NORTE

712 MULTIDÃO É TÃO DENSA: Weber, I, 318.
712 TER SIDO SUBTRAÍDOS DE CASTELOS POLONESES: De Grunwald, 161.
712 DANIL'ICH ESTÁ SE DIVERTINDO: Schuyler, II, 430.
716 DÊ AS BOAS-VINDAS A LEBLOND: Marsden, 61.
717 DEMOLIR, MAJESTADE, DEMOLIR: Staehlin, 202.

717 SEMENTES E MUDAS: Sumner, *Emergence*, 59.
718 FONTES E ÁGUA: Marsden, 65.
719 VOCÊ, E SÓ VOCÊ, SEU TRATANTE: Staehlin, 312.
721 DE FORMA ALGUMA LEMBRA A PROPRIEDADE DE VOSSA MAJESTADE: Sbornik, I.R.I.O., XLIX, 372.

Capítulo 47: OS RELATOS DE UM EMBAIXADOR

723 EU MAL TINHA CHEGADO, I, 4.
724 DE ACORDO COM O COSTUME: Ibid., 6.
725 OS BRINDES COMEÇAM: Ibid., 26.
725 TIVE A HONRA DE CONHECER UM EMBAIXADOR: Ibid., 5.
725 DADO COMO PRESENTE AO CÃ UMA BELA CARRUAGEM: Ibid., 83.
726 DE UMA PASSAGEM POR SEUS DOMÍNIOS: Ibid., 20.
726 O FESTIVAL DA PÁSCOA: Ibid., 9.
727 ENVIEI-LHE COMO PRESENTE DUAS GAROTAS: Schuyler, II, 437 n.
727 COMO UMA DE MINHAS FILHAS: Ibid.
728 UM ANÃO MUITO PEQUENO: Weber, I, 285.
729 AS NÚPCIAS DESSE CASAL EXTRAORDINÁRIO: Ibid., 89.
730 O MODO RUSSO DE SE BANHAR: Ibid., 31.
731 CHÃO ESTAVA CHEIO DE SANGUE: Ibid., 328.
731 A BEBIDA FICA EM UM BALDE: Ibid., 179.
732 EM NOVE DE JUNHO DE 1715, O CZAR FOI A KRONSTADT: Ibid., 92-5.

Capítulo 48: A SEGUNDA JORNADA AO OCIDENTE

737 UM TIRANO GROSSEIRO: Schuyler, II, 282.
737 O DUQUE ESTÁ SEM OS PUNHOS!: Ibid., 287.
738 NEM SEQUER UM PINO TORTO: Ibid., 288.
738 REALMENTE ESTOU IMPRESSIONADO: Solovev, IX, 44.
738 O CZAR DEVE ME REPARAR TOTALMENTE: Schuyler, II, 289.
739 UMA FACA AFIADA: Ibid., 290.
742 AVISE-ME DE QUANDO VOCÊ ESTARÁ AQUI: Solovev, IX, 53.
742 ESTAMOS APENAS TAGARELANDO EM VÃO: Ibid.
744 TRINTA MIL TROPAS SUECAS: Schuyler, II, 294.
744 A BARRIGA DOS SOLDADOS: Ibid.

744 EU CONHEÇO SUA FORMA DE FAZER GUERRA: Hatton, *Charles*, 427.
744 ACABASSEM IMEDIATAMENTE COM O CZAR: Schuyler, II, 294.
745 O CZAR DEU SUA PALAVRA: Ibid., 297.
746 TOLICE!: Ibid.
746 CONFIRMO AGORA O QUE ESCREVI ANTES: Solovev, IX, 57.
747 RECEBI ONTEM: Ibid.
747 TRANSFORMOU MINHA ALEGRIA EM DOR: Schuyler, II, 299.

Capítulo 49: "O REI É UM HOMEM PODEROSO..."

750 MEU FILHO... UM DIA VOCÊ: Gooch, 26; Wolf, 618.
750 ELE É BASTANTE LOUCO POR MULHERES: Gooch, 31.
753 SE, AO LIGAR-SE AO CZAR: Schuyler, II, 305.
754 EU QUERIA LHE ENVIAR RENDAS: Ibid., 307 n.
754 ESSA PEQUENA CORTE: Sbornik, I.R.I.O., XXXIV, 145, 150-3, 164, 174-5.
755 O CZAR TEM UM COZINHEIRO PRINCIPAL: Ibid., 184.
756 SOU UM SOLDADO: Cracraft, *Church Reform*, 6 n.
756 GRAÇAS A DEUS EXISTE O VINHO HÚNGARO: Schuyler, II, 310.
757 UM ALTIVO AR DE SUPERIORIDADE: Saint-Simon, V, 667.
757 POR DOIS OU TRÊS DIAS: Solovev, IX, 68.
758 NA ÚLTIMA SEGUNDA-FEIRA, O PEQUENO REI: Ibid.
758 O REI É UM HOMEM PODEROSO: Schuyler, II, 312.

Capítulo 50: UM VISITANTE EM PARIS

764 ERA UM HOMEM MUITO ALTO: Saint-Simon, V, 666.
766 O QUE ELE BEBE: Ibid., 667.
766 ESTIVE COM UMA VISITA INCRÍVEL AQUI HOJE: Schuyler, II, 312.
767 NÃO POSSO LHE EXPRESSAR A DIGNIDADE: Sbornik, I.R.I.O., XXXIV, xxv.
767 BLOUIN, GOVERNADOR DE VERSALHES: Saint-Simon, V, 671.
767 UM POMBO COM ASAS: Marsden, 35.
768 ELA TEM MUITO MÉRITO: Staehlin, 57.
768 O CZAR ME PARECE: Schuyler, II, 315 n.
769 SEI QUE ELA DEVE TER SE SENTIDO MUITO IMPRESSIONADA: Saint-Simon, V, 672.
769 A IDADE: Staehlin, 57.
769 FUI AO JARDIM: Saint-Simon, V, 673.
770 SERIA IMPOSSÍVEL ALGUÉM DEMONSTRAR MAIS ENERGIA: Ibid., 674.

770 ESSE FOI UM MONARCA: Ibid., 665, 675.
771 O GOVERNO NÃO TINHA OUTRA INTENÇÃO: Schuyler, II, 318.
772 RECEBI ONTEM A SUA CARTA: Ibid., 316.
772 EU A CONGRATULO: Ibid.

Capítulo 51: A EDUCAÇÃO DE UM HERDEIRO

774 AS DUAS PRINCESAS: Sbornik, I.R.I.O., XXXIV, 255.
774 E ENTÃO OCORREU NA RÚSSIA: Weber, I, 193.
775 NENHUM DE VOCÊS ENTENDE NADA!: Schuyler, II, 261.
776 O PRÍNCIPE NÃO CARECE: Ibid.
777 UM PRÍNCIPE ALTO E BELO: Sbornik, I.R.I.O., XXXIX, 43.
778 SE O EXÉRCITO DO CZAR: Solovev, IX, 117.
780 AGORA SEI QUE ELE QUER: Schuyler, II, 266.
781 CAPAZ DE MANTER SEGREDO: Ibid.
782 MEU MAIS HONRÁVEL RELIGIOSO: Ibid., 267.
782 AS CASAS DO OUTRO LADO ESTÃO PARCIALMENTE QUEIMADAS: Ibid., 268.
783 NÓS JAMAIS TERÍAMOS: Solovev, IX, 125.
783 CZAR PASSOU ESSA SEMANA CONOSCO: Schuyler, II, 237.
784 ADEUS, VOU VIAJAR: Ibid., 269.
784 O CZAREVICH AINDA NÃO RETORNOU: Ibid., 270.
785 EU ATRIBUO A DOENÇA: Ibid.
785 QUANDO O CZAR CHEGOU: Weber, I, 107.
786 DEUS ME ENVIOU UM NOVO RECRUTA: Staehlin, 305.
786 UMA TORTA FOI SERVIDA À MESA: Weber, I, 108.

Capítulo 52: O ULTIMATO PATERNO

787 MUITO DESLEIXADO EM SUAS VESTIMENTAS: Bruce, 101.
788 EU PREFERIRIA SER UM ESCRAVO DA COZINHA: *Manifesto*, 141.
788 É TOTALMENTE INÚTIL: Schuyler, II, 271.
788 DEUS IRÁ PERDOÁ-LO: Solovev, IX, 114.
789 NÃO DIGA MAIS NADA: Ustryalov, VI, 54.
789 VOCÊ É MAIS SÁBIO DO QUE SEU PAI: Schuyler, II, 272.
789 DEPOIS DA SUA RECUPERAÇÃO [EM CARLSBAD]: *Manifesto*, 120.
791 UMA DECLARAÇÃO A MEU FILHO: Ibid., 97-102.
793 VOCÊ PELO MENOS CONSEGUIRÁ DESCANSAR: Ibid., 116.

794 VOCÊ FAZ BEM EM NÃO DESEJAR A SUCESSÃO: Ibid., 118.
794 MAIS CLEMENTE SENHOR E PAI: Ibid., 102.
794 CONVERSEI COM SEU PAI: Ibid., 115.
795 MINHA ÚLTIMA DOENÇA: Ibid., 103.
796 TORNE-SE MONGE: Ibid., 116.
797 MAIS CLEMENTE SENHOR E PAI: Ibid., 105.
797 TORNAR-SE MONGE NÃO É FÁCIL PARA UM HOMEM JOVEM: Ustryalov, VI, 52.
798 CARTA DE PEDRO: Manifesto, 107-8.
798 VOU PROCURAR: Ibid., 114.
799 SERIA MELHOR: Ustryalov, VI, 53.
799 É BOM OBEDECÊ-LO: Ibid., 54.
799 LEMBRE-SE: SE SEU PAI ENVIAR ALGUÉM: Manifesto, 126.

Capítulo 53: A FUGA DO CZAREVICH

800 EU SOU FRACO: Ustryalov, VI, 64-69.
801 AS PESSOAS ESTÃO COMEÇANDO A DIZER: Manifesto, 135.
802 COMO ATÉ AGORA NINGUÉM: Schuyler, II, 329.
804 PESSOAS DESCONFIADAS NOS SEGUIRAM ATÉ TRENTO: Ustryalov, VI, 87.
805 NOSSO PEQUENO PAJEM: Ibid., 383.
807 A DESOBEDIÊNCIA E A TEIMOSIA: Manifesto, 108.
808 E, QUANDO ESTIVER AQUI: Ustryalov, VI, 116.
809 PROCURAREI MEU PAI: Ibid., 117.
809 VOCÊ PEDE PERDÃO: Solovev, IX, 165-6.
809 TALVEZ ELE AINDA CARREGUE DÚVIDAS: Ibid., 166.
811 NÃO SE PREOCUPE: Ustryalov, VI, 422-3.
811 FAÇA TUDO O QUE PUDER: Ibid., 135.
811 GRAÇAS A DEUS, ESTOU BEM: Ibid., 437.
811 A CHEGADA DO CZAREVICH: Sbornik, I.R.I.O., XXXIV, 304.
812 AQUELE JUDAS DE PEDRO: Solovev, IX, 168.
812 ELE VAI RECEBER UM CAIXÃO EM VEZ DE UM CASAMENTO: Ibid.

Capítulo 54: O FUTURO EM JULGAMENTO

813 CONFESSO: Manifesto, 110.
815 ELA TRANSPORTOU [MINHAS] CARTAS: Ibid., 117.
816 TENHO UMA CONSCIÊNCIA LIMPA: Weber, I, 204.

817 MAIS BENEVOLENTE SOBERANO: Graham, 269.
818 ENTÃO EU SOU O ÚNICO: Schuyler, II, 340.
820 SE O FOGO ENCONTRA A PALHA: Weber, I, 220.
821 AGORA VEM A PERGUNTA: Schuyler, II, 341.
822 EXCELENTÍSSIMOS SENHORES SENADORES: *Manifesto*, 136.
822 SENDO DAS MESMAS PESSOAS: Ibid., 139.
823 AGORA VOCÊ VÊ COMO DEUS: Ibid., 143.
823 COM ESSAS CARTAS, DESCOBRIMOS: *Relation fidèle*, 5.
824 EU ACREDITAVA QUE A MORTE DE MEU PAI: *Manifesto*, 150.
825 VOCÊ TERIA DECLARADO APOIO AOS REBELDES: Ibid., 154.
825 SE A NOTÍCIA FOSSE VERDADEIRA: Ibid.
826 POR FORTES EXORTAÇÕES, FORÇÁ-LO: Ibid., 158.
826 SE ALGUÉM AMALDIÇOAR SEU PAI: Ibid., 172.
827 SEM NOS LISONJEAR: Ibid., 165.
827 EMBORA TIVESSEM SOFRIDO MUITO: Ibid., 169.
827 EU QUERO QUE MEU PAI MORRA!: Ibid., 189.
827 COM CORAÇÕES AFLITOS: Ibid., 200.
828 NA MANHÃ DO DIA SEGUINTE, QUINTA-FEIRA: Weber, I, 228.
829 A CORTE SECULAR: *Relation fidèle*, 8.
830 ÀS ONZE HORAS DA MANHÃ: Solovev, IX, 188.
830 O DIA ESTAVA CLARO E ILUMINADO: Schuyler, II, 345 n.
831 MORTE DO PRÍNCIPE: Sbornik, I.R.I.O., XXXIV, 354.
831 HOUVE UMA GRANDE FESTANÇA: Waliszewski, 541.

Capítulo 55: A ÚLTIMA OFENSIVA DE CARLOS

836 ISSO NÃO SIGNIFICA QUE: Hatton, *Charles*, 375.
836 EM TODA A SUÉCIA: Bain, *Charles*, 305.
837 ELE CONQUISTOU VINTE VEZES MAIS DO QUE: Ibid., 278.
841 SUA CORTE, DIRIGIDA PELOS VASTOS ESQUEMAS DE GOERTZ: Schuyler, II, 250.
844 MAS HÁ UMA PEQUENA DIFICULDADE: Ibid., 406.
845 POR MEIO DE SUAS AÇÕES IMPRUDENTES: Sumner, *Emergence*, 103.
846 QUARENTA ANOS DE GUERRA: Hatton, *Charles*, 475.
846 SUA COMIDA É MUITO BOA: Ibid., 502.
847 NÃO É UM LOCAL ADEQUADO: Bain, *Charles*, 298.
847 NÃO TENHAM MEDO: Bengtsson, 476.
847 UMA PEDRA: Hatton, *Charles*, 503.

848 ATIRARAM NO REI!: Ibid.
848 TUDO SE TORNOU IMEDIATAMENTE TÃO SILENCIOSO: Ibid., 497.
848 ESSA DOR QUASE INSUPORTÁVEL: Ibid., 520.
848 SENTIREMOS SUA FALTA: Ibid., 521.

Capítulo 56: REI JORGE ENTRA NO BÁLTICO

850 MEU PREZADO CARLOS: Staehlin, 248.
851 O REI AINDA ESTÁ VIVO?: Schuyler, II, 408.
852 VOCÊS, SUECOS SEDENTOS POR SANGUE: Ibid., 409.
853 MEU QUERIDO DUQUE: Plumb, 40.
853 N. A INGLATERRA LOGO TERIA COMO REI UM TURCO: Basil Williams, 151.
854 O ELEFANTE E O CASTELO: Ibid., 152 n.
855 EMBORA O REI DA INGLATERRA: Solovev, IX, 40.
855 DE TODAS AS FORMAS, IGUAIS: Chance, 92.
856 PARA QUE O CZAR NÃO SE TORNASSE PODEROSO: Sumner, *Emergence*, 105.
857 N. QUISERA DEUS: Schuyler, II, 418.
858 QUAIS SERVIÇOS A INGLATERRA PRESTOU: Ibid., 413.
859 INCOMUM E INSOLENTE: Solovev, IX, 270.

Capítulo 57: VITÓRIA

862 SIR JOHN NORRIS: Chance, 361.
864 NOSSA FORÇA SOB O COMANDO: Solovev, IX, 273.
867 CONHEÇO MEUS INTERESSES: Sumner, *Emergence*, 106.
868 TODOS OS ACADÊMICOS DA ARTE: Schuyler, II, 424.
868 CELEBREM E AGRADEÇAM A DEUS: Grey, 379.
869 SOMENTE POR SEUS INCANSÁVEIS TRABALHOS: Solovev, IX, 321.
870 POR NOSSOS FEITOS NA GUERRA: Grey, 380.
870 N. GRANDE SENHOR: Weber, I, 257-63.
871 UMA VERDADEIRA TAÇA DE SOFRIMENTO: Schuyler, II, 426.

Capítulo 58: A SERVIÇO DO ESTADO

874 SUAS DEPRECIAÇÕES DAS CONQUISTAS DE MEU PAI: Kluchevski, 52.
875 AS LEIS PERMANENTES: Gasiorovska, 21.
876 NENHUMA DECISÃO DEVERÁ SER TOMADA: Kluchevski, 184.

876 ATÉ AGORA, DEUS CONHECE: Ibid., 199.
877 NÃO CONSIGO COM MINHA MÃO ESQUERDA: Sumner, *Emergence*, 112.
877 APONTAMOS O SENADO GOVERNANTE: Kluchevski, 200.
878 A PERDA DE TEMPO É COMO A MORTE: Schuyler, II, 349.
878 O QUE FOI FEITO: Kluchevski, 201.
878 VOCÊS NÃO TÊM NADA MAIS A FAZER: Ibid.
878 VOCÊS AGIRAM DE FORMA DESPREZÍVEL: Ibid., 218.
878 NO MESMO LUGAR DO SENADO: Ibid., 219.
879 SEM GRITOS OU OUTRAS MANIFESTAÇÕES: Ibid., 220.
880 E RESPONDEREI A ISSO DIANTE DE DEUS: Staehlin, 325.
881 AQUI ESTÁ O OLHO: Kluchevski, 221.
882 SEU MECANISMO É COMO O DOS RELÓGIOS: Sumner, *Emergence*, 114.
882 CONSIDERANDO QUE ESTAVAM APREENSIVOS: Weber, I, 267.
883 QUASE NENHUM GABINETE DE RELAÇÕES EXTERIORES DO MUNDO: Ibid., 46.
883 NÃO DEVE HAVER CONVERSAS OU TAGARELICES DESNECESSÁRIAS: Schuyler, II, 352.
884 É MELHOR ABRIREM MINHA MAIOR VEIA: SoloveV, IX, 464.
884 COMO SE UM SERVO: Sumner, *Emergence*, 122.
887 VIMOS MULTIDÕES DESSES JOVENS: Weber, I, 180.
887 ELE PULOU NO LAGO: Kluchevski, 95.
887 COMO, TEODORO MATVEIEVICH: Ibid., 97.
890 MEMÓRIAS DE NEPLYUEV: Solovev, IX, 552.
892 POSSO MUDAR ALGUMAS DIREÇÕES COM O MEU CINZEL: Sumner, *Emergence*, 113.
892 N. NOBRE VLADIMIR ULYANOV: Fischer, 19.
893 QUALQUER SUJEITO QUE SEJA UM VERDADEIRO CRISTÃO: Solovev, VIII, 491.
895 PAI, DEIXE-NOS ESPANCÁ-LOS UM POUCO MAIS: Schuyler, II, 360.
898 MENCHIKOV SEMPRE SERÁ MENCHIKOV: Staehlin, 83.
899 O QUE SIGNIFICA ISSO?: Bain, Pupils, 46.
899 MENCHIKOV FOI CONCEBIDO EM INIQUIDADE: Kluchevski, 244.
900 O BOM PRÍNCIPE MENCHIKOV: Sbomik, I.R.I.O., XV, 200.
901 VOSSA MAJESTADE JÁ REFLETIU?: Staehlin, 159.
901 EXISTEM APENAS GALHOS A SEREM PODADOS: Kluchevski, 245.
901 O CZAR SOZINHO EMPURRA COLINA ACIMA: Ibid., 95.

Capítulo 59: COMÉRCIO POR DECRETO

902 ELAS ESTÃO PRODUZINDO TECIDOS: Schuyler, II, 375.
903 SE ELES NÃO QUISEREM FAZER ISSO: Kluchevski, 145.

904 NOSSO ESTADO RUSSO TEM ABUNDÂNCIA : Solovev, VIII, 474.
905 ACUMULAR DINHEIRO É PROIBIDO: Kluchevski, 146.
906 VOCÊS MESMOS SABEM: Sumner, *Emergence*, 144.
906 NOSSO POVO É COMO AS CRIANÇAS: Ibid.
906 CÁ ENTRE NÓS: Schuyler, II, 372.
907 PRODUTOS MOFADOS E ESTRAGADOS: Kluchevski, 147.
907 TINTO E SUFICIENTEMENTE AGRADÁVEL: Lebrun, em *Weber*, II, 421.
908 O GRANDE SEGREDO: Sbomik, I.R.I.O., XXXIX, 137.
911 É FÁCIL ENTENDER: Staehlin, 106.
911 VÁ À CORTE AMANHÃ: Ibid., 108.
911 EM TRÊS HORAS: Ibid., 132.
912 DEUS FEZ OS RIOS: Perry, 7.
913 FUI INFORMADO POR FONTES CONFIÁVEIS: Weber, I, 290.
914 SEM PREJUDICAR: Florinski, I, 358.

Capítulo 60: SUPREMO ABAIXO DE DEUS

919 É NOSSA CRENÇA: Staehlin, 173.
920 DEIXE-OS VIVER COMO QUISEREM: Sumner, *Emergence*, 127.
920 JÁ EXISTEM MUITOS DELES POR LÁ: Schuyler, II, 401.
921 TODOS OS JESUÍTAS: Weber, I, 268.
921 É IMPROVÁVEL: Ibid., 282.
922 EMBORA ELE REALIZASSE: Ibid., 235.
923 AQUI ESTÁ A FONTE: Staehlin, 124.
924 PEDINTES FORTE S PREGUIÇOSOS: Sumner, *Emergence*, 133.
924 PARA PERMITIR QUE OS MONGES: Schuyler, II, 145.
926 COMO ME DISTANCIAREI DE TEU ESPÍRITO?: Cracraft, *Church Reform*, 1; Grey, 486.
926 ESCREVENDO COM LÁGRIMAS: Grey, 398.
927 TODOS OS MONGES NOS EVITAM: Cracraft, "Prokopovich," 90.
927 UMA PREOCUPAÇÃO ARDENTE: Ibid., 92.
928 A AUTORIDADE SUPREMA: Ibid., 93.
928 QUANDO A LUZ DO APRENDIZADO: Ibid., 90.
929 COM O GOVERNO COLEGIADO NA IGREJA: Ibid., 102.
930 DEFENDER IMPLACAVELMENTE TODOS OS PODERES: Pipes, 241.
931 INCOMPARAVELMENTE MAIS HUMANA: Ibid., 245.

Capítulo 61: O IMPERADOR EM SÃO PETERSBURGO

932 MAIS DOCUMENTOS EM UMA MANHÃ: Bell, 562.
933 NÃO QUERO QUE ME OBSERVEM Staehlin, 147.
933 JANTEM COM SUAS ESPOSAS: Bell, 566.
934 A CHIBATA DELE: Staehlin, 275.
935 OBRIGADO A ESPERAR: Ibid., 233.
935 UM JOVEM POBRE : Schuyler, II, 434.
935 BRAVO, MEUS AMIGOS: Staehlin, 239.
935 PUNIR OS GRANDES E RICOS: De Grunwald, 174.
936 ASSASSINÁ-LO: Staehlin, 257.
936 PREGUEI UMA VIVA NA PAREDE: Ibid., 87.
937 PUNIÇÃO POR SUA NEGLIGÊNCIA: Ibid., 113.
937 APRENDA A FICAR MAIS QUIETO: Ibid., 221.
937 AQUELE MALDITO GAROTO: Ibid., 268.
938 SEI QUE TENHO MINHAS FALHAS Ibid., 266.
938 ASSIM, EU DESTRUO: Schuyler, II, 503.
939 BEM, LISETTE: Staehlin, 308.
939 NINGUÉM CONSEGUE COLOCAR O NARIZ: Sbornik, I.R.I.O., LXI, 480.
940 DA DIVERSÃO DO QUE CHAMAVAM DE *CATAT*: Ibid., 358.
940 NO INVERNO: Perry, 263.
941 UM HOMEM QUE DEDICOU SUA JUVENTUDE: Staehlin, 180.
941 O QUE VOCÊS FAZEM EM CASA?: M. S. Anderson, *Peter*, 157.
941 CACEM, CAVALHEIROS: Staehlin, 115.
942 EU OS CONQUISTEI: Ibid., 24.
943 SENHOR: DESEJO SUA PRESENÇA: Schuyler, II, 436.
945 QUAL É O PROBLEMA?: Staehlin, 304.
945 A PRINCESA ANA [...] ERA UMA MORENA: Schuyler, II, 438.
945 EU NÃO ACREDITO QUE EXISTA HOJE NA EUROPA UMA PRINCESA: Sbornik, I.R.I.O., XV, 239-40.
945 ELA É UMA BELEZA: Ibid.
946 COMO EU SOUBE PELAS CARTAS: Schuyler, II, 439.
946 FREQUENTEMENTE PEDIA UM RELATO: Staehlin, 295.
948 EMBORA EU TENHA TIDO A SORTE Schuyler, II, 446.
948 REGULAMENTO DAS *ASSEMBLÉES*: Weber, I, 186-8.
950 TODAS AS DAMAS AQUI USAM TANTO ROUGE: Schuyler, II, 444.

951 MINHAS MERETRIZES NÃO ME CUSTAM MUITO: Ibid., 323.
951 PERFEITA LIBERDADE: Weber, I, 277.
952 ISSO É POSSÍVEL?: Staehlin, 325.
952 EU PROÍBO QUE ELA: Ibid., 328.
952 UMA DAS MAIS AGRADÁVEIS E BEM-EDUCADAS: De Grunwald, 198.
953 NÃO POSSO VIOLAR AS LEIS: Staehlin, 279.
953 OS ATORES E ATRIZES: Weber, 1,188.
955 O EMBAIXADOR DEVE DAR CRÉDITO A MIM: Staehlin, 94.
956 É PROVÁVEL QUE OS PADRES: Weber, I, 112.
956 MORDER O ROSTO E AS ORELHAS DE ESTRANHOS: Ibid., 27.
957 TEM CERTEZA?: Staehlin, 141.
957 FICAMOS MUITO FELIZES: Dmitrishin, 13.
958 EM GERAL, DOIS TIPOS: Ibid., 14.
957 TENHO DE COLHER: Sumner, *Emergence*, 181.

Capítulo 62: AO LONGO DO CÁSPIO

961 NOSSO IMPERADOR NÃO FAZ COMÉRCIO: Schuyler, II, 458.
962 AO ILUSTRE REI: Sumner, *Emergence*, 152.
962 N. UM GRUPO DE GAROTAS SUECAS: Weber, I, 223.
964 UM PRÍNCIPE DE QUARENTA ANOS DE IDADE: Ibid., 92.
964 O VERDADEIRO ESTADO DO IMPÉRIO PERSA: Weber, I, 100.
965 HÁ AGORA UM CHEFE: Schuyler, II, 464.
966 A QUESTÃO DE DAUK BEK: Solovev, IX, 374.
968 ABRINDO SEUS PEITOS: Bruce, 277.
968 QUANDO ELES ESTÃO JUNTOS: Schuyler, II, 472.
968 EM ALMOFADAS DE VELUDO CARMESIM: Bruce, 273.
968 SATISFAZER SUA CURIOSIDADE: Ibid., 271, 273-4.
969 AS CHAVES DOURADAS DA CIDADE: Bell, 553.
969 ASSIM, NESSAS REGIÕES: Solovev, IX, 379.
970 FUI EU: Sbornik, I.R.I.O., XLIX, 287.

Capítulo 63: O CREPÚSCULO

972 A PROCISSÃO ERA COMPOSTA POR SESSENTA TRENÓS: Sbornik, I.R.I.O., III, 342-3.
973 ESSA É A IMAGEM DA GUERRA: Schuyler, II, 485.

973 O IMPERADOR ESTÁ TÃO OCUPADO: Ibid., 486.
975 PARA ALIAR TOTALMENTE A CZARINA A NOSSOS INTERESSES: Sbornik, I.R.I.O., XL, 304.
976 EU O CONHEÇO E O CONSIDERO MUITO: Schuyler, II, 495.
976 O REI DA POLÔNIA SÓ PRECISA DE UMA AMANTE NOVA, ESPERTA E VIVAZ: Ibid., 496.
976 NÃO HÁ NADA ALÉM DE CARACTERÍSTICAS AGRADÁVEIS: Sbornik, I.R.I.O., XLIX, 324.
979 GRAÇAS A DEUS, TUDO ESTÁ BEM AQUI: Solovev, VIII, 519.
979 ESTA É A CASA DE CAMPO: Staehlin, 208.
980 ASSIM, FILHOS OU FILHOS DOS FILHOS: Bain, *Pupils*, 59.
980 NOSSA ADORADA ESPOSA: Grey, 431.
982 É NOSSA INTENÇÃO: Bain, *Pupils*, 62.
983 RECONHECIDA COMO REGENTE: De Grunwald, 210.
983 UM DOS MAIS BEM-EDUCADOS [...] HOMENS: Ibid., 211.
985 HORA DE TODOS IRMOS PARA A CAMA: Sbornik, I.R.I.O., III, 391.
987 ELES MAL CONVERSAM UM COM O OUTRO: Ibid., 394.
987 A IMPERATRIZ FEZ UMA LONGA E AMPLA GENUFLEXÃO: Ibid., 396.
987 NÃO HÁ PALAVRAS SUFICIENTEMENTE FORTES: Schuyler, II, 488.
988 SUA MAJESTADE HÁ ALGUM: Sbornik, I.R.I.O., LXI, 486.
992 SENHOR, EU ACREDITO: Bain, *Pupils*, 68. 845 DÊ TUDO: Pares, 225.
992 RECEBER ESTA GRANDE ALMA: Sbornik, I.R.I.O., III, 399.

EPÍLOGO

993 MEU DEUS, ISSO É POSSÍVEL?: Staehlin, 365.
994 O QUE EU FIZ, VOSSA EXCELÊNCIA: Bain, *Pupils*, 76.
995 NOSSO PAI ESTÁ MORTO: Sbornik, I.R.I.O., III, 400, também LII, 430.
995 DE QUE SUA MAJESTADE FOSSE PROCLAMADA AUTOCRATA: Bain, *Pupils*, 77.
995 Ó, HOMENS DA RÚSSIA: Cracraft, *Church Reform*, 304.
996 DIMINUIR O PESADO FARDO: Bain, *Pupils*, 85.
996 OS CAMPONESES E O EXÉRCITO: Pares, 230.
996 COM ÁGUA ATÉ OS JOELHOS: Sbornik, I.R.I.O., III, 454.
998 LEMBREM-SE DE QUE SOU RUSSA: Bain, *Pupils*, 125.
998 MEU CARO ANDREI IVANOVICH: Ibid., 139.
998 TÃO TEMIDO OU TÃO OBEDECIDO: Sbornik, I.R.I.O., III, 478.
999 VEREMOS QUEM É O IMPERADOR: Ibid., 491.

999 VEJA, PELO MENOS EU ESTOU APRENDENDO: Ibid., 490.
999 O QUE EU POSSO FAZER EM UM LOCAL: Bain, *Pupils*, 148.
1001 SEU ESPÍRITO VIVE EM NOSSAS ALMAS: Kluchevski, 248.
1001 ESSE MONARCA: Ibid., 253.
1002 UM HOMEM COMO DEUS: Ibid., 248; De Grunwald, 215.
1002 NÃO SERIA DEUS: Kluchevski, 249.
1002 NÓS COMEÇAMOS A SER CIDADÃOS DO MUNDO: Ibid.
1002 O MAIS EXTRAORDINÁRIO FENÔMENO: Florinski, I, 428.
1003 TODOS TÊM A MELHOR E MAIS ELEVADA OPINIÃO: Staehlin, 291.
1004 UM ETERNO TRABALHADOR: De Grunwald, 179.
1004 VIVEMOS EM UMA ERA DE OURO: Ibid.

ÍNDICE REMISSIVO

Academia de Ciências da França:
    Pedro eleito membro, 764, 957
Academia de Ciências da Rússia:
    biblioteca, 956
    construção planejada por Pedro, 987
    fundação, 957-9
    museu, 955
Adriano, patriarca:
    barba poupada, 279
    e a tortura dos Streltsi (1698), 304
    e Pedro, 143-4, 175
    eleição (1690), 130
    morte (1700), 924
Adrianópolis, Tratado de (1713), 667, 705
Afrosina, amante do czarevich Aleixo, 784, 799, 801, 803, 805
Ahmed III, sultão, 636, 641
ajudantes (enfermeiros), 934-5
Aleixo, czarevich, 446, 613, 774-834
    alcoolismo e bebedeiras, 779, 782, 783-4, 785, 788
    aparência física, 321
    como fugitivo e da Rússia (1716-18), 791-8, 807
    correspondência, 791-8 *passim*, 807
    deserdação (1718), 813-4
    e Afrosina, 784, 799, 801, 803, 805, 808-9, 811, 815, 822, 823-4
    e Carlos VI, 801-10 *passim*
    e Charlotte de Wolfenbüttel, 617, 648-50, 670-7, 780-1, 782, 783-5
    e Igreja, 778, 781-2
    e Menchikov, 776-7, 799
    e Pedro, 774-834
    educação, 775-6, 777-8
    filhos, 784, 785; *ver também* Pedro II, Imperador
    funeral, 831-2
    infância e juventude, 775-8
    morte (1718), 827-831
    nascimento (1690), 90, 130, 775
    personalidade e características, 776
    prisão e julgamento (1718), 825-7
    sob cuidados de Natália Alexeievna, 286, 775
Aleixo (Mikhailovich), czar:
    conflito com patriarca Nikon, 69-70
    conquistas comparadas às de Pedro, 874-5
    estado exaltado, 9-11
    estilo de vida, 11-14 piedade 64
    morte (1676), 29
Altranstädt, Tratado de (1706), 484, 486, 488-9
    repudiado por Augusto (1709), 616

Amsterdã:
    descrição, 216-8
    diversão, *ver* entretenimento
    visitas de Pedro: (1697-8), 218-223, 258
    (1716-17), 746-7
Ana (Petrovna), duquesa de Holstein-Gottorp, 448, 945-8
    casamento com Carlos Frederico, 977-8, 994
    filho (Pedro III) nascimento (1828), 978, 996
    morte (1728), 978, 996-7
Ana (Ivanovna), Imperatriz:
    casamento arranjado, 617-8
    e Praskovaia, 947
    fim da vida, 618 n.
    reinado (1730-40), 999-1000
Aníbal, Abraão, 760 e s.
anões, 727-9
apostas, 941-2
Apraxin, (general-almirante) Teodoro Matveievich, 458, 690
    acusações de corrupção (1715), 894, 900
    Batalha de Hanko (1714), 458, 692-3
    campanhas navais finlandesas (1713-14), 690-6
    campanhas no Báltico (1719-21), 860-1, 863, 867
    e Pedro, 690-1
    em Amsterdã (1697), 220
    em Vyborg (1710), 622
    Ordem de Santo André, 887-8
Apraxin, (Senador) Pedro:
    exonerado, 819
    preso na conspiração do czarevich, 816
Arcangel:
    descrição, 147-9
    visitas de verão de Pedro (1893-4), 147-9, 153-7
    arquitetura:

Amsterdã, 216-7
    eclesiástica, 67-8, 243
    França (Versalhes), 186-8
    Londres, 243
    Moscou, 3-4, 97-8
    São Petersburgo, 428-9, 430-1, 710-22, 979
Arseneieva, Dária, 443
    e Menchikov, 443, 444-5
atual reforma monetária, 253, 287-8, 905-6
Augusto II, rei da Polônia, 258, 270, 976
    aparência e personalidade, 273-4
    como detentor do trono polonês, 206, 350
    confirmado pela Suécia (1720), 858
    deposto (1704), 474-5
    e Carlos XII, 411-3, 474-5, 483-5, 498
    e Patkul, 349-51
    e Pedro, 273-5, 354, 355, 409-10, 616-7, 650, 976
    efeito sobre Pedro, 497-8
    eleição como Rei da Polônia, 206, 273-4
    reintegrado como rei (1709), 616
"Avô da Marinha Russa" (embarcação), 73 n., 974
Avvakum, patriarca, 64, 73-4
    martírio, 74
Azov:
    campanha e cerco: (1695), 162-70
    (1696), 171-4;
    cedida à Rússia (1699), 334, 338
    celebração da vitória, 175-6
    como fortaleza russa, 339-40
    consequências, 176;
    descrição, 165
    rendida aos Turcos (1712), 665-6

Baku, 969
Balk, Matrena, 943
    escândalo de suborno, 984-7
    execução, 986-7

Baltadji Mehemet Paxá, grão-vizir, 646-7, 654-5, 657, 660-5
banhos, 730-1
banquetes, ver entretenimentos
barbas na Rússia:
  suspensão de, 278-81, 920
basquírios:
  revolta (1708), 468
Bastilha, a, Paris, 762-3
batalhas:
  Azov (1696), 171-5
  Fraustadt (1706), 480-1
  Golovchin (1708), 524-7
  Hanko (1714), 692-3
  Kalisz (1706), 485
  Klissow (1702), 414
  Lesnaia (1708), 536-8
  Molyatychi (1708), 532
  Narva (1700), 393-40
  Poltava (1709), 586-604
  Prut (1711), 658-65
batog (instrumento de tortura), 297
Baturin, 548, 549-52
  destruição de, 551-2
bebidas e bebedeiras, 140-1, 203-4, 990-1
  em reuniões, 949 ver também Aleixo, czarevich: bebidas e bebedeiras; Carlos XII: e bebidas; Companhia da Alegria, a; Pedro, o Grande, bebidas e bebedeiras
Bender:
  "o Tumulto" em (1713), 700-3
Bering, Vitus, 961
bibliotecas, impressão e livros, 221, 464-5, 510, 956
boiardos, 12
  e roupas ocidentais, 282-4
  e sistema de precedência, 32-4
  e Streltsi, 46
  mudança de papel, 458, 875-6

no funeral de Lefort, 330-2
resistência a Sofia e Golitsyn, 106-9
Bourgeois, Nicholas, 727
Brancovo, Constantino, Hospodar da Valáquia, 652, 655
  deserção aos turcos, 655
  execução (1714), 665
Brandt, Karsten, 85-8
Bratislava, 82
Bruce, (capitão) Peter, 968
Bruce, (general) James, 842-5
Brunswick-Wolfenbüttel, Charlotte, ver Charlotte, princesa de Wolfenbüttel
Bulavin, Kondrati, 468-70
Burnet, Gilbert, bispo de Salisbury, 249-50
Buturlin, (general/vice-almirante) Ivan:
  como oficial naval, 153, 157
  como "rei da Polônia" na Companhia da Alegria, 142
  e Menchikov, 997
  em Narva, 397
  na queda de Sofia, 118
  nos jogos de guerra, 145, 157

caça:
  Pedro e, 80, 209, 768, 941
campanhas navais no Golfo da Finlândia (1713-14), 685-97
  Batalha de Hanko (1714), 692-4
  camponeses, 915-7
  fugitivos, 465-6, 916
  roupas, 16-7
canais na Rússia, 716-7, 911-4
Canal Vyshni-Volochok, 912-3
Cantemir, Demétrio, 653, 664
Cárdiz, Tratado de (1661), 98
Carlos VI, Sacro Imperador Romano:
  e czarevich Aleixo, 801-10 passim

Carlos XI, rei da Suécia, 98
  morte (1697), 275, 372
Carlos XII, rei da Suécia:
  aparência física: (1700), 381; (1707), 493
  campanha russa, 511-611
  campanhas na Noruega (1716, 1718), 740-1, 846-8
  como líder militar, 362, 378-9, 494-5
  coroação, 372-3
  educação, 372, 373-4
  e Augusto II, 412-3, 475, 483-6, 498
  e bebidas, 377
    em Bender (1713), 702-3
  e Devlet Gerey, 697-8
  e Frederico IV, rei da Dinamarca, 376-7
  e Kalabalik (1713), 698-703; consequências, 704
  e Marlborough, 490-2
  e Mazeppa, 539, 547-8, 549-53, 610-11
  e mulheres, 376, 413, 495
  e Pedro, após Poltava (1709), 602
  em Hrodna (1708), 515
  e tártaros, 565-6
  efeito de batalha, 401-2
  em Narva (1700), 393, 397-8
  em perigo:
    em batalha: no rio Duína, 411-2;
      em Frederiksten, 846;
      em Narva, 397-8;
      em Perevoluchna, 606-7;
      em Poltava, 592-3, 599-600;
      em Stralsund, 709 n.
    como jovem, 373-7
    ver também Carlos XII: ferimentos fatais, 845-8
  em Poltava, 581-2, 586, 592-3, 599-600
  estilo de vida, 493-4, 495
  ferimentos, 474, 574-5; *ver também* Carlos

  XII: em perigo
  fuga, 606-7
  infância, 370-1
  invencibilidade atribuída a 401-2, 575
  jogos de guerra, 374-5
  moral, 377, 378-9, 412, 568
  morte, 845-9
    consequências políticas, 856
    na morte de Carlos, 850
    na Polônia:
      (1702-1706), 473-6
      (1707-1708), 510-8
    na Saxônia (1706-1708), 484, 490, 503, 505-6
    na Turquia, 611, 643-6, 662-5
      Kalabalik, o, 697-704
      saída de (1714), 697-704
    personalidade e características, 372-7, 493-6, 501
    retorno à Suécia (1714) 705-9
Carlos Frederico, duque de Holstein-Gottorp:
  casamento com a princesa Ana (1725), 977, 996
  e a morte de Carlos XII's, 848-9
  filho (Pedro III) nascimento (1828), 978
  na Rússia, 866-7, 977
  saída da Rússia (1728), 998
  sucessão ao trono sueco, 850-1
Carlos Leopoldo, duque de Mecklemburgo:
casamento com Catarina (Ivanovna), 736-8
Carlos Leopoldo, duque de Mecklemburgo,
  ver Mecklemburgo, (duque) Carlos Leopoldo
Carlowitz, (general) George von, 351-2
  morte, 354
Carlowitz, Tratado de (1699), 335, 638
Carmarthen, Peregrine Osborne, marquês de, 247, 252, 253, 256-7
casamento:

ÍNDICE REMISSIVO

arranjado:
  banimento, 463
  como instrumento de diplomacia, 21 *ver também* divórcio
  entre dinastias, 21; *ver também* casamentos arranjados individuais, por nome, Europeu 191-2
Casimir, Frederico, duque da Curlândia, 203
Castelo Sant'Elmo, Nápoles:
  czarevich Aleixo se refugia em (1717): 804-9
Catarina (Ivanovna), princesa:
  casamento com o duque de Mecklemburgo, 736-8
  e Praskovaia, 947
Catarina I, imperatriz, 441-53
  aparência física, 444, 449
  apontada como herdeira de Pedro, 980-7
  aprisionada por Sheremetev (1702), 416, 442
  ascensão ao trono (1725), 980-7
  compaixão pelos soldados, 969-70
  coroação (1724), 986-7
  corte, 943-4
  e Menchikov, 436, 442-3, 900-1, 996
  e Pedro, 4433-53, 649, 672-3, 714-5, 986-7
    casamento: 1º (1707), 445-6, 510; 2º (1712), 446, 672-3
    correspondências, 450-3, 772-3
    e a fúria (dele), 938-9
    e as convulsões (dele), 161, 447, 988, 992
    encontro, 443-4
  filhos, 444-5, 448, 618-9, 694, 736, 746-7, 944-7; lista, 448 n.
  na questão de Mons, 985-6,
  no leito de morte (dele), 992
  viagens juntos, 448, 669, 736, 745, 747-8, 967
  morte (1727), 996-7
  na zona de batalha, 658
  origens, 441-2
  personalidade e características, 446-9
  reinado (1725-7), 995-6
Catedral da Anunciação, Moscou, 7
Catedral da Assunção (Uspenski Sobor), Moscou, 6-7
Catedral de Miguel Arcanjo, Moscou, 7
Catedral de Pedro e Paulo, São Petersburgo, 428, 672
Cáucaso:
  alegações russas em, 960-71 *passim*
  cerimônias, *ver* entretenimentos; rituais e cerimônias
  montanhas, 965 s.
cerveja, 731-2
Charlotte, princesa de Wolfenbüttel:
  e (czarevich) Aleixo, 617, 648-50, 670-1, 779-85
  nascimento da filha Natália (1714), 784
  nascimento do filho Pedro (1715), 785
  morte (1715), 785-6
Cherkasski, (príncipe) Alexander Bekovich, 963
Cherkasski, (príncipe) Miguel:
  a serviço de Pedro, 139
  barba poupada, 278
  como Prefeito de Moscou, 326
  e a revolta dos Streltsi (1682), 50-1
  e Golitsyn, 107
China:
  fronteira russa com, 100 n.
  comércio russo com, 672, 960-1
Churchill, John, *ver* Marlborough, John Churchill, duque de
cnute (tipo de açoite), 297-8
Companhia da Alegria, a, 139-44

Companhia Holandesa das Índias Orientais,
  211, 217-8
condecorações e reconhecimentos por mérito,
  ver reconhecimento por mérito
condições de viagens, 454-8
  estradas, 454-6
  por trenó, 456
conscrição, ver recrutamento
Constantinopla:
  descrição, 629-30
  Tratado de (1699), 338-9
construção naval:
  em Amsterdã, 218-20
  em São Petersburgo, 426-7
  em Voronej, 169-71, 177, 326-9
  em Zaandam, 212-3
  frota do Báltico, 699
  inglesa, 257
  no lago Ladoga, 416, 425, 426
  treinamentos na Europa para, 178-9, 184, 218-9, 137-8, 239-40, 276, 689
  ver também Rússia: navios da frota naval, século XVIII, 686
Conti, François Louis de Bourbon, príncipe de, 205, 272-3
Convento Novodevichi:
  czarina Eudóxia mudou-se para, 997-8
  execuções de Stretsi em, 307 T
  exílio de Sofia em, 125, 305
corrupção no governo, 892-901
cossacos, 15, 544-5
  e exército sueco, 550-3, 607-8, 609
  em Perevoluchna (1709), 568-9
  nas campanhas de Azov (1695-6), 168, 172, 174
  revolta (1707-1708), 468-9
  tratado com a Suécia (1709), 564
  Zaporojski, 544, 563
cossacos do Don, ver cossacos

crime:
  Londres, 242-3
  Moscou, 4-5, 322-3
  punições para, 298-301, 323-4
Crimeia:
  primeira campanha russa (1687), 103-4
  segunda campanha russa (1689), 103-5
cristãos dos Bálcãs:
  Pedro e russos como libertadores de, 651, 667
Cross, Laetitia, 247
Cruys, (Vice-Almirante) Cornelius, 239, 258, 327, 427-8
cunhagem, ver reforma monetária
Curlândia, duque de:
  visita de Pedro (1697), 203-6
czares:
  estado exaltado dos, 10-1, 465; ver também Pedro I: armadilhas de sua posição
  mudança de papel dos, 406-8, 463, 465
  obrigações dos, 874-5
  título de Imperador, 870 n.
  ver também czares individuais
czarevnas, 40-1

Demidov, Nikita, 175, 889, 904-5
Dinamarca:
  aliança com a Rússia contra a Suécia: (1709), 615-6 (1716), 741-2
  atacada pela Suécia (1716), 740-1
  frota naval, 675, 682
  na Grande Guerra do Norte, 354, 378, 379-80, 381-3
  derrota, 383
  oposição à Suécia (1698), 349-50
  tratado com a Polônia contra a Suécia (1699), 350-1
  tratado de paz com a Suécia (1720), 858

Derbent, 967-70
Devier, (general) Anthony, 936-7, 997
Devlet Gerey, Cã da Crimeia, 645, 657
 e Carlos XII, 697-8
 e Tratado de Constantinopla (1699), 340
divórcio, 38-9
Dolgoruki, (príncipe) Gregori, 738
Dolgoruki, (príncipe) Jacob, 195-6, 199, 879-90, 944-5
 apelos pelo irmão Vassili (1718), 819
 e Menchikov, 894
 morte (1720), 941
 (sua) avaliação das conquistas de Pedro, 874-5
Dolgoruki, (príncipe) Miguel, 52-3
Dolgoruki, (príncipe) Vassili:
 como embaixador da Dinamarca, 736-855
 e a conspiração do czarevich Aleixo, 815
 prisão, 816
 exilado em Cazã (1718), 819
Dolgoruki, (príncipe) Yuri, 45-6, 496
Dorpat:
 em zona de devastação (1708), 519
 local de nascimento de Catarina I, 441
 quarteis de inverno do exército sueco em, 411
 vitória naval russa próxima a (1702), 414-5
 vitória russa em (1704), 472
Dositeu, Bispo de Rostov, 817-8
Dresden:
 ocupada pela Suécia (1706), 484
 visita de Pedro (1698), 258-9
Dubois, (Abade) Guillaume, 753, 771, 976
Du Croy, Charles Eugène, duque:
 em Narva, 391-2, 395, 397
 levado como prisioneiro, 397, 400
 morte e enterro, 400 n.

educação na Rússia, 464-5, 885-8, 958
 de mulheres, 946, 950
 do clero, 510, 921-2, 928-9
Ehrenskjold, (almirante) Johan Eriksson, 693
 como prisioneiro, 694-5
Ekaterinhof, 943
entretenimentos, 312, 314-5, 324-5
 Ano Novo, 281-2
 assembly (festas noturnas), 948-50
 celebrações do Tratado de Nystad, 868-71
 em lançamentos de navios, 939
 em Versalhes, 189
 fogos de artifício, 144
 Natal e Ano Novo, 990-1
 vitória em Poltava e celebrações de aniversário, 613, 940
 ver também esportes e recreação; jogos de guerra
Escola de Matemática e Navegação (Academia Naval), 886-7
escolas, *ver* educação na Rússia
esportes e recreação, 731, 939
 em Londres, 243
 ver também entretenimentos; caça
Estanislau I, Rei da Polônia, 475-6
 foge da Polônia (1709), 616, 617
 soberania reconhecida pela Inglaterra, 516
Estetino, 674, 675, 676
 rendição à Rússia (1713), 799
Estocolmo, 344
estrangeiros na Rússia:
 diplomatas, 312-3, 315-6, 725-6; *ver também* Korb, Johann-Georg; Weber, Friedrich Christian
 e economia, 907-9
 e o sistema de administração de colégios, 882-3
 e Pedro, 130, 133-4

engenheiros de minas, 903
liberdade religiosa de, 919
na Academia de Ciências, 958
oficiais militares, 82, 120-1, 168, 291, 353, 398
perigo a, 323
prisioneiros de guerra suecos, 620-1, 730, 919
proteção do czar de, 464, 908 *ver também* Moscou: Subúrbio Alemão
Estreito de Bering, 961-2 n.
Eudóxia, czarina, *ver* Lopukhina, Eudóxia (Fedorovna)
Eugênio, príncipe de Saboia, 264-5, 267
Europa:
    construtores navais russos treinados em, 178, 184, 219, 237, 239-40, 276, 689
    cultura, século XVIII, 191-4; *ver também* influência da cultura ocidental na Rússia
    viagens russas em: (1697-8), *ver* Grande Embaixada; (1716-17), 735-73
europeus na Rússia, *ver* estrangeiros na Rússia
evasão de serviço, 887-8; *ver também* recrutamento
Evelyn, John, 248-9
Exército da Rússia, *ver* Rússia: exército
Exército da Suécia, *ver* Suécia: exército
expectativa de vida, século XVIII, 193-4

Falso Sínodo (Sínodo dos Bêbados), 142-4, 318-9, 320-1,
família Lopukhin, 129, 778
família Miloslavski, 20, 23, 24
    apoio à reivindicação de Ivan como czar, 33-4, 778
    ascendência com o reinado de Teodoro, 30
    e (czarevich) Aleixo, 778
família Naryshkin, 30
    e a regência de Sofia, 78

    e os Streltsi, 46-7
família Romanov:
    locais de enterro, 7
    sucessão ao trono, 33-4, 88, 833
Filipe, duque d'Orléans, *ver* Orléans, Filipe, duque d'
Finlândia:
    Batalha de Hanko (1714), 692-3
    campanhas (1713-14), 685-96
fiscais (informantes), 896-7
Flam, (capitão) Jan, 156
Fortaleza de Pedro e Paulo, São Petersburgo, 423-4
França:
    Academia de Ciências: Pedro eleito membro, 764, 957
    aliança recusada com a Rússia (1717), 753
    política estrangeira, início do século XVIII, 752
    situação política (1717), 749-50 *ver também* Luís XIV, rei da França; Luís XV, rei da França; palácio de Versalhes
Fraustadt, Batalha de (1706), 480
Frederico I, rei da Prússia, 617, 676, 677, 678
Frederico I, rei da Suécia, 850-1
    ascensão ao trono (1720), 862
    negociações de paz com a Rússia (1721), 867-8
Frederico III, rleitor de Brandemburgo, 204-6
Frederico IV, duque de Holstein-Gottorp, 376
    casamento com a irmã de Carlos XII, Hedwig Sofia, 377
    e a "Fúria de Gottorp," 376
    morte de, 414
Frederico IV, rei da Dinamarca, 295, 615
    e Carlos XII, 376-7
    e Pedro, 741
Frederico Augusto, eleitor da Saxônia, ver Augusto II, rei da Polônia

Frederico Guilherme I, rei da Prússia:
ascensão ao trono (1713), 676-8
e os gigantes de Potsdam, 680
e Pedro, 745-6, 857 e s., 857 n.
morte (1740), 682
no conflito entre Rússia e Inglaterra (1720), 857 e s.
personalidade e características, 680
política estrangeira, 678-9, 739-40
Frederico Guilherme, o grande eleitor, 678
Frederico, o Grande, 681-2
frota naval da Rússia, *ver* Rússia: frota naval
fumo e tabaco, 251-2

Gadiach, 555-7
Gagarin, (príncipe) Mateus, 894, 896-7, 901
galera (embarcação), 688-9
Ge, Nikolai:
quadro de Pedro e o czarevich, 824
Gerey, Devlet, *ver* Devlet Gerey, Cã da Crimeia
Gigantes de Potsdam, 680
Glebov, (major) Estevão, 817, 820
Goertz, (barão) Georg Heinrich von, 837-45
e Patkul, 852 e s.
julgamento e execução, 851-2
negociações com a Rússia (1718), 841-5
Golitsyn, (princesa) Anastasia, 943-4
Golitsyn, (príncipe) Boris:
e a fúria de Pedro, 317-8
e a queda de Sofia, 113, 114, 121, 122-3
governa na ausência de Pedro, 199
no governo de Pedro, 129
Golitsyn, (príncipe) Miguel, 522
Golitsyn, (príncipe) Vassilo Vasilievich, 94-8, 133
e a guerra com o Império Otomano (1687-9), 101-6
e a revolta dos Streltsi (1682), 48, 50-1

e Mazeppa, 544
e oposição a Sofia, 111, 117, 120-3
e Pedro, 105-8, 110
e Sofia, 92, 96, 105-6
exílio (1689), 123
negocia a cessão polonesa de Kiev (1686), 99-100
Golovchin, Batalha de (1708), 524-8
Golovin, Avtemon, 353
em Narva, 385
Golovin, (Conde) Teodoro Alexeievich:
como companheiro de Pedro, 139
em Narva, 383-4
morte, 458
na campanha de Azov (1695), 164, 167
na Grande Embaixada, 179, 198, 270
Ordem de Santo André, 288-9
Golovkin, Gavril, 458-9
na jornada ao Ocidente (1716-17), 625
Gordeienko, Constantino, *hetman* dos cossacos de Zaporojski, 563
Gordon, (general) Patrick, 132-3
aliança com Pedro (1689), 120-1, 136-7
como oficial naval, 153-156
e o levante dos Streltsi (1698), 292-5
ferido nos jogos de guerra (1691), 145
início de carreira, 135
morte (1699), 333
nas campanhas de Azov (1695-6), 164-5, 166, 173
recebido na corte, 77, 130
grão-vizir, 634-5
Granovitaia Palata (Palácio das Facetas), Moscou, 8
Grande Embaixada, a, 179, 182-3, 198-275
avaliação, 275-6
em Dresden, 258-9
em Riga, 200-3

em Viena, 266-70
esforços diplomáticos, 205, 234-5, 256, 268-9, 275-6
motivos para, 182-5
na Inglaterra, 245-57
na Polônia, 274-5
pessoal, 198
Grande Globo de Gottorp, o, 957
Grande Guerra do Norte:
aspectos navais, ver Grande Guerra do Norte:
fase do Báltico; Rússia: frota naval: no Báltico
batalhas:
Fraustadt (1706), 480-1
Golovchin (1708), 525-7
Kalisz (1706), 485
Klissow (1702), 414
Lesnaia (1708), 536-8
Molyatychi (1708), 532
Narva (1700), 393-401
Poltava (1709), 586-604
campanha de 1700, 354-6; invasão dinamarquesa de Holstein-Gottorp, 378-9; ofensiva sueca na Dinamarca, Paz de Travendal, 382; cerco russo a Narva, 385; ofensiva sueca na Livônia, 387; Batalha de Narva, 389-401
campanha de 1701, 411
campanha de 1702: Suécia ataca a Polônia, 414; vitória sueca em Klissow, 414; vitórias russas na Livônia, 414-6; vitórias navais russas no lago Ladoga, lago Peipus, em Nöteborg, 416-9
campanha de 1703: vitória naval russa em Nyenskans, 419-20; Suécia ameaça São Petersburgo, 424-5
campanha de 1704: vitória russa em Dorpat, 471-2; ofensiva sueca na Polônia, 475-6
campanha de 1705/1706: vitória sueca em Hrodna (Grodno), 478-2; vitória sueca em Fraustadt, 480-1; exército sueco deixa a Polônia, invade a Saxônia 482; Tratado de Altranstädt, 484; vitória russa em Kalisz, 485
campanha de 1707: invasão sueca à Rússia, 500, 512; exército sueco na Silésia, 505; exército sueco na Polônia 510-2
campanha de 1708: suecos em Hrodna, 513-6; vitória sueca em Golovchin, 525-7; vitória russa em Lesnaia, 536-8; ameaça sueca a São Petersburgo, 538; Suécia invade a Ucrânia, 542, 547, 551; destruição de Baturin, 551-2
campanha de 1708/1709: Rússia ocupa Romny, 555; vitórias russas em Veprik, Oposhnya, 558-61; vitória russa em Perevoluchna, 563-4; Poltava, 568-604; Suécia recua da Ucrânia, 604-11; vitórias russas na Polônia, 617; cerco russo e vitória em Riga, 618, 621
campanha de 1710: cercos e vitórias russas em Vyborg, Riga e Talim (Reval), 622-3
campanha de 1711/1712: invasão aliada à Polônia, 674-5; frota dinamarquesa ataca Bremen, 675; ataque aliado a Estetino, 675, 682; Suécia ataca o exército dinamarquês em Gadebusch, 683
Exército sueco recua para Tonning, 683
campanha de 1713/1714: exército dinamarquês se rende em Tonning, 683; exército russo invade a Pomerânia, 683; Estetino rende-se à Rússia, 684; campanha finlandesa (frota do Báltico), 685, 687, 691-6; vitória naval russa em Hanko, 692-4;

vitória da frota dinamarquesa sobre a frota sueca em Stralsund, 708-9
campanha de 1716: Suécia ataca a dinamarca na Noruega, 740-1; ataque das forças aliadas à Suécia, 741-5
campanha de 1718: Suécia ataca a Dinamarca na Noruega, 846; cerco de Kristiania, 846-7; campanha norueguesa abandonada com a morte de Carlos XII, 848
campanha de 1719: frota inglesa em Estocolmo, 859; vitórias navais russas no Báltico, 860-1
campanha de 1720: frota inglesa no Báltico, 862-3; vitórias navais russas na costa da Suécia, 863-4
campanha de 1721: vitória naval russa na costa sueca, 866
causas, 275, 346-52
conclusão:
  Tratado de Nystad (1721), 866-8
fase no Báltico (1711-21), 674-96, 708-9, 740-5, 846-8, 860-4, 867
início, 346-56
negociações de paz:
  em Lofo (1718), 842-5 (1719), 861
  em Nystad (1721), 867; Tratado, 867-8
fases polonesas, 414, 475-6, 480-2, 510-2
fase russa (1708-1709), 512-611
fase ucraniana (1708-1709), 542, 547, 551-2, 554-611
Grande Cisma, 62-75
Griboyedov, Semyon, 45-6
Guardas, *ver* Guardas Imperiais Russas
Guardas Imperiais Russas:
  em Narva (1700), 397
  função cerimonial, 319
  fundação, 80-9

jogos de guerra, 145, 153-4
  na revolta dos Streltsi (1698), 292-3
  nas campanhas de Azov (1695-6), 164, 171
sucessão ao trono, 994-5
guerra, ca. 1700, 357-69
  armas, 364-6
  artilharia, 364
  aspecto sazonal, 358-9
  cavalaria, 368-9
  cercos, 360-1
  desenvolvimento de batalha, 363-4
  infantaria, 364-8
  mobilidade de exércitos, 359-60
  recrutamento para, 358; *ver também* recrutamento: de soldados
  tamanho de exércitos, 358
  táticas, 366-9
Guerra da Sucessão Espanhola, 234, 357, 408-9, 705
guerras e batalhas navais, *ver* Grande Guerra do Norte: fase do Báltico; Rússia: frota naval
Guilherme III, rei da Inglaterra:
  ascensão ao trono, 230-2
  e a Grande Guerra do Norte, 379
  e Azov, 176
  personalidade e características, 229-30
  vida e carreira, 226-34
  visita de Pedro (1897), 234-5, 237, 240 (1898), 246, 255
Gustavo Adolfo, rei da Suécia, 345, 345-6, 849

Habsburgo, Casa de, 260-3
Hallart, (general) Ludwig von:
  em Narva, 385-6
  levado como prisioneiro, 397
Hamilton, Marie, 943
  execução, 952-3

Hamilton, Mary, 22, 133
Hanko, Batalha de (1714), 692-3
harém, o, 630-3
Hedwig Sofia, princesa da Suécia
 (duquesa de Holstein-Gottorp), 376, 850
Hermitage, o (pavilhão, Peterhof), 721
Hohenzollern, Casa de, 204, 678
Holanda:
 descrição, 210-11
 e Inglaterra, 225-6, 243-5
 visita de Pedro (1697), 234-40
Holstein, (duque) Carlos Frederico, *ver* Carlos
 Frederico, duque de Holstein-Gottorp
Holstein, (príncipe) Karl Ulrich Pedro, *ver*
 Pedro III, imperador
Hrodna:
 ofensivas suecas:
  (1706), 476, 478-83
  (1708), 629-33
Horn, (conde) Arvid Bernard:
 companhia de Carlos XII na juventude, 375
 na Batalha de Narva (1700), 395
 rendição de Narva (1704), 472
Huyssen, Heinrich von, 500, 776, 777-8

Ignatiev, Jacob, 779, 782, 815
 execução, 820
Igreja Católica, *ver* Igreja Católica Romana
Igreja Ortodoxa:
 conservadorismo da, 64
 e poder temporal, 71-2, 75, 276, 410, 925-31
 e Streltsi, 62
 festival da Páscoa, 726-7
 função de ensinamento, 921-2
 Grande Cisma, 62-75
 Patriarcado, 925-31
 eleições: (1690), 130; (1700-21), 925-30
 reformas de Nikon, 64-7, 71-2, 73, 75

 reformas de Pedro, 918-31
 Regulamento Eclesiástico, 928-30
 Santo Sínodo, 929-30
 sobre o tabaco, 251-2
 Velhos Crentes, *ver* Velhos Crentes
 zombaria da, 142-4, 318-21
 ver também cristãos dos Bálcãs
Igreja, *ver* cristãos dos Bálcãs; Igreja Ortodoxa;
 Pedro I, o Grande, czar: e a Igreja; Igreja
 Católica Romana
Igreja Católica Romana:
 e Pedro, Viena (1898), 266
 tolerada, 920
 zombada pelo Sínodo dos Bêbados, 144
 ver também Jesuítas
Igreja Ortodoxa Russa, *ver* Igreja Ortodoxa
ilha Hare, 423 e s.
ilhas Åland, 695
 negociações de paz em (1718), 841-5, 852,
 859
ilhas Curilas, 961
Império Otomano:
 administração, 627
 armistício com a Rússia (1700), 355
 extensão, 626-7
 guerra com a Rússia:
  (1687-9), 99-105
  (1695), primeira campanha de Azov, 161-9
  (1696), segunda campanha de Azov, 171-4
  (1710-11), 646, 654-68
  (1712), 666
  (1713), 666-7
 história inicial, 635-6
 população, 627
 ver também batalhas e campanhas
  individuais, ex.: Prut
imposto da alma, 916, 996

impostos, 460-2, 647
    base aumentada para, 902-3
    casa, 914-5
    como isenção à proibição das barbas, 280
    imposto da alma, 916-7, 996
    na Suécia, 836, 839
    política de impostos de Pedro, 914-7
impressão, livros e bibliotecas, 221, 464-5, 510, 956-9
indústria na Rússia, ver Rússia: comércio e indústria
influência da cultura ocidental na Rússia, 94-5, 191-5
    e a Grande Embaixada, 184-5, 276-7
    mudanças realizadas na Rússia, 278-85, 286-9, 312, 948
    no Subúrbio Alemão, 132-3
    ver também Pedro I: reformas
informantes (fiscais), 896-7
Inglaterra:
    aliança com a Suécia (1720), 857
    e Holanda, 243-5
    situação política (1698), 243-5 ver também Jorge I, rei da Inglaterra; Guilherme III, rei da Inglaterra
    visita de Pedro (1698), 245-57
Ingria:
    como objetivo de Pedro na Grande Guerra do Norte, 356
    descrição, 384
    retomada pela frota russa (1703), 420
Isabel (Petrovna), imperatriz, 448, 946
    fim da vida, 978
    fraude, ver corrupção no governo
    herdeiro (Pedro III) designado, 978
    nascimento, 618-9
    planos de casamento:
        com o duque de Chartres, 977-8

    com Luís XV, 753, 771, 975-6
    reinado (1741-62), 1000
Istambul, ver Constantinopla
Ivan V (Alexeievich), Czar:
    como co-czar de Pedro, 58-9, 76-7, 96-7, 153
    como herdeiro ao trono, 120, 33-4
    coroação, 59-60
    local de enterro, 7
    morte (1696), 170
    personalidade e características, 20, 34

Janízaros, 628-9
    em guerra com a Rússia, 647
    no Prut (1711), 658-9
Jardim de Verão, São Petersburgo, 717-8, 940
Jensen, Jacob, 166, 174, 176
Jerferyes, (capitão) James, 512 e s.
    deportado da Rússia (1719), 859, 865
Jesuítas:
    expulsão de, 129, 921
    na Rússia, 95
    no Império Habsburgo, 261
jogos de guerra:
    de Carlos XII, 374-5
    de Pedro, 78-82, 144-5, 157-8
    na Holanda (1697), 238
    na Inglaterra (1698), 254-5
Jorge I, rei da Inglaterra (Jorge Luís, eleitor de Hanover), 853-5
    aparência física, 854
    e influência russa na Europa, 739-40, 841
    e Pedro, 679, 771, 840
    e sucessão ao trono inglês, 751, 853-4
    política anti-Rússia (1719-20), 856-9, 865, 975
Jorge II, rei da Inglaterra, 208

judeus na Rússia, 459 e s.

Kalabalik (1713), 698-703
   consequências, 704-5
Kalisz, Batalha de (1706), 485
Kara Mustafá, Grão-Vizir, 101
Karl Ulrich Pedro, príncipe de Holstein, *ver* Pedro III, imperador
Khovanski, (príncipe) Ivan, 48, 58, 59, 62
Kikin, Alexander Vasilievich:
   acusações de corrupção, 894, 895-6
   e (czarevich) Aleixo, 789, 793, 797, 798, 799, 814
   prisão (1718), 816
   morte (1718), 819, 820
Kiev, 99
Kist, Gerrit, 212, 214
Klissow, Batalha de (1702), 414
Kneller, (Sir) Godfrey, 246
Knipercrona, Thomas, 355
Königsmark, Aurora, condessa de, 413
Korb, Johann-Georg:
   relatos da Rússia, 313-25
Kremlin, Moscou, 2, 6-9

Lacy, (major general) Peter, 861, 867
Lagercrona, (general) Anders, 518, 534, 540-1
lago Ladoga, 416-8
   navios em, 416, 425, 426-7
   mudança para São Petersburgo, 426-7
Langen, (major general) Barão, 356, 384
   levado como prisioneiro em Narva, 397
LeBlond, Alexandre Jean Baptiste, 715-9
Lefort, Francis, 105
   bebedeiras, 141, 203-4, 329
   e Pedro, 313-4, 330-1
   início de carreira, 137-8
   morte e funeral, 329-32
   na Grande Embaixada, 179, 198, 270
   nas campanhas de Azov (1695-6), 164, 167, 171
   personalidade e características, 137-8
Lefort, Pedro, 330-1, 400
lei e ordem, *ver* crime
Leibniz, Gottfried von, 192, 882, 957
   e Pedro, 671
   reação a Narva, 401
   reação a Poltava, 615
   e Sofia Charlotte, 210-11
Leningrado, ver São Petersburgo
Leopoldo I, Sacro Imperador Romano:
   carreira, 261-2
   e Pedro, 265-8
   política e administração, 263-4
   vida na corte, 262-3
Lesnaya, Batalha de (1708), 536-8
Leszczynski, Estanislau, *ver* Estanislau I, rei da Polônia
Levante de 1713 (Kalabalik), 698-705
Levante de Astracã (1705), 466
Lewenhaupt, (conde) Adam Ludwig, 529-38, 608-11
   carreira, 529
   em Lesnaia, 536-8
   em Perevoluchna, 610-11
   em Poltava, 583, 588-90
   e Rehnskjold, 583, 595-6
Livônia:
   como provincial sueca, 348-51
   invasão saxônica da (1700), 354
   ofensiva sueca em (1700), 387
   vitórias de Sheremetev em (1702), 414-*ver também* Narva; Riga
livros, impressão e bibliotecas, 221, 454-5, 510, 956-9

Lofo:
    negociações de paz em (1718), 842, 852, 860
Londres:
    descrição, 241-3
    visita de Pedro (1698), 245-57
Lopukhina, Eudóxia (Fedorovna), czarina:
    e (czarevich) Aleixo, 775
    e Pedro, 89-90, 92, 153, 268, 285-6, 775
    fim da vida, 819, 997-8
    no Mosteiro Pokrovski, 286, 817-8
    presa (1718), 817-8
Luís XIV, rei da França, 183, 185-91
    anos finais, 749
    aparência física, 185
    e Paris, 61 s.
    morte (1715), 735, 749-50
    vida social, 189-90
    ver também palácio de Versalhes
Luís XV, rei da França:
    e Pedro, 757-8, 767, 770
    na morte de Luís XIV, 749-50

Macário, patriarca de Antioquia, 66-7, 69-70
Madagascar, 962
Makarov, Aleixo, 460
manufatura na Rússia, *ver* Rússia: comércio e indústria
Mar Báltico:
    descrição, 342-3, 343
    frotas inglesas em (1715-20), 856, 858-61, 862-4 (1721), 867
    poder naval russo em, 425-6, 685-96, 846-8, 860-4, 866
    ver também Grande Guerra do Norte: fase no Báltico
Mar Cáspio, 963-7
Maria (Alexeievna), czarevna:
    morte (1723), 819
    presa na conspiração do czarevich (1718), 817
    prisão em Schlüsselburg (1718-21), 819
Maria (Miloslavskaia), Czarina:
    morte (1669), 20
Marlborough, John Churchill, duque de, 357-61 *passim*
    ascendência ao poder, 751, 853-4
    deserção de Guilherme d'Orange (1688), 231
    e Carlos XII, 490-2
    e Eugênio de Saboia, 264
    e Jorge I, 853
    e o esforço de paz de Matveiev (1706-1707), 498-9
    gênio militar de, 362
    reação a Poltava, 614-5
    vitórias na Guerra da Sucessão Espanhola, 244
Marly (pavilhão, Peterhof), 721
Matveiev, Andrei Artemonovich, 408, 417
    missão de paz com a Suécia (1706-1707), 498-500
    na Grande Embaixada, 198
Matveiev, Artemon Sergeievich, 21-23
    como interrogador de Mazeppa, 544
    como possível regente, 33
    e a revolta dos Streltsi (1682), 47-53 *passim*
    morte, 53
    prisão (1676), 30, 47
Maximov, (Ataman) Lukyan, 469
Mazeppa, (general) Ivan Stepanovich, *hetman* dos cossacos, 539-53
    busca asilo com o Sultão, 643
    e Carlos XII, 539, 547, 548-53
    direciona a fuga de Carlos em Perevoluchna (1709), 610-11

e Pedro, 544-5, 548-9, 552
morte (1709), 644
nascimento e juventude, 543-4
Ordem de Santo André, 288-9, 544
Mecklemburgo, (duque) Carlos Leopoldo:
casamento com Catarina (Ivanovna), 736-8
Medvedev, Sylvester, 94, 109, 118, 119
tortura e morte, 124
Mehemet Baltadji, *ver* Baltadji Mehemet Paxá
Menchikov, Alexander Danilovich, 436-41
aparência física, 436-7
avareza e corrupção, 441, 894-5, 897-901
carreira, 437-8, 439-40
casa, 443, 444
como governador de Schlüsselburg, 419
deserção a Pedro II, 998-9
detratores, 439
e a execução dos Streltsi, 308
e a rendição sueca, 610-1
e Catarina, 436, 442-3, 900-1
poder durante o reinado (dela), 996
e (czarevich) Aleixo, 776-7, 799
e Dária (Arseieneva), 444-5
e Devier, 997
e Lefort, 332, 437
e os jogos de guerra em Preobrajenskoe, 79-80, 437
e Pedro, 439-41, 478, 897-901
em Kalisz, 485
em Oposhnya, 559-60
em Poltava, 587-8, 591-2
exilado (1727, 1728), 999
morte (1729), 999
na Grande Embaixada, 198
na Polônia (1709), 613, 617
Ordem de Santo André, 420, 898
palácio na ilha Vasilevski, 712
meritocracia, 889-91

Mglin, 540-1
Miguel, czar, 8, 23-4, 34
Mikhailov, Pedro, *ver* Pedro I, o Grande: viagem no anonimato
Miloslavskaia, Maria, czarina:
morte (1669), 20
Miloslavski, Ivan, 29-30
caixão aberto, 200
como possível regente, 33-4
e a regência de Sofia, 94
e a revolta dos Streltsi (1682), 48
mineração na Rússia, 904-5, 905-6
Mirza, Devlet Kisden, 963
Mitchell, (Sir) David, 240, 245, 246, 256-7
Moens de la Croix, Guilherme, *ver* Mons, Guilherme
Mogilev, 517-8
Moldávia, 652-4
Molyatychi, Batalha de (1708), 525
mosteiros:
da Ressurreição ("A Nova Jerusalém"), 68, 70
descrição de Korb, 325
rebelião dos Streltsi (1698) em, 292
Donskoi, 112
livros e manuscritos obtidos por meio de, 956
Monômaco, 60, 109
patriarca Nikon em residência, 69, 70
Pertominsk, 154
Petchersk, 405
Pokrovski (Suzdal), 286, 817-8
reforma de, 924
regulação governamental, 924, 925-6
Solovetski, 73, 154, 155
Troitski, 114 *ver também* Novodevichi
Mon Plaisir (pavilhão, Peterhof), 721-2
Mons, Anna, 138-9, 278, 285, 312-3, 444 e s., 951

Mons, Guilherme:
  escândalo por suborno, 984-87
  execução, 986-7
Moor, Carl, 773
Moscou:
  descrição, 2-8
  fortificações, 508
  incêndios, 5, 97-8
  Rio:
   bênção dos, 29, 319-20
   sinos de, 7-8
   Subúrbio Alemão, 21, 130-3
   e Pedro, 130, 133-4
  ver também estrangeiros na Rússia
  vida social e costumes, 97, 322-5; ver
   também Rússia: costumes e vida social
mulheres:
  casamentos arranjados banidos, 463
  educação, 946, 950
  estilo de vida, 36-41
  governando, 125-6; ver também governantes individuais, ex.: Isabel (Petrovna), imperatriz
  na Rússia:
  na sociedade masculina, 313, 321, 463, 950
  no Império Otomano, 629-32
  roupas, 284, 950
Munnich, Burkhard Christopher von, 913-4, 1000
Musin-Pushkin, Ivan Alexeievich, 924, 926
Mustafá, Kara, Grão-Vizir, 100-101

Nápoles:
  (czarevich) Aleixo busca refúgio em (1717), 804-9
Narva:
  Batalha de (1700), 333, 393-401
  consequências, 401-2
  efeitos em Carlos XII, 401-2
  efeitos em Pedro, 403-4
  rendição russa, 398-401
  cerco russo:
  (1700), 384-5
  (1704), 471-2
  descrição, 385
Naryshkin, Ivan, 43, 54-6
Naryshkin, Kyril, 22, 26, 57
Naryshkin, Lev Kyrilovich, 113, 114
  como Diretor das Relações Exteriores, 129
  e a fúria de Pedro, 317-8
Natália (Alexeievna), filha de (czarevich) Aleixo, 784
Natália (Alexeievna), irmã de Pedro:
  cuidados com (czarevich) Aleixo, 286
  e Pedro, 153, 173
  em São Petersburgo, 430
  interesses pelo teatro, 953-4
  nascimento, 28
Natália (Naryshkina), czarina, 22-5, 128-9
  casamento, 24
  e a revolta dos Streltsi (1682), 50-7 *passim*
  e Pedro, 90-2, 150, 152
  exílio político sob Sofia, 78
  interesses pelo teatro, 25
  morte (1694), 152
Natália (Petrovna), princesa, 945
  morte (1725), 947
navios de guerra, ver Rússia: frota naval; construção naval; navios; Suécia: frota naval
Nechaev, (Coronel) Ivan, 119
Nemetskaia Sloboda, ver Moscou: Subúrbio Alemão
Neplyuev, Ivan, 7890-1
Nerchinsk, Tratado de (1689), 100 s., 139, 198
Nesterov, Aleixo, 896-7

Neugebauer, Martin, 775-6
Nevski Prospekt, São Petersburgo, 717
Newton, (Sir) Isaac, 192
Nikon, patriarca, 64-71
    como regente, 69
    conflito com Aleixo, 69-70
    julgamento, 70-1
    reformas, 64-7, 71-2, 73, 75
Norris, (Sir) John, almirante
    no Báltico (1715-21), 856, 859-61, 862-4, 867
Nöteborg, 418
Nyenskans, 419-20
Nystad, Tratado de (1721), 960, 987
    celebração de aniversário (1723), 974
    celebrações russas, 868-9
    termos, 867-8
    liberdade religiosa, 919

ocidentais na Rússia, *ver* estrangeiros na Rússia
Ogilvie, (marechal de campo) George, 471-2, 477-82
Ordem de Santo André, 288-9; *ver também* entradas individuais dos recebedores
Ordem de Santa Catarina, 673, 980
Oreshka (Nöteborg), 418
Orleans, Philippe, duque d':
    como regente da França, 750-1
    e Pedro, 757, 766, 770
    política estrangeira de, 751-3
    propõe casamento do filho com Isabel, filha de Pedro, 975-6
Osborne, Peregrine, marquês de Carmarthen, 247, 252, 253, 256
Osterman, André (Heinrich), 1000, 1003
    como assistente de Makarov, 460
    e oferta de paz à Suécia (1719), 862
    na jornada ao Ocidente (1716-17), 736
    nas negociações de paz (1718), 842-5

ouro:
    busca por (1714-19), 963
    falta na Rússia, 905-6

Palácio das Facetas, Moscou, 8
Palácio de Inverno, São Petersburgo 713-4
Palácio de Verão, São Petersburgo, 714-5
Palácio de Versalhes, 186-90, 750
    influência arquitetônica de, 187
    entretenimentos em, 188-9
    jardins, 187
    visitas de Pedro (1717), 767-8, 768-9
Palácio do Terem, Moscou, 8-9
Palácio Hofburg, Viena, 263
Palácio Kolomenskoe, 27-8
Paris:
    descrição, 759-63
    e a visita de Pedro (1717), 763-71
    e Luís XIV, 61 s.
Páscoa, 726-7
passagem de Pyhäjöggi, 389-90
Patkul, Johann Reinhold von, 348-52, 425, 485-9
    e Goertz, 852 s.
    prisão e morte, 488-9
patriarca Joaquim:
    deserção de Sofia para Pedro, 117-8
    e relações Igreja-Estado, 71
    morte, 130
    efeitos de, 133
    na seleção do czar, 34-5 poder durante o reinado de Pedro, 129-30
pedintes, 322, 464
Pedro Fedorovich, *ver* Pedro III, imperador
Pedro Petrovich, príncipe, 736
    morte (1719), 944
    nascimento (1704), 444-5, 786
    sofrimento de Pedro, 944-5
    nomeado herdeiro ao trono (1718), 813-4

ÍNDICE REMISSIVO 1065

Pedro I, o Grande, czar:
  administração do governo, ver Pedro I:
  governo e administração
  alimentos e refeições, 775-6, 933
    quantidade de, 203-4, 765-6
  aparência, ver Pedro I: aparência física
  ascensão ao poder, 106-125
  bebidas e bebedeiras, 140-1, 974
    efeitos na saúde, 160-1, 375-6
    no exterior, 203-4, 247
    influência de Catarina em, 448-9
  como Anticristo, 143-4, 778-9, 936
  como co-czar com Ivan 76-7, 90-1, 96-7, 129
    coroação, 59-60
    fim com a morte de Ivan (1696), 170
    pedido dos Streltsi, 58
  coragem de, 391-2; ver também Pedro I: em perigo
  curiosidade de, 82-3, 956-7, 967
    em viagens à Europa, 221-2, 235, 246-8, 252-3, 259-60, 276-7, 670, 765, 768
  conquistas comparadas às de Aleixo, 874-5
  e armadilhas de sua posição, 935-6
    posição militar, 81, 141-2, 176
  títulos, 870-87
  ver também Pedro I: viagens no anonimato
  e Augusto II, 273-5, 354, 355, 409-10, 616-7, 650, 976
  e caça, 80, 209, 768, 941
  e Carlos XII, 514-5, 602, 850
  e Catarina, ver Catarina I, imperatriz: e Pedro
  e (czarevich) Aleixo, 774-834
  e (F.) Lefort, 313-4, 330-1
  e (general-almirante) Apraxin, 690-1
  e embarcações, ver Pedro I: interesses náuticos
  e Eudóxia, 89-90, 92, 153, 268, 285-6

  e Frederico Guilherme I 745-6, 857 e s., 857 s.
  e Frederico I, rei da Prússia, 617
  e Guilherme III, 176-7, 234-5, 237, 240, 246, 255
  e Igreja Católica Romana, 266, 764, 921, 922; ver também Jesuítas e poder temporal, 72, 75, 276-7, 410, 925-31 infância, 26-35
  e Jorge I, 679, 771, 840
  e Leibniz, 671
  e Leopoldo I, 265-8
  e Luís XV, 757-8, 767, 770
  e Mazeppa, 544-5, 548-9, 552
  e Menchikov, 439-41, 478, 897-901
  e mulheres, 138, 207, 447; ver também Catarina I; Cross, Laetitia; Lopukhina, Eudóxia; Mons, Anna
  e o Subúrbio Alemão, 130, 133-4
  e patriarca Adriano, 130-1, 143, 925
  e patriarca Joaquim, 129-30
  e protestantes na Inglaterra, 249-250
  e Vassili Golitsyn, 105-8, 110
  educação:
    formal, 30-2, 83
    informal, em Preobrajenskoe, 78-86
  eleição como czar (1682), 34
  em perigo:
    de assassinato, 936
    em batalha, 153, 425; em Poltava, 595, 598
    embarcação virada, Zaandam (1697), 237-8
    temporal no mar (1694), 154
  epilepsia, ver Pedro I: saúde
  fé (pessoal) de Pedro, 918
  filhos de, 444-5, 448, 618-9 lista, 448 s.
  ver também Aleixo, czarevich e a Igreja:
  governo e administração, 509-10, 672, 874-90, 932-3
    em viagens, 220-1, 258-9

ver também Pedro I: reformas e os deficientes, 729-30
humor e fúrias, 205-6, 250, 316-7, 755, 936-9, 1004
início da educação, 30-1, 918
início do reinado em (1689-94), 128-46
morte, 995
  causas, 993
  velório e funeral, 995
na França (1717),752-72
na Inglaterra (1698), 245-57
nascimento (1672) e batismo, 25-6
personalidade de, *ver* Pedro I: personalidade e características de
raiva, **ver** Pedro I: humor e fúrias
reformas, 918-31
roupas de, 934
saúde, 146, 735-6, 987
  convulsões e temores, 160-1, 267, 447, 648, 769, ; durante conflito com (czarevich) Aleixo, 795; na morte de Pedro Petrovich, 944-5
  curas: em Carlsbad, 669-70; em Olonets, 981-2, 989; em Pyrmont, 736, 740, 741; em Spa, 772
  febres, 161, 508, 509, 519-20, 567, 614, 735, 747
  doença final, 993
  estrangúria cálculo, 970, 990, *ver também* Pedro I: bebidas e bebedeiras
tolerância religiosa, 223, 918-9
trabalho manual de, 209, 250, 942
  em Amsterdã, 218-9, 237, 239
  em Arcangel, 148, 150-1
  no lago Pleschev, 87, 91
  em Voronej, 171, 327-8, 566-7
  ver também Pedro I: interesses náuticos
viagens no anonimato, 182, 184, 203, 213-4, 237, 246
viagens à Europa Ocidental: (1697-8), *ver* Grande Embaixada (1716-17), 735-73;
motivos para a viagem: 735-6
zombaria da Igreja pela Companhia da Alegria, 142-4
moral, 951-2
e Narva:
  efeito da batalha em Pedro, 403-4
e Natália (Alexeievna, sua irmã), 153, 173
e Natália (czarina, sua mãe), 90-2, 150
  resposta à morte (dela), 152
interesses náuticos, 161-2, 910-1, 942-3, 973
  em Arcangel (1693-4), 150, 151, 155-6
  em Versalhes (1717), 767-8, 768-9
  em tempestade no mar (1694), 154
  galeras, 689
  juventude, 84-8, 90-1, 146, 973 *ver também* Rússia: frota naval; construção naval
  velejando com convidados, 732-4
  e (almirante) Norris, 855-6
Ordem de Santo André, 420
e (Filipe d') Orleans, 757, 766, 770
personalidade e características de:
  (1683-4), 76-7
  (1697), 209
  (1698), 250
  (1700), 403
  (1717), 755, 770-1
  ver também aspectos específicos sob Pedro I, ex.: coragem; curiosidade; humor e fúrias
aparência física de:
  (1683-4), 76-7
  (1694), 159
  (1697), 208-9
  (1698), 246, 267
  (1717), 755, 764-5, 723

possível aparência: retrato de Sir Godfrey
Kneller, 246; retrato de Carl Moor, 773;
estátua de Falconet, 1002
em Poltava, 595, 598, 601-3
  efeitos e consequências, 612-26
e quacres, 251 reformas de, 278-84, 286-9, 312
  economia, 902-17
  fundamentos (1711-25), 875-6
  governo e militar, 876-901
  igreja, 918-31
e navios, ver Pedro I: interesses náuticos
e São Petersburgo, 434-5, 500-1, 603
habilidades de, 221-2, 247, 253, 670;
  ver também Pedro I: trabalho manual
e Sofia, 92, 106-11, 126-77
revolta dos Streltsi (1698), 305 e Streltsi:
  revolta (1682), 51, 53, 54, 61
  traição (1697), 199-200
  levante (1698) e consequências, 290-311
veneração de, 1003
viagens, 454, 257-8; ver também Catarina I, imperatriz: e Pedro: viagens juntos; Pedro I: viagens no anonimato; Peter I: viagens à Europa Ocidental
jogos de guerra:
  e decisão de atacar Azov, 163
  manobras em Kojukhovo (1694), 157-8
  em Preobrajenskoe, 78-82, 144-5
e cultura ocidental, 1002-3
exposições iniciais a, 87-8, 129-30, 133-4
Grande Embaixada e influência ocidental, 184-5, 276-7
interesses em tecnologia ocidental, 221-2
reação de (czarina) Natália, 88
ver também Pedro I: reformas
Pedro II (Alexeievich), imperador:
  ascensão ao trono (1727), 997
  morte (1730), 999
  nascimento (1715), 785
  sucessão ao trono, 806, 944
Pedro III, Imperador:
  fim da vida, 978, 1000
  nascimento (1728), 978
Península Kamchatka, 961
perdões e indultos (generais):
  após o Tratado de Nystad, 869
  no leito de morte de Pedro, 992
Perevoluchna, 568-9
Perry, (capitão) John, 253-4, 280-1
Pérsia, 962-71
  campanha (1722), 967-9
  comércio com, 672
Peterhof, 719-21, 829
Piper, (conde) Carl:
  conselhos abandonando a campanha russa, 577
  e Marlborough, 491
  em Poltava, 601
  e Rehnskjold, 583
Polônia:
  exército, 272
  invasão à Suécia (1702), 414
  situação política e geográfica (1698), 270-3
  tratado com a Dinamarca contra a Suécia, 350
  ver também Augusto II, rei da Polônia
visita de Pedro (1698), 273-5
polícia na Rússia, 463
Poltava, Batalha de (1709), 586-600
  acampamento russo, 578-80
  celebrações da vitória, 613
  celebrações de aniversário, 940
  cerco sueco, 568-9
  conclusão, 599-600
  consequências, 603-4, 612-23
  motivos para, 578

perdas sofridas (em ambos os lados), 601
plano sueco, 584
preliminares a, 570-86
Pomerânia, 674-5
Poniatowski, Estanislau, 644, 647, 657, 662-3
porto e forte de Tagonrog, 175, 334
Praça Vermelha, Moscou, 3-4
Praskovaia, czarina:
    anos finais, 947, 973-4
    cuidados com os filhos de Pedro, 736
    sob os cuidados de Pedro na morte de Ivan, 170
    em São Petersburgo, 430
precedência, sistema de, 33
Preobrajenskoe:
    e os falcões de (czar) Aleixo, 13, 25
    efeitos sobre Pedro, 160-1
    execução dos Streltsi em (1698-9), 306-8
    fuga de Pedro de (1689), 114
    interrogatório dos Streltsi em (1698), 296-7, 302-5
    jogos de guerra em, 79-82, 145
    juventude de Pedro em, 79-82
    queima da casa de madeira em (1723), 973
    "Rei de", ver Romodanovski, (príncipe) Teodoro
    teatro em, 25
prikazy (departamentos), 12
"Príncipe César," ver Romodanovski, (príncipe) Teodoro
Prokopovich, Teófanes, arcebispo de Novgorod:
    administra a Extrema Unção, 992
    carreira, 927
    como Exarca Guardião, 928
    na coroação de Catarina, 982-3
    no Santo Sínodo, 929-30
    oração no Tratado de Nystad, 869
    prega em Kiev (1709), 613-4, 927
    prega o sermão do funeral de Pedro (1725), 995
prostitutas na Rússia, 952-3
Prússia:
    aliança defensive com a Rússia (1709), 617
    descrição, 677-8
    tratado de paz com a Suécia (1720), 857
Prussianos Azuis (Gigantes de Potsdam), 680
Prut (rio):
    campanha de 1711, 658-64
    consequências, 668
    tratado de paz, 660-3
punição por crime, 298-301, 324-5
    execução na Inglaterra, 242-3 ver também batog; cnute; tortura

Rastrelli, Bartolomeo Francesco, 980
Rajumovski, Aleixo, 977
rebeliões na Rússia (1705-1708), 466-70
    efeitos em Pedro, 509-10
Reconhecimentos por mérito, 288-9, 889, 941
    após Hanko, 695
    após Poltava, 612, 980
    Ordem de Santa Catarina, 673, 980
    Ordem de Santo André, 288-9
    ver também meritocracia; Pedro, o Grande: armadilhas de sua posição:
recreação e esportes, 731, 940
    em Londres, 243
    ver também entretenimento; caça
recrutamento:
    de trabalhadores:
        para os estaleiros de Voronej, 327, 462
        para projetos de construção, 428-9, 462
    de construtores navais e oficiais navais, 183, 253-4, 258, 276
    de soldados:

ÍNDICE REMISSIVO

para o exército russo, 353, 404-5, 462
para o exército sueco, 645, 682, 708-9, 836-7
reforma do calendário, 286-7
Regimento Preobrajenski:
    e o levante dos Streltsi (1698), 292
    em Narva (1700), 397
    função cerimonial, 319
    fundação, 80
    jogos de guerra, 144-5, 157-8
    nas campanhas de Azov (1695-6), 164, 171
    sucessão ao trono, 813, 993-4
Regimento Semyonovski:
    e a revolta dos Streltsi (1698), 292
    e sucessão ao trono, 993-4
    em Narva (1700), 397
    função cerimonial, 319
    fundação, 80
    jogos de guerras, 144-5, 157-8
    nas campanhas de Azov (1695-6), 164, 171
Regulamento Eclesiástico (1721), 929-30
Rehnskjold, (marechal de campo) Carl Gustav, 382, 586
    em Fraustadt (1706), 480
    e a morte de Carlos XII, 849
    em Narva (1700), 393-4, 401
    em Poltava, 573, 575, 582-3, 586-99 *passim*
    capturado, 601
    e Lewenhaupt, 583, 595-6
    ferido em Veprik (1709), 599
"rei de Pressburgo", *ver* Romodanovski, (príncipe) Teodoro
"Rei Sol", *ver* Luís XIV, Rei da França
rendição aos turcos (1712), 666
Repnin, Nikita:
    corte marcial após Golovchin (1708), 528
    e Narva, 385, 404
reuniões (festas noturnas), 948-9
Reval (Talim):

capitulação ao cerco russo (1710), 623
casa de Pedro em, 453
como questão das negociações de paz (1718), 843
descrição, 343
palácio de Catarina em, 973
Revolução Gloriosa, a (1688), 232
Riga:
    descrição, 343-4
    visita de Pedro (1697) e consequências, 201-3, 351, 356
    cercos de:
      (1700), 354, 386
      (1709-10), 618, 622
rio Berezina:
    cruzamento pelo exército sueco (1708), 522, 524
rio Dnieper:
    cruzado pelo exército sueco (1708), 528-9
    fuga de Carlos XII através de (1709), 606-7
rio Neva, 423, 713
    bênção de, 996
    forças suecas o cruzam, 538-9
rio Vístula, cruzamento sueco (1708), 512-3
rio Vorskla, exército russo atravessa, 572, 576
rios da Rússia, 14, 342, 345, 911-2
    bênção de, 29, 319-20, 996
    ver também rios individualmente
rituais e cerimônias, 318-21, 939
    bênção dos rios, 29, 319-20, 996
    Natal, 318-9, 990
    Páscoa, 726-7
rituais e cerimônias sasonais, ver rituais e cerimônias
Romni, 555-6, 558
Romodanovski, (príncipe) Teodoro, 317-8
    barba raspada, 278
    como official naval, 153, 157

como vice-rei da Rússia, 199, 326
e Companhia da Alegria, 142
e Serviço Secreto, 463
e Pedro, 139, 285
e roupas ocidentais, 282-3
e Streltsi (1698), 302, 308
morte (1717), 941
nos jogos de guerra, 145, 157
Roos, (general) Karl Gustav:
em Chornyaia Natopa, 431-2
em Poltava, 584, 587, 591-2
rendição, 592
roupas:
das mulheres russas, 36
dos boiardos, 282-4
dos camponeses russos, 16-7
ocidentais, 282-4, 510, 950
Rússia:
Academia de Ciências:
biblioteca, 956
construção planejada por Pedro, 987
fundação, 957-9
museu, 955
arquitetura:
eclesiástica, 68
Moscou, 3-8, 97-8
São Petersburgo, 428, 431, 710-22, 979-80
burocracia, 458-61
prikazy, 14
sistema de administração de colegiados, 882-5
sistema de procedência, 32
canais em, 716-7, 911-4
Colegiado de Minas e Manufaturas, 903
comércio e indústria, 902-17
costumes e vida social, 730-4; *ver também* Moscou: costumes e vida social
descrição, 14-8, 455-6

economia, 902-17
educação em, 464-5, 885-8, 958-9
do clero, 921-2, 928-9
das mulheres, 946, 950
Escola de Matemática e Navegação (Academia Naval), 887
estações, 17-8
exército:
artilharia, 406-8
avaliações: (1701), 406-7; (1705), 476-7
batalhas, *ver* batalhas
oficiais estrangeiros, 82, 120-1, 168, 291, 353, 398
preparação para a invasão sueca (1707), 507-8
problemas de comando, 167 168-9, 477-8
promoções, 316-7, 886, 889-91
recrutamento, 353-4, 404-5, 462
reforma de (1700-1701), 406-8
treinamento de, 281, 353-4, 406-8
ver também jogos de guerra
fronteiras, 14-15, 15-16
frota, *ver* Rússia: frota naval
frota naval:
Almirantado, São Petersburgo, 427 s.
na (2ª) campanha de Azov (1696), 172
no Báltico: (1702), 416-7; (1703), 425-6; (1710), 622, 696; (1713-14), 685-96
acompanhamento de Ukraintsev a Constantinopla (1699), 335-6
bandeira, 155 s.
base em Tagonrog, 175, 177
Batalha de Hanko (1714), 692-3; (1719), 860-1, 863; (1721), 867
como força de dissuasão (1709), 566
crescimento, 328-9, 334
custo de, 177
início, 153, 155

perfuração e manobras, 334-5
ver também Rússia: marinha; construção naval, 886-7
Secretaria dos Mosteiros, 924, 926
  governo e administração, 458-62
  corrupção, *ver* corrupção no governo
  reforma de, 875-85
  Senado, 877-85
  sistema de colegiados, 882-5
  ver também Rússia: burocracia; Rússia: serviço civil
guerra com a Suécia, *ver* Grande Guerra do Norte
hierarquia social, 13-14, 885
influência cultural do Ocidente em, *ver* influência cultural do Ocidente na Rússia
Inspetor Geral de Decretos, 878-9
marinha mercante, 910
mineração em, 904-5, 905-6
mulheres em:
  casamentos arranjados, 463
  educação de, 946, 950
  estilo de vida, 36-41
  governando, 125-6, ; *ver também* governantes individuais, ex.: Isabel (Petrovna), imperatriz
  na sociedade masculina, 2313, 321, 463, 950
  vestidos, 284, 950
nobreza, *ver* boiardos; meritocracia
polícia, 463
população, 14
Procurador Geral, 881
prostituição em, 951
rebeliões (1705-1708), 466-70
  efeitos em Pedro, 509-10
reforma monetária, 253, 287-8, 905-6
rios, 14, 342, 345, 911-2

bênção de 29, 319-20, 996
ver também rios individuais
Senado, 877-85
  brigas em, 774, 879-80, 883-4
  criação de (1711), 877
  mudança de papel, 881-2
  mudança para São Petersburgo (1712), 672
  novas regras (1720), 879
  serviço civil, 886; *ver também* meritocracia
Serviço Secreto, 463
sistema de administração de colegiados, 882-5
Supremo Conselho Privado, 996-998, 1000
terra, 10
russos em países estrangeiros, 194-5; *ver também* Europa: viagens de russos a; Grande Embaixada
Ruysch, Fredrik, 221-2. 955
Ryswick, Tratado de (1697), 233, 244

São Petersburgo, 422-35
  ameaças suecas a, 424-5, 427, 538-9, 622
  canais, 716-7
  como centro comercial, 909, 910-11
  construção de, 423-30, 710-22
  enchentes, 431-2
  fornecimento de alimentos, 432-3, 912
  fortificações (1707), 509
  incêndios, 431
  local, 422-3
  população, 430, 433-4
  Senado relocado para (1712), 672
  sentimentos de Pedro por, 434-5, 500-1, 603
  vida cultural, 953-4
  ver também marcos individuais, ex.: Nevski Prospekt
Saboia, (príncipe) Eugênio de, 264-5, 267
Sacro Império Romano, 260-1

Santo Sínodo, 929
saúde e higiene, século XVIII, 194
Schey, Gilles, 238-9
Schleinitz, Johann Christoph, 648-50
Schlippenbach, (Coronel) Anton von, 414-5
Schlüsselburg (Nöteborg), 418-9
servos, *ver* camponeses
Shafirov, Pedro, 351-2, 458, 459
    aprisionado em Constantinopla, 661-2, 666
    como negociador (1711), 660-1
    julgamento e exílio (1723), 884
    na jornada ao Ocidente (1716-17), 736, 771
    Ordem de Santo André, 459
    pedidos de perdão falham, 983
    perdão (1725), 884
Shakloviti, Teodoro, 94, 107, 109-10
    e a queda de Sofia, 111-24 *passim*
    morte, 1224
Shein, Aleixo, 199, 278
    e a revolta dos Streltsi (1698), 269, 292-5
    em Azov (1696), 121-2, 174, 176
Sheremetev, (conde e marechal de campo) Boris:
    (enviado ao) Báltico (1709), 613
    carreira, 405
    e a revolta dos Streltsi (1682), 49-51
    e Narva (1700), 386, 389-90, 396 (1704), 471-2
    morte (1719), 941
    na campanha de Azov (1695), 164, 168
    na Livônia, 414-7
    no início do regime de Pedro, 129
    Ordem de Santo André, 288-9, 415
Sheremetev, (coronel) Miguel Borisovich, 661-2, 666, 667
simulação de batalhas, *ver* jogos de guerra
Sínodo dos Bêbados (Falso Sínodo), 142-4, 318-9, 320-1, 990; *ver também* Companhia da Alegria, e membros individuais
sinos de Moscou, 7-8
sistema de colegiados de administração, 882-5
sistema de passaporte, 916-7
Skavronskaia, Martha, *ver* Catarina I, imperatriz
Skoropadski, Ivan Ilich, *hetman* dos cossacos, 647
Sloteburg (Nyenskans), 419-20
Sobieski, Jaime, 475, 497
Sobieski, Jan, Rei da Polônia, 99, 103, 637
    morte (1696), 183
Sofia, eleitora de Hanover, 206-9
Sofia (Alexeievna), czarevna e regente:
    aparência física, 93-4
    ascensão ao poder, 58-9
    como autocrata, 108-9
    conquistas, 125-7
    e os Velhos Crentes, 74
    e Pedro, 92, 106-11, 126-7, 305
    e os Streltsi, 48, 55-9, 109, 111, 112-22
    educação, 30, 42
    exílio no Convento Novodevichi, 125, 305
    início da vida, 41-3
    regência (1682-9), 92-111
    fim de, 112-27
Sofia Charlote, eleitora de Brandemburgo, 207
Sofia Doroteia, rainha da Prússia, 681
Stanilesti, *ver* Prut
Starodub, 540-1
Stenbock, (coronel) Magnus:
    em Narva (1700), 395, 397, 401
    na Pomerânia (1712-13), 682-3
    rendição em Tönning, 583
Stralsund:
    cerco e rendição de (1715), 709
    retorno de Carlox XII da Turquia a (1714), 707-8
Streltsi, 44-59

debandados (1708), 310
e a Igreja, 62
e Pedro, 51-4, 61, 199-200, 290, 309-11
e Sofia, 109, 111, 112-22
em Azov como colonizadores militares, 177, 290-1
em Narva (1700), 396
formação, 44-5
interrogatório, 296-7, 302-5
levante (1698), 127, 289, 291-7
execuções, 306-9, 321;
nas campanhas de Azov (1st, 1695), 164, 165, 290-1
reação ocidental a, 309
refúgio em Astracã, 466
revolta (1682), 45-57
efeitos sobre Pedro, 160
Streshnev, Tikhon, 129, 278
Sublime Porta, Constantinopla, 100-1, 534-5
suborno, *ver* corrupção no governo
Subúrbio Alemão em Moscou, 21, 131-3
e Pedro, 130, 133-4 *ver também* estrangeiros na Rússia
sultões, 630, 632-3
superstição, 922
Suécia:
(1707), 503-4
(1708), 517, 532-3, 540
artilharia, 364
batalhas, *ver* Grande Guerra do Norte: batalhas
como prisioneiros de guerra na Rússia, 619, 882-3, 919
conflitos de comando, 583, 596, 608
descrição, 344-5
desintegração após Poltava, 609, 611
doenças e fome: (1701), 410
enfrentamento com a frota russa: (1702),
416-7; (1713-14), 685-96
exército:
força e reputação, 345-6, 378
fortificação defensiva, 742-3
frio (inverno 1708-1709), 557-8, 560
frota naval, 380
guerra com a Rússia, *ver* Grande Guerra do Norte
infantaria, 367-8
invasão à Rússia (1707-1709), 511-611
motivos para, 500-1
na Ucrânia, 542, 547, 551-2, 554-611
planos para, 502-3
preparação para a campanha russa
recrutamento, 645, 682, 708-9, 836
sucessão ao trono, 850-1

tabaco e fumo, 251-2
Tabela de Gradações do Império Russo, 891
Talim, *ver* Reval
Tártaros, 15-6, 101, 104-5, 637-8
ataques à Ucrânia, 15, 101, 129-30, 162-3, 334-5, 645, 684, 685
e Carlos XII, 565-6
ver também Devlet Gerey
Tártaros da Crimeia, *ver* Tártaros
teatro:
na França, 760-1
na Rússia, 953-4
em Preobrajenskoe, 25
público, 465
Teodoro III (Alexeievich), czar, 29, 33
como herdeiro ao trono, 20
funeral, 43
local de enterro, 7
morte, 33
terem, 41, 463
terra russa, 10

Timmerman, Franz, 84-8, 257 s.
títulos, *ver* reconhecimentos por mérito; meritocracia; Pedro I: armadilhas de sua posição
Tolstói, Pedro Adreievich:
    como embaixador em Constantinopla, 640-3, 666
    e (czarevich) Aleixo, 805-12
    evita aliança Sueco-Tártara (1709), 565-6
    exílio e morte, 996
    início da carreira, 639
    na jornada ao Ocidente (1716-17), 736, 771
    oposição a Menchikov (1727), 995
    Palácio Topkapi, Constantinopla, 630
    preso (1710), 646, 667
    treinamento naval, 178
Torre Bono, Moscou, 7-8
Torre do patriarca Filareto, Moscou, 7-8
tortura, 296-305
    dos Streltsi (1698), 296-7, 302-5
    por fogo, 298
    sociedades, 299
tratados:
    Adrianópolis (1713), 667, 705
    Altranstädt (1706), 484, 486, 488-9, 616
    Carlowitz (1699), 335, 638
    Constantinopla (1699), 335-9
    Cádis (1661), 98-9
    Nerchinsk (1689), 100 s., 139, 198
    Nystad, 869-9, 919, 960, 974-5, 980
    Ryswick (1697), 233, 244
    Travendal (1700), 382, 386-7, 388, 645
    Utrecht, 705, 751
tratados de paz, *ver* tratados
Travendal, Paz de (1700), 382, 386-7
    e Augusto II, 388
    quebrada pela Dinamarca (1709), 645-6
Trezzini, Domenico, 428, 430-1, 711, 714, 885

Troitskaia-Sergeieva (Mosteiro da Trindade-São Sérgio sob a bênção da Santíssima Trindade) Mosteiro, 113-4
Tsarskoe Selo, 980
Tsykler, Ivan, 116, 199-200, 296
Tumulto de 1713, 698-705
Tumulto de 1713 (Kalabalik), 698-703
    consequências, 704-5
Turgenev, Jacó, 143, 279
Turquia, *ver* Império Otomano

Ucrânia:
    ataques tártaros a, 15, 101, 129-30, 162-3, 334-5, 645, 684, 685
    descrição, 15
    exército sueco na (1708-1709), 542, 547, 551-2, 554-611
Ukraintsev, Emilian Ignatievich, 129, 173-4, 335-9
Ulrika Eleonora, rainha da Suécia:
    abdicação (1720), 850
    ascensão ao trono (1718), 850-1
Urais, 904-5
Uspenski Sobor (Catedral da Assunção), Moscou, 6-7
Utrecht, Tratado de (1713), 705-751

Valáquia, 652-3, 655
Vauban, Louis de, 360-1
Velhos Crentes, 62, 72-5, 445-6, 919-20, 931
Veneza, e construtores navais, 170, 689
Veprik, 558-9
Veselovski, Abraham, 858
    e (czarevich) Aleixo, 803-4, 806, 809-10
Viazemski, Nikifor, 775-6
Viena:
    descrição, 261
    visita de Pedro (1698), 265-70

Vinius, André, 129-30, 134-5, 407-8
Volynski, Artemius, 964-5
   estaleiros de Voronej, 169-71, 177, 326-9; ver também Rússia: frota naval
Voznitsyn, Prokofi, 179, 198, 270, 335
Vyborg, 622

Wachtmeister, (conde) Hans, 687
Walpole, (Sir) Robert, 865-6
Weber, Friedrich Christian: relatos da Rússia, 723-34
Weide, (general) Adam, 353, 385, 398
Wismar, 738-40
Witsen, Nicholas, 1151, 155, 176, 218-9, 221
Wolfenbüttel, Charlotte, ver Charlotte, princesa de Wolfenbüttel

xenofobia, ver estrangeiros na Rússia

Yagujinski, Pavel:
   carreira, 881
   casamento com a Condessa Golovkin, 952
   e a Ordem de Santo André, 983
   como procurador geral, 881
   na jornada ao Ocidente (1716-17), 736
   e o escândalo de suborno de Mons, 985
Yavorski, Estevão, arcebispo de Ryazan, 925-6, 930

Zaandam, Holanda, 212-6
zoológicos, 956
Zotov, Nikita:
   casamento (1715), 729-30
   como "Príncipe-Papa" do Sínodo dos Bêbados, 142-3
   como inspector geral de Decretos (1715), 879
   como tutor de Pedro, 30-2
   e tortura dos Streltsi (1698), 302
   na celebração da vitória de Azov, 176

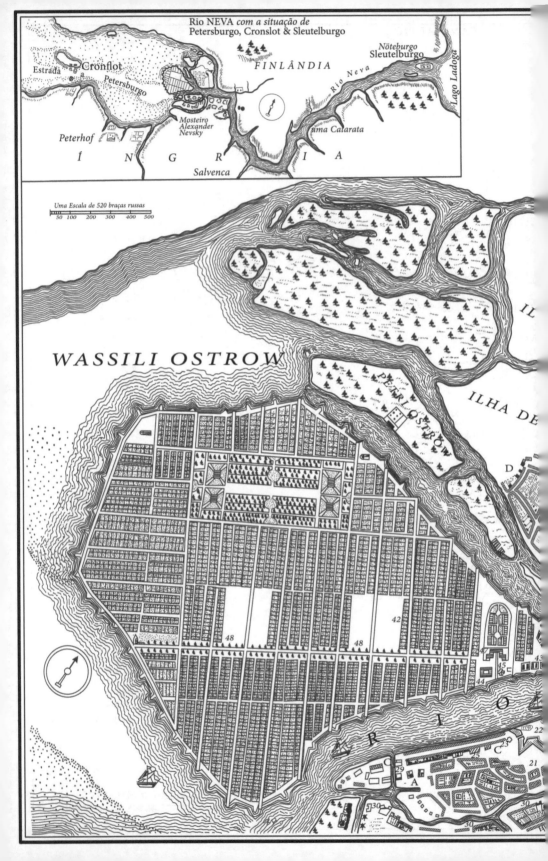

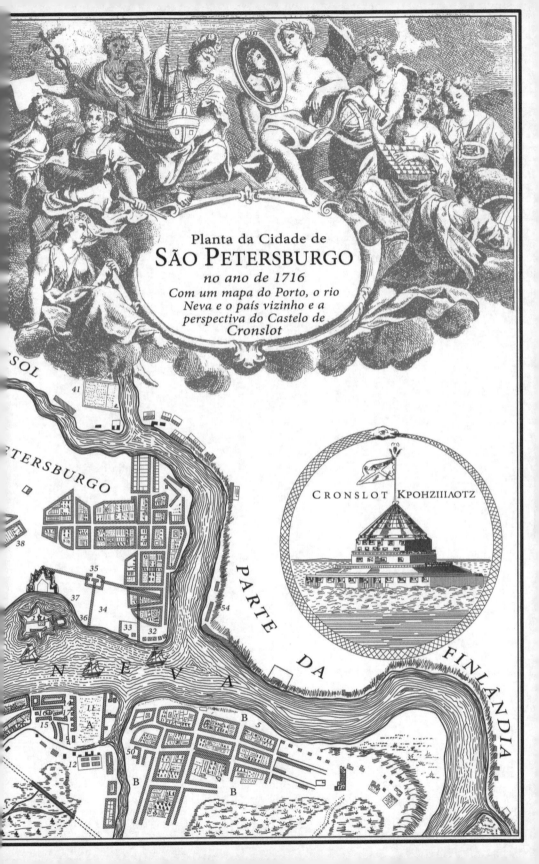

Robert K. Massie nasceu em Lexington, Kentucky. Estudou História Americana em Yale e História Europeia em Oxford, a segunda como bolsista da Rhodes. Foi presidente da Authors Guild de 1987 a 1991. *Pedro, o Grande* lhe rendeu o prêmio Pulitzer de Biografia. Entre seus livros, estão *Catarina, a Grande*, *Nicolau e Alexandra*, *The Romanovs*, *Dreadnought* e *Castles of Steel*.

Czar Pedro I, o Grande (1672-1725)

A mãe de Pedro, czarina Natália Naryshkina

Pedro interrogando seu filho, Aleixo

A meia-irmã de Pedro: czarevna Sofia Alekseievna (1657-1704), regente durante a minoridade de seus irmãos Pedro I e Ivan V

Catarina I (1684-1727), segunda esposa de Pedro, o Grande

A filha de Pedro: Isabel Petrovna (1709-1762),
imperatriz da Rússia

Alexandre Danilovich Menchikov

John Churchill, 1º duque
de Marlborough

A Batalha de Lesnaia, 1708

A esmagadora derrota dos suecos por Pedro na Batalha de Poltava, em 1709

Pedro, o Grande em um estaleiro em Deptford

A execução dos Streltsi